古董

2019ANTIQUES

AUCTION RECORDS

拍卖年鉴 杂项

2018.1.1～2018.12.31

欣 弘 主编

U0884515

cns | 湖南美术出版社

图书在版编目(CIP)数据

2019古董拍卖年鉴·杂项 / 欣弘编. —长沙：湖南美术出版社，2019.1
ISBN 978-7-5356-8555-1

Ⅰ.①2… Ⅱ.①欣… Ⅲ.①历史文物－拍卖－价格－中国－2019－年鉴 Ⅳ.①F724.787-54

中国版本图书馆CIP数据核字(2018)第293846号

2019古董拍卖年鉴·杂项

出 版 人：黄 啸
主　　编：欣 弘
策　　划：易兴宏　李志文
责任编辑：李 坚

湖南美术出版社出版发行(长沙市东二环一段622号)
湖南省新华书店经销
雅昌文化(集团)有限公司制版、印刷
(本书采用CTP工艺制版、印刷)
开本：787×1092　1/16　印张：28
版次：2019年1月第1版　印次：2019年1月第1次印刷
ISBN 978-7-5356-8555-1
定价：198.00元

【版权所有，请勿翻印、转载】
邮购联系：0731-84787105　邮编：410016　网址：http://www.arts-press.com/
电子邮箱：market@arts-press.com
如有倒装、破损、少页等印装质量问题，请与印刷厂联系斢换。

目　　录

凡　例

1.《2019古董拍卖年鉴》分瓷器卷、玉器卷、杂项卷、珠宝翡翠卷、书画卷共五册，收录了纽约、伦敦、巴黎、日内瓦、香港、澳门、台北、北京、上海、广州、昆明、天津、重庆、成都、合肥、南京、西安、沈阳、济南等城市或地区的几十家拍卖公司几百个专场的2018年度拍卖成交记录与拍品图片。

2.本书内文条目原则上保留了原拍卖记录，按拍品号、品名、估价、成交价、尺寸、拍卖公司名称、拍卖日期等排序，部分原内容缺或不详的不注明，书画卷内文条目还有作者姓名、作品形式、创作年代等内容。

3.因境外拍卖公司宿地不同，本书拍品中有多种币种：RMB人民币，USD美元，EUR欧元，GBP英镑，HKD港币，TWD台币。但本书所有拍品成交价均按汇率转换成RMB(人民币)币种。

4.多人合作的作品，目录中仅列出一位主要作者的名字。

5.查看书中图片大图及拍品详情，请登陆微信小程序“拍卖典藏”进入《拍卖年鉴》栏目查询。

竹 雕

3677 十七世纪 竹雕松树桩笔筒
估 价：HKD 200,000~300,000
成交价：RMB 1,853,000
高12cm 香港苏富比 2018-10-03

2128 明代 竹刻高士观泉图笔筒
估 价：RMB 150,000~200,000
成交价：RMB 552,000
高14.5cm 古天一 2018-12-08

1914 朱三松（款） 明 竹雕渔乐图笔筒
估 价：RMB 400,000~600,000
成交价：RMB 517,500
高14.4cm 中贸圣佳 2018-11-24

762 明末清初 竹雕“西园雅集”笔筒
估 价：RMB 380,000~480,000
成交价：RMB 437,000
高15.5cm 保利厦门 2018-01-08

1375 明末清初 竹雕罗汉
估 价：RMB 200,000~300,000
成交价：RMB 230,000
高18cm 北京荣宝 2018-06-14

3664 十七世纪 竹根雕仙家乘槎
估 价：HKD 120,000~180,000
成交价：RMB 242,700
长30cm 香港苏富比 2018-04-03

661 明 紫花蜡地湘妃扇骨
估　价：RMB 500,000~600,000
成交价：RMB 667,000
长35cm 中贸圣佳 2018-06-20

1611 明末清初 竹雕易安居士庭院填词图笔筒
成交价：RMB 368,000
高15.5cm 华艺国际 2018-11-16

3197 清早期 竹雕西园雅集笔筒
估　价：RMB 80,000~100,000
成交价：RMB 92,000
高19cm 北京匡时 2018-12-05

1235 清初 竹雕五子献寿像
估　价：RMB 30,000~50,000
成交价：RMB 161,000
高33.5cm 华艺国际 2018-11-16

1089 清早期 竹雕神仙人物纹香筒
估　价：RMB 30,000~50,000
成交价：RMB 34,500
高18cm 北京华辰 2018-11-19

4430 清早期 沈兼刻竹雕夜游赤壁诗文笔筒
估　价：RMB 400,000~600,000
成交价：RMB 1,380,000
高14.4cm 中国嘉德 2018-05-18

1196 清早期 顾宗玉款竹雕踏雪寻梅图笔筒
估 价：RMB 350,000~500,000
成交价：RMB 483,000
高14.3cm 西泠拍卖 2018-07-07

482 清早期 吴之璠 竹雕梅花诗筒
估 价：HKD 30,000~50,000
成交价：RMB 226,371
高11.3cm 中国嘉德 2018-10-02

450 清早期 竹根雕钟馗童子摆件
估 价：HKD 50,000~80,000
成交价：RMB 123,475
高12cm 中国嘉德 2018-10-02

457 清早期 竹根雕刘海戏金蟾摆件
估 价：HKD 120,000~150,000
成交价：RMB 298,398
高13.5cm 中国嘉德 2018-10-02

100 清早期 兰亭序人物竹雕香筒
估 价：HKD 300,000~500,000
成交价：RMB 292,320
高30.5cm 香港诚昌 2018-05-30

1200 清早期 竹根雕松树纹杯
估 价：RMB 50,000~80,000
成交价：RMB 92,000
高12.4cm 西泠拍卖 2018-07-07

180 清早期 竹根雕松树木桩壶
估　价：RMB 25,000
成交价：RMB 46,000
高14.5cm 浙江佳宝 2018-07-01

5051 清乾隆六十年（1795）作 清 黄小松刻秬香得碑图竹秘阁
估　价：RMB 1,200,000~1,800,000
成交价：RMB 1,380,000
长26.1cm 北京保利 2018-06-19

615 清乾隆 御制岁寒三益图诗文镶玳瑁扇骨
估　价：RMB 800,000~1,200,000
成交价：RMB 1,552,500
长37.1cm 中贸圣佳 2018-06-20

6001 清康熙 周乃始竹刻高士题诗笔筒
估　价：RMB 1,000,000~1,500,000
成交价：RMB 1,150,000
高14.9cm 北京保利 2018-06-20

701 清乾隆 贴黄“斋戒”牌
估　价：RMB 180,000~280,000
成交价：RMB 287,500
长6cm 保利厦门 2018-07-15

97 清乾隆 竹雕太平有象摆件连木座
估　价：HKD 200,000~300,000
成交价：RMB 194,880
高22cm 香港诚昌 2018-05-30

2047 清中期 太狮少狮摆件
估　价：RMB 100,000~150,000
成交价：RMB 115,000
长24cm 华艺国际 2018-11-17

1091 清中期 竹雕东方朔造像
估　价：RMB 40,000~60,000
成交价：RMB 46,000
高11cm 北京华辰 2018-11-19

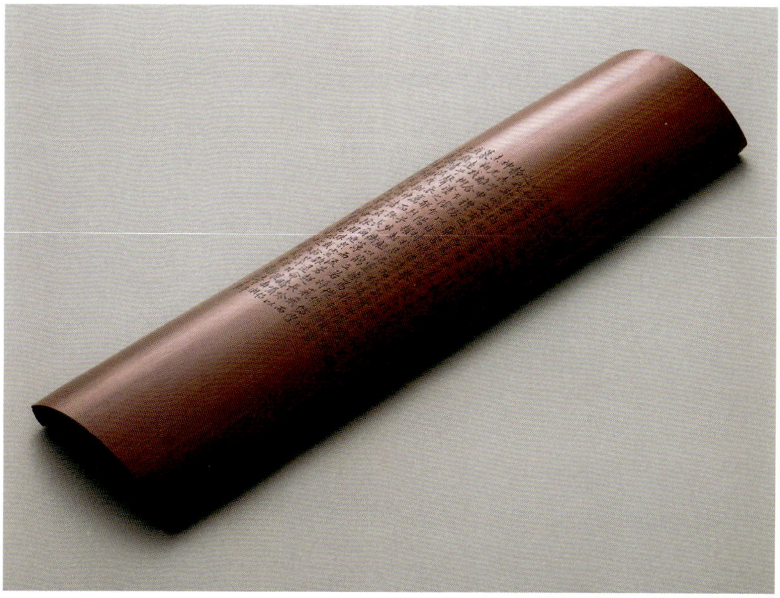

5047 清嘉庆十九年（1814）作 清 高垲刻洛神赋行书竹秘阁
估　价：RMB 200,000~300,000
成交价：RMB 598,000
长35cm 北京保利 2018-06-19

1189 清乾隆 竹根雕螭龙纹双兽耳瓶
估　价：RMB 160,000~200,000
成交价：RMB 184,000
高12.1cm 中贸圣佳 2018-06-20

593 18世纪 竹雕戏狮罗汉
估　价：HKD 180,000~200,000
成交价：RMB 185,213
高9cm 中国嘉德 2018-10-02

2043 清中期 竹雕松下人物笔筒
估　价：RMB 12,000~30,000
成交价：RMB 483,000
高15cm 北京翰海 2018-06-30

1195 清中期 竹雕东方朔坐像
估 价：RMB 260,000~350,000
成交价：RMB 402,500
高15cm 西泠拍卖 2018-07-07

445 清中期 竹根雕松树猿戏杯
估 价：HKD 20,000~30,000
成交价：RMB 154,344
高7.50cm 中国嘉德 2018-10-02

5041 清道光十年（1830）作 小绿天盦图象自制竹秘阁 清 六舟上人刻
估 价：RMB 1,800,000~2,800,000
成交价：RMB 3,450,000
长38.2cm 北京保利 2018-06-19

456 清中期 竹根雕狮耳三足炉
估 价：HKD 80,000~120,000
成交价：RMB 164,634
高9.50cm 中国嘉德 2018-10-02

876 清中期 竹雕船
估 价：HKD 350,000~550,000
成交价：RMB 360,136
宽29cm 中国嘉德 2018-10-02

2160 清 竹雕松纹笔筒
估 价：RMB 800,000~1,200,000
成交价：RMB 1,265,000
高18.1cm 中贸圣佳 2018-11-24

2162 清 竹根雕佛手如意
成交价：RMB 460,000
长40cm 中贸圣佳 2018-11-24

877 清 竹雕船
估　价：HKD 150,000~200,000
成交价：RMB 154,344
宽35cm 中国嘉德 2018-10-02

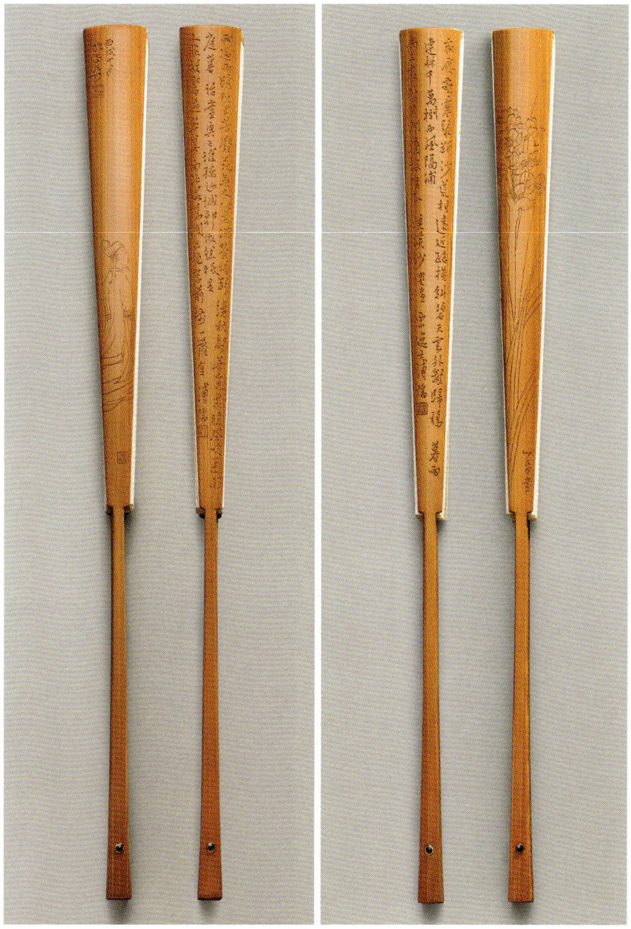

5018 1945、1947年作 张大千、溥心畬画 近 金西厓刻 高士水仙图扇骨 成对
估　价：RMB 1,200,000~1,800,000
成交价：RMB 4,025,000
长33.2cm × 2 北京保利 2018-06-19

2126 清代 竹根雕八仙乘槎
估　价：RMB 250,000~300,000
成交价：RMB 322,000
长36cm 古天一 2018-12-08

1549 清乾隆 深山访友竹雕山子
估　价：RMB 300,000~500,000
成交价：RMB 345,000
高13.5cm 上海匡时 2018-04-30

660 清 沈全林款白菜螳螂竹笔筒
估　价：RMB 250,000~300,000
成交价：RMB 368,000
高13.8cm 中贸圣佳 2018-06-20

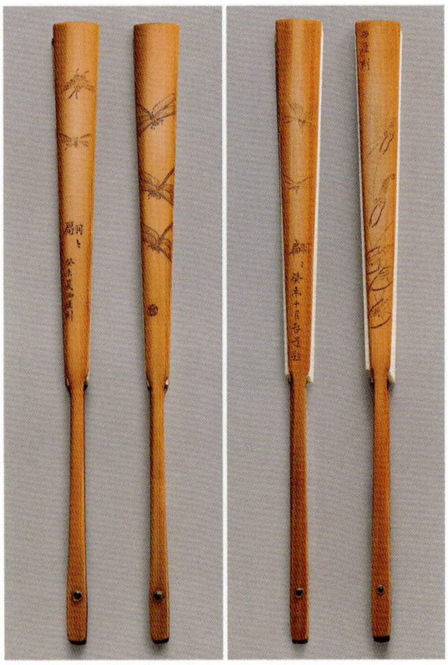

5017 1943年作 齐白石与金拱北、江寒汀画 近 金西厓刻 翩翩图扇骨 成对
估 价：RMB 800,000~1,200,000
成交价：RMB 1,840,000
长21cm×2 北京保利 2018-06-19

3857 金 木胎天王立像
估 价：RMB 300,000~400,000
成交价：RMB 437,000
高43cm 西泠拍卖 2018-07-08

3831 宋 木胎罗汉坐像
估 价：RMB 700,000~900,000
成交价：RMB 805,000
高83cm 西泠拍卖 2018-07-08

木 雕

7753 五代 木佛
估 价：HKD 28,000
成交价：RMB 51,091
高17.6cm 万昌斯 2018-11-29

3029 金-元（12至13世纪） 菩萨立像
估 价：HKD 8,000,000~12,000,000
成交价：RMB 14,319,300
高142cm 保利香港 2018-04-02

3089 平安时代晚期（12世纪） 日本木雕不动明王立像
估　价：HKD 600,000~800,000
成交价：RMB 809,000
高92.2cm 香港苏富比 2018-04-02

1022 明早期 木胎漆金药师佛
估　价：RMB 480,000~600,000
成交价：RMB 667,000
高61cm 华艺国际 2018-11-16

3053 13世纪 西班牙北部胡桃木雕耶稣受难像
估　价：HKD 350,000~450,000
成交价：RMB 505,625
高118cm 香港苏富比 2018-04-02

2045 元末明初 木胎髹漆贴金观音像
估　价：RMB 400,000~600,000
成交价：RMB 977,500
高115cm 广东崇正 2018-07-05

2869 明永乐 官造木胎金髹药师如来佛坐像
估　价：RMB 5,000,000~6,000,000
成交价：RMB 6,325,000
高93cm 北京荣宝 2018-12-03

1620 明永乐 护经板
估　价：RMB 280,000~350,000
成交价：RMB 402,500
73cm×26.6cm 中贸圣佳 2018-06-20

3019 15世纪 阿拉斯加古爱斯基摩伊努皮亚克木雕面具
估　价：HKD 350,000~550,000
成交价：RMB 303,375
16.3cm 香港苏富比 2018-04-02

1152 明万历 紫檀错银丝饕餮纹双耳杯
估 价：RMB 80,000~120,000
成交价：RMB 126,500
直径7cm；高4.9cm 中贸圣佳 2018-06-20

2901 尼泊尔16世纪 木雕护法面具
估 价：RMB 650,000~1,000,000
成交价：RMB 747,500
121.5cm×110cm×25cm 中国嘉德 2018-11-21

1023 明 木雕彩绘阿难与迦叶 （一对）
估 价：RMB 150,000~250,000
成交价：RMB 437,000
高76cm 华艺国际 2018-11-16

1196 明末 沉香观音像摆件
估 价：RMB 350,000~450,000
成交价：RMB 460,000
长22.5cm 中贸圣佳 2018-06-20

3429 明十六世纪末 沉香木雕灵芝瑞兽如意
估 价：HKD 900,000~1,200,000
成交价：RMB 910,125
长25.5cm 香港苏富比 2018-04-03

662 明末清初 紫檀花卉纹嵌银丝诗文玉兰花口笔筒
估 价：RMB 2,800,000~3,600,000
成交价：RMB 4,370,000
直径19cm 中贸圣佳 2018-06-20

6014 明 木雕金漆观音菩萨
估　价：RMB 2,000,000~2,500,000
成交价：RMB 2,645,000
高98cm 北京保利 2018-12-09

3811 明 木胎韦陀立像
估　价：RMB 600,000~900,000
成交价：RMB 805,000
高148cm 西泠拍卖 2018-07-08

7748 明 黄花梨大方捧盒
估　价：HKD 48,000
成交价：RMB 101,118
长27.7cm 万昌斯 2018-11-29

1046 明 木雕金漆阿弥陀佛
估　价：RMB 1,200,000~1,800,000
成交价：RMB 1,380,000
高134.5cm 华艺国际 2018-11-16

1441 明 檀香木漆金关公立像
估　价：RMB 500,000~700,000
成交价：RMB 862,500
高74cm 华艺国际 2018-05-23

2175 明 紫檀透雕携琴访友图笔筒
估　价：RMB 1,500,000~2,000,000
成交价：RMB 2,070,000
高14.3cm 中贸圣佳 2018-11-24

616 明 皇八子永璇书乾隆御制诗三松款人物笔筒
估　价：RMB 1,500,000~2,000,000
成交价：RMB 1,725,000
高15cm 中贸圣佳 2018-06-20

4101 明晚期 黄花梨葫芦形花插（成对）
估　价：RMB 380,000~580,000
成交价：RMB 483,000
直径21.7cm×2；高36.7cm×2 中国嘉德
2018-11-20

2515 明晚期 黄花梨螭龙纹玉兰花口笔筒
估　价：RMB 680,000~800,000
成交价：RMB 897,000
高19cm 中贸圣佳 2018-11-24

1172 明 戴易题三松笔筒
估　价：RMB 900,000~1,200,000
成交价：RMB 1,035,000
高14.4cm 中贸圣佳 2018-06-20

3657 十七至十八世纪 沉香雕龙凤角杯 （一对）
估　价：HKD 300,000~400,000
成交价：RMB 758,438
高8.3cm 香港苏富比 2018-04-03

85 十七/十八世纪 黄花梨雕玉兰花葵口笔筒
估　价：HKD 200,000~300,000
成交价：RMB 1,219,625
高20cm 邦瀚斯 2018-11-27

3413 十八世纪 紫檀嵌象牙卷轴式手卷盒（一对）
估　价：HKD 400,000~600,000
成交价：RMB 404,500
长19.3cm 香港苏富比 2018-04-03

4669 清早期 黄杨根雕罗汉坐像（原配紫檀嵌黄杨座）
估　价：RMB 360,000~430,000
成交价：RMB 483,000
高28.8cm 中国嘉德 2018-06-18

3095 清早期 御制“寿”字沉香雕群仙祝寿摆件
估　价：RMB 800,000~1,200,000
成交价：RMB 920,000
高87cm；重3270g 中贸圣佳 2018-11-24

647 清早期 沉香麻姑献寿摆件
估　价：RMB 1,200,000~1,800,000
成交价：RMB 1,725,000
高52.5cm 中贸圣佳 2018-06-20

1234 清早期 沉香雕灵仙祝寿如意
估　价：RMB 600,000~800,000
成交价：RMB 667,000
长35.5cm 华艺国际 2018-11-16

3828 清早期 黄花梨佛龛
估　价：RMB 420,000~500,000
成交价：RMB 483,000
高43cm 西泠拍卖 2018-07-08

4542 清早期 紫檀树瘤大卷缸
估　价：RMB 600,000~700,000
成交价：RMB 690,000
直径37.5cm；高35cm 中国嘉德 2018-06-18

1531 清初 黄花梨围棋罐（一对）
估　价：RMB 180,000~200,000
成交价：RMB 207,000
高10cm 华艺国际 2018-11-16

2152 清早期 紫檀圆香盒
估　价：RMB 100,000~150,000
成交价：RMB 241,500
直径8.4cm 中贸圣佳 2018-11-24

5458 清早期 黄花梨围棋盒（一对）
估　价：RMB 110,000~150,000
成交价：RMB 126,500
直径11.7cm 中贸圣佳 2018-11-25

1200 清早期 沉香雕菊花洞石小杯
估　价：RMB 180,000~220,000
成交价：RMB 230,000
高9cm 中贸圣佳 2018-06-20

2041 明晚／清早期 乌木甪端香薰
估　价：RMB 150,000~250,000
成交价：RMB 690,000
高24cm 广东崇正 2018-07-05

1738 清早期 沉香高浮雕清幽山居图笔筒
估　价：RMB 1,200,000~1,800,000
成交价：RMB 1,725,000
高14cm；总重418g 西泠拍卖 2018-07-07

5115 清雍正 御制枷楠雕双凤牡丹
估 价：RMB 1,000,000~1,500,000
成交价：RMB 1,667,500
高4.5cm；重11g 北京保利 2018-06-19

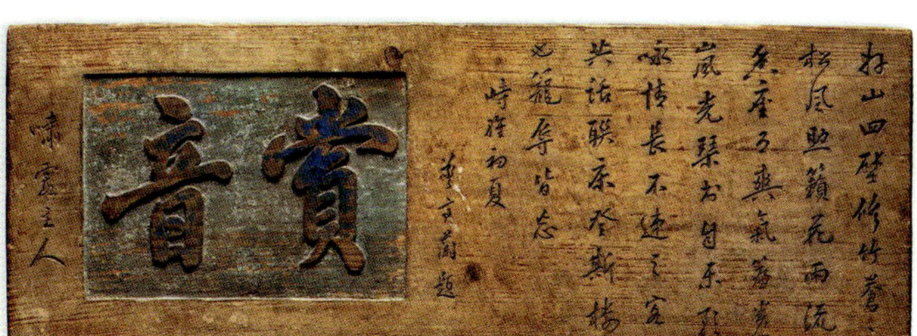

4310 清早期 “赏音”诗文匾
估 价：RMB 150,000~250,000
成交价：RMB 253,000
68.2cm×23.1cm 中国嘉德 2018-11-20

1736 清乾隆 沉香嵌珊瑚福禄万代斋戒牌
估 价：RMB 30,000~50,000
成交价：RMB 92,000
长6cm 西泠拍卖 2018-07-07

2864 清乾隆 枷楠香嵌金云浮纹带板、手串
估 价：RMB 250,000~300,000
成交价：RMB 287,500
北京荣宝 2018-12-03

5997 清乾隆 沉香嵌金粟团寿十八籽手串
估 价：RMB 180,000~250,000
成交价：RMB 529,000
长16cm 北京保利 2018-06-20

592 18世纪 木雕金漆释迦牟尼
估　价：RMB 4,000,000~5,000,000
成交价：RMB 4,600,000
高63cm 保利厦门 2018-07-15

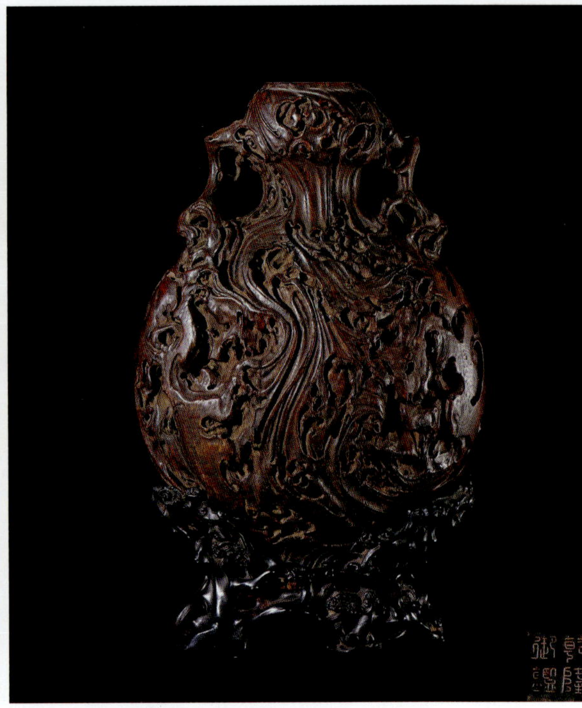

3323 清乾隆 沉香木雕随形抱月瓶
估　价：HKD 600,000~800,000
成交价：RMB 1,646,336
高35.7cm；高40cm 保利香港 2018-10-02

2917 清乾隆 棋楠仿天然木雕麒麟
估　价：HKD 800,000~1,000,000
成交价：RMB 3,783,920
高56cm 佳士得 2018-05-30

1570 清乾隆 紫檀雕开光山水纹节盒
估　价：RMB 380,000~450,000
成交价：RMB 471,500
高15.3cm 西泠拍卖 2018-07-07

3551 清中期 紫檀立狮 一组两件
估　价：RMB 1,200,000~1,500,000
成交价：RMB 1,380,000
14cm × 13cm × 25.5cm × 2 北京匡时 2018-06-15

3318 清道光 茄楠香朝珠
估　价：HKD 1,000,000~1,800,000
成交价：RMB 1,028,960
长184cm；直径1.4cm 保利香港 2018-10-02

4485 清 奇木杖带葫芦挂件
估　价：RMB 200,000~260,000
成交价：RMB 230,000
长180cm 中国嘉德 2018-11-20

2906 清18／19世纪 沉香雕万寿灵芝如意
估　价：HKD 150,000~250,000
成交价：RMB 152,250
长26cm 佳士得 2018-05-30

1218 清 沉香手串
估　价：RMB 160,000~200,000
成交价：RMB 230,000
长28cm 中贸圣佳 2018-06-20

1044 清 木雕金漆神农炎帝
估　价：RMB 460,000~700,000
成交价：RMB 552,000
高68cm 华艺国际 2018-11-16

3793 清 沙县木雕水月观音坐像
估　价：RMB 900,000~1,200,000
成交价：RMB 1,035,000
高83cm 西泠拍卖 2018-07-08

2044 清 木胎髹漆贴金千手观音像
估　价：RMB 300,000~500,000
成交价：RMB 632,500
高167cm 广东崇正 2018-07-05

3776 清 金丝楠木西方三圣像
估 价：RMB 200,000~250,000
成交价：RMB 253,000
高76.5cm 西泠拍卖 2018-07-08

3202 清 沉香鹿衔灵芝摆件
估 价：RMB 500,000~800,000
成交价：RMB 575,000
高66cm 北京匡时 2018-12-05

4493 清 沉香木仙人乘槎摆件
估 价：RMB 80,000~100,000
成交价：RMB 103,500
长17.5cm；重147g 中国嘉德 2018-11-20

1092 清 金丝楠木供盘（一套）
估 价：RMB 60,000~80,000
成交价：RMB 69,000
高71cm 北京华辰 2018-11-19

2513 清 随形木大香熏
估 价：RMB 200,000~250,000
成交价：RMB 253,000
高37.5cm；高48cm（连座） 中贸圣佳
2018-11-24

2518 清 紫檀漆绘花鸟都承盘
估 价：RMB 250,000~300,000
成交价：RMB 322,000
长52cm 中贸圣佳 2018-11-24

2174 清 罗聘款竹石图紫檀笔筒
估 价：RMB 800,000~1,200,000
成交价：RMB 920,000
高17cm 中贸圣佳 2018-11-24

1523 清 黄花梨琵琶
估 价：RMB 130,000~150,000
成交价：RMB 195,500
99.5cm×31cm 中贸圣佳 2018-06-20

1520 清 红豆杉绿香吟馆书房匾
估 价：RMB 300,000~400,000
成交价：RMB 437,000
176.2cm×52.4cm 中贸圣佳 2018-06-20

1447 民国 毛惠生制黄杨木观音塔
估 价：RMB 350,000~450,000
成交价：RMB 437,000
高48cm 华艺国际 2018-05-23

5035 清 张廷济铭刻 宋戴公戈搨本匣
估 价：RMB 500,000~800,000
成交价：RMB 575,000
长24.8cm 北京保利 2018-06-19

2688 极品莺歌绿奇楠20毫米12子手串
估 价：RMB 1,800,000~2,000,000
成交价：RMB 2,875,000
重量58g 江苏观宇 2018-04-22

2968 莺歌绿棋楠20毫米 12子手串（九分沉）
估 价：RMB 850,000~950,000
成交价：RMB 1,035,000
直径1.6cm×12 江苏观宇 2018-09-15

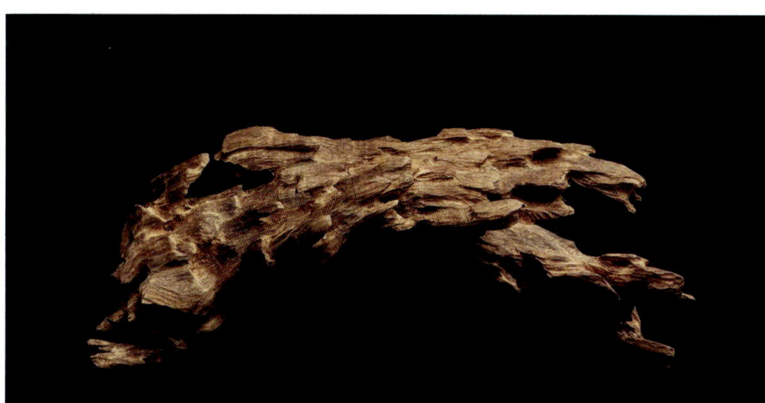

2967 芽庄棋楠奇石形山子
估 价：RMB 1,200,000~1,500,000
成交价：RMB 1,667,500
高32cm 江苏观宇 2018-09-15

1050 朱铭 1991年作 太极系列
估 价：HKD 3,000,000~5,000,000
成交价：RMB 6,698,520
左23.5cm×21.2cm×49.7cm；右60.1cm×25cm×50.4cm 香港苏富比 2018-03-31

2262 越南富森红土沉香摆件
估 价：RMB 400,000~500,000
成交价：RMB 483,000
长13cm；重153.4g 北京匡时 2018-12-06

482 广东沈水浮树心油结绿棋楠文房摆件-松
估 价：RMB 430,000~480,000
成交价：RMB 494,500
最高处5.696cm；净重43.43g 北京东正 2018-06-17

1427 2009年 二十一度母
估 价：RMB 400,000~600,000
成交价：RMB 575,000
高90.5cm 华艺国际 2018-11-16

265 朱铭 1992年作 太极系列
估 价：NTD 3,000,000~4,000,000
成交价：RMB 664,560
41.6cm×21.2cm×23.8cm 罗芙奥 2018-06-03

3763 大理·木胎漆彩普贤菩萨坐像
估 价：RMB 800,000~900,000
成交价：RMB 1,207,500
高57cm 西泠拍卖 2018-07-08

5042 清 六舟上人刻 万竿烟雨图瀏鶒木笔筒
估 价：RMB 800,000~1,200,000
成交价：RMB 920,000
直径16.7cm 北京保利 2018-06-19

牙　雕

3078 公元前200至公元100年 阿拉斯加旧白令海奥克维克 海象牙雕人像
估　价：HKD 900,000~1,200,000
成交价：RMB 910,125
高13.5cm 香港苏富比 2018-04-02

3541 明末清初 象牙雕莲蕊形盖盒
估　价：HKD 3,000~8,000
成交价：RMB 143,193
宽6.5cm 保利香港 2018-04-02

3554 明 象牙雕执笏仕女
估　价：HKD 15,000~30,000
成交价：RMB 171,832
高26.5cm 保利香港 2018-04-02

78 明 象牙雕宝帐大黑天牌
估　价：HKD 200,000~300,000
成交价：RMB 199,575
长88cm 邦瀚斯 2018-11-27

3555 明晚期 象牙雕送子观音
估　价：HKD 20,000~40,000
成交价：RMB 334,117
高16.3cm 保利香港 2018-04-02

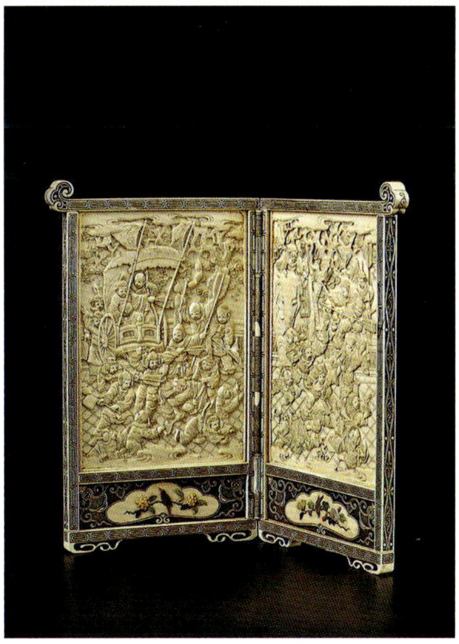

1218 明治时期 象牙人物屏风
估　价：RMB 60,000~100,000
成交价：RMB 149,500
20cm×23cm×2 南京经典 2018-01-06

3546 明或清 茜色象牙带盖香筒
估　价：HKD 3,000~8,000
成交价：RMB 95,462
长9.1cm 保利香港 2018-04-02

3549 明 象牙素面笔筒
估　价：HKD 15,000~30,000
成交价：RMB 95,462
高14cm 保利香港 2018-04-02

3452 十八世纪 牙雕外瓜虫内春宫盖盒
估　价：HKD 250,000~350,000
成交价：RMB 262,925
长11.4cm 香港苏富比 2018-04-03

3436 十七至十八世纪初 牙雕麒麟吐水摆件
估　价：HKD 700,000~900,000
成交价：RMB 707,875
高14.7cm 香港苏富比 2018-04-03

3080 清初 象牙雕棱式香插
估　价：HKD 40,000~60,000
成交价：RMB 485,400
高7.6cm 香港苏富比 2018-04-02

3424 清康熙 象牙加漆刻携琴访友图题诗笔筒
估 价：HKD 1,200,000~1,500,000
成交价：RMB 1,308,000
高13.2cm 香港苏富比 2018-10-03

384 清乾隆 象牙镂雕茶罐（一对）
估 价：HKD 300,000~500,000
成交价：RMB 286,386
宽10cm 中国嘉德 2018-04-02

3641 清乾隆 牙雕鹌鹑盖盒
估 价：HKD 150,000~200,000
成交价：RMB 151,688
直径9.9cm 香港苏富比 2018-04-03

3636 清乾隆 牙雕鹌鹑盖盒
估 价：HKD 100,000~150,000
成交价：RMB 109,000
直径9.7cm 香港苏富比 2018-10-03

3022 19世纪 独角鲸牙（两件）
估 价：HKD 300,000~400,000
成交价：RMB 353,938
长197.3cm；长216.8cm 香港苏富比 2018-04-02

1730 清乾隆 虬角象耳香熏
估 价：RMB 80,000~150,000
成交价：RMB 138,000
高14cm 上海匡时 2018-04-30

1065 清代 牙雕花篮仙子
估 价：RMB 120,000~150,000
成交价：RMB 138,000
高25.5cm 南京经典 2018-01-06

1060 民国 于硕象牙微雕山水诗文香盒
估 价：RMB 100,000~150,000
成交价：RMB 138,000
口径4.9cm 南京经典 2018-01-06

4674 猛犸牙茜色大花篮
估 价：RMB 500,000~800,000
成交价：RMB 667,000
高81cm 中国嘉德 2018-09-20

5833 猛犸牙茜色四季盒大摆件
估 价：RMB 250,000~350,000
成交价：RMB 287,500
长86cm 中国嘉德 2018-05-19

角　雕

3652 十七世纪 犀角雕苍松杯
估　价：HKD 1,000,000~2,000,000
成交价：RMB 1,618,000
宽12.5cm 香港苏富比 2018-04-03

3653 十六至十七世纪 犀角雕东方朔盗仙桃杯
估　价：HKD 1,200,000~2,200,000
成交价：RMB 1,415,750
高10cm 香港苏富比 2018-04-03

3447 十七世纪 犀角镂雕一把莲杯
估　价：HKD 800,000~1,200,000
成交价：RMB 872,000
高15.7cm 香港苏富比 2018-10-03

3649 十八世纪 犀角雕鸡冠花杯
估　价：HKD 800,000~1,200,000
成交价：RMB 1,162,938
高14.3cm 香港苏富比 2018-04-03

3655 清十七至十八世纪 犀角雕莲纹杯
估　价：HKD 600,000~800,000
成交价：RMB 606,750
高18cm 香港苏富比 2018-04-03

石　雕

3563 公元前8-7世纪 蚀花肉红石髓珠配圆形金吊坠大钱纹金珠项链
估　价：HKD 1,000,000~1,500,000
成交价：RMB 1,145,544
长80cm；重175g 保利香港 2018-04-02

3561 公元前8-7世纪 蚀花肉红石髓珠配亚述金花项链
估 价：HKD 500,000~800,000
成交价：RMB 859,158
长159cm；重44g 保利香港 2018-04-02

3844 2世纪 犍陀罗释迦坐像
估 价：RMB 400,000~480,000
成交价：RMB 575,000
高46.5cm 西泠拍卖 2018-07-08

3061 约2世纪 罗马大理石雕男性半身像
估 价：HKD 500,000~700,000
成交价：RMB 384,275
高40cm 香港苏富比 2018-04-02

1186 清 吴大澂藏玉振磬
估 价：RMB 220,000~280,000
成交价：RMB 264,500
长51.5cm 中贸圣佳 2018-06-20

360 黄宾虹旧藏寿山栗子黄田黄石圆雕寿星公手件
估 价：RMB 300,000~500,000
成交价：RMB 678,500
高7.8cm 荣宝斋（南京） 2018-07-15

202 东魏兴和三年 黄花石雕佛七尊像
估 价：USD 1,200,000~1,500,000
成交价：RMB 8,471,910
纽约苏富比 2018-03-20

870 东魏 石雕刻文佛身像
估　价：HKD 450,000~650,000
成交价：RMB 463,032
高84cm 中国嘉德 2018-10-02

3 北魏 砂岩石雕飞天像
估　价：USD 100,000~150,000
成交价：RMB 2,480,225
纽约苏富比 2018-09-12

204 隋 石灰石雕观音首像
估　价：USD 400,000~600,000
成交价：RMB 5,349,678
纽约苏富比 2018-03-20

203 北齐 石灰石雕菩萨立像
估　价：USD 600,000~800,000
成交价：RMB 5,425,830
纽约苏富比 2018-03-20

6 北齐天保十年（559年） 大理石雕思惟菩萨三尊像
估　价：USD 300,000~500,000
成交价：RMB 3,386,790
纽约苏富比 2018-09-12

7947 唐 白石飞天残件
估　价：HKD 30,000
成交价：RMB 58,542
石长13.4cm 万昌斯 2018-11-29

8 唐 石灰石雕菩萨立像
估　价：USD 1,500,000~2,500,000
成交价：RMB 29,660,070
纽约苏富比 2018-09-12

2 唐 大理石雕象首残像
估　价：USD 50,000~70,000
成交价：RMB 1,881,550
纽约苏富比 2018-09-12

327 唐 白石供养人坐像
估　价：HKD 40,000~60,000
成交价：RMB 143,193
高57cm 中国嘉德 2018-04-02

4 唐初 大理石雕云兽纹画像石
估　价：USD 150,000~250,000
成交价：RMB 2,052,600
纽约苏富比 2018-09-12

563 唐 石雕菩萨首像
估　价：USD 120,000~150,000
成交价：RMB 951,900
纽约苏富比 2018-03-21

3816 9世纪 帕拉黑石度母立像
估　价：RMB 500,000~600,000
成交价：RMB 713,000
高61.5cm 西泠拍卖 2018-07-08

18 南宋 夹纻干漆罗汉首像
估　价：USD 50,000~80,000
成交价：RMB 598,675
纽约苏富比 2018-09-12

4038 明末清初 杨玉璇制 寿山石雕举经罗汉坐像
估　价：RMB 1,300,000~2,300,000
成交价：RMB 1,495,000
高7.5cm 中国嘉德 2018-11-21

4030 清初 寿山石雕戏狮罗汉像
估　价：RMB 300,000~500,000
成交价：RMB 529,000
高6cm 中国嘉德 2018-11-21

14 宋至明初 石雕罗汉首像
估　价：USD 150,000~250,000
成交价：RMB 6,342,534
纽约苏富比 2018-09-12

3101 托密勒王朝早期（约公元前305-200年） 埃及石灰岩雕王者头象
估　价：HKD 160,000~200,000
成交价：RMB 323,600
通高20cm 香港苏富比 2018-04-02

3030 辽 石雕白衣观音菩萨立像
估　价：HKD 250,000~350,000
成交价：RMB 840,066
高96cm 保利香港 2018-04-02

5340 清早期 寿山石达摩像
估　价：RMB 300,000~400,000
成交价：RMB 345,000
高12.5cm 北京保利 2018-12-08

710 清康熙 寿山石雕伏虎罗汉摆件 （一对）
估　价：RMB 700,000~900,000
成交价：RMB 977,500
高27cm×2 保利厦门 2018-07-15

2987 18世纪 田黄雕观音坐像（83克）
估　价：HKD 1,800,000~2,600,000
成交价：RMB 3,814,100
高8.9cm 佳士得 2018-11-28

916 清康熙 寿山石雕观音送子像
估　价：RMB 600,000~800,000
成交价：RMB 1,035,000
高26cm 保利厦门 2018-01-08

2912 清乾隆 仿铜鎏金寿山石描金嵌宝麒麟香炉
估　价：HKD 400,000~600,000
成交价：RMB 1,552,250
高19.5cm 佳士得 2018-11-28

1606 清乾隆 汪洙制白芙蓉携琴访友山子
估　价：RMB 300,000~400,000
成交价：RMB 437,000
长15.5cm 华艺国际 2018-11-16

4029 清中期 寿山芙蓉石雕童子观音坐像
估 价：RMB 500,000~800,000
成交价：RMB 713,000
高18cm 中国嘉德 2018-11-21

3646 清 田黄巧雕贤媛四艺图山子
估 价：HKD 3,000,000~5,000,000
成交价：RMB 7,863,480
高10.5cm；重1000g 香港苏富比 2018-04-03

1850 清 尚均作寿山石持经观音
估 价：RMB 350,000~450,000
成交价：RMB 402,500
高11.8cm 中贸圣佳 2018-11-24

5117 清 王乃恭制田黄和合二仙
估 价：RMB 1,000,000~1,500,000
成交价：RMB 1,552,500
高6.5cm；重76g 北京保利 2018-06-19

1053 清 玉璇款寿山石雕罗汉
估 价：RMB 300,000~400,000
成交价：RMB 345,000
高8cm 中贸圣佳 2018-06-20

719 清 田黄浮雕山水人物纹山子
估 价：RMB 1,500,000~2,000,000
成交价：RMB 1,725,000
长8.1cm 北京东正 2018-06-17

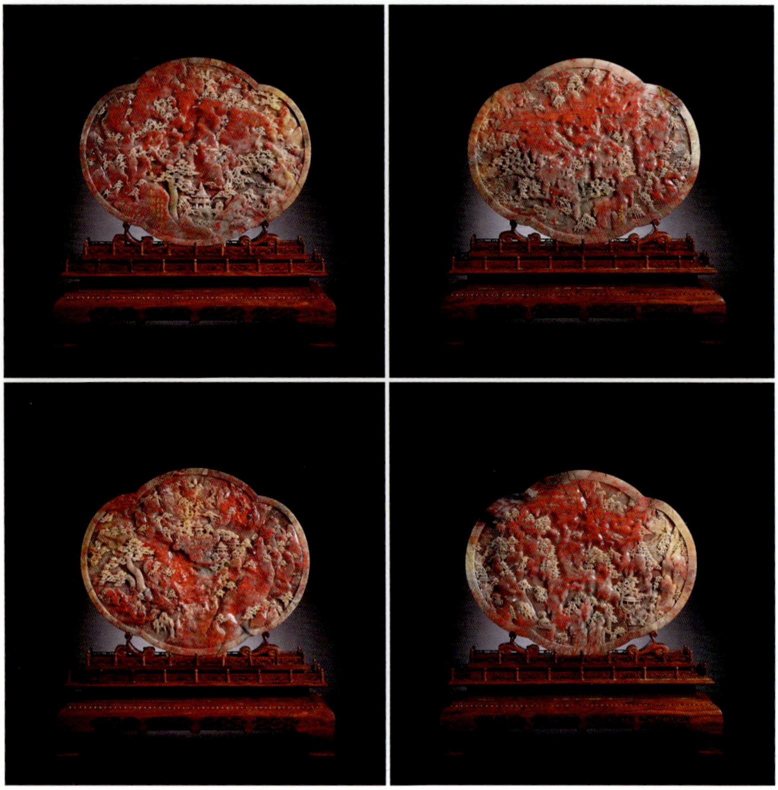

2599 巴林鸡血雕件《屏风》
估　价：RMB 10,000,000~30,000,000
成交价：RMB 23,000,000
52.5cm×44.5cm×3cm；53cm×45cm×3.3cm；重11005g；13500g 北京荣宝 2018-12-03

2598 巴林鸡血王自然形
估　价：RMB 10,000,000~30,000,000
成交价：RMB 23,000,000
6cm×20cm×17cm；重3450g 北京荣宝 2018-12-03

6505 20世纪 田黄罗汉
估　价：RMB 600,000~800,000
成交价：RMB 690,000
宽6.5cm；重94g 北京保利 2018-12-09

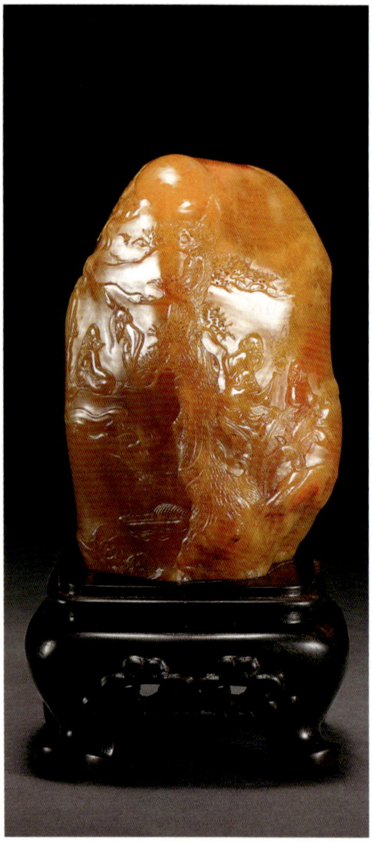

2976 郭紫阳 访友图田黄摆件
估　价：RMB 1,200,000~1,500,000
成交价：RMB 1,380,000
重315g 北京荣宝 2018-12-03

2560 巴林鸡血壶 （五把）
估　价：RMB 500,000~1,000,000
成交价：RMB 1,150,000
高8cm×5；重710g×5 北京荣宝 2018-12-03

1827 徐仁魁作 田黄石香山九老薄意摆件
估　价：RMB 1,000,000~2,000,000
成交价：RMB 2,070,000
高9.9cm；214g 广东崇正 2018-07-05

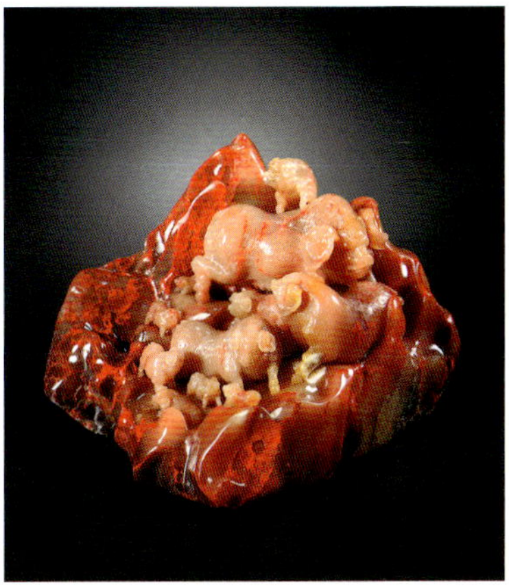

2600 巴林血王雕件《全家福》
估　价：RMB 5,000,000~8,000,000
成交价：RMB 9,200,000
20cm×21cm×16cm；重6940g 北京荣宝 2018-12-03

3833 寿山田黄石雕薄意摆件
估　价：RMB 60,000~80,000
成交价：RMB 310,500
高5cm；151g 中国嘉德 2018-11-21

1146 郑幼林 罗汉 寿山坑头晶摆件
估　价：RMB 170,000~350,000
成交价：RMB 190,400
长9.8cm；重407.2g 上海联合 2018-11-25

2165 计芬藏昆石山子
成交价：RMB 322,000
高18cm（连座） 中贸圣佳 2018-11-24

1139 叶子贤 仙翁童子 寿山银包金旗降石摆件
估　价：RMB 200,000~280,000
成交价：RMB 224,000
长9.8cm；重358.6g 上海联合 2018-11-25

72 周奋天 《达摩月夜静思图》寿山荔枝冻石
估　价：RMB 600,000
成交价：RMB 805,000
高5cm 北京瀚古 2018-01-28

196 五代至宋 灰泥彩绘菩萨图壁画残部（一对）
估　价：USD 60,000~80,000
成交价：RMB 1,881,550
纽约苏富比 2018-09-12

3088 渐新世（三千万年前） 法国枫丹白露宫固结砂岩
估　价：HKD 150,000~250,000
成交价：RMB 323,600
高87.8cm 香港苏富比 2018-04-02

3038 17世纪或更早 象鸟蛋
估　价：HKD 350,000~550,000
成交价：RMB 283,150
长30.5cm 香港苏富比 2018-04-02

3072 中新世（一千七百万年前） 法国拉科斯特扇贝化石
估　价：HKD 50,000~70,000
成交价：RMB 505,625
总高200.5cm 香港苏富比 2018-04-02

3065 明 太湖赏石
估　价：HKD 180,000~250,000
成交价：RMB 182,025
高53cm 香港苏富比 2018-04-02

4710 明 奇石立峰
估　价：RMB 50,000~60,000
成交价：RMB 57,500
高107cm 中国嘉德 2018-06-18

2643 巴林鸡血原石
估 价：RMB 10,000,000~30,000,000
成交价：RMB 32,200,000
40cm×23cm×7cm；重10871.6g 北京荣宝 2018-12-03

193 春秋初或更晚 为甫人石盨
估 价：USD 8,000~12,000
成交价：RMB 68,420
纽约苏富比 2018-09-12

67 十七/十八世纪 寿山石雕连年有余盖盒
估 价：HKD 120,000~200,000
成交价：RMB 177,400
长108cm 邦瀚斯 2018-11-27

3624 唐 白石浮雕雀鸟花卉图盘
成交价：RMB 20,579
直径17.9cm 保利香港 2018-10-02

2904 清道光 松花石雕菩提叶形香盘
估 价：HKD 150,000~200,000
成交价：RMB 243,600
长13.8cm 佳士得 2018-05-30

1602 清初 绿松石雕活环耳盖瓶
估 价：RMB 80,000~100,000
成交价：RMB 92,000
高15.8cm 西泠拍卖 2018-07-07

1387 清早期 汉白玉鼓凳成对
估　价：RMB 150,000~250,000
成交价：RMB 207,000
30cm×49cm 上海匡时 2018-04-30

561 唐 石灰石雕涅盘图舍利棺
估　价：USD 20,000~30,000
成交价：RMB 158,650
纽约苏富比 2018-03-21

470 清 蒋仁款“玉玲珑”太湖石配汉白玉石盆
估　价：RMB 100,000~150,000
成交价：RMB 287,500
高220cm 北京东正 2018-06-17

3094 19至20世纪初 意大利大理石雕西勒诺斯面具
估　价：HKD 140,000~160,000
成交价：RMB 161,800
25.5cm 香港苏富比 2018-04-02

其它雕刻

3007 商 骨雕礼器
估　价：HKD 150,000~200,000
成交价：RMB 303,375
长30.9cm 香港苏富比 2018-04-02

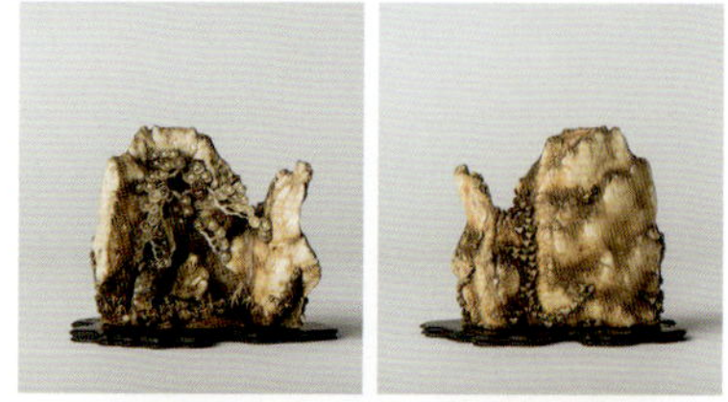

2169 清早期 虬角局部茜色巧作深山高士摆件
估　价：RMB 350,000~450,000
成交价：RMB 402,500
高9.7cm 中贸圣佳 2018-11-24

2993 清中期 玳瑁套金云蝠纹镯子
估　价：RMB 70,000~110,000
成交价：RMB 80,500
直径7.5cm 中国嘉德 2018-06-19

614 清乾隆 杜士元刻渔乐图核舟
估　价：RMB 350,000~500,000
成交价：RMB 552,000
长4.9cm 中贸圣佳 2018-06-20

1215 清乾隆 核雕飞熊 （一对）
估　价：RMB 30,000~50,000
成交价：RMB 63,250
尺寸不一 中贸圣佳 2018-06-20

175 明 菩萨立像
估　价：RMB 180,000
成交价：RMB 287,500
高19.8cm 浙江佳宝 2018-07-01

2979 清 核雕瑞兽人物图项链
估　价：HKD 200,000~300,000
成交价：RMB 421,325
长115.5cm 佳士得 2018-11-28

1983 清 金刚菩提十八子 （一对）
估　价：RMB 250,000~300,000
成交价：RMB 287,500
菩提长：2.5cm；翡翠长：2.6cm 中贸圣佳
2018-11-24

1217 清 汝南山人款核雕手串
估　价：RMB 40,000~50,000
成交价：RMB 161,000
长21cm 中贸圣佳 2018-06-20

2131 清 鹤顶红雕人物摆件
估　价：RMB 80,000~120,000
成交价：RMB 103,500
长19cm 北京翰海 2018-06-30

2024 玉化砗磲雕刻观音摆件
估　价：RMB 30,000~50,000
成交价：RMB 34,500
高35cm 广东崇正 2018-07-05

408 清 根雕如意
估　价：HKD 120,000~180,000
成交价：RMB 114,554
长35.3cm 中国嘉德 2018-04-02

3079 清 胡桃（一对）
估　价：HKD 20,000~30,000
成交价：RMB 121,350
长3.5cm 香港苏富比 2018-04-02

2081 清 菩提串
估　价：RMB 2,000
成交价：RMB 103,500
北京翰海 2018-09-16

钟 表

2362 百达翡丽 2499型号极重要及非常罕有粉红金万年历计时腕表备月相显示，由蒂芙尼发行，机芯编号869438，表壳编号2637713，年份1971。
估 价：HKD 12,000,000~18,000,000
成交价：RMB 20,509,440
香港苏富比 2018-10-02

2392 百达翡丽 非常卓越及罕有，白金双表盘机械腕表，备珐琅及手工雕饰工艺，及十二项复杂功能：包括大教堂音簧三问报时、陀飞轮、万年历、逆返日历、星空图、月相、星体轨迹、恒星时，型号6002G，年份约2014，附原厂证书
成交价：RMB 18,521,280
直径44mm 保利香港 2018-10-01

3797 约1920年制 百达翡丽 型号1494M 全球唯一 精致铜镀金掐丝珐琅 太阳能小台钟
估 价：RMB 1,180,000~1,500,000
成交价：RMB 1,322,500
高度约22cm 北京保利 2018-06-18

2391 百达翡丽 非常精美独特，巴克拉水晶机械圆顶座钟，“水晶吊灯”，型号10005M-001，年份约2013
估 价：HKD 1,100,000~1,500,000
成交价：RMB 1,050,082
直径55mm；高160mm 保利香港 2018-03-31

2483 百达翡丽 非常瑰丽及重要，铂金双表盘腕表，备十二项复杂功能：包括大教堂音簧三问报时、陀飞轮、万年历、逆返日历、星空图、月相、星体轨迹、恒星时，型号5002P，年份约2011，附原厂后补证书
成交价：RMB 9,209,192
直径43mm 保利香港 2018-10-01

2784 江诗丹顿 “KALLA DUCHESSE”瑰丽罕有白金镶钻石酒桶形鍊带腕表，年份约2006
估　价：HKD 3,800,000~6,000,000
成交价：RMB 3,591,960
36.5mm×44mm 香港苏富比 2018-04-02

2265 劳力士 16516型号“COSMOGRAPH DAYTONA”十分精美极为重要铂金计时腕表备珠母贝表盘，表壳编号A712735，年份约1999。
估　价：HKD 3,200,000~4,800,000
成交价：RMB 5,964,480
香港苏富比 2018-10-02

2383 百达翡丽 5002P-001型号“SKY MOON TOURBILLON”非凡罕有重要铂金双表盘腕表备12项复杂功能：包括大教堂音簧三问、陀飞轮、万年历、恒星时间显示、星体移动苍穹图、月相及月行轨迹，机芯编号5000789，表壳编号4561068，年份2013。
估　价：HKD 7,500,000~12,000,000
成交价：RMB 8,475,840
香港苏富比 2018-10-02

2534 劳力士，极罕有及非常精细，18k金腕表
估　价：HKD 3,800,000~6,000,000
成交价：RMB 7,973,840
佳士得 2018-05-27

2494 理查德·米勒 非常独特罕有，限量版钛金属及纳米陶瓷酒桶形镂空机械腕表，备陀飞轮，“TOURBILLON SKULL”，型号RM52-01，限量30枚，年份约2012，附原厂表盒
成交价：RMB 5,250,410
42.7mm×50mm×15.95mm 保利香港 2018-03-31

2378 理查德·米勒 非常精致罕有，限量版NTPT碳纤维酒桶型陀飞轮双时区腕表，备70小时动力储备及扭力显示，“RM003 AO Ti-CA”，限量生产5枚，年份约2015，附原厂证书及表盒
成交价：RMB 3,961,496
42×50mm 保利香港 2018-10-01

2489 爱彼，非常精细及极罕有，18k白金镂空腕表
估 价：HKD 1,200,000~2,000,000
成交价：RMB 1,421,000
佳士得 2018-05-27

2406A 卡地亚 “TUTTI FRUTTI” 非常精美罕有女装白金镶钻石及宝石炼带腕表，表壳编号983085，年份约2003
估 价：HKD 800,000~1,200,000
成交价：RMB 1,635,000
香港苏富比 2018-10-02

2371 伯爵，华丽 ，非常罕有及触目，18k金镶钻石链带腕表
估 价：HKD 1,000,000~2,000,000
成交价：RMB 1,877,750
佳士得 2018-05-27

3796 约2017年制 宇舶 MP-05 LAFERRARI系列 钛金属 黑色PVD镀层 手动上弦腕表 动力储存功能 陀飞轮装置
成交价：RMB 3,105,000
表径52mm 北京保利 2018-06-18

2401 Richard Mille，极罕有及精细，铂金镶长方形钻石酒桶形陀飞轮腕表
估 价：HKD 3,600,000~4,800,000
成交价：RMB 3,589,040
佳士得 2018-05-27

2403 Richard Mille，非常精细及罕有，18K红金酒桶形腕表
估　价：HKD 3,200,000~4,800,000
成交价：RMB 3,199,280
佳士得 2018-05-27

2863 朗格 “RICHARD LANGE TOURBILLON POUR LE MÉRITE - HANDWERKSKUNST”非常精美专卖店限量版蜂蜜金陀飞轮腕表备专利停秒装置及蜂蜜金雕旋转表盘，编号02/15，表壳编号199952，年份2012
估　价：HKD 1,400,000~2,000,000
成交价：RMB 1,415,750
直径43mm 香港苏富比 2018-04-02

2333 梵克雅宝 非常优雅及罕有，女装白金镶钻石及蓝宝石，两用机械腕表及吊坠项链，“VICOMTE”，年份约2009
估　价：HKD 1,200,000~1,800,000
成交价：RMB 1,145,544
直径36mm；长190mm；长230mm 保利香港 2018-03-31

2291 greubel Forsey “QUADRUPLE TOURBILLON”精美罕有限量版铂金陀飞轮腕表备动力储存显示，编号38，年份约2010
估　价：HKD 1,700,000~3,000,000
成交价：RMB 1,853,000
香港苏富比 2018-10-02

2670 雅典 789-80型号“GENGHIS KHAN MINUTE REPEATER”精美绝伦限量版铂金陀飞轮西敏寺钟乐三问腕表备缟玛瑙表盘及活动人偶报时，编号02/30，年份约2012
估　价：HKD 1,200,000~1,800,000
成交价：RMB 1,264,063
直径42mm 香港苏富比 2018-04-02

2286 Roger Smith “SERIES 2”精美及罕有粉红金腕表备动力储存显示、同轴擒纵系统及雕刻表盘，编号08-C，年份2006。
估　价：HKD 1,100,000~1,600,000
成交价：RMB 1,199,000
香港苏富比 2018-10-02

2473 昆仑 瑰丽罕有，限量版白金镶钻石及蓝宝石镂空陀飞轮腕表， 编号6/18，“Classical Billionaire Tourbillon”，年份约2010
估　价：HKD 1,100,000~1,700,000
成交价：RMB 1,131,856
直径46mm 保利香港 2018-10-01

2393 高珀富斯，极精细，非常罕有及触目，18k红金腕表
估　价：HKD 1,800,000~2,500,000
成交价：RMB 2,643,260
佳士得 2018-11-26

2409 积家，非常精细，极罕有及触目，18k白金镶长方形钻石半镂空腕表
估　价：HKD 1,500,000~2,200,000
成交价：RMB 1,995,750
佳士得 2018-11-26

2384 朗格，极精细，非常罕有及触目，铂金腕表
估　价：HKD 2,400,000~4,000,000
成交价：RMB 2,643,260
佳士得 2018-11-26

2482 百达翡丽，极精细及非常罕有，铂金自动上弦腕表
估　价：HKD 2,400,000~4,000,000
成交价：RMB 2,643,260
佳士得 2018-11-26

2515 劳力士，非常罕有及极吸引，不锈钢链带腕表
估　价：HKD 1,750,000~3,200,000
成交价：RMB 1,995,750
佳士得 2018-11-26

2435 Richard Mille，非常精细及极罕有，钛金属酒桶形自动上弦镂空腕表
估　价：HKD 1,650,000~2,300,000
成交价：RMB 1,884,875
佳士得 2018-11-26

2504 劳力士，非常罕有及吸引，18k金自动上弦腕表
估　价：HKD 1,700,000~2,400,000
成交价：RMB 1,884,875
佳士得 2018-11-26

2428 Richard Mille，非常精细及极罕有，钛金属酒桶形自动上弦镂空腕表
估　价：HKD 1,500,000~2,200,000
成交价：RMB 1,663,125
佳士得 2018-11-26

2394 高珀富斯，非常精细，极罕有及吸引，18k红金腕表
估　价：HKD 1,400,000~2,000,000
成交价：RMB 1,663,125
佳士得 2018-11-26

2392 江诗丹顿，独一无二及非常精细，铂金枕形自动上弦腕表
估　价：HKD 1,200,000~2,000,000
成交价：RMB 1,774,000
佳士得 2018-11-26

2311 罗杰杜彼，黑色DLC涂层钛金属腕表
估　价：RMB 1,000,000~1,500,000
成交价：RMB 1,150,000
华艺国际 2018-11-17

2442 罗杰·杜比 精致罕有，黑色钛金属镂空双陀飞轮机械腕表，“EXCALIBUR 双体飞行陀飞轮”，限量88枚，年份约2015，附原厂证书及表盒
估 价：HKD 1,200,000~2,000,000
成交价：RMB 1,145,544
直径47mm 保利香港 2018-03-31

2266 真力时EL PRIMERO系列18K玫瑰金镶钻陀飞轮计时功能腕表
估 价：RMB 600,000~800,000
成交价：RMB 759,000
华艺国际 2018-05-22

铜 器

佩饰件

518 西周 青铜兽面饰（一对）
估 价：GBP 3,000~5,000
成交价：RMB 32,340
长6.2cm 伦敦苏富比 2018-05-18

6703 春秋 铜错金银兽头
估 价：HKD 1,000
成交价：RMB 38,976
高6cm 万昌斯 2018-05-30

1001 战国 铜错金银螭龙纹车饰件
估 价：HKD 50,000~70,000
成交价：RMB 51,448
宽7cm 中国嘉德 2018-10-02

7637 战国 铜嵌玉错金银带钩
估 价：HKD 50,000
成交价：RMB 149,016
长13.7cm 万昌斯 2018-11-29

7632 西汉 铜鎏金银配件（一组七件）
估 价：HKD 50,000
成交价：RMB 202,236
最大高13.9cm 万昌斯 2018-11-29

304 六朝 铜鎏金铺首（一对）
估 价：HKD 60,000~80,000
成交价：RMB 57,277
高19cm 中国嘉德 2018-04-02

7909 唐 铜“西域人物”纹净水瓶
估 价：HKD 50,000
成交价：RMB 138,372
高26.5cm 万昌斯 2018-11-29

79 元/明 铜鎏金自在观音坐像
估 价：HKD 3,000,000~4,000,000
成交价：RMB 4,772,060
高35cm 邦瀚斯 2018-11-27

3029 13~14世纪 菩萨手
估 价：RMB 1,200,000~1,600,000
成交价：RMB 4,140,000
长155cm 古天一 2018-06-17

5153 元 铜鎏金彩漆填珐琅皇子立像
估 价：RMB 2,000,000~3,000,000
成交价：RMB 3,220,000
高14.7cm 北京保利 2018-06-19

1340 元 铜点金汉熊
估　价：RMB 250,000~350,000
成交价：RMB 402,500
高17cm 中贸圣佳 2018-06-20

7642 北魏 铜鎏金铺首（一对）
估　价：HKD 80,000
成交价：RMB 180,948
最大长21.1cm 万昌斯 2018-11-29

3170 明 铜狻猊摆件（一对）
估　价：RMB 120,000~200,000
成交价：RMB 138,000
高19.2cm×2 北京匡时 2018-12-05

1630 13-14世纪 不动明王擦模
估　价：RMB 350,000~400,000
成交价：RMB 552,000
高10cm 中贸圣佳 2018-06-20

6051 明代 铜质错金银嵌松石“龙食鱼”带钩
估　价：RMB 150,000~200,000
成交价：RMB 586,500
长17.3cm；重280g 中国嘉德 2018-06-19

84 18世纪 铜胎珐琅花卉斋戒牌
估　价：HKD 80,000~150,000
成交价：RMB 77,952
高5.5cm 香港诚昌 2018-05-30

7927 二里头文化 铜嵌绿松石“兽面”纹牌饰
估　价：HKD 80,000
成交价：RMB 202,236
长16.4cm 万昌斯 2018-11-29

陈设件

1120 汉 鎏金青铜龙首
估　价：USD 6,000~8,000
成交价：RMB 128,288
长14.6cm 纽约佳士得 2018-09-13

637 明 铜佛狮戏绣球摆件
估　价：USD 60,000~80,000
成交价：RMB 475,950
纽约苏富比 2018-03-21

2642 十八世纪 铜将军宝像
估　价：RMB 100,000~150,000
成交价：RMB 126,500
高18cm 北京匡时 2018-12-05

5208 清乾隆 铜鎏金嵌翡翠福禄寿吉祥如意
估　价：RMB 650,000~850,000
成交价：RMB 1,150,000
长48cm 北京保利 2018-06-19

81 十五/十六世纪 铜漆金狮吼观音坐像
估　价：HKD 1,200,000~1,800,000
成交价：RMB 1,995,750
高67cm 邦瀚斯 2018-11-27

2120 清代 铜鎏金释迦牟尼佛
估　价：RMB 180,000~200,000
成交价：RMB 828,000
高8.5cm 古天一 2018-12-08

1958 清早期 铜仿犀角山水人物觥
估　价：RMB 300,000~400,000
成交价：RMB 345,000
高15.8cm；重1885g 中贸圣佳 2018-11-24

3101 商晚期 兽面纹天黾己方鼎
估　价：HKD 7,500,000~8,500,000
成交价：RMB 13,364,680
高21.2cm；宽17.8cm 保利香港 2018-04-02

3112 商晚期 青铜饕餮纹鬲鼎
估　价：HKD 2,500,000~4,000,000
成交价：RMB 2,572,400
高21.4cm 保利香港 2018-10-02

1110 商晚期 青铜饕餮纹鼎
估　价：USD 200,000~300,000
成交价：RMB 1,624,975
高23.5cm 纽约佳士得 2018-09-13

1106 商晚期 鼎方彝
估　价：USD 800,000~1,200,000
成交价：RMB 6,653,845
高24cm 纽约佳士得 2018-09-13

968 商晚期 青铜兽面纹鬲鼎
估　价：RMB 3,500,000~5,000,000
成交价：RMB 4,830,000
高20.6cm 西泠拍卖 2018-07-07

3105 西周晚期 青铜龙纹鼎
估　价：HKD 5,000,000~5,500,000
成交价：RMB 8,591,580
高53.5cm；宽48cm 保利香港 2018-04-02

467 明 仿古青铜饕餮纹方鼎
估 价：GBP 4,000~6,000
成交价：RMB 312,620
16.5cm 伦敦苏富比 2018-05-18

1225 宋/明 铜饕餮纹三足鼎（错金银）
估 价：RMB 800,000~1,000,000
成交价：RMB 920,000
高43.5cm；直径30cm 华艺国际 2018-11-16

3103 商 青铜兽面纹簋
估 价：HKD 1,200,000~1,500,000
成交价：RMB 2,863,860
宽26cm 保利香港 2018-04-02

969 西周晚期 青铜史颂簋
估 价：RMB 8,000,000~15,000,000
成交价：RMB 13,800,000
高27.8cm 西泠拍卖 2018-07-07

973 西周早期 青铜伯弘簋
估 价：RMB 1,800,000~2,800,000
成交价：RMB 2,070,000
高14.3cm 西泠拍卖 2018-07-07

5773 明 铜错金银甗
估 价：RMB 150,000~200,000
成交价：RMB 253,000
高26cm 北京保利 2018-06-20

1114 西周早期 芮史鬲
估　价：USD 250,000~350,000
成交价：RMB 3,369,685
高18cm 纽约佳士得 2018-09-13

77 明 铜错金银天鸡尊
估　价：GBP 100,000~150,000
成交价：RMB 3,283,588
高37cm 伦敦佳士得 2018-05-15

3108 商晚期或西周早期 卫箙父辛尊
估　价：HKD 6,000,000~8,000,000
成交价：RMB 8,746,160
高31cm 保利香港 2018-10-02

183 商 殷墟时期 裸井尊
估　价：USD 650,000~850,000
成交价：RMB 9,955,110
纽约苏富比 2018-09-12

26 春秋 青铜鹰首提梁壶
估　价：HKD 800,000~1,500,000
成交价：RMB 779,520
高36cm 香港诚昌 2018-05-30

1260 宋/明 铜错金银龙纹壶
估　价：USD 10,000~15,000
成交价：RMB 701,305
高28.9cm 纽约佳士得 2018-09-13

3635 十八世纪 御制铜夔凤耳六方大壶连座
估　价：HKD 800,000~1,000,000
成交价：RMB 960,688
总 61cm 香港苏富比 2018-04-03

965 商晚期 青铜父丁爵
估　价：RMB 800,000~1,200,000
成交价：RMB 1,552,500
高20.2cm 西泠拍卖 2018-07-07

4300 清乾隆 铜兽面纹爵杯
估　价：RMB 60,000~90,000
成交价：RMB 109,250
高17.5cm 中国嘉德 2018-01-14

7788 西汉 铜鎏金银卮杯
估　价：HKD 120,000
成交价：RMB 298,032
高17.1cm 万昌斯 2018-11-29

曹秋舫藏大吉壶、陈子清拓片补绘铁骨红中堂并隶书六言联
估　价：RMB 1,300,000~1,600,000
成交价：RMB 2,185,000
壶高36.5cm；中堂115cm×50cm；对联132.5cm×32.2cm×2 中贸圣佳 2018-11-24

3101 商晚期 青铜凤鸟纹觯
估　价：HKD 300,000~500,000
成交价：RMB 432,163
高13cm 保利香港 2018-10-02

977 商晚期 青铜父癸隹觚
估　价：RMB 400,000~600,000
成交价：RMB 920,000
高33cm 西泠拍卖 2018-07-07

972 商晚期 青铜庚卣
估　价：RMB 1,000,000~1,800,000
成交价：RMB 1,725,000
带梁高31cm 西泠拍卖 2018-07-07

584 西周初 公元前十世纪 青铜凤鸟纹卣
估　价：USD 300,000~500,000
成交价：RMB 2,062,450
纽约苏富比 2018-03-21

3103 商晚期/西周早期 青铜牺首夔龙纹父丁卣
估　价：HKD 5,000,000~7,000,000
成交价：RMB 8,025,888
高28cm 保利香港 2018-10-02

583 商 殷墟时期 青铜饕餮纹卣
估　价：USD 1,500,000~2,500,000
成交价：RMB 12,279,510
高28.7cm 纽约苏富比 2018-03-21

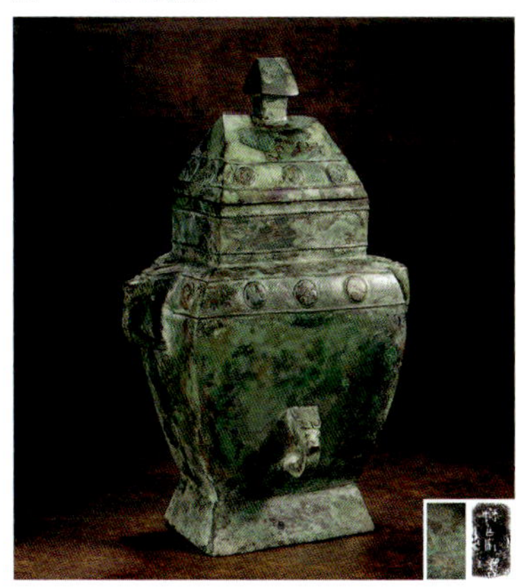

983 西周早期 青铜方罍
估　价：RMB 1,200,000~1,600,000
成交价：RMB 1,380,000
高35.5cm 西泠拍卖 2018-07-07

514 商晚期 青铜兽面夔龙纹大圆斝
估　价：HKD 800,000~1,000,000
成交价：RMB 1,543,440
高30.2cm 中国嘉德 2018-10-02

1116 战国 青铜交龙纹神鸟足盉
估　价：USD 100,000~150,000
成交价：RMB 1,881,550
宽26.6cm 纽约佳士得 2018-09-13

1784 宋 仿西周青铜蓥
估　价：RMB 280,000~500,000
成交价：RMB 552,000
高18.2cm；通径34.5cm 西泠拍卖 2018-07-07

3110 西周晚期 镂空环带纹柄青铜铺
估　价：HKD 800,000~1,200,000
成交价：RMB 823,168
直径27.5cm 保利香港 2018-10-02

3080 清乾隆 御制螭龙纹局部鎏金带盖铺首尊
估　价：RMB 1,500,000~2,000,000
成交价：RMB 1,897,500
直径11.7cm；高18.3cm 中贸圣佳 2018-11-24

585 西周末 公元前八世纪 青铜匜
估　价：USD 80,000~120,000
成交价：RMB 1,031,225
纽约苏富比 2018-03-21

2901 隋／初唐 响铜象首瓶
估　价：HKD 400,000~600,000
成交价：RMB 710,500
高24.2cm 佳士得 2018-05-30

938 唐 铜长颈瓶
估　价：HKD 100,000~150,000
成交价：RMB 164,634
高21.8cm 中国嘉德 2018-10-02

834 清雍正 御制精铜福山寿海龙纹弦纹大瓶
估　价：RMB 12,000,000~15,000,000
成交价：RMB 20,700,000
高65cm 北京东正 2018-06-17

3005 明万历 局部鎏金铜六方长颈撇口瓶
估　价：HKD 150,000~200,000
成交价：RMB 171,913
40.1cm 香港苏富比 2018-04-02

1302 清雍正 莲瓣纹铜香瓶
估　价：RMB 120,000~180,000
成交价：RMB 230,000
高16cm；重546.7g 中贸圣佳 2018-06-20

629 清乾隆 御制诗龙凤纹大投壶
估　价：RMB 4,500,000~5,500,000
成交价：RMB 7,762,500
高45.4cm 中贸圣佳 2018-06-20

6864 清同治 铜鎏金“龙”纹碗
估　价：HKD 65,000
成交价：RMB 146,160
直径10.7cm 万昌斯 2018-05-30

5081 清乾隆 御制仿古铜描金夔龙纹小香盒
估　价：RMB 3,200,000~5,200,000
成交价：RMB 5,635,000
直径5.1cm 北京保利 2018-06-19

6179 清 铜鎏金嵌宝鼻烟盒
估　价：RMB 25,000~35,000
成交价：RMB 149,500
长7.8cm 北京保利 2018-12-09

6710 汉 铜错金银盖盒
估　价：HKD 1,000
成交价：RMB 31,181
直径6.3cm 万昌斯 2018-05-30

3950 明 错金银铜牛形盒
估　价：RMB 270,000~300,000
成交价：RMB 310,500
高16cm 北京匡时 2018-06-16

966 西周中期 青铜兽体卷曲纹盘
估　价：RMB 1,500,000~2,500,000
成交价：RMB 2,760,000
高14.5cm；带耳宽39.5cm 西泠拍卖 2018-07-07

3104 战国 蟠螭纹立人拔剑形足提环盘（炉）
估　价：HKD 3,800,000~4,200,000
成交价：RMB 3,723,018
高11.6cm；直径40cm 保利香港 2018-04-02

1306 明 铜人物香盘
估　价：RMB 400,000~600,000
成交价：RMB 517,500
直径16.2cm；高2cm 中贸圣佳 2018-06-20

3154 清早期 铜天鸡耳法盏
成交价：RMB 322,000
直径12.6cm 中国嘉德 2018-06-19

铜　炉

7780 西汉 铜鎏金博山炉
估　价：HKD 50,000
成交价：RMB 106,440
高13.8cm 万昌斯 2018-11-29

1336 宋 仿春秋羽翅纹铜朝冠耳炉
估　价：RMB 220,000~260,000
成交价：RMB 253,000
高10.6cm；重729g 西泠拍卖 2018-07-07

1333 元 双龙炉
估　价：RMB 140,000~160,000
成交价：RMB 161,000
高14cm；重411.7g 中贸圣佳 2018-06-20

4490 明早期 宫廷胡人戏狮香熏
估 价：RMB 3,200,000~3,600,000
成交价：RMB 3,795,000
47cm × 23cm × 46cm；21kg 中国嘉德
2018-11-20

3215 明早期 铜鎏金宝鸭熏炉
估 价：HKD 1,800,000~2,800,000
成交价：RMB 1,852,128
长45cm 保利香港 2018-10-02

4654 明正德 阿文筒式炉
估 价：RMB 1,200,000~1,500,000
成交价：RMB 1,840,000
高10.3cm；重2050.5g 中国嘉德 2018-06-18

3078 明崇祯 “崇祯庚辰年周望张制”铜蚰耳炉
估 价：RMB 1,500,000~1,800,000
成交价：RMB 1,840,000
长20.3cm；重1815g 中贸圣佳 2018-11-24

651 明万历 胡文明制石语斋款瓿式炉
估 价：RMB 1,200,000~1,800,000
成交价：RMB 1,610,000
高8.3cm；重702.9g 中贸圣佳 2018-06-20

3675 明末 铜象耳簋式炉 连座
估 价：HKD 800,000~1,200,000
成交价：RMB 1,308,000
宽 20.6cm; 香港苏富比 2018-10-03

3077 明 映帷斋制天鸡法盏炉
估　价：RMB 1,500,000~1,800,000
成交价：RMB 1,897,500
高12cm；重1760g 中贸圣佳 2018-11-24

4438 明 “菊庵清玩”铜马槽炉
估　价：RMB 800,000~1,000,000
成交价：RMB 1,725,000
13cm×9.8cm×7.2cm；1791g 中国嘉德 2018-11-20

3133 明 桥耳花形三足炉
估　价：RMB 800,000~1,200,000
成交价：RMB 1,035,000
高10.5cm 北京匡时 2018-12-05

3136 明 莲瓣纹钵式炉
估　价：RMB 400,000~600,000
成交价：RMB 977,500
高6.5cm 北京匡时 2018-12-05

3824 明 大明宣德五年款铜阿拉伯文三足炉
估　价：RMB 800,000~1,200,000
成交价：RMB 1,955,000
口径20.5cm；重5908g 西泠拍卖 2018-07-08

1743 明 大明宣德元年武英殿用款铜鎏金高浮雕赶珠龙纹冲天耳炉
估　价：RMB 500,000~800,000
成交价：RMB 1,380,000
高22.6cm；重8000g 西泠拍卖 2018-07-07

1309 明 铜兽胡人香熏
估　价：RMB 500,000~600,000
成交价：RMB 747,500
长51cm；高44cm 中贸圣佳 2018-06-20

6333 清早期 押经炉
估　价：RMB 400,000~600,000
成交价：RMB 552,000
口径12.9cm；重1825g 北京保利 2018-12-09

5203 清早期 台几式炉
估　价：RMB 1,600,000~2,600,000
成交价：RMB 2,645,000
高7.5cm；重1115g 北京保利 2018-06-19

653 清初 兽耳含环钵式炉
估 价：RMB 1,200,000~1,800,000
成交价：RMB 2,357,500
高11.8cm；重2419.9g 中贸圣佳 2018-06-20

1314 清初 宣德款大鬲炉
估 价：RMB 1,200,000~1,600,000
成交价：RMB 1,725,000
直径32.5cm；重7665g 中贸圣佳 2018-06-20

6339 清康熙 鬲式炉
估 价：RMB 400,000~600,000
成交价：RMB 575,000
宽13cm；重985g 北京保利 2018-12-09

4655 清早期 圈足押经炉 连座
估 价：RMB 1,600,000~1,900,000
成交价：RMB 1,840,000
直径18.4cm；炉重4227g 中国嘉德 2018-06-18

3784 清康熙 燕邸施制款铜戟耳马槽炉
估 价：RMB 1,200,000~2,000,000
成交价：RMB 3,105,000
高6.9cm；重1770g 西泠拍卖 2018-07-08

3079 清康熙 四方大鼎式炉连座
估 价：RMB 4,000,000~6,000,000
成交价：RMB 5,290,000
高32.5cm；重12700g 中贸圣佳 2018-11-24

6340 清雍正 蚰耳炉
估 价：RMB 400,000~600,000
成交价：RMB 632,500
宽15.8cm；重1135g 北京保利 2018-12-09

1221 清乾隆 铜钵式炉
估 价：RMB 2,600,000~3,600,000
成交价：RMB 3,450,000
长48cm；高30cm；重44150g 华艺国际 2018-11-16

654 清康熙 象耳簋式炉连座
估 价：RMB 1,200,000~1,800,000
成交价：RMB 1,380,000
直径26.7cm；重7665g 中贸圣佳 2018-06-20

598 清雍正 铜鎏金如意卷草纹五足小熏炉
估 价：USD 20,000~30,000
成交价：RMB 1,348,525
纽约苏富比 2018-03-21

2066 清乾隆 铜双龙戏珠西番莲纹四方炉
估 价：RMB 450,000~500,000
成交价：RMB 517,500
长12cm；重1474g 古天一 2018-12-08

4665 清乾隆 铜洒金摩羯耳四足盖炉
估　价：RMB 1,200,000~1,500,000
成交价：RMB 1,955,000
高22.6cm；重2704g 中国嘉德 2018-06-18

641 清乾隆 铜鎏金嵌银八宝纹三足炉
估　价：RMB 800,000~1,000,000
成交价：RMB 1,092,500
高31cm 保利厦门 2018-01-08

铜　镜

73 战国 嵌绿松石三活环镀银铜镜
估　价：HKD 60,000~80,000
成交价：RMB 152,600
直径9cm 佳士得 2018-10-04

1001 汉 青铜四乳四神镜
估　价：RMB 120,000~150,000
成交价：RMB 149,500
直径21cm 西泠拍卖 2018-07-07

1003 六朝 青铜青盖作龙虎铭文镜
估　价：RMB 120,000~150,000
成交价：RMB 149,500
直径16cm 西泠拍卖 2018-07-07

993 隋 青铜四灵飞天镜
估　价：RMB 600,000~1,200,000
成交价：RMB 690,000
直径18.8cm 西泠拍卖 2018-07-07

990 唐 青铜双凤双兽花草菱花镜
估　价：RMB 1,200,000~2,000,000
成交价：RMB 1,667,500
直径23cm 西泠拍卖 2018-07-07

989 唐 青铜千秋单龙葵花镜
估　价：RMB 1,000,000~1,500,000
成交价：RMB 1,610,000
直径21.2cm 西泠拍卖 2018-07-07

991 唐 青铜银背瑞兽花鸟葵花镜
估　价：RMB 1,000,000~1,500,000
成交价：RMB 1,150,000
直径15cm 西泠拍卖 2018-07-07

1005 元 铜鎏金准提观音镜
估　价：RMB 200,000~300,000
成交价：RMB 322,000
直径9.7cm 西泠拍卖 2018-07-07

1004 元 青铜云龙纹大型镜
估　价：RMB 80,000~120,000
成交价：RMB 126,500
直径42.5cm 西泠拍卖 2018-07-07

2315 “千秋”铭飞天龙纹镜
估　价：RMB 1,200,000~2,200,000
成交价：RMB 1,380,000
直径21.2cm；厚0.6cm；重1125g 中贸圣佳
2018-11-24

2263 “罗汉渡海”人物故事镜
估　价：RMB 1,000,000~2,000,000
成交价：RMB 1,150,000
直径18.5cm；厚0.9cm；重875g 中贸圣佳
2018-11-24

2250 菱花形双狮双雀花卉纹镜
估　价：RMB 500,000~1,500,000
成交价：RMB 1,127,000
直径19cm；厚1cm；重1526g 中贸圣佳
2018-11-24

3081 清 大清乾隆甲辰年八棱铜镜
估　价：RMB 5,000,000~6,000,000
成交价：RMB 5,750,000
长19.5cm；重2340g 中贸圣佳 2018-11-24

6690 伏龙钮孔雀海兽葡萄镜（一对）
估　价：RMB 600,000~800,000
成交价：RMB 598,000
直径14.1cm；直径14.2cm；重量720g；724g 北京保利 2018-12-07

6711 七星连弧纹镶嵌镜
估　价：RMB 600,000~900,000
成交价：RMB 793,500
直径18.5cm；重量468g 北京保利 2018-12-07

6733 三龙海兽葡萄镜
估　价：RMB 450,000~600,000
成交价：RMB 517,500
直径21.4cm；重量2480g 北京保利 2018-12-07

6714 内连弧纹八龙镜
估　价：RMB 600,000~800,000
成交价：RMB 690,000
直径24.5cm 北京保利 2018-12-07

2306 龙虎孔子羊瑞兽画像镜
估　价：RMB 780,000~1,500,000
成交价：RMB 897,000
直径21.8cm；厚0.8cm；重1225g 中贸圣佳 2018-11-24

288 春秋 青铜饕餮纹镈钟
估　价：HKD 1,500,000~2,000,000
成交价：RMB 2,052,433
高43cm 中国嘉德 2018-04-02

乐　器

2401 清乾隆 御制南吕镈钟
估　价：RMB 2,000,000~3,000,000
成交价：RMB 2,300,000
高52.8cm 中国嘉德 2018-11-20

兵 器

303 春秋 青铜错金银蟠虺纹剑
估 价：HKD 100,000~150,000
成交价：RMB 152,739
长51cm 中国嘉德 2018-04-02

其他物品

2610 明宣德 宣德法器座
估 价：RMB 70,000~80,000
成交价：RMB 460,000
直径11.7cm 中贸圣佳 2018-11-24

6706 秦 青铜错金“铭文”权
估 价：HKD 1,000
成交价：RMB 11,693
直径4.6cm 万昌斯 2018-05-30

7907 唐 铜佛前净水供器（四件）
估 价：HKD 80,000
成交价：RMB 159,660
最大高15.9cm 万昌斯 2018-11-29

581 商末/西周初 青铜饕餮兽面纹杖首
估 价：USD 50,000~70,000
成交价：RMB 793,250
纽约苏富比 2018-03-21

2246 戴比尔斯，铜及钻石沙漏
估 价：HKD 32,000~48,000
成交价：RMB 60,981
佳士得 2018-11-26

2251 明治 安亲作铜家徽纹包银侧把急须
估 价：RMB 110,000~150,000
成交价：RMB 132,250
长10.2cm 北京匡时 2018-12-06

铁 器

3835 明治时代 铁打出古兽纹饰瓶
估 价：HKD 800,000~1,200,000
成交价：RMB 887,000
高37.1cm 佳士得 2018-11-27

3910 江户至明治期 六代龙文堂安之介造提梁嵌金银垒型铁壶
估 价：RMB 90,000~100,000
成交价：RMB 103,500
高21cm 北京匡时 2018-06-16

5411 明 善财童子
估 价：RMB 50,000~60,000
成交价：RMB 57,500
高38.4cm 中贸圣佳 2018-11-25

4499 明治时期 大国寿朗春霞堂道安形鎏金波千鸟铁壶
估 价：RMB 250,000~350,000
成交价：RMB 287,500
高12.8cm 中国嘉德 2018-11-20

6543 清乾隆 铁翦金夔龙纹腰刀
估 价：RMB 450,000~650,000
成交价：RMB 517,500
长94cm 北京保利 2018-12-09

1824 18世纪 铁打出提梁壶
估　价：RMB 150,000~180,000
成交价：RMB 172,500
高14.3cm 西泠拍卖 2018-07-07

3830 江户时代 铁打出云龙香炉
估　价：HKD 200,000~280,000
成交价：RMB 221,750
直径10.5cm 佳士得 2018-11-27

3911 金寿堂初代雨官宗兵卫造嵌金铁壶
估　价：RMB 150,000~180,000
成交价：RMB 172,500
高22cm 北京匡时 2018-06-16

1389 当代 铁艺荷叶摆件
估　价：RMB 30,000~50,000
成交价：RMB 34,500
高340cm 上海匡时 2018-04-30

2947 淡海秀光造极品月夜松景图铁瓶
估　价：RMB 300,000~500,000
成交价：RMB 1,035,000
高21cm 江苏观宇 2018-09-15

2931 三代龙文堂安之介造青龙堂铭凤凰花草金象眼甄口形铁瓶（双款）
估　价：RMB 140,000~150,000
成交价：RMB 161,000
高20cm 江苏观宇 2018-09-15

2573 龟文堂铃木光重造光重系松峰五狱文铁瓶
估　价：RMB 180,000~200,000
成交价：RMB 207,000
高22cm 江苏观宇 2018-04-22

2572 柳富甚次郎款铁包银三环玉摘汤沸
估　价：RMB 120,000~150,000
成交价：RMB 138,000
高19cm 江苏观宇 2018-04-22

1686 龙文堂安之介 金银镶嵌梅兰花卉 铁壶
估 价：RMB 80,000~120,000
成交价：RMB 92,000
高22cm 保利厦门 2018-07-15

锡 器

5038 清中期 陈鸿寿铭诗文汪鸿（小迂）作并刻梅花“却月”锡壶
估 价：RMB 500,000~800,000
成交价：RMB 770,500
宽19cm 北京保利 2018-12-08

3075 清嘉庆 锡胎刻心经莱菔尊
估 价：HKD 60,000~100,000
成交价：RMB 105,008
高20cm 保利香港 2018-04-02

505 清雍正 锡胎椰壳雕龙凤纹碗
估 价：RMB 50,000~80,000
成交价：RMB 69,000
直径19cm 北京保利 2018-04-29

1103 清乾隆 沈朗亭刻铭提梁锡壶
估 价：RMB 20,000~23,000
成交价：RMB 48,300
高11.5cm 上海匡时 2018-04-30

946 清 山水诗文锡质茶叶罐
估 价：HKD 20,000~30,000
成交价：RMB 46,303
直径8cm 中国嘉德 2018-10-02

5389 清道光 朱石梅制并刻诗文各式锡杯（四件）
估　价：RMB 25,000~35,000
成交价：RMB 36,800
宽9.4cm×2；宽8cm×2 北京保利 2018-06-20

2822 徐秀棠制观自在雕塑
估　价：RMB 280,000~300,000
成交价：RMB 322,000
高63cm 江苏观宇 2018-04-22

紫　砂

摆　件

1223 清末民国 蒋燕亭制紫砂立姿佛像
估　价：RMB 270,000~350,000
成交价：RMB 322,000
高45.2cm 中贸圣佳 2018-06-20

茶　具

3630 明 日本京都万福寺旧藏、田能村直入自用时大彬制朱泥调砂扁圆壶
估　价：RMB 100,000~300,000
成交价：RMB 1,092,500
6.2cm×15.3cm 西泠拍卖 2018-07-08

2803 明末清初 龚心钊旧藏 许龙文 青娱轩款紫泥调砂汉鋓壶
估　价：RMB 3,500,000~3,800,000
成交价：RMB 3,565,000
长11.4cm 北京保利 2018-06-20

2802 清乾隆 龚心钊旧藏 王南林 桂花砂倶轮珠壶
估　价：RMB 2,000,000~3,000,000
成交价：RMB 2,300,000
长22.7cm 北京保利 2018-06-20

2753 明末清初 无款紫泥莲台壶
估　价：RMB 450,000~550,000
成交价：RMB 552,000
宽12cm；高5cm 江苏观宇 2018-04-22

917 明末/清初 紫砂扁腹壶
估　价：HKD 300,000~500,000
成交价：RMB 432,163
宽12cm 中国嘉德 2018-10-02

3188 清早期 荆溪君龙制紫泥调砂桑扁壶
估　价：RMB 300,000~500,000
成交价：RMB 586,500
宽19cm；高7cm 江苏观宇 2018-09-16

6005 清乾隆 御制紫砂描金山水诗文方壶
估　价：RMB 800,000~1,200,000
成交价：RMB 920,000
宽15.5cm 北京保利 2018-06-20

3674 清嘉庆 杨彭年制、陈曼生刻阿曼陀室款紫泥井栏壶
估　价：RMB 3,400,000~4,500,000
成交价：RMB 4,140,000
7.3cm×16cm 西泠拍卖 2018-07-08

3681 清中期 瞿子冶刻壶公冶父款紫泥调砂汲直壶
估　价：RMB 1,800,000~2,200,000
成交价：RMB 2,070,000
16.5cm×16.7cm 西泠拍卖 2018-07-08

3656 清中期 瞿子冶刻吉安、月壶款紫泥调砂石瓢壶
估　价：RMB 2,800,000~3,500,000
成交价：RMB 3,220,000
7cm×14.5cm 西泠拍卖 2018-07-08

3269 清中期 杨彭年制紫泥觚棱壶
估　价：RMB 800,000~1,000,000
成交价：RMB 920,000
宽16cm；高10cm 江苏观宇 2018-09-16

3647 清中期 杨彭年制、陈曼生刻阿曼陀室款紫泥笠荫壶
估　价：RMB 1,300,000~1,800,000
成交价：RMB 3,105,000
7cm×13.1cm 西泠拍卖 2018-07-08

1173 清道光 申锡制 玉山刻铭汉瓦壶
估　价：RMB 800,000~850,000
成交价：RMB 920,000
高8cm；宽14.7cm 上海匡时 2018-04-30

3707 清道光 申锡制、瞿子冶刻茶熟香温款紫泥提梁壶
估　价：RMB 380,000~500,000
成交价：RMB 460,000
15.3cm × 11.3cm 西泠拍卖 2018-07-08

118 民国 朱可心制 恺长款 四方隐角竹鼓壶
估　价：RMB 25,000
成交价：RMB 126,500
宽16cm；高7cm 上海泛华 2018-04-15

2524 民国 范大生制鱼化龙壶
估　价：RMB 80,000~100,000
成交价：RMB 109,250
宽17cm；高10cm 江苏观宇 2018-04-22

2750 民国 星辰制造款段泥东坡提梁壶
估　价：RMB 90,000~100,000
成交价：RMB 103,500
宽24cm；高27cm 江苏观宇 2018-04-22

2801 民国 王寅春 仿古朱泥壶
估　价：RMB 300,000~500,000
成交价：RMB 287,500
长18.5cm 北京保利 2018-06-20

3182 民国 俞国良制窸斋款紫泥传炉壶
估　价：RMB 30,000~50,000
成交价：RMB 218,500
宽16cm；高9cm 江苏观宇 2018-09-16

678 20世纪 顾景舟制扁腹壶
估　价：RMB 15,000,000~18,000,000
成交价：RMB 34,500,000
高8cm；长17cm 北京东正 2018-06-17

3231 顾景舟制匏瓜壶
估　价：RMB 3,500,000~4,500,000
成交价：RMB 5,750,000
江苏观宇 2018-09-16

3207 顾景舟制紫砂高僧帽壶
估　价：RMB 2,000,000~2,500,000
成交价：RMB 3,852,500
宽15cm 中国嘉德 2018-06-19

677 20世纪 顾景舟制掇球壶
估　价：RMB 3,000,000~4,000,000
成交价：RMB 4,830,000
高10.5cm；长17.5cm 北京东正 2018-06-17

3192 何道洪制 刘海粟书诗句 徐勇良铭 大集思壶
估　价：RMB 500,000~600,000
成交价：RMB 2,932,500
高26.7cm 中国嘉德 2018-06-19

2806 顾景舟 僧帽壶
估　价：RMB 3,800,000~4,200,000
成交价：RMB 4,370,000
长12.7cm 北京保利 2018-06-20

1168 朱可心 松鼠葡萄
估　价：RMB 1,500,000~2,500,000
成交价：RMB 2,530,000
长25.5cm；高15.5cm 北京翰海 2018-06-29

681 20世纪 汪寅仙制束柴三友壶
估　价：RMB 1,000,000~1,500,000
成交价：RMB 2,300,000
高9.5cm；长21.5cm 北京东正 2018-06-17

673 20世纪 裴石民制松段壶
估　价：RMB 1,000,000~1,500,000
成交价：RMB 2,300,000
高11cm；长19cm 北京东正 2018-06-17

86 王寅春 六方井盖
估　价：RMB 800,000~1,500,000
成交价：RMB 2,012,500
高9cm；宽14.5cm 上海嘉禾 2018-06-25

676 20世纪 朱可心制一节竹段壶
估　价：RMB 1,000,000~1,500,000
成交价：RMB 2,185,000
高9cm；长20cm 北京东正 2018-06-17

683 20世纪 何道洪制上合桃壶
估　价：RMB 1,000,000~1,500,000
成交价：RMB 1,495,000
高11.5cm；长20.5cm 北京东正 2018-06-17

1206 何道洪 玉顶壶
估　价：RMB 500,000~600,000
成交价：RMB 1,380,000
长16.5cm；高8.5cm 北京翰海 2018-06-29

5049 清 陈曼生铭刻 杨彭年制 高井栏壶
估　价：RMB 800,000~1,200,000
成交价：RMB 943,000
18.2cm × 12cm × 8.5cm；重431g 北京保利 2018-06-19

519 吕俊杰 “风骨”紫砂壶
估　价：RMB 600,000~700,000
成交价：RMB 1,380,000
20cm × 15.5cm × 11cm 北京荣宝 2018-05-18

3337 谢华制弓门提梁壶
估　价：RMB 350,000~400,000
成交价：RMB 667,000
高17cm 中国嘉德 2018-06-19

680 20世纪 汪寅仙制水利壶
估　价：RMB 300,000~400,000
成交价：RMB 575,000
高10.5cm；长18.5cm 北京东正 2018-06-17

3356 高振宇制红泥吟鬲壶（一对）
估　价：RMB 500,000~550,000
成交价：RMB 920,000
宽14.5cm 中国嘉德 2018-06-19

3298 徐汉棠制各式微观壶（八件）
估　价：RMB 30,000~35,000
成交价：RMB 460,000
尺寸不一 中国嘉德 2018-06-19

3336 谢华制玉韵提梁壶
估　价：RMB 350,000~400,000
成交价：RMB 517,500
高13.5cm 中国嘉德 2018-06-19

674 20世纪 吴云根制传炉壶
估　价：RMB 250,000~350,000
成交价：RMB 437,000
高10cm；长18.5cm 北京东正 2018-06-17

679 20世纪 蒋蓉制荷叶藕壶
估　价：RMB 200,000~300,000
成交价：RMB 460,000
高21cm 北京东正 2018-06-17

671 20世纪 储铭制线圆壶
估　价：RMB 200,000~300,000
成交价：RMB 460,000
高6.5cm；长18cm 北京东正 2018-06-17

3188 吕尧臣制雨花石提梁壶
估　价：RMB 50,000~60,000
成交价：RMB 425,500
高18cm 中国嘉德 2018-06-19

3347 孔小明制延年益寿壶
估 价：RMB 300,000~350,000
成交价：RMB 402,500
宽18.3cm 中国嘉德 2018-06-19

2706 清早期 庚辰桂月惠逸公制朱砂高仕壶
估 价：RMB 50,000~55,000
成交价：RMB 1,173,000
宽14.6cm 中国嘉德 2018-11-21

5402 清早期 紫砂胎寿星加漆描金酒令杯
估 价：RMB 90,000~120,000
成交价：RMB 103,500
宽9.5cm 北京保利 2018-06-20

3103 清道光 邵大亨制紫泥大德钟壶
估 价：RMB 4,500,000~5,500,000
成交价：RMB 5,175,000
直径22.2cm；高13cm 中贸圣佳 2018-11-24

1124 1983年制 顾景舟 鹧鸪提梁壶
估 价：RMB 4,800,000~5,500,000
成交价：RMB 7,475,000
高11.6cm 北京保利 2018-12-06

256 吕俊杰 大贵妃紫砂壶
估　价：RMB 600,000~800,000
成交价：RMB 1,265,000
12cm×25cm 北京荣宝 2018-12-03

1123 袁小强 玉盘
估　价：RMB 120,000~150,000
成交价：RMB 287,500
长16cm；高7.5cm 北京翰海 2018-06-29

1030 乾隆 开光彩绘八骏图直口杯（一对）
估　价：RMB 30,000~35,000
成交价：RMB 34,500
高6.2cm；宽8.2cm 上海匡时 2018-04-30

3238 清乾隆 亨慎制铭诗句紫泥凤鋬印花渔笠杯
估　价：RMB 70,000~80,000
成交价：RMB 115,000
宽7.2cm 中国嘉德 2018-06-19

3577 清中期 二泉刻“臣铁保印”款紫泥施釉对杯
估　价：RMB 35,000~50,000
成交价：RMB 46,000
6cm×8cm×2 西泠拍卖 2018-07-08

餐　具

2525 清早期 大明洪武年制款朱泥供碗
估　价：RMB 80,000~100,000
成交价：RMB 92,000
宽19cm；高9cm 江苏观宇 2018-04-22

5345 清乾隆 陈觐侯制朱泥团龙百寿纹宫碗
估　价：RMB 15,000~25,000
成交价：RMB 34,500
直径20cm 北京保利 2018-06-20

3594 清晚期 玉成窑王东石制艾农摹何心舟刻紫砂供盘（一对）
估　价：RMB 140,000~160,000
成交价：RMB 276,000
4.2cm×13.4cm×2 西泠拍卖 2018-07-08

其他器具

3169 明末清初 大彬款铭诗句紫砂铺首高足赏瓶
估　价：RMB 10,000~15,000
成交价：RMB 112,700
高17.6cm 中国嘉德 2018-06-19

205 明末 乌泥 披肩大茶叶罐
估　价：RMB 20,000
成交价：RMB 47,150
宽22cm；高22.5cm 上海泛华 2018-04-15

5344 清 段泥洒红桃形盖盒
估　价：RMB 10,000~20,000
成交价：RMB 184,000
宽8.5cm 北京保利 2018-06-20

3607 清末民国 张剑秋造、黄氏植场监制款紫泥大树桩盆
估　价：RMB 45,000~60,000
成交价：RMB 161,000
28.6cm × 27.8cm × 27.5cm 西泠拍卖 2018-07-08

1281 江玺、范惠萍 来福蟠桃盆
估　价：RMB 100,000~120,000
成交价：RMB 230,000
41.5cm × 38cm × 15cm 北京翰海 2018-06-29

漆 器

古 琴

4307 宋 “开元二年雷霄斫”凤势琴
估 价：RMB 6,000,000~8,000,000
成交价：RMB 6,900,000
通长123cm 中国嘉德 2018-11-20

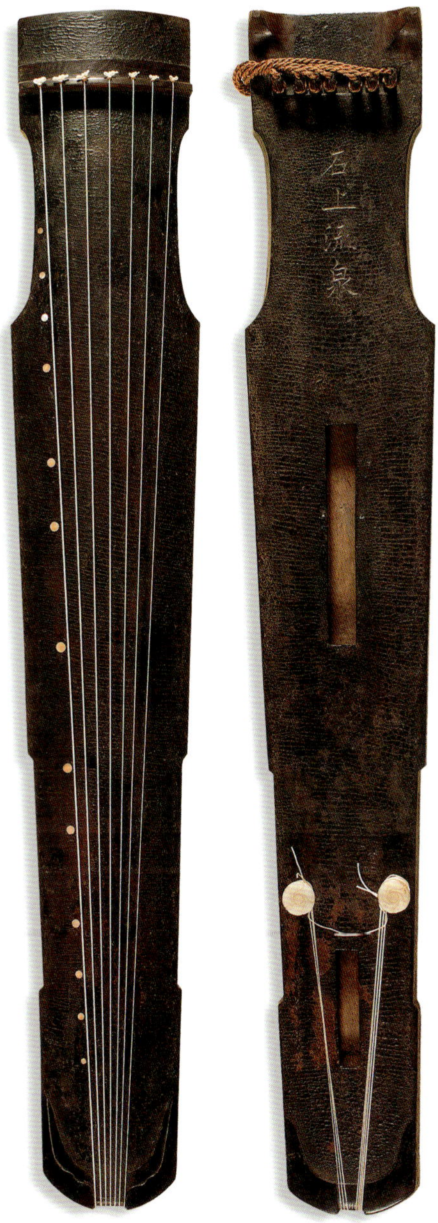

4608 宋 “石上流泉”仲尼式古琴
估 价：RMB 5,600,000~7,800,000
成交价：RMB 8,050,000
通长102.2cm 中国嘉德 2018-06-18

2114 明代 夹纻金漆观音坐像
估 价：RMB 800,000~900,000
成交价：RMB 2,300,000
高90cm 古天一 2018-12-08

571 十五世纪 夹纻乾漆大日如来佛坐像
估 价：USD 20,000~30,000
成交价：RMB 698,060
纽约苏富比 2018-03-21

1493 战国 锥画龙凤几何纹漆盘
估 价：RMB 1,700,000~2,000,000
成交价：RMB 1,955,000
口径27.6；cm 西泠拍卖 2018-07-07

5157 元 剔红高浮雕葡萄纹倭角盘
估 价：RMB 4,500,000~6,500,000
成交价：RMB 8,050,000
长29.2cm 北京保利 2018-06-19

3658 南宋至元 乌面剔犀如意云纹长方盖盒“十四”字
估 价：HKD 500,000~700,000
成交价：RMB 809,000
直径18.2cm 香港苏富比 2018-04-03

3488 南宋 剔犀如意纹盘
估 价：HKD 500,000~800,000
成交价：RMB 720,272
直径31.7cm 保利香港 2018-10-02

5156 元 剔红高士出游楼阁圆形盖盒
估 价：RMB 2,000,000~3,000,000
成交价：RMB 3,105,000
直径26.5cm 北京保利 2018-06-19

3403 明宣德 剔红穿花双凤纹倭角方盘
估　价：HKD 12,000,000~15,000,000
成交价：RMB 14,754,240
39cm 香港苏富比 2018-10-03

1223 元14世纪初 剔红锦鸡牡丹纹长方盘
估　价：USD 180,000~220,000
成交价：RMB 1,453,925
长36.7cm 纽约佳士得 2018-09-13

3421 元十四世纪 剔黑绶鸟牡丹纹倭角方盘
估　价：HKD 1,800,000~2,500,000
成交价：RMB 1,820,250
28.2cm 香港苏富比 2018-04-03

959 元 杨茂制剔犀菊纹盖盒
估　价：RMB 700,000~900,000
成交价：RMB 805,000
直径9.5cm 保利厦门 2018-07-15

2909 明初 剔红牡丹纹圆盒
估　价：HKD 120,000~180,000
成交价：RMB 558,250
直径15cm 佳士得 2018-05-30

1479 元 嵌螺钿庭院人物纹八方捧盒
估　价：RMB 150,000~200,000
成交价：RMB 172,500
直径31cm 西泠拍卖 2018-07-07

5155 元-明初 剔红高士对弈图圆盘
估　价：RMB 1,200,000~1,800,000
成交价：RMB 2,070,000
直径27cm 北京保利 2018-06-19

5756 明宣德 剔红携琴访友图大捧盒
估　价：RMB 1,500,000~2,500,000
成交价：RMB 2,070,000
直径26.5cm 北京保利 2018-06-20

3425 明嘉靖 剔彩龙凤万寿吉祥海棠式盘
估　价：HKD 1,500,000~2,000,000
成交价：RMB 2,427,000
19.7cm 香港苏富比 2018-04-03

640 明嘉靖 剔犀双龙捧寿纹倭角方盘
估　价：RMB 600,000~800,000
成交价：RMB 977,500
长21cm；宽21cm 中贸圣佳 2018-06-20

3031 明嘉靖 戗金填漆凤鹤穿花纹盖盒
估　价：HKD 350,000~550,000
成交价：RMB 324,800
直径42cm 佳士得 2018-05-30

641 明万历 剔红狩猎图碗
估　价：RMB 800,000~1,200,000
成交价：RMB 1,150,000
直径17.7cm；高9.8cm 中贸圣佳 2018-06-20

52 明万历1592年 剔黄双龙云纹长方盘
估　价：HKD 800,000~1,200,000
成交价：RMB 4,878,500
长317cm 邦瀚斯 2018-11-27

1228 16世纪 黑漆螺钿观鹤图海棠式盘
估　价：USD 50,000~70,000
成交价：RMB 1,111,825
长42.8cm 纽约佳士得 2018-09-13

645 明 大漆百宝仕女图捧盒
估　价：RMB 1,500,000~1,800,000
成交价：RMB 1,725,000
长29cm 中贸圣佳 2018-06-20

5784 明 褐漆口沿包铜梅花式小碟（一对）
估　价：RMB 200,000~300,000
成交价：RMB 230,000
直径12.3cm 北京保利 2018-06-20

1889 清乾隆 剔红镶嵌珐琅福山寿海纹如意
估　价：RMB 200,000~250,000
成交价：RMB 575,000
长42.4cm 中贸圣佳 2018-11-24

2358 元 剔红高士图海棠式盘
估 价：RMB 1,200,000~1,800,000
成交价：RMB 1,840,000
宽22.4cm 中国嘉德 2018-11-20

3101 明初 剔红秋葵纹大盘
估 价：RMB 1,500,000~2,000,000
成交价：RMB 1,840,000
直径37.8cm 中贸圣佳 2018-11-24

958 清乾隆 御制剔彩寿春宝盒
估 价：RMB 1,200,000~2,200,000
成交价：RMB 1,380,000
直径31cm 保利厦门 2018-07-15

5443 元—明初 剔红“春江水暖”葵瓣式盘
估 价：RMB 1,500,000~2,000,000
成交价：RMB 4,025,000
直径30.7cm 北京保利 2018-12-12

3441 清乾隆 剔红御制“三清茶”诗茶碗 一对
估 价：HKD 1,000,000~1,500,000
成交价：RMB 1,466,313
11.5cm 香港苏富比 2018-04-03

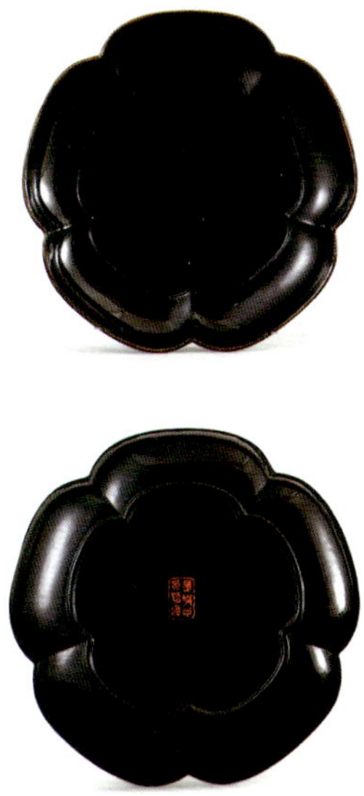

4413 宋 黑漆葵口盘
估 价：RMB 200,000~300,000
成交价：RMB 230,000
直径17cm 中国嘉德 2018-11-20

5444 清乾隆 雕填漆戗金八吉祥福寿菊瓣盘
估　价：RMB 2,300,000~3,300,000
成交价：RMB 3,335,000
宽37cm 北京保利 2018-12-12

2359 明中期 剔红百子图长方盝顶盒
估　价：RMB 2,000,000~3,000,000
成交价：RMB 2,300,000
长21cm 中国嘉德 2018-11-20

3099 明嘉靖 雕填戗金龙凤纹大碗
估　价：RMB 680,000~780,000
成交价：RMB 782,000
直径25.3cm；高10.5cm 中贸圣佳 2018-11-24

3098 清乾隆 剔红狻猊宝盒
估　价：RMB 1,500,000~1,800,000
成交价：RMB 1,840,000
长32.6cm 中贸圣佳 2018-11-24

2161 清乾隆 剔彩龙纹方形捧盒
估　价：RMB 800,000~900,000
成交价：RMB 920,000
30cm×30cm 古天一 2018-12-08

1242 清乾隆 剔红饕餮纹鬲式炉（一对）
估　价：RMB 450,000~550,000
成交价：RMB 575,000
高25cm 华艺国际 2018-11-16

8004 南宋 剔犀拂尘
估　价：HKD 1,000,000~1,500,000
成交价：RMB 1,884,875
长15.5cm 佳士得 2018-11-26

3544 清中期 朱红大漆对联
估　价：RMB 380,000~480,000
成交价：RMB 460,000
30cm×3cm×220cm 北京匡时 2018-06-15

匏　器

3096 清康熙 匏制寿字纹六棱瓶
估　价：RMB 1,000,000~1,500,000
成交价：RMB 1,380,000
高25.8cm 中贸圣佳 2018-11-24

971 清康熙 漆制葫芦碗
估　价：USD 20,000~30,000
成交价：RMB 951,900
直径15.5cm 纽约佳士得 2018-03-22

3401 清康熙 御制模印葫芦团寿莲纹盌
估　价：HKD 650,000~750,000
成交价：RMB 708,500
11.3cm 香港苏富比 2018-10-03

972 清乾隆 漆制的葫芦碗
估　价：USD 20,000~30,000
成交价：RMB 1,110,550
直径15.5cm 纽约佳士得 2018-03-22

3609 清乾隆 匏制花蝶龙蝠纹碗
估　价：HKD 900,000~1,200,000
成交价：RMB 1,090,000
直径17.7cm 香港苏富比 2018-10-03

973 清嘉庆 匏器笔筒
估　价：USD 8,000~12,000
成交价：RMB 1,110,550
高15cm 纽约佳士得 2018-03-22

42 清道光 匏制博古天瑞图钵
估　价：GBP 6,000~8,000
成交价：RMB 237,160
直径10.4cm 伦敦苏富比 2018-05-16

2170 清 王世襄旧藏绾结葫芦成对
估　价：RMB 600,000~800,000
成交价：RMB 690,000
长47.8cm 中贸圣佳 2018-11-24

3411 清乾隆 匏制卷草纹瓶
估　价：HKD 600,000~800,000
成交价：RMB 809,000
高14.2cm 香港苏富比 2018-04-03

974 清嘉庆 匏制葫芦瓶
估　价：USD 20,000~30,000
成交价：RMB 412,490
高27.9cm 纽约佳士得 2018-03-22

织 绣

2709 明万历 七夕龙补
估 价：RMB 150,000~180,000
成交价：RMB 195,500
23cm×23cm 中贸圣佳 2018-11-24

1236 明万历 浅蓝地缂丝龙纹“万年圣寿洪福齐天”补子
估 价：USD 30,000~50,000
成交价：RMB 513,150
宽36.3cm 纽约佳士得 2018-09-13

608 明万历 红缎织彩云金龙纹袍料
估 价：USD 80,000~120,000
成交价：RMB 634,600
纽约苏富比 2018-03-21

2756 明 瑶池集庆图轴
估 价：RMB 100,000~120,000
成交价：RMB 149,500
107cm×180cm 中贸圣佳 2018-11-24

2761 清乾隆 平金彩绣云龙江崖纹坐褥
估 价：RMB 800,000~1,000,000
成交价：RMB 1,035,000
122cm×88cm 中贸圣佳 2018-11-24

2762 清乾隆 明黄地寿桃炕垫
估　价：RMB 400,000~500,000
成交价：RMB 920,000
130cm×89cm 中贸圣佳 2018-11-24

2856 清乾隆 御制黄地织金龙纹海水江崖宝座靠垫
估　价：RMB 200,000~300,000
成交价：RMB 402,500
高60cm 北京荣宝 2018-12-03

2857 清乾隆 御制缂丝龙纹门帘
估　价：RMB 50,000~80,000
成交价：RMB 207,000
119cm×97cm 北京荣宝 2018-12-03

2757 清乾隆 明黄缎地六棱龙纹迎手
估　价：RMB 120,000~150,000
成交价：RMB 184,000
25cm×23cm 中贸圣佳 2018-11-24

1990 清乾隆 缂丝群仙祝寿图
估　价：RMB 1,600,000~3,000,000
成交价：RMB 2,070,000
183cm×89cm 北京翰海 2018-06-30

2858 清乾隆 宫制鹤鹿同春椅披成对（带门帘）
估　价：RMB 50,000~80,000
成交价：RMB 103,500
长165cm 北京荣宝 2018-12-03

1748 清中期 缂丝罗汉像四条屏
估　价：RMB 280,000~500,000
成交价：RMB 460,000
长162cm×4 西泠拍卖 2018-07-07

108 19世纪 红地缂丝仙人图挂屏（一组六件）
估　价：GBP 8,000~12,000
成交价：RMB 539,000
45cm × 220cm 伦敦佳士得 2018-05-15

2720 清 十二章纹龙袍
估　价：RMB 1,000,000~1,200,000
成交价：RMB 1,150,000
199cm × 141cm 中贸圣佳 2018-11-24

2759 清嘉庆 夔龙纹靠垫
估　价：RMB 150,000~180,000
成交价：RMB 368,000
80cm × 73cm 中贸圣佳 2018-11-24

2758 清道光 缠枝莲靠垫
估　价：RMB 80,000~100,000
成交价：RMB 126,500
70cm × 65cm 中贸圣佳 2018-11-24

300 19世纪中 黄地云龙戏珠纹华盖
估　价：GBP 10,000~20,000
成交价：RMB 323,400
504cm × 500cm 伦敦佳士得 2018-05-15

6432 清晚期 粤绣百鸟朝凤挂屏
成交价：RMB 138,000
长131cm 北京保利 2018-06-21

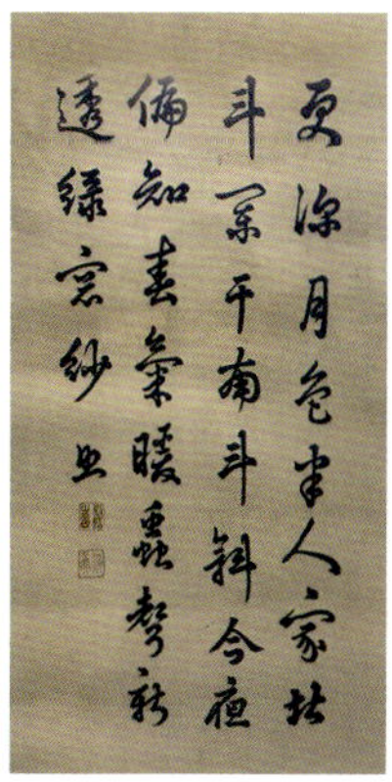

2752 清 刺绣书法
估　价：RMB 100,000~120,000
成交价：RMB 115,000
35cm × 65.5cm 中贸圣佳 2018-11-24

298 清：约1860至1880年 酱地金龙纹缂丝吉服
估　价：GBP 10,000~15,000
成交价：RMB 118,580
宽212.5cm 伦敦佳士得 2018-05-15

1239 清紫地彩凤妆花缎
估　价：RMB 100,000~200,000
成交价：RMB 207,000
742cm × 72.5cm 中贸圣佳 2018-11-25

1242 清黄地团龙纹织锦
估　价：RMB 100,000~200,000
成交价：RMB 115,000
1160cm × 77cm 中贸圣佳 2018-11-25

216 清乾隆缂丝　御制题陈栝画万年青诗并图卷 手卷
估　价：RMB 3,800,000~5,800,000
成交价：RMB 5,290,000
39.5cm × 129cm 华艺国际 2018-05-23

100 清约1800年 黄地缎绣九龙纹炕垫
成交价：RMB 808,500
133cm × 105cm 伦敦佳士得 2018-05-15

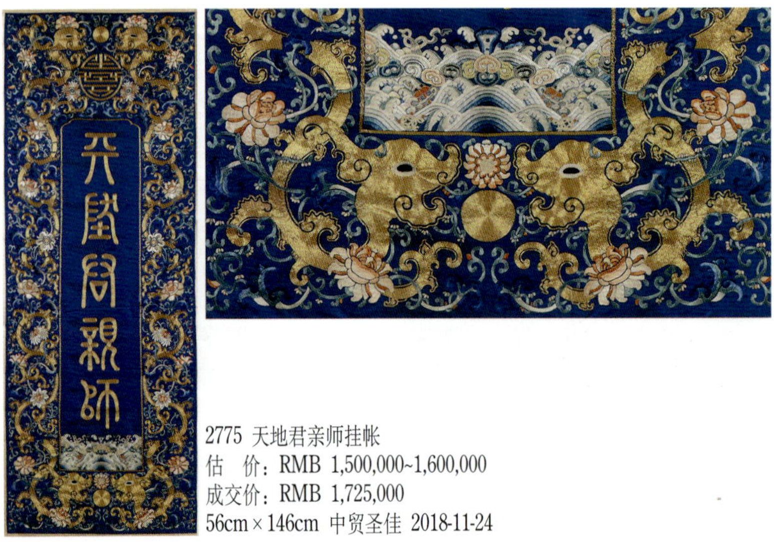

2775 天地君亲师挂帐
估　价：RMB 1,500,000~1,600,000
成交价：RMB 1,725,000
56cm × 146cm 中贸圣佳 2018-11-24

玻璃器

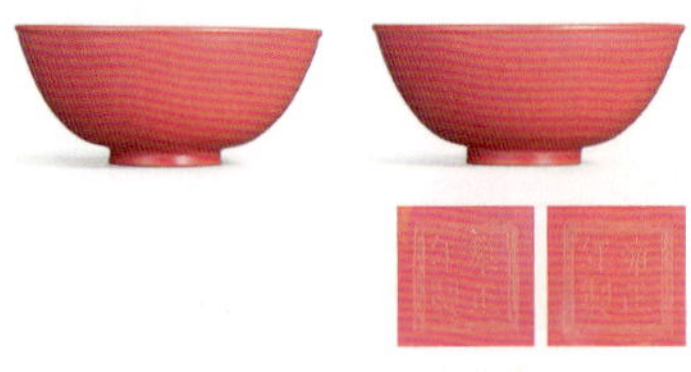

3618 清雍正 粉红料撇口碗（一对）
估　价：HKD 400,000~600,000
成交价：RMB 707,875
直径16.2cm × 2 香港苏富比 2018-04-03

5436 清乾隆 套红料鱼蟹水族三足炉
估 价：RMB 800,000~1,200,000
成交价：RMB 1,150,000
宽14cm 北京保利 2018-12-12

3431 清乾隆 松绿地套宝石红料秋桂图题诗笔筒
估 价：HKD 4,000,000~6,000,000
成交价：RMB 3,980,280
高11.7cm 香港苏富比 2018-04-03

6546 清乾隆 套蓝料天圆地方福寿葫芦瓶
估 价：RMB 800,000~1,200,000
成交价：RMB 920,000
高23cm 北京保利 2018-12-09

2914 清乾隆 涅白地套红料长颈小瓶
估 价：HKD 200,000~300,000
成交价：RMB 710,500
高10.8cm 佳士得 2018-05-30

2913 清乾隆 涅白地套红料三足双耳炉
估 价：HKD 500,000~700,000
成交价：RMB 1,319,500
高6.8cm 佳士得 2018-05-30

2933 清乾隆 御制黄玻璃三足炉
估 价：HKD 600,000~800,000
成交价：RMB 831,563
9.5cm 佳士得 2018-11-28

2934 18世纪初 透明搅色玻璃瓶
估 价：HKD 350,000~550,000
成交价：RMB 332,625
高25cm 佳士得 2018-11-28

321 南宋 年年有余金执壶一把 ；南宋 花卉纹镂空金杯（一对）
估 价：HKD 10,000,000~15,000,000
成交价：RMB 11,692,800
高15.5cm；高4cm 智得拍卖 2018-05-28

6035 明宣德戊申年（1428） 明正统十一年（1446） 龙纹金盖碗 银莲台
估 价：RMB 1,600,000~3,000,000
成交价：RMB 1,840,000
通高19cm 中国嘉德 2018-06-19

7833 金 银鎏金“犀牛望月”带饰（一套）
估 价：HKD 48,000
成交价：RMB 63,864
最大长4.9cm 万昌斯 2018-11-29

7834 元 纯金带饰（一套）
估 价：HKD 100,000
成交价：RMB 287,388
最大长7.4cm 万昌斯 2018-11-29

3834 明治时代 铁打出包银壶
估 价：HKD 650,000~950,000
成交价：RMB 997,875
宽14.3cm 佳士得 2018-11-27

3836 明治时代 片切雕子犬银壶
估　价：HKD 240,000~320,000
成交价：RMB 266,100
宽14cm 佳士得 2018-11-27

327 明代 麒麟金带板（一套二十块）
估　价：HKD 2,800,000~3,500,000
成交价：RMB 2,436,000
智得拍卖 2018-05-28

630 明 铜错金银仿古牺尊
估　价：RMB 2,200,000~2,800,000
成交价：RMB 2,530,000
长38.5cm；高28.2cm 中贸圣佳 2018-06-20

6063 明代 金质“海水江崖”托盘、爵杯（一套）
估　价：RMB 1,300,000~2,600,000
成交价：RMB 1,495,000
通高18.1cm 中国嘉德 2018-06-19

5336 清乾隆 金镂雕缠枝莲扳指
估 价：RMB 200,000~300,000
成交价：RMB 655,500
直径2.7cm 北京保利 2018-12-08

3430 清乾隆 金嵌宝寿桃式盖盒
估 价：HKD 1,000,000~1,200,000
成交价：RMB 1,308,000
直径10.7cm 香港苏富比 2018-10-03

5992 清中期 银胎鎏金转心葫芦瓶
估 价：RMB 1,100,000~1,600,000
成交价：RMB 1,265,000
高37.5cm 北京保利 2018-06-20

1395 清嘉庆 银鎏金八宝纹供碗
估 价：RMB 1,800,000~2,800,000
成交价：RMB 2,185,000
直径16.8cm 北京荣宝 2018-06-14

3111 陈毅谦 银质彩绘天王造像
估 价：RMB 1,300,000~1,600,000
成交价：RMB 1,495,000
高88cm 中贸圣佳 2018-11-24

3464 平成时代 凌云盛之镌"错金银铜镶嵌贝叶草虫纹"银壶
估 价：RMB 550,000~650,000
成交价：RMB 690,000
高22cm 华艺国际 2018-11-17

2247 藏六造兽口金壶
估 价：RMB 400,000~500,000
成交价：RMB 563,500
高17cm 北京匡时 2018-12-06

3463 麻花提梁 磨砂面纯金金壶
估 价：RMB 460,000~520,000
成交价：RMB 552,000
高18cm 华艺国际 2018-11-17

3471 昭和时代 三世藏六造"阿古陀式"银酒铫（一对）
估 价：RMB 350,000~450,000
成交价：RMB 437,000
高13cm 华艺国际 2018-11-17

珐琅器

3428 明永乐至宣德 掐丝珐琅缠枝莲八吉祥藏草瓶
估　价：HKD 20,000,000~30,000,000
成交价：RMB 17,571,480
高25.5cm 香港苏富比 2018-04-03

1218 元 铜胎掐丝珐琅冲天耳炉
估　价：RMB 1,000,000~1,500,000
成交价：RMB 1,150,000
直径10.5cm 华艺国际 2018-11-16

3073 明宣德 铜胎珐琅轴头罐
估　价：RMB 600,000~800,000
成交价：RMB 828,000
高4.9cm 中贸圣佳 2018-11-24

6366 明宣德 铜胎掐丝缠枝番莲纹盘
估　价：RMB 2,000,000~2,500,000
成交价：RMB 2,300,000
直径19.5cm 北京保利 2018-12-09

3075 明 掐丝珐琅瑞狮戏球图贲巴瓶
估　价：RMB 4,000,000~4,800,000
成交价：RMB 5,175,000
高22.5cm 中贸圣佳 2018-11-24

5381 明万历 “大明万历年造”掐丝珐琅烛台
估　价：RMB 180,000~220,000
成交价：RMB 230,000
直径20cm 中贸圣佳 2018-11-25

6368 明中期 铜胎掐丝岁寒三友灵芝纹双龙耳三足炉
估　价：RMB 300,000~400,000
成交价：RMB 437,000
宽19cm 北京保利 2018-12-09

5186 明宣德 御制铜胎掐丝珐琅缠枝花卉纹出戟尊
估　价：RMB 4,500,000~6,500,000
成交价：RMB 6,900,000
高18.2cm 北京保利 2018-06-19

3063 明宣德 铜胎掐丝珐琅缠枝莲出戟尊
估　价：HKD 2,500,000~2,800,000
成交价：RMB 2,482,012
高18.5cm 保利香港 2018-04-02

5839 清康熙 御制铜胎掐丝珐琅仿古缠枝莲纹大铜镜
估 价：RMB 5,000,000~8,000,000
成交价：RMB 6,555,000
直径43.5cm 北京保利 2018-06-20

5385 清早期 珐琅双兽耳带盖方熏
估 价：RMB 110,000~130,000
成交价：RMB 126,500
高31.5cm 中贸圣佳 2018-11-25

5840 清雍正 御制铜胎掐丝珐琅饕餮玉璧纹出戟羊首罍
估 价：RMB 3,000,000~5,000,000
成交价：RMB 4,945,000
高36cmcm；宽39.5cm 北京保利 2018-06-20

5834 清康熙 御制铜胎掐丝珐琅加鎏金镂空雕龙凤纹象足大熏炉
估 价：RMB 1,000,000~1,500,000
成交价：RMB 2,300,000
高54.5cm 北京保利 2018-06-20

6372 清早期 铜胎掐丝双龙赶珠葡萄纹双耳大壶
估 价：RMB 1,000,000~1,500,000
成交价：RMB 1,610,000
高67cm 北京保利 2018-12-09

3057 清雍正/乾隆 铜胎掐丝珐琅云福纹橄榄尊
估 价：HKD 1,500,000~1,800,000
成交价：RMB 2,195,626
高57.5cm 保利香港 2018-04-02

6380 清乾隆 御制铜胎掐丝缠枝莲纹大天球瓶
估 价：RMB 2,100,000~2,600,000
成交价：RMB 2,760,000
高67cm 北京保利 2018-12-09

3074 清乾隆 铜胎画珐琅西洋人物小瓶
估 价：RMB 600,000~800,000
成交价：RMB 690,000
高10cm 中贸圣佳 2018-11-24

6381 清乾隆 铜胎掐丝高士出游图挂屏
估 价：RMB 250,000~300,000
成交价：RMB 322,000
57cm×38cm 北京保利 2018-12-09

6374 清乾隆 铜胎掐丝缠枝莲万蝠纹双耳大壶
估 价：RMB 1,500,000~2,000,000
成交价：RMB 2,185,000
高56cm 北京保利 2018-12-09

6376 清乾隆 铜胎掐丝缠枝花卉蕉叶纹大尊
估 价：RMB 350,000~550,000
成交价：RMB 552,000
高49cm 北京保利 2018-12-09

5853 清乾隆 御制铜胎掐丝珐琅春寿宝盒
估 价：RMB 3,800,000~6,800,000
成交价：RMB 6,785,000
直径20.3cm 北京保利 2018-06-20

5862 清乾隆 御制铜胎掐丝珐琅御制诗文山水挂屏（一对）
估 价：RMB 4,000,000~6,000,000
成交价：RMB 5,290,000
77cm × 40cm × 2 北京保利 2018-06-20

3748 嵌有珠宝的瑞士珐琅黄金音乐工具盒连腕表及自动装置
估 价：HKD 650,000~850,000
成交价：RMB 1,330,500
高86mm 佳士得 2018-11-25

1934 清乾隆 掐丝珐琅公鸡摆件
估 价：RMB 250,000~300,000
成交价：RMB 299,000
高29.7cm 中贸圣佳 2018-11-24

3308 清乾隆 掐丝珐琅太平有象三足盖炉
估 价：HKD 3,000,000~3,800,000
成交价：RMB 2,863,860
高44.1cm 保利香港 2018-04-02

3709 瑞士珐琅黄金音乐香水瓶
估 价：HKD 320,000~550,000
成交价：RMB 421,325
高80mm 佳士得 2018-11-25

567 清乾隆 御用铜鎏金嵌珍珠画珐琅西洋人物纹带扣（一组）
估 价：RMB 1,800,000~2,200,000
成交价：RMB 2,760,000
尺寸不一 上海匡时 2018-04-30

1099 清乾隆 铜胎掐丝珐琅五供
估 价：RMB 2,000,000~3,000,000
成交价：RMB 2,300,000
觚高37.5cm；烛台高44.5cm；炉高46cm 华艺国际 2018-05-23

927 清嘉庆 丝珐琅荷塘盆景（一对）
估 价：RMB 5,800,000~6,800,000
成交价：RMB 6,670,000
高80cm×2；直径36cm×2 保利厦门 2018-07-15

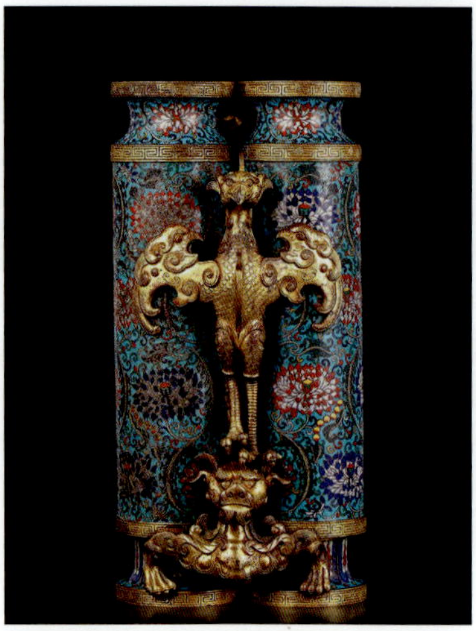

5856 清乾隆 御制铜胎掐丝珐琅缠枝莲纹大英雄双联瓶
估 价：RMB 2,000,000~3,000,000
成交价：RMB 2,300,000
高36.5cm 北京保利 2018-06-20

5209 清乾隆 铜胎掐丝珐琅太平有象八吉祥多宝盒
估 价：RMB 1,800,000~2,500,000
成交价：RMB 2,415,000
高20.5cm 北京保利 2018-06-19

3463 清乾隆 掐丝珐琅麒麟背瓶
估 价：HKD 2,500,000~3,500,000
成交价：RMB 2,621,160
17.3cm 香港苏富比 2018-04-03

鼻烟壶

2656 清乾隆 白玉拨划御题诗牡丹纹葫芦形鼻烟壶
估　价：RMB 800,000~1,600,000
成交价：RMB 1,092,500
高7.2cm 中国嘉德 2018-06-18

2112 清乾隆 苏作玛瑙张骞乘槎玛瑙烟壶
估　价：RMB 600,000~800,000
成交价：RMB 690,000
高6.2cm 中贸圣佳 2018-11-24

1880 清乾隆 白玉双龙寿字纹鼻烟壶
估　价：RMB 1,100,000~1,500,000
成交价：RMB 1,265,000
高6.9cm 西泠拍卖 2018-07-07

3024 18世纪 黄玉冲耳鼻烟盖壶
估　价：HKD 80,000~150,000
成交价：RMB 465,675
总高7cm 佳士得 2018-11-28

2648 清乾隆 御制玛瑙雕龙纹蝈蝈葫芦形鼻烟壶
估　价：RMB 300,000~400,000
成交价：RMB 1,035,000
高5cm 中国嘉德 2018-06-18

1400 清乾隆 苏作白玉观鹤访友图烟壶
估　价：RMB 400,000~600,000
成交价：RMB 632,500
高9.2cm 中贸圣佳 2018-06-20

6160 清中期 苏作黑白玉俏色巧雕仙人采芝诗文烟壶
估　价：RMB 180,000~220,000
成交价：RMB 207,000
高7.5cm 北京保利 2018-12-09

1350 清 老坑翡翠雕女士烟壶
估　价：RMB 200,000~300,000
成交价：RMB 345,000
高5.5cm 北京华辰 2018-11-19

394 清 白玉光素鼻烟壶
估　价：RMB 150,000~200,000
成交价：RMB 345,000
高6.1cm 北京东正 2018-06-17

156 清 白玉鱼化龙烟壶
估　价：RMB 180,000~280,000
成交价：RMB 345,000
高10cm 北京保利 2018-01-21

2010 清代 苏作玛瑙山水人物鼻烟壶
成交价：RMB 105,800
高7cm 古天一 2018-06-17

1275 清雍正 青花高士图烟壶
估　价：RMB 90,000~100,000
成交价：RMB 103,500
高7cm 北京华辰 2018-11-19

2382 清乾隆 粉彩百子图葫芦形鼻烟壶
估　价：RMB 280,000~380,000
成交价：RMB 322,000
高6.8cm 中国嘉德 2018-11-20

5099 清乾隆 矾红御题诗八方烟壶
估　价：RMB 600,000~800,000
成交价：RMB 690,000
高6.1cm 北京保利 2018-06-19

1345 清 青花狮子纹烟壶
估　价：RMB 70,000~80,000
成交价：RMB 89,700
高8cm 北京华辰 2018-11-19

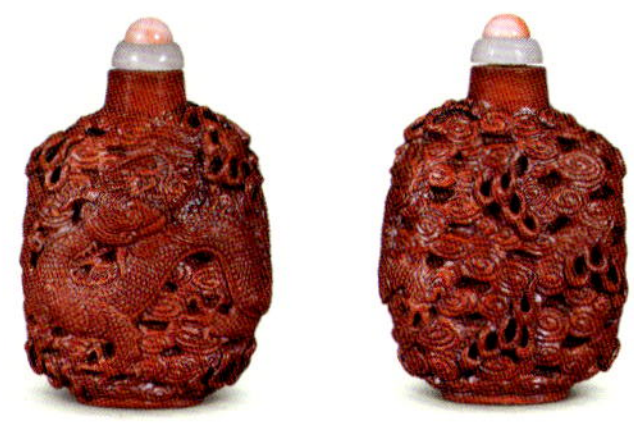

1347 清 瓷仿漆雕龙纹烟壶
估　价：RMB 60,000~80,000
成交价：RMB 86,250
高6.5cm 北京华辰 2018-11-19

415 清乾隆 粉彩封官大吉图鼻烟壶
估　价：RMB 100,000~120,000
成交价：RMB 276,000
高6cm 北京东正 2018-06-17

384 清中期 青花釉里红吴牛喘月图鼻烟壶
估　价：RMB 80,000~100,000
成交价：RMB 241,500
高8cm 北京东正 2018-06-17

1322 清 玛瑙内画人物纹烟壶
估　价：RMB 100,000~150,000
成交价：RMB 184,000
高6.5cm 北京华辰 2018-11-19

440 近代 叶晓峰款血珀英雄独立内画鼻烟壶
估　价：RMB 90,000~110,000
成交价：RMB 230,000
高8.5cm 北京东正 2018-06-17

2134 王习三 婴戏烟壶
估　价：RMB 130,000~160,000
成交价：RMB 149,500
高8.5cm 中贸圣佳 2018-11-24

2381 清乾隆 涅白地套粉料龙纹鼻烟壶
估　价：RMB 320,000~420,000
成交价：RMB 368,000
高4.8cm 中国嘉德 2018-11-20

451 近代 王习三 水晶内画仕女图鼻烟壶
估　价：RMB 40,000~60,000
成交价：RMB 86,250
高7cm 北京东正 2018-06-17

978 1958年 王习三水晶内画“家禽图”鼻烟壶
估　价：HKD 220,000~280,000
成交价：RMB 226,371
高7.8cm 中国嘉德 2018-10-02

2380 清乾隆 御制蓝地套白料团龙鼻烟壶
估　价：RMB 220,000~320,000
成交价：RMB 253,000
高6cm 中国嘉德 2018-11-20

2379 清乾隆 霏雪地套红料荷塘竹韵图鼻烟壶
估　价：RMB 200,000~300,000
成交价：RMB 230,000
高8.5cm 中国嘉德 2018-11-20

1351 清 料胎画珐琅花鸟纹烟壶
估　价：RMB 250,000~300,000
成交价：RMB 437,000
高6cm 北京华辰 2018-11-19

389 清乾隆 红地套蓝料苍龙教子图鼻烟壶
估　价：RMB 30,000~40,000
成交价：RMB 92,000
高6.8cm 北京东正 2018-06-17

438 清 湖水绿玻璃磨棱鼻烟壶
估　价：RMB 120,000~140,000
成交价：RMB 138,000
高6cm 北京东正 2018-06-17

411 清 涅白地套花玻璃花鸟纹鼻烟壶
估　价：RMB 30,000~40,000
成交价：RMB 89,700
高4cm 北京东正 2018-06-17

2650 清乾隆 御制剔红人物鼻烟壶
估 价：RMB 250,000~350,000
成交价：RMB 322,000
高6.9cm 中国嘉德 2018-06-18

424 清乾隆 铜胎嵌珐琅宝石大吉葫芦鼻烟壶
估 价：RMB 70,000~90,000
成交价：RMB 218,500
高7cm 北京东正 2018-06-17

1336 清 套料钟表形烟壶
估 价：RMB 180,000~200,000
成交价：RMB 299,000
高7.5cm 北京华辰 2018-11-19

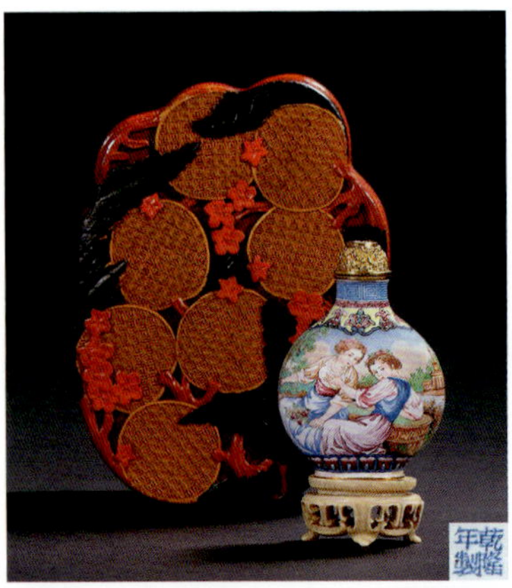

5982 清中期 金胎画珐琅西洋人物烟壶配雕彩漆荔枝盖盒
估 价：RMB 200,000~300,000
成交价：RMB 253,000
长11.7cm 北京保利 2018-06-20

2960 18世纪 程鸣为石涛上人刻榼藤子鼻烟壶
估 价：HKD 400,000~600,000
成交价：RMB 406,000
高2.7cm 佳士得 2018-05-30

1315 清 金胎画珐琅西洋人物烟壶
估　价：RMB 200,000~300,000
成交价：RMB 287,500
高6.5cm 北京华辰 2018-11-19

1330 清 铜鎏金内填珐琅嵌宝烟壶
估　价：RMB 180,000~200,000
成交价：RMB 322,000
高7.5cm 北京华辰 2018-11-19

2036 清代 椰壳刻字鼻烟壶
估　价：RMB 80,000~100,000
成交价：RMB 94,300
高6.6cm 古天一 2018-06-17

3772 嵌有珠宝的瑞士珐琅黄金自动音乐鼻烟盒《音乐课堂》
估　价：HKD 850,000~1,300,000
成交价：RMB 1,995,750
长8.8cm 佳士得 2018-11-25

1364 清 贴竹黄夔龙纹烟壶
估　价：RMB 200,000~250,000
成交价：RMB 402,500
高6.5cm 北京华辰 2018-11-19

古典家具

坐卧类

3621 明末十六至十七世纪 黄花梨罗汉床
估 价：HKD 10,000,000~15,000,000
成交价：RMB 12,661,440
78.5cm × 199cm × 95.3cm 香港苏富比 2018-10-03

431 清早期 黄花梨拐子龙纹六柱架子床
估 价：HKD 1,800,000~2,800,000
成交价：RMB 1,852,128
232cm × 160cm × 222cm 中国嘉德 2018-10-02

563 明 黄花梨螭龙卷草纹三弯腿罗汉床
估 价：RMB 5,000,000~8,000,000
成交价：RMB 6,670,000
199cm × 103.5cm × 48cm 上海匡时 2018-04-30

4540 清中期 紫檀浮雕和黑漆描金山水人物、花鸟图罗汉床及紫檀无束腰炕桌
估 价：RMB 10,000,000~12,000,000
成交价：RMB 11,500,000
床194cm × 126cm × 113.5cm；炕桌78cm × 44cm × 28.5cm 中国嘉德 2018-06-18

4141 明末清初 黄花梨有束腰马蹄足三屏风独板围子罗汉床
估 价：RMB 12,000,000~22,000,000
成交价：RMB 13,800,000
209cm × 103cm × 66cm 中国嘉德 2018-11-20

952 17-18世纪 黄花梨架子床
估　价：USD 1,000,000~1,500,000
成交价：RMB 12,263,645
226cm × 157.5cm × 221cm 纽约佳士得 2018-03-22

4135 明晚期 黄花梨高束腰三弯腿榻
估　价：RMB 12,000,000~20,000,000
成交价：RMB 31,050,000
199cm × 98.5cm × 53cm 中国嘉德 2018-11-20

4160 伍炳亮作品 黄花梨有束腰马蹄足五屏风式龙纹罗汉床
估　价：RMB 3,500,000~5,500,000
成交价：RMB 4,370,000
217cm × 117cm × 105cm 中国嘉德 2018-11-20

2942 清早期 黄花梨四合如意云龙纹围六柱架子床
估　价：HKD 3,800,000~5,800,000
成交价：RMB 4,878,500
226cm × 155.4cm × 238.5cm 佳士得 2018-11-28

1576 清 黄花梨有束腰方腿马蹄足罗锅枨榻
估　价：RMB 2,000,000~2,500,000
成交价：RMB 2,300,000
长192cm × 62cm × 54cm 中贸圣佳 2018-06-20

2564 清早期 黄花梨螭龙纹六柱架子床
估　价：RMB 3,500,000~4,500,000
成交价：RMB 4,025,000
240.3cm × 152.3cm × 223cm
中贸圣佳 2018-11-24

4545 明末清初 黄花梨有束腰马蹄足凉榻
估　价：RMB 1,200,000~1,500,000
成交价：RMB 1,380,000
202cm × 81cm × 51.5cm 中国嘉德 2018-06-18

926 清 御制剔红雕山水人物嵌白玉五福捧寿图屏风、御制剔红雕云龙赶珠纹宝座、御制剔红雕双龙戏珠纹踏、御制剔红雕云龙赶珠纹香几一对 （一套五件）
估 价：RMB 8,000,000~12,000,000
成交价：RMB 9,200,000
340cm × 17cm × 241cm；宝座110cm × 85cm × 109.5cm；脚踏64.5cm × 40.5cm × 16cm；50cm × 50cm × 89cm × 2 保利厦门 2018-07-15

290 十七世纪 黄花梨南官帽椅
估 价：USD 80,000~120,000
成交价：RMB 1,368,400
纽约苏富比 2018-09-12

946 17世纪 金漆圈椅
估 价：USD 30,000~50,000
成交价：RMB 872,575
102.8cm × 52.1cm 纽约佳士得 2018-03-22

1425 明 黄花梨高背南官帽椅成对
估 价：RMB 3,500,000~5,500,000
成交价：RMB 4,025,000
61cm × 45cm × 120cm 上海匡时 2018-04-30

3110 明 黄花梨透雕如意纹南官帽椅
估 价：HKD 600,000~900,000
成交价：RMB 1,193,275
58cm × 43cm × 107cm； 保利香港 2018-04-02

4140 明晚期 黄花梨圈椅成对
估 价：RMB 6,800,000~9,000,000
成交价：RMB 7,820,000
67.3cm × 58.5cm × 99.5cm × 2；座面59cm × 45.5cm 中国嘉德 2018-11-20

4529 明末清初 黄花梨高靠背灯挂椅
估 价：RMB 1,200,000~1,500,000
成交价：RMB 1,955,000
52.5cm×42.5cm×117.3cm 中国嘉德 2018-06-18

4509 明末清初 黄花梨攒靠背活屉四出头官帽椅
估 价：RMB 4,800,000~5,800,000
成交价：RMB 5,520,000
62.5cm×63cm×108.5cm；座面55.5cm×49cm 中国嘉德 2018-06-18

609 十七/十八世纪 黄花梨雕如意纹圈椅（一对）
估 价：USD 500,000~800,000
成交价：RMB 4,283,550
纽约苏富比 2018-03-21

5403 明末清初 黄花梨瘿木高靠背大南官帽椅
估 价：RMB 480,000~680,000
成交价：RMB 8,625,000
64.5cm×47cm×111cm 北京保利 2018-12-08

5405 明末清初 黄花梨麒麟寿字纹圈背交椅
估 价：RMB 1,500,000~2,000,000
成交价：RMB 27,370,000
63.5cm×40cm×100cm 北京保利 2018-12-08

564 清中早期 紫檀九屏风螭龙聚宝盆拐子纹大宝座
成交价：RMB 7,820,000
95cm×71cm×117cm 上海匡时 2018-04-30

2552 清早期 黄花梨灯挂椅 （一对）
估 价：RMB 4,500,000~5,500,000
成交价：RMB 7,475,000
51cm×40.5cm×105.7cm 中贸圣佳 2018-11-24

2551 清早期 黄花梨圈椅 （一对）
估 价：RMB 3,800,000~4,800,000
成交价：RMB 4,600,000
90.6cm×65.5cm×102.8cm
中贸圣佳 2018-11-24

4513 清早期 黄花梨镶大理石圈椅 （四只）
估 价：RMB 24,000,000~29,000,000
成交价：RMB 27,025,000
53cm×41cm×91cm×4 中国嘉德 2018-06-18

1559 清早期 黄花梨松竹梅纹玫瑰椅 （一对）
估 价：RMB 4,000,000~5,000,000
成交价：RMB 5,980,000
57.5cm × 45cm × 85cm 中贸圣佳 2018-06-20

1556 清早期 黄花梨螭龙螭凤纹圈椅
估 价：RMB 1,100,000~1,500,000
成交价：RMB 1,610,000
65cm × 59cm × 99cm 中贸圣佳 2018-06-20

3109 清康熙 御用紫檀鹿角椅
估 价：RMB 4,000,000~6,000,000
成交价：RMB 7,015,000
90.2cm × 93cm × 138.5cm 中贸圣佳 2018-11-24

1554 清早期 黄花梨梳背椅
估 价：RMB 230,000~300,000
成交价：RMB 368,000
57cm × 45cm × 87cm 中贸圣佳 2018-06-20

3019 18世纪 紫檀圈椅 （一对）
估 价：HKD 3,800,000~5,000,000
成交价：RMB 3,783,920
65cm × 57cm × 90cm 佳士得 2018-05-30

2548 清早期 黄花梨矮靠背南官帽椅 （一对）
估　价：RMB 2,000,000~2,500,000
成交价：RMB 2,645,000
59.8cm × 45cm × 87.4cm 中贸圣佳 2018-11-24

2550 清早期 黄花梨圈椅 （一对）
估　价：RMB 2,000,000~2,500,000
成交价：RMB 2,760,000
64cm × 60cm × 96.3cm 中贸圣佳 2018-11-24

5404 清早期 黄花梨卷草纹圈椅 （一对）
估　价：RMB 1,100,000~1,800,000
成交价：RMB 6,555,000
64cm × 44.5cm × 101cm 北京保利 2018-12-08

126 清 黄花梨矮灯挂椅
估　价：HKD 300,000~500,000
成交价：RMB 1,744,000
53.2cm × 43.6cm × 68.2cm 佳士得 2018-10-04

1414 清中期 黑漆描金扶手椅对
估　价：RMB 150,000~250,000
成交价：RMB 172,500
57cm × 47cm × 103cm 上海匡时 2018-04-30

3017 17／18世纪 黄花梨嵌大理石四出头官帽椅 （一对）
估 价：HKD 2,800,000~3,500,000
成交价：RMB 2,809,520
51.5cm × 52cm × 98.5cm 佳士得 2018-05-30

291 19世纪 黄花梨四出头官帽椅 （一对）
估 价：GBP 15,000~20,000
成交价：RMB 4,421,956
62.5cm × 48cm × 111cm
伦敦佳士得 2018-05-15

1676 清 红木雕灵芝中堂 （四件）
估 价：RMB 65,000~65,000
成交价：RMB 94,300
北京翰海 2018-05-13

2553 清 黄花梨南官帽椅 （四件）
估 价：RMB 3,500,000~4,000,000
成交价：RMB 4,025,000
长55.4cm × 44.4cm × 99cm 中贸圣佳 2018-11-24

1551 明 黄花梨有束腰三弯腿罗锅枨长方凳
估 价：RMB 1,600,000~2,000,000
成交价：RMB 2,185,000
长52.5cm×42cm×51.5cm 中贸圣佳 2018-06-20

5636 2015年 小叶紫檀拐子龙纹扶手椅 （一对）
估 价：RMB 450,000~650,000
成交价：RMB 517,500
59.5cm×47cm×99cm；座高50cm
北京保利 2018-06-20

1435 清 紫檀素高背南官帽椅 （一对）
估 价：RMB 850,000~1,500,000
成交价：RMB 977,500
59cm×45cm×115.3cm 上海匡时 2018-04-30

3550 清早期 黄花梨打洼腿方凳
估 价：RMB 1,000,000~1,500,000
成交价：RMB 1,322,500
45cm×45cm×51cm×4 北京匡时 2018-06-15

2547 明末清初 黄花梨霸王枨三弯腿方凳 （一对）
估 价：RMB 5,500,000~6,500,000
成交价：RMB 9,200,000
长55.5cm×55.5cm×52.1cm 中贸圣佳 2018-11-24

5406 明末清初 黄花梨有束腰马蹄足禅凳
估 价：RMB 600,000~800,000
成交价：RMB 3,450,000
长70cm×70cm×51.5cm 北京保利 2018-12-08

4111 明末清初 黄花梨瘿木面鼓凳成对
估　价：RMB 3,600,000~5,600,000
成交价：RMB 4,140,000
47.5cm × 47.5cm × 48.7cm × 2
中国嘉德 2018-11-20

4834 清早期 奇木禅坐
估　价：RMB 150,000~180,000
成交价：RMB 425,500
115cm × 82cm × 72cm 中国嘉德 2018-06-18

3018 清17／18世纪 黄花梨带踏床交杌
估　价：HKD 1,200,000~1,800,000
成交价：RMB 1,827,000
61cm × 56.3cm × 56cm 佳士得 2018-05-30

427 明末 黄花梨方櫈成对
估　价：HKD 980,000~2,000,000
成交价：RMB 1,008,381
69.2cm × 69.2cm × 50.2cm × 2 中国嘉德 2018-10-02

3112 明 黄花梨十字枨方凳 （一对）
估　价：HKD 600,000~900,000
成交价：RMB 763,696
高43cm；长52.5cm 保利香港 2018-04-02

1406 清 黄花梨罗锅枨方凳
估　价：RMB 380,000~500,000
成交价：RMB 437,000
40.5cm × 40cm × 48.5cm 西泠拍卖 2018-07-07

436 明末 黄花梨一腿三牙高罗锅枨八仙桌
估　价：HKD 1,600,000~2,600,000
成交价：RMB 3,601,360
92cm × 92cm × 80cm 中国嘉德 2018-10-02

1552 清早期 紫檀禅凳
估 价：RMB 580,000~680,000
成交价：RMB 805,000
长60cm×60cm×51cm 中贸圣佳 2018-06-20

139 清 紫檀方凳 （一对）
估 价：HKD 200,000~300,000
成交价：RMB 1,315,440
42cm×42cm×49cm 香港诚昌 2018-05-30

3015 17世纪 黄花梨云纹牙头桌
估 价：HKD 800,000~1,000,000
成交价：RMB 1,112,375
83.5cm×112.3cm×46cm
香港苏富比 2018-04-02

3058 17世纪 黄花梨云纹托角牙霸王枨画桌
估 价：HKD 3,500,000~4,500,000
成交价：RMB 3,494,880
81.5cm×182.3cm×73.7cm 香港苏富比 2018-04-02

3042 明 黑漆下卷式条桌
估 价：HKD 1,200,000~1,800,000
成交价：RMB 1,618,000
90.8cm×153.7cm×35.8cm
香港苏富比 2018-04-02

1404 清早期 黄花梨嵌云石四屉方桌
估 价：RMB 2,300,000~2,600,000
成交价：RMB 2,645,000
87.6cm×87.6cm×87.2cm；
西泠拍卖 2018-07-07

2561 明末清初 黄花梨瓜棱腿折迭行军桌
估 价：RMB 2,200,000~2,800,000
成交价：RMB 2,875,000
82.4cm×51.4cm×83.4cm
中贸圣佳 2018-11-24

3109 明 黄花梨直枨矮老画桌
估 价：HKD 1,500,000~1,800,000
成交价：RMB 1,431,930
高85cm；长165cm 保利香港 2018-04-02

1407 清早期 黄花梨螭龙纹霸王撑方桌
估 价：RMB 1,500,000~1,800,000
成交价：RMB 1,725,000
91.5cm × 91.5cm × 86cm 上海匡时 2018-04-30

3111 明 黄花梨三弯腿长方桌
估 价：HKD 1,200,000~1,500,000
成交价：RMB 1,145,544
高81cm；长86cm 保利香港 2018-04-02

735 晚明 黄花梨炕桌
估 价：RMB 480,000~580,000
成交价：RMB 575,000
65.4cm × 44.8cm × 31.7cm
保利厦门 2018-01-08

4531 清早期 黄花梨无束腰攒牙子瓜棱腿条桌
估 价：RMB 1,500,000~1,800,000
成交价：RMB 1,955,000
121cm × 60.7cm × 80.7cm 中国嘉德 2018-06-18

4138 明晚期 黄花梨有束腰马蹄足罗锅枨条桌成对
估 价：RMB 4,600,000~8,000,000
成交价：RMB 5,290,000
106cm × 55.3cm × 88cm × 2 中国嘉德 2018-11-20

1570 明 黄花梨刀牙霸王枨猫耳方桌
估　价：RMB 800,000~1,000,000
成交价：RMB 1,035,000
93.5cm × 94.5cm × 85.5cm
中贸圣佳 2018-06-20

1416 清早期 黄花梨蒜头足螭龙纹方桌
估　价：RMB 1,500,000~1,800,000
成交价：RMB 1,725,000
92cm × 92cm × 83cm 上海匡时 2018-04-30

3110 清中期 剔红花鸟图八角锦面方桌
估　价：RMB 2,400,000~3,000,000
成交价：RMB 3,220,000
104.5cm × 104.5cm × 84.5cm
中贸圣佳 2018-11-24

6544 清中期 铜胎掐丝珐琅石榴花鸟转桌
估　价：RMB 350,000~550,000
成交价：RMB 402,500
直径72cm × 71.5cm 北京保利 2018-12-09

3016 17／18世纪 黄花梨折腿酒桌
估　价：HKD 1,500,000~2,500,000
成交价：RMB 3,199,280
高94cm × 64cm；deep48cm 佳士得 2018-05-30

1572 清 黄花梨螭龙纹罗锅枨方桌
估　价：RMB 2,200,000~2,600,000
成交价：RMB 3,335,000
98cm × 98cm × 86cm 中贸圣佳 2018-06-20

4159 伍炳亮作品 黄花梨无束腰霸王枨大画桌
估　价：RMB 2,800,000~3,800,000
成交价：RMB 3,220,000
230.7cm × 78cm × 85cm 中国嘉德 2018-11-20

4108 明晚期 黄花梨“金玉满堂”夹头榫带托子翘头大案
估　价：RMB 24,000,000~34,000,000
成交价：RMB 27,025,000
232.5cm × 52.7cm × 81.3cm 中国嘉德 2018-11-20

5633 2016年 小叶紫檀四面平加浮雕画桌
估 价：RMB 900,000~1,200,000
成交价：RMB 1,058,000
173.7cm×86.7cm×81.8cm 北京保利 2018-06-20

3558 五足台座式圆香几
估 价：RMB 300,000~350,000
成交价：RMB 345,000
41cm×41cm×98cm 北京匡时 2018-06-15

1550 清中早期 椰壳制螭龙纹炕桌
估 价：RMB 600,000~800,000
成交价：RMB 977,500
81cm×45.2cm×24.8cm 中贸圣佳 2018-06-20

1228 清乾隆 剔彩花卉纹台几
估 价：RMB 150,000~250,000
成交价：RMB 322,000
37cm×25cm×15.5cm 中贸圣佳 2018-06-20

1724 清早期 黄花梨雕龙纹镜台
估 价：RMB 200,000~300,000
成交价：RMB 264,500
高49cm 上海匡时 2018-04-30

8001 五代/北宋 黑漆曲栅足翘头案
估 价：HKD 3,000,000~5,000,000
成交价：RMB 3,281,900
123.5cm×37.5cm×49.5cm 佳士得 2018-11-26

140 清 紫檀书台
估　价：HKD 300,000~500,000
成交价：RMB 1,364,160
110cm × 58cm × 87cm； 香港诚昌 2018-05-30

438 明 黄花梨折叠式镜台
估　价：HKD 240,000~340,000
成交价：RMB 246,950
39.5cm × 34.5cm × 27.5cm；展开尺寸：39.5cm × 34.5cm × 54cm 中国嘉德 2018-10-02

1412 清 黄花梨镜台
估　价：RMB 500,000~800,000
成交价：RMB 828,000
84cm × 59.5cm × 34.5cm 上海匡时 2018-04-30

4143 明晚期 黄花梨夹头榫带托泥云纹翘头案
估　价：RMB 3,200,000~5,000,000
成交价：RMB 3,680,000
160cm × 44cm × 89.5cm 中国嘉德 2018-11-20

921 18世纪 黄花梨架几案
估　价：RMB 500,000~800,000
成交价：RMB 920,000
147cm × 36cm × 47cm 保利厦门 2018-01-08

1574 清中期 紫檀夔龙纹展腿式书桌
估　价：RMB 1,000,000~1,300,000
成交价：RMB 1,495,000
115cm × 68cm × 88cm 中贸圣佳 2018-06-20

5402 明晚期 黄花梨刀牙板平头案
估　价：RMB 600,000~800,000
成交价：RMB 2,645,000
121.8cm × 58.3cm × 82.5cm
北京保利 2018-12-08

5411 清乾隆 紫檀结绳纹条案
估　价：RMB 3,500,000~5,500,000
成交价：RMB 7,935,000
192cm × 44cm × 90cm 北京保利 2018-12-08

1568 清早期 黄花梨平头案
估　价：RMB 2,200,000~2,600,000
成交价：RMB 2,875,000
132cm × 51.5cm × 81cm 中贸圣佳 2018-06-20

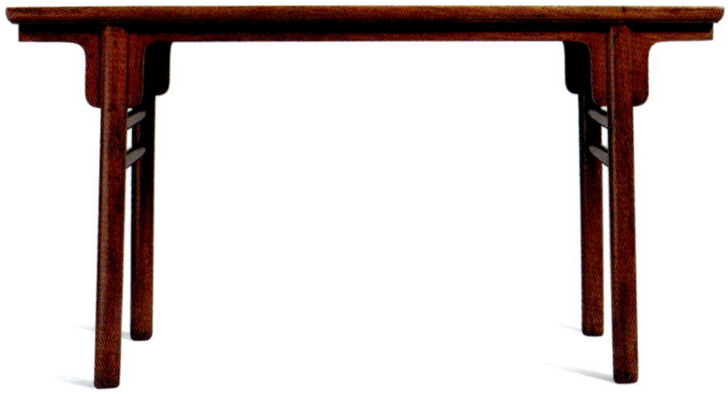

3026 明末 黄花梨夹头榫平头案
估　价：HKD 950,000~1,200,000
成交价：RMB 809,000
80.5cm × 155.2cm × 50.6cm
香港苏富比 2018-04-02

1567 明末清初 黄花梨镶楠木瘿面小画案
估 价：RMB 4,500,000~5,500,000
成交价：RMB 14,260,000
88cm×57.5cm×78cm 中贸圣佳 2018-06-20

3108 清初 黄花梨联三橱式炕案
估 价：HKD 800,000~1,200,000
成交价：RMB 763,696
高51cm；104cm×42cm 保利香港 2018-04-02

3027 15-16世纪 黑漆螺钿嵌文会图四足香几
估 价：HKD 250,000~350,000
成交价：RMB 609,000
35.7cm×32.2cm×57cm 佳士得 2018-05-30

2565 清 黑漆描金山水纹条案
估 价：RMB 130,000~150,000
成交价：RMB 149,500
124.1cm×42.3cm×82.8cm
中贸圣佳 2018-11-24

1227 元 黑漆嵌锡缘香几
估 价：RMB 80,000~120,000
成交价：RMB 149,500
56cm×34.5cm×13cm 中贸圣佳 2018-06-20

1115 17世纪 黄花梨独板翘头案
估　价：RMB 800,000~1,200,000
成交价：RMB 1,150,000
189cm×45cm×80cm 华艺国际 2018-05-23

129 明末清初 黄花梨高束腰方香几
估　价：HKD 600,000~800,000
成交价：RMB 3,226,400
高86cm 佳士得 2018-10-04

1423 清中期 宫廷紫檀浮雕云福纹书案
估　价：RMB 2,500,000~3,500,000
成交价：RMB 3,047,500
167cm×49cm×89cm 上海匡时 2018-04-30

736 明晚期 黄花梨方几
估　价：RMB 600,000~800,000
成交价：RMB 920,000
44.2cm×44.4cm×83.8cm
保利厦门 2018-01-08

1575 清 黄花梨螭龙纹独面翘头案
估　价：RMB 6,800,000~8,000,000
成交价：RMB 9,200,000
275cm×45.5cm×93cm 中贸圣佳 2018-06-20

245 清代 小叶紫檀条案
估 价：RMB 2,600,000~3,000,000
成交价：RMB 2,875,000
202cm × 36cm × 70cm 未来四方 2018-01-20

4124 清乾隆 紫檀有束腰拐子纹带托泥大香几
估 价：RMB 2,800,000~3,800,000
成交价：RMB 3,220,000
53.3cm × 49.5cm × 88.2cm
中国嘉德 2018-11-20

201 明 大漆香几
估 价：RMB 250,000~250,000
成交价：RMB 333,500
62cm × 49.5cm × 86cm 浙江佳宝 2018-07-01

4667 清早期 黄花梨有束腰马蹄足带托泥香几
估 价：RMB 1,600,000~1,900,000
成交价：RMB 1,955,000
68.9cm × 44cm × 78cm 中国嘉德 2018-06-18

265 清康熙 戗金填漆荷塘佳色图有束腰五足香几 (一对)
估 价：USD 100,000~150,000
成交价：RMB 855,250
纽约苏富比 2018-09-12

1214 清乾隆 紫檀雕夔龙纹团寿大香几
估 价：RMB 2,800,000~3,800,000
成交价：RMB 3,737,500
115cm × 70cm × 70cm 华艺国际 2018-11-16

2922 清康熙/雍正 御制填彩漆戗金捧寿龙纹香几
估 价：HKD 4,800,000~5,500,000
成交价：RMB 4,984,940
总高103cm 佳士得 2018-11-28

3543 清中期 红木嵌五彩人物瓷面圆几
估 价：RMB 350,000~400,000
成交价：RMB 402,500
60cm × 60cm × 59cm 北京匡时 2018-06-15

5540 雕填香几 （一对）
估 价：RMB 250,000~280,000
成交价：RMB 322,000
直径43cm × 44.1cm 中贸圣佳 2018-11-25

1899 明 剔红八仙人物方香几
估 价：RMB 500,000~600,000
成交价：RMB 632,500
37.5cm × 37.5cm × 43cm 中贸圣佳 2018-11-24

5648 2017年 小叶紫檀高束腰带须弥座香几 （一对）
估 价：RMB 1,200,000~1,500,000
成交价：RMB 1,380,000
49cm × 36cm × 90.9cm 北京保利 2018-06-20

4737 清中期 黄花梨有束腰雕花脚踏
估 价：RMB 300,000~360,000
成交价：RMB 345,000
75.5cm × 39.2cm × 25cm 中国嘉德 2018-06-18

1549 清 黑漆菱花形香几
估 价：RMB 900,000~1,200,000
成交价：RMB 1,552,500
60cm × 51cm × 90cm 中贸圣佳 2018-06-20

3064 18世纪 紫檀雕螭龙纹双面框座
估 价：HKD 450,000~650,000
成交价：RMB 657,313
宽94cm 香港苏富比 2018-04-02

4704 清早期 黄杨木随形座
估 价：RMB 20,000~25,000
成交价：RMB 23,000
8.4cm × 7.2cm × 7.2cm 中国嘉德 2018-06-18

储藏类

4506 明末清初 黄花梨无柜膛小圆角柜
估 价：RMB 1,100,000~2,100,000
成交价：RMB 1,265,000
78cm × 44cm × 125cm 中国嘉德 2018-06-18

5407 清早期 黄花梨螭龙纹方角柜
估 价：RMB 1,200,000~1,800,000
成交价：RMB 2,070,000
105.8cm × 55cm × 174.9cm
北京保利 2018-12-08

1216 17世纪 黄花梨大顶箱柜
估　价：RMB 3,500,000~4,000,000
成交价：RMB 4,140,000
124.4cm×63cm×280.6cm
华艺国际 2018-11-16

4120 明晚期 黄花梨带座无闩杆圆角柜成对
估　价：RMB 5,600,000~9,000,000
成交价：RMB 6,440,000
76.5cm×42cm×183cm×2 中国嘉德 2018-11-20

4422 明晚期 黑漆嵌螺钿花卉纹小方角柜
估　价：RMB 80,000~100,000
成交价：RMB 92,000
78cm×52.5cm×26cm 中国嘉德 2018-11-20

5408 清早期 鸂鶒木小圆角柜 （一对）
估　价：RMB 600,000~80,000
成交价：RMB 1,667,500
50.5cm×26.5cm×63cm 北京保利 2018-12-08

1396 清早期 黄花梨顶箱大柜成对
估　价：RMB 3,800,000~5,800,000
成交价：RMB 4,370,000
129cm × 58cm × 258cm 上海匡时 2018-04-30

5536 清早期 龙眼木圆角柜
估　价：RMB 250,000~300,000
成交价：RMB 287,500
81cm × 37.5cm × 123cm 中贸圣佳 2018-11-25

1563 清早期 黄花梨方瓜棱腿圆角柜
估　价：RMB 2,800,000~3,800,000
成交价：RMB 3,220,000
78cm × 41cm × 135.5cm 中贸圣佳 2018-06-20

3546 清早期 核桃木雕花鸟纹万历柜
估　价：RMB 360,000~420,000
成交价：RMB 437,000
115cm × 52cm × 189cm 北京匡时 2018-06-15

1318 清十九世纪 紫檀拼硬木雕海水龙纹小柜
估　价：USD 6,000~8,000
成交价：RMB 1,368,400
纽约苏富比 2018-09-15

2921 18世纪 剔红百子图炕柜
估　价：HKD 200,000~300,000
成交价：RMB 554,375
38cm × 16.2cm × 65.7cm； 佳士得 2018-11-28

941 17-18世纪 黄花梨直角柜
估　价：USD 800,000~1,200,000
成交价：RMB 8,456,045
120cm × 54.9cm × 179.9cm； 纽约佳士得 2018-03-22

1413 清 黄花梨梳条柜
估　价：RMB 1,800,000~2,800,000
成交价：RMB 2,070,000
178cm × 101cm × 46cm 上海匡时 2018-04-30

2563 清早期 黄花梨顶箱柜 （一对）
估　价：RMB 9,000,000~12,000,000
成交价：RMB 12,650,000
126cm × 55cm × 255cm 中贸圣佳 2018-11-24

1577 清 黄花梨包镶顶箱柜 （一对）
成交价：RMB 977,500
142.5cm × 60cm × 269cm 中贸圣佳 2018-06-20

5547 清末 红木扇柜 （一对）（器物）
估　价：RMB 240,000~280,000
成交价：RMB 287,500
50cm × 39cm × 71cm 中贸圣佳 2018-11-25

3013 清乾隆 剔红山水高士图博古柜
估　价：HKD 500,000~700,000
成交价：RMB 710,500
42.5cm × 18.2cm × 58cm 佳士得 2018-05-30

1424 清 黄花梨瓜楞书柜
估　价：RMB 1,800,000~2,800,000
成交价：RMB 2,070,000
170cm × 96cm × 50cm 上海匡时 2018-04-30

1113 17世纪 黄花梨带翘头雕螭龙联三闷户橱
估 价：RMB 1,450,000~2,000,000
成交价：RMB 1,610,000
188cm × 51.5cm × 86cm 华艺国际 2018-05-23

1621 明永乐 经书箱
估 价：RMB 250,000~350,000
成交价：RMB 678,500
86.5cm × 40.5cm × 42cm 中贸圣佳 2018-06-20

4139 明晚期 黄花梨有提梁七屉药箱
估 价：RMB 280,000~400,000
成交价：RMB 322,000
40.5cm × 24.3cm × 27cm 中国嘉德 2018-11-20

2527 清早期 黄花梨轿厢
估 价：RMB 300,000~400,000
成交价：RMB 368,000
74.4cm × 17.5cm × 13.8cm 中贸圣佳 2018-11-24

734 明晚期 黄花梨大衣箱
估 价：RMB 1,300,000~1,800,000
成交价：RMB 1,610,000
84.4cm × 56cm × 38cm 保利厦门 2018-01-08

1534 明末清初 黄花梨轿箱
估 价：RMB 80,000~100,000
成交价：RMB 299,000
66cm × 16cm × 11.5cm 中贸圣佳 2018-06-20

3106 清 紫檀花鸟纹官皮箱
估 价：RMB 1,600,000~2,000,000
成交价：RMB 2,185,000
36.5cm×29.7cm×40cm 中贸圣佳 2018-11-24

1710 明末清初 黄花梨五撞提盒
估 价：RMB 80,000~150,000
成交价：RMB 138,000
14.2cm×14.2cm×31.8cm；
西泠拍卖 2018-07-07

646 清中早期 紫檀框紫漆描金花卉纹箱
估 价：RMB 1,800,000~2,000,000
成交价：RMB 2,070,000
36cm×28.5cm×38.5cm 中贸圣佳 2018-06-20

6547 清乾隆 卢映之制大漆百宝嵌官皮箱
估 价：RMB 600,000~800,000
成交价：RMB 690,000
34cm×24cm×32.5cm 北京保利 2018-12-09

418 明末清初 黄花梨花鸟纹书箱
估 价：HKD 680,000~980,000
成交价：RMB 699,693
45cm×25cm×18.5cm 中国嘉德 2018-10-02

2519 明 紫檀提盒
估 价：RMB 280,000~400,000
成交价：RMB 414,000
30.5cm×19.5cm×22.8cm
中贸圣佳 2018-11-24

2520 清早期 黄花梨提盒
估 价：RMB 120,000~150,000
成交价：RMB 161,000
34.2cm×18.6cm×22cm 中贸圣佳 2018-11-24

3795 清早期 紫檀嵌百宝苏武牧羊人物故事图盒
估 价：RMB 200,000~300,000
成交价：RMB 2,300,000
直径14.8cm 中国嘉德 2018-09-19

1208 明 黄花梨提盒
估 价：RMB 80,000~150,000
成交价：RMB 138,000
34cm×18.5cm×21cm； 西泠拍卖 2018-07-07

3104 清早期 黄花梨云龙纹长方箱
估 价：RMB 500,000~600,000
成交价：RMB 690,000
39.3cm×21.6cm×15cm 中贸圣佳 2018-11-24

1533 清早期 黄花梨提盒
估　价：RMB 200,000~250,000
成交价：RMB 287,500
35.5cm×20cm×25cm 中贸圣佳 2018-06-20

1970 清 黄花梨捧盒
估　价：RMB 90,000~120,000
成交价：RMB 103,500
直径13.9cm×6.1cm 中贸圣佳 2018-11-24

2536 清乾隆 紫檀重楼式佛龛
估　价：RMB 800,000~1,000,000
成交价：RMB 920,000
59.5cm×37.2cm×112cm 中贸圣佳 2018-11-24

支架类

4510 明 黄花梨三层全敞双屉架格
估　价：RMB 1,200,000~1,500,000
成交价：RMB 1,840,000
高175.5cm 中国嘉德 2018-06-18

4154 明晚期 黄杨木三层全敞带抽屉书架
估　价：RMB 1,000,000~2,000,000
成交价：RMB 1,150,000
高122cm 中国嘉德 2018-11-20

4453 清乾隆 紫檀百宝嵌帽架
估　价：RMB 220,000~280,000
成交价：RMB 322,000
高32.7cm 中国嘉德 2018-11-20

2139 清乾隆 宫廷御制贴竹簧嵌玉多宝格
估　价：RMB 1,300,000~1,500,000
成交价：RMB 1,495,000
高24.7cm 古天一 2018-06-17

1542 清 紫檀小多宝格 （一对）
估 价：RMB 260,000~300,000
成交价：RMB 494,500
高38.5cm 中贸圣佳 2018-06-20

1564 清 黄花梨方材书架
估 价：RMB 2,800,000~3,800,000
成交价：RMB 4,025,000
高181cm 中贸圣佳 2018-06-20

5646 2017年 小叶紫檀多宝格 （一对）
估 价：RMB 1,300,000~1,500,000
成交价：RMB 1,518,000
高173.3cm 北京保利 2018-06-20

114 清乾隆 剔红锦地纹文具格
估 价：RMB 20,000~30,000
成交价：RMB 264,500
长42cm 北京中汉 2018-11-21

3542 明 核桃木五足内卷火盆架
估 价：RMB 270,000~320,000
成交价：RMB 310,500
高64cm 北京匡时 2018-06-15

3110 18世纪 黄花梨火盆架
估 价：HKD 220,000~300,000
成交价：RMB 353,938
高45.1cm 香港苏富比 2018-04-02

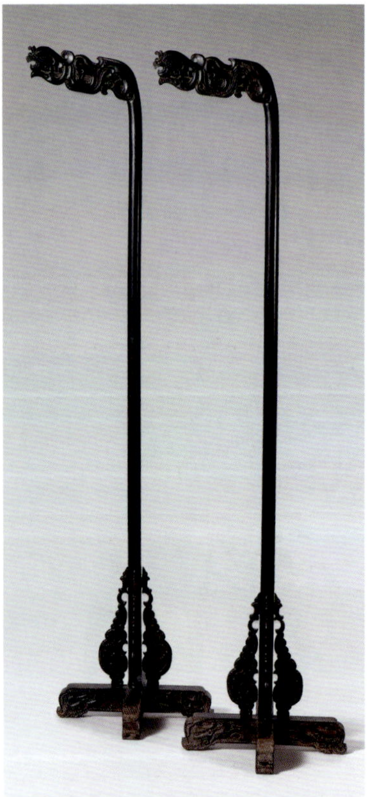

415 18/19世纪 紫檀宫廷灯挂 （一对）
估 价：HKD 120,000~180,000
成交价：RMB 190,924
高162cm 中国嘉德 2018-04-02

1359 清早期 黄花梨壁灯架 （一对）
估 价：RMB 50,000~80,000
成交价：RMB 57,500
28cm×24.5cm 上海匡时 2018-04-30

309 清乾隆/嘉庆 剔红缠枝花卉纹如意云形大镜框
估 价：GBP 15,000~20,000
成交价：RMB 258,720
宽127.cm 伦敦佳士得 2018-05-15

801 清 紫檀六角宫灯
估 价：HKD 120,000
成交价：RMB 114,554
高49cm 香港诚昌 2018-04-02

5647 2017年 小叶紫檀龙纹大衣架
估 价：RMB 900,000~1,200,000
成交价：RMB 1,058,000
高119.5cm 北京保利 2018-06-20

屏风类

1543 清早期 黄花梨插屏
估 价：RMB 700,000~900,000
成交价：RMB 1,035,000
高78cm 中贸圣佳 2018-06-20

5450 清乾隆 御制沉香雕仙山楼阁嵌西洋镜座屏
成交价：RMB 24,725,000
高81cm 北京保利 2018-12-12

3092 清乾隆 青白玉填金贯休十六应真图玉板
估 价：RMB 1,000,000~1,300,000
成交价：RMB 1,495,000
长26.6cm；宽18.8cm 中贸圣佳 2018-11-24

5206 清乾隆 御制紫檀工红酸枝嵌百宝背黑漆描金玉堂富贵大座屏
估 价：RMB 1,500,000~2,000,000
成交价：RMB 2,185,000
114.5cm × 42.2cm × 122.5cm 北京保利 2018-06-19

4539 清乾隆 紫檀嵌百宝大座屏
估 价：RMB 2,000,000~2,500,000
成交价：RMB 2,300,000
114.5cm × 50.2cm × 124cm 中国嘉德 2018-06-18

3107 清雍正 御制海屋添筹图紫檀座屏
估 价：RMB 4,800,000~5,800,000
成交价：RMB 6,900,000
高62.3cm 中贸圣佳 2018-11-24

2538 清 紫檀云龙纹座屏
估　价：RMB 2,800,000~3,500,000
成交价：RMB 3,220,000
高99cm；长120cm；宽11cm
中贸圣佳 2018-11-24

3548 明 黄花梨石面插屏
估　价：RMB 450,000~550,000
成交价：RMB 517,500
高62cm 北京匡时 2018-06-15

885 王少维 1887年 渔樵问答浅绛瓷板插屏
估　价：RMB 600,000~800,000
成交价：RMB 1,035,000
瓷板29cm × 38.5cm；插屏42.5cm × 60cm
中贸圣佳 2018-06-20

102 清乾隆 白玉浮雕群仙祝寿图圆插屏 连掐丝珐琅花卉纹座
估　价：HKD 600,000~800,000
成交价：RMB 1,526,000
总高26.3cm 香港苏富比 2018-10-03

4123 清乾隆 紫檀嵌理石大座屏
估　价：RMB 8,000,000~11,000,000
成交价：RMB 8,970,000
108cm × 36.8cm × 93cm 中国嘉德 2018-11-20

435 清乾隆 紫檀嵌玉人物座屏
估　价：HKD 1,500,000~2,500,000
成交价：RMB 1,543,440
115cm×38cm×205cm 中国嘉德 2018-10-02

正面

背面

1622 元 嵌螺钿群仙祝寿图双面挂屏
估　价：RMB 160,000~200,000
成交价：RMB 207,000
长47cm；宽37.5cm 西泠拍卖 2018-07-07

4127 清乾隆 紫檀万寿锦地嵌百宝大挂屏
估　价：RMB 9,000,000~12,000,000
成交价：RMB 10,350,000
141cm×79.5cm 中国嘉德 2018-11-20

133 十八世纪 白玉三星观太极图屏
估　价：HKD 600,000~800,000
成交价：RMB 2,398,000
高24.2cm 香港苏富比 2018-10-03

3438 明嘉靖至万历 掐丝珐琅山居人物图挂屏
估　价：HKD 900,000~1,200,000
成交价：RMB 910,125
33.1cm×85.5cm 香港苏富比 2018-04-03

3058 清乾隆 御制紫檀嵌掐丝珐琅福禄寿挂屏
估　价：HKD 2,200,000~2,500,000
成交价：RMB 2,100,164
高109cm；高92cm 保利香港 2018-04-02

5448 清乾隆 紫檀框嵌百宝耕织图大挂屏
估　价：RMB 1,000,000~1,500,000
成交价：RMB 1,495,000
长120cm 宽84cm 北京保利 2018-12-12

4117 民国 松石绿地粉彩描金韩干明皇试马图瓷板挂屏
估　价：RMB 5,000~8,000
成交价：RMB 1,667,500
101.5cm×63.5cm 中国嘉德 2018-05-18

5447 清乾隆 紫檀喜上眉梢、竹报平安大挂屏 （一对）
估　价：RMB 2,600,000~3,600,000
成交价：RMB 4,485,000
长134cm×189.5cm 北京保利 2018-12-12

3626 清乾隆 剔彩御题“贯休画十六应真像赞”挂屏
估　价：HKD 5,000,000~7,000,000
成交价：RMB 4,951,080
78.5cm × 114.5cm 香港苏富比 2018-04-03

634 清乾隆 御制紫檀框八宝群仙祝寿纹挂屏
估　价：RMB 1,600,000~2,000,000
成交价：RMB 2,070,000
长167cm；宽72cm 中贸圣佳 2018-06-20

4137 明末清初 黄花梨螭龙捧寿纹隔扇 （十二扇）
估　价：RMB 7,500,000~10,000,000
成交价：RMB 8,625,000
323cm × 60.5cm × 12 中国嘉德 2018-11-20

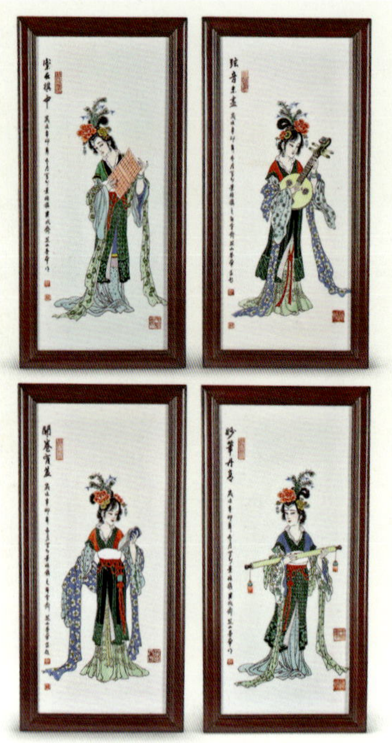

1769 戴荣华 当代 琴棋书画古彩四条屏
估　价：RMB 3,000,000~3,200,000
成交价：RMB 3,220,000
瓷板33.5cm×74.5cm×4 中贸圣佳 2018-11-24

562 清早期 款彩十八学士图屏风
估　价：RMB 1,200,000~1,800,000
成交价：RMB 1,380,000
通长616cm；高258cm 上海匡时 2018-04-30

1754 涂菊青 现代 双抢图粉彩瓷板
估　价：RMB 1,600,000~1,800,000
成交价：RMB 2,587,500
瓷板120.6cm×64.6cm 中贸圣佳 2018-11-24

4511 清早期 黄花梨小围屏 （十扇）
估　价：RMB 2,800,000~3,360,000
成交价：RMB 3,105,000
37.5cm×161cm×10 中国嘉德 2018-06-18

佛教文物

造 像

1126 北周大定元年（公元581年） 石灰岩雕弥勒菩萨坐像
估 价：USD 10,000~15,000
成交价：RMB 256,575
高30.5cm 纽约佳士得 2018-09-13

1125 东魏 鎏金铜飞天像
估 价：USD 20,000~30,000
成交价：RMB 2,384,437
高11.5cm 纽约佳士得 2018-09-13

9 北魏 石灰石雕维摩诘居士像
估 价：USB 120,000~150,000
成交价：RMB 1,714,678
纽约苏富比 2018-09-12

1284 2-3世纪 释迦牟尼
估 价：RMB 300,000~500,000
成交价：RMB 483,000
高105cm 上海匡时 2018-04-30

3029 北魏 砂岩雕佛首
估 价：HKD 2,500,000~3,500,000
成交价：RMB 2,524,080
高40cm 香港苏富比 2018-04-02

6 北齐 天保十年（559年） 大理石雕思惟菩萨三尊像
估 价：USB 300,000~500,000
成交价：RMB 3,395,062
纽约苏富比 2018-09-12

3 北魏 砂岩石雕飞天像
估　价：USB 100,000~150,000
成交价：RMB 2,486,283
纽约苏富比 2018-09-12

3204 北齐 菩萨头像
估　价：HKD 2,000,000~2,800,000
成交价：RMB 2,057,920
高42cm 保利香港 2018-10-02

1 隋 / 唐初 铜鎏金观音立像
估　价：USB 10,000~15,000
成交价：RMB 771,605
纽约苏富比 2018-09-12

7 北魏 石灰石雕菩萨首像
估　价：USB 80,000~120,000
成交价：RMB 1,114,540
纽约苏富比 2018-09-12

2855 隋 鎏金铜菩萨立像
估　价：HKD 8,000,000~12,000,000
成交价：RMB 7,876,400
总高35.1cm 佳士得 2018-05-30

8 唐 石灰石雕菩萨立像
估 价：USB 1,500,000~2,500,000
成交价：RMB 29,732,510
纽约苏富比 2018-09-12

1123 盛唐 石灰岩雕大势至菩萨立像
估 价：USD 1,500,000~2,500,000
成交价：RMB 22,253,605
高67cm 纽约佳士得 2018-09-13

10 隋 / 唐初 石灰石雕罗汉首像
估 价：USB 15,000~25,000
成交价：RMB 257,202
纽约苏富比 2018-09-12

1124 盛唐 石灰岩雕观音菩萨立像
估 价：USD 1,500,000~2,500,000
成交价：RMB 13,632,685
高67cm 纽约佳士得 2018-09-13

3023 唐 石灰岩雕莲花座菩萨立像
估 价：HKD 8,000,000~12,000,000
成交价：RMB 12,717,480
63.5cm 香港苏富比 2018-04-02

4 唐初 大理石雕云兽纹画像石
估　价：USB 150,000~250,000
成交价：RMB 2,057,613
纽约苏富比 2018-09-12

2 唐 大理石雕象首残像
估　价：USB 50,000~70,000
成交价：RMB 1,886,145
纽约苏富比 2018-09-12

2856 唐 鎏金铜佛陀坐像
估　价：HKD 1,500,000~1,800,000
成交价：RMB 1,928,500
高14.6cm 佳士得 2018-05-30

11 唐 铜鎏金观音坐像
估　价：USB 10,000~15,000
成交价：RMB 814,472
纽约苏富比 2018-09-12

16 唐 铜鎏金佛像台座
估　价：USB 40,000~60,000
成交价：RMB 342,936
纽约苏富比 2018-09-12

3025 10世纪 文殊菩萨像
估　价：RMB 800,000~1,200,000
成交价：RMB 1,610,000
高10.5cm 古天一 2018-06-17

323 五代 铜鎏金佛像
估 价：HKD 6,000,000~8,000,000
成交价：RMB 8,122,360
高33.8cm 中国嘉德 2018-04-02

1127 辽/宋 石雕罗汉立像
估 价：USD 300,000~500,000
成交价：RMB 2,220,229
高174.5cm 纽约佳士得 2018-09-13

14 宋至明初 石雕罗汉首像
估 价：USB 150,000~250,000
成交价：RMB 6,358,025
纽约苏富比 2018-09-12

3832 元 明 青铜观世音菩萨坐像
估 价：RMB 3,500,000~5,500,000
成交价：RMB 9,200,000
高142cm 西泠拍卖 2018-07-08

1425 10世纪 黑石雕释迦牟尼
估 价：RMB 600,000~800,000
成交价：RMB 690,000
高46cm 华艺国际 2018-05-23

830 11世纪 大理国 铜鎏金阿弥陀佛坐像
估　价：RMB 6,000,000~8,000,000
成交价：RMB 9,430,000
高25cm 北京东正 2018-06-17

1128 元/明 彩塑菩萨立像 （一对）
估　价：USD 400,000~600,000
成交价：RMB 3,205,477
高2.16m 纽约佳士得 2018-09-13

594 元 红砂岩菩萨坐像
估　价：RMB 1,800,000~2,800,000
成交价：RMB 2,070,000
高69.5cm 保利厦门 2018-07-15

2858 辽/金 木雕彩绘水月观音坐像
估　价：HKD 15,000,000~20,000,000
成交价：RMB 24,441,200
高66cm 佳士得 2018-05-30

5172 十四世纪 元 观音
估　价：RMB 18,000,000~28,000,000
成交价：RMB 31,050,000
高77cm 北京保利 2018-06-19

4077 13世纪 莲花手菩萨
成交价：RMB 67,850,000
高78cm 古天一 2018-12-08

1674 13-14世纪 莲花手观音
估　价：RMB 2,200,000~2,800,000
成交价：RMB 4,370,000
高27.5cm 中贸圣佳 2018-06-20

960 元 释迦摩尼
估　价：RMB 1,200,000~1,800,000
成交价：RMB 1,495,000
高29cm 保利厦门 2018-07-15

2880 明永乐 （宫廷） 铜鎏金绿度母
估　价：RMB 4,800,000~6,800,000
成交价：RMB 5,520,000
高19cm 中国嘉德 2018-11-21

1031 13/14世纪 铜鎏金宝冠释迦牟尼
成交价：RMB 15,525,000
高40cm 华艺国际 2018-11-16

5614 13-14世纪 金刚萨埵
估 价：RMB 2,200,000~3,200,000
成交价：RMB 3,105,000
高34cm 北京保利 2018-06-20

1710 明早期 药师佛
估 价：RMB 2,200,000~2,800,000
成交价：RMB 2,645,000
高68.5cm 中贸圣佳 2018-06-20

3062 14世纪 不空羂索观音像
成交价：RMB 3,450,000
高29.5cm 古天一 2018-06-17

1403 明早期 夹纻漆金阿弥陀佛
估 价：RMB 600,000~800,000
成交价：RMB 1,000,500
高105cm 华艺国际 2018-05-23

3058 明早期 铜宝冠释迦牟尼佛
估 价：RMB 1,300,000~2,000,000
成交价：RMB 1,610,000
高52.5cm 中国嘉德 2018-06-19

3309 元或明早期 铜鎏金释迦牟尼
估 价：HKD 1,000,000~1,500,000
成交价：RMB 12,347,520
高38.1cm 保利香港 2018-10-02

2863 明永乐/宣德 鎏金铜大黑天金刚立像
估 价：HKD 8,000,000~10,000,000
成交价：RMB 9,825,200
高27.8cm 佳士得 2018-05-30

5173 明 永乐-宣德 转轮王坐莲花手观音菩萨
估 价：RMB 6,500,000~8,500,000
成交价：RMB 16,675,000
高24.5cm 北京保利 2018-06-19

5187 明永乐 铜鎏金文殊菩萨（原封底）
估 价：RMB 7,000,000~9,000,000
成交价：RMB 8,050,000
高15cm 北京保利 2018-06-19

831 明永乐 铜鎏金真武大帝像
估　价：RMB 7,000,000~9,000,000
成交价：RMB 13,800,000
高61cm 北京东正 2018-06-17

107 明永乐 铜鎏金文殊菩萨坐像
估　价：USD 400,000~600,000
成交价：RMB 8,471,910
纽约苏富比 2018-03-20

2861 明永乐 鎏金铜无量寿佛坐像
估　价：HKD 2,800,000~4,000,000
成交价：RMB 2,809,520
高18cm 佳士得 2018-05-30

829 明永乐 铜鎏金弥勒菩萨
估　价：RMB 5,000,000~6,000,000
成交价：RMB 7,130,000
高20.8cm 北京东正 2018-06-17

1435 14/15世纪 铜鎏金释迦牟尼
成交价：RMB 9,200,000
高55.5cm 华艺国际 2018-05-23

6730 明正统 铜鎏金宝冠释迦弁尼
估 价：HKD 800,000~800,000
成交价：RMB 2,387,280
高34.5cm 万昌斯 2018-05-30

1247 明宣德 持国天王站像
估 价：RMB 2,000,000~2,500,000
成交价：RMB 3,220,000
高70cm 上海匡时 2018-04-30

3018 16世纪 上师像
估 价：RMB 1,800,000~2,200,000
成交价：RMB 5,980,000
高72cm 古天一 2018-06-17

1672 15世纪 胜乐金刚
估 价：RMB 800,000~1,200,000
成交价：RMB 1,667,500
高24cm 中贸圣佳 2018-06-20

828 15世纪 汉藏宫廷 铜鎏金嵌宝无量寿佛
估 价：RMB 12,000,000~16,000,000
成交价：RMB 14,950,000
高50cm 北京东正 2018-06-17

6352 17世纪 目犍连、舍利佛
估 价：RMB 2,000,000~3,000,000
成交价：RMB 2,300,000
高32.4cm 北京保利 2018-12-09

5581 17世纪 密集金刚
估 价：RMB 2,200,000~3,200,000
成交价：RMB 3,105,000
高24.5cm 北京保利 2018-06-20

166 16/17世纪 鎏金铜观音菩萨坐像配铜莲花座
估 价：GBP 80,000~120,000
成交价：RMB 2,352,196
高79cm 伦敦佳士得 2018-05-15

806 16世纪 铜鎏金罗汉坐像
估 价：RMB 2,200,000~2,800,000
成交价：RMB 2,300,000
高32.5cm 北京东正 2018-06-17

2866 17世纪 鎏金铜三世达赖喇嘛索南嘉措像
估 价：HKD 4,000,000~6,000,000
成交价：RMB 6,317,360
高26.4cm 佳士得 2018-05-30

656 明 大理三身佛
估 价：RMB 4,800,000~6,000,000
成交价：RMB 5,520,000
尺寸不一 中贸圣佳 2018-06-20

3830 明末清初 夹纻关公坐像
估 价：RMB 800,000~1,100,000
成交价：RMB 920,000
高70cm 西泠拍卖 2018-07-08

1216 明 弥勒坐像
估 价：RMB 1,800,000~2,800,000
成交价：RMB 4,197,500
高97cm 印千山 2018-01-12

655 明 持如意观音坐像
估 价：RMB 2,300,000~2,800,000
成交价：RMB 2,875,000
高72cm 中贸圣佳 2018-06-20

2647 明 铜鎏金风帽观音 （一尊）
估 价：RMB 3,800,000~5,800,000
成交价：RMB 4,370,000
高18.2cm 中国嘉德 2018-06-18

1677 清初 扎纳巴扎尔风格铜鎏金药师佛像
估　价：RMB 1,500,000~1,800,000
成交价：RMB 1,725,000
高20.5cm 中贸圣佳 2018-06-20

2867 清康熙 鎏金铜无量寿佛坐像
估　价：HKD 1,500,000~1,800,000
成交价：RMB 3,978,800
高24cm 佳士得 2018-05-30

3084 清康熙 铜鎏金嵌宝石无量寿佛坐像“四十二号”
估　价：RMB 5,800,000~6,800,000
成交价：RMB 8,970,000
高41.5cm 中贸圣佳 2018-11-24

982 清康熙 鎏金铜无量寿佛像
估　价：USD 400,000~600,000
成交价：RMB 16,137,090
高41.9cm 纽约佳士得 2018-05-10

3426 清乾隆 掐丝珐琅格鲁派喇嘛坐像 一对
估　价：HKD 3,000,000~4,000,000
成交价：RMB 3,009,480
16.5及16.2cm 香港苏富比 2018-04-03

3626 清康熙 藏汉鎏金铜无量寿佛坐像
估　价：HKD 10,000,000~15,000,000
成交价：RMB 41,403,432
53.7cm 香港苏富比 2018-10-03

858 清康熙 铜鎏金绿度母
估　价：HKD 2,800,000~3,200,000
成交价：RMB 3,292,672
高30.5cm 中国嘉德 2018-10-02

1394 清早期 铜鎏金上师像 （一对）
估　价：RMB 1,800,000~2,800,000
成交价：RMB 2,070,000
高26.5cm；高25.5cm 北京荣宝 2018-06-14

3084 17-18世纪 蒙古 铜鎏金无量寿佛
估　价：RMB 3,000,000~5,000,000
成交价：RMB 8,280,000
高35.3cm 中国嘉德 2018-06-19

961 清乾隆 六品佛楼甘吒巴大师像
估　价：RMB 800,000~1,300,000
成交价：RMB 2,012,500
高18.5cm 保利厦门 2018-07-15

2869 清乾隆（宫廷） 铜鎏金释迦牟尼佛说法像 金丝楠木须弥座三联屏式佛龛
估　价：RMB 6,800,000~8,800,000
成交价：RMB 9,200,000
造像（含背光）高21cm；佛龛30.2cm×46.3cm×11cm 中国嘉德 2018-11-21

3085 清乾隆 大清乾隆癸丑年敬造紫金璃玛无量寿佛
估　价：RMB 4,000,000~5,000,000
成交价：RMB 6,325,000
高32.5cm 中贸圣佳 2018-11-24

1009 19/20世纪初 铜鎏金九世班禅曲吉尼玛像
估　价：RMB 3,000,000~5,000,000
成交价：RMB 7,417,500
高32.5cm 华艺国际 2018-11-16

2664 夹纻胎佛像 （一对）
估　价：RMB 800,000~1,000,000
成交价：RMB 1,403,000
高183.3cm（连座）；高178.7cm（连座）
中贸圣佳 2018-11-24

5549 清乾隆 六品佛楼主尊金刚界性佛
估　价：RMB 3,000,000~5,000,000
成交价：RMB 3,450,000
高38cm 北京保利 2018-06-20

3686 十二世纪 大理铜释迦牟尼佛坐像
估 价：HKD 3,000,000~5,000,000
成交价：RMB 3,243,840
28.6cm 香港苏富比 2018-10-03

3651 释迦牟尼佛
估 价：RMB 1,600,000~2,800,000
成交价：RMB 2,070,000
高27cm 北京匡时 2018-06-15

法 器

3570 公元1-5世纪 过去七佛金颇罗
估 价：HKD 5,000,000~8,000,000
成交价：RMB 5,727,720
直径17.6cm；高10cm；重233g
保利香港 2018-04-02

6798 唐 纯金佛舍利罐
估 价：HKD 450,000~450,000
成交价：RMB 828,240
直径17.5cm 万昌斯 2018-05-30

5171 十四世纪 马拉王朝早期 大持金刚
估 价：RMB 30,000,000~40,000,000
成交价：RMB 44,850,000
高43cm 北京保利 2018-06-19

3569 公元1-5世纪 金座佛银塔银环器
估 价：HKD 500,000~800,000
成交价：RMB 1,145,544
直径10cm 保利香港 2018-04-02

6764 辽 铜佛板
估 价：HKD 600,000
成交价：RMB 2,436,000
高24.7cm 万昌斯 2018-05-30

2885 西藏12-13世纪 铁鋄金五股金刚杵
估 价：RMB 650,000~900,000
成交价：RMB 1,610,000
高22.5cm 中国嘉德 2018-11-21

5539 18世纪 须弥山坛城
估 价：RMB 5,200,000~6,200,000
成交价：RMB 5,750,000
长68cm 北京保利 2018-06-20

1068 西夏 铜九股金刚杵
估 价：RMB 180,000~250,000
成交价：RMB 207,000
长20.5cm 华艺国际 2018-11-16

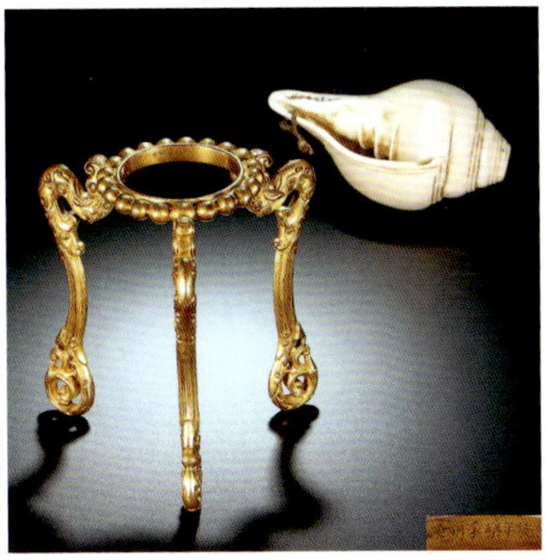

6338 明永乐 鱼龙形三足供架及法螺
估 价：RMB 1,100,000~1,600,000
成交价：RMB 1,955,000
长14cm 北京保利 2018-12-09

3015 13～14世纪 噶当塔
估 价：RMB 250,000~300,000
成交价：RMB 460,000
高54cm 古天一 2018-06-17

3021 明代 右旋法螺
估 价：RMB 250,000~300,000
成交价：RMB 460,000
长9cm 古天一 2018-06-17

3078 明永乐（宫廷） 铜鎏金金刚铃杵 （一套）
估 价：RMB 200,000~400,000
成交价：RMB 414,000
铃高22cm；杵长18cm 中国嘉德 2018-06-19

唐 卡

4061 13世纪 宝生如来佛唐卡
成交价：RMB 1,978,000
82cm×64cm 古天一 2018-12-08

1228 13世纪 双身金刚萨埵唐卡
估 价：RMB 800,000~1,200,000
成交价：RMB 1,380,000
长40cm；宽30cm 上海匡时 2018-04-30

1201 14世纪 千手千眼观世音菩萨（西藏） 卷轴
估 价：RMB 700,000~800,000
成交价：RMB 1,265,000
53cm×43cm 北京荣宝 2018-06-14

106 明永乐 刺绣金刚萨埵唐卡
估 价：USD 400,000~600,000
成交价：RMB 3,141,270
纽约苏富比 2018-03-20

901 十七/十八世纪 尼泊尔 十万佛塔博巴
估 价：USD 200,000~300,000
成交价：RMB 3,598,182
纽约苏富比 2018-03-22

1204 明永乐 宫廷风格织绣莲花手观音 卷轴
估 价：RMB 4,500,000~5,500,000
成交价：RMB 11,500,000
128cm×60cm 北京荣宝 2018-06-14

1214 17世纪 一世班禅（西藏） 卷轴
估　价：RMB 1,100,000~1,200,000
成交价：RMB 1,610,000
63cm×43cm 北京荣宝 2018-06-14

1008 18世纪 执梃大黑天黑唐卡
估　价：RMB 1,100,000~1,300,000
成交价：RMB 1,265,000
52.5cm×38.5cm 华艺国际 2018-11-16

2864 西藏 15世纪 绢本彩绘迦理迦尊者唐卡
估　价：HKD 1,000,000~1,500,000
成交价：RMB 1,015,000
101.6cm×58.4cm 佳士得 2018-05-30

4039 18世纪 财宝天王唐卡
估　价：RMB 900,000~1,500,000
成交价：RMB 1,725,000
87cm×60cm 古天一 2018-12-08

960 西藏或不丹 十八世纪 班智达相莲花生大士唐卡
估　价：USD 100,000~150,000
成交价：RMB 1,983,125
纽约苏富比 2018-03-22

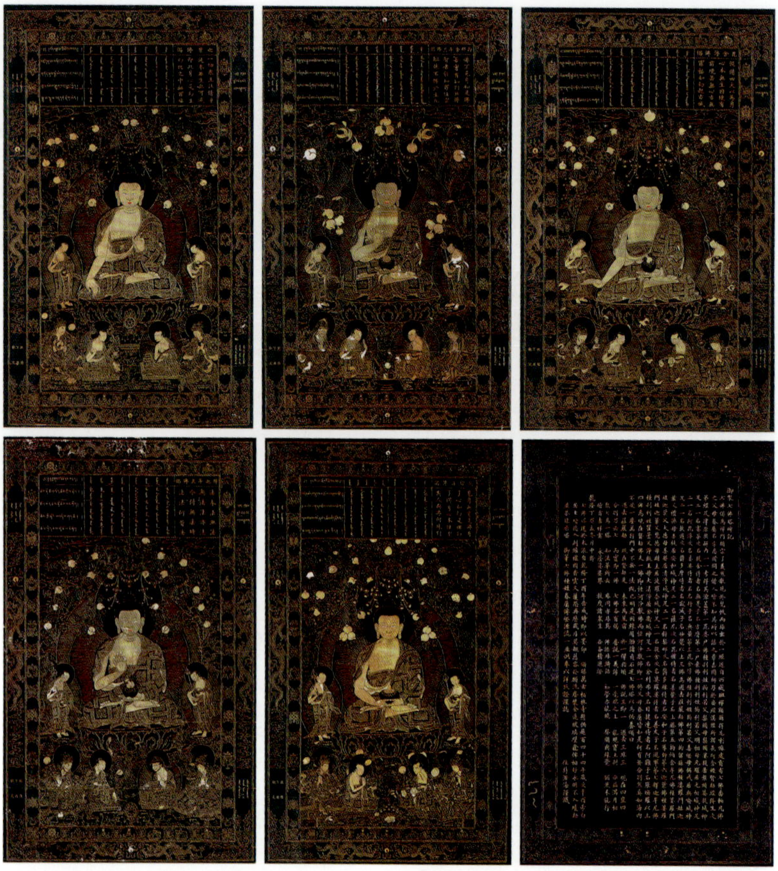

3067 清乾隆 纸本墨彩描金七佛偈唐卡 （六张）
估 价：HKD 15,000,000~18,000,000
成交价：RMB 17,183,160
147cm × 103cm；107cm × 66cm
保利香港 2018-04-02

1229 18世纪 堆绣胜乐金刚坛城 卷轴
估 价：RMB 600,000~700,000
成交价：RMB 690,000
106cm × 82cm 北京荣宝 2018-06-14

6360 清中期/18世纪晚期 大黑天唐卡
估 价：RMB 1,000,000~1,300,000
成交价：RMB 1,265,000
133cm × 196cm 北京保利 2018-12-09

3019 18世纪 莲花生唐卡 （三幅）
估 价：RMB 900,000~1,500,000
成交价：RMB 1,725,000
46.5cm × 66.5cm 古天一 2018-06-17

5987 清乾隆 御制十相自在唐卡
估 价：RMB 1,000,000~1,500,000
成交价：RMB 1,380,000
135.5cm × 44.5cm 北京保利 2018-06-20

970 西藏 十九世纪 八世达赖喇嘛唐卡
估　价：USD 250,000~350,000
成交价：RMB 1,586,500
纽约苏富比 2018-03-22

937 西藏 约1570年 五尊曼荼罗唐卡
估　价：USD 250,000~350,000
成交价：RMB 3,293,574
纽约苏富比 2018-03-22

918 西藏 约1225年 噶举派四上师唐卡
估　价：USD 600,000~800,000
成交价：RMB 2,379,750
纽约苏富比 2018-03-22

556 桑杰加 阿弥陀佛净土
估　价：RMB 500,000~800,000
成交价：RMB 3,680,000
177cm×156cm 北京荣宝 2018-05-18

920 西藏 约1200年或十三世纪 早期佛教上师唐卡
估　价：USD 800,000~1,200,000
成交价：RMB 3,141,270
纽约苏富比 2018-03-22

910 尼泊尔 约1812年 胜乐金刚曼荼罗博巴
估　价：USD 100,000~150,000
成交价：RMB 1,665,825
纽约苏富比 2018-03-22

163 释迦牟尼佛传故事红卡
估　价：HKD 6,000,000~8,000,000
成交价：RMB 6,894,032
610cm×110cm 北京匡时 2018-10-03

157 莲花生大士红卡
估　价：HKD 1,600,000~2,000,000
成交价：RMB 1,852,128
200cm × 102cm 北京匡时 2018-10-03

154 莲花生大士红卡
估　价：HKD 2,400,000~2,800,000
成交价：RMB 3,086,880
220cm × 100cm 北京匡时 2018-10-03

162 准提菩萨红卡
估　价：HKD 1,100,000~1,500,000
成交价：RMB 1,234,752
192cm × 99cm 北京匡时 2018-10-03

916 西藏 约1300年 达隆噶举二祖古雅仁钦冈及三祖桑杰雅钧唐卡
估　价：USD 200,000~300,000
成交价：RMB 1,427,850
纽约苏富比 2018-03-22

938 西藏 约1570年 时轮金刚曼荼罗唐卡
估　价：USD 500,000~700,000
成交价：RMB 2,221,100
纽约苏富比 2018-03-22

164 关公财神唐卡
估 价：HKD 1,200,000~1,600,000
成交价：RMB 1,337,648
137cm×120cm 北京匡时 2018-10-03

3650 玛哈嘎拉黑卡
估 价：RMB 800,000~1,000,000
成交价：RMB 1,265,000
81cm×51.5cm 北京匡时 2018-06-15

158 四臂观音菩萨红卡
估 价：HKD 1,200,000~1,600,000
成交价：RMB 1,337,648
200cm×110cm 北京匡时 2018-10-03

153 大威德金刚黑卡
估 价：HKD 1,100,000~1,500,000
成交价：RMB 1,234,752
190cm×102cm 北京匡时 2018-10-03

5681 五方佛
估　价：RMB 900,000~1,200,000
成交价：RMB 1,035,000
100cm × 80cm 北京保利 2018-06-20

文房用品

笔　管

1224 明 剔犀如意纹笔
估　价：USD 20,000~30,000
成交价：RMB 427,625
长25cm 纽约佳士得 2018-09-13

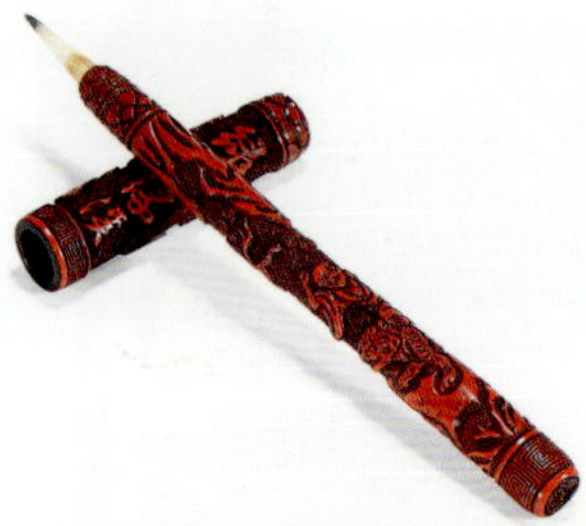

5757 明 剔红人物诗文毛笔
估　价：RMB 100,000~150,000
成交价：RMB 161,000
长26cm 北京保利 2018-06-20

5182 清乾隆 御制黑漆描金御制诗龙福对笔
估　价：RMB 1,000,000~1,500,000
成交价：RMB 1,265,000
长26cm；长23.7cm 北京保利 2018-06-19

3791 清乾隆 竹刻百寿字笔
估　价：RMB 80,000~120,000
成交价：RMB 92,000
长26.7cm 中国嘉德 2018-09-19

1740 启功 启功旧藏 毛笔
成交价：RMB 333,500
尺寸不一 中国嘉德 2018-11-21

笔　筒

2514 明末清初 紫檀仿树瘤笔海
估　价：RMB 350,000~450,000
成交价：RMB 621,000
直径28.4cm 中贸圣佳 2018-11-24

1613 清初 寿山石喜上眉梢笔筒（带座）
估　价：RMB 160,000~200,000
成交价：RMB 184,000
高19.5cm 华艺国际 2018-11-16

1219 明 铜镂雕双龙戏珠纹笔筒
估 价：RMB 600,000~800,000
成交价：RMB 747,500
高12cm 华艺国际 2018-11-16

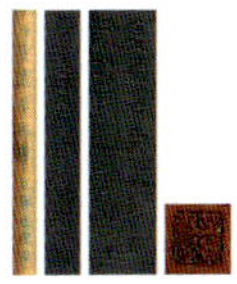

1731 清 吴湖帆自用笔、黄杨木雕梅景书屋款花鸟纹笔筒、端石井字云头纹自用砚
估 价：RMB 200,000~400,000
成交价：RMB 908,500
尺寸不一 广东崇正 2018-07-05

2917 18世纪 剔红八仙故事图笔筒
估 价：HKD 150,000~250,000
成交价：RMB 288,275
高12.7cm 佳士得 2018-11-28

2755 清早期 杨季元堆泥彩绘山水笔筒
估 价：RMB 1,800,000~2,200,000
成交价：RMB 2,300,000
高15.5cm 江苏观宇 2018-04-22

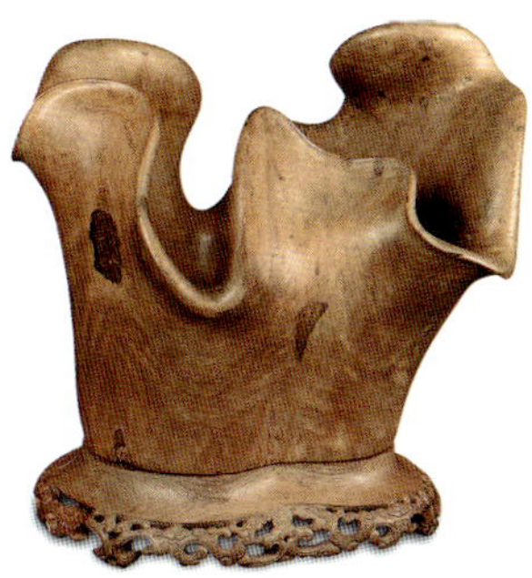

1541 清 黄花梨荷叶形笔海
估 价：RMB 1,000,000~1,200,000
成交价：RMB 2,990,000
高41cm 中贸圣佳 2018-06-20

笔 架

1793 宋 铜山形笔架
估　价：RMB 32,000~50,000
成交价：RMB 43,700
长12.7cm 西泠拍卖 2018-07-07

3004 明至清 紫檀六峰笔搁
估　价：HKD 80,000~100,000
成交价：RMB 455,063
长21cm 香港苏富比 2018-04-02

175 十七/十八世纪　寿山石太白醉卧笔搁
估　价：HKD 120,000~150,000
成交价：RMB 133,050
长134cm 邦瀚斯 2018-11-27

3147 明万历 一路连科三峰笔架
估　价：RMB 400,000~600,000
成交价：RMB 460,000
高9.8cm 北京匡时 2018-12-05

水盂 砚滴

3088 清雍正 仿琥珀料六棱水呈
成交价：RMB 124,101
宽5.5cm 保利香港 2018-04-02

2931 清乾隆 宝石红玻璃水丞
估 价：HKD 300,000~500,000
成交价：RMB 498,938
宽7cm 佳士得 2018-11-28

1618 清中期 南红玛瑙灵芝水丞
估 价：RMB 80,000~120,000
成交价：RMB 92,000
高7.5cm 华艺国际 2018-11-16

3121 清乾隆 铜胎掐丝珐琅缠枝莲纹水盂
估 价：RMB 80,000~100,000
成交价：RMB 92,000
高3.3cm 北京匡时 2018-12-05

1036 清代 玛瑙雕荷叶形水盂
估 价：RMB 30,000~30,000
成交价：RMB 34,500
高15.5cm 古天一 2018-12-08

3116 清中期 套红料螭龙纹水盂
估 价：RMB 10,000~20,000
成交价：RMB 11,500
高4cm 北京匡时 2018-12-05

3429 十八世纪 广东铜胎画珐琅荔枝水丞
估 价：HKD 150,000~200,000
成交价：RMB 163,500
高9.8cm 香港苏富比 2018-10-03

1106 元 湖田窑点彩船形水滴
估 价：RMB 120,000~200,000
成交价：RMB 299,000
长16cm 保利厦门 2018-07-15

3439 明宣德 鎏金铜嵌宝卧兽水滴
估 价：HKD 700,000~900,000
成交价：RMB 763,000
11.6cm 香港苏富比 2018-10-03

2933 清康熙 宜兴段泥笋形水滴
估 价：HKD 1,800,000~2,600,000
成交价：RMB 3,491,600
长11cm 佳士得 2018-05-30

5335 明晚期 铜点金太白醉酒水注
估 价：RMB 350,000~450,000
成交价：RMB 402,500
长13cm 北京保利 2018-12-08

556 清乾隆 鎏金掐丝珐琅貔貅水滴
成交价：RMB 230,000
长10.5cm 保利厦门 2018-07-15

笔 舔

738 明 沉香灵芝纹带座笔舔
估 价：NTD 360,000~500,000
成交价：RMB 135,600
直径5.8cm 罗芙奥 2018-12-01

2285 清 仿生瓷白菜形笔舔
成交价：RMB 103,500
长14.7cm 北京翰海 2018-06-30

笔 洗

78 唐 三彩花口洗
估 价：HKD 100,000~150,000
成交价：RMB 97,440
直径14cm 香港诚昌 2018-05-30

3995 元-明 哥釉四方洗
估 价：RMB 400,000~500,000
成交价：RMB 460,000
长7.2cm；宽7.1cm 西泠拍卖 2018-07-08

5070 元 三彩海螺形洗
估 价：RMB 200,000~300,000
成交价：RMB 322,000
长10.4cm 北京保利 2018-06-19

3445 清雍正至乾隆 水晶雕双龙灵芝式洗
估 价：HKD 500,000~700,000
成交价：RMB 2,022,500
长12.3cm 香港苏富比 2018-04-03

5847 清乾隆 御制铜胎掐丝珐琅缠枝莲纹双鎏金把手大洗
估　价：RMB 300,000~400,000
成交价：RMB 345,000
宽38cm 北京保利 2018-06-20

6471 清中期 琥珀雕龙纹活环洗
估　价：RMB 280,000~380,000
成交价：RMB 322,000
长17.5cm 北京保利 2018-06-21

5124 清中期 南红玛瑙洗
估　价：RMB 40,000~60,000
成交价：RMB 48,300
长6.2cm 中贸圣佳 2018-11-25

7650 清 铜"螭龙"洗
估　价：HKD 25,000
成交价：RMB 51,091
长15.6cm 万昌斯 2018-11-29

臂　搁

619 17世纪 竹雕松树纹臂搁
估　价：HKD 200,000~250,000
成交价：RMB 205,792
长26.5cm 中国嘉德 2018-10-02

4431 清早期 紫檀诗文臂搁
估　价：RMB 200,000~300,000
成交价：RMB 230,000
长25.2cm 中国嘉德 2018-05-18

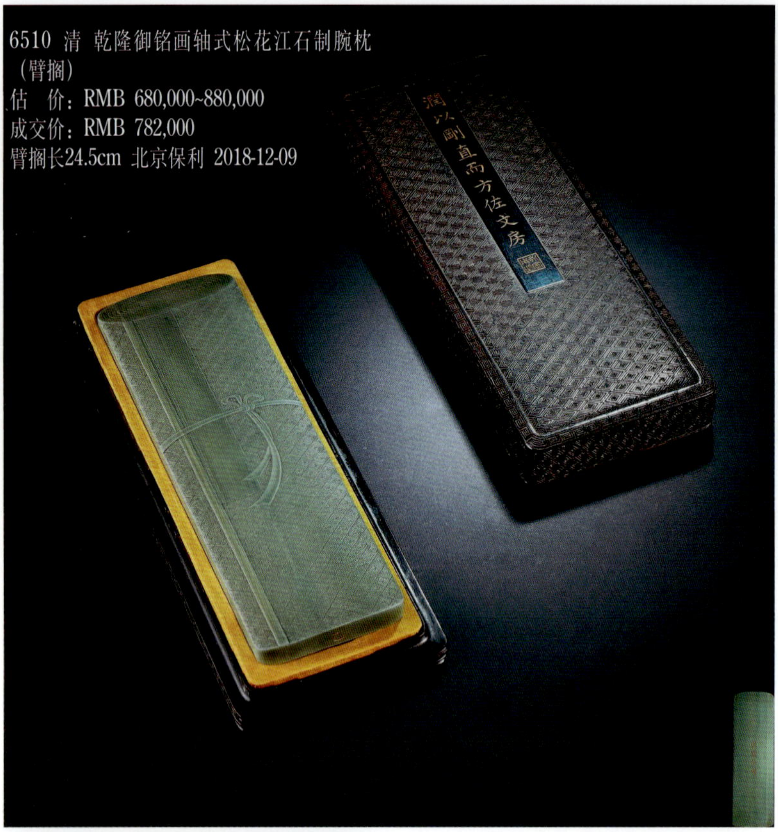

6510 清 乾隆御铭画轴式松花江石制腕枕（臂搁）
估 价：RMB 680,000~880,000
成交价：RMB 782,000
臂搁长24.5cm 北京保利 2018-12-09

471 清中期 竹雕荷蟹图臂搁
估 价：HKD 10,000~20,000
成交价：RMB 226,371
高23.40cm 中国嘉德 2018-10-02

墨 床

176 十七/十八世纪 玛瑙巧雕梅庄墨床
估 价：HKD 70,000~90,000
成交价：RMB 77,613
长87cm 邦瀚斯 2018-11-27

106 清 榉木刻诗文墨床
估 价：HKD 120,000~200,000
成交价：RMB 194,880
长27.5cm 香港诚昌 2018-05-30

3419 清乾隆 竹镂雕灵芝纹墨床
估 价：HKD 300,000~400,000
成交价：RMB 327,000
长9.7cm 香港苏富比 2018-10-03

镇 纸

6707 战国 铜错金银“兔”形镇 （一对）
估 价：HKD 1,000
成交价：RMB 58,464
最大长7.3cm 万昌斯 2018-05-30

7785 汉 铜龙纹席镇 （一对）
估 价：HKD 50,000
成交价：RMB 79,830
最大直径8cm 万昌斯 2018-11-29

1329 元 天禄、辟邪瑞兽镇纸（一对）
估 价：RMB 300,000~400,000
成交价：RMB 483,000
尺寸不一 中贸圣佳 2018-06-20

650 清乾隆 太狮少狮钮纸镇
估 价：RMB 500,000~600,000
成交价：RMB 632,500
高7cm 中贸圣佳 2018-06-20

3420 十七世纪 竹根雕太狮少狮镇纸
估 价：HKD 220,000~250,000
成交价：RMB 327,000
长12cm 香港苏富比 2018-10-03

3320 清乾隆 白玉随形刻梅花御题诗镇纸
估 价：HKD 200,000~280,000
成交价：RMB 535,059
宽11cm 保利香港 2018-10-02

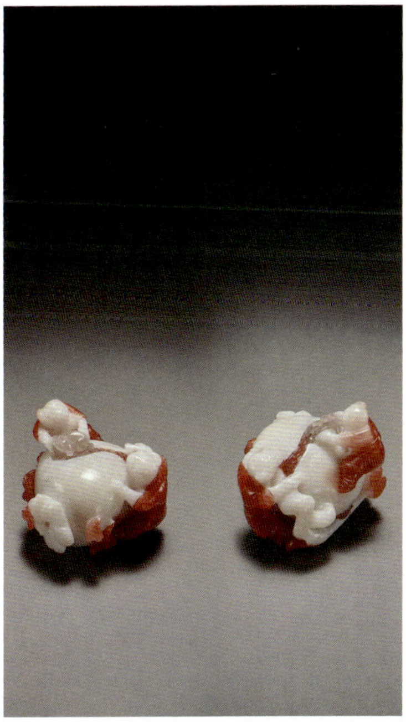

2021 清中期 南红玛瑙榴开百子镇纸
估 价：RMB 120,000~150,000
成交价：RMB 138,000
长5.5cm 古天一 2018-12-08

1716 明 铜雕“犀牛望月”镇纸
估 价：RMB 60,000~80,000
成交价：RMB 86,250
长7.8cm 华艺国际 2018-11-16

印 盒

5471 明晚期 黄花梨官印盒
估 价：RMB 90,000~100,000
成交价：RMB 105,800
长13.3cm 中贸圣佳 2018-11-25

2168 清早期 庭院人物印盒
估 价：RMB 80,000~120,000
成交价：RMB 161,000
直径8.1cm 中贸圣佳 2018-11-24

2935 清康熙 豇豆红印泥盒
估 价：HKD 600,000~800,000
成交价：RMB 862,750
直径7.2cm 佳士得 2018-05-30

5080 清乾隆 仿抱子石纹釉小印盒
估 价：RMB 500,000~800,000
成交价：RMB 1,150,000
直径6.8cm 北京保利 2018-06-19

1447 民国 齐白石为罗峰南刻寿山石方章 齐白石雕草虫端石圆墨盒
估 价：HKD 180,000~300,000
成交价：RMB 443,500
高7cm 佳士得 2018-11-26

印 玺

3205 清雍正 清乾隆（盖盒）乾隆帝御宝昌化石与田黄组玺 （三件）
估 价：HKD 40,000,000~60,000,000
成交价：RMB 40,418,944
宝亲王宝6.5cm × 2.2cm × 2.2cm；随安室6.2cm × 2.9cm × 1.9cm；重71.1g；长春居士5.7cm × 2.2cm × 2cm；重65.3g；盖盒8.7cm × 10.2cm × 5.6cm
香港苏富比 2018-10-03

5180 清乾隆；乾隆三年（1738年）制 铜点金异兽钮“乾隆御览之宝”宝玺
成交价：RMB 110,975,000
长9.1cm × 9.1cm × 10.1cm；重3770g
北京保利 2018-06-19

3201 清乾隆 御制田黄三螭钮宝玺 立轴
估 价：HKD 25,000,000~30,000,000
成交价：RMB 26,264,640
印高7cm；212g；轴137.2cm × 28cm
香港苏富比 2018-10-03

5184 清乾隆 御制寿山冻石“乾隆宸翰”宝玺
估 价：RMB 10,000,000~15,000,000
成交价：RMB 19,550,000
长4.2cm × 4.2cm × 9.1cm；重363g
北京保利 2018-06-19

5430 清乾隆 御制寿山石双狮钮“乾隆宸翰”宝玺
估 价：RMB 6,000,000~9,000,000
成交价：RMB 10,695,000
3cm×3cm；高5.2cm 北京保利 2018-12-12

997 汉 银龟钮印 （一组四件）
估 价：HKD 250,000~350,000
成交价：RMB 257,240
宽2.9cm 中国嘉德 2018-10-02

2984 元 紫檀藏文印
估 价：HKD 100,000~150,000
成交价：RMB 288,275
高5.7cm 佳士得 2018-11-28

印 章

309 战国至汉 铜鎏金驼钮印 （两方）
估 价：HKD 10,000~15,000
成交价：RMB 563,226
2.9cm×2.2cm×2.2cm 中国嘉德 2018-04-02

310 战国至汉 青铜瓦钮印 （五方）
估 价：HKD 5,000~10,000
成交价：RMB 372,302
2.4cm×2.6cm×2.4cm 中国嘉德 2018-04-02

2983 元 鎏金铜印
估 价：HKD 120,000~180,000
成交价：RMB 133,050
高4.8cm 佳士得 2018-11-28

5119 清早期 “和斋”铭韩天衡篆刻田黄冻六面长方章
估 价：RMB 1,100,000~1,600,000
成交价：RMB 1,610,000
2.9cm×2.6cm×6.6cm；重124g
北京保利 2018-06-19

2993 18世纪 田黄雕双凤钮纪昀自用方章（171克）
估 价：HKD 1,500,000~2,200,000
成交价：RMB 4,346,300
7.3cm；171g 佳士得 2018-11-28

2992 清乾隆 御用洞石“挹清芬”印
估 价：HKD 400,000~600,000
成交价：RMB 1,330,500
高4.1cm 佳士得 2018-11-28

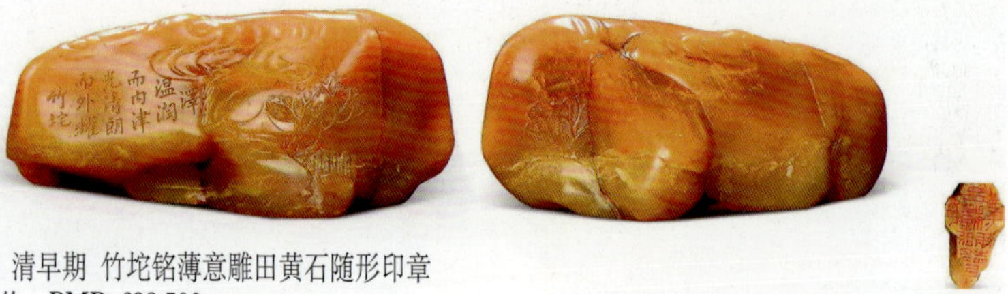

2899 清早期 竹坨铭薄意雕田黄石随形印章
成交价：RMB 632,500
10cm×5.5cm×4.3cm；重224.4g 北京匡时 2018-06-15

1042 清中期 田黄双狮纽方章
估 价：RMB 2,800,000~3,800,000
成交价：RMB 4,657,500
高6.8cm；重119.5g 华艺国际 2018-05-23

109 清中期 水晶瑞兽钮印章
估 价：HKD 200,000~300,000
成交价：RMB 292,320
高7.5cm 香港诚昌 2018-05-30

5050 清乾隆四十七年（1782）作 金石癖印 清 黄小松刻
估 价：RMB 2,800,000~3,800,000
成交价：RMB 4,140,000
长5.5cm；重85g 北京保利 2018-06-19

4012 清 寿山田黄石太平有象钮方章
估 价：RMB 5,000,000~8,000,000
成交价：RMB 5,750,000
4cm×4cm×6.5cm；201g
中国嘉德 2018-11-21

3645 十八世纪初 田黄卧犬钮方印
估 价：HKD 5,000,000~8,000,000
成交价：RMB 4,951,080
高5cm 香港苏富比 2018-04-03

3112 清嘉庆丁巳年（1797年） 竹根印章
估 价：HKD 50,000~70,000
成交价：RMB 192,138
5cm 香港苏富比 2018-04-02

4413 清嘉庆八年（1803年） 陈豫钟为陈希濂刻寿山石狮钮收藏印
估 价：RMB 180,000~280,000
成交价：RMB 506,000
高4.7cm 中国嘉德 2018-05-18

4011 清 寿山芙蓉石太狮少狮钮对章
估 价：RMB 200,000~500,000
成交价：RMB 460,000
高9cm×2 中国嘉德 2018-11-21

4332 清 1885年作 吴昌硕刻凤钮寿山石自用印
估　价：RMB 800,000~1,500,000
成交价：RMB 2,357,500
高7.9cm 西泠拍卖 2018-07-08

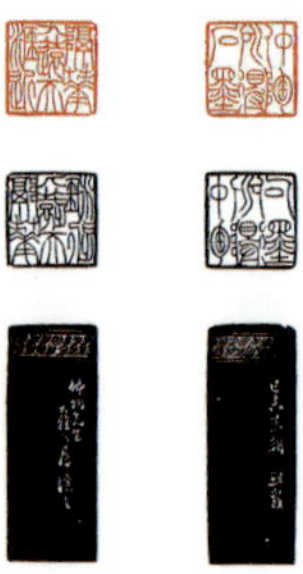

4331 清 1859年作 吴让之刻博古钮楚石岑镕自用对章
估　价：RMB 1,000,000~1,500,000
成交价：RMB 1,840,000
高6.8cm；高6.7cm 西泠拍卖 2018-07-08

659 清 吴昌硕为刘访渠刻‘懿翁’田黄印
估　价：RMB 3,000,000~3,500,000
成交价：RMB 3,450,000
高6cm；重89g 中贸圣佳 2018-06-20

4347 清 1803年作 陈豫钟刻青田石章
估　价：RMB 380,000~500,000
成交价：RMB 667,000
高4.7cm 西泠拍卖 2018-07-08

4341 清 黄士陵刻广东绿石胡杰自用对章
估　价：RMB 350,000~450,000
成交价：RMB 632,500
高4.8cm×2 西泠拍卖 2018-07-08

5039 清 陈宝琛自用寿山黄坑头水晶洞石对章
估 价：RMB 200,000~300,000
成交价：RMB 322,000
高3.8cm×2 北京匡时 2018-06-15

3007 民国 朱尊一刻高山冻石黄宾虹用印（两方）
估 价：HKD 120,000~150,000
成交价：RMB 665,250
高1.8cm 佳士得 2018-11-28

1071 清 许莘农旧藏吴让之自用印
估 价：RMB 250,000~350,000
成交价：RMB 322,000
高3cm 中贸圣佳 2018-06-20

1372 民国 齐白石刻柳风堂用印 （三方）
估 价：RMB 450,000~600,000
成交价：RMB 632,500
尺寸不一 朵云轩 2018-06-25

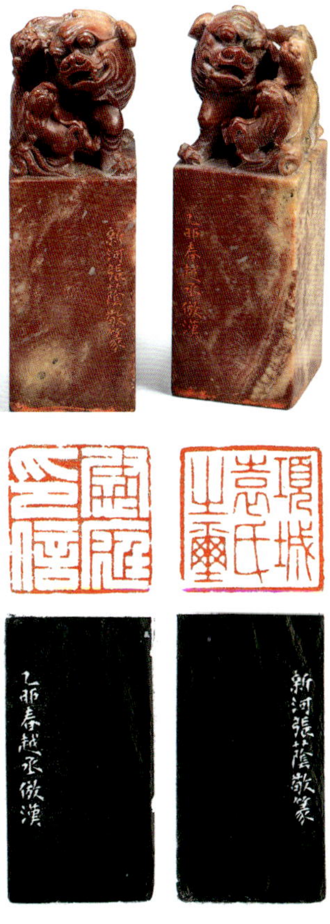

2975 民国乙卯（1915年） 张樾丞刻寿山石狮钮袁世凯用印 （一对）
估 价：HKD 200,000~300,000
成交价：RMB 609,000
高11cm 佳士得 2018-05-30

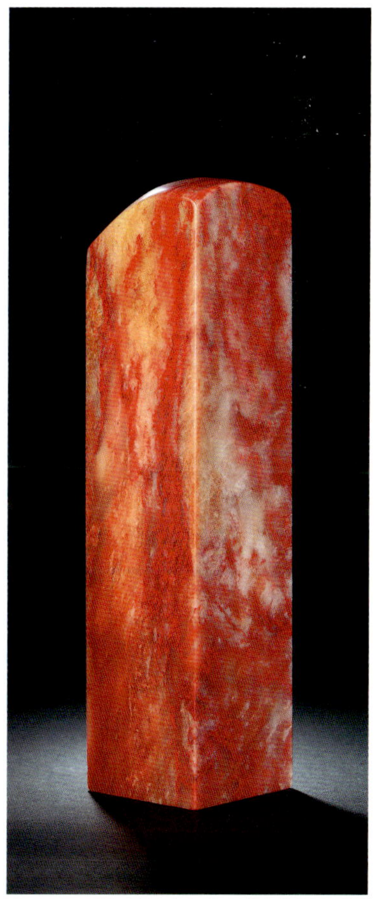

2546 巴林鸡血大方章
估 价：RMB 1,000,000~2,000,000
成交价：RMB 3,450,000
高25.5cm；重量2760g 北京荣宝 2018-12-03

6498 20世纪中期 傅抱石刻“离骚”四面满工青田石方章
估 价：RMB 350,000~450,000
成交价：RMB 402,500
高4.1cm；重127g 北京保利 2018-12-09

3896 邓石如刻 青田石印章
估 价：RMB 2,000,000~3,000,000
成交价：RMB 7,130,000
3cm × 2.9cm × 7.4cm 中国嘉德 2018-11-21

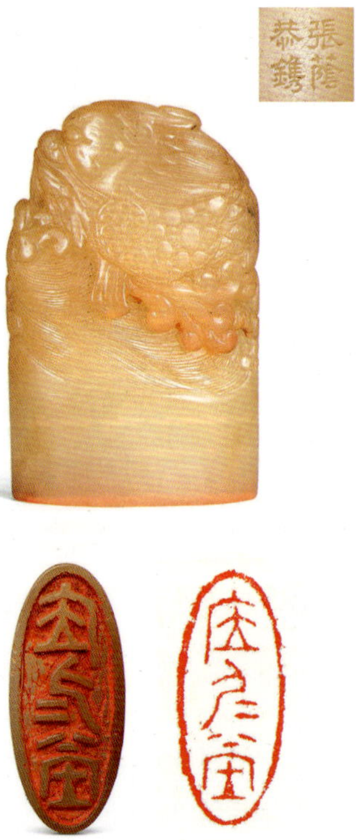

2968 民国 张樾丞刻寿山石鳌龙钮袁世凯用印
估 价：HKD 120,000~180,000
成交价：RMB 507,500
高5.2cm 佳士得 2018-05-30

3897 吴让之刻 吴云用青田石印章
估 价：RMB 800,000~1,200,000
成交价：RMB 2,645,000
高3.9cm 中国嘉德 2018-11-21

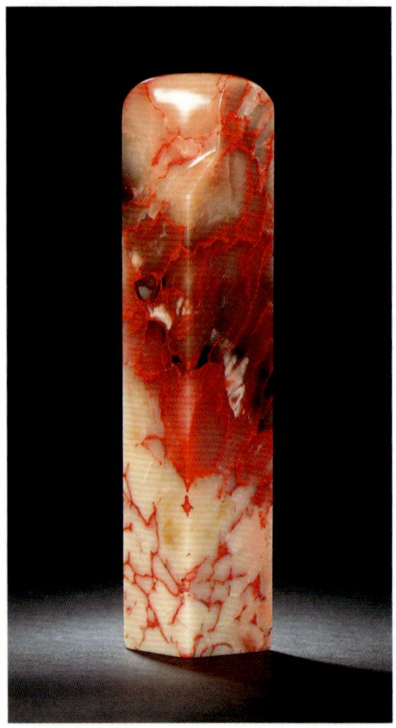

2545 巴林鸡血章
估 价：RMB 2,000,000~3,000,000
成交价：RMB 2,300,000
高21cm；重量916g 北京荣宝 2018-12-03

1844 林荣基 田黄薄意随形章
估 价：RMB 300,000~400,000
成交价：RMB 460,000
高6.5cm；重295g 中贸圣佳 2018-11-24

4438 吴让之刻 寿山田黄石平顶方章
估 价：RMB 4,500,000~6,500,000
成交价：RMB 9,200,000
3cm × 2.9cm × 6.2cm；141g 中国嘉德 2018-06-18

3889 吴昌硕刻 秋山白岩用青田石对章
估 价：RMB 300,000~500,000
成交价：RMB 747,500
高4cm；高3.8cm 中国嘉德 2018-11-21

4268 赵之谦刻 曹葛民自用青田石印章
估 价：RMB 1,800,000~2,800,000
成交价：RMB 9,200,000
4.4cm × 4.3cm × 5.4cm 中国嘉德 2018-06-18

4266 吴让之刻 青田石印章
估 价：RMB 250,000~350,000
成交价：RMB 1,633,000
高3.9cm 中国嘉德 2018-06-18

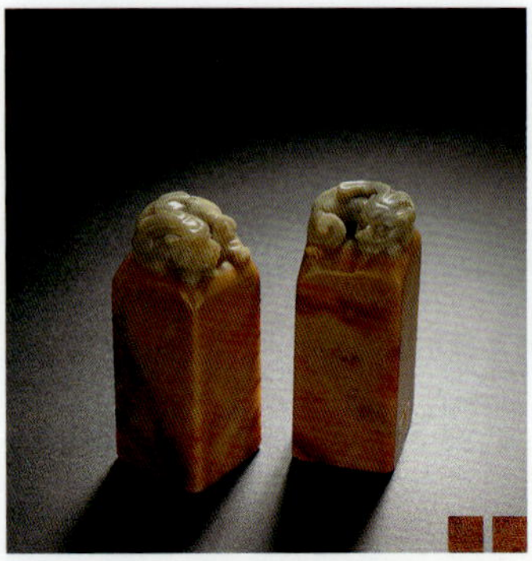

3346 1932年作 齐白石刻 古兽钮寿山石对章
估 价：RMB 1,200,000~1,500,000
成交价：RMB 1,380,000
高8cm×2 北京荣宝 2018-06-14

3347 齐白石刻 寿山石古兽钮“守中”印章（一方）
估 价：RMB 1,100,000~1,500,000
成交价：RMB 1,265,000
高7cm 北京荣宝 2018-06-14

4172 清·程邃刻子母兽钮寿山芙蓉石梁清标自用印
估 价：RMB 500,000~700,000
成交价：RMB 1,150,000
高8.3cm 西泠拍卖 2018-07-08

1934 徐三庚 刻 寿山牛角冻石童子牧牛钮方章
估 价：RMB 500,000~700,000
成交价：RMB 805,000
高7.3cm 北京匡时 2018-06-15

1924 黄士陵为张之洞刻 青田石方章
估 价：RMB 500,000~700,000
成交价：RMB 874,000
高5.6cm 北京匡时 2018-06-15

4641 马学武 两链章
估 价：RMB 680,000~1,000,000
成交价：RMB 782,000
北京保利 2018-06-19

墨

4403 清康熙 曹素功制黄海山图紫玉光墨一套三十六方
估 价：RMB 100,000~200,000
成交价：RMB 1,265,000
长6.2cm；长3.1cm 中国嘉德 2018-05-18

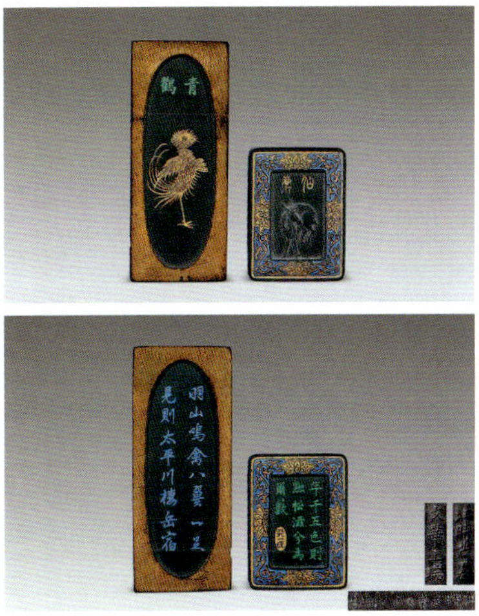

4147 清康熙 汪时茂制文华上瑞墨 （两方）
估 价：RMB 8,000~12,000
成交价：RMB 345,000
长8.3cm；长4.7cm 中国嘉德 2018-01-14

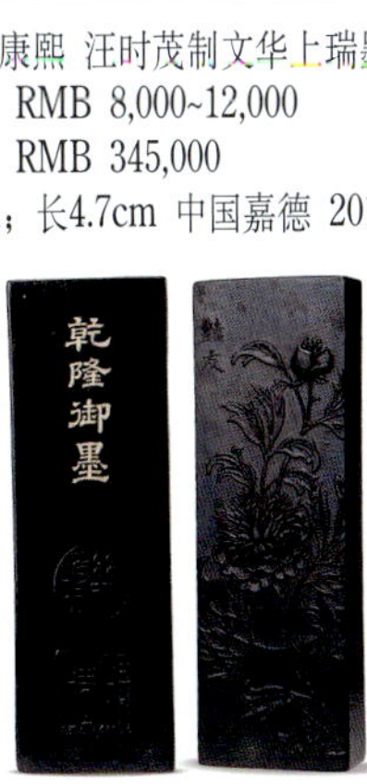

1350 清乾隆 “艳友”御墨 （一锭）
成交价：RMB 230,000
长8.8cm 华艺国际 2018-05-23

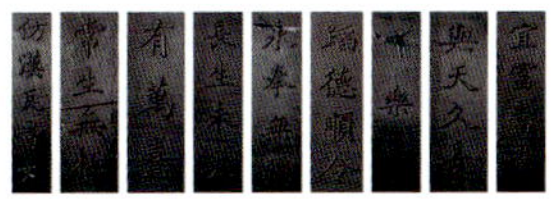

5435 清乾隆 御制仿汉瓦当御墨 （八方一套）
估 价：RMB 2,600,000~3,600,000
成交价：RMB 2,990,000
直径9cm；盒长49.8cm×49.8cm 北京保利 2018-12-12

1552 清乾隆 乾隆年制款御制西湖十景诗文墨锭 （一组九件）
估 价：RMB 300,000~500,000
成交价：RMB 460,000
尺寸不一 西泠拍卖 2018-07-07

1693 清乾隆 曹素功天章文汉墨 （一套十六笏）
估 价：RMB 60,000~80,000
成交价：RMB 345,000
8.6cm×2cm×16；重25.8gcm×16 广东崇正 2018-07-05

1355 清乾隆 御制淳化轩摹古宝墨 （二锭）
成交价：RMB 770,500
长13.5cm 华艺国际 2018-05-23

381 清乾隆 朱墨 （一方）
估 价：HKD 120,000~180,000
成交价：RMB 114,554
长18.4cm 中国嘉德 2018-04-02

1536 清 胡开文监造“敬思斋藏墨”
成交价：RMB 34,500
12.5cm×2.8cm×0.8cm
华艺国际 2018-11-16

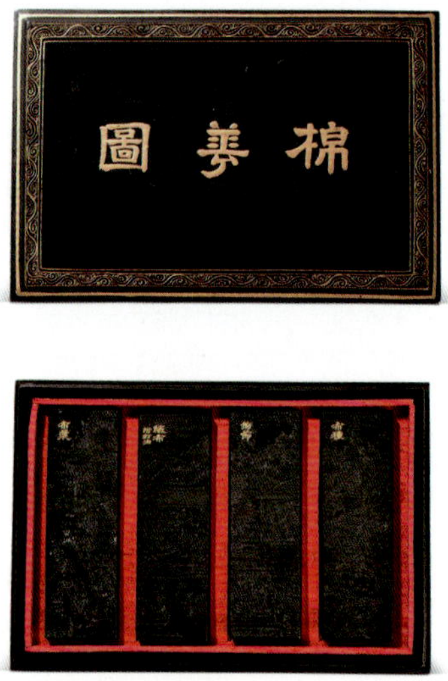

2038 清 棉花图墨四锭
估 价：RMB 60,000~80,000
成交价：RMB 80,500
长11.3cm；宽3.5cm 中贸圣佳 2018-11-24

2033 汪近圣鉴古斋彩墨（四笏）
成交价：RMB 69,000
尺寸不一 北京保利 2018-12-08

绢、纸

1137 清 龙纹斗方宫绢连盒 50张
估　价：RMB 500,000~800,000
成交价：RMB 1,035,000
长64cm；宽64cm 中贸圣佳 2018-06-20

1559 清光绪 赵记贡宣
成交价：RMB 42,550
长135cm×34.5cm 华艺国际 2018-11-16

1134 清乾隆 五色宫绢 5张
估　价：RMB 120,000~150,000
成交价：RMB 138,000
长205cm；宽102cm；五张
中贸圣佳 2018-06-20

砚　台

8016 宋/明 端石明月二十八宿太史式砚
估　价：HKD 400,000~600,000
成交价：RMB 1,552,250
宽24.1cm 佳士得 2018-11-26

1116 明万历 陈元凯铭九芝端砚
估　价：RMB 250,000~350,000
成交价：RMB 402,500
长16.5cm 中贸圣佳 2018-06-20

1551 明 祝枝山铭素池歙砚
估　价：RMB 1,500,000~1,800,000
成交价：RMB 1,840,000
长17.7cm 华艺国际 2018-11-16

1110 明 张廷济清仪阁著录曹溶铭陆鹤田草疏砚
估　价：RMB 680,000~880,000
成交价：RMB 828,000
长15.5cm 中贸圣佳 2018-06-20

3497 宋 白鹿洞砚
估　价：HKD 600,000~800,000
成交价：RMB 617,376
长18cm 保利香港 2018-10-02

1117 明 端石丛星砚
估　价：RMB 800,000~1,200,000
成交价：RMB 1,380,000
长21.5cm 中贸圣佳 2018-06-20

1106 清早期 汝奇款端溪水岩籽石砚
估　价：RMB 450,000~600,000
成交价：RMB 552,000
长18.5cm 中贸圣佳 2018-06-20

2036 清早期 王时敏铭云纹端砚
估　价：RMB 120,000~180,000
成交价：RMB 138,000
长19cm 中贸圣佳 2018-11-24

5429 清康熙 松花石灵磬砚配押花葫芦凤凰麒麟图砚盒
估　价：RMB 1,000,000~1,500,000
成交价：RMB 2,070,000
砚长11.7cm × 8.2cm × 1cm；重201g
北京保利 2018-12-12

3093 清早期 紫檀嵌百宝盒三阳开泰端砚
估　价：RMB 2,000,000~2,500,000
成交价：RMB 2,530,000
15.5cm × 22.2cm × 3.6cm 中贸圣佳 2018-11-24

2665 清康熙 御赐孙勷松花石砚
估　价：RMB 2,200,000~3,200,000
成交价：RMB 3,450,000
14.4cm × 9.9cm × 1.5cm 中国嘉德 2018-06-18

658 清雍正 松花石葫芦形御砚
估　价：RMB 800,000~1,200,000
成交价：RMB 1,092,500
长9.8cm；宽7.5cm 中贸圣佳 2018-06-20

2366 清乾隆 御铭紫砂仿宋德寿犀纹砚
估　价：RMB 200,000~300,000
成交价：RMB 494,500
长13.5cm 中国嘉德 2018-11-20

3568 清康熙 松花石螭龙砚
估　价：HKD 500,000~800,000
成交价：RMB 1,646,336
长10.2cm 保利香港 2018-10-02

3094 清乾隆 御制乾隆四十七年赏赐陆费墀歙砚
估　价：RMB 800,000~1,000,000
成交价：RMB 1,265,000
砚长9.6cm×14.3cm×2.5cm 中贸圣佳 2018-11-24

2034 清 董琴南藏辛夷砚
成交价：RMB 632,500
长13.7cm 中贸圣佳 2018-11-24

266 歙石多寿砚
估　价：RMB 600,000~800,000
成交价：RMB 943,000
16.5cm×25.7cm 北京荣宝 2018-12-03

5183 清乾隆 御制澄泥仿古石渠砚
成交价：RMB 747,500
宽13.2cm 北京保利 2018-06-19

1030 吴昌硕铭，沈石友藏宇宙砚
估　价：RMB 1,800,000~2,800,000
成交价：RMB 4,600,000
15.2cm×13.7cm×2.2cm 西泠拍卖 2018-07-07

5008 徐素白摹刻 八大山人游鱼图砚盖 明 钱士璋铭 赤霞砚
估　价：RMB 1,200,000~1,800,000
成交价：RMB 2,300,000
长17cm；宽13.7cm；重1240g 北京保利 2018-06-19

657 清 沈氏砚林著录 吴昌硕为沈石友铭鹅砚
估　价：RMB 2,300,000~3,000,000
成交价：RMB 2,875,000
长12.8cm；宽12.3cm 中贸圣佳 2018-06-20

1744 清乾隆 日本松平家族旧藏澄泥仿古虎伏砚
估　价：RMB 800,000~1,200,000
成交价：RMB 1,092,500
通径18.3cm 西泠拍卖 2018-07-07

1552 民国 老坑随形端砚（带紫檀盒）
估　价：RMB 450,000~650,000
成交价：RMB 517,500
长11.7cm 华艺国际 2018-11-16

1977 清乾隆 紫檀镶百宝梅花砚
估　价：RMB 90,000~120,000
成交价：RMB 103,500
长9.1cm 中贸圣佳 2018-11-24

624 清乾隆 御制诗仿汉石渠阁瓦砚
估　价：RMB 1,200,000~1,800,000
成交价：RMB 1,380,000
长15.5cm 中贸圣佳 2018-06-20

其他文房用品

552 商 小屯南地出甲骨文十七品
估　价：HKD 8,000~12,000
成交价：RMB 154,344
2.5cm × 0.5cm × 4.5cm 中国嘉德 2018-10-02

2176 清 陈春熙款文具盘
估　价：RMB 350,000~400,000
成交价：RMB 575,000
长31.3cm；宽20.1cm 中贸圣佳 2018-11-24

钱 币

古钱币

5011 商-汉·贝币、鱼币、鱼钩、桥梁币、布币、货布一组七十六枚
估　价：RMB 23,000~32,000
成交价：RMB 80,500
通长12-115mm 西泠拍卖 2018-07-09

4998 西周·贝币一组一百一十三枚
估　价：RMB 18,000~25,000
成交价：RMB 71,300
通长7-95mm 西泠拍卖 2018-07-09

5003 西周·棘币
估　价：RMB 18,000~25,000
成交价：RMB 42,550
通长130mm 西泠拍卖 2018-07-09

8039 东周 贝币一组九枚
估　价：RMB 500~1,000
成交价：RMB 24,150
中国嘉德 2018-11-24

8080 春秋·王畿 “武采”小型斜肩弧裆空首布
成交价：RMB 230,000
长7.8cm 中国嘉德 2018-11-24

14105 春秋 平肩空首布“来”一枚
成交价：RMB 149,500
北京保利 2018-12-08

5000 商-汉·青铜仿生扇贝币一组二枚
估　价：RMB 16,000~22,000
成交价：RMB 28,750
通长21-23mm 西泠拍卖 2018-07-09

14110 春秋 平肩空首布“鬲”左读、右读二枚
成交价：RMB 132,250
北京保利 2018-12-08

8102 春秋·鲜虞 “刀”丙型二式尖首刀
成交价：RMB 57,500
长16.4cm 中国嘉德 2018-11-24

6678 春秋·王畿 “少曲十”中型平肩弧裆空首布
成交价：RMB 460,000
长9.3cm 中国嘉德 2018-06-21

6617 春秋·晋 “文金”小型耸肩尖足空首布
成交价：RMB 230,000
长11.7cm 中国嘉德 2018-06-21

8076 春秋 · 王畿 “少曲市左”中型平肩弧裆空首布
成交价：RMB 92,000
长8.6cm 中国嘉德 2018-11-24

6621 春秋·晋 “得金”中型耸肩尖足空首布
成交价：RMB 782,000
长12.1cm 中国嘉德 2018-06-21

6716 春秋·鲜虞 “肥刀”大型尖首刀
成交价：RMB 126,500
长16.3cm 中国嘉德 2018-06-21

8148 战国·魏 “虞半釿”桥裆布
成交价：RMB 483,000
长4.9cm 中国嘉德 2018-11-24

8437 战国·赵 “离石”圜钱
成交价：RMB 552,000
直径3.7cm 中国嘉德 2018-11-24

9240 战国·魏 “共半釿”桥裆布
估 价：RMB 150,000~200,000
成交价：RMB 195,500
中国嘉德 2018-11-22

8167 战国·魏 “阴晋半釿”桥裆布
成交价：RMB 253,000
长4.2cm 中国嘉德 2018-11-24

8164 战国·魏 “梁半币二百当寽”桥裆布
成交价：RMB 92,000
长4.6cm 中国嘉德 2018-11-24

9224 战国·齐 “齐之大刀”背“日”四字刀
估 价：RMB 20,000~40,000
成交价：RMB 74,750
中国嘉德 2018-11-22

14147 战国 周王几平肩空首布六枚及铸料“五十四斤”铅锭、铜锭一组八件
估　价：RMB 350,000~500,000
成交价：RMB 402,500
北京保利 2018-12-08

8456 战国·赵 “离石”小型圆足布
成交价：RMB 69,000
长5.5cm 中国嘉德 2018-11-24

8027 战国 大型鎏金铜贝
成交价：RMB 43,700
长2.91cm 中国嘉德 2018-11-24

14159 战国 圜钱“共”二枚
估　价：RMB 12,000~22,000
成交价：RMB 59,800
北京保利 2018-12-08

14129 战国 晋 耸肩空首布“一”一枚
估　价：RMB 10,000~15,000
成交价：RMB 32,200
北京保利 2018-12-08

7015 战国·齐 “齐返邦长大刀”背“上”六字刀
成交价：RMB 1,046,500
长18.5cm 中国嘉德 2018-06-21

6974 战国·魏 “圁阳新刀”小直刀
成交价：RMB 621,000
长10cm 中国嘉德 2018-06-21

6738 战国·魏 “高安一釿”桥裆布
成交价：RMB 529,000
长5.55cm 中国嘉德 2018-06-21

14104 先秦 原始铁铲一件
估 价：RMB 1,000~1,800
成交价：RMB 31,050
北京保利 2018-12-08

6609 周 大型原始铲镈
成交价：RMB 74,750
长15.4cm 中国嘉德 2018-06-21

6980 战国·魏 “共少半釿”圜钱
成交价：RMB 437,000
直径2.8cm 中国嘉德 2018-06-21

7022 秦 “何君持十八”背“十八”酒令钱
成交价：RMB 322,000
直径3.4cm 中国嘉德 2018-06-21

8435 西汉 “幸酒五”酒令筹钱
成交价：RMB 89,700
直径3.7cm 中国嘉德 2018-11-24

14178 西汉 王莽“国宝金匮直万”一枚
估 价：RMB 80,000~150,000
成交价：RMB 345,000
北京保利 2018-12-08

7020 西汉 “半两”权钱
成交价：RMB 126,500
直径3.49cm 中国嘉德 2018-06-21

8468 新莽 “十布”一组十枚，配金丝楠泉匣一只
成交价：RMB 586,500
中国嘉德 2018-11-24

8467 新莽 “六泉”，含“大泉五十”小样传型（2枚）一组八枚
成交价：RMB 333,500
中国嘉德 2018-11-24

7039 新莽 “一刀平五千”
成交价：RMB 138,000
长7.35cm 中国嘉德 2018-06-21

7038 新莽 “壮泉四十”
成交价：RMB 138,000
直径2.28cm 中国嘉德 2018-06-21

9266 唐 “乾封泉宝”鎏金
估 价：RMB 30,000~40,000
成交价：RMB 34,500
中国嘉德 2018-11-22

7045 伪齐·刘豫 “阜昌重宝”篆书
成交价：RMB 126,500
直径3.46cm 中国嘉德 2018-06-21

8444 十六国 “两泉”
成交价：RMB 17,250
直径1.46cm 中国嘉德 2018-11-24

6443 唐 “高昌吉利”
估 价：RMB 20,000~30,000
成交价：RMB 43,700
直径2.62cm 中国嘉德 2018-06-21

5207 北宋·棋仙烂柯记选仙钱
成交价：RMB 57,500
直径5cm 西泠拍卖 2018-07-09

14187 五代 天德重宝背殷一枚
估 价：RMB 60,000~100,000
成交价：RMB 69,000
北京保利 2018-12-08

8453 北宋·钦宗 “靖康通宝”折二篆书
成交价：RMB 112,700
直径3cm 中国嘉德 2018-11-24

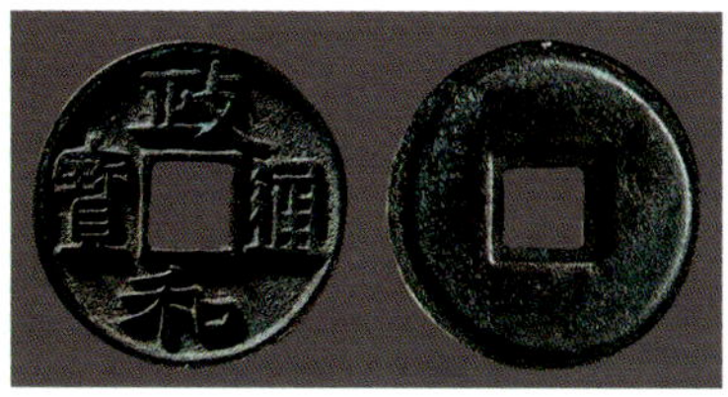

6453 北宋·徽宗 “政和通宝”小平真书铁母
估 价：RMB 25,000~30,000
成交价：RMB 28,750
直径2.54cm 中国嘉德 2018-06-21

8454 北宋·钦宗 “靖康元宝”真书折二试铸母钱
成交价：RMB 1,541,000
直径2.85cm 中国嘉德 2018-11-24

8458 元 “元贞通宝”、“大德通宝”一组两枚
成交价：RMB 46,000
中国嘉德 2018-11-24

1395 元“大元国宝”背“至大”一枚
估　价：RMB 600,000
成交价：RMB 805,000
上海泛华 2018-04-22

14374 辽 “千贴巡宝”一枚
估　价：RMB 120,000~180,000
成交价：RMB 218,500
北京保利 2018-06-22

14355 五代 鎏金“天策府宝”一枚
估　价：RMB 150,000~280,000
成交价：RMB 230,000
北京保利 2018-06-22

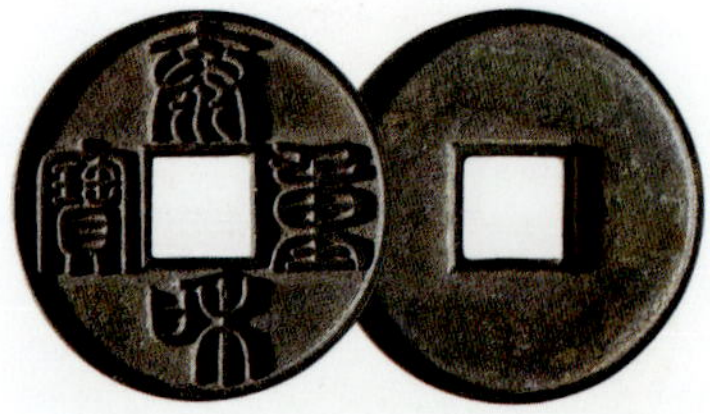

8449 金·章宗 “泰和重宝”折十
成交价：RMB 48,300
直径 4.54cm 中国嘉德 2018-11-24

9301 元 “至正之宝”背“吉.权钞.五钱”
估　价：RMB 40,000~100,000
成交价：RMB 161,000
中国嘉德 2018-11-22

1860 辽代“大安元宝”折十一枚
估　价：RMB 100,000~200,000
成交价：RMB 253,000
直径4.6cm 北京诚轩 2018-06-20

14429 清 “咸丰重宝”“五十”宝福局试铸样钱一枚
估　价：RMB 550,000~700,000
成交价：RMB 782,000
北京保利 2018-06-22

1889 清代宝泉局“咸丰元宝”当千“尔”宝版样钱一枚
估　价：RMB 400,000~600,000
成交价：RMB 460,000
直径6.2cm 北京诚轩 2018-06-20

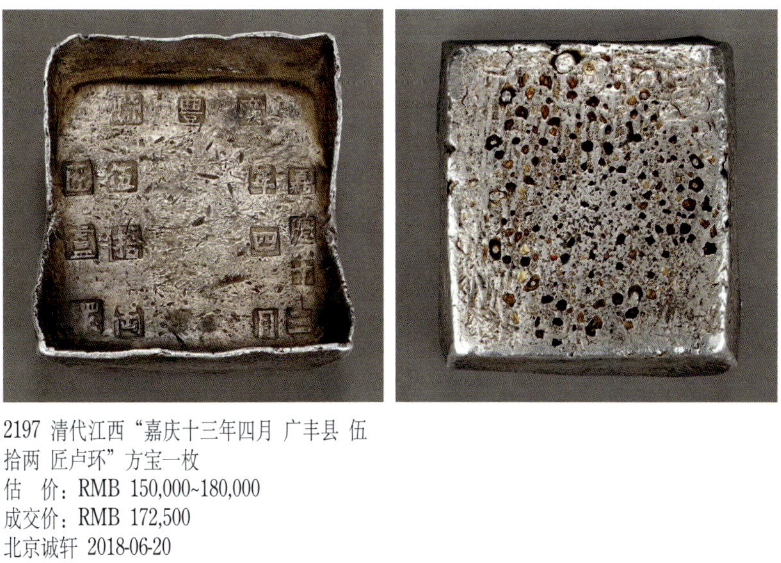

2197 清代江西“嘉庆十三年四月 广丰县 伍拾两 匠卢环”方宝一枚
估　价：RMB 150,000~180,000
成交价：RMB 172,500
北京诚轩 2018-06-20

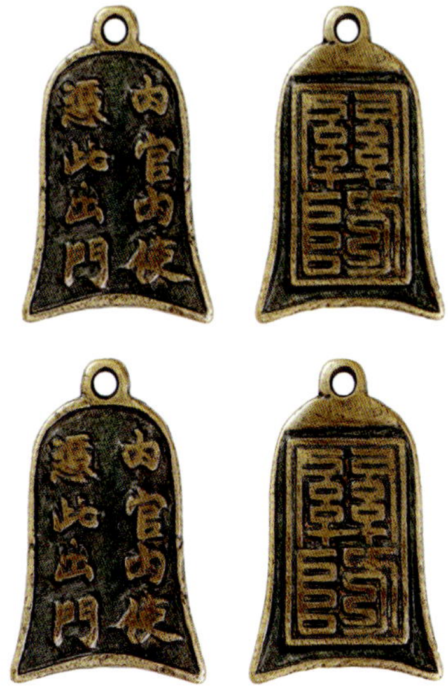

5241 明·洪武内官内使钱
成交价：RMB 55,200
通长5.3cm 西泠拍卖 2018-07-09

1297 清“咸丰通宝”宝福局一十样钱一枚
估　价：RMB 60,000
成交价：RMB 101,200
上海泛华 2018-04-22

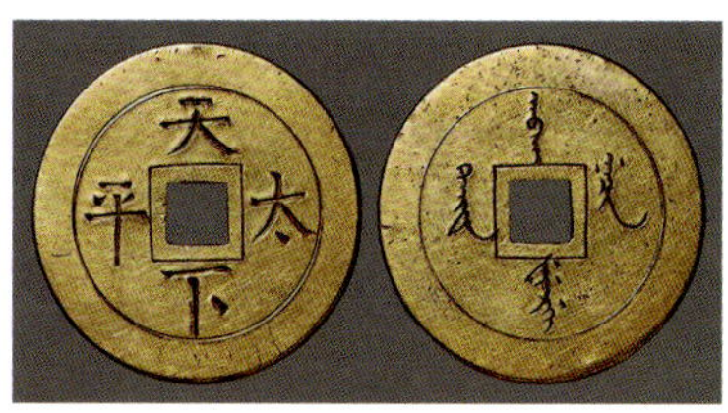

9196 清 “天下太平”阴刻文鎏金宫钱
估　价：RMB 50,000~100,000
成交价：RMB 138,000
中国嘉德 2018-11-22

5258 清·福寿康宁大型宫钱
估 价：RMB 30,000~60,000
成交价：RMB 368,000
直径5.6cm；厚0.9cm 西泠拍卖 2018-07-09

9192 清 “同治通宝”背满汉文套子钱（一组二十枚）
估 价：RMB 20,000~50,000
成交价：RMB 82,800
中国嘉德 2018-11-22

7049 清·仁宗 “嘉庆通宝”背“宝苏”特阔缘连足贝短满文特大样雕母
成交价：RMB 1,023,500
3cm 中国嘉德 2018-06-21

6492 清 “咸丰通宝”背“宝福一百”
估 价：RMB 80,000~100,000
成交价：RMB 109,250
7.04cm 中国嘉德 2018-06-21

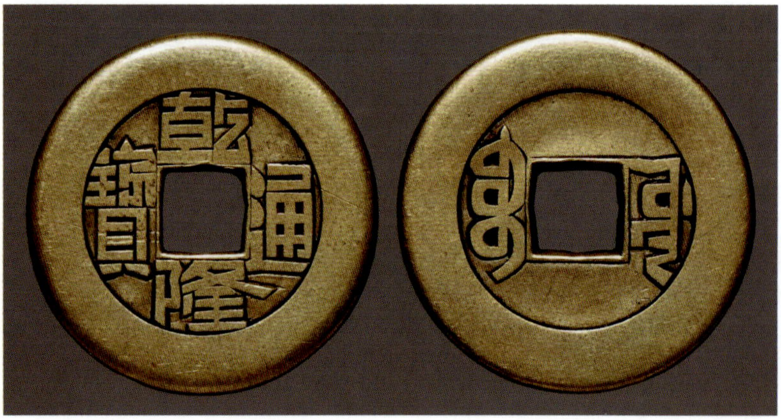

9313 清 “乾隆通宝”背“宝源”雕母
估 价：RMB 60,000~100,000
成交价：RMB 80,500
中国嘉德 2018-11-22

花 钱

6509 汉 “大吉”纹龙虎对峙花钱
估　价：RMB 180,000~300,000
成交价：RMB 207,000
直径3.62cm 中国嘉德 2018-06-21

5233 北宋·玄武背符文大型花钱
估　价：RMB 150,000~180,000
成交价：RMB 172,500
直径6.8cm 西泠拍卖 2018-07-09

5235 辽·千秋万岁花钱
估　价：RMB 9,000~12,000
成交价：RMB 218,500
直径4.1cm 西泠拍卖 2018-07-09

9110 宋 永通万国背本命星官鸡花钱
估　价：RMB 3,000~5,000
成交价：RMB 24,150
中国嘉德 2018-11-22

1611 清“加官进禄”背“长生保命”特大型花钱一枚
估　价：RMB 50,000
成交价：RMB 103,500
上海泛华 2018-04-22

9180 清 川炉诗文花钱（一套）
估　价：RMB 40,000~100,000
成交价：RMB 59,800
中国嘉德 2018-11-22

金银锭

2147 西汉小型金饼一枚
估　价：RMB 70,000~100,000
成交价：RMB 80,500
直径3.3cm 北京诚轩 2018-06-20

5076 汉·金饼
估　价：RMB 160,000~220,000
成交价：RMB 184,000
重量253g 西泠拍卖 2018-07-09

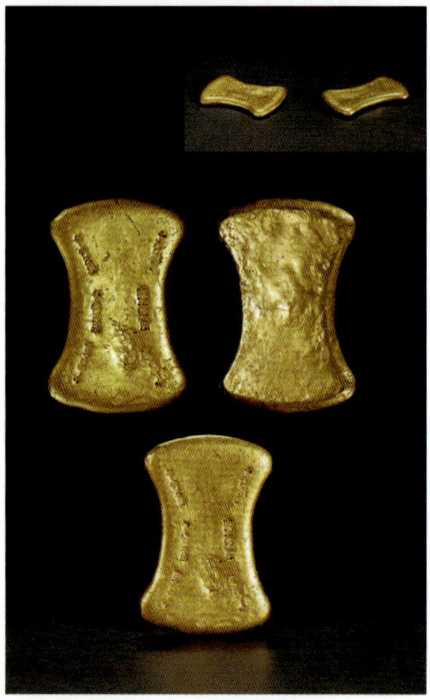

5086 南宋·陈二郎十分金十两金铤
估　价：RMB 270,000~350,000
成交价：RMB 310,500
重量370.6g 西泠拍卖 2018-07-09

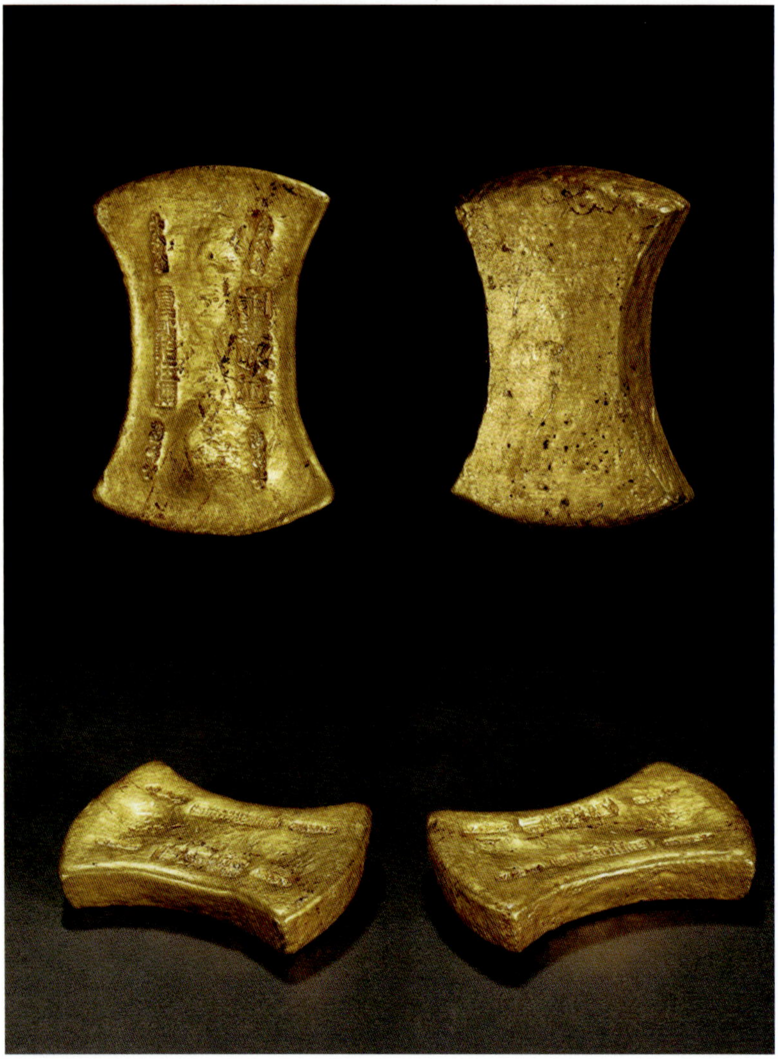

5087 南宋·相五郎十分金重贰拾伍两金铤
估　价：RMB 1,500,000~2,200,000
成交价：RMB 1,725,000
重量930.4g 西泠拍卖 2018-07-09

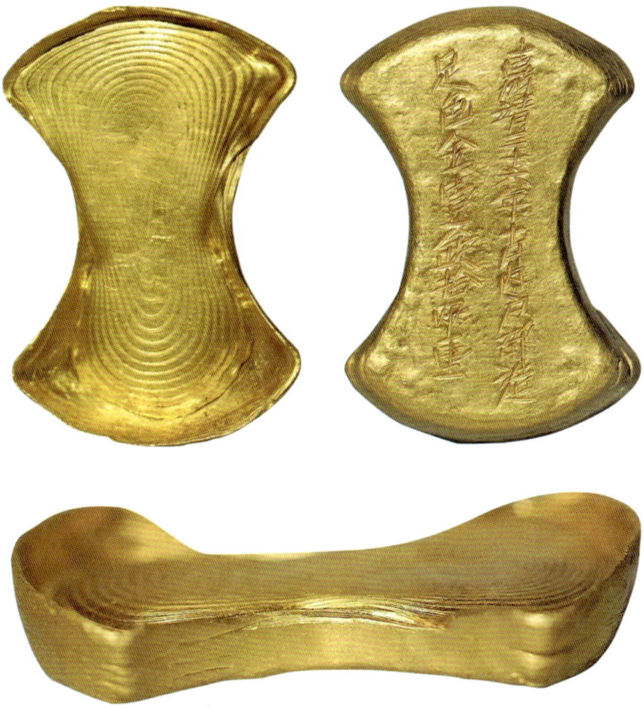

14471 明 “嘉靖三十六年内户部造足色金壹锭拾两重”拾两金锭一枚
估 价：RMB 1,200,000~2,000,000
成交价：RMB 2,070,000
北京保利 2018-12-08

5116 民国·孙中山头像中央造币厂十两厂条
估 价：RMB 230,000~300,000
成交价：RMB 264,500
重量306.9g 西泠拍卖 2018-07-09

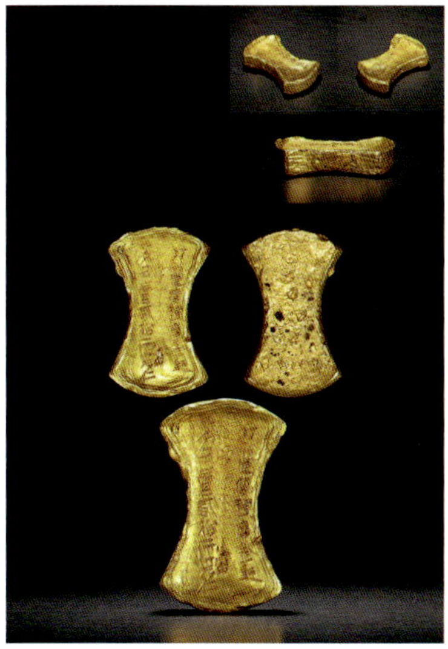

5088 南宋·汀州军贺礼库十分色重贰拾两金铤
估 价：RMB 630,000~800,000
成交价：RMB 724,500
重量718.6g 西泠拍卖 2018-07-09

5107 民国·兰州十两金锭
估 价：RMB 180,000~250,000
成交价：RMB 207,000
重量315.6g 西泠拍卖 2018-07-09

14486 南宋 “出门税、真花银”及花押伍拾两银锭一枚
估 价：RMB 100,000~150,000
成交价：RMB 115,000
北京保利 2018-12-08

5045 南宋·霸东街南姚七郎匠重贰拾伍两六排戳银铤
估　价：RMB 280,000~350,000
成交价：RMB 322,000
重量938.7g 西泠拍卖 2018-07-09

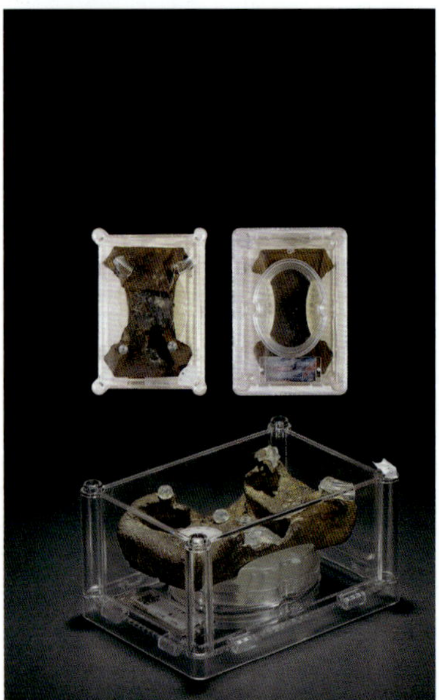

5038 唐·素面三十两船型银铤
估　价：RMB 90,000~130,000
成交价：RMB 103,500
重量1035g 西泠拍卖 2018-07-09

14221 南宋 三百两镇库锭
估　价：RMB 180,000~200,000
成交价：RMB 207,000
北京保利 2018-06-22

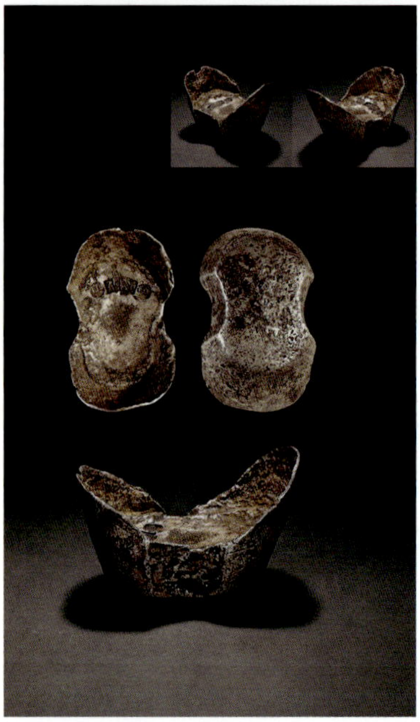

5058 明·新疆早期五十两银锭
估　价：RMB 150,000~200,000
成交价：RMB 172,500
重量1843g 西泠拍卖 2018-07-09

137 元“至元十四年 扬州 两浙运司盐课和中白银 拾成色 省监销铸官刘珪 销银官王琪 称验银库子吴成 银匠许天佑 副使刘 广 监库官 提领进义 伍拾两 重伍拾两 库官孟珪 银匠候君用 库子朱遇龙”背阴文“元宝”五十两银铤一枚
估　价：RMB 300,000
成交价：RMB 414,000
上海泛华 2018-04-21

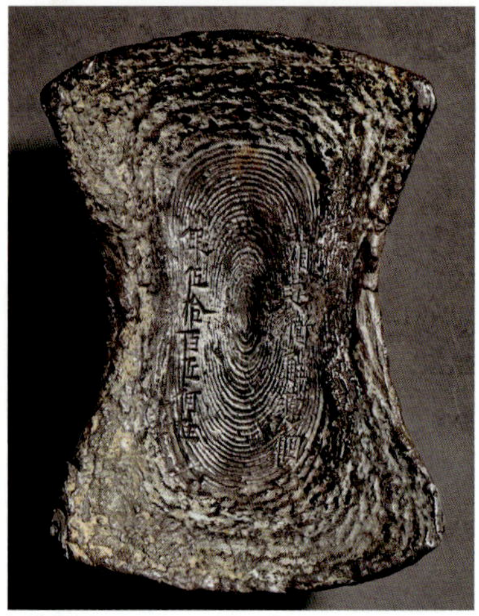

9513 明 广东“清远卫解辽饷 银五十两匠何柱”五十两银锭
估　价：RMB 160,000~300,000
成交价：RMB 184,000
中国嘉德 2018-11-22

2044 清代安徽“咸丰二年九月 无为州 匠汤铣”五十两银锭一枚
估　价：RMB 200,000~300,000
成交价：RMB 345,000
北京诚轩 2018-06-20

143 明山西“马邑县解万历二十二年分马草、脚价、驿粮等银五十两计一锭知县王公日银匠李文升”五十两银锭一枚
估 价：RMB 320,000
成交价：RMB 402,500
上海泛华 2018-04-21

1978 清代云南“道光十九年 石膏井 银匠普正纲”十二两大长槽锭一枚
估 价：RMB 80,000~120,000
成交价：RMB 161,000
北京诚轩 2018-06-20

5066 清·新疆省银行造（汉、维文戳）五十两官锭
估 价：RMB 240,000~350,000
成交价：RMB 276,000
重量1814g 西泠拍卖 2018-07-09

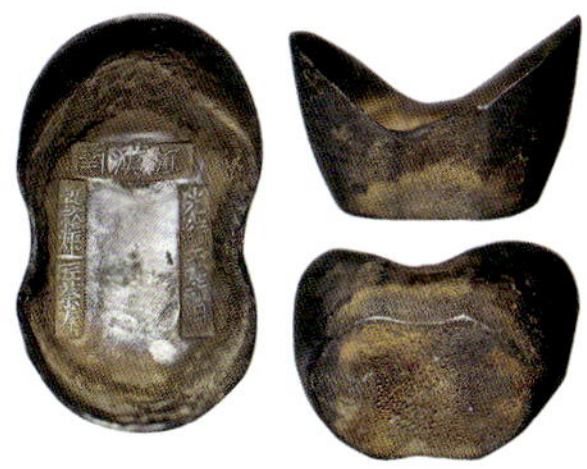

14514 清 湖北“江汉关、光绪五年月、乾裕炜、匠蔡春”伍拾两银锭一枚
估 价：RMB 160,000~200,000
成交价：RMB 345,000
北京保利 2018-12-08

14511 清 山东“光绪年月、东海关、匠鲁协中”伍拾两银锭一枚
估 价：RMB 80,000~120,000
成交价：RMB 138,000
北京保利 2018-12-08

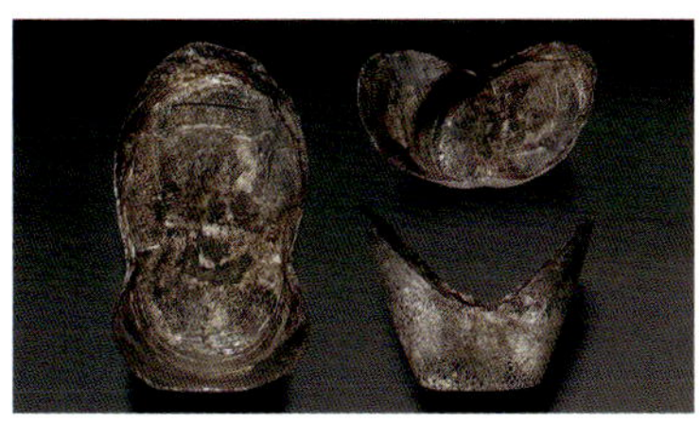

7137 民国 长春“张相国”“长春鸿兴金店”“民国年月日”五十两银锭
估 价：RMB 50,000~80,000
成交价：RMB 101,200
重1901克 中国嘉德 2018-06-22

9452 清 云南“雷庆泰号 正月纹银”上梁“公估童看讫”、“雷庆泰号 贰月纹银”上梁“公估童看讫”、“雷庆泰号 叁月纹银”上梁“公估童看讫”、“雷庆泰号 肆月纹银”上梁“公估童看讫”、“雷庆泰号 伍月纹银”上梁“公估童看讫”、“雷庆泰号 陆月纹银”上梁“公估童看讫”、“雷庆泰号 柒月纹银”上梁“公估童看讫”、“雷庆泰号 捌月纹银”上梁“公估童看讫”、“雷庆泰号 玖月纹银”上梁“公估童看讫”、“雷庆泰号 拾月纹银”上梁“公估童看讫”、“雷庆泰号 冬月纹银”上梁“公估童看讫”、“雷庆泰号 腊月纹银”上梁“公估童看讫”

估 价：RMB 200,000~400,000

成交价：RMB 230,000

中国嘉德 2018-11-22

1977 清代云南“学正堂张 足色倖银”十两大长槽锭一枚

估 价：RMB 80,000~150,000

成交价：RMB 1,092,500

北京诚轩 2018-06-20

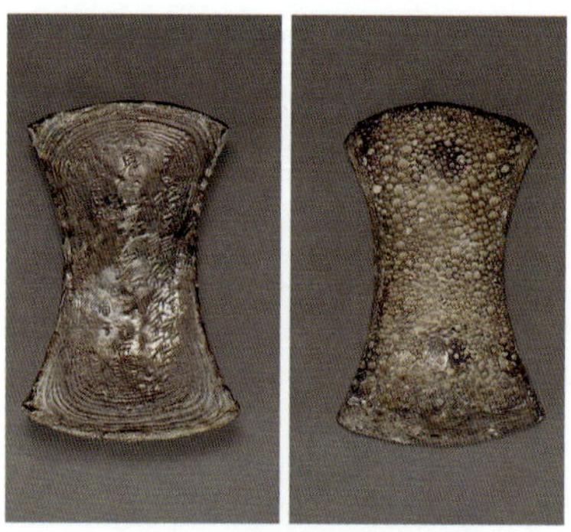

1945 蒙元时期“平阳路”五十两银铤一枚

估 价：RMB 120,000~180,000

成交价：RMB 356,500

北京诚轩 2018-06-20

机制币

584 清光绪已酉大清铜币当制钱二文试铸样币一枚

估 价：RMB 180,000

成交价：RMB 448,500

上海泛华 2018-04-21

5405 清·光绪通宝宝浙小平机制样币

估 价：RMB 70,000~100,000

成交价：RMB 80,500

直径2.22cm 西泠拍卖 2018-07-09

576 清宣统年造大清铜币二分白铜试铸样币一枚

估 价：RMB 150,000

成交价：RMB 437,000

上海泛华 2018-04-21

585 清光绪年造已酉大清铜币当制钱五文试铸样币一枚

估 价：RMB 250,000

成交价：RMB 437,000

上海泛华 2018-04-21

717 1912年中华民国开国纪念币五文铜圆试铸样币一枚
估　价：RMB 380,000
成交价：RMB 506,000
上海泛华 2018-04-21

7830 1906年新疆饷金二钱样币
估　价：RMB 100,000~300,000
成交价：RMB 368,000
中国嘉德 2018-06-22

418 清江南省造光绪元宝库平三钱六分银币一枚
估　价：RMB 200,000
成交价：RMB 540,500
上海泛华 2018-04-21

9174 北宋 “淳化元宝”背佛像金币
估　价：RMB 100,000~250,000
成交价：RMB 218,500
中国嘉德 2018-11-22

402 清江南省造辛丑光绪元宝库平七钱二分银币一枚
估　价：RMB 200,000
成交价：RMB 483,000
上海泛华 2018-04-21

2607 1896年无纪年江南省造光绪元宝库平三钱六分银币试铸样币一枚
估　价：RMB 700,000~900,000
成交价：RMB 816,500
北京诚轩 2018-06-21

2790 1903年癸卯奉天省造光绪元宝库平七钱二分银币一枚
估　价：RMB 80,000~120,000
成交价：RMB 494,500
北京诚轩 2018-06-21

2567 1889年喜敦版广东省造光绪元宝库平七钱三分银币样币一枚
估　价：RMB 1,500,000~2,000,000
成交价：RMB 2,012,500
北京诚轩 2018-06-21

777 民国十八年孙中山西装像背嘉禾贰角银币试铸样币一枚
估　价：RMB 580,000
成交价：RMB 839,500
上海泛华 2018-04-21

2441 民国二十一年孙中山像背帆船下三鸟金本位半圆银币试铸样币一枚
估　价：RMB 500,000~800,000
成交价：RMB 690,000
北京诚轩 2018-06-21

2433 民国十二年造龙凤壹圆银币一枚
估　价：RMB 300,000~500,000
成交价：RMB 690,000
北京诚轩 2018-06-21

2400 民国三年袁世凯像贰角"L.G."签字版银币试铸样币一枚
估　价：RMB 120,000~180,000
成交价：RMB 402,500
北京诚轩 2018-06-21

2438 民国十八年意大利"A.MOTTI.INC."签字版孙中山像背三帆船壹元银币样币一枚
估　价：RMB 450,000~600,000
成交价：RMB 575,000
北京诚轩 2018-06-21

697 1914年袁世凯像中华民国共和纪念壹圆银币样币一枚
估　价：RMB 400,000
成交价：RMB 460,000
上海泛华 2018-04-21

2338 光绪丙午年造大清金币库平一两样币一枚
估　价：RMB 550,000~700,000
成交价：RMB 805,000
北京诚轩 2018-06-21

14197 1993年古代发明（第二组）太极图5盎司金币一枚
估　价：RMB 400,000~600,000
成交价：RMB 575,000
北京保利 2018-06-22

696 1914年袁世凯戎装像中华民国共和纪念币一元银币一枚
估　价：RMB 120,000
成交价：RMB 207,000
上海泛华 2018-04-21

2435 1916年袁世凯像中华帝国洪宪纪元飞龙纪念银币一枚
估　价：RMB 160,000~200,000
成交价：RMB 546,250
北京诚轩 2018-06-21

2434 1924年段祺瑞像中华民国执政纪念银币一枚
估　价：RMB 120,000~180,000
成交价：RMB 345,000
北京诚轩 2018-06-21

2523 1975年第二版人民币硬分币“农作物”未采用稿试铸样币1分、2分、5分各一枚
估　价：RMB 400,000~600,000
成交价：RMB 632,500
直径1.8cm；直径2.1cm；直径2.4cm
北京诚轩 2018-06-21

纸　币

916 元代·至元通行宝钞贰贯
估　价：RMB 230,000
成交价：RMB 264,500
上海泛华 2018-04-22

1314 民国三十二年陕甘宁边区银行边币边区银行大楼图伍仟圆一枚
估　价：RMB 50,000~100,000
成交价：RMB 506,000
北京诚轩 2018-06-19

8815 第一版人民币样票全套一组六十种
估　价：RMB 800,000~1,200,000
成交价：RMB 1,380,000
中国嘉德 2018-06-21

7720 1953年第二版人民币拾圆
估　价：RMB 60,000~120,000
成交价：RMB 94,300
中国嘉德 2018-11-24

7718 1953年第二版人民币拾圆
估　价：RMB 60,000~120,000
成交价：RMB 161,000
中国嘉德 2018-11-24

7704 1953年第二版人民币贰角百枚连号
估　价：RMB 80,000~150,000
成交价：RMB 172,500
中国嘉德 2018-11-24

8789 1949年第一版人民币壹万圆牧马
估　价：RMB 700,000~1,200,000
成交价：RMB 805,000
中国嘉德 2018-06-21

8776 1949年第一版人民币伍佰圆瞻德城
估　价：RMB 500,000~800,000
成交价：RMB 655,500
中国嘉德 2018-06-21

1679 1951年第一版人民币伍佰圆“瞻德城”一枚
估　价：RMB 600,000~800,000
成交价：RMB 747,500
北京诚轩 2018-06-19

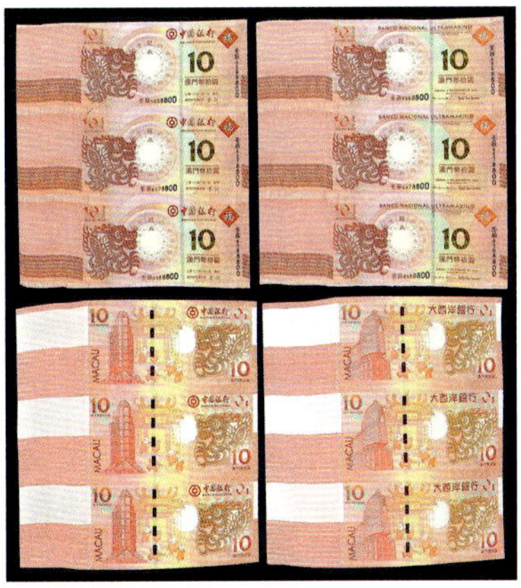

14064 中国澳门2012年中国银行及大西洋银行生肖贺岁钞壹拾圆券三连张100连号一组共二百张
估　价：RMB 30,000~50,000
成交价：RMB 1,265,000
北京保利 2018-06-22

1682 1951年第一版人民币伍仟圆“蒙古包”一枚
估　价：RMB 600,000~800,000
成交价：RMB 736,000
北京诚轩 2018-06-19

7667 1949年第一版人民币壹佰圆大帆船
估　价：RMB 88,000~90,000
成交价：RMB 105,800
中国嘉德 2018-11-24

票　证

8526 民国十五年（1926年）镇威第三四方面军团兵站库券伍圆、拾圆样票各一枚
估　价：RMB 40,000~50,000
成交价：RMB 46,000
中国嘉德 2018-06-21

1238 光绪二十四年中国通商银行上海通用银圆券壹圆一枚
估　价：RMB 30,000~35,000
成交价：RMB 34,500
北京诚轩 2018-06-19

证 章

7336 清早期 头版三等第一御赐双龙金质宝星
估 价：RMB 150,000~300,000
成交价：RMB 299,000
中国嘉德 2018-06-22

7428 清早期 第一版三等一银质鎏金双龙宝星勋章
估 价：RMB 200,000~400,000
成交价：RMB 230,000
中国嘉德 2018-06-22

10023 1921年徐世昌纪念章（LM957）
估 价：RMB 98,000~200,000
成交价：RMB 112,700
中国嘉德 2018-11-22

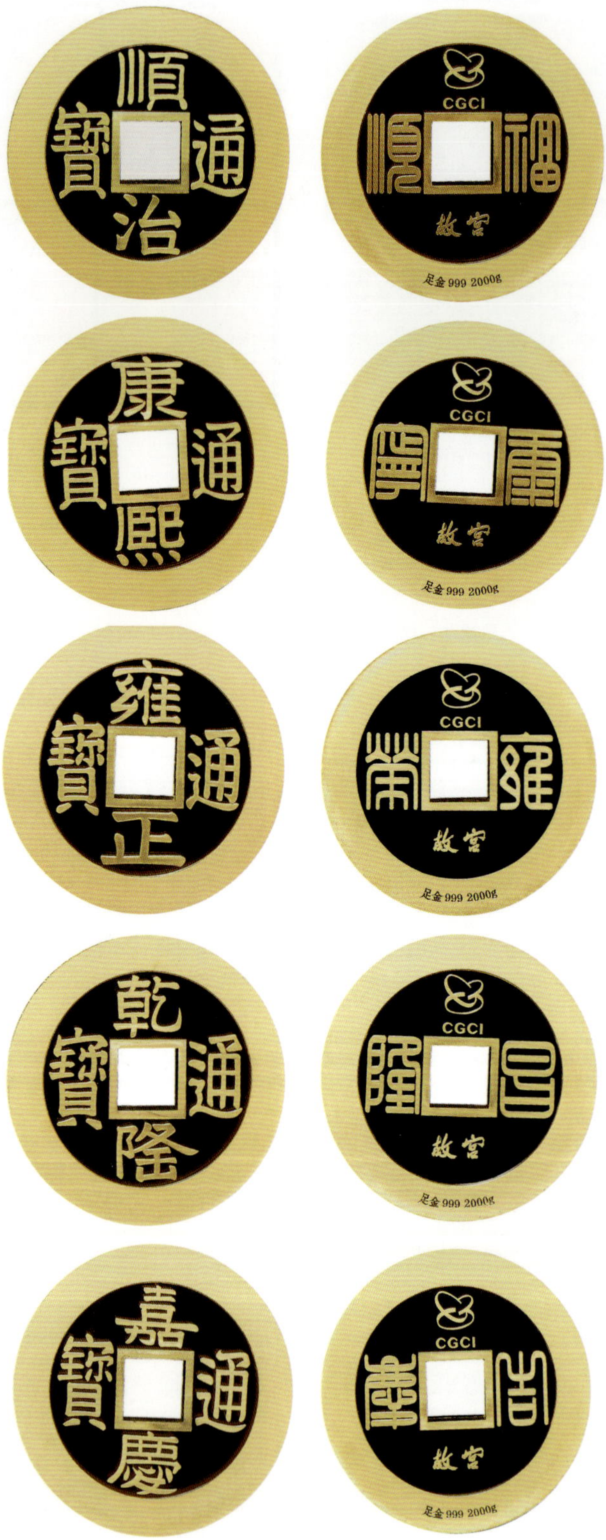

14189 故宫·五帝钱纪念章一套五枚十公斤
估 价：RMB 5,000,000~6,800,000
成交价：RMB 7,130,000
北京保利 2018-06-22

5148 清·第一版二等双龙宝星勋章
估　价：RMB 230,000~300,000
成交价：RMB 264,500
通长120cm 西泠拍卖 2018-07-09

钱币其他

8024 东周 大型铜贝陶范
估　价：RMB 500~5,000
成交价：RMB 59,800
长8cm 中国嘉德 2018-11-24

8443 战国·燕 "坪阴"铅质母范残件
估　价：RMB 500~300,000
成交价：RMB 115,000
长10.7cm 中国嘉德 2018-11-24

5036 战国·齐国"齐之法化"四字刀石范
估　价：RMB 180,000~250,000
成交价：RMB 207,000
长25.3cm 西泠拍卖 2018-07-09

9877 北洋水师官赐银奖杯及璧识玻（J.D. Bishop）家族传承啤酒银杯、扁酒壶一组三件，璧识玻家族藏品分别为：一只外销银奖杯
估　价：RMB 400,000~800,000
成交价：RMB 460,000
中国嘉德 2018-11-22

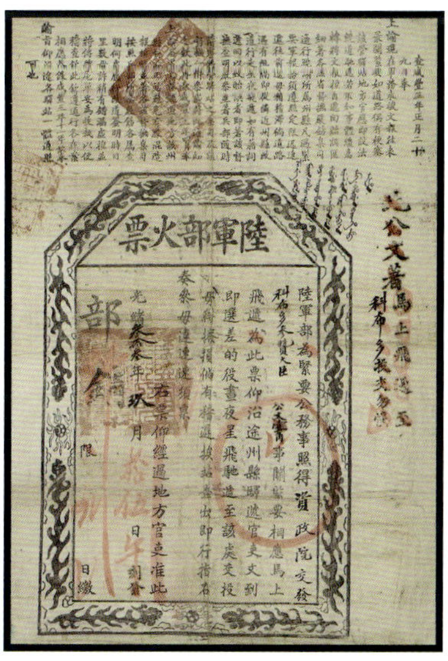

10378 清光绪三十三年（1907年）资政院交发外蒙古科布多叁赞大臣陆军部火票一件
估　价：RMB 300,000~500,000
成交价：RMB 552,000
北京保利 2018-06-23

邮　品

8842 FDC 1962年纪94M梅兰芳舞台艺术小型张中国集邮公司首日实寄封
估　价：RMB 250,000~300,000
成交价：RMB 287,500
中国嘉德 2018-11-22

8957 ★ 1968年毛主席给日本工人题词（未发行）邮票一枚
估　价：RMB 500,000~1,000,000
成交价：RMB 713,000
中国嘉德 2018-11-22

8908 PS 普9天安门图美术邮资封28号"大炼钢铁"
估　价：RMB 150,000~300,000
成交价：RMB 241,500
中国嘉德 2018-11-22

8956 ★ 无产阶级文化大革命的全面胜利万岁（俗称“大一片红”）未发行邮票一枚
成交价：RMB 13,800,000
中国嘉德 2018-11-22

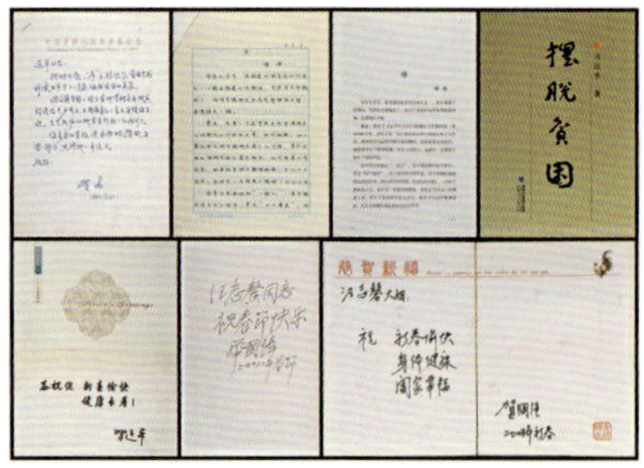

8729 1992年时任福建省省委书记的项南给习近平著《摆脱贫困》序言手稿
估 价：RMB 2,000~4,000
成交价：RMB 172,500
中国嘉德 2018-11-22

8697 PPC 民国初期上海商务印书馆印制“辛亥革命”历史人物明信片二册
估 价：RMB 50,000~100,000
成交价：RMB 149,500
中国嘉德 2018-11-22

8954 ○ 全国山河一片红（撤销发行）邮票一枚
估 价：RMB 160,000~200,000
成交价：RMB 264,500
中国嘉德 2018-11-22

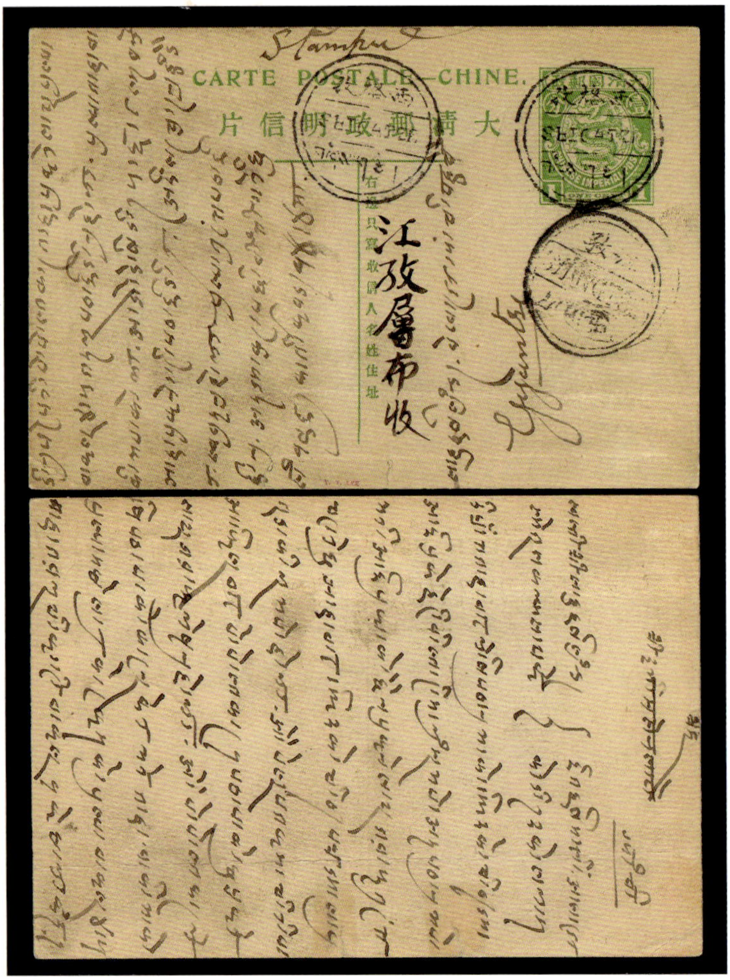

8564 PS 1910年西藏西格孜寄江孜清四次片
估 价：RMB 800,000~1,000,000
成交价：RMB 920,000
中国嘉德 2018-11-22

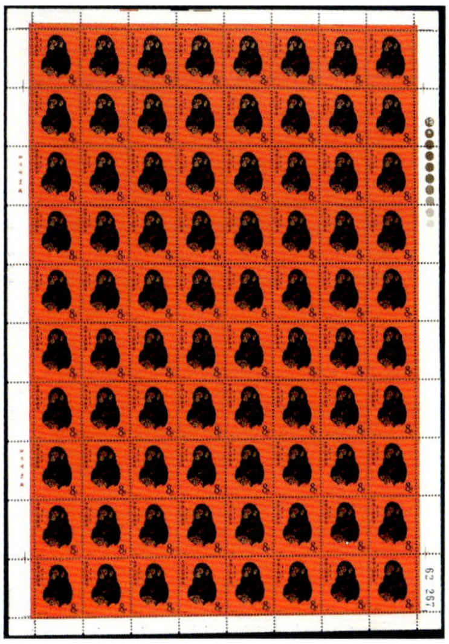

8971 ★ T46庚申年（猴）八十枚全张
估　价：RMB 800,000~1,500,000
成交价：RMB 1,219,000
中国嘉德 2018-11-22

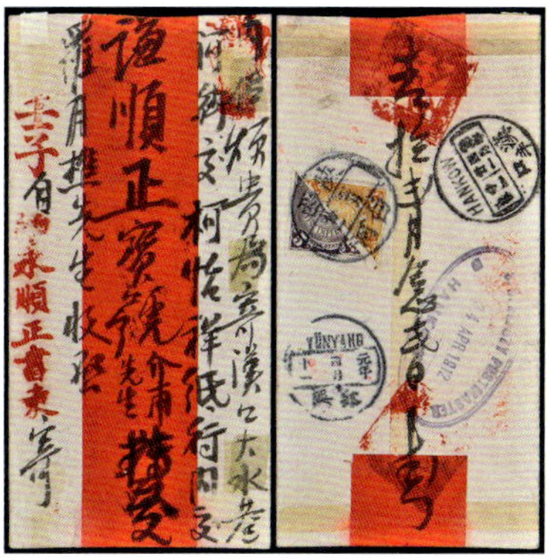

8542 C 1912年陕西白河寄汉口红条封
估　价：RMB 10,000~20,000
成交价：RMB 161,000
中国嘉德 2018-11-22

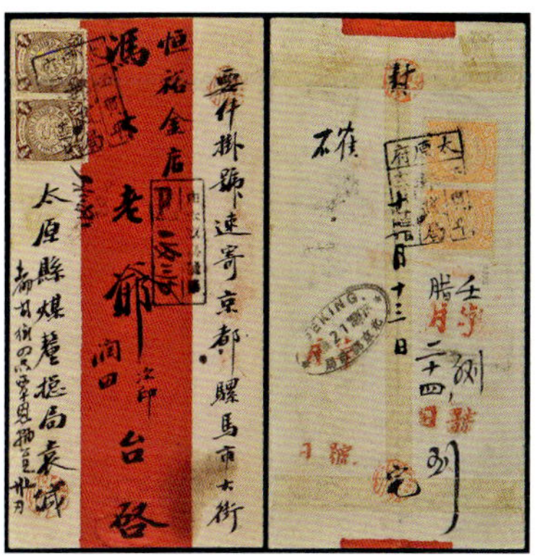

8548 C 1902年山西太原寄北京挂号红条封
估　价：RMB 15,000~30,000
成交价：RMB 94,300
中国嘉德 2018-11-22

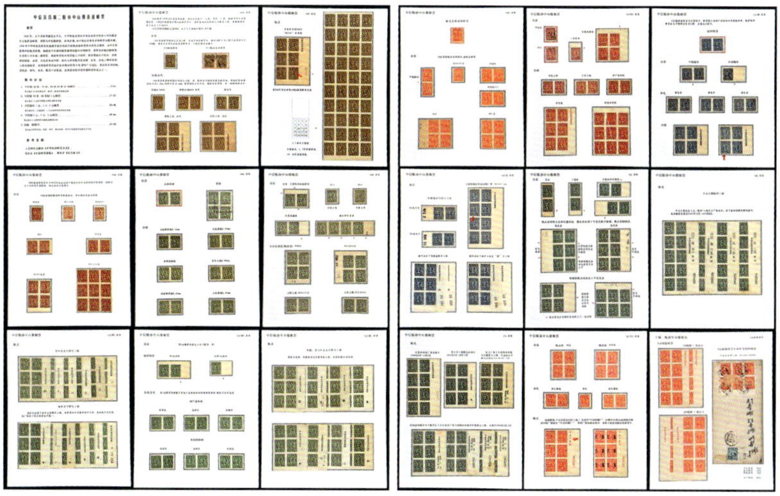

8604 COL 中信及百城二版孙中山像普通邮票邮集一部
估　价：RMB 150,000~300,000
成交价：RMB 172,500
中国嘉德 2018-11-22

9702 ★ 全国山河一片红（撤销发行）邮票一枚
估　价：RMB 1,000,000~1,200,000
成交价：RMB 1,150,000
中国嘉德 2018-06-22

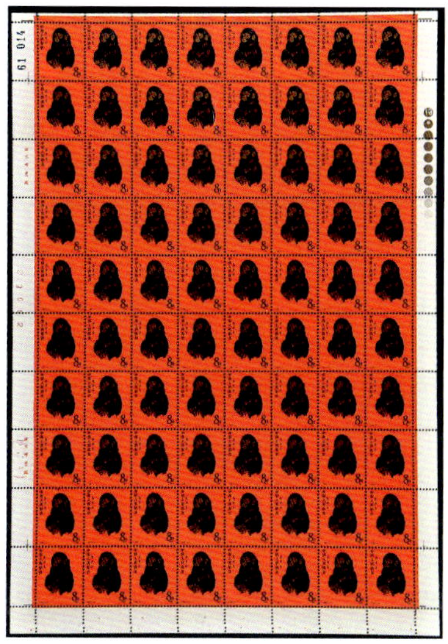

9676 ★ T46庚申年（猴）八十枚全张
估　价：RMB 1,350,000~1,500,000
成交价：RMB 1,667,500
中国嘉德 2018-06-22

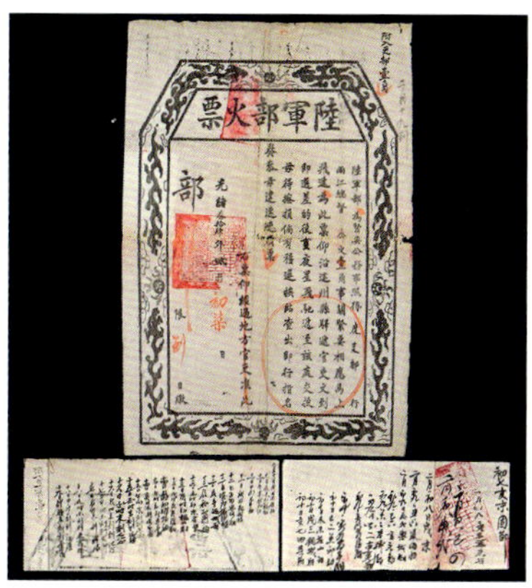

8565 光绪三十四年陆军部火票
估　价：RMB 120,000~200,000
成交价：RMB 138,000
中国嘉德 2018-11-22

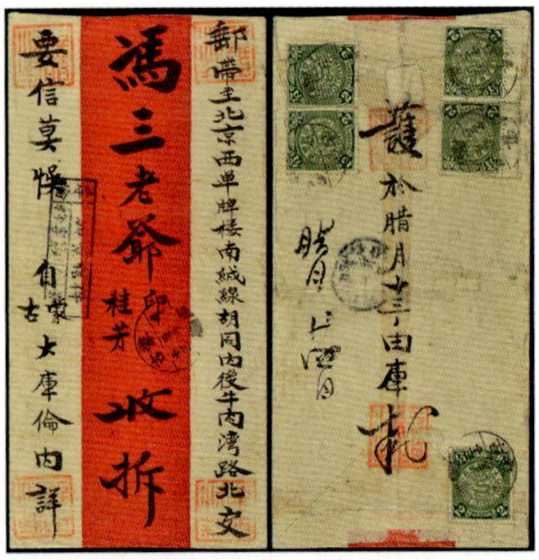

10379 1910年库伦寄北京快信红条封
估　价：RMB 1,000,000~2,000,000
成交价：RMB 4,623,000
北京保利 2018-06-23

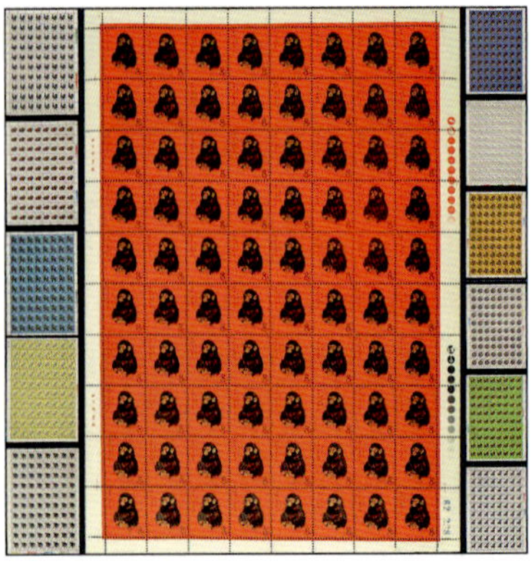

12013 1980-1991年十二生肖大版票各一张
估　价：RMB 800,000~1,200,000
成交价：RMB 1,288,000
北京保利 2018-06-23

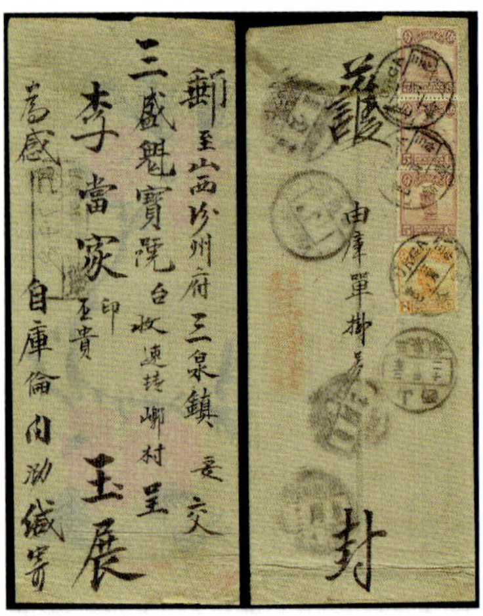

10386 1914年库伦寄山西三泉镇挂号封
估　价：RMB 100,000~200,000
成交价：RMB 414,000
北京保利 2018-06-23

10286 1897年上海寄德国大型挂号封
估　价：RMB 200,000~300,000
成交价：RMB 379,500
北京保利 2018-06-23

9703 ○ 全国山河一片红（撤销发行）邮票一枚
估　价：RMB 270,000~400,000
成交价：RMB 310,500
中国嘉德 2018-06-22

11875 1962年纪94梅兰芳舞台艺术无齿新票全套四方连
估　价：RMB 200,000~300,000
成交价：RMB 299,000
北京保利 2018-06-23

11857 1949-1985年新中国大全套新票邮集一部
估　价：RMB 250,000~300,000
成交价：RMB 310,500
北京保利 2018-06-23

11867 1960年特38金鱼新票全套十五方连
估　价：RMB 100,000~150,000
成交价：RMB 264,500
北京保利 2018-06-23

11992 1968年全国山河一片红8分旧票一枚
估　价：RMB 230,000~280,000
成交价：RMB 264,500
北京保利 2018-06-23

11429 晋察冀边区1946年小抗战胜利新票全张共九件
估　价：RMB 150,000~200,000
成交价：RMB 264,500
北京保利 2018-06-23

10545 1914年北京一版帆船无齿样票全套十九枚
估　价：RMB 150,000~200,000
成交价：RMB 230,000
北京保利 2018-06-23

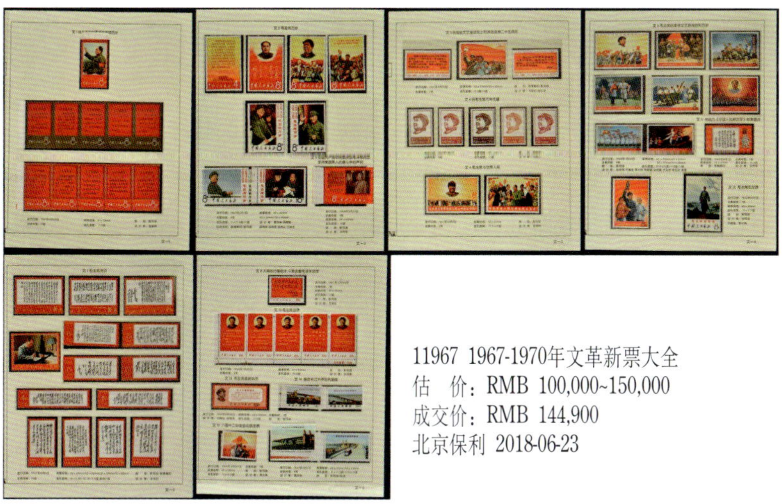

11967 1967-1970年文革新票大全
估　价：RMB 100,000~150,000
成交价：RMB 144,900
北京保利 2018-06-23

11858 1949-1966年老纪特新票大全新一部
估　价：RMB 200,000~300,000
成交价：RMB 230,000
北京保利 2018-06-23

12017 1980年T54荷花小型张新100枚
估　价：RMB 140,000~180,000
成交价：RMB 161,000
北京保利 2018-06-23

11891 1950年普1天安门800元新票横双连
估　价：RMB 60,000~100,000
成交价：RMB 105,800
北京保利 2018-06-23

10590 中国台湾邮票1945-2010年大全套三册
估 价：RMB 40,000~80,000
成交价：RMB 101,200
北京保利 2018-06-23

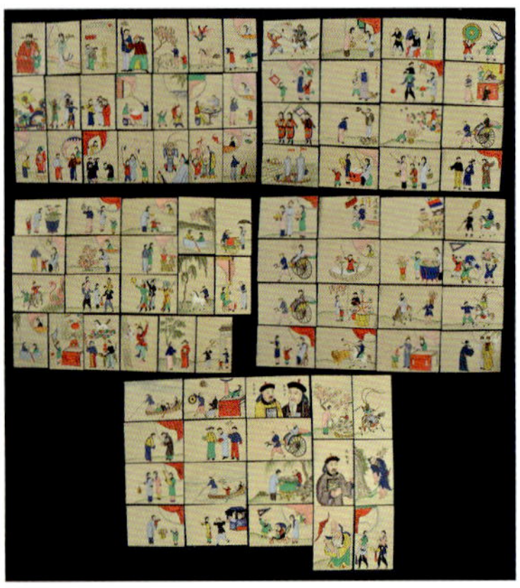

10443 清三次、四次邮资片一组九十枚
估 价：RMB 60,000~80,000
成交价：RMB 138,000
北京保利 2018-06-23

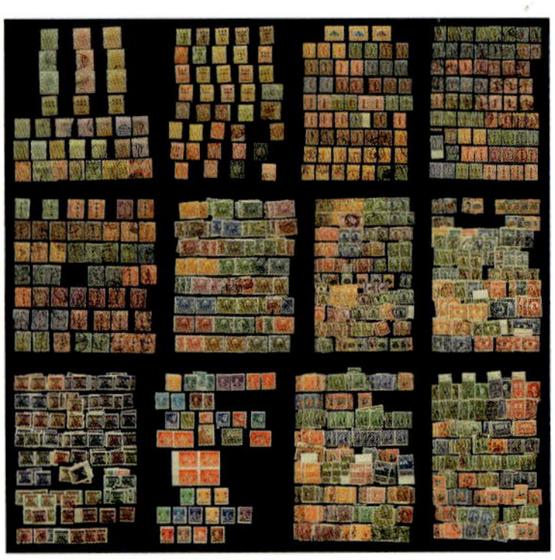

10001 清代、民国新旧票杂集一本约数千枚
估 价：RMB 80,000~120,000
成交价：RMB 132,250
北京保利 2018-06-23

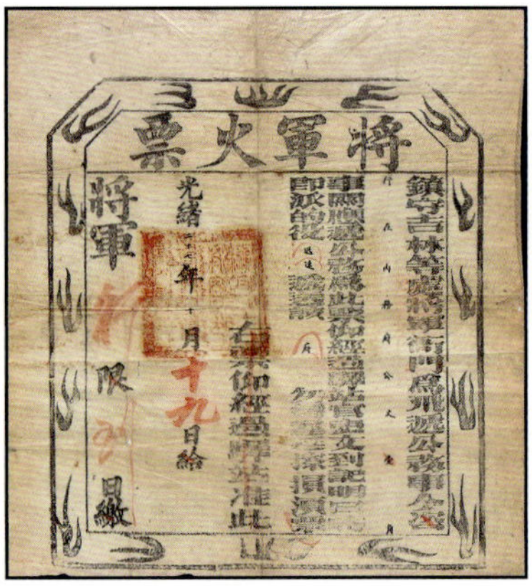

9073 光绪二十七年镇守吉林等处将军衙门为飞递公务事将军火票
估 价：RMB 100,000~200,000
成交价：RMB 264,500
中国嘉德 2018-06-22

古籍善本

写本写经

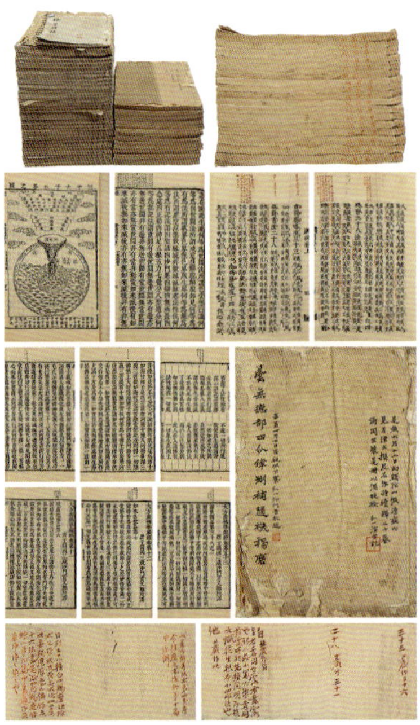

578 弘一 手批《四分律册及藏本华严经卷》五十二册
估 价：RMB 2,600,000~3,500,000
成交价：RMB 5,290,000
尺寸不一 北京荣宝 2018-12-03

101 明宣德 御制《大般若波罗蜜多经》十卷
成交价：RMB 193,195,268
香港苏富比 2018-04-03

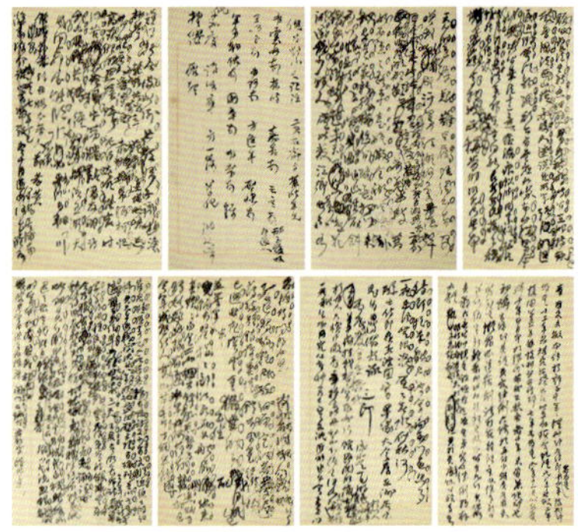

718 何绍基文稿四十七页
估 价：RMB 350,000~380,000
成交价：RMB 3,220,000
尺寸不一 北京保利 2018-12-07

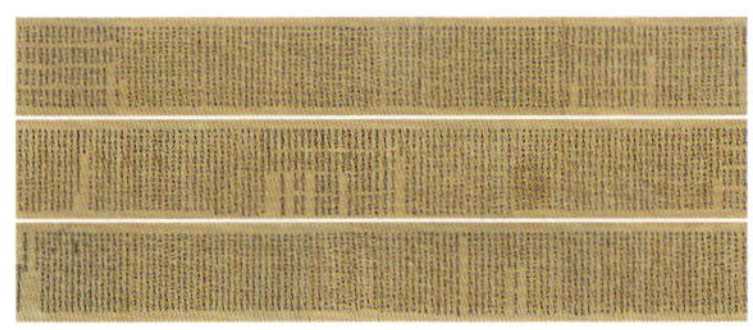

1265 7-8世纪 唐代写本 敦煌写经 《妙法莲华经卷第六》 手卷
估 价：RMB 1,200,000~1,800,000
成交价：RMB 3,910,000
645cm×25cm 北京荣宝 2018-12-03

1259 8世纪 唐代中期 吐蕃写本 敦煌写经 《大般若波罗蜜多经第二十七》 手卷
估 价：RMB 600,000~700,000
成交价：RMB 22,425,000
705cm×25cm 北京荣宝 2018-06-14

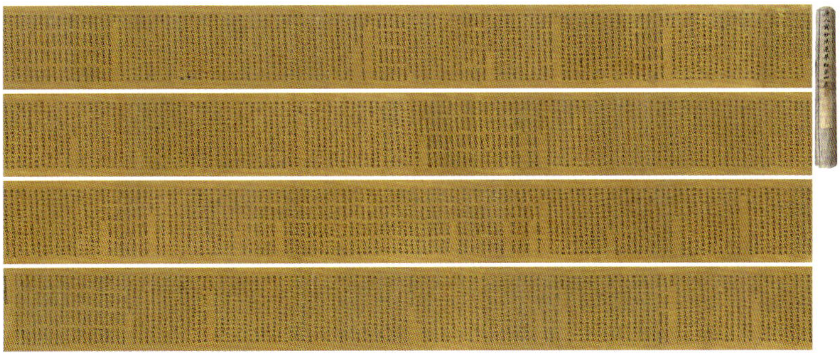

1268 7世纪　唐代早期写本 敦煌写经 《妙法莲华经卷第四》 手卷
估　价：RMB 1,200,000~1,800,000
成交价：RMB 6,440,000
1008cm×26cm 北京荣宝 2018-12-03

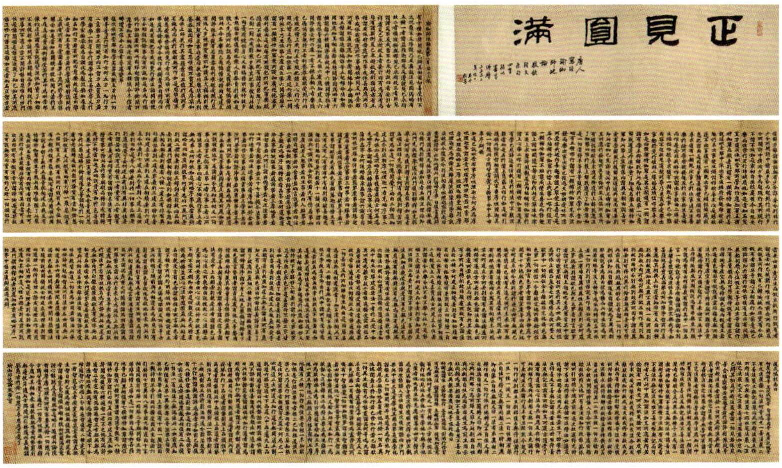

1034 佚名 宋人写经 手卷
估　价：RMB 2,500,000~3,500,000
成交价：RMB 5,175,000
经文29cm×756cm 华艺国际 2018-11-16

1263 13世纪　西夏文写本 《喜金刚现证如意宝》 手卷
估　价：RMB 3,000,000~4,500,000
成交价：RMB 4,370,000
27cm×316cm 北京荣宝 2018-12-03

1960 胡适 《尝试集》第二编手稿
估　价：RMB 1,600,000~2,000,000
成交价：RMB 11,500,000
24.2cm×14.7cm 中国嘉德 2018-06-20

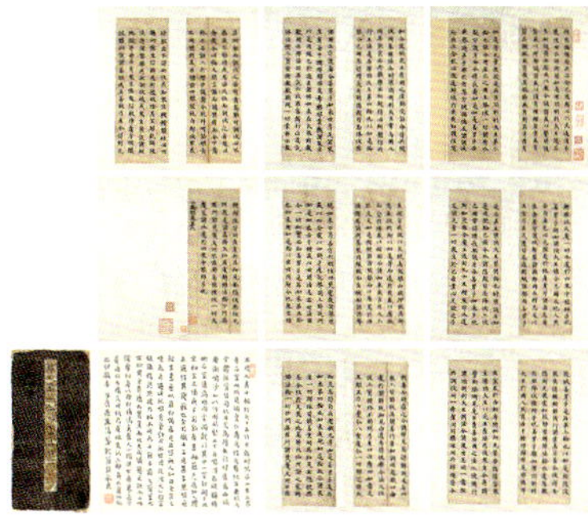

637 隋 敦煌写本　许承尧跋十轮经卷第二
估　价：RMB 2,800,000~3,600,000
成交价：RMB 3,220,000
22.5cm×8.5cm×15 中贸圣佳 2018-06-20

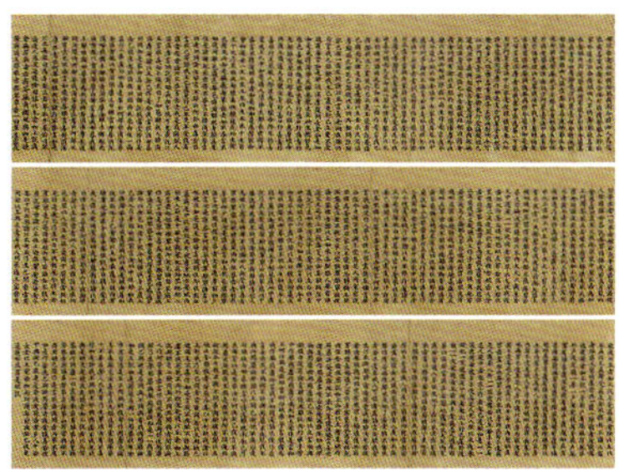

423 宋人 摩诃僧祇律卷第十七 手卷
估　价：RMB 2,000,000~4,000,000
成交价：RMB 4,370,000
31cm×386cm 中国嘉德 2018-06-18

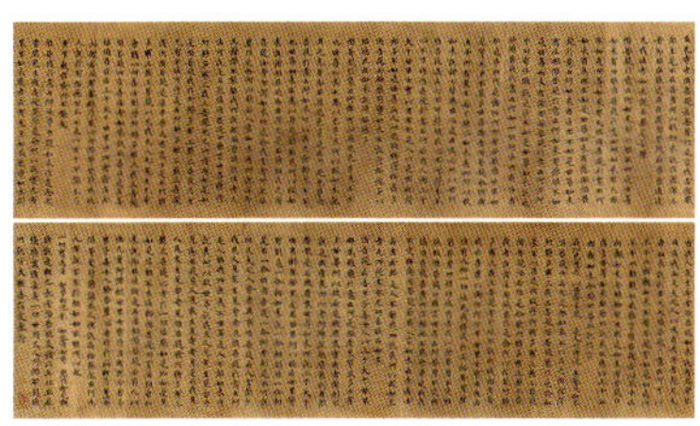

1251 7-8世纪 隋唐早期写本 敦煌写经 《金刚经》 镜心
估　价：RMB 150,000~200,000
成交价：RMB 3,450,000
22.5cm×163cm 北京荣宝 2018-06-14

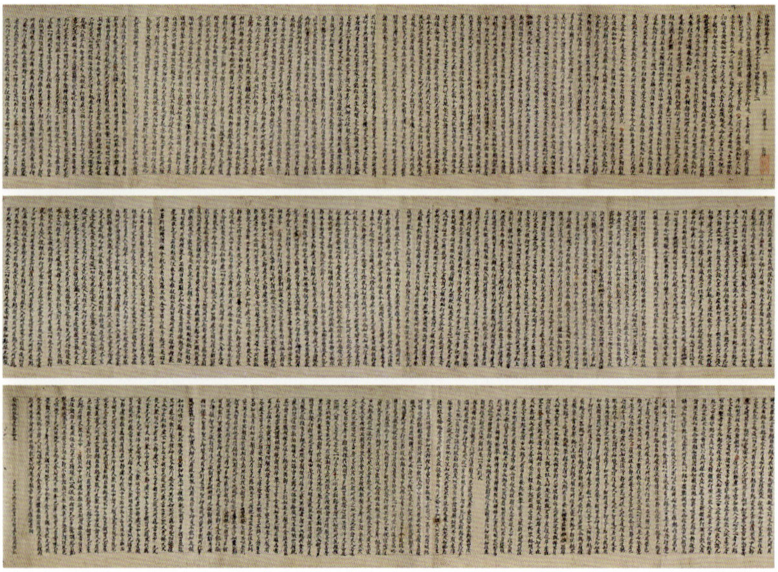

638 智惠山 瑜伽师地论卷第卅三 手卷
估 价：RMB 4,800,000~5,500,000
成交价：RMB 6,440,000
30.5cm×408cm 中贸圣佳 2018-06-20

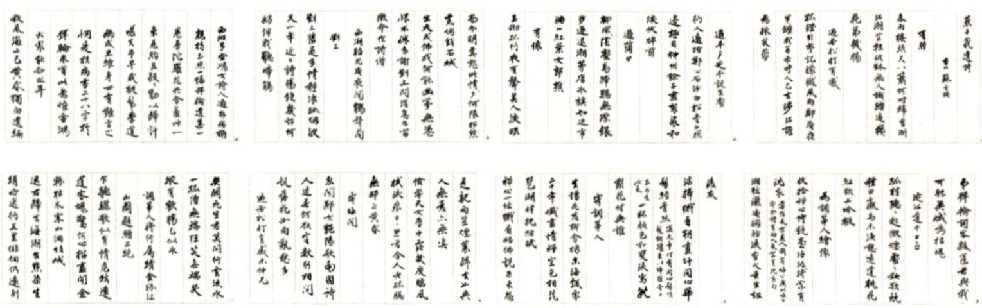

1344 沈尹默 曼殊上人诗卷 手卷
估 价：HKD 2,600,000~3,000,000
成交价：RMB 5,859,840
31.8cm×1911.6cm 香港苏富比 2018-10-02

4878 高又明旧藏、周伯敏等诸家题跋《智果绘供养神佛像及写经》
估 价：RMB 300,000~400,000
成交价：RMB 5,520,000
画32cm×31cm；书法22cm×111.5cm 西泠拍卖 2018-07-09

63 大般若波罗蜜多经卷第五百六（敦煌写经）（全）
估 价：RMB 1,000,000~1,200,000
成交价：RMB 7,992,500
26cm×960cm 北京保利 2018-06-18

1262 7-8世纪 唐代写本 敦煌写经 《妙法莲华经卷第二》
估 价：RMB 800,000~1,000,000
成交价：RMB 4,370,000
900cm×24.6cm 北京荣宝 2018-06-14

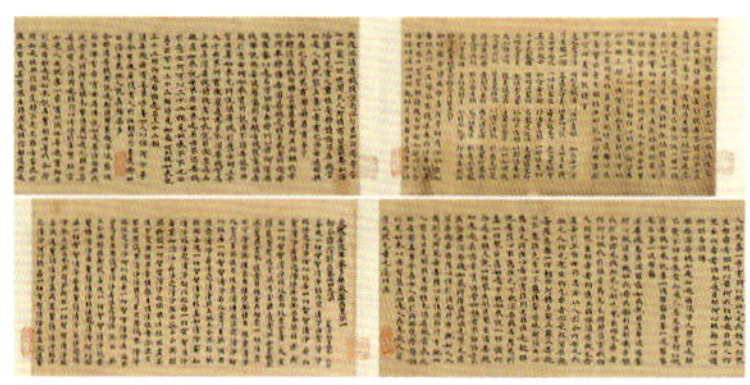

1261 7-8世纪 唐写本 敦煌写经 《妙法莲华经常不轻菩萨品》三卷合一 手卷
估 价：RMB 200,000~250,000
成交价：RMB 3,220,000
45cm×24.2cm；100cm×24.2cm；45cm×24.5cm 北京荣宝 2018-06-14

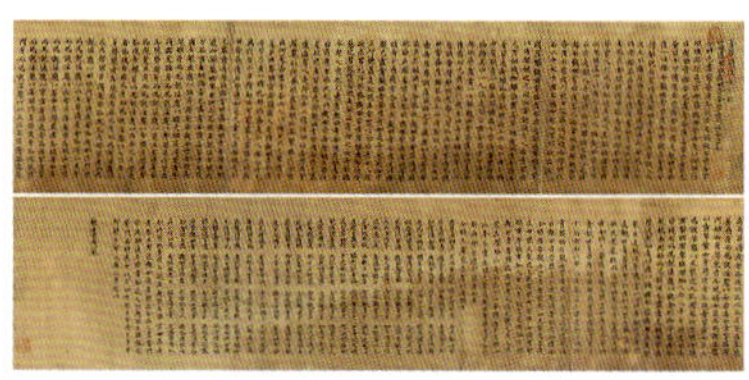

1253 7-8世纪 唐代写本 敦煌写经 《观世音经》 手卷
估 价：RMB 300,000~350,000
成交价：RMB 3,220,000
218cm×25cm 北京荣宝 2018-06-14

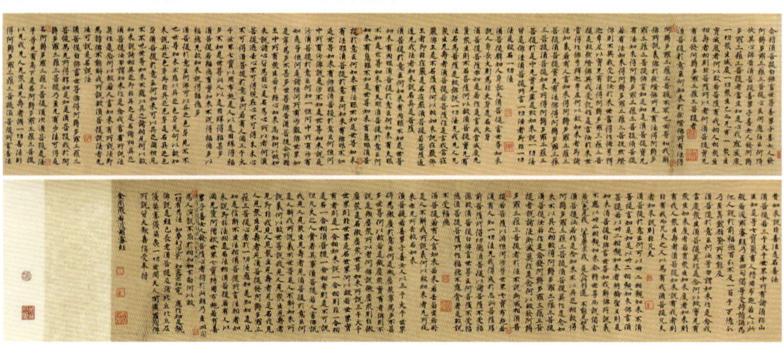

1252 8世纪 唐代写本 敦煌写经 《金刚经》 手卷
估 价：RMB 250,000~300,000
成交价：RMB 3,220,000
217cm×24.6cm 北京荣宝 2018-06-14

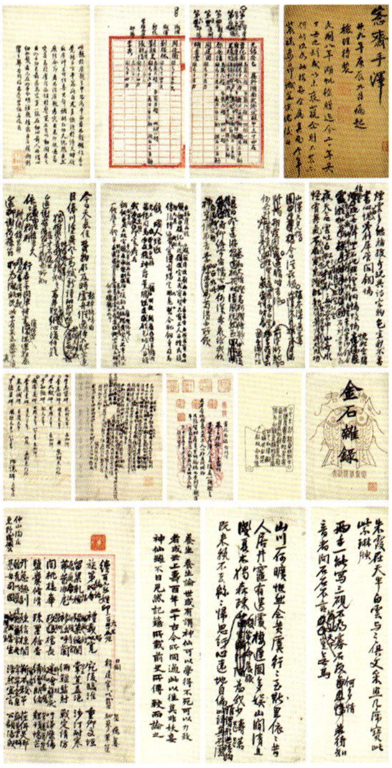

4644 吴湖帆检赠陈子清《窓斋手泽》（吴大澂金石诗文手稿）
估　价：RMB 2,000,000~3,000,000
成交价：RMB 2,300,000
开本27.6cm×19.3cm 西泠拍卖 2018-07-09

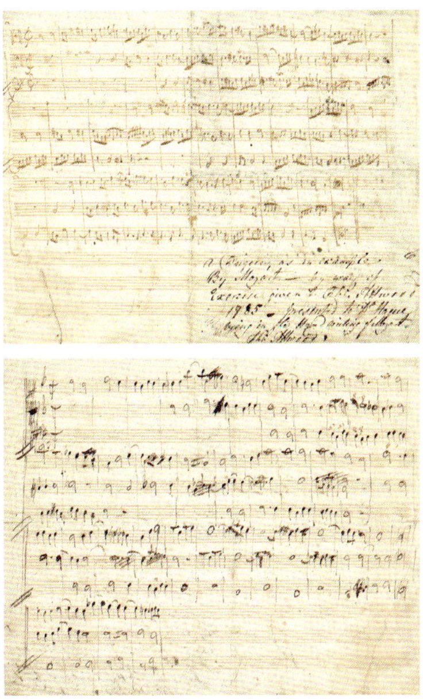

2949 1785年作 莫扎特 为学生作《c小调赋格曲（作品号506a）》珍贵原稿
估　价：RMB 1,800,000~2,800,000
成交价：RMB 3,047,500
27cm×21.5cm 西泠拍卖 2018-07-08

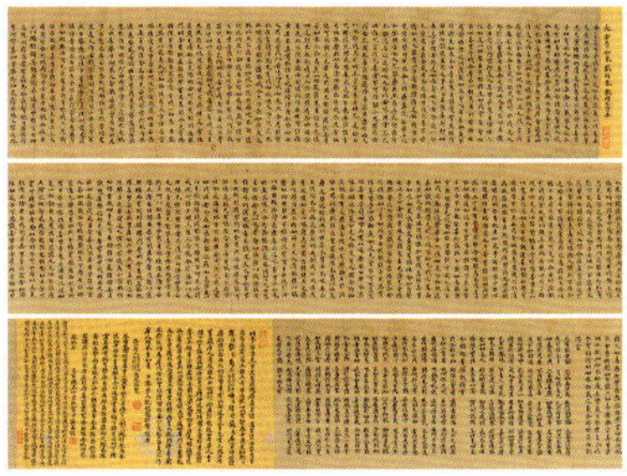

1256 7世纪 初唐写本 敦煌写经 《大般涅盘经卷第八》 手卷
估　价：RMB 400,000~500,000
成交价：RMB 2,300,000
267cm×25cm 北京荣宝 2018-06-14

历代刻本

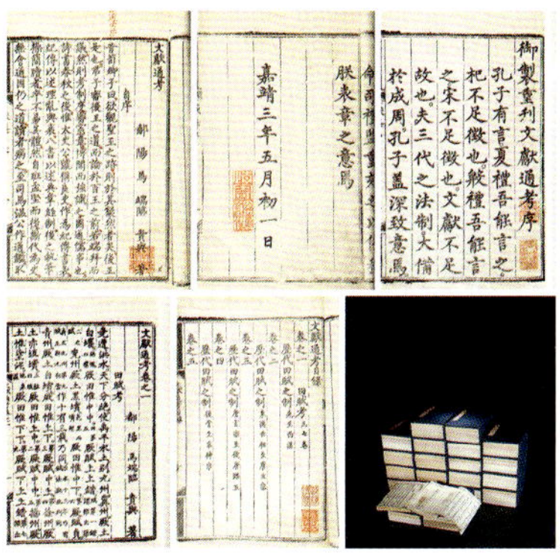

179 文献通考三百四十八卷
估　价：RMB 1,000,000~1,200,000
成交价：RMB 2,530,000
25.4cm×17.5cm 北京保利 2018-12-07

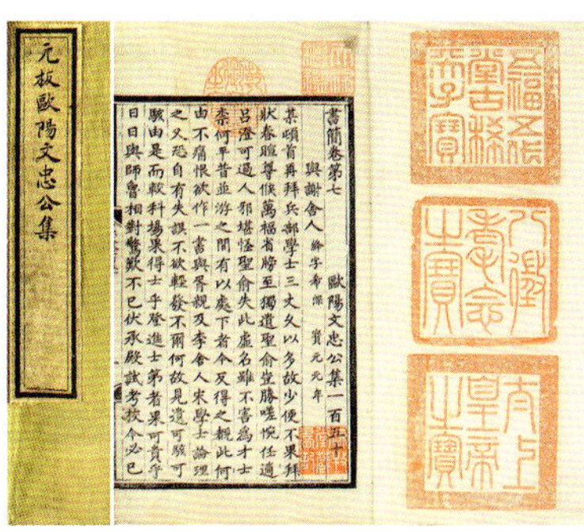

86 欧阳文忠公集一百五十三卷存卷第一百五十、一百五十一（天禄琳琅旧藏）
估　价：RMB 1,000~2,000
成交价：RMB 1,035,000
26.7cm×15.9cm 北京保利 2018-12-07

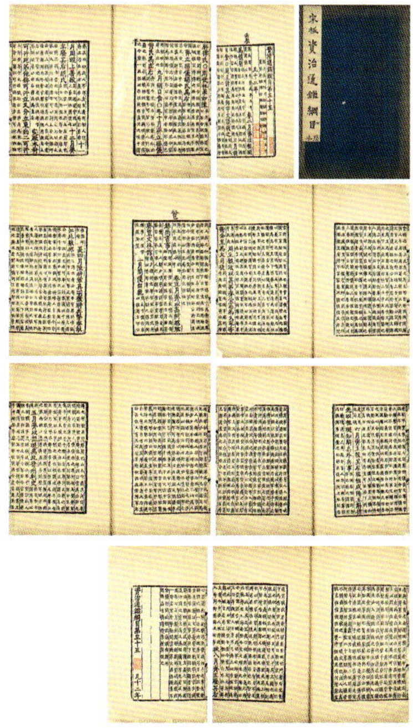

1586 宋板资治通鉴纲目
估　价：RMB 2,200,000~3,200,000
成交价：RMB 3,220,000
半框21.2cm×14.5cm 华艺国际 2018-11-16

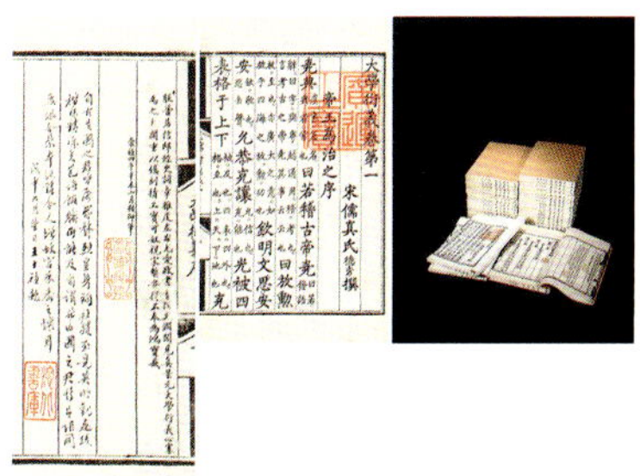

283 大学衍义四十三卷（崇祯皇帝御批）
估　价：RMB 1,000~2,000
成交价：RMB 1,955,000
22.5cm×16.5cm 北京保利 2018-12-07

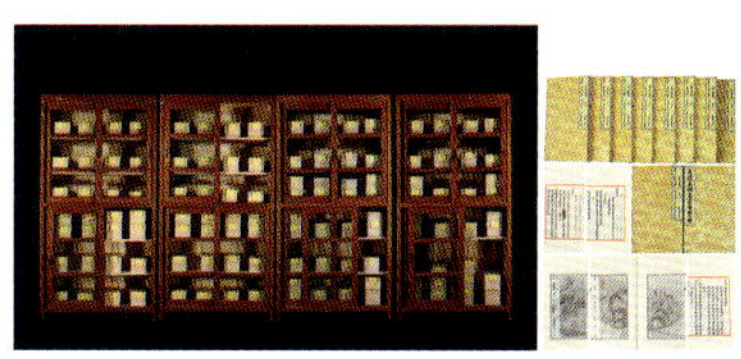

575 大清历朝实录四千四百八十四卷
估　价：RMB 1,300,000~1,800,000
成交价：RMB 2,300,000
23.1cm×13.9cm 中贸圣佳 2018-11-25

2148 薛尚功　黄丕烈 旧藏 编 宋 历代钟鼎彝器款识法帖
成交价：RMB 38,525,000
29.7cm × 14.5cm 中国嘉德 2018-11-21

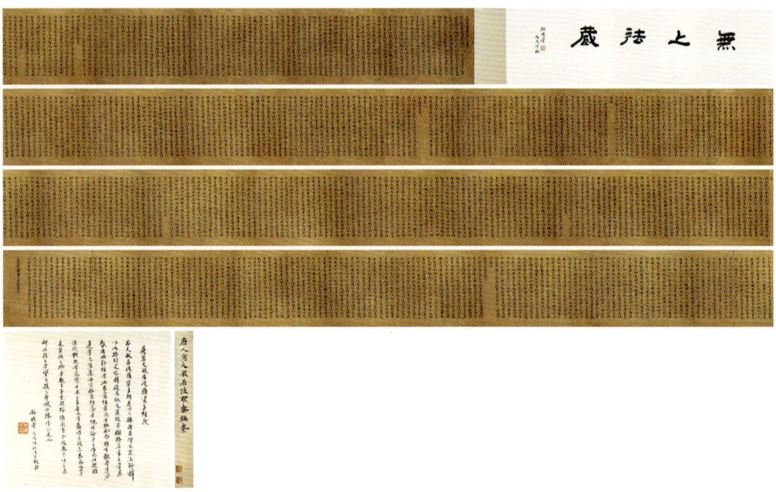

120 大般若波罗蜜多经卷第三十六（全）（拓晓堂先生题）
估　价：RMB 1,000,000~1,200,000
成交价：RMB 3,220,000
经26cm × 990cm 北京保利 2018-12-07

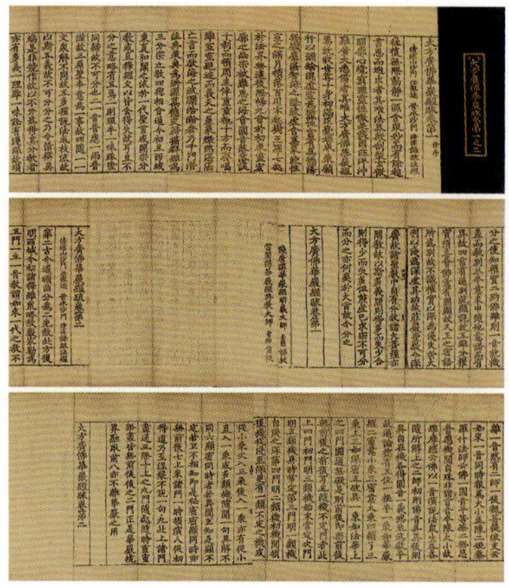

1295 北宋大安二年（1086）两浙转运使司刻本 《大方广佛华严经卷一卷二》 册页
估　价：RMB 800,000~1,200,000
成交价：RMB 4,255,000
32cm × 11cm 北京荣宝 2018-06-14

635 西清古鉴四十卷钱录十六卷
估　价：RMB 3,000,000~3,800,000
成交价：RMB 7,360,000
43.4cm × 27.6cm 中贸圣佳 2018-06-20

636 天禄琳琅宋版首部著录乾隆御题《朱文公校昌黎先生集》存卷首、卷十至十五
估　价：RMB 20,000,000~26,000,000
成交价：RMB 30,475,000
22.3cm × 15.3cm 中贸圣佳 2018-06-20

1020 五代刻本《佛名经》 镜心
估　价：RMB 500,000~600,000
成交价：RMB 2,127,500
32cm × 98cm 北京匡时 2018-12-06

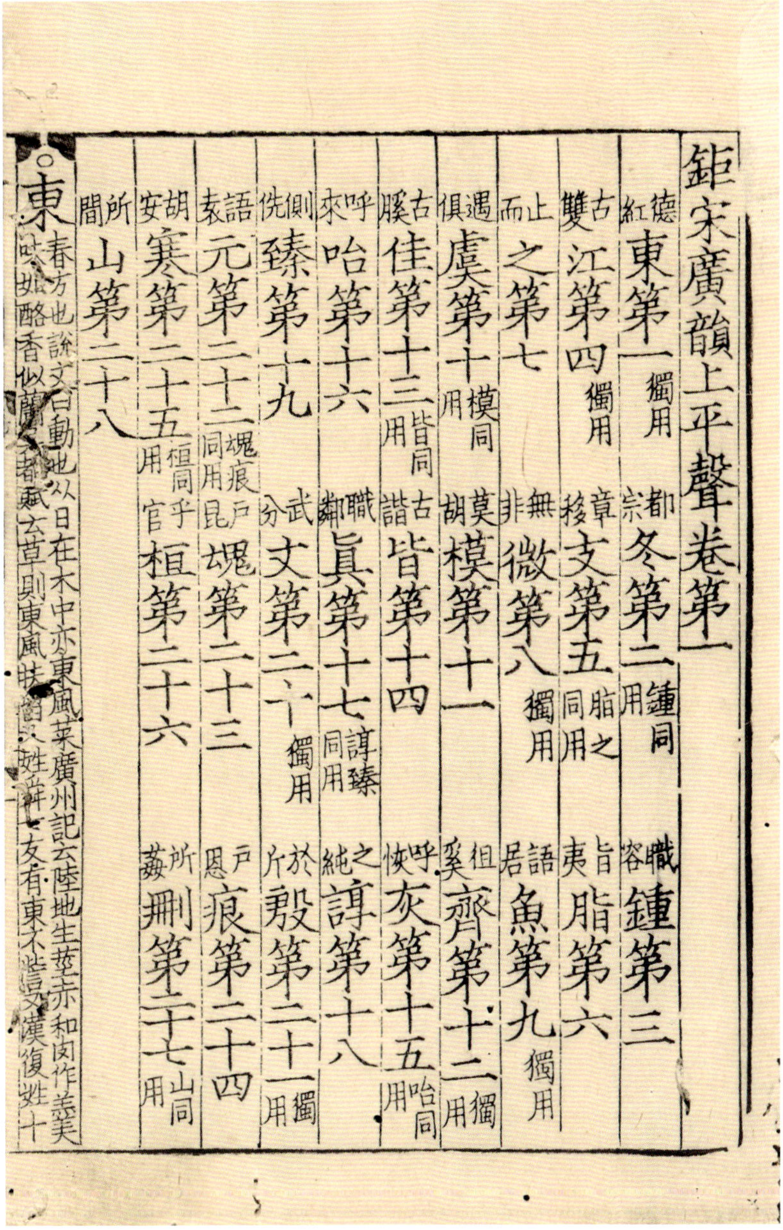

鉅宋廣韻上平聲卷第一

德紅 東第一 獨用　都宗 冬第二 鍾同用　職容 鍾第三

古雙 江第四 獨用　章移 支第五 脂之同用　旨夷 脂第六

止而 之第七　無非 微第八 獨用　語居 魚第九 獨用

遇俱 虞第十 模同用　莫胡 模第十一　徂奚 齊第十二 獨用

古膎 佳第十三 皆同用　古諧 皆第十四　呼恢 灰第十五 咍同用

呼來 咍第十六　職鄰 眞第十七 諄臻同用　之純 諄第十八

側詵 臻第十九　武分 文第二十 獨用　於斤 殷第二十一 獨用

語袁 元第二十二 䰟痕同用　戶昆 䰟第二十三　戶恩 痕第二十四

胡安 寒第二十五 桓同用　胡官 桓第二十六　所姦 刪第二十七 山同用

所閒 山第二十八

東 春方也說文曰動也从日在木中亦東風菜廣州記云陸地生莖赤和肉作羹美

284 钜宋广韵五卷
成交价：RMB 85,100,000
21cm × 15cm 北京保利 2018-12-07

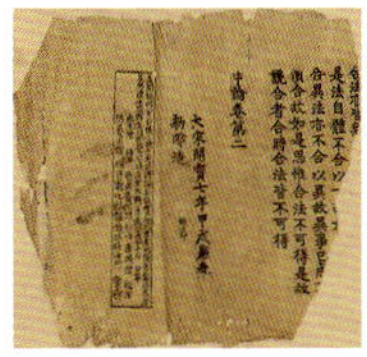
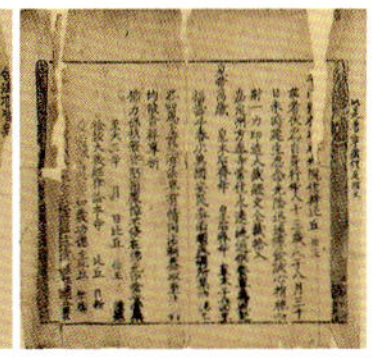
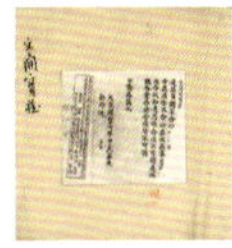

4870 叶恭绰《历代藏经考略》出版的北宋《开宝藏》附元代《普宁藏刊记》残叶
估　价：RMB 60,000~100,000
成交价：RMB 2,760,000
尺寸不一 西泠拍卖 2018-07-09

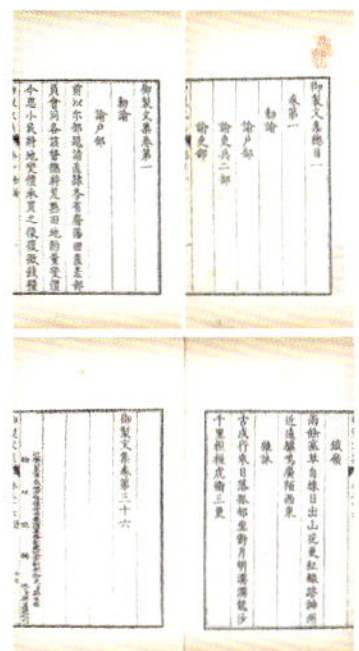

2074 玄烨 撰 清圣祖御制文集四十卷总目五卷
估　价：RMB 800,000~1,000,000
成交价：RMB 920,000
28cm × 17.6cm 中贸圣佳 2018-06-21

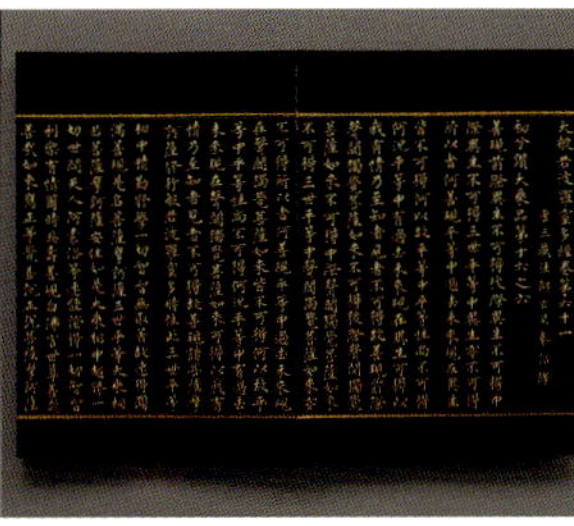

101 明宣德 御制《大般若波罗蜜多经》十卷 磁青纸本 泥金
成交价：RMB 191,217,091
香港苏富比 2018/4/3

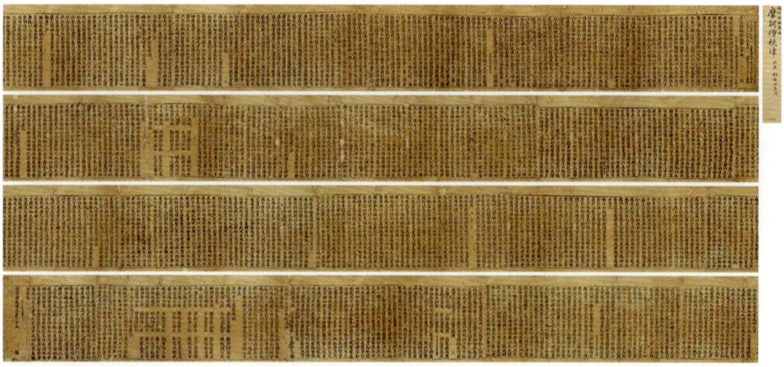

125 摩诃僧祇律卷第三十七（三圣寺旧藏）
估 价：RMB 1,000~2,000
成交价：RMB 862,500
28.9cm × 11.3cm 北京保利 2018-12-07

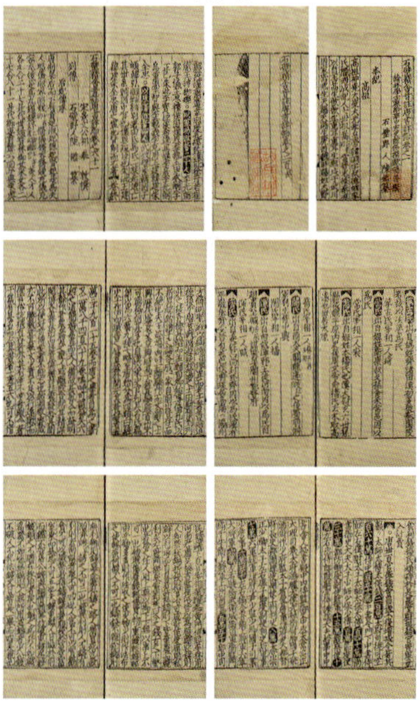

2252 陈鉴 辑 石壁精舍音注唐书详节
成交价：RMB 110,400,000
9.4cm × 6.5cm 中国嘉德 2018-06-20

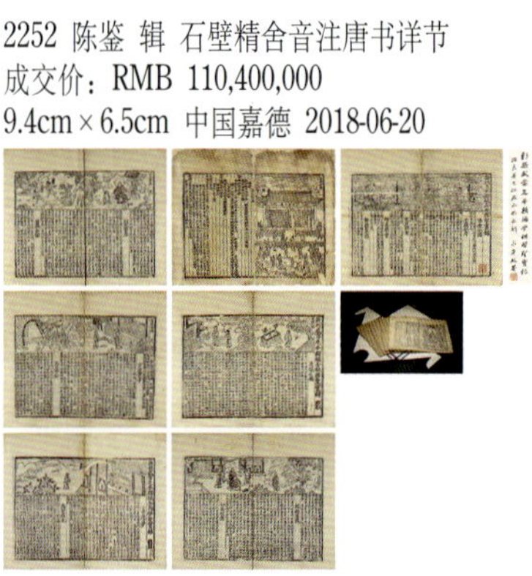

2261 周绍良 旧藏 新刊足本类编全相启圣实录 前集 一卷 后集 一卷 续集 一卷 别集 一卷
估 价：RMB 500,000~800,000
成交价：RMB 1,495,000
25.5cm × 18cm 中国嘉德 2018-06-20

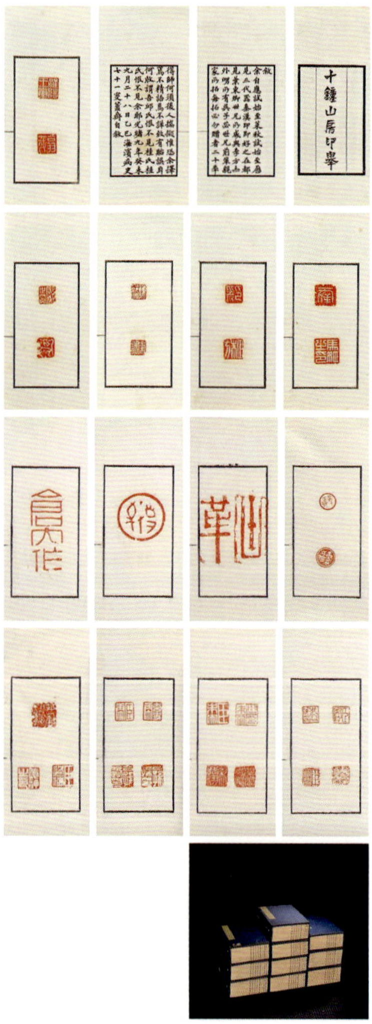

182 十钟山房印举
估 价：RMB 1,000~2,000
成交价：RMB 1,610,000
21.6cm × 14.8cm 北京保利 2018-06-18

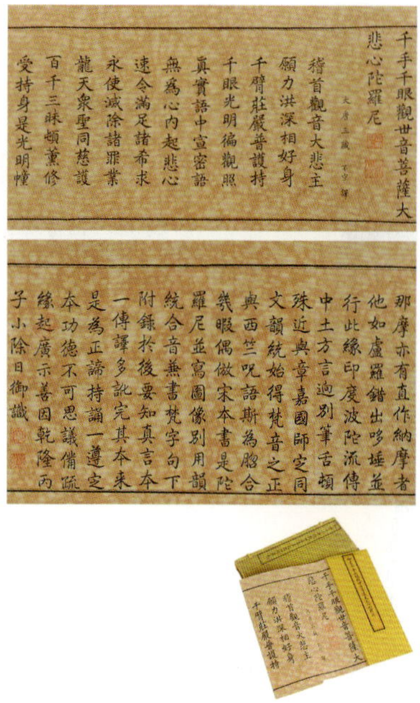

2195 唐三藏不空 译 千手千眼观世音菩萨大悲心陀罗尼
估 价：RMB 80,000~150,000
成交价：RMB 943,000
23.8cm × 11cm 中国嘉德 2018-09-21

碑帖印谱

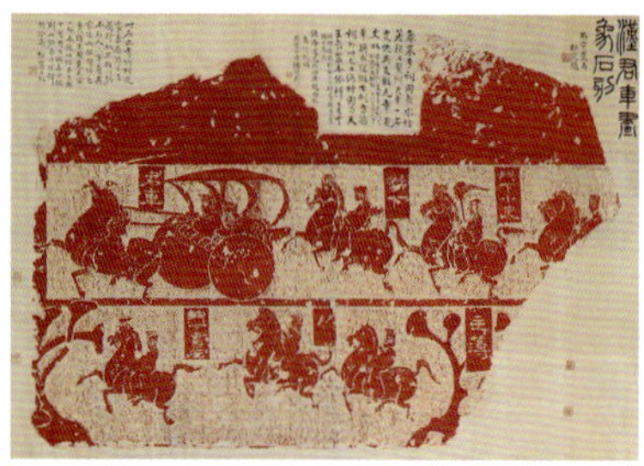

1164 褚德彝 题朱拓武梁祠君车图 镜心
估 价：RMB 600,000~800,000
成交价：RMB 1,495,000
94cm × 136cm 中国嘉德 2018-06-20

393 翁同龢等题邾㸌钟拓本卷 手卷
估 价：HKD 600,000~800,000
成交价：RMB 1,646,336
本幅26cm × 39cm 北京匡时 2018-10-03

1801 安思远藏善本碑帖十一种
成交价：RMB 192,625,000
尺寸不一 中国嘉德 2018-11-20

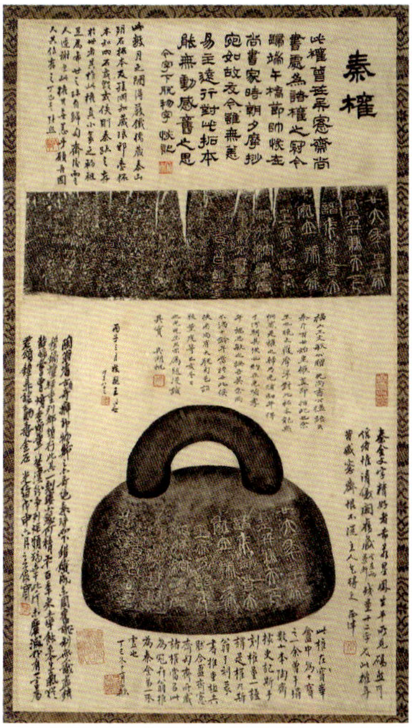

209 吴昌硕 吴湖帆 等 题秦权拓本 镜框
估　价：RMB 2,800,000~3,800,000
成交价：RMB 5,750,000
64cm×36.5cm 华艺国际 2018-11-16

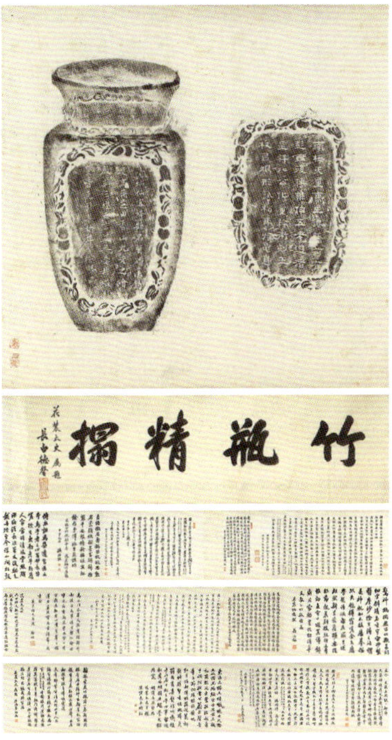

395 谢庸手拓徐潮诗竹瓶拓片 手卷
估　价：HKD 300,000~400,000
成交价：RMB 946,643
本幅33cm×34cm 北京匡时 2018-10-03

526 傅抱石《读碑图》及九成宫礼泉铭碑拓 镜心
估　价：RMB 3,000,000~5,000,000
成交价：RMB 9,200,000
画28cm×33.4cm 北京荣宝 2018-06-14

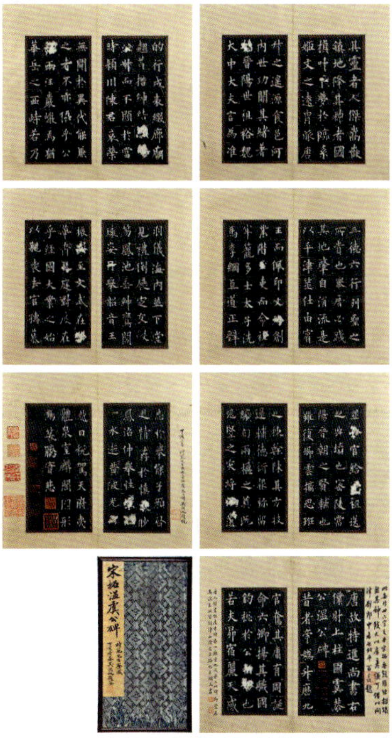

2180 翁方纲 吴湖帆 题跋 唐虞恭公温彦博碑
估　价：RMB 200,000~500,000
成交价：RMB 2,530,000
21cm×11cm 中国嘉德 2018-06-20

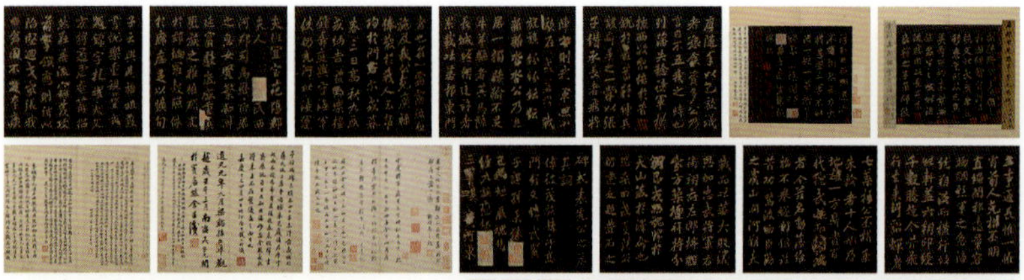
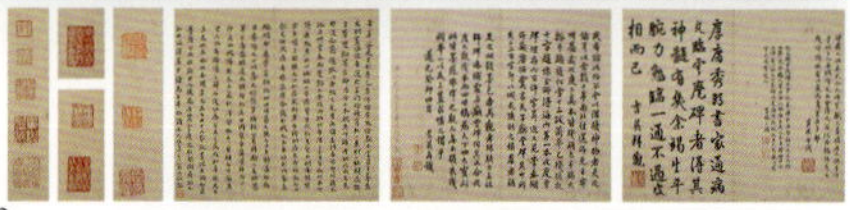

1343 宋拓《李秀碑》
估 价：RMB 3,500,000~4,500,000
成交价：RMB 5,002,500
本幅27cm×29cm×11 北京匡时 2018-12-06

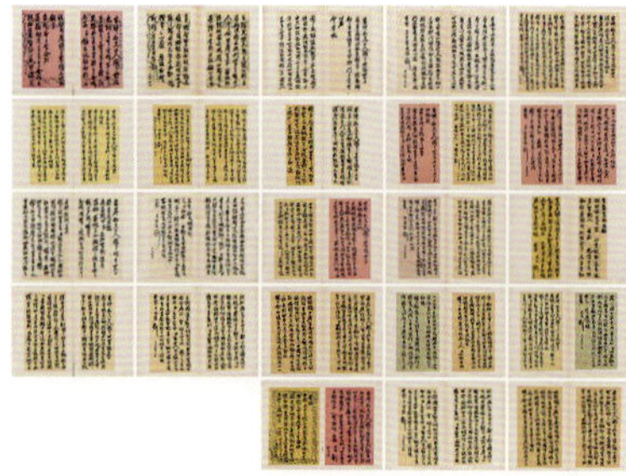

1582 曾国藩 致右坪信札 册页四十二开
估 价：RMB 600,000~800,000
成交价：RMB 1,667,500
尺寸不一 华艺国际 2018-11-16

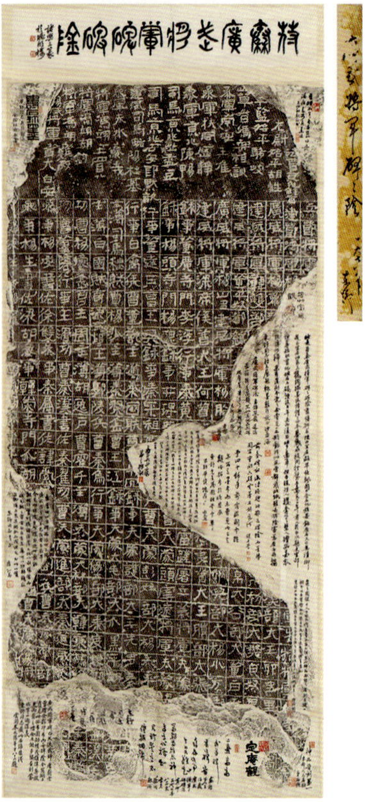

4656 姜东舒旧藏 诸乐三题名 沙孟海、余任天、吴茀之等诸家题跋《前秦广武将军碑》
估 价：RMB 60,000~80,000
成交价：RMB 1,265,000
153cm×70cm 西泠拍卖 2018-07-09

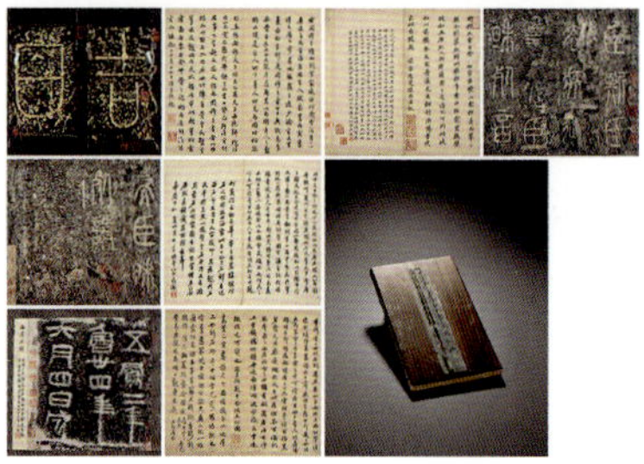

2118 孙承泽 孙星衍 翁方纲 等题跋 周《坛山刻石》、秦《泰山刻石》廿九字本、西汉《五凤二年刻石》三种合册
估 价：RMB 180,000~380,000
成交价：RMB 6,555,000
30.7cm×17cm 中国嘉德 2018-11-21

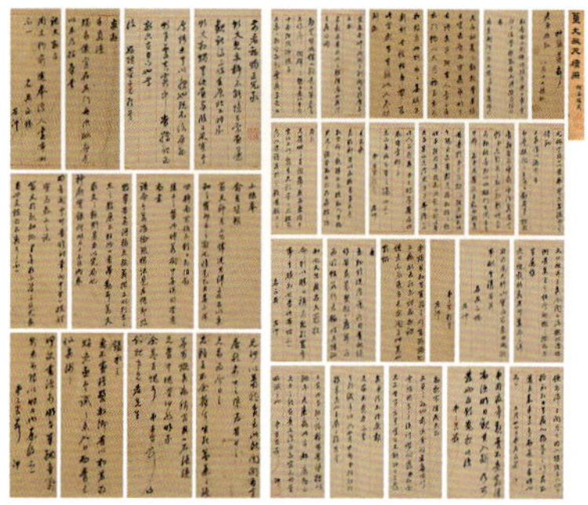

877 董其昌 尺牍册（十八开三十五页） 册页
估 价：RMB 300,000~500,000
成交价：RMB 2,012,500
约23.2cm×9.5cm×35 中国嘉德 2018-11-22

书札文牍

5040 清道光三十年（1850）作 清 六舟上人手拓 剔镫图
估 价：RMB 1,200,000~1,800,000
成交价：RMB 1,380,000
画心长26cm；宽48cm 北京保利 2018-06-19

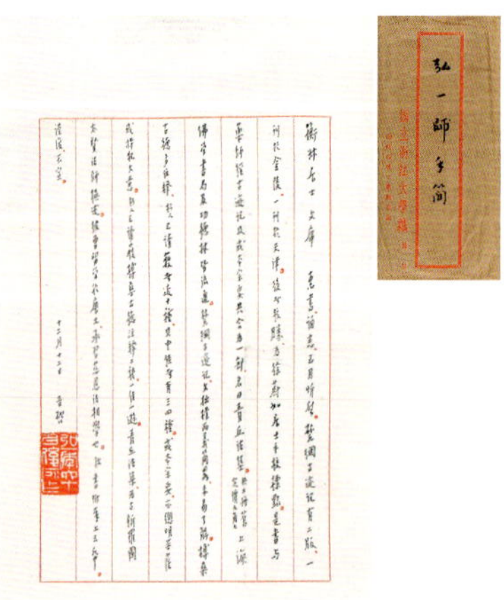

2012 弘一 致郦承铨信札一通一页附信封
估 价：RMB 50,000~80,000
成交价：RMB 1,265,000
27cm×17cm 北京保利 2018-12-08

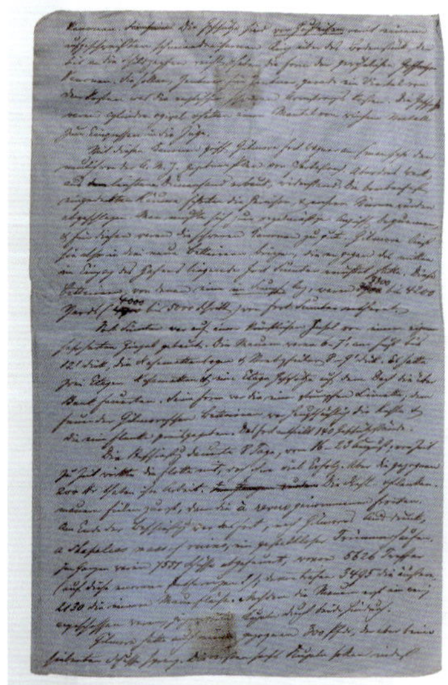

302 恩格斯 1862年 手稿一页
估 价：RMB 450,000~550,000
成交价：RMB 1,667,500
21.5cm×13.5cm 北京匡时 2018-05-21

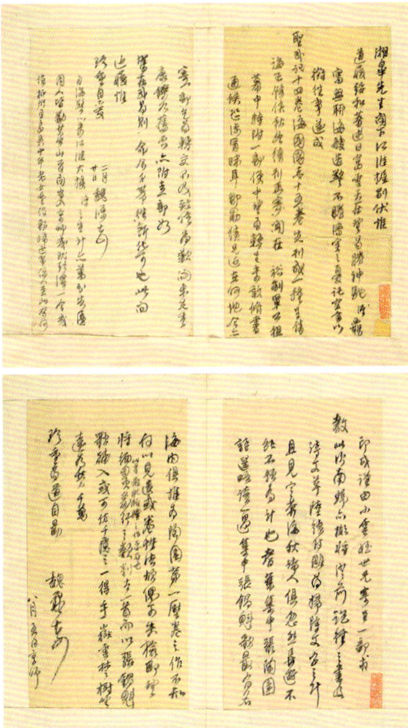

717 魏源致湘皋先生书札
估　价：RMB 1,450,000~1,500,000
成交价：RMB 1,667,500
29.5cm × 16cm 北京保利 2018-12-07

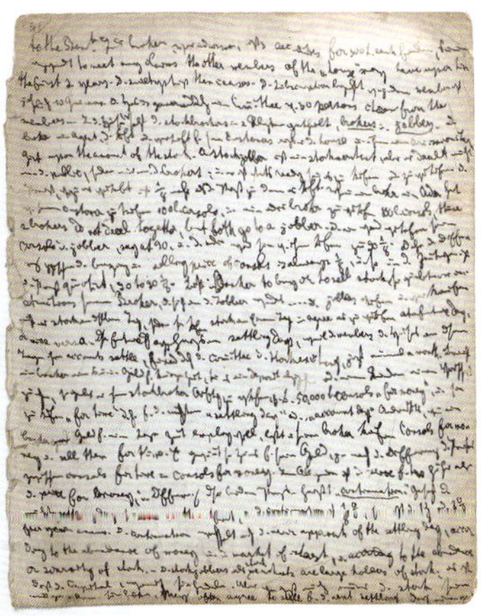

301 马克思 1850至1853年 《伦敦笔记》手稿一页
估　价：RMB 1,000,000~1,200,000
成交价：RMB 3,335,000
20.1cm × 16.1cm 北京匡时 2018-05-21

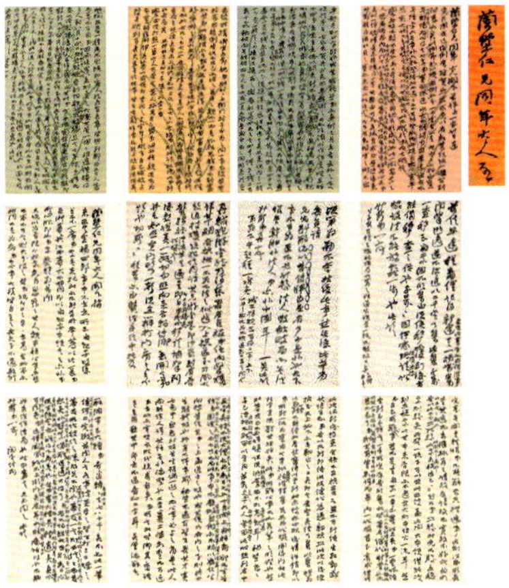

402 赵之谦 致兰墅五札册 册页 （十二页）
估　价：RMB 1,000,000~2,000,000
成交价：RMB 2,012,500
23.5cm × 12.5cm × 12 中国嘉德 2018-06-18

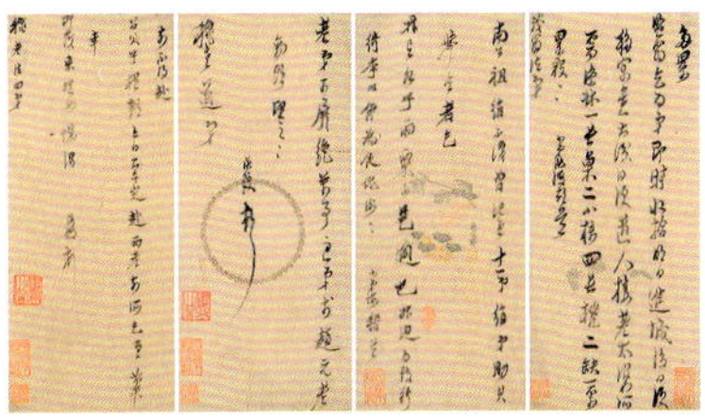

3001 陈洪绶 致茂翁、秋老札 （四页） 册页
估　价：RMB 500,000~800,000
成交价：RMB 1,437,500
27cm × 12cm × 4 北京保利 2018-06-17

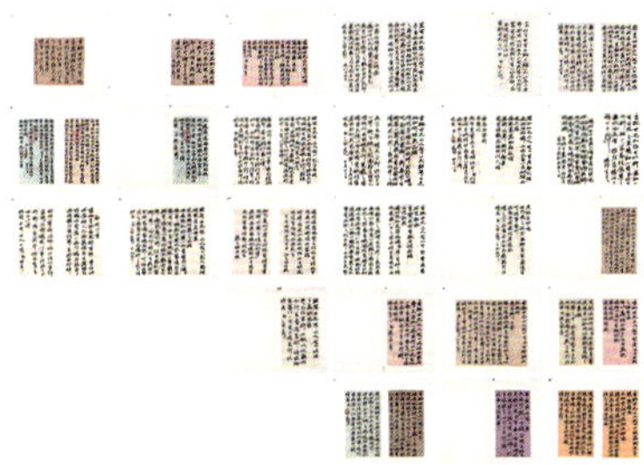

430 赵之谦 信札集册 册页 （二十五开）
估　价：RMB 600,000~800,000
成交价：RMB 1,035,000
29cm × 18cm × 25 中贸圣佳 2018-06-20

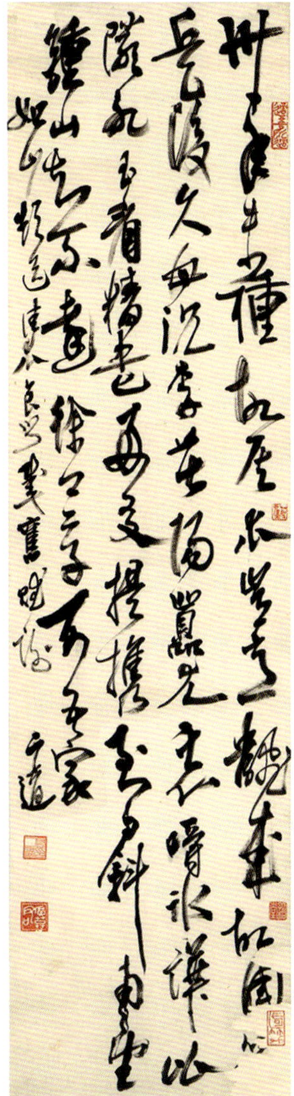

19 高二适 草书 致友人七言诗及信札一通 立轴 镜片
估　价：RMB 500,000~800,000
成交价：RMB 920,000
181cm × 48.5cm；32.5cm × 21.5cm
西泠拍卖 2018-07-07

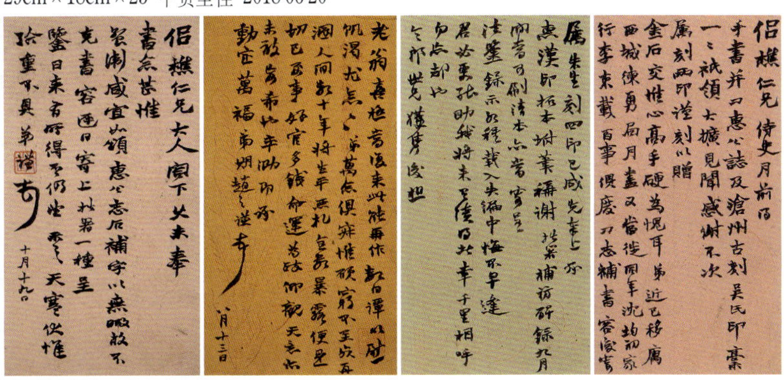

67 赵之谦 致王侣樵札 （四帧） 册页 （四开）
估　价：RMB 700,000~900,000
成交价：RMB 805,000
22.5cm × 12.5cm × 4 北京荣宝 2018-06-14

1925 曾竹亭 示儿曾国藩、曾国潢、曾国葆家书
估 价：RMB 50,000~80,000
成交价：RMB 690,000
23.7cm×12.7cm 中国嘉德 2018-06-20

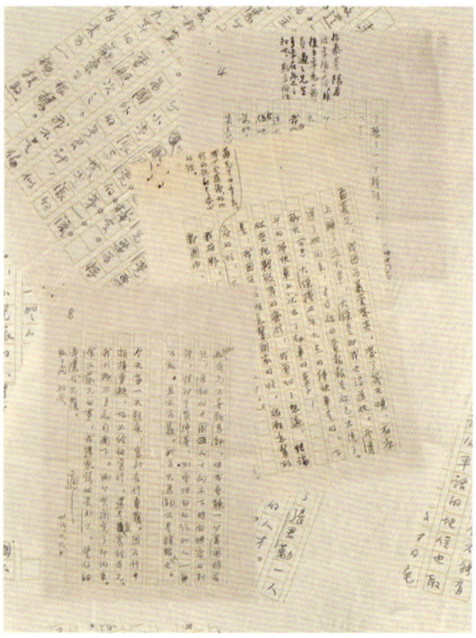

13100 胡适致傅斯年提及国家政府改革等事宜的重要亲笔长信，共8页
估 价：RMB 200,000~500,000
成交价：RMB 793,500
25.5cm×20.5cm 北京保利 2018-06-19

1919 左宗棠 致文格信札七通
估 价：RMB 90,000~150,000
成交价：RMB 690,000
尺寸不一 中国嘉德 2018-06-20

近代书刊

395 1478年摇篮本《言行录》
估 价：RMB 700,000~750,000
成交价：RMB 805,000
29.7cm×22cm 北京保利 2018-12-07

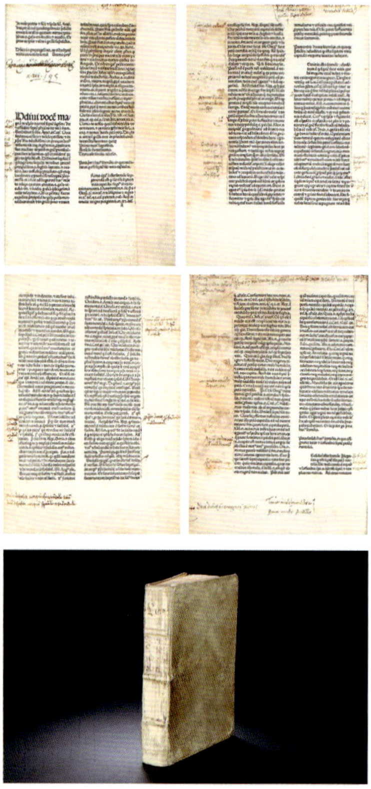

424 《两百四十日的罪孽——卡尔卡诺布道集》
估 价：RMB 800,000~850,000
成交价：RMB 920,000
23cm×17cm 北京保利 2018-06-18

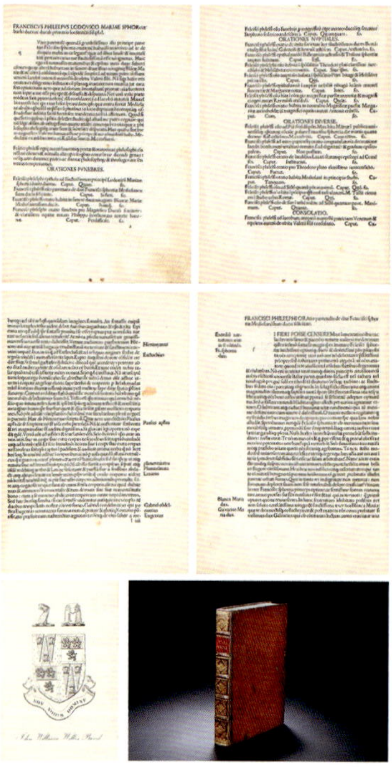

425 《演说集》
估 价：RMB 500,000~550,000
成交价：RMB 575,000
21.5cm×16.5cm 北京保利 2018-06-18

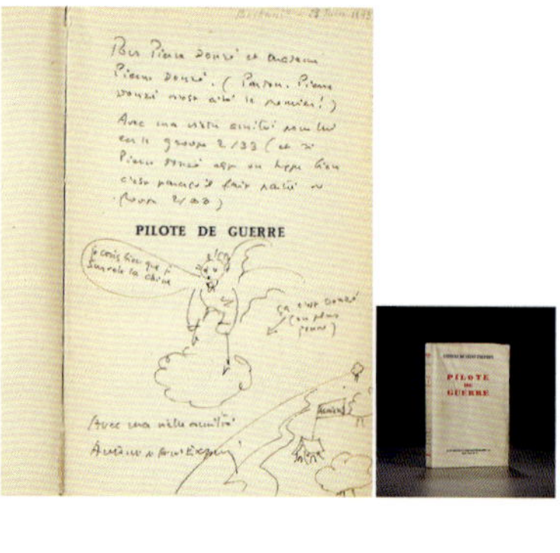

2909 1943年6月23作 圣·埃克絮佩里 “在中国上空”的小王子画作，及《战争飞行员》签赠本
估 价：RMB 300,000~500,000
成交价：RMB 598,000
册19cm×12.5cm 西泠拍卖 2018-07-08

舆图照片

827 吴印咸 1940-1970s 艺术摄影代表作（492张）
估　价：RMB 750,000~900,000
成交价：RMB 862,500
最大26cm×32cm；最小6cm×6cm 北京华辰 2018-11-20

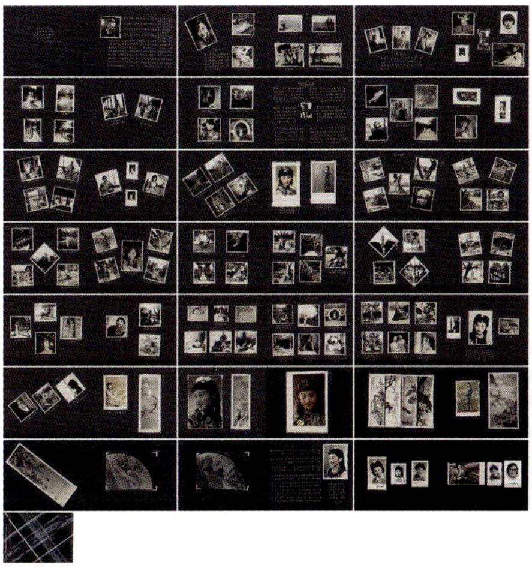

1226 周炼霞 影集一册 册页
估　价：RMB 50,000~100,000
成交价：RMB 1,092,500
尺寸不一 广东崇正 2018-07-04

3292 1899至1982年作 董大西 中国早期都市设计“大上海计划”重要文献，及其一生旧照、聘书、用印等一批
估　价：RMB 800,000~1,200,000
成交价：RMB 1,322,500
西泠拍卖 2018-07-08

1076 徐特立及毛主席资料照片（一组） 镜心
估　价：RMB 500,000~800,000
成交价：RMB 1,035,000
尺寸不一 北京匡时 2018-06-16

印刷文物

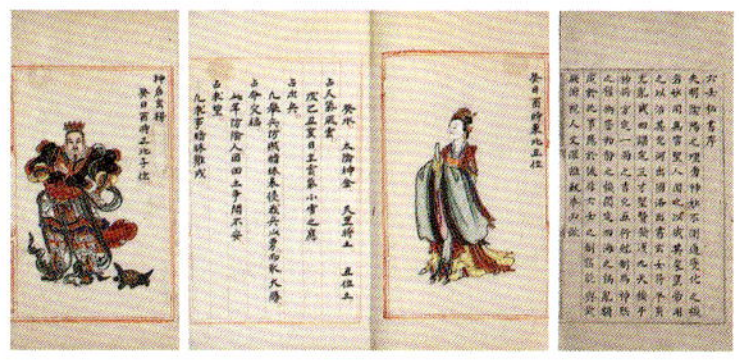

3467 六壬秘书
估　价：RMB 300,000~350,000
成交价：RMB 402,500
27cm×16.5cm 北京荣宝 2018-12-03

116 1978、1977年作 张大千 利市三倍 香供养天女印刷品 镜片 立轴
估　价：USD 31,000~41,000
成交价：RMB 1,110,550
35cm×54cm；98.2cm×36.3cm
纽约佳士得 2018-03-20

古籍善本其他

53 吕胜中 2002-2004年作 《人文书》红本·黑本（四卷一函，共两函）
估 价：RMB 450,000~550,000
成交价：RMB 517,500
44cm×35cm×9cm 北京华辰 2018-11-19

6129 1943年2月 鲍里斯·夏里亚宾《时代周刊》封面宋美龄肖像
估 价：RMB 350,000~850,000
成交价：RMB 943,000
27cm×31cm 21cm×29cm
中国嘉德 2018-06-19

佳 酿

3529 1984年产飞天牌原箱国宴特供黄酱茅台酒 12瓶
估 价：RMB 800,000~1,600,000
成交价：RMB 2,472,500
540ml/瓶 中国嘉德 2018-06-18

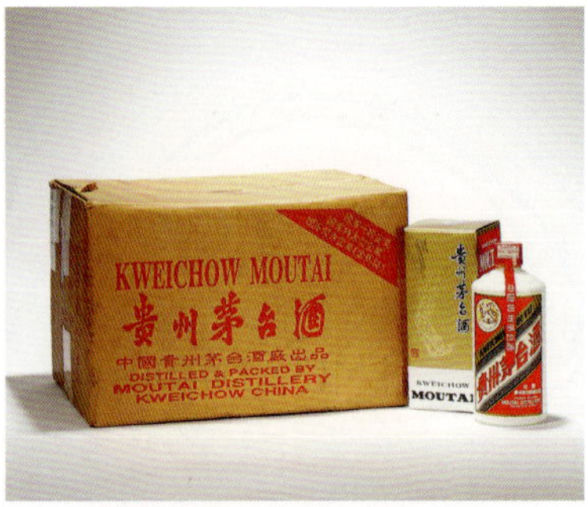

2219 1940年代赖茅（茅台前身） 1瓶
估 价：RMB 800,000~1,200,000
成交价：RMB 1,978,000
500ml 西泠拍卖 2018-07-07

3573 1986年产五星牌原箱地方国营茅台酒 12瓶
估 价：RMB 100,000~120,000
成交价：RMB 1,161,500
540ml/瓶 中国嘉德 2018-06-18

3033 1958年产五星牌贵州茅台酒（1瓶）
估 价：RMB 750,000~950,000
成交价：RMB 943,000
540ml 北京荣宝 2018-06-14

7062 1972“金轮牌”内销贵州茅台酒（陶瓷瓶） 1瓶
估 价：RMB 320,000~370,000
成交价：RMB 368,000
500g 北京保利 2018-06-21

3123 二十世纪六十年代国营时期茅台地区产原酒一坛
估 价：RMB 800,000~2,000,000
成交价：RMB 4,945,000
中国嘉德 2018-11-20

3258 80年代董酒（白色标）
估 价：RMB 41,000~50,000
成交价：RMB 47,150
华艺国际 2018-11-17

3253 1988年泸州老窖特曲
估 价：RMB 76,000~90,000
成交价：RMB 87,400
华艺国际 2018-11-17

3921 1962年产绍兴五十六年窖藏花雕酒（特A级）
估 价：RMB 3,000,000~4,000,000
成交价：RMB 3,450,000
北京荣宝 2018-12-03

3103 轻井沢1965—50年
估 价：RMB 450,000~550,000
成交价：RMB 517,500
华艺国际 2018-11-17

3093 波摩1964三部曲（黑波摩/白波摩/金波摩）
估 价：RMB 400,000~500,000
成交价：RMB 460,000
华艺国际 2018-11-17

3434 罗曼尼·康帝酒园珍藏套装2003年份共5支750ml
估 价：RMB 320,000~350,000
成交价：RMB 437,000
中国嘉德 2018-11-20

3914 1962年产绍兴五十六年窖藏花雕酒（特A级）
估 价：RMB 300,000~350,000
成交价：RMB 402,500
北京荣宝 2018-12-03

3318 柏翠酒庄1996年份（12支750ml）
估　价：RMB 310,000~360,000
成交价：RMB 356,500
中国嘉德 2018-11-20

1303 麦卡伦璀璨 - 50年、麦卡伦璀璨 - 55年、麦卡伦璀璨 - 57年、麦卡伦璀璨 - 60年、麦卡伦璀璨 - 62年、麦卡伦璀璨 - 65年
估　价：HKD 3,000,000~4,500,000
成交价：RMB 3,086,880
保利香港 2018-09-30

3362 拉菲古堡垂直年份珍藏套装1980-2015年份（各1支） 共36支750ml
估　价：RMB 310,000~350,000
成交价：RMB 356,500
中国嘉德 2018-11-20

1922 罗曼尼康帝2011 拉塔希干红2011 李其堡干红2011 大依瑟索干红2011 依瑟索干红2011 罗曼尼圣维望干红2011 寇东干红2011 梦哈榭干白2011
成交价：RMB 368,000
上海匡时 2018-04-30

1214 轻井泽50年 - 1965 似水流年 #8852
估　价：HKD 280,000~420,000
成交价：RMB 771,720
保利香港 2018-09-30

1363 山崎 35年
估　价：HKD 250,000~350,000
成交价：RMB 381,848
保利香港 2018-03-31

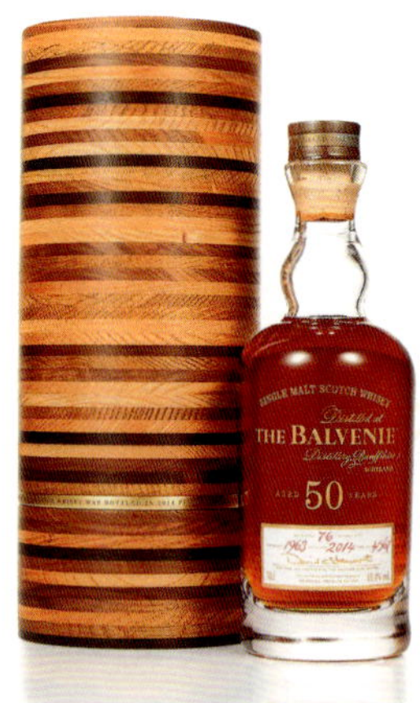

9433 百富50年 （一瓶）
估　价：RMB 250,000~400,000
成交价：RMB 345,000
北京保利 2018-12-07

1925 麦卡伦 18年（1959-1997）垂直系列
估　价：RMB 1,000,000~1,800,000
成交价：RMB 1,150,000
保利厦门 2018-07-15

3688 拉菲古堡垂直年份珍藏套装1981-2014
年份 34支 750毫升
成交价：RMB 287,500
中国嘉德 2018-06-20

8086 柏图斯庄园 2009 （十二瓶）
估　价：RMB 300,000~450,000
成交价：RMB 345,000
北京保利 2018-06-21

8096 柏图斯庄园 1989 （六瓶）
估　价：RMB 180,000~270,000
成交价：RMB 241,500
北京保利 2018-06-21

1019 科奇庄园科尔登查理曼特级园
估　价：HKD 360,000~525,000
成交价：RMB 360,136
保利香港 2018-09-30

3222 北京同仁堂 琼浆高级补酒（原箱）
估　价：RMB 84,000~100,000
成交价：RMB 96,600
华艺国际 2018-05-22

3213 北京同仁堂 护骨药酒（原箱）
估　价：RMB 75,000~95,000
成交价：RMB 86,250
华艺国际 2018-05-22

茗　茶

1849 民国时期（1930-1940） 同昌号黄文兴铜版纸蓝票圆茶（一筒）
估　价：RMB 3,200,000~3,800,000
成交价：RMB 3,967,500
北京匡时 2018-12-06

1835 50年代 印级普洱圆茶一条龙
估　价：RMB 3,000,000~3,500,000
成交价：RMB 3,680,000
北京匡时 2018-12-06

1836 民国时期 百年号级圆茶大票典藏组合
估　价：RMB 1,000,000~1,500,000
成交价：RMB 1,150,000
北京匡时 2018-12-06

1062 民国 百年龙马同庆圆茶 （一饼）
估　价：RMB 1,000,000~1,100,000
成交价：RMB 1,150,000
上海匡时 2018-04-30

1850 民国时期 百年群记号普洱圆茶
估　价：RMB 780,000~880,000
成交价：RMB 897,000
北京匡时 2018-12-06

1819 50年代 大字绿圆茶（一筒）
估　价：RMB 2,800,000~3,000,000
成交价：RMB 3,220,000
北京匡时 2018-12-06

3379 民国初期 百年陈云号
估　价：RMB 1,000,000~1,100,000
成交价：RMB 1,391,500
华艺国际 2018-05-22

3380 民国初期 可以兴砖茶
估　价：RMB 600,000~700,000
成交价：RMB 828,000
华艺国际 2018-05-22

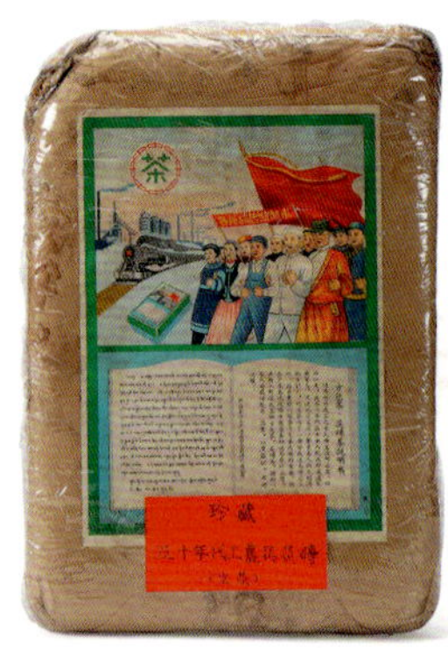

8022 五十年代工农兵茯砖
估　价：RMB 230,000~280,000
成交价：RMB 345,000
北京保利 2018-12-07

3744 五〇年代大字绿印圆茶（一筒）
估 价：RMB 2,500,000~2,800,000
成交价：RMB 3,105,000
北京匡时 2018-06-16

3762 五〇年代蓝印圆茶铁饼（一筒）
估 价：RMB 1,500,000~1,800,000
成交价：RMB 2,185,000
北京匡时 2018-06-16

3729 民国初期百年蓝标宋聘号圆茶（一饼）
估 价：RMB 1,200,000~1,600,000
成交价：RMB 1,840,000
北京匡时 2018-06-16

3747 民国初期同庆号双狮商标圆茶（一饼）
估 价：RMB 1,200,000~1,600,000
成交价：RMB 1,610,000
北京匡时 2018-06-16

3731 民国初期百年紫票福元昌号圆茶（一饼）
估 价：RMB 2,000,000~2,600,000
成交价：RMB 2,852,000
北京匡时 2018-06-16

3763 民国初期百年双花字号圆茶（一饼）
估 价：RMB 1,200,000~1,500,000
成交价：RMB 1,782,500
北京匡时 2018-06-16

3742 五〇年代红印圆茶（一饼）
估 价：RMB 550,000~650,000
成交价：RMB 713,000
北京匡时 2018-06-16

7234 八八青饼
估　价：RMB 1,138,000~1,300,000
成交价：RMB 1,308,700
北京保利 2018-06-21

3709 七○年代七三青饼-早期7542七子饼茶（一筒）
估　价：RMB 600,000~700,000
成交价：RMB 862,500
北京匡时 2018-06-16

3708 八○年代八九年首批 薄纸8582七子饼茶（一筒）
估　价：RMB 600,000~700,000
成交价：RMB 839,500
北京匡时 2018-06-16

3721 八○年代7542-八八青饼 无内票（一筒）
估　价：RMB 600,000~700,000
成交价：RMB 828,000
北京匡时 2018-06-16

3371 50年代 红印圆茶
估　价：RMB 650,000~800,000
成交价：RMB 805,000
华艺国际 2018-05-22

3372 50年代 蓝印甲级圆茶
估　价：RMB 400,000~500,000
成交价：RMB 460,000
华艺国际 2018-05-22

3364 1989年 8582特级大叶青饼
估　价：RMB 110,000~120,000
成交价：RMB 126,500
华艺国际 2018-05-22

3706 二十世纪三十年代·宋聘号普洱茶（生茶）
估　价：RMB 250,000~300,000
成交价：RMB 368,000
西泠拍卖 2018-07-08

盆　景

1454 树龄70年 盆龄30年 台湾真柏
估　价：RMB 150,000~250,000
成交价：RMB 172,500
高100cm；宽120cm 北京保利 2018-01-21

1463 树龄120年 盆龄50年 大板松
估 价：RMB 60,000~100,000
成交价：RMB 86,250
高65cm；宽100cm 北京保利 2018-01-21

1451 树龄300年 盆龄18年 刺柏
估 价：RMB 60,000~100,000
成交价：RMB 69,000
高130cm；宽110cm 北京保利 2018-01-21

1462 树龄70年 盆龄20年 黑松
估 价：RMB 60,000~100,000
成交价：RMB 69,000
高120cm；宽130cm 北京保利 2018-01-21

乐 器

7918 约1901年制 美国 施坦威 全球唯一 铜鎏金非洲桃花心木高浮雕三角钢琴 维多利亚款
估 价：RMB 1,100,000~2,000,000
成交价：RMB 1,495,000
约211cm 北京保利 2018-12-09

音 盒

62 清 柚木八音盒
估 价：RMB 35,000~45,000
成交价：RMB 47,040
长63cm 上海联合 2018-11-25

2393 FRÈRES ROCHAT 非凡罕有重要，黄金镶珍珠及珐琅唱歌小鸟及音乐盒，FRÈRES ROCHAT年份约1820
成交价：RMB 1,737,408
长950mm 保利香港 2018-03-31

2304 REUGE 镀金黄铜鸟笼八音盒，年份约1950
估 价：HKD 30,000~50,000
成交价：RMB 113,186
240cm×240cm×480mm 保利香港 2018-10-01

尚 品

3499 罕见雾面白色喜玛拉雅尼罗鳄鱼皮28公分RETOURNÉ凯莉包附钯金配件
估 价：HKD 600,000~800,000
成交价：RMB 1,441,375
28cm×21cm×10cm 佳士得 2018-11-28

2796 爱马仕 2014 罕见雾面白色喜马拉雅尼罗鳄鱼皮28公分内缝凯莉包附银色金属配件
估 价：HKD 600,000~1,500,000
成交价：RMB 1,419,965
长28cm×21cm×11cm 保利香港 2018-10-02

2780 爱马仕 2012 罕见雾面白色喜马拉雅尼罗鳄鱼皮30公分柏金包附银色金属配件
估 价：HKD 550,000~750,000
成交价：RMB 720,272
长30cm×20cm×15cm 保利香港 2018-10-02

3338 罕见雾面黑色尼罗鳄鱼皮35公分SO BLACK柏金包附黑色配件
估 价：HKD 400,000~500,000
成交价：RMB 609,813
35cm×25cm×18cm 佳士得 2018-11-28

3500 罕见雾面白色喜玛拉雅尼罗鳄鱼皮35公分柏金包附钯金配件
估 价：HKD 600,000~800,000
成交价：RMB 942,438
35cm×25cm×18cm 佳士得 2018-11-28

3345 爱马仕2010年罕见雾面黑色尼罗鳄鱼皮30公分SO BLACK柏金包附黑色配件
估 价：HKD 400,000~500,000
成交价：RMB 1,116,500
30cm×22cm×15cm 佳士得 2018-05-30

3511 爱马仕2010年珍罕亮面紫水晶色POROSUS鳄鱼皮35公分钻石柏金包附18K白金及钻石配件
估 价：HKD 700,000~900,000
成交价：RMB 1,015,000
35cm×25cm×18cm 佳士得 2018-05-30

2438 全球限量 爱马仕 HERMES 珍罕法拉利红色铂金包
估 价：RMB 900,000~1,200,000
成交价：RMB 1,150,000
北京匡时 2018-06-16

3467 爱马仕2014年珍罕亮面鲜橘红色POROSUS鳄鱼皮35公分钻石柏金包附18K白金及钻石配件
估 价：HKD 800,000~1,000,000
成交价：RMB 761,250
35cm×25cm×18cm 佳士得 2018-05-30

3462 特别订制亮面紫桃红及祖母绿色PORORUS鳄鱼皮28公分SELLIER凯莉包附雾面黄金配件
估 价：HKD 400,000~500,000
成交价：RMB 609,813
28cm×21cm×10cm 佳士得 2018-11-28

3408 爱马仕2017年亮面祖母绿色短吻鳄鱼皮迷你凯莉包二代附黄金配件
估 价：HKD 150,000~200,000
成交价：RMB 385,700
20cm×14cm×8cm 佳士得 2018-05-30

3502 爱马仕2017年特别订制亮面桃红色及宝石蓝色尼罗鳄鱼皮30公分柏金包附黄金配件
估 价：HKD 400,000~500,000
成交价：RMB 690,200
30cm×22cm×15cm 佳士得 2018-05-30

3419 爱马仕2017年雾面湖水绿色短吻鳄鱼皮25公分柏金包附黄金配件
估 价：HKD 260,000~320,000
成交价：RMB 558,250
25cm×19cm×13cm 佳士得 2018-05-30

2723 爱马仕 2016 雾面圣西尔蓝色短吻鳄鱼皮25公分柏金包附银色金属配件
估 价：HKD 320,000~420,000
成交价：RMB 565,928
长25cm×19cm×13cm 保利香港 2018-10-02

3360 爱马仕2017年亮面海洋蓝色尼罗鳄鱼皮25公分柏金包附钯金配件
估　价：HKD 260,000~320,000
成交价：RMB 426,300
25cm×19cm×13cm 佳士得 2018-05-30

2788 爱马仕 2013 罕见雾面白色喜马拉雅尼罗鳄鱼皮25公分柏金包附银色金属配件
估　价：HKD 450,000~750,000
成交价：RMB 699,693
长25cm×19cm×13cm 保利香港 2018-10-02

3506 特别订制亮面斑鸠灰及深绿色POROSUS鳄鱼皮30公分柏金包附雾面黄金配件
估　价：HKD 400,000~500,000
成交价：RMB 609,813
30cm×22cm×15cm 佳士得 2018-11-28

中成药

1550 同仁堂山王清心丸（原箱）
估　价：RMB 280,000~500,000
成交价：RMB 437,000
保利厦门 2018-01-08

1107 80年代 安宫牛黄丸 （2盒）
估　价：RMB 120,000~220,000
成交价：RMB 218,500
印千山 2018-01-12

2092 大号野生海马
估　价：RMB 40,000~60,000
成交价：RMB 46,000
西泠拍卖 2018-07-07

3773 四十年陈期新会梅江陈皮
估　价：RMB 15,000~18,000
成交价：RMB 32,200
北京匡时 2018-06-16

2084 80年代精装出口浓缩至宝三鞭丸（两原箱）
估　价：RMB 400,000~500,000
成交价：RMB 460,000
西泠拍卖 2018-07-07

滋补品

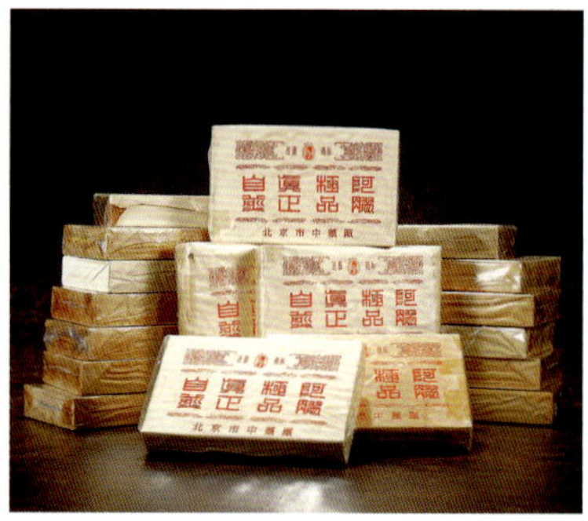

2018 70年代李时珍牌极品阿胶（出口装）
估　价：RMB 220,000~250,000
成交价：RMB 253,000
西泠拍卖 2018-07-07

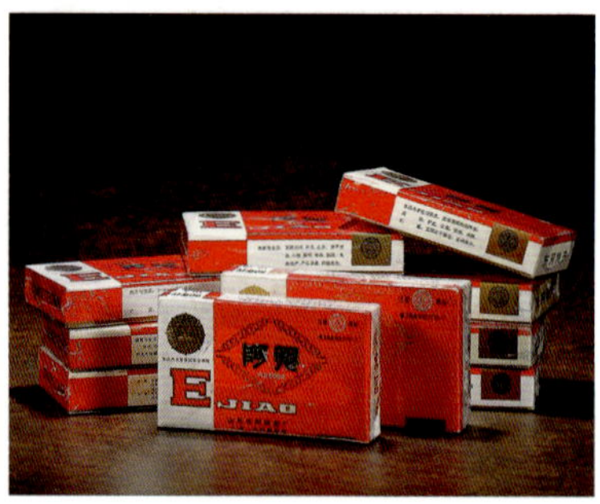

1978 80年代初山东东阿阿胶
估　价：RMB 110,000~150,000
成交价：RMB 126,500
西泠拍卖 2018-07-07

2063 西藏那曲冬虫夏草
估　价：RMB 30,000~40,000
成交价：RMB 34,500
西泠拍卖 2018-07-07

2024 约20年野生罕见巨大鳘鱼胶
估　价：RMB 180,000~240,000
成交价：RMB 207,000
西泠拍卖 2018-07-07

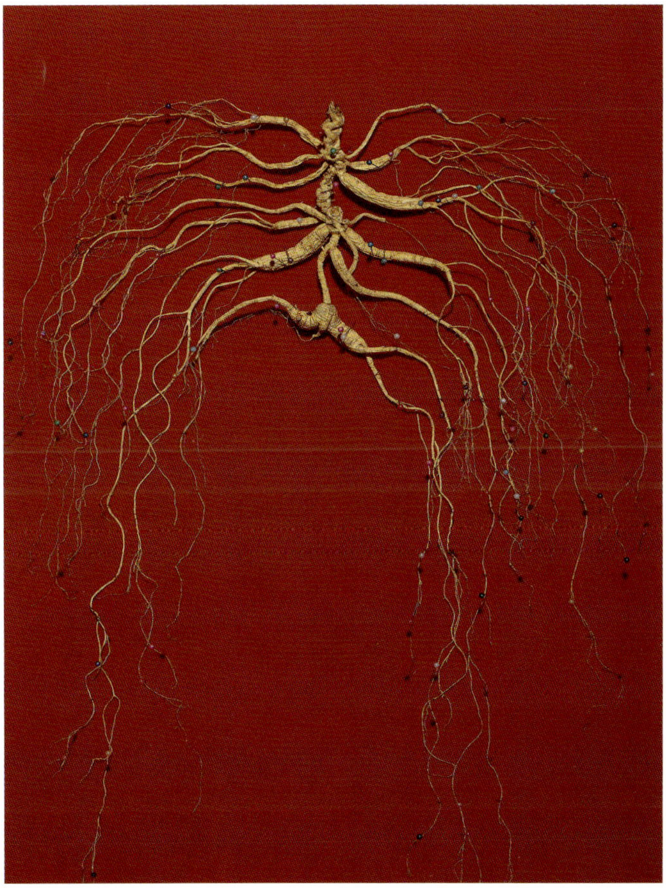

3370 长白山野山参
估　价：RMB 980,000~1,200,000
成交价：RMB 1,127,000
华艺国际 2018-11-17

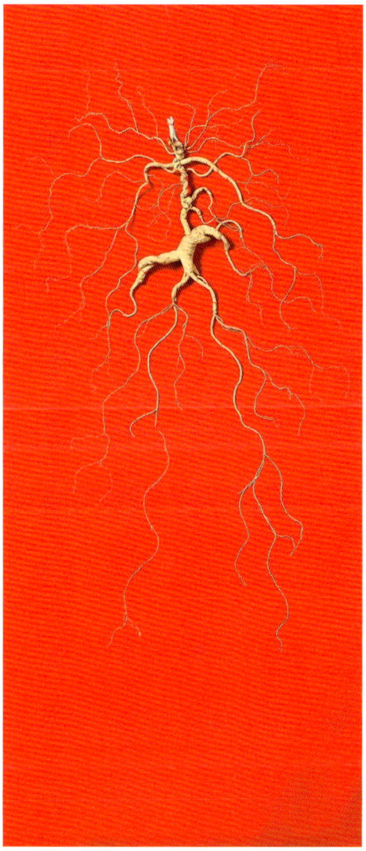

524 传奇
估　价：RMB 550,000~600,000
成交价：RMB 632,500
北京东正 2018-06-17

3030 清 灵芝摆件
估 价：HKD 80,000~100,000
成交价：RMB 80,900
32cm 香港苏富比 2018-04-02

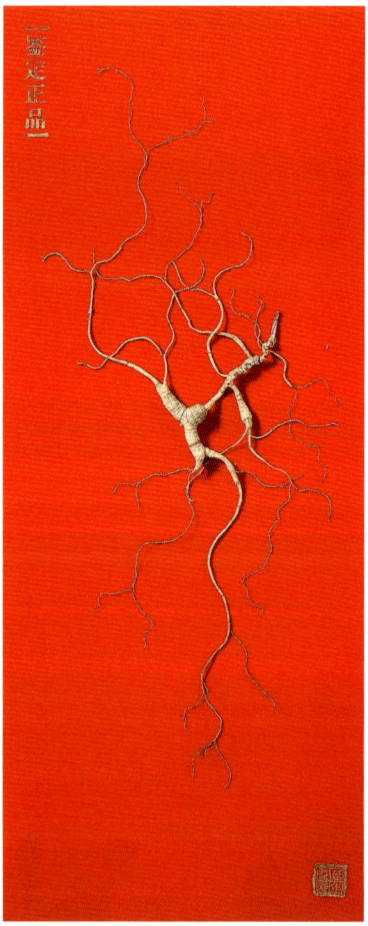

526 王者荣耀
估 价：RMB 240,000~300,000
成交价：RMB 276,000
北京东正 2018-06-17

海产品

3353 岩手21-25头吉品鲍
估 价：RMB 150,000~180,000
成交价：RMB 172,500
长5.5cm 华艺国际 2018-11-17

3165 岩手21-25头吉品鲍
估 价：RMB 150,000~180,000
成交价：RMB 172,500
长5.5cm 华艺国际 2018-05-22

3160 岩手4头大网鲍
估 价：RMB 72,000~102,000
成交价：RMB 82,800
华艺国际 2018-05-22

兵　器

7936 春秋 青铜“菱形几何”纹剑
估　价：HKD 150,000
成交价：RMB 425,760
长60.2cm 万昌斯 2018-11-29

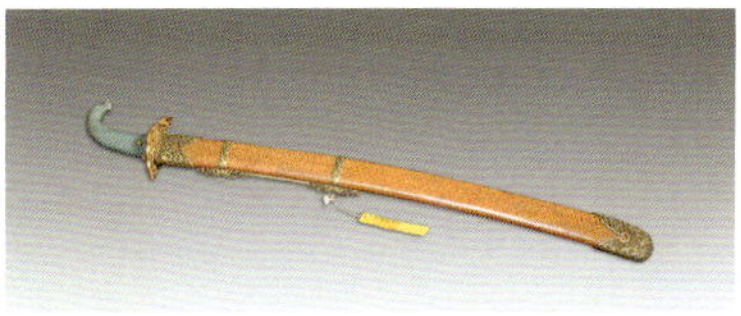

4540 金桃皮鞘青白玉马首腰刀
估　价：RMB 1,000~2,000
成交价：RMB 48,300
长89.5cm 中国嘉德 2018-01-14

7 春秋战国 铜鎏金削刀
估　价：RMB 50,000
成交价：RMB 92,000
长25.5cm 浙江佳宝 2018-07-01

1665 藏刀
估　价：RMB 400,000~500,000
成交价：RMB 517,500
全长94cm 中贸圣佳 2018-06-20

汽　车

862 2008款布加迪威航 进口·二手车
成交价：RMB 14,523,000
上海匡时 2018-04-30

鸟　笼

1213 清 竹编黄藤鸟笼
估　价：RMB 200,000~250,000
成交价：RMB 460,000
高24.5cm 中贸圣佳 2018-06-20

其他工艺品

7827 唐 银镶贝壳香盒
估　价：HKD 20,000
成交价：RMB 95,796
长8.3cm 万昌斯 2018-11-29

2226 红色珍珠鱼皮配纯银龙雪茄盒
估　价：RMB 140,000~180,000
成交价：RMB 161,000
长47cm 华艺国际 2018-11-17

1437 鳄鱼皮箱
成交价：RMB 218,500
44.6cm×69cm×44cm 保利厦门 2018-07-15

3794 法贝热 国际象棋 （一套）
成交价：RMB 101,200
约42cm×42cm×8cm 北京保利 2018-06-18

1441 莲花艺术Lotus Arts de Vivre出品 鳄鱼皮配纯银龙雪茄保湿盒
估　价：RMB 135,000~250,000
成交价：RMB 138,000
约31cm×49cm×15cm 保利厦门 2018-07-15

2946 东映动画公司 《聪明的一休》动画赛璐璐片十二帧
估　价：RMB 20,000~40,000
成交价：RMB 109,250
西泠拍卖 2018-07-08

2018杂项拍卖成交汇总

(成交价RMB：2万元以上)

拍品名称	物品尺寸	成交价RMB	拍卖公司	拍卖日期
竹雕				
十七世纪 竹雕松树桩笔筒	高12cm	1,853,000	香港苏富比	2018-10-03
明末清初 竹雕"西园雅集"笔筒	高15.5cm	437,000	保利厦门	2018-01-08
十七世纪 竹根雕仙家乘槎	长30cm	242,700	香港苏富比	2018-04-03
明末清初 竹雕罗汉	高18cm	230,000	北京荣宝	2018-06-14
明末清初 竹根雕寿星	高21cm	172,500	上海匡时	2018-04-30
明末清初 竹雕刘海戏金蟾连竹雕海水纹座	高10cm; 长13cm	136,416	香港诚昌	2018-05-30
晚17世纪 竹雕名花十友笔筒	高12.4cm	94,078	纽约佳士得	2018-09-13
明 紫花蜡地湘妃扇骨	长35cm	667,000	中贸圣佳	2018-06-20
明代 竹刻高士观泉图笔筒	高14.5cm	552,000	古天一	2018-12-08
朱三松(款)明 竹雕渔乐图笔筒	高14.4cm	517,500	中贸圣佳	2018-11-24
明 竹雕松下高士图笔筒	直径11.7cm; 高14.2cm	345,000	中贸圣佳	2018-11-24
明代《诗成蕉叶书犹绿》竹雕笔筒	高13.8cm	172,500	南京经典	2018-01-06
明 竹雕布袋罗汉	高11cm	146,160	香港诚昌	2018-05-30
明代 镶盘龙玉杖首斑竹拐杖	高113cm	74,750	古天一	2018-12-08
明代 竹根雕采药老人摆件	高15cm	69,000	上海匡时	2018-04-30
明 竹根雕一路连科摆件	高8cm	63,250	上海匡时	2018-04-30
明代 竹雕海棠杯	高12.6cm; 长15cm	32,200	古天一	2018-06-17
明末清初 竹雕易安居士庭院填词图笔筒	高15.5cm	368,000	华艺国际	2018-11-16
十七/十八世纪 竹雕松阴纳凉图笔筒	14.1cm	237,160	伦敦苏富比	2018-05-18
十七至十八世纪初 竹雕松溪浴马图笔筒	16.8cm	109,000	香港苏富比	2018-10-03
十八世纪 竹雕李太白图笔筒	高14cm	72,027	北京匡时	2018-10-03
十八世纪 竹雕佛手	长23cm	61,738	北京匡时	2018-10-03
十八世纪 竹雕牡丹图诗文笔筒	15.8cm	60,675	香港苏富比	2018-04-03
十八世纪 竹雕花卉纹笔筒	高13cm	51,448	北京匡时	2018-10-03
十八世纪文竹帖黄雕如意牡丹纹盖盒	8.7cm	43,120	伦敦苏富比	2018-05-18
清早期 沈兼刻竹雕夜游赤壁诗文笔筒	高14.4cm	1,380,000	中国嘉德	2018-05-18
清早期顾宗玉款竹雕踏雪寻梅图笔筒	高14.3cm	483,000	西泠拍卖	2018-07-07
清早期 竹根雕刘海戏金蟾摆件	高13.50cm	298,398	中国嘉德	2018-10-02
清早期 兰亭序人物竹雕香筒	高30.5cm	292,320	香港诚昌	2018-05-30
清早期 竹雕人物骑驴访友图笔筒	高15cm	292,320	香港诚昌	2018-05-30
清初 竹雕西厢人物笔筒	直径14cm; 高14.9cm	253,000	中贸圣佳	2018-06-20
清早期 "吴之璠"竹雕笔筒	高14.9cm	234,168	万昌斯	2018-11-29
吴之璠 清早期 竹雕梅花诗筒	高11.30cm	226,371	中国嘉德	2018-10-02
清早期 竹雕花卉诗文笔筒	高15.3cm	218,500	北京保利	2018-06-20
清早期 竹雕竹林七贤图香筒	高22.60cm	205,792	中国嘉德	2018-10-02
清初 竹雕五子献寿像	高33.5cm	161,000	华艺国际	2018-11-16
清早期 夜游赤壁竹雕笔筒	高17cm	149,500	上海匡时	2018-04-30
清初 竹雕独坐幽谷笔筒	高14cm; 直径9.8cm	138,000	古天一	2018-06-17
清早期 竹根雕钟馗童子摆件	高12cm	123,475	中国嘉德	2018-10-02
清早期 竹雕西园雅集笔筒	高19cm	92,000	北京匡时	2018-12-05
清早期 竹根雕松树纹杯	高12.4cm	92,000	西泠拍卖	2018-07-07
清初 竹雕铁拐李	高16.8cm	92,000	华艺国际	2018-11-16
清早期 竹雕羲之爱鹅笔筒	高14.5cm	85,747	香港诚昌	2018-05-30
清早期 竹木雕人物故事香筒	高23.2cm	76,370	保利香港	2018-04-02
清早期 竹雕采药老人	高5.5cm	68,208	香港诚昌	2018-05-30
清早期 竹雕竹林七贤图笔筒	高11cm	51,448	中国嘉德	2018-10-02
清早期 竹根雕松树木桩壶	高14.5cm	46,000	浙江佳宝	2018-07-01
清早期 竹雕秋葵纹扇骨	长31cm	40,250	华艺国际	2018-11-16
清早期 竹雕神仙人物纹香筒	高18cm	34,500	北京华辰	2018-11-19
17世纪/18世纪 竹刻高士图笔筒	高10.2cm	34,210	纽约佳士得	2018-09-13
清早期 竹雕瑞兽(带座)	长15cm	23,000	华艺国际	2018-11-16
清早期 竹刻诗文如意	长31cm	22,400	上海联合	2018-07-01
清康熙 周乃始竹刻高士题诗笔筒	高14.9cm	1,150,000	北京保利	2018-06-20
清康熙 竹雕三星观画图笔筒	直径12.5×高15cm	345,000	北京诚轩	2018-06-17
清康熙 竹透雕松下高士图笔筒	高14.3cm	174,400	佳士得	2018-10-04
清康熙 竹雕渔樵问答图笔筒	高15cm	74,750	中国嘉德	2018-09-19
清乾隆 御制岁寒三益图诗文镶玳瑁扇骨	长37.1cm	1,552,500	中贸圣佳	2018-06-20
清乾隆六十年(1795)作 秬香得碑图竹秘阁 清 黄小松刻	长26.1cm	1,380,000	北京保利	2018-06-19
清乾隆 贴黄"斋戒"牌	长6cm	287,500	保利厦门	2018-07-15
清乾隆 王圮刻山水人物竹笔筒	高15.8cm; 口径8.9cm	287,500	西泠拍卖	2018-07-07
清乾隆 竹根雕仙人乘槎摆件	长20cm; 高23.5cm	287,500	浙江佳宝	2018-07-01
18世纪 竹雕赤壁赋图笔筒	高15.5cm	239,800	佳士得	2018-10-04
清乾隆 竹雕太平有象摆件连木座	高22cm	194,880	香港诚昌	2018-05-30
18世纪 竹雕戏狮罗汉	高9cm	185,213	中国嘉德	2018-10-02
清乾隆 竹根雕螭龙纹双兽耳瓶	高12.1cm	184,000	中贸圣佳	2018-06-20
清乾隆 王梅邻刻诗品二十四则竹雕笔筒	高12cm; 口径5.6cm	184,000	西泠拍卖	2018-07-07
清乾隆 竹黄缠枝莲纹香盒	直径8cm	161,000	中贸圣佳	2018-06-20
清乾隆 贴竹簧三多如意	长35.5cm	161,000	古天一	2018-06-17
18世纪 竹雕寿星童子	高14cm	102,896	中国嘉德	2018-10-02
18世纪 竹雕题诗寿老图笔筒	高10.5cm	70,070	伦敦佳士得	2018-05-15
清乾隆 竹根雕"岁岁平安"摆件	高8.5cm	69,000	中贸圣佳	2018-06-20
清乾隆 桂馥款诗文笔筒	高12.2cm	23,000	北京匡时	2018-12-05
18世纪 竹雕人物故事图笔筒	高14cm	22,237	纽约佳士得	2018-09-13
清嘉庆十九年(1814)作 清 高垲刻洛神赋行书竹秘阁	长35cm	598,000	北京保利	2018-06-19
清中期 竹雕松下人物笔筒	高15cm	483,000	北京翰海	2018-06-30
清中期 竹雕东方朔坐像	高15cm	402,500	西泠拍卖	2018-07-07
清中期 竹刻爱莲说笔筒	高16cm; 直径14.4cm	368,000	古天一	2018-12-08
清中期 竹雕船	宽29cm	360,136	中国嘉德	2018-10-02
王淮 清中期 竹雕山水人物图笔筒	高12cm	308,688	中国嘉德	2018-10-02
清中期 周芷岩竹刻牡丹图笔筒	高14cm; 直径8.5cm	299,000	华艺国际	2018-11-16
清中期 竹雕竹林七贤诗文笔筒	高15.4cm	230,000	北京翰海	2018-06-30
清嘉庆 王梅邻款竹刻"琵琶行"笔筒	11.6cm	222,475	香港苏富比	2018-04-03
清中期 竹根雕狮耳三足炉	高9.50cm	164,634	中国嘉德	2018-10-02
清中期 竹根雕松树猿戏杯	高7.50cm	154,344	中国嘉德	2018-10-02
王梅邻 清中期 竹雕梅花诗文笔筒	高11.50cm	154,344	中国嘉德	2018-10-02
清嘉庆 顾西梅画赵之琛作吴湖帆藏竹雕玉兰花臂搁	29.2cm	151,688	香港苏富比	2018-04-03
清中期 太狮少狮摆件	长24cm	115,000	华艺国际	2018-11-17
王玘 清嘉庆 竹雕滚马图诗文笔筒	高10.40cm	92,606	中国嘉德	2018-10-02
清嘉庆十六年(1811年) 钱泳制竹雕"养竹记"笔筒	11.9cm	91,013	香港苏富比	2018-04-03
清中期 竹雕太狮少狮摆件	长14cm	57,500	华艺国际	2018-11-17
清中期 瑞松款竹雕高士雅集图笔筒	高16.2cm	57,500	中国嘉德	2018-09-19
清中期 竹根人物故事笔筒	高15.5cm	57,500	北京荣宝	2018-12-03
清中期 竹留青雕山水诗文臂格	长17.8cm	51,750	北京翰海	2018-06-30
清中期 竹雕东方朔造像	高11cm	46,000	北京华辰	2018-11-19
清中期 椒叟款竹刻竹石图诗文笔筒	高9.6cm; 口径10cm	36,800	西泠拍卖	2018-07-07
清中期 竹根雕松下高士图山子	长12cm; 宽3.3cm; 高8cm	34,500	浙江佳宝	2018-07-01
清中期 竹雕农耕图山子摆件	带坐高7.8cm; 高5.5cm; 长9.2cm	28,750	西泠拍卖	2018-07-07
清中期 竹雕松下高士笔筒	高12cm; 直径8.5cm	23,000	八益拍卖	2018-04-28
清中期 竹雕渔翁得利图笔筒	高12.5cm	23,000	保利厦门	2018-01-08
清中期 竹雕钟馗香筒	高18cm	23,000	华艺国际	2018-11-17
清中期 竹刻留青贺寿图小笔筒	高12.1cm	22,237	纽约佳士得	2018-09-13
清中期 竹雕留青笔筒	口径10cm; 高12.5cm	20,700	南京经典	2018-07-22
清道光十年(1830)作 小绿天盦图象自制竹秘阁 清 六舟上人刻	长38.2cm	3,450,000	北京保利	2018-06-19
清道光 王家树铭竹根雕笔筒	高15cm	69,000	广东崇正	2018-07-05
清同治 竹根随形"高节清风"笔筒	10cm	60,675	香港苏富比	2018-04-03
清十九世纪 留青竹形臂搁	35cm	269,500	伦敦苏富比	2018-05-18
清十八/十九世纪竹雕竹林七贤图笔筒	16cm	258,720	伦敦苏富比	2018-05-18
清十九世纪 竹雕访友题诗图笔筒	11cm	91,630	伦敦苏富比	2018-05-18
清十八/十九世纪 竹镂雕渔樵耕读图香筒		71,393	纽约苏富比	2018-03-21
清十九世纪 竹刻诗文臂搁	25.8cm	53,900	伦敦苏富比	2018-05-18
清十九世纪 竹雕高士泛舟图笔筒	13.3cm	45,276	伦敦苏富比	2018-05-18

*查看图片请参照凡例4方法

2018杂项拍卖成交汇总

(成交价RMB：2万元以上)

拍品名称	物品尺寸	成交价RMB	拍卖公司	拍卖日期
19世纪 竹刻"鲜为清风"笔筒	高14.3cm	22,237	纽约佳士得	2018-09-13
清晚期 湘妃竹扇骨	高47cm；排口1.3cm	40,250	北京诚轩	2018-06-16
清晚期 郑芷山制诗文玉屏萧	长65cm	39,100	中国嘉德	2018-10-02
清晚期 竹雕携琴访友图信筒	高12.50cm	30,869	中国嘉德	2018-10-02
清晚期 于子安款竹刻诗文扇骨	长32cm	23,000	中国嘉德	2018-01-14
清 竹雕松纹笔筒	高18.1cm	1,265,000	中贸圣佳	2018-11-24
清代 竹雕渔家乐笔筒	15.6cm	1,078,000	中正拍卖	2018-11-30
清 邓渭刻兰亭雅集竹雕笔筒	直径7.3cm; 高14.3cm	471,500	中贸圣佳	2018-06-20
清 竹根雕佛手如意	长40cm	460,000	中贸圣佳	2018-11-24
清 芷叟刻山水人物图竹雕笔筒	宽12.5cm; 高6cm	402,500	江苏观宇	2018-04-22
清 沈全林款白菜螳螂竹笔筒	高13.8cm	368,000	中贸圣佳	2018-06-20
清 乾隆深山访友竹雕山子	高13.5cm	345,000	上海匡时	2018-04-30
清代 竹根雕八仙乘槎	长36cm	322,000	古天一	2018-12-08
清 支慈庵扇骨	长31.7cm	299,000	中贸圣佳	2018-11-24
清 周芷岩竹石图笔筒	直径7.5cm; 高12.9cm	207,000	中贸圣佳	2018-06-20
清 竹雕船	宽35cm	154,344	中国嘉德	2018-10-02
清 竹雕寿星童子	高40cm	146,160	香港诚昌	2018-05-30
清 紫竹南笼	长23cm; 宽23cm; 高25cm	138,000	中贸圣佳	2018-11-25
清 竹雕东方朔摆件	高12cm	138,000	中贸圣佳	2018-06-20
清 高浮雕人物笔筒	高14cm	126,500	朵云轩	2018-06-25
清 竹质南笼	长22.5cm; 宽22.5cm; 高25.1cm	126,500	中贸圣佳	2018-11-25
清 竹根雕灵芝	高8.2cm	115,000	中贸圣佳	2018-11-24
韩潮 清中晚 竹雕诗文笔筒	高15.50cm	113,186	中国嘉德	2018-10-02
清 竹雕松树纹信筒	高20cm	102,896	中国嘉德	2018-10-02
清 逸庵款竹雕松下高仕图诗文笔筒	高15.4cm; 口径10.6cm	97,750	西泠拍卖	2018-05-04
清 竹雕芝山款竹枝诗文笔筒	高12cm	97,750	西泠拍卖	2018-07-07
清 竹雕寿星童子摆件	高7.2cm; 长7.5cm	92,000	西泠拍卖	2018-07-07
清代 竹雕东坡居士诗文心板	长42.6cm	80,500	古天一	2018-12-08
清 竹雕松鹤图笔筒	高9.6cm	74,085	中国嘉德	2018-10-02
清 刻诗文湘妃竹笛	长67cm	69,000	西泠拍卖	2018-07-07
清 竹雕观鹅图笔筒	高11.4cm; 口径5.4cm	69,000	西泠拍卖	2018-07-07
清 竹雕和合二仙笔筒	高3.8cm; 口径10cm	69,000	西泠拍卖	2018-07-07
清 竹雕仙人乘槎纹笔筒	高15.3cm	63,250	广东崇正	2018-07-05
清 千树秋风图竹笔筒	高10cm; 直径11cm	57,500	广东衡益	2018-07-01
清 竹雕松下高士笔筒	高15.5cm	57,500	北京匡时	2018-12-05
清 贴黄龙凤纹盖盒	高7cm; 通径17cm	55,200	西泠拍卖	2018-07-07
清 竹雕蟋蟀筒及蟋蟀谱三册	长16.5cm; 5.5×12.5cm	51,448	中国嘉德	2018-10-02
清 熙印款竹根雕山涧五老图山子	长12.8cm; 高8.3cm	46,000	浙江佳宝	2018-07-01
清 竹雕人物故事如意	长40cm	40,250	印千山	2018-01-12
清 竹根雕松树形杯	高8.6cm	40,250	中国嘉德	2018-11-20
清 "竹君刻"诗文竹杖	长90.5cm	38,185	中国嘉德	2018-04-02
清代 竹根雕麒麟	高12.5cm	36,800	古天一	2018-06-17
清 各式扇骨十件、臂搁两件	尺寸不一	36,800	北京保利	2018-06-20
清 竹雕松下高仕纹香筒	高11cm	36,800	广东崇正	2018-07-05
清 竹雕金蟾	带座高6cm; 高4.3cm	36,800	西泠拍卖	2018-07-07
清 汪寿平刻扇骨	长32cm	34,500	北京匡时	2018-06-15
清 宗玉款文姬归汉竹笔筒		34,500	朵云轩	2018-06-25
清代 竹雕罗汉	长12cm; 高7.4cm	34,500	南京经典	2018-01-06
清代 <云岩山人款>竹雕诗文笔筒	口径7.4cm; 高13.2cm	34,500	南京经典	2018-01-06
清 玉山款竹根雕活环耳杯	高3cm; 口径5.2cm	34,500	西泠拍卖	2018-07-07
清 竹雕荸荠摆件	高5.3cm	32,200	西泠拍卖	2018-07-07
清 竹雕诗文如意	长27cm	28,811	中国嘉德	2018-10-02
清 各式扇骨（十件）	尺寸不一	28,750	北京保利	2018-06-20
清 竹雕山水人物笔筒	高15.8cm	28,750	北京保利	2018-07-27
清 紫竹拂尘	长106cm	28,750	北京匡时	2018-06-16
清 竹雕卧鹿衔灵芝杯	高5.8cm	25,560	羅芙奧	2018-06-02
清 张家秀刻留青竹扇骨	长33.6cm	25,300	北京匡时	2018-06-15
清 徐元正铭 海棠形竹簧香盒	长12.5cm; 宽11cm; 高3cm	25,300	上海匡时	2018-04-30

拍品名称	物品尺寸	成交价RMB	拍卖公司	拍卖日期
清 竹雕渔家乐笔筒	高13.6cm; 口径10.8cm	25,300	西泠拍卖	2018-05-04
清 湘妃竹四方香盘	高4cm; 边长28cm	25,300	西泠拍卖	2018-05-04
清 竹雕牧牛图笔筒	高14.7cm; 直径11cm	23,000	八益拍卖	2018-04-28
清 各式扇骨（十件）	尺寸不一	23,000	北京保利	2018-07-27
清 各式扇骨（十二件）	长33cm	23,000	北京保利	2018-07-27
清 华山铭刻竹笔筒	高13cm	23,000	朵云轩	2018-06-25
清 竹根雕随形笔筒	高15cm; 通径13.6cm	23,000	西泠拍卖	2018-07-07
清 贴黄福寿牡丹图双联盖盒	高6cm; 长12.5cm; 宽7.5cm	23,000	西泠拍卖	2018-09-29
梁山舟 清 竹根雕灵芝式如意	长25.50cm	22,637	中国嘉德	2018-10-02
清代 竹雕灵芝如意	长30cm	20,700	南京经典	2018-07-22
清 庄绶纶款竹雕二乔并读笔筒	高17.6cm; 口径14.8cm	20,700	西泠拍卖	2018-07-07
清 竹雕如意	长38cm	20,579	中国嘉德	2018-10-02
民国 竹雕山水纹插屏	高26cm	253,000	华艺国际	2018-03-30
清-民国 成扇及扇骨（一组五件）	尺寸不一	74,750	保利厦门	2018-07-15
民国 吴昌硕款佛肚竹抱柱联	尺寸不一	63,250	西泠拍卖	2018-07-07
民国 金西崖款刻诗文仕女图竹笔筒	高14cm; 口径7.5cm	63,250	西泠拍卖	2018-07-07
民国 溥心畬款竹黄刻枯树纹双联小笔筒	高11.3cm; 长8.5cm; 宽4.6cm	40,250	西泠拍卖	2018-07-07
民国 梅鹿竹扇骨	长40cm	40,250	华艺国际	2018-11-16
民国 蔡铣画并题扇面、周林木写王渊刻竹扇骨	长32.3cm	34,500	北京保利	2018-12-08
民国 孙肇圻刻西湖记游诗文竹杖	长99cm	32,200	西泠拍卖	2018-07-07
民国 西泠印社玉竹燕尾扇骨	长31.2cm	29,900	华艺国际	2018-11-16
清-民国 成扇及竹雕扇骨（一组五件）	尺寸不一	28,750	保利厦门	2018-07-15
民国 扇骨（九把）		25,300	朵云轩	2018-09-10
民国 各式竹刻扇骨（十把）	尺寸不一	25,300	北京保利	2018-12-08
民国 竹雕花鸟纹笔筒	高13cm	23,000	华艺国际	2018-03-30
民国 吴湖帆冯超然竹雕折扇	排口2.0cm; 长29.6cm	23,000	南京经典	2018-01-06
民国 徐素白款花卉纹匏器及留青竹雕茶叶罐（一组两件）	尺寸不一	23,000	西泠拍卖	2018-05-04
民国　郭南愚微雕扇骨		23,000	北京荣宝	2018-12-03
1945、1947年作 高士水仙图扇骨 成对 张大千溥心畬画 近 金西厓刻	长33.2cm×2	4,025,000	北京保利	2018-06-19
1943年作 翩翩图扇骨 成对 齐白石与金拱北 江寒汀画 近 金西厓刻	长21cm×2	1,840,000	北京保利	2018-06-19
竹根雕伏虎罗汉像	高19.5cm	1,650,000	中正拍卖	2018-11-30
1925年作吴昌硕行书扇骨近金西厓刻	长33.2cm; 宽2.5cm; 高2cm; 重50g	1,495,000	北京保利	2018-06-19
1925年作 吴待秋画 柳鱼图扇骨 近 金西厓刻		1,265,000	北京保利	2018-06-19
1928年作 金拱北画 蕉仕女图扇骨 近 金西厓刻		1,150,000	北京保利	2018-06-19
1924年作 吴待秋画 锲不舍斋图扇骨 近 金西厓刻		1,012,000	北京保利	2018-06-19
竹根雕如意	长38.5cm	1,012,000	中正拍卖	2018-11-30
竹雕牧牛图笔筒	高11cm	979,000	中正拍卖	2018-11-30
1921年作 金拱北画 风竹蝉叶图扇骨 近 金西厓刻	长31.6cm; 宽3.5cm; 高2.6cm; 重81g	977,500	北京保利	2018-06-19
1923年作 沈曾植书 杜诗竹秘阁 近金西厓刻	长28.5cm; 宽7.7cm; 高2cm; 重137g	977,500	北京保利	2018-06-19
吴湖帆画 吴仲圭风竹图竹秘阁 近盛秉筠刻	长21.8cm; 宽7.7cm; 高2cm; 重127g	747,500	北京保利	2018-06-19
1945年作 黄蔼农画 南塘渔舍图竹秘阁 近 金西厓刻	长38.8cm; 宽9.7cm; 高3.7cm; 重266g	632,500	北京保利	2018-06-19
金西厓 刻金城画稿扇骨 扇骨	高31.8cm；排口2cm	621,000	北京诚轩	2018-06-16
1922年作 高存道画 双松图扇骨 近金西厓刻	长31cm; 宽3cm; 高2.4cm; 重61g	598,000	北京保利	2018-06-19
唐云画 荷花蜻蜓图竹秘阁 近 徐素白刻	长25.1cm; 宽9.8cm; 高2.2cm; 重185g	368,000	北京保利	2018-06-19

拍品名称	物品尺寸	成交价RMB	拍卖公司	拍卖日期
1957年作 江寒汀画 写意梅花图竹秘阁 近 盛秉筠刻	长23.2cm; 宽8.2cm; 高2.5cm; 重122g	276,000	北京保利	2018-06-19
1957年作 白蕉书 主席游泳词竹秘阁 近 盛秉筠刻	长25.7cm; 宽9cm; 高2.3cm; 重171g	230,000	北京保利	2018-06-19
扇骨两柄、空白扇两柄、旧扇页叁个	尺寸不一	207,000	广东崇正	2018-07-04
谭一民 竹刻古泉纹扇骨	长31.8cm	155,250	华艺国际	2018-11-16
1980年作 谢稚柳画 梅花图竹秘阁 近白士风刻	长31.8cm; 宽9.5cm; 高2.5cm; 重196g	138,000	北京保利	2018-06-19
王清梅 竹根雕《京剧钟馗》摆件	高26.5cm	134,400	上海联合	2018-11-25
1986年作 詹仁左画 宋庆龄像竹秘阁 近 徐孝穆刻	长32.5cm; 宽10.3cm; 高2.5cm; 重214g	115,000	北京保利	2018-06-19
韩潮 刻高砖铭文玉竹扇骨 扇骨	高31cm	115,000	中贸圣佳	2018-11-24
沈筱庄刻竹扇骨	长33.5cm	109,250	华艺国际	2018-05-23
潘峰 竹刻《东坡诗意图》套扇摆件	高36.5cm（连座）	89,600	上海联合	2018-07-01
杨国强竹根雕《狮子滚绣球》摆件（一对）	高21cm	87,360	上海联合	2018-07-01
湘妃竹扇	长33cm	80,500	北京保利	2018-06-20
湘妃竹合青扇	长32cm	74,750	北京保利	2018-06-20
朱淑红 竹刻《松下对弈》笔筒	高15.5cm; 最大直径12.2cm	73,920	上海联合	2018-07-01
沈筱庄 微雕扇骨（一把）扇骨、竹	32cm	71,300	广东崇正	2018-07-04
湘妃竹扇	长33cm	69,000	北京保利	2018-06-20
云南湘妃竹圆头扇骨	长34cm	69,000	北京荣宝	2018-09-14
潘行庸制山水诗文竹杖	高89.50cm	59,680	中国嘉德	2018-10-02
竹制扇骨（二十四件）	尺寸不一	55,200	中国嘉德	2018-05-18
竹雕山子	高8.5cm	52,900	朵云轩	2018-04-22
竹制扇骨（二十四件）	尺寸不一	51,750	中国嘉德	2018-05-18
王清梅 竹根雕《明心见性》	高15cm	50,400	上海联合	2018-07-01
马菖刻 赵竹宾书画扇骨	长32.4cm	41,400	华艺国际	2018-11-16
吴沁泉刻 留青汪慎生书画扇骨	长31.2cm	40,250	华艺国际	2018-11-16
旧扇骨（三把）		34,720	上海联合	2018-07-01
吴南愚刻齐白石、陈半丁画稿扇骨 扇骨	高31.2cm ；排口2cm	34,500	北京诚轩	2018-06-16
王健 湘妃竹小葫芦式9寸折扇		34,500	北京荣宝	2018-09-14
邓散木诗文成扇	16.8×47cm	34,500	华艺国际	2018-11-16
范节庵 刻罗复堪绘梅花书法玉竹扇骨 扇骨	高32.5cm	34,500	中贸圣佳	2018-11-24
扇骨（三把）	高31cm	32,200	荣宝斋（南京）	2018-01-05
二十世纪 竹雕人物纹大鸟笼（一对）	高60cm; 高57.5cm	32,200	中国嘉德	2018-09-20
张志鱼 刻溥伒画溥儒书玉竹扇骨 扇骨	高30.5cm	32,200	中贸圣佳	2018-11-24
汤岱山（款）扇骨 扇骨	长31cm	29,900	广东小雅斋	2018-08-26
余仲嘉刻人物书法扇骨	长31cm	28,750	中贸圣佳	2018-06-20
竹雕扇骨（一组六把）	尺寸不一	28,750	华艺国际	2018-11-16
金东溪款 十四档扇骨（一把）	31.5cm	26,000	上海驰翰	2018-09-08
近代 竹雕诗文扇骨（一组五件）	尺寸不一	25,300	北京保利	2018-01-21
近代 竹雕诗文扇骨（一组七件）	尺寸不一	25,300	北京保利	2018-01-21
玉竹扇	长33cm	23,000	北京保利	2018-06-20
王西庵刻 汪亚尘画竹扇骨	长31.5cm	23,000	华艺国际	2018-11-16
余伯雨 刻仕女画稿扇骨 扇骨	高30.8cm ；排口1.9cm	20,700	北京诚轩	2018-06-16
竹留青扇骨（二十把）	长31.5cm	20,700	中国嘉德	2018-01-14
竹鸟笼（一对）	高30cm	20,700	中国嘉德	2018-09-20
竹雕八仙祝寿图笔筒	高14cm	20,700	中国嘉德	2018-09-20
竹雕扇骨（一组六把）	尺寸不一	20,700	华艺国际	2018-11-16
黄彦刻 荷塘诗文扇骨	长31.2cm	20,700	华艺国际	2018-11-16
王泉厂刻 张天奇画扇骨	长31cm	20,700	华艺国际	2018-11-16
近代 竹刻汉砖铭文成扇	长31cm	20,160	上海联合	2018-07-01
木雕				
16-17世纪 A GILT AND POLYCHROMED ZITAN FIGURE OF SIMHANADA MANJUGHOSHA	高23.7cm	273,680	纽约佳士得	2018-09-12
17世纪 木雕漆金吉祥天母	高24.3cm	41,158	中国嘉德	2018-10-02
十八世纪 木雕犀牛望月架嵌白玉璧	环: 4.7cm; 通高: 15.2cm	80,900	香港苏富比	2018-04-03
清早期 奇木禅杖	高223cm	63,250	中国嘉德	2018-06-18

拍品名称	物品尺寸	成交价RMB	拍卖公司	拍卖日期
清早期 芸窗流云槎	122×82×53cm	57,500	中国嘉德	2018-06-18
清早期 奇木杖及黄杨杖	长97.5cm; 长96.5cm	48,300	中国嘉德	2018-06-18
清早期 牛角无量寿佛	高7.2cm	46,000	中贸圣佳	2018-06-20
清早期 紫檀壶套	高18.5cm	20,160	上海联合	2018-11-25
清康熙 紫檀托白玉寿字纹宝莲灯	高29cm	230,000	北京保利	2018-04-29
清康熙 汤组制黄杨木干枝梅	长59cm	63,250	古天一	2018-06-17
清 18世纪 紫檀木度母	高38cm	66,823	香港诚昌	2018-04-02
清乾隆 紫檀镂空西番莲纹高足束腰座	高11.2cm	57,500	中贸圣佳	2018-11-24
清乾隆 乌木宫廷海浪纹座	长24cm	42,958	香港诚昌	2018-04-02
清乾隆 沉香福寿嵌金御题诗文挂件	高6.5cm	23,000	印千山	2018-01-12
清乾隆 木抱石观音挂件	长36cm	23,000	北京荣宝	2018-12-03
清中期 紫檀拐子龙纹条案	高91.5cm; 长165.5cm; 宽49cm	736,000	西泠拍卖	2018-07-07
清中期 紫檀茶壶桶	21.3×21.3×29.6cm	92,000	中国嘉德	2018-06-18
清中期 红木人物香筒	直径4.1cm; 高20cm	69,000	中贸圣佳	2018-06-20
清中期 黄杨木雕罗汉	高20cm	36,800	八益拍卖	2018-04-28
清中期 黄杨木雕和合二仙	高21cm	34,500	古天一	2018-12-08
清中期 黄杨木雕“孝经”佛尘把	长32cm	28,750	北京荣宝	2018-06-14
清道光 甲申年款自然形座	长13.2cm; 高4.5cm	92,000	中贸圣佳	2018-11-24
清道光二十九年（1849年）杨澥作竹刻七井生凉诗文扇骨	长31.5cm	82,800	中国嘉德	2018-05-18
清十九世纪 硬木雕琴式臂搁	33cm	45,276	伦敦苏富比	2018-05-18
清十九世纪 木漆金莲花台（一对）		43,629	纽约苏富比	2018-03-24
19世纪日本木制惠比寿形围炉自在钩	40.6cm	32,360	香港苏富比	2018-04-02
清 黄杨木青菘	长19.5cm	184,000	中国嘉德	2018-09-19
清 海南黄花梨根瘿	高74cm; 宽65cm	124,561	香港诚昌	2018-05-28
清代 木雕持经观音	高9.6cm	92,000	古天一	2018-06-17
清 沉香雕龙纹香筒	高27cm	86,250	印千山	2018-01-12
清 紫檀莲瓣纹座对	16×9.5cm	82,800	上海匡时	2018-04-30
清 沉香木雕螭龙纹香筒	高27cm	80,500	太平洋	2018-11-22
清 桐荫仕女沉香	24×13×36.5cm	74,750	中国嘉德	2018-06-18
清 亶时扁	66×42cm	63,250	北京保利	2018-04-29
清 沉香嵌宝石手持		57,500	印千山	2018-01-12
清代 奇藤拐拄	高104cm	57,500	古天一	2018-12-08
清早 黄杨木雕仙人乘槎	长31.2cm; 高12.2cm	57,500	中贸圣佳	2018-11-25
清 黄杨木附孔雀石根雕	高25cm	51,750	北京东正	2018-06-17
清 黄杨木杖	高169.5cm	51,750	中国嘉德	2018-06-18
清 张廷济款紫檀刻金石扇骨	长32cm	48,300	西泠拍卖	2018-07-07
清 紫檀镶玉镜架		47,039	纽约苏富比	2018-09-15
清 紫檀描金佛塔	高36cm	46,000	北京东正	2018-06-17
清 紫檀嵌金银丝螭龙纹座（一对）	长13cm	43,700	中国嘉德	2018-01-14
清 沉香雕流云纹墨床	长16.5cm	40,680	羅芙奧	2018-12-01
清 雕花板（十二件）	尺寸不一	40,250	北京保利	2018-07-27
清 黄杨木镂雕螭龙纹器座	高2.8cm	36,800	广东崇正	2018-07-04
清 紫檀螭龙纹座（一对）	长19cm	36,800	中国嘉德	2018-01-14
清 紫檀花卉纹器座	高5.5cm	34,500	北京匡时	2018-06-15
清 黄杨木竹节杖	高192cm	34,500	中国嘉德	2018-06-18
清 奇木花器	52×38×77cm	34,500	中国嘉德	2018-06-18
清 奇木杖	高152.5cm	34,500	中国嘉德	2018-06-18
清 黄杨木茶量	长13cm	34,500	北京荣宝	2018-12-03
清 木座（十一件）	尺寸不一	32,200	中国嘉德	2018-05-20
清 紫檀释迦牟尼佛连木座	高19cm	30,661	香港诚昌	2018-05-28
清 硬木云龙纹器座	长28cm	28,750	中国嘉德	2018-01-14
清 红木雕海浪纹器座（一对）	长24.5cm; 长23cm	25,300	广东崇正	2018-07-04
清 紫檀夔凤纹座	长16cm	25,300	中国嘉德	2018-01-14
清 潮州木雕铁拐李灶炉	高45cm; 长42cm	23,000	广东崇正	2018-07-05
清 紫檀底座	长13cm	23,000	印千山	2018-01-12
清 沉香木雕人物故事香筒	高27cm	20,700	印千山	2018-01-12
清 木座、盖（八件）	尺寸不一	20,700	中国嘉德	2018-01-14
清 黄杨木寿翁	高13.5cm	20,579	中国嘉德	2018-10-02
香楠木	重量2.2t	2,227,680	香港炎黄	2018-10-22
紫檀雕夔龙纹行军镜	34×20.8×1.8cm	1,980,000	中正拍卖	2018-11-30
宋戴公戈揭本匣 清 张廷济铭刻	长24.8cm	575,000	北京保利	2018-06-19

2018杂项拍卖成交汇总

(成交价RMB：2万元以上)

拍品名称	物品尺寸	成交价RMB	拍卖公司	拍卖日期
奈良美智 2012年作 森子	29(高)×19×15cm	436,000	香港苏富比	2018-10-01
KAWS〈布莱恩·唐纳利〉2011年作 同伴(Karimoku 版本)	12.4(长)×7(宽)×27(高)cm	406,800	羅芙奧	2018-12-02
越南富森红土沉香	长14.3cm; 重45.1g	356,500	北京匡时	2018-12-06
海南沉水浮油结白棋楠扳指和指蕊套装	尺寸不一	299,000	北京东正	2018-06-17
韦冬 暗香疏影	70×30×60cm	229,600	天津晟颢	2018-11-17
越南芽庄熟结沉水浮绿棋楠弥勒佛 雕刻件 挂件	净重18.18g	207,000	北京东正	2018-06-17
香港沈水树心糖结棋楠原料	重量: 25.07g	189,750	北京东正	2018-06-17
中村萌 2012年作 无望之洞	70×61×35cm	185,213	中国嘉德	2018-10-02
澄坛清供图楠木诗筒 清 朱石梅刻	长5cm; 宽5cm; 高11.5cm; 重83g	172,500	北京保利	2018-06-19
1979年作 唐云画山水 紫檀笔尊 近沈觉初刻	长16.8cm; 宽16.8cm; 高16cm; 重1236g	161,000	北京保利	2018-06-19
松盦铁笔紫檀匣 清 郭慎行铭刻	长21.3cm; 宽4.8cm; 高3.7cm; 重197g	115,000	北京保利	2018-06-19
海南沉香沉水料	重量31.8g	69,000	江苏观宇	2018-04-22
达六舟刻 檀香木诗画扇骨	长31.8cm	55,200	华艺国际	2018-11-16
奇楠包金挂件	重量7g	48,300	江苏观宇	2018-04-22
约1900年 木制地球仪模子	48.9cm	45,506	香港苏富比	2018-04-02
硬木原木	18.5×17×191cm	43,700	中国嘉德	2018-05-18
硬木原木	直径19.7cm; 长188cm	36,800	中国嘉德	2018-05-18
硬木原木	直径16cm; 长221.5cm	28,750	中国嘉德	2018-05-18
黑棋边角料(沉水)	尺寸不一; 重量20g	23,000	江苏观宇	2018-09-15
曹小弟 乌木拱轮茄头扇		22,400	上海联合	2018-11-25
沉香《摆财》挂件	重量17.9g(沉水)	22,176	上海联合	2018-07-01
硬木原木	20×20×158cm	20,700	中国嘉德	2018-05-18
刘涛 沉香《五谷丰登》小品(二十二件)	尺寸不一	20,160	上海联合	2018-07-01
15世纪 阿拉斯加古爱斯基摩伊努皮亚克木雕面具	16.3cm	303,375	香港苏富比	2018-04-02
尼泊尔16世纪 木雕护法面具	121.5×110×25cm	747,500	中国嘉德	2018-11-21
清 奇木杖带葫芦挂件	长180cm	230,000	中国嘉德	2018-11-20
清乾隆 沉香嵌珊瑚福禄万代斋戒牌	长6cm	92,000	西泠拍卖	2018-07-07
清 沉香木大吉斋戒牌配紫檀盒	长6.8cm; 宽1.4cm	155,250	中贸圣佳	2018-06-20
清代 沉香龙纹斋戒牌	4.5×7cm; 重18.6g	32,200	古天一	2018-12-08
芽庄棋楠四六祥云牌(九分沉)	宽4×高6cm; 重量18g	253,000	江苏观宇	2018-09-15
加里曼丹四六无事牌(沉水)	重量26.58g	97,750	江苏观宇	2018-04-22
加里曼丹天地方圆四六无事牌(沉水)	宽4×高6cm; 重量25g	57,500	江苏观宇	2018-09-15
温作平 树神牌沉香挂件	重量33.5g(沉水)	50,400	上海联合	2018-11-25
加里曼丹四六无事牌(九分沉)	重量24g	20,700	江苏观宇	2018-04-22
清早期 奇楠沉香十八籽手串	长23.4cm	92,000	北京匡时	2018-12-05
清乾隆 沉香嵌金粟团寿十八籽手串	长16cm	529,000	北京保利	2018-06-20
清乾隆 枷楠香嵌金云浮纹带板、手串		287,500	北京荣宝	2018-12-03
清中期 沉香配翠节珠手持		57,500	北京荣宝	2018-12-03
清道光 茄楠香朝珠	长184cm; 直径1.4cm	1,028,960	保利香港	2018-10-02
清 沉香手串	长28cm	230,000	中贸圣佳	2018-06-20
清 迦南三十二子串	单颗直径1.4cm; 总重39g	161,000	中贸圣佳	2018-11-25
清代 沉香十八子手串	重40.5g	92,000	古天一	2018-12-08
清 季和款松子十八子诗文手串	珠径1.3cm–1.5cm	74,750	西泠拍卖	2018-07-07
清代晚期 沉香嵌金、嵌宝石手串	单枚直径1.5cm; 总重33g	74,750	中国嘉德	2018-06-19
清 沉香手串 (15颗)		69,000	北京翰海	2018-09-16
清 沉香朝珠	珠径1cm	69,000	西泠拍卖	2018-07-07
清 奇楠十六籽手串	直径1.6cm×16	51,750	广东崇正	2018-07-05
清 木串		46,000	北京翰海	2018-09-16
清 沉香喜字十八籽手串	直径1.8cm×18	32,200	广东崇正	2018-07-05

拍品名称	物品尺寸	成交价RMB	拍卖公司	拍卖日期
极品莺歌绿奇楠20毫米12子手串	重量58g	2,875,000	江苏观宇	2018-04-22
莺歌绿棋楠20毫米 12子手串(九分沉)	直径1.6cm×12	1,035,000	江苏观宇	2018-09-15
棋楠随形多宝串(沉水)	尺寸不一; 重量17g	184,000	江苏观宇	2018-09-15
文莱软丝黑奇16毫米14子手串	重量35g	161,000	江苏观宇	2018-04-22
芽庄奇楠大小珠14毫米12毫米16子手串	重量16.5g	149,500	江苏观宇	2018-04-22
加里曼丹9毫米108子佛珠(沉水)	重量51.2g	138,000	江苏观宇	2018-04-22
达拉干16毫米14子手串	重量33g	103,500	江苏观宇	2018-04-22
加里曼丹16毫米 14子手串(沉水)	1.6cm; 重量33g	92,000	江苏观宇	2018-09-15
奇楠6毫米108子佛珠	重量12.4g	86,250	江苏观宇	2018-04-22
加里曼丹11毫米18子手串	重量13.9g	34,500	江苏观宇	2018-04-22
加里曼丹12毫米 17子手串(沉水)	1.2cm; 重量17g	34,500	江苏观宇	2018-09-15
文莱软丝黑棋楠16毫米14子手串(九分沉)	1.6cm; 重量26.6g	34,500	江苏观宇	2018-09-15
加里曼丹6毫米 108子佛珠(沉水)	6.0cm; 重量15.7g	32,200	江苏观宇	2018-09-15
西马来西亚20毫米12子手串	重量38g	28,750	江苏观宇	2018-04-22
文莱14毫米15子手串	重量20.6g	23,000	江苏观宇	2018-04-22
沉香木团寿字手串、扳指各一件	长15cm; 内径2.3cm	23,000	中国嘉德	2018-05-19
沉香木佛珠	长37cm	23,000	中国嘉德	2018-09-20
加里曼丹14毫米 15子手串(九分沉)	1.4cm; 重量20.6g	20,700	江苏观宇	2018-09-15
文莱8毫米 108子佛珠(九分沉)	8.0cm; 重量25g	20,700	江苏观宇	2018-09-15
官帽、沉香木朝珠各一件	长78cm; 直径32cm	20,700	中国嘉德	2018-01-14
沉香木朝珠、官帽各一件	长80cm; 直径33.8cm	20,700	中国嘉德	2018-09-20
清早期 沉香108子佛珠	盒直径16.7cm	207,000	北京荣宝	2018-12-03
清早期 沉香溪桥晚色山子	长15cm	74,750	华艺国际	2018-11-17
清 楠木随型山子	高76.5cm	152,739	中国嘉德	2018-04-02
清 沉香渔樵耕读大山子	宽44cm	149,500	北京保利	2018-01-21
清 沈香雕山水亭台山子	长25cm	92,000	保利厦门	2018-01-08
清 沉香山子摆件	带座高54cm; 高52cm; 重547g	55,200	西泠拍卖	2018-07-07
清 沉香梅花山子	长29cm	48,300	北京保利	2018-01-21
清 沉香木随形小山子	高20.3cm; 52.6g	34,500	中国嘉德	2018-11-20
清 沉香木嵌玉访友图随形山子	高44cm	20,700	北京保利	2018-10-28
20世纪 沉香木山子	高31cm	59,664	羅芙奧	2018-12-01
芽庄棋楠奇石形山子	高32cm	1,667,500	江苏观宇	2018-09-15
白奇生结山子	重量71.1g	172,500	江苏观宇	2018-04-22
沉香山子摆件	高105cm	28,750	印千山	2018-01-12
明十六世纪末沈香木雕灵芝瑞兽如意	长25.5cm	910,125	香港苏富比	2018-04-03
明 如意纹瘿木台座	79×58.8×24.5cm	92,000	中国嘉德	2018-11-20
清早期 沉香雕灵仙祝寿如意	长35.5cm	667,000	华艺国际	2018-11-16
清乾隆 紫檀嵌白玉三镶如意	长45cm	514,480	北京匡时	2018-10-03
清乾隆 紫檀嵌玉三多如意	长46cm	379,500	北京保利	2018-06-20
清乾隆 黄杨木雕灵芝刻诗文如意	长37cm	286,386	保利香港	2018-04-02
清乾隆 紫檀嵌白玉三镶如意	长55cm	230,000	北京保利	2018-01-21
18世纪 李如山造黄杨木随形灵芝如意	长38.6cm	121,800	佳士得	2018-05-30
清乾隆 紫檀雕团寿纹如意	长31.5cm	97,750	西泠拍卖	2018-07-07
清乾隆 紫檀雕象纹如意	长47cm	55,200	印千山	2018-01-12
清中期 紫檀镶虬角如意	长41.5cm	185,213	北京匡时	2018-10-03
清中期 沉香木雕罗汉竹形如意	长35cm	57,500	浙江佳宝	2018-07-01
清中期 黄杨木镂雕富贵长寿纹如意	长33cm	46,000	西泠拍卖	2018-07-07
清中期 金丝楠木灵芝如意摆件	长42cm; 高16cm	23,000	上海匡时	2018-04-30
清18/19世纪 沉香雕万寿灵芝如意	长26cm	152,250	佳士得	2018-05-30
清18至19世纪 黄杨木灵芝如意	38cm	151,688	香港苏富比	2018-04-02
清 紫檀嵌百宝如意	长47cm	172,500	广东崇正	2018-07-05
清 黄杨木雕随形如意	长23.5cm	126,500	西泠拍卖	2018-07-07
清 沉香木雕人物故事如意	长57cm	115,000	印千山	2018-01-12
清 紫檀灵芝如意	长44.5cm	97,750	华艺国际	2018-05-23
清 沉香木八仙祝寿图如意	长52cm	92,000	太平洋	2018-11-22
清 沉香木莲纹如意	长37.5cm; 94g	92,000	中国嘉德	2018-11-20
清 紫檀镂雕福从天降纹三镶玉如意	长37.5cm	69,000	西泠拍卖	2018-07-07
清 黄杨木如意	长32.5cm	61,738	中国嘉德	2018-10-02
清 紫檀如意	长32cm	61,738	中国嘉德	2018-10-02
清 黄杨木灵芝如意	长26cm	61,738	中国嘉德	2018-10-02
清 黄杨木如意	长32cm	61,738	中国嘉德	2018-10-02

拍品名称	物品尺寸	成交价RMB	拍卖公司	拍卖日期
清 黄杨木荷塘清趣如意	长36.5cm	61,738	中国嘉德	2018-10-02
清 黄杨木如意	长31cm	53,506	中国嘉德	2018-10-02
清 紫檀如意	长38.5cm	51,448	中国嘉德	2018-10-02
清 三猿闹春如意	长40cm	48,300	中国嘉德	2018-06-18
清 黄杨木如意	长31cm	41,158	中国嘉德	2018-10-02
清 黄杨木如意	长44.5cm	34,500	上海匡时	2018-04-30
清 黄杨木雕八仙人物如意	长40cm	20,700	西泠拍卖	2018-07-07
民国 乌木雕八仙纹如意头扇骨	长30.5cm	63,250	华艺国际	2018-11-16
当代 沉香雕“松鹤延年”如意摆件	长32.6cm; 重179.1g	299,000	北京匡时	2018-12-05
唐物天然如意	长30.6cm	86,250	中贸圣佳	2018-11-24
刘涛 沉香随形如意摆件	重量137g(沉水)	78,400	上海联合	2018-11-25
紫檀嵌百宝高士图如意	长44cm	25,300	中国嘉德	2018-01-14
黄杨木如意	长39cm	20,700	中国嘉德	2018-05-20
海南黄花梨如意摆件	长49cm	20,160	上海联合	2018-11-25
五代 木佛	高17.6cm	51,091	万昌斯	2018-11-29
宋 木胎罗汉坐像	高83cm	805,000	西泠拍卖	2018-07-08
宋 木雕彩绘罗汉首	高33cm	123,475	保利香港	2018-10-02
金 木胎天王立像	高43cm	437,000	西泠拍卖	2018-07-08
平安时代晚期(12世纪)日本木雕不动明王立像	高92.2cm	809,000	香港苏富比	2018-04-02
元/明 木雕罗汉坐像	高66.3cm	111,183	纽约佳士得	2018-09-13
元 木胎漆金菩萨像	高38.5cm	103,500	西泠拍卖	2018-07-08
金-元(12至13世纪)菩萨立像	高142cm	14,319,300	保利香港	2018-04-02
13世纪 西班牙北部胡桃木雕耶稣受难像	高118cm	505,625	香港苏富比	2018-04-02
元末明初 木胎髹漆贴金观音像	高115cm	977,500	广东崇正	2018-07-05
明早期 木胎漆金药师佛	高61cm	667,000	华艺国际	2018-11-16
明早期 木雕彩绘阿弥陀佛	高84cm	575,000	华艺国际	2018-11-16
元/明初 漆金木菩萨坐像	40.5cm	91,630	伦敦苏富比	2018-05-16
明永乐官造木胎金髹药师如来佛坐像	高93cm	6,325,000	北京荣宝	2018-12-03
明宣德 紫檀宝冠释迦牟尼	高23cm	138,000	华艺国际	2018-11-16
16世纪 德国木雕“死的象征”骷髅	20.9cm	121,350	香港苏富比	2018-04-02
明末 沉香观音像摆件	长22.5cm	460,000	中贸圣佳	2018-06-20
16-17世纪 尼泊尔 木雕护法像	高95.5cm	126,500	中国嘉德	2018-06-19
17世纪 漆金木胎韦驮菩萨像	高76.8cm	86,240	伦敦佳士得	2018-05-15
明末 木雕菩萨坐像		23,798	纽约苏富比	2018-03-24
明 木雕金漆观音菩萨	高98cm	2,645,000	北京保利	2018-12-09
明 木雕彩塑四大天王(一组四尊)	最大一尊: 111cm	1,455,300	伦敦苏富比	2018-05-16
明 木雕金漆阿弥陀佛	高134.5cm	1,380,000	华艺国际	2018-11-16
明 檀香木漆金关公立像	高74cm	862,500	华艺国际	2018-05-23
明 木胎韦陀立像	高148cm	805,000	西泠拍卖	2018-07-08
明 木胎关公立像	高82.5cm	782,000	西泠拍卖	2018-07-08
明 木雕漆金观音坐像	高71cm	690,000	华艺国际	2018-05-23
明 木雕漆金韦陀立像	高120cm	598,000	华艺国际	2018-05-23
明 木雕水月观音像	高108cm	575,000	西泠拍卖	2018-07-07
明 木雕彩绘阿难与迦叶(一对)	高76cm	437,000	华艺国际	2018-11-16
明 木雕漆金阿弥陀佛	高77cm	437,000	华艺国际	2018-05-23
明 木漆金大日如来坐像	21.5cm	388,080	伦敦苏富比	2018-05-18
明 夹纻金漆阿弥陀佛	高47.8cm	368,000	华艺国际	2018-11-16
明 木雕漆金迦叶像	高85cm	368,000	华艺国际	2018-05-23
明代 木质漆金善财童子像	高82cm	333,500	中国嘉德	2018-11-21
明代 木质漆金天王立像	高130cm	276,000	中国嘉德	2018-11-21
明/清 木雕罗汉坐像		253,840	纽约苏富比	2018-03-24
明 木胎金漆善财童子	高83cm	218,500	华艺国际	2018-11-16
明 木雕彩绘提篮观音	高104cm	207,000	华艺国际	2018-11-16
明 木胎观音菩萨像	高59cm	207,000	西泠拍卖	2018-07-08
明 木胎漆金天官像	高52cm	184,000	西泠拍卖	2018-07-08
明 木漆金雕文昌帝君坐像		158,650	纽约苏富比	2018-03-21
明 木胎金漆韦陀像	高39cm	103,500	广东崇正	2018-07-05
明 木胎髹漆持莲童子像	高34cm	103,500	广东崇正	2018-07-05
明 木胎金漆善财童子	高40cm	74,750	华艺国际	2018-11-16
明 木胎漆金释迦牟尼像及胎内藏经一筒	高26.3cm	69,000	西泠拍卖	2018-07-07

拍品名称	物品尺寸	成交价RMB	拍卖公司	拍卖日期
明 木佛像	33×13cm	46,000	北京荣宝	2018-06-14
明 檀香木雕执卷观音像	高18cm	46,000	西泠拍卖	2018-07-08
明 黄杨木雕持珠观音像	高20cm	34,500	西泠拍卖	2018-09-29
明 木雕彩绘人物像(二个一组)	高17cm; 高15cm	20,700	上海匡时	2018-04-30
明晚期 沉香雕胡人像	高5.8cm	34,500	北京保利	2018-12-09
明末清初 木胎金漆关公坐像(带座)	高27.5cm	218,500	华艺国际	2018-11-16
十七/十八世纪 木漆金雕达摩坐像		634,600	纽约苏富比	2018-03-21
十八世纪 白檀香木雕地藏菩萨	高18cm	123,475	北京匡时	2018-10-03
十八世纪 木根雕达摩坐像	9.3cm	80,900	香港苏富比	2018-04-03
清早期 沉香麻姑献寿摆件	高52.5cm	1,725,000	中贸圣佳	2018-06-20
清早期 黄杨根雕罗汉坐像(原配紫檀嵌黄杨座)	高28.8cm	483,000	中国嘉德	2018-06-18
清早期 木雕漆金自在观音像	高23cm	195,500	西泠拍卖	2018-07-07
清早期 黄花梨佛座	长55cm; 宽34.2cm; 高13cm	172,500	中贸圣佳	2018-11-25
清初 木雕漆金观音坐像	高33cm	149,500	华艺国际	2018-05-23
清早期 木雕金漆韦陀	高51cm	138,000	华艺国际	2018-11-16
清早期 木雕漆金观音坐像	高19.5cm	69,000	华艺国际	2018-05-23
清早期 黄杨木刘海戏蟾摆件	高13cm	41,400	上海匡时	2018-04-30
清早期 龙眼木雕和合二仙摆件	高6.4cm; 长10.2cm	25,300	西泠拍卖	2018-07-07
18世纪 木雕金漆释迦牟尼	高63cm	4,600,000	保利厦门	2018-07-15
清乾隆 木胎漆金阎魔天像	高42cm	172,500	北京东正	2018-06-17
清乾隆 漆金木雕观音像	高25cm	66,700	西泠拍卖	2018-05-04
清中期 黄杨木麻姑献寿摆件	高19cm	25,300	上海匡时	2018-04-30
清十九世纪 木雕释迦牟尼佛坐像		64,144	纽约苏富比	2018-09-15
清 沙县木雕水月观音坐像	高83cm	1,035,000	西泠拍卖	2018-07-08
清 木胎准提观音坐像	高67cm	1,035,000	西泠拍卖	2018-07-08
清 木胎髹漆贴金千手观音像	高167cm	632,500	广东崇正	2018-07-05
清 木雕金漆神农炎帝	高68cm	552,000	华艺国际	2018-11-16
清末 朱子常黄杨高士	高17cm(不连座)	264,500	中贸圣佳	2018-11-25
清 金丝楠木西方三圣像	高76.5cm	253,000	西泠拍卖	2018-07-08
清 檀香木髹漆金地藏菩萨像	高28.5cm	230,000	西泠拍卖	2018-07-08
清 木雕彩绘达摩渡海像	高70cm	207,000	保利厦门	2018-07-15
清 黄杨木雕天姬送子像	高22cm	194,880	香港诚昌	2018-05-30
清 木雕文人坐像		153,945	纽约苏富比	2018-09-15
清 檀香木观音菩萨像	高35cm	138,000	广东崇正	2018-07-05
清 沉香佛像	高12.5cm	135,600	羅芙奧	2018-12-01
清 紫檀观音佛像	高16cm	126,500	上海匡时	2018-04-30
清 朱子常黄杨木观音	高20.8cm	69,000	中贸圣佳	2018-11-25
清 木胎观音立像	高26cm	57,500	西泠拍卖	2018-07-08
清 花梨木观音立像	高49cm	57,277	中国嘉德	2018-04-02
清 木胎京工自在观音坐像	高21.5cm	55,200	西泠拍卖	2018-07-08
清 黄杨木雕铁拐李像	带座高27.2cm	36,800	西泠拍卖	2018-05-04
清 天然根雕东方朔立像	高53cm	34,500	上海匡时	2018-04-30
清 木胎力士像	高42cm	34,500	西泠拍卖	2018-07-08
清 木雕罗汉像	长21.5cm	34,500	中国嘉德	2018-05-18
清 黄杨木雕东方朔立像	高12.8cm	32,200	北京匡时	2018-12-05
清 奇木铁拐李立像	带座高36cm	32,200	西泠拍卖	2018-05-04
清 黄杨木雕布袋和尚立像	带座高17.5cm; 高15cm	26,450	西泠拍卖	2018-07-07
清 黄杨木雕罗汉像	高14.5cm	25,300	西泠拍卖	2018-07-08
清 木雕和合二仙	高20.5cm	23,000	北京匡时	2018-12-05
清 沉香刘海戏金蝉摆件	宽12cm	22,996	香港诚昌	2018-05-28
清 紫檀笑狮罗汉像	17×16.5cm	20,700	上海嘉禾	2018-06-25
清 龙眼木刘海像	45×24cm	20,700	上海匡时	2018-04-30
清 木雕彩绘护法像(一对)	最高37.5cm	20,160	上海联合	2018-07-01
民国 朱子常制黄杨木雕童子像	带座高14.7cm; 高11cm	74,750	西泠拍卖	2018-07-07
朱铭 1991年作 太极系列	尺寸不一	6,698,520	香港苏富比	2018-03-31
朱铭 1996年 太极系列(两件一组)	尺寸不一	3,652,808	北京匡时	2018-10-03
朱铭 太极系列-单鞭下势	64(长)×36.4(宽)×44.1(高)cm	2,983,200	羅芙奧	2018-12-02
朱铭 1990年作 太极系列—单鞭下势	60.7×27.8×38.2cm	2,616,000	香港苏富比	2018-09-30

2018杂项拍卖成交汇总

(成交价RMB：2万元以上)

拍品名称	物品尺寸	成交价RMB	拍卖公司	拍卖日期
大理·木胎漆彩普贤菩萨坐像	高57cm	1,207,500	西泠拍卖	2018-07-08
朱铭1982年作 太极系列—单鞭下势	23×33×20cm	1,199,000	香港苏富比	2018-10-01
朱铭1991年作 太极系列—单鞭下势	29.6×13.3×18.8cm	1,090,000	香港苏富比	2018-10-01
朱铭1992年作 太极系列	41.6×21.2×23.8cm	664,560	羅芙奧	2018-06-03
2009年 二十一度母	高90.5cm	575,000	华艺国际	2018-11-16
2006年 财神	107.0×77.6×7.5cm	575,000	华艺国际	2018-11-16
2010年 释迦牟尼	100.5×63.5×6.7cm	517,500	华艺国际	2018-11-16
2013年 文殊菩萨	103.5×68.0×7.0cm	517,500	华艺国际	2018-11-16
江户时代 木胎释迦立像	高71cm	207,000	西泠拍卖	2018-07-08
大方家 沉香雕《尊胜佛母》坐像	重量50.7g(沉水)	93,632	上海联合	2018-07-01
林浪新 女子头像	20×12×10.5cm	59,950	香港苏富比	2018-10-01
温作平 黄杨如意罗汉座像	高22.5cm	50,400	上海联合	2018-11-25
清乾隆 棋楠仿天然木雕麒麟	高56cm	3,783,920	佳士得	2018-05-30
清中期 紫檀立狮 一组两件	14×13×25.5cm×2	1,380,000	北京匡时	2018-06-15
清 灵禽瑞兽	22×76cm	126,500	中贸圣佳	2018-11-24
清雍正 御制枷楠雕双凤牡丹	高4.5cm；重11g	1,667,500	北京保利	2018-06-19
明末清初 紫檀木雕香插（两件）	高9cm	98,100	佳士得	2018-10-04
明晚期 黄花梨葫芦形花插（成对）	直径21.7cm×2；高36.7cm×2	483,000	中国嘉德	2018-11-20
清早期 紫檀香插	高8.5cm	28,811	中国嘉德	2018-10-02
清 紫檀随形花插	高21cm	34,500	北京东正	2018-06-17
清 紫檀花插	高23cm	34,500	华艺国际	2018-11-17
清 木雕随形大花插	50cm	32,340	伦敦苏富比	2018-05-18
明 奇木随形佛龛	高33cm	103,500	中贸圣佳	2018-11-24
明 沉香雕瓜果摆件	高4.2cm；重5.5g	25,300	西泠拍卖	2018-07-07
清早期 御制“寿”字沉香雕群仙祝寿摆件	高87cm；重3270g	920,000	中贸圣佳	2018-11-24
清早期 黄花梨佛龛	高43cm	483,000	西泠拍卖	2018-07-08
清早期 黄花梨佛龛	24×22.5×30.5cm	71,300	上海匡时	2018-04-30
清乾隆 沉香雕狮子摆件	高21cm；长27cm；重845.5g	816,500	古天一	2018-12-08
清乾隆 沉香雕松下高隐摆件	高15cm	402,500	北京荣宝	2018-06-14
清中期 红木有束腰马蹄腿带托泥螭龙纹佛龛	85.8×52×102cm	207,000	中国嘉德	2018-06-18
清十九世纪 紫檀葫芦形佛龛		42,763	纽约苏富比	2018-09-15
清 沉香鹿衔灵芝摆件	高66cm	575,000	北京匡时	2018-12-05
清 朱子常制黄杨木婴戏摆件《捉迷藏》	长20.5cm；宽16.2cm；高14.8cm	287,500	中贸圣佳	2018-11-25
清 紫檀透雕花鸟纹佛龛	48cm×28cm×60.5cm	115,000	北京匡时	2018-12-05
清 沉香木仙人乘槎摆件	长17.5cm；重147g	103,500	中国嘉德	2018-11-20
清 黄花梨佛龛	高30.5cm	82,317	中国嘉德	2018-10-02
清 沉香高仕图插屏	高24cm	69,000	北京荣宝	2018-12-03
清 黄杨木随形摆件	高16cm；直径9.5cm	63,250	广东崇正	2018-07-04
清 灵芝奇木摆件	带座高78cm	63,250	西泠拍卖	2018-07-07
清 黄花梨“福禄寿喜”佛碑式佛龛	高46.5cm	58,542	万昌斯	2018-11-29
清 紫檀书卷观音摆件	高24.5cm	57,500	北京匡时	2018-12-05
清 黄杨木雕海八怪摆件	带座高14.5cm；高11.3cm	55,200	西泠拍卖	2018-05-04
清 沉香松桩摆件	高22cm	34,500	华艺国际	2018-03-30
清 金农款奇木摆件	长43cm	34,500	中国嘉德	2018-11-20
清 奇木随形鸭摆件（一对）	1.高32.6cm；2.高15.6cm	32,200	西泠拍卖	2018-07-07
清 树根鹿摆件	长38cm；高30cm	32,200	中国嘉德	2018-06-18
清 黄杨木雕罗汉摆件	高11.5cm	26,450	太平洋	2018-11-22
民国 红木整挖狮子摆件（一对）	60×27×39cm×2	46,000	北京荣宝	2018-06-14
20世纪 沉香摆件	长24cm	189,840	羅芙奧	2018-12-01
广东沈水浮树心油结绿棋楠文房摆件—松	最高处5.696cm；净重43.43g	494,500	北京东正	2018-06-17
越南富森红土沉香摆件	长13cm；重153.4g	483,000	北京匡时	2018-12-06
“鸾翔凤集”沉水沉香随形摆件	长43cm；重337.3g	230,000	北京匡时	2018-12-06
沉香童子献寿摆件	重量83g(沉水)	103,040	上海联合	2018-11-25
沉香长眉罗汉摆件	重量69g(沉水)	84,000	上海联合	2018-11-25

拍品名称	物品尺寸	成交价RMB	拍卖公司	拍卖日期
刘涛 沉香雕灵芝摆件	高17cm(不连座)；重量90g(九分沉)	31,360	上海联合	2018-07-01
朱建山 沉香刘海戏金蟾摆件	重量19.7g(沉水)	24,640	上海联合	2018-11-25
黄花梨原木摆件	长188cm	20,700	北京保利	2018-10-28
明末清初 黄杨木雕倭角香瓶	高8.7cm	23,000	西泠拍卖	2018-07-07
明 天然根艺花瓶	34×34×59cm	57,500	北京匡时	2018-06-15
十八世纪 紫檀如意蕉叶纹小瓶		39,663	纽约苏富比	2018-03-21
清早期 紫檀雕兽面纹壁瓶	高10.5cm	51,750	西泠拍卖	2018-07-07
清早期 黄花梨香瓶	高10.5cm	23,000	北京荣宝	2018-12-03
清乾隆 沉香木雕随形抱月瓶	高35.7cm；高40cm	1,646,336	保利香港	2018-10-02
明万历 紫檀错银丝饕餮纹双耳杯	直径7cm；高4.9cm	126,500	中贸圣佳	2018-06-20
明末清初 沉香高士饮享图杯	高6.4cm	34,500	中国嘉德	2018-01-14
明-清 紫檀雕玉兰杯及竹节形笔插（一组两件）	1.杯高7cm；2.笔插高10cm	23,000	西泠拍卖	2018-07-07
明 天然根艺随形盘	36×22×19cm	21,850	北京匡时	2018-06-15
十七至十八世纪沉香雕龙凤角杯(一对)	高8.3cm	758,438	香港苏富比	2018-04-03
清早期 沉香雕菊花洞石小杯	高9cm	230,000	中贸圣佳	2018-06-20
清早期 沉香雕庭院山水图斗杯	高5.3cm；长11.8cm；宽7.9cm；重80.6g	195,500	西泠拍卖	2018-07-07
清初 紫檀螭龙杯	长8.3cm；宽6.1cm；高5.5cm	66,700	中贸圣佳	2018-06-20
清早期 紫檀玉兰花杯	11×9×4.5cm	57,500	上海匡时	2018-04-30
清早期 奇木杯	直径15.5cm；高14.3cm	23,000	中国嘉德	2018-06-18
清早期 硬木文具盘	长29cm	20,700	华艺国际	2018-03-30
清中期 黄花梨文具承盘	25.5×25.5×10.5cm	86,250	上海匡时	2018-04-30
清中期 紫檀嵌螺钿风景人物盛盘	24.5×24.5×7.4cm	69,000	中国嘉德	2018-06-18
清中期 沉香雕荷叶杯摆件配紫檀座	宽11cm；高9cm	57,500	浙江佳宝	2018-07-01
清 紫檀葡萄匜杯	长13cm	115,000	中贸圣佳	2018-11-25
清 红木梅花形堆漆彩绘盘	高1.5cm；直径17.2cm	115,000	西泠拍卖	2018-07-07
清 紫檀锦地花卉纹文盘	长27cm	92,000	北京东正	2018-06-17
清代 沉香雕炼丹图杯	长8.2cm	92,000	古天一	2018-12-08
清 沉香雕寿桃形杯	高6.8cm；长9.3cm；重59.1g	34,500	西泠拍卖	2018-07-07
清 紫檀雕寿桃纹杯（一对）	高7.5cm	23,000	八益拍卖	2018-04-28
清 沉香杯	直径11.7cm；高9.2cm	23,000	中国嘉德	2018-06-18
明 黄花梨卧足碗	直径14cm；高4.4cm	57,500	中贸圣佳	2018-11-24
清 紫檀提字碗	直径15cm	86,234	香港诚昌	2018-05-28
清早期 紫檀镂空雕大茶盘	长48.1cm	161,000	中贸圣佳	2018-11-25
清 紫檀漆绘花鸟都承盘	长52cm	322,000	中贸圣佳	2018-11-24
清 紫檀雕桑叶香盘	长17.6cm	195,500	中贸圣佳	2018-11-24
清 金丝楠木供盘（一套）	高71cm	69,000	北京华辰	2018-11-19
清 黄花梨文盘	长35cm；宽22.2cm；高2.7cm	57,500	中贸圣佳	2018-11-24
明末清初 鸡丝木围棋罐	直径14.1cm；高:7.2cm	184,000	中贸圣佳	2018-11-24
清初 黄花梨围棋罐（一对）	高10cm	207,000	华艺国际	2018-11-16
清 紫檀刻吉金文棋罐（一对）	直径14cm	152,250	佳士得	2018-05-30
清 红木围棋罐（一对）	长13cm；高7.3cm	63,250	中贸圣佳	2018-11-25
刘涛 沉香《幽兰》茶叶罐	高8.3cm；重量56g	24,640	上海联合	2018-07-01
明 紫檀香熏盒	长27.4cm	101,118	万昌斯	2018-11-29
清 随形木大香熏	高37.5cm；高48cm（连座）	253,000	中贸圣佳	2018-11-24
清 奇木熏香炉	30.5×26×38.5cm	34,500	中国嘉德	2018-06-18
17世纪 黄花梨盒	长50cm	92,016	羅芙奧	2018-06-02
明末清初 黄花梨两幢提盒	30×18.6×21.7cm	51,448	中国嘉德	2018-10-02
明 黄花梨香盒	直径6.2cm；高3.6cm	103,500	中贸圣佳	2018-11-25
明 黄花梨大方捧盒	长27.7cm	101,118	万昌斯	2018-11-29
明 嵌黄杨木雕麒麟如意云纹盖盒	高10cm；长18cm；宽9cm	97,750	西泠拍卖	2018-07-07
明 黄花梨匣盒	长16.2cm；高12.5cm	85,152	万昌斯	2018-11-29
明 黄花梨圆香盒	直径11.5cm	74,508	万昌斯	2018-11-29

拍品名称	物品尺寸	成交价RMB	拍卖公司	拍卖日期
明 花梨木雕包袱盒	高20.5cm；长23cm；宽23cm	69,000	西泠拍卖	2018-07-07
明 黄花梨异形手饰盒	长19cm；高10.3cm	63,864	万昌斯	2018-11-29
明 黄梨花圆香盒	直径8cm	24,481	万昌斯	2018-11-29
明晚期 紫檀嵌螺钿螭龙香盒	直径9.5cm	230,000	北京保利	2018-12-09
十八世纪紫檀嵌象牙卷轴式手卷盒(一对)	长19.3cm	404,500	香港苏富比	2018-04-03
清早期 紫檀圆香盒	直径8.4cm	241,500	中贸圣佳	2018-11-24
清早期 紫檀嵌玉香盒	长8.3cm；宽7.5cm；高6.3cm	138,000	中贸圣佳	2018-06-20
清早期 黄花梨围棋盒（一对）	直径11.7cm	126,500	中贸圣佳	2018-11-25
清早期 紫檀香盒	直径10.3cm；高5.3cm	126,500	中贸圣佳	2018-11-25
清早期 黄花梨香盒	直径7.2cm；高4cm	126,500	中贸圣佳	2018-06-20
清早期 黄花梨盖盒	27×16×8.4cm	126,500	中国嘉德	2018-11-20
清早期 黄花梨雕螭龙纹梳妆匼	高17cm；长35cm；宽35cm	92,000	西泠拍卖	2018-07-07
清早期 紫檀嵌黄杨木盒	12.7×21×7.8cm	92,000	华艺国际	2018-11-17
清早期 紫檀小提盒	14.5×12×15cm	57,500	北京荣宝	2018-06-14
清早期 黄花梨朝珠盖盒	直径18.5cm	48,300	上海国时	2018-04-30
清早期 紫檀帖盒	长35.2cm	44,800	上海联合	2018-11-25
清早期 黄花梨长方盒	长12cm	33,600	上海联合	2018-11-25
清早期 紫檀拜盒	18×35.5×7cm	25,300	华艺国际	2018-11-17
清初 黄花梨雕螭龙纹香盒	直径12cm	23,000	泰和嘉成	2018-12-05
清乾隆 紫檀雕开光山水纹节盒	高15.3cm	471,500	西泠拍卖	2018-07-07
清乾隆 紫檀大漆描金宝相花文具盒	24×18cm	253,000	印千山	2018-01-12
清乾隆 紫檀书函手卷式多宝盒	17.2×10.7×11cm	207,000	中国嘉德	2018-11-20
清乾隆 紫檀雕万字锦地书卷式盖盒	高9.5cm；长15.3cm	195,500	西泠拍卖	2018-07-07
清乾隆 紫檀雕洪福齐天纹盖盒	长32cm	182,700	佳士得	2018-05-30
清乾隆 硬木浮雕福禄万代纹捧盒	长21.5cm；宽11.9cm；高7.3cm	92,000	中贸圣佳	2018-06-20
清乾隆 紫檀雕暗八宝经盒	27.5×13.2×11cm	57,500	北京荣宝	2018-12-03
清乾隆 夔龙纹盖盒	直径8cm；高6cm	28,750	八益拍卖	2018-04-28
清中期 花梨雕菊花纹盖盒	32.5×24.5cm	172,500	华艺国际	2018-11-17
清中期 楠木云蝠纹朝珠盒配琥珀朝珠	直径20cm	89,700	北京保利	2018-12-09
清中期 紫檀巧雕荷叶式盖盒	长18.5cm；宽12.7cm；高7.8cm	80,500	中贸圣佳	2018-06-20
清中期 汪士骧老铁自题木盒附铜乳钉纹镜	直径12cm；重395g	23,000	北京保利	2018-06-20
清十八/十九世纪 紫檀长方盖盒		239,470	纽约苏富比	2018-09-12
清十九世纪 紫檀雕龙凤纹盖盒		145,393	纽约苏富比	2018-09-15
清十九世纪 黄杨木雕佛手形盖盒	11.5cm	70,070	伦敦苏富比	2018-05-18
法国19世纪 乌木黄阴古董首饰盒	36×26×18cm	43,700	西泠拍卖	2018-07-08
清十九世纪 硬木云龙纹盖盒	41cm	32,340	伦敦苏富比	2018-05-18
19世纪拿破仑3世时期 法国 铜鎏金细镶嵌桃花芯木雪茄盒	约30×21×24cm；开盖后总高38cm；	32,200	保利厦门	2018-01-08
清 瘿木螃蟹盖盒	长18.7cm	195,500	中国嘉德	2018-09-19
清 黄花梨螭龙纹画盒	长68.5cm	115,000	印千山	2018-01-12
清 黄花梨镶螺钿首饰盒	长24cm	66,700	印千山	2018-01-12
清 紫檀夔龙纹方盒	长15.5cm	63,250	北京翰海	2018-06-30
清 乾隆年制款紫檀嵌寿山石松下高士图琴形文具盒	高4.6cm；长16.6cm；宽5.8cm	57,500	西泠拍卖	2018-07-07
清末 黄花梨盖盒		51,315	纽约苏富比	2018-09-15
清代 紫檀文竹方盒	20.3×8.8×5cm	46,000	古天一	2018-06-17
清 紫檀嵌白玉“喜上眉梢”盖盒	长10.9cm	44,705	万昌斯	2018-11-28
清 紫檀嵌银丝翡翠诗文盖盒	长14cm	43,700	北京保利	2018-07-27
清 乌木花卉盖盒	高7cm；长9cm	39,285	香港诚昌	2018-05-28
清 紫檀龙纹香盒	长21.4cm	34,500	北京保利	2018-01-21
清 紫檀拜匣盒	长31.5cm；宽16cm；高9cm	34,500	凤凰拍卖	2018-01-21
清 紫檀雕佛手形盖盒	高4.7cm；长14cm	32,200	西泠拍卖	2018-07-07
清 紫檀嵌百宝三阳开泰图盖盒	高6.7cm；长14.7cm；宽12cm	32,200	西泠拍卖	2018-09-29
清代 紫檀提盒	长33.5cm；宽18cm；高24.5cm	28,750	南京经典	2018-01-06

拍品名称	物品尺寸	成交价RMB	拍卖公司	拍卖日期
清 黄花梨弦纹盖盒	高4.3cm；直径13cm	28,750	西泠拍卖	2018-07-07
清黄花梨、红木提盒、木文具盒各一件	长38cm；长28.5cm	28,750	中国嘉德	2018-01-14
清 紫檀如意纹圆盒	直径6cm	25,300	北京翰海	2018-06-30
清 潮州木雕供果盘盒	28.5×28.5×32cm	23,000	广东崇正	2018-07-05
清 桄榔木香盒	直径10cm	23,000	北京荣宝	2018-12-03
清 沉香木雕鹌鹑盖盒	高7cm；长12cm；重77.9g	20,700	西泠拍卖	2018-05-04
民国 黄花梨花式捧盒	直径15.5cm	27,600	南京经典	2018-01-06
当代 黄花梨嵌百宝束腰圆形盒	直径8.2cm	20,700	北京国时	2018-06-16
紫檀多宝盒	长27cm；宽27cm；高25cm	57,500	南京经典	2018-01-06
木叶 黄杨木嵌小叶紫檀竹节香盒	9.1×6×5.9cm	31,360	上海联合	2018-11-25
莲花艺术Lotus Arts de Vivre出品 木制纸巾盒	约14×29×12cm	23,000	保利厦门	2018-07-15
黄花梨方盖盒	宽18.5cm	20,700	北京保利	2018-04-30
清早期 紫檀树瘤大卷缸	直径37.5cm；高35cm	690,000	中国嘉德	2018-06-18
明晚；清早期 乌木甪端香薰	高24cm	690,000	广东崇正	2018-07-05
明末清初 紫檀花卉纹嵌银丝诗文玉兰花口笔筒	直径19cm	4,370,000	中贸圣佳	2018-06-20
17世纪 黄杨木雕梅花树桩式笔筒	12cm	192,138	香港苏富比	2018-04-02
明末清初 黄花梨树瘤笔筒	直径22.5cm；高19.8cm	184,000	中贸圣佳	2018-06-20
明末清初 黄花梨笔筒（两件）	直径20cm；高18.8cm；直径19.5cm；高18cm	172,500	中国嘉德	2018-06-18
17世纪 黄花梨大笔筒	径25.5cm	96,069	香港苏富比	2018-04-02
十七世纪 黄花梨笔筒		51,561	纽约苏富比	2018-03-21
明末清初 紫檀笔筒	高15.7cm；口径15.6cm	32,200	西泠拍卖	2018-07-07
明末清初 黄花梨笔筒	直径12.1×高14.2cm	25,300	北京诚轩	2018-06-17
明 紫檀透雕携琴访友图笔筒	高14.3cm	2,070,000	中贸圣佳	2018-11-24
明 皇八子永璇书乾隆御制诗三松款人物笔筒	高15cm	1,725,000	中贸圣佳	2018-06-20
明 戴易题三松笔筒	高14.4cm	1,035,000	中贸圣佳	2018-06-20
明 黄花梨葵口螭龙纹笔筒	直径14.7cm；高16.5cm	368,000	中贸圣佳	2018-06-20
明 黄花梨整挖三足笔筒	高13.5cm；直径13.1cm	287,500	中贸圣佳	2018-11-24
晚明 黄花梨素笔筒	直径16.3cm；高17.7cm	184,000	中贸圣佳	2018-06-20
晚明 黄花梨弦纹笔筒	直径19cm；高19cm	149,500	中贸圣佳	2018-11-25
明-清 黄花梨笔筒（三只）	尺寸不一	149,500	中贸圣佳	2018-11-24
明晚期 严望云为项元汴作黄杨木仿竹根小笔筒	高9.5cm	105,800	中国嘉德	2018-05-18
明晚期 沉香雕松纹笔筒	高12.5cm	103,500	八益拍卖	2018-04-28
明代 黄花梨素笔筒	高18cm	92,000	南京经典	2018-01-06
明 黄花梨嵌银丝纹笔筒	高16cm	75,900	上海国时	2018-04-30
明 黄花梨笔筒	高14.4cm	55,200	北京保利	2018-12-08
明 紫檀笔筒	高12.4cm；口径10cm	32,200	西泠拍卖	2018-07-07
明晚期 黄花梨笔筒	高13cm	23,000	中国嘉德	2018-09-19
明晚期 黄花梨螭龙纹玉兰花口笔筒	高19cm	897,000	中贸圣佳	2018-11-24
十七/十八世纪 黄花梨雕玉兰花葵口笔筒	高20cm	1,219,625	邦瀚斯	2018-11-27
十八世纪 紫檀刻诗文笔筒		277,638	纽约苏富比	2018-03-21
十八世纪 紫檀树瘤型笔筒	高21.5cm	123,475	北京国时	2018-10-03
清早期 沉香高浮雕清幽山居图笔筒	高14cm；总重418g	1,725,000	西泠拍卖	2018-07-07
清早期 黄花梨六棱笔筒	直径17.4cm；高17.8cm	552,000	中国嘉德	2018-06-18
清早期 徐孝穆刻王蘧常书“玉皇飞云”黄花梨笔筒	高14.5cm	552,000	华艺国际	2018-11-16
清早期 沉香雕喜上眉梢笔筒	直径12cm；高14cm；重253.2g	517,500	中贸圣佳	2018-06-20
清早期 黄杨木雕早春图笔筒	长17.5cm；高13cm	517,500	华艺国际	2018-11-16
清早期 紫檀嵌百宝指日高升图笔筒	高19.2cm	345,000	北京保利	2018-12-09

2018杂项拍卖成交汇总

(成交价RMB：2万元以上)

拍品名称	物品尺寸	成交价RMB	拍卖公司	拍卖日期
清早期 紫檀笔筒	高19.6cm	310,500	华艺国际	2018-11-16
清早期 紫檀鸟纹笔筒	16.5×17.2cm	287,500	上海匡时	2018-04-30
清早期 黄花梨画斗	24.5×21.6cm	241,500	上海匡时	2018-04-30
清早期 黄花梨螭龙纹笔筒	直径18.6cm; 高8.2cm	218,500	中国嘉德	2018-06-18
清早期 紫檀雕岁寒三友笔筒	15.5×12.5×15cm	184,000	北京匡时	2018-06-15
清初 紫檀三足素笔筒	高13.5cm; 直径13.1cm	172,500	中贸圣佳	2018-11-24
清早期 黄花梨笔海	口径24cm	161,000	上海匡时	2018-04-30
清早期 沉香木山水人物纹笔筒	25.2×22.5×19.2cm	149,500	中国嘉德	2018-06-18
清早期 沉香雕花卉笔筒	9.6×8.8×12.2cm	138,000	中国嘉德	2018-11-20
清早期 黄花梨笔筒（一组）	高10.3-10.5cm	138,000	华艺国际	2018-11-16
清早期 紫檀虎皮纹笔筒	直径15.7cm; 高17.8cm	115,000	中贸圣佳	2018-11-25
清早期 紫檀瓜棱诗文笔筒	8.5×10.5cm	115,000	北京匡时	2018-06-15
清早期 紫檀随形笔筒	高17.3cm	115,000	广东崇正	2018-07-05
清早期 黄花梨天然形笔筒	直径13cm; 高13.2cm	94,300	中国嘉德	2018-06-18
清早期 沉香随形雕五龙笔筒	长20cm	92,000	印千山	2018-01-12
清早期 黄花梨刻书法笔筒	直径9.1cm; 高11.8cm	92,000	中贸圣佳	2018-11-25
清早期沉香山水人物故事长方笔筒	高20.2cm	80,500	印千山	2018-01-12
清早期 黄花梨笔筒	高17.5cm	71,300	华艺国际	2018-05-23
清早期 沉香人物故事笔筒	高15.3cm	66,700	印千山	2018-01-12
清早期 黄花梨笔筒	高17cm	57,500	华艺国际	2018-05-23
清早期 黄花梨笔筒	高15.5cm	57,500	中国嘉德	2018-09-19
清早期 黄花梨笔筒	直径16.2cm; 高15.1cm	57,500	中贸圣佳	2018-11-25
清早期 紫檀雕兰花纹笔筒	高11.3cm; 口径6cm	51,750	西泠拍卖	2018-07-07
清初 紫檀笔筒	高11.1cm	46,000	中贸圣佳	2018-11-24
清早期 黄花梨弦纹笔筒	高12.5cm; 口径10.5cm	40,250	西泠拍卖	2018-07-07
清早期 黄花梨笔筒	径18cm	40,250	印千山	2018-01-12
清早期 紫檀雕梅花笔筒	高10.8cm; 口径7cm	36,800	西泠拍卖	2018-07-07
清早期 黄花梨笔筒	高16cm	32,200	华艺国际	2018-03-30
清早期 黄杨木镂雕高士图笔筒	高8.1cm; 口径5.5cm	32,200	西泠拍卖	2018-07-07
清早期 黄花梨笔筒	高13.5cm	23,000	北京保利	2018-10-28
清早期 黄花梨竹节纹笔筒	12.5×9.5cm	23,000	上海匡时	2018-04-30
清早期 黄花梨弦纹笔筒	高13.7cm	23,000	中国嘉德	2018-05-18
清早期 黄花梨嵌银丝诗文笔筒	高15.6cm	23,000	中国嘉德	2018-09-19
清早期 黄杨木雕梅桩笔筒	高13.2cm; 口径6.8cm	20,700	西泠拍卖	2018-07-07
清乾隆壬午年二月(1762) 奚冈刻紫檀林亭幽静图笔筒	高16.5cm	659,750	佳士得	2018-05-30
17或18世纪 沉香木菊石纹笔筒	直径5.5cm; 高4.6cm	166,140	羅芙奧	2018-06-02
18世纪 黄花梨笔筒（两件）	高14.9cm; 13cm	47,039	纽约佳士得	2018-09-13
清中期 沉香通景高浮雕香山九老图笔筒	长16.2cm; 高13cm	287,500	浙江佳宝	2018-07-01
清中期 黄花梨笔筒	高15cm	172,500	北京翰海	2018-06-30
清中期 黄花梨笔筒	高19.3cm	126,500	北京翰海	2018-06-30
清中期 紫檀百宝嵌笔筒	高13cm	92,000	北京华辰	2018-11-19
清中期 黄花梨笔筒	高19cm	74,750	北京翰海	2018-06-30
清中期 黄花梨百宝嵌松下高士图笔筒	直径9.7cm; 高12.5cm	74,750	中国嘉德	2018-06-18
清中期 紫檀六角诗文笔筒	高14.5cm	66,700	上海匡时	2018-04-30
清中期 黄花梨百宝嵌胡人骑猎图笔筒	直径10.7cm; 高13.3cm	57,500	中国嘉德	2018-11-20
清中期 紫檀笔筒	高16cm	43,700	北京翰海	2018-06-30
清中期 紫檀笔筒	高9.5cm	39,100	中国嘉德	2018-10-02
清中期 红木笔筒	高16.5cm	34,500	北京翰海	2018-06-30
清中期 黄花梨大笔筒	高14.3cm	25,300	北京保利	2018-04-29
清十八/十九世纪 黄花梨刻清竹图诗文笔筒		153,945	纽约苏富比	2018-09-15
清十八/十九世纪 沉香木高士游山图笔筒	12.7cm	86,240	伦敦苏富比	2018-05-16
清十八/十九世纪 黄花梨树桩形笔筒		47,039	纽约苏富比	2018-09-12
清晚期 陈天赐制黄杨木雕高仕赏游图笔筒	高10.7cm; 口径8.3cm	36,800	西泠拍卖	2018-09-29

拍品名称	物品尺寸	成交价RMB	拍卖公司	拍卖日期
清 罗聘款竹石图紫檀笔筒	高17cm	920,000	中贸圣佳	2018-11-24
清 紫檀雕天然笔筒	直径13.5cm; 高16.3cm	333,500	中贸圣佳	2018-11-24
清 紫檀瓜棱笔筒（一对）	长16.8cm; 高16.2cm	230,000	中贸圣佳	2018-11-24
清 黄文瀚书法笔筒	直径16.2cm; 高16.5cm	230,000	中贸圣佳	2018-06-20
清 黄花梨疙瘩笔筒	直径19cm; 高17.5cm	195,500	中贸圣佳	2018-06-20
清 黄花梨雕木纹大笔筒	高26cm	190,924	香港诚昌	2018-04-02
清 黄花梨蕉林侍女图并题诗笔筒	高31.5cm	189,750	印千山	2018-01-12
清 沉香木山水人物纹大笔筒	长24cm	172,500	中国嘉德	2018-01-14
清 紫檀海棠形笔筒	直径21.8cm; 高18.8cm	161,000	中贸圣佳	2018-11-25
清 包世臣款紫檀笔筒	高13.7cm; 口径11.4cm	149,500	西泠拍卖	2018-07-07
清 周师濂款黄花梨雕诗文笔筒	高19cm; 口径20cm	143,750	西泠拍卖	2018-07-07
清 黄花梨大笔筒	高19cm	134,142	香港诚昌	2018-05-28
清 沉香陶渊明爱菊图“吴林州制”款笔筒	高16cm	130,176	羅芙奧	2018-12-01
清 黄花梨笔海	高22cm; 口径22.5cm	126,500	西泠拍卖	2018-07-07
清 沉香雕山水人物纹笔筒	高18.2cm	115,000	北京匡时	2018-12-05
清 黄花梨（底刻字）笔筒连座	高21cm	114,979	香港诚昌	2018-05-28
清 木雕奇异笔筒	17.2cm	111,238	香港苏富比	2018-04-02
清 六舟、褚德彝款随形奇木笔筒	高13cm	103,500	西泠拍卖	2018-07-07
清 沉香木松下高仕图笔筒	高15cm	101,200	太平洋	2018-11-22
清 沉香雕鹿鹤同春笔筒	高11.4cm; 口径 7.5cm; 重144.5g	97,750	西泠拍卖	2018-07-07
清 曹山彦款紫檀雕诗文笔筒	高13.4cm; 口径11cm	97,750	西泠拍卖	2018-07-07
清代 黄花梨笔海	口径19cm; 高18cm	94,300	南京经典	2018-07-22
清 吴友如黄花梨笔筒	直径6cm; 高12cm	86,250	中贸圣佳	2018-06-20
清 桂馥款黄花梨雕诗文笔筒	高15cm; 口径13cm	80,500	西泠拍卖	2018-07-07
清 黄花梨笔筒	高17cm; 直径20cm	76,653	香港诚昌	2018-05-28
清 紫檀葵花笔筒	直径13.2cm; 高14cm	74,750	中贸圣佳	2018-11-25
清 沉香雕人物故事笔筒	高15.5cm	69,000	印千山	2018-01-12
清 黄杨木雕灵芝纹笔筒	高12cm	66,700	西泠拍卖	2018-07-07
清 黄花梨百宝嵌喜上眉梢图笔筒	高10.5cm	66,700	华艺国际	2018-11-16
清 黄花梨笔筒（三件）	高16.5cm	59,950	佳士得	2018-10-04
清 黄花梨笔筒	高17.5cm; 口径 18.5cm	59,800	西泠拍卖	2018-07-07
清 紫檀海棠形笔筒	高11cm	57,500	保利厦门	2018-07-15
清 黄花梨花鸟纹题诗大笔筒	高16cm; 宽16cm	57,490	香港诚昌	2018-05-28
清 黄花梨笔筒	高15.5cm	53,459	中国嘉德	2018-04-02
清 邓石如款黄杨木雕诗文笔筒	高9.8cm; 口径6.2cm	48,300	西泠拍卖	2018-07-07
清 沉香木雕梅花纹笔筒	高12.6cm; 口径6cm; 重160g	46,000	西泠拍卖	2018-09-29
清 花梨木笔筒一件及黄花梨笔筒两件	高16.5cm	43,600	佳士得	2018-10-04
清 金农款红木雕梅花诗文笔筒	高10.8cm; 口径5.5cm	40,250	西泠拍卖	2018-07-07
清 黄花梨笔筒	高17.8cm	36,800	北京保利	2018-07-27
清 黄杨木雕灵芝纹随形笔筒	高13.5cm; 口径11cm	36,800	西泠拍卖	2018-07-07
清 黄花梨笔筒	高16cm	34,500	北京保利	2018-07-27
清 黄花梨诗文笔筒	高14.5cm	34,500	华艺国际	2018-03-30
清 黄花梨笔筒（一组三件）	尺寸不一	34,500	西泠拍卖	2018-07-07
清 黄花梨笔筒	高16.3cm; 直径16cm	33,228	羅芙奧	2018-06-02
清 黄花梨笔筒	高16.5cm	32,200	北京保利	2018-07-27
清 黄花梨百宝嵌花鸟纹笔筒及黄花梨笔筒	宽16cm; 高16.5cm; 宽12.5cm; 高15cm	30,869	中国嘉德	2018-10-02
清 黄花梨笔筒	宽13.5cm; 高14.5cm	28,811	中国嘉德	2018-10-02
清 沉香山水人物笔筒	高13cm	28,750	北京保利	2018-01-21
清 黄花梨笔筒	高17.7cm	28,750	北京保利	2018-07-27
清 舟宣款黄杨木雕戏犬图笔筒	高10.5cm; 通径8.2cm	28,750	西泠拍卖	2018-07-07
清 黄杨木雕竹石图笔筒	高11.5cm; 口径7cm	28,750	西泠拍卖	2018-07-07
清 紫檀笔筒	高15.9cm; 口径16.4cm	28,750	西泠拍卖	2018-07-07

拍品名称	物品尺寸	成交价RMB	拍卖公司	拍卖日期
清 黄花梨花鸟纹诗文笔筒	高15cm	28,639	中国嘉德	2018-04-02
清 瘿木随形笔筒	高22cm	28,116	羅芙奧	2018-06-02
清 黄杨木山水人物笔筒	高11cm	26,450	上海匡时	2018-04-30
清 奇木随形笔筒及奇木随形摆件	14.6×15.5×11cm; 6×9×8cm	25,724	中国嘉德	2018-10-02
清沉香笔筒、手串、暖手、扳指（五件）	尺寸不一	25,300	北京保利	2018-07-27
清 紫檀大笔筒	直径27.3cm	25,300	北京保利	2018-07-27
清 黄花梨笔筒	直径16.3cm	25,300	北京保利	2018-07-27
清 紫檀笔筒	高20.7cm; 口径21.8cm	25,300	西泠拍卖	2018-09-29
清 黄花梨素笔筒	高15cm	24,408	羅芙奧	2018-12-01
清 查士标紫檀诗文小笔筒	高9.5cm	23,000	保利厦门	2018-01-08
清 黄花梨笔筒	直径18.7cm	23,000	北京保利	2018-01-21
清 紫檀雕随形树瘤笔筒	高16.5cm; 口径17.2cm	23,000	西泠拍卖	2018-07-07
清 黄花梨雕如意兰花纹笔筒	高13cm; 口径9.8cm	23,000	西泠拍卖	2018-07-07
清 沉香牡丹雉鸡图笔筒	宽11.3cm; 高12.9cm	23,000	浙江佳宝	2018-07-01
清 黄花梨笔筒	高14.5cm	23,000	华艺国际	2018-11-17
清 黄花梨笔筒	高14.5cm	20,700	北京保利	2018-01-21
清 黄花梨笔筒	15×14.2cm	20,700	北京东正	2018-06-17
清 黄花梨笔筒	高17.4cm	20,700	中国嘉德	2018-05-18
清 黄杨木秋虫图笔筒	高11.5cm	20,700	华艺国际	2018-11-16
清末民国吴昌硕、王一亭款黄杨木笔筒	直径8cm; 高12.2cm	195,500	中贸圣佳	2018-06-20
民国 黄杨木雕松下高士图笔筒	带座高16.2cm	109,250	西泠拍卖	2018-07-07
民国 王福庵铭紫檀笔筒	高10.5cm	46,000	广东崇正	2018-07-05
民国 黄花梨松下人物笔筒	直径20cm	36,800	北京保利	2018-04-30
民国 黄花梨笔筒	高15.5cm; 口径15cm	25,300	南京经典	2018-01-06
清 六舟上人刻 万竿烟雨图鸂鶒木笔筒	直径16.7cm	920,000	北京保利	2018-06-19
紫檀雕瘤根笔筒	高14.5cm	748,000	中正拍卖	2018-11-30
抚孤松盘桓图黄花梨笔尊 清 周子和刻	长16cm; 宽16cm; 高16.8cm; 重856g	345,000	北京保利	2018-06-19
来楚生铭、徐孝穆刻 紫檀木笔筒	直径13.7cm; 高13.5cm	172,500	中国嘉德	2018-06-18
徐孝穆刻 唐云稿 红木笔筒	高12cm	109,760	上海联合	2018-07-01
紫檀龙纹笔筒（一件）	直径13cm; 高13.2cm	109,250	北京匡时	2018-06-15
紫檀雕海水龙纹大笔筒	高20cm	92,000	北京匡时	2018-06-15
洪建华 小叶紫檀三羊开泰笔筒	高18cm; 最大直径16.5cm	62,720	上海联合	2018-11-25
黄花梨 笔筒	尺寸不一	38,080	上海联合	2018-11-25
郑林洲 小叶紫檀云纹笔筒	直径17cm; 高17.5cm	24,640	上海联合	2018-11-25
黄杨木镶嵌紫光檀笔筒	最大直径21cm; 高18cm	24,640	上海联合	2018-11-25
硬木嵌百宝博古诗文笔筒	高18cm	23,000	中国嘉德	2018-01-14
小叶紫檀郑板桥诗画笔筒	直径12.3cm; 高12.7cm	20,160	上海联合	2018-11-25
清 沉香山子笔架	长14.7cm; 高8.6cm; 重150g	138,000	中贸圣佳	2018-06-20
14世纪 般若佛母护经板	70×25cm	74,750	中贸圣佳	2018-06-20
明永乐 护经板	73cm×26.6cm	402,500	中贸圣佳	2018-06-20
明永乐 约1410年 木朱漆描金护经板		174,515	纽约苏富比	2018-03-22
15世纪 木质护经板	68.8×26.8cm	40,250	西泠拍卖	2018-07-08
16世纪 木雕鎏金护经板	76×30cm	184,000	北京荣宝	2018-06-14
尼泊尔 约十七世纪 木彩绘牛魔屠者杜尔迦女神护经板（两件）		59,494	纽约苏富比	2018-03-22
藏西 十五世纪末古格王朝 开光八千颂般若波罗蜜多经护经板及卷首		555,275	纽约苏富比	2018-03-22
西藏 十二世纪或十三世纪初 木刻彩绘护经板		333,165	纽约苏富比	2018-03-22
西藏 约十四世纪 木刻彩绘护经板		158,650	纽约苏富比	2018-03-22
西藏 十四/十五世纪 木刻彩绘护经板		158,650	纽约苏富比	2018-03-22
护经板	70.5×24cm	57,500	北京匡时	2018-06-15
护经板	72.5×23cm	57,500	北京匡时	2018-06-15
清 黄花梨琵琶	99.5cm×31cm	195,500	中贸圣佳	2018-06-20

拍品名称	物品尺寸	成交价RMB	拍卖公司	拍卖日期
民国 毛惠生制黄杨木观音塔	高48cm	437,000	华艺国际	2018-05-23
花梨木大鸟笼（一对）	高73cm	25,300	中国嘉德	2018-09-20
硬木鸟笼（一对）	高31cm	20,700	中国嘉德	2018-09-20
清早期 "赏音"诗文匾	68.2cm×23.1cm	253,000	中国嘉德	2018-11-20
清早期楠木黑漆添朱漆变体篆书盈联	高160cm×2	32,200	北京荣宝	2018-12-03
清中期 刘墉多福多寿匾	54.5×24×1.5cm	23,000	北京匡时	2018-06-15
清晚期 大漆描金锦鲤云龙纹"店头古地"匾	145.5×54cm	92,000	中国嘉德	2018-11-20
清 红豆杉绿香吟馆书房匾	176.2cm×52.4cm	437,000	中贸圣佳	2018-06-20
清 黄铎铭楠木文房匾（一对）	长94.8cm; 宽18.9cm	138,000	中贸圣佳	2018-11-25
清 何绍基 书房对联	高84cm	126,500	中贸圣佳	2018-11-25
清 吴昌硕款观复斋匾额	176×47.5cm	115,000	上海匡时	2018-04-30
清 陈献章款楠木红漆洒金书房匾	长99cm; 宽36cm	78,200	中贸圣佳	2018-06-20
梁章鉅 清 楠木"琴心清远"匾额	37×132.5cm	78,200	华艺国际	2018-11-16
清 读书乐书房匾	长88.6cm; 宽29cm	57,500	中贸圣佳	2018-11-25
清 对联（一对）	233×22.5cm	35,650	北京保利	2018-04-29
清 对联（一对）	237×22cm	23,000	北京保利	2018-04-29
民国 魏勋堂 翰苑天香匾	长218.5cm; 宽72.5cm	161,000	中贸圣佳	2018-11-25
民国 硬木刻吴昌硕题书"蜗庐"匾额	长96cm	69,000	北京中汉	2018-11-21
民国 红木嵌玉对联	151×40cm	48,300	北京保利	2018-04-29
民国 楠木吴昌硕篆书匾额	长105cm; 宽31.5cm	34,500	南京经典	2018-07-22
民国 吴昌硕书法木匾	长100cm; 宽34cm	29,900	南京经典	2018-01-06
吴昌硕 "雪庐"匾额	129×49cm	264,500	北京保利	2018-06-18
周少白《小隐》书房匾 镜心	长122cm; 宽42cm	230,000	中贸圣佳	2018-11-24
胡适 "慎独居"匾额	179×42cm	138,000	北京保利	2018-06-18
谷牧上款林凡书法木对联	125×19×2cm×2	69,000	广东崇正	2018-07-04
吴昌硕 "兰香"匾额	44×143cm	63,250	北京保利	2018-12-06
米芾 "读易堂"匾额	197×67cm	57,500	北京保利	2018-06-18
郑板桥 "爱吾庐"匾额	37×159cm	46,000	北京保利	2018-12-06
沈葆桢 "望云小舍"匾额	46×144cm	40,250	北京保利	2018-12-06
王文治 嵌螺钿对匾	133×29cm×2	25,300	北京保利	2018-12-06
潘思牧 "有怀"匾额	48×127cm	23,000	北京保利	2018-12-06
王文治 "半日闲"匾额	38×126cm	23,000	北京保利	2018-12-06
汪守和 对联匾额	153×31cm×2	20,700	北京保利	2018-12-06
清 吴让之书房对联	长139.7cm; 宽20.9cm	230,000	中贸圣佳	2018-11-25
牙雕				
公元前200至公元100年 阿拉斯加旧白令海奥克维克 海象牙雕人像	高13.5cm	910,125	香港苏富比	2018-04-02
明末清初 象牙雕莲蕊形盖盒	宽6.5cm	143,193	保利香港	2018-04-02
明末清初 象牙雕寿星改制茶匙	长16.6cm; 宽4.2cm	23,866	保利香港	2018-04-02
明晚期 象牙雕送子观音	高16.3cm	334,117	保利香港	2018-04-02
明 象牙雕宝帐大黑天牌	长88cm	199,575	邦瀚斯	2018-11-27
明 象牙雕执笏仕女	高26.5cm	171,832	保利香港	2018-04-02
明治时期 象牙人物屏风	20cm×23cm×2	149,500	南京经典	2018-01-06
明或清 茜色象牙带盖香筒	长9.1cm	95,462	保利香港	2018-04-02
明 象牙素面笔筒	高14cm	95,462	保利香港	2018-04-02
明 象牙雕送子观音	高15cm	71,597	保利香港	2018-04-02
明 象牙畅斋铭题诗词笔筒	高15cm	57,277	保利香港	2018-04-02
明晚期 象牙雕寿星	高23.4cm; 宽5cm; 带座高25.2cm	52,504	保利香港	2018-04-02
明 象牙雕韩湘子	高29cm	47,731	保利香港	2018-04-02
明至清 象牙雕人物像三件和象牙扇一把	长29.5cm	38,185	中国嘉德	2018-04-02
十七至十八世纪初 牙雕麒麟吐水摆件	高14.7cm	707,875	香港苏富比	2018-04-03
十八世纪 牙雕外瓜虫内春宫盖盒	长11.4cm	262,925	香港苏富比	2018-04-03
清初 象牙雕棱式香插	高7.6cm	485,400	香港苏富比	2018-04-02
清初 太华山人款雕山水笔筒	高10cm	80,500	上海匡时	2018-04-30
清早期 象牙雕梅竹雀鸟纹扇骨	长38cm	33,412	保利香港	2018-04-02
清康熙 象牙加漆刻携琴访友图题诗笔筒	高13.2cm	1,308,000	香港苏富比	2018-10-03
清乾隆 象牙镂雕茶罐（一对）	宽10cm	286,386	中国嘉德	2018-04-02
清乾隆 牙雕鹌鹑盖盒	直径9.9cm	151,688	香港苏富比	2018-04-03
清乾隆 虬角象耳香熏	高14cm	138,000	上海匡时	2018-04-30
清乾隆 牙雕鹌鹑盖盒	直径9.7cm	109,000	香港苏富比	2018-10-03
18世纪 象牙雕释迦牟尼坐像及底座	高9cm; 高11cm	64,680	伦敦佳士得	2018-05-15

2018杂项拍卖成交汇总

(成交价RMB：2万元以上)

拍品名称	物品尺寸	成交价RMB	拍卖公司	拍卖日期
19世纪 独角鲸牙(两件)	长197.3cm；长216.8cm	353,938	香港苏富比	2018-04-02
19世纪 独角鲸牙	214cm	161,800	香港苏富比	2018-04-02
19世纪 独角鲸牙	203cm	121,350	香港苏富比	2018-04-02
清代 牙雕花篮仙子	高25.5cm	138,000	南京经典	2018-01-06
清代 牙雕南红如意	长32.5cm	92,000	南京经典	2018-01-06
清代 牙雕鱼背观音	高5.2cm	57,500	南京经典	2018-01-06
清代 牙雕宝瓶观音	高27.5cm	57,500	南京经典	2018-01-06
清代 慈航普度牙雕香筒	高30cm	46,000	南京经典	2018-01-06
清 象骨扇骨（一组）	长21.7-29cm	42,550	华艺国际	2018-11-16
清代 象牙大杈在握烟杆	长38.5cm	36,800	南京经典	2018-01-06
清 虬角雕海水江崖山子摆件	高5cm	34,500	北京东正	2018-06-17
民国 于硕象牙微雕山水诗文香盒	口径4.9cm	138,000	南京经典	2018-01-06
象牙雕太白醉酒图笔筒	高13.2cm	4,620,000	中正拍卖	2018-11-30
象牙素朝板	长49×3.5cm	4,400,000	中正拍卖	2018-11-30
象牙浮雕多子图长方牌	7.4×5×0.9cm	3,300,000	中正拍卖	2018-11-30
猛犸牙茜色大花篮	高81cm	667,000	中国嘉德	2018-09-20
猛犸牙茜色四季盆大摆件	长86cm	287,500	中国嘉德	2018-05-19
猛犸牙茜色大吉摆件	高60cm	195,500	中国嘉德	2018-09-20
猛犸牙关公像	高30cm	161,000	中国嘉德	2018-01-14
猛犸牙大螃蟹（一对）	长25cm	161,000	中国嘉德	2018-01-14
精美象棋配棋盘, Moiseikin		154,344	中国嘉德	2018-10-02
猛犸牙茜色百财摆件	长46cm	101,200	中国嘉德	2018-09-20
猛犸牙瑞兽纹鸟笼	高50cm	80,500	中国嘉德	2018-01-14
猛犸牙茜色天女散花像	高39.5cm	63,250	中国嘉德	2018-01-14
猛犸牙茜色寿星像	高26.5cm	63,250	中国嘉德	2018-09-20
猛犸牙茜色四美像	尺寸不一	55,200	中国嘉德	2018-09-20
猛犸牙八仙图鸟笼	高49.5cm	52,900	中国嘉德	2018-01-14
猛犸牙螃蟹（一对）	长22cm	52,900	中国嘉德	2018-09-20
猛犸牙大鸟笼	高44.5cm	52,900	中国嘉德	2018-09-20
猛犸牙茜色百财摆件	长48cm	51,750	中国嘉德	2018-01-14
猛犸牙观音像	高19.5cm	48,300	中国嘉德	2018-09-20
猛犸牙一路连科笔筒	高15cm	48,300	中国嘉德	2018-05-19
掐丝珐琅嵌猛犸牙茜色荷花盆景	高48cm	43,700	中国嘉德	2018-01-14
猛犸牙茜色暗刻山水人物诗文笔筒	高15.3cm	43,700	中国嘉德	2018-01-14
猛犸牙龙舟	长61cm	40,250	中国嘉德	2018-01-14
猛犸牙神仙人物山子	长66cm	40,250	中国嘉德	2018-05-19
猛犸牙龙舟摆件	长60cm	40,250	中国嘉德	2018-05-19
猛犸牙茜色嫦娥像	高36.5cm	36,800	中国嘉德	2018-05-19
猛犸牙三星像	高15.9cm；高15.5cm；高15.1cm	32,200	中国嘉德	2018-01-14
猛犸牙山水楼阁山子	长46cm	28,750	中国嘉德	2018-09-20
猛犸牙观音赐福山子	长51cm	28,750	中国嘉德	2018-09-20
猛犸牙四方鸟笼	高31cm	25,300	中国嘉德	2018-05-19
猛犸牙花卉纹笔筒	高14.6cm	25,300	中国嘉德	2018-09-20
猛马牙山水山子	高84cm	23,000	北京保利	2018-04-30
角雕				
十七世纪 犀角雕苍松杯	宽12.5cm	1,618,000	香港苏富比	2018-04-03
十六至十七世纪 犀角雕东方朔盗仙桃杯	高10cm	1,415,750	香港苏富比	2018-04-03
十七世纪 犀角镂雕一把莲杯	高15.7cm	872,000	香港苏富比	2018-10-03
十八世纪 犀角雕鸡冠花杯	高14.3cm	1,162,938	香港苏富比	2018-04-03
清十七至十八世纪 犀角雕莲纹杯	高18cm	606,750	香港苏富比	2018-04-03
十七至十八世纪犀角雕把莲荷叶式杯	15.1cm	586,525	香港苏富比	2018-04-03
十七至十八世纪 犀角雕荷塘游鱼荷叶式杯	11cm	424,725	香港苏富比	2018-04-03
十七至十八世纪 犀角蟠螭寿桃杯	12.2cm	404,500	香港苏富比	2018-04-03
十七至十八世纪犀角雕莲蓬荷叶式杯	10.1cm	323,600	香港苏富比	2018-04-03
清中期 角制折枝梅纹杯	高6.5cm；重85g	172,500	浙江佳宝	2018-07-01
清中期 角制福寿杯	高5cm；重62.6g	115,000	浙江佳宝	2018-07-01
清 李复堂、金农铭牛角笔筒	高9.5cm	69,000	广东崇正	2018-07-05
清 角制玉堂富贵花形杯	高4.2cm；重25.6g	48,300	浙江佳宝	2018-07-01
清 虬角烟碟（一组七件）	尺寸不一	36,800	中国嘉德	2018-06-19

拍品名称	物品尺寸	成交价RMB	拍卖公司	拍卖日期
犀角雕兽面纹龙柄杯	高7.2cm	5,280,000	中正拍卖	2018-11-30
角雕佛像尊	重约967g	4,048,000	中正拍卖	2018-11-30
角雕秋葵螭龙杯	重140g	3,300,000	中正拍卖	2018-11-30
石雕				
清 铜嵌黄花梨鸟笼挑杆	长171.5cm	23,000	中贸圣佳	2018-11-25
佩饰件				
公元1-3世纪 肉红石髓珠配长金管项链	长88cm；重33g	381,848	保利香港	2018-04-02
公元前8-7世纪 蚀花肉红石髓珠配圆形金吊坠大钱纹金珠项链	长80cm；重175g	1,145,544	保利香港	2018-04-02
公元前8-7世纪 蚀花肉红石髓珠配亚述金花项链	长159cm；重44g	859,158	保利香港	2018-04-02
公元前8-7世纪 蚀花肉红石髓珠配亚述金花项链	长72cm；重43g	859,158	保利香港	2018-04-02
公元前8-7世纪 蚀花肉红石髓珠配各形金珠项链	长145cm；重98g	763,696	保利香港	2018-04-02
公元前8-7世纪 蚀花肉红石髓珠配各形金珠项链	长156cm；重107g	668,234	保利香港	2018-04-02
公元前8-7世纪 蚀花肉红石髓珠配各形金珠项链	长140cm；重85g	668,234	保利香港	2018-04-02
公元前8-7世纪 蚀花肉红石髓项链	长105cm；重54g	334,117	保利香港	2018-04-02
清 吴大澂藏玉振磬	长51.5cm	264,500	中贸圣佳	2018-06-20
黄宾虹旧藏寿山栗子黄田黄石圆雕寿星公手件	高7.8cm	678,500	荣宝斋（南京）	2018-07-15
清代海幢寺住持纯谦相益（涉川）铭石磬一件	26×21×厚度2cm	97,750	广东崇正	2018-07-05
陈设件				
良渚文化 约公元前3300-2300年 石锛（两件）	长17.8cm	55,438	佳士得	2018-11-28
2世纪 犍陀罗释迦坐像	高46.5cm	575,000	西泠拍卖	2018-07-08
约2世纪 罗马大理石雕男性半身像	高40cm	384,275	香港苏富比	2018-04-02
2世纪 阿育王施土	高65cm	207,000	西泠拍卖	2018-07-08
约2世纪末至3世纪 罗马大理石雕青年头像残件	24.5cm	192,138	香港苏富比	2018-04-02
2世纪 菩萨头像	高48cm	172,500	西泠拍卖	2018-07-08
2世纪 罗马帝国大理石雕牧神头像	18.5cm	55,619	香港苏富比	2018-04-02
2世纪 阿弥陀佛坐像	高28cm	46,000	西泠拍卖	2018-07-08
2世纪 舍利塔	高25cm	40,250	西泠拍卖	2018-07-08
2世纪 双坐佛板	51×6×18cm	34,500	西泠拍卖	2018-07-08
2世纪 释迦牟尼坐像	高23cm	27,600	西泠拍卖	2018-07-08
2世纪 一佛二菩萨像	15×14cm	25,300	西泠拍卖	2018-07-08
2世纪 一佛二菩萨像	高21cm	23,000	西泠拍卖	2018-07-08
2世纪 释迦牟尼说法坐像	高25cm	20,700	西泠拍卖	2018-07-08
2-3世纪 犍陀罗弥勒立身像石雕	高35cm	102,240	羅芙奧	2018-06-02
3世纪 佛头（一组三个）	高14cm；高14cm；高12cm	46,000	西泠拍卖	2018-07-08
3世纪 片岩犍陀罗头像	高19.8cm	43,700	西泠拍卖	2018-07-08
东魏兴和三年 黄花石雕佛七尊像		8,471,910	纽约苏富比	2018-03-20
东魏 石雕刻文佛身像	高84cm	463,032	中国嘉德	2018-10-02
魏-晋 “汉白玉”瑞兽	长23.7cm	146,160	万昌斯	2018-05-30
3-4世纪 健陀罗石雕	直径2.5cm；高3.5cm	43,700	中贸圣佳	2018-06-20
北魏 砂岩石雕飞天像		2,480,225	纽约苏富比	2018-09-12
北魏 石灰石雕维摩诘居士像		1,710,500	纽约苏富比	2018-09-12
北魏 石灰石雕菩萨首像		1,111,825	纽约苏富比	2018-09-12
北齐 石灰石雕菩萨立像		5,425,830	纽约苏富比	2018-03-20
北齐天保十年（559年）大理石雕思惟菩萨三尊像		3,386,790	纽约苏富比	2018-09-12
隋 石灰石雕观音首像		5,349,678	纽约苏富比	2018-03-20
隋 石灰石雕佛首像		513,150	纽约苏富比	2018-09-12
隋/唐初 石灰石雕罗汉首像		256,575	纽约苏富比	2018-09-12
隋 大理石雕观音像	高25.5cm	154,344	保利香港	2018-10-02
隋 青白石半身佛像	高39cm	38,185	中国嘉德	2018-04-02
唐 石灰石雕菩萨立像		29,660,070	纽约苏富比	2018-09-12

拍品名称	物品尺寸	成交价RMB	拍卖公司	拍卖日期
唐初 大理石雕云兽纹画像石		2,052,600	纽约苏富比	2018-09-12
唐 大理石雕象首残像		1,881,550	纽约苏富比	2018-09-12
唐 石雕菩萨首像		951,900	纽约苏富比	2018-03-21
唐 石雕菩萨首像		356,963	纽约苏富比	2018-03-21
唐 石灰石雕佛首像		317,300	纽约苏富比	2018-03-20
唐 白石供养人坐像	高57cm	143,193	中国嘉德	2018-04-02
唐至宋 大理石雕坐狮		68,420	纽约苏富比	2018-09-12
唐 骊山石护法狮	高14.3cm	63,250	西泠拍卖	2018-07-07
唐 白石飞天残件	石长13.4cm	58,542	万昌斯	2018-11-29
唐 白石自在观音	高7.9cm	42,576	万昌斯	2018-11-29
9世纪 帕拉黑石度母立像	高61.5cm	713,000	西泠拍卖	2018-07-08
五代 石佛	15×13×33cm	92,000	广东崇正	2018-07-05
南宋 夹纻干漆罗汉首像		598,675	纽约苏富比	2018-09-12
辽 石雕白衣观音菩萨立像	高96cm	840,066	保利香港	2018-04-02
托密勒王朝早期（约公元前305-200年）埃及石灰岩雕王者头象	通高20cm	323,600	香港苏富比	2018-04-02
新王国第十八朝晚期（约公元前1350年）埃及石灰岩头像残件	12.5cm	75,844	香港苏富比	2018-04-02
宋至明初 石雕罗汉首像		6,342,534	纽约苏富比	2018-09-12
明嘉靖 披云峰	58×29×129cm	920,000	中国嘉德	2018-11-20
十七世纪 寿山石达摩坐像	9.5cm	86,240	伦敦苏富比	2018-05-18
明晚期 汉白玉雕倭角长方盆	39.5×25.5×16cm	34,500	北京荣宝	2018-12-03
明末清初 杨玉璇制 寿山石雕举经罗汉坐像	高7.5cm	1,495,000	中国嘉德	2018-11-21
明末清初 杨玉璇制 寿山石雕持卷罗汉坐像	7.5×5.5×10.3cm	977,500	中国嘉德	2018-11-21
十八世纪 寿山石雕罗汉坐像		68,420	纽约苏富比	2018-09-12
十八世纪 寿山石雕罗汉像		34,210	纽约苏富比	2018-09-15
清十七/十八世纪 寿山石笑狮罗汉坐像	5.5cm	32,340	伦敦苏富比	2018-05-18
清初 寿山石雕戏狮罗汉像	高6cm	529,000	中国嘉德	2018-11-21
清早期 寿山石达摩像	高12.5cm	345,000	北京保利	2018-12-08
清早期 寿山石送子观音	高27cm	194,880	香港诚昌	2018-05-30
清早期 崂山绿石摆件	51.5×28×30.5cm	115,000	中国嘉德	2018-06-18
清早期 寿山石雕送子观音像	高20cm	92,000	西泠拍卖	2018-07-07
清早期 灵璧石山子	长40.5cm	69,000	中国嘉德	2018-06-18
清早期 太湖石赏石摆件	高158cm	57,500	中国嘉德	2018-06-18
清早期 田黄章料	高4.2cm;	57,500	华艺国际	2018-11-16
清康熙 寿山石雕观音送子像	高26cm	1,035,000	保利厦门	2018-01-08
清康熙寿山石雕伏虎罗汉摆件(一对)	高27cm×2	977,500	保利厦门	2018-07-15
清康熙 杨玉璇制寿山罗汉坐像	高8.8cm	805,000	北京保利	2018-06-19
清康熙 寿山石罗汉像	高11cm	138,000	中贸圣佳	2018-11-24
18世纪 田黄雕观音坐像(83克)	高8.9cm	3,814,100	佳士得	2018-11-28
清乾隆 仿铜鎏金寿山石描金嵌宝麒麟香炉	高19.5cm	1,552,250	佳士得	2018-11-28
清乾隆 汪洙制白芙蓉携琴访友山子	长15.5cm	437,000	华艺国际	2018-11-16
清乾隆18年(1753) 英石摆件	长28cm	324,800	佳士得	2018-05-30
18世纪 寿山石雕罗汉戏狮	高10.5cm	115,000	保利厦门	2018-07-15
18世纪 青田石雕观音坐像	高14cm	69,000	保利厦门	2018-01-08
清乾隆 黄寿山冻石狮子摆件	长4.5cm	63,250	上海匡时	2018-04-30
清中期 寿山芙蓉石雕童子观音坐像	高18cm	713,000	中国嘉德	2018-11-21
清中期 寿山石雕描金观音像	高13cm	210,016	保利香港	2018-04-02
清中期 黄寿山石雕弥勒佛像	7×3.5×7cm	74,750	北京匡时	2018-06-15
清中期 寿山石寿星	高18cm	74,750	北京荣宝	2018-06-14
清中期 黄寿山布袋和尚	高5.5cm	34,500	北京保利	2018-06-21
清中期 楚石仿竹松树纹杯	高8.5cm	34,500	北京荣宝	2018-12-03
清中期 灵璧石横峰	长12cm; 高11.2cm	34,500	中国嘉德	2018-11-20
清中期 灵璧石摆件	高18cm	28,750	保利厦门	2018-01-08
19世纪 寿山石罗汉坐像	高11cm	377,300	伦敦佳士得	2018-05-15
清 田黄巧雕贤媛四艺图山子	高10.5cm; 重1000 g	7,863,480	香港苏富比	2018-04-03
清 田黄浮雕山水人物纹山子	长8.1cm	1,725,000	北京东正	2018-06-17
清 王乃恭制田黄和合二仙	高6.5cm; 重76g	1,552,500	北京保利	2018-06-19
清 沈秉成藏鄢琦镌灵璧石山子	长32.2cm	828,000	中国嘉德	2018-09-19
清 田黄雕降龙罗汉摆件	长6cm; 94g	805,000	保利厦门	2018-07-15
清 田黄雕携琴访友山子	长5.7cm; 宽4.4cm; 高5.8cm 重205g	632,500	中贸圣佳	2018-06-20
清 寿山石雕观音坐像二尊	12.6×10.7×18cm; 12.6×9.6×16.7cm	517,500	中国嘉德	2018-11-21
清 尚均作寿山石持经观音	高11.8cm	402,500	中贸圣佳	2018-11-24
清 玉璇款寿山石雕罗汉	高8cm	345,000	中贸圣佳	2018-06-20
清 寿山芙蓉石雕罗汉坐像	10.3×6.5×12cm	345,000	中国嘉德	2018-11-21
清 寿山芙蓉石雕观音立像	7.5×5.5×22.6cm	345,000	中国嘉德	2018-11-21
清 寿山石观音坐像	高19.8cm	345,000	西泠拍卖	2018-07-08
清 寿山黄芙蓉石雕寿翁立像	9.5×5.8×20.2cm	322,000	中国嘉德	2018-11-21
清 寿山芙蓉石雕罗汉坐像	10×6.5×11.5cm	264,500	中国嘉德	2018-11-21
清 寿山芙蓉石雕持卷观音像	8.7×4.7×15cm	253,000	中国嘉德	2018-11-21
清 田黄石随形摆件	8.4×5×4.2cm; 重221.9g	230,000	北京匡时	2018-06-15
清 灵璧石山子	长40cm	207,000	中贸圣佳	2018-06-20
清 崂山绿石横峰	54×25×51cm	184,000	中国嘉德	2018-11-20
清 寿山芙蓉石雕伏虎罗汉像	5.6×4.3×7.7cm	172,500	中国嘉德	2018-11-21
清 孔雀石山子	高25.6cm(连座)	172,500	中贸圣佳	2018-06-20
清 寿山芙蓉石雕罗汉坐像	8×5.5×9cm	149,500	中国嘉德	2018-11-21
清 寿山黄芙蓉石雕观音坐像	7×4.5×10.7cm	126,500	中国嘉德	2018-11-21
清 魏汝奋款寿山石雕罗汉摆件	高9cm	115,000	西泠拍卖	2018-07-07
清 寿山芙蓉石雕曹国舅立像	8.5×4.7×19.2cm	115,000	中国嘉德	2018-11-21
清 灵璧石山子	长54cm	109,250	中国嘉德	2018-06-18
清 英石山子	高75.2cm	103,500	中贸圣佳	2018-11-24
清 寿山芙蓉石雕布袋弥勒像	13.8×9×8cm	103,500	中国嘉德	2018-11-21
清 寿山芙蓉石雕观音坐像	8.5×4×13.5cm	103,500	中国嘉德	2018-11-21
清 英石山子	长33cm; 高48.5cm(连座)	92,000	中贸圣佳	2018-06-20
清 灵璧石山子	高40cm	85,916	保利香港	2018-04-02
清 风砺石山子	长9.4cm; 高8.4cm(连座)	74,750	中贸圣佳	2018-11-24
清 蜜蜡仿太湖石摆件	高12cm; 重129.8g	69,000	西泠拍卖	2018-07-07
清 英石山子	高41cm	69,000	中贸圣佳	2018-11-24
清 寿山石雕和合二仙	高19.5cm; 高20.5cm	63,250	北京保利	2018-10-27
清 寿山石雕罗汉像	高6.6cm	63,250	中国嘉德	2018-11-21
清 太湖禅石摆件	长33cm; 高20cm	57,500	北京荣宝	2018-06-14
清 寿山石寿星像	高16.5cm	51,750	上海匡时	2018-04-30
清 灵璧石山子	高18.9cm(连座)	48,300	中贸圣佳	2018-06-20
清 寿山石雕五世同堂摆件	带座高16.3cm; 高13cm	43,700	西泠拍卖	2018-07-07
清 黄蜡石山子	42×32×68cm	40,250	中国嘉德	2018-06-18
清 黄寿山送子观音	高14cm	34,500	北京保利	2018-06-21
清 崂山绿三台柱石赏石	高48cm	34,500	北京荣宝	2018-12-03
清 崂山绿石立峰带原底座	高54cm	34,500	中国嘉德	2018-11-20
清 小供石带原配底座	高21cm	32,200	中国嘉德	2018-11-20
清 寿山石牛、羊、鹿、狮摆件（七件）	尺寸不一	28,750	西泠拍卖	2018-07-08
清 灵璧石山子摆件	带座高11cm	27,600	西泠拍卖	2018-09-29
清 白太湖石山子摆件	高92cm	25,300	印千山	2018-01-12
清 寿山石持佛罗汉	高9cm	24,408	羅芙奧	2018-12-01
清 寿山石雕持环罗汉摆件	带座高14cm; 高12.7cm	23,000	西泠拍卖	2018-09-29
清 英石供石摆件	带座高48cm	23,000	西泠拍卖	2018-07-07
清 寿山石雕贤者像及紫檀罗汉床（一组两件）	通高8cm; 床高9.2cm; 床宽5cm; 贤者高5.8cm	23,000	西泠拍卖	2018-07-07
清 英石赏石	宽 23cm	21,696	羅芙奧	2018-12-01
清 寿山石雕持卷罗汉像	高4.3cm; 长6cm	20,700	西泠拍卖	2018-09-29
民国 寿山石罗汉十八尊	尺寸不一	207,000	上海匡时	2018-04-30
民国 青田石雕福禄寿星摆件	高27.5cm	28,750	广东崇正	2018-07-05
民国 寿山田黄古兽钮章料	1.8×1.8×4.4cm; 重29g	23,000	北京保利	2018-12-08
20世纪 田黄罗汉	宽6.5cm; 重94g	690,000	北京保利	2018-12-09

2018杂项拍卖成交汇总

(成交价RMB：2万元以上)

拍品名称	物品尺寸	成交价RMB	拍卖公司	拍卖日期
巴林鸡血王自然形	6cm×20cm×17cm; 重3450g	23,000,000	北京荣宝	2018-12-03
巴林鸡血雕件《屏风》	52.5×44.5×3cm; 53×45×3.3cm; 重11005g; 13500g	23,000,000	北京荣宝	2018-12-03
巴林血王雕件《全家福》	20cm×21cm×16cm; 重6940g	9,200,000	北京荣宝	2018-12-03
巴林石粉冻《日出东方》	6×15×10.5cm; 重1080g	3,450,000	北京荣宝	2018-12-03
巴林鸡血雕件《海螺》	9×15×21cm; 重2114.5g	2,990,000	北京荣宝	2018-12-03
徐仁魁作田黄石香山九老薄意摆件	高9.9cm; 214g	2,070,000	广东崇正	2018-07-05
天然肉形石	高7.5cm	1,546,744	台北艺流	2018-12-01
郭懋介 寿山田黄石薄意摆件	4.8×3.7×6cm; W:148.9g	1,495,000	北京匡时	2018-06-15
郭紫阳 访友图田黄摆件	重315g	1,380,000	北京荣宝	2018-12-03
巴林鸡血壶（五把）	高8cm×5; 重710g×5	1,150,000	北京荣宝	2018-12-03
巴林石江山如此多娇	75×23×20cm; 重5390g	1,150,000	北京荣宝	2018-12-03
巴林石粉冻古兽尊《王者之风》	8cm×13cm×15cm; 重1570g	805,000	北京荣宝	2018-12-03
周奋天《达摩月夜静思图》寿山荔枝冻石	高5cm	805,000	北京瀚古	2018-01-28
周奋天《静观罗汉》寿山鹿目石	3×8×2.5cm	713,000	北京瀚古	2018-01-28
叶子贤 田黄寿星摆件	长4cm; 宽2.4cm; 高5.8cm; 重70g	667,000	中贸圣佳	2018-11-24
桂林鸡血石 喜上眉梢	重9180g	609,500	北京瀚古	2018-10-21
旧工作田黄石笑佛	长4.3cm; 高3.7cm; 重51g	598,000	中贸圣佳	2018-11-24
周奋天《神龟听经》寿山结晶体芙蓉石	11×16×6.5cm	575,000	北京瀚古	2018-01-28
巴林鸡血山水件	8×15×25cm; 重3920g	460,000	北京荣宝	2018-12-03
田黄长眉罗汉	高5.5cm	433,920	羅芙奧	2018-12-01
林飞 同乐 寿山田黄冻摆件	42×35×24cm; 重量31g	403,200	上海联合	2018-07-01
周鸿 童子戏弥勒 寿山将军洞芙蓉石摆件	12.7×7.1×7.6cm; 重量680g	369,600	上海联合	2018-07-01
巴林鸡血自然形	29×22×8cm; 重8364.8g	345,000	北京荣宝	2018-12-03
巴林女儿红《童子戏佛》	5.5×10×6cm; 重411.7g	345,000	北京荣宝	2018-12-03
林亨云 雄霸一方 寿山山秀园石摆件	22×13×10cm; 重量1850g	324,800	上海联合	2018-07-01
计芬藏昆石山子	高18cm（连座）	322,000	中贸圣佳	2018-11-24
寿山田黄石雕薄意摆件	高5cm; 151g	310,500	中国嘉德	2018-11-21
石癫 寿山田黄石"福鬼运财"摆件	宽83g	230,000	北京匡时	2018-06-15
巴林女儿红《花季》	14×21×8cm; 重1826.5g	230,000	北京荣宝	2018-12-03
叶子贤 仙翁童子 寿山银包金旗降石摆件	长9.8cm; 重358.6g	224,000	上海联合	2018-11-25
王孝前 田黄石寿星	长5.7cm; 宽3cm; 高2.7cm; 重44.8g	218,500	中贸圣佳	2018-11-24
林清卿 高山石薄意山水三件套	尺寸不一	207,000	中贸圣佳	2018-06-20
巴林冻石《民族少女》	35×18×14cm; 重5594.6g	207,000	北京荣宝	2018-12-03
林志峰 观音 寿山青芙蓉石摆件	18×12.5×6.5cm; 重量1500g	201,600	上海联合	2018-07-01
王祖光作 寿山杜陵石雕伏虎罗汉像	高9cm	195,500	中国嘉德	2018-06-18
郑幼林 罗汉 寿山坑头晶摆件	长9.8cm; 重407.2g	190,400	上海联合	2018-11-25
巴林石粉冻少女	5.6×11×20.5cm; 重1470g	184,000	北京荣宝	2018-12-03
巴林鸡血自然形	14×16×5cm; 重1657.6g	172,500	北京荣宝	2018-12-03
巴林冻水草	4.5×12×17cm; 重2120g	172,500	北京荣宝	2018-12-03
雕聚图 老挝田黄石薄意摆件	7.1×8.4×6.3cm; 重437g	168,000	上海联合	2018-11-25
林元康 鸟语花香 寿山都成坑摆件	17.5×3.5×10.5cm; 重607.2g	154,560	上海联合	2018-11-25
巴林鸡血自然形	10×16×2.8cm; 重1217.2g	149,500	北京荣宝	2018-12-03
巴林冻海底世界	7×37×41cm; 重5250g	138,000	北京荣宝	2018-12-03
巴林鸡血自然形	8×7×11cm; 重880.3g	126,500	北京荣宝	2018-12-03
郭懋介作 寿山石雕达摩立像	高12.5cm	115,000	中国嘉德	2018-11-21
林文举、林其悌合作田黄石松鹤延年薄意摆件	高5.5cm; 26.5g	115,000	西泠拍卖	2018-07-08
叶子贤 李红旗降石东方朔偷桃摆件	高11cm	115,000	中贸圣佳	2018-06-20
巴林粉冻雕件《松鹤延年》	17×14×3cm; 重818.7g	115,000	北京荣宝	2018-12-03
柳溪泛舟 寿山田黄石摆件	5.7×3.6×1.9cm; 重52.8g	112,000	上海联合	2018-11-25
寿硕 善伯石天机不可泄露摆件	长8cm; 宽4.5cm; 高11.6cm	105,800	中贸圣佳	2018-06-20
周尚均 款 寿山白芙蓉石罗汉摆件	高8.6cm	103,500	北京匡时	2018-06-15
巴林鸡血雕件《人间仙境》	13×17×6cm; 重1767.2g	97,750	北京荣宝	2018-12-03
寿山田黄石雕薄意摆件	3.8×3.5×3.8cm; 64.2g	97,750	中国嘉德	2018-11-21
鸡血石刻云龙纹摆件	高20cm	92,000	广东崇正	2018-07-04
王自浩 新疆和田玉沙枣青籽料太湖石摆件	22×8.0×3.8cm（独籽）（底座内赠送四十余颗籽料）; 重645g	92,000	尚品润博	2018-07-29
巴林鸡血石摆件	高72cm	92,000	中国嘉德	2018-06-18
林飞 水洞高山石怀素书蕉摆件	宽22.5cm; 高12cm; 长12.5cm	92,000	中贸圣佳	2018-06-20
结晶芙蓉弥勒摆件	长9cm; 宽7.5cm; 高6cm	92,000	中贸圣佳	2018-06-20
石醉 黄高山薄意摆件	长5cm; 宽3.8cm; 高10.5cm	82,800	中贸圣佳	2018-06-20
寿山坑头晶双罗汉摆件	长5.5cm; 宽4.5cm; 高9.2cm	80,500	中贸圣佳	2018-06-20
巴林鸡血雕件《群仙会》	22×12×8cm; 重2807.9g	80,500	北京荣宝	2018-12-03
巴林粉冻《降龙罗汉》	11×15×5cm; 重1434.9g	80,500	北京荣宝	2018-12-03
程由军 弥勒 老挝石摆件	11.5×6.7×5.6cm; 重量528.3g	76,160	上海联合	2018-07-01
林志峰 琪源洞杜林石观音	长7.8cm; 宽3.1cm; 高10.6cm	74,750	中贸圣佳	2018-11-24
石可铭天然化石摆件（带座）	高36.5cm	69,000	广东崇正	2018-07-04
巴林鸡血雕件《深山佳境》	19×18×6.5cm; 重2097g	69,000	北京荣宝	2018-12-03
寿山乌鸦皮田黄石薄意摆件	7.5×3.1×4.9cm; 127.3g	69,000	中国嘉德	2018-11-21
巴林金银冻《松下会友》	13×22×2.7cm; 重1024g	69,000	北京荣宝	2018-12-03
刘北山 高山水晶洞石山水圆雕摆件	高13.7cm	69,000	中贸圣佳	2018-11-24
沈伟 罗汉 老挝北部田黄摆件	8.3×6.3×4.5cm; 重量217.8g	67,200	上海联合	2018-07-01
林敬华 刘海戏金蟾 寿山将军洞芙蓉石摆件	8.2×4.9×4.2cm; 重量197g	64,960	上海联合	2018-07-01
林元康 善伯石达摩摆件	高7cm	63,250	中贸圣佳	2018-06-20
巴林鸡血雕件《深山访友》	12×16×3cm; 重707.1g	63,250	北京荣宝	2018-12-03
周鸿 戏狮罗汉 寿山芙蓉石摆件	12.9×8.7×4.5cm; 重481.2g	61,600	上海联合	2018-11-25
苍松 田黄石牧牛图薄意雕摆件	12.7g	57,500	凤凰拍卖	2018-01-21
徐庄坚 寿山荔枝洞石弥勒摆件	长6.5cm; 宽5.6cm; 高6.5cm	57,500	中贸圣佳	2018-06-20
巴林鸡血小鸟出壳	11×12×10.5cm; 重1460g	57,500	北京荣宝	2018-12-03
巴林冻石雕件《丝绸之路》	26×17×5cm; 重2957.6g	57,500	北京荣宝	2018-12-03
巴林鸡血王自然形	5×6×6cm; 重239.2g	57,500	北京荣宝	2018-12-03
寿山田黄石薄意摆件	2.5×1.7×5cm; 30.3g	57,500	中国嘉德	2018-11-21

拍品名称	物品尺寸	成交价RMB	拍卖公司	拍卖日期
许永祥 童子戏弥勒 老挝田黄摆件	10.4×9.1×6.4cm; 重量840g	56,000	上海联合	2018-07-01
阿峰 金玉满堂 寿山水洞高山石摆件	6.4×7.1×2.7cm; 重量109.7g	56,000	上海联合	2018-07-01
郑国锋 戏狮罗汉 寿山芙蓉石摆件	8.6×8.2×2.9cm; 重量300g	56,000	上海联合	2018-07-01
林敬华 三人行必有我师 寿山芙蓉石摆件	16.7×7.9×7.2cm; 重619.7g	50,400	上海联合	2018-11-25
石秀 牧归 老挝乌鸦皮田黄摆件	9.9×5.2×3.7cm; 重211.7g	50,400	上海联合	2018-11-25
巴林鸡血雕件《山里人家》	6.5×8×16cm; 重870.5g	48,300	北京荣宝	2018-12-03
寿山田黄石摆件（三件套）	重量11g; 11.7g; 8.84g	48,160	上海联合	2018-07-01
王作琛 寿星 寿山田黄石摆件	4.3×2.7×1.6cm; 重20.7g	47,040	上海联合	2018-11-25
石可铭澄泥仿树桩摆件（一组两个）	长13.5cm×2	46,000	广东崇正	2018-07-04
巴林冻石雕件《牧羊人》	12×14×8cm; 重1486.1g	46,000	北京荣宝	2018-12-03
巴林冻石《达摩渡海》	17×13×3cm; 重1263g	46,000	北京荣宝	2018-12-03
王孝前 弥勒 寿山田黄石摆件	3.2×2.2×1.6cm; 重15g	42,560	上海联合	2018-11-25
林凤妹 瑞兽 寿山田黄石摆件	3.7×2.1×1.4cm; 重12.7g	40,320	上海联合	2018-11-25
王自浩 新疆和田玉籽料太湖石摆件	9.2×4.7×2.0cm; 重102g	40,250	尚品润博	2018-07-29
王自浩 新疆和田玉籽料太湖石摆件	14×5.5×4.0cm（独籽）; 重235g	40,250	尚品润博	2018-11-24
郭懋介 君子在野摆件	长6.4cm; 宽3.5cm; 高2.5cm	40,250	中贸圣佳	2018-11-24
林敬华 送子观音 寿山荔枝洞摆件	10×6×2.1cm; 重120.3g	39,200	上海联合	2018-11-25
泛舟 寿山田黄冻薄意摆件	4×3.6×1.6cm; 重量26.7g	38,500	上海联合	2018-07-01
郑世斌 善伯石刘海戏金蟾摆件	尺寸不一	34,500	中贸圣佳	2018-06-20
林飞 善伯石蚌女摆件	长12cm; 宽11cm; 高8cm	34,500	中贸圣佳	2018-06-20
林东 芙蓉巧雕斗蟋蟀摆件	长16.5cm; 宽6.2cm; 高9cm	34,500	中贸圣佳	2018-06-20
田黄弥勒佛	长5cm	34,500	北京保利	2018-10-28
巴林石福黄二龙戏珠	6×9.5×21cm; 重1130g	34,500	北京荣宝	2018-12-03
巴林冻石《少女》	7×20×4cm; 重919g	34,500	北京荣宝	2018-12-03
巴林冻石《走马上任》	16×19×3cm; 重1573g	34,500	北京荣宝	2018-12-03
巴林黄冻《童子戏佛》	8×14×5cm; 重739g	34,500	北京荣宝	2018-12-03
牧归 寿山田黄冻薄意摆件	5.3×3.9×1.3cm; 重量30.1g	33,600	上海联合	2018-07-01
阿峰 佛手 寿山结晶芙蓉石摆件	8.2×5.1×3.3cm; 重99g	33,600	上海联合	2018-11-25
清·寿山石持卷观音摆件	高11cm	32,200	西泠拍卖	2018-07-08
王自浩 和田玉苹果绿太湖石摆件	17.5×6.0×5.2cm; 重290g	32,200	尚品润博	2018-11-24
花开富贵 寿山老性芙蓉石摆件	11×12×2.2cm; 157.2g; 14×2.9×3.6cm; 85.5g	31,360	上海联合	2018-11-25
牧牛 寿山田黄石摆件	5×4.4×0.9cm; 重量26.7g	29,120	上海联合	2018-07-01
寿山石雕戏狮罗汉清趣图摆件	带座高20.8cm; 罗汉高8.8cm	28,750	西泠拍卖	2018-07-07
寿山石彩绘蓬莱仙岛摆件	长28cm	28,750	中国嘉德	2018-01-14
郑国锋 罗汉 老挝石摆件	10.4×4.7×3.6cm; 重257.1g	25,760	上海联合	2018-11-25
灵璧石“菘高”山子	高57cm（含座）	25,300	中国嘉德	2018-05-18

拍品名称	物品尺寸	成交价RMB	拍卖公司	拍卖日期
林仁峰 芙蓉石佛手雕件	长12.3cm	25,300	中贸圣佳	2018-11-24
巴林红泥冻小狗	6×16×10cm; 重920g	25,300	北京荣宝	2018-12-03
巴林鸡血石摆件（一组四件）	尺寸不一	23,000	中国嘉德	2018-06-18
杨玉璇款寿山石观音像	高23cm（含座）	23,000	中国嘉德	2018-01-14
杨玉璇款寿山石罗汉像	高11cm（含座）	23,000	中国嘉德	2018-01-14
魏开通款 寿山石寿翁像	高26.3cm	23,000	中国嘉德	2018-06-18
巴林鸡血擀面杖	3.5×3.5×21cm; 重480g	23,000	北京荣宝	2018-12-03
巴林鸡血《金钱豹》	16×16×5cm; 重1200.6g	23,000	北京荣宝	2018-12-03
王自浩 新疆和田玉籽料太湖石把件	4.6×2.6×2.5cm（独籽）; 重32g	23,000	尚品润博	2018-11-24
巴林石手球（一对）	5×5×5cm; 重290g	23,000	北京荣宝	2018-12-03
林敬华 松下对弈 寿山芙蓉石摆件	6.8×5.5×4.8cm; 重141.4g	22,400	上海联合	2018-11-25
寿山石结晶芙蓉深山访友山子	长12cm; 宽9cm; 高4cm	20,700	凤凰拍卖	2018-01-21
巴林鸡血雕件《松鹤延年》	16×18×4cm; 重1750.2g	20,700	北京荣宝	2018-12-03
林敬华 深山访友 寿山二号矿摆件	6.3×8.1×4cm; 重134g	20,160	上海联合	2018-11-25
五代至宋 灰泥彩绘菩萨图壁画残部（一对）		1,881,550	纽约苏富比	2018-09-12
中新世（一千七百万年前）法国拉科斯特扇贝化石	总高200.5cm	505,625	香港苏富比	2018-04-02
渐新世（三千万年前）法国枫丹白露宫固结砂岩	高87.8cm	323,600	香港苏富比	2018-04-02
始新世（五千万年前）美国怀俄明州绿河组 棕榈叶化石板	290.5×170.5cm	303,375	香港苏富比	2018-04-02
里阿斯统（一亿八千万年前）德国霍尔茨马登海百合化石	169.5×89.8cm	283,150	香港苏富比	2018-04-02
渐新世（三千万年前）法国枫丹白露宫固结砂岩	高60.5cm; 宽43cm	262,925	香港苏富比	2018-04-02
渐新世（三千万年前）法国枫丹白露宫固结砂岩	长115.5cm	182,025	香港苏富比	2018-04-02
渐新世（三千万年前）法国枫丹白露宫固结砂岩	宽82.5cm	151,688	香港苏富比	2018-04-02
三叠纪（约二亿二千万年前）美国亚利桑那州木化化石板	40.3×130cm	80,900	香港苏富比	2018-04-02
渐新世（三千万年前）法国枫丹白露宫固结砂岩	34cm	75,844	香港苏富比	2018-04-02
新生代中新世至上新世(二千三十百万至二百万年前)美国巨齿鲨鱼牙化石	13.4cm	60,675	香港苏富比	2018-04-02
渐新世（三千万年前）法国枫丹白露宫固结砂岩	29cm	32,360	香港苏富比	2018-04-02
3世纪 犍陀罗佛经故事石雕	高26.4cm	23,000	西泠拍卖	2018-07-08
17世纪或更早 象鸟蛋	长30.5cm	283,150	香港苏富比	2018-04-02
17世纪 英石赏石	24cm; 总高27.2cm	101,125	香港苏富比	2018-04-02
明 太湖赏石	高53cm	182,025	香港苏富比	2018-04-02
明 英石研山	长20.8cm; 高16.1cm	103,500	中贸圣佳	2018-11-24
明至清 英石“拱桥”赏石	26.2cm	80,900	香港苏富比	2018-04-02
明 奇石立峰	高107cm	57,500	中国嘉德	2018-06-18
明 太湖石立峰	高71cm	57,500	中国嘉德	2018-06-18
清早期 灵璧石立峰	石头高84cm; 总高172cm	63,250	中国嘉德	2018-06-18
清早期 灵璧石横峰	63×34×44.5cm	34,500	中国嘉德	2018-06-18
清早期 灵璧石立峰	高71cm	25,300	中贸圣佳	2018-11-25
清中期 赏石	41×36×72cm	32,200	北京匡时	2018-06-15
清中期 崂山绿石立峰	46×20×20cm	25,300	中国嘉德	2018-06-18
清中期 青田石云龙纹铺首耳炉	高5.5cm	23,000	北京翰海	2018-06-30
清 古代传统四大名石		161,000	北京东正	2018-06-17
清 灵璧鹰形供石	高12.8cm（连座）	103,500	中贸圣佳	2018-06-20
清 袖珍英石赏石	9.7cm	65,731	香港苏富比	2018-04-02
清 “秋籁” 黄太湖石	高160cm	47,150	北京荣宝	2018-06-14

2018杂项拍卖成交汇总

(成交价RMB：2万元以上)

拍品名称	物品尺寸	成交价RMB	拍卖公司	拍卖日期
清 文石假山	29×35cm	41,400	上海匡时	2018-04-30
清 灵璧石卧峰	53.5×27×20.5cm	34,500	中国嘉德	2018-06-18
清 灵璧式石供		34,210	纽约苏富比	2018-09-15
清代 灵璧石供	高31cm	28,750	南京经典	2018-01-06
清 梁同书款"洞壑窈窕"太湖石	高98cm	25,300	北京东正	2018-06-17
清 崂山绿石横峰	57×32×24cm	23,000	中国嘉德	2018-06-18
清 奇石横峰	88×45×57cm	23,000	中国嘉德	2018-06-18
巴林鸡血原石	40cm×23cm×7cm; 重10871.6g	32,200,000	北京荣宝	2018-12-03
巴林鸡血白玉红原石	35cm×12cm×20cm; 重8559g	11,500,000	北京荣宝	2018-12-03
巴林鸡血原石	13×17×12cm; 重4106.1g	4,600,000	北京荣宝	2018-12-03
巴林鸡血原石	20×37×7cm; 重8213.7g	2,300,000	北京荣宝	2018-12-03
巴林鸡血原石	11×19×12cm; 重3101.4g	460,000	北京荣宝	2018-12-03
巴林鸡血原石	8×11×21cm; 重1988.8g	368,000	北京荣宝	2018-12-03
巴林鸡血原石	5×17×19cm; 重3106.2g	322,000	北京荣宝	2018-12-03
巴林鸡血原石	5×11×18cm; 重1442.9g	287,500	北京荣宝	2018-12-03
巴林鸡血原石	9×8×17cm; 重1844.4g	230,000	北京荣宝	2018-12-03
巴林鸡血原石	6×7×15cm; 重985.8g	230,000	北京荣宝	2018-12-03
郭功森 寿山石杜林琪源洞石	长6cm; 宽7.5cm; 高4cm	149,500	中贸圣佳	2018-06-20
巴林鸡血原石	23×17×7cm; 重4164.6g	138,000	北京荣宝	2018-12-03
巴林鸡血原石	10×15×20cm; 重3666.5g	115,000	北京荣宝	2018-12-03
巴林鸡血原石	12×7×19cm; 重1772.9g	115,000	北京荣宝	2018-12-03
巴林鸡血原石	8×5.5×13.5cm; 重894g	115,000	北京荣宝	2018-12-03
巴林鸡血原石	12×13×3cm; 重851.6g	115,000	北京荣宝	2018-12-03
2006年作 邓卜君 千岩飞瀑	40cm	101,125	香港苏富比	2018-04-02
巴林冻石原石	23×9×29cm; 重11208g	92,000	北京荣宝	2018-12-03
灵璧式石供		87,258	纽约苏富比	2018-03-20
巴林鸡血原石	15×7×17cm; 重1904.9g	80,500	北京荣宝	2018-12-03
巴林鸡血原石	4×15×12cm; 重1126.9g	74,750	北京荣宝	2018-12-03
瑞天祥云	45×86cm	74,750	北京保利	2018-12-06
巴林冻石原石	11×7×21cm; 重2422.7g	69,000	北京荣宝	2018-12-03
巴林冻石原石	125×5×16cm; 重2062.8g	69,000	北京荣宝	2018-12-03
巴林鸡血原石	15×12×6cm; 重1467g	63,250	北京荣宝	2018-12-03
巴林鸡血原石	6×17×9cm; 重1060.9g	59,800	北京荣宝	2018-12-03
巴林鸡血原石	55×12×15cm; 重1692.4g	57,500	北京荣宝	2018-12-03
巴林鸡血原石	6×10×16cm; 重1104.4g	57,500	北京荣宝	2018-12-03
巴林冻石原石	8×18×7.5cm; 重1345.7g	57,500	北京荣宝	2018-12-03
玉昆仑	67×67cm	51,750	北京保利	2018-12-06
巴林鸡血原石	12×4×20cm; 重1357.1g	46,000	北京荣宝	2018-12-03
巴林鸡血原石	15×11×5cm; 重1342.7g	46,000	北京荣宝	2018-12-03
巴林鸡血原石	75×15×23cm; 重2807.1g	46,000	北京荣宝	2018-12-03
巴林鸡血原石	14×16×6.5cm; 重2061.6g	46,000	北京荣宝	2018-12-03
巴林冻石原石	7.5×12×8cm; 重1150.3g	46,000	北京荣宝	2018-12-03
巴林鸡血原石	13×11×5cm; 重1293.5g	46,000	北京荣宝	2018-12-03
巴林鸡血原石	15×20×5cm; 重2251.8g	43,700	北京荣宝	2018-12-03
巴林鸡血原石	11×6×15cm; 重2331.5g	40,250	北京荣宝	2018-12-03
萤石&方解石&石英	约14×19.5×9cm	36,800	北京保利	2018-06-18
锰方解石&水晶	约15.5×10.5×8cm	36,800	北京保利	2018-06-18
巴林鸡血原石	18×25×10cm; 重4473.4g	34,500	北京荣宝	2018-12-03
巴林鸡血原石	15×16×8cm; 重2669.9g	34,500	北京荣宝	2018-12-03
巴林鸡血原石	12×14×3cm; 重1338.6g	34,500	北京荣宝	2018-12-03
玉秀峰	27×76cm	34,500	北京保利	2018-12-06
紫水晶&方解石	约32×21×19cm	32,200	北京保利	2018-06-18

拍品名称	物品尺寸	成交价RMB	拍卖公司	拍卖日期
巴林鸡血原石	11×10×9cm; 重1034.1g	32,200	北京荣宝	2018-12-03
远山闲云	38×42cm	32,200	北京保利	2018-12-06
王自浩 和田玉苹果绿太湖石	9.7×3.8×2.2cm; 重58g	30,700	尚品润博	2018-04-30
巫山雪霁	60×63cm	29,900	北京保利	2018-12-06
锰方解石&水晶	约9.5×11×9cm	28,750	北京保利	2018-06-18
萤石&石英	约7×10×8cm	28,750	北京保利	2018-06-18
芙蓉石手把件	长8cm; 宽3.5cm; 高5cm	28,750	中贸圣佳	2018-06-20
巴林鸡血原石	9×15×3.5cm; 重924.2g	28,750	北京荣宝	2018-12-03
疏风漏月	21×40cm	25,300	北京保利	2018-06-18
萤石&石英	约11×9.5×6.5cm	25,300	北京保利	2018-06-18
巴林鸡血原石	13×11×9cm; 重2501.8g	25,300	北京荣宝	2018-12-03
玉女峰	29×60cm	25,300	北京保利	2018-12-06
"积雨珍珑"太湖石	高20cm	23,000	北京保利	2018-06-20
巴林鸡血原石	11×13×5cm; 重1094.7g	23,000	北京荣宝	2018-12-03
玉骨峰	20×46cm	23,000	北京保利	2018-12-06
玉团锦簇	37×38cm	23,000	北京保利	2018-12-06
白云出岫	25×40cm	23,000	北京保利	2018-12-06
春云出岫	27×56cm	23,000	北京保利	2018-12-06
小洞天	24×33cm	20,700	北京保利	2018-06-18
萤石	约15.5×24×11cm	20,700	北京保利	2018-06-18
生活用品				
春秋初或更晚 为甫人石盨		68,420	纽约苏富比	2018-09-12
唐 白石浮雕雀鸟花卉图盘	直径17.9cm	20,579	保利香港	2018-10-02
十七十八世纪寿山石雕连年有余盖盒	长108cm	177,400	邦瀚斯	2018-11-27
清初 绿松石雕活环耳盖瓶	高15.8cm	92,000	西泠拍卖	2018-07-07
清中期 鸡血石嘎巴拉碗	直径7.5cm	34,500	北京翰海	2018-06-30
清中期 寿山石雕"大吉"葫芦盖盒	长17.3cm	28,750	北京荣宝	2018-06-14
清道光 松花石雕菩提叶形香盘	长13.8cm	243,600	佳士得	2018-05-30
清 玳瑁雕亭台人物图盖盒	高2.5cm; 直径9.5cm	55,200	西泠拍卖	2018-07-07
清 寿山石镂空雕菊花纹杯	高6cm; 口径12.7cm	34,500	西泠拍卖	2018-07-08
清 祁阳石巧雕山水亭台人物插屏	带座高28.7cm; 长22cm; 宽16.3cm	23,000	西泠拍卖	2018-09-29
清 绿松石雕饕餮纹瓶	高15cm	20,700	印千山	2018-01-12
二十世纪 寿山石镂雕高士山水纹香筒(一对)	29cm	43,120	伦敦苏富比	2018-05-18
建筑园艺物品				
清早期 汉白玉鼓凳成对	30cm×49cm	207,000	上海匡时	2018-04-30
清早期 汉白玉浮雕小盆对	22×11×6.5cm	34,500	上海匡时	2018-04-30
清 蒋仁款"玉玲珑"太湖石配汉白玉石盆	高220cm	287,500	北京东正	2018-06-17
清 太湖石鱼盆	91×69×32cm	34,500	中国嘉德	2018-06-18
清 太湖石立峰及汉白玉石盆	直径55cm; 高21.5cm; 高92.5cm	57,500	中国嘉德	2018-11-20
其他				
唐 石灰石雕涅盘图舍利棺		158,650	纽约苏富比	2018-03-21
19至20世纪初 意大利大理石雕西勒诺斯面具	25.5cm	161,800	香港苏富比	2018-04-02
其它雕刻				
商 骨雕礼器	长30.9cm	303,375	香港苏富比	2018-04-02
明 菩萨立像	高19.8cm	287,500	浙江佳宝	2018-07-01
明 骨雕尸林怙主法衣片	长11cm	46,000	泰和嘉成	2018-12-05
清早期 虬角局部茜色巧作深山高士摆件	高9.7cm	402,500	中贸圣佳	2018-11-24
清早期 黑漆嵌螺钿庭院人物纹盒	直径9.2cm	23,000	中国嘉德	2018-09-19
清康熙 椰壳雕人物故事杯(一组四件)	尺寸不一	43,700	西泠拍卖	2018-07-07
清乾隆 杜士元刻渔乐图核舟	长4.9cm	552,000	中贸圣佳	2018-06-20
清乾隆 核雕飞熊(一对)	尺寸不一	63,250	中贸圣佳	2018-06-20
清中期 玳瑁套金云蝠纹镯子	直径7.5cm	80,500	中国嘉德	2018-06-19
清晚期 玳瑁人物纹盒	直径11.2cm	20,700	中国嘉德	2018-09-19
清 核雕瑞兽人物图项链	长115.5cm	421,325	佳士得	2018-11-28

拍品名称	物品尺寸	成交价RMB	拍卖公司	拍卖日期
清 金刚菩提十八子（一对）	菩提长:2.5cm;翡翠长:2.6cm	287,500	中贸圣佳	2018-11-24
清 汝南山人款核雕手串	长21cm	161,000	中贸圣佳	2018-06-20
清 胡桃（一对）	长3.5cm	121,350	香港苏富比	2018-04-02
清 根雕如意	长35.3cm	114,554	中国嘉德	2018-04-02
清 菩提串		103,500	北京翰海	2018-09-16
清 鹤顶红雕人物摆件	长19cm	103,500	北京翰海	2018-06-30
清 菩提串		101,200	北京翰海	2018-09-16
清 松子古币纹手串	长20cm	46,000	中贸圣佳	2018-06-20
清 核雕人物图珠串	长62cm	34,880	佳士得	2018-10-04
清 凤眼菩提珠串	直径1.3cm	34,500	北京诚轩	2018-06-17
清 椰壳嵌银胆博古纹杯（一组四只）	高3.5cm×4;直径4.6cm×4	32,200	广东崇正	2018-07-05
清代 谷生老人刻<核舟记>	高3.3cm; 长4.3cm	28,750	南京经典	2018-01-06
民国 棕竹嵌螺钿暗八仙纹扇骨	长31.5cm	34,500	华艺国际	2018-11-16
南非 努比亚长颈鹿头骨	宽69cm	38,428	香港苏富比	2018-04-02
旧扇骨（四件）	尺寸不一	36,800	北京翰海	2018-05-13
核桃摆件（一组两件）	长4.5cm×2	36,800	广东崇正	2018-07-04
玉化砗磲雕刻观音摆件	高35cm	34,500	广东崇正	2018-07-05
骨雕水仙盆景	高28.5cm	23,000	中国嘉德	2018-09-20
骨雕松鼠葡萄荷花纹鸟笼	高34.5cm	20,700	中国嘉德	2018-01-14
钟表				
19世纪 铜鎏金青铜人物钟	长49.5cm; 宽20cm;高64cm	92,000	西泠拍卖	2018-07-09
19世纪制 珐琅皮套钟	长10cm; 宽8.7cm;高18.5cm	63,250	西泠拍卖	2018-07-09
19世纪 铜鎏金珍贵材质台钟	长37.5cm; 宽14.5cm;高68cm	63,250	西泠拍卖	2018-07-09
清 铜鎏金双龙戏珠纹座钟	高40cm	57,500	保利厦门	2018-07-15
约1920年制 百达翡丽 型号1494M全球唯一 精致铜镀金掐丝珐琅 太阳能小台钟	高度约22cm	1,322,500	北京保利	2018-06-18
百达翡丽 非常精美独特，巴克拉水晶机械圆顶座钟，"水晶吊灯"，型号10005M-001，年份约2013	直径55mm;高160mm	1,050,082	保利香港	2018-03-31
积家，精细及极罕有，蓝色巴卡拉水晶气泡形天文空气钟		710,500	佳士得	2018-05-27
积家，触目及非常罕有，木，铜镀金及玻璃制新艺术风格空气钟		558,250	佳士得	2018-05-27
铜鎏金珐琅四明钟	高47cm	230,000	保利厦门	2018-01-08
MB&F "DESTINATION MOON BLUE" 前卫独特限量版镀钯黄铜精钢火箭形时钟备8日动力储存，限量生产50座，年份约2017	41.1×23.3cm;重约4公斤	192,138	香港苏富比	2018-04-02
约1870-1880年 法国 路易十五时期洛可可风格 铜鎏金人物座钟及烛台（三件套）	座钟约80×65×25cm;烛台70×47cm	172,500	保利厦门	2018-07-15
约1795年 罕见法国督政府时期鎏金铜骨架钟	39×22×11cm	172,500	北京东正	2018-06-17
约1880年 法国提琴形细木拼花落地钟	230×64×29cm	172,500	北京东正	2018-06-17
百达翡丽 洛可可风格铜鎏金太阳能挂钟，型号812，年份约1965年	直径127mm; 长419mm	171,832	保利香港	2018-03-31
卡地亚 非常罕有微型金制、镶钻石、缟玛瑙及铂金百叶座钟，年份约1940	35×58×35mm	161,800	香港苏富比	2018-04-02
卡地亚 非常精美罕有金制、铂金及镶钻石百叶座钟备硬石底座及原装钟盒，编号02278，年份约1950	82×45×45mm	161,800	香港苏富比	2018-04-02
水塔风车钟	高约79cm	138,000	保利厦门	2018-01-08
百达翡丽 MB24RS型号精钢及铝制电子母钟系统备电子显示子钟，编号710122，年份约1970。		130,800	香港苏富比	2018-10-02
Asprey，罕有及精细，18k金镶钻石六角形座钟		111,650	佳士得	2018-05-27
INDUCTA为劳力士而制，大码及独特，不锈钢石英挂钟		111,650	佳士得	2018-05-27
宝玑 精钢挂钟，年份约2010	31×48cm	96,069	香港苏富比	2018-04-02
1880年制 八铃一簧木钟	长40.5cm; 宽23.5cm; 高76cm	92,000	西泠拍卖	2018-07-09
1870年 黄铜镶白云石圣母座钟	宽30.5cm; 高48cm	89,700	浙江佳宝	2018-07-01
MB&F "ARACHNOPHOBIA GOLD" 限量版黄铜材质镀金蜘蛛形时钟备8日动力储存，机芯编号31817，年份约2015。		87,200	香港苏富比	2018-10-02
瑞士制 黄铜地球仪座钟备24小时显示，年份约1900	11×23cm	80,900	香港苏富比	2018-04-02
1853年 英国伦敦铜鎏银旅行钟	13.5×9.5cm	74,750	北京东正	2018-06-17
积家 "150TH ANNIVERSARY" 限量版黄铜空气钟，编号0382/3000，序列号604599，年份约1983。		70,850	香港苏富比	2018-10-02
Inducta为劳力士而制 精钢石英挂钟，年份约2000。		70,850	香港苏富比	2018-10-02
积家 黄铜空气钟，为品牌150周年而制，编号0231，序列号600103，年份约1983	底座215mm; 连玻璃罩高330mm	70,788	香港苏富比	2018-04-02
约1880年制 瑞士 精致铜镀金簪银花纹饰皮套钟 日期 月相显示 问时闹铃功能	约11×9.5×20cm	69,000	北京保利	2018-06-18
Inducta为劳力士而制 木制石英挂钟，年份约2000。		65,400	香港苏富比	2018-10-02
约2000年制 尚美 臻罕银鎏金镶钻沙漏小台钟	约30×16×30cm	63,250	北京保利	2018-06-18
REUGE 镀金黄铜鸟笼座钟，备唱歌小鸟，年份约1980	115×65×180mm	57,622	保利香港	2018-10-01
皇家地理学会世界时钟 黄铜木制地球仪座钟备24小时显示，年份约1980	225×225×285mm	57,277	保利香港	2018-03-31
芝柏精钢世界时间挂钟，年份约2005	直径52cm	50,563	香港苏富比	2018-04-02
铜鎏金珐琅圆顶钟	高39cm	46,000	北京荣宝	2018-05-18
Kieninger 铜鎏金十五分钟报时全日历座钟备月相显示，年份约2001		45,780	香港苏富比	2018-10-02
卡地亚 非常罕有黄金座钟备相架及紫晶石底座，年份约1960	底座阔度6.32cm;相架及底钟高度3.5cm及2.5cm	45,506	香港苏富比	2018-04-02
约1860年制 瑞士 精致铜镀金钥匙上弦珐琅皮套钟 问时功能	约19×10×9cm	43,700	北京保利	2018-06-18
百达翡丽 "NAVIQUARTZ" 长方形座钟连黄铜框架花梨木盒，由蒂芙尼发行，表壳编号1803912，年份1981。		43,600	香港苏富比	2018-10-02
爱彼 "ROYAL OAK" 精钢八角型挂钟，年份约2010	直径27cm	42,473	香港苏富比	2018-04-02
积家 装饰艺术风格青铜座钟，年份约1930	190×170×280mm	41,158	保利香港	2018-10-01
L'Epée 镀金报时座钟备音乐闹钟、日期、星期及月相显示，编号10131322，年份约2010。		38,150	香港苏富比	2018-10-02
约1890年 法国 铜鎏金掐丝珐琅座钟	高度约43cm	36,800	北京保利	2018-06-18
约1810年 法国 帝政风格 "爱神小天使诞生" 铜鎏金座钟	约40×37×11.5cm	36,800	北京保利	2018-06-18
约1970年制 百达翡丽 NAVIQUARTZ 系列 型号EI200 精钢及木质石英小台钟	约22×16×7.5cm	34,500	北京保利	2018-06-18
约1980年制 卡地亚 精致铜镀金石英小台钟 闹铃功能	约9.5×9.5×3.5cm	34,500	北京保利	2018-06-18
沛纳海PAM00641座钟		32,200	华艺国际	2018-05-22
Bailly 黄铜路易十六风格响闹座钟，年份约1870	55×18cm	30,338	香港苏富比	2018-04-02
红木嵌螺钿福禄万代纹广钟	高79cm	28,750	中国嘉德	2018-01-14
积家 镀金黄铜空气钟，"VII EMBASSY"，型号5904，年份约1970	190×140×220mm	28,639	保利香港	2018-03-31

2018杂项拍卖成交汇总

(成交价RMB：2万元以上)

拍品名称	物品尺寸	成交价RMB	拍卖公司	拍卖日期
昆仑 镀金水晶镂空座钟，"GOLDEN BRIDGE"，年份约1995，附原装表盒	65×55×180mm	28,639	保利香港	2018-03-31
积家 镀铑空气钟，年份约1990	175×130×230mm	26,753	保利香港	2018-10-01
积家 黄铜空气钟，年份约1970。		26,160	香港苏富比	2018-10-02
约1980年制 积家 经典铜镀金温差动力空气钟	高度约23cm	25,300	北京保利	2018-06-18
约1980年制 积家 经典铜镀金温差动力空气钟	高度约23cm	25,300	北京保利	2018-06-18
英国皇家地理学会世界时钟	22.5×22.5×28.5cm	25,300	华艺国际	2018-05-22
约1979年制 欧洲 皇家地理社会世界时钟 24小时显示	高度约28cm	23,000	北京保利	2018-06-18
约1980年制 欧洲 银质 钥匙上弦神秘彩蛋八音盒小台钟 镶珐琅、珍珠及宝石	高度约25cm	23,000	北京保利	2018-06-18
积家 镀金黄铜及树脂玻璃空气钟备垂钓图案，年份约1970	175×130×220mm	21,002	保利香港	2018-03-31
积家 罕有镀金黄铜及红漆空气钟，年份约1960	190×140×220mm	20,579	保利香港	2018-10-01
法国制 黄铜路易十六风格响闹挂钟，年份约1880	19×41cm	20,225	香港苏富比	2018-04-02
百达翡丽 2499型号极重要及非常罕有粉红金万年历计时腕表备月相显示，由蒂芙尼发行，机芯编号869438，表壳编号2637713，年份1971。		20,509,440	香港苏富比	2018-10-02
百达翡丽 非常卓越及罕有，白金双表盘机械腕表，备珐琅及手工雕饰工艺，及十二项复杂功能：包括大教堂音簧三问报时、陀飞轮、万年历、逆返日历、星空图、月相、星体轨迹、恒星时，型号6002G，年份约2014，附原厂证书	直径44mm	18,521,280	保利香港	2018-10-01
百达翡丽 非常瑰丽及重要，铂金双表盘腕表，备十二项复杂功能：包括大教堂音簧三问报时、陀飞轮、万年历、逆返日历、星空图、月相、星体轨迹、恒星时，型号5002P，年份约2011，附原厂后补证书	直径43mm	9,209,192	保利香港	2018-10-01
百达翡丽 5002P-001型号"SKY MOON TOURBILLON"非凡罕有重要铂金双表盘腕表备12项复杂功能：包括大教堂音簧三问、陀飞轮、万年历、恒星时间显示、星体移动苍穹图、月相及月行轨迹，机芯编号5000789，表壳编号4561068，年份2013。		8,475,840	香港苏富比	2018-10-02
百达翡丽 1579型号极为重要非常罕有精钢计时腕表备脉搏计表盘，机芯编号862753，表壳编号660235，机芯制于1941及售于1942，表壳及表盘年份约1950，特制配置完成于1991	直径36mm	7,086,840	香港苏富比	2018-04-02
百达翡丽5216R型号 极其精美罕有18K玫瑰金配备万年历、月相、陀飞轮及三问功能腕表		5,175,000	华艺国际	2018-05-22
百达翡丽 5970G型号非常精美独一无二白金万年历计时炼带腕表备月相及宝玑式时标，属于ERIC CLAPTON收藏系列，由机芯编号3048249，表壳编号4315081，年份2006	直径40mm；炼带长178mm	3,980,280	香港苏富比	2018-04-02
百达翡丽 5216P-001型号罕有及极为重要铂金三问万年历陀飞轮腕表备逆返日期及月相显示，机芯编号5001368，表壳编号4637876，年份约2013。		3,767,040	香港苏富比	2018-10-02
百达翡丽 非常重要及罕有，铂金三问万年历陀飞轮机械腕表，备逆跳日期及月相显示，"超级复杂功能系列"，型号5016P，年份约2004，附原厂证书及表盒	直径36.5mm	3,627,556	保利香港	2018-03-31
百达翡丽 非常罕有及重要，黄金三问万年历自动腕表，备月相、24小时及闰年显示，型号5074J，年份约2005，附原厂证书及表盒	直径42mm	3,498,464	保利香港	2018-10-01

拍品名称	物品尺寸	成交价RMB	拍卖公司	拍卖日期
百达翡丽 5020型号非常精美罕有早期铂金万年历计时腕表备月相显示及宝玑式时标，机芯编号3045223，表壳编号2956157，年份1995。		3,453,120	香港苏富比	2018-10-02
百达翡丽 5013P型号 非凡铂金自动上链三问万年历腕表备逆跳日期、月相、闰年显示及黑色表盘，机芯编号5000319，表壳编号4512484，年份约2011。		3,243,840	香港苏富比	2018-10-02
百达翡丽 5020P-018型号精美罕有铂金万年历计时腕表备月相显示及镶钻石时标，机芯编号3045848，表壳编号2956203，年份约1998	37×36mm	3,203,640	香港苏富比	2018-04-02
百达翡丽，极罕有，非常精细及优雅，三套18k白金镶钻石，粉红钻石及黄钻石长方形女装链带腕表		2,906,960	佳士得	2018-05-27
百达翡丽 5275型号 非常精美极罕有铂金三重跳时自鸣报时腕表，为庆祝品牌175周年而制，机芯编号5251785，表壳编号6017400，年份约2015。		2,825,280	香港苏富比	2018-10-02
百达翡丽 3939P型号 非常罕有重要铂金三问陀飞轮腕表备珐琅表盘及宝玑式时标，机芯编号1903090，表壳编号4287179，年份约2007。		2,825,280	香港苏富比	2018-10-02
百达翡丽，极精细及非常罕有，18k红金自动上弦腕表		2,712,080	佳士得	2018-05-27
百达翡丽 非常精细罕有，铂金镶绿宝石万年历机械腕表，备计时功能，月相，日夜及闰年显示，"超级复杂功能时计系列"，型号5271/13P，年份约2015，附原厂证书及表盒，原厂单封	直径40mm	2,675,296	保利香港	2018-10-01
百达翡丽 5101/100R-001型号非常精美罕有人手雕饰粉红金长方形陀飞轮腕表备10日动力储存显示，机芯编号5250098，表壳编号4472979，年份约2012	30×51mm	2,621,160	香港苏富比	2018-04-02
百达翡丽，非常罕有，极精细及非常吸引，18k白金镶长方形钻石女装长方形石英链带腕表套装		2,419,760	佳士得	2018-05-27
2015年制 百达翡丽 型号5271/11P 铂金 自动上弦镶祖母绿腕表 月相显示 万年历 计时功能	表径41mm	2,415,000	北京保利	2018-06-18
百达翡丽，极精细及非常罕有，不锈钢枕形腕表		2,030,000	佳士得	2018-05-27
百达翡丽 982/159G型号"JAPANESE CHERRY"非常精美独一无二白金怀表备珐琅表盘，表背饰有人手雕刻珐琅樱花树图案，机芯编号5671413，表壳编号4603550，年份2015。		1,962,000	香港苏富比	2018-10-02
百达翡丽 5160R型号非常精美罕有粉红金自动上链万年历腕表备逆跳日期、月相及闰年显示，机芯编号5932226，表壳编号6040882，年份约2015。		1,962,000	香港苏富比	2018-10-02
百达翡丽，非常精细及罕有，铂金腕表		1,827,000	佳士得	2018-05-27
百达翡丽 精致罕有，玫瑰金三问陀飞轮机械腕表，备珐琅表盘，"超级复杂功能系列"，型号3939HR-001，年份约2004，附原厂证书、后补证书及表盒	直径33mm	1,813,778	保利香港	2018-03-31
百达翡丽 5719/1G-001型号"NAUTILUS"十分精美罕有白金镶钻石炼带腕表备日期显示，机芯编号5931873，表壳编号4452073，年份约2016。		1,635,000	香港苏富比	2018-10-02
百达翡丽，非常精细及罕有，18k白金自动上弦天文腕表		1,624,000	佳士得	2018-05-27
百达翡丽，非常精细及罕有，铂金腕表		1,624,000	佳士得	2018-05-27
百达翡丽 5719/1G-001型号"NAUTILUS"超凡极为罕有白金镶钻石自动上链炼带腕表备日期显示，机芯编号5557746，表壳编号6010180，年份约2015	10时-4时直径40mm；炼带长180mm	1,618,000	香港苏富比	2018-04-02

拍品名称	物品尺寸	成交价RMB	拍卖公司	拍卖日期
百达翡丽 精致罕有，铂金及玫瑰金自动上链天体腕表备星体运行图、月相位置及盈亏、天狼星及月亮中天轨迹显示，"CELESTIAL"，型号5102PR，年份约2010，原厂单封，附原厂表盒	直径43mm	1,527,392	保利香港	2018-03-31
百达翡丽 5971P型号十分精美罕有铂金镶钻石万年历计时腕表备月相及闰年显示，机芯编号3932248，表壳编号4509764，年份约2012。		1,471,500	香港苏富比	2018-10-02
百达翡丽 5004G型号精美罕有白金万年历追针计时腕表备月相及闰年显示，机芯编号5275150，表壳编号443527，年份约2008。		1,417,000	香港苏富比	2018-10-02
百达翡丽 5970P型号 十分精美罕有铂金万年历计时腕表备月相、24小时、闰年显示及夜光指针，机芯编号3931618，表壳编号4494372，年份约2009。		1,417,000	香港苏富比	2018-10-02
百达翡丽，精细及罕有，18k红金腕表		1,319,500	佳士得	2018-05-27
百达翡丽，精细及罕有，铂金镶钻石腕表		1,319,500	佳士得	2018-05-27
百达翡丽 5102PR型号"CELESTIAL"精美罕有铂金及粉红金天文腕表备星体运行及月相盈亏显示，机芯编号5512899，表壳编号4521849，年份约2013。		1,253,500	香港苏富比	2018-10-02
百达翡丽 5004J-012型号精美罕有黄金万年历追针计时腕表备月相及闰年显示，机芯编号3275284，表壳编号4483029，年份约2007	直径36mm	1,213,500	香港苏富比	2018-04-02
百达翡丽 5970P型号十分精美罕有铂金万年历计时腕表备月相及闰年显示，机芯编号3049940，表壳编号4476826，年份约2008	直径40mm	1,213,500	香港苏富比	2018-04-02
百达翡丽 5102PR型号"CELESTIAL"精美罕有铂金及粉红金自动上链天文腕表备星体运行及月相盈亏显示，机芯编号5512894，表壳编号4525454，年份约2010	直径43mm	1,112,375	香港苏富比	2018-04-02
百达翡丽 5070P型号精美罕有铂金计时腕表备测速计，机芯编号3715453，表壳编号4459441，年份约2007	直径42mm	1,112,375	香港苏富比	2018-04-02
约2016年制 百达翡丽 型号5131P 铂金自动上弦腕表 世界时间 珐琅表盘	表径39mm；全表长约18cm	1,069,500	北京保利	2018-06-18
百达翡丽，非常精细及极罕有，铂金镶钻石腕表		1,065,750	佳士得	2018-05-27
2002年制 百达翡丽 型号5102J 18K黄金 自动上弦腕表 星相显示	表径43mm	1,058,000	北京保利	2018-06-18
百达翡丽 5020型号黄金万年历计时腕表备月相显示及宝玑式时标，机芯编号3045014，表壳编号2956069，年份1994。		1,035,500	香港苏富比	2018-10-02
百达翡丽 3970G-018型号精美罕有白金万年历计时腕表备月相、24小时及闰年显示，机芯编号3047250，表壳编号4258790，年份约2004	直径36mm	1,011,250	香港苏富比	2018-04-02
百达翡丽 3970EP型号 非常精美罕有铂金万年历计时腕表备月相、24小时及闰年显示，机芯编号3047031，表壳编号4225242，年份约2004。		981,000	香港苏富比	2018-10-02
百达翡丽 5076P-026型号限量版铂金长方形腕表备掐丝珐琅表盘，机芯编号3355417，表壳编号4330885，年份约2007	30×34mm	960,688	香港苏富比	2018-04-02
百达翡丽 5101P型号精美罕有铂金长方形陀飞轮腕表备10日动力储存显示，机芯编号3361106，表壳编号4244262，年份约2009	30×51mm	910,125	香港苏富比	2018-04-02
百达翡丽 5102J-001型号"CELESTIAL"非常精美黄金自动上链天文腕表备星体运行及月相盈亏显示，机芯编号3580095，表壳编号4442112，年份约2007	直径43mm	910,125	香港苏富比	2018-04-02
约2006年制 百达翡丽 型号5970R 18K玫瑰金 手动上弦腕表 月相显示 万年历 计时功能	表径38mm	885,500	北京保利	2018-06-18
百达翡丽，精细及非常罕有，18k红金自动上弦腕表		862,750	佳士得	2018-05-27
百达翡丽 非常精致罕有，铂金镶钻石年历计时码自动上弦腕表，备星期、日期、月份显示，动力储存及昼夜显示，型号5961P，年份约2014，原厂单封，附原厂证书及表盒	直径40mm	854,037	保利香港	2018-10-01
百达翡丽 3970EP-021型号精美罕有铂金万年历计时腕表备月相、24小时及闰年显示，机芯编号3047556，表壳编号4279357，年份约2006	直径36mm	849,450	香港苏富比	2018-04-02
百达翡丽 5970G型号精美罕有白金万年历计时腕表备月相及闰年显示，机芯编号3048384，表壳编号4348849，年份约2006	直径40mm	829,225	香港苏富比	2018-04-02
百达翡丽，非常精细及罕有，铂金镶钻石腕表		812,000	佳士得	2018-05-27
百达翡丽 5970R型号精美罕有粉红金万年历计时腕表备月相及闰年显示，机芯编号3048593，表壳编号4411334，年份约2008	直径40mm	809,000	香港苏富比	2018-04-02
百达翡丽 精致罕有，玫瑰金世界时间自动上弦腕表，备掐丝珐琅表盘，型号5131R，年份约2016，附原厂证书及表盒	直径39.5mm	792,299	保利香港	2018-10-01
百达翡丽 5160G型号非常精美罕有白金自动上链万年历腕表备逆跳日期、月相及闰年显示，机芯编号5548883，表壳编号4501124，年份约2010	直径38mm	758,438	香港苏富比	2018-04-02
百达翡丽 非常精美罕有，限量版白金世界时间自动腕表，备月相显示，为庆祝品牌175周年而制，型号5575G-001，年份约2014，原厂双封，附原厂证书及表盒	直径40mm	740,851	保利香港	2018-10-01
百达翡丽 5131J型号黄金世界时间腕表备掐丝珐琅表盘，机芯编号3925076，表壳编号4464261，年份约2009。		697,600	香港苏富比	2018-10-02
百达翡丽 非常精美罕有，限量版白金世界时间自动腕表，备月相显示，为庆祝品牌175周年而制，型号5575G-001，年份约2014，原厂单封，附原厂证书及表盒	直径40mm	687,326	保利香港	2018-03-31
百达翡丽 5270G-001型号白金万年历计时腕表备月相及闰年显示，机芯编号5689489，表壳编号4594084，年份约2013	直径41mm	657,313	香港苏富比	2018-04-02
百达翡丽 5131G-001型号白金自动上链世界时间腕表备掐丝珐琅表盘，机芯编号5530458，表壳编号4506145，年份约2010	直径39mm	657,313	香港苏富比	2018-04-02
百达翡丽，非常精细及罕有，18k白金腕表		649,600	佳士得	2018-05-27
百达翡丽，精细及罕有，18k白金腕表		649,600	佳士得	2018-05-27
百达翡丽 3970EP型号精美罕有铂金万年历计时腕表备月相、闰年显示及镶钻石时标，机芯编号876639，表壳编号2934754，年份1993	直径36mm	626,975	香港苏富比	2018-04-02
百达翡丽 3970ER-016型号精美罕有粉红金万年历计时腕表备月相及闰年显示，机芯编号3045872，表壳编号4010808，年份1999	直径36mm	626,975	香港苏富比	2018-04-02
百达翡丽 5131J型号黄金自动上链世界时间腕表备掐丝珐琅表盘，机芯编号3925127，表壳编号4487853，年份约2009	直径39mm	626,975	香港苏富比	2018-04-02
百达翡丽 独特瑰丽，铂金镶钻石自动上弦腕表，备掐丝珐琅表盘，型号5077/100P-013，年份约2012，附原厂证书及表盒	直径38mm	620,503	保利香港	2018-03-31
百达翡丽 5070G-001型号 白金计时腕表备测速计刻度，机芯编号3363951，表壳编号4440513，连原厂双重封套，年份约2008。		566,800	香港苏富比	2018-10-02

(成交价RMB:2万元以上)

拍品名称	物品尺寸	成交价RMB	拍卖公司	拍卖日期
百达翡丽 3970ER型号粉红金万年历计时腕表备月相及闰年显示,机芯编号3047124,表壳编号4253620,年份2004。		566,800	香港苏富比	2018-10-02
百达翡丽 5076P-027型号限量版铂金长方形腕表备掐丝珐琅表盘,机芯编号3355513,表壳编号4380900,年份约2007	30×34mm	556,188	香港苏富比	2018-04-02
百达翡丽 5050P型号精美罕有铂金自动上链万年历腕表备逆跳日期及月相显示,机芯编号1957671,表壳编号2989788,年份1995	直径35mm	546,075	香港苏富比	2018-04-02
百达翡丽 5980/1A-001型号"NAUTILUS"精钢自动上链计时炼带腕表备日期显示,机芯编号366953,表壳编号4398821,年份约2008。		545,000	香港苏富比	2018-10-02
百达翡丽 3970/2型号精美罕有黄金万年历计时炼带腕表备24小时、闰年及月相显示,机芯编号876771,表壳编号2896096,年份约1994。		545,000	香港苏富比	2018-10-02
百达翡丽 精致罕有,黄金镂空人手雕饰机械怀表,型号894/2J-001,年份约1983,附原厂证书	直径46mm	505,949	保利香港	2018-03-31
百达翡丽 5075G-026型号白金腕表备掐丝珐琅表盘,机芯编号3238504,表壳编号4180035,年份约2002。		501,400	香港苏富比	2018-10-02
百达翡丽,大码及精细,18k金腕表		487,200	佳士得	2018-05-27
百达翡丽,精细,铂金自动上弦腕表		456,750	佳士得	2018-05-27
百达翡丽 5076P-025型号限量版铂金长方形腕表备掐丝珐琅表盘,机芯编号3355530,表壳编号4380912,年份约2007	30×34mm	455,063	香港苏富比	2018-04-02
百达翡丽 5076P-028型号限量版铂金长方形腕表备掐丝珐琅表盘,机芯编号3355507,表壳编号4358244,年份约2007	30×34mm	455,063	香港苏富比	2018-04-02
百达翡丽 5298P-012型号"CALATRAVA"铂金镶钻石自动上链腕表备日期显示及镶钻石时标,机芯编号5804110,表壳编号4683462,年份约2013。		436,000	香港苏富比	2018-10-02
百达翡丽 精美罕有黄金三问追针计时怀表备珐琅表盘,由BEYER发行,机芯编号156516,表壳编号260775,年份1909	直径53mm	424,725	香港苏富比	2018-04-02
百达翡丽 5980/1A-019型号"NAUTILUS"精钢炼带计时腕表备日期显示,机芯编号5725199,表壳编号4587927,年份约2014。		414,200	香港苏富比	2018-10-02
百达翡丽 5050R型号粉红金自动上链万年历腕表备逆跳日期,月相显示及闰年显示,机芯编号1957745,表壳编号2998755,年份1996。		414,200	香港苏富比	2018-10-02
百达翡丽 5130R-020型号限量版粉红金自动上链世界时间腕表,原厂未开封,慕尼黑特别版,机芯编号5760503,表壳编号44674476,年份2014。		414,200	香港苏富比	2018-10-02
百达翡丽,精细,不锈钢自动上弦链带腕表		406,000	佳士得	2018-05-27
百达翡丽,精细,不锈钢自动上弦链带腕表		406,000	佳士得	2018-05-27
百达翡丽,精细,非常罕有及吸引,18k红金自动上弦腕表		406,000	佳士得	2018-05-27
百达翡丽 极罕有并具历史价值之重要黄金腕表备双色表盘,表壳由VICHET所造,机芯由M.ZIBACH所造,机芯编号822397,表壳编号822397,年份1929	直径29mm	404,500	香港苏富比	2018-04-02
约1980年制 百达翡丽 型号3980/16J 18K黄金 手动上弦镶钻石及蓝宝石腕表 未经使用	表径28×30mm;全表长约19cm	402,500	北京保利	2018-06-18
百达翡丽 5712/1A-001型号"NAUTILUS"精钢自动上链鍊带腕表备日期、动力储存及月相显示,机芯编号5617456,表壳编号4930783,年份约2011。		392,400	香港苏富比	2018-10-02
百达翡丽 5712/1A型号"NAUTILUS"精钢自动上链鍊带腕表备日期、动力储存及月相显示,原厂未开封,机芯编号3172265,表壳编号4370318,年份约2012	直径40.5mm;鍊带长200mm	384,275	香港苏富比	2018-04-02
百达翡丽 3700/1型号""JUMBO" NAUTILUS"精美罕有精钢自动上链炼带腕表备日期显示,机芯编号1309502,表壳编号539313,年份1980	10至4时位置直径40mm;鍊带长165mm	384,275	香港苏富比	2018-04-02
百达翡丽 5711/1A型号"NAUTILUS"精钢自动上链鍊带腕表备日期显示,机芯编号3647365,表壳编号4945295,年份约2008	直径42mm;鍊带长195mm	384,275	香港苏富比	2018-04-02
百达翡丽 5140G型号铂金万年历腕表备月相、闰年及昼夜显示,机芯编号776597,表壳编号2958332,年份约2007。		381,500	香港苏富比	2018-10-02
百达翡丽 5712/1A型号"NAUTILUS"精钢鍊带腕表备日期、动力储存及月相显示,机芯编号5636249,表壳编号4935085,年份约2012。		370,600	香港苏富比	2018-10-02
百达翡丽 5960P-001型号铂金自动上链年历飞返计时腕表备动力储存及昼夜显示,原厂未开封,机芯编号3501489,表壳编号4324930,年份2011。		359,700	香港苏富比	2018-10-02
百达翡丽 5712/1A型号"NAUTILUS"精钢自动上链鍊带腕表备日期、动力储存及月相显示,机芯编号3170014,表壳编号4375923,年份约2006	直径40.5mm;鍊带长-约190mm	353,938	香港苏富比	2018-04-02
百达翡丽 646型号精美罕有粉红金计时怀表,机芯编号863377,表壳编号636849,年份1944	直径46.5mm	353,938	香港苏富比	2018-04-02
百达翡丽NAUTILUS系列精钢链带腕表		345,000	华艺国际	2018-05-22
百达翡丽 精致罕有,铂金万年历自动腕表备月相,及闰年显示,"复杂功能时计系列",型号3940P,年份约1989,附原厂后补证书	直径36mm	334,117	保利香港	2018-03-31
百达翡丽 5067型号精钢镶钻石腕表备日期显示,机芯编号1563024,表壳编号4333937,年份2005。		327,000	香港苏富比	2018-10-02
百达翡丽,精细,18k白金自动上弦腕表		324,800	佳士得	2018-05-27
百达翡丽,精细及罕有,铂金自动上弦腕表		324,800	佳士得	2018-05-27
百达翡丽 5100G型号精美限量版白金长方形腕表备10天动力储存显示,机芯编号3202954,表壳编号4102387,年份2001	34×45.5mm	323,600	香港苏富比	2018-04-02
百达翡丽 3289/14型号精美罕有女装铂金镶钻石炼带腕表备隐藏表盘,机芯编号982479,表壳编号2619164,年份1962	直径16mm;炼带约长145mm	323,600	香港苏富比	2018-04-02
百达翡丽 4675G型号精美限量版女装白金自动上链多刻度计时腕表备镶钻石时标,机芯编号5905486,表壳编号6002092,原厂未开封,于2014年为庆祝品牌175周年而制,年份2014	直径37mm	323,600	香港苏富比	2018-04-02
百达翡丽 5960P-001型号精美铂金自动上链年历飞返计时腕表备动力储存及昼夜显示,机芯编号3506207,表壳编号4472088,年份约2011	直径40mm	313,488	香港苏富比	2018-04-02
百达翡丽 5065J型号"AQUANAUT"黄金自动上链腕表备日期显示,机芯编号3255263,表壳编号4102103,年份约2004。		305,200	香港苏富比	2018-10-02
百达翡丽,精细,铂金自动上弦腕表		304,500	佳士得	2018-05-27
百达翡丽 5350R-001型号"ADVANCED RESEARCH"精美罕有限量版粉红金自动上链年历腕表备硅制擒纵齿轮、SPIROMAX摆轮游丝、月相及动力储存显示,原厂未开封,机芯编号3686269,表壳编号4370659,年份约2007	直径39mm	303,375	香港苏富比	2018-04-02

拍品名称	物品尺寸	成交价RMB	拍卖公司	拍卖日期
百达翡丽 黄金、珐琅及镶宝石挂表，机芯编号110623，表壳编号224362，年份1898	直径29.5mm	303,375	香港苏富比	2018-04-02
百达翡丽 605型号"HEURES UNIVERSELLES"非常精美罕有黄金世界时间怀表，机芯编号930641，表壳编号647104，年份1946	直径44mm	303,375	香港苏富比	2018-04-02
百达翡丽 精美，白金镶钻石及祖母绿机械链带腕表，型号4280，年份约1968，附原厂后补证书	30mm；长约160mm	288,109	保利香港	2018-10-01
百达翡丽 精致罕有，铂金万年历自动上链腕表，备大三针、逆返日历、月相及闰年显示，型号5496P，年份约2014，附原厂后补证书	直径40mm	288,109	保利香港	2018-10-01
百达翡丽，精细，不锈钢自动上弦链带腕表		284,200	佳士得	2018-05-27
百达翡丽，精细，18k白金自动上弦腕表		284,200	佳士得	2018-05-27
百达翡丽，精细及非常罕有，不锈钢腕表		284,200	佳士得	2018-05-27
百达翡丽 5235G-001型号白金年历腕表备三针一线表盘，机芯编号5625268，表壳编号6183915，年份约2017。		283,400	香港苏富比	2018-10-02
百达翡丽 3878型号黄金镂空腕表，机芯编号129269，表壳编号2952592，年份1994。		283,400	香港苏富比	2018-10-02
百达翡丽 1593型号铂金镶钻石腕表，机芯编号977519，表壳编号2619990，年份1961。		283,400	香港苏富比	2018-10-02
百达翡丽 5960R型号精美粉红金自动上链年历飞返计时腕表备动力储存及昼/夜显示，机芯编号5564793，表壳编号4531173，年份约2012	直径40mm	283,150	香港苏富比	2018-04-02
百达翡丽 精美黄金追针计时三问怀表，机芯编号174438，表壳编号282033，年份1914	直径47mm	283,150	香港苏富比	2018-04-02
百达翡丽 5040型号精美罕有铂金酒桶形自动上链万年历腕表备月相及闰年显示，机芯编号774624，表壳编号2942307，年份1994	35.5×35.5mm	273,038	香港苏富比	2018-04-02
百达翡丽 精致罕有，黄金100法郎金币机械腕表，备隐藏表盘，年份约1974，附原厂维修书	直径36mm	267,294	保利香港	2018-03-31
百达翡丽 精致，白金自动上链腕表，备日期、月相及动力储存显示，"NAUTILUS"，型号5712G，年份约2009，附原厂后补证书	直径40mm	267,294	保利香港	2018-03-31
百达翡丽 精美，白金万年历自动腕表，备逆跳日期、月相及闰年显示，"万年历系列"，型号5059G，年份约2004，附原厂证书、后补证书及表盒	直径36mm	267,294	保利香港	2018-03-31
约2008年 百达翡丽 型号5296G 2008年PISA OROLOGERIA特别定制款 国内拍场首现 18K白金 自动上弦腕表 日期显示	表径38mm	264,500	北京保利	2018-06-18
百达翡丽，精细，18k红金自动上弦腕表		263,900	佳士得	2018-05-27
百达翡丽，精细及罕有，铂金自动上弦腕表		263,900	佳士得	2018-05-27
百达翡丽 3940R型号精美粉红金自动上链万年历腕表备月相显示，机芯编号773418，机壳编号2922241，年份1992	直径36mm	262,925	香港苏富比	2018-04-02
百达翡丽 5130/1G-011型号白金自动上链世界时间炼带腕表，机芯编号5786009，表壳编号4657755，年份约2013	直径40mm；炼带约长175mm	262,925	香港苏富比	2018-04-02
百达翡丽 5059R型号粉红金自动上链万年历腕表备逆跳日期、月相及闰年显示，机芯编号3235553，表壳编号4138735，年份2002		261,600	香港苏富比	2018-10-02
百达翡丽 5500P型号"PAGODA"限量版铂金腕表，为庆祝百达翡丽日内瓦制表中心开幕而制，机芯编号1853052，表壳编号4014067，年份1997		261,600	香港苏富比	2018-10-02
约2014年制 百达翡丽 型号5396R 18K玫瑰金 自动上弦腕表 年历 月相显示	表径40mm	247,250	北京保利	2018-06-18
百达翡丽，精细及罕有，18k白金腕表		243,600	佳士得	2018-05-27
百达翡丽 4936R型号精美女装粉红金镶钻石自动上链年历腕表备月相显示及珠母贝表盘，机芯编号3751973，表壳编号4725561，年份2010	直径37mm	242,700	香港苏富比	2018-04-02
百达翡丽 3945/1G型号白金自动上链万年历鍊带腕表备月相及闰年显示，机芯编号772773，表壳编号2875141，年份1991	直径36mm；鍊带长约180mm	242,700	香港苏富比	2018-04-02
百达翡丽 5500P型号"PAGODA"限量版铂金方弧形腕表，机芯编号1859398，表壳编号4014128，年份1997	连表耳26.5×41mm	242,700	香港苏富比	2018-04-02
百达翡丽 3800/3型号"NAUTILUS"黄金及镶钻石自动上链炼带腕表备日期显示，机芯编号1421154，表壳编号2795470，年份1982。		239,800	香港苏富比	2018-10-02
百达翡丽 3800/1型号"NAUTILUS"精钢自动上链炼带腕表备日期显示，机芯编号3022007，表壳编号4009656，年份1997。		239,800	香港苏富比	2018-10-02
约1930年制 百达翡丽 CHRONOMETRO GONDOLO系列 18K黄金 表冠上弦怀表 珐琅表壳 24小时显示	表径56mm	230,000	北京保利	2018-06-18
百达翡丽，精细，18k红金怀表		223,300	佳士得	2018-05-27
百达翡丽 4825/150J-001型号精美女装黄金镶钻石长方形炼带腕表，机芯编号3300875，表壳编号4213358，年份约2002	22×28.5mm；炼带长约146mm	222,475	香港苏富比	2018-04-02
百达翡丽 5200型号"GONDOLO"白金长方形腕表备日期、星期及8天动力储存显示，机芯编号5651935，表壳编号4590284，年份约2015	连表耳32×46mm	222,475	香港苏富比	2018-04-02
百达翡丽 5726A型号"NAUTILUS"精钢自动上链年历腕表备月相显示，机芯编号5579785，表壳编号4743644，年份约2010	直径40.5mm	222,475	香港苏富比	2018-04-02
百达翡丽 黄金及珐琅怀表，由SHREVE & CO.发行，机芯编号199662，表壳编号407472，年份1921	直径44.5mm	222,475	香港苏富比	2018-04-02
百达翡丽 5067A型号精钢镶钻石腕表备日期显示，机芯编号1563128，表壳编号4334305，年份2005。		218,000	香港苏富比	2018-10-02
百达翡丽 4910/49G-001型号"TWENTY~4"白金镶钻石鍊带腕表备珠母贝表盘，机芯编号5589220，表壳编号4537049，年份约2014。		207,100	香港苏富比	2018-10-02
百达翡丽 5200型号"GONDOLO"白金长方形腕表备日期、星期及8天动力储存显示，机芯编号651935，表壳编号4590284，年份约2015。		207,100	香港苏富比	2018-10-02
百达翡丽 5396型号 白金年历腕表备月相及24小时显示，机芯编号3901076，表壳编号4452475，年份约2011。		207,100	香港苏富比	2018-10-02
百达翡丽，精细及雅致，18k白金镶钻石女装腕表		203,000	佳士得	2018-05-27
百达翡丽，精细及非常罕有，18k白金镶钻石枕形链带腕表		203,000	佳士得	2018-05-27
百达翡丽 3800/1型号"NAUTILUS"精钢自动上链炼带腕表备日期显示，机芯编号3020952，表壳编号2990771，年份1995	直径33.5mm；炼带约长185mm	202,250	香港苏富比	2018-04-02
百达翡丽 黄金、铂金、珐琅及镶钻石新艺术运动风格怀表备珐琅肖像，机芯编号172987，表壳编号276729，年份1912	直径27mm	202,250	香港苏富比	2018-04-02
百达翡丽 4910/40型号"TWENTY~4"粉红金镶钻石炼带腕表，机芯编号3382277，表壳编号4291321，年份2005		201,650	香港苏富比	2018-10-02

2018杂项拍卖成交汇总

(成交价RMB：2万元以上)

拍品名称	物品尺寸	成交价RMB	拍卖公司	拍卖日期
百达翡丽 2526型号黄金自动上链腕表备珐琅表盘，机芯编号760464，表壳编号679926，年份1953。		196,200	香港苏富比	2018-10-02
百达翡丽 5167/1型号"AQUANAUT"精钢自动上链炼带腕表备日期显示，机芯编号3907530，表壳编号4714388，年份约2008。		196,200	香港苏富比	2018-10-02
约2008年制 百达翡丽 型号5110R 18K玫瑰金自动上弦腕表 世界时功能	表径38mm	195,500	北京保利	2018-06-18
百达翡丽 5146/1J-001型号黄金自动上链年历炼带腕表备月相及动力储存显示，机芯编号3605430，表壳编号4407992，年份2007。		185,300	香港苏富比	2018-10-02
百达翡丽复杂功能计时系列5396G-011腕表		184,000	上海匡时	2018-04-30
百达翡丽，精细，18k红金自动上弦链带腕表		182,700	佳士得	2018-05-27
百达翡丽 5167A-001型号"AQUANAUT"精钢自动上链腕表备日期显示，机芯编号3905945，表壳编号4702528，年份约2008。		174,400	香港苏富比	2018-10-02
百达翡丽 5100J型号限量版黄金腕表备10日动力储存显示，机芯编号3201520，表壳编号4098550，年份2000。		174,400	香港苏富比	2018-10-02
百达翡丽，精细及罕有，18k红金自动上弦腕表		172,550	佳士得	2018-05-27
百达翡丽 2434型号非常罕有粉红金长方形腕表备鲑鱼色表盘及原装皮带，机芯编号974995，表壳编号671274，年份1953	连表耳25.5×40mm	171,913	香港苏富比	2018-04-02
百达翡丽 5066/1A-001型号"AQUANAUT"精钢炼带腕表备日期显示，机芯编号3027686，表壳编号4055542，年份约2002。		163,500	香港苏富比	2018-10-02
百达翡丽 5054型号白金腕表备日期、月相及动力储存显示，机芯编号3112287，表壳编号4085811，年份约2000。		163,500	香港苏富比	2018-10-02
百达翡丽 5135J-001型号"GONDOLO CALENDARIO"黄金年历腕表备月相及24小时显示，机芯编号3423732，表壳编号4269514，年份约2005。		163,500	香港苏富比	2018-10-02
百达翡丽 罕有黄金、铂金、珐琅及镶钻石新艺术运动风格怀表备珐琅肖像及炼带，机芯编号164234，表壳编号269464，年份1911。		163,500	香港苏富比	2018-10-02
百达翡丽 4346/2型号白金镶钻石炼带腕表备青金石表盘，机芯编号1398635，表壳编号2779554，年份1980。		163,500	香港苏富比	2018-10-02
百达翡丽，精细，18k金及不锈钢自动上弦链带腕表		162,400	佳士得	2018-05-27
百达翡丽 5135G-010型号"GONDOLO"白金酒桶形自动上链年历腕表备月相及24小时显示，机芯编号3423246，表壳编号4386099，年份约2005	37×39mm	161,800	香港苏富比	2018-04-02
百达翡丽 5054P型号铂金自动上链腕表备日期、月相及动力储存显示，机芯编号3112661，表壳编号4086130，年份约2000	直径41mm	161,800	香港苏富比	2018-04-02
百达翡丽 96型号非常罕有精钢及粉红金腕表备粉红表盘，由HAUSMANN & CO.发行，机芯编号923016，表壳编号527561，年份1942	直径30.5mm	161,800	香港苏富比	2018-04-02
百达翡丽 5500G型号"PAGODA"限量版白金方弧形腕表，机芯编号1858903，表壳编号4014939，年份1997	连表耳26.5×41mm	161,800	香港苏富比	2018-04-02
百达翡丽 精美，黄金年历自动腕表，备24小时及月相显示，"GONDOLO CALENDARIO"，型号5135J，年份约2005，附原厂证书及表盒	38×50mm	154,344	保利香港	2018-10-01
百达翡丽 5500R-001型号"PAGODA"限量版粉红金腕表，为庆祝百达翡丽日内瓦制表中心开幕而制，机芯编号1859276，表壳编号4014588，年份1997。		152,600	香港苏富比	2018-10-02
百达翡丽，精细，18k红金自动上弦腕表		152,250	佳士得	2018-05-27
百达翡丽，精细，18k金腕表		152,250	佳士得	2018-05-27
百达翡丽，罕有，不锈钢腕表		152,250	佳士得	2018-05-27
百达翡丽 精美铂金年历自动腕表，"CALATRAVA"，型号5035P，年份约1999，附原厂后补证书	直径37mm	143,193	保利香港	2018-03-31
百达翡丽，精细，18k白金腕表		142,100	佳士得	2018-05-27
百达翡丽，精细，18k金自动上弦腕表		142,100	佳士得	2018-05-27
百达翡丽 精致，白金自动上弦腕表，备月相显示及动力储存，型号5015G，年份约1995，附原厂证书及表盒	直径35mm	141,996	保利香港	2018-10-01
百达翡丽 银制怀表，机芯编号26645，表壳编号26645，年份1866。		141,700	香港苏富比	2018-10-02
百达翡丽 3880型号"ELLIPSE"黄金椭圆形镂空腕表，机芯编号1389731，表壳编号2905522，年份1994	直径27mm	141,575	香港苏富比	2018-04-02
约2009年制 百达翡丽 型号5035J 18K黄金 自动上弦腕表 年历 24小时显示	表径37mm	138,000	北京保利	2018-06-18
百达翡丽，精细，18k白金自动上弦腕表		131,950	佳士得	2018-05-27
百达翡丽 5167A型号"AQUANAUT"精钢自动上链腕表备日期显示，机芯编号3908891，表壳编号4720055，年份约2008	直径41mm	131,463	香港苏富比	2018-04-02
百达翡丽 黄金及珐琅怀表，由H.B.STANWOOD & CO.发行，机芯编号7832，表壳编号7832，年份1853	直径36mm	131,463	香港苏富比	2018-04-02
百达翡丽 570型号黄金腕表，机芯编号722411，表壳编号306404，年份1954	直径35mm	131,463	香港苏富比	2018-04-02
约2010年制 百达翡丽 GONDOLO系列 型号5098P 铂金 手动上弦腕表	4-10点位置测量表径35mm	126,500	北京保利	2018-06-18
百达翡丽，精细，18k白金自动上弦腕表		121,800	佳士得	2018-05-27
百达翡丽，精细，18k白金自动上弦腕表		121,800	佳士得	2018-05-27
百达翡丽，精细，18k金枕形自动上弦腕表		121,800	佳士得	2018-05-27
百达翡丽 5098P型号"GONDOLO"铂金酒桶形腕表，机芯编号3708681，表壳编号4457590，年份约2008	32×42mm	121,350	香港苏富比	2018-04-02
百达翡丽 黄金及珐琅怀表，机芯编号178501，表壳编号277968，年份1913	直径27mm	121,350	香港苏富比	2018-04-02
百达翡丽 2481型号罕有黄金腕表，机芯编号710338，表壳编号2625752，年份1963	直径36.5mm	121,350	香港苏富比	2018-04-02
百达翡丽 5500R型号"PAGODA"限量版粉红金方弧形腕表，机芯编号1858094，表壳编号4014247，年份1997	连表耳26.5×41mm	121,350	香港苏富比	2018-04-02
百达翡丽 5153J型号黄金腕表备日期显示，机芯编号3909661，表壳编号4477148，年份2009。		119,900	香港苏富比	2018-10-02
百达翡丽 5003/1型号黄金镶钻石炼带腕表，机芯编号1368704，表壳编号2915280，年份1985。		119,900	香港苏富比	2018-10-02
百达翡丽 3445型号白金自动上链腕表备日期显示，机芯编号1126235，表壳编号324173，年份1968。		119,900	香港苏富比	2018-10-02
百达翡丽 5085型号精钢自动上链炼带腕表备日期、月相及动力储存显示，机芯编号3165462，表壳编号4099295，年份2001。		114,450	香港苏富比	2018-10-02
百达翡丽 3998S型号限量版粉红金自动上链腕表备日期显示及宝玑式时标，为GARRARD公司150周年纪念而制，机芯编号1912485，表壳编号2946754，编号113/150，年份1993	直径33.5mm	111,238	香港苏富比	2018-04-02

拍品名称	物品尺寸	成交价RMB	拍卖公司	拍卖日期
百达翡丽 黄金及掐丝珐琅怀表，由JAQUES & MARCUS发行，机芯编号68909，表壳编号68909，年份1882	直径37mm	111,238	香港苏富比	2018-04-02
百达翡丽 3816/6型号罕有黄金及镶钻石长方形炼带腕表，机芯编号1370217，表壳编号2835850，年份1986	26×31mm；炼带约长175mm	111,238	香港苏富比	2018-04-02
百达翡丽 5034J型号"TRAVEL TIME"黄金两地时间腕表备24小时显示，机芯编号3079448，表壳编号4023994，年份约1998。		109,000	香港苏富比	2018-10-02
百达翡丽 5124G-001型号"GONDOLO"白金腕表，机芯编号3690215，表壳编号4719472，年份约2010。		109,000	香港苏富比	2018-10-02
百达翡丽 5055G型号白金自动上链腕表备日期、月相及动力储存显示，机芯编号3169396，表壳编号4280785，年份2004。		109,000	香港苏富比	2018-10-02
百达翡丽 精致罕有，黄金镶钻石珐琅，开面机械怀表，年份约1907，附原厂后补证书	直径27mm	105,008	保利香港	2018-03-31
百达翡丽 精美，白金自动上弦腕表，备小秒针，及日期显示，"CALATRAVA"，型号6000G-001，年份约2005，附原厂证书	直径37mm	105,008	保利香港	2018-03-31
百达翡丽 4910/11R-001型号"TWENTY~4"粉红金镶钻石鍊带腕表，机芯编号1664389，表壳编号4123250，年份约2000。		103,550	香港苏富比	2018-10-02
百达翡丽，精细，18k红金镶钻石长方形女装腕表		101,500	佳士得	2018-05-27
百达翡丽，精细，不锈钢自动上弦链带腕表		101,500	佳士得	2018-05-27
百达翡丽 3445型号白金自动上链腕表备日期显示，机芯编号1121287，表壳编号314770，年份1963	直径35mm	101,125	香港苏富比	2018-04-02
百达翡丽 精致罕有，黄金二十美元金币机械腕表，备隐藏表盘，年份约1980，附原厂后补证书	直径35mm	97,751	保利香港	2018-10-01
百达翡丽 4864J-001型号"TRAVEL TIME"黄金两地时间腕表备24小时显示，机芯编号3079510，表壳编号4027761，年份约1998。		92,650	香港苏富比	2018-10-02
百达翡丽 3289/24型号黄金，镶钻石及蓝宝石炼带腕表，机芯编号987612，表壳编号2627041，年份1965。		92,650	香港苏富比	2018-10-02
百达翡丽，精细及极罕有，18k金腕表		91,350	佳士得	2018-05-27
百达翡丽 黄金、珐琅及镶钻石怀表，由THE DUHME JEWELRY CO.发行，机芯编号111469，表壳编号222801，年份1899	直径27mm	91,013	香港苏富比	2018-04-02
百达翡丽 3617/1型号罕有白金镶钻石酒桶形炼带腕表，机芯编号1178412，表壳编号2751607，年份1974	28×33mm；炼带长约190mm	91,013	香港苏富比	2018-04-02
百达翡丽 非常独特罕有，黄金开面机械怀表，备珐琅表盘及手工雕花装饰，年份约1895，附原厂后补证书	47mm	87,462	保利香港	2018-10-01
百达翡丽 5500J型号"PAGODA"限量版黄金腕表，为庆祝百达翡丽日内瓦制表中心开幕而制，机芯编号1857699，表壳编号4013067，年份1997。		87,200	香港苏富比	2018-10-02
百达翡丽 4278/1型号黄金镶钻石炼带腕表备缟玛瑙表盘，机芯编号1395127，表壳编号2766087，年份1978。		87,200	香港苏富比	2018-10-02
百达翡丽 黄金及珐琅怀表，机芯编号26710，表壳编号26710，年份1865。		87,200	香港苏富比	2018-10-02
百达翡丽 4825/120型号女装白金镶钻石长方形炼带腕表备珠母贝表盘，机芯编号1670908，表壳编号4131875，年份约2000	22×29mm；炼带长167mm	85,956	香港苏富比	2018-04-02
百达翡丽 3445/6型号黄金自动上链腕表备日期显示，机芯编号1126879，表壳编号324274，年份约1968。		81,750	香港苏富比	2018-10-02

拍品名称	物品尺寸	成交价RMB	拍卖公司	拍卖日期
百达翡丽 7119/1J-010型号黄金炼带腕表，机芯编号5608908，表壳编号4497573，年份约2014。		81,750	香港苏富比	2018-10-02
百达翡丽，精细，18k白金镶钻石椭圆形女装腕表		81,200	佳士得	2018-05-27
百达翡丽，精细，18k金长方型腕表		81,200	佳士得	2018-05-27
百达翡丽，精细及罕有，18k金自动上弦链带腕表		81,200	佳士得	2018-05-27
百达翡丽，精细，18k金腕表		81,200	佳士得	2018-05-27
百达翡丽 3267/12型号女装白金及镶钻石炼带腕表，由HAUSMANN & CO.发行，机芯编号983391，表壳编号2625619，年份1963	直径15.5mm；炼带约长175mm	80,900	香港苏富比	2018-04-02
百达翡丽 黄金及珐琅怀表，由蒂芙尼发行，机芯编号11269，表壳编号11269，年份1855	直径39mm	80,900	香港苏富比	2018-04-02
百达翡丽 精美，白金两地时机械腕表，备24小时显示及小秒盘，"CALATRAVA TRAVEL TIME"型号5134G，年份约2007，附原厂后补证书	直径37mm	76,370	保利香港	2018-03-31
百达翡丽 黄金及掐丝珐琅怀表，由MERRICK WALSH & PHELPS发行，机芯编号99914，表壳编号214905，年份1893	直径31.5mm	75,844	香港苏富比	2018-04-02
百达翡丽 黄金怀表备珐琅表盘，机芯编号166015，表壳编号272144，年份1911	直径55.5mm	75,844	香港苏富比	2018-04-02
百达翡丽 精美，女装黄金机械腕表备小秒针及月相显示，型号4856，年份约1997，附原厂后补证书	直径26mm	74,460	保利香港	2018-03-31
百达翡丽 3748/001型号"ELLIPSE"白金椭圆形炼带腕表，由GÜBELIN发行，机芯编号1331828，表壳编号546980，年份1980	27×32mm；炼带长165mm	72,810	香港苏富比	2018-04-02
百达翡丽，罕有，18k红金怀表		71,050	佳士得	2018-05-27
百达翡丽 4825/100型号"GONDOLO"白金镶钻石腕表，机芯编号1664959，表壳编号4115121，年份2000。		70,850	香港苏富比	2018-10-02
百达翡丽 4656/2型号黄金镶钻石炼带腕表，机芯编号1410880，表壳编号2815055，年份约1984。		70,850	香港苏富比	2018-10-02
百达翡丽 3718型号限量版精钢腕表，为庆祝品牌150周年为日本市场而制，机芯编号1816069，表壳编号2857034，年份约1989。		70,850	香港苏富比	2018-10-02
百达翡丽 972/001型号黄金怀表备动力储存显示，机芯编号1946074，表壳编号4000458，年份约1990	直径44mm	70,788	香港苏富比	2018-04-02
百达翡丽，精细及罕有，18k金女装腕表		65,975	佳士得	2018-05-27
百达翡丽，精细，14k金怀表		65,975	佳士得	2018-05-27
百达翡丽，精细，18k白金腕表		65,975	佳士得	2018-05-27
百达翡丽 4856J-010型号 黄金腕表备月相显示，机芯编号3114013，表壳编号4027863，年份约1997。		65,400	香港苏富比	2018-10-02
百达翡丽 600型号铂金怀表备钻石时标，机芯编号890937，表壳编号420379，年份1945。		65,400	香港苏富比	2018-10-02
约1980年制 百达翡丽 18K双色金女款手动上弦镶钻腕表	4-10点位置测量表径22mm；全表长约18cm	63,250	北京保利	2018-06-18
约2000年制 百达翡丽 型号5012J 18K黄金自动上弦腕表 日期显示	表径33mm	63,250	北京保利	2018-06-18
百达翡丽，精细及罕有，18k金怀表		60,900	佳士得	2018-05-27
百达翡丽 4890J-001型号"SCULPTURE"女装黄金腕表备日期显示，机芯编号3077318，表壳编号4005619，年份约2009	直径26mm	60,675	香港苏富比	2018-04-02

2018杂项拍卖成交汇总

(成交价RMB：2万元以上)

拍品名称	物品尺寸	成交价RMB	拍卖公司	拍卖日期
百达翡丽 3445型号黄金自动上链腕表备日期显示，机芯编号1127502，表壳编号326991，年份1968	直径35mm	60,675	香港苏富比	2018-04-02
百达翡丽，精细及吸引，18k白金腕表		55,825	佳士得	2018-05-27
百达翡丽 3589/901型号白金椭圆形自动上链炼带腕表备青金石表盘，机芯编号1286646，表壳编号530120，年份1975	33×35mm；炼带约长165mm	55,619	香港苏富比	2018-04-02
百达翡丽 3987/10型号罕有黄金椭圆形炼带腕表，机芯编号1812168，表壳编号2844500，年份1988	28×34mm；炼带长182mm	55,619	香港苏富比	2018-04-02
百达翡丽 3923型号"CALATRAVA"限量版精钢腕表，为庆祝品牌150周年为日本市场而制，机芯编号1357500，表壳编号2836393，年份1986	直径32mm	55,619	香港苏富比	2018-04-02
百达翡丽 600/1型号粉红金怀表，机芯编号931168，表壳编号673207，年份1952。		54,500	香港苏富比	2018-10-02
百达翡丽 精美玫瑰金机械腕表，备小秒针，"CALATRAVA"，型号3923，年份约1990，附原厂后补证书	直径31mm	52,504	保利香港	2018-03-31
约1980年制 百达翡丽 Golden Ellipse系列 18K黄金 女款手动上弦腕表	4–10点位置测量表径30mm；全表长约19cm	51,750	北京保利	2018-06-18
百达翡丽 精致，白金自动链带腕表，型号Ref. 3588/1，年份约1973，附原厂后补证书	直径36mm；长约180mm	51,448	保利香港	2018-10-01
百达翡丽，精细，18k白金镶钻石女装链带腕表		50,750	佳士得	2018-05-27
百达翡丽 4820型号女装黄金镶钻石腕表，机芯编号1606620，表壳编号2859221，年份1988	直径25.5mm	50,563	香港苏富比	2018-04-02
百达翡丽 黄金及珐琅怀表，由SHREVE, CRUMP & LOW CO.发行，机芯编号109324，表壳编号220898，年份1897	直径27mm	50,563	香港苏富比	2018-04-02
百达翡丽 3285/21型号粉红金炼带腕表备隐藏表盘，机芯编号986791，表壳编号2620928，年份1965。		49,050	香港苏富比	2018-10-02
约1977年制 百达翡丽 型号4265/1 18K白金 女款手动上弦腕表	表径22×22mm；全表长约16cm	48,300	北京保利	2018-06-18
百达翡丽 精致白金大三针自动上弦链带腕表，"CALATRAVA"，型号3563/2，年份约1973，附原厂后补证书	直径35mm；长约170mm	46,303	保利香港	2018-10-01
百达翡丽 黄金及珐琅怀表，机芯编号812805，表壳编号605480，年份1926。		45,780	香港苏富比	2018-10-02
百达翡丽 黄金及珐琅怀表备宝玑式数字，由FRECCERO发行，机芯编号815514，表壳编号413539，年份1927。		45,780	香港苏富比	2018-10-02
百达翡丽 黄金及镶宝石怀表，机芯编号199596，表壳编号407183，年份1920。		43,600	香港苏富比	2018-10-02
百达翡丽 866型号黄金怀表，机芯编号932316，表壳编号433516，年份1974。		43,600	香港苏富比	2018-10-02
百达翡丽 4290型号女装罕有黄金椭圆形腕表备青金石表盘，机芯编号1275509，表壳编号2758844，年份1976	32×27mm	42,473	香港苏富比	2018-04-02
百达翡丽 3528/3型号白金及镶钻石酒桶形炼带腕表，机芯编号1172636，表壳编号2721471，年份1972	29.5×26mm；炼带约长175mm	40,450	香港苏富比	2018-04-02
百达翡丽 3744型号罕有黄金腕表备特别表盘，机芯编号1503836，表壳编号552012，年份1980	直径33mm	40,450	香港苏富比	2018-04-02
约1990年制 百达翡丽 型号4819G 18K白金 女款腕表	表径25mm；全表长约17cm	40,250	北京保利	2018-06-18
百达翡丽 Patek Philippe 改装表		40,250	北京匡时	2018-06-15
百达翡丽 精美，白金机械腕表，型号3520D，年份约1989，附原厂后补证书及表盒	直径32mm	40,094	保利香港	2018-03-31
百达翡丽 精致白金，长方型镶钻石机械链带腕表，型号3528，年份约1971，附原厂后补证书及表盒	31mm×26mm；长约180mm	39,100	保利香港	2018-10-01
百达翡丽 精致罕有，黄金机械怀表，备小秒针，年份约1920，附原厂后补证书	直径48mm	39,100	保利香港	2018-10-01
百达翡丽 黄金、珐琅及镶钻石怀表，机芯编号137280，表壳编号242828，年份1907	直径27mm	38,428	香港苏富比	2018-04-02
百达翡丽 黄金及珐琅怀表，机芯编号824700，表壳编号416380，年份1929。		38,150	香港苏富比	2018-10-02
百达翡丽 黄金及珐琅怀表，机芯编号810872，表壳编号411538，年份1925。		38,150	香港苏富比	2018-10-02
百达翡丽 银制怀表备珐琅表盘，机芯编号67472，表壳编号67472，年份1882。		34,880	香港苏富比	2018-10-02
百达翡丽 粉红金怀表，机芯编号75794，表壳编号75794，年份1887。		32,700	香港苏富比	2018-10-02
百达翡丽 黄金怀表备珐琅表盘，为"T&E DICKINSON & CO."而制，机芯编号173716，表壳编号278501，年份1912	直径48.5mm	30,338	香港苏富比	2018-04-02
百达翡丽 707型号黄金怀表，机芯编号892076，表壳编号877973，年份1954。		28,340	香港苏富比	2018-10-02
百达翡丽 4830型号"GOLDEN ELLIPSE"女装白金腕表，机芯编号1966501，表壳编号4027010，年份1996	23×25.5mm	26,293	香港苏富比	2018-04-02
百达翡丽 黄金及珐琅怀表，机芯编号812023，表壳编号412208，年份1926。		26,160	香港苏富比	2018-10-02
约1980年制 百达翡丽 型号3666J 18K黄金 手动上弦腕表	表径29mm	23,000	北京保利	2018-06-18
百达翡丽 非常精美罕有，纪念款一组三件陶瓷及珐琅碟子，Limoges 2014、2015、2016年制	185×185mm	22,637	保利香港	2018-10-01
约1980年制 百达翡丽 型号3859J 18K黄金 手动上弦腕表	表径27mm	20,700	北京保利	2018-06-18
江诗丹顿 "KALLA DUCHESSE"瑰丽罕有白金镶钻石酒桶形鍊带腕表，年份约2006	36.5mm×44mm	3,591,960	香港苏富比	2018-04-02
约1987年制 江诗丹顿 LORD Kalla系列 18K黄金 手动上弦密镶钻腕表 密镶钻表盘	表径32×24mm；全表长约18cm	1,955,000	北京保利	2018-06-18
江诗丹顿 "LORD KALLA"瑰丽罕有白金镶钻石炼带腕表，表壳编号1133616，年份约1985。		1,635,000	香港苏富比	2018-10-02
江诗丹顿 精美罕有，铂金镶钻石酒桶形陀飞轮腕表，备日期及动力储存显示，"马耳他系列"，型号30670/000P，年份约2009，附原厂证书及表盒	36×47mm	977,512	保利香港	2018-10-01
江诗丹顿 白金及镶钻石腕表，表壳编号674642，年份约2010。		599,500	香港苏富比	2018-10-02
江诗丹顿马耳他系列PT950铂金陀飞轮腕表		575,000	华艺国际	2018-05-22
江诗丹顿，精细及罕有，18k金自动上弦腕表		406,000	佳士得	2018-05-27
江诗丹顿 精致罕有，限量版黄金自动腕表，备珐琅表盘及漫游小时显示，"METIERS D' ART—探险家系列"，型号47070/000J-9076，限量60枚，年份约2006，附原厂证书及表盒	直径39mm	381,848	保利香港	2018-03-31
江诗丹顿 精美限量版黄金陀飞轮腕表备动力储存显示，编号242/300，表壳编号660724，年份约1997	直径38mm	364,050	香港苏富比	2018-04-02
江诗丹顿 43060/2型号"HISTORIQUES AUDUBON"精美罕有黄金自动上链腕表备珐琅表盘，表壳编号701855，年份约1999	直径38mm	353,938	香港苏富比	2018-04-02

拍品名称	物品尺寸	成交价RMB	拍卖公司	拍卖日期
江诗丹顿 “MALTE”粉红金陀飞轮腕表备动力储存及日期显示，表壳编号739695，年份约2001。		327,000	香港苏富比	2018-10-02
江诗丹顿 精美罕有，玫瑰金酒桶形陀飞轮腕表，备日期及动力储存显示，“马耳他系列”，型号30066/2，年份约2005，附原厂证书及表盒	36×47mm	308,688	保利香港	2018-10-01
江诗丹顿 85250型号“JUBILEE 1755”限量版铂金自动上链腕表备星期、日期及动力储存显示，机芯编号972509，表壳编号801266，编号232，于2005年为庆祝江诗丹顿250周年而制，年份约2005。		305,200	香港苏富比	2018-10-02
江诗丹顿 43060/1型号“HISTORIQUES AUDUBON”黄金腕表备掐丝珐琅表盘，表壳编号682133，年份约1999。		305,200	香港苏富比	2018-10-02
江诗丹顿，非常精细，铂金腕表		304,500	佳士得	2018-05-27
江诗丹顿 “PAVOIS”精美白金镶钻石长方形腕表，表壳编号572352，年份约2008	28.5×34.5mm	303,375	香港苏富比	2018-04-02
江诗丹顿 47032型号“MALTE”铂金自动上链镂空万年历腕表备逆返日期及年份数字显示，表壳1125336，年份约2012。		283,400	香港苏富比	2018-10-02
江诗丹顿 49150型号“OVERSEAS”精美粉红金自动上链计时防磁炼带腕表备日期显示，表壳编号1172501，年份约2010	直径42mm；炼带长195mm	232,588	香港苏富比	2018-04-02
约2010年制 江诗丹顿 18K黄金 手动上弦腕表 动力储存功能陀飞轮装置	表径38mm	230,000	北京保利	2018-06-18
江诗丹顿 César Vacheron & Cie签名黄金三问怀表备珐琅表盘，为俄罗斯市场而制，编号1599，年份约1867	直径48mm	202,250	香港苏富比	2018-04-02
江诗丹顿 “MERCATOR”限量版粉红金自动上链双逆跳日期腕表表盘备东南亚地图，表壳编号692926，编号22/30，年份约1998。		196,200	香港苏富比	2018-10-02
约2008年制 江诗丹顿 18K黄金 自动上弦腕表 东半球为中心地图表盘双逆跳功能	表径38mm	166,750	北京保利	2018-06-18
江诗丹顿 47120型号“MALTE CHRONOGRAPHE”白金计时腕表，表壳编号1142057，年份约2007。		163,500	香港苏富比	2018-10-02
江诗丹顿 81018 型号“HISTORIQUE ARONDE 1954”粉红金腕表，机芯编号5217691，表壳编号1206749，年份约2011。		163,500	香港苏富比	2018-10-02
江诗丹顿，18k白金腕表		162,400	佳士得	2018-05-27
江诗丹顿，精细，18k红金自动上弦腕表		152,250	佳士得	2018-05-27
江诗丹顿 86020型号“PATRIMONY”精美粉红金自动上链腕表备逆跳星期及日期显示，表壳编号1173717，年份约2009	直径42.5mm	151,688	香港苏富比	2018-04-02
江诗丹顿 精致罕有，限量版，铂金半镂空自动腕表，备逆返日历及星期显示，为纪念江诗丹顿247 周年而限量生产，“PATRIMONY”，型号47245，编号66，年份约2002，附原厂证书及表盒	直径37mm	143,193	保利香港	2018-03-31
江诗丹顿马耳他系列42005/000G-8900腕表		126,500	上海国时	2018-04-30
江诗丹顿，精细，18k金腕表		121,800	佳士得	2018-05-27
江诗丹顿 “1972 CAMBREE”女装粉红金镶钻石不对称腕表，表壳编号813874，年份约2010	22×37mm	121,350	香港苏富比	2018-04-02
江诗丹顿 白金及镶钻石自动上链镂空腕表，表壳编号607451，年份约1990	直径34mm	121,350	香港苏富比	2018-04-02
江诗丹顿 精美，玫瑰金枕形机械腕表，备小秒针，“HISTORIQUES AMERICAN 1921”，型号82035/000R，年份约2011，附原厂证书及表盒	40mm	113,186	保利香港	2018-10-01
江诗丹顿 黄金及镶钻石自动上链镂空腕表，表壳编号43502/1，年份约1990	直径34mm；炼带约长190mm	111,238	香港苏富比	2018-04-02
约2015年制 江诗丹顿 传承系列 18K白金 手动上弦腕表 未经使用	表径40mm	110,400	北京保利	2018-06-18
江诗丹顿 “1972 CAMBREE”粉红金镶钻石腕表，表壳编号8823714，年份约2010。		103,550	香港苏富比	2018-10-02
江诗丹顿马耳他系列83500/000G-9010腕表		92,000	上海国时	2018-04-30
江诗丹顿，精细，18k金自动上弦腕表		91,350	佳士得	2018-05-27
江诗丹顿 25510型号“1972 CAMBREE”精美粉红金镶钻石腕表，表壳编号823708，年份约2006。		81,750	香港苏富比	2018-10-02
江诗丹顿，精细及雅致，18k红金镶钻石腕表		81,200	佳士得	2018-05-27
江诗丹顿 47245/000P型号“PATRIMONY”铂金自动上链腕表备星期及逆跳日期显示，表壳编号728394，年份约2000	直径37mm	80,900	香港苏富比	2018-04-02
江诗丹顿 女装白金镶钻石椭圆形炼带腕表，表壳编号521320 P，年份约1979	直径21mm；炼带长152mm	80,900	香港苏富比	2018-04-02
约2010年制 江诗丹顿 18K玫瑰金手动上弦镶钻腕表	表径32mm；全表长约20cm	74,750	北京保利	2018-06-18
江诗丹顿，精细，18K金镶钻石长方形石英链带腕表		60,900	佳士得	2018-05-27
江诗丹顿 罕有女装白金镶钻石椭圆形炼带腕表备镶钻石及缟玛瑙表盘，表壳编号520998P，年份约1958	23×31mm；炼带长约165mm	60,675	香港苏富比	2018-04-02
江诗丹顿 “EGÉRIE”女装白金酒桶形腕表备珠母贝表盘，表壳编号1121215，年份约2012	27×37mm	50,563	香港苏富比	2018-04-02
江诗丹顿 59001型号黄金怀表备炼带，表壳编号557889，年份约1990。		41,420	香港苏富比	2018-10-02
江诗丹顿，精细，18k金镶钻石女装石英腕表		40,600	佳士得	2018-05-27
江诗丹顿 罕有缟玛瑙及珐琅挂表，由VERGER FRÈRES制造表壳，由BLACK STARR & FROST发行，机芯编号399654，表壳编号8778，年份约1920	28×28mm	40,450	香港苏富比	2018-04-02
江诗丹顿 精致罕有，白金方形自动上弦链带腕表，备欧泊表盘，年份约1970，附原厂表盒	31mm；长185mm	36,276	保利香港	2018-03-31
江诗丹顿 精美，白金镶钻石自动上弦腕表，备日期显示，“PATRIMONY”，型号48002/000G，年份约1998，附国际保证书及原厂表盒	直径31mm	36,276	保利香港	2018-03-31
约2000年制 江诗丹顿 精钢 女款手动上弦镶钻腕表	表径24mm	32,200	北京保利	2018-06-18
约2000年制 江诗丹顿 Phidias系列 18K黄金及精钢 自动上弦腕表 日期显示	表径34mm	32,200	北京保利	2018-06-18
江诗丹顿 “CHRONOMETRE ROYAL”黄金怀表，机芯编号346876，表壳编号212631，年份约1909	直径57mm	26,293	香港苏富比	2018-04-02
劳力士，极罕有及非常精细，18k金腕表		7,973,840	佳士得	2018-05-27
劳力士 16516型号“COSMOGRAPH DAYTONA”十分精美极为重要铂金计时腕表备珠母贝表盘，表壳编号A712735，年份约1999。		5,964,480	香港苏富比	2018-10-02
劳力士 6264型号“LEMON DIAL”PAUL NEWMAN COSMOGRAPH DAYTONA”非常精美极为罕有黄金计时腕表备棕色分钟刻度，表壳编号2357421，年份约1970	直径37.5mm	4,659,840	香港苏富比	2018-04-02
劳力士 6241型号“COSMOGRAPH DAYTONA 'PAUL NEWMAN'”非常精美罕有精钢计时炼带腕表，表壳编号2372607，年份约1970。		2,071,000	香港苏富比	2018-10-02

(成交价RMB：2万元以上)

拍品名称	物品尺寸	成交价RMB	拍卖公司	拍卖日期
劳力士 116598RBOW型号"COSMOGRAPH "RAINBOW" DAYTONA"黄金镶钻石及宝石自动上链计时炼带腕表备镶钻石时标，表壳编号97T85047，年份约2013。		1,744,000	香港苏富比	2018-10-02
劳力士，非常罕有及触目，18k白金镶钻石自动上弦链带腕表		1,725,500	佳士得	2018-05-27
劳力士 6265型号"OYSTER COSMOGRAPH DAYTONA PAUL NEWMAN"精美罕有精钢计时炼带腕表备棕色分钟刻度，表壳编号3032061，年份约1972	直径37mm；炼带长173mm	1,719,125	香港苏富比	2018-04-02
劳力士 非常精美及罕有，黄金镶钻石及彩色宝石自动腕表，备计时功能，"Cosmograph Rainbow Daytona"，型号116598RBOW，年份约2015，附原厂证书及表盒	直径40mm；长约170mm	1,708,074	保利香港	2018-10-01
劳力士 116599RBOW型号COSMOGRAPH "RAINBOW" DAYTONA"非常精美罕有黄金镶钻石及宝石自动上链计时炼带腕表备镶钻石时标，表壳编号9Y557450，年份约2013	直径40mm；炼带约长180mm	1,618,000	香港苏富比	2018-04-02
劳力士，非常罕有，精细及吸引，不锈钢链带腕表		1,573,250	佳士得	2018-05-27
劳力士 5513型号"SUBMARINER EXPLORER DIAL"非常精美特别罕有精钢自动上链炼带腕表备"UNDERLINED EXPLORER"镀金表盘及尖形表冠护桥，表壳编号1009589，年份约1963	直径39mm；鍊带长约190mm	1,415,750	香港苏富比	2018-04-02
劳力士 6542型号"'PINK' GMT-MASTER"非常精美极为罕有精钢两地时间腕表备日期显示，年份约1956。		1,308,000	香港苏富比	2018-10-02
劳力士 6538型号"SUBMARINER 'BIG CROWN'"精美罕有精钢自动上链炼带腕表备日期显示，表壳编号307156，年份约1957。		1,253,500	香港苏富比	2018-10-02
劳力士，非常罕有，精细及吸引，不锈钢链带腕表		1,218,000	佳士得	2018-05-27
劳力士，精细，非常罕有及非常吸引，不锈钢链带腕表		1,015,000	佳士得	2018-05-27
劳力士 6262型号"DAYTONA PAUL NEWMAN"精美罕有精钢计时炼带腕表备棕色小表盘，表壳编号2321021，年份约1970	直径36mm；炼带长175mm	1,011,250	香港苏富比	2018-04-02
劳力士 罕有独特，精钢计时链带腕表，"DAYTONA 保罗纽曼表盘"，型号6262，年份约1970，附原厂表盒	直径36mm；长170mm	983,259	保利香港	2018-03-31
劳力士 6536/1型号"SUBMARINER 'JAMES BOND SMALL CROWN'"非常精美罕有精钢炼带腕表，表壳编号399342，年份约1959。		872,000	香港苏富比	2018-10-02
劳力士 116749SABLNR 型号"GMT-MASTER II"精美罕有白金镶钻石及蓝宝石自动上链两地时间炼带腕表备日期显示，表壳编号3961V664，年份约2017。		817,500	香港苏富比	2018-10-02
劳力士 6263型号"OYSTER COSMOGRAPH DAYTONA"精美罕有精钢计时炼带腕表，表壳编号9167512，年份约1987	直径37mm；炼带长180mm	707,875	香港苏富比	2018-04-02
劳力士 6265型号"OYSTER DAYTONA COSMOGRAPH"黄金计时炼带腕表，表壳编号3310915，年份约1973	直径37mm；炼带长203mm	606,750	香港苏富比	2018-04-02
劳力士 6263型号"OYSTER COSMOGRAPH DAYTONA"精美罕有精钢计时炼带腕表，表壳编号7627604，年份约1983	直径37mm；炼带长170mm	525,850	香港苏富比	2018-04-02
劳力士 6265型号"OYSTER COSMOGRAPH DAYTONA"精美罕有精钢计时炼带腕表备测速计，表壳编号9443396，年份约1987	直径37mm；炼带长190mm	525,850	香港苏富比	2018-04-02
劳力士 精美，白金镶钻石、蓝宝石及红宝石两地时间自动链带腕表，备日期显示，"GMT MASTER II SARU"，型号116759，年份约2006	直径40mm；长约190mm	514,480	保利香港	2018-10-01
劳力士 16589BRIL型号"COSMOGRAPH DAYTONA"精美罕有白金镶钻石自动上链计时腕表备测速计，表壳编号Z618678，年份约2006	直径40mm	465,175	香港苏富比	2018-04-02
劳力士 6239型号"COSMOGRAPH DAYTONA"精美罕有精钢计时炼带腕表，表壳编号1597607，年份约1967	直径37mm；炼带长180mm	455,063	香港苏富比	2018-04-02
劳力士 16618型号"SUBMARINER"极为罕有黄金自动上链炼带腕表备日期显示及青金石表盘，表壳编号X706637，年份约1992	直径40mm；鍊带长约175mm	455,063	香港苏富比	2018-04-02
劳力士 6265型号"COSMOGRAPH DAYONA "BIG RED""精钢计时炼带腕表，表壳编号7627868，年份约1983。		436,000	香港苏富比	2018-10-02
劳力士，精细及罕有，18k金镶钻石及蓝宝石女装自动上弦链带腕表		426,300	佳士得	2018-05-27
劳力士 6238型号"PRE-DAYTONA ANTI-MAGNETIC"精美精钢防磁计时炼带腕表，表壳编号866368，年份约1962	直径36mm；炼带长183mm	424,725	香港苏富比	2018-04-02
劳力士 1665型号""DOUBLE RED" SEA-DWELLER"精钢炼带腕表备日期显示，表壳编号4073788，年份约1974。		414,200	香港苏富比	2018-10-02
劳力士 1675型号"GMT-MASTER"罕有精钢自动上链两地时区腕表备日期显示、棕色亮面表盘及尖形表冠护桥，表壳编号622679，年份约1960	直径39mm	404,500	香港苏富比	2018-04-02
约2015年制 劳力士 18K黄金 自动上弦珠宝腕表 48颗渐变色调方形切割蓝宝石表圈	表径39mm	402,500	北京保利	2018-06-18
劳力士 116589型号"COSMOGRAPH DAYTONA"白金镶钻石自动上链计时腕表，表壳编号K594263，年份约2001。		348,800	香港苏富比	2018-10-02
劳力士，精细及罕有，18k金自动上弦链带腕表		324,800	佳士得	2018-05-27
劳力士 16520型号"COSMOGRAPH DAYTONA"精美精钢自动上链计时炼带腕表备测速计，表壳编号P187334，年份约2000	直径40mm；炼带约长190mm	323,600	香港苏富比	2018-04-02
劳力士 1680型号"SINGLE RED SUBMARINER"精钢自动上链炼带腕表备日期显示，为秘鲁空军编号107而制，表壳编号3715664，年份约1974	直径39mm；炼带约长180mm	323,600	香港苏富比	2018-04-02
劳力士 1675型号"GMT-MASTER"罕有精钢自动上链两地时区腕表备日期显示、棕色亮面表盘及尖形表冠护桥，表壳编号XXXXXXX，年份约1960。		283,400	香港苏富比	2018-10-02
劳力士 116199型号"DATEJUST ZEBRA"精美罕有白金镶钻石及黑色刚玉自动上链腕表备日期显示及黑色漆制表盘，表壳编号M297746，年份约2008	直径36mm	283,150	香港苏富比	2018-04-02
劳力士 18206型号"DAY-DATE"铂金镶钻石炼带腕表备星期及日期显示，表壳编号X853697，年份约1991。		272,500	香港苏富比	2018-10-02
劳力士 1665型号"DOUBLE RED SEA-DWELLER"精美精钢自动上链炼带腕表备日期显示及排气阀，表壳编号3306186，年份约1972	直径39mm；炼带约长180mm	262,925	香港苏富比	2018-04-02
劳力士 1680型号"SINGLE RED SUBMARINER"精钢炼带腕表备棕色表面及日期显示，表壳编号3934672，年份约1975。		261,600	香港苏富比	2018-10-02
劳力士 精致，白金镶钻石自动上链计码表，"COSMOGRAPH DAYTONA"，型号116509H，年份约2012，附原厂国际保证卡及表盒	直径40mm；长175mm	257,747	保利香港	2018-03-31
劳力士，吸引，不锈钢自动上弦链带腕表		223,300	佳士得	2018-05-27
劳力士 1665型号"DOUBLE RED SEA-DWELLER"罕有精钢自动上链炼带腕表备日期显示，纤细表壳，表壳编号2923360，年份约1969	直径40mm；炼带约长170mm	222,475	香港苏富比	2018-04-02

拍品名称	物品尺寸	成交价RMB	拍卖公司	拍卖日期
劳力士 18338型号"DAY-DATE"精美罕有黄金镶钻石自动上链炼带腕表备日期、星期显示及镶红宝石时标，表壳编号N353469，年份约1992	直径36mm；炼带约长178mm	222,475	香港苏富比	2018-04-02
劳力士 16528型号"COSMOGRAPH DAYTONA"黄金镶钻石自动上链计时炼带腕表，机芯编号A378741，年份约1999。		218,000	香港苏富比	2018-10-02
劳力士 1675型号"GMT-MASTER"精钢自动上链两地时区炼带腕表备日期显示，表壳编号682464，年份约1960。		207,100	香港苏富比	2018-10-02
劳力士，精细，18k白金自动上弦链带腕表		203,000	佳士得	2018-05-27
劳力士 116505型号"EVEROSE COSMOGRAPH DAYTONA"粉红金计时炼带腕表备测速计，表壳编号V837331，年份约2009。		196,200	香港苏富比	2018-10-02
劳力士，精细，18k金自动上弦链带腕表		192,850	佳士得	2018-05-27
劳力士格林尼治型II系列精钢链带腕表		184,000	华艺国际	2018-05-22
劳力士，罕有及吸引，18k金自动上弦腕表		182,700	佳士得	2018-05-27
劳力士 16520型号"COSMOGRAPH DAYTONA"精钢计时炼带腕表备测速计，表壳编号W453217，年份约1995。		174,400	香港苏富比	2018-10-02
劳力士 18388型号"DAY-DATE"黄金及镶钻石炼带腕表备星期、日期显示及镶红宝石时标，表壳编号N353689，年份约1991。		174,400	香港苏富比	2018-10-02
劳力士 1680型号"SUBMARINER DATE WHITE"精美罕有精钢自动上链炼带腕表备日期显示，由蒂芙尼发行，表壳编号5093317，年份约1977。		174,400	香港苏富比	2018-10-02
劳力士 6542型号"GMT-MASTER"精钢自动上链两地时区炼带腕表备日期显示、棕色亮面表盘及胶木表圈，表壳编号482123，年份约1957。		174,400	香港苏富比	2018-10-02
劳力士，精细，18k红金自动上弦腕表		172,550	佳士得	2018-05-27
劳力士 16520型号"COSMOGRAPH DAYTONA"精美罕有精钢自动上链计时炼带腕表备测速计，表壳编号A597099，年份约1999	直径40mm；炼带约长175mm	171,913	香港苏富比	2018-04-02
劳力士 2508型号"ANTI-MAGNETIC"精美罕有精钢防磁计时腕表备固定表耳，表壳编号034590，年份约1936	直径37mm	171,913	香港苏富比	2018-04-02
劳力士 16520型号"COSMOGRAPH DAYTONA"精钢计时炼带腕表，表壳编号W651005，年份约1995。		163,500	香港苏富比	2018-10-02
劳力士 16808型号"SUBMARINER"黄金自动上链炼带腕表备日期显示，表壳编号R522462，年份约1987。		163,500	香港苏富比	2018-10-02
劳力士 16610LV型号"SUBMARINER "KERMIT FLAT 4""精钢自动上链炼带腕表备日期显示，表壳编号Y965702，年份约2003。		163,500	香港苏富比	2018-10-02
劳力士，精细，18k白金镶钻石自动上弦女装链带腕表		162,400	佳士得	2018-05-27
劳力士，18k金镶钻石女装自动上弦链带腕表		162,400	佳士得	2018-05-27
劳力士 18388型号"DAY-DATE"非常精美及罕有黄金镶钻石自动上链炼带腕表备日期、星期及特别版表盘，表壳编号N603115，年份约1992	直径36mm；炼带约长173mm	161,800	香港苏富比	2018-04-02
劳力士 16520型号"COSMOGRAPH DAYTONA"精钢自动上链计时炼带腕表备测速计，表壳编号U284078，年份约1997	直径40mm；炼带约长175mm	161,800	香港苏富比	2018-04-02
劳力士 16808型号"SUBMARINER"精美黄金自动上链鍊带腕表备日期显示，表壳编号7446862，年份约1982	直径40mm；表带长180mm	161,800	香港苏富比	2018-04-02
劳力士 16520型号"COSMOGRAPH DAYTONA"精美精钢自动上链计时炼带腕表备测速计，表壳编号A970407，年份约1999	直径40mm；炼带约长190mm	161,800	香港苏富比	2018-04-02
劳力士 116509型号"COSMOGRAPH DAYTONA"白金自动上链计时鍊带腕表备测速计，表壳编号M420283，年份约2007	直径40mm；炼带约长185mm	161,800	香港苏富比	2018-04-02
劳力士 16610型号"SUBMARINER"精钢自动上链炼带腕表备日期显示，表壳编号F028720，年份约2004	直径40mm；炼带约长183mm	156,744	香港苏富比	2018-04-02
劳力士 16519型号"COSMOGRAPH DAYTONA"白金镶钻石计时腕表备珠母贝表盘，表壳编号U373166，年份约1997。		152,600	香港苏富比	2018-10-02
劳力士 5508型号"SUBMARINER"精钢鍊带腕表，表壳编号763011，年份约1962。		152,600	香港苏富比	2018-10-02
劳力士，精细，不锈钢自动上弦链带腕表		152,250	佳士得	2018-05-27
劳力士 69299型号"DATEJUST"女装白金及镶钻石自动上链炼带腕表备日期显示及镶蓝宝石时标，表壳编号X461800，年份约1991	直径26mm；炼带约长150mm	151,688	香港苏富比	2018-04-02
劳力士 1655型号"EXPLORER II"精钢自动上链炼带腕表备24小时及日期显示，表壳编号3716294，年份约1972	直径39mm；炼带约长175mm	151,688	香港苏富比	2018-04-02
劳力士 18K黄金镶钻星期日曆金劳机械表		149,500	北京荣宝	2018-09-14
劳力士，罕有，不锈钢自动上弦链带腕表		142,100	佳士得	2018-05-27
劳力士，精细，18k红金自动上弦腕表		142,100	佳士得	2018-05-27
劳力士，不锈钢自动上弦链带腕表		142,100	佳士得	2018-05-27
劳力士，罕有，18k金及不锈钢自动上弦链带腕表		142,100	佳士得	2018-05-27
劳力士，非常罕有，不锈钢自动上弦链带腕表		142,100	佳士得	2018-05-27
劳力士 118388型号"DAY-DATE"黄金及镶钻石自动上链炼带腕表备星期及日期显示，表壳编号K567315，年份约2001。		141,700	香港苏富比	2018-10-02
劳力士日志型系列116243纪念花纹盘镶钻腕表		138,000	上海匡时	2018-04-30
劳力士 精致，精钢自动上弦链带腕表，备中心秒针，"占士邦Submariner"，型号5508，年份约1960	直径37mm；长约170mm	133,765	保利香港	2018-10-01
劳力士，精细，不锈钢自动上弦链带腕表		131,950	佳士得	2018-05-27
劳力士，精细及罕有，不锈钢自动上弦链带腕表		131,950	佳士得	2018-05-27
劳力士 1016型号"EXPLORER"非常罕有精钢自动上链炼带腕表备亮面表盘，表壳编号901338，年份约1963	直径35.5mm；炼带约长170mm	131,463	香港苏富比	2018-04-02
劳力士 1675型号"GMT-MASTER"精钢自动上链两地时区炼带腕表备日期显示，表壳编号694422，年份约1961	直径39mm；炼带长193mm	131,463	香港苏富比	2018-04-02
劳力士 179136型号"DATEJUST"铂金镶钻石炼带腕表备日期显示，表壳编号K565614，年份约2000。		130,800	香港苏富比	2018-10-02
劳力士 5513型号"SUBMARINER"精钢鍊带腕表备日期显示，表壳编号1991340，年份约1969。		130,800	香港苏富比	2018-10-02
劳力士 精致，精钢黑陶瓷自动上弦链带腕表，备两地时间，日期显示，及中心秒针，"BAMFORD GMT MASTER II"，型号116710，年份约2010，附原厂保证卡及表盒	直径40mm	124,101	保利香港	2018-03-31
劳力士 精致，精钢自动上链计时秒表，备测速计，"Cosmograph Daytona"，型号116520，年份约2008，附原厂国际保证卡及表盒	直径40mm；长约160mm	123,475	保利香港	2018-10-01
劳力士，不锈钢自动上弦链带腕表		121,800	佳士得	2018-05-27
劳力士，精细，18k红金镶钻石自动上弦链带腕表		121,800	佳士得	2018-05-27
劳力士 18038型号"DAY-DATE"黄金自动上链炼带腕表备日期、星期及漆绘表盘配阿曼苏丹国国徽，表壳编号6512636，年份约1980	直径36mm；炼带约长175mm	121,350	香港苏富比	2018-04-02

2018杂项拍卖成交汇总

(成交价RMB：2万元以上)

拍品名称	物品尺寸	成交价RMB	拍卖公司	拍卖日期
劳力士 16610型号“SUBMARINER“KERMIT””精钢自动上链炼带腕表备日期显示，表壳编号D086803，年份约2005	直径40mm；炼带约长183mm	121,350	香港苏富比	2018-04-02
劳力士 18238型号“DAY-DATE”精美黄金自动上链炼带腕表备日期、星期显示、镶钻石及红宝石时标，表壳编号L537810，年份约1988	直径36mm；炼带约长168mm	121,350	香港苏富比	2018-04-02
劳力士 116518型号“COSMOGRAPH DAYTONA”黄金计时腕表备珠母贝表盘，表壳编号F535804，年份约2004。		119,900	香港苏富比	2018-10-02
劳力士迪通拿系列精钢计时功能链带腕表		115,000	华艺国际	2018-05-22
劳力士 精美，铂金镶钻石自动上弦链带腕表，备星期，及日期显示，“DAY-DATE”，型号18206，年份约2010，附原厂保修证及表盒	直径34mm	114,554	保利香港	2018-03-31
劳力士 18038型号“DAY-DATE”精美罕有黄金自动上链炼带腕表备日期、星期、镶钻石及红宝石时标，表壳编号9330191，年份约1986	直径36mm；炼带约长183mm	111,238	香港苏富比	2018-04-02
劳力士 16518型号“COSMOGRAPH DAYTONA”黄金计时腕表，表壳编号X574619，年份约1991。		109,000	香港苏富比	2018-10-02
劳力士 精钢两地时间自动链带腕表，备筷子面，PEPSI 红篮圈，及日期显示，“GMT MASTER II”，型号16710，年份约2007，附原厂国际保证卡	直径40mm；长170mm	105,008	保利香港	2018-03-31
劳力士 16610LV型号“SUBMARINER KERMIT”精钢炼带腕表备日期显示，表壳编号M467984，年份约2008。		103,550	香港苏富比	2018-10-02
劳力士 16610LV型号“SUBMARINER KERMIT”精钢炼带腕表备日期显示，表壳编号V553605，年份约2008。		103,550	香港苏富比	2018-10-02
劳力士，精细及大码，不锈钢自动上弦链带腕表		101,500	佳士得	2018-05-27
劳力士 18388型号“DAY-DATE”黄金及镶钻石自动上链炼带腕表备日期、星期及镶钻石时标，表壳编号E990717，年份约1991	直径36mm；炼带约长193mm	101,125	香港苏富比	2018-04-02
劳力士 18038型号“DAY-DATE”黄金自动上链炼带腕表备日期、星期及镶钻石时标，表壳编号5508833，年份约1978	直径36mm；炼带约长205mm	101,125	香港苏富比	2018-04-02
劳力士 18078型号“DAY-DATE”精美黄金自动上链炼带腕表备日期、星期显示、镶钻石及蓝宝石时标，表壳编号9427781，年份约1986	直径36mm；炼带约长183mm	101,125	香港苏富比	2018-04-02
劳力士 16713型号“GMT-MASTER II”黄金，精钢，红宝石及钻石两地时间炼带腕表备日期显示，表壳编号S313641，年份约1993。		98,100	香港苏富比	2018-10-02
劳力士 精钢两地时间自动链带腕表，备筷子面，PEPSI 红篮圈，及日期显示，“GMT MASTER II”，型号16710，年份约2006，附原厂证书	直径40mm；长170mm	95,462	保利香港	2018-03-31
劳力士 116660型号“DEEP SEA-DWELLER”精钢鍊带腕表备日期显示，为庆祝占士·金马伦成功完成深海挑战而制，表壳编号9U264548，年份约2015。		92,650	香港苏富比	2018-10-02
劳力士 精致，精钢自动上弦链带腕表，备日历显示及中心秒针，“SUBMARINER”，型号116610LV，年份约2008，附原厂国际保证卡	直径40mm；长约180mm	92,606	保利香港	2018-10-01
劳力士 1675型号“GMT-MASTER”罕有精钢及黄金自动上链两地时区腕表备日期显示，表壳编号5873217，年份约1978	直径39mm；炼带长180mm	91,013	香港苏富比	2018-04-02
劳力士 1675型号“GMT-MASTER”精钢自动上链两地时区炼带腕表备日期显示，表壳编号5748466，年份约1978	直径39mm；炼带长193mm	91,013	香港苏富比	2018-04-02
劳力士 精美，黄金镶钻石及红宝石，自动上弦链带腕表，备星期及日期显示，“DAY-DATE”，型号18238，年份约1995	直径36mm；长170mm	90,689	保利香港	2018-03-31
劳力士 116523型号“COSMOGRAPH DAYTONA”黄金及精钢计时炼带腕表，机芯编号U2N84289，年份约2011。		87,200	香港苏富比	2018-10-02
劳力士 16713型号“GMT-MASTER II”黄金及精钢镶红宝石及钻石自动上链两地时间炼带腕表备日期显示，表壳编号E836974，年份约1991。		87,200	香港苏富比	2018-10-02
劳力士潜航者系列精钢链带腕表		86,250	华艺国际	2018-05-22
劳力士女装日志型系列178274白贝母镶钻蚝式表带腕表		86,250	上海国时	2018-04-30
劳力士 精钢自动上链带腕表，备日期显示，“DEEPSEA SEA-DWELLER”，型号116660，年份约2014，附原厂国际保证卡	直径44mm；长165mm	85,916	保利香港	2018-03-31
劳力士 精致，黄金镶钻石自动上链链带腕表，备星期及日期显示，“DAY-DATE”，型号18308，年份约2010，附原厂国际保证卡及表盒	直径36mm；长175mm	84,007	保利香港	2018-03-31
劳力士潜航者系列精钢黄金链带腕表		82,800	华艺国际	2018-05-22
劳力士 精致，精钢自动上弦腕表备日期显示及中心秒针，“Submariner”，型号1680，年份约1970，附劳力士服务证书	直径40mm；长约170mm	82,317	保利香港	2018-10-01
劳力士，不锈钢自动上弦链带腕表		81,200	佳士得	2018-05-27
劳力士 116520型号“COSMOGRAPH DAYTONA”精钢自动上链计时炼带腕表备测速计，表壳编号G615209，年份约2010	直径40mm；炼带约长185mm	80,900	香港苏富比	2018-04-02
劳力士潜航者系列精钢链带腕表		78,200	华艺国际	2018-05-22
劳力士 精美及罕有，黄金自动上弦链带腕表备星期、日期显示及树纹表盘，“DAY-DATE”，型号18038，年份约1987	直径36mm；长180mm	76,370	保利香港	2018-03-31
劳力士 16523型号“COSMOGRAPH DAYTONA INVERTED 6”罕有黄金精钢计时炼带腕表，表壳编号E266549，年份约1990。		76,300	香港苏富比	2018-10-02
劳力士，不锈钢自动上弦链带腕表		76,125	佳士得	2018-05-27
劳力士 16523型号“COSMOGRAPH DAYTONA”精钢及黄金自动上链计时炼带腕表备测速计，表壳编号U651490，年份约1998	直径40mm；炼带约长175mm	75,844	香港苏富比	2018-04-02
劳力士 1016型号“EXPLORER”精钢自动上链炼带腕表，表壳编号L544459，年份约1989	直径35.5mm；炼带约长175mm	75,844	香港苏富比	2018-04-02
劳力士 14270型号“EXPLORER”精钢自动上链炼带腕表，由蒂芙尼发行，表壳编号X498546，年份约1991	直径35.5mm；炼带约长190mm	75,844	香港苏富比	2018-04-02
劳力士 精致，精钢自动上弦链带腕表备日历显示及中心秒针，“SUBMARINER”，型号116610LV，年份约2014，附原厂国际保证卡	直径40mm；长170mm	74,460	保利香港	2018-03-31
劳力士 精钢，两地时间自动上弦链带腕表，备日期显示，及中心秒针，“GMT-MASTER”，型号1675，年份约1968，附原厂保修书及表盒	直径40mm；长170mm	74,460	保利香港	2018-03-31
劳力士 精钢及玫瑰金两地时间自动上弦链带腕表，备日期显示及中心秒针，“GMT-MASTER“ROOT BEER””，型号1675，年份约1972	直径40mm；长约200mm	72,027	保利香港	2018-10-01
劳力士 18238型号“DAY-DATE”黄金自动上链炼带腕表备日期及星期显示，表壳编号X268843，年份约1991	直径36mm；炼带约长190mm	70,788	香港苏富比	2018-04-02
劳力士 16613型号“SUBMARINER”精钢及黄金自动上链炼带腕表备日期显示及镶钻石蓝宝石时标，表壳编号A727225，年份约1999	直径40mm；炼带长185mm	70,788	香港苏富比	2018-04-02
劳力士格林尼治II系列精钢/黄金链带腕表		66,700	华艺国际	2018-05-22
劳力士 1803型号“DAY-DATE”白金自动上链腕表备日期及星期显示，表壳编号1381402，年份约1967	直径34.5mm	65,731	香港苏富比	2018-04-02
劳力士 116710BLNR型号“GMT-MASTER II“BATMAN””精钢自动上链两地时间炼带腕表备日期显示，表壳编号1EC09631，年份约2013	直径40mm；炼带约长200mm	65,731	香港苏富比	2018-04-02

拍品名称	物品尺寸	成交价RMB	拍卖公司	拍卖日期
约2009年制 劳力士 格林尼治型II 精钢 自动上弦腕表 日期显示	表径40mm；全表长约16cm	63,250	北京保利	2018-06-18
劳力士 ROLEX Day Date系列黄金自动机械双历腕表		63,250	北京匡时	2018-06-15
劳力士 精钢，两地时间自动上弦链带腕表，备日期显示及中心秒针，"GMT-MASTER"，型号16700，年份约1999，附原厂表盒	直径40mm；长约170mm	61,738	保利香港	2018-10-01
劳力士 "CELLINI"罕有女装白金镶钻石鍊带腕表备蓝色表盘，年份约1975	直径27mm；炼带长162mm	58,653	香港苏富比	2018-04-02
约1997年制 劳力士 DAY-DATE系列 18K黄金及精钢 自动上弦腕表 日期显示	表径36mm；全表长约18cm	57,500	北京保利	2018-06-18
劳力士 ROLEX Date Just系列日期显示黄金后镶钻自动机械腕表		57,500	北京匡时	2018-06-15
劳力士 精美，黄金镶钻石及红宝石，女装自动链带腕表，备日期显示，"DAYJUST"，型号69068，年份约1990，附劳力士维修单及原厂表盒	直径25mm；长150mm	57,277	保利香港	2018-03-31
劳力士 精致，精钢自动上弦链带腕表备中心秒针及蜘蛛网状表盘，"SUBMARINER"，型号5513，年份约1970	直径40mm；长约180mm	56,593	保利香港	2018-10-01
劳力士，18k金女装自动上弦链带腕表		55,825	佳士得	2018-05-27
约2000年制 劳力士 CELLINI系列 18K黄金 手动上弦金币腕表 20美元金币	表径35mm	55,200	北京保利	2018-06-18
劳力士，不锈钢自动上弦链带腕表		48,720	佳士得	2018-05-27
劳力士 精美，精钢及玫瑰金自动链带腕表，备日期显示，"DATEJUST"，型号116261，年份约2007，附劳力士证书、服务证书及原厂表盒	直径36mm；长约150mm	46,303	保利香港	2018-10-01
劳力士，不锈钢自动上弦链带腕表		45,675	佳士得	2018-05-27
劳力士，精细，18k金长方形腕表		45,675	佳士得	2018-05-27
劳力士，不锈钢镶钻石自动上弦链带腕表		45,675	佳士得	2018-05-27
劳力士 日志型系列 精钢 自动上弦腕表 日期显示		43,700	保利厦门	2018-07-15
劳力士，不锈钢及18k白金自动上弦链带腕表		42,630	佳士得	2018-05-27
劳力士，不锈钢自动上弦链带腕表		42,630	佳士得	2018-05-27
劳力士 14000M型号"AIR KING"精钢自动上链炼带腕表，为达美乐披萨制造，表壳编号F588162，年份约2003	直径34mm；炼带约长180mm	42,473	香港苏富比	2018-04-02
劳力士 3560型号罕有黄金正方形腕表，表壳编号37224，年份约1955	连表耳25.5×36cm	42,473	香港苏富比	2018-04-02
劳力士 14270型号"EXPLORER I"精钢炼带腕表，表壳编号P108852，年份约2000。		41,420	香港苏富比	2018-10-02
劳力士，不锈钢自动上弦链带腕表		40,600	佳士得	2018-05-27
劳力士 精致优雅，白金镶钻石女装机械腕表，"Presicion"，年份约1960，附原厂表盒	直径16mm；长约155mm	39,100	保利香港	2018-10-01
劳力士，不锈钢自动上弦链带腕表		38,570	佳士得	2018-05-27
劳力士 6610型号"EXPLORER"精钢自动上链炼带腕表，表壳编号269038，年份约1957	直径35mm；炼带长190mm	35,394	香港苏富比	2018-04-02
约1974年制 劳力士 DAY JUST系列 18K黄金 女款自动上弦腕表 日期显示	表径25mm；全表长约16cm	34,500	北京保利	2018-06-18
劳力士 ROLEX 黄金腕表		34,500	北京匡时	2018-06-15
劳力士，不锈钢自动上弦链带腕表		32,480	佳士得	2018-05-27
约1990年制 劳力士 DATEJUST 系列 精钢双色 自动上弦腕表 日期显示	表径36mm；全表长约17cm	32,200	北京保利	2018-06-18

拍品名称	物品尺寸	成交价RMB	拍卖公司	拍卖日期
劳力士 精致，白金镶钻石女装机械腕表，"PRECISION"，年份约1970，附原厂表盒	25×22mm；长约160mm	30,869	保利香港	2018-10-01
劳力士，吸引，不锈钢自动上弦链带腕表		30,450	佳士得	2018-05-27
劳力士，不锈钢自动上弦腕表		24,360	佳士得	2018-05-27
劳力士，不锈钢及18k白金自动上弦链带腕表		24,360	佳士得	2018-05-27
劳力士 16013型号"DATEJUST"黄金及精钢自动上链炼带腕表，机芯编号5855418，年份约1978。		21,800	香港苏富比	2018-10-02
理查德·米勒 非常独特罕有，限量版钛金属及纳米陶瓷酒桶形镂空机械腕表，备陀飞轮，"TOURBILLON SKULL"，型号RM52-01，限量30枚，年份约2012，附原厂表盒	42.7×50×15.95mm	5,250,410	保利香港	2018-03-31
理查德·米勒 非常精致罕有，限量版NTPT碳纤维酒桶型陀飞轮双时区腕表，备70小时动力储备及扭力显示，"RM003 AO Ti-CA"，限量生产5枚，年份约2015，附原厂证书及表盒	42×50mm	3,961,496	保利香港	2018-10-01
理查德德·米勒 精致罕有，NTPT碳纤维及钛金属酒桶形自动上链飞返计时秒表备日期及月份显示，"RM011 Lotus F1 NTPT"，年份约2015，附原厂证书及表盒	42×50mm	1,491,992	保利香港	2018-10-01
理查德米勒白陶瓷镂空		977,500	北京荣宝	2018-09-14
理查德德·米勒 罕有精致，限量版钛金属酒桶形自动上链飞返计时秒表备日期及月份显示，"RM011 AJ Ti FELIPE MASSA"，限量生产30枚，年份约2010，附原厂证书及表盒	42×50mm	926,064	保利香港	2018-10-01
理查德·米勒 精致，限量版，白色陶瓷镂空飞返计时码表，备日期、月份显示，"RM011 MANCHESTER CITY"，限量生产20枚，年份约2015，附原厂证书及表盒	50×42mm	906,889	保利香港	2018-03-31
理查德·米勒 精致罕有，限量版陶瓷及碳酒桶形镂空自动腕表，备日期、月份及动力储存显示，型号RM030 NTPT 亚洲限量版，限量30枚，年份约2017，附原厂证书及表盒	50×40mm	906,889	保利香港	2018-03-31
理查德·米勒 精致罕有，玫瑰金及钛金属镂空飞返计时码表，备日期、月份显示，"RM011 FELIPE MASSA"，年份约2012，附原厂证书及表盒	50×40mm	906,889	保利香港	2018-03-31
理查德米勒 Felipe Massa限量飞返计时		805,000	北京荣宝	2018-09-14
理查德德米尔 型号RM055 钛金属及陶瓷 手动上弦腕表 镂空表盘	表径49×42mm	747,500	北京保利	2018-06-18
理查德·米勒 独特罕有，限量版，陶瓷镂空机械腕表，"RM61-01 YOHAN BLAKE亚洲特别版"，年份约2016，附原厂证书及表盒	50.23×42.7×15.84mm	744,604	保利香港	2018-03-31
伯爵，华丽，非常罕有及触目，18k金镶钻石链带腕表		1,877,750	佳士得	2018-05-27
伯爵 "AURA"华丽非凡女装白金镶钻石鍊带腕表，表壳编号40021，序列号872261，年份约2001	直径25.5mm；鍊带长约150mm	1,516,875	香港苏富比	2018-04-02
伯爵 81413型号 罕有黄金镶钻石及祖母绿炼带腕表，表壳编号415070，年份约1987。		348,800	香港苏富比	2018-10-02
伯爵 P10992型号"EMPERADOR COUSSIN"限量版白金陶瓷半镂空自动上链半陀飞轮腕表备动力储存显示，表壳编号1094695，编号01/18，年份约2013。		283,400	香港苏富比	2018-10-02
伯爵 精美，限量版，白金枕形自动上弦腕表，备月相显示，"EMPERADOR COUSSIN LARGE MOON"，型号G0A34021，限量100枚，年份约2013	直径46.5mm	200,470	保利香港	2018-03-31
伯爵 91541 NC626型号白金镶钻石炼带腕表，表壳编号632217，年份约1995。		185,300	香港苏富比	2018-10-02

2018杂项拍卖成交汇总

(成交价RMB：2万元以上)

拍品名称	物品尺寸	成交价RMB	拍卖公司	拍卖日期
伯爵 91541 C 631型号罕有白金镶钻石及蓝宝石炼带腕表，表壳编号522904，年份约1991。		185,300	香港苏富比	2018-10-02
伯爵 P10533型号“EMPERADOR COUSSIN”白金两地时区万年历腕表备闰年、逆跳日期及星期显示，表壳编号1011398，年份约2009。		174,400	香港苏富比	2018-10-02
伯爵，精细，18k白金长方形腕表		172,550	佳士得	2018-05-27
伯爵，吸引及雅致，18k金镶钻石及红宝石女装石英链带腕表		162,400	佳士得	2018-05-27
伯爵BLACK -TIE系列18K白金镶钻腕表		161,000	华艺国际	2018-05-22
伯爵(PIAGET)18K黄金镶满天星金镶钻手表	总重约90.2克；腕表长约18.5cm	92,000	西泠拍卖	2018-07-08
伯爵 “ALTIPLANO”限量版白金镶钻石腕表，表壳编号P10244，序列号978408，编号18/25，年份约2007	直径38mm	85,956	香港苏富比	2018-04-02
伯爵 精致，白金镶钻石机械链带腕表，年份约2013	直径32mm；长190mm	81,143	保利香港	2018-03-31
伯爵 精致典雅，白金镶钻石镂空机械链带腕表，年份约1985，附原厂证书及表盒	直径34mm；长180mm	78,279	保利香港	2018-03-31
伯爵 9706 D 23型号白金镶钻石炼带腕表备蛋白石表盘，表壳编号544034，年份约1992。		76,300	香港苏富比	2018-10-02
伯爵，独特及薄装，18k白金镶钻石腕表		76,125	佳士得	2018-05-27
伯爵 “LIMELIGHT”女装白金镶钻石酒桶形腕表，表壳编号P10266，序列号965758，年份约2007	27×31mm	75,844	香港苏富比	2018-04-02
伯爵 P10346型号“ALTIPLANO”精美白金及钻石腕表备粉红色珠母贝表盘，表壳编号953586，年份约2006。		70,850	香港苏富比	2018-10-02
伯爵 女装白金镶钻石炼带腕表备蛋白石表盘，表壳编号9706 D 2，序列号479211，年份约1987	直径24mm；炼带长183mm	70,788	香港苏富比	2018-04-02
伯爵 精美，玫瑰金自动上弦腕表，备日期显示，“PIAGET POLO”，型号P10388，年份约2009	直径43mm	66,823	保利香港	2018-03-31
伯爵 “LIMELIGHT PIAGET HEART”白金镶钻石腕表备珠母贝表盘，表壳编号P10257，序列号930110，年份约2005。		65,400	香港苏富比	2018-10-02
伯爵珠宝腕表系列G0A26041腕表		63,250	上海匡时	2018-04-30
伯爵，18k白金镶钻石女装链带腕表		60,900	佳士得	2018-05-27
伯爵 9131 D23型号白金镶钻石及绿宝石炼带腕表，表壳编号549945，年份约1993。		59,950	香港苏富比	2018-10-02
伯爵 精致典雅，女装白金镶钻石及祖母绿机械炼带腕表，型号9706，年份约1990	直径24mm；长190mm	55,368	保利香港	2018-03-31
伯爵 90564 K81型号“DANCER”白金镶钻石及红宝石炼带腕表备珠母贝表盘，表壳编号670751，年份约1997。		54,500	香港苏富比	2018-10-02
伯爵 “POLO”女装黄金镶钻石炼带腕表，表壳编号8131 C 725，序列号384829，年份约1982	20x20mm；炼带长170mm	50,563	香港苏富比	2018-04-02
伯爵，精细，18k金自动上弦枕形腕表		45,675	佳士得	2018-05-27
约1990年制 伯爵 18K黄金 自动上弦腕表 月相 年历显示	表径33mm	43,700	北京保利	2018-06-18
伯爵 9806D2型号黄金镶钻石炼带腕表，表壳编号302425，年份约1978。		43,600	香港苏富比	2018-10-02
伯爵 精致罕有，黄金二十美元金币机械腕表，备隐藏表盘，年份约1980	直径35mm	40,094	保利香港	2018-03-31
伯爵 50155 M601D型号“PROTOCOLE”白金镶钻石炼带腕表，表壳编号810018，年份约1993。		38,150	香港苏富比	2018-10-02
伯爵 黄金金币表，表壳编号950E，年份约1975。		38,150	香港苏富比	2018-10-02
伯爵 “ALTIPLANO”女装白金及镶钻石正方形腕表，表壳编号50935，序列号900574，年份约2003	阔30mm	35,394	香港苏富比	2018-04-02
伯爵 白金镶钻石酒桶形炼带腕表备缟玛瑙表盘，表壳编号9765 A 6，序列号376175，年份约1981	29×32mm；炼带约长175mm	32,360	香港苏富比	2018-04-02
伯爵 18K黄金 手动上弦镶钻腕表约1980年制		32,200	保利厦门	2018-07-15
约1980年制 伯爵 18K黄金 女款手动上弦镶钻腕表	4–10点位置测量表径23mm；全表长约17mm	32,200	北京保利	2018-06-18
伯爵 “LIMELIGHT”女装白金及镶钻石酒桶形腕表备珠母贝表盘，表壳编号54035，序列号863141，年份约2001	18×33mm	30,338	香港苏富比	2018-04-02
爱彼 26511PT型号“ROYAL OAK TOURBILLON 40TH ANNIVERSARY”精美罕有限量版铂金镂空陀飞轮炼带腕表，机芯编号816146，表壳编号H71175，编号05/40，年份约2012。		2,071,000	香港苏富比	2018-10-02
爱彼，非常精细及极罕有，18k白金镂空腕表		1,421,000	佳士得	2018-05-27
爱彼 精致罕有，钛金属及黑色陶瓷两地时陀飞轮腕表，“皇家橡树概念系列 GMT陀飞轮腕表”，型号26560IO.OO.D002CA.01，年份约2013，附原厂证书及表盒	44mm	977,512	保利香港	2018-10-01
爱彼，精细及罕有，铂金三问腕表		964,250	佳士得	2018-05-27
爱彼 “JULES AUDEMARS”粉红金三问陀飞轮计时腕表，表壳编号F61344，年份约2007。		926,500	香港苏富比	2018-10-02
爱彼，精细及罕有，铂金腕表		913,500	佳士得	2018-05-27
爱彼，非常精细及罕有，18k白金镶钻石腕表		913,500	佳士得	2018-05-27
爱彼 “JULES AUDEMARS”精美及罕有铂金三问计时陀飞轮腕表，表壳编号F94178，年份约2010	直径43mm	859,563	香港苏富比	2018-04-02
爱彼 5402ST型号“ROYAL OAK JUMBO”罕有精钢自动上链炼带腕表备日期显示及棕色表盘，由蒂芙尼发行，机芯编号3020952，表壳编号B1213，年份约1976。		817,500	香港苏富比	2018-10-02
爱彼皇家橡树系列18K玫瑰金陀飞轮计时功能腕表		782,000	华艺国际	2018-05-22
爱彼 “MILLENARY MASERATI MC12”精美罕有限量版铂金半镂空陀飞轮计时腕表备动力储存显示，表壳编号F94822，编号052/150，年份约2006	46.5×42.5mm	667,425	香港苏富比	2018-04-02
爱彼，精细及罕有，18k红金腕表		558,250	佳士得	2018-05-27
爱彼 “JULES AUDEMARS TRIPLE COMPLICATION AUTOMATIQUE”精美黄金自动上链三问万年历计时腕表备月相及52星期显示，表壳编号D30180，年份约1993	直径42mm	525,850	香港苏富比	2018-04-02
爱彼 “ROYAL OAK OFFSHORE RUBENS BARRICHELLO”精美罕有限量版铂金及陶瓷自动上链计时腕表备日期显示及测速计，编号037/150，表壳编号F73832，年份约2007	直径42mm	455,063	香港苏富比	2018-04-02
爱彼，精细及罕有，18k红金自动上弦链带腕表		406,000	佳士得	2018-05-27
爱彼 “ROYAL OAK”精美精钢陀飞轮计时炼带腕表，表壳编号F21081，年份约2006	直径44mm；炼带约长195mm	404,500	香港苏富比	2018-04-02
爱彼，精细及罕有，18k红金，钛金属及陶瓷镶钻石自动上弦腕表		385,700	佳士得	2018-05-27
爱彼 “ROYAL OAK QUANTIEME PERPETUEL”精钢及铂金自动上链万年历炼带腕表备月相显示，编号21/25，表壳编号D86990，年份约1997。		370,600	香港苏富比	2018-10-02

拍品名称	物品尺寸	成交价RMB	拍卖公司	拍卖日期
爱彼"ROYAL OAK OFFSHORE GRAND PRIX"限量版粉红金、陶瓷及锻碳自动上链计时腕表备日期显示，表壳编号G89644，编号071/650，年份约2010	直径44mm	353,938	香港苏富比	2018-04-02
爱彼"ROYAL OAK OFFSHORE MICHAEL SCHUMACHER"限量版钛金属自动上链计时腕表备日期显示，表壳编号H94810，编号619/1000，年份约2013。		348,800	香港苏富比	2018-10-02
爱彼，精细及非常罕有，铂金长方形腕表		304,500	佳士得	2018-05-27
爱彼，非常精细及极罕有，铂金腕表		263,900	佳士得	2018-05-27
爱彼，18k红金及陶瓷自动上弦腕表		243,600	佳士得	2018-05-27
爱彼，精细，罕有及大码，18k红金，钛金属及陶瓷自动上弦腕表		243,600	佳士得	2018-05-27
爱彼"JULES AUDEMARS 150 ANS TOURBILLON"精美铂金自动上链陀飞轮腕表备动力储存显示及日期，表壳编号E67952，年份约2002	直径40mm	242,700	香港苏富比	2018-04-02
爱彼"ROYAL OAK QUANTIEME PERPETUEL"钛金属自动上链万年历计时炼带腕表备月相显示，表壳编号F08468，年份约2010	直径42mm；鍊带约长205mm	232,588	香港苏富比	2018-04-02
约1990年制 爱彼 QUANTIEME PERPETUEL系列 18K黄金 表冠上弦镶钻怀表 万年历功能	表径49mm	230,000	北京保利	2018-06-18
爱彼"ROYAL OAK OFFSHORE DON RAMON DE LA CRUZ"专卖店限量版精美粉红金自动上链计时腕表备日期显示，表壳编号G72922，编号073/100，年份约2009	直径42mm	222,475	香港苏富比	2018-04-02
爱彼"ROYAL OAK OFFSHORE DIVER QEII 2014"限量版粉红金及钽金属自动上链腕表备日期显示，表壳编号I24573，编号033/150，年份约2015。		218,000	香港苏富比	2018-10-02
爱彼"JULES AUDEMARS ARNOLD'S ALL-STARS AFTER SCHOOL ADVENTURES"限量版粉红金自动上链万年历计时腕表备月相显示，表壳编号F95498，年份约2011。		218,000	香港苏富比	2018-10-02
爱彼"ROYAL OAK OFFSHORE GRAND PRIX"限量版陶瓷、锻碳及钛金属自动上链计时腕表备日期显示，表壳编号G99485，编号1027/1750，年份约2010	直径44mm	212,363	香港苏富比	2018-04-02
爱彼 精美，玫瑰金自动计时码表，备日期显示，"ROYAL OAK"，型号25960OR.OO.1185OR.02，年份约2012，附原厂证书及表盒	39mm	210,016	保利香港	2018-03-31
爱彼 26007BA型号"ROYAL OAK OFFSHORE ARNOLD SCHWARZENEGGER"限量版黄金计时腕表备日期显示，机芯编号562470，表壳编号F01284，年份约2003。		207,100	香港苏富比	2018-10-02
爱彼"ROYAL OAK OFFSHORE ARNOLD SCHWARZENEGGER THE LEGACY"限量版陶瓷、粉红金及钛金属自动上链计时腕表备日期显示，编号0628/1500，表壳编号H19612，年份约2010	直径48mm	202,250	香港苏富比	2018-04-02
爱彼"ROYAL OAK OFFSHORE DIVER "陶瓷自动上链腕表备日期显示，表壳编号I43933，编号0596，年份约2015。		196,200	香港苏富比	2018-10-02
爱彼，精细，铂金镶钻石镂空自动上弦链带腕表		182,700	佳士得	2018-05-27
爱彼 精美，玫瑰金镶钻石大方型自动腕表，备珍珠贝母表盘，"TRADITION"，型号15337OR，年份约2010	32mm	171,832	保利香港	2018-03-31
爱彼 精美，精钢自动腕表备日期显示，"皇家橡树系列"JUMBO" EXTRA-THIN超薄"，型号15202ST.OO.0944ST.02，年份约2007，附原厂证书及表盒	39mm；长约180mm	169,778	保利香港	2018-10-01
爱彼，独一无二及精细，18k白金镶钻石及蓝宝石正方形女装石英腕表		162,400	佳士得	2018-05-27
爱彼，精细及罕有，18k金自动上弦腕表		162,400	佳士得	2018-05-27
爱彼 精致，黑色陶瓷及钛金属自动上弦计时秒表，备日期显示，"ROYAL OAK OFFSHORE"，型号26405CE.OO.A002CA.01，年份约2014，附原厂表盒	44mm	154,344	保利香港	2018-10-01
爱彼 精美，精钢万年历自动链带腕表，备闰年及月相显示，"皇家橡树万年历"，型号25820ST，年份约2008，附原厂证书及表盒	39mm；长185mm	152,739	保利香港	2018-03-31
爱彼"JULES AUDEMARS PERPETUAL CALENDAR"精美粉红金自动上链万年历腕表备月相及闰年显示，表壳编号H52015，年份约2012	直径41mm	151,688	香港苏富比	2018-04-02
爱彼，精细及吸引，18k白金及红金镶钻石及橙色蓝宝石女装石英腕表		142,100	佳士得	2018-05-27
爱彼，精细及罕有，18k红金镶钻石自动上弦腕表		142,100	佳士得	2018-05-27
爱彼"ROYAL OAK OFFSHORE "白金自动上链计时腕表备日期显示，表壳编号 F12129，编号 0437，年份约2004。		141,700	香港苏富比	2018-10-02
爱彼，精细及罕有，18k红金镂空腕表		131,950	佳士得	2018-05-27
爱彼，精细，不锈钢自动上弦链带腕表		131,950	佳士得	2018-05-27
爱彼，精细，罕有及超薄，18k白金镶钻石链带腕表		131,950	佳士得	2018-05-27
爱彼"ROYAL OAK OFFSHORE ALINGHI POLARIS"限量版精钢自动上链飞返计时腕表备倒数计时，表壳编号F52943，编号1683/2000，年份约2006。		130,800	香港苏富比	2018-10-02
爱彼 精美，玫瑰金两地时间自动腕表，备日期、日夜、及40小时动力储存显示，"ROYAL OAK DUAL TIME"，型号26120OR，年份约2017	39mm	124,101	保利香港	2018-03-31
爱彼 精致，精钢自动上弦计时秒表，备日期显示，"ROYAL OAK OFFSHORE"，型号26470ST.OO.A101CR.01，年份约2017，附原厂表盒	42mm；长约170mm	123,475	保利香港	2018-10-01
爱彼 黄金镶钻石自动上链镂空腕表，表壳编号D7189，年份约1997	直径33.5mm	121,350	香港苏富比	2018-04-02
爱彼"ROYAL OAK OFFSHORE"精钢自动上链计时腕表备日期显示，表壳编号I57553，编号6246，年份约2015。		119,900	香港苏富比	2018-10-02
爱彼千禧系列18K玫瑰金镶钻腕表		115,000	华艺国际	2018-05-22
爱彼，精细，铂金长方形腕表		111,650	佳士得	2018-05-27
爱彼"JULES AUDEMARS"粉红金自动上链两地时间腕表备日期、动力储存及昼/夜显示，表壳编号H68563，年份约2016。		109,000	香港苏富比	2018-10-02
爱彼 黄金镶钻石鍊带腕表，表壳编号C17545，年份约1986。		103,550	香港苏富比	2018-10-02
爱彼"ROYAL OAK OFFSHORE"精钢自动上链计时腕表备日期显示，表壳编号I48045，编号5821，年份约2014。		103,550	香港苏富比	2018-10-02
爱彼"ROYAL OAK OFFSHORE SINCERE EDITION"限量版精钢及钽金属计时腕表备日期显示，为庆祝先施表行50周年而制，表壳编号F15161，年份约2005。		103,550	香港苏富比	2018-10-02
爱彼 精致，精钢自动上弦计时秒表，备日期显示，"ROYAL OAK OFFSHORE"，型号26170ST，年份约2005	42mm	102,896	保利香港	2018-10-01
爱彼，不锈钢自动上弦链带腕表		96,425	佳士得	2018-05-27
爱彼"ROYAL OAK OFFSHORE"精钢及硅胶自动上链计时腕表备日期显示，表壳编号F34185，年份约2007	直径42mm	91,013	香港苏富比	2018-04-02
爱彼 精致，钛金属自动上弦计时码表，备日期显示，"ROYAL OAK OFFSHORE"，型号25721TI，年份约2012	42mm；长170mm	90,689	保利香港	2018-03-31

2018杂项拍卖成交汇总

(成交价RMB：2万元以上)

拍品名称	物品尺寸	成交价RMB	拍卖公司	拍卖日期
爱彼 精致女装玫瑰金镶钻石机械腕表备小秒针及贝母表盘，"JULES AUDEMARS"，型号77228OR.ZZ.A082MR.01，年份约2017，附原厂证书及表盒	直径28mm	81,288	保利香港	2018-10-01
爱彼 "ROYAL OAK"女装粉红金镶钻石腕表备日期显示，编号3912，年份约2010	直径33mm	80,900	香港苏富比	2018-04-02
爱彼 罕有黄金珐琅镂空怀表，表壳编号B41181，年份约1987	直径46mm	80,900	香港苏富比	2018-04-02
爱彼，精细，18k金自动上弦腕表		76,125	佳士得	2018-05-27
爱彼 白金镶钻石镂空炼带腕表，表壳编号B17306，年份约1970	直径32mm；炼带约长175mm	75,844	香港苏富比	2018-04-02
爱彼 "ROYAL OAK OFFSHORE"精钢自动上链计时腕表备日期显示，表壳编号H36831，年份约2011	直径38mm	70,788	香港苏富比	2018-04-02
爱彼千禧系列精钢两地时玛莎拉蒂限量款腕表		66,700	华艺国际	2018-05-22
爱彼 白金及镶钻石炼带腕表，表壳编号B20245，年份约1978。		65,400	香港苏富比	2018-10-02
爱彼 "ROYAL OAK OFFSHORE"精钢自动上链全日历炼带腕表，表壳编号D75202，编号151，年份约1997	直径38mm；炼带约长185mm	60,675	香港苏富比	2018-04-02
爱彼 白金镶钻石及蓝宝石炼带腕表，表壳编号C90808，年份约1991。		59,950	香港苏富比	2018-10-02
爱彼 "ROYAL OAK"黄金鍊带腕表备日期显示，表壳编号C17119，编号372，年份约1985。		54,500	香港苏富比	2018-10-02
爱彼，精细，18k金镶钻石长方形链带腕表		50,750	佳士得	2018-05-27
爱彼 黄金自动上链镂空腕表，表壳编号C28420，年份约1987	直径34mm	48,540	香港苏富比	2018-04-02
爱彼 罕有粉红金及精钢八角形怀表，表壳编号B49726，年份约1980	直径44mm	42,473	香港苏富比	2018-04-02
爱彼 "JULES AUDEMARS"白金腕表，编号E57529，年份约2003	直径36mm	28,315	香港苏富比	2018-04-02
爱彼 精致，白金镶钻石自动链带腕表，年份约1970，附原厂表盒	31×33mm；长约175mm	24,695	保利香港	2018-10-01
约2017年制 宇舶 MP-05 LAFERRARI系列 钛金属 黑色PVD镀层 手动上弦腕表 动力储存功能 陀飞轮装置	表径52mm	3,105,000	北京保利	2018-06-18
卡地亚 "TUTTI FRUTTI"非常精美罕有女装白金镶钻石及宝石炼带腕表，表壳编号983085，年份约2003。		1,635,000	香港苏富比	2018-10-02
卡地亚 非常优雅及罕有，女装铂金镶钻石珍珠项链备三间机械腕表吊坠，年份约1910，附原厂表盒		954,620	保利香港	2018-03-31
卡地亚 3239M 型号"LE CIRQUE ANIMALIER"限量版白金、镶祖母绿及钻石腕表备灵蛇表盘，编号4/40，年份约2010。		817,500	香港苏富比	2018-10-02
卡地亚 罕有优雅，女装白金镶钻石自动腕表，"PROMENADE D' UNE PANTHÈRE"，型号HPI00692，年份约2012，附原厂证书及表盒	直径42mm	771,720	保利香港	2018-10-01
卡地亚 罕有优雅，限量版女装白金镶钻石及蓝宝石腕表，备凤凰装饰及贝母表盘"高级珠宝腕表动物系列－凤凰"，型号HPI00406，限量生产100枚，年份约 2017，附原厂证书及表盒	直径40mm	596,797	保利香港	2018-10-01
卡地亚 "ROTONDE DE CARTIER MYSTERIOUS DOUBLE TOURBILLON"精美铂金双飞行陀飞轮腕表，编号27，年份约2014。		545,000	香港苏富比	2018-10-02
卡地亚，非常精细，18k红金天体运转式陀飞轮腕表		527,800	佳士得	2018-05-27
卡地亚 罕有独特，女装玫瑰金镶粉色钻石机械腕表，"Crash"，年份约2001	23×40mm	514,480	保利香港	2018-10-01
卡地亚创意宝石腕表系列HPI00365腕表		460,000	上海匡时	2018-04-30
卡地亚创意宝石腕表系列HPI00341腕表		460,000	上海匡时	2018-04-30
卡地亚 0238型号"BAIGNOIRE"黄金、镶紫晶石及钻石炼带腕表，表壳编号66044，年份约1990。		436,000	香港苏富比	2018-10-02
卡地亚 "CRASH"精美罕有铂金不对称形腕表，年份约1990	23×38mm	424,725	香港苏富比	2018-04-02
卡地亚 3058型号"PANTHéRE SECRèTE DE CARTIER"白金、镶钻石、黑玛瑙及绿宝石腕表备隐藏表盘，表壳编号126423NX，年份约2009。		414,200	香港苏富比	2018-10-02
卡地亚 罕有独特，限量版白金镶钻石、蓝宝石及祖母绿腕表，备珐琅表盘，"LE CIRQUE ANIMALIER DE CARTIER –熊猫"，型号3060，限量50枚，年份约2008，附卡地亚国际维修保证	直径40mm	362,756	保利香港	2018-03-31
卡地亚 精致优雅，女装玫瑰金镶粉色钻石，椭圆形机械腕表，"BAIGNOIRE ALLONGÉE"，型号WL408031，年份约2001	24×55mm	305,478	保利香港	2018-03-31
卡地亚 精致罕有，限量版，黄金镶钻石自动腕表，备珐琅表盘，及猎豹图案，"PASHA DE CARTIER"，型号2832，限量20枚，年份约2007，附原厂证书及表盒	直径42mm	286,386	保利香港	2018-03-31
卡地亚，非常精细及罕有，铂金自动上弦腕表		284,200	佳士得	2018-05-27
卡地亚 罕有精致，限量版黄金机械腕表，备美洲豹珐琅彩绘图案，"CATRIER D' ART TORTUE XL JAGUAR"，限量80枚，年份约2012	38×50mm	267,294	保利香港	2018-03-31
卡地亚 "CRASH"女装白金及镶钻石不对称形腕表，年份约2000	22×39mm	262,925	香港苏富比	2018-04-02
宇舶 "BIG BANG UNICO SAPPHIRE"限量版蓝宝石材质镂空自动上链飞返计时腕表，表壳编号1184962，编号372/500，年份约2016。		261,600	香港苏富比	2018-10-02
卡地亚，精细，非常罕有及吸引，18k白金镶钻石酒桶形腕表		223,300	佳士得	2018-05-27
卡地亚 "TANK CINTRÉE"限量版铂金腕表，编号35/50，年份约2004。		218,000	香港苏富比	2018-10-02
卡地亚 精美，白金镶钻石自动上弦腕表，"蓝气球系列"，型号WE902049，年份约2012，附原厂证书及表盒	直径42mm	216,082	保利香港	2018-10-01
卡地亚，非常精细及罕有，18k白金镶钻石自动上弦方形腕表		203,000	佳士得	2018-05-27
卡地亚 "PANTHÈRE"精美女装黄金镶祖母绿及缟玛瑙手镯腕表，年份约1998	阔16.5mm；手镯圆周约180mm	192,138	香港苏富比	2018-04-02
卡地亚 精致罕有，黄金镶钻石方形自动上弦腕表，备中心秒针，"Santos 100"，型号WM502051，年份约2010，附原厂证书及表盒	41×50mm	185,213	保利香港	2018-10-01
卡地亚 "TANK A GUICHET"限量版粉红金长方形跳时腕表，编号68/100，年份约1997	连表耳27×40mm	182,025	香港苏富比	2018-04-02
卡地亚 "SANTOS 100"精美钯金属正方形镂空腕表，编号138，年份约2008	连表耳41×55mm	182,025	香港苏富比	2018-04-02
卡地亚 3213型号"BAIGNOIRE HYPNOSE"白金镶钻石腕表，表壳编号92703PX，年份约2011。		174,400	香港苏富比	2018-10-02
卡地亚，精细及雅致，18k白金镶蓝宝石及钻石女装长椭圆形腕表		172,550	佳士得	2018-05-27
卡地亚 罕有优雅，女装黄金镶钻石机械链带腕表，备隐藏表盘，年份约1950	直径13mm；长约165mm	164,634	保利香港	2018-10-01
卡地亚 优雅，女装白金镶钻石椭圆形机械腕表，"BAIGNOIRE ALLONGÉE"，型号2514，年份约2008，附原厂表盒	22×47mm	152,739	保利香港	2018-03-31

拍品名称	物品尺寸	成交价RMB	拍卖公司	拍卖日期
卡地亚"PASHA GOLF"精美罕有黄金镶钻石及宝石自动上链腕表备高尔夫球杆数计，年份约1998	直径38mm	151,688	香港苏富比	2018-04-02
卡地亚 18K玫瑰金钻圈白盘卡历博机械男表		149,500	北京荣宝	2018-09-14
宇舶BIG BANG系列碳纤维限量版计时功能腕表		138,000	华艺国际	2018-05-22
卡地亚ROTONDE DE CARTIER系列W1556051腕表		138,000	上海匡时	2018-04-30
卡地亚，雅致，18k白金镶钻石女装石英链带腕表		131,950	佳士得	2018-05-27
卡地亚，精细及非常罕有，18k白金镶钻石自动上弦女装腕表		131,950	佳士得	2018-05-27
卡地亚，精细，钛金属正方形镂空腕表		131,950	佳士得	2018-05-27
卡地亚"CALISSON"女装白金镶钻石榄尖形腕表，年份约2017	50.5×20.5mm	131,463	香港苏富比	2018-04-02
宇舶"BIG BANG FERRARI"限量版粉红金、钛金属及碳纤维半镂空自动上链飞返计时腕表备日期显示，表壳编号1130894，编号343/500，年份约2013。		119,900	香港苏富比	2018-10-02
宇舶 精美，玫瑰金及钛金属飞返计时码自动腕表，备日期显示，"Big Bang Unico King"，型号411.OM.1180.RX，年份约2015，附原厂证书及表盒	直径45mm	108,041	保利香港	2018-10-01
卡地亚，精细及罕有，18k红金酒桶形自动上弦腕表		96,425	佳士得	2018-05-27
卡地亚"MONTRE TANK AMERICANE"女装白金镶钻石长方形炼带腕表，年份约2015	19×35mm；炼带长153mm	96,069	香港苏富比	2018-04-02
卡地亚 2895型号"LA DONA"白金镶钻石炼带腕表，表壳编号91382MX，年份约2005。		92,650	香港苏富比	2018-10-02
宇舶BIG BANG系列18K白金镶钻计时功能腕表		92,000	华艺国际	2018-05-22
卡地亚，18k红金镶钻石自动上弦女装腕表		91,350	佳士得	2018-05-27
卡地亚 精致优雅，女装白金镶钻石及红宝石链带腕表，年份约2000，附原厂表盒	直径24mm；长约155mm	87,462	保利香港	2018-10-01
卡地亚，精细，18k白金镶钻石非对称型石英女装腕表		86,275	佳士得	2018-05-27
卡地亚"TORTUE"黄金镶钻石链带腕表，表壳编号805700500，年份约2000。		81,750	香港苏富比	2018-10-02
宇舶，独特，陶瓷及钛金属半镂空自动上弦腕表		81,200	佳士得	2018-05-27
卡地亚，独特及吸引，18k金镶宝石石英腕表		81,200	佳士得	2018-05-27
卡地亚桑托斯系列WH100751腕表		80,500	上海匡时	2018-04-30
宇舶 限量版，玫瑰金及钛金属自动计时码表，"BIG BANG AERO BANG"，限量500枚，年份约2011	直径46.5mm	78,279	保利香港	2018-03-31
卡地亚 3083型号"LA DONA"粉红金镶钻石炼带腕表，表壳编号138292NX，年份约2008。		76,300	香港苏富比	2018-10-02
卡地亚 水晶及珠母贝怀表，机芯由EUROPEAN WATCH AND CLOCK CO.所造，年份约1920。		76,300	香港苏富比	2018-10-02
卡地亚，精细及罕有，18k红金正方形腕表		76,125	佳士得	2018-05-27
卡地亚 精致优雅，白金镶钻石自动上弦链带腕表备日期显示，"PASHA DE CARTIER"，型号WJ1116M9，年份约2010，附原厂表盒	直径32mm；长160mm	71,597	保利香港	2018-03-31
宇舶BIG BANG系列碳纤维计时功能腕表		71,300	华艺国际	2018-05-22
卡地亚"TANK DUODIAL"粉红金长方形两地时间腕表，年份约2015	28×40mm	65,731	香港苏富比	2018-04-02
卡地亚"TORTUE XL"粉红金腕表备昼/夜显示，编号109，年份约2009。		65,400	香港苏富比	2018-10-02
卡地亚 缟玛瑙镶钻石及铂金怀表备珐琅及黄金时标外环，年份约1930。		65,400	香港苏富比	2018-10-02
卡地亚"BAIGNOIRE ALLONGÉE"女装白金椭圆形腕表，年份约2008	21.5×47mm	60,675	香港苏富比	2018-04-02
卡地亚"BAIGNOIRE"女装黄金及镶宝石椭圆形炼带腕表，年份约1990	23×31mm；炼带长约168mm	60,675	香港苏富比	2018-04-02
卡地亚 1960型号"BAIGNOIRE"黄金镶钻石炼带腕表备珠母贝表盘，表壳编号GC14760，年份约2000。		59,950	香港苏富比	2018-10-02
卡地亚 1360.1型号"MINI TANK"黄金镶钻石及宝石炼带腕表，表壳编号C90708，年份约1995。		59,950	香港苏富比	2018-10-02
卡地亚，18k白金及钛金属镶钻石女装长方形石英腕表		55,825	佳士得	2018-05-27
卡地亚"SANTOS"罕有女装黄金镶钻石正方形炼带腕表备珠母贝表盘，年份约1995	17×15mm；炼带长160mm	55,619	香港苏富比	2018-04-02
卡地亚"CEINTURE"两枚女装黄金及镶钻石八角形腕表，年份约1985	22.5×21.5mm；22×20.5mm	55,619	香港苏富比	2018-04-02
卡地亚 2515型号"AF BAIGNOIRE ALLONGéE"粉红金腕表，表壳编号118262，年份约2005。		49,050	香港苏富比	2018-10-02
卡地亚"CARRéE OBUS COLLECTION PRIVéE SKELETON"限量版黄金镂空腕表，编号095/100，年份约2002。		49,050	香港苏富比	2018-10-02
宇舶，碳纤维自动上弦腕表		48,720	佳士得	2018-05-27
宇舶，独特，黑陶瓷及橡胶自动上弦左手腕表		45,675	佳士得	2018-05-27
宇舶，精细，钛金属及黑陶瓷自动上弦腕表		45,675	佳士得	2018-05-27
卡地亚"SANTOS DUMONT"精美罕有女装铂金正方形腕表，年份约2002	27×36mm	42,473	香港苏富比	2018-04-02
卡地亚 女装黄金、镶钻石及宝石正方形腕表，年份约1995	阔14mm	40,450	香港苏富比	2018-04-02
卡地亚 罕见女装黄金、白金及镶钻石三绳捆扭炼带腕表备分区式表盘，年份约1940	直径19mm；炼带约长150mm	40,450	香港苏富比	2018-04-02
卡地亚"TANK"白金镶钻石腕表，表壳编号MG262156，年份约2010。		38,150	香港苏富比	2018-10-02
卡地亚 精致罕有白金镶钻石长方形腕表，备可翻转表盘，"Tank Basculante"，型号WA202751，年份约2001	22×32mm	36,014	保利香港	2018-10-01
卡地亚"PASHA"白金镶钻石腕表备日期显示，编号306046MG，年份约2005。		32,700	香港苏富比	2018-10-02
卡地亚 黄金珐琅及镶珍珠挂表，表壳编号2491，年份约1920	直径29.5mm	30,338	香港苏富比	2018-04-02
宇舶，陶瓷自动上弦腕表		26,390	佳士得	2018-05-27
Richard Mille，极罕有及精细，铂金镶长方形钻石酒桶形陀飞轮腕表		3,589,040	佳士得	2018-05-27
Richard Mille，非常精细及罕有，18K红金酒桶形腕表		3,199,280	佳士得	2018-05-27
格睿时 DualTow系列 非常罕有独特钛金属黑色PVD 手动上弦腕表 音乐报时 单按钮陀飞轮装置 动力储存功能 计时码表	表径42.75×48.20×15.85mm（不计表耳）	3,197,000	保利厦门	2018-07-15

2018杂项拍卖成交汇总

(成交价RMB：2万元以上)

拍品名称	物品尺寸	成交价RMB	拍卖公司	拍卖日期
Richard Mille RM003型号精美罕有白金镂空两地时间陀飞轮腕表备动力储存及扭力显示，机芯编号0020，表壳编号20，年份约2011。		1,526,000	香港苏富比	2018-10-02
Richard Mille RM002 AE PG型号精美罕有粉红金酒桶形半镂空陀飞轮腕表备动力储存及扭力显示，编号140，年份约2007	38×45mm	1,011,250	香港苏富比	2018-04-02
Richard Mille，精细及罕有，钛金属酒桶形镂空腕表		862,750	佳士得	2018-05-27
Richard Mille RM035型号“‘RAFAEL NADAL’”铝镁合金镂空腕表，编号333，年份约2012。		817,500	香港苏富比	2018-10-02
Richard Mille，精细及罕有，白色陶瓷及钛金属酒桶形自动上弦腕表		761,250	佳士得	2018-05-27
Richard Mille，精细，18K红金酒桶形自动上弦镂空腕表		710,500	佳士得	2018-05-27
Richard Mille RM010型号白金自动上链镂空腕表备日期显示，机芯编号0584，编号478，年份约2008。		457,800	香港苏富比	2018-10-02
Richard Mille，精细及罕有，18K红金酒桶形自动上弦镂空腕表		456,750	佳士得	2018-05-27
Greubel Forsey “QUADRUPLE TOURBILLON”精美罕有限量版铂金陀飞轮腕表备动力储存显示，编号38，年份约2010。		1,853,000	香港苏富比	2018-10-02
Greubel Forsey “TOURBILLON 24 SECONDS INCLINE”非常精美罕有铂金24秒倾斜陀飞轮腕表备72小时动力储存显示，编号27，年份约2008。		1,308,000	香港苏富比	2018-10-02
Greubel Forsey “TOURBILLON 24 SECONDES CONTEMPORAIN”精美超凡白金24秒陀飞轮腕表备72小时动力储存显示，编号26，年份约2016	直径43.5mm	1,213,500	香港苏富比	2018-04-02
朗格 “RICHARD LANGE TOURBILLON POUR LE MÉRITE – HANDWERKSKUNST”非常精美专卖店限量版蜂蜜金陀飞轮腕表备专利停秒装置及蜂蜜金雕旋转表盘，编号02/15，表壳编号199952，年份2012	直径43mm	1,415,750	香港苏富比	2018-04-02
朗格 720.048型号“LANGE 1 EWIGER KALENDAR HANWERKSKUNST”非常精美及罕有专卖店版铂金自动上链陀飞轮万年历腕表备逆跳星期、月相、闰年显示、停秒装置及雕刻表盘，机芯99543，表壳编号212610，编号10/15，年份约2014。		1,308,000	香港苏富比	2018-10-02
朗格 “ZEITWERK HANDWERKSKUNST”精美及罕有限量版铂金腕表备数码时分显示及动力储存显示，编号03/30，表壳编号206303，年份约2012	直径42mm	910,125	香港苏富比	2018-04-02
朗格 “1815 RATTRAPANTE PERPETUAL CALENDAR”铂金万年历追针计时腕表备月相、闰年及动力储存显示，表壳编号222246，年份约2016。		872,000	香港苏富比	2018-10-02
朗格 “RICHARD LANGE POUR LE MéRITE”粉红金陀飞轮腕表备三针一线表盘及专利停秒装置，表壳编号211996，年份约2014。		708,500	香港苏富比	2018-10-02
朗格，精细及罕有，铂金腕表		558,250	佳士得	2018-05-27
朗格 “1815 TOURBILLON”精美罕有粉红金陀飞轮腕表及停秒装置，表壳编号219584，年份约2016	直径40mm	556,188	香港苏富比	2018-04-02
朗格 非常精致，白金机械跳字式报时腕表，备时、刻鸣响装置，及动力储存显示，“ZEITWERK STRIKING TIME”，型号145.032，年份约2012	直径42mm	553,680	保利香港	2018-03-31
朗格，非常精细及罕有，18k红金腕表		527,800	佳士得	2018-05-27
朗格，非常精细及罕有，铂金腕表		507,500	佳士得	2018-05-27
朗格 “RICHARD LANGE POUR LE MÉRITE”限量版粉红金腕表备珐琅表盘，编号090/200，年份约2016	直径40.5mm	505,625	香港苏富比	2018-04-02
朗格 “LANGE 1 LUMEN”限量版铂金腕表备日期及动力储存显示，表壳编号211530，编号135/200，年份约2014	直径41mm	475,288	香港苏富比	2018-04-02
朗格 “LANGE 31”精美罕有粉红金腕表备31天动力储备及日期显示，表壳编号190044，年份约2009	直径46mm	455,063	香港苏富比	2018-04-02
朗格 “LANGE 1 TOURBILLON”精美限量版粉红金陀飞轮腕表备日期及动力储存显示，表壳编号129243，编号243/250，年份约2013	直径38.5mm	444,950	香港苏富比	2018-04-02
朗格 精美罕有，玫瑰金机械腕表，备31天动力储备及大日期显示，“LANGE 31”，年份约2009，附精钢上链钥匙及原厂表盒	直径46mm	432,163	保利香港	2018-10-01
朗格 “DATOGRAPH FLYBACK”精美铂金飞返计时炼带腕表备日期显示，表壳编号143824，年份约2002	直径39mm；炼带约长185mm	424,725	香港苏富比	2018-04-02
朗格 260.028型号“RICHARD LANGE POUR LE MéRITE”限量版白金腕表备芝麻链，机芯编号110783，表壳编号229424，编号038/218，年份约2016。		414,200	香港苏富比	2018-10-02
朗格 403.035型号“DATOGRAPH FLYBACK”铂金飞返计时腕表备日期显示，机芯编号17983，表壳编号127959，年份约2000。		348,800	香港苏富比	2018-10-02
朗格 140.032型号“ZEITWERK”粉红金腕表备跳字时间及动力储存显示，机芯编号97879，表壳编号199458，年份约2015。		327,000	香港苏富比	2018-10-02
朗格，精细，18k白金腕表		324,800	佳士得	2018-05-27
朗格 “LANGE 1 PLATINUM CELLINI”限量版铂金腕表备日期及动力储备显示，于2002年为庆祝CELLINI 25周年而制，表壳编号148307，年份约2003	直径40mm	323,600	香港苏富比	2018-04-02
朗格 “GRAND LANGE 1 MOON PHASE”铂金腕表备日期、动力储存显示及月相，表壳编号219326，年份约2013	直径41mm	303,375	香港苏富比	2018-04-02
朗格，精细，18k红金腕表		284,200	佳士得	2018-05-27
朗格 精美罕有，黄金万年历自动机械腕表，备月相、闰年及昼夜显示，型号310.021，年份约2010	直径38mm	267,294	保利香港	2018-03-31
朗格 231.035型号“1815 MOON PHASE EMIL LANGE”限量版铂金天文腕表备月相显示，为庆祝EMIL LANGE 诞生150周年而制，机芯编号14201，表壳编号124391，编号141/150，年份约1999。		239,800	香港苏富比	2018-10-02
朗格 “LANGEMATIK SAX-O-MAT”粉红金自动上链万年历腕表备月相、闰年及24小时显示，表壳编号171269，年份约2005。		239,800	香港苏富比	2018-10-02
朗格 “LANGE 1A”限量版黄金炼带腕表备日期、动力储存显示及雕饰表盘，编号69/100，年份约1998。		239,800	香港苏富比	2018-10-02
朗格，精细，18k金自动上弦链带腕表		223,300	佳士得	2018-05-27
朗格 “1815 KALEDERWOCHE”精美限量版黄金腕表备星期及日期显示，于2006年为庆祝UHREN HUBER 150周年而制，表壳编号165158，编号8/50，年份2006	直径38.5mm	222,475	香港苏富比	2018-04-02
朗格 “1815 CHRONOGRAPH”精美粉红金飞返计时腕表，表壳编号155970，年份约2006	直径40mm	212,363	香港苏富比	2018-04-02
朗格卡巴莱系列18K玫瑰金配备月相功能链带腕表		207,000	华艺国际	2018-05-22
朗格 “LANGE 1 TIME ZONE”精美粉红金世界时间腕表备日期、动力储存及昼/夜显示，表壳编号162453，年份约2005	直径42mm	202,250	香港苏富比	2018-04-02
朗格 813.034型号“THE LITTLE 1 SOIRéE”限量版白金镶钻石腕表备日期、动力储存显示及珠母贝表盘，机芯编号51208，表壳编号150494，编号19/20，年份约2010。		196,200	香港苏富比	2018-10-02

拍品名称	物品尺寸	成交价RMB	拍卖公司	拍卖日期
朗格 813.036型号“LANGE 1 SOIRéE”精美白金镶粉红钻石腕表备日期、动力储存显示及粉红色珠母贝表盘，机芯编号50291，表壳编号164503，年份约2010。		196,200	香港苏富比	2018-10-02
朗格 109.025型号“LANGE 1 MOONPHASE”铂金腕表备日期、月相及动力储存显示，机芯编号51921，表壳编号161666，年份约2010。		196,200	香港苏富比	2018-10-02
朗格，精细及罕有，铂金腕表		192,850	佳士得	2018-05-27
朗格“1815 MOON PHASE EMIL LANGE”限量版粉红金腕表备月相显示，编号183/250，表壳编号124183，年份约1999	直径36mm	182,025	香港苏富比	2018-04-02
朗格“1815 CHRONOGRAPH”粉红金飞返计时腕表，表壳编号210604，年份约2014。		179,850	香港苏富比	2018-10-02
朗格 813.042型号“LANGE 1”精美罕有限量版白金镶钻石腕表备日期、动力储存显示及蓝色珠母贝表盘，机芯编号48315，表壳编号160591，编号11/20，年份约2010。		174,400	香港苏富比	2018-10-02
朗格 231.035型号“1815 MOON PHASE EMIL LANGE”限量版粉红金天文腕表备月相显示，为庆祝EMIL LANGE诞生150周年而制，机芯编号14399，表壳编号124165，编号165/250，年份约1999。		174,400	香港苏富比	2018-10-02
朗格“LANGE 1”白金腕表备日期、动力储备显示及5个备用珠贝母表盘，表壳编号117321，年份约1998。		168,950	香港苏富比	2018-10-02
朗格“LANGE 1”铂金腕表备日期及动力储存显示，表壳编号133008，年份约2000	直径38.5mm	141,575	香港苏富比	2018-04-02
朗格“LANGE 1 MOON PHASE”粉红金腕表备日期、动力储存及月相显示，表壳编号152203，年份约2004	直径38.5mm	141,575	香港苏富比	2018-04-02
约2006年制 朗格 LANGE 1系列 18K玫瑰金 手动上弦腕表 日期显示 动力储存功能	表径38mm	132,250	北京保利	2018-06-18
朗格 115.247型号“LANGEMATIK”白金腕表备日期显示，机芯编号4524，表壳编号115247，年份约1997。		109,000	香港苏富比	2018-10-02
朗格“LANGE 1”黄金腕表备日期及动力储存显示，表壳编号112777，年份约1998。		103,550	香港苏富比	2018-10-02
朗格 精美，白金机械腕表，备大日期显示，及72小时动力储存，“GRAND LANGE 1 LUMINOUS”，型号115.028，年份约2010	直径42mm	95,462	保利香港	2018-03-31
朗格“1815”铂金腕表备停秒装置，表壳编号167832，年份约1996。		92,650	香港苏富比	2018-10-02
约2010年制 朗格 Saxony系列 18K白金 手动上弦腕表	表径37mm	78,200	北京保利	2018-06-18
朗格“1815”黄金腕表，表壳编号113329，年份约1997	直径40mm	70,788	香港苏富比	2018-04-02
朗格“LANGEMATIK”精美黄金自动上链腕表备日期显示，表壳编号143735，年份约2008	直径37mm	70,788	香港苏富比	2018-04-02
雅典 789-80型号“GENGHIS KHAN MINUTE REPEATER”精美绝伦限量版铂金陀飞轮西敏寺钟乐三问腕表备缟玛瑙表盘及活动人偶报时，编号02/30，年份约2012	直径42mm	1,264,063	香港苏富比	2018-04-02
雅典，精细及非常罕有，铂金腕表		609,000	佳士得	2018-05-27
雅典 精细及罕有，白金机械腕表，备卡罗素陀飞轮，及双向擒纵机构，“FREAK BLUE PHANTOM”，型号020-81，约2010年制	直径44mm	381,848	保利香港	2018-03-31
雅典 020-81型号“FREAK BLUE PHANTOM”白金卡罗素陀飞轮腕表备60分钟旋转机芯及双擒纵机构，编号38，年份约2011。		348,800	香港苏富比	2018-10-02

拍品名称	物品尺寸	成交价RMB	拍卖公司	拍卖日期
雅典鎏金系列18K玫瑰金动偶单问报时功能腕表		345,000	华艺国际	2018-05-22
雅典“SAN MARCO”精美罕有铂金自动上链整点/三十分报时腕表备春宫人偶及珠母贝表盘，年份约1990。		327,000	香港苏富比	2018-10-02
雅典 701-22型号“SAN MARCO”精美罕有黄金三问腕表备活动人偶报时及珐琅表盘，编号20，年份约1991	直径39mm	303,375	香港苏富比	2018-04-02
雅典，精细及罕有，18k红金腕表		223,300	佳士得	2018-05-27
雅典 016-88 型号“FREAK”黄金卡罗素陀飞轮腕表备60分钟旋转机芯，双擒纵装置及7日动力储存，编号282，年份约2003。		218,000	香港苏富比	2018-10-02
雅典“SAN MARCO LIGHTNING”限量版铂金腕表备掐丝珐琅表盘，编号30/30，年份约2000。		130,800	香港苏富比	2018-10-02
雅典 139-70-9型号“SAN MARCO GOLDEN HIND”限量版铂金腕表备掐丝珐琅表盘，机芯编号12573，编号5/5，年份约1996。		109,000	香港苏富比	2018-10-02
雅典 139-77-9型号“SAN MARCO TRAFALGAR”限量版粉红金腕表备掐丝珐琅表盘，机芯编号20012，编号8/25，年份约2000。		98,100	香港苏富比	2018-10-02
雅典ACQUA系列精钢万年历功能腕表		86,250	华艺国际	2018-05-22
雅典绚梦系列18K玫瑰金镶钻腕表		59,800	华艺国际	2018-05-22
雅典 银制精密航海表备动力储存显示及珐琅表盘，机芯编号122441，年份约1935。		32,700	香港苏富比	2018-10-02
雅典，不锈钢自动上弦腕表		30,450	佳士得	2018-05-27
雅典，不锈钢自动上弦腕表		20,300	佳士得	2018-05-27
法兰西帝国鎏金青铜钟		5,500,000	中正拍卖	2018-11-30
梵克雅宝 非常优雅及罕有，女装白金镶钻石及蓝宝石，两用机械腕表及吊坠项链，“VICOMTE”，年份约2009	直径36mm；长190mm；长230mm	1,145,544	保利香港	2018-03-31
积家 精致罕有，白金镶钻石，陀飞轮自动腕表，备两地时间，及日期显示，“陀飞轮大师系列”，型号1663402，年份约2010，附原厂证书及表盒	直径42mm	620,503	保利香港	2018-03-31
积家 151.2.67S型号“MASTER MINUTE REPEATER”限量版粉红金镂空三问腕表备扭力及15日动力储存显示，为庆祝品牌175周而制，表壳编号2493813，编号48/175，年份约2008。		457,800	香港苏富比	2018-10-02
积家，精细及罕有，钛金属半镂空腕表		426,300	佳士得	2018-05-27
积家“REVERSO A ECLIPSES - THE GREAT WALL”精美罕有限量版粉红金可翻转腕表备珐琅表盘，编号1/5，年份约2008	连表耳29×46mm	364,050	香港苏富比	2018-04-02
梵克雅宝 贵丽优雅，女装白金镶钻石链带腕表，年份约2010	直径23mm；长170mm	362,756	保利香港	2018-03-31
积家 限量版，玫瑰金自动腕表，备陀飞轮，及雕刻珐琅表盘，“高级陀飞轮大师系列”，型号Q1652423，限量20枚，年份约2009	直径43mm	362,756	保利香港	2018-03-31
积家 精致，玫瑰金陀飞轮腕表备万年历，及月相显示，“陀飞轮大师系列”，型号186.2.35.S，年份约2006	直径42mm	305,478	保利香港	2018-03-31
梵克雅宝，精细，18k红金腕表		284,200	佳士得	2018-05-27
积家 246.2.79型号“REVERSO A ECLIPSES - VUE DE VENICE”限量版粉红金可翻转腕表备珐琅表盘，表壳编号2552842，编号1/5，年份约2008。		272,500	香港苏富比	2018-10-02
积家，精细及罕有，钛金属自动上弦半镂空腕表		263,900	佳士得	2018-05-27
积家“GRAND MASTER TOURBILLON”限量版铂金两地时间陀飞轮腕表备日期显示及黑色表盘，编号23/300，年份约2009。		261,600	香港苏富比	2018-10-02
积家 270.6.48型号“REVERSO PLATINUM NUMBER TWO”限量版铂金陀飞轮腕表备可翻转表壳及动力储存显示，编号78/500，年份约2003。		239,800	香港苏富比	2018-10-02

2018杂项拍卖成交汇总

(成交价RMB：2万元以上)

拍品名称	物品尺寸	成交价RMB	拍卖公司	拍卖日期
积家 精致罕有,限量版玫瑰金翻转机械腕表,备珐琅彩绘慕夏画作,"Reverso",型号276.1.62,限量生产25枚,年份约1995	26×42mm	205,792	保利香港	2018-10-01
梵克雅宝,精细,18k白金镶钻石石英链带腕表		162,400	佳士得	2018-05-27
梵克雅宝,精细及吸引,18k白金镶钻石链带石英腕表		162,400	佳士得	2018-05-27
积家 精致,白金镶钻石万年历自动上链腕表,备闹钟功能及月相,"MASTER CONTROL GRANDE MEMOVOX",型号146.3.95/1,年份约2003,附原厂证书及表盒	直径41mm	152,739	保利香港	2018-03-31
积家 146.2.26.S 型号"MASTER EIGHT DAYS PERPETUAL"粉红金万年历腕表备月相及8天动力储存显示,编号48,年份约2010。		130,800	香港苏富比	2018-10-02
积家"1931 DAY/NIGHT REVERSO"限量版精钢可翻转腕表备24小时显示及漆绘表盘,编号1/39,年份约2017。		130,800	香港苏富比	2018-10-02
积家"REVERSON GT EMAIL CHEMIN DE LA VéRITé"限量版黄金可翻转腕表备珐琅表盘,编号3/8,年份约2010。		130,800	香港苏富比	2018-10-02
积家"PLATINUM NUMBER ONE"限量版铂金镂空可翻转腕表,编号2/500,年份约2002。		130,800	香港苏富比	2018-10-02
积家"IDÉALE"女装白金及雪花镶嵌钻石长方形腕表,表壳编号2078410,年份2010。		130,800	香港苏富比	2018-10-02
积家,精细及罕有,铂金自动上弦腕表		121,800	佳士得	2018-05-27
积家,精细及罕有,铂金半镂空自动上弦腕表		121,800	佳士得	2018-05-27
梵克雅宝,精细,18k白金镶钻石女装石英链带腕表		121,800	佳士得	2018-05-27
梵克雅宝"SECRET DENTELLE"白金镶钻石腕表备隐藏表及珠母贝表盘,年份2005。		109,000	香港苏富比	2018-10-02
积家 149.8.95型号"MASTER GRAND REVEIL"精钢万年历腕表备响闹、24小时及月相显示,编号141,年份约2005。		98,100	香港苏富比	2018-10-02
积家MASTER CONTROL系列18K玫瑰金响闹功能腕表		92,000	华艺国际	2018-05-22
积家,精细,不锈钢自动上弦腕表		86,275	佳士得	2018-05-27
梵克雅宝皮埃尔·雅宝系列18K白金镶钻腕表		86,250	华艺国际	2018-05-22
梵克雅宝"ALHAMBRA"精美女装黄金及珠母贝炼带腕表,年份约2010	25.5×25.5mm;炼带约长155mm	85,956	香港苏富比	2018-04-02
梵克雅宝"CHARMS"白金镶钻石腕表,表壳编号3572114,年份约2015。		81,750	香港苏富比	2018-10-02
梵克雅宝,精细,18k白金自动上弦腕表		76,125	佳士得	2018-05-27
积家"MASTER CALENDAR"粉红金自动上链全日历腕表备月相及动力储存显示,编号0720,年份约2006	直径40mm	70,788	香港苏富比	2018-04-02
约2010年制 积家 大师系列 18K玫瑰金 自动上弦腕表 月相 年历显示	表径37mm	69,000	北京保利	2018-06-18
积家 闹表世界时双时区大师机械表		63,250	北京荣宝	2018-09-14
积家,雅致,18k红金镶钻石长方形两面反转自动上弦女装腕表		60,900	佳士得	2018-05-27
积家(JAEGER-LECOULTRE)约1950年制18K白金镶钻石女士机械腕表	腕表长约19cm	57,500	西泠拍卖	2018-07-08
积家 142.840.922B型号"MASTER GEOGRAPHIQUE"精钢上链两地时区腕表备日期、动力储存及昼/夜显示,机芯编号2743994,表壳编号1581,年份约1995。		54,500	香港苏富比	2018-10-02
约1990年制 积家 18K黄金 女款手动上弦镶钻腕表	表径18mm;全表长约17cm	51,750	北京保利	2018-06-18
积家 精钢自动上链计时码表,备世界时间,及日期显示,"MASTER COMPRESSOR EXTREME WORLD CHRONOGRAPH",型号150.8.22,年份约2008	直径45mm	47,731	保利香港	2018-03-31
积家 JAEGER 黄金腕表		36,800	北京匡时	2018-06-15
Roger Smith "SERIES 2"精美及罕有粉红金腕表备动力储存显示、同轴擒纵系统及雕刻表盘,编号08-C,年份2006。		1,199,000	香港苏富比	2018-10-02
昆仑 瑰丽罕有,限量版白金镶钻石及蓝宝石镂空陀飞轮腕表,编号6/18,"Classical Billionaire Tourbillon",年份约2010	直径46mm	1,131,856	保利香港	2018-10-01
Roger Smith "SERIES 2"独特及非凡白金腕表备动力储存显示及同轴擒纵系统,为特别订造表款,编号66,年份约2016	直径40mm	1,011,250	香港苏富比	2018-04-02
昆仑"GOLDEN BRIDGE"粉红金及镶钻石镂空炼带腕表备直线机芯,年份约2010。		196,200	香港苏富比	2018-10-02
昆仑"ARTISAN CLASSICAL CHINESE PHEASANT"精美限量版粉红金镶钻石自动上链腕表备跳时及珠母贝表盘,编号16/50,年份约2006	直径39mm	161,800	香港苏富比	2018-04-02
昆仑,精细及非常罕有,钛金属酒桶形镂空腕表		152,250	佳士得	2018-05-27
昆仑限量版昆仑桥系列113.150.59/0001 FN01腕表		115,000	上海匡时	2018-04-30
昆仑 113.102.69型号"GOLDEN BRIDGE"精美白金镶钻石镂空腕表,表壳编号2270308,年份约2005。		92,650	香港苏富比	2018-10-02
昆仑限量版昆仑桥系列007.400.06/F371 0000腕表		82,800	上海匡时	2018-04-30
昆仑 限量版白金镶钻石腕表备手绘猛虎珠母贝表盘,编号15/50,年份约2012。		81,750	香港苏富比	2018-10-02
昆仑(CORUM)约1960年制青金石女士腕表	腕表长约18cm	43,700	西泠拍卖	2018-07-08
宝玑 3795型号精美铂金镂空万年历陀飞轮腕表,年份约2016	直径42mm	717,988	香港苏富比	2018-04-02
宝玑经典复杂系列PT950铂金镂空万年历陀飞轮腕表		667,000	华艺国际	2018-05-22
宝玑 7047型号"LA TRADITION FUSEE TOURBILLON"精美罕有铂金半镂空陀飞轮腕表备芝麻链及硅制摆轮游丝,编号5015,年份约2010。		599,500	香港苏富比	2018-10-02
宝玑经典复杂系列3358BB/2P/986/DD0D腕表		460,000	上海匡时	2018-04-30
宝玑 3757型号精美铂金万年历陀飞轮腕表备逆返日期,编号1945,年份约2000	直径40mm	424,725	香港苏富比	2018-04-02
宝玑 3355型号"CLASSIQUE COMPLICATIONS"铂金镂空陀飞轮腕表,编号5093E,年份约1996。		348,800	香港苏富比	2018-10-02
宝玑 5837型号"MARINE"粉红金陀飞轮计时腕表,编号3297,年份约2009	直径43mm	343,825	香港苏富比	2018-04-02
宝玑,非常精细及罕有,18k金自动上弦腕表		223,300	佳士得	2018-05-27
宝玑 8908型号"REINE DE NAPLES"白金镶钻石自动上链炼带腕表备月相、动力储存显示及珠母贝表盘,年份约2013。		218,000	香港苏富比	2018-10-02
宝玑 精美,女装白金镶钻石椭圆形自动腕表备贝母表盘,"Reine de Naples",型号8928,年份约2014,附原厂证书及表盒	33×24.95mm	205,792	保利香港	2018-10-01
宝玑 5617型号"CLASSIQUE"铂金万年历计时腕表备月相显示,编号6938,年份约2005	直径38.5mm	202,250	香港苏富比	2018-04-02
宝玑,18k红金腕表		192,850	佳士得	2018-05-27

拍品名称	物品尺寸	成交价RMB	拍卖公司	拍卖日期
宝玑"REINE DE NAPLES"精美优雅女装粉红金镶钻石椭圆形自动上链腕表备珠母贝表盘，年份约2014	29×36.5mm	171,913	香港苏富比	2018-04-02
宝玑5327型号"CLASSIQUE"白金万年历腕表备动力储存、闰年及月相显示，机芯编号33993，表壳编号1168 S，年份约2005。		163,500	香港苏富比	2018-10-02
宝玑那不勒斯皇后系列18K白金镶钻配备月相功能女装腕表		161,000	华艺国际	2018-05-22
宝玑5247型号"CLASSIQUE"粉红金计时腕表备珐琅表盘，编号3176AL，年份约2012。		152,600	香港苏富比	2018-10-02
宝玑5327型号"CLASSIQUE"粉红金万年历腕表备动力储存显示、月相及闰年显示，机芯编号34348，表壳编号5122 W，年份约2005。		141,700	香港苏富比	2018-10-02
宝玑那不勒斯皇后系列8908BB/52/864/D00D腕表		126,500	上海匡时	2018-04-30
宝玑精美，白金响闹自动上链腕表，备日期及闹铃动力储存显示，"皇家海军"，型号5847，年份约2010	直径45mm	114,554	保利香港	2018-03-31
宝玑7027型号"LA TRADITION"黄金半镂空腕表备动力储存显示，机芯编号0603406，表壳编号3007，年份约2010。		103,550	香港苏富比	2018-10-02
宝玑，精细，18k红金自动上弦腕表		96,425	佳士得	2018-05-27
宝玑5827型号"MARINE"白金飞返计时两地时间腕表备日期显示，编号1268，年份约2015。		87,200	香港苏富比	2018-10-02
宝玑7037型号"LA TRADITION"白金自动上链半镂空腕表备动力储存显示，机芯编号060126，编号1400 X，年份约2010。		87,200	香港苏富比	2018-10-02
宝玑，精细，不锈钢自动上弦腕表		81,200	佳士得	2018-05-27
宝玑3699型号"CLASSIQUE REGULATOR"限量版白金腕表备三针一线表盘，为庆祝ABRAHAM LOUIS BREGUET 250岁生辰而制，编号12/25，年份约2000。		70,850	香港苏富比	2018-10-02
宝玑黄金镂空腕表，由CHAUMET发行，表壳编号X100213，年份约1995。		59,950	香港苏富比	2018-10-02
宝玑3521型号白金镶钻石镂空腕表，年份约1995	直径33.5mm	55,619	香港苏富比	2018-04-02
宝玑"MARINE"白金腕表备日期显示，编号5816，年份约2006。		34,880	香港苏富比	2018-10-02
宝玑，精细，不锈钢自动上弦链带腕表		24,360	佳士得	2018-05-27
朗格，极精细，非常罕有及触目，铂金腕表		2,643,260	佳士得	2018-11-26
高珀富斯，极精细，非常罕有及触目，18k红金腕表		2,643,260	佳士得	2018-11-26
百达翡丽，极精细及非常罕有，铂金自动上弦腕表		2,643,260	佳士得	2018-11-26
积家，非常精细，极罕有及触目，18k白金镶长方形钻石半镂空腕表		1,995,750	佳士得	2018-11-26
劳力士，非常罕有及极吸引，不锈钢链带腕表		1,995,750	佳士得	2018-11-26
Richard Mille，非常精细及极罕有，钛金属酒桶形自动上弦镂空腕表		1,884,875	佳士得	2018-11-26
劳力士，非常罕有及吸引，18k金自动上弦腕表		1,884,875	佳士得	2018-11-26
江诗丹顿，独一无二及非常精细，铂金枕形自动上弦腕表		1,774,000	佳士得	2018-11-26
劳力士，极罕有及非常吸引，18k白金镶绿宝石及钻石自动上弦链带腕表		1,774,000	佳士得	2018-11-26
朗格，极精细及非常罕有，铂金腕表		1,774,000	佳士得	2018-11-26
高珀富斯，非常精细，极罕有及吸引，18k红金腕表		1,663,125	佳士得	2018-11-26
Richard Mille，非常精细及极罕有，钛金属酒桶形自动上弦镂空腕表		1,663,125	佳士得	2018-11-26
Richard Mille，非常精细及罕有，碳纳米管酒桶形自动上弦镂空腕表		1,663,125	佳士得	2018-11-26
Richard Mille，非常精细及极罕有，钛金属酒桶形自动上弦镂空腕表		1,663,125	佳士得	2018-11-26
百达翡丽 型号5101P 铂金 女款手动上弦腕表 10天动力储存功能 陀飞轮装置 未开封	表径30×52mm	1,610,000	北京保利	2018-12-09
劳力士，非常罕有及触目，18k金镶钻石自动上弦链带腕表		1,607,688	佳士得	2018-11-26
朗格，非常精细及极罕有，18k蜜糖金腕表		1,607,688	佳士得	2018-11-26
Richard Mille，非常精细及罕有，钛金属酒桶形自动上弦镂空腕表		1,607,688	佳士得	2018-11-26
Richard Mille，非常精细及罕有，钛金属酒桶形自动上弦镂空腕表		1,574,425	佳士得	2018-11-26
约2013年制 宇舶 MP-05 LA FERRARI系列 钛金属 黑色PVD镀层 陀飞轮装置 50天动力储存	表径56×51mm	1,552,500	北京保利	2018-12-09
Richard Mille，非常精细及罕有，钛金属酒桶形自动上弦镂空腕表		1,552,250	佳士得	2018-11-26
百达翡丽，非常精细及罕有，铂金腕表		1,552,250	佳士得	2018-11-26
百达翡丽，非常精细及罕有，铂金腕表		1,441,375	佳士得	2018-11-26
劳力士，精细，非常罕有及非常吸引，不锈钢链带腕表		1,441,375	佳士得	2018-11-26
百达翡丽，非常精细及罕有，铂金及18k红金自动上弦天文腕表		1,330,500	佳士得	2018-11-26
百达翡丽 Celestial系列 型号5102PR 铂金 玫瑰金 自动上弦腕表 星相显示 未开封	表径43mm	1,322,500	北京保利	2018-12-09
劳力士，罕有，精细及吸引，不锈钢链带腕表		1,275,063	佳士得	2018-11-26
百达翡丽，非常精细及罕有，18k白金自动上弦天文腕表		1,164,188	佳士得	2018-11-26
罗杰杜彼，黑色DLC涂层钛金属腕表		1,150,000	华艺国际	2018-11-17
百达翡丽，极罕有及重要，18k金自动上弦链带腕表		1,108,750	佳士得	2018-11-26
百达翡丽，精细及非常罕有，18k红金自动上弦腕表		1,053,313	佳士得	2018-11-26
百达翡丽，非常精细及罕有，铂金长方形腕表		997,875	佳士得	2018-11-26
宝玑，精细，罕有及非常吸引，18k白金镶钻石女装自动上弦卵形腕表		887,000	佳士得	2018-11-26
百达翡丽，非常精细及罕有，18k白金腕表		887,000	佳士得	2018-11-26
百达翡丽 型号5077G 18K白金 自动上弦镶钻腕表 掐丝和金箔嵌饰珐琅表盘	表径38mm	862,500	北京保利	2018-12-09
百达翡丽，精美及罕有，18K玫瑰金镶钻腕表		862,500	华艺国际	2018-11-17
劳力士，非常罕有，精细及触目，18k白金镶钻石自动上弦腕表		831,563	佳士得	2018-11-26
Richard Mille，精细及罕有，镁铝合金酒桶形镂空腕表		831,563	佳士得	2018-11-26
劳力士，罕有及精细，18k金自动上弦腕表		831,563	佳士得	2018-11-26
爱彼，非常精细及非常罕有，铂金椭圆形镂空腕表		798,300	佳士得	2018-11-26
梵克雅宝，非常精细及罕有，18k红金自动上弦腕表		776,125	佳士得	2018-11-26
宝玑，精细及非常吸引，18k白金镶长方形钻石半镂空腕表		776,125	佳士得	2018-11-26
百达翡丽，精细，非常罕有及吸引，18k红金自动上弦链带腕表		776,125	佳士得	2018-11-26

2018杂项拍卖成交汇总

(成交价RMB：2万元以上)

拍品名称	物品尺寸	成交价RMB	拍卖公司	拍卖日期
百达翡丽，精细及罕有，18k金自动上弦链带腕表		720,688	佳士得	2018-11-26
2014年制 百达翡丽 型号5077P 铂金 自动上弦镶钻腕表 掐丝和金箔嵌饰珐琅表盘 未开封	表径38mm	690,000	北京保利	2018-12-09
百达翡丽，非常精细及罕有，18k白金腕表		687,425	佳士得	2018-11-26
朗格，非常精细及罕有，铂金腕表		665,250	佳士得	2018-11-26
劳力士，非常罕有及精细，不锈钢自动上弦链带腕表		665,250	佳士得	2018-11-26
2017年制 百达翡丽 型号7130R 纽约特别限量版 18K玫瑰金 自动上弦镶钻腕表 世界时功能 未开封	表径36mm	598,000	北京保利	2018-12-09
Richard Mille，精细及罕有，钛金属酒桶形自动上弦镂空腕表		554,375	佳士得	2018-11-26
百达翡丽，精细，不锈钢自动上弦链带腕表		554,375	佳士得	2018-11-26
爱彼，极精细及罕有，铂金腕表		554,375	佳士得	2018-11-26
劳力士，精细，非常罕有及吸引，不锈钢链带腕表		554,375	佳士得	2018-11-26
雅典，精细及罕有，PT950铂金手动上链腕表		552,000	华艺国际	2018-11-17
劳力士，非常罕有，精细及吸引，18k白金镶钻石自动上弦腕表		532,200	佳士得	2018-11-26
朗格，非常精细及罕有，铂金腕表		532,200	佳士得	2018-11-26
2017年制 罗杰杜比 王者系列 18K玫瑰金及钛金属 自动上弦腕表 全镂空表盘	表径46mm	517,500	北京保利	2018-12-09
法穆兰，精细及罕有，18K白金镶钻腕表		517,500	华艺国际	2018-11-17
劳力士，非常罕有及吸引，铂金自动上弦链带腕表		498,938	佳士得	2018-11-26
百达翡丽，非常精细及罕有，18k红金腕表		498,938	佳士得	2018-11-26
宝玑，精细，18k红金镂空腕表		465,675	佳士得	2018-11-26
朗格，非常精细及罕有，18k红金腕表		465,675	佳士得	2018-11-26
约2016年制 罗伦斐 LAURENT FERRIER GALET CLASSIC系列 18K黄金 手动上弦腕表 黑色玛瑙表盘 陀飞轮装置	表径41mm	460,000	北京保利	2018-12-09
劳力士，精细及非常罕有，18k金自动上弦链带腕表		443,500	佳士得	2018-11-26
积家，罕有及雅致，18k白金镶长方形钻石女装链带腕表		443,500	佳士得	2018-11-26
劳力士，非常精细，不锈钢自动上弦链带腕表		421,325	佳士得	2018-11-26
钻石“Panthère Secrète de Cartier”腕表		421,325	佳士得	2018-11-27
百达翡丽，精细及罕有，18k金及不锈钢自动上弦链带腕表		388,063	佳士得	2018-11-26
百达翡丽，精细，不锈钢自动上弦链带腕表		388,063	佳士得	2018-11-26
爱彼，精细及吸引，18k红金镶钻石自动上弦腕表		388,063	佳士得	2018-11-26
百达翡丽，罕有及精细，18k金计时腕表		388,063	佳士得	2018-11-26
百达翡丽，精细，不锈钢自动上弦链带腕表		354,800	佳士得	2018-11-26
百达翡丽，精细及雅致，18k红金镶钻石女装枕形腕表		354,800	佳士得	2018-11-26
芝柏，精细及罕有，铂金腕表		354,800	佳士得	2018-11-26
百达翡丽，精细，铂金自动上弦腕表		354,800	佳士得	2018-11-26
百达翡丽，铜制世界时间挂钟		354,800	佳士得	2018-11-26
钻石“Himalia”腕表		354,800	佳士得	2018-11-27
宝玑 经典复杂系列 铂金 自动上弦腕表 陀飞轮装置	表径40mm	345,000	北京保利	2018-12-09

拍品名称	物品尺寸	成交价RMB	拍卖公司	拍卖日期
百达翡丽 型号5712G 18K白金 自动上弦腕表 日期 月相显示 动力储存功能	表径40mm	345,000	北京保利	2018-12-09
宝玑，精细及罕有，18K玫瑰金自动上链腕表		345,000	华艺国际	2018-11-17
播威，精细及吸引，18k红金镶长方形钻石镂空腕表		343,713	佳士得	2018-11-26
百达翡丽，罕有及大码，不锈钢自动上弦腕表		332,625	佳士得	2018-11-26
劳力士，非常罕有及精细，不锈钢自动上弦链带腕表		332,625	佳士得	2018-11-26
梵克雅宝，精细及吸引，18k白金镶钻石女装石英链带腕表		321,538	佳士得	2018-11-26
百达翡丽，精细，不锈钢自动上弦年历腕表		310,450	佳士得	2018-11-26
百达翡丽，精细，18k白金自动上弦腕表		310,450	佳士得	2018-11-26
百达翡丽，精细及大码，18k白金自动上弦腕表		310,450	佳士得	2018-11-26
伯爵，精细及罕有，18k白金镶钻石腕表		288,275	佳士得	2018-11-26
积家，精细及罕有，木，铜镀金及玻璃制空气钟		288,275	佳士得	2018-11-26
百达翡丽，精细，18k白金自动上弦链带腕表		288,275	佳士得	2018-11-26
劳力士，精细，18k金自动上弦腕表		288,275	佳士得	2018-11-26
法穆兰，精美及罕有，18K白金镶钻自动上链腕表		287,500	华艺国际	2018-11-17
劳力士，精细及罕有，铂金镶钻石自动上弦女装链带腕表		277,188	佳士得	2018-11-26
罗杰杜彼，精细及罕有，18k白金正方形镂空腕表		266,100	佳士得	2018-11-26
积家，精细及罕有，铂金镂空腕表		266,100	佳士得	2018-11-26
卡地亚，非常精细及罕有，18金自动上弦腕表		266,100	佳士得	2018-11-26
法兰克穆勒 DOUBLE MYSTERY系列 18K白金 自动上弦镶嵌彩色宝石及钻石腕表	表径42mm	264,500	北京保利	2018-12-09
百达翡丽，精细及罕有，铂金自动上弦腕表		255,013	佳士得	2018-11-26
伯爵，精致及非常罕有，18k白金自动上弦枕形腕表		243,925	佳士得	2018-11-26
Ludovic Ballouard，非常精细，非常罕有及独特，18k红金腕表		243,925	佳士得	2018-11-26
播威，独一无二及非常精细，18k金镶钻石揭盖腕表		243,925	佳士得	2018-11-26
雅典，精细及罕有，18k红金腕表		243,925	佳士得	2018-11-26
百达翡丽，精细，18k金腕表		243,925	佳士得	2018-11-26
法国 孔雀石、玛瑙及宝石配钻石铜镀金座钟	17×12×6cm	230,000	华艺国际	2018-11-17
帕玛钱宁，精细，18k红金半镂空陀飞轮腕表		221,750	佳士得	2018-11-26
百达翡丽，精细及非常罕有，18k白金腕表		221,750	佳士得	2018-11-26
劳力士，精细，18k金镶钻石自动上弦女装链带腕表		221,750	佳士得	2018-11-26
劳力士，罕有及吸引，18k白金自动上弦链带腕表		221,750	佳士得	2018-11-26
万国表，精细，铂金自动上弦腕表		221,750	佳士得	2018-11-26
百达翡丽，精细，18k金自动上弦腕表		221,750	佳士得	2018-11-26
劳力士，精细及罕有，18k白金自动上弦腕表		221,750	佳士得	2018-11-26
2004年制 百达翡丽 型号5036G 18K白金 自动上弦腕表 月相显示 动力储存 年历功能	表径36mm；全表长约19cm	218,500	北京保利	2018-12-09
2010年制 HYT 钛金属 手动上弦腕表 动力储存功能 逆跳绿色液体小时显示	表径49mm	216,200	北京保利	2018-12-09

拍品名称	物品尺寸	成交价RMB	拍卖公司	拍卖日期
劳力士,罕有,不锈钢自动上弦链带腕表		210,663	佳士得	2018-11-26
欧米茄,精细及非常罕有,18k红金链带腕表		210,663	佳士得	2018-11-26
百达翡丽,非常精细及罕有,18k红金腕表		210,663	佳士得	2018-11-26
劳力士,罕有及吸引,不锈钢自动上弦链带腕表		210,663	佳士得	2018-11-26
昆仑 精致限量版,玫瑰金镂空飞行陀飞轮腕表,“Ti-BridgeTourbillon”,限量10枚,年份约2009,附原厂证书及表盒		209,332	保利澳门	2018-11-29
宇舶,精细及罕有,黑陶瓷自动上链腕表		207,000	华艺国际	2018-11-17
劳力士,精细及罕有,铂金自动上弦链带腕表		205,119	佳士得	2018-11-26
爱彼,非常精细及独一无二,18k金怀表		199,575	佳士得	2018-11-26
百达翡丽,精细及罕有,18k红金酒桶形腕表		199,575	佳士得	2018-11-26
劳力士,精细,18k红金自动上弦链带腕表		199,575	佳士得	2018-11-26
朗格,精细及罕有,18k红金腕表		199,575	佳士得	2018-11-26
爱彼,精细,18k白金长方形陀飞轮腕表		199,575	佳士得	2018-11-26
百达翡丽,精细及罕有,18k白金腕表		199,575	佳士得	2018-11-26
劳力士,精细,18k金自动上弦链带腕表		188,488	佳士得	2018-11-26
劳力士,精细及罕有,18k金镶钻石自动上弦链带腕表		188,488	佳士得	2018-11-26
伯爵,精细及罕有,18K白金镶钻链带腕表		184,000	华艺国际	2018-11-17
丹尼尔罗斯,精细及罕有,18K玫瑰金手动上链腕表		184,000	华艺国际	2018-11-17
百达翡丽 型号4910G 18K白金 女款镶钻腕表	表径30mm	178,250	北京保利	2018-12-09
劳力士,不锈钢自动上弦链带腕表		177,400	佳士得	2018-11-26
百达翡丽,精细及非常罕有,18k金镶钻石自动上弦链带腕表		177,400	佳士得	2018-11-26
劳力士,精细及罕有,18k金镶钻石女装八角形链带腕表		177,400	佳士得	2018-11-26
百达翡丽,精细,18k金镶钻石及蓝宝石女装枕形链带腕表		177,400	佳士得	2018-11-26
伯爵,精细及吸引,18k白金镶钻石自动上弦链带腕表		177,400	佳士得	2018-11-26
Franck Muller,精细,铂金三问腕表		177,400	佳士得	2018-11-26
2010年制 积家 MARC NEWSON为纪念空气钟发明80周年纪念版 巴卡拉水晶温差动力空气钟 月份 月相显示	约27×24×13cm	172,500	北京保利	2018-12-09
宝玑 纳布勒斯皇后系列 18K黄金女款自动上弦镶钻腕表 密镶钻满天星表盘	4-10点位置测量表径29mm	172,500	北京保利	2018-12-09
精细及罕有,18K黄金宝玑怀表	56mm	172,500	华艺国际	2018-11-17
劳力士,18k白金镶钻石自动上弦链带腕表		171,856	佳士得	2018-11-26
海瑞温斯顿,精细,18k红金镶钻石女装腕表		166,313	佳士得	2018-11-26
积家,非常精细,18k红金腕表		166,313	佳士得	2018-11-26
约2008年制 百达翡丽 型号5135G 18K白金自动上弦腕表 月相年历显示	表径38×34mm	161,000	北京保利	2018-12-09
儒纳,精细,PT950铂金自动上链腕表		161,000	华艺国际	2018-11-17
劳力士,精细,18k金自动上弦链带腕表		155,225	佳士得	2018-11-26
江诗丹顿,精细及罕有,铂金自动上弦半镂空腕表		155,225	佳士得	2018-11-26
卡地亚,罕有,18k金自动上弦链带腕表		155,225	佳士得	2018-11-26
百达翡丽,不锈钢自动上弦链带腕表		155,225	佳士得	2018-11-26
劳力士,精细,不锈钢自动上弦链带腕表		155,225	佳士得	2018-11-26
欧米茄,精细,不锈钢腕表		155,225	佳士得	2018-11-26
劳力士,精细,18k金自动上弦链带腕表		155,225	佳士得	2018-11-26
INDUCTA为劳力士而制,大码及独特,镀金金属石英挂钟		149,681	佳士得	2018-11-26
江诗丹顿,精美,18K白金镶钻手动上链腕表		149,500	华艺国际	2018-11-17
劳力士,精细,18k白金自动上弦链带腕表		144,138	佳士得	2018-11-26
Daniel Roth,精细,18k白金酒桶型自动上弦腕表		144,138	佳士得	2018-11-26
泰格豪雅,独特,精细及罕有,18k红金及陶瓷自动上弦正方形半镂空腕表		144,138	佳士得	2018-11-26
爱彼,18k白金自动上弦腕表		144,138	佳士得	2018-11-26
劳力士,不锈钢自动上弦链带腕表		144,138	佳士得	2018-11-26
Franck Muller,精细,18k金酒桶形陀飞轮腕表		144,138	佳士得	2018-11-26
百达翡丽 型号4934G 18K白金 手动上弦镶钻腕表 双时区时间显示	表径35mm	143,750	北京保利	2018-12-09
昆仑 18K玫瑰金 自动上弦腕表 珐琅奔马表盘	表径40mm	143,750	北京保利	2018-12-09
江诗丹顿,18K玫瑰金猎壳怀表	51mm	138,000	华艺国际	2018-11-17
昆仑,精细,18K黄金镶钻手动上链腕表		138,000	华艺国际	2018-11-17
劳力士,不锈钢自动上弦链带腕表		133,050	佳士得	2018-11-26
万国表,精细,18k金腕表		133,050	佳士得	2018-11-26
卡地亚,精细,钛金属正方形镂空腕表		133,050	佳士得	2018-11-26
香奈儿,精细及雅致,18k白金镶钻石女装石英腕表		133,050	佳士得	2018-11-26
百达翡丽,精细,18k白金自动上弦腕表		133,050	佳士得	2018-11-26
百达翡丽,精细,18k白金镶钻石女装腕表		133,050	佳士得	2018-11-26
朗格,精细,18白金镶钻石自动上弦腕表		133,050	佳士得	2018-11-26
爱彼,罕有,18k红金自动上弦椭圆形腕表		133,050	佳士得	2018-11-26
欧米茄,精细及罕有,18k金链带腕表		133,050	佳士得	2018-11-26
劳力士,18k白金镶钻石自动上弦链带腕表		133,050	佳士得	2018-11-26
劳力士,罕有,不锈钢自动上弦链带腕表		133,050	佳士得	2018-11-26
约2010年制 宝玑 纳布勒斯皇后系列 18K黄金 女款自动上弦腕表	4-10点位置测量表径33mm	126,500	北京保利	2018-12-09
百达翡丽,精细,18K白金自动上链腕表		126,500	华艺国际	2018-11-17
百达翡丽,精细及罕有,18k金猎壳怀表		121,963	佳士得	2018-11-26
MB&F,独特及非常罕有,钛金属及陶瓷长方形自动上弦腕表		121,963	佳士得	2018-11-26
香奈儿,精细及吸引,18k白金镶钻石女装腕表		121,963	佳士得	2018-11-26
百达翡丽,不锈钢镶女装钻石腕表		121,963	佳士得	2018-11-26
爱彼,罕有,精细及纤薄,18k金自动上弦枕形腕表		121,963	佳士得	2018-11-26
劳力士,非常罕有及精细,18k金链带腕表		121,963	佳士得	2018-11-26
劳力士,不锈钢及18k金自动上弦链带腕表		121,963	佳士得	2018-11-26
百达翡丽 型号5296G 18K白金自动上弦腕表 日期显示	表径39mm	115,000	北京保利	2018-12-09
朗格 LANGE 1系列 18K白金 手动上弦腕表 日期显示 动力储存功能	表径39mm	115,000	北京保利	2018-12-09
雅典,精细及罕有,钛金属/18K玫瑰金自动上链腕表		115,000	华艺国际	2018-11-17
卡地亚,精细,18k白金镶钻石女装自动上弦方形腕表		110,875	佳士得	2018-11-26
百达翡丽,精细,18k红金自动上弦腕表		110,875	佳士得	2018-11-26
百达翡丽,精细,18k金腕表		110,875	佳士得	2018-11-26
劳力士,精细,18k金自动上弦腕表		110,875	佳士得	2018-11-26
雅典,精细及独特,18k红金自动上弦腕表		110,875	佳士得	2018-11-26

2018杂项拍卖成交汇总

(成交价RMB：2万元以上)

拍品名称	物品尺寸	成交价RMB	拍卖公司	拍卖日期
肖邦，精细，18k双色金镶钻石，粉红钻石及红宝石女装石英腕表		105,331	佳士得	2018-11-26
万国表，精细，18k金自动上弦腕表		105,331	佳士得	2018-11-26
豪雅，吸引及精细，不锈钢腕表		105,331	佳士得	2018-11-26
积家，精细，18K玫瑰金腕表		103,500	华艺国际	2018-11-17
雅克德罗，精细及罕有，18K玫瑰金镶钻腕表		103,500	华艺国际	2018-11-17
伯爵18K金镶钻石青金石机械表		101,118	万昌斯	2018-11-29
宇舶，罕有，陶瓷自动上弦酒桶形半镂空腕表		99,788	佳士得	2018-11-26
百达翡丽，不锈钢石英腕表		99,788	佳士得	2018-11-26
爱彼，精细，不锈钢自动上弦腕表		99,788	佳士得	2018-11-26
劳力士，精细及非常罕有，18k金自动上弦腕表		99,788	佳士得	2018-11-26
劳力士，18k金自动上弦链带腕表		99,788	佳士得	2018-11-26
劳力士，精细，18k金自动上弦腕表		99,788	佳士得	2018-11-26
朗格，精细，18k金腕表		99,788	佳士得	2018-11-26
Antoine Preziuso，精细及罕有，18k金酒桶形腕表		99,788	佳士得	2018-11-26
万国表，精细，18k红金自动上弦腕表		99,788	佳士得	2018-11-26
劳力士，精细，18k金镶钻石自动上弦链带腕表		99,788	佳士得	2018-11-26
汉密尔顿 精致罕有，女装铂金镶钻石机械链带腕表，备隐藏表盘，年份约1960		99,433	保利澳门	2018-11-29
沛纳海 精钢 自动上弦腕表 日期显示 翻盖表壳	表径42mm	97,750	北京保利	2018-12-09
尊达，精美，18K玫瑰金镶钻自动上链腕表		97,750	华艺国际	2018-11-17
雅典，精细及极罕有，铂金自动上弦腕表		94,244	佳士得	2018-11-26
昆仑，18白金镶钻石长方形挂表		94,244	佳士得	2018-11-26
百达翡丽，精细，18k红金腕表		94,244	佳士得	2018-11-26
格拉苏蒂，精细及罕有，18k白金腕表		94,244	佳士得	2018-11-26
为劳力士而制，大码及独特，不锈钢石英挂钟		94,244	佳士得	2018-11-26
约2012年制 格拉苏蒂 STAR COLLECTION系列18K黄金自动上弦镶钻腕表日期显示动力储存功能	表径39mm	92,000	北京保利	2018-12-09
1957年制 百达翡丽 型号3116 18K玫瑰金及铂金 镶钻石及红宝石胸针挂表	表径19mm；胸针39×30mm	92,000	北京保利	2018-12-09
约1870年作 法国十九世纪铜鎏金神话人物雕塑座钟	53cm×43cm×17cm	92,000	华艺国际	2018-11-16
劳力士，精细，"SUBMARINER"，精钢自动上链链带腕表		92,000	华艺国际	2018-11-17
劳力士，精细，"SUBMARINER"，精钢/18K黄金自动上链链带腕表		92,000	华艺国际	2018-11-17
ROMAIN JEROME，精细及罕有，精钢手动上链腕表		92,000	华艺国际	2018-11-17
伯爵 精美优雅，女装白金镶钻石及粉色蓝宝石心形腕表，年份约1999		88,966	保利澳门	2018-11-29
劳力士，精细及大码，不锈钢自动上弦链带腕表		88,700	佳士得	2018-11-26
宇舶，精细及吸引，18k 金、钛金属及碳纤维镶钻石女装自动上弦腕表		88,700	佳士得	2018-11-26
劳力士，罕有及吸引，18k金自动上弦链带腕表		88,700	佳士得	2018-11-26
百达翡丽，罕有，18k金女装链带腕表		88,700	佳士得	2018-11-26
百达翡丽，精细，18k白金镶钻石椭圆形链带腕表		88,700	佳士得	2018-11-26
百达翡丽，罕有，18k金长方形石英腕表		88,700	佳士得	2018-11-26
劳力士，精细及罕有，18k金镶钻石自动上弦链带腕表		88,700	佳士得	2018-11-26
劳力士，18k白金镶钻石自动上弦链带腕表		88,700	佳士得	2018-11-26

拍品名称	物品尺寸	成交价RMB	拍卖公司	拍卖日期
劳力士，不锈钢自动上弦链带腕表		88,700	佳士得	2018-11-26
劳力士，罕有及独特，18k金自动上弦腕表		84,265	佳士得	2018-11-26
Franck Muller，18k红金酒桶形自动上弦腕表		83,156	佳士得	2018-11-26
卡地亚，精细及罕有，18k白金长方形腕表		83,156	佳士得	2018-11-26
积家，精细及罕有，不锈钢半镂空自动上弦腕表		83,156	佳士得	2018-11-26
积家，精细，铂金自动上弦腕表		83,156	佳士得	2018-11-26
欧米茄，精细及罕有，不锈钢链带腕表		83,156	佳士得	2018-11-26
钻石"Ballon Bleu"腕表		83,156	佳士得	2018-11-27
卡地亚 BAIGNOIRE ALLONGEE系列 18K玫瑰金 手动上弦腕表	表径21×47mm	80,500	北京保利	2018-12-09
精细，百达翡丽精钢怀表	45mm	80,500	华艺国际	2018-11-17
江诗丹顿胸针怀表	胸针长16mm；怀表28mm	80,500	华艺国际	2018-11-17
萧邦，精美及罕有，18K玫瑰金自动上链腕表		80,500	华艺国际	2018-11-17
伯爵 精美，女装黄金镶钻石腕表备珍珠贝母表盘，"Miss Protocole"，年份约2000		79,546	保利澳门	2018-11-29
积家，18k红金及陶瓷自动上弦腕表		77,613	佳士得	2018-11-26
爱彼，精细，不锈钢自动上弦链带腕表		77,613	佳士得	2018-11-26
积家，精细，不锈钢自动上弦腕表		77,613	佳士得	2018-11-26
万国，精细及罕有，18K红金自动上弦计时腕表		77,613	佳士得	2018-11-26
MB&F，非常独特，铜镀钯蜘蛛形座钟		77,613	佳士得	2018-11-26
劳力士，罕有，不锈钢自动上弦链带腕表		77,613	佳士得	2018-11-26
劳力士，精细，18k白金镶钻石自动上弦链带腕表		77,613	佳士得	2018-11-26
劳力士，18k金及不锈钢镶钻石自动上弦链带腕表		77,613	佳士得	2018-11-26
法兰克穆勒 HEART系列 18K玫瑰金 女款镶钻腕表	4-10点位置测量表径36mm	74,750	北京保利	2018-12-09
雅典 圣马可系列之皇家太阳王号帆船 18K黄金 自动上弦腕表 珐琅表盘	表径36mm	74,750	北京保利	2018-12-09
积家，精细，18K玫瑰金腕表		74,750	华艺国际	2018-11-17
雅典，精细，18K玫瑰金镶钻腕表		74,750	华艺国际	2018-11-17
ROMAIN JEROME，精细及罕有，精钢/18K玫瑰金手动上链腕表		74,750	华艺国际	2018-11-17
劳力士，精细及大码，不锈钢自动上弦链带腕表		72,069	佳士得	2018-11-26
雅典，精细及非常罕有，18k金自动上弦腕表		72,069	佳士得	2018-11-26
海瑞温斯顿，精细，18k白金腕表		72,069	佳士得	2018-11-26
万国表，精细，18k白金自动上弦腕表		72,069	佳士得	2018-11-26
欧米茄，精细及罕有，不锈钢链带腕表		72,069	佳士得	2018-11-26
百达翡丽，罕有，18k金自动上弦腕表		72,069	佳士得	2018-11-26
劳力士，精细，18k白金镶钻石自动上弦链带腕表		72,069	佳士得	2018-11-26
劳力士，不锈钢自动上弦链带腕表		72,069	佳士得	2018-11-26
萧邦，精美，18K白金镶钻石英腕表		69,000	华艺国际	2018-11-17
宝格丽，精美，18K白金镶钻腕表		69,000	华艺国际	2018-11-17
积家 别致精美，白金镶钻石及蓝宝石，女装机械腕表，备珍珠贝母表盘，"REVERSO"，型号Q2623403，年份约2002，附原厂表盒		68,033	保利澳门	2018-11-29
约2008年制 江诗丹顿 18K白金 女款腕表	表径37×27mm	66,700	北京保利	2018-12-09
劳力士 GMT MASTER II 系列 18K黄金及精钢自动上弦腕表	表径40mm；全表长约19cm	66,700	北京保利	2018-12-09
萧邦，18K玫瑰金镶钻腕表		66,700	华艺国际	2018-11-17

拍品名称	物品尺寸	成交价RMB	拍卖公司	拍卖日期
Daniel Roth, 精细, 18k白金酒桶型自动上弦腕表		66,525	佳士得	2018-11-26
Louis Moinet, 罕有及独特, 不锈钢半镂空自动上弦腕表		66,525	佳士得	2018-11-26
江诗丹顿, 大码及罕有, 18k红金腕表		66,525	佳士得	2018-11-26
劳力士, 不锈钢自动上弦链带腕表		60,981	佳士得	2018-11-26
劳力士, 不锈钢自动上弦链带腕表		60,981	佳士得	2018-11-26
沛纳海, Carbotech枕形自动上弦腕表		60,981	佳士得	2018-11-26
雅典, 精细, 18k红金自动上弦腕表		60,981	佳士得	2018-11-26
江诗丹顿, 不锈钢及钛金属自动上弦腕表		60,981	佳士得	2018-11-26
劳力士, 罕有, 不锈钢及18k白金自动上弦链带腕表		60,981	佳士得	2018-11-26
欧米茄, 精细, 18k白金自动上弦腕表		60,981	佳士得	2018-11-26
Franck Muller, 精细, 18k红金酒桶形腕表		60,981	佳士得	2018-11-26
欧米茄, 精细, 不锈钢计时链带腕表		60,981	佳士得	2018-11-26
百达翡丽, 罕有, 18k金长方形腕表		60,981	佳士得	2018-11-26
肖邦 HAPPY DIAMONDS系列 18K黄金 女款镶钻及红宝石英腕表	表径23mm; 全表长约17.5cm	57,500	北京保利	2018-12-09
帕玛强尼, 精细, 18K玫瑰金自动上链腕表		57,500	华艺国际	2018-11-17
沛纳海, 黑色陶瓷枕形自动上弦腕表		55,438	佳士得	2018-11-26
宝珀, 精细, 黑陶瓷自动上弦腕表		55,438	佳士得	2018-11-26
卡地亚, 18k金镶钻石长方形女装石英腕表		55,438	佳士得	2018-11-26
百达翡丽, 精细及罕有, 18k红金怀表		55,438	佳士得	2018-11-26
宇舶, 不锈钢镶钻石自动上弦腕表		55,438	佳士得	2018-11-26
LeCoultre, 精细, 18k红金腕表		55,438	佳士得	2018-11-26
百达翡丽, 罕有, 18k金腕表		55,438	佳士得	2018-11-26
劳力士, 不锈钢及18k金自动上弦链带腕表		55,438	佳士得	2018-11-26
钻石 "Miss Protocole" 腕表		55,438	佳士得	2018-11-27
梵克雅宝 18K黄金 女款腕表 贝母表盘	表径27×34mm	55,200	北京保利	2018-12-09
伯爵, 精细, 18K白金镶钻链带腕表		55,200	华艺国际	2018-11-17
伯爵, 精细, 钛金属自动上弦腕表		53,220	佳士得	2018-11-26
Frederique Constant, 精细及罕有, 不锈钢自动上弦陀飞轮腕表		53,220	佳士得	2018-11-26
百达翡丽 & 蒂芙尼 18K黄金 表冠上弦怀表	表径45mm	52,900	北京保利	2018-12-09
约1980年制 蒂芙尼 14K黄金 女款手动上弦镶钻腕表	表径18×13mm; 全表长约17cm	51,750	北京保利	2018-12-09
瑞士 黄金 钥匙上弦怀表 二问功能 镂空活动人偶	表径54mm	51,750	北京保利	2018-12-09
18K金芝柏古董"立体花"造型手表		51,091	万昌斯	2018-11-29
卡地亚, 18k红金自动上弦腕表		49,894	佳士得	2018-11-26
卡地亚, 雅致, 18k白金镶钻石酒桶形女装腕表		49,894	佳士得	2018-11-26
劳力士, 罕有, 不锈钢及18k白金自动上弦女装链带腕表		49,894	佳士得	2018-11-26
百达翡丽 18K黄金 女款腕表	表径26mm; 全表长约18cm	48,300	北京保利	2018-12-09
伯爵 18K黄金女款手动上弦镶钻腕表	表径28×25mm; 全表长约20cm	48,300	北京保利	2018-12-09
伯爵 18K白金 女款手动上弦镶钻腕表	表径31mm; 全表长约17cm	48,300	北京保利	2018-12-09
伯爵 POLO系列 18K黄金 女款手动上弦镶钻腕表	表径25mm; 全表长约14cm	48,300	北京保利	2018-12-09
全钻机械腕表		47,898	万昌斯	2018-11-29
沛纳海, 罕有, 铝化陶枕形腕表		46,568	佳士得	2018-11-26
百达翡丽, 雅致, 18k金正方形女装石英腕表		46,568	佳士得	2018-11-26
约2000年制 百达翡丽 型号4860J 18K黄金 女款手动上弦腕表	表径26mm	46,000	北京保利	2018-12-09
百达翡丽, 精细及罕有, 精钢链带腕表		46,000	华艺国际	2018-11-17
劳力士, 不锈钢自动上弦链带腕表		44,350	佳士得	2018-11-26
罗杰杜彼, 罕有, 18k白金正方形腕表		44,350	佳士得	2018-11-26
百年灵, 黑色钛金属多功能腕表		44,350	佳士得	2018-11-26
Backes & Strauss, 精细, 18k白金镶钻石自动上弦女装椭圆形腕表		44,350	佳士得	2018-11-26
欧米茄, 精细, 不锈钢链带腕表		44,350	佳士得	2018-11-26
百达翡丽, 雅致及罕有, 18k金自动上弦椭圆形腕表		44,350	佳士得	2018-11-26
钻石 "Baignoire" 腕表		44,350	佳士得	2018-11-27
劳力士 DATEJUST 系列 18K黄金 自动上弦镶钻及红宝石腕表 密镶钻满天星表盘	表径30mm; 全表长约15cm	43,700	北京保利	2018-12-09
百达翡丽 18K白金 女款手动上弦镶钻腕表	表径35×30mm; 全表长约16cm	43,700	北京保利	2018-12-09
劳力士, 不锈钢自动上弦链带腕表		42,133	佳士得	2018-11-26
宝珀, 灰色陶瓷自动上弦腕表		42,133	佳士得	2018-11-26
万国, 不锈钢自动上弦腕表		42,133	佳士得	2018-11-26
劳力士, 不锈钢自动上弦链带腕表		42,133	佳士得	2018-11-26
欧米茄, 精细及罕有, 不锈钢链带腕表		42,133	佳士得	2018-11-26
1970年 芝柏 白金 女款手动上弦镶钻腕表	表径15.5mm; 全表长约17cm	40,250	北京保利	2018-12-09
约2006年制 法兰克穆勒 SUNSET系列 18K玫瑰金 女款自动上弦腕表	4-10点位置测量表径35mm	40,250	北京保利	2018-12-09
百达翡丽 18K白金手动上弦腕表	表径26×26mm; 全表长约20cm	40,250	北京保利	2018-12-09
法国 K金怀表	45mm	40,250	华艺国际	2018-11-17
雅典, 精细, 精钢镶钻腕表		40,250	华艺国际	2018-11-17
沛纳海, 独特, 玻璃及不锈钢球型枱钟		38,806	佳士得	2018-11-26
百年灵, 罕有, 不锈钢腕表		38,806	佳士得	2018-11-26
万国, 黑色陶瓷自动上弦腕表		38,806	佳士得	2018-11-26
劳力士, 罕有, 18k金及不锈钢自动上弦链带腕表		38,806	佳士得	2018-11-26
法贝热 木制铜雕花钥匙上弦扇子钟	约26×20×13cm	36,800	北京保利	2018-12-09
沛纳海, 精细, 陶瓷枕形腕表		35,480	佳士得	2018-11-26
沛纳海, 不锈钢枕形腕表		35,480	佳士得	2018-11-26
宝珀, 不锈钢自动上弦腕表		35,480	佳士得	2018-11-26
积家, 不锈钢自动上弦腕表		35,480	佳士得	2018-11-26
尊达, 不锈钢自动上弦长方形腕表		35,480	佳士得	2018-11-26
法国 18K金双面天使珐琅怀表	17mm	34,500	华艺国际	2018-11-17
劳力士, 不锈钢自动上弦链带腕表		33,263	佳士得	2018-11-26
沛纳海, 不锈钢枕形自动上弦腕表		33,263	佳士得	2018-11-26
帕玛钱宁, 精细, 18k白金自动上弦腕表		33,263	佳士得	2018-11-26
路易威登, 吸引, 两枚18k金或不锈钢镶钻石女装腕表		33,263	佳士得	2018-11-26
欧米茄, 精细及罕有, 不锈钢链带腕表		33,263	佳士得	2018-11-26
约1980年制 积家 经典铜镀金温差动力空气钟 青金石表盘	高度约22.5cm	32,200	北京保利	2018-12-09
约1960年制 积家 铜镀金漆质 巴黎街头路灯式台钟路灯小台钟	表径48mm; 高度约29cm	32,200	北京保利	2018-12-09
约1890年作 法国十九世纪 "BLANPAIN" 卡特尔雕花挂墙钟	70cm×45cm×15cm	32,200	华艺国际	2018-11-16
路易威登, 罕有及独特, 黑橡胶及不锈钢自动上弦腕表		31,045	佳士得	2018-11-26
劳力士, 不锈钢自动上弦链带腕表		28,828	佳士得	2018-11-26
帕玛钱宁, 不锈钢自动上弦腕表		28,828	佳士得	2018-11-26
劳力士, 不锈钢自动上弦链带腕表		28,828	佳士得	2018-11-26
约2000年制 伯爵 POLO系列 18K黄金 女款镶钻腕表	表径23mm	28,750	北京保利	2018-12-09
乌利文 中国市场专供 银质 钥匙上弦怀表 珐琅彩绘表壳	表径40mm	28,750	北京保利	2018-12-09

2018杂项拍卖成交汇总

(成交价RMB：2万元以上)

拍品名称	物品尺寸	成交价RMB	拍卖公司	拍卖日期
蓝色微绘珐琅"威尼斯风景"8天动力座钟	13×9×13cm	28,750	华艺国际	2018-11-17
积家,音乐闹铃小座钟(一对)	13×9×4.5cm	28,750	华艺国际	2018-11-17
沛纳海,钛金属手动上链腕表		28,750	华艺国际	2018-11-17
百年灵,不锈钢自动上弦腕表		26,610	佳士得	2018-11-26
泰格豪雅,不锈钢自动上弦腕表		26,610	佳士得	2018-11-26
卡地亚,精细,18K玫瑰金链带腕表		25,300	华艺国际	2018-11-17
香奈儿,黑色陶瓷及不锈钢自动上弦链带腕表		24,393	佳士得	2018-11-26
山度士白金祖母绿机械腕表		23,417	万昌斯	2018-11-29
帕玛钱宁,不锈钢镶钻石酒桶形自动上弦腕表		21,066	佳士得	2018-11-26
THE ROYAL DIAMOND精致典雅,黄金镶钻石女装腕表,型号BA 32,年份约2000		20,933	保利澳门	2018-11-29
百达翡丽 精美,女装黄金椭圆形腕表,型号4764J,年份约1988,附原厂后补证书及表盒		20,933	保利澳门	2018-11-29
约1900年制 瑞士 MAPPIN&WEBB 14K黄金 表冠上弦怀表 珐琅花卉表壳	表径30mm	20,700	北京保利	2018-12-09
哈斯珐琅8天动力小座钟	7×7×5cm	20,700	华艺国际	2018-11-17
积家,精美,ATMOS空气钟,约2005年制	20×15×22.5cm	20,700	华艺国际	2018-11-17
20世纪欧米茄18K金古董腕表(一只)		32,200	广东崇正	2018-01-21
罗杰·杜比 精致罕有,黑色钛金属镂空双陀飞轮机械腕表,"EXCALIBUR双体飞行陀飞轮",限量88枚,年份约2015,附原厂证书及表盒	直径47mm	1,145,544	保利香港	2018-03-31
真力时EL PRIMERO系列18K玫瑰金镶钻陀飞轮计时功能腕表		759,000	华艺国际	2018-05-22
真力时 "CHRISTOPHE COLOMB HURRICANE GRAND VOYAGE II" 极为罕有限量版粉红金及珐琅腕表备动力储存显示、芝麻链及重力控制陀螺仪系统,编号1/10,年份约2015	直径45mm	758,438	香港苏富比	2018-04-02
约2017年制 理查德德德米尔 型号RM011-FM 钛金属 自动上弦腕表 日期、月份显示 飞返计时功能	表径49×42mm	713,000	北京保利	2018-06-18
海瑞温斯顿及 Jean-Francois Mojon,精细及罕有,18k白金半镂空腕表		710,500	佳士得	2018-05-27
帕玛钱宁 非常精致特别,白金圆柱形机械腕表备十日动力存储显示,"BUGATTI TYPE 370",型号PF000164,年份约2005,附原厂证书及表盒	32mm×50mm	668,824	保利香港	2018-10-01
约2015年制 法兰克穆勒 GRAND COMPLICATIONS系列 18K玫瑰金手动上弦腕表 陀飞轮装置	4-10点位置测量表径48mm	667,000	北京保利	2018-06-18
MB&F,精细及极罕有,18k白金及钛金属镶钻石自动上弦长方形腕表		659,750	佳士得	2018-05-27
海瑞温斯顿 "OPUS V"精美罕有限量版铂金腕表备卫星时刻、逆跳分钟、昼/夜、5天动力储存及5年保养时限显示,编号10/45,由独立制表师FELIX BAUMGARTNER与海瑞温斯顿合作推出,年份约2005	直径46mm	657,313	香港苏富比	2018-04-02
海瑞温斯顿 "OPUS X"限量版白金半镂空腕表备72小时动力储存及第二时区显示,编号7/100,年份约2011。		632,200	香港苏富比	2018-10-02
MB&F "LM1 SILBERSTEIN"精美及罕有限量版粉红金两地时间腕表备三维立体机芯及直线式动力储存显示,编号6/12,年份约2016	直径43mm	606,750	香港苏富比	2018-04-02
MB&F "LM1 SILBERSTEIN"限量版PVD涂层处理钛金属两地时间腕表备三维立体机芯及直线式动力储存显示,编号5/12,年份约2016。		545,000	香港苏富比	2018-10-02
海瑞温斯顿及F.P.Journe,独一无二及非常精细,铂金腕表		507,500	佳士得	2018-05-27
Franck Muller 6850 RMT型号 "IMPERIAL TOURBILLON MINUTE REPEATER"精美白金酒桶形三问陀飞轮腕表,编号15,年份约2000	连表耳33×47mm	505,625	香港苏富比	2018-04-02
F.P.Journe "CHRONOMETRE À RESONANCE - BLACK LABEL"精美罕有铂金两地时间腕表备动力储存显示,编号100-RT,年份约2012	直径40.5mm	505,625	香港苏富比	2018-04-02
F.P.Journe "VAGDABONDAGE III"精美限量版铂金酒桶形半镂空腕表备跳时、秒及动力储存显示,编号41/69-VIII,年份约2017	连表耳38×45mm	495,513	香港苏富比	2018-04-02
Vianney Halter "TIME MACHINE PERPETUAL ANTIQUA"非凡黄金万年历腕表,表壳编号12Y.36.A,年份约2007。		490,500	香港苏富比	2018-10-02
沛纳海PAM00348型号"'LO SCIENZIATO' RADIOMIR TOURBILLON GMT CERAMICA"精美罕有特别版陶瓷镂空两地时间陀飞轮腕表备6日动力储存及昼/夜显示,编号M19/30,年份约2010	直径48mm	455,063	香港苏富比	2018-04-02
播威 TPIN003型号 "TOURBILLON OTTANTA"限量版DLC涂层精钢及钛金属陀飞轮腕表备可转换表壳、日期及动力储存显示,为庆祝PININFARINA 80周年而制,表壳编号014400,编号74/80,年份约2010。		436,000	香港苏富比	2018-10-02
Urwerk UR-202型号 "WHITE SHARK"特别版精钢及钛金属腕表备旋转卫星时刻显示,伸缩分针,双螺旋系统,月相及日夜显示,年份约2010。		414,200	香港苏富比	2018-10-02
Concord,精细及特大,钛金属及18k白金腕表		406,000	佳士得	2018-05-27
播威 AIOM504型号 "AMADEO FLEURIER ORBIS MUNDI"白金陀飞轮两地时区腕表备珠母贝表盘、月相及动力储存显示,机芯编号13829,表壳编号0510051,年份约2005。		392,400	香港苏富比	2018-10-02
Concord,独一无二及极精细,铂金八角形腕表		385,700	佳士得	2018-05-27
Vianney Halter,罕有及独特,18k白金非对称自动上弦腕表		385,700	佳士得	2018-05-27
万国 "GRANDE COMPLICATION"精美限量版铂金自动上链三问万年历计时腕表备月相及闰年显示,表壳编号 2555026,编号50/50,年份约2000	直径42mm	384,275	香港苏富比	2018-04-02
芝柏 99190型号 "ENOZO FERRARI"限量版粉红金三桥夹板陀飞轮万年历计时腕表,为向法拉利致敬而制,编号3,年份约2004	直径43mm	384,275	香港苏富比	2018-04-02
F.P.Journe "VAGDABONDAGE II"精美限量版铂金酒桶形镂空腕表备跳时、分及动力储存显示,编号41/69,年份约2008	连表耳38×45mm	384,275	香港苏富比	2018-04-02
HYT 独特罕有,限量版,钛金属镂空机械腕表,备表冠位置及温度指示,型号H2,限量5枚,年份约2016,附原厂证书及表盒	直径48.8mm	381,848	保利香港	2018-03-31
真力时 精致独特,限量版,玫瑰金"重力控制"陀螺仪机械腕表,备动力储存显示,"ACADEMY CHRISTOPHE COLOMB",型号18.2210.8804,限量25枚,年份约2013	直径45mm	381,848	保利香港	2018-03-31
MB&F,精细,18k红金腕表		375,550	佳士得	2018-05-27
HYT "H2"限量版DLC涂层钛金属腕表备逆跳液体小时、动力储存显示及温度指示器,编号1/5,年份约2013	直径49mm	364,050	香港苏富比	2018-04-02
万国表 精致罕有,限量版白金镂空三问机械腕表,"葡萄牙系列",型号IW524104,限量生产50枚,年份约2006	直径44mm	360,136	保利香港	2018-10-01
MB&F,独特及非常罕有,钛金属蓝宝石水晶长方形自动上弦腕表		355,250	佳士得	2018-05-27
海瑞温斯顿及Antoine Preziuso,精细及极罕有,铂金双面表盘半镂空腕表		355,250	佳士得	2018-05-27
F.P. Journe "CENTIGRAPHE-BLACK LABEL"专卖店特别版铂金计时腕表备、1/100秒、20秒及10分钟显示,编号220-CT,年份约2010。		327,000	香港苏富比	2018-10-02

拍品名称	物品尺寸	成交价RMB	拍卖公司	拍卖日期
MB&F "HM1"革新前卫白金自动上链陀飞轮腕表备7日动力储存显示，编号13，年份约2007。		327,000	香港苏富比	2018-10-02
钻石腕表		324,800	佳士得	2018-05-29
Ludovic Ballouard，非常精细及独特，铂金腕表		324,800	佳士得	2018-05-27
Urwerk，罕有及独特，不锈钢及钛金属盾形腕表		324,800	佳士得	2018-05-27
De Grisogono "OCCHIO RIPETIZONE MINUTI"精美罕有限量版PVD涂层处理白金三问腕表备活动表盘显示机芯，编号39/50，年份约2005	直径43.5mm	323,600	香港苏富比	2018-04-02
芝柏 "TOURBILLON SOUS TROIS PONTS D' ORL"精美铂金半镂空三桥夹板陀飞轮腕表，编号34，年份约1992	直径39mm	323,600	香港苏富比	2018-04-02
万国表 精美，限量版玫瑰金陀飞轮自动腕表，备七日动力储存，及飞返日期显示，"葡萄牙系列—陀飞轮逆跳"，型号 IW504402，限量500枚，年份约2015	直径44mm	305,478	保利香港	2018-03-31
香奈儿，非常吸引及罕有，18k白金镶钻石女装茶花形石英腕表		304,500	佳士得	2018-05-27
芝柏，非常精细及罕有，18K红金链带腕表		304,500	佳士得	2018-05-27
F.P.Journe "OCTA AUTOMATIQUE LUNE"精美罕有铂金镶钻石自动上链腕表备日期、月相及5天动力储存显示，编号005-04D，年份约2000	直径36.5mm	303,375	香港苏富比	2018-04-02
帕玛钱宁 "TEMATICA VENICE"精美独一无二黄金珐琅怀表备8天动力储存显示及展示台，编号2022，年份约1996	直径64mm	303,375	香港苏富比	2018-04-02
F.P.Journe "OCTA AUTOMATIQUE LUNE FRANCE-CHINA"非常精美罕有铂金自动上链腕表备日期、月相及5天动力储存显示，编号343-AL，年份2014	直径40mm	303,375	香港苏富比	2018-04-02
URWERK 精致罕有，限量版钛金属自动上链腕表备卫星时刻显示、昼/夜及抹油显示器，"UR-110 TORPEDO"，限量55枚，年份约2012	47×51mm	286,386	保利香港	2018-03-31
海瑞温斯顿，精细及非常罕有，18k白金镶长方形钻石自动上弦长方形腕表		284,200	佳士得	2018-05-27
芝柏 "RéPéTITION MINUTES"铂金三问腕表，编号11 PT.，年份约1997。		283,400	香港苏富比	2018-10-02
Franck Muller，非常精细及罕有，18k金腕表		263,900	佳士得	2018-05-27
约2010年制 香奈尔 山茶花系列 18K白金 女款镶钻腕表	表径32mm	253,000	北京保利	2018-06-18
欧米茄，精细及罕有，18k金自动上弦腕表		243,600	佳士得	2018-05-27
宝珀，独一无二及非常精细，18k金腕表		243,600	佳士得	2018-05-27
罗杰杜彼 "HORLOGER GENEVOIS"限量版白金万年历计时腕表备双逆跳日期及星期、月相及闰年显示，编号04/28，年份约2005	直径43mm	242,700	香港苏富比	2018-04-02
欧米茄 2998-6型号 "SPEEDMASTER"罕有精钢计时炼带腕表，机芯编号19832503，年份1963	直径40mm；炼带长203mm	242,700	香港苏富比	2018-04-02
罗杰杜彼18K白金陀飞轮腕表		241,500	华艺国际	2018-05-22
沛纳海 PAM00300型号 "MARE NOSTRUM"罕有限量版精钢计时腕表，编号M48/99，年份约2010。		239,800	香港苏富比	2018-10-02
肖邦 37/3183-2型号 "IMPERIALE"黄金镶钻石及宝石计时腕表备日期显示，表壳编号367317及1215，年份约2000。		239,800	香港苏富比	2018-10-02
肖邦 白金镶钻石炼带腕表，年份约2000。		239,800	香港苏富比	2018-10-02
Vianney Halter "CLASSIC"精美罕有白金腕表，表壳编号58W.208.CL，年份约2005。		239,800	香港苏富比	2018-10-02
Bamford，PVD涂层不锈钢自动上弦链带腕表		233,450	佳士得	2018-05-27
约1895年制 瑞士 18K玫瑰金 表冠上弦土耳其市场怀表 活动人偶 三问功能	表径55mm	230,000	北京保利	2018-06-18
约1820年制 瑞士 MEUROY ET GOMP 18K玫瑰金 钥匙上弦怀表 镂空活动人偶表盘 三锤二问功能	表径61mm	230,000	北京保利	2018-06-18
欧米茄(OMEGA)18K铂金镶满钻皇室特别限定女士手表	钻石重约18克拉；腕表长约17cm	230,000	西泠拍卖	2018-07-08
罗杰杜彼，非常罕有，18k红金正方形腕表		223,300	佳士得	2018-05-27
宝珀，精细及罕有，18k红金自动上弦腕表		223,300	佳士得	2018-05-27
肖邦，精细及非常罕有，钯金属半镂空腕表		223,300	佳士得	2018-05-27
Franck Muller，精细，18k金腕表		223,300	佳士得	2018-05-27
F.P.Journe "COLLECTION BOUTIQUE NACRE"专卖店特别版铂金腕表备珠母贝表盘及动力储存显示，编号783-CS，年份约2011	直径40.5mm	222,475	香港苏富比	2018-04-02
万国 "PORTUGIESER"白金三问腕表，表壳编号3094800，年份约2005。		218,000	香港苏富比	2018-10-02
万国 "PORTUGUESE TOURBILLON MYSTERE"限量版粉红金自动上链陀飞轮腕表备7天动力储存显示，表壳编号3025694，年份约2003	直径44.5mm	212,363	香港苏富比	2018-04-02
F.P. Journe "CENTIGRAPH SPORT"铝金属半镂空计时腕表，编号100-CTS，年份约2012。		207,100	香港苏富比	2018-10-02
ZANNETTI 全球唯一 18K黄金 自动上弦镶钻腕表 珐琅"龙"型表盘	表径44mm	207,000	北京保利	2018-06-18
K金配钻石女装腕表，Patek Philippe		204,624	天成国际	2018-06-03
Special Forces Issue，PVD涂层不锈钢自动上弦腕表		203,000	佳士得	2018-05-27
肖邦，精细及极罕有，不锈钢半镂空腕表		203,000	佳士得	2018-05-27
欧米茄，罕有，不锈钢自动上弦链带腕表		203,000	佳士得	2018-05-27
万国 "PORTUGUESE REGULATEUR TOURBILLON"限量版粉红金陀飞轮腕表备三针一线表盘，为先施表行而制，表壳编号3321618，编号1/15，年份约2007	直径43mm	202,250	香港苏富比	2018-04-02
海瑞温斯顿 "PROJECT Z5 TOURBILLON GMT"精美限量版锆合金自动上链世界时间陀飞轮腕表，编号101/150，年份约2010	直径45mm	202,250	香港苏富比	2018-04-02
万国 优雅女装铂金、镶钻石及祖母绿炼带腕表备隐藏表盘，表壳编号1344073，年份约1940	阔25mm；炼带长约150mm	202,250	香港苏富比	2018-04-02
万国 5217型号黄金镶钻石及蓝宝石镂空六角形怀表，表壳编号2181720，年份1989	直径43mm	202,250	香港苏富比	2018-04-02
Urwerk 103.03型号"UR-103"白金腕表备卫星时刻显示、控制板及动力储存显示，表壳编号068，年份约2005。		196,200	香港苏富比	2018-10-02
百年灵，精细，18k金腕表		192,850	佳士得	2018-05-27
沛纳海，非常罕有及吸引，不锈钢镶钻石枕形腕表		192,850	佳士得	2018-05-27
播威，精细及独一无二，18k白金自动上弦腕表		192,850	佳士得	2018-05-27
宝珀，独一无二及非常精细，铂金腕表		192,850	佳士得	2018-05-27
宝珀 独一无二非常罕有白金、镶钻石及祖母绿自动上链计时腕表，年份约1990	直径33mm	192,138	香港苏富比	2018-04-02

2018杂项拍卖成交汇总

(成交价RMB：2万元以上)

拍品名称	物品尺寸	成交价RMB	拍卖公司	拍卖日期
F.P.Journe "OCTA AUTO"精美铂金自动上链腕表备日期、月相及动力储备显示，编号004-AL，年份约2010	直径40mm	192,138	香港苏富比	2018-04-02
罗杰·杜比 精致罕有，限量版白金万年历自动上链腕表备闰年及月相显示，型号G40 57390/3.63，限量生产28枚，年份约2006，附原厂证书及表盒	40mm	185,213	保利香港	2018-10-01
钻石及蓝宝石腕表		182,700	佳士得	2018-05-29
欧米茄，罕有及独特，18k金酒桶形腕表		182,700	佳士得	2018-05-27
肖邦，精细及罕有，18k金腕表		182,700	佳士得	2018-05-27
宝诗龙及芝柏 "JUNGLE HATHI" 精美白金、镶蓝宝石及钻石自动上链腕表备镶宝石表盘，年份约2011	直径42mm	182,025	香港苏富比	2018-04-02
Dewitt "ACADEMIA TOURBILLON MYSTERIEUX"限量版钛金属半镂空陀飞轮腕表，编号18/50，年份约2006	直径43mm	182,025	香港苏富比	2018-04-02
沛纳海 限量版青铜及钛金属自动上链腕表，备日期显示及小秒针，"Luminor submersible"，型号PAM00382，限量生产1000枚，年份约2011	47mm	174,923	保利香港	2018-10-01
欧米茄 精致罕有，女装铂金镶钻石机械链带腕表，备隐藏表盘，年份约1960年	直径15mm；长约165mm	174,923	保利香港	2018-10-01
H. Moser & Cie "PERPETUAL 1"钯金属万年历腕表备动力储存显示，表壳编号200108075，年份约2014。		174,400	香港苏富比	2018-10-02
万国 5211型号黄金镶钻石镂空怀表，表壳编号2181716，年份约1984。		174,400	香港苏富比	2018-10-02
沛纳海 PAM00538型号 "RADIOMIR 8 DAYS GMT"精美特别版粉红金两地时间腕表备日期及8日动力储存显示，编号P004/300，年份约2012	直径45mm	171,913	香港苏富比	2018-04-02
Jaquet Droz 4005型号黄金自动上链音乐腕表备珐琅活动春宫人偶图，编号1，年份约1990。		163,500	香港苏富比	2018-10-02
海瑞温斯顿，精细及罕有，铂金陀飞轮腕表		162,400	佳士得	2018-05-27
Jean-Mairet & Gillman，非常精细，18k金陀飞轮腕表		162,400	佳士得	2018-05-27
万国 "PORTUGUESE"限量版粉红金自动上链万年历腕表备7日动力储存及月相显示，表壳编号3717390，编号185/500，年份约2011	直径46mm	161,800	香港苏富比	2018-04-02
真力时 "CHROMOMASTER MILLESIME"限量版白金半镂空自动上链计时陀飞轮腕表备日期显示，编号10/50，年份约2006	直径44mm	161,800	香港苏富比	2018-04-02
HD3 "CAPTURE TOURBILLON"限量版黄金半镂空陀飞轮腕表，编号1/33，年份约2005	直径44mm	161,800	香港苏富比	2018-04-02
MB&F "HM5 ZR"精美及独特限量版锆金属流线型自动上链腕表备跳时显示，限量发行66枚，年份约2013	51.5×49mm	161,800	香港苏富比	2018-04-02
MB&F "HM2"独特限量版陶瓷及钛金属长方形自动上链跳时腕表备逆跳日期及月相显示，年份约2010	59×38mm	161,800	香港苏富比	2018-04-02
和域18K玫瑰金腕表		161,000	华艺国际	2018-05-22
萧邦18K白金镶钻女装腕表		161,000	华艺国际	2018-05-22
万国葡萄牙系列18K黄金万年历、南北月相及7日链腕表		155,250	华艺国际	2018-05-22
MAÎTRES DU TEMPS 精致罕有，白金酒桶型全历显示自动上弦腕表，"CHAPTER TWO"，年份约2011	42×58mm	152,739	保利香港	2018-03-31
Arnold & Son "UTTE"限量版粉红金半镂空超薄陀飞轮腕表，编号1/50，年份约2013。		152,600	香港苏富比	2018-10-02
真力时 18.2050 4035/01 型号 "EL PRIMERO TOURBILLON"粉红金计时陀飞轮腕表备日期显示，机芯编号387796，表壳编号127588，年份约2012。		152,600	香港苏富比	2018-10-02
Franck Muller，精细，18k白金镶蓝宝石及钻石酒桶形自动上弦腕表		152,250	佳士得	2018-05-27
海瑞温斯顿，罕有，锆合金自动上弦腕表		152,250	佳士得	2018-05-27
欧米茄，精细及罕有，18k金腕表		152,250	佳士得	2018-05-27
Urban Jürgensen & Sønner Copenhagen 粉红金自动上链万年历腕表备月相显示，年份约1995	直径38mm	151,688	香港苏富比	2018-04-02
Vianney Halter "GOLDPFEIL"精美白金自动上链跳时腕表备月相显示，为GOLDPFEIL而制，年份约2001	40×29mm	151,688	香港苏富比	2018-04-02
F.P.Journe "OCTA AUTO"铂金自动上链腕表备日期及5天动力储存显示，编号262-02A，年份约2003	直径38mm	151,688	香港苏富比	2018-04-02
Arnold & Son "GMT II TOURBILLON"精美限量版白金半镂空三地时间陀飞轮腕表，编号04/10，年份约2005	直径41mm	146,631	香港苏富比	2018-04-02
万国表 精致罕有，限量版，玫瑰金万年历自动腕表，备月相及七日动力储存显示，"大飞行员系列—万年历小王子"，型号IW502617，限量500枚，年份约2012	直径46.5mm	143,193	保利香港	2018-03-31
格拉夫 精致典雅，限量版女装白金、钻石及祖母绿腕表备粉色珍珠贝母表盘，"GRAFFSTAR"，型号GS38WGSLDL，限量300枚，年份约2015，附原厂证书及表盒	直径38mm	143,193	保利香港	2018-03-31
万国表，精细，铂金自动上弦腕表		142,100	佳士得	2018-05-27
芝柏，精细，18k红金自动上弦正方形腕表		142,100	佳士得	2018-05-27
H. Moser & Cie "PERPETUAL 1"白金万年历腕表备动力储存显示及FUMé表盘，表壳编号200102024，年份约2014。		141,700	香港苏富比	2018-10-02
F.P. Journe "OCTA AUTOMATIQUE RéSERVE SPORT"轻巧铝腕表备日期、日与夜及动力储存显示，编号143，年份约2013。		141,700	香港苏富比	2018-10-02
F.P.Journe "SOUVERAIN CHRONOMETRE BLEU"钽金属腕表，编号362-CB，年份约2012	直径39.5mm	141,575	香港苏富比	2018-04-02
约2010年制 弗朗索瓦·保罗·儒纳 铂金手动上弦腕表 56小时动力储存功能	表径40mm	138,000	北京保利	2018-06-18
F.P.Journe，精细，铂金腕表		137,025	佳士得	2018-05-27
萧邦 精美高贵，女装白金镶钻石心形链带腕表，年份约2000	23mm；长165mm	133,647	保利香港	2018-03-31
Vianney Halter and Goldpfeil，独特及罕有，18K白金长方形自动上弦腕表		131,950	佳士得	2018-05-27
肖邦，精细，18k双色金镶钻石，粉红钻石及红宝石女装石英链带腕表		131,950	佳士得	2018-05-27
肖邦，雅致，18k金镶钻石及宝石女装菱形石英链带腕表		131,950	佳士得	2018-05-27
欧米茄，精细及非常罕有，铂金镶钻石镂空腕表		131,950	佳士得	2018-05-27
沛纳海 PAM00344型号 "LUMINOR 1950"精美特别版粉红金单按钮计时腕表备日期及8日动力储存显示，编号L061/150，年份约2010	直径44mm	131,463	香港苏富比	2018-04-02
海瑞温斯顿 "AVENUE C"女装粉红金镶钻石长方形腕表备缟玛瑙表盘，年份约2010	26×37cm	131,463	香港苏富比	2018-04-02
Franck Muller 1200 S6 GG D CD型号 "LONG ISLAND"精美白金及镶钻石长方形自动上链腕表备日期显示，编号66，年份约2005	32×45mm	131,463	香港苏富比	2018-04-02

拍品名称	物品尺寸	成交价RMB	拍卖公司	拍卖日期
万宝龙“1858 CHRONOGRAPH”精美限量版特大白金单按钮计时腕表，编号1/8，年份约2016	直径47mm	131,463	香港苏富比	2018-04-02
F.P.Journe “CHRONOMETER SOUVERAIN”精美铂金腕表备动力储备显示，编号489-CS，年份约2008	直径40mm	131,463	香港苏富比	2018-04-02
宝格丽“TUBOGAS SERPENTI”粉红金镶钻石手镯腕表，表壳编号PO0428，年份约2017。		130,800	香港苏富比	2018-10-02
万国“PORTUGUESE”粉红金自动上链万年历腕表备7日动力储存及月相显示，表壳编号3085445，年份约2005。		130,800	香港苏富比	2018-10-02
Cyrus “KELPCYS MOON”独一无二白金及DLC涂层钛金属自动上链腕表备逆跳小时及日期、球状月相及昼/夜显示，年份约2015		130,800	香港苏富比	2018-10-02
宝珀 限量版铂金自动上链万年历两地时间计时腕表备月相显示，编号1，年份约1995。		130,800	香港苏富比	2018-10-02
钻石腕表		121,800	佳士得	2018-05-29
海瑞温斯顿，精细，18k红金自动上弦腕表		121,800	佳士得	2018-05-27
欧米茄，精细及吸引，18k白金镶钻石自动上弦腕表		121,800	佳士得	2018-05-27
de Grisogono 275/350-3型号“INSTRUMENTO UNO”PVD涂层处理金镶钻石及黑钻石两地时间腕表备日期显示，表壳编号002275，年份约2008。		119,900	香港苏富比	2018-10-02
Daniel Roth “TOURBILLON REGULATEUR”白金双表盘陀飞轮腕表备日期及动力储存显示，编号43，年份约1998。		119,900	香港苏富比	2018-10-02
万国“PORTUGUESE”限量版铂金腕表，编号010/250，年份约1993。		119,900	香港苏富比	2018-10-02
沛纳海 PAM00078型号“RADIOMIR SECOND COUNTER”限量版白金单按钮计时腕表备日期显示，编号D36/75，年份约2001。		119,900	香港苏富比	2018-10-02
钻石腕表		111,650	佳士得	2018-05-29
香奈儿，吸引，18k白金镶钻石女装自动上弦腕表		111,650	佳士得	2018-05-27
沛纳海 PAM00317型号“LUMINOR 1950 8 DAYS CHRONO”黑色陶瓷两地时间单按钮计时腕表备8日动力储存及24小时显示，编号K400/500，年份约2010	直径44mm	111,238	香港苏富比	2018-04-02
沛纳海 PAM00080型号“RADIOMIR INDEPENDENT”限量版白金腕表备跳秒装置，编号D153/160，年份约2001。		109,000	香港苏富比	2018-10-02
Franck Muller 6002 L QZ D型号“MASTER SQUARE”黄金镶钻石腕表，编号100，年份约2009。		109,000	香港苏富比	2018-10-02
Roger Dubuis “SYMPATHIE”白金自动上链双逆跳万年历腕表备月相显示，年份约1999。		109,000	香港苏富比	2018-10-02
格拉苏蒂 95-01-03-03-04 型号“PANOMATIC CHRONO”限量版铂金自动上链飞返计时腕表备日期显示，编号28/200，年份约2000。		109,000	香港苏富比	2018-10-02
欧米茄碟飞系列413.55.37.20.52.001腕表		103,500	上海国时	2018-04-30
LANG & HEYNE 精美罕有，白金机械腕表，备小秒针及珐琅表盘，“FRIEDRICH AUGUST I”，年份约2016，附原厂证书及表盒	直径43.5mm	102,896	保利香港	2018-10-01
钻石腕表		101,500	佳士得	2018-05-29
欧米茄，精细及非常罕有，18k金自动上弦镂空链带腕表		101,500	佳士得	2018-05-27
H.Moser & Cie “ENDEAVOUR PERPETUAL CALENDAR”白金万年历腕表备动力储存显示，表壳编号200100356，年份约2015	直径41mm	101,125	香港苏富比	2018-04-02
沛纳海 PAM00317型号“LUMINOR 1950 8 DAYS CHRONO”黑色陶瓷两地时间单按钮计时腕表备8日动力储存及24小时显示，编号N190/500，年份约2010。		98,100	香港苏富比	2018-10-02
欧米茄，精细，18k红金自动上弦腕表		96,425	佳士得	2018-05-27
沛纳海，罕有，18k金枕形自动上弦腕表		96,425	佳士得	2018-05-27
雅克德罗，精细及独一无二，铂金自动上弦腕表		96,425	佳士得	2018-05-27
萧邦 精美，玫瑰金镶钻石方形腕表，“Two O Ten”，年份约2010，附原厂证书及表盒	34×45mm	95,462	保利香港	2018-03-31
De Beers 铜鎏金沙漏配浮动钻石，年份约2000。		92,650	香港苏富比	2018-10-02
Franck Muller “CINTRéE CURVEX CHRONOGRAPH”白金及镶钻石自动上链计时腕表，编号29，年份约2005。		92,650	香港苏富比	2018-10-02
H. Moser & Cie “ENDEAVOUR MOON”铂金腕表备永久月相、上/下午及7日动力储存显示，表壳编号200106275，年份约2010。		92,650	香港苏富比	2018-10-02
沛纳海 PAM00153型号“LUMINOR SEALAND FOR PURDEY”限量版精钢自动上链腕表备日期及雕饰表盖，编号E068/100，年份约2002。		92,650	香港苏富比	2018-10-02
宝珀，精细，铂金自动上弦腕表		91,350	佳士得	2018-05-27
雅克德罗星辰系列18K玫瑰金腕表		89,700	华艺国际	2018-05-22
H. Moser & Cie “ENDEAVOUR DUAL TIME”铂金自动上链两地时区腕表备上/下午显示，表壳编号200109319，年份约2015。		87,200	香港苏富比	2018-10-02
雅克德罗“PETITE HEURE MINUTE LION”限量版粉红金腕表备珐琅表盘，编号13/28，年份约2017。		87,200	香港苏富比	2018-10-02
Antoine Preziuso，精细及罕有，18k金酒桶形腕表		86,275	佳士得	2018-05-27
萧邦 精美限量版，玫瑰金自动腕表，备莳绘表盘，“L.U.C XP URUSHI——凤凰莳绘”，型号161902-5046，年份约2013	直径39.5mm	85,916	保利香港	2018-03-31
沛纳海 PAM00343型号“RADIOMIR REGATTA 1/8TH SECOND TITANIO”限量版钛金属自动上链追针计时腕表备1/8秒计时，编号M130/500，年份约2010。		81,750	香港苏富比	2018-10-02
蒂芙尼 白金镶钻石及海蓝宝石鍊带腕表备珠母贝表盘，表壳编号J1266，年份约2010。		81,750	香港苏富比	2018-10-02
万国，18k白金自动上弦腕表		81,200	佳士得	2018-05-27
豪雅，罕有，不锈钢链带腕表		81,200	佳士得	2018-05-27
Chronoswiss “REGULATEUR TOURBILLON”铂金镂空陀飞轮腕表，年份约2008	直径38mm	80,900	香港苏富比	2018-04-02
Buhré 精美粉红金珐琅两问全日历计时怀表备月相显示，为俄罗斯市场而制，表壳编号144072，年份约1880	直径58mm	80,900	香港苏富比	2018-04-02
海瑞温斯顿“PERPETUAL CALENDAR GMT”限量版粉红金自动上链万年历两地时间腕表，编号28/45，表壳编号011049，年份约2000	直径38mm	80,900	香港苏富比	2018-04-02
蒂芙尼 黄金追针计时三问怀表备珐琅表盘，机芯编号77841，表壳编号77841，年份约1920	直径46mm	80,900	香港苏富比	2018-04-02
沛纳海 PAM00127型号“LUMINOR 1950”特别版精钢腕表，编号OOR12/12，年份约2005	直径47mm	80,900	香港苏富比	2018-04-02

2018杂项拍卖成交汇总

(成交价RMB：2万元以上)

拍品名称	物品尺寸	成交价RMB	拍卖公司	拍卖日期
汉米尔顿 精致罕有，女装铂金镶钻石机械链带腕表，备隐藏表盘，年份约1960	15mm×30mm；长约170mm	80,259	保利香港	2018-10-01
格拉苏蒂 18K玫瑰金月相日曆三针男表		78,200	北京荣宝	2018-09-14
K金配钻石"Pasha"女装腕表，Cartier		77,952	天成国际	2018-06-03
Romain Jerome，独特及罕有，鈦金属楔型自动上弦腕表		76,125	佳士得	2018-05-27
约1910年制 英国 HANCOCKS 18K黄金 表冠上弦半猎怀表 三问功能	表径48mm	75,900	北京保利	2018-06-18
约2012年制 宝珀 18K黄金 女款自动上弦珠宝腕表 彩色宝石表圈	表径28mm	74,750	北京保利	2018-06-18
DE BEERS 精致，镀金沙漏时计备浮动钻石，年份约2000，附原厂表盒	直径70mm；高150mm	72,027	保利香港	2018-10-01
约1900年制 瑞士 J.F. THIEBAUD LOCLE 18K黄金 表冠上弦怀表 三问 计时功能	表径56mm	71,300	北京保利	2018-06-18
肖邦，精细，18k白金镶钻石及黄色蓝宝石心形女装石英腕表		71,050	佳士得	2018-05-27
Franck Muller，不锈钢两面自动上弦腕表		71,050	佳士得	2018-05-27
欧米茄，18k白金自动上弦腕表		71,050	佳士得	2018-05-27
肖邦 13/7098/8-20型号 白金镶钻石腕表备珠母贝表盘，表壳编号555609及566/1，年份约2010。		70,850	香港苏富比	2018-10-02
Franck Muller "CINTRÉE CURVEX CHRONOGRAPH"粉红金酒桶形自动上链计时腕表备日期显示，编号373，年份约2010	38×49mm	70,788	香港苏富比	2018-04-02
沛纳海 PAM00187型号"LUMINOR CHRONO"特别版白金自动上链计时腕表备测速计，编号060/200，年份约2004	直径40mm	70,788	香港苏富比	2018-04-02
约1920年制 蒂芙尼 铂金 女款手动上弦镶钻腕表 装饰艺术风格	表径17mm；全表长约17cm	69,000	北京保利	2018-06-18
芝柏，不锈钢长方形镂空自动上弦腕表		65,975	佳士得	2018-05-27
香奈儿，吸引，18k白金镶粉红色蓝宝石及钻石女装茶花形石英腕表		65,975	佳士得	2018-05-27
香奈儿，吸引，18k白金镶蓝宝石及钻石女装茶花形石英腕表		65,975	佳士得	2018-05-27
肖邦，精细，18k白金镶钻石及蓝宝石心形女装石英腕表		65,975	佳士得	2018-05-27
罗杰杜彼，18k白金自动上弦腕表		65,975	佳士得	2018-05-27
Franck Muller "MASTER BANKER"白金酒桶形自动上链三地时区腕表备日期及月相显示，编号78，年份约2008	36×42.5mm	65,731	香港苏富比	2018-04-02
Franck Muller "MASTER BANKER"粉红金酒桶形自动上链三地时区腕表备日期及月相显示，编号189，年份约2008	40×46mm	65,731	香港苏富比	2018-04-02
芝柏"1966 CHRONOGPRAH"白金自动上链计时腕表，编号72，年份约2010	直径40mm	65,731	香港苏富比	2018-04-02
肖邦 女装白金及镶钻石心形腕表，年份约2005	36×36mm	65,731	香港苏富比	2018-04-02
欧米茄 145.0055型号"PROFESSIONAL SPEEDMASTER MOON PHASE"白金计时腕表备日期及月相显示，表壳编号77125547，年份约1999	直径42mm	64,720	香港苏富比	2018-04-02
RESSENCE 独特罕有，钛金属自动腕表，备旋转表盘，"Type 1g"，型号ONE，年份约2015，附原厂证书及表盒	直径42mm	63,796	保利香港	2018-10-01
宇宙，非常罕有，18k红金链带腕表		60,900	佳士得	2018-05-27
沛纳海 PAM00172型号"LUMINOR MARINA TANTALUM"特别版钽金属腕表，编号F083/300，年份约2003	直径44mm	60,675	香港苏富比	2018-04-02
肖邦 精致罕有女装黄金及镶钻石椭圆型手镯腕表备蛋白石表盘，表壳编号59517，年份约1970	32×54mm；鍊带长约162mm	60,675	香港苏富比	2018-04-02
沛纳海 PAM00448型号"RADIOMIR CALIFORNIA 3 DAYS"特别版精钢腕表备3日动力储存及加州面盘，编号O282/750，年份约2012	直径47mm	60,675	香港苏富比	2018-04-02
万宝龙 "NICOLAS RIEUSSEC"精美限量版粉红金单按钮计时腕表备动力储存及日期显示，编号007/125，年份约2008	直径43mm	60,675	香港苏富比	2018-04-02
欧米茄 "SEAMASTER AQUA TERRA"黄金自动上链炼带腕表备日期显示及同轴擒纵系统，表壳编号80512899，年份约2008。		59,950	香港苏富比	2018-10-02
万国 371433型号"PORTUGUESE CHRONO AUTOMATIC JACKIE CHAN EDITION"限量版粉红金计时腕表，为成龙慈善基金而制，表壳编号3187025，编号67/250，年份约2009。		59,950	香港苏富比	2018-10-02
沛纳海 PAM00282型号"LUMINOR MARINA"钛金属自动上链腕表备日期显示，编号J259/500，年份约2008。		59,950	香港苏富比	2018-10-02
K金配祖母绿及钻石"Cellini"女装腕表，Rolex		58,464	天成国际	2018-06-03
约1900年制 法国 BAILEY BANKS & BIDDLE CO. 18K黄金 表冠上弦胸针怀表 蓝色珐琅镶钻石及珍珠表壳	表径29mm	57,500	北京保利	2018-06-18
约1840年制 播喊 银制 钥匙上弦中国市场大八件怀表 中国传统十二生肖时辰	表径55mm	57,500	北京保利	2018-06-18
汉密尔顿 精致罕有，铂金镶钻石女装机械链带腕表，备隐藏表盘，年份约1970	14×23mm；长160mm	57,277	保利香港	2018-03-31
百年灵，罕有，18k红金自动上弦腕表		55,825	佳士得	2018-05-27
沛纳海，钛金属枕形自动上弦腕表		55,825	佳士得	2018-05-27
肖邦，精细，18k金镶钻石及蓝宝石女装石英链带腕表		55,825	佳士得	2018-05-27
浪琴，精细，不锈钢腕表		55,825	佳士得	2018-05-27
肖邦 "MILLE MIGLIA JACKY ICKX EDITION 4"限量版粉红金自动上链飞返计时腕表备测速计及日期显示，编号083/250，年份约2008	直径42mm	55,619	香港苏富比	2018-04-02
Franck Muller 1750 S6 HJ型号"COEUR"女装白金及镶钻石酒桶形腕表，年份约2005	24.5×34.5mm	55,619	香港苏富比	2018-04-02
罗杰杜彼 "KINGS SQUARE"限量版女装白金镶钻石正方形腕表备珠母贝表盘，编号16/88，年份约2005	34×44mm	55,619	香港苏富比	2018-04-02
Daniel Roth "PAPILLON"限量版粉红金酒桶形自动上链跳时腕表备逆跳分钟，编号9/110，年份约1999	35×38mm	55,619	香港苏富比	2018-04-02
宝珀 黄金自动上链万年历计时腕表备月相显示，编号29，年份约1994	直径34.5mm	55,619	香港苏富比	2018-04-02
沛纳海 PAM00687型号"RADIOMIR 3 DAYS ACCIAIO"特别版精钢腕表，年份约2016	直径47mm	55,619	香港苏富比	2018-04-02
沛纳海 PAM00911型号"LUMINOR MARINA "LAST ONE FOR PANERISTI""限量版精钢腕表备8日动力储存，为PANERISTI限量制造500只，编号T168/500，年份约2018。		54,500	香港苏富比	2018-10-02
沛纳海 PAM00412型号"LUMINOR MARINA HONG KONG"专门店版精钢腕表备雕刻表背盖，编号M137/100，年份约2011。		54,500	香港苏富比	2018-10-02
肖邦 8554"L.U.C. 8HF"限量版钛金属自动上链腕表备高振频擒纵机制及日期显示，表壳1763014，编号57/100，年份约2012。		52,320	香港苏富比	2018-10-02
约1840年制 瑞士 银鎏金 钥匙上弦中国市场小八件怀表 珐琅表壳	表径33mm	51,750	北京保利	2018-06-18
约1880年制 瑞士 银质 钥匙上弦怀表 珐琅表壳 二问功能	表径50mm	51,750	北京保利	2018-06-18

拍品名称	物品尺寸	成交价RMB	拍卖公司	拍卖日期
FRANCK MULLER 法穆兰CRAZY HOURS 系列7851 CH D腕表		51,750	上海匡时	2018-04-30
法兰穆勒 精美玫瑰金酒桶形自动腕表，备俄罗斯轮盘，"Vegas"，型号5850，年份约2005，附原厂证书及表盒	32mm×45mm	51,448	保利香港	2018-10-01
肖邦，精细，18k白金镶钻石中型镂空腕表		50,750	佳士得	2018-05-27
万国表，精细，18k金自动上弦链带腕表		50,750	佳士得	2018-05-27
蒂法尼，18k红金自动上弦腕表		50,750	佳士得	2018-05-27
沛纳海 PAM00716型号"FIRENZE MARE NOSTRUM"精美特别版精钢计时腕表，编号T0300/1000，年份2017	42mm	50,563	香港苏富比	2018-04-02
宝珀 铂金镶钻石自动上链腕表，编号15，年份约2005	直径34mm	50,563	香港苏富比	2018-04-02
沛纳海 PAM00449型号"RADIOMIR S.L.C 3 DAYS"特别版精钢腕表备3日动力储存显示、PLEXIGLASS树脂玻璃镜面，编号O323/750，年份约2013	直径47mm	50,563	香港苏富比	2018-04-02
肖邦 黄金镶钻石炼带腕表，年份约2000。		49,050	香港苏富比	2018-10-02
罗杰杜彼，吸引，18k白金镶钻石及粉红色蓝宝石长方形女装石英腕表		48,720	佳士得	2018-05-27
百年灵，精细，18k红金自动上弦计时功能腕表		48,720	佳士得	2018-05-27
NIVREL，精细，不锈钢镶钻石自动上弦半镂空腕表		48,720	佳士得	2018-05-27
欧米茄 独特，精钢自动上弦链带腕表，备日期显示，"SEAMASTER"，型号ST166.077，年份约1970	直径55mm；长170mm	47,731	保利香港	2018-03-31
法兰穆勒 精致，白金镶钻石长方型腕表，年份约2012	44×25mm	47,731	保利香港	2018-03-31
Franck Muller 8002 L SC D型号"CONQUISTADOR"白金镶钻石腕表备日期显示，编号259，年份约2008。		45,780	香港苏富比	2018-10-02
Parmigiani Fleurier "KALPA GRANDE"限量版钯金属自动上链腕表备日期显示，表壳编号14919，编号3/5，年份约2005。		45,780	香港苏富比	2018-10-02
Franck Muller，18k白金酒桶形自动上弦腕表		45,675	佳士得	2018-05-27
Franck Muller，18k红金酒桶形自动上弦腕表		45,675	佳士得	2018-05-27
Hautlence "DESTINATION 04" PVD涂层处理钛金属及粉红金自动上链两地时区腕表备日期及昼/夜显示，编号33，年份约2014	44×37mm	45,506	香港苏富比	2018-04-02
约2009年制 沛纳海 精钢 黑色PVD镀层 自动上弦腕表 日期显示	4-10点位置测量表径47mm	43,700	北京保利	2018-06-18
沛纳海 PAM00424型号"RADIOMIR CALIFORNIA 3 DAYS ACCIAIO"限量版精钢腕表备日期、3日动力储存及加州面盘，编号S0544/1000，年份约2018。		43,600	香港苏富比	2018-10-02
肖邦 白金镶钻石腕表备镶钻石珐琅表盘，表壳编号579752，年份约2010。		43,600	香港苏富比	2018-10-02
Glashütte Original "PANO RESERVE"粉红金腕表备日期及动力储存显示，机芯编号00730，表壳编号00282，年份约2006。		43,600	香港苏富比	2018-10-02
古柏林 一组两件，精致黄金二十美元金币表，及一枚二十美元黄金金币，年份约1927，附原厂表盒	直径34mm	43,216	保利香港	2018-10-01
沛纳海 精美，精钢双追针计时秒表，"Luminor Rattrapante 1950"，型号PAM00213，年份约2006，附原厂表盒	直径44mm	41,158	保利香港	2018-10-01
K金女装腕表，Piaget		40,925	天成国际	2018-06-03
帕玛钱宁，精细，18k白金自动上弦腕表		40,600	佳士得	2018-05-27
沛纳海，精细，气压计，温度计及湿度计		40,600	佳士得	2018-05-27
NIVREL，精细，不锈钢自动上弦半镂空腕表		40,600	佳士得	2018-05-27
沛纳海 PAM00233型号"LUMINOR 1950 8 DAYS GMT"精钢两地时区腕表备8日动力储存及日期显示，编号K1420/2000，年份约2008	直径44mm	40,450	香港苏富比	2018-04-02
宝珀 "VILLERET CHRONOGRAPH"白金自动上链计时腕表备日期显示，编号67，年份约2007	直径38mm	40,450	香港苏富比	2018-04-02
瑞士制 粉红金珐琅两问怀表，年份约1810	直径37mm	40,450	香港苏富比	2018-04-02
约2002年制 肖邦 Happy Diamonds系列 18K黄金 女款镶钻腕表 活动钻石 镶梯方钻蝴蝶结表耳	表径24mm；全表长约16cm；钻石总重约1.5克拉	40,250	北京保利	2018-06-18
1780年 英国银质怀表	直径5cm	40,250	北京东正	2018-06-17
罗曼·杰罗姆精钢腕表		40,250	华艺国际	2018-05-22
沛纳海 罕有特别版，精钢枕形机械腕表，备小秒针，"LUMINOR MARINA香港特别版"，型号PAM412，限量生产200枚，年份约2011，附原厂证书及表盒	直径44mm	40,094	保利香港	2018-03-31
JAHAN 精致及罕有，白金镶白钻及黑钻酒桶形腕表，备贝母表盘，"AQUEDUC XL"，年份约2000	32mm×50mm	39,100	保利香港	2018-10-01
K金女装腕表，Patek Philippe		38,976	天成国际	2018-06-03
不锈钢配黑色钻石及钻石"Madison"女装腕表，The Royal Diamond		38,976	天成国际	2018-06-03
万国，不锈钢自动上弦腕表		38,570	佳士得	2018-05-27
欧米茄，不锈钢酒桶形腕表		38,570	佳士得	2018-05-27
约1900年制 瑞士 18K玫瑰金 表冠上弦怀表 二问功能	表径50mm	36,800	北京保利	2018-06-18
沛纳海 特别版，精钢自动腕表，"LUMINOR MARINA "FU" 福"，型号PAM366，限量1500枚，年份约2011	44mm	36,276	保利香港	2018-03-31
沛纳海 精致，精钢枕形机械腕表，备3日动力储存显示，"RADIOMIR S.L.C. 3 DAYS ACCIAIO"，型号PAM00425，年份约2013，附原厂证书及表盒	直径47mm	36,276	保利香港	2018-03-31
汉密尔顿 精致罕有，铂金镶钻石女装机械链带腕表，年份约1970	直径16mm；长165mm	36,276	保利香港	2018-03-31
肖邦 精美，女装黄金镶钻石及蓝宝石腕表，备珍珠贝母表盘，型号13/6141-38，年份约1990	直径25mm	36,014	保利香港	2018-10-01
泰格豪雅，精细，18k红金自动上弦腕表		35,525	佳士得	2018-05-27
Hautlence "DESTINATION 03" PVD涂层处理精钢自动上链两地时区腕表备日期及昼/夜显示，编号31，年份约2014	44×37mm	35,394	香港苏富比	2018-04-02
De Grisogono 粉红金长方形自动上链腕表备日期显示，年份约2010	36×47mm	35,394	香港苏富比	2018-04-02
Franck Muller 6850 MB型号"MASTER BANKER"精钢自动上链全日历炼带腕表备日期显示，编号521，年份约2001。		34,880	香港苏富比	2018-10-02
Speake-Marin "THE PICCADILLY RESILIENCE"精钢自动上链腕表备珐琅表盘，编号SMST0063，年份约2014。		34,880	香港苏富比	2018-10-02
Gérald Genta "RETRO"黄金自动上链跳时链带腕表备逆跳分针、日期显示及珠母贝表盘，表壳编号78247，年份约2009。		34,880	香港苏富比	2018-10-02
捷克豹 贝母几何计时日曆机械表		34,500	北京荣宝	2018-09-14
沛纳海LUMINOR系列钛金属腕表		34,500	华艺国际	2018-05-22
香奈儿J12系列H1628-33mm腕表		34,500	上海匡时	2018-04-30
沛纳海 限量版，精钢自动腕表，备小秒针，及日期显示，"LUMINOR MARINA"，型号PAM00359，限量3000枚，年份约2010，附原厂证书及表盒	直径44mm	33,412	保利香港	2018-03-31

2018杂项拍卖成交汇总

(成交价RMB：2万元以上)

拍品名称	物品尺寸	成交价RMB	拍卖公司	拍卖日期
萧邦 黄金镶钻石女装腕表，“HAPPY DIAMONDS”，年份约1990	直径23mm；长155mm	33,412	保利香港	2018-03-31
万国表 精美，钛金属双追针计时码表，“INGENIEUR CHRONOGRAPH”，型号IW 376501，年份约2012，附国际保修卡及原厂表盒	直径45mm	33,412	保利香港	2018-03-31
Reuge 鎏金音乐怀表备响闹装置及活动人偶，编号1974，年份约1985	直径57mm	33,371	香港苏富比	2018-04-02
ANTOINE PREZIUSO 精致及罕有，限量版精钢酒桶形机械腕表，备隐藏春宫活动人偶，“Hours of Love”，编号000/360，年份约2000，附原厂表盒	33×43mm；长约185mm	32,927	保利香港	2018-10-01
香奈儿，黑陶瓷及不锈钢自动上弦链带腕表		32,480	佳士得	2018-05-27
欧米茄 145.0057型号“SPEEDMASTER MOON PHASE”精钢计时炼腕表备日期及月相显示，表壳编号 77787137，年份约2003	直径42mm；炼带约长200mm	32,360	香港苏富比	2018-04-02
约1890年制 瑞士 G.A.HUGUENIN & FILS PONTS-MARTEL 18K玫瑰金表冠上弦怀表 双面珐琅表壳	表径54mm	32,200	北京保利	2018-06-18
约1910年制 瑞士 AGASSIZ 14K黄金表冠上弦怀表 双追针计时功能	表径46mm	32,200	北京保利	2018-06-18
约2012年制 万国 飞行员系列 精钢自动上弦腕表 年历显示 计时功能	表径43mm；全表长约22cm	32,200	北京保利	2018-06-18
约2010年制 CARRERA Y CARRERA 18K黄金 女款镶钻腕表	表径28mm	32,200	北京保利	2018-06-18
约2010年制 香奈儿 J12系列 白色陶瓷及精钢自动上弦腕表 日期显示	表径38mm；全表长约19cm	32,200	北京保利	2018-06-18
萧邦 18K黄金钻圈快乐钻皮带石英小女表		32,200	北京荣宝	2018-09-14
万宝龙尼古拉斯凯世系列精钢两地时配备计时功能链带腕表		32,200	华艺国际	2018-05-22
万国小王子特别版飞行员系列计时功能腕表		31,050	华艺国际	2018-05-22
香奈儿，吸引，18k白金镶钻石长方形女装石英腕表		30,450	佳士得	2018-05-27
芝柏，精细及罕有，18k白金自动上弦腕表		30,450	佳士得	2018-05-27
肖邦 精致典雅，黄金镶钻石女装链带腕表，“Happy diamonds”，型号4097，年份约1990	直径23mm；长约180mm	28,811	保利香港	2018-10-01
格拉苏蒂 议员系列 精钢 自动上弦腕表		28,750	保利厦门	2018-07-15
帕玛钱宁，吸引，18k红金镶钻石长方形女装石英腕表		28,420	佳士得	2018-05-27
欧米茄，不锈钢自动上弦腕表		28,420	佳士得	2018-05-27
Charles Oudin 黄金二问怀表备活动人偶报时，编号3202，表壳编号1483，年份约1815	直径54mm	28,315	香港苏富比	2018-04-02
Universal Genève 两枚黄金计时腕表，年份约1950及1930	直径33mm及36mm	27,304	香港苏富比	2018-04-02
梵克雅宝 精致优雅，女装黄金镶钻石及祖母绿腕表，“PIERRE ARPELS”，型号18101，年份约1998	直径30mm	26,729	保利香港	2018-03-31
欧米茄 ST 145.022型号“SPEEDMASTER”限量版精钢计时炼带腕表备日期及月相显示，编号0051/2000，年份约1969	直径42mm；炼带约长180mm	26,293	香港苏富比	2018-04-02
芝柏 “LAUREATO EVO3”精钢自动上链计时炼带腕表备日期、月相及动力储备显示，表壳编号209，年份约2010	直径41mm；炼带约长200mm	26,293	香港苏富比	2018-04-02
宝珀 “LEMAN ULTRA THIN”黄金自动上链腕表备日期显示，编号21，年份约2005	直径36mm	26,293	香港苏富比	2018-04-02

拍品名称	物品尺寸	成交价RMB	拍卖公司	拍卖日期
香奈儿，黑陶瓷，钛金属及不锈钢自动上弦链带腕表		25,375	佳士得	2018-05-27
路易威登，不锈钢自动上弦腕表		24,360	佳士得	2018-05-27
肖邦，不锈钢镶宝石女装石英腕表		24,360	佳士得	2018-05-27
Speake-Marin “THE PICCADILLY SPIRIT MK2”精钢自动上链腕表，编号SMST1079，年份约2013。		23,980	香港苏富比	2018-10-02
FRANCE 黄金镶钻石，灯笼造型机械链带腕表，备隐藏表盘，年份约1970	11×34mm	23,866	保利香港	2018-03-31
约2005年制 肖邦 happy sport系列 精钢 女款腕表 活动钻石 日期显示	表径35mm	23,000	北京保利	2018-06-18
路易威登，不锈钢自动上弦腕表		22,330	佳士得	2018-05-27
罗杰杜彼 “AQUAMARE”限量版精钢自动上链正方形腕表，编号315/888，年份2004	40.5×40.5mm	22,248	香港苏富比	2018-04-02
萧邦 精美，女装黄金及精钢镶钻石及红宝石腕表，“HAPPY SPORT”，年份约1992，附原厂证书及表盒	直径26mm	21,002	保利香港	2018-03-31
约1970年制 宇宙 18K白金 女款手动上弦镶钻腕表 翻盖表盘	4-10点位置测量表径22mm；全表长约18cm	20,700	北京保利	2018-06-18
肖邦，不锈钢镶宝石女装石英腕表		20,300	佳士得	2018-05-27
Antoine Preziuso，精细，18k金自动上弦腕表		20,300	佳士得	2018-05-27
铜器				
清雍正 铜御制针灸像、书籍及器具（一组）		222,365	纽约苏富比	2018-09-15
清 铜鎏金嵌宝鼻烟盒	长7.8cm	149,500	北京保利	2018-12-09
约1880-1890年 法国 大型铜鎏金镶嵌铜质雕塑台灯	约141×70cm	143,750	北京保利	2018-06-18
De Beers 精致铜鎏金沙漏配浮动钻石，年份约2000	直径7cm；高15cm	111,238	香港苏富比	2018-04-02
戴比尔斯，铜及钻石沙漏		60,981	佳士得	2018-11-26
约2000年制 Royal 铜鎏金 沙漏时计配浮动钻石	高度约15cm	43,700	北京保利	2018-12-09
约1980年制 法贝热 铜鎏金及珐琅皇家多米诺骨牌	约骨牌45×23mm；木盒39×22×7cm	23,000	北京保利	2018-12-09
佩饰件				
西周 青铜兽面饰（一对）	长6.2cm	32,340	伦敦苏富比	2018-05-18
春秋 铜错金银兽头	高6cm	38,976	万昌斯	2018-05-30
东周 铜错金嵌松石带钩	长24.5cm	38,185	中国嘉德	2018-04-02
战国 铜嵌玉错金银带钩	长13.7cm	149,016	万昌斯	2018-11-29
战国 铜错银“凤鸟”仪杖	最大长12.9cm	149,016	万昌斯	2018-11-29
战国 铜错金银“猴”“熊”“龙首”带钩	长22.2cm	117,084	万昌斯	2018-11-29
战国 铜鎏金“虎噬驴”牌饰（两件）	最大长11.9cm；厚0.4cm	95,796	万昌斯	2018-11-29
战国 铜错金银“飞马走兽”纹戈鐏	长16cm	53,220	万昌斯	2018-11-29
战国 铜错金银螭龙纹车饰件	宽7cm	51,448	中国嘉德	2018-10-02
战国-汉 铜鎏金及错金银配件（一组九件）	最大长14.4cm	34,061	万昌斯	2018-11-29
战国 铜错银车马饰	高10.1cm	28,639	中国嘉德	2018-04-02
秦汉 铜带钩（十八种）	16.8×1.1×1.5cm	32,927	中国嘉德	2018-10-02
秦汉 铜带钩（六种）	11×1.5×2cm	22,637	中国嘉德	2018-10-02
西汉 铜鎏金银配件（一组七件）	最大高13.9cm	202,236	万昌斯	2018-11-29
西汉 铜鎏金车马饰（六件）	最大直径4.9cm	29,803	万昌斯	2018-11-29
汉 铜错金银“走兽飞鸟”纹旗杆鐏	高24.4cm	58,464	万昌斯	2018-05-30
汉 铜鎏金铺首（一对）	最大长13.6cm	47,898	万昌斯	2018-11-29
汉 铜错银“虎首”带钩	长21.5cm	42,576	万昌斯	2018-11-29
汉 铜鎏金“瑞兽”纹梳背（两件）	最大高8.5cm；厚0.8cm	37,254	万昌斯	2018-11-29
六朝 铜鎏金铺首（一对）	高19cm	57,277	中国嘉德	2018-04-02
北朝 铜鎏金飞天饰件	宽6.6cm；高9.3cm	57,500	浙江佳宝	2018-07-01

拍品名称	物品尺寸	成交价RMB	拍卖公司	拍卖日期
北魏 铜鎏金铺首（一对）	最大长21.1cm	180,948	万昌斯	2018-11-29
北魏 铜鎏金铺首（一对）	最大长19.1cm	79,830	万昌斯	2018-11-29
唐/辽 铜鎏金嵌玻璃带饰（一组十四件）	宽4.8cm	68,420	纽约佳士得	2018-09-13
唐 铜鎏金马镫（一对）	最大长5.7cm	23,417	万昌斯	2018-11-29
元 至正款兽面纹铜铺	带座高22cm；高17cm；通径15.5cm	32,200	西泠拍卖	2018-05-04
13-14世纪 不动明王擦模	高10cm	552,000	中贸圣佳	2018-06-20
14世纪 铜鎏金背光	高16cm	61,738	中国嘉德	2018-10-02
13至14世纪 铜鎏金背光	宽9cm	59,680	中国嘉德	2018-10-02
晚16世纪/17世纪 铜洒金镂雕空螭龙灵芝纹锁或带饰	高7.6cm	25,658	纽约佳士得	2018-09-13
明天启四年 铜五马牌	长12cm	63,864	万昌斯	2018-11-29
明代 铜质错金银嵌松石"龙食鱼"带钩	长17.3cm；重280g	586,500	中国嘉德	2018-06-19
明 宫制铜铸鱼符禁宫御厨腰牌	直径13cm	23,000	北京荣宝	2018-12-03
18世纪 铜胎珐琅花卉斋戒牌	高5.5cm	77,952	香港诚昌	2018-05-30
二里头文化 铜嵌绿松石"兽面"纹牌饰	长16.4cm	202,236	万昌斯	2018-11-29
陈设件				
战国 铜圆雕狮子（一组三件）	最大长3cm	46,771	万昌斯	2018-05-30
汉 鎏金青铜龙首	长14.6cm	128,288	纽约佳士得	2018-09-13
北朝 铜鎏金狮子像	高4.2cm	43,700	西泠拍卖	2018-07-08
唐 铜"西域人物"纹净水瓶	高26.5cm	138,372	万昌斯	2018-11-29
辽 铜观音菩萨坐像		222,365	纽约苏富比	2018-09-12
辽 铜童子	高6.4cm	58,542	万昌斯	2018-11-29
辽 铜大雁	长12.4cm	29,232	万昌斯	2018-05-30
金 铜狮	高10.2cm	37,254	万昌斯	2018-11-29
元/明 铜鎏金自在观音坐像	高35cm	4,772,060	邦瀚斯	2018-11-27
元 铜鎏金彩漆填珐琅皇子立像	高14.7cm	3,220,000	北京保利	2018-06-19
元 铜点金汉熊	高17cm	402,500	中贸圣佳	2018-06-20
13~14世纪 菩萨手	长155cm	4,140,000	古天一	2018-06-17
明早期 铜错金银镶松石龟	长8.5cm；重107.4g	207,000	中国嘉德	2018-06-18
十五世纪西藏 铜鎏金莲华生大士坐像		513,150	纽约苏富比	2018-09-12
17世纪 铜制刘海戏金蟾像	高77cm	322,000	北京东正	2018-06-17
十七世纪 铜甪端	高12.7cm	283,150	香港苏富比	2018-04-03
十七世纪 铜錾凤凰灵芝竹节式香插	12cm	101,125	香港苏富比	2018-04-03
十七世纪 洒金铜宝螺	7.6cm	101,125	香港苏富比	2018-04-03
十七世纪 铜太狮少狮摆件		63,460	纽约苏富比	2018-03-21
明 铜佛狮戏绣球摆件		475,950	纽约苏富比	2018-03-21
明 贾景德旧藏铙叔旅钟	钟高33cm；长21cm	184,000	西泠拍卖	2018-07-07
明或更早 铜错金银武士灯	高15.5cm	172,500	保利厦门	2018-07-15
明代 铜文官像	高42cm	172,500	南京经典	2018-01-06
明 铜漆金狮吼观音像		171,050	纽约苏富比	2018-09-12
明 铜狻猊摆件（一对）	高19.2cm×2	138,000	北京匡时	2018-12-05
明铜鎏金胡人	高13cm	69,000	保利厦门	2018-07-15
明-清 铜如意云纹莲花供座	高13cm；口径14.8cm；重1143g	63,250	西泠拍卖	2018-07-07
明 铜太平有象蜡台（一对）	高31cm；高31cm	59,800	西泠拍卖	2018-07-07
明 铜"牛"形摆件	长12.1cm	58,542	万昌斯	2018-11-29
明 铜像两尊		51,315	纽约苏富比	2018-09-15
明代 铜人物摆件	高10cm	34,500	上海匡时	2018-04-30
明 玄天上帝像	高27cm	24,408	羅芙奥	2018-12-01
明 铜童子摆件	高22cm	20,700	印千山	2018-01-12
十八世纪 铜将军宝像	高18cm	126,500	北京匡时	2018-12-05
清早期 铜鎏金大威德	高13cm	463,032	北京匡时	2018-10-03
清初 鎏金铜错金银吉语象首如意	长41.8cm	406,000	佳士得	2018-05-30
清早期 铜仿犀角山水人物觥	高15.8cm；重1885g	345,000	中贸圣佳	2018-11-24
17世纪/18世纪 铜刘海戏蟾立像	高49.7cm	94,078	纽约佳士得	2018-09-13
清早期 铜太平有象香插	长6cm	55,200	华艺国际	2018-05-23
清早期 铜山子	高54.5cm	25,300	中国嘉德	2018-06-18
清乾隆 铜鎏金嵌翡翠福禄寿吉祥如意	长48cm	1,150,000	北京保利	2018-06-19
清乾隆 铜鎏金尊胜佛母坐像		555,913	纽约苏富比	2018-09-12
清乾隆 御制铜狮摆件	高20cm；重3150g	552,000	中国嘉德	2018-06-18

拍品名称	物品尺寸	成交价RMB	拍卖公司	拍卖日期
清乾隆 铜太平景象摆件（一对）	高28cm	514,480	北京匡时	2018-10-03
清乾隆 铜鎏金"八宝"纹子午醒钟	直径12.4cm	341,040	万昌斯	2018-05-30
清乾隆 铜胎画珐琅八仙人物花口洗	高8.8cm	207,000	北京匡时	2018-12-05
清乾隆 铜鎏金八吉祥子午钟	直径12cm；高8cm	164,634	保利香港	2018-10-02
清乾隆 铜鎏金镶宝石战马	高14cm；宽19cm	77,952	香港诚昌	2018-05-30
清乾隆 铜鎏金镂雕摆件	高8.8cm	34,500	北京中汉	2018-04-15
18世纪 祥鹿（一对）	高8.3cm	28,750	北京保利	2018-12-09
18世纪 鎏金铜瑞狮钮	宽16cm	21,560	伦敦佳士得	2018-05-15
清中期 铜嵌百宝太平有象摆件	高41cm	172,500	中国嘉德	2018-05-18
清代 铜鎏金释迦牟尼佛	高8.5cm	828,000	古天一	2018-12-08
清代 铜宫狮（一对）	高37.5cm；高36cm	368,000	中国嘉德	2018-06-19
清 铜胎掐丝珐琅象足花盆	总高15.1cm	214,368	万昌斯	2018-05-30
清 铜荷塘鸳鸯摆件	高43cm	63,250	印千山	2018-01-12
清 铜鎏金龙首（两件）	尺寸不一	49,450	印千山	2018-01-12
清 铜鎏金随形山子	高24.5cm	42,550	印千山	2018-01-12
清 铜雕山子	高29cm	34,500	北京荣宝	2018-06-14
清 铜鎏金犀牛望月摆件	长18.5cm	32,200	中国嘉德	2018-05-20
清 铜鎏金嵌孔雀石如意	长30cm	30,869	中国嘉德	2018-10-02
清 铜局部鎏金花插	高10.6cm	24,360	万昌斯	2018-05-30
清 铜狮子滚绣球（一对）	长43cm	24,150	北京保利	2018-04-30
清代 铜制岁寒三友香插	口径3.5cm；高10.5cm	23,000	上海匡时	2018-04-30
民国 用生制铜诗文清供图插屏	带座高34.8cm；屏心长22.2cm；宽14.8cm	40,250	西泠拍卖	2018-07-07
民国 用生制铜诗文清供图插屏	带座高34.8cm；屏心长22.2cm；宽14.8cm	36,800	西泠拍卖	2018-09-29
当代 陈毅谦 晋美彭措造像	20×16×23cm；5.5kg	94,300	中国嘉德	2018-11-20
十五/十六世纪 铜漆金狮吼观音坐像	高67cm	1,995,750	邦瀚斯	2018-11-27
佛手	高21.5cm	138,000	北京匡时	2018-06-15
铜鎏金狮子（一对）	高86cm	63,250	中国嘉德	2018-05-20
铜鎏金人物雕像台灯	台灯高约70.5cm	55,200	保利厦门	2018-07-15
科特迪瓦卡瓦利地区或利比亚 射手铜像	24.5cm	42,473	香港苏富比	2018-04-02
铜鎏金烧蓝太平有象	高60cm	36,800	中国嘉德	2018-01-14
鹿（一对）	高153.5cm	28,750	中国嘉德	2018-09-20
日本 室江丹长款铜招财鼠	长16cm	25,300	中国嘉德	2018-01-14
铜错金银熊	长7cm	25,300	中国嘉德	2018-01-14
铜局部鎏金嵌百宝太平有象（一对）	高37.5cm	20,700	中国嘉德	2018-01-14
铜鎏金龙吐珠摆件	高54cm	20,700	中国嘉德	2018-09-19
容器件				
战国 青铜豆	宽22cm	57,277	中国嘉德	2018-04-02
商晚期 兽面纹天黾己方鼎	高21.2cm；宽17.8cm	13,364,680	保利香港	2018-04-02
商晚期 鼎方彝	高24cm	6,653,845	纽约佳士得	2018-09-13
商晚期 青铜兽面纹鬲鼎	高20.6cm	4,830,000	西泠拍卖	2018-07-07
商晚期 青铜饕餮纹鬲鼎	高21.4cm	2,572,400	保利香港	2018-10-02
商晚期 青铜饕餮纹鼎	高23.5cm	1,624,975	纽约佳士得	2018-09-13
商晚期 斜方格乳钉纹铜鼎	高20cm	1,543,440	保利香港	2018-10-02
商晚期 青铜兽面纹鬲鼎	高22.3cm	1,150,000	西泠拍卖	2018-07-07
商晚期 亚鼎	高21.6cm	1,026,300	纽约佳士得	2018-09-13
商晚期 亚弜鼎	高15.8cm	812,488	纽约佳士得	2018-09-13
西周晚期 青铜龙纹鼎	高53.5cm；宽48cm	8,591,580	保利香港	2018-04-02
西周中期 青铜弦纹鼎	高17.6cm	287,500	西泠拍卖	2018-07-07
春秋中期 青铜交体龙纹三牺鼎	高24.2cm	368,000	西泠拍卖	2018-07-07
春秋 青铜蟠虺纹卧牛大鼎	50.5cm	299,338	纽约佳士得	2018-09-13
春秋晚期 青铜交龙纹鼎	宽29.3cm	222,365	纽约佳士得	2018-09-13
春秋初 青铜夔龙纹鼎		136,840	纽约苏富比	2018-09-12
春秋时期 青铜蟠虺纹三足鼎	宽22cm	51,448	中国嘉德	2018-10-02
战国 青铜鼎	宽18cm	39,100	中国嘉德	2018-10-02
明 仿古青铜饕餮纹方鼎	16.5cm	312,620	伦敦苏富比	2018-05-18
清乾隆 铜"饕餮"纹方鼎	高28.5cm	175,392	万昌斯	2018-05-30
18世纪 金银错饕餮纹三足铜鼎	高15cm；直径9.2cm	102,240	羅芙奥	2018-06-02
清中期 仿西周召夫四方铜鼎	高35.6cm	48,300	北京中汉	2018-09-21
清或以前 铜制兽面纹三足鼎	高18cm；直径13cm；重1302g	138,000	浙江佳宝	2018-07-01

2018杂项拍卖成交汇总

(成交价RMB：2万元以上)

拍品名称	物品尺寸	成交价RMB	拍卖公司	拍卖日期
清 铜饕餮纹三足鼎	高31.5cm	126,500	广东崇正	2018-07-05
清 铜鎏金三足鼎	高16cm	34,500	印千山	2018-01-12
清 铜饕餮纹三足鼎	高95cm	34,500	印千山	2018-01-12
商晚期 青铜“夔龙”“圆涡纹”鼎	高23.5cm	170,304	万昌斯	2018-11-29
西周 青铜“窃曲”纹带盖鼎（一对）	最大直径24.5cm	532,200	万昌斯	2018-11-29
西周 青铜“兽面”纹鼎	高19.8cm	447,048	万昌斯	2018-11-29
西周 青铜“曲龙”纹鼎	直径45.6cm	191,592	万昌斯	2018-11-29
西周 青铜鼎	高12cm	63,864	万昌斯	2018-11-29
春秋 青铜“蟠螭”纹鼎（一对）	最大直径53.3cm	659,928	万昌斯	2018-11-29
春秋 青铜“蟠螭”纹鼎	高37.7cm	127,728	万昌斯	2018-11-29
战国 青铜“圆圈”纹鼎	直径33.3cm	106,440	万昌斯	2018-11-29
宋/明 铜饕餮纹三足鼎(错金银)	高43.5cm; 直径30cm	920,000	华艺国际	2018-11-16
商 青铜兽面纹簋	宽26cm	2,863,860	保利香港	2018-04-02
西周晚期 青铜史颂簋	高27.8cm	13,800,000	西泠拍卖	2018-07-07
西周早期 青铜伯弘簋	高14.3cm	2,070,000	西泠拍卖	2018-07-07
西周早期 青铜蜗身兽纹簋	27cm	2,052,600	纽约佳士得	2018-09-13
西周中期 青铜兽体变形纹簋	高23cm	920,000	西泠拍卖	2018-07-07
西周早期 冉祖癸簋	30cm	470,388	纽约佳士得	2018-09-13
晚商/西周早期 青铜饕餮纹簋	直径26.4cm	344,960	伦敦佳士得	2018-05-15
明 铜兽面纹簋	宽15.5cm	28,750	北京保利	2018-06-21
清同治 孔庙配位铜簠	宽31cm	20,579	中国嘉德	2018-10-02
清 仿古青铜双耳簋	across handles29cm	30,144	纽约佳士得	2018-03-20
青铜窃曲纹簋	直径19.5cm; 宽31cm	2,070,000	保利厦门	2018-01-08
西周早期 公元前十一至公元前十世纪 史述簋	高14cm; 重2570g	1,840,000	中贸圣佳	2018-11-24
民国 仿古青铜小簋	宽6cm	40,250	中国嘉德	2018-11-20
明 铜错金银甗	高26cm	253,000	北京保利	2018-06-20
商晚期 青铜兽面纹鬲	高21.5cm	1,092,500	西泠拍卖	2018-07-07
西周早期 芮史鬲	高18cm	3,369,685	纽约佳士得	2018-09-13
清乾隆 铜锦纹龙耳铏（一对）	长22.5cm	138,000	中国嘉德	2018-01-14
商晚期 青铜弦纹盂	直径24.7cm	94,078	纽约佳士得	2018-09-13
商 殷墟时期 裸井尊		9,955,110	纽约苏富比	2018-09-12
商晚期或西周早期 卫箙父辛尊	高31cm	8,746,160	保利香港	2018-10-02
晚商/西周早期 青铜饕餮纹尊	高31.2cm	2,352,196	伦敦佳士得	2018-05-15
西周早期 青铜传尊	高20.7cm	2,185,000	西泠拍卖	2018-07-07
西周早期 青铜子父乙尊	高25.1cm	2,070,000	西泠拍卖	2018-07-07
战国 铜错金银“飞兽”纹戈鐏	高15cm	34,104	万昌斯	2018-05-30
宋; 元 铜冲天耳酒樽	高22.5cm	87,200	佳士得	2018-10-04
明 铜错金银天鸡尊	高37cm	3,283,588	伦敦佳士得	2018-05-15
日本明治时期 浮雕麒麟云龙纹天盘口双凤耳大尊	高97cm	143,724	香港中汉	2018-05-31
明 铜鎏金饕餮纹尊	高16.5cm	69,000	八益拍卖	2018-04-28
明 铜错金银天鸡尊	带座高27.5cm; 高23.5cm	46,000	西泠拍卖	2018-05-04
明 铜错金银小贯耳尊	高5.5cm	37,950	北京保利	2018-10-28
明晚期 铜花形尊	高17.1cm	51,750	北京诚轩	2018-06-17
十八世纪 铜鎏金双螭耳尊	高16.3cm	69,000	北京中汉	2018-04-15
清早期 铜双龙耳六方尊	高35.5cm	230,000	北京保利	2018-06-20
清 铜饕餮纹方尊	高60cm	207,000	印千山	2018-01-12
清 铜嵌百宝太平有象尊	高21cm; 长30cm	92,000	西泠拍卖	2018-07-07
清 铜兽面纹出戟尊	高32cm	43,700	西泠拍卖	2018-07-07
清 铜兽面纹尊	高31cm	36,800	广东崇正	2018-07-05
清 铜鎏金牺尊	长21cm	25,300	北京保利	2018-04-29
清代 错金银兽面纹尊	高32cm	23,000	南京经典	2018-01-06
铜仿古带轮天鸡尊		25,658	纽约苏富比	2018-09-15
明 青铜饕餮纹尊	直径25.7cm; 高20.4cm	287,500	中贸圣佳	2018-11-25
明代 铜嵌银博古双羊尊	高6.5cm	207,000	古天一	2018-12-08
明 铜鎏金“饕餮”纹尊	高16cm	69,186	万昌斯	2018-11-29
清乾隆 铜出戟方尊	铜高36.7cm; 总高40.8cm	85,152	万昌斯	2018-11-29
清 铜嵌银饕餮纹双兽耳尊	高12.5cm	34,500	北京匡时	2018-12-05
商晚期 青铜告田父乙提梁壶	带提梁高36.5cm	1,380,000	西泠拍卖	2018-07-07
春秋 青铜鹰首提梁壶	高36cm	779,520	香港诚昌	2018-05-30
战国早期 青铜几何纹虎足方壶	高35.6cm	855,250	纽约佳士得	2018-09-13
西汉 青铜四叶纹扁壶	高26.3cm; 通径28.3cm	51,750	西泠拍卖	2018-09-29
汉 青铜蒜头壶	高35.6cm	43,120	伦敦佳士得	2018-05-15
宋/明 铜错金银龙纹壶	高28.9cm	701,305	纽约佳士得	2018-09-13
宋 铜兽面活环耳方壶	高19.2cm	34,500	西泠拍卖	2018-07-07
元 铜海水纹贯耳方壶		25,658	纽约苏富比	2018-09-12
明 铜制蟠虺纹铺首耳衔环壶	高40cm	402,500	北京东正	2018-06-17
明 铜兽面纹提梁壶	高39.5cm	41,400	华艺国际	2018-03-30
十八世纪御制铜夔凤耳六方大壶连座	总 61cm	960,688	香港苏富比	2018-04-03
十八世纪 铜洒金饕餮纹活环壶	16cm	150,920	伦敦苏富比	2018-05-16
清乾隆 铜鎏金执壶	总高18.3cm	63,336	万昌斯	2018-05-30
西藏19世纪 铜鎏金龙柄灌顶壶(嵌银)	高28.5cm	101,200	中国嘉德	2018-06-19
羽状纹铜扁壶	高12cm; 重量 242g	115,000	北京保利	2018-06-21
西周 青铜提梁壶	高35.8cm	617,352	万昌斯	2018-11-29
春秋 青铜“鳞”纹壶（一对）	最大高43cm	447,048	万昌斯	2018-11-29
春秋 青铜“绳”纹龙鋬壶（一对）	最大长40.7cm	266,100	万昌斯	2018-11-29
战国 青铜“狩猎”纹壶（一对）	最大高39.4cm	510,912	万昌斯	2018-11-29
明 铜提梁壶	高21cm; 直径22cm; 重1195g	115,000	中贸圣佳	2018-11-25
清 紫檀包铜鎏金诗文执壶	高22.3cm	63,864	万昌斯	2018-11-29
曹秋舫藏大吉壶，陈子清拓片补绘铁骨红中堂并隶书六言联	尺寸不一	2,185,000	中贸圣佳	2018-11-24
商晚期 青铜父丁爵	高20.2cm	1,552,500	西泠拍卖	2018-07-07
商晚期 青铜父癸爵	高21.5cm	483,000	西泠拍卖	2018-07-07
商晚期 青铜父爵	高22cm	322,000	西泠拍卖	2018-07-07
商 青铜饕餮纹爵		67,426	纽约苏富比	2018-03-21
商 青铜爵	19.7cm	59,290	伦敦苏富比	2018-05-18
元 “至德坛用具” 款铜制羽觞杯	长9.1cm; 宽7.4cm; 高2cm; 重99.9g	74,750	中贸圣佳	2018-06-20
清乾隆 铜兽面纹爵杯	高17.5cm	109,250	中国嘉德	2018-01-14
清乾隆 铜点金爵杯	高15cm	103,500	印千山	2018-01-12
清乾隆 铜洒金仿古爵杯	高31cm	46,000	北京匡时	2018-06-15
清乾隆 铜兽面纹爵杯	高17.5cm	25,300	中国嘉德	2018-05-18
清 铜爵杯（一对）	长17cm×2	57,500	印千山	2018-01-12
清 铜爵杯	长11.6cm	29,232	万昌斯	2018-05-30
蔡元培所获勋章、纪念章十枚 铜镀银菊花蝴蝶、孔雀牡丹纪念杯一对	奖杯高31cm; 宽22cm	632,500	中国嘉德	2018-06-18
商 青铜“饕餮”纹爵杯	高18.6cm	255,456	万昌斯	2018-11-29
商 青铜“饕餮”纹爵杯	高19.6cm	244,812	万昌斯	2018-11-29
西汉 铜鎏金银卮杯	高17.1cm	298,032	万昌斯	2018-11-29
明 铜鎏金双“如意耳”杯	长8.2cm	51,091	万昌斯	2018-11-29
清乾隆 铜洒金爵杯	高15cm	115,000	北京荣宝	2018-12-03
清仿铜兽面纹爵杯	高17.1cm	990,000	中正拍卖	2018-11-30
商晚期 青铜凤鸟纹觯	高13cm	432,163	保利香港	2018-10-02
商代晚期至西周早期『徙父己』觯	高18.5cm; 宽7.3cm	460,000	中国嘉德	2018-06-18
商晚期/西周早期 父辛觯	高11.4cm	256,575	纽约佳士得	2018-09-13
西周早期 青铜觯	高13cm	51,744	伦敦佳士得	2018-05-15
宋 铜蕉叶纹觯	宽11cm; 高15.5cm	57,500	浙江佳宝	2018-07-01
宋 仿青铜鼋父戊四足觥	高14.4cm; 通径22.5cm	55,200	西泠拍卖	2018-07-07
明 铜龙头觥	长18.8cm	46,000	北京匡时	2018-12-05
商晚期 青铜父癸佳觚	高33cm	920,000	西泠拍卖	2018-07-07
商晚期 青铜斧□癸觚	高33cm	920,000	西泠拍卖	2018-07-07
商晚期 青铜饕餮纹觚	高27.7cm	823,168	保利香港	2018-10-02
商晚期 青铜子祖癸觚	高25.8cm	517,500	西泠拍卖	2018-07-07
商晚期 青铜酉己觚	高27.5cm	437,000	西泠拍卖	2018-07-07
商晚期 青铜饕餮纹觚	高31.8cm	427,625	纽约佳士得	2018-09-13
商晚期 青铜饕餮纹出戟觚	高27.8cm	411,584	保利香港	2018-10-02
商 公元前十三世纪 青铜饕餮纹觚（一对）		317,300	纽约苏富比	2018-03-21
商晚期 青铜饕餮纹觚	高32cm	273,680	纽约佳士得	2018-09-13

拍品名称	物品尺寸	成交价RMB	拍卖公司	拍卖日期
商末 公元前十二/十一世纪 青铜饕餮纹觚		158,650	纽约苏富比	2018-03-21
晚商安阳 青铜饕餮蕉叶纹觚	高29.8cm	129,360	伦敦佳士得	2018-05-15
商公元前十三/十二世纪青铜饕餮纹觚		118,988	纽约苏富比	2018-03-21
商末 青铜饕餮纹觚		67,426	纽约苏富比	2018-03-21
商 青铜饕餮纹觚	高29.5cm	20,579	中国嘉德	2018-10-02
明 铜鎏金银饕餮纹出戟方觚	高30.4cm; 直径17.5cm	181,378	保利香港	2018-04-02
明代 铜花觚	高26.5cm; 口径18.3cm	28,750	南京经典	2018-01-06
清康熙 铜点金花口觚	高12.5cm; 重536g	195,500	中贸圣佳	2018-06-20
清乾隆 铜制兽面纹出戟花觚	带座高33.7cm; 高32cm	34,500	西泠拍卖	2018-07-07
清 铜错金银花觚	高24.4cm	38,976	万昌斯	2018-05-30
清 铜梅花花觚	高19cm	36,800	北京翰海	2018-05-13
清 铜错金银“瑞兽”纹花觚	长18.5cm	29,232	万昌斯	2018-05-30
清 铜花觚	高34cm	20,700	北京保利	2018-07-27
西周 青铜觚	高27.7cm	53,220	万昌斯	2018-11-29
十七世纪 铜局部鎏金花觚	高156cm	66,525	邦瀚斯	2018-11-27
商 殷墟时期 青铜饕餮纹卣	高28.7cm	12,279,510	纽约苏富比	2018-03-21
商晚期 青铜庚卣	带梁高31cm	1,725,000	西泠拍卖	2018-07-07
商末 围卣		684,200	纽约苏富比	2018-09-12
商晚期/西周早期 青铜牺首夔龙纹父丁卣	高28cm	8,025,888	保利香港	2018-10-02
西周初 公元前十世纪 青铜凤鸟纹卣		2,062,450	纽约苏富比	2018-03-21
明 铜措金银龙纹提梁卣	高45cm	920,000	北京荣宝	2018-06-14
明 铜错金兽面纹提梁卣	高29cm	253,000	北京东正	2018-06-17
明 铜错金银龙凤纹提梁卣	高29cm	138,000	北京东正	2018-06-17
亚其戈父辛卣	高27cm; 拓片长136×68cm	920,000	北京保利	2018-06-20
西周早期青铜“貘首”“凤鸟”纹■卣	高25cm	532,200	万昌斯	2018-11-29
明 铜错金银提梁卣	高22cm	138,000	中国嘉德	2018-11-20
西周早期 青铜方罍	高35.5cm	1,380,000	西泠拍卖	2018-07-07
明 古铜云气纹花卉罍	高19cm	161,000	北京保利	2018-06-21
明-清 铜兽面纹方罍	高35.5cm	63,250	西泠拍卖	2018-07-07
明 铜错银罍	直径11.5cm; 高10.6cm	29,232	万昌斯	2018-05-30
18世纪/19世纪 铜错金银饕餮纹方罍	高60.5cm	641,438	纽约佳士得	2018-09-13
西周 青铜“窃曲”纹罍	长32.3cm	23,417	万昌斯	2018-11-29
元仿 铜错金银方罍	口径15×13.5cm	68,200,000	中正拍卖	2018-11-30
明 铜仿古纹嵌石瓿		111,183	纽约苏富比	2018-09-15
商晚期 青铜兽面夔龙纹大圆斝	高30.2cm	1,543,440	中国嘉德	2018-10-02
宋 铜兽面纹斝	带座高23.8cm; 高22cm	32,200	西泠拍卖	2018-07-07
商末 青铜饕餮纹盉		79,325	纽约苏富比	2018-03-24
战国 青铜交龙纹神鸟足盉	宽26.6cm	1,881,550	纽约佳士得	2018-09-13
战国早期 青铜双耳盉	across 15cm	43,629	纽约佳士得	2018-03-20
宋 仿西周青铜鎣	高18.2cm; 通径34.5cm	552,000	西泠拍卖	2018-07-07
西周晚期 镂空环带纹柄青铜铺	直径27.5cm	823,168	保利香港	2018-10-02
西周末 公元前八世纪 青铜匜		1,031,225	纽约苏富比	2018-03-21
明-清 铜鎏金龙柄匜	高13.8cm; 通径29cm	103,500	西泠拍卖	2018-07-07
明晚期 铜兽足匜	长13.5cm	40,250	中国嘉德	2018-05-18
明代“宣德”款铜香筒	高7.8cm; 重781.6g	51,750	古天一	2018-12-08
清早期 阿拉伯纹香瓶	高14.3cm	80,500	北京匡时	2018-12-05
清早期 阿拉伯纹香插	高12.5cm	46,000	北京匡时	2018-12-05
清乾隆 御制螭龙纹局部鎏金带盖铺首尊	直径11.7cm; 高18.3cm	1,897,500	中贸圣佳	2018-11-24
清乾隆 仿古饕餮纹爵杯	高17.5cm	80,500	北京匡时	2018-12-05
古兽面纹龙首鋬爵	高12.8cm	880,000	中正拍卖	2018-11-30
战国 铜错金银“龙虎”纹瓶	高14.9cm	63,336	万昌斯	2018-05-30
隋/初唐 响铜象首瓶	高24.2cm	710,500	佳士得	2018-05-30
唐 铜长颈瓶	高21.8cm	164,634	中国嘉德	2018-10-02
唐 铜净瓶	高25cm	51,448	中国嘉德	2018-10-02
唐 铜长颈瓶（两件）	高23.5cm	41,158	中国嘉德	2018-10-02

拍品名称	物品尺寸	成交价RMB	拍卖公司	拍卖日期
唐 铜长颈瓶三件与净瓶一件	高17.5cm	41,158	中国嘉德	2018-10-02
宋 铜贯耳瓶	高13.7cm	46,771	万昌斯	2018-05-30
宋 铜六棱贯耳瓶	宽6.4cm; 高12cm	20,700	浙江佳宝	2018-07-01
元 铜盘龙蒜头瓶（一对）	宽11cm; 高27cm	69,000	浙江佳宝	2018-07-01
元 铜兽面纹双龙耳瓶	高29.5cm	32,200	西泠拍卖	2018-07-07
明万历 局部鎏金铜六方长颈撇口瓶	40.1cm	171,913	香港苏富比	2018-04-02
17世纪 铜阴刻八吉祥纹梭式龙耳瓶	高58cm	181,378	保利香港	2018-04-02
17世纪 铜如意头纹螭耳瓶	高60cm	152,739	保利香港	2018-04-02
明末 铜错银缠枝莲纹小瓶（两件）		128,288	纽约苏富比	2018-09-12
十七世纪 铜局部鎏金聚瑞图小瓶		71,393	纽约苏富比	2018-03-21
明末 石叟制铜嵌银丝诗文花卉纹四方香瓶	带座高13.6cm; 高12cm	63,250	西泠拍卖	2018-07-07
17世纪 铜如意耳双环瓶	高26cm	48,720	香港诚昌	2018-05-30
明 铜嵌金凤耳瓶	高41cm	172,500	印千山	2018-01-12
明 铜制如意云肩纹赏瓶（一对）	高31.4cm; 高31.6cm	161,000	西泠拍卖	2018-07-07
明 旋纹铜香瓶	高15cm; 重315g	149,500	中贸圣佳	2018-06-20
明 铜兽耳方瓶	高46cm	57,500	印千山	2018-01-12
明 铜龙纹香瓶	高17.5cm	34,500	印千山	2018-01-12
明 大明宣德年制款青铜凤耳瓶	高37cm	32,200	西泠拍卖	2018-07-07
十七/十八世纪 铜洒金云耳大瓶		162,498	纽约苏富比	2018-09-12
十七/十八世纪洒金铜铺首活环耳箸瓶	14cm	43,120	伦敦苏富比	2018-05-18
17世纪/18世纪 铜洒金觚式瓶	高32.8cm	94,078	纽约佳士得	2018-09-13
清早期 铜香瓶	高6.6cm	23,000	中国嘉德	2018-06-19
清雍正 御制精铜福山寿海龙纹弦纹大瓶	高65cm	20,700,000	北京东正	2018-06-17
清雍正 莲瓣纹铜香瓶	高16cm; 重546.7g	230,000	中贸圣佳	2018-06-20
清雍正 铜鎏金云鹤纹双耳瓶	高20.5cm	61,738	中国嘉德	2018-10-02
清乾隆 铜洒金双联瓶	高11.6cm	257,240	保利香港	2018-10-02
清乾隆 雪花金铜铺首衔环瓶	高21.5cm	92,000	广东崇正	2018-07-05
清 铜鎏金嵌玉葫芦瓶（一对）	高58cm	89,700	北京保利	2018-07-27
清 铜点金兽耳瓶	高21cm	43,848	万昌斯	2018-05-30
清 铜如意云耳六方锦地瓶	高19.5cm	43,700	西泠拍卖	2018-07-07
清 铜雷纹兽耳方瓶	高29cm	34,500	北京翰海	2018-01-14
清 铜鎏金錾福寿纹双联瓶	高10.5cm	25,300	保利厦门	2018-01-08
清 铜瓶	高18.5cm	20,700	北京翰海	2018-05-13
约1880年 德国萨克森 梅森风格铜鎏金镶嵌彩绘花卉瓷雕花瓶	约79×50cm	46,000	保利厦门	2018-07-15
京都浅井 金工铜瓶	高14cm	23,000	南京经典	2018-07-22
昭和时期 铜制山水纹瓶	高26.5cm	20,700	北京荣宝	2018-06-14
唐 青铜净瓶	高26.6cm	101,118	万昌斯	2018-11-29
唐 青铜净瓶	高21.3cm	51,091	万昌斯	2018-11-29
明 铜局部鎏金香瓶	高17cm	104,311	万昌斯	2018-11-29
明 铜兽耳瓶	直径12.5cm	23,000	华艺国际	2018-11-17
清早期 铜错银丝小香瓶	高8.1cm	51,091	万昌斯	2018-11-29
清乾隆 铜如意夔龙纹兽钮香瓶	高12cm; 重424g	218,500	北京匡时	2018-12-05
清中期 铜鎏金葫芦瓶	高20.6cm	31,932	万昌斯	2018-11-29
清代 铜点金兽耳衔环瓶	高15.2cm	172,500	古天一	2018-12-08
清 铜胎刻喜鹊蹬梅嵌玉瓶	高18.5cm	103,500	北京华辰	2018-11-19
清 铜错银丝“兽耳”香瓶	高15.9cm	53,220	万昌斯	2018-11-29
清 铜“兽耳”香瓶	高15.9cm	51,091	万昌斯	2018-11-29
清乾隆 御制诗龙凤纹大投壶	高45.4cm	7,762,500	中贸圣佳	2018-06-20
明早期 局部鎏金缠枝莲纹碗	高8.3cm; 直径18.2cm	62,050	保利香港	2018-04-02
清乾隆 鎏金铜云龙戏珠纹碗	18.7cm	102,410	伦敦苏富比	2018-05-16
清中期 铜鎏金山水人物纹净水碗	直径8.5cm	28,750	保利厦门	2018-01-08
清同治 铜鎏金“龙”纹碗	直径10.7cm	146,160	万昌斯	2018-05-30
汉 铜错金“兽”纹奁	总高11cm	77,952	万昌斯	2018-05-30
汉 铜错金银盖盒	直径6.3cm	31,181	万昌斯	2018-05-30
明 错金银铜牛形盒	高16cm	310,500	北京匡时	2018-06-16
明 胡文明制博古纹香盒	直径7.2cm; 高3.2cm	172,500	中贸圣佳	2018-06-20
清早期 造办处制斑铜走金镶嵌扇形香盒	长8.2cm	155,250	北京匡时	2018-06-16
清乾隆御制仿古铜描金夔龙纹小香盒	直径5.1cm	5,635,000	北京保利	2018-06-19
清乾隆 铜鎏金开光雕“云龙”纹盖盒	长7.6cm	92,568	万昌斯	2018-05-30

2018杂项拍卖成交汇总

(成交价RMB：2万元以上)

拍品名称	物品尺寸	成交价RMB	拍卖公司	拍卖日期
清乾隆 铜刻阿文香盒	高6cm; 直径10cm	28,000	上海联合	2018-07-01
清中期 铜鎏金开光花鸟纹香盒	长12.2cm; 高3.8cm	43,700	中国嘉德	2018-06-19
清 状元刘春霖刻兰亭序烟膏盒	长9cm; 宽5cm; 高9.7cm	40,250	凤凰拍卖	2018-01-21
清 嵌银丝香盒	直径9cm; 高6cm	32,200	凤凰拍卖	2018-01-21
约1890年 法国 铜鎏金珠宝首饰盒	约45×13×12cm	104,650	保利厦门	2018-01-08
铜鎏金云龙万寿图多宝盒	高25.5cm	40,250	中国嘉德	2018-09-19
铜局部鎏金八宝纹盒	高22cm	20,700	中国嘉德	2018-09-19
明代 铜错银博古钟形盒	高21cm	126,500	古天一	2018-12-08
清早期 铜阿拉伯文盖盒	直径11.6cm; 重1493g	230,000	北京保利	2018-12-09
清乾隆 铜鎏金蕾丝嵌金星石香盒	长6cm	32,200	北京荣宝	2018-12-03
清乾隆 铜鎏金福寿纹百宝盒	直径12.5cm	21,696	羅芙奧	2018-12-01
清 铜嵌百宝瓜形盒	长7.8cm	22,400	上海联合	2018-11-25
铜鎏金刻花鸟纹长方盒	长11.3cm; 宽5.2cm	1,650,000	中正拍卖	2018-11-30
西周中期 青铜兽体卷曲纹盘	高14.5cm; 带耳宽39.5cm	2,760,000	西泠拍卖	2018-07-07
战国蟠螭纹立人拔剑形足提环盘(炉)	高11.6cm; 直径40cm	3,723,018	保利香港	2018-04-02
宋 青铜“风扇”罗盘	直径13.4cm; 厚0.4cm	243,600	万昌斯	2018-05-30
元 铜仕女捧盘	高19.3cm	57,500	北京保利	2018-06-20
明 铜人物香盘	直径16.2cm; 高2cm	517,500	中贸圣佳	2018-06-20
清早期 铜天鸡耳法盏	直径12.6cm	322,000	中国嘉德	2018-06-19
清早期 铜螭龙纹香盘	宽17.5cm	69,000	中国嘉德	2018-06-19
清早期 铜竹节耳法盏	直径12.5cm	51,750	中国嘉德	2018-06-19
清乾隆 铜錾花卉御製诗文盘	长12.5cm	517,500	北京翰海	2018-06-30
清乾隆 铜菊瓣盘	直径20cm	28,750	北京保利	2018-01-21
清 铜人物花口大盘	直径54.5cm	20,700	北京保利	2018-04-29
约1900年 法国 路易十六风格 铜鎏金镶嵌手工雕花蓝水晶盛盘	约36×45cm	28,750	保利厦门	2018-07-15
清中期 铜雕“鲤跃龙门”香盘(一对)	最大直径10.5cm	111,762	万昌斯	2018-11-29
清 铜香盘(两件)	最大直径12.1cm	51,091	万昌斯	2018-11-29
清乾隆 铜卷缸	直径17.4cm	341,040	万昌斯	2018-05-30
清 铜水仙盆	长14cm	28,750	中国嘉德	2018-05-20
铜炉				
战国 青铜镂空熏炉	高21.4cm	447,048	万昌斯	2018-11-29
西汉 铜鎏金博山炉	高13.8cm	106,440	万昌斯	2018-11-29
西汉 青铜博山炉	高18cm	25,724	中国嘉德	2018-10-02
南宋 苏汉臣监造姜娘子制万字纹方炉	高9.2cm; 长15.6cm; 宽11.7cm; 重1080g	69,000	西泠拍卖	2018-07-07
宋 仿春秋羽翅纹铜朝冠耳炉	高10.6cm; 重729g	253,000	西泠拍卖	2018-07-07
宋 云字款铜出戟鬲式炉	高11.4cm; 通径10.5cm; 重340g	43,700	西泠拍卖	2018-09-29
辽 铜“神兽”香熏	高22.1cm	68,208	万昌斯	2018-05-30
元 双龙炉	高14cm; 重411.7g	161,000	中贸圣佳	2018-06-20
明早期 宫廷胡人戏狮香熏	47×23×46cm; 21kg	3,795,000	中国嘉德	2018-11-20
明早期 铜鎏金宝鸭熏炉	长45cm	1,852,128	保利香港	2018-10-02
明早期 鸭熏	高22.8cm; 重1456.2g	690,000	中国嘉德	2018-06-18
明早期 铜鸭香熏	16×8.3×8cm; 378g	230,000	中国嘉德	2018-11-20
明宣德 铜“九元三极”筒式炉	直径15.5cm; 厚11.2cm	341,040	万昌斯	2018-05-30
明宣德 铜鎏金三足鼎式炉	高14cm	234,168	万昌斯	2018-11-29
明宣德 铜“蚰龙耳”炉	高11cm	138,372	万昌斯	2018-11-29
明宣德 铜“冲天耳”炉	直径12.6cm	79,830	万昌斯	2018-11-29
明宣德 铜“鱼耳”炉	长20.5cm	51,091	万昌斯	2018-11-29
明宣德 铜三足铺首筒式炉	高12.5cm	29,803	万昌斯	2018-11-29
明宣德 铜阿拉伯文三足炉	直径9.5cm	24,360	万昌斯	2018-05-30
明正德 阿文筒式炉	高10.3cm; 重2050.5g	1,840,000	中国嘉德	2018-06-18
明正德 阿拉伯文筒式环耳炉	直径11.2cm; 高9.1cm; 重848g	1,150,000	北京保利	2018-06-19
明隆庆 铜桥耳炉	宽14.5cm; 高10cm; 重1232g	92,000	浙江佳宝	2018-07-01
明万历 胡文明制石语斋款瓿式炉	高8.3cm; 重702.9g	1,610,000	中贸圣佳	2018-06-20

拍品名称	物品尺寸	成交价RMB	拍卖公司	拍卖日期
明崇祯“崇祯庚辰年周望张制”铜蚰耳炉	长20.3cm; 重1815g	1,840,000	中贸圣佳	2018-11-24
明末 铜象耳簋式炉 连座	宽 20.6cm;	1,308,000	香港苏富比	2018-10-03
十六/十七世纪 铜阿拉伯文三足炉		753,588	纽约苏富比	2018-03-21
十七世纪 铜云龙纹四足长方熏炉		301,435	纽约苏富比	2018-03-21
明末 铜兽面纹朝冠耳三足炉		171,050	纽约苏富比	2018-09-12
十七世纪 铜法盏炉		162,498	纽约苏富比	2018-09-12
明末己巳年(1569年或1629年)铸李铁拐钮朝冠耳三足铜盖炉	高18cm	152,600	佳士得	2018-10-04
十七世纪 铜鬲式炉		102,630	纽约苏富比	2018-09-12
17世纪 铜点金双云耳炉	高7.5cm	73,080	香港诚昌	2018-05-30
17世纪; 18世纪 洒金铜海棠形炉	宽21.5cm	70,850	佳士得	2018-10-04
十七世纪 洒金铜双耳四足方炉	18cm	70,070	伦敦苏富比	2018-05-18
17世纪 铜狮耳香炉	直径14cm	66,456	羅芙奧	2018-06-02
十七世纪 铜狮耳簋式炉	19.5cm	59,290	伦敦苏富比	2018-05-18
十七世纪 铜佛狮戏绣球图狮耳炉		55,591	纽约苏富比	2018-09-12
明末清早 铜制兽面纹嵌银丝双龙耳簋式炉	宽13.5cm; 高7.8cm; 重640g	40,250	浙江佳宝	2018-07-01
十七世纪 刘海戏金蟾铜炉	30cm	37,730	伦敦苏富比	2018-05-18
17世纪 三足铜炉	高7cm; 直径9.5cm	35,784	羅芙奧	2018-06-02
17世纪 铜瑞狮耳簋式炉	高7cm; 直径13.5cm	35,784	羅芙奧	2018-06-02
明大明宣德五年款铜阿拉伯文三足炉	口径20.5cm; 重5908g	1,955,000	西泠拍卖	2018-07-08
明 映帷斋制天鸡法盏炉	高12cm; 重1760g	1,897,500	中贸圣佳	2018-11-24
明“菊庵清玩”铜马槽炉	13×9.8×7.2cm; 1791g	1,725,000	中国嘉德	2018-11-20
明 大明宣德元年武英殿用款铜鎏金高浮雕赶珠龙纹冲天耳炉	高22.6cm; 重8000g	1,380,000	西泠拍卖	2018-07-07
明 铜蚰耳炉	直径12cm	1,380,000	华艺国际	2018-05-23
明 桥耳花形三足炉	高10.5cm	1,035,000	北京匡时	2018-12-05
明 莲瓣纹钵式炉	高6.5cm	977,500	北京匡时	2018-12-05
明 铜兽胡人香熏	长51cm; 高44cm	747,500	中贸圣佳	2018-06-20
明 钵式炉	宽21cm; 重2831g	690,000	北京保利	2018-12-09
明代 铜马槽炉	长9.5cm; 高6cm	517,500	中国嘉德	2018-06-19
明 天禄阁室制款铜鬲式炉	高4.5cm; 口径8.8cm; 重705g	494,500	西泠拍卖	2018-07-07
明 铜弦纹筒式炉	高11cm	493,901	保利香港	2018-10-02
明 铜蚰耳炉	直径10.7cm	460,000	华艺国际	2018-03-30
明 大明宣德年制款铜鬲式炉	高8.3cm; 口径19.3cm; 重4388g	437,000	西泠拍卖	2018-07-08
明 朱震明款铜錾花凤鸟纹双耳炉	直径14.9cm; 高19cm(连座); 重1561.8g	437,000	中贸圣佳	2018-06-20
明“凌云堂”款鬲式炉	重量874g; 直径9.8cm; 高5.4cm	402,500	中贸圣佳	2018-11-24
明 铜阿拉伯文筒式三足炉	宽10.3cm	402,500	中国嘉德	2018-06-19
明 铜散金冲耳炉	直径22cm	368,000	北京荣宝	2018-12-03
明 铜双桥耳炉	直径14cm	345,000	北京保利	2018-04-29
明代 铜冲耳炉	直径11.8cm	345,000	中国嘉德	2018-06-19
明 天鸡耳簋式炉	直径11.5cm	310,500	华艺国际	2018-05-23
明 铜冲天耳炉	直径13cm; 高8cm	287,500	北京荣宝	2018-12-03
明 胡文明制铜鎏金螭龙灵芝纹冲天耳炉	直径8.5cm; 高7.6cm; 重275g	230,000	华艺国际	2018-11-16
明 八仙祝寿鼎式炉(一对)	高26.2cm×2	207,000	北京匡时	2018-12-05
明 铜鬲式炉	长15cm	204,700	印千山	2018-01-12
明 铜夔凤纹双兽耳炉	直径26cm	195,500	印千山	2018-01-12
明 象耳龙纹炉	宽19.5cm; 重1771g	184,000	北京保利	2018-12-09
明 胡文明制铜鎏金八宝纹簋式炉	高8cm; 通径16cm; 口径11.2cm; 重572.3g	184,000	西泠拍卖	2018-07-07
明 冲耳花式铜炉	直径13.5cm; 高11.2cm; 口径13.5cm	165,648	香港诚昌	2018-05-30
明 铜鎏金甪端香熏	高16.4cm	161,000	西泠拍卖	2018-07-07
明 铜蚰耳炉	长9cm	143,750	印千山	2018-01-12
明 铜冲耳饕餮纹鬲式炉	高26cm	135,700	印千山	2018-01-12
明 张鸣岐手炉	长12cm; 高7.3cm; 重490g	126,500	中贸圣佳	2018-11-25

拍品名称	物品尺寸	成交价RMB	拍卖公司	拍卖日期
明 红铜洗式宣德炉	高4.8cm	103,500	上海国时	2018-04-30
明 铜戟耳炉	4×4×4cm；重175g	97,750	华艺国际	2018-11-16
明 铜象足炉	高40cm	92,000	华艺国际	2018-03-30
明 鬲式炉	宽15.6cm；重1449g	92,000	北京保利	2018-12-09
明 鬲式炉	直径21cm；高19.5cm(连座)；重4180g	86,250	中贸圣佳	2018-06-20
明 朝冠耳炉	高11.8cm；重1170g	82,800	中贸圣佳	2018-11-25
明 铜鬲式炉	直径8.8cm	71,300	华艺国际	2018-11-17
明代 铜兽面纹簋式炉	高10cm；直径12cm	69,000	古天一	2018-06-17
明 铜葵口香炉	直径20.8cm；高17.5cm；4429g	59,800	中国嘉德	2018-06-18
明 吴邦佐款铜双耳衔环宣德炉	宽18.5cm；高6.3cm；重899g	57,500	浙江佳宝	2018-07-01
明 局部鎏金铜瑞兽纹簋式炉	高7cm；直径12cm	56,232	羅芙奧	2018-06-02
明 铜狮钮朝冠耳熏炉	带盖高26cm；通径27cm；口径9.5cm；重1688g	51,750	西泠拍卖	2018-07-07
明 仿古鼎式炉	直径12.9cm	46,000	北京匡时	2018-12-05
明 铜天鸡耳筒式炉	口径7.8cm；高5.9cm；重319g	44,800	上海联合	2018-11-25
明 胡文明制款铜兽面纹出戟狮耳炉	高8cm；通径10.5cm；口径9.6cm；重474g	43,700	西泠拍卖	2018-07-07
明 铜鬲式炉	直径9.7cm	43,700	华艺国际	2018-11-17
明 狮子滚绣球双狮耳炉	直径14.7cm	40,250	北京匡时	2018-12-05
明 冲耳炉	宽10.6cm；重587g	36,800	北京保利	2018-12-09
明 铜饕餮纹三足炉(带座)	高13.8cm	36,800	华艺国际	2018-11-17
明 铜局部鎏金双"龙"耳炉	长12.5	34,104	万昌斯	2018-05-30
明 桥耳炉	宽17cm；重960g	32,200	北京保利	2018-12-09
明 铜夔龙纹鼎式炉	高18cm；直径14cm；重1299g	28,750	浙江佳宝	2018-07-01
明 红铜网格纹手炉	长25cm；宽19.5cm；高13cm	26,450	上海国时	2018-04-30
明 铜鎏金角端香熏	高8cm	25,560	羅芙奧	2018-06-02
明 铜阿拉伯文鬲式炉	直径18cm	25,300	中国嘉德	2018-05-20
明 青铜浮雕四季花卉纹双耳四足鼎式炉	高18.9cm	23,000	北京中汉	2018-09-21
明 铜错金兽面纹三足炉	高15.2cm；口径13cm；重1100g	20,700	西泠拍卖	2018-07-07
明晚期 点金钵炉	口径10.9cm；高7cm；重1140g	483,000	北京保利	2018-12-09
明晚期 铜局部鎏金錾刻花卉纹筒式炉	高11.2cm	452,742	保利香港	2018-10-02
明晚期 铜狮子香熏炉	高23cm	154,344	北京匡时	2018-10-03
明晚期 铜凤眼炉	直径18cm	57,500	中国嘉德	2018-05-18
明晚期 铜鸳鸯形香薰	高18cm	34,500	北京保利	2018-12-08
明末清初 "安氏家藏"款戟耳筒式炉	直径9cm	805,000	华艺国际	2018-05-23
明末清初 张鸣岐制款铜竹编纹手炉	高6.5cm；长10.5cm；宽8.2cm；重411g	184,000	西泠拍卖	2018-07-07
明末清初 "松月侣"款双耳连座压经炉	长16.9cm；高8.8cm；重2165g	161,000	中贸圣佳	2018-11-25
明末清初 铜冲天耳炉	直径9.2cm	75,900	华艺国际	2018-11-17
明末；清初 铜双铺首耳鼓钉三足炉	宽26cm	65,400	佳士得	2018-10-04
明末清初 铜冲天耳炉	口径11.5cm；；高6.5cm；重量552g	46,000	南京经典	2018-07-22
明末/清初 铜荷花纹冲天耳炉	宽12cm	22,637	中国嘉德	2018-10-02
十八世纪 铜鎏金"太平有象"大熏炉		237,975	纽约苏富比	2018-03-21
十八世纪 酒金铜铺首耳炉	13.5cm	194,040	伦敦苏富比	2018-05-18
十七/十八世纪 铜压经炉		150,718	纽约苏富比	2018-03-21
十七/十八世纪 铜洒金朝天耳三足炉		87,258	纽约苏富比	2018-03-21
十八世纪 洒金铜冲双耳炉	10.7cm	75,460	伦敦苏富比	2018-05-18
清十七/十八世纪 铜龙耳三足大炉		47,595	纽约苏富比	2018-03-24
十八世纪 铜朝冠耳三足炉		35,921	纽约苏富比	2018-09-15
十七/十八世纪 洒金铜冲天耳三足炉	16cm	32,340	伦敦苏富比	2018-05-18
清早期 台几式炉	高7.5cm；重1115g	2,645,000	北京保利	2018-06-19

拍品名称	物品尺寸	成交价RMB	拍卖公司	拍卖日期
清初 兽耳含环钵式炉	高11.8cm；重2419.9g	2,357,500	中贸圣佳	2018-06-20
清早期 圈足押经炉 连座	直径18.4cm；炉重4227g	1,840,000	中国嘉德	2018-06-18
清初 宣德款大鬲炉	直径32.5cm；重7665g	1,725,000	中贸圣佳	2018-06-20
清早期 马槽炉	长11.4cm；宽8.8cm；高7.7cm；重2021.5g	920,000	中国嘉德	2018-06-18
清早期 铜冲耳炉	直径14cm	920,000	中国嘉德	2018-06-19
清早期 押经炉	直径12.9cm；高7.2cm；重1825g	575,000	北京匡时	2018-06-15
清早期 押经炉	口径12.9cm；重1825g	552,000	北京保利	2018-12-09
清早期 双螭耳点金大铜炉	长39cm；高22.3cm；重10080g	552,000	中贸圣佳	2018-11-25
清早期 铜蚰龙耳簋式炉	宽18cm	483,611	保利香港	2018-10-02
清早期 凤眼宣德年制香炉	口径16cm	460,000	上海国时	2018-04-30
清早期 子孙世珍之宝款铜蚰耳炉	高7.2cm；通径22.5cm；口径17cm；重2578g	402,500	西泠拍卖	2018-07-07
清早期 天鸡耳小簋式炉	宽7cm	368,000	北京保利	2018-06-19
清早期 大明宣德年制款铜冲天耳三足炉	口径19cm；高11.6cm；重3338g	322,000	西泠拍卖	2018-07-08
清早期 铜蚰耳炉	宽35cm	322,000	中国嘉德	2018-06-19
清初 铜鎏金狻猊耳熏炉	直径12cm	287,500	华艺国际	2018-05-23
清早期 铜点金凤眼三足炉	直径13.1cm；重2157g	287,500	北京中汉	2018-11-21
清早期 点金莲瓣纹迷你钵炉	口径4.3cm；高3.8cm；重157g	230,000	北京保利	2018-12-09
清早期 高动白云款蚰耳炉连座	直径12.7cm；高9.2cm；重2780g	230,000	中贸圣佳	2018-06-20
清早期 铜方耳深腹乳炉	直径10cm；高13.3cm；重2012g	230,000	北京匡时	2018-12-05
清早期 筒式炉	直径12；高9cm	230,000	北京荣宝	2018-12-03
清早期 大明宣德年制款铜桥耳三足炉带座	高18cm；口径22cm；炉重4508g；重6712g	207,000	西泠拍卖	2018-07-08
清早期 铜错金银簋式炉	高15.5cm	184,000	广东衡益	2018-07-01
清早期 铜蚰龙耳炉	直径26cm	184,000	华艺国际	2018-11-17
清初期 铜板耳炉	宽17cm	181,378	保利香港	2018-04-02
清早期 铜压经炉	宽17cm	172,500	北京保利	2018-04-29
清早期 洒金小戟耳炉	宽6cm	172,500	北京保利	2018-06-19
清早期 铜冲天耳三足炉	直径17.5cm；高10cm	172,500	北京荣宝	2018-06-14
清早期 铜太平有象香熏炉	带盖高45.2cm；通径36cm；口径22.5cm	172,500	西泠拍卖	2018-07-07
清早期 铜嵌金银簋式炉	高12.5cm	169,500	广东省拍	2018-09-20
清早期 铜戟耳马槽炉	宽13cm	165,648	香港诚昌	2018-05-30
清早期 铜蚰龙耳簋式炉	宽13.7cm	164,634	保利香港	2018-10-02
清早期 铜鬲式炉	直径8.8cm	149,500	中国嘉德	2018-06-19
清早期 仿古纹四方出戟薰炉	高10.3cm	138,000	北京匡时	2018-12-05
清早期 狮耳簋式炉	口径13cm；高6.7cm；重1144g	132,250	北京保利	2018-12-09
清早期 压经炉连座	直径20cm；高11.3cm(带座)；重1960g(不带座)2855g(带座)	126,500	中贸圣佳	2018-11-24
清早期 原座蚰耳炉	宽30.4cm；重6999g	115,000	北京保利	2018-12-09
清早期 鬲式三足炉	直径12.7cm	115,000	北京匡时	2018-12-05
清早期 "大明宣德年制"款冲耳炉	高5.9cm；直径9.5cm；重747g	112,700	八益拍卖	2018-04-28
清早期 铜冲耳炉	直径12.5cm	105,800	中国嘉德	2018-06-19
清早期 原座蚰耳炉	宽18cm；重1881g	92,000	北京保利	2018-12-09
清早期 铜鎏金錾双龙戏珠夔龙耳簋式炉	高9.5cm；直径20cm	87,696	香港诚昌	2018-05-30
清早期 龙纹马槽炉(宣德)款	高7.8cm	86,250	上海国时	2018-04-30
清早期 大明宣德年制款铜鬲式炉	高7.5cm；口径16.8cm；重2042g	86,250	西泠拍卖	2018-07-07
17世纪/18世纪 铜鱼耳炉	宽23cm	85,525	纽约佳士得	2018-09-13

2018杂项拍卖成交汇总

(成交价RMB：2万元以上)

拍品名称	物品尺寸	成交价RMB	拍卖公司	拍卖日期
清早期 宣德年制款铜鬲式炉	高5cm; 口径11.5cm; 重794g	80,500	西泠拍卖	2018-07-07
清初 铜天鸡耳莲花炉	13×13×7cm	78,200	北京匡时	2018-06-15
清早期 铜蚰耳炉	长21.5cm	78,200	中国嘉德	2018-05-18
17世纪/18世纪 铜洒金双耳三足炉	宽15.1cm	76,973	纽约佳士得	2018-09-13
清早期 双耳铜炉	高11cm; 宽22cm	71,862	香港诚昌	2018-05-28
清初 铜鬲式炉	直径9.5cm; 547g	69,000	保利厦门	2018-01-08
清早期 铜马槽炉	7.5×6.4×5cm	69,000	华艺国际	2018-11-17
清初 铜桥耳炉	直径11.8cm	69,000	华艺国际	2018-11-17
清初 铜马槽炉	16×9.5×7.5cm	63,250	北京匡时	2018-06-15
清早期 铜弦纹筒式炉	直径7.8cm	63,250	中国嘉德	2018-06-19
清早期 铜戟耳方炉	直径9.5cm	58,464	香港诚昌	2018-05-30
清早期 铜双耳三足炉	宽16.3cm	57,500	北京保利	2018-10-28
清早期 铜鎏金双耳炉	高17cm	57,500	北京荣宝	2018-06-14
清早期 铜戟耳方形斗式炉	长7.2cm; 高8.2cm	57,500	中国嘉德	2018-06-19
清早期 冲耳炉	宽13cm; 重1048g	57,500	北京保利	2018-12-09
清早期 象耳簋式炉	宽18cm; 重1089g	57,500	北京保利	2018-12-09
清早期 铜冲天耳炉(红皮)	直径9.3cm	57,500	华艺国际	2018-11-17
清早期 铜"天鸡耳"法盏炉	长10.2cm	51,091	万昌斯	2018-11-29
清早期 铜琴炉	直径9.1cm	48,300	中国嘉德	2018-06-19
清早期 铜压经炉	长17.3cm	47,898	万昌斯	2018-11-29
清早期 铺首衔环兽足炉	高13.5cm	46,000	北京荣宝	2018-06-14
清早期 大明宣德年制款铜海棠形炉	高5.5cm; 长11cm; 宽9cm; 重380g	46,000	西泠拍卖	2018-07-07
清早期 铺首大明宣德炉	高6cm	43,700	上海匡时	2018-04-30
清早期 蚰耳炉	宽18.5cm; 重1747g	43,700	北京保利	2018-12-09
清早期 双龙赶珠双象耳熏炉	高13cm	43,700	北京匡时	2018-12-05
清早期 铜戟耳炉	直径8.2cm	43,700	华艺国际	2018-11-17
清早期 铜压经炉	直径12.3cm	43,700	太平洋	2018-11-22
清早期 铜压经宣德炉	宽16cm; 高7.7cm; 重1284g	41,400	浙江佳宝	2018-07-01
清早期 铜弦纹炉	直径9cm	40,250	中国嘉德	2018-06-19
清早期 狮耳簋式炉	直径15cm	40,250	北京匡时	2018-12-05
清初 铜压经炉	直径11cm	40,250	华艺国际	2018-11-17
清早期 铜"冲天"耳香炉	直径16.3cm	38,976	万昌斯	2018-05-30
清早期 铜冲天耳三足炉	直径24cm	36,800	北京保利	2018-04-29
清早期 铜压经炉	宽25cm	34,500	北京保利	2018-04-29
清早期 铜寿字朝天耳小炉	直径9.4cm	34,500	中国嘉德	2018-09-19
清早期 石叟款铜嵌银丝兽面纹香炉	高15.5cm	33,350	北京保利	2018-07-27
清早期 松月侣款铜桥耳炉	高6.7cm; 通径8cm; 重617g	33,350	西泠拍卖	2018-05-04
清早期 宣德款冲天耳香炉	口径14.5cm; 高10cm	32,200	上海匡时	2018-04-30
清早期 海棠形瑞兽纹铜手炉	高8cm	32,200	上海匡时	2018-04-30
清早期 铜冲耳炉	直径9.3cm	32,200	中国嘉德	2018-06-19
清早期 铜水仙盆式螭耳炉	长18.7cm	32,200	中国嘉德	2018-09-19
清早期 铜双鱼耳炉	口径8.6cm; 高6.2cm; 重386g	31,360	上海联合	2018-11-25
清早期 铜钵式炉	直径7.6cm	29,900	华艺国际	2018-11-17
清早期 桥耳炉	宽20.5cm; 重2145g	28,750	北京保利	2018-12-09
清早期 铜海棠形狮耳炉	高13.4cm; 长27.5cm	26,729	保利香港	2018-04-02
清早期 铜狮子香熏	高46cm	25,300	北京保利	2018-10-27
清早期 狮头炉	宽19cm; 重1242g	24,150	北京保利	2018-12-09
清早期 铜天鸡耳炉	长12.5cm	23,000	中国嘉德	2018-09-19
清早期 传古款铜压经炉	高5cm; 通径12.8cm; 重559g	20,700	西泠拍卖	2018-05-04
清早期 戟耳炉	宽15.5cm; 重695g	20,700	北京保利	2018-12-09
清康熙 四方大鼎式炉连座	高32.5cm; 重12700g	5,290,000	中贸圣佳	2018-11-24
清康熙 燕邸施制款铜戟耳马槽炉	高6.9cm; 重1770g	3,105,000	西泠拍卖	2018-07-08
清康熙 象耳簋式炉连座	直径26.7cm; 重7665g	1,380,000	中贸圣佳	2018-06-20
清康熙 铜制马槽炉	宽14.6cm	920,000	北京东正	2018-06-17
清康熙 鬲式炉	宽13cm; 重985g	575,000	北京保利	2018-12-09
清康熙 铜河图洛书福寿纹夔凤衔耳炉	高46.5cm	525,041	保利香港	2018-04-02

拍品名称	物品尺寸	成交价RMB	拍卖公司	拍卖日期
清康熙 康熙年制官款鬲式炉	高4.5cm	517,500	上海匡时	2018-04-30
清康熙 铜鎏金胡人海兽纹熏炉	长18cm	345,000	华艺国际	2018-11-16
清康熙 螭龙耳簋式炉	长19.3cm; 高7.6cm; 重1975g	172,500	中贸圣佳	2018-11-24
清康熙 秋碧堂款铜戟耳炉	高11cm; 通径15cm; 口径9.7cm; 重1698g	138,000	西泠拍卖	2018-07-07
清康熙 铜鎏金錾花卉纹双兽耳三足炉	高6.2cm	34,500	北京匡时	2018-12-05
清康熙 铜马槽炉	长16cm	23,000	保利厦门	2018-01-08
清雍正 铜鎏金如意卷草纹五足小熏炉		1,348,525	纽约苏富比	2018-03-21
清雍正 弘历定制"长春居士"款冲耳炉	宽10.4cm	977,500	北京保利	2018-06-19
清雍正 螭凤纹镂空手炉	长16cm; 宽12.6cm; 高10cm; 重1325g	977,500	中贸圣佳	2018-06-20
清雍正/乾隆 蚰耳簋式炉连座	炉直径13.4cm; 高6.5cm; 重1700g; 座直径15.2cm; 重850g	920,000	北京匡时	2018-06-15
清雍正/乾隆 象耳簋式炉连座	炉直径13.2cm; 高13.7cm(连座)重2341g; 座重1399g	690,000	北京匡时	2018-06-15
清雍正 蚰耳炉	宽15.8cm; 重1135g	632,500	北京保利	2018-12-09
清雍正 铜蚰耳宣德炉	宽24.5cm; 高10.5cm; 重2519g	138,000	浙江佳宝	2018-07-01
清雍正 铜"荸荠形"蚰耳炉	长15.8cm; 高6cm	40,925	万昌斯	2018-05-30
清乾隆 铜钵式炉	长48cm; 高30cm; 重44150g	3,450,000	华艺国际	2018-11-16
清乾隆 铜洒金摩羯耳四足盖炉	高22.6cm; 重2704g	1,955,000	中国嘉德	2018-06-18
清乾隆 铜鎏金嵌银八宝纹三足炉	高31cm	1,092,500	保利厦门	2018-01-08
清乾隆 铜双龙戏珠西番莲纹四方炉	长12cm; 重1474g	517,500	古天一	2018-12-08
清乾隆 仿古琮式双象耳炉	高14.2cm; 重3916.9g	517,500	北京匡时	2018-06-15
清乾隆 铜龙耳圈足炉	34cm	385,700	佳士得	2018-05-30
清乾隆 铜胎掐丝珐琅开光番莲纹朝冠耳三足炉(一对)		342,100	纽约苏富比	2018-09-12
清乾隆 铜鎏金开光小炉	高7.8cm	181,378	保利香港	2018-04-02
18世纪 铜双狮耳炉	宽16cm	172,500	北京保利	2018-04-29
清乾隆 家藏珍宝款铜鬲式点金炉	宽11.5cm; 高4.5cm; 重793g	172,500	浙江佳宝	2018-07-01
清乾隆 铜鎏金錾刻花卉纹狮耳熏炉	宽14.8cm; 高19cm; 重1351g	172,500	浙江佳宝	2018-07-01
清乾隆 钵式炉	直径8cm	172,500	北京匡时	2018-12-05
清乾隆 象耳铜香熏	高42cm	115,000	上海匡时	2018-04-30
清乾隆 家藏珍宝款铜双狮耳炉	宽19cm; 高6.8cm; 重1925g	115,000	浙江佳宝	2018-07-01
清17/18世纪 铜双耳炉及座	宽23.5cm	102,410	伦敦佳士得	2018-05-15
清乾隆 "宫廷"银鎏金"八宝"纹熏炉	炉高35cm; 长80.8cm	95,796	万昌斯	2018-11-29
清17/18世纪 铜双耳方炉	宽17.9cm	91,630	伦敦佳士得	2018-05-15
18世纪 铜鎏金太平有象三足盖炉	高14cm	76,300	佳士得	2018-10-04
清乾隆 铜双耳四足炉	长13.3cm	47,898	万昌斯	2018-11-29
清乾隆 铜嵌宝象形香熏	高17cm	40,250	西泠拍卖	2018-07-07
清乾隆 铜错金银"鼎"式炉	高13.4cm	38,976	万昌斯	2018-05-30
18世纪 铜炉	宽14cm	38,185	中国嘉德	2018-04-02
清乾隆 大清乾隆年制铜鎏金八宝纹香炉	高3.2cm; 通径10cm; 口径6.5cm; 重381g	34,500	西泠拍卖	2018-07-07
清乾隆 铜鎏金珐琅缠枝莲纹炉	高9.5cm	24,408	羅芙奧	2018-12-01
清中期 铜错金银狮钮饕餮鼎式炉	高39cm	345,000	古天一	2018-12-08
清中期 铜梵文三足炉	高9cm	230,000	北京翰海	2018-06-30
清中期 铜梵文三足炉	高10.8cm	230,000	北京翰海	2018-06-30
清中期 铜龙凤纹海兽铺首耳熏炉	高21.4cm	195,500	北京翰海	2018-06-30
清中期 凤眼桥耳三足大铜炉	直径31.5cm	191,632	香港中汉	2018-05-31
清中期 桥耳三足炉	直径15.3cm	184,000	北京匡时	2018-12-05
清中期 铜鬲式炉	直径15.3cm; 高8.5cm	149,016	万昌斯	2018-11-29
清中期 铜洒金鼎式炉	宽22cm; 高32cm	138,000	浙江佳宝	2018-07-01
清中期 戟耳簋式炉	直径9.5cm	132,250	北京匡时	2018-12-05
清中期 铜天鸡耳熏炉	高13.3cm	126,500	中国嘉德	2018-06-19
清中期 铜梵文三足炉	高8.2cm	115,000	北京翰海	2018-06-30

拍品名称	物品尺寸	成交价RMB	拍卖公司	拍卖日期
清中期 铜三足炉	高9.5cm	109,250	北京翰海	2018-06-30
清中期 铜冲天耳炉	直径10cm	97,750	华艺国际	2018-05-23
清中期 铜铺首香炉	高5.2cm; 直径14.5cm	92,000	广东崇正	2018-07-05
清中期 铜双狮耳炉	口径15.5cm; 高7.2cm; 重量1295g	92,000	南京经典	2018-07-22
清中期 铜钵式炉	宽13.5cm	92,000	北京保利	2018-12-08
清中期 铜点金三足桥耳大香炉(连原座)	高9cm; 直径11cm	92,000	古天一	2018-12-08
清中期 铜狮耳炉	直径22cm	86,250	华艺国际	2018-03-30
清中期 "世古之宝"款狮耳炉	高4.3cm; 直径8.5cm; 重709g	82,800	八益拍卖	2018-04-28
清中期 铜朝冠耳炉	含座高19cm; 重量2560g	78,200	南京经典	2018-07-22
清中期 铜铺首耳炉	高9cm	74,750	北京翰海	2018-06-30
清中期 铜桥耳香炉	高12.5cm; 直径17cm	69,000	广东崇正	2018-07-05
清中期 铜胎掐丝珐琅香炉	长14.6cm	68,208	万昌斯	2018-05-30
清中期 铜朝冠耳炉	宽13.5cm	57,500	北京保利	2018-04-29
清中期 铜大朝天耳炉	直径25.5cm	57,500	中国嘉德	2018-09-19
清中期 铜海棠炉	宽12cm	55,200	北京保利	2018-04-29
清中期 铜夔龙耳炉	直径9.6cm	55,200	华艺国际	2018-11-17
清中期 铜象足炉	直径17cm	55,200	华艺国际	2018-11-17
清中期 铜凤耳炉	高6cm	51,750	北京翰海	2018-06-30
清中期 铜桥耳炉	直径11cm	48,300	中国嘉德	2018-06-19
清中期 铜双耳炉	高7cm	46,000	北京翰海	2018-06-30
清中期 铜阿文炉	直径15cm	46,000	中国嘉德	2018-06-19
清中期 铜狮耳炉	直径10.5cm	43,700	中国嘉德	2018-06-19
清中期 "朝冠耳"铜炉	长14.2cm	42,576	万昌斯	2018-11-29
清中期 "世古之宝"款夔龙耳熏炉	高10.8cm; 直径9.6cm; 重1558g	40,250	八益拍卖	2018-04-28
清中期 铜象首三足炉	直径10.5cm	40,250	中国嘉德	2018-06-19
清中期 铜雁翔耳炉	直径8.8cm	40,250	华艺国际	2018-11-17
清中期 铜双耳三足炉	高9.5cm	36,800	北京翰海	2018-06-30
清中期 铜象耳簋式炉	高18.5cm	36,800	北京翰海	2018-06-30
清中期 铜双耳乳足炉	宽15.4cm	34,500	北京保利	2018-10-28
清中期 铜制双耳炉	长19cm	34,500	北京华辰	2018-11-19
清中期 双龙耳狮钮铜熏炉	高28cm	32,200	上海匡时	2018-04-30
清中期 铜狮耳炉	口径14.5cm; 高6.6cm; 重1248g	31,360	上海联合	2018-11-25
清中期 铜鎏金嵌银山水纹熏炉	高10cm	29,900	华艺国际	2018-03-30
清中期 铜阿文炉	直径13.2cm	28,750	中国嘉德	2018-06-19
清中期 铜狮耳炉	直径10.5cm	28,750	中国嘉德	2018-06-19
清中期 铜点金蚰耳炉	直径10cm	28,750	中国嘉德	2018-06-19
清中期 铜冲耳炉	直径12cm	25,300	中国嘉德	2018-06-19
清中期 铜蚰耳炉	长14.6cm	25,300	中国嘉德	2018-05-18
清中期 袖云斋款小马槽炉	直径8.2cm	23,000	北京保利	2018-12-08
清中期 铜环耳四方炉	7.3×7.2×5cm	23,000	华艺国际	2018-11-17
清中期 铜蚰龙耳炉	直径8.7cm	23,000	华艺国际	2018-11-17
清中期 铜狮耳炉	直径15cm	20,700	华艺国际	2018-03-30
清中期 铜蚰耳炉	直径11.8cm	20,700	中国嘉德	2018-06-19
清中期 铜象耳炉	长14cm	20,700	中国嘉德	2018-09-19
清中期 铜蚰龙耳炉	直径8.6cm	20,700	华艺国际	2018-11-17
清十九世纪 铜海兽图铺首耳熏炉连座		59,868	纽约苏富比	2018-09-15
清十九世纪 铜角端形熏炉		32,500	纽约苏富比	2018-09-15
19世纪 秦高乘鲤香熏	长76cm	20,700	印千山	2018-01-12
清十八/十九世纪 铜饕餮纹鼎式炉		20,625	纽约苏富比	2018-03-24
清 铜鎏金嵌银兽面纹弦纹炉	直径5.7cm	782,000	北京保利	2018-06-19
清 大清乾隆年制款铜鎏金梵文兽耳簋式炉	口径13.3cm; 高8.3cm; 重1454g	667,000	西泠拍卖	2018-07-08
清 益贤氏款铜冲耳三足炉	高6.3cm; 口径10.5cm; 重985g	632,500	西泠拍卖	2018-07-08
清 铜饕餮纹盘龙四足鼎炉	66×41×70cm	575,000	广东崇正	2018-07-05
清 大清乾隆年制款冲天耳炉	长12.4cm; 重800g	460,000	中贸圣佳	2018-11-24
清 宣德年制款铜马槽炉	高5.7cm; 口长9.4cm; 口宽7cm; 重1139g	460,000	西泠拍卖	2018-07-08

拍品名称	物品尺寸	成交价RMB	拍卖公司	拍卖日期
清 铜朝天耳铜炉	宽11.8cm	391,000	中国嘉德	2018-11-20
清 铜鬲式三足炉	高5cm	391,000	广东崇正	2018-07-05
清 铜洒金簋式炉	口径28cm; 高23cm; 带座高26.5cm; 重6336g	368,000	西泠拍卖	2018-07-08
清 铜点金双狮耳炉	长14cm	345,000	印千山	2018-01-12
清 戟耳柚皮炉	直径15cm; 高9.8cm; 重2110.6g	322,000	中贸圣佳	2018-06-20
清代 太平有象铜熏炉	高46cm	316,250	南京经典	2018-01-06
清 海棠式如意耳炉	高7.7cm	230,000	北京东正	2018-06-17
清 铜点金熏炉	长12cm	230,000	印千山	2018-01-12
清 铜双耳炉	高7.5cm	207,000	北京翰海	2018-06-30
清代 铜雪花金蚰耳炉(连原座)	高17cm; 直径14.5cm	207,000	古天一	2018-12-08
清 铜筒式炉	长12.9cm	185,136	万昌斯	2018-05-30
清 百石斋款铜马槽炉及大明宣德年制款狮耳法盏炉(一组两件)	尺寸不一	184,000	西泠拍卖	2018-07-07
清 永世之宝款鎏金蚰耳炉连座	直径26.5cm; 高19.5cm(连座); 重12035g	184,000	中贸圣佳	2018-11-24
清 铜点金桥耳三足炉	直径16cm	172,500	印千山	2018-01-12
清 白铜曼庐监造款手炉	高12cm	161,000	上海匡时	2018-04-30
清 水月居款狮耳炉	宽14.5cm; 直径10.5cm; 888g	126,500	保利厦门	2018-01-08
清 铜洒金钵式冲天耳炉	直径13cm; 高11.3cm; 重1060g	126,500	中贸圣佳	2018-11-25
清 桥耳铜炉	直径12cm; 高8.5cm; 重1002g	115,000	北京匡时	2018-06-15
清 铜双耳炉	高5cm	109,250	北京翰海	2018-06-30
清 嵌银丝铜香炉	高11.5cm	103,500	北京匡时	2018-06-15
清 海棠式三象足炉	高14cm	97,750	北京匡时	2018-12-05
清 铜冲天耳香炉	直径21.5cm; 高15.5cm; 重4583.5g	92,000	北京匡时	2018-06-15
清 铜洒金莲瓣纹狮耳炉	带盖高10.3cm; 炉高5.8cm; 通径16.4cm; 口径11.7cm; 重645g	92,000	西泠拍卖	2018-07-07
清 仰古斋制铜双狮耳炉	高0.3cm; 直径15cm; 重2069g	80,500	浙江佳宝	2018-07-01
清 铜炉(两件)	宽12.5cm; 重1246g; 1239g	71,300	北京保利	2018-12-09
清 铜冲天耳炉(带盖)	直径19.8cm	66,700	华艺国际	2018-11-17
清 张鸣岐款铜长方手炉	高7.2cm; 通径13cm; 重545g	63,250	西泠拍卖	2018-05-04
清 铜兽耳圈足炉	长26cm	57,500	印千山	2018-01-12
清 铜狮耳香炉	宽19.4cm; 高7.8cm; 重971g	57,500	浙江佳宝	2018-07-01
清 铜洗几扁炉	宽13.8cm; 高5cm; 重861g	57,500	浙江佳宝	2018-07-01
清 铜仿古簋式炉	宽16.5cm	57,277	中国嘉德	2018-04-02
清 大明宣德年制款双龙戏珠纹蚰耳铜炉	高8.2cm; 通径23cm; 口径16.1cm; 重1898g	55,200	西泠拍卖	2018-07-07
清代 马槽式宣炉	长8.2cm; 宽5cm; 高3.6cm; 重290克	52,900	南京经典	2018-01-06
清 鼓形铜篑炉	长16.5cm; 高7.5cm; 重1015g	51,750	中贸圣佳	2018-11-25
清 铜点金象耳炉	长15cm	48,300	保利厦门	2018-01-08
清 铜冲天耳炉	高9cm	48,300	广东崇正	2018-07-05
清 大明宣德年制款双龙戏珠纹铜蚰耳炉	高8.2cm; 通径23cm; 口径16cm; 重1898g	48,300	西泠拍卖	2018-09-29
清 铜鎏金双龙耳炉	宽25.5cm	46,000	北京保利	2018-07-27
清 铜压经香炉	直径12.5cm; 高7cm; 重1618.4g	46,000	北京匡时	2018-06-15
清 大明宣德年制款铜天鸡耳法盏炉	高8cm; 口径14.9cm; 重1635g	46,000	西泠拍卖	2018-09-29

2018杂项拍卖成交汇总

（成交价RMB：2万元以上）

拍品名称	物品尺寸	成交价RMB	拍卖公司	拍卖日期
清 铜鎏金狮钮炉	高18cm	43,700	北京保利	2018-07-27
清代 冲天耳宣炉	高5.5cm; 口径9.2cm; 重316克	43,700	南京经典	2018-01-06
清 铜鎏金暗八宝纹筒式炉	高7.8cm; 通径8.7cm; 重324g	43,700	西泠拍卖	2018-07-07
清 铜绳纹耳三足炉	长12cm	43,700	印千山	2018-01-12
清 铜点金熏炉	直径10.7cm	38,976	万昌斯	2018-05-30
清 铜双耳香炉（两件）	直径12cm; 宽13cm	36,800	北京保利	2018-01-21
清 古侍款冲耳炉	直径9.2cm; 高5.2cm	36,800	凤凰拍卖	2018-01-21
清代 狻猊耳宣炉	高5cm; 口径8.3cm; 重380克	36,800	南京经典	2018-01-06
清 铜蚰耳炉	长23cm	36,800	中国嘉德	2018-05-18
清 铜鬲式炉	直径14.5cm	36,800	中国嘉德	2018-05-20
清 铜点金象足如意耳炉	直径12cm	36,800	华艺国际	2018-11-17
清 铜鎏金瑞兽双龙耳炉	宽16cm	34,500	北京保利	2018-04-29
清 铜兽耳炉	长19cm	34,500	北京翰海	2018-05-13
清 朝冠耳一柱香炉	直径3.4cm; 高3.9cm	34,500	凤凰拍卖	2018-01-21
清 大明宣德年制款铜冠耳炉	高6.7cm; 通径12.3cm; 口径9cm; 重386g	34,500	西泠拍卖	2018-07-07
清 铜饕餮纹鼎式炉	带盖高21cm; 炉高19cm; 通径13.6cm	34,500	西泠拍卖	2018-07-07
清 胡文明款筒式炉	高8cm; 通径11.5cm; 重623g	34,500	西泠拍卖	2018-09-29
清 铜双耳炉	宽15.5cm; 高7cm; 重820g	34,500	浙江佳宝	2018-07-01
清 铜鬲式炉	直径14.5cm	34,500	中国嘉德	2018-05-20
清 铜冲天耳炉	高17.5cm	32,200	广东崇正	2018-07-05
清 大明宣德年制款桥耳炉	高15.5cm; 通径15.7cm; 口径14cm; 重1162g	32,200	西泠拍卖	2018-07-07
清 铜鼓钉狮耳三足圆炉	高6.2cm	30,869	保利香港	2018-10-02
清 铜琴炉（两件）	宽6.5cm	30,869	中国嘉德	2018-10-02
清 "天鸡"耳铜炉	长10cm	29,232	万昌斯	2018-05-30
清 铜洒金戟耳琴炉	直径7cm; 高5.8cm; 重364g	28,750	北京匡时	2018-06-15
清 法盏铜炉	高7.5cm	28,750	广东崇正	2018-07-05
清 铜蚰耳方炉	高5.7cm	28,750	广东崇正	2018-07-05
清 珍玩款铜鬲式炉	高4.6cm; 通径9cm; 重479g	28,750	西泠拍卖	2018-05-04
清 大明宣德年制款铜锦地八宝纹筒式炉	带座高10cm; 高7cm; 口径11.2cm; 重440g	28,750	西泠拍卖	2018-09-29
清 铜桥耳宣德炉	宽14cm; 高10cm; 重1318g	28,750	浙江佳宝	2018-07-01
清 铜夔龙耳簋式炉	宽13.8cm	28,750	中国嘉德	2018-06-19
清 铜狮耳炉	长20cm	28,750	中国嘉德	2018-05-18
清 铜鎏金高浮雕双羊耳香炉	长21cm	28,750	太平洋	2018-11-22
清 铜胡人香炉	宽21.5cm	28,639	中国嘉德	2018-04-02
清 铜三足炉	通高8.5cm; 高4cm; 通径9cm; 口径6cm; 重220g	27,600	西泠拍卖	2018-09-29
清 铜戟耳四方炉	宽12.5cm; 高6cm; 重1079g	25,300	浙江佳宝	2018-07-01
清 铜点金绳耳炉	直径8.9cm	25,300	华艺国际	2018-11-17
清 铜双蚰耳炉	宽17cm	24,150	北京保利	2018-07-27
清 铜炉（一组三件）	尺寸不一	23,000	北京保利	2018-01-21
清 铜倭角六方三足炉	高8cm	23,000	北京翰海	2018-06-30
清 象耳金铜炉	直径10.6cm; 高5.8cm; 重876.4g	23,000	北京匡时	2018-06-15
清 铜三足盘口炉	直径16cm	23,000	北京荣宝	2018-06-14
清代 "张鸣岐"款小铜手炉	高6.5cm	23,000	古天一	2018-06-17
清 铜戟耳香炉	直径11cm	23,000	广东崇正	2018-01-21

拍品名称	物品尺寸	成交价RMB	拍卖公司	拍卖日期
清 铜桥耳炉	高10cm	23,000	广东崇正	2018-07-05
清代 狮耳宣炉	高5cm; 口径10cm; 重372克	23,000	南京经典	2018-01-06
清代 铜杂宝纹鼎式炉	高15.5cm; 重量940g	23,000	南京经典	2018-07-22
清 行有恒堂制款铜手炉	高8.5cm; 长15cm; 宽11.5cm; 重378g	23,000	西泠拍卖	2018-07-07
清 琴书侣款铜鬲式炉	带座高9.6cm; 高6.2cm; 口径12cm; 炉重744g; 总重1093g	23,000	西泠拍卖	2018-09-29
清 眉溪珍玩款铜双环耳炉	宽20cm; 高12cm; 重2690g	23,000	浙江佳宝	2018-07-01
清 铜天鸡耳炉、弦纹筒式炉各一件	长15cm; 直径10.6cm	23,000	中国嘉德	2018-01-14
清 鼓钉纹椭圆形冲耳炉	宽9.5cm; 直径7.5cm; 高7cm	21,850	凤凰拍卖	2018-01-21
清 铜嵌银丝兽面三足炉	高15.5cm	20,700	北京保利	2018-10-27
清 铜三足小炉	高3cm	20,700	北京翰海	2018-06-30
清 铜鬲式三足炉	高3.5cm	20,700	北京翰海	2018-06-30
清 铜如意耳簋式炉	直径11cm; 高6cm; 重1150.4g	20,700	北京匡时	2018-06-15
清 铜鬲式炉	高10cm	20,700	广东崇正	2018-01-21
清 宝鼎款铜炉及陈氏款铜香插（一组两件）	尺寸不一	20,700	西泠拍卖	2018-05-04
清 大明宣德年制款铜蚰耳炉	高8.5cm; 通径18.5cm; 重854g	20,700	西泠拍卖	2018-05-04
清 大明宣德年制款铜冲天耳炉	高10cm; 通径15cm; 重1074g	20,700	西泠拍卖	2018-05-04
清 琴侪款平沿铜炉	高5cm; 通径13.6cm; 重1339g	20,700	西泠拍卖	2018-05-04
清 大明宣德年制款铜鬲式三足炉	高6.2cm; 口径14cm; 重1183g	20,700	西泠拍卖	2018-07-07
清 琴书侣款铜鬲式炉	带座高9.6cm; 高6.2cm; 口径12cm; 炉重744g; 总重1093g	20,700	西泠拍卖	2018-07-07
清 大明宣德年制款铜弦纹筒式炉	带盖高9.5cm; 高6cm; 口径10cm; 重662g	20,700	西泠拍卖	2018-09-29
清 铜三足筒式炉	高8.3cm; 直径11.5cm; 重1870g	20,700	浙江佳宝	2018-07-01
清 铜鬲式炉	直径10.5cm	20,700	中国嘉德	2018-05-20
清 铜狮耳炉	长11cm	20,700	中国嘉德	2018-09-19
铜兽面纹双耳簋式炉	高12.2cm	7,480,000	中正拍卖	2018-11-30
鬲式三足铜炉	高8cm; 口径12.1cm	6,820,000	中正拍卖	2018-11-30
大明宣德年制鬲式铜炉	长29cm; 高12.8cm	6,600,000	中正拍卖	2018-11-30
乾隆款双耳三足炉	高10cm; 口径15cm	3,850,000	中正拍卖	2018-11-30
铜鎏金錾花卉纹盖炉	高13.6cm	3,850,000	中正拍卖	2018-11-30
桥耳三足铜香炉	径20cm; 高6.5cm	3,190,000	中正拍卖	2018-11-30
铜蚰耳炉	直径17cm	25,300	太平洋	2018-06-09
鎏金累丝嵌宝花卉纹炉	高20cm	25,300	中国嘉德	2018-09-19
铜鎏金云龙纹象足香薰	高45cm	23,000	中国嘉德	2018-05-20
铜嵌金笔筒，兽面三足双耳炉	尺寸不一	23,000	北京华辰	2018-11-19
铜镜				
战国 嵌绿松石三活环镀银铜镜	直径9cm	152,600	佳士得	2018-10-04
战国 青铜镜	直径22.8cm	138,372	万昌斯	2018-11-29
东汉 青铜规矩镜	直径17.6cm	35,921	纽约佳士得	2018-09-13
汉 青铜四乳四神镜	直径21cm	149,500	西泠拍卖	2018-07-07
六朝 青铜青盖作龙虎铭文镜	直径16cm	149,500	西泠拍卖	2018-07-07
六朝 青铜龙氏作龙虎铭文镜	直径14cm	138,000	西泠拍卖	2018-07-07
隋 青铜四灵飞天镜	直径18.8cm	690,000	西泠拍卖	2018-07-07
隋 青铜仙山竝照四兽铭文镜	直径19.2cm	322,000	西泠拍卖	2018-07-07
唐 青铜双凤双兽花草菱花镜	直径23cm	1,667,500	西泠拍卖	2018-07-07
唐 青铜千秋单龙葵花镜	直径21.2cm	1,610,000	西泠拍卖	2018-07-07
唐 青铜银背瑞兽花鸟葵花镜	直径15cm	1,150,000	西泠拍卖	2018-07-07
唐 青铜海兽葡萄镜	直径18cm	230,000	西泠拍卖	2018-07-07

拍品名称	物品尺寸	成交价RMB	拍卖公司	拍卖日期
唐 青铜仿战汉交龙纹镜	直径17cm	149,500	西泠拍卖	2018-07-07
唐 青铜双凤双花镜	直径18cm	57,500	西泠拍卖	2018-07-07
唐 铜镜两面		27,368	纽约苏富比	2018-09-15
唐 青铜海兽葡萄镜	直径12.5cm	25,300	西泠拍卖	2018-07-07
唐 青铜海兽葡萄镜	直径14.5cm	23,000	西泠拍卖	2018-07-07
元 铜鎏金准提观音镜	直径9.7cm	322,000	西泠拍卖	2018-07-07
元 青铜云龙纹大型镜	直径42.5cm	126,500	西泠拍卖	2018-07-07
明早期 佛镜	长11cm	24,150	印千山	2018-01-12
明 铜鎏金嫦娥玉兔镜架	高30.7cm	57,500	北京保利	2018-06-21
清 大清乾隆甲辰年八棱铜镜	长19.5cm; 重2340g	5,750,000	中贸圣佳	2018-11-24
清 漆四狮镜（一枚）	直径23cm; 重量1375g	60,950	北京保利	2018-06-21
四神纹铜镜	直径22.8cm	4,620,000	中正拍卖	2018-11-30
海兽葡萄纹铜镜	直径13.2cm	4,620,000	中正拍卖	2018-11-30
宋达摩渡海镜	直径14.6cm	3,300,000	中正拍卖	2018-11-30
“千秋”铭飞天龙纹镜	直径21.2cm; 厚0.6cm; 重1125g	1,380,000	中贸圣佳	2018-11-24
“罗汉渡海”人物故事镜	直径18.5cm; 厚0.9cm; 重875g	1,150,000	中贸圣佳	2018-11-24
菱花形双狮双雀花卉纹镜	直径19cm; 厚1cm; 重1526g	1,127,000	中贸圣佳	2018-11-24
龙虎孔子羊瑞兽画像镜	直径21.8cm; 厚0.8cm; 重1225g	897,000	中贸圣佳	2018-11-24
动物边七乳神兽镜	直径19.1cm; 重量1016g	805,000	北京保利	2018-06-21
七星连弧纹镶嵌镜	直径18.5cm; 重量468g	793,500	北京保利	2018-12-07
内连弧纹八龙镜	直径24.5cm	690,000	北京保利	2018-12-07
伏龙钮孔雀海兽葡萄镜（一对）	直径14.1cm; 直径14.2cm; 重量720g; 724g	598,000	北京保利	2018-12-07
三山镜	直径10.6cm; 重量151g	586,500	北京保利	2018-06-21
三龙海兽葡萄镜	直径21.4cm; 重量2480g	517,500	北京保利	2018-12-07
六乳瑞兽纹镜	直径16.1cm; 厚0.5cm; 重635g	437,000	中贸圣佳	2018-11-24
动物边四乳四神镜	直径14.4cm; 重量781g	414,000	北京保利	2018-06-21
透腿花鸟镜	直径18cm; 重量1919g	402,500	北京保利	2018-12-07
葵花形双鸾鸳鸯荷花纹镜	直径19.6cm; 厚0.4cm; 重1445g	402,500	中贸圣佳	2018-11-24
星云镜	直径17.7cm; 重量701g	356,500	北京保利	2018-06-21
“雕治佳竟子孙息”铭瑞兽博局纹镜	直径19.2cm; 厚0.5cm; 重785g	345,000	中贸圣佳	2018-11-24
“三羊”铭七乳画像镜	直径24.8cm; 厚1.1cm; 重1850g	345,000	中贸圣佳	2018-11-24
“景公之象”铭七乳瑞兽纹镜	直径18.9cm; 厚0.6cm; 重1015g	333,500	中贸圣佳	2018-11-24
双圈四乳瑞兽纹镜	直径19.3cm; 厚0.7cm; 重1045g	253,000	中贸圣佳	2018-11-24
双龙纹镜	直径19cm; 厚0.6cm; 重880g	253,000	中贸圣佳	2018-11-24
羽状纹底菱纹镜	直径15.6cm; 重量362g	230,000	北京保利	2018-06-21
海兽葡萄镜	直径12.4cm; 重量637g	230,000	北京保利	2018-06-21
葵花形花卉雀鸟纹镜	直径30cm; 厚0.6cm; 重2990g	230,000	中贸圣佳	2018-11-24
“湅五解之英华”铭辟邪天禄纹镜	直径14.5cm; 厚0.9cm; 重670g	218,500	中贸圣佳	2018-11-24
“胡氏作镜”龙虎镜	直径12.5cm; 重量487g	189,750	北京保利	2018-12-07
六飞天镜	直径14.3cm; 厚0.4cm; 重420g	172,500	中贸圣佳	2018-11-24
双凤双狮镜	直径15.7cm; 重量976g	172,500	北京保利	2018-06-21
“乾隆五十年”魁星点斗镜	直径36cm;	172,500	北京保利	2018-06-21
“大泉五十”“货泉”瑞兽博局纹镜	直径16.3cm; 厚0.6cm; 重580g	172,500	中贸圣佳	2018-11-24
瑞兽葡萄纹镜	直径12cm; 厚1.2cm; 重660g	172,500	中贸圣佳	2018-11-24
“团团宝镜”铭六瑞兽纹镜	直径14.5cm; 厚1.1cm; 重585g	172,500	中贸圣佳	2018-11-24
鸳鸯双雁花卉纹镜	直径17.5cm; 厚0.8cm; 重786g	126,500	中贸圣佳	2018-11-24
“日有熹”铭单圈铭文镜	直径17.5cm; 重量798g	115,000	北京保利	2018-06-21
半圆方枚神兽镜	直径12.3cm; 厚0.4cm; 重260g	112,700	中贸圣佳	2018-11-24
羽状地纹花叶四山纹镜	直径14.2cm; 厚0.4cm; 重200g	101,200	中贸圣佳	2018-11-24
“铜华”铭单圈铭文镜	直径18.8cm; 厚0.6cm; 重1025g	86,250	中贸圣佳	2018-11-24
七乳瑞兽纹镜	直径18cm; 厚0.6cm; 重785g	82,800	中贸圣佳	2018-11-24
羽状底纹镜	直径11.5cm; 重量189g	80,500	北京保利	2018-06-21
“日光”“昭明”双圈铭文镜	直径13cm; 重量328g	80,500	北京保利	2018-12-07
仙人松鹤延年镜	直径13.4cm; 重量571g	69,000	北京保利	2018-12-07
海兽葡萄纹铜镜	直径17.9cm; 厚1.5cm; 重1570g	66,700	中贸圣佳	2018-11-25
“洁白铭”单圈铭文镜	直径17.7cm; 重量702g	63,250	北京保利	2018-12-07
猪图腾纹镜	直径7.2cm; 宽0.16cm; 重55g	57,500	中贸圣佳	2018-11-24
云雷地纹三凤纹镜	直径13.5cm; 厚0.2cm; 重150g	55,200	中贸圣佳	2018-11-24
半圆方枚神兽镜	直径12.2cm; 厚0.4cm; 重230g	55,200	中贸圣佳	2018-11-24
“团圆宝镜”铭瑞兽纹镜	直径14.3cm; 厚1.1cm; 重560g	55,200	中贸圣佳	2018-11-24
“青羊作镜”方枚龙虎镜	直径13.5cm; 重量274g	46,000	北京保利	2018-06-21
四瓣目纹地纹四叶镜	直径10.6cm; 厚0.6cm; 重195g	46,000	中贸圣佳	2018-11-24
“尚方御镜”铭瑞兽博局纹镜	直径16.2cm; 厚0.5cm; 重560g	46,000	中贸圣佳	2018-11-24
钱纹单龙镜	直径12.2cm; 重量406g	44,850	北京保利	2018-12-07
瑞兽博局纹镜	直径16.5cm; 厚0.6cm; 重615g	43,700	中贸圣佳	2018-11-24
“龙氏作镜”龙虎镜	直径12cm; 重量434g	40,250	北京保利	2018-06-21
五乳神兽镜	直径12.4cm; 重量392g	40,250	北京保利	2018-12-07
双雀鸳鸯纹镜	直径15.9cm; 厚0.6cm; 重645g	40,250	中贸圣佳	2018-11-24
“日有熹”铭单圈铭文镜	直径16.3cm; 厚0.5cm; 重675g	40,250	中贸圣佳	2018-11-24
线刻龙凤纹镜	长11.4cm; 宽11.4cm; 厚0.5cm; 重370g	36,800	中贸圣佳	2018-11-24
半圆方枚四兽镜	直径11.2cm; 重量268g	34,500	北京保利	2018-06-21
四山镜	直径9.9cm; 重量113g	34,500	北京保利	2018-12-07
蟠螭纹三鸟镜	直径11.5cm; 重量145g	34,500	北京保利	2018-12-07
梵文镜	直径10.7cm; 厚0.5cm; 重405g	34,500	中贸圣佳	2018-11-24
菱花形素镜	直径11cm; 厚0.7cm; 重317g	32,200	中贸圣佳	2018-11-24
半圆方枚四兽镜	直径10.8cm; 重量176g	29,900	北京保利	2018-12-07
双鱼镜	直径15.6cm; 重量677g	28,750	北京保利	2018-12-07
四乳瑞兽纹镜	直径11.8cm; 厚0.6cm; 重365g	28,750	中贸圣佳	2018-11-24
单凤镜	直径15.6cm; 厚0.47cm; 重470g	28,750	中贸圣佳	2018-11-24
真子飞霜镜	直径15.8cm; 重量677g	25,300	北京保利	2018-06-21
双龙镜	直径10.5cm; 重量336g	23,000	北京保利	2018-06-21

2018杂项拍卖成交汇总

(成交价RMB：2万元以上)

拍品名称	物品尺寸	成交价RMB	拍卖公司	拍卖日期
四乳四虺纹镜	直径14.3cm; 厚0.8cm; 重670g	23,000	中贸圣佳	2018-11-24
仙人跨凤纹镜	直径11cm; 厚1.5cm; 重305g	23,000	中贸圣佳	2018-11-24
博局草叶纹镜	直径11.3cm; 厚0.3cm; 重130g	20,700	中贸圣佳	2018-11-24
乐器				
商晚期 青铜饕餮纹铙（一组三枚）	高15.6cm	1,111,825	纽约佳士得	2018-09-13
春秋 青铜饕餮纹镈钟	高43cm	2,052,433	中国嘉德	2018-04-02
春秋晚期/战国早期 青铜蟠虺纹镈	高43.7cm	684,200	纽约佳士得	2018-09-13
春秋 青铜“乳丁”“龙”纹钟	钟高20.7cm	53,220	万昌斯	2018-11-29
汉 青铜钲	带座高41.3cm; 钲长29.5cm	69,000	西泠拍卖	2018-07-07
明 仿古铜编钟	高44cm（连座）; 重1708.5g	92,000	中贸圣佳	2018-06-20
清乾隆 御制南吕镈钟	高52.8cm	2,300,000	中国嘉德	2018-11-20
清乾隆 铜鼓钉纹琴钟	高21.2cm; 重2999g	230,000	北京匡时	2018-12-05
清 乾隆年制铜八卦纹钮钟	带座高24.5cm; 高21cm	23,000	西泠拍卖	2018-09-29
兵器				
商晚期 吴礼门旧藏青铜戈（一组两件）	长23cm; 长21.2cm	69,000	西泠拍卖	2018-09-29
商晚期 青铜戈（两件）	1.长23cm; 2.长21.5cm	57,500	西泠拍卖	2018-07-07
春秋 青铜错金银蟠虺纹剑	长51cm	152,739	中国嘉德	2018-04-02
春秋 铜错金银“夔龙”纹弩机	长22.4cm	46,771	万昌斯	2018-05-30
战国 铜错银车马轴头三件、铜错银戈镦一对、铜错金银带钩一件、铜错银承弓器一对	长25cm	257,240	中国嘉德	2018-10-02
战国 青铜戈	宽14cm	81,143	中国嘉德	2018-04-02
战国 铜错金“鹰熊”纹搏击戈	长14.4cm	27,283	万昌斯	2018-05-30
其他物品				
商末/西周初 青铜饕餮兽面纹杖首		793,250	纽约苏富比	2018-03-21
商末/西周初 青铜饕餮兽面纹杖首		213,813	纽约苏富比	2018-09-12
春秋 青铜錞	长9.8cm	95,796	万昌斯	2018-11-29
战国 铜错金银瑞兽纹錾	高21cm	205,792	中国嘉德	2018-10-02
西汉 铜鎏金马腿形台脚（一套）	长13cm	38,185	中国嘉德	2018-04-02
汉 铜鎏金“虎”形杈杖首	高9.1cm	34,104	万昌斯	2018-05-30
唐 铜佛前净水供器（四件）	最大高15.9cm	159,660	万昌斯	2018-11-29
宋 铜“龙头”杖首	长5.4cm	170,304	万昌斯	2018-11-29
明宣德 宣德法器座	直径11.7cm	460,000	中贸圣佳	2018-11-24
明代 碰铃	直径8cm	138,000	中贸圣佳	2018-06-20
明 铜力士烛台（一对）	高37.2cm	34,500	中国嘉德	2018-09-19
明代 铜象棋（一组三十二枚）	直径2.7cm	20,700	中贸圣佳	2018-11-25
清康熙 铜校准	尺寸不一	103,500	凤凰拍卖	2018-01-21
清中期 铜鎏金云龙纹烛台	高33.2cm	162,285	保利香港	2018-04-02
清中期 铜缠枝莲纹磬配紫檀雕夔龙纹架	通高40cm; 架宽24cm; 磬高13cm; 磬长18.3cm	132,250	西泠拍卖	2018-07-07
清嘉庆 铜御制马铃	高20cm	36,800	保利厦门	2018-07-15
清中期 铜鎏金胄	高50cm	20,700	保利厦门	2018-01-08
19世纪（欧洲）铜鎏金金漆鸟笼子	高60.5cm	23,000	北京保利	2018-06-21
清 海水龙纹铜箱	长58cm	172,500	印千山	2018-01-12
清 铜鎏金铃	高23cm	103,500	印千山	2018-01-12
国宝金匮	直径32cm; 厚6.4cm; 重30.4g	207,000	中贸圣佳	2018-11-24
民国平里店商会钞版三款		172,500	中国嘉德	2018-06-21
国宝金匮	直径32cm; 厚6.4cm; 重29.5g	172,500	中贸圣佳	2018-11-24
明治 安亲作铜家徽纹包银侧把急须	长10.2cm	132,250	北京匡时	2018-12-06
约1850年 法国 路易十六风格 铜鎏金人物雕塑烛台（一对）	高80cm	93,150	保利厦门	2018-01-08
约1880年 德国 梅森MEISSEN出品 铜鎏金镶嵌鹦鹉彩绘瓷雕壁挂式烛台（一对）	约106×60cm	92,000	保利厦门	2018-07-15

拍品名称	物品尺寸	成交价RMB	拍卖公司	拍卖日期
约1910年 法国 路易十六风格 铜鎏金镶嵌德国陶瓷盘大型壁灯（一对）	约73×37cm	36,800	保利厦门	2018-07-15
约1880年 法国 拿破仑三世时期 铜鎏金人物烛台（一对）	约80×39cm	28,750	保利厦门	2018-07-15
铜鎏金云龙纹小箱	长38cm	25,300	中国嘉德	2018-09-19
约1920年 铜鎏金烛台	高40cm	20,700	保利厦门	2018-01-08
铁器				
元 铁错银花卉纹执壶	高25.5cm	25,300	西泠拍卖	2018-07-07
16世纪 碗套	高14.5cm	92,000	中贸圣佳	2018-06-20
明治时代 铁打出古兽纹饰瓶	高37.1cm	887,000	佳士得	2018-11-27
明治时期 大国寿朗春霞堂道安形鎏金波千鸟铁壶	高12.8cm	287,500	中国嘉德	2018-11-20
明治时期 错金银花卉铁壶	高19.5cm; 1305g	184,000	中国嘉德	2018-11-20
明治时期 金寿堂·花鸟金银镶嵌图·铁壶	高20cm; 宽15.5cm; 重约1365g	172,500	华艺国际	2018-05-22
江户至明治期 六代龙文堂安之介造提梁嵌金银垒型铁壶	高21cm	103,500	北京匡时	2018-06-16
江户至明治时期 青龙堂造鎏金银饕餮纹蜡铸形小铁壶	18.2×14cm	92,000	西泠拍卖	2018-07-08
明治时期 金寿堂·雨宫宗造·平丸形·铁壶	高18.5cm; 宽16.5cm; 重约1448g	92,000	华艺国际	2018-05-22
明治初期 初代龟文堂波多野正平造瓶丸形铁壶	21.5×16.8cm	80,500	西泠拍卖	2018-07-08
明 善财童子	高38.4cm	57,500	中贸圣佳	2018-11-25
江户至明治时期 中川净益与大西净雪合作羽式铁壶	22.3×15.8cm	40,250	西泠拍卖	2018-07-08
明治后期 日本名釜师宗三郎造铁壶	21×18cm	34,500	北京荣宝	2018-12-03
明治后期 龙文堂失蜡法饕餮纹铁壶	18×18cm	34,500	北京荣宝	2018-12-03
明治时期 二代金寿堂 雨宫宗信造直筒形铁瓶	宽19.5cm; 高27.5cm	28,750	上海泛华	2018-04-15
明治时期 龙文堂造土器式铁壶	17×12.3cm	28,750	西泠拍卖	2018-07-08
明治时期 永昭堂作款土器式铁壶	14.8×13.5cm	25,300	西泠拍卖	2018-07-08
明治时期 龟文堂 错金银浮雕人物宝珠形铁壶	宽20cm; 高23.5cm	23,000	上海泛华	2018-04-15
清乾隆 铁鞘金夔龙纹腰刀	长94cm	517,500	北京保利	2018-12-09
18世纪 铁打出提梁壶	高14.3cm	172,500	西泠拍卖	2018-07-07
19世纪 金寿堂造错金银诗文花卉铁壶	高24cm; 重1805g	40,250	北京保利	2018-12-08
19世纪 大国造鼎文铁壶	高22cm; 重1394g	28,750	北京保利	2018-12-08
清晚期 红泥凉炉 龙文堂造铁瓶套装	尺寸不一	43,700	江苏观宇	2018-04-22
清 汤鹏风格兰花 螃蟹图铁画（两幅）	54×27.8×2cm	57,500	广东崇正	2018-07-04
当代 铁艺荷叶摆件	高340cm	34,500	上海匡时	2018-04-30
淡海秀光造极品月夜松景图铁瓶	高21cm	1,035,000	江苏观宇	2018-09-15
江户时代 铁打出云龙香炉	直径10.5cm	221,750	佳士得	2018-11-27
龟文堂铃木光重造光重系松峰五狱文铁瓶	高22cm	207,000	江苏观宇	2018-04-22
金寿堂初代雨官宗兵卫造嵌金铁壶	高22cm	172,500	北京匡时	2018-06-16
三代龙文堂安之介造青龙堂铭凤凰花草金象眼甄口形铁瓶（双款）	高20cm	161,000	江苏观宇	2018-09-15
平安光玉堂造犬守土瓶形达摩阴刻布文铁瓶	宽16×高19cm	161,000	江苏观宇	2018-09-15
柳富甚次郎款铁包银三环玉摘汤沸	高19cm	138,000	江苏观宇	2018-04-22
初代龟文堂波多野正平造山林茅屋浮雕宋求寿铁瓶	宽19cm; 高22cm	115,000	江苏观宇	2018-04-22
七代龙文堂安之介造达摩形初茶铁瓶（三款）	宽17cm; 高19cm	109,250	江苏观宇	2018-04-22
龟文堂造盛上山水兽口形铁瓶	宽19cm; 高23cm	103,500	江苏观宇	2018-04-22
日本梅泉造月明梅香铁瓶（三款）	宽19cm; 高21cm	97,750	江苏观宇	2018-04-22
龙文堂安之介金银镶嵌梅兰花卉铁壶	高22cm	92,000	保利厦门	2018-07-15
大正时期 六代木越三右卫门正之造·纯银镶嵌提梁·铁壶及铜风炉	铁壶高22cm; 宽22cm; 铜风炉高12cm; 宽29cm	92,000	华艺国际	2018-11-17
山田宗美作镂空樱花铁包银壶	长17.3cm; 高22.6cm	89,700	北京匡时	2018-12-06

拍品名称	物品尺寸	成交价RMB	拍卖公司	拍卖日期
四代龙文堂安之介造全寿斋印雨龙浮雕铜镜盖飞天铁瓶(三款)	宽16cm; 高24cm	80,500	江苏观宇	2018-04-22
四代龙文堂安之介造武藏野达摩形铁瓶(双款)	宽16×高19cm	80,500	江苏观宇	2018-09-15
江户时期 初代龙文堂(初代四方龙文)制、八代龙文堂安之介识保布良形铁壶	17.5×11.5cm	80,500	西泠拍卖	2018-07-08
柳富甚次郎作铁包银壶	长15.7cm; 高19cm	78,200	北京匡时	2018-12-06
四代金寿堂雨宫宗甫造嵌金银长闲形铁瓶	宽18cm; 高22cm	74,750	江苏观宇	2018-04-22
三代龙文堂安之介造金银象眼凤凰文鹤首形铁瓶	宽16cm; 高22cm	71,300	江苏观宇	2018-04-22
梅泉 山水松树浮雕 铁壶	高22.5cm	69,000	保利厦门	2018-07-15
人间国宝角谷一圭造真形铁瓶 角谷莎村造唐铜凤凰浮雕风炉(原共箱)	尺寸不一	69,000	江苏观宇	2018-04-22
龟文堂 山水阁楼浮雕 铁壶	高20cm	69,000	保利厦门	2018-07-15
大正时期 龟文堂·嵌银蝙蝠提把·岩蟹纹·铁壶	高21.5cm; 宽20cm	69,000	华艺国际	2018-05-22
江户时期 金寿堂·铁壶	高25.5cm; 宽22cm; 重约2742g	69,000	华艺国际	2018-05-22
昭和时期 柳富基次郎造铁包银汤沸	高21.8cm; 宽16.5cm; 重量685.1g	69,000	中国嘉德	2018-06-19
明珍家初代信泉作叶纹四方铁打出火钵(原共箱)	宽39cm; 高21cm	63,250	江苏观宇	2018-04-22
三代龙文堂安之介造金银象眼花草达摩形铁瓶	宽17×高21cm	63,250	江苏观宇	2018-09-15
三代龙文堂安之介造夜月山景楼阁姥口形铁瓶	宽17×高21cm	63,250	江苏观宇	2018-09-15
二代金寿堂雨宫宗信造嵌金银茶筅形铁瓶(双款)	宽15cm; 高20cm	59,800	江苏观宇	2018-04-22
三代龙文堂安之介造寿眉文铁瓶 晚清福州生泰号督造红泥炉(一组)	尺寸不一	57,500	江苏观宇	2018-04-22
大国寿朗造双龙抢珠饕餮尾锤形铁瓶	宽16×高18cm	57,500	江苏观宇	2018-09-15
云色堂美之助造福寿文丸形铁瓶(双款)	宽17cm; 高20cm	46,000	江苏观宇	2018-04-22
三代金寿堂雨宫宗芳造日之丸形铁瓶限定版(原共箱)(附证书)	宽17cm; 高21cm	43,700	江苏观宇	2018-04-22
云色堂美之助造凤凰文日之丸形铁瓶(双款)(原共箱)	宽19cm; 高22cm	43,700	江苏观宇	2018-04-22
三代龙文堂安之介造枣形铁瓶	宽17×高23cm	43,700	江苏观宇	2018-09-15
七代龙文堂安之介造丸形铁瓶(双款)	宽17×高21cm	43,700	江苏观宇	2018-09-15
三代龙文堂安之介造兽口丸形铁瓶	宽17cm; 高20cm	40,250	江苏观宇	2018-04-22
四代龙文堂安之介造真形铁瓶(八代龙文堂安之介鉴)(原共箱)	宽16cm; 高18cm	36,800	江苏观宇	2018-04-22
畠春斋造龟甲纹银象眼钧盖宝袋形铁瓶(原共箱)	宽20cm; 高20cm	36,800	江苏观宇	2018-04-22
五代龙文堂安之介造阿弥陀堂铁瓶(双款)	宽14cm; 高16cm	36,800	江苏观宇	2018-04-22
龟文堂造鹌鹑形铁瓶	宽18×高21cm	36,800	江苏观宇	2018-09-15
祥云堂闲英造富贵丸形铁瓶(附证书)(原共箱)	宽17cm; 高20cm	34,500	江苏观宇	2018-04-22
二代金寿堂雨宫宗信造松果梅文盖铁瓶	宽17cm; 高20cm	32,200	江苏观宇	2018-04-22
人间国宝香取秀真造风月双清铁瓶(香取正彦观原共箱)	宽18×高21cm	32,200	江苏观宇	2018-09-15
云色堂美之助造纯银盖长闲形铁瓶	宽15cm; 高19cm	28,750	江苏观宇	2018-04-22
四代金寿堂雨宫宗甫造国师形铁瓶(原共箱)	宽15cm; 高14cm	28,750	江苏观宇	2018-04-22
青龙堂造花押款茶诗句广口形铁瓶	宽17×高18cm	28,750	江苏观宇	2018-09-15
古山珍海味铁瓶	宽18×高21cm	28,750	江苏观宇	2018-09-15
二代高木治良兵卫造日丸形铁瓶(原共箱) 筋文铁火钵(原共箱)	尺寸不一	25,300	江苏观宇	2018-04-22
角谷莎村造松鹤浮雕丸形铁瓶	宽18×高21cm	25,300	江苏观宇	2018-09-15
初代寒雉德翁造写富士形尾垂铁瓶(御釜师高桥因幡鉴)	宽19×高25cm	25,300	江苏观宇	2018-09-15
龙文堂造千筋文日丸形铁瓶	宽16cm; 高21cm	23,000	江苏观宇	2018-04-22
龙文堂大国造双环兽口形铁瓶	宽17cm; 高20cm	23,000	江苏观宇	2018-04-22
龙文堂造花押款瓢形铁瓶	宽17×高18cm	23,000	江苏观宇	2018-09-15
南部樱山造"旅行青蛙"丸形铁瓶(双款)	宽21×高21cm	23,000	江苏观宇	2018-09-15
大国寿朗造茶饭釜形铁瓶	宽16×高16cm	23,000	江苏观宇	2018-09-15
十三代大西清右卫门净长造丰瑞形铁瓶(原共箱)	宽16×高20cm	23,000	江苏观宇	2018-09-15
大正期龙文堂大国造龙纹纪念款铁壶	长16.5cm; 高22.5cm	20,700	北京匡时	2018-06-16
龙文堂大国寿朗造万代屋形山水文铁瓶	宽17cm; 高23cm	20,700	江苏观宇	2018-04-22
光玉堂造双款梅枝回纹银镶嵌铁瓶	宽18cm; 高21cm	20,700	江苏观宇	2018-04-22
平安兔四郎造富士山浮雕长闲形铁瓶(原共箱)	宽17cm; 高20cm	20,700	江苏观宇	2018-04-22
龙文堂造饕餮文环付脱蜡铁瓶	宽19×高23cm	20,700	江苏观宇	2018-09-15
光玉堂造平丸形铁瓶(双款)	宽19×高20cm	20,700	江苏观宇	2018-09-15
三代龙文堂安之介造如意耳灵芝蜡铸铁瓶	宽17×高20cm	20,700	江苏观宇	2018-09-15
江户末期 大西清右卫门淨典制宝珠形铁壶	16.5×13.2cm	20,700	西泠拍卖	2018-07-08
锡器				
清早期 竹居主人款椰壳浮雕博古图锡罐	高6cm	34,500	北京保利	2018-12-08
清雍正 锡胎椰壳雕龙凤纹碗	直径19cm	69,000	北京保利	2018-04-29
乾隆 沈朗亭刻铭提梁锡壶	高11.5cm	48,300	上海匡时	2018-04-30
清中期 陈鸿寿铭诗文汪鸿(小迂)作并刻梅花"却月"锡壶	宽19cm	770,500	北京保利	2018-12-08
清嘉庆 锡胎刻心经莱菔尊	高20cm	105,008	保利香港	2018-04-02
清中期 杨彭年造梅岩铭刻诗句井栏锡包壶	宽16.2cm	32,200	中国嘉德	2018-06-19
清中期 朱石楳刻锡杯	7×8cm	23,000	西泠拍卖	2018-07-08
清道光 朱石梅两面刻字芭蕉型锡杯	长8.7cm	59,800	北京保利	2018-12-08
清道光 朱石梅制并刻诗文各式锡杯(四件)	宽9.4cm×2; 宽8cm×2	36,800	北京保利	2018-06-20
清道光 朱石梅刻杨彭年制梅花诗文锡包壶	宽14.7cm	34,500	北京保利	2018-06-20
清道光 杨彭年制西溪刻诗文梅花图三镶玉锡包壶	宽14.5cm	25,300	北京保利	2018-12-08
清 山水诗文锡质茶叶罐	直径8cm	46,303	中国嘉德	2018-10-02
清 石楳款六方锡壶	高8cm; 通径16cm	43,700	西泠拍卖	2018-07-07
清 锡包紫砂三镶兰花诗文壶	宽13.5cm	34,500	北京保利	2018-07-27
清石梅款锡制松竹梅诗文茶叶罐(一对)	高7.5cm	34,500	广东崇正	2018-07-05
清 锡包紫砂携琴访友诗文壶	高14cm	34,500	北京保利	2018-07-27
清代 和田玉三镶诗文锡包壶	高8cm	28,750	南京经典	2018-07-22
清 锡包紫砂三镶兰花诗文元宝壶	宽15cm	25,300	北京保利	2018-07-27
清 锡包紫砂三镶诗文壶	宽15.8cm	25,300	北京保利	2018-07-27
清 锡罐	高14.5cm	23,000	北京匡时	2018-06-16
清 沈存周制锡对罐	高9.6cm	23,000	中贸圣佳	2018-11-25
清 锡包紫砂三镶兰花诗文壶	宽16cm	20,700	北京保利	2018-07-27
民国 点铜款大锡罐	23.5×18.2cm	32,200	西泠拍卖	2018-07-08
民国 锡制茶叶罐	20.2×16.6cm	20,700	西泠拍卖	2018-07-08
白云仙子造锡刻茶罐(附檀木茶箱)(一对)	宽4.5×高9cm×2	40,250	江苏观宇	2018-04-22
锡罐	高22cm	40,250	北京匡时	2018-12-06
银壶 锡壶三把	高18.5cm; 高16.5cm; 高16.5cm	23,000	中国嘉德	2018-09-18
锡罐	高14.2cm	23,000	北京匡时	2018-12-06
大錘目形锡罐	宽17×高22cm	20,700	江苏观宇	2018-09-15
刻心经锡茶叶罐	宽14×高13.5cm	20,700	江苏观宇	2018-09-15
紫砂				
摆件				
日本明治时期 紫砂布袋和尚	长26.7cm	40,250	北京中汉	2018-04-15

拍品名称	物品尺寸	成交价RMB	拍卖公司	拍卖日期
清 白泥绞纹弥勒佛塑像	宽16.8cm	32,200	中国嘉德	2018-06-19
清末民国 蒋燕亭制紫砂立姿佛像	高45.2cm	322,000	中贸圣佳	2018-06-20
徐秀棠制观自在雕塑	高63cm	322,000	江苏观宇	2018-04-22
徐秀棠制送子观音雕塑	高37×宽15cm	184,000	江苏观宇	2018-09-16
80年代徐秀棠制雪舟学画雕塑(一对)	尺寸不一	149,500	上海泛华	2018-04-15
高海庚、王小龙、许成权、徐秀棠合制龙船	高24×宽30cm	138,000	江苏观宇	2018-09-16
徐秀棠制石涛雕塑	高26×宽15cm	78,200	江苏观宇	2018-09-16
徐秀棠监制史小明制供春习艺雕塑	高21cm; 宽23cm	34,500	江苏观宇	2018-04-22
王国文 关公立像	高度52cm	31,050	荣宝斋(桂林)	2018-09-08
徐秀棠制猴子雕塑	高12cm	23,000	江苏观宇	2018-09-16
茶具				
明 日本京都万福寺旧藏、田能村直入自用时大彬制朱泥调砂扁圆壶	6.2cm×15.3cm	1,092,500	西泠拍卖	2018-07-08
明末清初 龚心钊旧藏 许龙文 青娱轩款紫泥调砂汉鉼壶	长11.4cm	3,565,000	北京保利	2018-06-20
明末清初 无款紫泥莲台壶	宽12cm; 高5cm	552,000	江苏观宇	2018-04-22
明末/清初 紫砂扁腹壶	宽12cm	432,163	中国嘉德	2018-10-02
清早期 荆溪君龙制紫泥调砂桑扁壶	宽19cm×高7cm	586,500	江苏观宇	2018-09-16
清初 邵旭茂制紫泥巨壶	宽35×高33cm	230,000	江苏观宇	2018-09-16
清早期 鸣远款诗句白泥扁灯壶	宽13.6cm	218,500	中国嘉德	2018-06-19
清初 无款紫泥调砂大壶	宽13×高14cm	184,000	江苏观宇	2018-09-16
清早期 朱泥贴花坦然壶	7×10.9cm	172,500	西泠拍卖	2018-07-08
清早期 朱泥回纹壶	宽13.5cm; 高9cm	138,000	江苏观宇	2018-04-22
清早期 荆溪款清水泥四方坦然壶	宽11.5cm	138,000	中国嘉德	2018-06-19
清早期 潘孟达制 紫砂宫灯壶	宽22cm; 高14cm	115,000	上海泛华	2018-04-15
清早期 紫砂小方壶	长11.5cm	115,000	中国嘉德	2018-05-18
清早期 邵基祖制款朱泥梨式壶	7.8×10cm	109,250	西泠拍卖	2018-07-08
清早期 鸣远款朱泥小一粒珠壶	宽10.5cm	103,500	北京保利	2018-06-20
清早期 陈鸣远款朱泥矮梨壶	高5.4cm; 宽9.4cm	101,200	上海匡时	2018-04-30
清初 惠孟臣制紫泥文旦壶	宽15×高10cm	92,000	江苏观宇	2018-09-16
清早期 邵茂中制朱泥平盖莲子壶	宽14.5×高8.5cm	74,750	江苏观宇	2018-09-16
清早期 邵柏原制朱泥梨形壶	宽11.4×高5.6cm	69,000	北京诚轩	2018-06-17
清初 邵福官制紫泥平盖宫灯壶	宽13×高7.5cm	69,000	江苏观宇	2018-09-16
清早期 大彬款白泥一粒珠壶	8.8×13.3cm	69,000	西泠拍卖	2018-07-08
清早期 宜钧釉三足炉(附底座)	宽19cm; 高6cm	69,000	江苏观宇	2018-04-22
清早期 周公茂置款 梨形壶(一对)	宽11cm; 高6cm	66,700	上海泛华	2018-04-15
清早期 荆溪邵禄余制椭圆虚扁壶	宽18.5cm; 高7cm	55,200	江苏观宇	2018-04-22
清早期 思亭制朱泥思亭壶	宽10.3cm	55,200	中国嘉德	2018-06-19
清早期 荆溪美中款朱泥扁灯壶	7.3×13.8cm	46,000	西泠拍卖	2018-07-08
清早期 元熙 美人肩壶	宽15.5cm; 高12.5cm	41,400	上海泛华	2018-04-15
清早期 朱泥贴花松鼠葡萄壶	10.8×15.5cm	40,250	西泠拍卖	2018-07-08
清早期 诗句逸公款紫泥硕果壶	宽17×高9.5cm	36,800	江苏观宇	2018-09-16
清初 士英款紫泥宫灯壶	宽18×高12.5cm	34,500	江苏观宇	2018-09-16
清早期 朱泥贴花龙蛋壶	9.1×11.7cm	25,300	西泠拍卖	2018-07-08
清康熙 紫泥菊瓣壶	10.3×15.5cm	253,000	西泠拍卖	2018-07-08
清康熙 紫砂菊瓣茶壶	宽16cm	194,880	香港诚昌	2018-05-30
清乾隆 龚心钊旧藏 王南林 桂花砂俱轮珠壶	长22.7cm	2,300,000	北京保利	2018-06-20
清乾隆 御制紫砂描金山水诗文方壶	宽15.5cm	920,000	北京保利	2018-06-20
乾隆 大清乾隆年制 朱泥瓮形壶	高7cm; 宽9.5cm	460,000	上海匡时	2018-04-30
清乾隆 程世华制炉钧釉宫灯壶	宽22×高14cm	345,000	江苏观宇	2018-09-16
清乾隆时期邵柏原诗句款朱泥梨形壶	宽11.5cm; 高5cm	230,000	上海泛华	2018-04-15
清乾隆 无款圆壶	宽17cm; 高7.5cm	138,000	江苏观宇	2018-04-22
清乾隆 朱泥梨形壶		113,850	印千山	2018-01-12
清乾隆 一龙款朱泥梨形壶	宽12.5×高6.5cm	109,250	江苏观宇	2018-09-16
清乾隆 朱泥古莲子壶		97,750	印千山	2018-01-12
18世纪 宜兴朱泥平盖莲子壶	长11cm	70,850	佳士得	2018-10-04
清乾隆 刘元制朱泥高潘壶	宽11cm	69,000	北京保利	2018-06-20
清乾隆/嘉庆 朱泥笠帽壶	宽9.6×高7cm	69,000	北京诚轩	2018-06-17
清乾隆 继玩款朱泥圆壶	5.8×11.3cm	69,000	西泠拍卖	2018-07-08
清乾隆 陈荫千制紫泥竹节形提梁壶	高22.5cm	63,250	北京保利	2018-06-20
清乾隆 宜兴朱泥贴塑螭龙纹狮钮盖壶	宽16.5cm	59,950	佳士得	2018-10-04

拍品名称	物品尺寸	成交价RMB	拍卖公司	拍卖日期
清乾隆 不亚玉川款朱泥梨形壶	宽12×高7cm	55,200	江苏观宇	2018-09-16
清乾隆 朱泥梨皮半月壶	宽10.3×高5.8cm	40,250	北京诚轩	2018-06-17
清乾隆 澹然斋款加彩六方宫灯壶	宽28×高18cm	40,250	江苏观宇	2018-09-16
清乾隆 凌万兴制加彩花蝶暗八仙纹六方壶	宽22cm	34,500	北京保利	2018-06-20
清乾隆 邵正来制加彩山水楼阁壶	宽16.5cm	25,300	北京保利	2018-06-20
乾隆 双色贴花龙纹提梁壶	高9.7cm; 宽14cm	23,000	上海匡时	2018-04-30
清嘉庆 杨彭年制、陈曼生刻阿曼陀室款紫泥井栏壶	7.3cm×16cm	4,140,000	西泠拍卖	2018-07-08
清中期 瞿子冶刻吉安、月壶款紫泥调砂石瓢壶	7cm×14.5cm	3,220,000	西泠拍卖	2018-07-08
清中期 杨彭年制、陈曼生刻阿曼陀室款紫泥笠荫壶	7cm×13.1cm	3,105,000	西泠拍卖	2018-07-08
清中期 瞿子冶刻壶公冶父款紫泥调砂汲直壶	16.5cm×16.7cm	2,070,000	西泠拍卖	2018-07-08
清中期 杨彭年制紫泥觚棱壶	宽16cm×高10cm	920,000	江苏观宇	2018-09-16
清中期 邵大亨制描金合欢壶	宽19cm; 高8cm	460,000	江苏观宇	2018-04-22
清中期 春雪斋扁鼓形壶	宽16cm	345,000	北京保利	2018-06-20
清中期 朱泥菊瓣壶		264,500	北京匡时	2018-06-16
清中期 胡小山制紫泥牛盖莲子壶	6.9×16.6cm	253,000	西泠拍卖	2018-07-08
清中期 贞祥款描金诗文山水楼台三足紫砂壶	宽18cm	230,000	北京保利	2018-06-20
清中期 万泉制孔加刻段泥砖方壶	14.5×17.3cm	207,000	西泠拍卖	2018-07-08
潘广元 清中期 朱泥壶		155,250	北京匡时	2018-06-16
清中期 邵大亨制紫泥掇球壶	宽16×高11cm	103,500	江苏观宇	2018-09-16
清中期 紫泥梨形壶(两件)	宽9cm; 宽9.5cm	78,200	北京保利	2018-06-20
清中期 朱泥梨皮高身潘壶	宽9.6×高6.8cm	74,750	北京诚轩	2018-06-17
清中期 惠孟臣款朱泥壶	6×9.8cm	74,750	西泠拍卖	2018-07-08
清中期 世德堂朱泥壶	宽10.3cm	69,000	北京保利	2018-06-20
清中期 留佩制紫泥梨形壶	宽11cm	69,000	北京保利	2018-06-20
清中期 大彬款朱泥矮君德壶	宽10.5cm; 高4.5cm	69,000	江苏观宇	2018-04-22
清中期 无款三友碗灯壶	宽17cm; 高11cm	69,000	江苏观宇	2018-04-22
清中期 应和款朱泥菊瓣壶	宽10.8cm	63,250	北京保利	2018-06-20
清中期 松石釉紫砂胎礼器(附底座)	宽20×高9cm	63,250	江苏观宇	2018-09-16
清中期 朱泥矮潘壶	宽10.5cm; 高5cm	57,500	江苏观宇	2018-04-22
清中期 徐恒茂款紫泥梨形壶	宽15cm; 高8cm	51,750	江苏观宇	2018-04-22
清中期 平盖朱泥小壶	高4.3cm; 宽8.7cm	51,750	上海匡时	2018-04-30
清中期 山水主人款朱泥圆壶	7.5×13.3cm	51,750	西泠拍卖	2018-07-08
清中期 白泥磨光合菱壶	高10.2cm; 宽17.3cm	50,600	上海匡时	2018-04-30
清中期 紫泥 思亭壶	宽11cm; 高8cm	41,400	上海泛华	2018-04-15
清中期 朱泥菊瓣壶	高8.4cm; 宽10.8cm	40,250	上海匡时	2018-04-30
清中期 紫泥大莲子壶	高14.5cm; 宽21.8cm	40,250	上海匡时	2018-04-30
清中期 逸公款朱泥仲芳掇球壶	7.6×9.8cm	40,250	西泠拍卖	2018-07-08
清中期 朱泥菱花壶	7.5×13.8cm	40,250	西泠拍卖	2018-07-08
清中期 朱泥仲芳式掇球壶	宽10.5×高7.5cm	36,800	江苏观宇	2018-09-16
清中期 杨葆年制、符生及泉山人刻款三镶锡包砂胎壶及扬兴漫遂款锡罐(一组两件)	8.5×9.7cm(罐); 9×12.3cm(壶)	36,800	西泠拍卖	2018-07-08
清中期 陆思亭款朱泥思亭壶	宽9.5×高7cm	34,500	江苏观宇	2018-09-16
清中期 诗句孟臣款朱泥梨型壶	宽12cm; 高7cm	33,350	江苏观宇	2018-04-22
清中期 紫泥梨形壶	宽11.5cm	29,900	北京保利	2018-06-20
清中期 元川制"玉瓒黄流"款白泥绘山水人物纹提梁壶	高16.5cm	28,750	北京保利	2018-06-20
清中期 黎明即起款朱泥梨形壶	宽11.5×高6cm	28,750	江苏观宇	2018-09-16
清中期孟臣诗句款镶金朱泥弯流水平壶	宽13.3cm	25,300	中国嘉德	2018-06-19
清中期 留佩制刻诗文朱泥壶	宽11.8cm	23,000	北京保利	2018-07-27
清中期 朱泥思亭壶		23,000	北京匡时	2018-06-16
清中期 诗句逸公款朱泥梨形壶	宽12.5×高8cm	23,000	江苏观宇	2018-09-16
清中期 孟臣款朱泥扁灯壶	6×10.6cm	23,000	西泠拍卖	2018-07-08
清中期 杨彭年制款石生刻款锡包砂胎却月壶	9.5×14.5cm	20,700	西泠拍卖	2018-07-08
清中期 杨彭年制款步朗刻款锡包砂胎海棠壶	8.3×16.3cm	20,700	西泠拍卖	2018-07-08

拍品名称	物品尺寸	成交价RMB	拍卖公司	拍卖日期
清道光 申锡制 玉山刻铭汉瓦壶	高8cm; 宽14.7cm	920,000	上海匡时	2018-04-30
清道光 申锡制、瞿子冶刻茶熟香温款紫泥提梁壶	15.3cm×11.3cm	460,000	西泠拍卖	2018-07-08
清道光 申锡制朱石楳刻石楳摹古款朱泥合欢壶	5.2×13.6cm	253,000	西泠拍卖	2018-07-08
清道光 杨葆年制朱石楳刻山水诗文锡包砂胎斗量壶	4.5×13.3cm	92,000	西泠拍卖	2018-07-08
清道光 逸闲款尔山刻紫泥扁石壶	7×16cm	57,500	西泠拍卖	2018-07-08
清道光 孟臣款 朱泥扁灯圆壶		55,200	北京匡时	2018-06-16
清道光 朱泥高执壶		55,200	印千山	2018-01-12
清道光 邵景南制 太极鼓壶	宽16.5cm; 高9cm	31,050	上海泛华	2018-04-15
清光绪 金士恒刻并作具轮珠壶	宽10.5cm	34,500	北京保利	2018-06-20
清光绪 钦州窑蔡和声款子冶刻款井栏壶	9.5×17.9cm	34,500	西泠拍卖	2018-07-08
清光绪 钦州窑钟形壶	12.5×15.7cm	28,750	西泠拍卖	2018-07-08
清晚期何心舟制徐三庚铭白泥椰瓢壶	高9cm; 宽14.5cm	920,000	上海匡时	2018-04-30
清晚期 陶斋款宝华庵制紫泥钟形壶	宽14.5cm; 高10.5cm	138,000	江苏观宇	2018-04-22
清晚期 愙斋款东溪铭刻友泉制紫泥扁石壶	宽17.8cm	115,000	中国嘉德	2018-06-19
清晚期 蒋锦昌制子冶画并题三叉提梁壶	高15cm	97,750	北京保利	2018-06-20
清晚期 愙斋款东溪铭刻芷亭制段泥碗灯壶	宽16.6cm	92,000	中国嘉德	2018-06-19
清末民初 俞国良制紫砂海棠式壶	宽17.1×高7.2cm	74,750	北京诚轩	2018-06-17
清晚期步朗铭书画紫砂三镶玉锡包壶	宽15.5cm	57,500	中国嘉德	2018-06-19
清晚期 东溪刻字画静泉制石铫壶	高11.5cm	48,300	北京保利	2018-06-20
清晚期 朱泥三足水平对壶		46,000	江苏观宇	2018-09-16
清晚期诗句孟臣款紫泥调砂水平壶	宽13×高7cm	43,700	江苏观宇	2018-09-16
清晚期 合成款龙印三足朱泥壶	宽10.5cm; 高7cm	40,250	江苏观宇	2018-04-22
清晚期 龙印款朱泥六方壶	宽11cm; 高8.5cm	37,950	江苏观宇	2018-04-22
清晚期 六如款朱泥高梨壶	宽9×高6cm	36,800	江苏观宇	2018-09-16
清晚期 畊山款朱泥调砂钟形壶	宽11×高7.5cm	32,200	江苏观宇	2018-09-16
清晚期 敉记 权衡款 太极鼓壶	宽19cm; 高8cm	32,200	上海泛华	2018-04-15
清晚期福记款君用制款紫泥小文旦壶	5.5×7.8cm	32,200	西泠拍卖	2018-07-08
清晚期 紫泥磨光水平壶	宽11×高6cm	28,750	江苏观宇	2018-09-16
清晚期 江记孟臣款朱泥卧狮对壶	宽5cm; 高8cm	25,300	江苏观宇	2018-04-22
清晚期 贡局款朱泥掇只壶	宽12cm; 高9cm	25,300	江苏观宇	2018-04-22
清晚期 诗句逸公款朱泥宫灯壶	宽10×高7cm	25,300	江苏观宇	2018-09-16
清晚期 孟臣诗句款 锦泰包银 朱泥君德壶	宽12cm; 高6cm	25,300	上海泛华	2018-04-15
清晚期 龙印款朱泥广口圆壶	宽10cm; 高5.5cm	23,000	江苏观宇	2018-04-22
清晚期 诗句孟臣款朱泥线瓢壶	宽11.5cm; 高7cm	23,000	江苏观宇	2018-04-22
清晚期 袁义和款朱泥梨形壶	宽9.5cm; 高6cm	23,000	江苏观宇	2018-04-22
清晚期 龙印朱泥梨形壶	高6.9cm; 宽10.5cm	23,000	上海匡时	2018-04-30
清晚期 紫泥君德壶	高7cm; 宽12cm	23,000	上海匡时	2018-04-30
清晚期 范庄农家款 紫泥钟式壶	高11.5cm; 宽17cm	21,850	上海匡时	2018-04-30
清晚期 姑苏留佩制款朱泥莲子壶	宽11.5cm; 高7.5cm	20,700	江苏观宇	2018-04-22
清晚期宜兴县孟臣制朱泥变体莲子壶	宽13×高8cm	20,700	江苏观宇	2018-09-16
清晚期朱泥竹节钮三足小壶(一对)	高5.5cm; 宽9.3cm	20,700	上海匡时	2018-04-30
清晚期 孟臣制款朱泥水平笠帽壶	5.5×9.5cm	20,700	西泠拍卖	2018-07-08
清晚期 义记款菊瓣大水平壶	宽17.5cm	20,700	中国嘉德	2018-06-19
清晚期孟臣诗句款昌记朱泥君德壶	宽9cm	20,700	中国嘉德	2018-06-19
清 蔡耕旧藏 王东石、胡公寿题 提梁石铫壶	高18cm	517,500	中贸圣佳	2018-06-20
清 宜兴紫砂茶壶	宽16cm	493,901	中国嘉德	2018-10-02
清中晚期 子冶刻段泥延年瓦当壶	宽15.5cm; 高8cm	460,000	江苏观宇	2018-04-22
清康雍 世德堂朱泥平盖桑扁壶	高6.8cm; 宽10.6cm	460,000	上海匡时	2018-04-30
清 大亨款 紫泥蛋包壶	宽15cm; 高8cm	126,500	上海泛华	2018-04-15
清 紫砂山水人物甄中诗句提梁壶	高17cm	115,000	北京翰海	2018-06-30
清 秋水款朱泥高莲子壶	宽9.6cm	74,750	北京保利	2018-06-20
清 孟臣诗句款 扁灯壶	宽18cm; 高8cm	69,000	上海泛华	2018-04-15
清 少峰款 泥绘圆壶(缺盖)	高5.2cm; 宽15.5cm	69,000	上海匡时	2018-04-30
清中晚期 敉记款段泥矮瓜壶	宽18cm; 高8cm	57,500	江苏观宇	2018-04-22

拍品名称	物品尺寸	成交价RMB	拍卖公司	拍卖日期
清 锡包紫砂壶	口径16cm; 高8cm	51,750	南京经典	2018-01-06
清 紫泥髹黑漆三友壶	高16.5cm; 宽20cm	51,750	上海匡时	2018-04-30
清中晚期 思亭款朱泥调砂高瓢壶	宽10×高7cm	48,300	江苏观宇	2018-09-16
清 孟臣诗句款朱泥笠帽壶	高5.8cm; 宽9cm	46,000	上海匡时	2018-04-30
清中晚期 曼生款段泥三足圆壶	宽17×高8cm	45,000	江苏观宇	2018-09-16
清 紫砂胎胶胎釉布袋笑佛	高16cm; 宽22cm	44,075	香港诚昌	2018-05-28
清中晚期 诗句逸公款朱泥掇只壶	宽11.5×高8cm	43,700	江苏观宇	2018-09-16
清 子冶款刻竹诗文紫泥石瓢壶	宽14.5cm	40,250	北京保利	2018-06-20
清代 紫砂宫灯壶	高10cm	40,250	南京经典	2018-07-22
清 杨彭年制三镶玉锡包紫砂壶	高9cm; 通径16.5cm	40,250	西泠拍卖	2018-07-07
清 紫砂壶	宽16.5cm	36,800	北京保利	2018-04-29
清 紫砂兰花壶	宽16cm	34,500	北京保利	2018-04-29
清中晚期 陆思亭款朱泥思亭壶	宽10cm; 高6.5cm	34,500	江苏观宇	2018-04-22
清中晚期 朱泥秋水壶	宽10cm; 高7.5cm	34,500	江苏观宇	2018-04-22
清代 紫砂高足宫灯壶	高16cm	34,500	南京经典	2018-07-22
清 紫泥 矮潘壶	宽9.5cm; 高3.5cm	34,500	上海泛华	2018-04-15
清 邵景南款 二泉铭诗句高四方方壶	宽14cm; 高8cm	34,500	上海泛华	2018-04-15
清 孟臣款 段泥一粒珠壶	宽12cm; 高7cm	34,500	上海泛华	2018-04-15
清 朱泥瓮形壶(一对)	高7.5cm; 宽11.5cm	34,500	上海匡时	2018-04-30
晚清 龙印款朱泥六方壶	高8.5cm; 宽10.2cm	34,500	上海匡时	2018-04-30
清中晚期 诗句孟臣款朱泥圆珠壶	宽11cm; 高6cm	28,750	江苏观宇	2018-04-22
清中晚期 诗句孟臣款朱泥神灯壶	宽11.5cm; 高5.5cm	24,150	江苏观宇	2018-04-22
清 芝云制紫泥笠帽壶	高6cm; 宽12cm	24,150	上海匡时	2018-04-30
清 汪案卿制朱泥狮球壶及各式壶(共四件)	宽9cm; 宽11cm; 宽11.5cm; 宽9.2cm	23,000	北京保利	2018-06-20
清 权寅款 海棠合梅壶	宽18cm; 高8cm	23,000	上海泛华	2018-04-15
清 诗句孟臣款朱泥高梨壶	宽13×高10cm	20,700	江苏观宇	2018-09-16
清代 紫砂宫灯壶	高9.5cm	20,700	南京经典	2018-07-22
清 孟臣诗句款 朱泥仲芳掇只壶	宽10cm; 高8cm	20,700	上海泛华	2018-04-15
清 朱泥矮潘壶	长12.5cm	20,700	中国嘉德	2018-05-18
清 允公款紫砂壶	宽12.5cm	20,579	中国嘉德	2018-10-02
民国 王寅春 仿古朱泥壶	长18.5cm	287,500	北京保利	2018-06-20
民国 王寅春制调砂满瓢壶	宽18cm; 高8cm	253,000	江苏观宇	2018-04-22
民国 俞国良制愙斋款紫泥传炉壶	宽16cm×高9cm	218,500	江苏观宇	2018-09-16
民国 俞国良制 朱泥汉扁壶	高8.2cm; 宽19cm	207,000	上海匡时	2018-04-30
民国朱可心制恺长款四方隐角竹鼓壶	宽16cm; 高7cm	126,500	上海泛华	2018-04-15
民国 王寅春制朱泥君德壶	高6cm; 宽11.5cm	126,500	上海匡时	2018-04-30
民国 范大生制鱼化龙壶	宽17cm; 高10cm	109,250	江苏观宇	2018-04-22
民国 星辰制造款段泥东坡提梁壶	宽24cm; 高27cm	103,500	江苏观宇	2018-04-22
民国 冯桂林制紫泥磨光圆竹壶	宽17×高7.5cm	74,750	江苏观宇	2018-09-16
民国 俞国良制潜陶刻字画段泥大传炉壶	宽23cm	69,000	北京保利	2018-06-20
民国 潜陶刻李宝珍制觚菱壶连座	宽18.5cm; 高17cm	69,000	江苏观宇	2018-04-22
民国 程(陈)寿珍制觚菱壶	宽15.5cm; 高8cm	69,000	江苏观宇	2018-04-22
民国 范大生制段泥雪桃壶	宽19×高10cm	57,500	江苏观宇	2018-09-16
民国客斋款 俞国良制 老包银紫砂传炉壶	宽16cm; 高8cm	57,500	上海泛华	2018-04-15
晚清民国 陈盘根制紫砂壶	高9cm; 宽14cm	57,490	香港诚昌	2018-05-28
民国 陈(程)寿珍制紫泥竹鼓壶	宽17×高8cm	55,200	江苏观宇	2018-09-16
清末民国 汪宝根制铁画轩制款朱泥线圆壶	6.7×16.2cm	55,200	西泠拍卖	2018-07-08
民国 冯济民制绿泥供春套组	尺寸不一	52,900	江苏观宇	2018-09-16
民国 吴云根制戴玉屏刻段泥觚棱提梁壶	15.2×9.5cm	51,750	西泠拍卖	2018-07-08
民国 江佐臣制陈少亭刻段泥狮球壶(附证书)	宽12cm; 高9cm	46,000	江苏观宇	2018-04-22
民国 吴廉身款 紫泥扁腹壶	宽17cm; 高8cm	37,950	上海泛华	2018-04-15
民国 荆溪惠孟臣款平盖水平壶	高4.4cm; 宽8.5cm	36,800	上海匡时	2018-04-30
民国 李宝珍制鱼化龙壶	宽22cm; 高12cm	34,500	江苏观宇	2018-04-22
民国李宝珍制 任淦庭铭 括黑传炉壶	宽17cm; 高10cm	34,500	上海泛华	2018-04-15
民国 福记小芭乐壶	高5.2cm; 宽8.2cm	34,500	上海匡时	2018-04-30
民国陈鼎和制段泥山水诗文大柿子壶	高13cm; 宽23.5cm	34,500	上海匡时	2018-04-30
民国 福记冶匋款三色松桩壶	宽13×高9cm	32,200	江苏观宇	2018-09-16
民国 汪宝根制紫泥线圆壶	宽18.5×高7cm	32,200	江苏观宇	2018-09-16

2018杂项拍卖成交汇总

(成交价RMB：2万元以上)

拍品名称	物品尺寸	成交价RMB	拍卖公司	拍卖日期
清末民国 范静安制范庄农家款紫泥竹鼓壶	8.3×17.5cm	32,200	西泠拍卖	2018-07-08
民国 锦春制朱泥微型壶、银制提梁微型壶	宽4cm; 高4.5cm; 重29g	28,750	北京保利	2018-06-20
民国 范占制三色三友套壶	尺寸不一	28,750	江苏观宇	2018-04-22
民国 范大生制紫泥鱼化龙壶	宽20×高10cm	28,750	江苏观宇	2018-09-16
清末民国程(陈)寿珍制紫泥仿古壶	10.3×19.7cm	28,750	西泠拍卖	2018-07-08
民国陈(程)寿珍制紫泥磨光汉扁壶	宽23×高8.5cm	25,300	江苏观宇	2018-09-16
民国 唐凤芝制紫泥蜂菊壶	宽19×高10cm	23,000	江苏观宇	2018-09-16
清末民国 利用公司出品潜陶氏刻紫泥粉浆帽筒（一对）	28.8×13.7cm×2	23,000	西泠拍卖	2018-07-08
民国陶厂制诗文菊花图段泥虚扁壶	宽17.5cm	20,700	北京保利	2018-06-20
民国 范大生制段泥福寿壶	宽18×高8cm	20,700	江苏观宇	2018-09-16
民国 半匋制 梅桩壶	宽14.5cm; 高9cm	20,700	上海泛华	2018-04-15
民国 紫砂加彩羲之爱鹅砚滴	长12.5cm	20,700	北京翰海	2018-06-30
20世纪 顾景舟制扁腹壶	高8cm; 长17cm	34,500,000	北京东正	2018-06-17
顾景舟制匏瓜壶		5,750,000	江苏观宇	2018-09-16
20世纪 顾景舟制掇球壶	高10.5cm; 长17.5cm	4,830,000	北京东正	2018-06-17
顾景舟 僧帽壶	长12.7cm	4,370,000	北京保利	2018-06-20
顾景舟 近代 云肩如意壶		4,347,000	北京匡时	2018-06-16
顾景舟 三足高腰线提梁壶	长15.2cm	3,910,000	北京保利	2018-06-20
顾景舟制紫砂高僧帽壶	宽15cm	3,852,500	中国嘉德	2018-06-19
顾景舟·子冶石瓢	长16.5cm; 高7cm	3,450,000	北京翰海	2018-06-29
顾景舟·牛盖莲子	长17.5cm; 高7cm	3,220,000	北京翰海	2018-06-29
何道洪制刘海粟书诗句徐勇良铭大集思壶	高26.7cm	2,932,500	中国嘉德	2018-06-19
顾景舟 近代 瓜梨壶		2,875,000	北京匡时	2018-06-16
顾景舟制段泥供春壶	宽15.2cm	2,645,000	中国嘉德	2018-06-19
朱可心·松鼠葡萄	长25.5cm; 高15.5cm	2,530,000	北京翰海	2018-06-29
20世纪 裴石民制松段壶	高11cm; 长19cm	2,300,000	北京东正	2018-06-17
20世纪 汪寅仙制束柴三友壶	高9.5cm; 长21.5cm	2,300,000	北京东正	2018-06-17
20世纪 朱可心制一节竹段壶	高9cm; 长20cm	2,185,000	北京东正	2018-06-17
王寅春 六方井盖	高9cm; 宽14.5cm	2,012,500	上海嘉禾	2018-06-25
20世纪 何道洪制上合桃壶	高11.5cm; 长20.5cm	1,495,000	北京东正	2018-06-17
何道洪·玉顶壶	长16.5cm; 高8.5cm	1,380,000	北京翰海	2018-06-29
吕俊杰 "风骨"紫砂壶	20cm×15.5cm×11cm	1,380,000	北京荣宝	2018-05-18
吕俊杰 "生生不息"紫砂壶	15×10×10.5cm	1,380,000	北京荣宝	2018-05-18
吕俊杰 彩云追月壶	长16cm; 宽11cm; 高8.5cm	1,357,000	凤凰拍卖	2018-01-21
王寅春 高流金钟壶	长14.5cm	1,265,000	北京荣宝	2018-09-14
吕俊杰 "和平颂"紫砂壶(与著名画家孙其峰合作)	22×16×15cm	1,150,000	北京荣宝	2018-05-18
顾景舟制座有兰言壶		1,058,000	江苏观宇	2018-04-22
高井栏壶 清 陈曼生铭刻 杨彭年制	18.2×12×8.5cm; 重431g	943,000	北京保利	2018-06-19
高振宇制红泥吟鬲壶（一对）	宽14.5cm	920,000	中国嘉德	2018-06-19
汪寅仙·九龙柏	长22cm; 高12.5cm	920,000	北京翰海	2018-06-29
吕俊杰 "美意延年"紫砂壶	14×10.5×11cm	920,000	北京荣宝	2018-05-18
吕俊杰 "彩云追月" "紫砂壶"	16×11×9cm	920,000	北京荣宝	2018-05-18
王石耕 云水藏龙	高9cm; 宽15cm	920,000	上海嘉禾	2018-06-25
汪寅仙制紫砂大束紫三友壶	宽21.5cm	897,000	中国嘉德	2018-06-19
唐彬杰·憨瓢		805,000	江苏观宇	2018-09-16
胡洪明·龙尊凤祥	长17.5cm; 高13.5cm	747,500	北京翰海	2018-06-29
汪寅仙制紫砂同乐提梁壶	宽17.3cm	724,500	中国嘉德	2018-06-19
李寒勇·铎镜套组 王翔铭		713,000	江苏观宇	2018-09-16
吴界明·金蟾竹节壶	长20.5cm; 高13cm	690,000	北京翰海	2018-06-29
范伟群·四方隐角竹鼓茶具套组	尺寸不一	690,000	江苏观宇	2018-04-22
汪寅仙制大弯把梅桩壶		690,000	江苏观宇	2018-09-16
谢华制弓门提梁壶	高17cm	667,000	中国嘉德	2018-06-19
吴界明·乐言		632,500	江苏观宇	2018-09-16
20世纪 汪寅仙制水利壶	高10.5cm; 长18.5cm	575,000	北京东正	2018-06-17
20世纪 何道洪制金律壶	高6cm; 长15cm	575,000	北京东正	2018-06-17
邹跃君·不桀	长13.5cm; 高10cm	575,000	北京翰海	2018-06-29
高旭峰·大掇只	长21cm; 高11cm	575,000	北京翰海	2018-06-29
王石耕 九件希菊套组	壶长19cm; 杯直径8cm; 碟直径11.2cm	575,000	北京荣宝	2018-09-14
1999年 高振宇制 明韵壶	宽18.5cm; 高15cm	552,000	上海泛华	2018-04-15
谢华制玉韵提梁壶	高13.5cm	517,500	中国嘉德	2018-06-19
顾景舟制朱泥小合欢壶		517,500	江苏观宇	2018-04-22
近代 冯桂林制紫砂五头梅椿壶	壶宽18.8cm; 杯宽8.7cm	483,000	中国嘉德	2018-06-19
汪寅仙制姚志源铭诗句段泥高南瓜壶	宽15.5cm	483,000	中国嘉德	2018-06-19
徐汉棠制各式微观壶（八件）	尺寸不一	460,000	中国嘉德	2018-06-19
20世纪 储铭制线圆壶	高6.5cm; 长18cm	460,000	北京东正	2018-06-17
20世纪 蒋蓉制荷叶藕壶	高21cm	460,000	北京东正	2018-06-17
裴石民·三足鼎壶	长8.5cm; 高14.5cm	460,000	北京翰海	2018-06-29
李强·心无罣碍	宽16×高49cm	460,000	江苏观宇	2018-09-16
20世纪 王寅春制虚扁壶	高9cm; 长20cm	448,500	北京东正	2018-06-17
20世纪 吴云根制传炉壶	高10cm; 长18.5cm	437,000	北京东正	2018-06-17
吕尧臣制雨花石提梁壶	高18cm	425,500	中国嘉德	2018-06-19
孔小明制延年益寿壶	宽18.3cm	402,500	中国嘉德	2018-06-19
高旭峰·匏瓜 赵跃鹏书画 王翔铭		402,500	江苏观宇	2018-09-16
赵洪福·秦权套组 毛国强铭		402,500	江苏观宇	2018-09-16
吕尧臣制雨花石提梁壶		379,500	江苏观宇	2018-04-22
周桂珍制冯其庸书铭玉匏提梁壶	宽15.5cm	368,000	中国嘉德	2018-06-19
吕尧臣制华径壶		368,000	江苏观宇	2018-09-16
陈国良制紫砂巧色青松常乐壶	宽17.7cm	345,000	中国嘉德	2018-06-19
陈国良·大供春	长23cm; 高11cm	345,000	北京翰海	2018-06-29
吴东元·石鼓		345,000	江苏观宇	2018-09-16
何道洪制段泥松鼠三友壶	宽17.8cm	345,000	中国嘉德	2018-06-19
王强·吉金·莹		333,500	江苏观宇	2018-09-16
陈福强紫砂	高8.5cm	322,000	北京翰海	2018-09-16
赵洪福·旺福	长16cm; 高9cm	322,000	北京翰海	2018-06-29
张鸿俊·太白樽	长21.5cm; 高23cm	322,000	北京翰海	2018-06-29
袁小强·碧玉		322,000	江苏观宇	2018-09-16
徐汉棠制摹古取真款紫砂大亨大掇球壶	宽23.5cm	322,000	中国嘉德	2018-06-19
高振宇 吉象提梁壶		310,500	北京匡时	2018-06-16
杨陶制松鼠葡萄壶	宽15.8cm	299,000	中国嘉德	2018-06-19
汪寅仙制小梅桩壶		299,000	江苏观宇	2018-09-16
顾婷制玉莲壶	高11cm; 宽17cm	287,500	上海匡时	2018-04-30
朱勤勇·思源		287,500	江苏观宇	2018-09-16
毛国强刻周桂珍制曼生提梁壶		287,500	江苏观宇	2018-09-16
范顺君 禅·心生万物		287,500	荣宝斋(桂林)	2018-09-08
江建祥·五头雪梅套壶	长14.5cm; 高7.5cm	276,000	北京翰海	2018-06-29
律石·梵境·圆觉	宽13×高19.2cm; 宽13×高18.9cm	276,000	江苏观宇	2018-09-16
近代 王寅春制紫砂圈钮酒壶	宽16cm	276,000	中国嘉德	2018-06-19
吴界明 吴东元 制 刻 方葫芦壶		264,500	北京匡时	2018-06-16
徐汉棠制裙花提梁壶		264,500	江苏观宇	2018-09-16
郭中孚画山水壶 清 瞿子冶铭刻	长16.5cm; 宽11.2cm; 高7.5cm; 重280g	253,000	北京保利	2018-06-19
陈富强 鱼乐壶	长16cm; 宽12cm; 高8cm	253,000	凤凰拍卖	2018-01-21
唐云画、沈觉初刻紫砂壶四把	尺寸不一	253,000	中贸圣佳	2018-06-20
王寅春制木瓜壶		241,500	江苏观宇	2018-04-22
近代 窸斋款俞国良制南林铭段泥大传炉壶	宽23.5cm	241,500	中国嘉德	2018-06-19
李寒勇·葵巳	长17cm; 高6.5cm	235,750	北京翰海	2018-06-29
高峰·融隐		235,750	江苏观宇	2018-09-16
陈成·上合梅	长20cm; 高9.5cm	230,000	北京翰海	2018-06-29
贺洪梅·如意提梁	长16cm; 高15.5cm	230,000	北京翰海	2018-06-29
汪寅仙·水利壶	长18.5cm; 高9.5cm	230,000	北京翰海	2018-06-29
吴东元·伴读	长13.5cm; 高6cm	230,000	北京翰海	2018-06-29
曹宇宏 六方常乐壶	长17cm; 宽10cm; 高9cm	230,000	凤凰拍卖	2018-01-21

（成交价RMB：2万元以上）

拍品名称	物品尺寸	成交价RMB	拍卖公司	拍卖日期
徐秀棠刻徐汉棠制腰圆石瓢壶		230,000	江苏观宇	2018-04-22
佘永锋·壶途		230,000	江苏观宇	2018-09-16
吴云峰·听涛(套组)		230,000	江苏观宇	2018-09-16
汪寅仙制小南瓜小木瓜壶（一对）	尺寸不一	230,000	上海国时	2018-04-30
葛陶中制子冶石瓢壶	宽16.2cm	230,000	中国嘉德	2018-06-19
谢华制梨形紫砂壶	长12.9cm; 宽8.2cm; 高9cm	227,700	广东崇正	2018-07-05
高旭峰制太极如意壶		218,500	江苏观宇	2018-04-22
张寅·汉瓦		218,500	江苏观宇	2018-09-16
范泽锋 禅墩·绽妍		218,500	江苏观宇	2018-09-16
施小马制珏提壶		218,500	江苏观宇	2018-09-16
近代 冯桂林制紫砂三头竹节套壶	壶宽17.8cm; 杯宽8.8cm	218,500	中国嘉德	2018-06-19
谢华制仿古壶	宽14.5cm	218,500	中国嘉德	2018-06-19
八壶精舍摹古曼生壶八把 唐逸览补曼生八式壶拓片花卉八帧	32×32cm×8	207,000	荣宝斋(上海)	2018-01-21
周桂珍(谭泉海刻)·大掇只	长22cm; 高12.5cm	207,000	北京翰海	2018-06-29
周宇杰(王翔刻)·可卣	长13cm; 高7.5cm	207,000	北京翰海	2018-06-29
范泽锋·法门佛光		207,000	江苏观宇	2018-04-22
马璟辉·乾坤		207,000	江苏观宇	2018-09-16
王翔·依样	宽7.5×高11.7cm	207,000	江苏观宇	2018-09-16
施小马制宝菱壶		207,000	江苏观宇	2018-09-16
丁维其 美人肩		207,000	荣宝斋(桂林)	2018-09-08
陈国良制紫泥宛碟壶	8.2×17.6cm	207,000	西泠拍卖	2018-07-08
施小马制大四方传炉壶		195,500	江苏观宇	2018-04-22
马璟辉·元聚	长14cm; 高7cm	195,500	北京翰海	2018-06-29
范泽君·禅心	长16cm; 高12cm	193,200	北京翰海	2018-06-29
葛陶中制扁仿古壶	宽18.5cm	184,000	中国嘉德	2018-06-19
吴扣华 高节壶	长18cm; 宽11cm; 高11cm	184,000	凤凰拍卖	2018-01-21
陈国良制一帆风顺壶		184,000	江苏观宇	2018-04-22
江建祥制春露壶		184,000	江苏观宇	2018-04-22
汪寅仙制小寿桃壶、天鸡壶	尺寸不一	184,000	江苏观宇	2018-09-16
周桂珍制扁竹提梁壶		184,000	江苏观宇	2018-09-16
近代 裴石民制段泥三足炉鼎壶	宽18.8cm	184,000	中国嘉德	2018-06-19
李卫明·锦云四方套组	长14cm; 高6cm	184,000	北京翰海	2018-06-29
王雪锋·鹿鸣		184,000	江苏观宇	2018-09-16
高旭峰 晨归壶		172,500	北京国时	2018-06-16
陈富强 荷蛙壶	长18cm; 宽12cm; 高9cm	172,500	凤凰拍卖	2018-01-21
曹宇宏 满石瓢壶	长16cm; 宽12cm; 高7.5cm	172,500	凤凰拍卖	2018-01-21
陈成 岁寒三友壶	长15cm; 宽10cm; 高8cm	172,500	凤凰拍卖	2018-01-21
谭泉海刻潘持平制大方壶		172,500	江苏观宇	2018-04-22
徐汉棠制掇只壶		172,500	江苏观宇	2018-04-22
袁国强·乘风踏浪		172,500	江苏观宇	2018-09-16
刘景·香橼		172,500	江苏观宇	2018-09-16
周忠军·圣贤之约		172,500	江苏观宇	2018-09-16
高振宇制虎符壶		166,750	江苏观宇	2018-04-22
李寒勇制扁玉壶		166,750	江苏观宇	2018-04-22
周界·沐云提梁		166,750	江苏观宇	2018-09-16
高振宇制印纹紫砂壶	14.2cm	162,400	佳士得	2018-05-30
高振宇制印纹紫砂壶	14.2cm	162,400	佳士得	2018-05-30
陈国良制朱泥小品壶（一对）	宽11.8cm; 宽12.8cm	161,000	中国嘉德	2018-06-19
周宇杰·抱鼓		161,000	江苏观宇	2018-09-16
尹旭峰·云山松客		155,250	江苏观宇	2018-09-16
蒋艺华制 柿柿如意壶	宽16.5cm; 高7cm	149,500	上海泛华	2018-04-15
周桂珍制大回纹圈壶	宽15.8cm	149,500	中国嘉德	2018-06-19
吕尧臣制贵妃出浴壶		149,500	江苏观宇	2018-04-22
汪寅仙制瓦当对壶		149,500	江苏观宇	2018-04-22
吴东元 大度有容		138,000	北京国时	2018-06-16
谢永新制芳馨壶	高9.3cm; 宽18.3cm	138,000	上海国时	2018-04-30

拍品名称	物品尺寸	成交价RMB	拍卖公司	拍卖日期
鲍仲梅制紫砂卧蟠思源提梁壶	高14.2cm	138,000	中国嘉德	2018-06-19
陈富强 三羊开泰壶	长17.5cm; 宽12cm; 高11cm	138,000	凤凰拍卖	2018-01-21
范顺君 菱花如意壶	长21cm; 宽14cm; 高11cm	138,000	凤凰拍卖	2018-01-21
陈忠庆 束柴三友壶	长17cm; 宽10cm; 高8cm	138,000	凤凰拍卖	2018-01-21
狄新陶 傲雪凌梅壶	长17cm; 宽12cm; 高8cm	138,000	凤凰拍卖	2018-01-21
瞿军强 长寿壶	长19cm; 宽13cm; 高16cm	138,000	凤凰拍卖	2018-01-21
葛陶中制平盖石瓢壶		138,000	江苏观宇	2018-04-22
葛陶中制融古壶		138,000	江苏观宇	2018-04-22
谭泉海刻陈国良制一粒珠壶		138,000	江苏观宇	2018-09-16
谭泉海刻潘持平制大方壶		138,000	江苏观宇	2018-09-16
李卫明·玉龙居士	长12cm; 高10.5cm	138,000	北京翰海	2018-06-29
胡仁杰·封侯	长21cm; 高14.5cm	138,000	北京翰海	2018-06-29
陈国良·一粒珠	长15cm; 高8cm	138,000	北京翰海	2018-06-29
葛陶中·子冶石瓢	长16.5cm; 高7.5cm	138,000	北京翰海	2018-06-29
顾云峰(张勇刻)·青蔓瓜瓞	长14.5cm; 高11cm	138,000	北京翰海	2018-06-29
胡朝君·随方逐圆		138,000	江苏观宇	2018-09-16
汪寅仙制半月壶	高5.6cm; 宽10.8cm	126,500	上海国时	2018-04-30
施小马制祝福壶	宽16cm	126,500	中国嘉德	2018-06-19
徐秀棠制缶式壶	宽14cm	126,500	中国嘉德	2018-06-19
唐彬杰制乾坤葫芦壶		126,500	江苏观宇	2018-04-22
陆彬·如意海棠		126,500	江苏观宇	2018-09-16
强俊德 追月提梁		126,500	荣宝斋(桂林)	2018-09-08
吴志平制节节高声壶	高17.5cm; 宽16cm	115,000	上海国时	2018-04-30
吕尧臣制长乐壶五头组	壶宽14.5cm; 杯宽7.6cm; 托宽10.8cm	115,000	中国嘉德	2018-06-19
潘持平·青牛壶	长18cm; 高9cm	115,000	北京翰海	2018-06-29
魏裕峰(张重庆刻)·梅竹双清对壶	长14.5cm; 高9.5cm	115,000	北京翰海	2018-06-29
陈富强 金彩蝶壶	长17cm; 宽12cm; 高10cm	115,000	凤凰拍卖	2018-01-21
顾绍培制线元壶		115,000	江苏观宇	2018-04-22
陶瓻	高17.5cm	115,000	北京保利	2018-06-20
李涵鸣·松鼠葡萄	长18cm; 高9cm	115,000	北京翰海	2018-06-29
丁维其·爱妃戏水	长20.5cm; 高9.5cm	115,000	北京翰海	2018-06-29
薛卫平·双清石瓢	长13.5cm; 高7cm	115,000	北京翰海	2018-06-29
周奇鸣 古兽香熏	高22CM	115,000	凤凰拍卖	2018-01-21
高凌云·静莲套组		115,000	江苏观宇	2018-09-16
范国华·古远		115,000	江苏观宇	2018-09-16
周桂珍制僧帽壶		112,700	江苏观宇	2018-09-16
周桂珍·仿古如意	长17.5cm; 高8cm	109,250	北京翰海	2018-06-29
施小马制四方牛盖壶	宽15.3cm	105,800	中国嘉德	2018-06-19
现代 吕俊杰制范扬刻罗汉紫砂壶	高9.5cm	103,500	南京经典	2018-01-06
顾学中制瓜趣壶	高10.5cm; 宽17.5cm	103,500	上海国时	2018-04-30
江建翔制朱泥雅芳壶	7.5×14.5cm	103,500	西泠拍卖	2018-07-08
董亚芳 坤韵壶	长17.5cm; 宽11cm; 高11cm	103,500	凤凰拍卖	2018-01-21
张红华制李可染题徐勇良铭红泥玉笠壶	宽17.3cm	101,200	中国嘉德	2018-06-19
陈富强 逍遥竹壶	长16cm; 宽12cm; 高9cm	101,200	凤凰拍卖	2018-01-21
陈国良制柱础壶	高7.1cm; 宽13cm	97,750	上海国时	2018-04-30
吴东元刻李寒勇制镜瓦壶		97,750	江苏观宇	2018-04-22
吴东元刻并制子冶石瓢壶		97,750	江苏观宇	2018-04-22
庞现军刻潘持平制方钟壶		97,750	江苏观宇	2018-09-16
徐秀棠制灵豹壶		97,750	江苏观宇	2018-09-16
李静·明月	长16.5cm; 高7.5cm	97,750	北京翰海	2018-06-29
徐伟琪(吴东元刻)·邀月玲珑	长16.5cm; 高9.5cm	97,750	北京翰海	2018-06-29
顾余根·挚友	长18cm; 高9cm	97,750	北京翰海	2018-06-29
邵志峰·锦砂		97,750	江苏观宇	2018-09-16

2018杂项拍卖成交汇总

(成交价RMB：2万元以上)

拍品名称	物品尺寸	成交价RMB	拍卖公司	拍卖日期
孙立强·无为茶禅		97,750	江苏观宇	2018-09-16
董永君·纳福		97,750	江苏观宇	2018-09-16
曹亚麟 母子情壶		92,000	北京匡时	2018-06-16
方小利制文心宋韵壶	高8.5cm; 宽14.5cm	92,000	上海匡时	2018-04-30
方彩娣制芳桥壶	高7.4cm; 宽16cm	92,000	上海匡时	2018-04-30
陈国良制朱泥圈顶壶	6.7×11.5cm	92,000	西泠拍卖	2018-07-08
程十发 南山真逸; 陈建平刻程十发稿 紫砂壶	画心17×21cm; 壶高8.5cm	92,000	北京保利	2018-06-17
钱菊萍 一篮民生壶	长17cm; 宽13cm; 高16cm	92,000	凤凰拍卖	2018-01-21
盛听凤 高僧帽壶	长15cm; 宽10cm; 高14cm	92,000	凤凰拍卖	2018-01-21
彭耀年 金砂明炉壶	长25cm; 宽17cm; 高14cm	92,000	凤凰拍卖	2018-01-21
夏瑞娟 曲泉壶(全手工制作, 孤品)	长18cm; 宽12cm; 高8cm	92,000	凤凰拍卖	2018-01-21
顾定荣 六方宫灯壶	长15cm; 宽9cm; 高13cm	92,000	凤凰拍卖	2018-01-21
谢君芳 福临八方壶	长17cm; 宽10cm; 高9cm	92,000	凤凰拍卖	2018-01-21
吴界明制大亨掇球壶		92,000	江苏观宇	2018-04-22
姚志源制凌霄花壶		92,000	江苏观宇	2018-04-22
江建翔制君玉壶张捷书画/吴东元铭		92,000	江苏观宇	2018-09-16
吴云根 紫砂柿子壶	高11cm	92,000	南京经典	2018-01-06
童健·六合套组	长15cm; 高8cm	92,000	北京翰海	2018-06-29
万霞·提璧套具	长19cm; 高15cm	92,000	北京翰海	2018-06-29
李正华 紫雕·《仿明观音》	高29cm	92,000	凤凰拍卖	2018-01-21
周丽英·玉筠		92,000	江苏观宇	2018-09-16
许珉·闲适三友	尺寸不一	92,000	江苏观宇	2018-09-16
陈富强 柴烧子冶石瓢壶	长16.5cm; 宽12cm; 高8cm	89,700	凤凰拍卖	2018-01-21
顾绍培制福福圆壶	宽12.2cm	86,250	中国嘉德	2018-06-19
朱勤勇制笠瓮壶	高6.2cm; 宽13.6cm	86,250	上海匡时	2018-04-30
江建翔制陶隐壶		86,250	江苏观宇	2018-09-16
潘持平制青狮壶		86,250	江苏观宇	2018-09-16
徐汉棠·牛盖莲子	长17cm; 高7.5cm	86,250	北京翰海	2018-06-29
杨笛(吴鸣刻)·庭前花开·提	长17.5cm; 高6cm	86,250	北京翰海	2018-06-29
耿浩(吴鸣刻)·无极提梁	长16cm; 高14cm	86,250	北京翰海	2018-06-29
孙长书·老子出关		86,250	江苏观宇	2018-09-16
裘石民款紫砂巧色南瓜壶	宽12.5cm	82,800	中国嘉德	2018-06-19
顾绍培制韵流壶	宽15.3cm	80,500	中国嘉德	2018-06-19
徐秀棠制兽形鼎式壶	宽14.5cm	80,500	中国嘉德	2018-06-19
赵建旗制一带一路壶	宽16.7cm	80,500	中国嘉德	2018-06-19
周波 旭帽壶		80,500	北京匡时	2018-06-16
周桂珍制紫砂鼎纹壶	宽14.5cm	80,500	中国嘉德	2018-06-19
童康·六角仿古壶	长15cm; 高8cm	80,500	北京翰海	2018-06-29
董庆华 听风壶	长18cm; 宽12.5cm; 高9cm	80,500	凤凰拍卖	2018-01-21
90年代 李涵鸣制 荷蛙贴花壶	宽16cm; 高7cm	80,500	上海泛华	2018-04-15
顾绍培·天龙鼎珠	长15cm; 高10.5cm	80,500	北京翰海	2018-06-29
周渊·琇樱	长17.5cm; 高11cm	80,500	北京翰海	2018-06-29
王亚军·六德		80,500	江苏观宇	2018-09-16
李寒勇·古韵壶	长14.5cm; 高7.5cm	78,200	北京翰海	2018-06-29
陈富强 柴烧六方井栏壶	长17cm; 宽11.5cm; 高8.5cm	78,200	凤凰拍卖	2018-01-21
吴志泰 葡提壶	长17cm; 宽12cm; 高15cm	78,200	凤凰拍卖	2018-01-21
鲍仲梅制滚珠提梁壶	宽14.8cm	74,750	中国嘉德	2018-06-19
曹亚麟制饕餮壶	高9cm; 宽18.1cm	74,750	上海匡时	2018-04-30
高旭峰制紫泥高瓢壶	7.5×15.5cm	74,750	西泠拍卖	2018-07-08
吕俊杰·金丝银线壶	长15.5cm; 高6cm	74,750	北京翰海	2018-06-29
邵俊芬 井栏宝石套壶	尺寸不一	74,750	凤凰拍卖	2018-01-21
王月仙制紫砂竹节壶	长17.5cm; 高8.5cm	74,750	广东崇正	2018-07-04
鲍志强制福寿壶		74,750	江苏观宇	2018-04-22
80年代 潘持平 六方龙凤壶	高6.5cm; 宽13cm	74,750	上海匡时	2018-04-30
孙俊杰·上腰线	长15.5cm; 高8.5cm	74,750	北京翰海	2018-06-29
陈清法·莲莲登高	长14.5cm; 高10cm	74,750	北京翰海	2018-06-29
邹跃君·仿天目茶盏	宽10.8×高4.7cm	74,750	江苏观宇	2018-09-16
范扬 王强 福缘壶	长15cm; 宽10cm; 高10cm	72,450	凤凰拍卖	2018-01-21
曹亚麟制爱壶	高11cm; 宽16cm	69,000	上海匡时	2018-04-30
高旭峰 仿古壶		69,000	北京匡时	2018-06-16
华健制四方朴玉壶	宽14.5cm	69,000	北京保利	2018-06-20
卢语心制 问竹-六德壶 卢语心制 问竹-凌云壶(两件)		69,000	上海泛华	2018-04-15
周宇杰 尘出壶		69,000	北京匡时	2018-06-16
程十发 平安大吉; 陈建平刻程十发稿 钟鼎壶	画心17×21cm; 壶高8.5cm	69,000	北京保利	2018-06-17
程十发 日日红, 月月红; 陈建平刻程十发稿 笑樱壶	画心17×21cm; 壶高8.5cm	69,000	北京保利	2018-06-17
程十发 福德羊; 陈建平刻程十发稿 汉铎壶	画心17×21cm; 壶高9.5cm	69,000	北京保利	2018-06-17
许亦晖(张重庆刻)·福泉 涌禄对壶	长12cm;高; 8.5cm; 长12.5cm; 高9cm	69,000	北京翰海	2018-06-29
沈国良 松鼠葡萄紫砂壶	长24cm	69,000	北京荣宝	2018-09-14
张泉林 双线提梁壶	长17.5cm; 宽14.5cm; 高15.5cm	69,000	凤凰拍卖	2018-01-21
陆福君 秋硕壶	长17cm; 宽14.5cm; 高20cm	69,000	凤凰拍卖	2018-01-21
瞿军强 子冶石瓢壶	长15cm; 宽12cm; 高7.5cm	69,000	凤凰拍卖	2018-01-21
顾定荣 方山逸士壶	长16.5cm; 宽9cm; 高7cm	69,000	凤凰拍卖	2018-01-21
吴冠南 大亨掇只壶	长15cm; 宽11cm; 高10cm	69,000	凤凰拍卖	2018-01-21
顾绍培制仿鼓壶		69,000	江苏观宇	2018-04-22
李寒勇制桑扁壶		69,000	江苏观宇	2018-04-22
汪寅仙制小天鸡壶		69,000	江苏观宇	2018-04-22
葛陶中制三足水平壶		69,000	江苏观宇	2018-09-16
葛军设计季益顺制雄风壶		69,000	江苏观宇	2018-09-16
吴群祥制供春壶		69,000	江苏观宇	2018-09-16
徐汉棠 紫砂掇只壶	高10cm	69,000	南京经典	2018-01-06
畲海平·三足宝鼎	长14.5cm; 高8.5cm	69,000	北京翰海	2018-06-29
范永艳(叶)·柿语	长12.5cm; 高8cm	69,000	北京翰海	2018-06-29
程晓彬·云烟疏影		69,000	江苏观宇	2018-09-16
莲升·山店风帘图	宽17.5×高14.5cm	69,000	江苏观宇	2018-09-16
朱云舒·高灯		69,000	江苏观宇	2018-09-16
徐伟琪 三足云菱		69,000	荣宝斋(桂林)	2018-09-08
鲍志强制铭书画纳福壶	宽16cm	66,700	中国嘉德	2018-06-19
李啸 杜勇 琴韵书声壶	长14.5cm; 宽8.5cm; 高6.5cm	66,700	凤凰拍卖	2018-01-21
周美芳 禄趣壶	长16cm; 宽10.5cm; 高10cm	66,700	凤凰拍卖	2018-01-21
戴春华 梵香禅音壶	长20cm; 宽13cm; 高15cm	66,700	凤凰拍卖	2018-01-21
江建翔制芝硕壶		66,700	江苏观宇	2018-09-16
陈富强 六方茄段壶	长16cm; 宽9cm; 高10cm	64,400	凤凰拍卖	2018-01-21
戴静波 方韵如意壶	长18cm; 宽9cm; 高14cm	64,400	凤凰拍卖	2018-01-21
杜勇 薛亮 现代 绞泥提梁紫砂壶	长16cm	63,250	北京荣宝	2018-09-14
高峰 四方壶		63,250	北京匡时	2018-06-16
李艳制 大彬三足如意鼎 李艳制 雷云三足鼎(两件)		63,250	上海泛华	2018-04-15
许又峰制 华影伴月壶(一件)		63,250	上海泛华	2018-04-15
周国芳 竹风习习壶	长17.5cm; 宽11cm; 高10cm	63,250	凤凰拍卖	2018-01-21

拍品名称	物品尺寸	成交价RMB	拍卖公司	拍卖日期
施云峰 菱花水仙壶	长16.5cm；宽11cm；高9cm	63,250	凤凰拍卖	2018-01-21
许红琴 玉兰壶	长15cm；宽11cm；高9.5cm	63,250	凤凰拍卖	2018-01-21
洪立 壶道	长14cm；宽8.5cm；高9.5cm	63,250	凤凰拍卖	2018-01-21
华健制传炉壶		63,250	江苏观宇	2018-04-22
90年代 丁亚平制 大菊瓣壶	宽39cm；高15cm	63,250	上海泛华	2018-04-15
高宇峰·慧·境	高10.3cm；宽14cm	63,250	北京翰海	2018-06-29
周美芳 竹段壶	长16.5cm；宽10cm；高8.5cm	59,800	凤凰拍卖	2018-01-21
陈岗 方樽套组		59,360	上海联合	2018-07-01
樊乐群制福缘壶	高6.5cm；宽10.6cm	57,500	上海国时	2018-04-30
范国华 三友壶		57,500	北京国时	2018-06-16
蒋耀洲 清莲壶		57,500	北京国时	2018-06-16
吴东瑾 潘壶（一对）		57,500	北京国时	2018-06-16
周刚制思维菩萨	高40cm；宽28cm	57,500	上海国时	2018-04-30
朱勤勇 臣轮珠壶		57,500	北京国时	2018-06-16
近代 紫砂铭文壶	宽18cm	57,500	北京保利	2018-04-29
羊小琴 景舟提梁壶	长18cm；宽12.5cm；高13.5cm	57,500	凤凰拍卖	2018-01-21
吴介春 母子情壶	长16cm；宽10cm；高9cm	57,500	凤凰拍卖	2018-01-21
周庚大 南瓜壶	长15cm；宽10cm；高8cm	57,500	凤凰拍卖	2018-01-21
徐跃 负重壶	长11cm；宽7cm；高9cm	57,500	凤凰拍卖	2018-01-21
穆民龙 神韵提梁壶	长17cm；宽15cm；高18cm	57,500	凤凰拍卖	2018-01-21
杨氏 梅桩紫砂壶	高10cm；直径19cm	57,500	广东衡益	2018-07-01
沈建强制秋提壶		57,500	江苏观宇	2018-09-16
姚志源制凌霄花壶		57,500	江苏观宇	2018-09-16
谭晓君 紫砂牛盖莲子壶	高7cm	57,500	南京经典	2018-01-06
高俊峰·芳芝蕊灵	长16.5cm；高9cm	57,500	北京翰海	2018-06-29
刘方林·竹段	长16.5cm；高8cm	57,500	北京翰海	2018-06-29
周国强·传炉	长15cm；高8.5cm	57,500	北京翰海	2018-06-29
李涵鸣·情浓浓	长17.5cm；高8.5cm	57,500	北京翰海	2018-06-29
马艳枝·念善	长12.5cm；高9.5cm	57,500	北京翰海	2018-06-29
陆彬·六角莲子	长15cm；高8.5cm	57,500	北京翰海	2018-06-29
潘俊辉·南瓜	高6.5cm；宽13.5cm	57,500	北京翰海	2018-06-29
石燕·素秋	长18.5cm；高11cm	57,500	北京翰海	2018-06-29
朱勤勇·扁腹	长19cm；高7cm	57,500	北京翰海	2018-06-29
童康·有度		57,500	江苏观宇	2018-04-22
邵顺其·玉堂		57,500	江苏观宇	2018-09-16
韦可平·秋痕		57,500	江苏观宇	2018-09-16
张春兴·灵玺 介山铭		57,500	江苏观宇	2018-09-16
章杰·殊方叠韵		57,500	江苏观宇	2018-09-16
陆毅·玉琮		57,500	江苏观宇	2018-09-16
万霞 双线竹鼓		57,500	荣宝斋（桂林）	2018-09-08
承建 香纳		56,000	上海联合	2018-07-01
何燕萍制木石铭书画思鼎壶	宽16.2cm	55,200	中国嘉德	2018-06-19
徐达明制供春壶	高9.7cm；宽16.6cm	55,200	上海国时	2018-04-30
刘华君 线圆壶	长20cm；宽14cm；高8.5cm	55,200	凤凰拍卖	2018-01-21
徐瑞平 陈一飞 事事如意壶（夫妻合制）	长18cm；宽16.5cm；高11cm	55,200	凤凰拍卖	2018-01-21
范国华制松桩壶		55,200	江苏观宇	2018-04-22
王强制守拙壶		55,200	江苏观宇	2018-04-22
吴界明制仿鼓壶		55,200	江苏观宇	2018-04-22
顾绍培制线圆壶		55,200	江苏观宇	2018-09-16
毛国强刻何燕萍制涤尘壶		55,200	江苏观宇	2018-09-16
张正中制南瓜壶（盖小修）		55,200	江苏观宇	2018-09-16
潘持平·砖方	长14cm；高6cm	55,200	北京翰海	2018-06-29

拍品名称	物品尺寸	成交价RMB	拍卖公司	拍卖日期
徐秀棠·神鸟	长12.5cm；高9.5cm	55,200	北京翰海	2018-06-29
潘洪强·莲花颂	长16cm；高7.5cm	55,200	北京翰海	2018-06-29
刘才椿·劲骨临风		55,200	江苏观宇	2018-09-16
杨佳·六瓣梅		55,200	江苏观宇	2018-09-16
陈富强 大仿古壶	长18cm；宽13cm；高10cm	52,900	凤凰拍卖	2018-01-21
陈富强 大彬六方壶	长15cm；宽8cm；高11.5cm	52,900	凤凰拍卖	2018-01-21
何道洪制紫泥喷水壶	7.5×10.5cm	51,750	西泠拍卖	2018-07-08
何叶制木石铭书画鼎馨壶	宽16.3cm	51,750	中国嘉德	2018-06-19
袁婷·须弥壶	长13.5cm；高9.5cm	51,750	北京翰海	2018-06-29
吴永宽 方斗壶（陶刻《兰亭集序》）	长15cm；宽9cm；高10cm	51,750	凤凰拍卖	2018-01-21
张泉林 龙吟壶	长16.5cm；宽10cm；高9.5cm	51,750	凤凰拍卖	2018-01-21
洪美华制线韵提梁壶		51,750	江苏观宇	2018-04-22
何叶制润鼎壶		51,750	江苏观宇	2018-09-16
华健制传炉壶		51,750	江苏观宇	2018-09-16
近代 冯桂林制金鼎商标款跂陶铭书画紫泥竹鼎壶	宽20.8cm	51,750	中国嘉德	2018-06-19
杨佳·禅寂	高6cm；宽15cm	51,750	北京翰海	2018-06-29
顾绍培（陶君书）·小珍珍	长12cm；高7.5cm	51,750	北京翰海	2018-06-29
陈德华·灵均		51,750	江苏观宇	2018-09-16
吉云锋·吉狮		51,750	江苏观宇	2018-09-16
刘庆忠 青引·七兮		51,750	江苏观宇	2018-09-16
魏裕峰·鸣松		51,750	江苏观宇	2018-09-16
毛国强刻何叶制凝香壶		49,450	江苏观宇	2018-04-22
王强 平盖莲子壶		48,300	北京国时	2018-06-16
谢曼伦制阴千式竹节提梁壶	宽14.2cm	48,300	中国嘉德	2018-06-19
许艾峰制朱泥笠盖宫灯式壶	10×12cm	48,300	西泠拍卖	2018-07-08
吴赛春 知竹提梁壶	长12cm；宽10cm；高14cm	48,300	凤凰拍卖	2018-01-21
季益顺制孔雀壶		48,300	江苏观宇	2018-04-22
江建祥制八吉壶		48,300	江苏观宇	2018-04-22
毛国强刻张红华制圆樱壶		48,300	江苏观宇	2018-04-22
曹婉芬制束柴三友壶、天鸡提梁壶	尺寸不一	48,300	江苏观宇	2018-09-16
孙长书·弯把梅桩	长14cm；高13cm	48,300	北京翰海	2018-06-29
史泉泓·美人肩		48,300	江苏观宇	2018-09-16
史泉泓 方正		48,300	荣宝斋（桂林）	2018-09-08
陈俊制 周彝二式壶（一件）		46,000	上海泛华	2018-04-15
江建翔制一团和气壶	高7.5cm；宽12cm	46,000	上海国时	2018-04-30
吴界明制石瓢壶	高5.5cm；宽10.5cm	46,000	上海国时	2018-04-30
赵建旗制"一带一路"紫砂壶	宽17cm	46,000	北京保利	2018-06-20
张菊萍 牛盖莲子壶	长17cm；宽11cm；高9cm	46,000	凤凰拍卖	2018-01-21
陈红梅 田野风光壶	长17cm；宽11cm；高10cm	46,000	凤凰拍卖	2018-01-21
孟小军 碗提壶	长14cm；宽13.5cm；高10cm	46,000	凤凰拍卖	2018-01-21
鲍庭博制圣鼓壶		46,000	江苏观宇	2018-04-22
鲍利安制顾泉壶 程悬制竹叶壶 蒋艺华制枇杷壶 鲁新强制钟形壶 周尊严制园趣壶	尺寸不一	46,000	江苏观宇	2018-09-16
汪寅仙制莲子水平壶		46,000	江苏观宇	2018-09-16
谭泉海刻谢曼伦制竹鼓壶		46,000	江苏观宇	2018-09-16
徐汉棠制盘筑瓢形壶		46,000	江苏观宇	2018-09-16
邵旭茂款 紫砂大提梁壶	高20cm	46,000	南京经典	2018-01-06
陆一飞 紫砂汉唐月壶	高10cm	46,000	南京经典	2018-07-22
王振飞·润竹	长14.5cm；高8cm	46,000	北京翰海	2018-06-29
季光敏·紫玉甜馨	长15cm；高9.5cm	46,000	北京翰海	2018-06-29
范萍·合桃	长15cm；高8cm	46,000	北京翰海	2018-06-29
陆集云·可度提梁	高12.5cm；宽14cm	46,000	北京翰海	2018-06-29
陆集云·双清逸士		46,000	江苏观宇	2018-09-16

2018杂项拍卖成交汇总

(成交价RMB：2万元以上)

拍品名称	物品尺寸	成交价RMB	拍卖公司	拍卖日期
王星宇·禅意僧帽		46,000	江苏观宇	2018-09-16
王亚强·吉瓢 刘庆忠铭		46,000	江苏观宇	2018-09-16
王振飞·束腰四方 鲁号铭		46,000	江苏观宇	2018-09-16
李慧芳制梨式壶	宽12cm	43,700	中国嘉德	2018-06-19
唐云画许四海制并刻紫泥云海壶	6.7×14.5cm	43,700	西泠拍卖	2018-07-08
伍海红制 盘天六葵式壶（一件）		43,700	上海泛华	2018-04-15
许艳春吴光荣合作紫砂竹节壶	宽18.5cm	43,700	中国嘉德	2018-06-19
郑新制 紫泥雀鸣壶	宽17cm; 高8cm	43,700	上海泛华	2018-04-15
范敏 胡缘提梁壶	长13cm; 宽11cm; 高11cm	43,700	凤凰拍卖	2018-01-21
刘华君 虚扁壶	长16.5cm; 宽11.5cm; 高8.5cm	43,700	凤凰拍卖	2018-01-21
刘华君 华樱壶	长17.5cm; 宽12cm; 高10cm	43,700	凤凰拍卖	2018-01-21
陆福君 大子冶石瓢壶	长18cm; 宽15cm; 高9.5cm	43,700	凤凰拍卖	2018-01-21
鲍建明 高竹鼓壶	长16cm; 宽19cm; 高9cm	43,700	凤凰拍卖	2018-01-21
周建良 僧帽壶	长17cm; 宽12cm; 高12cm	43,700	凤凰拍卖	2018-01-21
冯建平 雄风壶	长15cm; 宽10cm; 高13cm	43,700	凤凰拍卖	2018-01-21
鲍庭博、姚志泉合制束柴三友壶		43,700	江苏观宇	2018-04-22
吴东元刻并制日月天长壶		43,700	江苏观宇	2018-04-22
吴鸣制瓜趣壶		43,700	江苏观宇	2018-04-22
吕尧臣制红梨球壶		43,700	江苏观宇	2018-09-16
80初 施小马制 四方鼓腹壶	宽17cm; 高10cm	43,700	上海泛华	2018-04-15
近代 范大生制岩如铭刻紫泥竹鼓壶	宽16.4cm	43,700	中国嘉德	2018-06-19
近代 程寿珍制八十二老人做巴拿马展览会得奖款紫泥仿古壶	宽19.5cm	43,700	中国嘉德	2018-06-19
王亚强·合欢	长14.5cm; 高6.5cm	43,700	北京翰海	2018-06-29
王欢·六方执式		43,700	江苏观宇	2018-09-16
王辉·如意提祥 吴东元铭		43,700	江苏观宇	2018-09-16
吴亚敏·清风和影 杭杰铭		43,700	江苏观宇	2018-09-16
周界 树桩		41,440	上海联合	2018-07-01
蒋湘玲 柿圆		41,440	上海联合	2018-07-01
蔡利平 秋韵壶	长19cm; 宽12cm; 高9cm	41,400	凤凰拍卖	2018-01-21
曹婉芬制仿古壶	高8.4cm; 宽19.1cm	40,250	上海匡时	2018-04-30
储集泉制石趣壶	高10cm; 宽17.4cm	40,250	上海匡时	2018-04-30
周呈飞制紫泥怀隐壶	11×13.8cm	40,250	西泠拍卖	2018-07-08
贾益芳 行云流水壶	长17cm; 宽12cm; 高6cm	40,250	凤凰拍卖	2018-01-21
沈建康 大汉君壶	长21.5cm; 宽13cm; 高10.5cm	40,250	凤凰拍卖	2018-01-21
吴建林 暮归壶	长16.5cm; 宽11cm; 高9cm	40,250	凤凰拍卖	2018-01-21
范国华制三友壶		40,250	江苏观宇	2018-04-22
徐志伟·薄胎松桩对壶	尺寸不一	40,250	江苏观宇	2018-04-22
姚志源刻并制东陵瓜壶		40,250	江苏观宇	2018-04-22
徐志伟·供春对壶	尺寸不一	40,250	江苏观宇	2018-09-16
曹婉芬制半菊壶、菊瓣壶	尺寸不一	40,250	江苏观宇	2018-09-16
季益顺制荷叶青蛙壶		40,250	江苏观宇	2018-09-16
谭泉海刻张红华制兽钮四方抽角壶		40,250	江苏观宇	2018-09-16
周新·此乐	长14.5cm; 高14cm	40,250	北京翰海	2018-06-29
宋永刚·线圆	长16cm; 高6.5cm	40,250	北京翰海	2018-06-29
王晟越·鹧鸪提梁	长11.5cm; 高11cm	40,250	北京翰海	2018-06-29
陈凯·狮球	长14.5cm; 高9cm	40,250	北京翰海	2018-06-29
石伟(马建刻)·玉方	长16cm; 高7cm	40,250	北京翰海	2018-06-29
王建国(张重庆刻)·凡界	长14.5cm; 高6cm	40,250	北京翰海	2018-06-29
陈敬·鸣远松段	长21cm; 高11.5cm	40,250	北京翰海	2018-06-29
沈峥·僧帽		40,250	江苏观宇	2018-04-22
高宇峰·汉云		40,250	江苏观宇	2018-09-16

拍品名称	物品尺寸	成交价RMB	拍卖公司	拍卖日期
黄静·丁盉		40,250	江苏观宇	2018-09-16
李渊·合桃		40,250	江苏观宇	2018-09-16
宋永刚·合欢 木言铭		40,250	江苏观宇	2018-09-16
王磊·归觉		40,250	江苏观宇	2018-09-16
许晓丹·月照莲漪		40,250	江苏观宇	2018-09-16
蒋新安制殷商遗韵壶组	尺寸不一	37,950	上海匡时	2018-04-30
王康康 筋囊仿古壶	长20cm	36,800	北京荣宝	2018-09-14
毛国强刻范洪泉制大一粒珠壶		36,800	江苏观宇	2018-04-22
谭泉海刻范建华制石瓢壶		36,800	江苏观宇	2018-04-22
吴界明制寿桃壶		36,800	江苏观宇	2018-04-22
90年代 赵江华制 刻绘直流宫灯壶（一对）	宽11cm; 高7cm	36,800	上海泛华	2018-04-15
近代 吴云根制紫泥牛盖洋桶壶	宽16.5cm	36,800	中国嘉德	2018-06-19
吴洪慷（褚超刻）·静松	长16cm; 高9.5cm	36,800	北京翰海	2018-06-29
李宏（马建刻）·井栏	长14.5cm; 高6.5cm	36,800	北京翰海	2018-06-29
祁爱珠·风卷葵		36,800	江苏观宇	2018-09-16
王耀·元正		36,800	江苏观宇	2018-09-16
高宇峰 界竹		36,800	荣宝斋(桂林)	2018-09-08
裴琳、刘景合作 山子壶		35,840	上海联合	2018-07-01
范忠君制大亨掇只壶	高15cm; 宽23.5cm	34,500	上海匡时	2018-04-30
顾绍培制心平壶	宽13.5cm	34,500	中国嘉德	2018-06-19
陆虹炜 神灯壶		34,500	北京匡时	2018-06-16
强丽娜制松桩壶	高8.5cm; 宽14.5cm	34,500	上海匡时	2018-04-30
吴培林制国山遗碣壶	高16.5cm; 宽15.5cm	34,500	上海匡时	2018-04-30
许又峰制曼陀罗流芳二式	宽11.1cm	34,500	中国嘉德	2018-06-19
张红华制 松趣壶	宽18cm; 高10cm	34,500	上海泛华	2018-04-15
张红华制菱花壶	高6cm; 宽14cm	34,500	上海匡时	2018-04-30
王辉·对饮套壶	长13.5cm; 高9.5cm	34,500	北京翰海	2018-06-29
羊小琴 韵竹壶	长17cm; 宽12cm; 高11.8cm	34,500	凤凰拍卖	2018-01-21
羊小琴 梅竹双友壶	长19cm; 宽13cm; 高9cm	34,500	凤凰拍卖	2018-01-21
郁伟杰 禅语壶	长15cm; 宽11cm; 高10cm	34,500	凤凰拍卖	2018-01-21
范永芳 虚怀若谷壶	长16cm; 宽10cm; 高11cm	34,500	凤凰拍卖	2018-01-21
杨海蓉 润方壶	长14.5cm; 宽8.5cm; 高10cm	34,500	凤凰拍卖	2018-01-21
潘小强 雅竹壶	长18.5cm; 宽12cm; 高10.5cm	34,500	凤凰拍卖	2018-01-21
徐顺琴 紫玉金瓜壶	长15cm; 宽9.5cm; 高10cm	34,500	凤凰拍卖	2018-01-21
严敏伟 劲松壶	长21cm; 宽15cm; 高14cm	34,500	凤凰拍卖	2018-01-21
钱明华 曲月壶	长17.5cm; 宽7.5cm; 高10.5cm	34,500	凤凰拍卖	2018-01-21
程寿珍 仿古紫砂壶	高10cm; 直径20.5cm	34,500	广东衡益	2018-07-01
华健制方钟壶		34,500	江苏观宇	2018-04-22
李慧芳制圆趣壶		34,500	江苏观宇	2018-04-22
什锦壶（一组四件）		34,500	江苏观宇	2018-04-22
什锦壶（一组四件）		34,500	江苏观宇	2018-04-22
什锦壶（一组四件）		34,500	江苏观宇	2018-04-22
曹婉芬制八方侧角壶		34,500	江苏观宇	2018-09-16
葛陶中制银台醉客壶（盖有修）		34,500	江苏观宇	2018-09-16
毛国强刻圆樱壶		34,500	江苏观宇	2018-09-16
范大生 赠刘海粟紫砂汉君壶	高6.5cm	34,500	南京经典	2018-01-06
蔡利平 四方抽盖壶		34,500	荣宝斋(桂林)	2018-09-08
90年代 谢曼伦制 双竹提梁壶	宽15.5cm; 高20.5cm	34,500	上海泛华	2018-04-15
谈雄伟·月影	长16cm; 高6.5cm	34,500	北京翰海	2018-06-29
黄敏洪·过桥扁腹	长17.5cm; 高7.5cm	34,500	北京翰海	2018-06-29
朱建军·璞玉四方	长15cm; 高8.5cm	34,500	北京翰海	2018-06-29
周敏鑫·亦松	长17cm; 高9.5cm	34,500	北京翰海	2018-06-29
周夏·惠德	长13.5cm; 高10.5cm	34,500	北京翰海	2018-06-29
范春林·扁石	长15cm; 高6.5cm	34,500	北京翰海	2018-06-29

拍品名称	物品尺寸	成交价RMB	拍卖公司	拍卖日期
尹灵通·秋丰	长14cm; 高7.5cm	34,500	北京翰海	2018-06-29
吴青阳·乐天	长15cm; 高9cm	34,500	北京翰海	2018-06-29
孔小明·僧帽	长24.5cm; 高15.5cm	34,500	北京翰海	2018-06-29
吴宇伦(褚超刻)·匏饮	长13.5cm; 高14.5cm	34,500	北京翰海	2018-06-29
沈峥·玄璜		34,500	江苏观宇	2018-09-16
余伟辉 空幽		34,500	荣宝斋(桂林)	2018-09-08
王丽萍 菱花八瓣		34,500	荣宝斋(桂林)	2018-09-08
周传 五竹		34,500	荣宝斋(桂林)	2018-09-08
范娟 喜上眉梢		34,500	荣宝斋(桂林)	2018-09-08
匋斋 松荫系列	笔筒高16.8cm; 直径12cm	34,500	荣宝斋(桂林)	2018-09-08
申军 木意		34,500	荣宝斋(桂林)	2018-09-08
顾绍培制沈汉生刻紫泥逸泉三足壶	9.7×16.7cm	32,200	西泠拍卖	2018-07-08
华建制 寒越铭 钟馗出猎壶	宽22cm; 高14cm	32,200	上海泛华	2018-04-15
李艳制素影壶	宽15.2cm	32,200	中国嘉德	2018-06-19
吴东元制素泥大容壶	9.7×14.7cm	32,200	西泠拍卖	2018-07-08
徐维明制裙衣提梁壶	高14.5cm; 宽14cm	32,200	上海匡时	2018-04-30
杨全胜制 鸣远印方壶 杨全胜制 鸣远束腰壶(两件)		32,200	上海泛华	2018-04-15
朱屺瞻书徐勇良刻紫泥秦权壶	12×15cm	32,200	西泠拍卖	2018-07-08
吴军 大彬六方壶	长20cm; 宽13.5cm; 高10cm	32,200	凤凰拍卖	2018-01-21
周军强 霓裳羽衣壶	长17cm; 宽12cm; 高10cm	32,200	凤凰拍卖	2018-01-21
周志超 福至壶	长19cm; 宽13.5cm; 高11cm	32,200	凤凰拍卖	2018-01-21
李卫明制 四方紫砂壶		32,200	广东衡益	2018-07-01
顾绍培制 小福紫砂壶	高7cm; 直径11.5cm	32,200	广东衡益	2018-07-01
季益顺制荷叶青蛙壶		32,200	江苏观宇	2018-04-22
周渊制融鼎提梁壶		32,200	江苏观宇	2018-04-22
谭泉海刻高湘君制芝泉壶		32,200	江苏观宇	2018-09-16
高振宇制龙蛋壶		32,200	江苏观宇	2018-09-16
葛明仙制竹段提梁套组 李碧芳制三足壶	尺寸不一	32,200	江苏观宇	2018-09-16
蒋兴宜制知了树蛙壶 薛伟平制仕圆壶 吴群祥制三足西施壶 徐达明制笠帽壶	尺寸不一	32,200	江苏观宇	2018-09-16
施莲生 紫砂扁腹壶	高8cm	32,200	南京经典	2018-01-06
孙俊杰·朱泥大德钟	长22cm; 高12cm	32,200	北京翰海	2018-06-29
殷盛昌·盛方	长13cm; 高6cm	32,200	北京翰海	2018-06-29
王鑫(张重庆刻)·纳瓢	长14.5cm; 高6cm	32,200	北京翰海	2018-06-29
周俊(刘华刻)·秋水	长12cm; 高10.5cm	32,200	北京翰海	2018-06-29
华健·亚明四方	长14cm; 高7cm	32,200	北京翰海	2018-06-29
裴石民制瓜果套组	尺寸不一	32,200	江苏观宇	2018-09-16
郭健制清于提梁壶	高16cm; 宽15.5cm	31,050	上海匡时	2018-04-30
曹婉芬制—明铭曼生提梁壶	宽12.5cm	28,750	中国嘉德	2018-06-19
陈洪平制 老良铭 天笠壶	宽16.5cm; 高8cm	28,750	上海泛华	2018-04-15
陈俊制周彝四式壶	宽13cm	28,750	中国嘉德	2018-06-19
蒋丽琴制 东篱–向阳壶 王蜀云制 东篱–初华壶 蒋燕制 东篱–夕樵壶(三件)		28,750	上海泛华	2018-04-15
李碧芳制吉祥壶	高8.3cm; 宽18.2cm	28,750	上海匡时	2018-04-30
潘持平制四方魁方壶	宽16.5cm	28,750	北京保利	2018-06-20
王蜀云制 鸣远传香壶 王晓芳制 鸣远佳意壶 王蜀云制 鸣远和正瓜二式壶(三件)		28,750	上海泛华	2018-04-15
徐秀棠 陈凤姝 富贵万岁壶		28,750	北京匡时	2018-06-16
王欢 原矿青灰明式圆珠壶	宽13.8cm	28,750	北京保利	2018-01-21
李慧芳制高德钟壶		28,750	江苏观宇	2018-04-22
潘持平制八方井栏壶		28,750	江苏观宇	2018-04-22
吴东瑾制一粒珠壶		28,750	江苏观宇	2018-04-22
周定华制雪华壶		28,750	江苏观宇	2018-04-22
吴东瑾制小掇球壶		28,750	江苏观宇	2018-09-16
姚志泉制寿桃壶		28,750	江苏观宇	2018-09-16
1995年 吴东元制并书 香瓜壶	宽14cm; 高9cm	28,750	上海泛华	2018-04-15
80初 丁亚平制 黑心土四方阳羡壶	宽10.5cm; 高7cm	28,750	上海泛华	2018-04-15
近代 冯桂林制紫泥四方竹节壶	宽17.2cm	28,750	中国嘉德	2018-06-19
欧成(张重庆刻)·石瓢	长17cm; 高8cm	28,750	北京翰海	2018-06-29
吴培林·大地之初	长17cm; 高7cm	28,750	北京翰海	2018-06-29
刘园·朝嵘	长14cm; 高6.5cm	28,750	北京翰海	2018-06-29
徐栋·祥意提梁	长12cm; 高10cm	28,750	北京翰海	2018-06-29
王溪石(张重庆刻)·清饮	长13.5cm; 高9cm	28,750	北京翰海	2018-06-29
胡晓峰·仿古	长16.5cm; 高8cm	28,750	北京翰海	2018-06-29
邵俊康·菱玺		28,750	江苏观宇	2018-04-22
徐栋·大彬钱钮		28,750	江苏观宇	2018-09-16
朱建东·融古		28,750	江苏观宇	2018-09-16
范鹏 大亨蛋包		28,750	荣宝斋(桂林)	2018-09-08
陈涛 荷叶套组		28,750	荣宝斋(桂林)	2018-09-08
闵涛 菱韵		28,750	荣宝斋(桂林)	2018-09-08
沈思宇 娇奴		28,000	上海联合	2018-07-01
张红华制梅花壶		27,600	江苏观宇	2018-04-22
蔡利平 暗香壶		27,600	荣宝斋(桂林)	2018-09-08
申军 金玉篓壶		27,600	荣宝斋(桂林)	2018-09-08
王欢 黄龙山紫泥茄段壶	宽14.2cm	26,450	北京保利	2018-01-21
李慧芳制宫灯壶		26,450	江苏观宇	2018-09-16
90年代 蒋艺华制 蒋蓉监制 束柴三友壶套组	尺寸不一	26,450	上海泛华	2018-04-15
苏为国·隐元 六逸铭		26,450	江苏观宇	2018-09-16
李艳制朱泥美人肩壶	7.5×11.5cm	25,300	西泠拍卖	2018-07-08
王龙 天陨壶		25,300	北京匡时	2018-06-16
伍海红制尚雅壶	宽14.2cm	25,300	中国嘉德	2018-06-19
殷任飞制朱泥逸公式汉方壶	7.3×7.8cm	25,300	西泠拍卖	2018-07-08
张静制韩敏书画掇只壶	宽20.3cm	25,300	中国嘉德	2018-06-19
周界制 竹意壶	宽12.5cm; 高5cm	25,300	上海泛华	2018-04-15
什锦壶(一组八件)		25,300	江苏观宇	2018-04-22
谭泉海刻谭晓君制花翎壶		25,300	江苏观宇	2018-04-22
吴东瑾制仿鼓壶		25,300	江苏观宇	2018-04-22
李昌鸿制奔月壶 李昌鸿、沈遽华合制雍容壶(一对)	尺寸不一	25,300	江苏观宇	2018-09-16
潘持平制方础壶(盖角小修)		25,300	江苏观宇	2018-09-16
俞宙游(张勇刻)·禅钟	长16.5cm; 高8.5cm	25,300	北京翰海	2018-06-29
陆俊杰·汉瓦套组	长14.5cm; 高5.5cm	25,300	北京翰海	2018-06-29
沈宇·融宇二式	长14.5cm; 高5.5cm	25,300	北京翰海	2018-06-29
曹婉芬·六方铜陀	长11.5cm; 高8cm	25,300	北京翰海	2018-06-29
徐洪强·棋奁	长12.5cm; 高8.5cm	25,300	北京翰海	2018-06-29
李佩武·十三竹		25,300	江苏观宇	2018-09-16
高园园 松鼠葡萄套组		25,300	荣宝斋(桂林)	2018-09-08
姚晓 清菱		25,300	荣宝斋(桂林)	2018-09-08
江户 青木木米作诗文白泥壶	高8.5cm	24,150	北京匡时	2018-06-16
李江 吉金		23,968	上海联合	2018-07-01
陈岗 弧棱		23,520	上海联合	2018-07-01
陈春 曼生瓢壶		23,000	北京匡时	2018-06-16
范洪泉制谭泉海铭紫砂大一粒珠壶	宽22.5cm	23,000	中国嘉德	2018-06-19
范建军制高潘壶	宽13.2cm	23,000	中国嘉德	2018-06-19
方小龙制廖静文书德钟壶	宽18.5cm	23,000	中国嘉德	2018-06-19
何燕萍制纳洪智壶	宽15.3cm	23,000	中国嘉德	2018-06-19
黄霁峰制 铁砂四方花瓣壶	宽12.5cm; 高6cm	23,000	上海泛华	2018-04-15
纪益鸣制大极如意套组	宽15.7cm; 宽14.5cm	23,000	中国嘉德	2018-06-19
毛国强制并刻紫泥石瓢壶	6.2×12.2cm	23,000	西泠拍卖	2018-07-08
陶佳制方础壶(一对)	宽10.2cm; 宽11.3cm	23,000	中国嘉德	2018-06-19
吴东元制怀古壶	宽13.7cm	23,000	中国嘉德	2018-06-19
伍海红制 明式菱花壶(一件)		23,000	上海泛华	2018-04-15
张静段泥巧色竹报春壶	宽18.5cm	23,000	中国嘉德	2018-06-19
周界制树段壶	高8.5cm; 宽17.8cm	23,000	上海匡时	2018-04-30
徐金鹏·汉缾壶	高10cm; 宽12cm	23,000	北京翰海	2018-06-29

2018杂项拍卖成交汇总

(成交价RMB：2万元以上)

拍品名称	物品尺寸	成交价RMB	拍卖公司	拍卖日期
羊小琴 报春壶	长16cm；宽10cm；高10.5cm	23,000	凤凰拍卖	2018-01-21
羊小琴 悟心壶	长17cm；宽11.5cm；高9cm	23,000	凤凰拍卖	2018-01-21
顾绍培制 小祥云如意紫砂壶	高8.5cm；直径11cm	23,000	广东衡益	2018-07-01
曹婉芬制小传炉壶		23,000	江苏观宇	2018-04-22
何燕萍制纳洪智壶		23,000	江苏观宇	2018-04-22
李昌鸿刻沈遽华制线瓢壶		23,000	江苏观宇	2018-04-22
毛国强制涤俗壶		23,000	江苏观宇	2018-09-16
徐汉棠、王庭梅、史志洪制什锦壶(一组四件)	尺寸不一	23,000	江苏观宇	2018-09-16
卢子鸣 四足瑞灵壶		23,000	荣宝斋(桂林)	2018-09-08
蒋啸 和鼎壶		23,000	荣宝斋(桂林)	2018-09-08
70年代 谢曼伦制紫泥玉兰壶	高7.9cm；宽14.5cm	23,000	上海匡时	2018-04-30
近代 金石同寿款卧云居士款东溪铭刻段泥竹鼎壶	宽16.8cm	23,000	中国嘉德	2018-06-19
近代 王熙臣制跂陶铭书画紫砂上合桃壶	宽20cm	23,000	中国嘉德	2018-06-19
钟新明(马建刻)·满瓢	长21cm；高8.5cm	23,000	北京翰海	2018-06-29
汪有缘·六方井栏	长15.5cm；高8cm	23,000	北京翰海	2018-06-29
杜金华·玉印	长14cm；高6cm	23,000	北京翰海	2018-06-29
李春根·悟道	长15cm；高6.5cm	23,000	北京翰海	2018-06-29
陆文洁·致远	长14cm；高9.5cm	23,000	北京翰海	2018-06-29
陆洋·凝香	长14cm；高7cm	23,000	北京翰海	2018-06-29
纪豪杰·松段	长16.5cm；高9cm	23,000	北京翰海	2018-06-29
王卫东·汉韵	长11.5cm；高7.5cm	23,000	北京翰海	2018-06-29
陈维·高灯	长15cm；高9cm	23,000	北京翰海	2018-06-29
吴鸿伟·仿古如意	长17.5cm；高8.5cm	23,000	北京翰海	2018-06-29
胡迪峰·掇祇	长15cm；高10.5cm	23,000	北京翰海	2018-06-29
王凤珍·青围	长17.5cm；高8.5cm	23,000	北京翰海	2018-06-29
王孝新·摹古汉方	长12.5cm；高12cm	23,000	北京翰海	2018-06-29
周健·镜泉	长15cm；高7cm	23,000	北京翰海	2018-06-29
王康康 戌戊豹声	长15cm	23,000	北京荣宝	2018-09-14
陈遨宇·琬月		23,000	江苏观宇	2018-04-22
翟海峰·卷云供春		23,000	江苏观宇	2018-04-22
左子剑·凌寒傲雪		23,000	江苏观宇	2018-04-22
陈遨宇·大亨掇只		23,000	江苏观宇	2018-09-16
陈进·子冶石瓢 石陶铭		23,000	江苏观宇	2018-09-16
王龙·满把梅		23,000	江苏观宇	2018-09-16
彭湃 明式橘纹		23,000	荣宝斋(桂林)	2018-09-08
范云伟 双圈		23,000	荣宝斋(桂林)	2018-09-08
朱竟成 六方铜驼		23,000	荣宝斋(桂林)	2018-09-08
王星宇 香玉		23,000	荣宝斋(桂林)	2018-09-08
韩正 年轮提梁		23,000	荣宝斋(桂林)	2018-09-08
20世纪 绿釉紫砂壶(一套)	尺寸不一	20,700	北京保利	2018-01-21
鲍志强铭诗句周志君制得球壶	宽15cm	20,700	中国嘉德	2018-06-19
卢语心制盈华壶	宽12.7cm	20,700	中国嘉德	2018-06-19
毛兵 妙莲壶		20,700	北京匡时	2018-06-16
文言 一人言壶（一对）		20,700	北京匡时	2018-06-16
羊小琴 石瓢壶	长17.5cm；宽13cm；高8cm	20,700	凤凰拍卖	2018-01-21
王冬萍 暗香套壶	壶长16cm；宽11cm；高6cm；杯D.7.5cm；高3cm	20,700	凤凰拍卖	2018-01-21
汪晖 大彬六方壶	长11.7cm；宽10cm；高8.5cm	20,700	凤凰拍卖	2018-01-21
江晓燕 映山红壶	长14.5cm；宽8.5cm；高10cm	20,700	凤凰拍卖	2018-01-21
许美云 明清圈椅壶	长14cm；宽12cm；高6.5cm	20,700	凤凰拍卖	2018-01-21
叶怀平 六方提梁石瓢壶	长23cm；宽24cm；高22cm	20,700	凤凰拍卖	2018-01-21
什锦壶（一组四件）		20,700	江苏观宇	2018-04-22
沈汉生刻沈遽华制卧龙壶		20,700	江苏观宇	2018-04-22
毛国强刻谢曼伦制三足壶		20,700	江苏观宇	2018-04-22
庄玉林制六方虚扁壶、大潘壶	尺寸不一	20,700	江苏观宇	2018-09-16
范俊明 松韵壶		20,700	荣宝斋(桂林)	2018-09-08
汪庆红 步步高升壶		20,700	荣宝斋(桂林)	2018-09-08
1993年 周定华制 四方抽角壶	宽14.5cm；高8cm	20,700	上海泛华	2018-04-15
陈丽娟·吴径提梁	长15cm；高14cm	20,700	北京翰海	2018-06-29
管陶钧·集古	长14.5cm；高6.5cm	20,700	北京翰海	2018-06-29
陈宏伟·蕴元	高7.5cm；宽13.5cm	20,700	北京翰海	2018-06-29
朱芊芊·爱莲说	长80cm；宽23cm	20,700	北京翰海	2018-06-29
高威风·镜心		20,700	江苏观宇	2018-09-16
谈雄伟·融古		20,700	江苏观宇	2018-09-16
陶竹君·子冶石瓢 吴东元铭		20,700	江苏观宇	2018-09-16
萧成 禅韵		20,700	荣宝斋(桂林)	2018-09-08
陈叶 榕树		20,700	荣宝斋(桂林)	2018-09-08
黄松 四方如意		20,700	荣宝斋(桂林)	2018-09-08
钱祥强 大满瓢		20,700	荣宝斋(桂林)	2018-09-08
董韵欣 圆满		20,700	荣宝斋(桂林)	2018-09-08
陆瑛 澄凝		20,700	荣宝斋(桂林)	2018-09-08
李俊 常净		20,700	荣宝斋(桂林)	2018-09-08
赵路 无非自然		20,700	荣宝斋(桂林)	2018-09-08
朱学宸 秋葵		20,160	上海联合	2018-07-01
清早期庚辰桂月惠逸公制朱砂高仕壶	宽14.6cm	1,173,000	中国嘉德	2018-11-21
清早期邵焰原制诗句广口朱泥文旦壶	宽12.2cm	448,500	中国嘉德	2018-11-21
清早期 辛卯仲春日惠孟臣款朱砂平盖莲子壶	宽12.6cm	287,500	中国嘉德	2018-11-21
清早期 大彬制款朱砂大文旦壶	宽15.2cm	109,250	中国嘉德	2018-11-21
清早期 孟臣诗句款朱泥台笠壶	宽12.8cm	89,700	中国嘉德	2018-11-21
清早期 荆溪史万侯制紫泥平盖大莲子壶	宽22.2cm	57,500	中国嘉德	2018-11-21
清雍正 芦雁图堆绘朱泥壶	长11cm；宽7cm；高7.2cm；重99g	575,000	北京保利	2018-12-08
清乾隆大清乾隆制万丰款朱泥笠帽壶	宽10cm	172,500	中国嘉德	2018-11-21
清乾隆大清乾隆制款紫泥折肩虚扁壶	宽16.8cm	115,000	中国嘉德	2018-11-21
清中期 陈曼生铭杨彭年制紫砂诗文却月壶	长17cm	1,092,500	北京保利	2018-12-08
清中期/当代 何道洪配盖紫泥描金山水亭阁掇球壶	宽15.5cm	747,500	中国嘉德	2018-11-21
石楳（款）清中期 紫砂折枝梅花诗文石瓢壶	长15.2cm；高7.1cm	322,000	中贸圣佳	2018-11-24
清中期 潘款紫泥高潘壶	宽9.6cm	161,000	中国嘉德	2018-11-21
清中期 清德堂款紫泥平盖莲子壶	宽13cm	115,000	中国嘉德	2018-11-21
清中期杨彭年制叶廷书画锡包延年壶	宽15.3cm	59,800	中国嘉德	2018-11-21
清中期 孟臣款紫泥梨形壶	宽8.9cm	54,050	北京保利	2018-12-08
清中期孟臣诗句款朱泥仲芳式掇球壶	宽13.2cm	46,000	中国嘉德	2018-11-21
清中期 孟臣诗句款紫泥大梨式壶	宽14.8cm	43,700	中国嘉德	2018-11-21
清中期 袁义和制思亭款朱泥拼砂思亭壶	宽9.4cm	43,700	中国嘉德	2018-11-21
清中期 孟臣诗句款朱泥梨式壶	宽10.6cm	28,750	中国嘉德	2018-11-21
清中期 杨彭年制铭诗句紫泥钟式壶（仅身筒）	宽15cm	28,750	中国嘉德	2018-11-21
清中期 邵友兰制二泉刻诗文壶	宽16cm	20,700	北京保利	2018-12-08
清道光 邵大亨制紫泥大德钟壶	直径22.2cm；高13cm	5,175,000	中贸圣佳	2018-11-24
清道光 彭年吉壶款瓢瓜壶	长14.4cm；高9cm	575,000	中贸圣佳	2018-11-24
19世纪 银壶、紫泥壶（共四把）	尺寸不一	43,700	北京保利	2018-12-08
清晚期 窓斋款俞国良制东溪书紫泥匏瓜壶	宽16cm	207,000	中国嘉德	2018-11-21
清晚期范大生制东溪书画紫泥竹鼎壶	宽15.5cm	189,750	中国嘉德	2018-11-21
清晚期 端方制宣统元年月正元日款段泥塔帽壶	宽14.4cm	36,800	中国嘉德	2018-11-21
清晚期 孟臣诗句款朱泥扁灯壶	宽9.3cm	36,800	中国嘉德	2018-11-21
清晚期 蒋祯祥造高阳贡局款朱泥提梁壶	宽17.5cm	34,500	中国嘉德	2018-11-21
清晚期 朱泥梨形壶		33,350	北京匡时	2018-12-06

拍品名称	物品尺寸	成交价RMB	拍卖公司	拍卖日期
清晚期 雍正二年甲辰款昌记制朱泥平盖思亭壶	宽8.8cm	25,300	中国嘉德	2018-11-21
郝记 清晚期 朱泥合欢壶		23,000	北京匡时	2018-12-06
清晚期 平盖朱泥小壶		21,850	北京匡时	2018-12-06
清晚期 孟臣款朱泥壶（两把）	宽8.2cm；宽8.8cm	20,700	北京保利	2018-12-08
清晚期 福记孟臣诗句款朱泥芭乐壶	宽9.2cm	20,700	中国嘉德	2018-11-21
清 王寅春 六方抽角壶	长15cm	287,500	北京保利	2018-12-06
清 朱泥小龙旦壶	高9cm	115,000	北京保利	2018-12-08
清 子冶款诗文石瓢壶	宽14.7cm	57,500	北京保利	2018-12-08
清 孟臣款紫泥梨形壶	宽10.8cm	37,950	北京保利	2018-12-08
清 子冶、万丰顺记、乾隆年制款小壶（三把）	尺寸不一	20,700	北京保利	2018-12-08
民国 德根自造陶器朱泥瓮式壶		39,100	北京匡时	2018-12-06
民国 范章恩制刻灵芝竹纹扁腹壶	宽17.4cm	28,750	北京保利	2018-12-08
民国 胡耀庭制铺砂砖方壶、陈鼎和制砖文双铺兽尊、范福祷制诗文三足双耳炉（共三件）	高16cm；高15.5cm；高24.8cm	23,000	北京保利	2018-12-08
顾景舟 近现代 笑罂壶		3,047,500	北京匡时	2018-12-06
当代 顾景舟制紫泥扁笑樱壶	宽16.8cm	2,185,000	中国嘉德	2018-11-21
顾景舟 近现代 云肩线博壶		920,000	北京匡时	2018-12-06
当代 汪寅仙制大曲壶	宽21.5cm	862,500	中国嘉德	2018-11-21
当代 高振宇制紫泥调砂君乐壶	宽16.2cm	690,000	中国嘉德	2018-11-21
当代 汪寅仙制信手拈来款竹节蝉钮壶(青叶蝉钮滴)	宽20.5cm	667,000	中国嘉德	2018-11-21
当代 顾景舟题铭汪寅仙制紫泥秦权壶	宽16cm	609,500	中国嘉德	2018-11-21
顾景舟 当代 朱泥小合欢壶		517,500	北京匡时	2018-12-06
当代 何道洪制毛国强铭刻书画一壶套四杯	壶宽20.7cm	356,500	中国嘉德	2018-11-21
当代 吕尧臣制春江水暖壶(眼珠镶嵌宝石)	宽14.8cm	287,500	中国嘉德	2018-11-21
蒋蓉 当代 万岁树桩壶		276,000	北京匡时	2018-12-06
高振宇 当代 掇球壶		230,000	北京匡时	2018-12-06
徐汉棠 当代 石瓢壶		207,000	北京匡时	2018-12-06
当代吕尧臣制鲍志强铭段泥玉玺壶	宽/高12.2cm	195,500	中国嘉德	2018-11-21
当代 何道洪制大竹提梁壶	宽/高16.3cm	172,500	中国嘉德	2018-11-21
当代 陈国良制青灰泥束柴三友壶	宽15.5cm	161,000	中国嘉德	2018-11-21
当代 张正中制南瓜小品壶	宽10.5cm	138,000	中国嘉德	2018-11-21
当代 顾绍培制1984年莱比锡博览会金奖款方山逸士壶	宽16cm	138,000	中国嘉德	2018-11-21
当代 蒋蓉制荷叶壶	宽19.4cm	115,000	中国嘉德	2018-11-21
当代 许艾峰制曼陀罗劲香壶	宽35.5cm；高26cm	115,000	中国嘉德	2018-11-21
当代 鲍仲梅制镶金四时献吉祥如意玉壶	宽18.2cm	103,500	中国嘉德	2018-11-21
当代潘持平制谭泉海铭书画黑虎壶	宽16.3cm	94,300	中国嘉德	2018-11-21
当代 徐汉棠制紫泥掇球壶	宽17.2cm	86,250	中国嘉德	2018-11-21
华健 当代 矮僧帽壶		80,500	北京匡时	2018-12-06
当代 葛陶中制明砂壶	宽16.8cm	80,500	中国嘉德	2018-11-21
许俊涛 当代 掇只壶(顾绍培监制)		69,000	北京匡时	2018-12-06
当代 周桂珍制谭泉海铭书画曼生提梁壶	宽/高14.8cm	69,000	中国嘉德	2018-11-21
谢曼伦 当代 双竹提梁壶		66,700	北京匡时	2018-12-06
当代 潘持平制四方狮钮壶	宽15.4cm	63,250	中国嘉德	2018-11-21
当代苏志明制吴德荣刻竹石图石瓢壶	宽15.2cm	51,750	北京保利	2018-12-08
吕尧臣 当代 西施壶		51,750	北京匡时	2018-12-06
当代 谈菊慧制螭龙宝鼎壶	宽16.8cm	48,300	中国嘉德	2018-11-21
当代 鲍仲梅制恭贺新禧壶	宽17cm	48,300	中国嘉德	2018-11-21
徐秀棠 陈凤妹 当代 灵兽壶		46,000	北京匡时	2018-12-06
当代 籍大彝制仿鸣远高南瓜壶	高13cm	40,250	北京保利	2018-12-08
当代 徐维明制裙边提梁壶	宽14cm	36,800	中国嘉德	2018-11-21
当代 谈菊慧制双龙戏珠壶	宽17.5cm	36,800	中国嘉德	2018-11-21
当代 蒋国庆制描金德钟壶	宽15cm	34,500	北京保利	2018-12-08
当代 江建翔制掇玉壶	宽13cm	32,200	中国嘉德	2018-11-21

拍品名称	物品尺寸	成交价RMB	拍卖公司	拍卖日期
当代 孙祺松制仿鸣远椰瓢壶	宽14.3cm	28,750	北京保利	2018-12-08
当代 李志刚制仿玉成合欢壶	宽15.5cm	28,750	北京保利	2018-12-08
当代 朱子阳制"湖石"紫泥壶	宽14.2cm	28,750	北京保利	2018-12-08
当代 潘小冬制大彬高灯壶	宽12.2cm	28,750	北京保利	2018-12-08
当代 陈国良制紫泥水平壶	宽13.2cm	28,750	中国嘉德	2018-11-21
当代 张正中制段泥年轮壶	宽16.3cm	25,300	中国嘉德	2018-11-21
当代 何叶制颐然壶	宽17cm	25,300	中国嘉德	2018-11-21
当代 徐维明制巧色钟式壶	宽13.8cm	25,300	中国嘉德	2018-11-21
当代 殷任飞制大彬式僧帽壶	宽14.7cm	25,300	中国嘉德	2018-11-21
当代 伍海红制幽萝壶	宽14.1cm	25,300	中国嘉德	2018-11-21
当代 秦亚制朱泥平盖宫灯壶	宽10cm	23,000	北京保利	2018-12-08
当代 江洪军制仿曼生柱础壶	宽13cm	23,000	北京保利	2018-12-08
当代 程辉制鱼化龙套壶（九件）	宽20cm；宽10cm；直径12cm	23,000	北京保利	2018-12-08
当代 应雪萍制摹古孟臣梨式壶（一对）	宽10.9cm；宽10.8cm	23,000	中国嘉德	2018-11-21
当代 夏磊制明式抱朴壶	宽13cm	20,700	北京保利	2018-12-08
当代 徐达明制掐丝花生壶	宽12.7cm	20,700	中国嘉德	2018-11-21
当代 徐秀棠制酣鹗壶	宽13.8cm	20,700	中国嘉德	2018-11-21
当代 陈俊制见山壶	宽12.8cm	20,700	中国嘉德	2018-11-21
当代 李艳制摹古浑方梨式壶	宽11.8cm	20,700	中国嘉德	2018-11-21
1983年制 顾景舟 鹧鸪提梁壶	高11.6cm	7,475,000	北京保利	2018-12-06
王寅春制紫砂梅花周盘壶	16×7cm	4,400,000	中正拍卖	2018-11-30
周桂珍款段泥柿圆提樑壶	高16.8cm	4,400,000	中正拍卖	2018-11-30
朱泥矮型形壶	直径13×6.5cm	2,750,000	中正拍卖	2018-11-30
莲子青蛙壶	通高9cm	2,750,000	中正拍卖	2018-11-30
清光绪壬寅、范静安制紫砂井栏壶	直径17.3cm；高7.5cm	2,420,000	中正拍卖	2018-11-30
朱泥贴花四君子图方壶	12.4cm	2,200,000	中正拍卖	2018-11-30
吕俊杰 大贵妃紫砂壶	12cm×25cm	1,265,000	北京荣宝	2018-12-03
何道洪制、魏紫熙书画 秦璧壶	长18.3cm	1,265,000	北京保利	2018-12-06
1990年制 周桂珍制、范曾书画 环龙三足壶	长17.7cm	460,000	北京保利	2018-12-06
1990年制 周桂珍制、范曾书画 环龙三足壶	长17.3cm	460,000	北京保利	2018-12-06
1990年制 施小马制、范曾书画 荷蒂壶	高14.5cm	448,500	北京保利	2018-12-06
2017年作 吴扣华 梅桩壶	长14cm	437,000	北京保利	2018-12-06
2000年制 唐彬杰 龙头玉顶壶	长11.6cm	379,500	北京保利	2018-12-06
近代 朱可心制芝加哥特优奖款如意云肩壶	宽18.7cm	322,000	中国嘉德	2018-11-21
近代 王寅春制紫泥圈顶壶	宽17.2cm	299,000	中国嘉德	2018-11-21
蒋蓉 牡丹壶	长19cm	230,000	北京保利	2018-12-06
1990年制张红华制、范曾书画 大玉笠壶	长17.1cm	172,500	北京保利	2018-12-06
1990年制 徐秀棠、陈凤妹合作、范曾书画 千载寿壶	长15.5cm	172,500	北京保利	2018-12-06
1989年制 鲍仲梅制、范曾书画 拨浪锤壶	长12cm	172,500	北京保利	2018-12-06
2018年作 范晨霞、吴扣华合作 景舟仿古壶	长16cm	138,000	北京保利	2018-12-06
1990年制 李昌鸿、沈蘧华合作、范曾书画 方圆壶	长15cm	115,000	北京保利	2018-12-06
1990年制 李昌鸿制、范曾书画 井栏壶	长16.7cm	115,000	北京保利	2018-12-06
近代 唐云铭沈觉初刻竹节形壶	宽20cm	66,700	北京保利	2018-12-08
2016年制 营林法制、一圭写 西施壶	长14cm	57,500	北京保利	2018-12-06
2017年制 营林法制、一圭题 汉方壶	长13.5cm	57,500	北京保利	2018-12-06
蒋蓉 南瓜壶	长13.7cm	57,500	北京保利	2018-12-06
近代 王寅春制紫泥汉君壶	宽19.5cm	55,200	中国嘉德	2018-11-21
近代 冯桂林制金鼎商标款跋陶刻紫泥扁瓜壶	宽19.8cm	55,200	中国嘉德	2018-11-21
近代 范大生制段泥佛手壶	宽16.3cm	55,200	中国嘉德	2018-11-21
胡星辰制、边平山刻 泠泉壶	长11.5cm	46,000	北京保利	2018-12-06
孔小明 凝香壶	长17cm	40,250	北京保利	2018-12-06
近代 胡耀庭制铁画轩款戴玉屏书铭紫泥牛盖方壶配炉座	宽16cm	36,800	中国嘉德	2018-11-21
2017年制 孙洪涛制、汪洋刻绘 高井栏壶	长14.5cm	34,500	北京保利	2018-12-06

2018杂项拍卖成交汇总

(成交价RMB：2万元以上)

拍品名称	物品尺寸	成交价RMB	拍卖公司	拍卖日期
唐国新 石瓢壶	长14.5cm	34,500	北京保利	2018-12-06
2004年 何叶制、木石刻 清韵壶	长13.7cm	34,500	北京保利	2018-12-06
近代 范锦甫制跂陶铭刻书画紫泥翻盖柿子壶	高23.3cm	34,500	中国嘉德	2018-11-21
葛明仙 合欢壶	长17cm	23,000	北京保利	2018-12-06
1996年制 华健 金狮壶	长15cm	23,000	北京保利	2018-12-06
近代 紫泥铺砂僧帽壶	宽13.2cm	21,850	北京保利	2018-12-08
清早期 紫砂胎寿星加漆描金酒令杯	宽9.5cm	103,500	北京保利	2018-06-20
清乾隆 亨慎制铭诗句紫泥凤鋬印花渔笠杯	宽7.2cm	115,000	中国嘉德	2018-06-19
乾隆 开光彩绘八骏图直口杯（一对）	高6.2cm；宽8.2cm	34,500	上海匡时	2018-04-30
清中期 志远制五式杯	尺寸不一	57,500	上海匡时	2018-04-30
清中期 二泉刻"臣铁保印"款紫泥施釉对杯	6cm×8cm×2	46,000	西泠拍卖	2018-07-08
清光绪 杉江寿门制金士恒并刻诗文紫泥公道杯	长11cm	28,750	北京匡时	2018-06-16
清晚期 陈光明制朱泥桃杯	宽11×高7cm	34,500	江苏观宇	2018-09-16
民国 王寅春制主人杯	宽10.5×高6cm	23,000	江苏观宇	2018-09-16
当代 顾景舟制竹节对杯	宽9.2cm	34,500	中国嘉德	2018-06-19
袁小强·玉盘	长16cm；高7.5cm	287,500	北京翰海	2018-06-29
九隽·紫砂杯	尺寸不一	149,500	江苏观宇	2018-09-16
餐具				
清早期 大明洪武年制款朱泥供碗	宽19cm；高9cm	92,000	江苏观宇	2018-04-22
清乾隆 大清乾隆年制紫泥贴花供碗	宽19×高7.5cm	86,250	江苏观宇	2018-09-16
清乾隆 陈觐侯制朱泥团龙百寿纹宫碗	直径20cm	34,500	北京保利	2018-06-20
清乾隆 方岐玉制紫泥盖碗（一对）	宽9cm×2	25,300	江苏观宇	2018-04-22
道光 朱石梅刻铭锡包紫砂大碗	高8.2cm；宽21cm	23,000	上海匡时	2018-04-30
清乾隆 陈觐侯制紫泥菱花口贴花贡碗	直径22cm	112,700	中国嘉德	2018-11-21
清中期 陈觐侯款八宝纹供盘（四件）	直径14cm	23,000	北京保利	2018-06-20
清晚期 玉成窑王东石制艾农摹何心舟刻紫砂供盘（一对）	4.2cm×13.4cm×2	276,000	西泠拍卖	2018-07-08
清 紫砂双耳贴花高足盖盘	高14.5cm；宽20cm	25,300	上海匡时	2018-04-30
民国 段泥五子盘	直径23cm	20,700	江苏观宇	2018-04-22
双耳出戟盘	宽24.5cm	115,000	北京保利	2018-06-20
谈雄飞（张重庆刻）·周盘	长14.5cm；高5cm	40,250	北京翰海	2018-06-29
吴勇（张重庆刻）·周盘	长14.5cm；高6.5cm	34,500	北京翰海	2018-06-29
刘华·龙盘干泡	长18.5cm；高4cm；宽12.5cm	25,300	北京翰海	2018-06-29
范云娇·周盘	长14.5cm；高5.5cm	20,700	北京翰海	2018-06-29
清晚期 陈光明制紫砂挂釉回文贴花大簋盆	直径33.5cm	115,000	中国嘉德	2018-11-21
其他器具				
明末清初 大彬款铭诗句紫砂铺首高足赏瓶	高17.6cm	112,700	中国嘉德	2018-06-19
清早期 乌泥葫芦形瓶	16.2×12cm	48,300	西泠拍卖	2018-07-08
乾隆 彩绘、泥绘壁瓶（两个）	尺寸不一	21,850	上海匡时	2018-04-30
当代 周尊严制、鲍志强铭紫砂双耳方瓶（一对）	高41cm×2	57,500	保利厦门	2018-07-15
张勇·方口双耳瓶	长17cm；高19cm；宽10cm	57,500	北京翰海	2018-06-29
张重庆·花瓶	长17cm；高17.5cm；宽15cm	46,000	北京翰海	2018-06-29
许瑛·四方兽耳瓶	长17cm；高18.5cm；宽13cm	23,000	北京翰海	2018-06-29
王龙 古梅山禽对瓶	高21×宽8.5cm	23,000	荣宝斋（桂林）	2018-09-08
周俊鹏 双耳兽瓶	高30×宽28cm	20,700	荣宝斋（桂林）	2018-09-08
明末 紫砂棱形披肩瓶	高11.3cm	34,500	中国嘉德	2018-11-21
清光绪 郑金声制钦州窑刻芭蕉赏石图瓶	高17.5cm	34,500	北京保利	2018-12-08
清晚期 任伯年铭刻鳜鱼蔬果图花盆	宽19.5cm	103,500	北京保利	2018-12-08
清 玉成窑黄鞠款紫砂梅瓶	高19.5cm	161,000	中贸圣佳	2018-11-24
民国 跂陶刻伯年画稿竹纹椭圆形大花盆	长29.5×22.5cm	34,500	北京保利	2018-12-08
近代 跂陶刻高仕策杖段泥赏瓶	高16.3cm	63,250	中国嘉德	2018-11-21

拍品名称	物品尺寸	成交价RMB	拍卖公司	拍卖日期
1955年 泉石主人刻诗画段泥方形花盆	27×26.2×20cm	31,360	上海联合	2018-11-25
近代 裴石民制圆式菖蒲盆（一对）	直径12.2cm；13cm	20,700	中国嘉德	2018-11-21
明末 乌泥 披肩大茶叶罐	宽22cm；高22.5cm	47,150	上海泛华	2018-04-15
清初 六方铺砂茶叶罐	宽19×高21cm	34,500	江苏观宇	2018-09-16
清早期 乌泥胎橄榄形大茶叶罐	高21cm	25,300	北京保利	2018-06-20
清乾隆 王南林制蓝釉茶叶罐	宽16×高16cm	20,700	江苏观宇	2018-09-16
清中晚期 权孙赦记制贴花三足罐	宽11cm；高14cm	25,300	江苏观宇	2018-04-22
清 紫泥满彩诗文茶叶罐	高9.5cm；宽8cm	20,700	上海匡时	2018-04-30
张丹·彩泥绘茶叶罐	宽16×高10.5cm	32,200	江苏观宇	2018-09-16
徐昕 兽耳罐		26,450	荣宝斋（桂林）	2018-09-08
华健·六方茶罐	长10cm；高12cm	23,000	北京翰海	2018-06-29
清中期 紫泥心经钵（附原包装）	宽15×高9cm	46,000	江苏观宇	2018-09-16
清 段泥洒红桃形盖盒	宽8.5cm	184,000	北京保利	2018-06-20
民国 黄金荣供养戒幢寺紫砂钵	宽14cm	28,750	北京保利	2018-06-20
清中期 曼生款 古渡 雷纹长方盆	宽20cm；长12cm；高7cm	149,500	上海泛华	2018-04-15
清晚期 玉成窑何心舟刻曼陀华馆款水仙盆	5.4×17.1×12cm	115,000	西泠拍卖	2018-07-08
清末民国 张剑秋造、黄氏植场监制款紫泥大树桩盆	28.6×27.8×27.5cm	161,000	西泠拍卖	2018-07-08
民国裴石民制紫泥微型花盆（一组三件）	尺寸不一	55,200	西泠拍卖	2018-07-08
民国 跂陶并刻高仕诗文内挂釉拱盆	长26.5cm	25,300	北京保利	2018-06-20
江玺、范惠萍·来福蟠桃盆	41.5cm×38cm×15cm	230,000	北京翰海	2018-06-29
裴石民制小花盆（一组三件）	尺寸不一	109,250	江苏观宇	2018-09-16
裴石民制小花盆（一组三件）	尺寸不一	86,250	江苏观宇	2018-04-22
明末清初 紫砂胎欧窑绿釉窑变太白罈	高35.6cm	25,300	中国嘉德	2018-11-21
清早期 花押款紫砂茶叶罐	高11.5cm	23,000	中国嘉德	2018-11-21
清乾隆 紫砂仿生蔬果九品	尺寸不一	23,000	中贸圣佳	2018-11-25
清嘉庆 般若波罗蜜多心经刻紫砂盖钵	直径15.5cm	86,250	北京保利	2018-12-08
清中期 紫砂人物、印盒文房（一组共六件）	尺寸不一	21,850	北京保利	2018-12-08
清晚期 王东石制任伯年书浙宁玉成窑制款段泥插筒	高20.5cm	80,500	中国嘉德	2018-11-21
清 宜钧釉双兽耳香炉	宽11cm	57,500	北京保利	2018-12-08
清代 紫砂罗汉坐像	高8cm	25,300	古天一	2018-12-08
清 宜钧釉桥耳小香炉	宽7cm	23,000	北京保利	2018-12-08
民国 跂陶为伯英先生刻内挂釉杯（一套四只）	宽9cm	20,700	北京保利	2018-12-08
当代 汪寅仙制九头南瓜提梁茶具	宽壶13.3cm；杯长7.5cm；托长11.3cm	828,000	中国嘉德	2018-11-21
当代 天地方圆紫砂期刊大全套（第1994年1月~1998年12月）		25,300	中国嘉德	2018-11-21
当代 蒋蓉制巧色耕牛塑像	长12.5cm	23,000	中国嘉德	2018-11-21
宋代灰泥角力者（一组）	高25cm	4,950,000	中正拍卖	2018-11-30
1990年制 潘持平制、范曾书画 亚明四方	长19.4cm	345,000	北京保利	2018-12-06
季益顺 楚汉风韵	长19.5cm	184,000	北京保利	2018-12-06
1990年制 鲍仲梅、施秀春合作、范曾书画 三阳开泰	长13.5cm	172,500	北京保利	2018-12-06
唐国新 莲生六道（两件）	尺寸不一	115,000	北京保利	2018-12-06
1990年制范洪泉制、范曾书画小石瓢	长13.2cm	115,000	北京保利	2018-12-06
顾佩伦 南瓜砚滴	长9.5cm	57,500	北京保利	2018-12-06
蒋蓉 高士砚滴	长16.2cm	57,500	北京保利	2018-12-06
孙洪涛制、周作庭刻绘 风语提梁	高17cm	40,250	北京保利	2018-12-06
徐晓星 玉露	长15.8cm	23,000	北京保利	2018-12-06
兰夫·鳌里夺尊	宽13.5×高22cm	69,000	江苏观宇	2018-09-16
近代 浙宁玉成窑制任伯年写艾农氏摹款插筒	高20.5cm	23,000	中国嘉德	2018-06-19
漆 器				
宋"石上流泉"仲尼式古琴	通长102.2cm	8,050,000	中国嘉德	2018-06-18
宋 仲尼式古琴	通长123.3cm	7,820,000	中国嘉德	2018-06-18
宋"开元二年雷霄斫"凤势琴	通长123cm	6,900,000	中国嘉德	2018-11-20
元代 周鲁封旧藏朱致远制黑漆仲尼式"幽素"古琴	通长112cm	5,405,000	中贸圣佳	2018-11-24

拍品名称	物品尺寸	成交价RMB	拍卖公司	拍卖日期
元—明 黑漆仲尼式“碧云深”琴		3,795,000	中贸圣佳	2018-11-24
元 朱致远制龙吟铭仲尼式古琴	长12cm	920,000	保利厦门	2018-07-15
明崇祯 “清磬”神农式古琴	通长122.7cm	2,760,000	中国嘉德	2018-06-18
明崇祯 张顺修制蕉叶式古琴	通长119cm	2,070,000	西泠拍卖	2018-07-07
明 金声玉振款益王琴	长123cm	4,485,000	中贸圣佳	2018-06-20
明 刘墉旧藏黑漆仲尼式“天风海涛”益王琴	通长126cm	3,852,500	中贸圣佳	2018-11-24
明 “古吴张顺修制”蕉叶式古琴	通长119cm; 肩宽18cm; 尾宽12.7cm	2,760,000	中国嘉德	2018-11-20
明 “古吴张顺修制”蕉叶式古琴	通长118.5cm; 肩宽17.5cm; 尾宽12.6cm	2,645,000	中国嘉德	2018-11-20
明 黑漆正合式“孤城笛”琴		345,000	中贸圣佳	2018-11-24
明晚期 潞王中和琴	琴长121cm	2,530,000	北京保利	2018-06-20
清早期 仲尼式古琴	通长118.6cm	1,127,000	中国嘉德	2018-06-18
清早期 “幽谷啼莺”仲尼式古琴	通长118.5cm; 肩宽17.5cm; 尾宽12.5cm	402,500	中国嘉德	2018-06-18
清光绪 仲尼式古琴	通长119.5cm; 肩宽18.3cm; 尾宽13.5cm	230,000	中国嘉德	2018-11-20
清十九世纪 黑漆七弦灵机式古琴		72,696	纽约苏富比	2018-09-15
清 霜钟仲尼式古琴		977,500	北京保利	2018-06-20
清 石友竹旧藏毓川款仲尼式古琴		575,000	西泠拍卖	2018-07-07
清 “可悟”伶官式古琴	通长119.8cm; 肩宽17.5cm; 尾宽14.6cm	517,500	中国嘉德	2018-11-20
民国 卫仲乐 连珠式古琴	通长124.5cm	1,058,000	中国嘉德	2018-06-18
民国王心葵“玉楼春晓”仲尼式古琴	通长130.4cm; 肩宽21.5cm; 尾宽14.4cm	977,500	中国嘉德	2018-06-18
王鹏 焦尾式古琴	长122cm	1,552,500	北京荣宝	2018-05-18
宣和式“梅梢月”琴	琴长127cm; 肩宽21cm; 尾宽15cm	230,000	北京保利	2018-06-20
连珠式“南风”琴	琴长128cm; 肩宽22cm; 尾宽17cm	230,000	北京保利	2018-06-20
神农式“大圣遗音”琴	琴长123cm; 肩宽20cm; 尾宽14cm	218,500	北京保利	2018-06-20
伏羲式“九霄环佩”琴	琴长125cm; 肩宽21cm; 尾宽16cm	207,000	北京保利	2018-06-20
蕉叶式“蕉林听雨”琴	琴长124cm; 肩宽21cm; 尾宽18cm	184,000	北京保利	2018-06-20
仲尼式“月露知音”琴	琴长126cm; 肩宽23cm; 尾宽16cm	184,000	北京保利	2018-06-20
犀皮漆古琴	长123cm	32,200	太平洋	2018-11-22
紫檀万壑松琴	长112cm	20,700	中国嘉德	2018-01-14
黑漆诗文琴	长122cm	20,700	中国嘉德	2018-09-20
紫檀“百衲怀古”古琴	长123cm	20,700	太平洋	2018-11-22
战国 锥画龙凤几何纹漆盘	口径27.6; cm	1,955,000	西泠拍卖	2018-07-07
南宋至元 乌面剔犀如意云纹长方盖盒“十四”字	直径18.2cm	809,000	香港苏富比	2018-04-03
南宋 剔犀如意纹盘	直径31.7cm	720,272	保利香港	2018-10-02
元 剔红高浮雕葡萄纹倭角盘	长29.2cm	8,050,000	北京保利	2018-06-19
元 剔红高士出游楼阁圆形盖盒	直径26.5cm	3,105,000	北京保利	2018-06-19
元十四世纪 剔黑绶鸟牡丹纹倭角方盘	28.2cm	1,820,250	香港苏富比	2018-04-03
元 杨茂制剔犀菊纹盖盒	直径9.5cm	805,000	保利厦门	2018-07-15
元 嵌螺钿庭院人物纹八方捧盒	直径31cm	172,500	西泠拍卖	2018-07-07
元14世纪初 剔红锦鸡牡丹纹长方盘	长36.7cm	1,453,925	纽约佳士得	2018-09-13
元—明初 剔红高士对弈图圆盘	直径27cm	2,070,000	北京保利	2018-06-19
明初 剔红牡丹纹圆盒	直径15cm	558,250	佳士得	2018-05-30
明宣德 剔红穿花双凤纹倭角方盘	39cm	14,754,240	香港苏富比	2018-10-03
明宣德 剔红携琴访友图大捧盒	直径26.5cm	2,070,000	北京保利	2018-06-20
明嘉靖 剔彩龙凤万寿吉祥海棠式盘	19.7cm	2,427,000	香港苏富比	2018-04-03
明嘉靖 剔犀双龙捧寿纹倭角方盘	长21cm; 宽21cm	977,500	中贸圣佳	2018-06-20
明嘉靖 戗金填漆凤鹤穿花纹盖盒	直径42cm	324,800	佳士得	2018-05-30
明万历 剔红狩猎图碗	直径17.7cm; 高9.8cm	1,150,000	中贸圣佳	2018-06-20
16世纪 黑漆螺钿观鹤图海棠式盘	长42.8cm	1,111,825	纽约佳士得	2018-09-13
明代 夹纻金漆观音坐像	高90cm	2,300,000	古天一	2018-12-08

拍品名称	物品尺寸	成交价RMB	拍卖公司	拍卖日期
明 大漆百宝仕女图捧盒	长29cm	1,725,000	中贸圣佳	2018-06-20
十五世纪 夹纻乾漆大日如来佛坐像		698,060	纽约苏富比	2018-03-21
明 犀皮漆四方倭角笔筒	16.5×16.5×17.5cm	322,000	北京匡时	2018-06-15
明代 漆金菩萨立像	31×23×97cm	253,000	上海匡时	2018-04-30
明 褐漆口沿包铜梅花式小碟（一对）	直径12.3cm	230,000	北京保利	2018-06-20
清早期 大漆黄杨兰花摆件	79×28×44.5cm	57,500	中国嘉德	2018-11-20
清乾隆 剔红御制“三清茶”诗茶碗一对	11.5cm	1,466,313	香港苏富比	2018-04-03
清乾隆 御制剔彩寿春宝盒	直径31cm	1,380,000	保利厦门	2018-07-15
清乾隆 御制黑漆描金御制诗龙福对笔	长26cm; 长23.7cm	1,265,000	北京保利	2018-06-19
清乾隆 剔红镶嵌珐琅福山寿海纹如意	长42.4cm	575,000	中贸圣佳	2018-11-24
清乾隆 剔彩八仙庆寿纹如意	长39cm	460,000	中国嘉德	2018-11-20
清乾隆 剔红佛八宝纹茶船	高4cm; 长16.3cm	92,000	西泠拍卖	2018-07-07
清乾隆 剔彩如意	长39cm	77,172	中国嘉德	2018-10-02
清中期 朱红大漆对联	30cm×3cm×220cm	460,000	北京匡时	2018-06-15
民国 蝉形砚带黑漆嵌螺钿盖盒	13cm×6.5cm×4.6cm	207,000	广东崇正	2018-07-05
漆仿珊瑚盆景	高20cm	20,700	北京华辰	2018-11-19
明万历1592年 剔黄双龙云纹长方盘	长317cm	4,878,500	邦瀚斯	2018-11-27
晚17世纪 剔红寿石花卉纹小瓶	高12.2cm	359,205	纽约佳士得	2018-09-13
清乾隆 剔红铜胎鹰熊双连壁瓶	长9cm; 高19cm	517,500	中贸圣佳	2018-06-20
清末 剔红嵌玉牌轿瓶		22,237	纽约苏富比	2018-09-15
林文锋《淇澳》犀皮漆脱胎花瓶	直径19cm; 高24cm	34,720	上海联合	2018-07-01
南宋 黑漆描金轴盒	高3cm; 长27.8cm	299,000	西泠拍卖	2018-07-07
南宋 剔犀如意云纹盘	高3cm; 直径25.3cm	230,000	西泠拍卖	2018-07-07
宋 黑漆葵口盘	直径17cm	230,000	中国嘉德	2018-11-20
宋 朱漆菱口盘	直径15cm	71,597	中国嘉德	2018-04-02
宋 菱花形漆盘	高2.2cm; 直径15.3cm	69,000	西泠拍卖	2018-07-07
宋—元 红漆葵纹盘	高2.6cm; 直径25cm	40,250	西泠拍卖	2018-07-07
宋 褐漆菊瓣形盘	高2.7cm; 直径27cm	32,200	西泠拍卖	2018-07-07
元 剔红高士图海棠式盘	宽22.4cm	1,840,000	中国嘉德	2018-11-20
元 剔红出游图花口盘	宽30.3cm	1,150,000	北京保利	2018-06-19
元 花口剔褐花卉庭院人物盘	直径20.4cm	828,000	中贸圣佳	2018-06-20
元 张成造剔红花卉纹盘	直径14.8cm	690,000	中贸圣佳	2018-06-20
元 剔犀盘	直径31.8cm	437,000	中贸圣佳	2018-06-20
元 大漆梅花香盘	直径17.1cm; 高2.8cm	437,000	中贸圣佳	2018-06-20
元—明 剔犀如意纹六角大盘	宽51cm	190,924	香港诚昌	2018-04-02
元 黑漆嵌螺钿盏托	直径16.2cm; 高6.2cm	172,500	中贸圣佳	2018-06-20
元 剔犀如意纹盏托	高7.7cm	166,750	北京匡时	2018-12-05
元 朱漆洒金盏托	高8.7cm	115,000	北京匡时	2018-12-05
元/明 朱漆描金“风云际会”梅花式盘	直径17.5cm	74,750	华艺国际	2018-11-17
元 大漆嵌螺钿鬼谷子下山纹盘	长30.1cm; 宽29.9cm	63,250	中贸圣佳	2018-06-20
元 剔犀如意云纹葵口盘	高3.3cm; 直径31cm	57,500	西泠拍卖	2018-07-07
元 大漆嵌螺钿盏托	直径18.8cm; 高7.9cm	43,700	中贸圣佳	2018-11-25
元 褐漆盏托	高7cm	36,800	北京匡时	2018-12-05
元—明初 剔红“春江水暖”葵瓣式盘	直径30.7cm	4,025,000	北京保利	2018-12-12
明早期 剔红雕癞瓜四方盘	长33.3cm; 宽33.3cm; 高4.3cm	1,955,000	中贸圣佳	2018-11-24
明初 剔红秋葵纹大盘	直径37.8cm	1,840,000	中贸圣佳	2018-11-24
元末明初 黄地剔红绶带瓜果纹盏托	直径16.8cm; 高7.9cm	1,150,000	中贸圣佳	2018-06-20
元—明初 剔犀梅花式盏托	宽19cm	345,000	北京保利	2018-06-19
元末明初 剔犀如意云纹盘	高3.2cm; 直径21.8cm	149,500	西泠拍卖	2018-07-07
明以前 红漆菊瓣盘	直径17cm	92,000	上海匡时	2018-04-30
明早期 剔犀如意纹香盘	长26cm; 宽17cm	71,597	香港诚昌	2018-04-02
元末明初 菊瓣形描金庭院人物图漆盘	高3.2cm; 直径27.2cm	28,750	西泠拍卖	2018-07-07
明永乐 木胎剔红携琴访友方漆盘	长18.3cm 宽 18.3cm 高2.3cm	298,320	羅芙奧	2018-12-01
明15世纪 黑漆八角盘	宽28cm	230,000	北京保利	2018-06-20
明15世纪末/16世纪 剔红烹茶洗砚图方盘	18.7cm	128,288	纽约佳士得	2018-09-13
明嘉靖 剔彩双龙“粉米”纹椭圆盘	长25cm	1,955,000	北京保利	2018-06-20
明嘉靖 剔红婴戏图盘	19.7cm	700,700	伦敦苏富比	2018-05-16
明嘉靖 雕漆龙凤寿字纹盘	直径22.3cm	149,500	北京保利	2018-06-20
明中期 剔红梅花方盘	长18.2cm; 宽18.2cm	253,000	中国嘉德	2018-11-20

2018杂项拍卖成交汇总

(成交价RMB：2万元以上)

拍品名称	物品尺寸	成交价RMB	拍卖公司	拍卖日期
明万历 剔红云龙戏珠纹梅花式盘	22.5cm	809,000	香港苏富比	2018-04-03
16世纪 剔红雕瑞狮戏球图葵花形盘	宽16.7cm	332,625	佳士得	2018-11-28
明万历 剔红花卉纹盏托	直径14.9cm; 高1.6cm	207,000	中贸圣佳	2018-11-24
明; 16世纪 剔犀如意云纹花口盘	直径29.2cm	136,840	纽约佳士得	2018-09-13
清十七世纪 黑漆嵌螺钿人物花鸟图方盘 (四件)		51,315	纽约苏富比	2018-09-15
明十六世纪 剔红仙人图菱花式盘		769,725	纽约苏富比	2018-09-12
明十六世纪 剔红穿花凤凰纹圆盘	27.7cm	654,000	香港苏富比	2018-10-03
明 剔红松下高士图长方盘	长45.2cm; 宽14.2cm	460,000	中贸圣佳	2018-06-20
明 剔红人物故事纹盘	高2.5cm; 直径14.5cm	402,500	西泠拍卖	2018-07-07
明 剔红人物纹盘	长18.2cm; 宽18cm; 高27cm	345,000	中贸圣佳	2018-06-20
明黑漆嵌螺钿月下清梅图四方倭角盘		301,435	纽约苏富比	2018-03-21
明 剔红凤凰牡丹八棱高足盘	直径35cm	292,320	香港诚昌	2018-05-30
明 剔红花鸟图长方轴盘	长38.7cm	288,275	佳士得	2018-11-28
明 褐漆剔犀盏托	宽15cm	276,000	北京保利	2018-06-20
明 剔红五老图盘	高3.3cm; 直径32.5cm	253,000	西泠拍卖	2018-07-07
明 朱漆剔犀盏托	直径15cm	218,500	北京保利	2018-06-20
明 剔红海棠形香盘	长18.5cm; 宽13.9cm; 高2.2cm	184,000	中贸圣佳	2018-06-20
明 张成造剔红牡丹花卉盘	直径17.8cm; 高2.8cm	161,000	中贸圣佳	2018-11-24
明 红漆菊瓣高足盘	直径29.3cm	155,250	中贸圣佳	2018-11-25
明 大漆彩绘人物故事图棕竹盘	长31.2cm; 宽31.2cm; 高3cm	138,000	中贸圣佳	2018-06-20
明 红底金漆葵口盏托	直径15.5cm; 高9cm	92,000	中贸圣佳	2018-06-20
明 剔犀如意云纹倭角长方香盘	长35.3cm; 宽13cm	69,000	西泠拍卖	2018-07-07
明 剔犀如意纹倭角长方承盘	高3cm; 长41cm; 宽29cm	69,000	西泠拍卖	2018-07-07
明十五至十六世纪 乌面剔犀灵芝云纹盘	32cm	65,400	香港苏富比	2018-10-03
明 剔犀如意云纹盏及盏托 (一组两件)	盘高2.2cm; 口径16.5cm; 碗高6cm; 口径11cm	57,500	西泠拍卖	2018-07-07
明 漆制盏托	高10.3cm; 直径14.5cm	46,000	西泠拍卖	2018-07-07
明 剔犀卷草纹长方香盘	高6.7cm; 长52.2cm; 宽31cm	46,000	西泠拍卖	2018-07-07
明 嵌螺钿松下高士图轴盘	长34.6cm; 宽8.3cm	40,250	西泠拍卖	2018-07-07
明 大明嘉靖年制款描金人物纹四方倭角漆盘	高3.3cm; 长36.4cm; 宽13.3cm	34,500	西泠拍卖	2018-07-07
明 剔红喜鹊登梅图承盘	高5cm; 长41cm; 宽28.5cm	34,500	西泠拍卖	2018-07-07
明 嵌螺钿婴戏图八方盘	高3.8cm; 直径33cm	32,200	西泠拍卖	2018-07-07
明 褐漆描金婴戏图承盘	高3.3cm; 长36.4cm; 宽27.8cm	23,000	西泠拍卖	2018-07-07
明代 堆漆菱形人物香盘	长30cm; 高3cm	20,700	上海匡时	2018-04-30
明晚期 剔红锦纹香盘	长16.8cm	43,700	中国嘉德	2018-09-19
清早期 嵌螺钿仙鹤纹葵口盘	高2.9cm; 直径35cm	74,750	西泠拍卖	2018-07-07
清早期 犀皮方盘	长41.5cm	69,000	北京保利	2018-06-20
清康熙 嵌螺钿竹林七贤长方盘	33×21cm	207,000	保利厦门	2018-07-15
清康熙黑漆嵌螺钿博古图小盘 (一对)	12cm	118,580	伦敦苏富比	2018-05-18
清乾隆雕填漆戗金八吉祥福寿菊瓣盘	宽37cm	3,335,000	北京保利	2018-12-12
清乾隆 剔彩双龙捧寿纹盘	宽21.6cm; 长21.6cm	414,000	中国嘉德	2018-11-20
清乾隆剔红雕漆福寿莲纹菊瓣花口盘	直径33.1cm; 高6cm	109,250	中贸圣佳	2018-11-25
清乾隆 黑地描金山水亭台纹海棠盘	直径19.7cm	92,000	上海匡时	2018-04-30
清乾隆 剔红山水人物长方盘	长25cm	92,000	中国嘉德	2018-06-19
清乾隆 红漆刻梅花诗文菊瓣盘	直径43cm	36,410	香港诚昌	2018-05-28
清中期 大漆描金人物双陆棋盘	50×50×5cm	29,900	北京匡时	2018-06-15
清中期 剔红绵地香盘	26.3×18.5cm	23,000	北京荣宝	2018-12-03
清 剔红庭院侍女图文盘	38×26×5.5cm	36,800	广东崇正	2018-07-05
清 剔红山水人物纹倭角方盘	高4cm; 长38.2cm; 宽25.4cm	34,500	西泠拍卖	2018-07-07
民国　漆嵌螺钿双凤棋盘 (3件)	长47cm	28,750	北京翰海	2018-09-16

拍品名称	物品尺寸	成交价RMB	拍卖公司	拍卖日期
剔犀黑漆云纹大盏托	直径20.7cm; 高16.3cm	682,000	中正拍卖	2018-11-30
西山款剔红四方卷草纹漆盘	长16cm; 宽16cm; 高2.5cm	345,000	中贸圣佳	2018-06-20
宋 剔犀如意云纹碗		206,245	纽约苏富比	2018-03-21
元 黑漆六瓣式碗	直径12.7cm	68,420	纽约佳士得	2018-09-13
明早期 剔犀如意云纹碗	直径10.4cm; 高5.6cm	92,000	中贸圣佳	2018-06-20
明嘉靖 雕填戗金龙凤纹大碗	直径25.3cm; 高10.5cm	782,000	中贸圣佳	2018-11-24
明中期 剔红荔枝纹碗 (一对)	直径10cm	123,475	保利香港	2018-10-02
17世纪 剔红 "喜上眉梢" 碗 (一对)	直径11cm	61,738	中国嘉德	2018-10-02
清乾隆 剔红八宝纹碗	直径14cm; 高6.9cm	345,000	中贸圣佳	2018-06-20
清 陆朗夫款漆制盖碗 (一组四件)	高9cm; 口径11.8cm	32,200	西泠拍卖	2018-09-29
清康熙 剔红松下高士图罐	高24.2cm; 口径11.5cm	57,500	西泠拍卖	2018-07-07
清 黑漆嵌螺钿围棋罐 (一对)	高11.2cm×2	23,000	北京匡时	2018-06-15
元 剔犀高足杯	直径8cm; 高8cm	149,500	保利厦门	2018-07-15
元 剔犀如意纹卧足杯	直径8.2cm; 高5.5cm	138,000	中贸圣佳	2018-06-20
16/17世纪 剔红仿古爵杯	高17.5cm	147,966	中国嘉德	2018-04-02
明十六/十七世纪 剔犀高足杯	9.5cm	86,240	伦敦苏富比	2018-05-18
明大漆紫檀描金梅花酒杯一组两件	9×7cm×2	92,000	北京匡时	2018-06-15
明 剔红 "大利" 杯	直径6cm; 高3.8cm	40,250	北京荣宝	2018-12-03
明 剔红包锡口松山会友纹杯	高5cm; 口直径10.5cm	20,700	浙江佳宝	2018-07-01
元 剔彩红花绿叶牡丹香盒	直径11.5cm	1,150,000	北京保利	2018-06-19
元 剔红人物八角捧盒	直径18.6cm; 高11cm	747,500	中贸圣佳	2018-06-20
元–明 剔彩松竹梅菱花形盖盒	长15cm	552,000	北京保利	2018-06-19
元 剔红香盒	直径11cm; 高4cm	460,000	中贸圣佳	2018-06-20
元 黑漆菱花式盖盒	直径17.2cm; 高13.6cm	414,000	中贸圣佳	2018-06-20
元 剔犀香盒	直径12.8cm; 高6cm	207,000	中贸圣佳	2018-06-20
元 剔犀卷草纹盖盒	直径10.8cm	195,502	保利香港	2018-10-02
元 剔犀香盒	直径7.8cm	138,000	中贸圣佳	2018-06-20
元 黑漆嵌螺钿人物楼阁圆盖盒	直径19.5cm	126,500	北京保利	2018-06-20
元 剔犀如意纹香盒	直径5.5cm; 高3.5cm	92,000	中贸圣佳	2018-11-24
元 剔彩牡丹花香盒	直径4.5cm	57,500	北京保利	2018-06-20
元或明早期 剔红牡丹纹盖盒	直径9.7cm	493,901	保利香港	2018-10-02
明早期 剔红海棠松亭人物图盖盒	11×8cm	253,000	上海匡时	2018-04-30
明早期 剔红栀子花纹香盒	直径5.8cm; 高3cm	184,000	中贸圣佳	2018-06-20
明初 剔犀如意云头纹捧盒	直径18.5cm	126,500	华艺国际	2018-05-23
明早期 剔红松下对谈图小香盒	高2.5cm; 直径7cm	115,000	古天一	2018-12-08
明永乐 剔红牡丹香盒	直径6.5cm	287,500	北京保利	2018-12-09
明15世纪早期 剔红莲纹圆盖盒	直径7.9cm	769,725	纽约佳士得	2018-09-13
明15世纪; 16世纪 剔红花卉纹圆盖盒	直径10.2cm	81,750	佳士得	2018-10-04
明嘉靖 剔红花鸟纹香盒	直径11.4cm	138,000	中贸圣佳	2018-06-20
明中期 剔红百子图长方盝顶盒	长21cm	2,300,000	中国嘉德	2018-11-20
明中期 剔红胡人戏狮纹香盒	直径8.4cm; 高4.5cm	667,000	中贸圣佳	2018-06-20
明中期 剔红人物图香盒	直径7.5cm; 高2.5cm	207,000	中贸圣佳	2018-11-24
明中期 锡胎剔红婴戏仙寿图盖盒及剔红一路连科盖盒		78,200	中国嘉德	2018-06-18
明万历甲辰年(1604年) 戗金填漆海水江崖双龙戏珠纹方盖盒		410,520	纽约苏富比	2018-09-12
明万历 雕填漆龙纹大盖盒	直径20.5cm	230,000	北京保利	2018-06-20
16世纪 剔红高士图香盒	宽5.8cm	30,869	中国嘉德	2018-10-02
明末 戗金填漆海水云龙赶珠纹寿桃形盖盒		68,420	纽约苏富比	2018-09-12
17世纪 剔红芦雁香盒	直径6.9cm	66,823	中国嘉德	2018-04-02
明十四世纪末/十五世纪 剔红莲花式盖盒		513,150	纽约苏富比	2018-09-12
明 剔彩人物盖盒	直径7.6cm; 高3.3cm	483,000	中国嘉德	2018-06-18
明 剔红庭院人物图梅花套盒	高17.5cm	402,500	中贸圣佳	2018-11-24
明 剔红荔枝纹香盒	直径7cm; 高4cm	356,500	中贸圣佳	2018-06-20
明 剔红五伦图香盒	高4cm; 直径8cm	218,500	西泠拍卖	2018-07-07

拍品名称	物品尺寸	成交价RMB	拍卖公司	拍卖日期
明 剔犀如意纹香盒	直径5.8cm；高2.5cm	207,000	中贸圣佳	2018-06-20
明 朱漆剔犀多层盒	高19.5cm	172,500	北京保利	2018-06-20
明 红地堆黑梅纹方香盒	长5.2cm；宽5cm；高2.4cm	172,500	中贸圣佳	2018-06-20
明 剔红荔枝纹长方盖盒	长29cm	143,193	中国嘉德	2018-04-02
明 张成制剔犀卷草纹香盒	直径10.1cm；高3.7cm	138,000	中贸圣佳	2018-11-24
明 剔犀转珠纹香盒	高2.8cm；口径7.5cm	126,500	西泠拍卖	2018-07-07
明 剔彩吕洞宾图寿桃盒	长14.5cm	126,500	华艺国际	2018-11-16
明 剔红福禄寿花卉纹香盒	宽6.5cm	115,000	北京保利	2018-06-20
明 剔红花篮纹香盒	直径7.7cm；高2cm	115,000	中贸圣佳	2018-06-20
明 剔红胡人送宝纹香盒	直径7.6cm；高3.7cm	109,250	中贸圣佳	2018-11-24
明 朱漆剔犀凤穿牡丹层盒	长19×11.2×12cm	103,500	北京保利	2018-06-20
明 黑底剔红月下仙翁香盒	直径8.4cm；高3cm	101,200	中贸圣佳	2018-11-25
明 剔红携琴访友图香盒	直径8cm	97,128	羅芙奧	2018-06-02
明 剔红梅花纹香盒	高3.6cm；直径9.5cm	86,250	西泠拍卖	2018-07-07
明 雕彩漆菊纹盖盒	直径6cm	86,250	北京保利	2018-12-09
明 剔红人物纹花口香盒	直径6.5cm；高2.5cm	80,500	北京匡时	2018-12-05
明 剔彩牡丹纹香盒	高3.2cm；口径6.5cm	71,300	西泠拍卖	2018-07-07
明 剔红人物双面香盒	直径4.5cm	69,000	北京保利	2018-06-20
明代 剔红携琴访友香盒	高2cm；直径7cm	69,000	古天一	2018-06-17
明 剔红泛舟图香盒	直径7.4cm；高3.3cm	63,250	中贸圣佳	2018-11-25
明 褐漆剔犀香盒	直径10.3cm	57,500	北京保利	2018-06-20
明代 剔红山水人物长方盒	28.5×18.5×11.2cm	57,500	古天一	2018-12-08
明 大漆"霞峯"款盖盒	长25cm；高6.8cm	55,200	中贸圣佳	2018-11-25
明十六世纪 剔红荔枝图印泥盒		51,315	纽约苏富比	2018-09-12
明 雕漆牡丹纹小香盒	直径5.4cm	40,250	北京保利	2018-06-20
明 剔红兰石图香盒	高2cm；口径5cm	34,500	西泠拍卖	2018-07-07
明 剔红兰石图香盒	高2cm；直径5cm	34,500	西泠拍卖	2018-09-29
明 剔犀转珠纹香盒	高2.8cm；口径6.3cm	33,350	西泠拍卖	2018-07-07
明 黑漆嵌镙钿人物盖盒	高11cm；长39.6cm；宽22cm	28,750	西泠拍卖	2018-09-29
明 剔红携琴访友图香盒	直径5.3cm；高3.3cm	28,750	中贸圣佳	2018-06-20
明 剔红高士图六方香盒	长4.6cm	26,450	中国嘉德	2018-05-18
明 剔红凤穿牡丹图香盒	高3cm；直径5cm	20,700	西泠拍卖	2018-09-29
明晚期 黑漆嵌螺钿嵌金"千里"款小香盒	直径4cm	52,900	北京荣宝	2018-12-03
明晚期 黑漆螺钿花卉盖盒	长29.5×15×13cm	28,750	北京保利	2018-07-27
明末清初 铜胎剔红菊花纹香盒	高3cm；直径6cm	28,750	西泠拍卖	2018-05-04
十八世纪 剔红福寿双全纹桃式盖盒	14.5cm	102,410	伦敦苏富比	2018-05-18
清早期 剔红竹丝八角盖盒	23×18cm	138,000	上海匡时	2018-04-30
清初 剔红弥乐佛香盒	直径5.5cm	115,000	华艺国际	2018-11-17
清早期 锦地寿桃纹雕漆捧盒	长25cm；高13.5cm	57,500	南京经典	2018-07-22
清早期 石榴花纹雕漆香盒	直径8.2cm	43,700	南京经典	2018-07-22
清早期 剔红菊花香盒	直径7cm	40,250	北京荣宝	2018-12-03
清早期 人漆嵌宝龙纹香盒	直径8cm	23,000	北京荣宝	2018-06-14
清乾隆 剔红狻猊宝盒	长32.6cm	1,840,000	中贸圣佳	2018-11-24
清乾隆 剔红五龙图葵瓣式盒	直径35.5cm	1,380,000	中国嘉德	2018-06-18
清乾隆 剔彩寿春宝盒	直径30.5cm	1,145,544	中国嘉德	2018-04-02
清乾隆 御制剔红百子婴戏宝盒	高7.8cm；直径14.5cm	1,115,500	古天一	2018-06-17
清乾隆铜胎剔红锦地百子婴戏图盖盒	16.8cm	1,078,000	伦敦苏富比	2018-05-16
清乾隆 剔红兽面纹双缘宝盒	高22cm	1,058,000	华艺国际	2018-11-16
清乾隆 剔彩龙纹方形捧盒	30cm×30cm	920,000	古天一	2018-12-08
清乾隆 剔彩集仙宝盒	直径28cm	805,000	中国嘉德	2018-06-18
清乾隆 剔红五老图圆盒	直径16.5cm	713,000	中国嘉德	2018-11-20
清乾隆 剔红菊瓣式圆盒（一对）	直径21.5cm	690,000	中国嘉德	2018-11-20
清乾隆 剔彩八宝蝠寿三多纹盖盒	直径36.4cm	690,000	中国嘉德	2018-11-20
清乾隆剔红锦地团花纹册页式盖盒	16.5cm	668,360	伦敦苏富比	2018-05-16
清乾隆 剔红暗八仙云蝠万寿纹正方宝盒连底座	square23.2cm	659,750	佳士得	2018-05-30
清乾隆剔红开光人物梅花式捧盒(一对)	直径28cm	632,500	中国嘉德	2018-11-20
清乾隆 剔红人物图描油撞盒	高18.3cm	598,000	中国嘉德	2018-11-20
清乾隆 剔红雕漆云龙纹捧盒	径29cm	575,000	印千山	2018-01-12
清乾隆 剔彩双龙捧寿图盖盒	直径22cm	565,928	北京匡时	2018-10-03

拍品名称	物品尺寸	成交价RMB	拍卖公司	拍卖日期
清乾隆 剔红婴戏图葵式大捧盒	宽42.8cm	558,250	佳士得	2018-05-30
清乾隆 剔彩雕三狮戏球图梅花型盖盒	直径16cm	535,059	北京匡时	2018-10-03
清乾隆 剔红八仙图梅花式盒	直径29.5cm	460,000	中国嘉德	2018-11-20
清乾隆 金属胎剔红访友宝盒	直径9.5cm	443,500	佳士得	2018-11-28
清乾隆 铜胎剔红高山流水携琴访友图盖盒	直径8.7cm	383,264	香港中汉	2018-05-31
清乾隆 剔红云龙戏珠纹圆盖盒	44cm	377,300	伦敦苏富比	2018-05-18
清乾隆 剔红龙纹大盖盒	直径29.2cm	345,000	北京保利	2018-06-20
18世纪 黑漆描金犛式三层套盒	高29.8cm；长42.5cm	342,100	纽约佳士得	2018-09-13
18世纪 剔红折枝瑞果纹梅花式盒	直径24.8cm	310,500	华艺国际	2018-11-16
清乾隆 铜胎剔红"携琴宝盒"	5.3cm	242,700	香港苏富比	2018-04-03
清乾隆 剔红"芦衣顺母"图桃型捧盒	长29cm	207,000	北京荣宝	2018-12-03
清乾隆 剔红三龙戏珠纹方盒	长17.5cm	207,000	华艺国际	2018-11-16
清乾隆 剔红贵妃醉酒盖盒	直径14.5cm	205,792	保利香港	2018-10-02
清乾隆 剔红雕探梅图倭角方盒	宽19.5cm	205,792	保利香港	2018-10-02
18世纪 剔彩寿春图盖盒	直径11.5cm	188,488	佳士得	2018-11-28
清乾隆 剔红山水人物盖盒	直径18.5cm	172,500	北京保利	2018-10-28
清乾隆 剔红双面雕高士图圆盒	直径13cm	149,500	华艺国际	2018-11-16
清乾隆 剔红荷塘婴戏图盖盒		142,785	纽约苏富比	2018-03-21
清乾隆 剔彩瑞狮戏球纹梅花形盖盒	15.5cm	140,140	伦敦苏富比	2018-05-16
清乾隆 剔红八仙宝盒		75,359	纽约苏富比	2018-03-21
清乾隆 剔彩花果开光汉钟离神仙人物纹桃形盒	长16.5cm	69,000	中国嘉德	2018-09-19
清乾隆 御题黑漆描金龙纹方盒	31×22×6cm	57,500	华艺国际	2018-11-16
清乾隆 剔红访友图海棠式盖盒	13cm	51,744	伦敦苏富比	2018-05-18
清乾隆 剔红法轮纹花式盖盒		51,315	纽约苏富比	2018-09-12
清乾隆 剔红香盒	长11.5cm	46,000	华艺国际	2018-11-17
18世纪 剔红五蝠捧寿图盖盒	直径13cm	43,120	伦敦佳士得	2018-05-15
清乾隆 剔红"御制诗""山水人物"宝盒	直径30.7cm；总高12.5cm	38,976	万昌斯	2018-05-30
清乾隆 嵌螺钿漆制婴戏图捧盒	高7.3cm；长26.3cm；宽19.5cm	34,500	西泠拍卖	2018-09-29
清乾隆 剔红佛手瓜香盒	直径7cm	30,661	香港诚昌	2018-05-28
清乾隆 黑漆描金双龙戏珠御题棉花图盖盒	28.8×22.2×4.5cm	28,750	北京匡时	2018-12-05
清乾隆 剔红锦地开光"吕洞宾三度城南柳"神仙人物纹桃形盒	长8.2cm	23,000	中国嘉德	2018-09-19
清乾隆 剔红加彩荔枝纹盖盒	高10.5cm	20,700	北京匡时	2018-12-05
清中期 剔红人物故事图捧盒	直径25cm	425,500	华艺国际	2018-05-23
清中期 剔彩捧盒	直径28.8cm；高21.4cm	333,500	中贸圣佳	2018-06-20
清中期 剔红赤壁夜游纹花型盖盒	长29cm	172,500	北京保利	2018-06-21
清中期 剔红婴戏盖盒	直径37cm	172,500	北京保利	2018-10-28
清中期 苏葦邨制漆砂嵌百宝杏花双燕图盖盒	长14.1cm	149,500	北京保利	2018-12-08
清嘉庆 剔红三多图异形香盒	长11cm	138,000	北京保利	2018-12-09
清中期 剔红渔乐图捧盒	直径28.3cm；高19.9cm	103,500	中贸圣佳	2018-11-24
清中期 雕漆人物捧盒	直径20.8cm	20,700	北京保利	2018-04-29
清 黄底剔红福寿八仙纹攒盒	长33.3cm；高9.3cm	770,500	中贸圣佳	2018-11-24
清代 剔红群仙祝寿香盒	直径7.7cm；高3.8cm	310,50 0	上海匡时	2018-04-30
清 骑马人物螺钿盖盒	直径11cm	140,580	羅芙奧	2018-06-02
清代 剔红踏雪寻梅香盒	直径7.7cm；高2.5cm	132,250	上海匡时	2018-04-30
清 嵌螺钿四层套盒	高25.5cm	102,896	中国嘉德	2018-10-02
清 剔红团龙花卉纹捧盒	宽29cm	92,000	北京保利	2018-06-21
清 剔彩春寿图盖盒	高7cm；口径16.7cm	86,250	西泠拍卖	2018-07-07
清 大清乾隆年制款朱漆描金金钱锦地纹倭角捧盒	高11.7cm；长45.5cm；宽44.3cm	74,750	西泠拍卖	2018-07-07
清 剔红雕漆人物故事桃形盖盒	直径16.5cm	57,500	印千山	2018-01-12
清 剔红花卉纹香盒	高2cm；口径7cm	48,300	西泠拍卖	2018-07-07
清 剔红高士雅集图提盒	每层高14.9cm；长14.9cm；带提盒高25cm；长17cm；宽16.5cm	44,850	西泠拍卖	2018-07-07
清代 剔红菱形花卉香盒	长7.5cm	40,250	上海匡时	2018-04-30

2018杂项拍卖成交汇总

(成交价RMB：2万元以上)

拍品名称	物品尺寸	成交价RMB	拍卖公司	拍卖日期
清 剔红山水人物圆盒	直径17cm	34,500	北京翰海	2018-01-14
清 嵌螺钿皮球花捧盒	高14cm; 直径35.2cm	23,000	西泠拍卖	2018-07-07
清 剔红嵌白玉童子盖盒	高5.7cm; 长14.6cm; 宽10cm	20,700	西泠拍卖	2018-05-04
剔红牡丹纹盖盒	直径13.2cm	2,750,000	中正拍卖	2018-11-30
堆彩漆捧盒	直径26cm	46,000	北京华辰	2018-11-19
国重作款莳绘龙纹盖盒	高6.5cm; 口径14.3cm	20,700	西泠拍卖	2018-07-07
明 云龙纹堆漆香熏	口径5.7cm; 高7.7cm	57,500	上海匡时	2018-04-30
清乾隆 剔红饕餮纹鬲式炉（一对）	高25cm	575,000	华艺国际	2018-11-16
清乾隆 剔红兽面夔凤纹朝天耳炉(白玉鸳鸯炉顶)	宽18.5cm	517,500	北京保利	2018-06-20
清乾隆 剔红云龙纹炉	高11.8cm	226,371	保利香港	2018-10-02
元、明早期 剔犀如意云头纹香筒	高32cm	57,500	华艺国际	2018-05-23
明 菠萝漆香筒	长37.8cm	115,000	中贸圣佳	2018-06-20
清乾隆 海棠形堆漆山水人物花盆	高8cm	195,500	上海匡时	2018-04-30
清乾隆 金漆豆、盖（三件）	高19cm; 高17.9cm; 直径16cm	28,750	中国嘉德	2018-01-14
清中期 剔红开光花卉纹盆	长32.4cm	30,800	上海联合	2018-11-25
清早期　朱红漆钵	直径25cm	23,000	北京荣宝	2018-12-03
南宋 剔犀拂尘	长15.5cm	1,884,875	佳士得	2018-11-26
江户时代中期(17世纪至18世纪) 日本黑漆头形后立兜	高37cm; 后立宽48cm	80,900	香港苏富比	2018-04-02
明 剔红老子出关图拂尘	柄长18cm	34,500	西泠拍卖	2018-07-07
清乾隆 剔红寿字花卉卷草纹帽架	高29.8cm	555,913	纽约佳士得	2018-09-13
18世纪 剔红博古架	宽36.5cm	123,475	中国嘉德	2018-10-02
清乾隆 剔红雕漆缠枝花卉纹须弥座	高26.5cm; 直径36cm	101,200	北京东正	2018-06-17
清乾隆 剔红携琴访友图拂尘	柄长15.3cm	80,500	西泠拍卖	2018-07-07
清乾隆 堆朱龙纹赏球	连座11.5cm	40,250	上海匡时	2018-04-30
清乾隆 剔红缠枝莲纹葵花式圆唾盂	15.2cm	28,028	伦敦苏富比	2018-05-16
清乾隆 黑漆描金西番莲纹手镜	长24cm	23,000	北京荣宝	2018-12-03
清 剔红岳飞题字匾额	宽82.5cm; 长38cm	334,117	保利香港	2018-04-02
清 大漆镶嵌百宝两面工广告牌	长34cm; 宽28.2cm	161,000	中贸圣佳	2018-11-25
清 漆灰诗文抱树联	22×144cm	82,800	上海匡时	2018-04-30
清代 剔红八仙折扇	长33cm	80,500	古天一	2018-06-17
清 漆金观音	高36cm	51,750	上海匡时	2018-04-30
清 黑漆描金粤绣花鸟纹扇	长28cm	34,500	广东崇正	2018-07-05
清 黑漆嵌金银丝镶钧瓷方形鼻烟碟	高4cm	32,200	北京东正	2018-06-17
日本江户时期 金漆莳绘山水纹多宝阁	长53cm; 宽23.2cm; 高67cm	153,306	香港中汉	2018-05-31
匏器				
清康熙 匏制寿字纹六棱瓶	高25.8cm	1,380,000	中贸圣佳	2018-11-24
清康熙 漆制葫芦碗	直径15.5cm	951,900	纽约佳士得	2018-03-22
清康熙 御制模印葫芦团寿莲纹盌	11.3cm	708,500	香港苏富比	2018-10-03
清乾隆 漆制的葫芦碗	直径15.5cm	1,110,550	纽约佳士得	2018-03-22
清乾隆 匏制花蝶龙蝠纹碗	直径17.7cm	1,090,000	香港苏富比	2018-10-03
清乾隆 匏制卷草纹瓶	高14.2cm	809,000	香港苏富比	2018-04-03
清嘉庆 匏器笔筒	高15cm	1,110,550	纽约佳士得	2018-03-22
清嘉庆 匏制葫芦瓶	高27.9cm	412,490	纽约佳士得	2018-03-22
清道光 匏制博古天瑞图钵	直径10.4cm	237,160	伦敦苏富比	2018-05-16
清十九世纪 匏制云龙戏珠纹蟋蟀罐	9.3cm	75,460	伦敦苏富比	2018-05-18
清晚期 蝈蝈葫芦（一对）	长18.8cm	34,500	中国嘉德	2018-09-20
清晚期 虬角镂雕大吉葫芦香囊	长10.7cm	25,300	中国嘉德	2018-05-18
清 王世襄旧藏绾结葫芦成对	长47.8cm	690,000	中贸圣佳	2018-11-24
清 纸模油瓶式三友图蝈蝈匏器	高18cm	34,500	广东崇正	2018-07-05
民国 官模福寿八宝纹葫芦	长12cm	40,250	北京荣宝	2018-06-14
当代 人物故事葫芦	长19cm	34,500	北京荣宝	2018-06-14
当代 郝鸿仁制 模制三多纹鸡心葫芦	高16cm	20,700	北京荣宝	2018-06-14
本长白虫葫芦	高11cm	23,000	北京荣宝	2018-06-14
二十世纪 匏制八骏诗文小灯笼瓶(一对)	高26.2cm; 高26cm	20,700	中国嘉德	2018-01-14
织绣				
宋 铁二郎神首像		47,595	纽约苏富比	2018-03-24
明万历 红缎织彩云金龙纹袍料		634,600	纽约苏富比	2018-03-21

拍品名称	物品尺寸	成交价RMB	拍卖公司	拍卖日期
明万历 浅蓝地缂丝龙纹“万年圣寿洪福齐天”补子	宽36.3cm	513,150	纽约佳士得	2018-09-13
明万历 七夕龙补	23cm×23cm	195,500	中贸圣佳	2018-11-24
明万历 宫廷龙纹织锦	93.2×34cm	28,750	北京保利	2018-04-29
明末 刺绣海水江崖云龙戏珠纹桌帷改装挂屏		118,988	纽约苏富比	2018-03-21
明代 藏青地织金蟒纹锦	长69cm; 宽40cm	3,300,000	中正拍卖	2018-11-30
明代 刺绣魁星点斗星原指北斗星	89×55.5cm	184,000	中国嘉德	2018-06-19
明 瑶池集庆图轴	107cm×180cm	149,500	中贸圣佳	2018-11-24
明 缂丝龙腾苍海屏风	92×79cm	59,800	广东衡益	2018-07-01
明 料制螭龙纹饰件	长4.5cm; 宽6.4cm	34,500	浙江佳宝	2018-07-01
明 仙山楼阁图团扇面	26.2×26.2cm	32,200	中贸圣佳	2018-11-24
笔筒：十八世纪盆景：二十世纪 黄花梨笔筒配硬石盆景		190,380	纽约苏富比	2018-03-24
十八世纪 御制黄地绣云龙赶珠纹六棱垫	27cm	70,070	伦敦苏富比	2018-05-18
十八世纪 黄地绣缠枝莲花纹垫(一组三件)	最大一件：25cm	28,028	伦敦苏富比	2018-05-18
十八世纪 刺绣东方朔偷桃图挂屏		27,368	纽约苏富比	2018-09-15
清早期 “龙”纹帐子	高169.5cm; 宽175.7cm	58,542	万昌斯	2018-11-29
清康熙 “行龙”云锦	长72cm	37,254	万昌斯	2018-11-29
清康熙 “团龙”云锦	直径31.8cm	28,739	万昌斯	2018-11-29
清雍正 织锦妆花九龙纹挂帐	80×105cm	253,000	中贸圣佳	2018-11-24
清乾隆 缂丝群仙祝寿图	183cm×89cm	2,070,000	北京翰海	2018-06-30
清乾隆 平金彩绣云龙江崖纹坐褥	122cm×88cm	1,035,000	中贸圣佳	2018-11-24
清乾隆 明黄地寿桃炕垫	130cm×89cm	920,000	中贸圣佳	2018-11-24
清乾隆《芙蓉瑞鸟图》紫檀刻寿字柄团扇	30×50cm	483,000	中贸圣佳	2018-11-24
清乾隆 御制黄地织金龙纹海水江崖宝座靠垫	高60cm	402,500	北京荣宝	2018-12-03
清乾隆 御制缂丝龙纹门帘	119cm×97cm	207,000	北京荣宝	2018-12-03
清乾隆 黄地打籽绣花卉纹床垫	162×107cm	207,000	广东崇正	2018-07-05
清乾隆 明黄缎地六棱龙纹迎手	25cm×23cm	184,000	中贸圣佳	2018-11-24
18世纪 缂丝九老观太极图	189×76cm	175,392	香港诚昌	2018-05-30
清乾隆 双狮戏球椅披	43×140cm	149,500	中贸圣佳	2018-11-24
清乾隆 红底平金彩绣云龙纹吉服袍	230×135cm	149,500	中贸圣佳	2018-11-24
清乾隆 蓝地龙纹五条幡（一对）	230×55cm	138,000	北京东正	2018-06-17
清乾隆；嘉庆 宝石红料八棱长颈瓶	高14.2cm	109,000	佳士得	2018-10-04
17/18世纪 刺绣观音童子图	220×69cm	105,008	中国嘉德	2018-04-02
清乾隆宫制鹤鹿同春椅披成对(带门帘)	长165cm	103,500	北京荣宝	2018-12-03
17/18世纪 刺绣花鸟图	269×80cm	95,462	中国嘉德	2018-04-02
清乾隆 宫制团龙纹十字型坐垫	111×121cm	92,000	北京荣宝	2018-12-03
清乾隆 人物	20×29cm	74,750	中贸圣佳	2018-11-24
清乾隆 官作宝蓝地金线绣八宝夔龙纹壁挂	长141.2cm; 宽81cm	57,500	西泠拍卖	2018-07-07
17/18世纪 刺绣松鹤图两幅和福寿多子图一幅	195×77cm	57,277	中国嘉德	2018-04-02
清乾隆-嘉庆 明黄地缂丝十二章云龙纹袍	188×123cm	46,000	中国嘉德	2018-01-14
清乾隆 缂丝“团龙”补子（一对）	最大直径33.4cm	26,610	万昌斯	2018-11-29
清乾隆 宫廷御用帘（一对）	高166cm	20,700	上海匡时	2018-04-30
清中期 缂丝罗汉像四条屏	长162cm×4	460,000	西泠拍卖	2018-07-07
清嘉庆 夔龙纹靠垫	80cm×73cm	368,000	中贸圣佳	2018-11-24
清嘉庆 蓝缎金线绣云龙纹吉服		103,123	纽约苏富比	2018-03-21
清中期 缂丝福禄寿诗文挂轴	73×37cm	58,464	香港诚昌	2018-05-30
清中期 宁夏地毯	204×168cm	41,400	北京保利	2018-12-09
清中期 “八团花”褂衣	高99.5cm; 宽132.8cm	37,254	万昌斯	2018-11-29
清中期 织锦龙袍	212×137cm	20,700	北京保利	2018-01-21
清嘉庆 文官补（一对）	29×29cm	20,700	中贸圣佳	2018-11-24
清道光 御制龙纹宫绢（五张）	65×65cm×5	166,750	广东崇正	2018-07-05
清道光 缠枝莲靠垫	70cm×65cm	126,500	中贸圣佳	2018-11-24
清道光 夔龙捧寿纹团补（一对）	直径30cm	25,300	中贸圣佳	2018-11-24

拍品名称	物品尺寸	成交价RMB	拍卖公司	拍卖日期
19世纪末/20世纪初 缎绣题诗羊城景色图挂屏（一组四幅）	宽44×高138cm	592,900	伦敦佳士得	2018-05-15
19世纪 红地缂丝仙人图挂屏（一组六件）	45cm×220cm	539,000	伦敦佳士得	2018-05-15
19世纪中 黄地云龙戏珠纹华盖	504cm×500cm	323,400	伦敦佳士得	2018-05-15
19世纪红地缂丝八吉祥龙纹吉服袍料		118,580	伦敦佳士得	2018-05-15
19世纪红地缎绣八吉祥龙纹吉服袍料	宽155×高340cm	91,630	伦敦佳士得	2018-05-15
清十八/十九世纪丝绒赶珠云龙纹地毯		68,420	纽约苏富比	2018-09-15
韩国19世纪 刺绣补子（两对）	29.3×27.7cm	64,680	伦敦佳士得	2018-05-15
清十九世纪 红缎绣百花团纹袍		59,494	纽约苏富比	2018-03-24
韩国19世纪 刺绣补子（两对）	29×27.4cm	51,744	伦敦佳士得	2018-05-15
清十九世纪粉红地缂丝缩八仙云龙纹袍		42,763	纽约苏富比	2018-09-15
清十八/十九世纪 栽绒锦纹地毯		39,663	纽约苏富比	2018-03-24
19世纪 黄地缎绣龙戏珠纹座垫（一组五件）	高23cm	37,730	伦敦佳士得	2018-05-15
19世纪 红地百蝶纹女袍		34,496	伦敦佳士得	2018-05-15
清十九世纪 蓝地绣云龙纹吉服		31,730	纽约苏富比	2018-03-24
清光绪 刺绣仕女屏风（一套四件）	89.5×23.5cm×4	24,912	香港诚昌	2018-05-28
清十九世纪 宁夏栽绒锦纹座毯		23,798	纽约苏富比	2018-03-24
19世纪黄地龙戏珠纹小座垫（一组三件）	直径32cm	21,560	伦敦佳士得	2018-05-15
清晚期 粤绣百鸟朝凤挂屏	长131cm	138,000	北京保利	2018-06-21
清晚期 黄色八宝双龙妆花缎匹料	长806×78cm	115,000	北京保利	2018-06-21
清晚期 绿色童子图妆花缎匹料	长780×77cm	109,250	北京保利	2018-06-21
清晚期黄色龙凤穿花纹妆花缎匹料	长780×78cm	103,500	北京保利	2018-06-21
清晚期 黄色妆花缎正龙纹匹料	长800×76.5cm	92,000	北京保利	2018-06-21
清晚期 红色龙纹妆花缎匹料	长836×78cm	92,000	北京保利	2018-06-21
清晚期红色国色天香纹妆花缎匹料	长833×78cm	80,500	北京保利	2018-06-21
清 十二章纹龙袍	199cm×141cm	1,150,000	中贸圣佳	2018-11-24
清约1800年 黄地缎绣九龙纹炕垫	133cm×105cm	808,500	伦敦佳士得	2018-05-15
清末 丝绒掐金线五龙八吉祥地毯	256×155.5cm	424,725	香港苏富比	2018-04-03
清 苏绣九龙纹挂件	79×183cm	287,500	北京匡时	2018-06-15
清 五色宫廷玻璃绢5张附套	长516cm; 宽250cm	207,000	中贸圣佳	2018-11-25
清 红木框花鸟刺绣	132×94cm	155,250	北京保利	2018-01-21
清 英占百傣绣片	76×41cm	126,500	中贸圣佳	2018-11-24
清; 约1860至1880年 酱地金龙纹缂丝吉服	宽212.5cm	118,580	伦敦佳士得	2018-05-15
清 刺绣书法	35cm×65.5cm	115,000	中贸圣佳	2018-11-24
清 乾隆五色宫绢5张附套	尺寸不一	109,250	中贸圣佳	2018-11-25
清 龙凤纹帷幔	83×95.7cm	109,250	中贸圣佳	2018-11-24
清 缂丝西王母图挂轴	94.5×195cm	87,462	中国嘉德	2018-10-02
清 盘金绣团龙寿字纹吉服	长100cm; 宽135cm	86,250	西泠拍卖	2018-07-07
清 介文款缂丝梅竹双清图扇面、英和款刺绣书法扇面各一件	长49cm; 长48cm	80,500	中国嘉德	2018-01-14
清 蓝地织锦龙纹椅批	50×156cm	80,500	中贸圣佳	2018-11-24
清 龙纹织绣挂屏	78×64cm	57,500	北京荣宝	2018-06-14
清 龙纹织锦	长189.5cm; 宽156.5cm	55,200	中贸圣佳	2018-11-25
清 扇套（一组四件）	尺寸不一	48,300	中贸圣佳	2018-11-24
清 纳纱海水崖江龙袍	袍长:145cm; 袖通长:192.2cm; 下摆长:95.5cm	36,800	中贸圣佳	2018-11-25
清 穿花凤纹、花卉纹、婴戏图织锦各一匹	宽79cm; 宽73cm; 宽68cm	34,500	中国嘉德	2018-05-19
清 刺绣松下双鹿图	111×57cm	34,500	北京保利	2018-12-09
清 武官补（一组两件）	30×30cm	34,500	中贸圣佳	2018-11-24
清 织锦（一匹）	长722cm; 宽72cm	34,500	中贸圣佳	2018-11-25
清 羊毛双龙戏珠纹地毯	185×122.5cm	32,200	北京匡时	2018-06-15
清 羊毛双龙戏珠纹地毯	244×169cm	28,750	北京匡时	2018-06-15
清末 纱纳花单袍（两件）		25,384	纽约苏富比	2018-03-24
清末 蓝纱纳云龙纹单袍		23,798	纽约苏富比	2018-03-24
清 丝织品（十五件）	尺寸不一	23,000	中国嘉德	2018-05-19
清 龙凤呈祥图挽袖（一对）	9×50cm	23,000	中贸圣佳	2018-11-24
清末 缎绣常服（两件）		22,211	纽约苏富比	2018-03-24

拍品名称	物品尺寸	成交价RMB	拍卖公司	拍卖日期
清 扑蝶仕女图挽袖（一对）	9×50cm	20,700	中贸圣佳	2018-11-24
20世纪 五龙地毯	长490×350cm	368,000	北京保利	2018-06-20
20世纪 缂丝芦雁图轴	长224×33.5cm	115,000	北京保利	2018-06-20
19/20世纪 黄地龙纹织锦一匹、金地织锦两匹及红地织锦两匹	尺寸不一	53,900	伦敦佳士得	2018-05-15
19/20世纪 蓝地八吉祥纹织锦及黄地龙凤纹织锦（一组两匹）	209×77cm; 937×75cm	53,900	伦敦佳士得	2018-05-15
清乾隆缂丝 御制题陈栝画万年青诗并图卷 手卷	39.5cm×129cm	5,290,000	华艺国际	2018-05-23
羊宝	重63g	3,520,000	中正拍卖	2018-11-30
蓝地龙纹织锦夏袍	130×211.5cm	2,959,000	中正拍卖	2018-11-30
天地君亲师挂帐	56cm×146cm	1,725,000	中贸圣佳	2018-11-24
吕凤子 枫林晚景 刺绣	28×40cm	713,000	南京经典	2018-07-22
蓝地织五彩龙纹袍服	137×213cm	682,000	中正拍卖	2018-11-30
红地描金彩绘云龙纹手绢	65×65cm	682,000	中正拍卖	2018-11-30
百寿图挂帐	146×226cm	345,000	中贸圣佳	2018-11-24
清紫地彩凤妆花缎	742cm×72.5cm	207,000	中贸圣佳	2018-11-25
清黄地团龙纹织锦	1160cm×77cm	115,000	中贸圣佳	2018-11-25
清湖色地八仙庆寿图织锦	780×78.5cm	92,000	中贸圣佳	2018-11-25
神话故事	170×89cm	86,250	北京翰海	2018-05-13
清明黄地双龙戏珠纹锦缎	946×72.5cm	46,000	中贸圣佳	2018-11-25
奈良美智 长椅上的男孩	72.5×42cm	43,216	中国嘉德	2018-10-02
御制洒金手绘龙纹库绢 镜片	32×46cm	35,650	华艺国际	2018-11-16
太平有象挂帐	183×91cm	34,500	中贸圣佳	2018-11-24
二十世纪初 栽绒锦纹地毯配对		31,730	纽约苏富比	2018-03-24
宁夏雪山狮纹毯	316×246cm	28,750	北京保利	2018-10-27
织绣品残片册页		25,658	纽约苏富比	2018-09-15
刺绣八仙过海挂屏	155×68cm	25,300	北京保利	2018-04-29
绣品祥龙（二帧）镜框	44×53cm×2	21,850	福建瀚成	2018-09-23
近代 刺绣花鸟对联	222×45cm	20,700	北京保利	2018-01-21
玻璃器				
十八世纪 蓝料长颈瓶		103,123	纽约苏富比	2018-03-21
清早期 琉璃贴花将军罐	高46cm	23,000	北京荣宝	2018-06-14
清雍正 粉红料撇口碗（一对）	直径16.2cm×2	707,875	香港苏富比	2018-04-03
清雍正宝石红料喜鹊登梅碗（一对）	直径16.4cm	76,370	保利香港	2018-04-02
清乾隆 松绿地套宝石红料秋桂图题诗笔筒	高11.7cm	3,980,280	香港苏富比	2018-04-03
清乾隆 涅白地套红料三足双耳炉	高6.8cm	1,319,500	佳士得	2018-05-30
清乾隆 套红料鱼蟹水族三足炉	宽14cm	1,150,000	北京保利	2018-12-12
清乾隆 套蓝料天圆地方福寿葫芦瓶	高23cm	920,000	北京保利	2018-12-09
清乾隆 涅白地套红料长颈小瓶	高10.8cm	710,500	佳士得	2018-05-30
清乾隆 蓝色玻璃长颈瓶	高24cm	609,000	佳士得	2018-05-30
清乾隆 鸡油黄料长颈瓶	高23cm	575,000	中贸圣佳	2018-06-20
清乾隆 松绿料长颈瓶	24.3cm	546,075	香港苏富比	2018-04-03
清乾隆 黄料八棱瓶	直径12.1cm	381,848	保利香港	2018-04-02
清乾隆 宝石红料小笔筒	直径9cm; 高8cm	115,000	北京东正	2018-06-17
清乾隆 红料圆盖盒	直径6.8cm	105,008	保利香港	2018-04-02
清乾隆 绿料盘	16.5cm	97,020	伦敦苏富比	2018-05-18
清乾隆 蓝料螭龙纹胆瓶	高16.5cm	70,070	伦敦佳士得	2018-05-15
清乾隆 透明蓝料圆盖盒	直径6.5cm	66,823	保利香港	2018-04-02
清乾隆 瓷仿搅胎玻璃小梅瓶	高16cm	55,200	中国嘉德	2018-09-19
清嘉庆 湖水绿料橄榄瓶	高17cm	115,000	北京荣宝	2018-06-14
清中期透明绿色玻璃莲瓣纹鸟食罐	宽6cm	34,500	中国嘉德	2018-06-19
清中期 粉红套白料莲苞式盖罐	高12cm	34,500	北京保利	2018-12-09
清中期白料、粉红料花鸟碗（两件）	白直径17.2cm; 粉直径16.5cm	24,150	北京保利	2018-06-21
清咸丰 黄料六方长颈瓶	高19cm	23,000	中国嘉德	2018-05-19
清十九世纪 黄地绣蝴蝶纹料		47,039	纽约苏富比	2018-09-15
清十八/十九世纪红料瓜棱式长颈瓶	10.6cm	26,950	伦敦苏富比	2018-05-18
清山水人物红银光满洲玻璃（一套）	尺寸不一	381,848	香港诚昌	2018-04-02
清 金星玻璃雕福禄万代摆件	高23.2cm	138,000	中贸圣佳	2018-11-25
清 天蓝料荷花碗	直径18cm	48,300	北京东正	2018-06-17
清 烧蓝镶玉手镜	长26cm	21,850	华艺国际	2018-03-30
20世纪初 法国莱俪琉璃花瓶	31cm×19cm	32,200	北京东正	2018-06-17

2018杂项拍卖成交汇总

(成交价RMB：2万元以上)

拍品名称	物品尺寸	成交价RMB	拍卖公司	拍卖日期
金银器				
春秋 纯金“马面”配饰	长18.8cm	63,864	万昌斯	2018-11-29
战国 纯金牌饰（一对）	最大长16.6cm	138,372	万昌斯	2018-11-29
战国 金“瑞兽”“犀牛”饰	长5cm	77,952	万昌斯	2018-05-30
战国 纯金“虎”形牌饰	长10.7cm; 重84g	53,220	万昌斯	2018-11-29
战国 纯金“虎噬羊”牌饰	长8.1cm; 厚0.6cm; 重68g	42,576	万昌斯	2018-11-29
汉 纯金“虎食羊”牌饰	最大长10.7cm	253,344	万昌斯	2018-05-30
两晋 五片金鸟片		77,952	智得拍卖	2018-05-28
两晋 金珠十四颗		24,360	智得拍卖	2018-05-28
唐代 鸳鸯纹鎏金银碗	直径20cm	779,520	智得拍卖	2018-05-28
唐 纯金牛首杯	高11cm	487,200	万昌斯	2018-05-30
唐 银壳葵花形海兽葡萄镜	宽13.4cm	190,924	中国嘉德	2018-04-02
唐代 鸾鸟跑兽金背铜镜	直径6.1cm; 重量78.6g	146,160	智得拍卖	2018-05-28
晚唐 银供罐（一组三件）	最大总高8.2cm; 直径7.9cm	136,416	万昌斯	2018-05-30
唐 纯金“双凤”“卷草”纹帔坠	长8.8cm	83,023	万昌斯	2018-11-29
唐 银“摩羯龙”纹罐	长12.4cm	40,925	万昌斯	2018-05-30
唐 纯金“神兽”纹碗	直径9.9cm; 重102g	40,447	万昌斯	2018-11-29
南宋 年年有余金执壶一把；南宋花卉纹镂空金杯(一对)	高15.5cm; 高4cm	11,692,800	智得拍卖	2018-05-28
南宋 月影梅花金盏托（一套）	口径14.6cm; 口径9.1cm	1,851,360	智得拍卖	2018-05-28
南宋 花鸟纹银鎏金镜盒	长23.5cm; 重量442.8g	116,928	智得拍卖	2018-05-28
宋 莲瓣金制碗（一对）	口径11.4cm; 口径11.5cm	402,500	西泠拍卖	2018-07-07
宋 银瓜棱瓶		342,100	纽约苏富比	2018-09-12
宋 金缠枝花卉纹帔坠		256,575	纽约苏富比	2018-09-12
宋 金錾菊花图小盖盒		213,813	纽约苏富比	2018-09-12
宋 纯金净瓶	高21.1cm	212,880	万昌斯	2018-11-29
宋 银仿剔犀如意纹盖瓶	高20cm	77,952	香港诚昌	2018-05-30
宋代 莲花纹金霞帔坠	重量19.3g	58,464	智得拍卖	2018-05-28
宋代 年年有余图银鎏金小杯	直径7.8cm; 高5cm; 重量74.8g	24,360	智得拍卖	2018-05-28
宋代 花卉纹银鎏金盘	直径16.8cm; 重量139.1g	21,437	智得拍卖	2018-05-28
金代 金狮子（一对）	狮身长3.3cm; 27.5g	69,000	古天一	2018-06-17
金 银鎏金“犀牛望月”带饰（一套）	最大长4.9cm	63,864	万昌斯	2018-11-29
金代 纯金南海观音	高6cm; 7g	34,500	古天一	2018-06-17
元 纯金带饰（一套）	最大长7.4cm	287,388	万昌斯	2018-11-29
元 银壶(嵌白玉带皮螭龙和白玉春水炉顶各一件)(一对)	高26cm	82,317	中国嘉德	2018-10-02
元 银鎏金白玉瓜果纹耳珰	长4.5cm	49,390	保利香港	2018-10-02
明早期 金质海水纹舍利罐	通高3.9cm; 总重16g	34,500	中国嘉德	2018-06-19
明宣德戊申年(1428) 明正统十一年(1446) 龙纹金盖碗 银莲台	通高19cm	1,840,000	中国嘉德	2018-06-19
明 铜错金银仿古牺尊	长38.5cm; 高28.2cm	2,530,000	中贸圣佳	2018-06-20
明代 麒麟金带板（一套二十块）		2,436,000	智得拍卖	2018-05-28
明代 金质“海水江崖”托盘、爵杯（一套）	通高18.1cm	1,495,000	中国嘉德	2018-06-19
明治时代 铁打出包银壶	宽14.3cm	997,875	佳士得	2018-11-27
明或之前 金螺丝嵌宝石双蛇高足杯	高13.4cm; 227g	771,720	保利香港	2018-10-02
明 花口银盏托	盏直径9cm; 202g; 直径托15.5cm; 200g	517,500	保利厦门	2018-07-15
明代早期金质“福禄寿喜”瓜果盒子(四件)	尺寸不一; 总重604g	402,500	中国嘉德	2018-06-19
明治/大正时代芙蓉秋菊图银瓶(一对)	高33.3cm	388,063	佳士得	2018-11-27
明 胡文明款鎏金花卉纹香瓶	高11.5cm; 重329.1g	299,000	中贸圣佳	2018-06-20
明治时代 片切雕子犬银壶	宽14cm	266,100	佳士得	2018-11-27
明 金镂空云霞舞凤帔坠（一对）	长18.1cm	257,240	中国嘉德	2018-10-02
明代 铜错金银博古小香炉	高5.2cm	207,000	古天一	2018-06-17
日本明治时期制 锤纹高浮雕菖蒲花纯银茶具（五件套）	尺寸不一	207,000	西泠拍卖	2018-07-09
明 金双螭龙六棱杯	宽10.3cm	190,358	保利香港	2018-10-02

拍品名称	物品尺寸	成交价RMB	拍卖公司	拍卖日期
明治时代 金谷五郎三郎造·宝珠形·银壶	高17.5cm; 宽15.5cm	184,000	华艺国际	2018-11-17
明治/大正时代 莺象嵌银花瓶	高29.8cm	155,225	佳士得	2018-11-27
明治/大正时代 蟠龙银胎铁瓶	高24.4cm	133,050	佳士得	2018-11-27
明或以前 银刻龙纹持壶连盖	高24cm	126,672	香港诚昌	2018-05-30
明 纯金嵌红宝石擂丝龙凤纹发冠	宽10cm; 90g	115,000	保利厦门	2018-01-08
明或以前 熊形纯金摆件	高8cm	109,250	上海匡时	2018-04-30
明治期 胧银镶嵌金银雕“一路连科”茄形壶	长13.5cm; 高16cm	103,500	北京匡时	2018-06-16
明代晚期 金质嵌宝石云纹束发金冠	高7.3cm; 总重144g	97,750	中国嘉德	2018-06-19
明代早期 金质龙头柳叶手镯（一对）	内径6.8cm; 总重174g	92,000	中国嘉德	2018-06-19
明治期 驹井制铁打出嵌金首饰盒	10.5×8×8.3cm	80,500	北京匡时	2018-06-16
日本明治时期 银质天目茶盏(附漆托)	直径10.2cm	74,750	北京中汉	2018-04-15
明代 镂空炸珠蝉纹金珰（一对）	高6.2cm; 总重25g	69,000	中国嘉德	2018-06-19
明代早期 金质飞龙纹发簪	长22cm; 重52g	59,800	中国嘉德	2018-06-19
明治时期 金谷五郎三郎造精银槌目抚形银瓶	高17.2cm; 宽14.4cm; 重量441.7g	57,500	中国嘉德	2018-06-19
日本明治时期 银胎浮雕龙纹提梁壶	长22.3cm	46,000	北京中汉	2018-04-15
明代早期 金质龙纹花卉络锁	长16.4cm; 重13g	34,500	中国嘉德	2018-06-19
明代 银质素面粉盒 三足炉共三件	尺寸不一; 总重197g	34,500	中国嘉德	2018-06-19
明 忍冬花结五足银鎏金熏炉	高12.3cm	29,900	北京匡时	2018-06-16
明治时期 良胜造纯银急须	9×11.5cm	28,750	西泠拍卖	2018-07-08
明代早期 银质鎏金龙头臂钏	直径7.5cm; 重199g	24,150	中国嘉德	2018-06-19
明代早期 宝瓶龙纹发簪	长18.3cm; 重20g	23,000	中国嘉德	2018-06-19
十八世纪末/十九世纪 银制人物庭院图大碗	29.2cm	129,360	伦敦苏富比	2018-05-16
十八世纪 金质金刚杵挂件（一对）	长5.2cm; 总重36g	32,200	中国嘉德	2018-06-19
清乾隆 金嵌宝寿桃式盖盒	直径10.7cm	1,308,000	香港苏富比	2018-10-03
18世纪中期 银鎏金镂空花鸟纹护套镶嵌玛瑙碗	高7cm; 直径15.8cm	791,000	广东省拍	2018-09-20
清乾隆 金镂雕缠枝莲扳指	直径2.7cm	655,500	北京保利	2018-12-08
清乾隆年制 造办处中西洋山水纹嵌宝石铜鎏金香盒	盒子尺寸约 7.94×6.2×4.66cm	138,000	西泠拍卖	2018-07-08
清乾隆 仿金镂雕葫芦佩	高9.7cm	129,360	伦敦佳士得	2018-05-15
清乾隆 铜鎏金烧蓝狮钮香炉	高21cm	51,750	北京保利	2018-10-28
清乾隆 铁错银如意（两件）	长38.5cm	51,448	中国嘉德	2018-10-02
清嘉庆 银鎏金八宝纹供碗	直径16.8cm	2,185,000	北京荣宝	2018-06-14
清中期 银胎鎏金转心葫芦瓶	高37.5cm	1,265,000	北京保利	2018-06-20
清中期 银鎏金瓜瓞绵绵盖盒	高6cm; 长10.8cm; 宽8cm	46,000	西泠拍卖	2018-07-07
约19世纪久进作·霰打纹·纯金金壶	高17cm; 宽16cm; 重约755g	690,000	华艺国际	2018-05-22
19世纪 纯金乳钉纹壶	高17cm; 宽15cm; 631g	598,000	保利厦门	2018-01-08
19世纪 银八吉祥纹抱月瓶	高43cm	267,294	中国嘉德	2018-04-02
约19世纪 山田宗美造·铁包银壶	高15cm; 宽14cm; 重约450g	69,000	华艺国际	2018-05-22
19世纪铜鎏银红色玻璃花樽(一对)	高47cm	55,200	保利厦门	2018-01-08
约19世纪 竹银堂荣真造·鎏金兽口·琉璃钮·银壶	高24cm; 宽23cm; 重约1160g	46,000	华艺国际	2018-05-22
约19世纪 尚美堂·槌目纹·鎏金牡丹图·银壶	高20cm; 宽19cm; 重约680g	40,250	华艺国际	2018-05-22
约19世纪 金寿堂·霰打纹·兽首·银壶	高21.5cm; 宽20cm; 重约741g	34,500	华艺国际	2018-05-22
清十九世纪 银制云龙戏珠纹盖盒	19.2cm	34,496	伦敦苏富比	2018-05-16
约19世纪 天赏堂·宝珠形·银壶	高16cm; 宽13.5cm; 重约350g	32,200	华艺国际	2018-05-22
约19世纪 名越昌晴造·槌目纹·贴花式·银壶	高17.5cm; 宽14.5cm; 重约504g	28,750	华艺国际	2018-05-22
19世纪 银花鸟纹提梁壶	高22cm	26,450	华艺国际	2018-03-30
约19世纪 一鹤斋·鎏金菊牡藤蔓沿·银壶	高20cm; 宽18cm; 重约644g	25,300	华艺国际	2018-05-22
约19世纪 北村静香造·鎏金补丁·口打出·银壶	高16.5cm; 宽15.5cm; 重约352g	25,300	华艺国际	2018-05-22
约19世纪 尚美堂·鎏金饕餮吉祥纹·兽口·银壶	高20cm; 宽16cm; 重约529g	25,300	华艺国际	2018-05-22

拍品名称	物品尺寸	成交价RMB	拍卖公司	拍卖日期
约19世纪 北村静香造·袋形·口打出·银壶	高18cm; 宽17cm; 重约623g	25,300	华艺国际	2018-05-22
19世纪末期 德国 錾刻浮雕纯银鎏金浮雕小天使托盘/水果盘（三件套）	小果盘高25cm; 底座直径14cm; 果盘直径20cm	23,000	保利厦门	2018-07-15
清光绪 王治梅铭山水人物银制插屏	高42.4cm	23,000	西泠拍卖	2018-07-07
约19世纪 竹银堂荣真造·细捶目纹·麻花把·银壶	高18.5cm; 宽16.5cm; 重约603g	23,000	华艺国际	2018-05-22
约19世纪 竹银堂荣真造·凤首·刻花·银壶	高21cm; 宽17.5cm; 重约686g	20,700	华艺国际	2018-05-22
19世纪 藤把槌目银壶	高21cm; 重643g	20,700	北京保利	2018-12-08
清晚期—民国 金质素面"连中三元"手镯（一对）	内径5.7cm; 总重62g	32,200	中国嘉德	2018-06-19
清 金制镂雕岁寒三友纹盒	高5.4cm; 长21.1cm; 宽12.6cm; 重955.2g	437,000	西泠拍卖	2018-07-07
清 金瑞兽纹耳杯	宽14cm	277,819	中国嘉德	2018-10-02
清 金星丝太平有象摆件（一对）	高28cm	218,500	北京保利	2018-10-28
清 纯金"辅政大臣"牌	长8.3cm; 厚0.2cm; 重26g	149,016	万昌斯	2018-11-29
清代 金质掐丝龙头手镯（一对）	内径6.4cm; 总重93g	101,200	中国嘉德	2018-06-19
清代中期 金质镂空"舞狮图"扳指	高2.8cm; 内经2.3cm; 重48g	71,300	中国嘉德	2018-06-19
清代晚期银质高浮雕大型花鸟纹碗	通高22.5cm; 重1156g	71,300	中国嘉德	2018-06-19
清代中期金质浮雕梅兰竹菊手镯（一对）	内径6.4cm; 重199g	63,250	中国嘉德	2018-06-19
清 银锁	直径22cm; 长17cm; 宽11cm	55,200	凤凰拍卖	2018-01-21
清代晚期 "珠江市井"大型名片盒	长12cm; 宽7.5cm; 重146g	55,200	中国嘉德	2018-06-19
清 银刻麻姑献寿纹镂空果盆（一件）		32,200	上海泛华	2018-04-21
清代晚期 金质嵌翡翠喜字、宝石发簪（一对）	长10.7cm; 重9g	28,750	中国嘉德	2018-06-19
清银刻和合二仙纹高足盘（四只全套）		28,750	上海泛华	2018-04-21
清 银开光雕松鹤延年执壶（一件）		28,750	上海泛华	2018-04-21
清 宝珠钮银壶	高18cm	28,750	北京荣宝	2018-12-03
清 银制敦丁壶	长21cm	23,000	印千山	2018-01-12
民国 兽钮金钟及紫檀架（一组）	高39cm; 钟高9cm; 高3cm; 70g	368,000	保利厦门	2018-07-15
民国 金质麻花手镯（一对）	总重64g	34,500	中国嘉德	2018-06-19
民国 金质麻花手镯（一对）	内径5.5cm; 总重63g	28,750	中国嘉德	2018-06-19
民国 金质素面手镯（一对）	内径5.8cm; 总重63g	25,300	中国嘉德	2018-06-19
清代晚期—民国金质麻花手镯（一对）	内径6cm; 总重65g	25,300	中国嘉德	2018-06-19
当代 寛山集美堂制曼生延寿金、银对壶		80,500	西泠拍卖	2018-07-08
陈毅谦 银质彩绘天王造像	高88cm	1,495,000	中贸圣佳	2018-11-24
平成时代 凌云盛之镌·错金银铜镶嵌贝叶草虫纹·银壶	高22cm	690,000	华艺国际	2018-11-17
藏六造兽口金壶	高17cm	563,500	北京匡时	2018-12-06
麻花提梁·磨砂面纯金金壶	高18cm	552,000	华艺国际	2018-11-17
日本昭和晚期—平成早期 麻花把金制汤沸	长17cm; 总高19cm	487,200	万昌斯	2018-05-30
"三代藏六"款金壶	长14.5cm; 高18cm; 重715.7g	460,000	北京匡时	2018-06-15
昭和时代 三世藏六造·阿古陀式·银酒铫（一对）	高13cm	437,000	华艺国际	2018-11-17
日本·纯金提梁壶	高18cm; 通径16.6; cm; 重756g	402,500	西泠拍卖	2018-07-07
马蹄金一块		322,000	北京保利	2018-06-22
兽口金壶	高19cm; 重511g	299,000	保利厦门	2018-07-15
黄金嵌宝"金瓯永固杯"	高20cm; 重599.4g	287,500	北京匡时	2018-06-15
明治 奥坚制金工香炉	高9.8cm	253,000	北京匡时	2018-12-06
1860年制 纯银小天使高浮雕咖啡茶具（五件套）	尺寸不一	218,500	西泠拍卖	2018-07-09
翡翠摘钮·口打出·纯金金壶	高14cm; 宽13cm	218,500	华艺国际	2018-11-17
大正时代 一鹤斋造·纯金松摘·锤目纹·银壶	高23cm; 宽21cm	207,000	华艺国际	2018-11-17

拍品名称	物品尺寸	成交价RMB	拍卖公司	拍卖日期
昭和时代 竹影堂荣真造·樱川纹·银壶	高24cm; 宽21cm	207,000	华艺国际	2018-11-17
北村静香作口打出纯金壶	长13cm; 高13cm; 重354.3g	189,750	北京匡时	2018-06-16
大正时代 中川九世净益造·秀国刀·梅兰竹菊四君子·四方银壶	高13cm; 宽12cm	184,000	华艺国际	2018-11-17
日本 昭和时期 银质"七福神"宝船	长36cm; 宽21.9cm; 高48cm; 总重8160g	172,500	中国嘉德	2018-06-19
大正时代 一鹤斋造·锤目纹·银壶	高19.5cm; 宽18cm	172,500	华艺国际	2018-11-17
羽田造·梅兰竹菊四君子雕花错金·四方银壶	高16cm; 宽13.5cm	172,500	华艺国际	2018-11-17
银制餐具		166,313	佳士得	2018-11-27
大正时代 一鹤斋造·锤目纹·银壶	高20.5cm; 宽17.5cm	149,500	华艺国际	2018-11-17
约1970年 意大利 布契拉提BUCCELLATI出品 银鎏金海神主题七头烛台	烛台约36.5×44cm; 蜡烛口直径约2.2cm	138,000	保利厦门	2018-07-15
大正时代 二代藏六造·凤首·三环翠玉摘·银壶	高15.5cm; 宽13.5cm	138,000	华艺国际	2018-11-17
银鎏金香熏球	直径18.5cm	126,500	北京匡时	2018-06-16
大正时代 圣铁堂铁平造·锤目纹·炮口·银壶	高25.5cm; 宽22.5cm	126,500	华艺国际	2018-11-17
明治 驹井制金工首饰盒	7.2×5.4×6cm	105,800	北京匡时	2018-12-06
蝶戏花镶嵌图·铁包银壶	高18.5cm; 宽13.5cm	103,500	华艺国际	2018-11-17
约1910年 美国 蒂芙尼 纯银高浮雕雕花大型果盘（一对）	约39.8×32.3×16.6cm	103,500	保利厦门	2018-01-08
明治 驹井制金工桌柜	高7cm	103,500	北京匡时	2018-12-06
周大福 足金"金龙腾云驾雾"摆件		97,751	保利香港	2018-10-02
山田宗美作镶嵌银鹤纹铁包银壶	长15cm; 高18cm	97,750	北京匡时	2018-06-16
山田宗光作海波纹铜包银壶	长15.5cm; 高17.5cm	97,750	北京匡时	2018-06-16
意大利 宝格丽BVLGARI出品 纯银鎏金猎狗孔雀石台式烟盒/首饰盒	约30×20×8cm	92,000	保利厦门	2018-07-15
银鎏金錾刻缠枝花鸟碗	直径9.7cm; 重量123g	92,000	北京保利	2018-06-21
约1880年 法国ODIOT巴卡拉水晶酒瓶、酒杯及纯银酒具托盘十三件套	总重量约2488g	92,000	北京保利	2018-06-18
铁包银荣真银壶	高13cm	92,000	北京荣宝	2018-06-14
生驹造藤把炮口纯银壶（一对）	长12cm×2; 高1: 11cm; 高2: 10.5cm	80,500	北京匡时	2018-06-16
生驹造藤把炮口纯银壶一对	长11.8cm×2; 高10.3cm×2	80,500	北京匡时	2018-12-06
昭和时期或大正时期 三代藏六造阿古陀纯银汤沸（双共箱, 共布）	高16cm; 宽16cm; 重量484.4g	74,750	中国嘉德	2018-06-19
初代竹影堂荣真造四季草花文银瓶	宽16cm; 高21cm; 690g	71,300	江苏观宇	2018-04-22
日本昭和晚期—平成早期 镂空"樱花"铁包银汤沸	长17.1cm; 总高22.1cm	68,208	万昌斯	2018-05-30
方学斌金玉满堂葡萄松鼠花丝银壶	重量450g	67,200	上海联合	2018-11-25
约1900年 德国 纯银天使雕塑烛台（一对）	约495×371mm	66,700	保利厦门	2018-07-15
日本昭和晚期—平成早期铁包银汤沸	长14.5cm; 总高15.6cm	63,336	万昌斯	2018-05-30
1910年制 博艺府家（Puiforcat）纯银鎏金大型酒壶	高25.2cm; 宽21cm; 底部直径10.2cm; 总重量1178g	63,250	西泠拍卖	2018-07-09
刻花银壶及纯银茶具（六件套）		63,250	华艺国际	2018-11-17
保久作藤把翠摘炮口纯银壶	长16.5cm; 高15cm	57,500	北京匡时	2018-06-16
明治 驹井制金工扇形香盒	8.8×5.5×2.1cm	57,500	北京匡时	2018-12-06
锤目纹·鎏金刻花·龙首银壶	高23.5cm; 宽22.5cm	57,500	华艺国际	2018-11-17
藤原政孝造唐草豆荚把纯银汤沸（原共箱）	宽16cm; 高19cm; 439g	55,200	江苏观宇	2018-04-22
一则刻山水图玉环摘炮口纯银壶	长14.5cm; 高19.5cm; 重534.2g	51,750	北京匡时	2018-06-16
英国 谢菲尔德SHEFFIELD出品 纯银水晶果盘（一对）	水晶盘直径约25cm; 果盘高24cm	49,450	保利厦门	2018-07-15

2018杂项拍卖成交汇总

(成交价RMB：2万元以上)

拍品名称	物品尺寸	成交价RMB	拍卖公司	拍卖日期
2017年 十二生肖九宫八卦牌	6.1×4.3×0.6cm; 重89g	48,300	华艺国际	2018-11-16
黄金牛首杯	长10cm; 重81.1g	46,000	北京匡时	2018-06-15
昭和时期 银壶	高14cm	46,000	南京经典	2018-01-06
昭和时期 尚古堂 兽口龙纹银壶	宽14.5cm; 高16.5cm; 502g	46,000	上海泛华	2018-04-15
纯银酒具（一组七件）	尺寸不一	46,000	北京匡时	2018-12-06
明治 驹井制金工六角香盒(金银)	5.5×6.2×2cm	46,000	北京匡时	2018-12-06
2017年 十二生肖九宫八卦牌	6.1×4.3×0.6cm; 重89g	46,000	华艺国际	2018-11-16
约1890年 手工切割玻璃镶嵌谢菲尔德银制花樽（一对）	约16×16×40cm	43,700	保利厦门	2018-01-08
荣月造唐草纹纯银茶具(一组十三件)	尺寸不一	40,250	北京匡时	2018-12-06
明治 美山制六角金工香盒	5.6×5.6×2cm	40,250	北京匡时	2018-12-06
口打出·豆荚提梁·玉摘钮·银壶	高19cm; 宽18cm	40,250	华艺国际	2018-11-17
兽面纹雕花·龙首银壶	高22cm; 宽18.5cm	40,250	华艺国际	2018-11-17
日本昭和晚期-平成早期 "刀瓣"纹银制套壶	最大长19cm; 总高21.1cm	38,976	万昌斯	2018-05-30
日本昭和晚期-平成早期 "霰打"纹银制套壶	最大长17cm; 总高18.7cm	37,027	万昌斯	2018-05-30
约1950年 美国 卡地亚 银壶咖啡茶具六件套		36,800	保利厦门	2018-01-08
约1990年制 意大利 臻美银质"不看、不听、不说"三不猴子摆件	高度均为9cm	36,800	北京保利	2018-06-18
北村静香作口打出玉环摘纯银壶	长17.5cm; 高19cm; 重458.8g	36,800	北京匡时	2018-06-16
铜鎏金烧蓝太平有象	高59.7cm(含座)	34,500	中国嘉德	2018-05-19
中川净益造阿古陀形纯银壶	长17.5cm; 高19.5cm; 重592.6g	34,500	北京匡时	2018-06-16
荣真、生驹造纯银茶具（一组九件）	尺寸不一	34,500	北京匡时	2018-06-16
1885年制 纯银咖啡茶具（四件套）	尺寸不一	34,500	西泠拍卖	2018-07-09
昭和时期 一东斋刻纹望月纯银汤沸	高20.2cm; 宽17.8cm; 重量622.2g	34,500	中国嘉德	2018-06-19
日本政造汤沸	高18.6cm; 宽13.3cm	34,500	上海匡时	2018-04-30
平成时代 服部造·锤目纹·银壶	高20cm; 宽17cm	34,500	华艺国际	2018-11-17
平成时代 霰打纹·银壶	高19.5cm; 宽18.5cm	34,500	华艺国际	2018-11-17
口打出·豆荚提梁·银壶	高18cm; 宽17cm	33,350	华艺国际	2018-11-17
周大福 足金"金龙与元宝"摆件		32,927	保利香港	2018-10-02
臧六造兽口饕餮纹鎏金银壶	长16.5cm; 高21.5cm; 重549g	32,200	北京匡时	2018-06-16
约1920年 纯银猫头鹰烛台	高20cm	32,200	保利厦门	2018-01-08
北村静香阿古陀形纯银壶	长14.5cm; 高18.5cm; 重309g	32,200	北京匡时	2018-06-16
北村静香作口打出纯银壶	长17.5cm; 高18cm; 重702.5g	32,200	北京匡时	2018-06-16
1823年制 纯银高浮雕雕花果篮	宽33cm; 高26cm; 底部直径13.6cm	32,200	西泠拍卖	2018-07-09
东山高士点茶四君子		32,200	保利厦门	2018-07-15
日本昭和晚期-平成早期 口打出银制汤沸	长15.7cm; 总高15.5cm	31,181	万昌斯	2018-05-30
日本昭和晚期-平成早期 口打出银制汤沸		31,181	万昌斯	2018-05-30
尚美堂鎏金云凤纹银壶	高23cm; 重690g	29,900	保利厦门	2018-07-15
金寿堂造凤首纯银壶（一组四件）	尺寸不一	28,750	北京匡时	2018-06-16
锤目纹·珊瑚摘钮·凤首银壶	高18cm; 宽17.5cm	28,750	华艺国际	2018-11-17
麻花提梁·翠玉环摘·凤首银壶	高16cm; 宽14cm	28,750	华艺国际	2018-11-17
龙纹凤首·盉式银壶	高17cm; 宽17cm	28,750	华艺国际	2018-11-17
兽首刻花·银壶	高21.5cm; 宽21cm	28,750	华艺国际	2018-11-17
雕花银壶·银壶	高20cm; 宽17cm	27,600	华艺国际	2018-11-17
日本昭和晚期-平成早期 "龙首"鎏金"双凤"银制汤沸	长17.8cm; 总高20.4cm	27,283	万昌斯	2018-05-30
藤蔓刻花·翡翠摘钮·银壶	高18.5cm; 宽17cm	26,450	华艺国际	2018-11-17
错金刻字提梁·素面银壶	高18cm; 宽15.5cm	26,450	华艺国际	2018-11-17
鎏金凤纹·锤目纹·凤首银壶	高21cm; 宽18.5cm	26,450	华艺国际	2018-11-17
日本昭和晚期-平成早期 "分瓣"纹银制汤沸	长14.7cm; 总高17.3cm	25,334	万昌斯	2018-05-30
昭和时期 霰形金摘纯银壶	长17cm; 高19.5cm; 重628g	25,300	北京匡时	2018-06-16
五郎三郎造鎏金纯银壶	长13.5cm; 高15cm; 重363.2g	25,300	北京匡时	2018-06-16
铜鎏金嵌百宝花卉盆景	高53cm	25,300	中国嘉德	2018-05-19
净益造 缠枝莲宝纹 银壶	高19.5cm; 重524g	25,300	保利厦门	2018-07-15
花卉牡丹纹银壶	高12cm	25,300	北京荣宝	2018-06-14
近代 鹿回头纯银汤沸	14×18.5cm; 重量553.5g	25,300	中国嘉德	2018-06-19
昌晴凤凰口雕宝珠形汤沸	高17cm; 宽15.8cm	25,300	上海匡时	2018-04-30
北村静香作口打出钩钉纯银壶	长16cm; 高16.8cm	25,300	北京匡时	2018-12-06
竹影堂荣真、纯古堂造槌目面纹银壶、急须（一组两件）	尺寸不一 重604.7g	25,300	北京匡时	2018-12-06
团纹刻花·银壶	高17.5cm; 宽15.5cm	25,300	华艺国际	2018-11-17
龙纹兽首·盉式银壶	高20cm; 宽16.5cm	25,300	华艺国际	2018-11-17
锤目纹·兽首银壶	高19cm; 宽16cm	25,300	华艺国际	2018-11-17
清代四灵"福寿康宁"花卉果盘	边长: 55.5×40cm	25,300	中国嘉德	2018-11-22
日本昭和晚期-平成早期 鎏金"凤首""刻花"银制汤沸	长19.4cm; 总高21cm	24,360	万昌斯	2018-05-30
大锤目纹·玉环摘·银壶	高17cm; 宽16.5cm	24,150	华艺国际	2018-11-17
1956年 美国 蒂芙尼Tiffany出品 纯银鎏金天使茶杯（一套）	茶杯约6×12cm	23,000	保利厦门	2018-07-15
昭和时期 五郎三郎翡翠摘钮鎏金纯银汤沸	高14cm; 宽13.4cm; 重量368.7g	23,000	中国嘉德	2018-06-19
1937年 中国 纯银芝麻底高浮雕"游龙戏珠"茶具（五件套）	约31.5×25.5×14.5cm	23,000	保利厦门	2018-01-08
约1870年 法国 纯银高浮雕雕花果盘架子（一对）	尺寸不一	23,000	保利厦门	2018-01-08
纯银制霰打出德利(酒器三入)		23,000	保利厦门	2018-07-15
意大利 银质 生肖狗摆件	约24×20×24cm	23,000	北京保利	2018-06-18
约1925年 荷兰 H. HOOIJKAAS 纯银高浮雕人物故事装饰盘	总重量约659g	23,000	北京保利	2018-06-18
尚美堂造霰形纯银壶	长17.5cm; 高20cm; 重602.2g	23,000	北京匡时	2018-06-16
中川净益造花唐草纹纯银壶	长16.5cm; 高18cm; 重506.3g	23,000	北京匡时	2018-06-16
大正时期 芋筋式管口银壶	16.5×14.7cm	23,000	西泠拍卖	2018-07-08
1820年制 纯银镂空雕花果篮	长38.2cm; 宽26.2cm; 总重量830g	23,000	西泠拍卖	2018-07-09
1830年制 纯银调味汁杯配托盘		23,000	西泠拍卖	2018-07-09
昭和时期 一东斋翡翠摘钮阿古陀侧把纯银汤沸	宽12.3cm; 重量329.4g	23,000	中国嘉德	2018-06-19
昭和时期 尚美堂槌目纹纯银汤沸	高22cm; 宽19.4cm; 重量763.2g	23,000	中国嘉德	2018-06-19
五郎三郎霰打汤沸	高17.5cm; 宽13cm	23,000	上海匡时	2018-04-30
净益浮雕牡丹汤沸	高19cm; 宽13.7cm	23,000	上海匡时	2018-04-30
金寿堂造水波纹兽口纯银壶	长20cm; 高22.3cm; 重719.4g	23,000	北京匡时	2018-12-06
刀瓣纹·竹节提梁·银壶	高17cm; 宽15.5cm	23,000	华艺国际	2018-11-17
龙纹翠钮·龙首银壶	高13.5cm; 宽16.5cm	23,000	华艺国际	2018-11-17
北村静香作口打出银壶	长17cm; 高18cm; 重659.1g	21,850	北京匡时	2018-12-06
九世中川净益造纯银壶	长17.5cm; 高21cm; 重540g	21,850	北京匡时	2018-12-06
日本昭和晚期-平成早期 "大槌木纹"银制汤沸	长16.4cm; 总高16.6cm; 玉直径2cm	21,437	万昌斯	2018-05-30
1902年 美国 蒂芙尼Tiffany出品 纯银煮水壶	水壶约24×19.5cm; 整体高度约35cm	20,700	保利厦门	2018-07-15
银心经纹壶	高17cm	20,700	北京保利	2018-07-27
五郎三郎作南瓜形纯银壶	长15.5cm; 高15.5cm; 重498g	20,700	北京匡时	2018-06-16

拍品名称	物品尺寸	成交价RMB	拍卖公司	拍卖日期
森川荣月·熏银刻花·银壶		20,700	华艺国际	2018-05-22
近代 凤首纯银汤沸	12×16cm；重量366.3g	20,700	中国嘉德	2018-06-19
名越昌晴造凤首云肩纯银壶	长15×18cm；重481.2g	20,700	北京匡时	2018-12-06
荣真造玉摘大槌目纯银壶	长16.7×16.2cm	20,700	北京匡时	2018-12-06
柿子形·氧化铜色·银壶	高16×14cm	20,700	华艺国际	2018-11-17
轮线纹·木质提梁·银壶	高17.5×18cm	20,700	华艺国际	2018-11-17
鎏金缠枝纹·锤目纹·银壶	高18×15.5cm	20,700	华艺国际	2018-11-17
珐琅器				
元 铜胎掐丝珐琅冲天耳炉	直径10.5cm	1,150,000	华艺国际	2018-11-16
元 铜胎掐丝珐琅缠枝莲纹三足筒式炉	高13.5cm	253,000	北京保利	2018-06-20
元 御制铜胎掐丝珐琅蕃莲纹绳耳三足炉	宽16.3cm	230,000	北京保利	2018-06-20
元–明初 铜胎掐丝珐琅内鸳鸯葡萄外花卉纹大碗	直径23cm	782,000	北京保利	2018-06-19
明永乐至宣德 掐丝珐琅缠枝莲八吉祥藏草瓶	高25.5cm	17,571,480	香港苏富比	2018-04-03
明永乐/宣德 铜胎掐丝珐琅缠枝花卉纹碗		793,250	纽约苏富比	2018-03-21
明宣德 御制铜胎掐丝珐琅缠枝花卉纹出戟尊	高18.2cm	6,900,000	北京保利	2018-06-19
明宣德 铜胎掐丝珐琅缠枝莲出戟尊	高18.5cm	2,482,012	保利香港	2018-04-02
明宣德 铜胎掐丝缠枝番莲纹盘	直径19.5cm	2,300,000	北京保利	2018-12-09
明宣德 铜胎珐琅轴头罐	高4.9cm	828,000	中贸圣佳	2018-11-24
明宣德 铜胎掐丝珐琅缠枝莲纹三足炉		793,250	纽约苏富比	2018-03-21
明宣德掐丝珐琅缠枝蕃莲宝杵纹小盘	13.5cm	194,040	伦敦苏富比	2018-05-18
明景泰 掐丝珐琅番莲纹盘	19.6cm	1,921,375	香港苏富比	2018-04-03
明15世纪 御制铜胎掐丝珐琅双狮戏球纹印盒	宽7cm	828,000	北京保利	2018-06-20
明嘉靖 掐丝珐琅鱼藻纹小罐	11.8cm	505,625	香港苏富比	2018-04-03
明中期 铜胎掐丝岁寒三友灵芝纹双龙耳三足炉	宽19cm	437,000	北京保利	2018-12-09
明中期 铜胎掐丝珐琅莲纹长贯耳瓶	高15cm	381,848	保利香港	2018-04-02
明中期 铜胎掐丝珐琅莲纹长贯耳瓶	高12.8cm	286,386	保利香港	2018-04-02
明中期 铜胎掐丝鹭鸶纹小盘	直径18cm	241,500	北京保利	2018-12-09
明中期 铜胎掐丝珐琅缠枝莲纹三足炉	wide 222cm	166,313	邦瀚斯	2018-11-27
明万历铜胎掐丝珐琅花卉六方盖盒	宽11.2cm	1,336,468	保利香港	2018-04-02
明万历 御制铜胎掐丝珐琅人物纹八方几座	宽32.5×16.8cm	920,000	北京保利	2018-06-20
明万历 铜胎掐丝珐琅花卉纹盖盒	直径10.2cm	840,066	保利香港	2018-04-02
16世纪 铜胎掐丝珐琅夔龙纹抱月瓶	高17cm	345,000	中国嘉德	2018-06-19
明万历 "大明万历年造"掐丝珐琅烛台	直径20cm	230,000	中贸圣佳	2018-11-25
明万历掐丝珐琅"万寿"如意耳三足炉	宽25.4cm	188,155	纽约佳士得	2018-09-13
16世纪 铜胎掐丝珐琅缠枝莲葫芦瓶	高18.8cm	112,700	中国嘉德	2018-06-19
17世纪/明晚期 铜胎掐丝珐琅凤穿牡丹挂屏配戗金龙纹框	60.5×42.5cm	977,500	北京保利	2018-06-20
十七世纪及更晚 铜胎掐丝珐琅鸟笼		674,263	纽约苏富比	2018-03-21
17世纪/明晚期 铜胎掐丝珐琅缠枝花卉纹玉壶春瓶	高34cm	402,500	北京保利	2018-06-20
明末 铜胎掐丝珐琅缠枝番莲纹烛台（一对）		253,840	纽约苏富比	2018-03-21
17世纪 铜胎掐丝珐琅花篮形香熏	高30cm	154,344	中国嘉德	2018-10-02
明末 铜胎掐丝珐琅海马凤鸟纹铺首方壶	长23.2×41cm	149,500	中贸圣佳	2018-06-20
明末 掐丝珐琅花鸟图方壶	31cm	107,800	伦敦苏富比	2018-05-16
明 掐丝珐琅瑞狮戏球图贲巴瓶	高22.5cm	5,175,000	中贸圣佳	2018-11-24
明 掐丝珐琅万寿纹出戟花觚	87.5cm	862,400	伦敦苏富比	2018-05-16
明 铜胎掐丝珐琅缠枝莲纹贯耳瓶	高12cm	402,500	中国嘉德	2018-06-18
明 铜胎掐丝珐琅缠枝莲纹香插	直径13cm	264,500	北京匡时	2018-06-16
明 铜鎏金掐丝珐琅香炉	宽14cm	257,240	保利香港	2018-10-02
明十六世纪 掐丝珐琅螭龙祥云纹朝冠耳三足炉	14.5cm	194,040	伦敦苏富比	2018-05-18
明 掐丝珐琅龙纹瓶	高40.5cm	149,500	北京保利	2018-07-27
明十六世纪 铜胎掐丝珐琅葡萄纹朝天耳三足炉		111,183	纽约苏富比	2018-09-12

拍品名称	物品尺寸	成交价RMB	拍卖公司	拍卖日期
明十六世纪 铜胎掐丝珐琅岁寒三友纹碗	22.7cm	107,800	伦敦苏富比	2018-05-16
明 掐丝珐琅玉壶春瓶	高33.5cm	69,000	北京保利	2018-12-09
明 铜胎掐丝珐琅渣斗	高11.9cm	66,882	中国嘉德	2018-10-02
明十六世纪 掐丝珐琅缠枝莲纹簋式炉	18cm	64,680	伦敦苏富比	2018-05-18
明 铜胎掐丝珐琅花果纹香盒	直径9.1cm	25,300	北京匡时	2018-06-15
明 掐丝珐琅鱼化龙折沿盆	直径28.5cm	20,700	北京保利	2018-04-30
明晚期 铜胎掐丝缠枝莲纹双环耳壶（一对）	高21cm	218,500	北京保利	2018-12-09
明晚期 铜胎掐丝缠枝莲壶（一对）	高17cm	161,000	北京保利	2018-12-09
明晚期 铜胎掐丝珐琅圆形仿圈	直径11cm	32,200	北京华辰	2018-11-19
明末清初 掐丝珐琅六棱香薰	高7.5cm	207,000	八益拍卖	2018-04-28
十八世纪 铜胎掐丝珐琅番莲纹宫灯		380,760	纽约苏富比	2018-03-21
十八世纪 景泰蓝花觚（一对）	高30cm×2	288,109	北京匡时	2018-10-03
十八世纪 铜胎画珐琅西洋人物图海棠式盘		119,735	纽约苏富比	2018-09-12
十八世纪 铜胎掐丝珐琅饕餮纹四方出戟觚（一对）		103,123	纽约苏富比	2018-03-21
十八世纪 掐丝珐琅缠枝莲纹箸瓶	12.5cm	48,510	伦敦苏富比	2018-05-18
十八世纪 铜胎画珐琅花卉纹盆		33,317	纽约苏富比	2018-03-24
清早期 铜胎掐丝双龙赶珠葡萄纹双耳大壶	高67cm	1,610,000	北京保利	2018-12-09
清早期 埜邨宝玉款珐琅出戟鼎	27.6×25.4cm	632,500	中贸圣佳	2018-06-20
清早期 铜胎掐丝花鸟走兽蕉叶纹双耳方壶	高38cm	402,500	北京保利	2018-12-09
清早期 铜胎掐丝缠枝花卉葡萄纹双耳壶	高28cm	207,000	北京保利	2018-12-09
清早期 铜胎掐丝冰梅花蝶纹瓶	高31cm	172,500	北京保利	2018-12-09
清早期 铜胎掐丝缠枝莲纹双狮耳大壶	高40cm	149,500	北京保利	2018-12-09
清早期 珐琅双兽耳带盖方熏	高31.5cm	126,500	中贸圣佳	2018-11-25
清早期 铜胎掐丝珐琅双龙花卉纹抱月瓶（一对）	高53cm	94,300	印千山	2018-01-12
清早期 铜胎掐丝珐琅缠枝莲纹花觚（一对）	直径20.2×34.6cm	69,000	中贸圣佳	2018-11-25
清早期 掐丝珐琅贯耳投壶	高12.5cm	37,950	北京保利	2018-06-20
清康熙 御制铜胎掐丝珐琅仿古缠枝莲纹大铜镜	直径43.5cm	6,555,000	北京保利	2018-06-20
清康熙 御制铜胎掐丝珐琅加鎏金镂空雕龙凤纹象足大熏炉	高54.5cm	2,300,000	北京保利	2018-06-20
清康熙 御制铜胎掐丝珐琅玉磬摆件	高32cm	1,150,000	北京保利	2018-06-20
清康熙 御制铜胎掐丝珐琅狮钮花鸟纹大熏炉	宽34.3cm	920,000	北京保利	2018-06-20
清康熙 铜胎掐丝珐琅缠枝莲双龙耳直颈瓶	高27.5cm	920,000	北京保利	2018-06-20
清康熙 御制铜胎掐丝珐琅缠枝莲纹双龙耳簋式炉	宽21.3cm	552,000	北京保利	2018-06-20
清康熙 铜胎掐丝珐琅花卉纹冲天耳香炉	高8cm；直径15.7cm	207,000	广东崇正	2018-07-05
清康熙 御制铜胎掐丝珐琅缠枝莲纹铺首仿汉圆壶	高37cm	184,000	北京保利	2018-06-20
清康熙 掐丝珐琅缠枝莲纹耳花觚	高51cm	149,500	北京保利	2018-10-28
清康熙 铜胎掐丝珐琅仿古龙凤纹四方大壶	高39.5cm	126,500	北京保利	2018-06-20
清康熙 铜胎掐丝珐琅缠枝莲纹仿汉双狮耳大壶	高54.7cm	126,500	北京保利	2018-06-20
清康熙 铜胎掐丝珐琅出戟兽面纹大觚	高37cm	115,000	北京保利	2018-06-20
清康熙 铜胎掐丝珐琅芭蕉兽面纹小觚（一对）	高19.2cm×2	86,250	北京保利	2018-06-20
清康熙 铜胎掐丝珐琅蕃莲纹小壶	高18cm	34,500	北京保利	2018-06-20
清雍正 御制铜胎掐丝珐琅饕餮玉璧纹出戟羊首罍	36×39.5cm	4,945,000	北京保利	2018-06-20
清雍正/乾隆 铜胎掐丝珐琅云福纹橄榄尊	高57.5cm	2,195,626	保利香港	2018-04-02
清雍正 铜胎画珐琅黄地缠枝莲纹朝天耳三足炉		812,488	纽约苏富比	2018-09-12

(成交价RMB：2万元以上)

拍品名称	物品尺寸	成交价RMB	拍卖公司	拍卖日期
清雍正 雍正年制款白料画珐琅柄铜鎏金鞘龙纹珮刀	长29cm	437,000	西泠拍卖	2018-07-07
清雍正 铜胎画珐琅粉红地万代福寿盖杯	高7cm	323,400	伦敦佳士得	2018-05-15
清雍正 铜胎掐丝珐琅烛台（一对）	最大高28.9cm	74,508	万昌斯	2018-11-29
清雍正 铜胎画珐琅人物故事倭角盘（一组四件）		57,500	西泠拍卖	2018-07-07
清乾隆 御制铜胎掐丝珐琅春寿宝盒	直径20.3cm	6,785,000	北京保利	2018-06-20
清乾隆 御制铜胎掐丝珐琅御制诗文山水挂屏（一对）	77×40cm×2	5,290,000	北京保利	2018-06-20
清乾隆 掐丝珐琅太平有象三足盖炉	高44.1cm	2,863,860	保利香港	2018-04-02
清乾隆 御制铜胎掐丝缠枝莲纹大天球瓶	高67cm	2,760,000	北京保利	2018-12-09
清乾隆 御用铜鎏金嵌珍珠画珐琅西洋人物纹带扣（一组）		2,760,000	上海匡时	2018-04-30
清乾隆 掐丝珐琅麒麟背瓶	17.3cm	2,621,160	香港苏富比	2018-04-03
清乾隆 铜胎掐丝珐琅太平有象八吉祥多宝盒	高20.5cm	2,415,000	北京保利	2018-06-19
清乾隆 御制铜胎掐丝珐琅缠枝莲纹大英雄双联瓶	高36.5cm	2,300,000	北京保利	2018-06-20
清乾隆 铜胎掐丝珐琅五供		2,300,000	华艺国际	2018-05-23
清乾隆 铜胎掐丝缠枝莲万蝠纹双耳大壶	高56cm	2,185,000	北京保利	2018-12-09
清乾隆 御制铜胎掐丝珐琅螭龙纹大烛台（一对）	高47cm	1,840,000	北京东正	2018-06-17
清乾隆 掐丝珐琅鹿鹤同春鱼藻纹大缸	直径62cm	1,624,000	佳士得	2018-05-30
清乾隆 御制铜胎掐丝珐琅开光仿古八方琮式瓶	高45.6cm	1,552,500	北京保利	2018-06-20
清乾隆 铜胎珐琅太平有象烛台（一对）	高49cm	1,495,000	中贸圣佳	2018-06-20
清乾隆 御制铜胎掐丝珐琅仿古天鸡摆件	长27.7cm	1,380,000	北京保利	2018-06-20
清乾隆 御制铜胎掐丝珐琅缠枝莲纹小英雄瓶	高20cm	1,380,000	北京保利	2018-06-20
清乾隆 铜胎掐丝珐琅海棠式手炉	高10.5cm	1,380,000	华艺国际	2018-05-23
清乾隆 御制铜胎掐丝珐琅“蝠报平安”花草纹童子香插	高18.4cm	1,150,000	北京保利	2018-06-20
清乾隆 御制铜胎掐丝珐琅采桑耕挑茧图挂屏	50.5×59.5cm	1,150,000	北京保利	2018-06-20
清乾隆 掐丝珐琅缠枝莲纹龙耳盖瓶	高24.1cm	1,145,544	保利香港	2018-04-02
清乾隆 掐丝珐琅灵鹿衔芝托“福禄万寿”摆件（一对）	长24.8cm	1,026,300	纽约佳士得	2018-09-13
清乾隆 广东铜胎画珐琅西洋人物图冲天耳鼎式盖炉	高: 40.5cm	1,011,250	香港苏富比	2018-04-03
清乾隆 御制铜胎掐丝珐琅缠枝莲纹大官帽炉	宽38.8×34.5cm	920,000	北京保利	2018-06-20
清乾隆 铜胎掐丝珐琅日月同辉松鹿纹如意	长44.5cm	920,000	中国嘉德	2018-06-18
明十六世纪 清乾隆 掐丝珐琅宝鸭熏炉配掐丝珐琅莲瓣座	20cm	910,125	香港苏富比	2018-04-03
清乾隆 掐丝珐琅仿古饕餮纹小瓶	高11.2cm	840,840	伦敦佳士得	2018-05-15
清乾隆 御制黄玻璃三足炉	9.5cm	831,563	佳士得	2018-11-28
清乾隆 铜胎掐丝珐琅兽面纹觚（一对）	高31cm	805,000	华艺国际	2018-05-23
清乾隆 铜胎画珐琅八棱开光胭脂红地山水图小尊	高10.5cm	805,000	中贸圣佳	2018-06-20
清乾隆 御制铜胎掐丝珐琅仿古螭龙纹狮首三足炉	高17.5cm	782,000	北京保利	2018-06-20
清乾隆 铜胎画珐琅西洋人物盘	直径20.8cm	713,000	北京保利	2018-06-20
清乾隆 铜胎画珐琅西洋人物小瓶	高10cm	690,000	中贸圣佳	2018-11-24
清乾隆 铜胎掐丝珐琅小尊（一对）	高13.5cm	690,000	北京保利	2018-06-20
清乾隆 御制铜胎掐丝珐琅缠枝莲纹螭龙耳宝柜形炉	长13×9.5cm	632,500	北京保利	2018-06-20
清乾隆 铜胎掐丝珐琅万寿无疆碗	直径15.9cm	575,000	华艺国际	2018-05-23
清乾隆 掐丝珐琅兽面纹三足盖炉	高37.5cm	572,772	保利香港	2018-04-02
清乾隆 黄地铜胎画珐琅开光山水图奓斗	直径14.3cm	555,913	纽约佳士得	2018-09-13
清乾隆 铜胎掐丝缠枝花卉蕉叶纹大尊	高49cm	552,000	北京保利	2018-12-09

拍品名称	物品尺寸	成交价RMB	拍卖公司	拍卖日期
清乾隆 铜胎掐丝珐琅花浇（一对）	高26cm	552,000	华艺国际	2018-05-23
清乾隆 掐丝珐琅花鸟图蒜头瓶（一对）	高26.6cm	539,000	伦敦佳士得	2018-05-15
清乾隆 铜胎画珐琅万花锦纹觚式小瓶	高6.4cm	517,440	伦敦佳士得	2018-05-15
清乾隆 掐丝珐琅缠枝莲纹鸭首曲颈壶	高29.5cm	477,310	保利香港	2018-04-02
清乾隆 铜胎画珐琅松石绿地缠枝番莲纹海棠式双耳盖壶（一对）		470,388	纽约苏富比	2018-09-12
清乾隆 广作进贡錾胎掐丝珐琅饕餮纹花觚（一对）	高58cm×2	460,000	广东崇正	2018-07-05
清乾隆 铜胎掐丝珐琅双龙耳乳钉簋	宽21×20cm	460,000	浙江佳宝	2018-07-01
清乾隆 掐丝珐琅嵌玉刻御题诗葫芦形壁瓶	高17.1cm	456,750	佳士得	2018-05-30
清乾隆 铜胎掐丝珐琅西蕃莲纹双龙耳尊	高43.5cm	402,500	北京荣宝	2018-12-03
清乾隆 铜胎珐琅摩羯鱼纹三足炉	长12×12.5cm	402,500	中贸圣佳	2018-06-20
清乾隆铜胎掐丝博古图挂屏	66×63cm	391,000	北京保利	2018-12-09
清乾隆/嘉庆 掐丝珐琅仿古饕餮纹出戟尊（一对）	高38.3cm	388,063	佳士得	2018-11-28
清乾隆掐丝珐琅“十相自在”梵文香盘	直径11.5cm	381,848	保利香港	2018-04-02
清乾隆 铜胎画珐琅穿花游龙纹双层盖盒	22.5cm	366,520	伦敦苏富比	2018-05-16
清乾隆 铜胎鎏金填珐琅大长方盆	长65.3cm	345,000	北京保利	2018-06-20
18世纪初 透明搅色玻璃瓶	高25cm	332,625	佳士得	2018-11-28
清乾隆 铜胎画珐琅双蝶纹鼻烟蝶	wide 5cm	332,625	邦瀚斯	2018-11-27
清乾隆 铜胎掐丝高士出游图挂屏	57×38cm	322,000	北京保利	2018-12-09
清乾隆 掐丝珐琅缠枝莲纹香盒	直径6.2cm	322,000	中国嘉德	2018-11-20
清乾隆 万寿无疆珐琅宫碗	直径:11.5×:5.9cm	322,000	中贸圣佳	2018-11-24
清乾隆 铜胎画珐琅花鸟图折腰碗（一对）		317,300	纽约苏富比	2018-03-21
清乾隆 掐丝珐琅公鸡摆件	高29.7cm	299,000	中贸圣佳	2018-11-24
清乾隆 掐丝珐琅宝塔香熏一对	高66cm (each)	298,320	羅芙奧	2018-12-01
清乾隆 铜胎掐丝珐琅“冲天耳”三足炉	直径12.1cm	298,032	万昌斯	2018-11-29
18世纪上半叶 掐丝珐琅福寿纹花盆（一对）	直径33cm	294,350	佳士得	2018-05-30
清乾隆掐丝如意耳镂空寿字大香炉	高59cm	287,500	北京保利	2018-12-09
清乾隆 铜胎掐丝珐琅壁瓶	宽19.5×39.2cm	287,500	中贸圣佳	2018-06-20
清乾隆 掐丝珐琅缠枝莲纹香瓶	高12.2cm	287,500	中国嘉德	2018-11-20
清乾隆 铜胎掐丝珐琅缠枝莲龙纹高足杯（一对）	高11.7cm	286,386	中国嘉德	2018-04-02
清乾隆 琥珀色长颈玻璃瓶	高22.8cm	266,100	佳士得	2018-11-28
清乾隆掐丝珐琅三镶玉雕福寿纹如意	长43cm	256,575	纽约佳士得	2018-09-13
清乾隆 铜胎掐丝珐琅缠枝番莲纹盖盒		237,975	纽约苏富比	2018-03-21
清乾隆 御制铜胎掐丝珐琅缠枝莲纹小烛台	高14cm	230,000	北京保利	2018-06-20
清乾隆 御制铜胎掐丝珐琅蓝底万花彩蝶纹天球瓶	高34.5cm	230,000	北京保利	2018-06-20
清乾隆 铜胎掐丝珐琅缠枝莲葵瓣式托盘	宽15cm	230,000	中国嘉德	2018-06-19
清乾隆 铜胎掐丝兽面蕉叶纹觚	高28cm	207,000	北京保利	2018-12-09
清乾隆 掐丝珐琅博古图座屏	高45cm	203,000	佳士得	2018-05-30
清乾隆/嘉庆 掐丝珐琅博古图挂屏	54.6×54.6cm	199,575	佳士得	2018-11-28
清乾隆 掐丝珐琅夔龙莲蝠纹如意云式盖盒	宽30.5cm	190,924	保利香港	2018-04-02
清乾隆掐丝珐琅五福拱寿轿瓶（一对）	高15.2cm	190,924	保利香港	2018-04-02
18世纪 掐丝珐琅折枝花卉圆屏	直径59cm	190,924	保利香港	2018-04-02
清乾隆 掐丝珐琅莲纹小瓶	高11.5cm	188,488	佳士得	2018-11-28
清乾隆 铜胎掐丝珐琅白地松鼠葡萄纹笔筒	高15.7cm	172,500	广东崇正	2018-07-05
清乾隆 铜胎画珐琅西洋人物纹插屏（一对）	高16cm	172,500	广东崇正	2018-07-05
清乾隆 铜胎掐丝珐琅鹰熊双联瓶	高32cm; 长16.3×12.5cm	138,000	西泠拍卖	2018-07-07
18世纪 铜胎掐丝珐琅百鹿尊（一对）	高43cm	138,000	北京华辰	2018-11-19
清乾隆 铜胎画珐琅缠枝莲纹鱼篓尊	22.3cm	119,900	佳士得	2018-10-04
清乾隆 铜胎掐丝珐琅西番莲纹烛台（一对）	高27cm×2	115,000	保利厦门	2018-07-15

拍品名称	物品尺寸	成交价RMB	拍卖公司	拍卖日期
清乾隆 铜鎏金掐丝珐琅胡人抬炉	长18×14.5cm	115,000	北京荣宝	2018-06-14
清乾隆 铜胎掐丝珐琅夔凤龙钮鼎式炉	高40cm	115,000	北京荣宝	2018-12-03
清乾隆 铜鎏金掐丝珐琅缠枝莲纹开光狮戏珠纹活耳瓶	高17cm	115,000	北京荣宝	2018-12-03
清乾隆 掐丝珐琅缠枝连莲纹象耳瓶	高16.6cm	114,554	保利香港	2018-04-02
清乾隆 嵌丝珐琅饕餮纹花觚	高37cm	109,781	香港诚昌	2018-04-02
清乾隆 铜胎掐丝珐琅夔龙纹铜香炉	高36.5cm	109,250	北京匡时	2018-06-15
清乾隆 掐丝珐琅带钩（一组三件）	长11×3	103,500	保利厦门	2018-07-15
清乾隆 掐丝珐琅梵文香盘	直径12.2cm	103,500	北京匡时	2018-12-05
清乾隆 铜胎画珐琅蓝地开光三羊花卉图海棠式手炉（一对）		102,630	纽约苏富比	2018-09-15
清乾隆 铜胎掐丝珐琅镶白玉花卉纹帽架（一对）	高29cm	101,200	印千山	2018-01-12
清乾隆 景泰蓝玉壶春瓶	高10.4cm	97,750	南京经典	2018-01-06
清乾隆 掐丝珐琅夔龙缠枝莲纹茶船（一对）	长16.5cm	95,462	保利香港	2018-04-02
清乾隆 铜胎掐丝珐琅仿古出戟方尊	高146cm	94,244	邦瀚斯	2018-11-27
清乾隆 铜胎画珐琅小花觚	高11.5cm	92,000	广东崇正	2018-07-05
清乾隆 铜鎏金掐丝珐琅西蕃莲纹瓶	高14cm	92,000	北京荣宝	2018-12-03
清乾隆木嵌铜胎掐丝珐琅夔纹壶挂屏	高32.4cm	90,689	保利香港	2018-04-02
清乾隆 掐丝宝相花狮钮飞龙耳盖炉	高24cm	80,500	北京保利	2018-12-09
清乾隆 铜胎画珐琅柠檬黄地缠枝莲托盘盖碗	高9cm; 直径11.7cm	71,300	广东崇正	2018-07-05
清乾隆 御制铜胎掐丝珐琅缠枝莲纹手杯	高7.5cm	69,000	北京保利	2018-06-20
清乾隆 铜胎画珐琅花卉开光访贤图婴戏纹盘	直径23.8cm	69,000	中贸圣佳	2018-11-25
清乾隆 铜胎画珐琅云龙纹盘	直径26cm	64,144	纽约佳士得	2018-09-13
清乾隆 铜胎掐丝珐琅寿桃形盖盒	高5.5cm	63,250	西泠拍卖	2018-07-07
18世纪 掐丝珐琅花卉纹笔筒	高9×6.1cm	62,050	保利香港	2018-04-02
清乾隆雪霏地套四色葡萄袖珍长颈瓶	9.6cm	60,675	香港苏富比	2018-04-03
清乾隆 掐丝珐琅花卉三足炉	宽11.5cm	57,500	北京保利	2018-04-29
清乾隆铜胎掐丝珐琅螭龙纹四方小瓶	高10.3cm	57,500	北京保利	2018-06-20
清乾隆 铜掐丝珐琅花卉笔筒	高9cm	57,500	北京荣宝	2018-06-14
清乾隆铜胎画珐琅缠枝花卉纹宫灯座	16.5×21×9.3cm	57,500	广东崇正	2018-07-05
清乾隆 掐丝珐琅缠枝花卉纹香盒	直径7cm	57,500	中国嘉德	2018-09-19
清乾隆 铜鎏金掐丝珐琅嵌玉绶带瓶	高17cm	57,500	北京荣宝	2018-12-03
清乾隆 掐丝珐琅大吉葫芦瓶	33cm	53,900	伦敦苏富比	2018-05-16
清乾隆 掐丝珐琅夔凤纹盖盒	高7.3cm	47,731	保利香港	2018-04-02
清乾隆铜胎掐丝珐琅蕉叶弦纹大觚	高32.5cm	46,000	北京保利	2018-06-20
清乾隆铜胎画珐琅山水人物纹盘(一对)	直径17.2cm	46,000	广东崇正	2018-07-05
清乾隆 铜胎画珐琅山水图盖盒	长6.7×宽5.5×高3.4cm	32,200	北京诚轩	2018-06-17
清嘉庆 丝珐琅荷塘盆景（一对）		6,670,000	保利厦门	2018-07-15
清中期 铜胎掐丝珐琅西番莲观音瓶	高47cm	322,000	北京东正	2018-06-17
清嘉庆 景泰蓝龙纹瓶	高42cm	299,000	上海匡时	2018-04-30
清中期 掐丝珐琅四足香炉	高39×15cm	195,500	北京荣宝	2018-06-14
清中期 铜鎏金掐丝珐琅宫灯（一对）	高36.5cm	172,500	北京保利	2018-06-21
清中期 铜掐丝珐琅西番莲纹帽架	高32cm	172,500	北京荣宝	2018-06-14
清中期 铜胎掐丝珐琅四面开光双螭龙耳瓶（一对）	高39.5cm×2	109,250	北京保利	2018-06-20
清中期 铜胎画珐琅爵杯	高19cm	92,000	广东崇正	2018-07-05
清中期 铜胎掐丝珐琅牡丹纹双螭龙耳抱月瓶	宽23×37.5cm	92,000	浙江佳宝	2018-07-01
清中期 铜胎掐丝珐琅麒麟香熏	长28.3×23.7cm	92,000	中贸圣佳	2018-11-25
清中期 铜胎画珐琅莲花灯（一对）	宽16.5×17.3cm（连座）	80,500	中贸圣佳	2018-06-20
清中期 “御制诗”铜胎掐丝珐琅镶玉壁瓶（一对）	最大高19.1cm; 玉长9.5cm	77,952	万昌斯	2018-05-30
清中期 铜胎掐丝珐琅凤纹觚	高26.8cm	69,000	北京保利	2018-06-20
清中期 掐丝珐琅方觚（一对）	高39.5cm	69,000	北京保利	2018-12-09
清嘉庆 铜掐丝珐琅藏草瓶	高24cm	57,500	北京荣宝	2018-06-14
清中期 铜胎掐丝珐琅蕃莲纹双耳壁瓶（一对）	高18.7cm×2	51,750	北京保利	2018-06-20

拍品名称	物品尺寸	成交价RMB	拍卖公司	拍卖日期
清中期 景泰蓝香盒	高10cm	40,250	中国嘉德	2018-06-19
清中期 铜胎画珐琅婴戏瓶胆	高37cm	34,500	北京保利	2018-04-29
清中期 铜胎画珐琅夔龙纹茶壶	高18.8cm	34,500	北京保利	2018-06-20
清中期 铜胎画珐琅加鎏金锤揲人物开光瓶（一对）	高16.1cm×2	34,500	北京保利	2018-06-20
清中期 铜胎掐丝珐琅黄地花卉纹藏草瓶	高23cm	34,500	广东崇正	2018-07-05
清中期 铜胎掐丝珐琅炉瓶盒三事（一套）		34,500	北京华辰	2018-11-19
清中期 铜胎掐丝珐琅花觚	高34.6cm	34,061	万昌斯	2018-11-29
清中期 铜胎画珐琅山水纹盘	直径15.8cm	31,050	华艺国际	2018-11-17
18世纪/19世纪 掐丝珐琅及鎏金金属方胜式宫灯	高52cm	256,575	纽约佳士得	2018-09-13
清18晚期/19世纪 掐丝珐琅花卉纹方盖瓶（一对）	高54.6cm	478,940	纽约佳士得	2018-09-13
清十八/十九世纪 铜胎画珐琅蓝地缠枝团花纹坐墩(一对)		324,995	纽约苏富比	2018-09-12
19世纪 掐丝珐琅缠枝莲纹大花盆	宽66cm	161,700	伦敦佳士得	2018-05-15
清光绪 铜胎珐琅五福捧寿转心瓶	高33cm	154,344	北京匡时	2018-10-03
清十八/十九世纪 铜胎掐丝珐琅缠枝花卉纹夔龙耳活环灯笼（一对）		102,630	纽约苏富比	2018-09-15
清十九世纪 铜胎掐丝珐琅鱼藻莲塘图大盆		95,190	纽约苏富比	2018-03-24
清十九世纪 铜胎画珐琅蓝地寿字花卉纹灯笼		59,868	纽约苏富比	2018-09-15
清晚期 铜胎掐丝八仙图碗（一对）	直径15.8cm	115,000	北京保利	2018-12-09
清广东铜胎画珐琅人物图大盖盒(一对)	宽36cm	411,584	中国嘉德	2018-10-02
清 掐丝珐琅松鹤延年挂屏	长146cm	368,000	北京东正	2018-06-17
清 金花卉纹高足碗	直径7.9×7.5cm	322,000	中贸圣佳	2018-11-24
清 铜掐丝珐琅双联瓶	高12.8cm	230,000	北京荣宝	2018-06-14
清 铜掐丝珐琅鹤鹿同春大盘	直径48cm	195,500	北京荣宝	2018-06-14
清 铜胎掐丝珐琅双鹤香薰	高200cm	138,000	北京东正	2018-06-17
清 千字文款掐丝珐琅缠枝花卉纹盒	直径6×3.4cm	126,500	中贸圣佳	2018-11-24
清 乾隆年制款铜胎掐丝珐琅炉瓶三式一组五件		126,500	西泠拍卖	2018-07-07
清 铜胎掐丝珐琅花卉纹炉	直径58×104cm	115,000	北京匡时	2018-06-15
清 铜胎掐丝珐琅麒麟	长28×23.5cm	115,000	北京匡时	2018-06-15
清 掐丝珐琅花鸟人物方瓶（一对）	高45cm×2	115,000	北京荣宝	2018-06-14
清 铜胎掐丝珐琅六开光花卉纹龙耳三足熏炉	宽37.5×4.8cm	115,000	浙江佳宝	2018-07-01
清 约1735年 铜胎画珐琅西洋人物图板		111,055	纽约苏富比	2018-03-21
清 掐丝珐琅兽面纹香炉	高14cm	102,240	羅芙奥	2018-06-02
清 铜胎掐丝珐琅熏炉	高76cm	97,750	印千山	2018-01-12
清 掐丝珐琅嵌玉帽架（一对）	高29cm	94,300	太平洋	2018-11-22
清 铜鎏金掐丝珐琅花盆	长32×14cm	92,016	羅芙奥	2018-06-02
清 掐丝珐琅鱼藻纹大盆	直径62.3cm	92,000	北京保利	2018-07-27
清 铜胎画珐琅冰梅纹大吉葫芦壁瓶	高34.5cm	92,000	北京东正	2018-06-17
清 掐丝珐琅龙纹双兽耳炉	宽17cm	86,250	北京保利	2018-07-27
清 掐丝珐琅天球瓶	高50cm	86,250	印千山	2018-01-12
清 铜胎掐丝珐琅花卉纹香炉	高60cm	78,200	印千山	2018-01-12
清掐丝珐琅大吉图诗文挂屏	107×66cm	74,750	北京保利	2018-10-28
清 掐丝珐琅双龙耳狮钮八吉祥大炉	高67cm	74,750	北京保利	2018-12-09
清 掐丝珐琅鸟笼	高40×40cm	69,000	保利厦门	2018-07-15
清 掐丝珐琅云龙纹大瓶	高82cm	69,000	北京保利	2018-07-27
清 掐丝珐琅太平有象（一对）	高36cm	63,250	北京保利	2018-07-27
清掐丝珐琅凤凰宫灯	高30.3cm	57,500	北京保利	2018-07-27
清 掐丝珐琅花卉花盆	宽25.5cm	57,500	北京保利	2018-10-28
清 铜胎掐丝珐琅胡人蜡烛台（一对）	37cm×2	57,500	广东崇正	2018-07-05
清 乾隆年制款铜胎掐丝珐琅凤耳簋式炉	高20cm; 长12.2×10.3cm	57,500	西泠拍卖	2018-07-07
清 掐丝珐琅花卉烛台	高29cm	55,200	北京保利	2018-07-27
清 掐丝珐琅山水诗文座屏	高61.5cm	51,750	北京保利	2018-10-28
清 掐丝珐琅八仙大罐	直径33cm	48,300	北京保利	2018-07-27

2018杂项拍卖成交汇总

(成交价RMB：2万元以上)

拍品名称	物品尺寸	成交价RMB	拍卖公司	拍卖日期
清 铜鎏金掐丝珐琅凤头炉	连底座高19.5cm	48,300	北京荣宝	2018-06-14
清 景泰蓝盆景（一对）	高37.5cm	46,000	北京保利	2018-10-28
清 掐丝珐琅龙凤双联瓶	高22cm	43,700	北京保利	2018-10-28
清 掐丝珐琅出戟大罐	高45cm	40,250	北京保利	2018-07-27
清 掐丝珐琅嵌宝桃树盆景	高116cm	37,950	北京保利	2018-01-21
清 掐丝珐琅兽面纹鼎	高13cm	36,800	北京保利	2018-07-27
清 掐丝珐琅平安如意（一对）	高41cm	36,800	北京保利	2018-07-27
清掐丝珐琅朝冠耳香炉	高19cm	36,800	北京保利	2018-07-27
清 掐丝珐琅兽面出戟提梁卣	高36.5cm	36,800	北京保利	2018-07-27
清 掐丝珐琅狮子摆件（一对）	长60cm	36,800	北京保利	2018-07-27
清掐丝珐琅花蝶手炉	直径18.5cm	34,500	北京保利	2018-07-27
清 掐丝珐琅开光山水提盒	高21cm	34,500	北京保利	2018-07-27
清 铜胎掐丝珐琅蜡台（一对）	高49.7cm×2	34,500	北京匡时	2018-06-15
清 铜胎掐丝珐琅荷塘清趣纹大盆	高11cm；直径31.5cm	34,500	广东崇正	2018-07-05
清 景泰蓝寿字双耳香炉	高23cm	34,500	北京保利	2018-10-27
20世纪 掐丝珐琅龙纹大缸（一对）	高76cm；直径110cm×2	345,000	保利厦门	2018-01-08
现代 景泰蓝喜事临门摆件	高36cm	264,500	北京翰海	2018-05-13
铜胎掐丝珐琅开光宝相花卉纹碗	直径16.5cm	5,720,000	中正拍卖	2018-11-30
铜胎画珐琅万寿无疆纹碗（一对）	口径18.5×12.3cm	3,850,000	中正拍卖	2018-11-30
嵌有珠宝的瑞士珐琅黄金音乐工具盒连腕表及自动装置	高86mm	1,330,500	佳士得	2018-11-25
法贝热制 末代沙皇尼古拉二世御用珐琅红宝石权杖	净重178克	1,127,000	西泠拍卖	2018-07-08
瑞士珐琅黄金音乐香水瓶	高80mm	421,325	佳士得	2018-11-25
嵌有珠宝的瑞士珐琅黄金杯托（一对）	高58mm	332,625	佳士得	2018-11-25
掐丝珐琅花卉开光寿字大葫芦瓶（一对）	高88cm	241,500	中国嘉德	2018-09-20
掐丝珐琅狮球云龙纹圆桌连凳（一套五件）	直径97×42cm	161,000	中国嘉德	2018-05-19
掐丝珐琅嵌粉晶寿桃盆景（一对）	高115cm	138,000	中国嘉德	2018-01-14
掐丝珐琅大吉摆件	高83cm	138,000	中国嘉德	2018-05-19
掐丝珐琅海水龙纹大缸	直径114cm	138,000	中国嘉德	2018-09-20
19 世纪 掐丝珐琅莲花龙纹螭龙耳三足盖炉	高39.7cm	124,752	羅芙奧	2018-12-01
掐丝珐琅瑞兽纹圆桌连鼓墩（一套五件）	桌直径97cm；鼓墩高42cm	109,250	中国嘉德	2018-09-20
掐丝珐琅缠枝莲纹象耳象足炉	高62cm	74,750	中国嘉德	2018-01-14
掐丝珐琅荷塘图鼓墩（一对）	高51cm	74,750	中国嘉德	2018-05-19
掐丝珐琅荷塘鹭鸶纹三鹤香熏（一对）	高120cm	74,750	中国嘉德	2018-05-19
掐丝珐琅云龙纹圆桌连凳（一套五件）	桌高81cm；凳高44cm	74,750	中国嘉德	2018-09-20
掐丝珐琅嵌红玛牙茜色牡丹盆景（一对）	高39cm	74,750	中国嘉德	2018-09-20
掐丝珐琅仙鹤烛台（一对）	高170cm	71,300	中国嘉德	2018-09-20
掐丝珐琅仙鹤烛台（一对）	高159cm	69,000	中国嘉德	2018-01-14
掐丝珐琅缠枝莲托福寿螭龙纹瓶（一对）	高55cm	55,200	中国嘉德	2018-01-14
掐丝珐琅花鸟诗文挂屏八屏	100×40cm	48,300	北京保利	2018-10-28
掐丝珐琅锦地开光折枝莲纹梅瓶（一对）	高36.5cm	48,300	中国嘉德	2018-01-14
掐丝珐琅花蝶纹鼓墩（一对）	高51cm	48,300	中国嘉德	2018-09-20
瑞士珐琅黄金牙签盒	宽80mm	46,568	佳士得	2018-11-25
纯银"犀牛"饰手工玻璃烟缸	32×16×13cm；重量3.93kg	46,000	华艺国际	2018-11-17
掐丝珐琅一鹭莲升大缸（一对）	直径62cm	46,000	北京保利	2018-10-28
铜鎏金嵌掐丝珐琅太平有象（一对）	高28cm	46,000	中国嘉德	2018-05-19
掐丝珐琅云龙纹大香亭（一对）	高190cm	46,000	中国嘉德	2018-09-20
掐丝珐琅缠枝莲托福寿长庆纹葫芦瓶（一对）	高32.5cm	43,700	中国嘉德	2018-01-14
掐丝珐琅龙凤纹鼓墩（一对）	高42.5cm	43,700	中国嘉德	2018-05-19
掐丝珐琅缠枝莲纹剑	长97cm	43,700	中国嘉德	2018-05-19
掐丝珐琅花卉纹角端香熏（一对）	高140cm	43,700	中国嘉德	2018-09-20
嵌有珠宝的瑞士黄金音乐牙签盒	宽63mm	42,133	佳士得	2018-11-25
铜胎掐丝珐琅盆景	高49cm	40,250	北京匡时	2018-06-15
掐丝珐琅一路连科图鼓墩（一对）	高42.5cm	40,250	中国嘉德	2018-01-14
掐丝珐琅花鸟纹龙耳三鹤炉（一对）	高76cm	40,250	中国嘉德	2018-01-14
掐丝珐琅九桃天球瓶（一对）	高62cm	40,250	中国嘉德	2018-05-19
铜鎏金嵌掐丝珐琅太平有象（一对）	高28.3cm	40,250	中国嘉德	2018-09-20

拍品名称	物品尺寸	成交价RMB	拍卖公司	拍卖日期
掐丝珐琅福禄寿摆件（一对）	高71cm	36,800	中国嘉德	2018-01-14
掐丝珐琅狮球云龙纹圆桌连鼓墩（一套五件）	直径89×43.5cm	36,800	中国嘉德	2018-09-18
嵌有珠宝的瑞士珐琅黄金吊坠小盒	宽70mm	35,480	佳士得	2018-11-25
粉晶桃树盆景	高116cm	34,500	中国嘉德	2018-05-19
掐丝珐琅仙鹤烛台（一对）	H167cm	34,500	中国嘉德	2018-09-20
瑞士珐琅黄金香料瓶	高30mm	33,263	佳士得	2018-11-25
鼻烟壶				
玉石类				
金元 白玉带皮持鹘鬼面童子鼻烟壶	高6.5cm	172,500	北京东正	2018-06-17
十八世纪 青白玉夔龙鼻烟壶	高68cm	60,981	邦瀚斯	2018-11-27
清康熙 旧玉龙抱珠鼻烟壶	高6.6cm	34,500	北京东正	2018-06-17
清乾隆 白玉双龙寿字纹鼻烟壶	高6.9cm	1,265,000	西泠拍卖	2018-07-07
清乾隆 白玉拨划御题诗牡丹纹葫芦形鼻烟壶	高7.2cm	1,092,500	中国嘉德	2018-06-18
清乾隆 御制玛瑙雕龙纹蝈蝈葫芦形鼻烟壶	高5cm	1,035,000	中国嘉德	2018-06-18
清乾隆 苏作玛瑙张骞乘槎玛瑙烟壶	高6.2cm	690,000	中贸圣佳	2018-11-24
清乾隆 苏作白玉观鹤访友图烟壶	高9.2cm	632,500	中贸圣佳	2018-06-20
18世纪 黄玉冲耳鼻烟盖壶	总高7cm	465,675	佳士得	2018-11-28
清乾隆 黄玉如意开光福庆纹鼻烟壶	高6.5cm	368,000	北京东正	2018-06-17
清乾隆 白玉留皮巧雕麻姑献寿随形鼻烟壶	高8.0cm	345,000	西泠拍卖	2018-07-07
清乾隆 白玉镶嵌课子图烟壶	高6.6cm	287,500	中贸圣佳	2018-06-20
清乾隆 白玉光素鼻烟壶	高5.5cm	283,750	中国嘉德	2018-06-18
清乾隆 绿石釉堆花描金开窗婴戏纹烟壶	高6.3cm	253,000	中贸圣佳	2018-06-20
清乾隆 白玉御制梅花诗文烟壶	高7cm	241,500	中贸圣佳	2018-06-20
清乾隆 白玉御题诗烟壶	长5.1×5.7cm	230,000	北京鸿盛祥	2018-12-06
清乾隆 白玉雕管箩纹葫芦形鼻烟壶	高6.7cm	207,000	中国嘉德	2018-06-18
清乾隆 白玉雕管箩纹穿带鼻烟壶	高4cm	204,300	中国嘉德	2018-06-18
清乾隆 白玉瓜棱形鼻烟壶	高5.5cm	149,500	中国嘉德	2018-11-20
18世纪 白玉留皮龙纹烟壶	高7.5cm	138,000	北京保利	2018-04-29
18世纪 黑白玉雕高士诗文烟壶	高8cm	138,000	北京保利	2018-04-29
18世纪、19世纪 白玉雕痕都斯坦式鼻烟壶	高6.6cm	130,800	佳士得	2018-10-04
清乾隆 蜜蜡人物鼻烟壶	高5.9cm	126,500	上海匡时	2018-04-30
清乾隆 白玉留皮"福禄寿喜"烟壶	高6.6cm	80,500	北京保利	2018-04-29
清乾隆 黄玉素烟壶	高7.7cm	80,500	中贸圣佳	2018-06-20
清乾隆 白玉御题桂花诗烟壶	高5.8cm	57,500	北京匡时	2018-06-15
清乾隆 铭文龙纹烟壶	长4.5×6.3cm	57,500	北京鸿盛祥	2018-12-06
清乾隆 白玉寿字烟壶	高7.4cm	51,750	中贸圣佳	2018-11-25
清乾隆 白玉兽耳小鼻烟壶	2.5×2.2×1.8cm	40,250	中国嘉德	2018-06-19
清中期 苏作黑白玉俏色巧雕仙人采芝诗文烟壶	高7.5cm	207,000	北京保利	2018-12-09
清中期 白玉光素卧足鼻烟壶	高8cm	66,700	北京东正	2018-06-17
清中期 影子玛瑙虎纹鼻烟壶	高6cm	57,500	中国嘉德	2018-06-19
清中期 琥珀随形烟壶	高8.5cm	57,500	北京保利	2018-12-09
清中期 玛瑙巧雕钟馗鼻烟壶	高7.5cm	51,750	北京保利	2018-12-09
清中期 白玉铺首鼻烟壶	高6.5cm	39,100	中国嘉德	2018-10-02
清道光 绿碧玺浮雕螭龙纹烟壶	高5.5cm	92,000	北京保利	2018-12-09
清十九世纪 白玉带皮鼻烟壶	7.2cm	323,400	伦敦苏富比	2018-05-18
19世纪 寿山石嵌宝婴戏图鼻烟壶	高7cm	162,285	中国嘉德	2018-04-02
清十九世纪 黄玉鼻烟壶	6.8cm	161,700	伦敦苏富比	2018-05-18
清十九世纪翠玉鼻烟壶（一组五件）	最大一件：6.8cm	86,240	伦敦苏富比	2018-05-18
清十九世纪 白玉带皮松阴纳凉图鼻烟壶	5.2cm	75,460	伦敦苏富比	2018-05-18
清18/19世纪 白玉籽料鼻烟壶	高7.3cm	47,039	纽约佳士得	2018-09-13
清十九世纪 水晶雕银币纹鼻烟壶	6cm	40,964	伦敦苏富比	2018-05-18
清十八/十九世纪 玛瑙鼻烟壶（三件）	5.4cm	38,076	纽约佳士得	2018-03-20
十八/十九世纪 白玉雕御题诗"万寿菊"鼻烟壶	高6cm	35,480	邦瀚斯	2018-11-27
清 老坑翡翠雕女士烟壶	高5.5cm	345,000	北京华辰	2018-11-19

拍品名称	物品尺寸	成交价RMB	拍卖公司	拍卖日期
清 白玉鱼化龙烟壶	高10cm	345,000	北京保利	2018-01-21
清 白玉光素鼻烟壶	高6.1cm	345,000	北京东正	2018-06-17
清约1820至1900年白玉富贵延年鼻烟壶	6cm	280,280	伦敦苏富比	2018-05-18
清 冰种翡翠雕螭虎烟壶	高7cm	230,000	北京华辰	2018-11-19
清 玛瑙巧雕钟馗醉酒图鼻烟壶	高8.2cm	230,000	北京东正	2018-06-17
清 虎眼宝石雕鱼形烟壶	高7.5cm	207,000	北京华辰	2018-11-19
清 珊瑚雕渔翁烟壶	高9.5cm	207,000	北京华辰	2018-11-19
清 玛瑙婴戏图鼻烟壶	6.5cm	204,820	伦敦苏富比	2018-05-18
清代 白玉黄沁童子鼻烟壶	高6cm	195,500	古天一	2018-06-17
清 料彩鼻烟壶（一组六件）	最大一件：7.6cm	172,480	伦敦苏富比	2018-05-18
清 白玉西番莲兽首衔环耳鼻烟壶	高6cm	161,000	北京东正	2018-06-17
清 碧玺雕灵猴献寿鼻烟壶	高6cm	161,000	北京东正	2018-06-17
清白玉雕代代封侯鼻烟壶	高10cm	161,000	北京东正	2018-06-17
清 白玉留皮巧雕“马上封侯”鼻烟壶	玉长5.7cm; 总长8.3cm	149,016	万昌斯	2018-11-28
清 水晶雕宝石棱烟壶	高5.5cm	138,000	北京华辰	2018-11-19
清 玛瑙巧雕人物纹烟壶	高6.5cm	138,000	北京华辰	2018-11-19
清 白玉红皮烟壶	高8cm	138,000	北京东正	2018-06-17
清 玛瑙鼻烟壶（一组八件）	最大一件：6.3cm	129,360	伦敦苏富比	2018-05-18
清 碧玺雕葫芦形烟壶	高5.5cm	126,500	北京华辰	2018-11-19
清 白玉嵌百宝清赏图鼻烟壶	高5.1cm	112,700	北京东正	2018-06-17
清约1820至1900年 白玉骏马图鼻烟壶	7.3cm	107,800	伦敦苏富比	2018-05-18
清代 苏作玛瑙山水人物鼻烟壶	高7cm	105,800	古天一	2018-06-17
清 玛瑙雕狗纹烟壶	高7cm	103,500	北京华辰	2018-11-19
清代 黄玉高浮雕夜游赤壁图鼻烟壶	高6.5cm	103,500	古天一	2018-06-17
清代 苏作玛瑙山水人物鼻烟壶	高6.5cm	103,500	古天一	2018-06-17
清代 羊脂白玉折方鼻烟壶	高8.8cm	103,500	古天一	2018-06-17
清 青玉巧雕花蝶御题诗文烟壶	高5.2cm	97,750	中国嘉德	2018-09-20
清 老坑蜜蜡雕人物烟壶	高6.5cm	97,750	北京华辰	2018-11-19
清 白玉洒金皮松鹤延年图鼻烟壶	高5.3cm	92,000	北京东正	2018-06-17
清 白玉带皮子持壶鼻烟壶	高6.5cm	92,000	北京东正	2018-06-17
清 玛瑙嵌百宝人物花鸟纹烟壶	高6.5cm	89,700	北京华辰	2018-11-19
清代 白玉素鼻烟壶（两件）	高11×4cm	86,250	古天一	2018-06-17
清 白玉雕百寿纹烟壶	高8cm	86,250	北京华辰	2018-11-19
清 白玉雕吉祥语烟壶	高6cm	82,800	北京华辰	2018-11-19
清 水晶双联烟壶	高8cm	78,200	北京保利	2018-11-19
清 翡翠雕铺首耳鼻烟壶	高6.5cm	74,750	北京东正	2018-06-17
清 青白玉包铜鎏金嵌宝烟壶	直径3cm	74,750	北京华辰	2018-11-19
清 青白玉鼻烟壶（一组五件）	最大一件：7.2cm	70,070	伦敦苏富比	2018-05-18
清代 白玉时时报喜鼻烟壶	高6.5cm	69,000	古天一	2018-06-17
清代 白玉岁岁平安鼻烟壶	高7cm	69,000	古天一	2018-06-17
清代 白玉带皮随形鼻烟壶（两件）	高7×7.5cm	69,000	古天一	2018-06-17
清代 蜜腊素鼻烟壶	高6.5cm	66,700	古天一	2018-06-17
清 白玉嵌百宝“佛祖”及“韦陀”鼻烟壶	玉高7.2cm; 总高8.7cm	63,336	万昌斯	2018-05-30
清 琥珀雕花卉纹佛手鼻烟壶	高8cm	63,250	北京东正	2018-06-17
清 白玉雕独立朝纲烟壶	高9cm	63,250	北京华辰	2018-11-19
清青白玉仿古龙凤纹益寿延年鼻烟壶	高6.3cm	57,500	北京东正	2018-06-17
清 玛瑙巧作舞狮献寿鼻烟壶	高10cm	57,500	北京东正	2018-06-17
清 缠枝玛瑙雕卵形鼻烟壶	高5cm	57,500	北京东正	2018-06-17
清 白玉雕御题菊花诗鼻烟壶	高6cm	57,500	北京东正	2018-06-17
清 白玉雕石榴纹鼻烟壶	高6.2cm	57,500	西泠拍卖	2018-07-07
清 青白玉竹纹御制诗文荷包烟壶	高6.5cm	57,500	中国嘉德	2018-05-19
清 白玉雕松鼠葡萄烟壶	高8.5cm	57,500	北京华辰	2018-11-19
清 南红玛瑙光素鼻烟壶	高6.5cm	55,200	北京东正	2018-06-17
清代 缠丝玛瑙鼻烟壶	高7cm	55,200	古天一	2018-06-17
清 玛瑙巧雕鱼化龙鼻烟壶	高7.2cm	55,200	西泠拍卖	2018-07-07
清 白玉雕铺首耳鼻烟壶	高4.8×5.6cm	51,750	西泠拍卖	2018-07-07
清约1820至1900年 玛瑙太狮少狮纹鼻烟壶	8cm	48,510	伦敦苏富比	2018-05-18
清 青白玉包福包寿扁鼻烟壶	高7cm	48,300	北京东正	2018-06-17
清代 玛瑙早生贵子鼻烟壶	高7cm	48,300	古天一	2018-06-17
清代 冰糖玛瑙双狮鼻烟壶	高8cm	48,300	古天一	2018-06-17
清代 琥珀随形鼻烟壶	高7cm	48,300	古天一	2018-06-17
清 白玉“岑碧”款诗文鼻烟壶	高6.6cm	47,898	万昌斯	2018-11-28
清代 白玉素鼻烟壶	高7.2cm	46,000	古天一	2018-06-17
清 白玉随形留皮鼻烟壶	高5.8cm	46,000	中国嘉德	2018-06-19
清代 翡翠鼻烟壶	高6.5cm	46,000	古天一	2018-12-08
清 玛瑙巧雕灵猴献寿鼻烟壶	高6.5cm	43,700	北京东正	2018-06-17
清 白玉带皮烟壶	高7cm	43,700	北京华辰	2018-11-19
清 玛瑙雕梅竹纹烟壶	高7cm	40,250	北京华辰	2018-11-19
清 祁阴石雕鱼形烟壶	高7.5cm	40,250	北京华辰	2018-11-19
清 海蓝宝双联烟壶	高5.5cm（带座）	40,250	中贸圣佳	2018-11-25
清 白玉喜字烟壶	高6.5cm	36,800	北京保利	2018-01-21
清 白玉光素鼻烟壶	高5.5cm	36,800	北京东正	2018-06-17
清 青白玉花蝶纹烟壶	高7.7cm	36,800	北京匡时	2018-06-15
清代 白玉痕都斯坦风格鼻烟壶	高7.3cm	36,800	古天一	2018-06-17
清 缠丝玛瑙素面烟壶	高7cm	36,800	北京华辰	2018-11-19
清 白玉带皮葫芦烟壶	高7cm	34,500	北京保利	2018-06-21
清 白玉雕和为贵鱼形鼻烟壶	高7.2cm	34,500	北京东正	2018-06-17
清 珊瑚雕喜鹊登梅图鼻烟壶	高7.2cm	34,500	北京东正	2018-06-17
清 寿山石镂雕金玉满堂转心鼻烟壶	高4.5cm	34,500	北京东正	2018-06-17
清 白玉、翡翠、水晶烟壶各一件	高8.2×6.4×5.7cm	34,500	中国嘉德	2018-05-19
清翡翠烟壶	高6.7cm	34,500	中国嘉德	2018-05-19
清 子爵白玉烟壶	长4.6×5.9cm	34,500	北京鸿盛祥	2018-12-06
清 白玉嵌金银丝嵌宝烟壶	高8cm	34,500	北京华辰	2018-11-19
清 碳晶嵌玉螭龙烟壶	高6.5cm	34,500	北京华辰	2018-11-19
茶晶鼻烟壶	高6.2cm	935,000	中正拍卖	2018-11-30
玉雕瓜瓞绵绵鼻烟壶	4.3×6.6cm	792,000	中正拍卖	2018-11-30
玛瑙鼻烟壶（一件）	高5.9cm	277,365	圣淘沙国际	2018-11-23
1740~1840年 灰玉雕亭台山水图鼻烟壶	高7cm	153,945	纽约佳士得	2018-09-12
1780~1860年 翠玉长方鼻烟壶	高5.7cm	119,735	纽约佳士得	2018-09-12
1750~1820年 白玉诗文鼻烟壶	高5.7cm	111,183	纽约佳士得	2018-09-12
1740~1850年 青玉雕灵芝图鼻烟壶	高6.9cm	102,630	纽约佳士得	2018-09-12
1760~1800年 玉髓玛瑙雕莲塘图鼻烟壶	高5cm	94,078	纽约佳士得	2018-09-12
1780~1880年 皮影玛瑙踏雪寻梅图鼻烟壶	高6.3cm	85,525	纽约佳士得	2018-09-12
1800~1900年 翠玉巧雕马上封侯图鼻烟壶	高5.7cm	85,525	纽约佳士得	2018-09-12
1750~1850年 苏作芝亭流派玛瑙雕人物图鼻烟壶	高4.7cm	85,525	纽约佳士得	2018-09-12
1800~1900年 翠玉雕饮酒图鼻烟壶	高5.3cm	85,525	纽约佳士得	2018-09-12
1750~1850年 琥珀雕婴戏图鼻烟壶	高6cm	76,973	纽约佳士得	2018-09-12
1770~1850年 玉髓玛瑙雕四艺图鼻烟壶	高5.7cm	76,973	纽约佳士得	2018-09-12
1760~1810年 白玉痕都斯坦式刻番莲纹鼻烟壶	高6cm	76,973	纽约佳士得	2018-09-13
1760~1850年 琥珀雕“草书歌行”图鼻烟壶	高7.3cm	68,420	纽约佳士得	2018-09-12
1760~1840年 玛瑙巧雕蝴蝶蝈蝈图鼻烟壶	高5cm	64,144	纽约佳士得	2018-09-12
1740~1850年 白玉箩筐纹鼻烟壶	高5.7cm	51,315	纽约佳士得	2018-09-12
1750~1850年 琥珀雕太平有象图鼻烟壶	高5.7cm	47,039	纽约佳士得	2018-09-12
1760~1880年 砾岩鼻烟壶	高6.9cm	47,039	纽约佳士得	2018-09-12
1770~1880年 玛瑙巧雕寒江独钓图鼻烟壶	高5.7cm	47,039	纽约佳士得	2018-09-12
1760~1820年玛瑙巧雕四驹图鼻烟壶	高5.7cm	47,039	纽约佳士得	2018-09-12
1740~1860年 砾岩鼻烟壶	高5.7cm	42,763	纽约佳士得	2018-09-12
1730~1840年 白玉仿古诗文鼻烟壶	高5.3cm	41,052	纽约佳士得	2018-09-12
1780~1880年 羊肝玛瑙雕人物图鼻烟壶	高6.3cm	38,486	纽约佳士得	2018-09-12
1780~1880年 皮影玛瑙刘海戏蟾图鼻烟壶	高5.7cm	38,486	纽约佳士得	2018-09-12
1750~1840年 玛瑙雕卧鹿形鼻烟壶	长6.6cm	38,486	纽约佳士得	2018-09-12
1750~1840年 玛瑙巧雕金玉满堂图鼻烟壶	高6cm	38,486	纽约佳士得	2018-09-12
路易十五变色镶金半宝石鼻烟盒	宽55mm	37,698	佳士得	2018-11-25
1780~1850年 羊肝玛瑙雕猎犬图鼻烟壶	高6cm	35,921	纽约佳士得	2018-09-12

2018杂项拍卖成交汇总

(成交价RMB：2万元以上)

拍品名称	物品尺寸	成交价RMB	拍卖公司	拍卖日期
1770~1860年 琥珀雕鱼化龙图鼻烟壶	高6.6cm	35,921	纽约佳士得	2018-09-12
1982年 水晶八骏烟壶	高8.5cm	34,500	北京翰海	2018-09-16
1750~1880年 褐白玉雕仙人鼻烟壶	高6.9cm	34,210	纽约佳士得	2018-09-12
1760~1850年 玛瑙巧雕骏驹图鼻烟壶	高5.7cm	34,210	纽约佳士得	2018-09-12
陶瓷类				
清早期 孔雀蓝釉梅瓶鼻烟壶	高9.2cm	40,250	北京东正	2018-06-17
清康熙 釉里红官上加官鼻烟壶	高8.6cm	46,000	北京东正	2018-06-17
清雍正 青花高士图烟壶	高7cm	103,500	北京华辰	2018-11-19
清雍正 仿哥釉烟壶	高8.5cm	34,500	北京华辰	2018-11-19
清乾隆 矾红御题诗八方烟壶	高6.1cm	690,000	北京保利	2018-06-19
清乾隆 粉彩百子图葫芦形鼻烟壶	高6.8cm	322,000	中国嘉德	2018-11-20
清乾隆 粉彩封官大吉图鼻烟壶	高6cm	276,000	北京东正	2018-06-17
清乾隆 粉彩花卉御题诗葫芦型鼻烟壶	高7.5cm	175,392	香港诚昌	2018-05-30
清乾隆 粉彩天圆地方百子图鼻烟壶	高7.5cm	115,000	北京东正	2018-06-17
清乾隆 雕瓷开光钟表形鼻烟壶	高6cm	69,000	北京东正	2018-06-17
清乾隆、清道光 粉彩张骞乘槎图小胆瓶、清装人物纹烟壶各一件	高13×5.4cm	69,000	中国嘉德	2018-09-19
清乾隆 透明地珐琅彩一路连科鼻烟壶	高7cm	57,500	中国嘉德	2018-06-19
清乾隆 粉彩婴戏鼻烟壶	高5cm	48,720	香港诚昌	2018-05-30
清中期 青花釉里红吴牛喘月图鼻烟壶	高8cm	241,500	北京东正	2018-06-17
清嘉庆 御制粉彩模印博古图鼻烟壶	高6.6cm	111,183	纽约佳士得	2018-09-12
清嘉庆 御制粉彩模印通景采莲图鼻烟壶	高6.9cm	59,868	纽约佳士得	2018-09-12
清道光 矾红金玉满堂图鼻烟壶	高6cm	55,591	纽约佳士得	2018-09-12
清道光 瓷胎粉彩秋江独钓图鼻烟壶	高8cm	55,200	古天一	2018-06-17
清道光 御制粉彩双鸽耄耋图鼻烟壶		51,315	纽约佳士得	2018-09-12
清道光 御制粉彩双鸽双犬图鼻烟壶	高5.7cm	47,039	纽约佳士得	2018-09-12
清道光 粉彩刀马人物鼻烟壶	高6.3cm	40,250	中国嘉德	2018-06-19
清道光 粉彩尧舜耕织鼻烟壶	高6.3cm	36,800	中国嘉德	2018-06-19
清道光 御制粉彩钟馗嫁妹图鼻烟壶	高6.3cm	35,921	纽约佳士得	2018-09-12
清道光 粉彩"秋声赋"故事图鼻烟壶	高6cm	34,500	广东崇正	2018-07-05
清道光 彩绘蟋蟀纹鼻烟壶	5.5cm	34,496	伦敦苏富比	2018-05-18
清道光 粉彩蝈蝈图鼻烟壶		34,210	纽约苏富比	2018-09-15
清道光 粉彩献宝图鼻烟壶	5.5cm	32,340	伦敦苏富比	2018-05-18
清十九世纪 青釉瓷胎模印海水云龙纹鼻烟壶	高7cm	38,076	纽约佳士得	2018-03-20
清 青花狮子纹烟壶	高8cm	89,700	北京华辰	2018-11-19
清 瓷仿漆雕龙纹烟壶	高6.5cm	86,250	北京华辰	2018-11-19
清 白釉印龙纹烟壶	高9cm	69,000	北京华辰	2018-11-19
清 粉彩云蝠纹烟壶	高8cm	66,700	北京华辰	2018-11-19
清 粉彩胭脂料画山水烟壶	高7.5cm	66,700	北京华辰	2018-11-19
清 窑变釉烟壶	高7.5cm	63,250	北京华辰	2018-11-19
清代 雕瓷荷塘春色鼻烟壶	高6.8cm	63,250	古天一	2018-06-17
清 粉彩荷塘蛙趣图烟壶	高7cm	59,800	北京华辰	2018-11-19
清 粉彩山水人物鼻烟壶	高6.5cm	48,300	北京华辰	2018-11-19
清 青花粉彩开光人物纹烟壶	高7.5cm	34,500	北京华辰	2018-11-19
清 粉彩轧道云龙纹烟壶	高8.5cm	34,500	北京华辰	2018-11-19
清及当代 乾隆年制款紫泥描金葫芦形鼻烟壶及何道洪制毛国强刻绿泥鼻烟壶（一组两件）	6×4×2.8cm（葫芦形）；4.8×4.7×1.6cm（绿泥）	36,800	西泠拍卖	2018-07-08
1820~1850年 王炳荣作素胎模印镂雕游龙赶珠鼻烟壶	高6cm	119,735	纽约佳士得	2018-09-12
近代 瓷胎粉彩模制风俗画鼻烟壶	高6.5cm	51,750	保利厦门	2018-07-15
1790~1799年 御制白地模印蓝彩双龙戏珠纹鼻烟壶	高6.9cm	32,500	纽约佳士得	2018-09-12
内画类				
清 玛瑙内画人物纹烟壶	高6.5cm	184,000	北京华辰	2018-11-19
清 琥珀内画鹰纹烟壶	高8.5cm	115,000	北京华辰	2018-11-19
清 琥珀内画山水楼台小鼻烟壶	高6.2cm	89,700	北京东正	2018-06-17
清代 内绘王习三鱼乐图鼻烟壶	高7cm	74,750	古天一	2018-06-17
清 透明料内画垂柳烟壶（一对）	高4cm	69,000	北京华辰	2018-11-19
清代 内绘叶仲三风尘三侠图鼻烟壶	高7cm	69,000	古天一	2018-06-17
清代 内绘周乐元山水鼻烟壶	高7cm	43,700	古天一	2018-06-17

拍品名称	物品尺寸	成交价RMB	拍卖公司	拍卖日期
近代 叶晓峰款血珀英雄独立内画鼻烟壶	高8.5cm	230,000	北京东正	2018-06-17
1958年王习三水晶内画"家禽图"鼻烟壶	高7.8cm	226,371	中国嘉德	2018-10-02
1966年王习三玛瑙内画"鹤"鼻烟壶	高7.2cm	154,344	中国嘉德	2018-10-02
1980年 王习三玻璃内画"浴马图"鼻烟壶	高7.7cm	154,344	中国嘉德	2018-10-02
王习三 婴戏烟壶	高8.5cm	149,500	中贸圣佳	2018-11-24
1978年王习三玻璃内画"结伴"鼻烟壶	高7.8cm	123,475	中国嘉德	2018-10-02
1976年王习三玛瑙内画"山水图"鼻烟壶	高8.3cm	123,475	中国嘉德	2018-10-02
近代 王习三 水晶内画仕女图鼻烟壶	高7cm	86,250	北京东正	2018-06-17
甲午年（1894）马少宣作玻璃内画仕女图诗文鼻烟壶	高6.3cm	72,696	纽约佳士得	2018-09-12
丁卯年（1927）叶仲三作水晶内画鸽犬图鼻烟壶	高5cm	68,420	纽约佳士得	2018-09-12
1910年 孟子受作玻璃内画龙门得意鼻烟壶	高8.2cm（含盖）	57,500	北京匡时	2018-12-05
2008年 董雪水晶内画"张大千"鼻烟壶	高8.8cm	51,448	中国嘉德	2018-10-02
丙子年（1936）马绍先作玻璃内画采芝图诗文鼻烟壶	高5.7cm	47,039	纽约佳士得	2018-09-12
己酉年（1909）孟子受作水晶内画"龙门得意"鼻烟壶	高5.7cm	42,763	纽约佳士得	2018-09-12
乙未年（1895）马少宣作玻璃内画"百蝶图"鼻烟壶	高6cm	41,052	纽约佳士得	2018-09-12
甲寅年（1914）叶仲三款玻璃内画聊斋人物故事图鼻烟壶	高7.4cm	39,663	纽约佳士得	2018-03-20
戊午年（1918）陈仲三作玻璃内画草虫图鼻烟壶	高6.3cm	38,486	纽约佳士得	2018-09-12
1920~1940年（传）叶菶祺 水晶内画花鸟图鼻烟壶	高6cm	35,921	纽约佳士得	2018-09-12
料器类				
清乾隆 涅白地套粉料龙纹鼻烟壶	高4.8cm	368,000	中国嘉德	2018-11-20
清乾隆 御制蓝地套白料团龙鼻烟壶	高6cm	253,000	中国嘉德	2018-11-20
清乾隆 霁雪地套红料荷塘竹韵图鼻烟壶	高8.5cm	230,000	中国嘉德	2018-11-20
清乾隆 红地套蓝料苍龙教子图鼻烟壶	高6.8cm	92,000	北京东正	2018-06-17
清乾隆 蛋清地套粉料云蝠纹鼻烟壶	高6cm	92,000	中国嘉德	2018-06-19
清乾隆 料仿翡翠烟壶	高7.1cm	69,000	北京保利	2018-12-09
清乾隆 西湖水绿料磨棱鼻烟壶	高5cm	57,500	中国嘉德	2018-06-19
清乾隆 宝石蓝料光素鼻烟壶	高6cm	25,300	北京东正	2018-06-17
清中期 黄玉巧雕降龙伏虎罗汉图鼻烟壶	高6cm	172,500	中国嘉德	2018-11-20
清中期 京糕红料壶形鼻烟壶	高4.5cm	55,200	北京东正	2018-06-17
清中期 涅白地套双色玻璃鼻烟壶	高6cm	20,700	北京东正	2018-06-17
清 料胎画珐琅花鸟纹烟壶	高6cm	437,000	北京华辰	2018-11-19
清 套料钟表形烟壶	高7.5cm	299,000	北京华辰	2018-11-19
清 茶色料英雄合卺烟壶	高7cm	172,500	北京保利	2018-12-09
清 湖水绿玻璃磨棱鼻烟壶	高6cm	138,000	北京东正	2018-06-17
清 涅白地套花玻璃花鸟纹鼻烟壶	高4cm	89,700	北京东正	2018-06-17
清 珍珠地套红料包袱如意鼻烟壶	高5.5cm	86,250	北京东正	2018-06-17
清 涅白地套蓝玻璃并蒂连心鼻烟壶	高5.5cm	63,250	保利厦门	2018-07-15
清 黄料素面烟壶	高8cm	59,800	北京华辰	2018-11-19
清 涅白地套红料状元及第鼻烟壶	高5.2cm	59,800	北京东正	2018-06-17
清 珍珠地套红料耄耋图鼻烟壶	高6.5cm	57,500	北京东正	2018-06-17
清 套红料福禄万代烟壶	高8cm	51,750	北京华辰	2018-11-19
清 蓝套红玻璃绶鸟花卉鼻烟壶	高6.5cm	51,750	保利厦门	2018-07-15
清 粉套黄玻璃仙山楼阁鼻烟壶	高7cm	51,750	保利厦门	2018-07-15
清 瓷仿料器福禄万代烟壶	高8.5cm	48,300	北京华辰	2018-11-19
清 珍珠地套红料双骏图鼻烟壶	高7.5cm	48,300	北京东正	2018-06-17
清 绿料洒金烟壶	高7cm	46,000	北京华辰	2018-11-19
清 蓝套白玻璃荷花鼻烟壶	高7cm	46,000	保利厦门	2018-07-15
清 三色套料米芾拜石鼻烟壶	高7.5cm	46,000	保利厦门	2018-07-15
清 料胎画珐琅灵猴献瑞烟壶	高7.5cm	43,700	北京匡时	2018-06-15
清 瓷仿套料荷塘纹烟壶	高8cm	40,250	北京华辰	2018-11-19

拍品名称	物品尺寸	成交价RMB	拍卖公司	拍卖日期
清 雪花地套红玻璃黄发垂髫鼻烟壶	高6.5cm	40,250	保利厦门	2018-07-15
清 红、蓝玻璃光素鼻烟壶（二只）	高8×7.5cm	36,800	北京东正	2018-06-17
清 亮地套蓝料夔龙纹鼻烟壶	高6.5cm	36,800	北京东正	2018-06-17
清 雪霏地套蓝料八仙过海鼻烟壶	高6.5cm	36,800	北京东正	2018-06-17
清代 蓝料洒金星鼻烟壶	高6.6cm	36,800	古天一	2018-06-17
清 红料雕石榴形烟壶	高8cm	34,500	北京华辰	2018-11-19
清 蓝套米黄玻璃夔凤纹鼻烟壶	高5cm	34,500	保利厦门	2018-07-15
清 珍珠地套红料八吉祥太平有象鼻烟壶	高7.2cm	34,500	北京东正	2018-06-17
清代 绿套料荷塘清趣鼻烟壶	高8cm	34,500	古天一	2018-06-17
清代 蓝套料梅兰双清鼻烟壶	高7.3cm	34,500	古天一	2018-06-17
清代 红套料喜上眉梢鼻烟壶	高8cm	34,500	古天一	2018-06-17
清代 白料香山九老鼻烟壶	高7.5cm	34,500	古天一	2018-06-17
清 蓝料仿紫罗兰雕兽面纹烟壶	高8.5cm	34,500	北京华辰	2018-11-19
清 料制绞胎点彩烟壶	高8cm	34,500	北京华辰	2018-11-19
清末 料胎画珐琅鼻烟壶（一组三件）	最大一件：6.5cm	34,496	伦敦苏富比	2018-05-18
1767~1780年 御制玻璃胎画珐琅斗蟋蟀图鼻烟壶	高6cm	81,249	纽约佳士得	2018-09-12
1710~1770年 御制琥珀玻璃磨花鼻烟壶	高6.6cm	72,696	纽约佳士得	2018-09-12
1720~1820年 御制黄玻璃铺首衔环耳鼻烟壶	高6cm	68,420	纽约佳士得	2018-09-12
1760~1820年 玻璃胎部分鎏金嵌银镂雕龙纹寿字鼻烟壶	高6cm	64,144	纽约佳士得	2018-09-12
1769~1799年（传）吴玉川 御制玻璃胎画珐琅莲塘图诗文鼻烟壶	高5.7cm	51,315	纽约佳士得	2018-09-12
1760~1820年 蓝地套白玻璃雕八吉祥鼻烟壶	高6cm	47,039	纽约佳士得	2018-09-12
1780~1880年 御制黄玻璃雕博古图鼻烟壶	高7.3cm	47,039	纽约佳士得	2018-09-12
1730~1820年 御制红玻璃磨花鼻烟壶	高5.7cm	38,486	纽约佳士得	2018-09-12
1820~1900年 粉红地套绿玻璃榴开百子图鼻烟壶	高4.4cm	38,486	纽约佳士得	2018-09-12
1700~1780年 御制宝石红玻璃鼻烟壶	高6cm	38,486	纽约佳士得	2018-09-12
1750~1830年 白地套红玻璃五福团寿纹鼻烟壶	高6.3cm	34,210	纽约佳士得	2018-09-12
1770~1799年 御制扬州作玻璃胎画珐琅花鸟纹鼻烟壶	高6cm	34,210	纽约佳士得	2018-09-12
1720~1800年 御制涅蓝玻璃磨花鼻烟壶	高4.4cm	34,210	纽约佳士得	2018-09-12
其他类				
18世纪 程鸣为石涛上人刻榼藤子鼻烟壶	高2.7cm	406,000	佳士得	2018-05-30
清乾隆 御制剔红人物鼻烟壶	高6.9cm	322,000	中国嘉德	2018-06-18
清乾隆 铜胎嵌珐琅宝石大吉葫芦鼻烟壶	高7cm	218,500	北京东正	2018-06-17
清乾隆剔红高士访友图烟壶	高6.7cm	69,000	中贸圣佳	2018-06-20
清乾隆 匏制棱万寿纹鼻烟壶	8.8cm	64,680	伦敦苏富比	2018-05-18
清乾隆 珊瑚红釉雕瓷仿剔红龙凤纹烟壶	高8cm	48,300	北京东正	2018-06-17
清乾隆 权形宫廷牙章(鼻烟壶)	口径2×7.3cm	36,800	上海匡时	2018-04-30
清中期 金胎画珐琅西洋人物烟壶配雕彩漆荔枝盖盒	长11.7cm	253,000	北京保利	2018-06-20
清中期 宜兴紫砂地蓝釉开光双鸽双狗图烟壶	高6.9cm	138,000	北京东正	2018-06-17
清中期 大金花鼻烟壶	高19.5cm	57,500	保利厦门	2018-07-15
清中期 剔红狮耳高士图鼻烟壶	高7.9cm	40,250	北京东正	2018-06-17
清中期 剔红通景千叟宴图铺首鼻烟壶	高13cm	40,250	广东崇正	2018-07-05
清 贴竹黄夔龙纹烟壶	高6.5cm	402,500	北京华辰	2018-11-19
清 铜鎏金内填珐琅嵌宝烟壶	高7.5cm	322,000	北京华辰	2018-11-19
清 金胎画珐琅西洋人物烟壶	高6.5cm	287,500	北京华辰	2018-11-19
清 铜铸四妃十六子烟壶	高8.5cm	178,250	北京华辰	2018-11-19
清 金胎珊瑚地嵌翡翠寿字烟壶	高9.5cm	161,000	中贸圣佳	2018-06-20
清 玛瑙及料鼻烟壶（一组十件）	高5.1cm-8.2cm	138,000	西泠拍卖	2018-09-29
清代 椰壳刻字鼻烟壶	高6.6cm	94,300	古天一	2018-06-17
清 螺钿雕桃纹烟壶	高7.5cm	59,800	北京华辰	2018-11-19
清 铜胎掐丝珐琅葫芦形烟壶	高6.5cm	59,800	北京华辰	2018-11-19
清 鼻烟壶（一套十件）		57,500	北京保利	2018-07-27
清 核桃雕双联山水楼阁渔乐图鼻烟壶	高3.8cm	57,500	北京东正	2018-06-17
清 广东画珐琅富贵白头鼻烟壶	高6.3cm	46,000	北京东正	2018-06-17
清 茶晶、料等各式鼻烟壶（一组六件）		46,000	西泠拍卖	2018-07-07
清 胭脂剔红人物纹烟壶	高7.5cm	40,250	北京华辰	2018-11-19
清 竹雕素面烟壶	高6.5cm	40,250	北京华辰	2018-11-19
清 紫砂加彩堆泥人物故事鼻烟壶 紫砂堆泥梅花图烟壶（两件）	高6×9.2cm	36,800	北京东正	2018-06-17
清 铜胎剔红亭台人物狮耳鼻烟壶	高13.2cm	36,800	西泠拍卖	2018-09-29
清 铜鎏金黄玉花蝠纹双联烟壶	高6.2cm	32,200	中国嘉德	2018-09-20
嵌有珠宝的瑞士珐琅黄金自动音乐鼻烟盒《音乐课堂》	长8.8cm	1,995,750	佳士得	2018-11-25
瑞士珐琅黄金鼻烟盒	宽8.6Cm	498,938	佳士得	2018-11-25
嵌有珠宝的欧陆半宝石及珐琅黄金鼻烟盒	宽90mm	243,925	佳士得	2018-11-25
路易十五镶金珐琅鼻烟盒	直径70mm	221,750	佳士得	2018-11-25
德国珐琅黄金鼻烟盒	宽90mm	210,663	佳士得	2018-11-25
德国珐琅黄金鼻烟盒	宽80mm	210,663	佳士得	2018-11-25
德国珐琅黄金鼻烟盒	宽65mm	155,225	佳士得	2018-11-25
德国珐琅黄金鼻烟盒	宽85mm	155,225	佳士得	2018-11-25
1750~1800年 御制剔红人物故事图鼻烟壶	高5.3cm	128,288	纽约佳士得	2018-09-12
嵌有珠宝的德国珐琅黄金鼻烟盒	宽95mm	110,875	佳士得	2018-11-25
嵌有珠宝的德国皇室珐琅黄金鼻烟盒	宽68mm	77,613	佳士得	2018-11-25
瑞士珐琅黄金鼻烟盒	宽90mm	60,981	佳士得	2018-11-25
瑞士珐琅黄金鼻烟盒	宽88mm	60,981	佳士得	2018-11-25
1820~1900年 金雕游龙赶珠图鼻烟壶	高5cm	59,868	纽约佳士得	2018-09-12
路易十六变色黄金及半宝石鼻烟盒	宽65mm	46,568	佳士得	2018-11-25
德国珐琅黄金鼻烟盒	宽82mm	42,133	佳士得	2018-11-25
1740~1800年 广作铜胎画珐琅瓜瓞绵绵鼻烟壶	高4.1cm	35,921	纽约佳士得	2018-09-12

古典家具

拍品名称	物品尺寸	成交价RMB	拍卖公司	拍卖日期
坐卧类				
明末十六至十七世纪 黄花梨罗汉床	78.5×199×95.3cm	12,661,440	香港苏富比	2018-10-03
明 黄花梨螭龙卷草纹三弯腿罗汉床	199×103.5×48cm	6,670,000	上海匡时	2018-04-30
清早期 黄花梨拐子龙纹六柱架子床	232×160×222cm	1,852,128	中国嘉德	2018-10-02
清早期 铁犁木马蹄腿架子床	220×134×230cm	184,000	印千山	2018-01-12
17-18世纪 黄花梨架子床	226×157.5×221cm	12,263,645	纽约佳士得	2018-03-22
18世纪晚期 黄花梨罗汉床	高70.8×204.5cm；deep118.7cm	3,582,317	纽约佳士得	2018-03-22
清中期 紫檀浮雕和黑漆描金山水人物、花鸟图罗汉床及紫檀无束腰炕桌	床194×126×113.5cm；炕桌78×44×28.5cm	11,500,000	中国嘉德	2018-06-18
清 鸡翅木无束腰直棂纹六柱架子床	211×155×213cm	690,000	中国嘉德	2018-06-18
清 红木雕拐子龙架子床	239×167×225cm	299,000	北京保利	2018-07-27
清 酸枝双人床（一对）	68×123×52	239,540	香港诚昌	2018-05-28
清 红酸枝镶螺钿罗汉床	218×173×60cm	109,250	北京保利	2018-04-29
清铁力木螭龙纹有束腰马蹄足罗汉床	220×147×82.5cm	97,750	中国嘉德	2018-05-18
清 梓檀雕拐子龙五围板罗汉床	210×110×94cm	78,200	北京翰海	2018-05-13
清 梓檀满工双龙捧寿罗汉床	210×110×93cm	66,700	北京翰海	2018-09-16
清 铁力木雕龙纹三围板罗汉床	207×116×81cm	51,750	北京东正	2018-06-17
清 黄花梨独板罗汉床	196×105×78cm	46,000	北京翰海	2018-09-16
民国 梓檀雕狮纹绣球罗汉床	238×142×138cm	94,300	北京翰海	2018-09-16
当代 红木雕博古团寿架子床	228×158×235cm	184,000	北京翰海	2018-01-14
现代 花梨木明式罗汉床	218×113.5×78cm	55,200	北京荣宝	2018-09-14
明晚期 榉木有束腰三弯腿三屏风式罗汉床	196.5×93.5×72cm	437,000	中国嘉德	2018-11-20
明末清初 黄花梨有束腰马蹄足三屏风独板围子罗汉床	209×103×66cm	13,800,000	中国嘉德	2018-11-20
清早期 黄花梨四合如意云龙纹围六柱架子床	226×155.4×238.5cm	4,878,500	佳士得	2018-11-28

2018杂项拍卖成交汇总

(成交价RMB：2万元以上)

拍品名称	物品尺寸	成交价RMB	拍卖公司	拍卖日期
清早期 黄花梨螭龙纹六柱架子床	240.3×152.3×223cm	4,025,000	中贸圣佳	2018-11-24
伍炳亮作品 黄花梨有束腰马蹄足五屏风式龙纹罗汉床	217×117×105cm	4,370,000	中国嘉德	2018-11-20
明晚期 黄花梨高束腰三弯腿榻	199×98.5×53cm	31,050,000	中国嘉德	2018-11-20
明末清初 黄花梨有束腰马蹄足凉榻	202×81×51.5cm	1,380,000	中国嘉德	2018-06-18
清 黄花梨有束腰方腿马蹄足罗锅枨榻	192×62×54cm	2,300,000	中贸圣佳	2018-06-20
清 黄花梨榻	198×85×48cm	540,500	北京东正	2018-06-17
清 红木三人书背榻	161×53×83cm	109,250	北京保利	2018-01-21
清 黄花梨三弯腿席面榻	202×88×53cm	69,000	北京翰海	2018-05-13
清 紫檀雕博古罗汉榻	210×112×94cm	57,500	北京翰海	2018-01-14
清 紫檀嵌瘿子木席面罗汉榻	203×100×91cm	57,500	太平洋	2018-06-09
清 黄花梨雕席面罗汉榻	200×103×80cm	36,800	北京翰海	2018-05-13
清 御制剔红雕山水人物嵌白玉五福捧寿图屏风、御制剔红雕云龙赶珠纹宝座、御制剔红雕双龙戏珠纹踏、御制剔红雕云龙赶珠纹香几一对（一套五件）	340×17×241；宝座110×85×109.5；脚踏64.5×40.5×16；50×50×89cm×2	9,200,000	保利厦门	2018-07-15
清中早期 紫檀九屏风螭龙聚宝盆拐子纹大宝座	95×71×117cm	7,820,000	上海匡时	2018-04-30
清末 红木框剔红嵌宝座屏	138×138cm	189,750	上海匡时	2018-04-30
清 梓檀雕云龙宝座	137×90×116cm	86,250	北京翰海	2018-09-16
清 梓檀雕夔龙宝座	117×66×103cm	40,250	北京翰海	2018-05-13
1949年作 芬·尤尔 酋长双人沙发	148×88×92.5cm	397,731	保利澳门	2018-11-29
硬木云龙纹宝座	124×86×112cm	66,700	中国嘉德	2018-09-20
硬木云龙纹宝座	100×69×106cm	48,300	中国嘉德	2018-05-19
十七世纪 黄花梨南官帽椅		1,368,400	纽约苏富比	2018-09-12
17世纪 金漆圈椅	102.8×52.1cm	872,575	纽约佳士得	2018-03-22
17世纪 黄花梨高扶手南官帽椅	长59×45×96cm	437,000	华艺国际	2018-05-23
明 黄花梨高背南官帽椅成对	61×45×120cm	4,025,000	上海匡时	2018-04-30
明 黄花梨透雕如意纹南官帽椅	58×43×107cm;	1,193,275	保利香港	2018-04-02
明 黄花梨如意纹南官帽椅	112.6×62.8×50.2cm	592,900	伦敦佳士得	2018-05-15
明晚期 黄花梨圈椅成对		7,820,000	中国嘉德	2018-11-20
明晚期 黄花梨圈椅	64×62×99cm；座面58×43.8cm	690,000	中国嘉德	2018-11-20
明末清初 黄花梨麒麟寿字纹圈背交椅	63.5×40×100cm	27,370,000	北京保利	2018-12-08
明末清初 黄花梨瘿木高靠背大南官帽椅	64.5×47×111cm	8,625,000	北京保利	2018-12-08
明末清初 黄花梨攒靠背活屉四出头官帽椅	62.5×63×108.5cm；座面55.5×49cm	5,520,000	中国嘉德	2018-06-18
明末清初 黄花梨螭龙纹高扶手矮南官帽椅（一对）	长62×42×88.2cm	2,530,000	中贸圣佳	2018-11-24
明末清初 黄花梨高靠背灯挂椅	52.5×42.5×117.3cm	1,955,000	中国嘉德	2018-06-18
明末清初 黄花梨四出头官帽椅	长58.5×44×113cm	920,000	华艺国际	2018-05-23
清十七/十八世纪 黄花梨雕如意纹圈椅（一对）		4,283,550	纽约苏富比	2018-03-21
十八世纪 黄花梨圈椅（一对）		470,388	纽约苏富比	2018-09-12
清早期 黄花梨镶大理石圈椅（四只）	53×41×91×4	27,025,000	中国嘉德	2018-06-18
清早期 黄花梨灯挂椅（一对）	51×40.5×105.7cm	7,475,000	中贸圣佳	2018-11-24
清早期 黄花梨卷草纹圈椅（一对）	64×44.5×101cm	6,555,000	北京保利	2018-12-08
清早期 黄花梨松竹梅纹玫瑰椅（一对）	57.5×45×85cm	5,980,000	中贸圣佳	2018-06-20
清早期 黄花梨圈椅（一对）	90.6×65.5×102.8cm	4,600,000	中贸圣佳	2018-11-24
清早期 黄花梨圈椅（一对）	64×60×96.3cm	2,760,000	中贸圣佳	2018-11-24
清早期 黄花梨矮靠背南官帽椅（一对）	59.8×45×87.4cm	2,645,000	中贸圣佳	2018-11-24
清早期 黄花梨圈口牙板玫瑰椅（一对）	83×57×45cm	2,300,000	中贸圣佳	2018-06-20
清早期 黄花梨灯挂椅（四只）	49.7×44.5×99×4；座面49×39cm	1,955,000	中国嘉德	2018-06-18
清早期 黄花梨螭龙螭凤纹圈椅	65×59×99cm	1,610,000	中贸圣佳	2018-06-20
清早期 黄花梨高靠背南官帽椅	59×45.5×115.5cm	920,000	中国嘉德	2018-11-20
清早期 黄花梨南官帽椅	57×47×95.5cm	747,500	中贸圣佳	2018-06-20
清早期 黄花梨灯挂椅	52×37.5×98cm	690,000	中贸圣佳	2018-11-25

拍品名称	物品尺寸	成交价RMB	拍卖公司	拍卖日期
清早期 黄花梨圈椅	67×50×98cm	517,500	中贸圣佳	2018-11-25
清早期 黄花梨梳背椅	57×45×87cm	368,000	中贸圣佳	2018-06-20
清早期 官帽椅黄花梨（一对）	高92cm	230,000	上海匡时	2018-04-30
清康熙 御用紫檀鹿角椅	90.2×93×138.5cm	7,015,000	中贸圣佳	2018-11-24
18世纪 紫檀圈椅（一对）	65×57×90cm	3,783,920	佳士得	2018-05-30
17/18世纪 黄花梨嵌大理石四出头官帽椅（一对）	51.5×52×98.5cm	2,809,520	佳士得	2018-05-30
清中期 黄花梨嵌瘿木围子有束腰带托泥禅椅	87×61.5×96.7cm	1,023,500	中国嘉德	2018-11-20
清中期 黄花梨圈椅（一对）	43×58×93cm	460,000	华艺国际	2018-05-23
清中期 黑漆描金扶手椅对	57×47×103cm	172,500	上海匡时	2018-04-30
清中期 紫檀红木书背椅（一套三件）		138,000	印千山	2018-01-12
清中期 红木四出头官帽椅	56×46.5×108cm	103,500	上海匡时	2018-04-30
清中期 红木素圈椅	57×45.5×95cm	92,000	上海匡时	2018-04-30
清中期红木博古纹靠背椅成对	53×42×89cm×2	20,700	中国嘉德	2018-05-18
19世纪 黄花梨四出头官帽椅（一对）	62.5×48×111cm	4,421,956	伦敦佳士得	2018-05-15
19世纪 黄花梨四出头官帽椅（一对）		1,078,000	伦敦佳士得	2018-05-15
18-19世纪 明式红木夔龙雕花灵芝纹官帽椅（一对）	56×44.5×110.5cm	109,250	中贸圣佳	2018-11-25
19世纪 红木福寿纹扶手椅（两张）	97.8×61.6×48.3cm	42,763	纽约佳士得	2018-09-13
清晚期 红木逍遥椅	113×68×90cm	28,750	中国嘉德	2018-05-19
清晚期 红木福寿纹靠背椅连茶几		20,700	中国嘉德	2018-05-19
清 黄花梨南官帽椅（四件）	55.4×44.4×99cm	4,025,000	中贸圣佳	2018-11-24
清 黄花梨玫瑰椅（一对）		2,415,000	中贸圣佳	2018-06-20
清 黄花梨矮灯挂椅	53.2×43.6×68.2cm	1,744,000	佳士得	2018-10-04
清 紫檀素高背南官帽椅（一对）	59×45×115.3cm	977,500	上海匡时	2018-04-30
清 海黄四出头官帽椅（一对）	60×47×116cm×2	368,000	北京东正	2018-06-17
清 红木灯挂椅（一对）		345,000	西泠拍卖	2018-07-07
清 天然木大禅椅	115×97×103.5cm	195,500	中国嘉德	2018-11-20
清 红木"吉祥如意"扶手椅（两套）	62×48×95×4	161,000	印千山	2018-01-12
清 红木嵌大理石扶手椅（两套）		126,500	印千山	2018-01-12
清代 苏作红木扇形椅（一对）		126,500	中贸圣佳	2018-11-25
清 红木圈椅	58×46×96.5cm	101,200	北京保利	2018-04-29
清 红木雕灵芝中堂（四件）		94,300	北京翰海	2018-05-13
清 黄花梨席面四出头官帽椅（两件）	58×46×118cm	94,300	北京翰海	2018-09-16
清 红木云纹扶手椅（四件）	63×50×100cm	92,000	北京保利	2018-07-27
清 黄花梨交椅	61×45×103cm	92,000	北京东正	2018-06-17
清 紫檀四出头椅一对、茶桌一只		92,000	北京东正	2018-06-17
清 花梨木南方官帽椅（一对）		86,250	八益拍卖	2018-04-28
清 红酸枝镶大理石两椅一几		80,500	北京保利	2018-04-29
清 红木嵌云石灵芝纹禅椅	71×59×110cm	63,250	北京保利	2018-04-29
清 红木灵芝纹四季花卉四椅两几（共六件）		63,250	北京保利	2018-07-27
清 黄花梨席面四出头官帽椅（四件）	56×47×110cm	57,500	北京翰海	2018-05-13
清 红木嵌瘿木书卷椅（三件）		51,750	北京翰海	2018-05-13
清末 黄花梨拼硬木南官帽椅		51,315	纽约苏富比	2018-09-15
清 黄花梨席面南官帽椅（两件）	59×46×117cm	48,300	北京翰海	2018-01-14
清 黄花梨雕龙纹席面圈椅（两件）	61×48×99cm	48,300	北京翰海	2018-05-13
清 黄花梨四出头官帽椅（两件）	59×46×119cm	48,300	北京翰海	2018-09-16
清 紫檀雕缠枝牡丹纹扶手椅（3件）		48,300	北京翰海	2018-01-14
清 红木梳背椅	75×39×33.5cm	46,000	西泠拍卖	2018-09-29
清 黄花梨雕团寿圈椅（3件）		46,000	北京翰海	2018-01-14
清 黄花梨螭龙书卷椅（3件）		43,700	北京翰海	2018-09-16
清 花梨木雕花圈椅（一对）	69×52×102cm	43,700	北京保利	2018-07-27
清 红木鼓钉桌椅（一套）		40,250	北京东正	2018-06-17
清 梓檀席面南官帽椅（三件）		40,250	北京翰海	2018-05-13
清 梓檀梳背椅（三件）		40,250	北京翰海	2018-05-13
清 黄花梨席面四出头官帽椅（两件）	60×47×118cm	40,250	北京翰海	2018-01-14
清 紫檀官帽椅	62×48×108cm	39,100	北京保利	2018-07-27
民国 楠木书桌 椅（10件）		57,500	北京翰海	2018-05-13
民国 黄花梨雕麒麟圈椅（一对）	71×60×100cm	57,500	北京保利	2018-04-30
民国 红木嵌云石靠背椅成对及茶几（一组三件）	58×55×104.5×2；63×30×74×3	36,800	中国嘉德	2018-05-18

拍品名称	物品尺寸	成交价RMB	拍卖公司	拍卖日期
清末至民国 红木嵌云石扶手椅成对及茶几(一件)	46×32.5×83cm; 55×47×98cm×2	34,500	中国嘉德	2018-05-18
民国 黄花梨圈椅(3件)		34,500	北京翰海	2018-01-14
当代 紫檀雕灵芝纹中堂一套(4件)		109,250	北京翰海	2018-01-14
现代 紫檀雕西番莲纹太师椅(一对)	67×51×110cm×2	69,000	保利厦门	2018-01-08
当代 不锈钢细纹竹节圈椅对	60×47×92cm	57,500	上海匡时	2018-04-30
现代赞比亚紫檀西番莲扶手椅(一套)	72×52.5×106cm	51,750	北京荣宝	2018-09-14
现代 赞比亚紫檀单靠背灯挂椅、四平方桌(一套)	50×40×108cm	51,750	北京荣宝	2018-09-14
当代 紫檀雕云龙四出头官帽椅(两件)	58×47×108cm	49,450	北京翰海	2018-01-14
当代 黄花梨雕夔龙圈椅(两件)	60×47×102cm	36,800	北京翰海	2018-01-14
当代 黄花梨圈椅(3件)		34,500	北京翰海	2018-01-14
黄花梨螭龙纹圈椅成对	65×63×98×2; 座面58×46.5cm	552,000	中国嘉德	2018-06-18
约1900年 法国巴黎 蔷薇木办公桌椅套装	桌子约135×74×76cm; 椅子高约76.5cm	552,000	保利厦门	2018-01-08
2015年小叶紫檀拐子龙纹扶手椅(一对)		517,500	北京保利	2018-06-20
十九/二十世纪 黄花梨南官帽椅(两件)		384,863	纽约苏富比	2018-09-15
2015年 小叶紫檀七屏卷书式搭脑扶手椅(一对)	52×41×81.5cm	345,000	北京保利	2018-06-20
紫檀六棱柱四出头官帽椅(一对)	45×58×111.5cm	287,500	华艺国际	2018-11-17
二十世纪初 黄花梨素圈椅(一对)		261,773	纽约苏富比	2018-03-24
1940年设计 芬·尤 鹈鹕椅(一组)	68×85×75cm×2	184,000	保利厦门	2018-07-15
玫瑰木椅子(六件)	53.5×44×70.5cm	172,500	中国嘉德	2018-11-20
硬木镶螺钿龙凤花卉圆桌、椅一套十五件		112,056	香港普艺	2018-06-02
爱马仕 2017 金色BOX牛皮及胡桃木座椅(一组两件)	87×81×54cm	95,462	保利香港	2018-04-02
1970年作尼尔斯·奥托·莫勒62号椅	56×50×80cm	88,966	保利澳门	2018-11-29
两把锡灰色CLÉMENCE小牛皮MÉTIERS系列胡桃木椅子	60×83.5×55cm	88,700	佳士得	2018-11-28
约1880年 精美维多利亚时期扶手椅(一对)	115×55×60cm×2	86,250	北京东正	2018-06-17
爱马仕 2017 金色BOX牛皮及胡桃木座椅(一组两件)	87×81×54cm	82,317	保利香港	2018-10-02
邵帆 1996年 界	73×48.5×108cm	80,500	中贸圣佳	2018-11-24
邵帆 1996年 月	55.5×44×137cm	71,300	中贸圣佳	2018-11-24
鲁作家具博物馆 紫楠南官帽椅成对		69,000	中国嘉德	2018-11-20
玫瑰木椅子(四件)	44.5×44.5×78cm	69,000	中国嘉德	2018-11-20
黄花梨禅椅、几(一套三件)		57,500	北京保利	2018-07-27
鲁作家具博物馆 花梨木圈椅成对		55,200	中国嘉德	2018-11-20
黄花梨雕云纹四出头官帽椅成对	58×47×119cm	43,700	太平洋	2018-06-09
紫檀椅(一套)		43,700	印千山	2018-01-12
金丝楠木(老料)四出头椅	60×47×119cm	36,000	北京匡时	2018-06-15
柚木长条椅	169.5×76×71cm	36,800	中国嘉德	2018-06-18
1890年制 法式下午茶桌椅套组		34,500	西泠拍卖	2018-07-09
柚木椅子(一套十把)	50×48.5×79×10	34,500	中国嘉德	2018-06-18
黄花梨雕龙纹席面圈椅(一对)	62×48×99cm	33,350	太平洋	2018-11-22
明末 黄花梨方杌成对		1,008,381	中国嘉德	2018-10-02
十七世纪 黄花梨方凳	49×46×43cm	215,600	伦敦苏富比	2018-05-16
明黄花梨有束腰三弯腿罗锅枨长方凳	长52.5×42×51.5cm	2,185,000	中贸圣佳	2018-06-20
明 黄花梨十字枨方凳(一对)	高43cm; 长52.5cm	763,696	保利香港	2018-04-02
明 金丝楠木交杌	62×39×60cm	66,700	北京匡时	2018-06-15
明晚期 黄花梨无束腰直足罗锅枨云纹牙头长方凳成对	59.2×49.5×51.3cm×2	368,000	中国嘉德	2018-11-20
明末清初 黄花梨霸王枨三弯腿方凳(一对)	长55.5×55.5×52.1cm	9,200,000	中贸圣佳	2018-11-24
明末清初 黄花梨瘿木面鼓凳成对	47.5×47.5×48.7cm×2	4,140,000	中国嘉德	2018-11-20
明末清初 黄花梨有束腰马蹄足禅凳	70×70×51.5cm	3,450,000	北京保利	2018-12-08
明末清初黄花梨罗锅枨长方凳(一对)	49.7×39.8×48.7cm	207,000	中贸圣佳	2018-11-24
清早期 黄花梨打洼腿方凳	45×45×51×4	1,322,500	北京匡时	2018-06-15
清早期 黄花梨有束腰马蹄足罗锅枨长方凳成对	49×45×48cm×2	920,000	中国嘉德	2018-11-20

拍品名称	物品尺寸	成交价RMB	拍卖公司	拍卖日期
清早期 紫檀禅凳	长60×60×51cm	805,000	中贸圣佳	2018-06-20
清早期 奇木禅坐	115×82×72cm	425,500	中国嘉德	2018-06-18
清早期 红木马蹄腿大禅凳	56×56×52.5×4	402,500	北京匡时	2018-06-15
清早期 黄花梨罗锅枨长方凳(一对)		322,000	中贸圣佳	2018-11-24
清早期 硬木二人凳	103×33.5×47.5cm	267,530	中国嘉德	2018-10-02
清早期 黄花梨有束腰马蹄腿长方凳	54.5×45.5×47cm	154,344	中国嘉德	2018-10-02
清17/18世纪 黄花梨带踏床交杌	61×56.3×56cm	1,827,000	佳士得	2018-05-30
清十八/十九世纪 紫檀有束腰马蹄足春凳		555,913	纽约苏富比	2018-09-12
清晚期 红木镶大理石螭龙纹圆桌、圆凳(一桌五凳)		1,265,000	中贸圣佳	2018-11-24
清 紫檀方凳(一对)	42×42×49cm	1,315,440	香港诚昌	2018-05-30
清 黄花梨罗锅枨方凳	40.5×40×48.5cm	437,000	西泠拍卖	2018-07-07
清 紫檀回纹梳子(一对)	55×55×50cm×2	207,000	印千山	2018-01-12
清 红木镶大理石禅凳	81.5×61×103cm	172,500	北京保利	2018-04-29
清 酸枝琴枱连櫈(一套)	76×127×62.5cm	76,653	香港诚昌	2018-05-28
清 红木嵌瘿木鼓凳(5件)	30×45cm	34,500	北京翰海	2018-01-14
清末民国 黄花梨素联三闷户橱及黄花梨有束腰马蹄足长方凳成对		308,688	中国嘉德	2018-10-02
民国 红木嵌粉彩花卉凳(四件)	高48.5cm	86,250	北京保利	2018-10-28
民国 黄花梨席面禅凳(两件)	61×61×51cm	69,000	北京翰海	2018-05-13
20世纪 黄花梨禅凳(四件)	56×46×53cm	92,000	北京保利	2018-06-21
金丝楠木梳妆台及方凳成套	117×50×160cm; 51×38.5×41cm	57,500	中国嘉德	2018-05-18
置物类				
明末黄花梨一腿三牙高罗锅枨八仙桌	92×92×80cm	3,601,360	中国嘉德	2018-10-02
17世纪黄花梨云纹托角牙霸王枨画桌	81.5×182.3c×73.7cm	3,494,880	香港苏富比	2018-04-02
17世纪 黄花梨云纹牙头桌	83.5×112.3×46cm	1,112,375	香港苏富比	2018-04-02
十七世纪 黄花梨有束腰罗锅枨马蹄足半桌		594,938	纽约苏富比	2018-03-21
十七世纪 黄花梨有束腰罗锅枨马蹄足半桌		555,275	纽约苏富比	2018-03-21
明 黑漆下卷式条桌	90.8×153.7×35.8cm	1,618,000	香港苏富比	2018-04-02
明 黄花梨直枨矮老画桌	高85cm; 长165cm	1,431,930	保利香港	2018-04-02
明 黄花梨三弯腿长方桌	高81cm; 长86cm	1,145,544	保利香港	2018-04-02
明黄花梨刀牙霸王枨猫耳方桌	93.5×94.5×85.5cm	1,035,000	中贸圣佳	2018-06-20
晚明 黄花梨炕桌	65.4×44.8×31.7cm	575,000	保利厦门	2018-01-08
明晚期 黄花梨有束腰马蹄足罗锅枨条桌成对	106×55.3×88cm×2	5,290,000	中国嘉德	2018-11-20
明晚期 黄花梨有束腰三弯腿螭龙纹炕桌	97.5×63×31.5cm	1,035,000	中国嘉德	2018-11-20
明晚期 黄花梨嵌瘿木小方炕桌	68.5×70.7×23.3cm	920,000	中国嘉德	2018-11-20
明晚期黄花梨束腰卷云帐内翻马蹄方桌	长90×90×81.5cm	322,000	八益拍卖	2018-04-28
明末清初 黄花梨瓜棱腿折迭行军桌	82.4×51.4×83.4cm	2,875,000	中贸圣佳	2018-11-24
明末清初 黄花梨有束腰半六方桌	87×36.5×80cm	2,127,500	北京保利	2018-12-08
明末清初 黄花梨螭龙纹三弯腿炕桌	99×67.5×30cm	920,000	北京保利	2018-12-08
明末/清初 黄花梨嵌瘿木长方桌	高75×90cm; deep55cm	761,250	佳士得	2018-05-30
明末清初 黄花梨无束腰直枨卡子花方桌	90.4×90.4×85cm	575,000	中国嘉德	2018-06-18
明末清初黄花梨无束腰拐子纹炕桌	74.2×49.6×27.5cm	460,000	中国嘉德	2018-11-20
明末清初 红木活屉瘿木面方桌	84×84×83.5cm	89,700	中国嘉德	2018-05-18
清早期 黄花梨嵌云石四屉方桌	87.6×87.6×87.2cm	2,645,000	西泠拍卖	2018-07-07
清早期 黄花梨无束腰攒牙子瓜棱腿条桌	121×60.7×80.7cm	1,955,000	中国嘉德	2018-06-18
清早期 黄花梨有束腰马蹄足云石面小画桌	111×66.5×83.5cm	1,955,000	中国嘉德	2018-11-20
清早期 黄花梨螭龙纹霸王撑方桌	91.5×91.5×86cm	1,725,000	上海匡时	2018-04-30
清早期 黄花梨蒜头足螭龙纹方桌	92×92×83cm	1,725,000	上海匡时	2018-04-30
清早期 黄花梨无束腰罗锅枨加卡子花方桌	83×83×81.5cm	1,725,000	中国嘉德	2018-06-18
清早期 黄花梨罗锅枨方桌	88×88×87.5cm	1,725,000	西泠拍卖	2018-07-07
清早期 黄花梨展腿半桌	98.5×64.5×87.5cm	1,012,000	中贸圣佳	2018-06-20
清早期 黄花梨罗鼓撑方桌	91.5×91.5×86cm	931,500	上海匡时	2018-04-30

2018杂项拍卖成交汇总

(成交价RMB：2万元以上)

拍品名称	物品尺寸	成交价RMB	拍卖公司	拍卖日期
清早期 黄花梨插肩榫三弯腿小佛桌	64×31×26.8cm	920,000	中国嘉德	2018–06–18
清早期 黄花梨有束腰马蹄足带屉有翘头小香桌	83×42.5×78cm	782,000	中国嘉德	2018–06–18
清早期 黄花梨无束腰刀牙板罗鼓枨方桌	92×92×86.5cm	747,500	上海匡时	2018–04–30
17世纪/18世纪 黄花梨仿竹双连环卡子花条桌	1.3×138.4×57.2cm	598,675	纽约佳士得	2018–09–13
清早期 黄花梨大漆面平头案书桌	101.5×51×78cm	598,000	上海匡时	2018–04–30
清早期 黄花梨三弯腿卷草纹炕桌	94.7×61.5×31.5cm	402,500	中国嘉德	2018–06–18
清早期 黄花梨高束腰齐牙条虎爪足炕桌	70×50×27cm	230,000	中国嘉德	2018–11–20
清早期 工字形黄花梨半桌	高80cm	230,000	上海匡时	2018–04–30
清早期 黄花梨束腰罗锅枨马蹄足方桌	91.8×91.8×87cm	63,250	中国嘉德	2018–05–19
17/18世纪 黄花梨折腿酒桌	高94×64cm; deep48cm	3,199,280	佳士得	2018–05–30
18世纪 紫檀展腿式长桌	长76×89×43cm	345,000	华艺国际	2018–05–23
清中期 紫檀夔龙纹展腿式书桌	115×68×88cm	1,495,000	中贸圣佳	2018–06–20
清中期 红木福寿纹供桌	266.5×55.5×132.5cm	552,000	华艺国际	2018–05–23
清中期 铜胎掐丝珐琅石榴花鸟转桌	直径72×71.5cm	402,500	北京保利	2018–12–09
清中期 紫檀木方桌	91×91×86cm	345,000	北京保利	2018–06–20
清中期 红木独板雕灵芝寿桃纹长桌	204×24.8×54.5cm	43,700	中贸圣佳	2018–11–25
清十九世纪 榆木雕竹节纹桌		145,393	纽约苏富比	2018–09–15
19世纪 红木雕梅纹长方桌	87×162.5cm×68cm	102,630	纽约佳士得	2018–09–13
清十九世纪 黄花梨单板有束腰条桌		79,325	纽约苏富比	2018–03–24
约1880年 19世纪 法国 桃花心木送餐桌	约88×50×77cm	66,700	保利厦门	2018–01–08
清十九世纪 黄花梨三屉桌		35,921	纽约苏富比	2018–09–15
清晚期 红木镶大理石一根藤纹圆桌	直径88.4×83.3cm	920,000	中贸圣佳	2018–11–24
清晚期 黄花梨棋桌	长76.3×75.8×83.8cm	230,000	北京保利	2018–12–09
清晚期 红木嵌瘿木拐子龙纹卷桌	84×117×42cm	63,250	西泠拍卖	2018–07–07
清 黄花梨螭龙纹罗锅枨方桌	98×98×86cm	3,335,000	中贸圣佳	2018–06–20
清 黄花梨罗锅枨方桌（一对）	87.2×87×81cm	1,840,000	中贸圣佳	2018–11–24
清 黄花梨罗锅枨方桌	94×92.5×86.5cm	1,495,000	中贸圣佳	2018–06–20
清 黄花梨独板束腰罗锅枨画桌	206.3cm; deep59.3cm 高87.6cm	1,471,500	佳士得	2018–10–04
清中早期 椰壳制螭龙纹炕桌	81×45.2×24.8cm	977,500	中贸圣佳	2018–06–20
清 黄花梨霸王枨云蝠纹方桌	97.8×97.6×84.5cm	690,000	中贸圣佳	2018–11–25
清 黄花梨单层酒桌	75.5×46×78cm	667,000	北京东正	2018–06–17
清 黄花梨棋桌	88×90×86cm	460,000	北京保利	2018–06–21
清 黄花梨罗锅枨条桌	97.5×49.3×84.9cm	437,000	中贸圣佳	2018–11–24
清 黄花梨束腰顶牙罗锅枨方棋桌	85×90cm; deep90cm	436,000	佳士得	2018–10–04
清 乌木画桌	150×66.5×83cm	402,500	中贸圣佳	2018–11–25
清 黄花梨小画桌	91×65×85cm	402,500	北京东正	2018–06–17
清末 黄花梨拼花梨木有束腰马蹄足条桌		342,100	纽约苏富比	2018–09–15
清 红木条桌（一对）	119.5×39×84cm	264,500	中贸圣佳	2018–06–20
清 黄花梨明式条桌	120×57×84cm	253,000	北京保利	2018–07–27
清 红木嵌瘿木拐子纹圆桌	82.5cm; 直径83cm	230,000	西泠拍卖	2018–07–07
清 黄花梨炕桌	92×59.3×30.8cm	218,500	中贸圣佳	2018–11–25
清末 黄花梨三联桌		158,650	纽约苏富比	2018–03–24
清 红木雕拱璧绳纹八仙桌	83.5×97.5cm	138,000	西泠拍卖	2018–07–07
清 红木雕回纹下卷琴桌	85×41cm	138,000	西泠拍卖	2018–07–07
清 红木嵌瘿木拱璧纹下卷琴桌	82.7×119.4×40.6cm	115,000	西泠拍卖	2018–07–07
清 红木雕博古图下卷琴桌	82×116×39.5cm	115,000	西泠拍卖	2018–07–07
清 黄花梨如意纹翘头小条桌	106×40×86cm	103,500	北京东正	2018–06–17
清 黄花梨雕龙书桌	118.5×59×84cm	94,300	北京东正	2018–06–17
清 梓檀嵌黄杨木苏作画桌	165×70×86cm	86,250	北京翰海	2018–09–16
清 紫檀雕海水江崖龙纹六方桌	83×83×84cm	82,800	北京翰海	2018–05–13
清 红木长条桌	164×46×88cm	66,700	北京保利	2018–01–21
清 红木圆转台桌	直径110×80cm	63,250	北京保利	2018–04–29
清 红木条桌	174×54×84cm	57,500	北京翰海	2018–01–14
清 黄花梨方桌	93×88cm	57,500	印千山	2018–01–12
清 红木方茶桌	89.5×89.5×35cm	52,900	北京保利	2018–12–08
清 黑漆高束腰开光三弯腿带托泥大供桌	91×91×84cm	51,750	中国嘉德	2018–05–18
清 红木马鞍式小桌	84.5×44×80cm	51,750	北京保利	2018–01–21
清 黄花梨明式条桌	203×46×83cm	49,450	北京翰海	2018–01–14
清 黄花梨圆包圆画桌	171×61×85cm	48,300	北京翰海	2018–01–14
清末 红木雕莲纹长方桌		47,595	纽约苏富比	2018–03–24
清 红木拱璧八仙桌	97.5×97.5×83cm	47,040	上海联合	2018–07–01
清 梓檀拼锦地万字纹画桌	162×74×87cm	46,000	北京翰海	2018–09–16
清 红木拉钱方桌	98×98×84cm	46,000	北京保利	2018–07–27
清 铁力木起线打洼画桌	177×80×84cm	46,000	北京翰海	2018–01–14
清 紫檀小蝌蚪纹饰小琴桌	126×38×87cm	46,000	北京东正	2018–06–17
清 黄花梨明式条桌	146×52×85cm	43,700	北京翰海	2018–01–14
清 红木大理石面半桌	82×40×80cm	40,250	印千山	2018–01–12
清 黄杨木嵌红木面炕桌	89×58×36cm	36,800	上海匡时	2018–04–30
清 红木拉钱纹八仙桌	102.5×102.5×86cm	36,800	中国嘉德	2018–05–18
清 紫檀雕回纹苏作条桌	185×48×84cm	36,800	北京翰海	2018–05–13
清 红酸枝长桌	106×54.5×85cm	34,500	北京保利	2018–04–29
清 红木拉钱纹方桌	99×99×84cm	34,500	北京保利	2018–10–28
清 红木箭腿方桌	90×90×82cm	34,500	北京保利	2018–10–28
清 黄花梨霸王枨明式画桌	179×79×81cm	34,500	北京翰海	2018–05–13
清 铁力木如意纹大翘头供桌	206×46×89cm	34,500	北京东正	2018–06–17
清 紫檀雕云头画桌	168×68×82cm	34,500	北京翰海	2018–01–14
清 红木下卷琴桌	87×145	34,500	北京华辰	2018–11–19
清 柏木有束腰马蹄腿霸王枨条桌	127.5×38.5×86cm	34,500	中国嘉德	2018–11–20
清 红木雕花半桌	86×50×82cm	33,350	印千山	2018–01–12
民国 紫檀裹腿画桌	215×95×86cm	82,800	北京翰海	2018–01–14
民国 黄花梨内翻马蹄嵌瘿木条桌	176×48×83cm	63,250	北京保利	2018–04–30
民国 红木茶桌（一套）		43,700	印千山	2018–01–12
民国 紫檀三屉桌	130×66×83cm	43,700	北京保利	2018–04–30
民国 紫檀雕卷草纹八仙桌	95×95×84cm	34,500	北京保利	2018–04–30
民国 梓檀起线嵌绿纹石画桌	180×81×84cm	32,200	北京翰海	2018–09–16
20世纪初 红木嵌掐丝珐琅桌	75×51×32cm	48,510	伦敦佳士得	2018–05–15
当代 紫檀雕夔龙画桌	189×89×80cm	36,800	北京翰海	2018–01–14
现代 赞比亚紫檀绳纹嵌玉条桌	147×45×82cm	36,800	北京荣宝	2018–09–14
伍炳亮作品 黄花梨无束腰霸王枨大画桌	230.7×78×85cm	3,220,000	中国嘉德	2018–11–20
2016年 小叶紫檀四面平加浮雕画桌	173.7×86.7×81.8cm	1,058,000	北京保利	2018–06–20
2015年 小叶紫檀束腰西番莲云蝠纹大条桌	长194×52×93cm	1,035,000	北京保利	2018–06–20
2016年 小叶紫檀西番莲纹展腿式条桌	长176.5×57.5×94cm	782,000	北京保利	2018–06–20
约1900年 精致法国巴黎铜鎏金桃花心木珠宝展示桌	75×82×58cm	552,000	北京东正	2018–06–17
黄花梨螭龙纹三弯腿炕桌	91.8×58.6×32.1cm	460,000	中贸圣佳	2018–11–25
约1850年 罕见奥地利细木镶嵌中央桌	77×138cm	437,000	北京东正	2018–06–17
2015年作 积庆堂 小叶紫檀一腿三牙裹腿罗锅枨条桌	106×36.5×82cm	287,500	保利厦门	2018–07–15
约1890年 法国巴黎铜鎏金细木镶嵌牌桌	79×80×41cm	253,000	北京东正	2018–06–17
约1820—1880年 法国 拿破仑帝国风格 铜鎏金镶嵌桃花心木梳妆台、书桌及断层式书柜（三件套）	约278×120cm; 76×150×82cm; 176×196×50cm	207,000	保利厦门	2018–07–15
小叶紫檀绳纹玉璧条桌	102×43×83cm	207,000	北京匡时	2018–06–15
黄花梨方桌	86×86×86cm	195,500	北京东正	2018–06–17
约1895年 法国巴黎 弗朗索瓦·林克FRANCOIS LINKE出品 玫瑰木淑女写字桌	约75×114×65cm	172,500	保利厦门	2018–07–15
玫瑰木长茶桌	160.5×60×44cm	132,250	中国嘉德	2018–11–20
约1890年作 法国十九世纪精美休闲小桌 保罗·索马尼出品	46×77×46cm	111,550	华艺国际	2018–11–16
玫瑰木大画桌		111,550	中国嘉德	2018–11–20
约1890年作 法国十九世纪中国风风格休闲桌/纸牌桌 维多出品	63×74×59cm	92,000	华艺国际	2018–11–16
玫瑰木小茶桌	70.5×50.5×48cm	80,500	中国嘉德	2018–11–20

拍品名称	物品尺寸	成交价RMB	拍卖公司	拍卖日期
爱马仕2018棕色TAURILLON ESSENTIEL牛皮TABLE A CACHETTE收纳桌及金色TAURILLON ESSENTIEL牛皮咖啡桌	长51×高53×直径51cm; 长44×高42×直径44cm	72,027	保利香港	2018-10-02
玫瑰木咖啡桌	164×60×50cm	57,500	中国嘉德	2018-11-20
玫瑰木长条桌	120×60×50.5cm; 210×60×50.5cm	57,500	中国嘉德	2018-11-20
约1860年 法国巴黎细木拼花三足桌	72×54cm	55,200	北京东正	2018-06-17
核桃木三弯腿四足半月桌成对	94.5×41×83.5cm×2	48,300	中国嘉德	2018-05-18
柚木活动桌面画桌	130×95×74cm; 展开235×95×74cm	48,300	中国嘉德	2018-06-18
约1850年 罕见斯里兰卡椴木和乌木折叠桌	76×44.5×75cm	46,000	北京东正	2018-06-17
硬木镶螺钿花鸟壁桌	→173cm	35,484	香港普艺	2018-06-02
法贝热 限量5合1娱乐桌子	约89×47×72cm	34,500	北京保利	2018-12-09
玫瑰木抽屉桌	59.5×35.5×52cm	34,500	中国嘉德	2018-11-20
黄花梨霸王枨明式画桌	178×78.5×82.5cm	32,200	太平洋	2018-11-22
十七世纪 褐漆嵌螺钿仙聚图炕桌		136,840	纽约苏富比	2018-09-12
清中期 剔红花鸟图八角锦面方桌	104.5×104.5×84.5cm	3,220,000	中贸圣佳	2018-11-24
明洪武 建安十五年铭铜雀台瓦砚	28.5×17.2cm	92,000	华艺国际	2018-11-16
明 黄花梨折叠式镜台	39.5×34.5×27.5cm	246,950	中国嘉德	2018-10-02
清早期 黄花梨瘿木面方台	102.2×102.2×81cm	632,500	中贸圣佳	2018-11-25
清早期 黄花梨镜台	31×56×69cm	287,500	华艺国际	2018-11-16
清早期 黄花梨雕龙纹镜台	高49cm	264,500	上海匡时	2018-04-30
清早期 黄花梨台式几	长24×19.5×6.6cm	172,500	中贸圣佳	2018-06-20
清早期 黄花梨文具台式几	长55×34cm	114,979	香港诚昌	2018-05-28
清乾隆 剔彩花卉纹台几	37×25×15.5cm	322,000	中贸圣佳	2018-06-20
清中期 天然木圆台	直径91.2×80.6cm	345,000	中贸圣佳	2018-11-24
清十九世纪硬木雕螭龙纹灯台（一对）		111,055	纽约苏富比	2018-03-24
清 紫檀书台	110×58×87cm;	1,364,160	香港诚昌	2018-05-30
清 黄花梨镜台	84×59.5×34.5cm	828,000	上海匡时	2018-04-30
清 紫檀台式盆景几	长47.5×88.6×14.4cm	402,500	中贸圣佳	2018-11-24
清 黄花梨五屏风式喜上眉梢镜台	高57.5cm; 长48.5×27.5cm	241,500	西泠拍卖	2018-07-07
清 紫檀雕灵芝花卉纹梳妆台	高18.5×35cm	146,160	香港诚昌	2018-05-30
清 黄花梨雕龙镜台	54.5×30×72.5cm	126,500	北京东正	2018-06-17
清 红木嵌云石绞藤纹百灵台	高83.4cm; 直径88.7cm	109,250	西泠拍卖	2018-07-07
清 紫檀雕夔龙纹文房台几	60×17×16.5cm	69,000	保利厦门	2018-01-08
清 黄花梨镜台	长31.5×31.5×16.3cm	57,500	中贸圣佳	2018-11-25
清 剔红花卉纹海棠形台座	高13.3cm; 直径61.2cm	46,000	西泠拍卖	2018-07-07
清 红木雕灵芝转圆台	99×83cm	34,500	北京翰海	2018-01-14
清 红木打洼龙纹方花台（两件）	45×45×89cm	34,500	北京翰海	2018-09-16
清 紫檀素工明式花台（两件）	55×40×100cm	34,500	北京翰海	2018-01-14
民国 梓檀雕竹节圆台（6件）	77×77 33×45cm	55,200	北京翰海	2018-09-16
罕见瑞士大型音乐盒配写字台	174×100×130cm	494,500	华艺国际	2018-11-16
五足台座式圆香几	41×41×98cm	345,000	北京匡时	2018-06-15
玫瑰木写字台	179.5×84.5×73cm	92,000	中国嘉德	2018-06-18
五代/北宋 黑漆曲栅足翘头案	123.5×37.5×49.5cm	3,281,900	佳士得	2018-11-26
明万历朱红漆板式三弯腿大供案	236.5×94×117cm	782,000	北京保利	2018-12-09
17世纪 黄花梨独板翘头案	189×45×80cm	1,150,000	华艺国际	2018-05-23
明末 黄花梨夹头榫平头案	80.5×155.2×50.6cm	809,000	香港苏富比	2018-04-02
明 榆木透雕缡龙纹大翘头案	216×54×84.5cm	287,500	北京匡时	2018-06-15
明 黄花梨小条案	100×43×80cm	253,000	印千山	2018-01-12
明 铁犁木大翘头案	301×72×88cm	172,500	印千山	2018-01-12
明 大理石案屏 连清木座	总高49.2×31cm	60,675	香港苏富比	2018-04-02
明晚期 黄花梨“金玉满堂”夹头榫带托子翘头大案	232.5×52.7×81.3cm	27,025,000	中国嘉德	2018-11-20
明晚期 黄花梨夹头榫带托泥云纹翘头案	160×44×89.5cm	3,680,000	中国嘉德	2018-11-20
明晚期 黄花梨刀牙板平头案	121.8×58.3×82.5cm	2,645,000	北京保利	2018-12-08
明晚期 黑漆描金嵌螺钿盆花图平头案	83.8×72.8×77.4cm	1,495,000	中贸圣佳	2018-11-24
明晚期 楠木夹头榫带翘头条案	342.5×62×94cm	460,000	中国嘉德	2018-11-20
明末清初 黄花梨镶楠木瘿面小画案	88×57.5×78cm	14,260,000	中贸圣佳	2018-06-20
明末清初 黄花梨瘿木面平头案	104×54.3×84.1cm	1,495,000	北京保利	2018-12-08
明末清初 黄花梨镶瘿木面平头案	88.2×53.6×83.5cm	977,500	中贸圣佳	2018-11-24
明末清初 朱漆描金插肩榫平头案	77×45.5×93.5cm	402,500	北京保利	2018-12-09
清早期 黄花梨平头案	132×51.5×81cm	2,875,000	中贸圣佳	2018-06-20
清初 黄花梨联三橱式炕案	高51cm; 104×42cm	763,696	保利香港	2018-04-02
清早期 黄花梨平头案	185.5×53.5×83cm	690,000	中贸圣佳	2018-11-24
清早期 黄花梨夹头榫带屉小香案	68×36.5×72.5cm	667,000	中国嘉德	2018-06-18
清早期 铁力夹头榫独板面大翘头案	316×58.5×111cm	598,000	中国嘉德	2018-06-18
清早期 紫檀嵌云石拐子纹案屏	51.8×22×53.5cm	402,500	中国嘉德	2018-06-18
17世纪/18世纪 黄花梨如意云夹头榫平头案	82.4×108.5cm×37cm	342,100	纽约佳士得	2018-09-13
清早期 紫檀有束腰三弯腿带翘头小案上案	64.5×24×22cm	322,000	中国嘉德	2018-06-18
清早期 黄花梨三屉翘头案	112×43×83cm	299,000	印千山	2018-01-12
清早期 黄花梨六角形案上几	长27.7; 高17.4cm	253,000	中贸圣佳	2018-11-25
清早期 黄花梨夹头榫小平头案	77×38×82cm	164,634	中国嘉德	2018-10-02
清早期柞榛木独板翘头带托泥案上案	44.8×15.1×10.5cm	69,000	中国嘉德	2018-06-18
清早期楠木髹漆夹头榫带托子翘头案	290×40×95.5cm	43,700	中国嘉德	2018-05-18
清早期 黄花梨小平头案	长36.1×19×10.5cm	34,500	上海匡时	2018-04-30
清乾隆 紫檀结绳纹条案	192×44×90cm	7,935,000	北京保利	2018-12-08
清乾隆 帝师朱益藩旧藏紫檀西番莲纹条案	87.2×141.8×40.2cm	1,552,500	西泠拍卖	2018-07-07
18世纪 黄花梨架几案	147×36×47cm	920,000	保利厦门	2018-01-08
清中期 宫廷紫檀浮雕云福纹书案	167×49×89cm	3,047,500	上海匡时	2018-04-30
清中期明式红木雕花捌子龙纹画案	169.4×55.8×74.5cm	69,000	中贸圣佳	2018-11-25
清十八/十九世纪 黄花梨插肩榫云纹牙头炕案		253,840	纽约苏富比	2018-03-24
清十九世纪 青釉山水图案屏	37.1cm	183,260	伦敦苏富比	2018-05-18
清十八/十九世纪端石梅花翠竹纹案屏	38.4cm	75,460	伦敦苏富比	2018-05-18
清 黄花梨螭龙纹独面翘头案	275×45.5×93cm	9,200,000	中贸圣佳	2018-06-20
清代 小叶紫檀条案	202×36×70cm	2,875,000	未来四方	2018-01-20
清 黄花梨镶绿石面条案	102.5×50×85cm	1,380,000	中贸圣佳	2018-06-20
清 黄花梨卷云纹带屉板平头案	长72×38×73cm	805,000	中贸圣佳	2018-06-20
清 黄花梨卷云纹外挂牙式独板小翘头案	长53.2×15.8×17.3cm	632,500	中贸圣佳	2018-06-20
清 黄花梨折叠炕案	长78×62.5×32cm	517,500	中贸圣佳	2018-06-20
清 海黄画案	158×72×83cm	437,000	北京东正	2018-06-17
清 红木绞藤纹下卷长条案	105×220×48.3cm	402,500	西泠拍卖	2018-07-07
清 红木雕灵芝纹下卷长条案	106.3×216×45.3cm	379,500	西泠拍卖	2018-07-07
清 黄花梨夹头榫独板圆腿平头案	201×52.8×72.3cm	287,500	中国嘉德	2018-05-18
清 黄花梨嵌大理石案屏	高57×57cm; deep30cm	261,600	佳士得	2018-10-04
清 黄花梨长条案	224×42×82cm	184,000	北京保利	2018-04-30
清 紫檀嵌黄杨万字纹条案	184×46×84cm	161,000	北京东正	2018-06-17
清 黑漆描金山水纹条案	124.1×42.3×82.8cm	149,500	中贸圣佳	2018-11-24
清 梓檀雕西番莲画案	176×80×85cm	109,250	北京翰海	2018-09-16
清 黄花梨开光明式画案	230×88×82cm	103,500	北京翰海	2018-05-13
清 红木博古翘头案	320×52×100cm	92,000	北京保利	2018-07-27
清 大漆描金花卉香案	52×52×95cm	69,000	北京保利	2018-07-27
清 红木雕螭龙纹翘头案	306×100×49cm	69,000	印千山	2018-01-12
清 黄花梨雕夔龙几案	174×47×85cm	66,700	北京翰海	2018-01-14
清 黄花梨双凤纹独板下卷画案	208×36×82cm	59,800	北京东正	2018-06-17
清 黄花梨雕夔龙翘头案	263×50×97cm	57,500	北京翰海	2018-05-13
清 红木雕回纹条案	255×45×108cm	51,750	北京翰海	2018-01-14
清 黄花梨雕夔龙独板翘头案	250×40×83cm	51,750	北京翰海	2018-01-14
清 铁力木大架几案	214×67×86cm	51,750	北京翰海	2018-01-14
清 黄花梨拼万字纹明式画案	204×101×83cm	48,300	北京翰海	2018-05-13
清 紫檀龙纹翘头案	263×47×100cm	48,300	北京翰海	2018-01-14
清 梓檀打洼起线画案	177×80×84cm	46,000	北京翰海	2018-05-13
清 红木雕花供案	115×62×93.5cm	46,000	北京保利	2018-04-29

2018杂项拍卖成交汇总

(成交价RMB：2万元以上)

拍品名称	物品尺寸	成交价RMB	拍卖公司	拍卖日期
清 铁力木雕龙纹翘头案	310×54×99cm	46,000	北京翰海	2018-05-13
清 黄花梨霸王枨明式画案	180×79×81cm	43,700	北京翰海	2018-01-14
清 紫檀翘头案	118×38×86cm	43,700	北京保利	2018-04-29
清 红木雕花条案	148×55×91cm	40,250	北京保利	2018-07-27
清 黄花梨明式条案	180×55×82cm	40,250	北京翰海	2018-05-13
清 黄花梨蚂蚱腿明式条案	106×46×82cm	40,250	太平洋	2018-06-09
清 红木雕鹿衔灵芝下卷条案	236×47×110cm	36,800	北京翰海	2018-05-13
20世纪初 黄花梨画案	85.5×145cm×70cm	301,840	伦敦佳士得	2018-05-15
现代 赞比亚紫檀雕拐子龙纹架几大画案	300×134×82cm	184,000	北京荣宝	2018-09-14
现代 红木雕如意云头纹画案	160×69.5×83cm	40,250	保利厦门	2018-01-08
小叶紫檀雕西番莲大平头案	219×52×83.5cm	862,500	保利厦门	2018-07-15
2014年 小叶紫檀架几案	273×50×89cm	782,000	北京保利	2018-06-20
黄花梨如意纹独板翘头案	203×36×81cm	632,500	北京匡时	2018-06-15
2015年 小叶紫檀藤纹平条案	179×43×85cm	575,000	北京保利	2018-06-20
黄花梨二屉架几案	299.5×64.7×93.5cm	552,000	中国嘉德	2018-11-20
2018年 小叶紫檀束腰马蹄足罗锅枨画案	173×65.5×84.3cm	437,000	北京保利	2018-06-20
2016年 小叶紫檀束腰云头条案	138×38×86cm	368,000	北京保利	2018-06-20
玫瑰木大画案	150×100×74.5cm; 展开尺寸 266×100×74.5cm	74,750	中国嘉德	2018-11-20
红木雕博古图大翘头案	14.3×221×45.7cm	68,420	纽约佳士得	2018-09-13
红木嵌掐丝珐琅缠枝莲纹条案	115×42×79cm	28,750	中国嘉德	2018-05-19
元 黑漆嵌锡缘香几	56×34.5×13cm	149,500	中贸圣佳	2018-06-20
元 黑漆小几	39.5×26×9cm	80,500	北京保利	2018-06-20
元 黑漆三弯腿长方几	20.5×59×31.5cm	34,500	西泠拍卖	2018-07-07
明初 黑漆香几	13×71×36.5cm	34,500	西泠拍卖	2018-07-07
15-16世纪 黑漆螺钿嵌文会图四足香几	35.7×32.2×57cm	609,000	佳士得	2018-05-30
明末清初 黄花梨高束腰方香几	高86cm	3,226,400	佳士得	2018-10-04
明 黄花梨朱红漆承几	59.3×25.6×7.6cm	2,185,000	中贸圣佳	2018-11-24
明晚期 黄花梨方几	44.2×44.4×83.8cm	920,000	保利厦门	2018-01-08
明 黄花梨螭龙纹弯腿炕几	93.5×57.5×30cm	621,000	上海匡时	2018-04-30
明 大漆香几	62×49.5×86cm	333,500	浙江佳宝	2018-07-01
明 黄花梨小几	26.5×10.5×6.8cm	149,500	上海匡时	2018-04-30
明 红地刻漆填彩花鸟纹几	长52×33×11.2cm	138,000	中贸圣佳	2018-06-20
明代早期 青石花几	高80cm	115,000	上海匡时	2018-04-30
明 红漆黑地四足香几	46.5×33.5×34.5cm	103,500	中贸圣佳	2018-06-20
明 黑漆嵌螺钿庭院人物纹香几	高58.5cm；口径33cm	86,250	西泠拍卖	2018-07-07
明 黑漆壶门牙板香几	13×75.3×38.5cm	66,700	西泠拍卖	2018-07-07
明 黄花梨翘头三弯足几	35.2×15.2×10cm	51,750	上海匡时	2018-04-30
明末清初 黄花梨小几	42.1×29.2×12.3cm	368,000	中贸圣佳	2018-11-24
明末清初 黟县青石几	57×45.5×30.5cm	57,500	中国嘉德	2018-06-18
十八世纪 黄花梨坑几	88×46×32cm	823,168	北京匡时	2018-10-03
清早期 紫檀翘头几	154.8×51.5×86.8cm	2,070,000	中贸圣佳	2018-11-25
清早期 黄花梨有束腰马蹄足带托泥香几	68.9×44×78cm	1,955,000	中国嘉德	2018-06-18
清早期 奇木凭几	124×70×105cm	218,500	中国嘉德	2018-06-18
清早期 榉木厚面剑腿翘头几	206×52.3×85cm	115,000	上海匡时	2018-04-30
清早期 柏木剑腿厚面翘头几	130×34.5×81cm	92,000	上海匡时	2018-04-30
清早期 紫檀嵌绿端小几	长45×28×11cm	63,250	北京保利	2018-06-20
清康熙/雍正 御制填彩漆戗金捧寿龙纹香几	总高103cm	4,984,940	佳士得	2018-11-28
清康熙 戗金填漆荷塘佳色图有束腰五足香几(一对)		855,250	纽约苏富比	2018-09-12
清康熙 嵌螺钿仕女纹小几	13×26.1×20cm	86,250	西泠拍卖	2018-07-07
清乾隆 紫檀雕夔龙纹团寿大香几	115×70×70cm	3,737,500	华艺国际	2018-11-16
清乾隆 紫檀有束腰拐子纹带托泥大香几	53.3×49.5×88.2cm	3,220,000	中国嘉德	2018-11-20
清乾隆 紫檀系璧纹卷几	77.2×41.3×31.4cm	1,380,000	中贸圣佳	2018-11-24
清乾隆 御制夔龙纹紫檀方几	46.5×64.5×28cm	575,000	北京保利	2018-04-29
清乾隆黑漆描金福寿连绵香几(一对)		149,500	北京匡时	2018-06-15
清乾隆 红木雕二龙戏珠纹漆面小几	7×40.5×23.8cm	86,250	西泠拍卖	2018-07-07
清中期 红木嵌五彩人物瓷面圆几	60×60×59cm	402,500	北京匡时	2018-06-15
清中期 红漆描金香几	40×86cm	322,000	上海匡时	2018-04-30
清中期 柞榛木高花几(一对)	44.5×44.5×140.5cm	178,250	华艺国际	2018-05-23
清中期 红木四面平带屉长方几	63.7×38×80cm	172,500	中国嘉德	2018-11-20
清中期 黄杨仿竹有束腰三弯腿带托泥几	30×18.5×11.8cm	94,300	中国嘉德	2018-06-18
清中期红木有束腰卍字纹错银炕几	84×39×30.5cm	92,000	中国嘉德	2018-11-20
清中期 紫檀镶云石四方几	高12×25.5cm	66,823	香港诚昌	2018-04-02
清中期 黄地戗漆六足香几	37×53cm	57,500	上海匡时	2018-04-30
清中期 紫檀灵芝纹书卷几	35.6×19.7×12.8cm	57,500	中国嘉德	2018-06-18
清中期 黄杨木随形几	30×23×99cm	48,300	中国嘉德	2018-06-18
清中期 黄杨木雕西蕃莲纹小几	10.3×6.3×6.3cm	46,000	西泠拍卖	2018-07-07
清中期 朱漆花几(一对)		46,000	中国嘉德	2018-06-18
清十八/十九世纪 紫檀透雕卷叶纹束腰长方香几		75,359	纽约苏富比	2018-03-24
19世纪制 法国路易十六式沙发配茶几套组		51,750	西泠拍卖	2018-07-09
19世纪 红木嵌桦木瘿面香几	85.1×47.7cm×33.8cm	35,921	纽约佳士得	2018-09-13
19世纪制 法式胡桃木小几(一对)	42×42×82cm	32,200	西泠拍卖	2018-07-09
清 黑漆菱花形香几	60×51×90cm	1,552,500	中贸圣佳	2018-06-20
清 紫檀云石方几	28.4×26×17.4cm	345,000	中贸圣佳	2018-06-20
清 紫檀镂雕夔龙纹三弯腿炕几	长56×35.5×13cm	230,000	中贸圣佳	2018-06-20
清 红漆嵌花鸟梅花香几	24×20.5×35cm	172,500	上海匡时	2018-04-30
清 紫檀下卷琴几	137×45×83cm	112,700	北京保利	2018-07-27
清 紫檀雕卷草纹三弯腿几座	5.3×25.5×13.3cm	86,250	西泠拍卖	2018-07-07
清 紫檀倭角几	30.4×23.3×6cm	69,000	中贸圣佳	2018-11-24
清 嵌螺钿山水人物纹海棠形几	28.8×68.5×44.2cm	69,000	西泠拍卖	2018-07-07
修梅觉善 晚清 红木几嵌山水浅绛圆板	瓷板直径27.6cm; 外框31.6×25.1cm	63,250	中贸圣佳	2018-11-24
清 黄杨几	34×28×18.8cm	57,500	中国嘉德	2018-06-18
清 红木双龙献寿纹翘头几	32×96×48.8cm	57,500	西泠拍卖	2018-07-07
清 汉白玉琴几	103×40.5×69cm	57,500	上海匡时	2018-04-30
清 紫檀六方花几	高14.4cm; 直径22.5cm	55,200	西泠拍卖	2018-07-07
清 紫檀下卷大琴几	165×47×77cm	46,000	北京翰海	2018-01-14
清 紫檀六方花几(一对)	高92cm	46,000	北京华辰	2018-11-19
清 雕填朱漆雉鸡牡丹纹香几	19×53×30cm	43,700	西泠拍卖	2018-07-07
清 黄花梨卷草纹六足香几(两件)	55×86cm	43,700	北京翰海	2018-09-16
清 黄花梨翘头小几	41×21×10cm	43,700	上海匡时	2018-04-30
清 鸡翅木嵌黄杨香几	51×51×117cm	43,700	北京保利	2018-01-21
清 铁力木雕龙纹下卷条几	200×47×86cm	43,700	北京翰海	2018-01-14
清 紫檀嵌绿石几	长45cm	43,700	北京保利	2018-07-27
清 漆嵌螺钿人物纹香几	58×37×17cm	40,250	北京匡时	2018-06-15
清 剔红山水纹香几	40.5×41×32.5cm	40,250	西泠拍卖	2018-07-07
清 黄花梨卷草纹嵌大理石花几(两件)	54×54×92cm	40,250	北京翰海	2018-09-16
清 鸡翅木独面炕几	81.5×42×27.5cm	40,250	上海匡时	2018-04-30
清 黄花梨雕花圆花几(两件)	56×86cm	36,800	北京翰海	2018-01-14
清 黄杨木花几	9×37×33cm	34,500	西泠拍卖	2018-07-07
清 黄杨木随形几	高18.8cm; 几面长34cm	34,500	西泠拍卖	2018-09-29
清 红木花几(一对)	48×48×100cm	32,200	印千山	2018-01-12
清 铁力木下卷大条几	213×50×81cm	32,200	北京翰海	2018-05-13
清 炉钧釉三足几	高21cm	30,672	羅芙奧	2018-06-02
民国 寿山石随型根几	17×22cm	43,700	上海匡时	2018-04-30
民国 红木嵌大理石花几(两件)	56×76cm	32,200	北京翰海	2018-01-14
现代 赞比亚紫檀六角花几(一对)	46×46×99cm×2	36,800	北京荣宝	2018-09-14
2017年 小叶紫檀高束腰带须弥座香几(一对)	49×36×90.9cm	1,380,000	北京保利	2018-06-20
雕填香几(一对)	直径43×44.1cm	322,000	中贸圣佳	2018-11-25
红漆刻花花鸟纹方几(一对)	45×45×81cm	92,000	中贸圣佳	2018-11-25
2018年 花梨黑漆琴几	145.7×45×67cm	69,000	北京保利	2018-06-20
林清卿 高山水洞《几度夕阳红》	4.8×2.3×4.4cm	69,000	中贸圣佳	2018-11-24

拍品名称	物品尺寸	成交价RMB	拍卖公司	拍卖日期
玫瑰木长方几	159.5×80×49.5cm	51,750	中国嘉德	2018-11-20
红木梅花纹花几（一对）	高103cm	41,400	华艺国际	2018-03-30
元 剔犀勾云纹香台	9×18×18cm	92,000	西泠拍卖	2018-07-07
明早期 黑漆如意头香几	44.2×29.3×41cm	690,000	中贸圣佳	2018-11-24
明剔红八仙人物方香几	37.5×37.5×43cm	632,500	中贸圣佳	2018-11-24
明 大漆嵌螺钿花鸟纹台几	52×31×13.3cm	195,500	中贸圣佳	2018-11-25
明 黑漆香几	29×28.4×44.4cm	51,750	中贸圣佳	2018-11-25
清早期 黑漆嵌螺钿几	72.5×27×16cm	80,500	中贸圣佳	2018-11-25
清乾隆 剔红嵌玉小几	41.1×18.3×4cm	92,000	中贸圣佳	2018-11-24
清 仿黑漆描金小宝座式几	长15cm	34,500	北京保利	2018-06-21
日本江户时期 金漆莳绘菊花纹漆台案	64.5×39×44cm	383,264	香港中汉	2018-05-31
明 大理石雕梅花鹿鼓座（一对）	直径23cm	33,412	中国嘉德	2018-04-02
明晚期黄花梨带座无门杆圆角柜成对	76.5×42×183cm×2	6,440,000	中国嘉德	2018-11-20
18世纪 紫檀雕螭龙纹双面框座	宽94cm	657,313	香港苏富比	2018-04-02
清中期 紫檀五屏风式小座	16.3×9.5×16.3cm	115,000	中国嘉德	2018-11-20
清 清宫旧藏青铜器木座	长38cm	322,000	中贸圣佳	2018-11-25
清 英州石小峥嵘（原配硬木座）	宽12.5×13cm	207,000	中国嘉德	2018-06-18
紫檀雕洗座		32,200	北京华辰	2018-11-19
清中期 黄花梨有束腰雕花脚踏	75.5×39.2×25cm	345,000	中国嘉德	2018-06-18
储藏类				
17世纪 黄花梨大顶箱柜	124.4×63×280.6cm	4,140,000	华艺国际	2018-11-16
明晚期黑漆嵌螺钿花卉纹小方角柜	78×52.5×26cm	92,000	中国嘉德	2018-11-20
明末清初 黄花梨无柜膛小圆角柜	78×44×125cm	1,265,000	中国嘉德	2018-06-18
明末清初黑漆描金缠枝莲龙纹大柜	185.5×63.5×218.5cm	535,059	中国嘉德	2018-10-02
清早期 黄花梨顶箱柜（一对）	126×55×255cm	12,650,000	中贸圣佳	2018-11-24
清早期 黄花梨顶箱大柜成对	129×58×258cm	4,370,000	上海匡时	2018-04-30
清早期 黄花梨方瓜棱腿圆角柜	78×41×135.5cm	3,220,000	中贸圣佳	2018-06-20
清早期 黄花梨圆角柜	101×56.5×179.5cm	2,817,500	保利厦门	2018-01-08
清早期 黄花梨螭龙纹方角柜	105.8×55×174.9cm	2,070,000	北京保利	2018-12-08
清早期 鸂鶒木小圆角柜（一对）	50.5×26.5×63cm	1,667,500	北京保利	2018-12-08
清早期 黄花梨圆角柜	86×51×135.5cm	690,000	中贸圣佳	2018-06-20
清早期 黄花梨素式双方角柜	77.5×46×84.5cm	460,000	上海匡时	2018-04-30
清早期 核桃木雕花鸟纹万历柜	115×52×189cm	437,000	北京匡时	2018-06-15
清早期 龙眼木圆角柜	81×37.5×123cm	287,500	中贸圣佳	2018-11-25
清早期 核桃木打洼书柜	94×56.5×203cm	112,700	北京匡时	2018-06-15
清早期 黄花梨起线小圆角柜	高59cm	78,200	北京保利	2018-04-30
清早期 黄花梨包镶螺钿山水纹大四件柜	150×59×273cm	59,800	中国嘉德	2018-05-18
清早期 填漆戗金小柜成对	41×13×56cm	46,000	上海匡时	2018-04-30
清雍正/乾隆 黄杨随形雕书柜格	90×39×190cm	828,000	北京保利	2018-06-19
17-18世纪 黄花梨直角柜	120×54.9×179.9cm;	8,456,045	纽约佳士得	2018-03-22
清17/18世纪 黄花梨方角木轴门柜	高184×104.5cm; deep52.5cm	1,663,125	佳士得	2018-11-28
清乾隆 剔红山水高士图博古柜	42.5×18.2×58cm	710,500	佳士得	2018-05-30
清乾隆 紫檀博古图矮方角柜	75.5×40.5×80.8cm	575,000	中贸圣佳	2018-11-24
18世纪 剔红百子图炕柜	38×16.2×65.7cm;	554,375	佳士得	2018-11-28
清乾隆 剔红嵌百宝多宝柜（一对）	47.8×35.2cm×2	529,000	北京匡时	2018-06-15
18世纪 紫檀炕柜	19×41×55.5cm	402,500	华艺国际	2018-11-16
18世纪 桦木嵌楠木柜（一对）	141×78.7×42cm	377,300	伦敦佳士得	2018-05-15
清中期 大漆描金花蝶大柜	160×70×225cm	172,500	北京保利	2018-04-29
清中期 黄杨鸡翅木小圆角柜	42.5×18.3×54cm	51,750	中国嘉德	2018-06-18
18世纪/19世纪 黄花梨圆角柜	103.8×82.6×45.5cm	171,050	纽约佳士得	2018-09-13
清十九世纪 紫檀拼硬木雕海水龙纹小柜		1,368,400	纽约苏富比	2018-09-15
约1890年 19世纪 法国 桃花心木展示柜	约60×35×148cm	177,100	保利厦门	2018-01-08
19世纪 法国拿破仑三世时期缎木及瘿木柜	149×67×35cm	59,800	北京东正	2018-06-17
19世纪制 细木镶嵌铜鎏金边柜	102×60×34cm	48,300	西泠拍卖	2018-07-09
19世纪制 法国路易十五风格理石椴木边柜	长115×50×90cm	46,000	西泠拍卖	2018-07-09
19世纪制 胡桃木方形边柜	长138×50×104cm	36,800	西泠拍卖	2018-07-09
19世纪制 细木镶嵌西阿拉黄檀木边柜	长100×50×83cm	34,500	西泠拍卖	2018-07-09

拍品名称	物品尺寸	成交价RMB	拍卖公司	拍卖日期
19世纪 樟木四件柜	269×141.5×57cm	32,340	伦敦佳士得	2018-05-15
清晚期 黑漆彩绘方柜（一对）	高122.5cm	57,277	保利香港	2018-04-02
清晚期 硬木嵌螺钿博古柜	84×43×136cm	23,000	北京保利	2018-07-27
清 黄花梨梳条柜	178×101×46cm	2,070,000	上海匡时	2018-04-30
清 黄花梨瓜楞书柜	170×96×50cm	2,070,000	上海匡时	2018-04-30
清 黄花梨包镶顶箱柜（一对）	142.5×60×269cm	977,500	中贸圣佳	2018-06-20
清 黄花梨面条柜	90.5×47.5×144.2cm	805,000	中贸圣佳	2018-11-25
清末 硬木雕博古图四件柜	217.2×108×53.3cm	444,730	纽约佳士得	2018-09-13
清 黄花梨小顶箱柜	47.6×25.4×95.1cm	368,000	中贸圣佳	2018-06-20
清 黄花梨面条柜（一对）	78×43×130cm×2	356,500	印千山	2018-01-12
清 红木诗文博古两截柜（一对）	119×61.5×229cm	299,000	北京保利	2018-04-29
清末 红木扇柜（一对）（器物）	50×39×71cm	287,500	中贸圣佳	2018-11-25
清末 黄花梨配木方角柜		253,840	纽约苏富比	2018-03-24
清 紫檀书柜（一对）	58×36.5×185cm×2	230,000	北京东正	2018-06-17
清 梓檀明式圆角柜（两件）	86×41×176cm	138,000	北京翰海	2018-05-13
清 梓檀雕龙纹顶箱柜（两件）	140×62×280cm	138,000	北京翰海	2018-09-16
清 黄花梨顶箱柜上箱（一对）	104×54×81cm	115,000	中贸圣佳	2018-11-25
清 黄花梨贴皮顶箱大柜	171×70×286cm	115,000	北京保利	2018-07-27
清 黄花梨面条柜	85×45×158.5cm	115,000	北京保利	2018-07-27
清 梓檀雕博古纹顶箱柜（两件）	117×59×240cm	109,250	北京翰海	2018-05-13
清 梓檀高浮雕花纹大四件柜（两件）	120×60×240cm	109,250	北京翰海	2018-09-16
清 紫檀雕西番莲大四件柜（两件）	120×60×240cm	105,800	北京翰海	2018-01-14
清紫檀雕西番莲顶箱柜（两件）	126×60×238cm	103,500	北京翰海	2018-09-16
清 梓檀博古纹书柜（两件）	96×40×197cm	97,750	北京翰海	2018-09-16
清 梓檀雕缠枝花卉小四件柜（两件）	76×35×165cm	92,000	北京翰海	2018-09-16
清 紫檀雕博古书柜（两件）	96×40×197cm	92,000	北京翰海	2018-01-14
清 黄花梨雕螭龙纹顶箱柜（两件）	110×52×220cm	80,500	北京翰海	2018-09-16
清 梓檀雕云龙纹顶箱柜（两件）	116×52×230cm	74,750	北京翰海	2018-09-16
清 黄花梨明式书柜（两件）	83×41×183cm	74,750	北京翰海	2018-05-13
清 玻璃两屉展柜（一对）	79×34×175cm	69,000	北京保利	2018-04-29
清 紫檀雕缠枝牡丹纹顶箱柜（两件）	96×60×220cm	66,700	北京翰海	2018-05-13
清 紫檀雕西番莲纹小四件柜成对	76×35×165cm	57,500	太平洋	2018-06-09
清 黄花梨镂空雕圆角柜（两件）	80×40×125cm	52,900	北京翰海	2018-01-14
清 红木带闷仓大圆角柜	155×54×216cm	51,750	北京翰海	2018-05-13
清 梓檀雕西番莲画柜（两件）	94×35×179cm	48,300	北京翰海	2018-05-13
清 梓檀明式素工书柜（两件）	86×38×190cm	48,300	北京翰海	2018-09-16
清 红木无闩杆方角柜	125×55×196cm	48,300	中国嘉德	2018-05-18
清 红木两厅大柜	124×53×189cm	43,700	北京保利	2018-07-27
清 黄花梨雕龙凤纹万历柜（两件）	86×38×182cm	43,700	北京翰海	2018-09-16
清 黄花梨条棱书柜（两件）	101×49×180cm	41,400	北京翰海	2018-01-14
清 梓檀螭龙纹书柜（两件）	84×36×170cm	40,250	北京翰海	2018-09-16
清 黄花梨花格圆角柜（两件）	80×39×175cm	36,800	北京翰海	2018-09-16
民国 紫檀高浮雕龙纹顶箱柜（一对）	120×60×240cm	138,000	北京保利	2018-10-28
民国 黄花梨雕云龙顶箱柜（两件）	118×60×238cm	126,500	北京翰海	2018-05-13
民国 湘妃竹百宝嵌多宝柜	91×65×23cm	86,250	西泠拍卖	2018-07-07
民国 紫檀雕云龙三联柜	220×50×85cm	74,750	北京翰海	2018-01-14
民国 梓檀雕夔龙万历柜（两件）	113×56×187cm	51,750	北京翰海	2018-05-13
民国 紫檀素工小圆角柜（两件）	69×35×102cm	48,300	北京翰海	2018-01-14
民国 紫檀雕博古书柜（两件）	96×36×172cm	34,500	北京翰海	2018-01-14
民国 梓檀雕螭龙万历柜（两件）	85×36×183cm	32,200	北京翰海	2018-09-16
20世纪 黄花梨圆角柜	长78.5×39×130cm	184,000	北京保利	2018-06-21
20世纪 黄花梨小圆角柜（一对）	长63×45.5×59.5cm	172,500	北京保利	2018-06-21
现代 赞比亚紫檀雕螭龙纹清式书柜（一对）	104×40×192cm×2	80,500	北京荣宝	2018-09-14
当代 紫檀雕云龙顶箱柜（两件）	91×39×188cm	66,700	北京翰海	2018-01-14
当代 紫檀明式万历柜（两件）	91×40×172cm	66,700	北京翰海	2018-01-14
现代 花梨木小圆角柜（一对）	80×42×119cm×2	43,700	北京荣宝	2018-09-14
当代 黄花梨嵌影木圆角柜（两件）	76×41×131cm	40,250	北京翰海	2018-01-14
当代 梓檀雕拐子龙两屉书柜（两件）	105×36×205cm	34,500	北京翰海	2018-09-16
伍炳亮作品 黄花梨圆角柜成对	79.5×44×130.5cm×2	1,495,000	中国嘉德	2018-11-20
约1880年作 法国十九世纪路易十五风格桃花心木中国漆画沙龙柜 保罗·索玛尼出品	113×208×38cm	897,000	华艺国际	2018-11-16

2018杂项拍卖成交汇总

(成交价RMB：2万元以上)

拍品名称	物品尺寸	成交价RMB	拍卖公司	拍卖日期
约1870年 法国巴黎 精品边柜（一对）	约88×41×113cm	862,500	保利厦门	2018-01-08
2016年 小叶紫檀&金丝楠多宝柜（一对）	60×35.3×162.5cm	747,500	北京保利	2018-06-20
约1890年 精美法国铜鎏金桃花心木展示柜	160×72×50cm	575,000	北京东正	2018-06-17
约1830年 英国威廉四世时期大型桃花心木图书馆书柜/展示柜	244×457×46cm	552,000	北京东正	2018-06-17
1880年制 法国铜鎏金展示柜	106×41×164cm	345,000	西泠拍卖	2018-07-09
2016年 小叶紫檀水裂纹小万历柜（一对）	45×30.5×75.5cm	345,000	北京保利	2018-06-20
约1860年 法国巴黎 国王木（西阿拉黄檀木）前翻式淑女写字柜	约85×40×135cm	287,500	保利厦门	2018-01-08
约1890年 法国巴黎 弗朗索瓦·林克FRANCOIS LINKE出品 桃花心木断层式展示柜	约175×111×45cm	287,500	保利厦门	2018-07-15
紫檀龙纹大柜（一对）	135×60×240cm	253,000	北京保利	2018-04-29
紫檀龙纹顶箱柜（一对）	134×60×260cm	207,000	北京保利	2018-07-27
约1880年作 法国十九世纪马丁漆画描金柜	102×207×56cm	207,000	华艺国际	2018-11-16
金丝楠木大四柜成对	114×59.8×233cm×2	149,500	中国嘉德	2018-05-18
约1890年 法国巴黎 根木镶嵌工艺角柜	约73×55×110cm	144,900	保利厦门	2018-01-08
约1890年 法国 十九世纪 单门展柜	约72×31×141cm	128,800	保利厦门	2018-01-08
紫檀云龙纹顶箱柜（一对）	120×59.5×241cm	115,000	中国嘉德	2018-09-20
约1860-1870年 法国 拿破仑三世时期 布勒风格 玳瑁镶嵌铜丝配比利牛斯大理石边柜	约110×116×43cm	109,250	保利厦门	2018-07-15
紫檀龙纹顶箱柜（一对）	120×60×240cm	103,500	北京保利	2018-10-28
约1880年 法国巴黎细木镶嵌推拉门边柜	101×86×39cm	101,200	北京东正	2018-06-17
约1900年 法国 十九世纪中式风格单门橱柜	约103×110×36cm	86,250	保利厦门	2018-07-15
约1860年作 法国十九世纪手表收藏柜/写字柜	72×155×43cm	69,000	华艺国际	2018-11-16
紫檀雕云龙纹大顶箱柜成对	126×60×238cm	64,400	太平洋	2018-11-22
紫檀云龙纹大顶箱柜成对	116×50×226cm	51,750	太平洋	2018-06-09
约1890年 法国 马丁漆画展示柜	约157×61×30cm	44,850	保利厦门	2018-07-15
柚木大长柜	220×47×83cm	34,500	中国嘉德	2018-06-18
17世纪 黄花梨带翘头雕螭龙联三闷户橱	188×51.5×86cm	1,610,000	华艺国际	2018-05-23
十八世纪 黄花梨配瘿木单橱		237,975	纽约苏富比	2018-03-21
清 梓檀高浮雕龙纹连三橱	218×50×91cm	69,000	北京翰海	2018-09-16
约1900年 法国巴黎 根木四分式薄板贴面五斗橱	约86×56×105cm	144,900	保利厦门	2018-01-08
明永乐 经书箱	86.5×40.5×42cm	678,500	中贸圣佳	2018-06-20
十七世纪 黄花梨镜箱	35×35×24cm	205,792	北京匡时	2018-10-03
明末清初 黄花梨瘿木状元箱	37.6×20×12.9cm	92,000	八益拍卖	2018-04-28
明末清初 黄花梨状元箱	34×17×14cm	32,200	八益拍卖	2018-04-28
明 黄花梨雕麒麟献瑞纹官皮箱	28×35×23.2cm	322,000	西泠拍卖	2018-07-07
明 黄花梨官皮箱	35×27×34cm	287,500	中贸圣佳	2018-06-20
明 永乐年制大漆箱	39×26.7×24.7cm	253,000	中贸圣佳	2018-06-20
明 黄花梨官箱	29×24.5×22cm	172,500	中贸圣佳	2018-06-20
明 黄花梨书箱（一对）	38.5×21×16cm	172,500	北京保利	2018-12-09
明 黄花梨轿箱	67.5×15.5×12cm	138,000	上海匡时	2018-04-30
明 黄花梨文房箱	25.3×25.3×12cm	138,000	中贸圣佳	2018-06-20
明 黄花梨书箱	40×21×16.5cm	126,500	中贸圣佳	2018-06-20
明 黄花梨书箱	38.7×22×17.4cm	103,500	中贸圣佳	2018-11-25
明 黑大漆拔丝官箱	38×43×28cm	101,200	北京匡时	2018-06-15
明晚期 黄花梨大衣箱	84.4×56×38cm	1,610,000	保利厦门	2018-01-08
明晚期 黄花梨平顶官皮箱	36.2×33×31cm	460,000	中贸圣佳	2018-11-24
明晚期 黄花梨有提梁七屉药箱	40.5×24.3×27cm	322,000	中国嘉德	2018-11-20
明末清初 黄花梨花鸟纹书箱	45×25×18.5cm	699,693	中国嘉德	2018-10-02
明末清初 黄花梨轿箱	66×16×11.5cm	299,000	中贸圣佳	2018-06-20
明末清初黄花梨书箱	39.3×22×17cm	172,500	中国嘉德	2018-11-20
清早期 黄花梨云龙纹长方箱	39.3×21.6×15cm	690,000	中贸圣佳	2018-11-24
清早期 黄花梨大长方箱	74.5×48.5×37cm	667,000	中贸圣佳	2018-11-24

拍品名称	物品尺寸	成交价RMB	拍卖公司	拍卖日期
清早期 黄花梨平顶官皮箱	40.8×29.9×34.4cm	437,000	中贸圣佳	2018-11-24
清早期 紫檀书箱	41×22×20.5cm	414,000	中贸圣佳	2018-06-20
清早期 黄花梨轿厢	74.4×17.5×13.8cm	368,000	中贸圣佳	2018-11-24
清早期 紫檀药箱	31.3×20×26.6cm	322,000	中贸圣佳	2018-06-20
清早期 黄花梨凤穿花纹书箱	36.6×18.6×11.8cm	195,500	中国嘉德	2018-06-18
清早期 黄花梨文具箱	34×23×31cm	184,000	北京保利	2018-12-08
清早期 紫檀、瘿木药箱	33.8×22.7×30.4cm	172,500	中贸圣佳	2018-11-24
清早期 黄花梨枕箱	55.3×15.1×15.9cm	161,000	中贸圣佳	2018-11-25
清早期 黄花梨提箱	22×17×26cm	115,000	上海匡时	2018-04-30
清早期 黄花梨官皮箱	27×34.5×35.5cm	115,000	上海匡时	2018-04-30
清早期 紫檀书箱	41.6×23.7×18.8cm	103,500	中贸圣佳	2018-11-25
清早期 黄花梨盝顶官皮箱	32.5×23.5×32cm	97,751	中国嘉德	2018-10-02
清早期 黄花梨印箱	15.5×15.8×18.5cm	86,250	华艺国际	2018-11-17
清早期 黄花梨带屉小书箱	27×18.5×10cm	84,375	中国嘉德	2018-10-02
清初 黄花梨官皮箱	28.5×20×28cm	80,500	保利厦门	2018-01-08
清早期 黄花梨六屉药箱	32.5×22×33cm	46,303	中国嘉德	2018-10-02
清早期 黄花梨文具箱	24.5×16×10cm	39,100	中国嘉德	2018-10-02
清早期 黄花梨平顶官皮箱	35×26×34.5cm	32,200	中国嘉德	2018-05-18
清雍正 紫檀雕古书箱	39.5×22.3×19.2cm	598,000	中贸圣佳	2018-11-24
清雍正 黑地金漆莳绘风格西番莲纹集锦式提箱	40×31.2×51cm	230,000	中贸圣佳	2018-11-24
清乾隆 卢映之制大漆百宝嵌官皮箱	34×24×32.5cm	690,000	北京保利	2018-12-09
清中期 书函式紫檀镶牛骨竹片小箱	32.5×22.5×25.5cm	205,792	北京匡时	2018-10-03
清 紫檀花鸟纹官皮箱	36.5×29.7×40cm	2,185,000	中贸圣佳	2018-11-24
清中早期 紫檀框紫漆描金花卉纹箱	36×28.5×38.5cm	2,070,000	中贸圣佳	2018-06-20
清 黄花梨箱（一对）	40.5×22.7×16.2cm	402,500	中贸圣佳	2018-11-24
清 紫檀状元箱	63×39×66cm	327,750	印千山	2018-01-12
清 紫檀书箱	4.5×22.5×32cm	178,250	中贸圣佳	2018-06-20
清 黄花梨书箱	34.7×17.6×10.5cm	149,500	中贸圣佳	2018-11-25
清 黄花梨官皮箱	32×22×31.5cm	115,000	北京荣宝	2018-06-14
清 黄花梨官皮箱	高31.5×29cm	114,979	香港诚昌	2018-05-28
清 黄花梨官箱	34.5×25.6×37.2cm	92,000	中贸圣佳	2018-11-25
清代 黄花梨书箱	48×28×23.8cm	74,750	南京经典	2018-07-22
清 红木嵌瘿木文房提箱	长31.7cm	63,250	北京保利	2018-07-27
清 紫檀官皮箱	高32cm	57,500	北京保利	2018-01-21
清 黄花梨官皮箱	23×19.5×18cm	43,700	上海匡时	2018-04-30
清 漆描金云龙箱	87×57×57cm	34,500	北京翰海	2018-05-13
清 黄花梨官皮箱	31.5×23×31cm	34,500	北京保利	2018-07-27
民国 龚心钊旧藏泉匣四只		138,000	中国嘉德	2018-11-24
民国 红木雕龙纹官皮箱（一对）	50×46×32cm	55,200	南京经典	2018-01-06
皮箱	约67×38×51cm	132,250	保利厦门	2018-01-08
紫檀百宝匣	长32cm	69,000	北京华辰	2018-11-19
黄花梨书箱	15×39×22cm	62,280	香港诚昌	2018-05-28
黄花梨书箱	36×36×21cm	62,280	香港诚昌	2018-05-28
黄花梨官皮箱	高34cm	51,750	华艺国际	2018-03-30
紫檀小匣	长23cm	46,000	北京华辰	2018-11-19
紫檀雕双龙戏珠纹箱	17×40.8×21.3cm	34,500	西泠拍卖	2018-07-07
十七世纪 黑漆嵌螺钿开光人物图药箱		81,249	纽约苏富比	2018-09-12
清早期 黑漆嵌螺钿龙纹大书箱	44×22.3×50.8cm	115,000	中国嘉德	2018-11-20
清乾隆 沥粉金漆宫廷宝册箱	高42cm	141,288	万昌斯	2018-05-30
明 紫檀提盒	30.5×19.5×22.8cm	414,000	中贸圣佳	2018-11-24
明 黄花梨提盒	34×18.5×21cm;	138,000	西泠拍卖	2018-07-07
明 黄花梨提盒	高13cm	115,000	上海匡时	2018-04-30
明 黄花梨文盒	16.5×10.5×7cm	34,500	北京匡时	2018-06-15
明十六世纪 朱漆木雕山水人物图长方盖盒		33,317	纽约苏富比	2018-03-24
明末清初 黄花梨五撞提盒	14.2×14.2×31.8cm;	138,000	西泠拍卖	2018-07-07
清早期 紫檀嵌百宝苏武牧羊人物故事图盒	直径14.8cm	2,300,000	中国嘉德	2018-09-19
清早期 黄花梨提盒	35.5×20×25cm	287,500	中贸圣佳	2018-06-20
清早期 紫檀大提盒	38.3×20.6×27.3cm	253,000	中贸圣佳	2018-11-25
清早期 海南黄花梨三撞提盒	34.3×18.2×21cm	207,000	浙江佳宝	2018-07-01
清早期 黄花梨提盒	34.2×18.6×22cm	161,000	中贸圣佳	2018-11-24

拍品名称	物品尺寸	成交价RMB	拍卖公司	拍卖日期
清早期 紫檀拜匣	35×17.5×6.5cm	48,300	北京匡时	2018-06-15
清早期 黄花梨二层提盒	12.8×9.7×11cm	36,800	上海匡时	2018-04-30
清早期 黄花梨二层提盒	17.7×11.5×13.8cm	32,200	上海匡时	2018-04-30
清乾隆 紫檀小捧盒	20.6×13×4.5cm	103,500	中贸圣佳	2018-11-24
清十八/十九世纪 黄花梨两撞提盒		94,078	纽约苏富比	2018-09-12
清十九世纪 紫檀双层盖盒	10cm	75,460	伦敦苏富比	2018-05-18
清晚期 紫檀多层提盒	34×18.3×22.5cm	46,000	北京保利	2018-12-09
清 黄花梨四撞提盒	长37cm	184,000	北京东正	2018-06-17
清 紫檀三层提盒	长约32cm	178,250	上海匡时	2018-04-30
清 紫檀小提盒	18.1×11.2×14.6cm	138,000	中贸圣佳	2018-11-25
清 黄花梨银票盒	长30cm	130,800	佳士得	2018-10-04
清 黄花梨提盒	31×27.1×21.5cm	126,500	西泠拍卖	2018-07-07
清 紫檀提盒	带座高27cm；长34×17cm	126,500	西泠拍卖	2018-07-07
清 黄花梨提盒	30.2×16.2×19cm	109,250	中贸圣佳	2018-11-25
清 黄花梨捧盒	直径13.9×6.1cm	103,500	中贸圣佳	2018-11-24
清 黄花梨提盒	37×20×27cm	94,300	北京东正	2018-06-17
清 紫檀提盒	23×29.7×19.5cm	71,300	西泠拍卖	2018-07-07
清 黄花梨凤纹花卉长方盒	37×20.5×14cm	57,500	上海匡时	2018-04-30
清 紫檀嵌白玉香盒	直径6.5×3.7cm	51,750	中贸圣佳	2018-11-24
清 黄花梨提盒	29×15.5×17.7cm	48,300	中贸圣佳	2018-11-25
清代 贴黄婴戏图提盒	25.3×25.3×38cm	34,500	南京经典	2018-01-06
十九/二十世纪 黄花梨三撞提盒		126,920	纽约苏富比	2018-03-24
十五/十六世纪 嵌螺钿郭子仪贺寿图文房盒	42×29×12cm	123,475	北京匡时	2018-10-03
湘妃六角贴面大漆堆金绘山水扇盒	41×28.3×29cm	92,000	北京保利	2018-06-20
2世纪 释迦连佛龛	高21cm	32,200	西泠拍卖	2018-07-08
唐早期 石雕佛龛	高17cm	30,869	中国嘉德	2018-10-02
清中期 红豆杉大佛龛	102.5×61×120cm	87,400	上海匡时	2018-04-30
2018年 小叶紫檀佛龛	31.7×21.8×47cm	184,000	北京保利	2018-06-20
清乾隆 紫檀重楼式佛龛	59.5×37.2×112cm	920,000	中贸圣佳	2018-11-24
支架类				
明 黄花梨三层全敞双屉架格	高175.5cm	1,840,000	中国嘉德	2018-06-18
明晚期 黄杨木三层全敞带抽屉书架	高122cm	1,150,000	中国嘉德	2018-11-20
清早期 黄花梨帖架	39×38.5×32.5cm	126,500	华艺国际	2018-11-16
清乾隆 宫廷御制贴竹簧嵌玉多宝格	高24.7cm	1,495,000	古天一	2018-06-17
清乾隆 紫檀百宝嵌帽架	高32.7cm	322,000	中国嘉德	2018-11-20
清乾隆 剔红锦地纹文具格	长42cm	264,500	北京中汉	2018-11-21
清中期 紫檀书房博古架	51.3×29.6×66.8cm	287,500	中贸圣佳	2018-11-25
清中期 紫檀雕梅兰竹菊纹多宝格（一对）	84.5×37.5×181cm×2	40,250	保利厦门	2018-01-08
清 黄花梨方材书架	高181cm	4,025,000	中贸圣佳	2018-06-20
清 紫檀小多宝格（一对）	高38.5cm	494,500	中贸圣佳	2018-06-20
清 黄花梨书架	79×38×152cm	115,000	北京东正	2018-06-17
清 梓檀雕博古书架（两件）	85×38×170cm	103,500	北京翰海	2018-05-13
清 竹制冰纹三层书架	89.5×37.5×170.5cm	92,000	中国嘉德	2018-11-20
清 红木梅兰竹菊多宝阁（一对）	100×33×201cm×2	86,250	印千山	2018-01-12
清 黄花梨嵌紫檀芯板打洼架格（两件）	86×36×181cm	69,000	北京翰海	2018-01-14
清 黄花梨嵌紫檀层板书架（两件）	84×41×171cm	66,700	北京翰海	2018-05-13
清 黄花梨起线梓檀层板架格（两件）	81×38×182cm	66,700	北京翰海	2018-09-16
清 梓檀素工书架（两件）	82×40×172cm	64,400	北京翰海	2018-09-16
清 红木素工多宝格（两件）	80×34×196cm	51,750	北京翰海	2018-01-14
清 黄花梨雕夔龙明式书架（两件）	93×44×189cm	48,300	北京翰海	2018-05-13
清 梓檀缠枝莲多宝阁	92×38×201cm	41,400	北京翰海	2018-05-13
民国 梓檀五福捧寿多宝阁（两件）	78×35×168cm	69,000	北京翰海	2018-09-16
民国 黄花梨打洼嵌紫檀带屉架格（一对）	87×36×180cm	69,000	北京保利	2018-04-30
民国 黄花梨嵌乌木书架（两件）	110×47×194cm	69,000	北京翰海	2018-01-14
民国 黄花梨嵌金丝楠书架（两件）	86×36×180cm	40,250	北京翰海	2018-09-16
民国 黄花梨嵌乌木明式书架成对	110×47×194cm	40,250	太平洋	2018-06-09
民国 紫檀三层带屉架格（两件）	90×40×180cm	32,200	北京翰海	2018-09-16
当代 紫檀雕夔龙多宝格（两件）	98×38×206cm	57,500	北京翰海	2018-01-14
当代 不锈钢席纹竹节书架	90×30×193cm	46,000	上海匡时	2018-04-30
现代 花梨木三屉书架（一对）	110×40×188cm×2	43,700	北京荣宝	2018-09-14
2017年 小叶紫檀多宝格（一对）	高173.3cm	1,518,000	北京保利	2018-06-20

拍品名称	物品尺寸	成交价RMB	拍卖公司	拍卖日期
二十世纪 红木嵌剔红山水楼阁图四条屏	170×142cm	172,500	中国嘉德	2018-05-20
2016年 小叶紫檀竹节纹小多宝格（一对）	31.5×10×41.8cm	138,000	北京保利	2018-06-20
近代 黄花梨明式三屉书架（两件）	95×45×190cm	32,200	北京翰海	2018-09-16
明 核桃木五足内卷火盆架	高64cm	310,500	北京匡时	2018-06-15
清早期 黄花梨壁灯架（一对）	28×24.5cm	57,500	上海匡时	2018-04-30
清早期 黄花梨小帖架	14.5×12cm	48,300	上海匡时	2018-04-30
18世纪 黄花梨火盆架	高45.1cm	353,938	香港苏富比	2018-04-02
清乾隆/嘉庆 剔红缠枝花卉纹如意云形大镜框	宽127cm	258,720	伦敦佳士得	2018-05-15
清乾隆 紫檀瑞兽底座宫灯	高34.5cm	230,000	北京荣宝	2018-12-03
清中期 黄花梨龙纹卷轴架	高55×35cm	51,750	南京经典	2018-07-22
18/19世纪 紫檀宫廷灯挂（一对）	高162cm	190,924	中国嘉德	2018-04-02
清 湘妃竹博古架（一对）	56.5×23.5×73.5cm×2	172,500	保利厦门	2018-01-08
清 紫檀六角宫灯	高49cm	114,554	香港诚昌	2018-04-02
清 黄花梨龙首镜架	长41cm	46,000	中国嘉德	2018-01-14
2017年 小叶紫檀龙纹大衣架	高119.5cm	1,058,000	北京保利	2018-06-20
紫檀木宫灯（一对）	高73cm	115,000	北京保利	2018-10-28
屏风类				
明成化 青花神仙人物纹瓷板座屏	直径27.6cm	115,000	中国嘉德	2018-05-18
明 黄花梨石面插屏	高62cm	517,500	北京匡时	2018-06-15
明 黄花梨云石插屏	58×39×81.5cm	494,500	上海匡时	2018-04-30
明末清初 黄花梨镶绿石座屏	41.5×17.5×57.2cm	494,500	中贸圣佳	2018-11-24
清早期 黄花梨插屏	高78cm	1,035,000	中贸圣佳	2018-06-20
清早期 祁阳石雕观音麒麟纹插屏	带座高52cm	69,000	广东崇正	2018-07-05
清康熙 五彩孽海记人物故事图瓷板插屏（一对）	高37.2cm	172,500	中国嘉德	2018-05-18
清康熙 五彩花鸟纹、西厢记人物故事图瓷板各一方	24.5×19cm；25.5×18.5cm	40,250	中国嘉德	2018-05-18
清康熙 五彩神仙人物纹瓷板插屏	高49.8cm	20,700	中国嘉德	2018-05-18
清雍正 御制海屋添筹图紫檀座屏	高62.3cm	6,900,000	中贸圣佳	2018-11-24
清乾隆 御制沉香雕仙山楼阁嵌西洋镜座屏	高81cm	24,725,000	北京保利	2018-12-12
清乾隆 紫檀嵌理石大座屏	108×36.8×93cm	8,970,000	中国嘉德	2018-11-20
清乾隆 紫檀嵌百宝大座屏	114.5×50.2×124cm	2,300,000	中国嘉德	2018-06-18
清乾隆 御制紫檀工红酸枝嵌百宝背黑漆描金玉堂富贵大座屏	114.5×42.2×122.5cm	2,185,000	北京保利	2018-06-19
清乾隆 紫檀嵌玉人物座屏	115×38×205cm	1,543,440	中国嘉德	2018-10-02
清乾隆 白玉浮雕群仙祝寿图圆插屏 连掐丝珐琅花卉纹座	总高26.3cm	1,526,000	香港苏富比	2018-10-03
清乾隆 青白玉填金贯休十六应真图玉板	26.6×18.8cm	1,495,000	中贸圣佳	2018-11-24
清乾隆 嘉靖剔红西园雅集加刻乾隆御题诗座屏	56×15.3×37.5cm	782,000	北京保利	2018-06-20
清乾隆 红木嵌铜鎏金掐丝珐琅御题诗铜镜插屏	高53.5cm	333,500	北京荣宝	2018-12-03
18世纪 黄花梨嵌石彩绘人物诗文座屏	42×20×51cm	115,000	北京保利	2018-12-08
清乾隆 瓷仿铜胎画珐琅粉彩花卉纹瓷板插屏	高53.4cm	43,700	中国嘉德	2018-09-19
清乾隆 粉彩人物纹瓷板（一对）	26.5×18cm	43,700	中国嘉德	2018-05-18
清中期 白玉山水人物纹插屏（一对）	直径21cm×2	690,000	北京匡时	2018-06-15
清中期 紫檀螭龙拐子纹云石插屏	45.6×16.2×43cm	287,500	中国嘉德	2018-06-18
清中期 紫檀插屏	38.3×21.3×61.5cm	264,500	中贸圣佳	2018-11-25
清中期 红木镶云石大插屏	77×73.5cm	152,739	香港诚昌	2018-04-02
清中期 阮元款红木镶云石屏风	高59cm	120,750	上海匡时	2018-04-30
清中期 江德成书瓷板插屏		112,700	中贸圣佳	2018-11-25
清中期 祺阳石雕喜鹊报平安插屏	高78×53cm	93,553	香港诚昌	2018-04-02
清中期 木嵌粉彩海屋添筹图大瓷板插屏	高65.5cm	69,000	中国嘉德	2018-05-18
清十九世纪 朱漆木雕文会图插屏		67,426	纽约苏富比	2018-03-24
清光绪十年（1884年）作 张子英为岑春蓂绘浅绛彩鹦鹉花卉纹瓷板插屏	高53cm	46,000	中国嘉德	2018-05-18
19世纪 碧玉雕魁星点斗插屏	高40cm	34,500	北京华辰	2018-11-19

2018杂项拍卖成交汇总

(成交价RMB：2万元以上)

拍品名称	物品尺寸	成交价RMB	拍卖公司	拍卖日期
清晚期 黑漆描金刺绣五伦图大插屏	高205cm	172,500	中国嘉德	2018-05-19
清 紫檀云龙纹座屏	99×120×11cm	3,220,000	中贸圣佳	2018-11-24
王少维 清晚 浅降山水人物插屏	29.5×23cm	782,000	北京匡时	2018-12-05
清白玉雕松鹤延年圆图插屏（一对）	直径20cm×2	529,000	北京匡时	2018-12-05
晚清 山水人物屏风（一对）	高83cm	155,250	上海匡时	2018-04-30
清 红木雕花点翠座屏	64×29×109cm	103,500	北京保利	2018-01-21
清 碧玉雕人物故事插屏	高61cm	92,000	印千山	2018-01-12
金品卿 清晚 浅绛花鸟插屏	37×24.5cm	92,000	北京匡时	2018-12-05
清 紫檀云石面插屏	63×24×57.5cm	72,027	中国嘉德	2018-10-02
清红木镶碧玉描金山水人物故事插屏	高80cm	69,000	印千山	2018-01-12
清 红木嵌云石插屏	带座高74.5cm	57,500	广东崇正	2018-07-05
清 黄花梨螭龙纹插屏	31×38.5×16cm	57,500	上海匡时	2018-04-30
清 碧玉山水图圆插屏（一组四件）	14.7cm	53,900	伦敦苏富比	2018-05-18
清 红酸枝嵌宝花蝶座屏	101×60cm	51,750	北京保利	2018-04-29
清 屏开富贵插屏	56×57cm	46,000	中贸圣佳	2018-11-24
清 白玉雕山水诗文插屏	高26.5cm	43,700	印千山	2018-01-12
清紫檀云石插屏	37×36cm	43,700	北京保利	2018-01-21
清 红木雕金蟾大理石插屏	高60cm	40,250	印千山	2018-01-12
清代 紫檀插屏框、座	62.4×30.6×89.5cm	40,250	中贸圣佳	2018-11-25
清 祁阳石松鹤插屏连红木座	44×37cm	38,185	香港诚昌	2018-04-02
王步 民国 青花山水瓷板插屏		575,000	中贸圣佳	2018-06-20
民国 紫檀秋林萧寺山水人物诗文大插屏	长87.5cm	287,500	中国嘉德	2018-01-14
田鹤仙 民国 红梅清赏粉彩插屏		184,000	中贸圣佳	2018-06-20
民国 紫檀山水人物座屏	91×40×88cm	46,000	北京保利	2018-01-21
民国 大漆百宝嵌葫芦座屏（一对）	高108cm	25,300	北京保利	2018-07-27
王少维 1887年 渔樵问答浅绛瓷板插屏	瓷板29×38.5cm; 插屏42.5×60cm	1,035,000	中贸圣佳	2018-06-20
张焕庆 新疆和田玉沙枣青籽料梅兰竹菊插屏	15×4.6×1.5cm; 重189g	149,500	尚品润博	2018-07-29
硬木框嵌百宝蓬莱仙阁八仙图大插屏	高96cm	48,300	中国嘉德	2018-05-19
明末清初 水草玛瑙黄花梨砚屏		43,700	西泠拍卖	2018-07-07
明晚期 黄花梨嵌云石砚屏	27×13.2×37.8cm	713,000	中国嘉德	2018-06-18
明 黑漆嵌宝黄花梨小砚屏	15.5×33cm	46,000	上海匡时	2018-04-30
十八世纪 白玉三星观太极图屏	高24.2cm	2,398,000	香港苏富比	2018-10-03
清早期 紫檀云石砚屏（一对）	26.5×13.5cm	76,653	香港诚昌	2018-05-28
清早期 紫檀雕仕女诗文砚屏		57,500	西泠拍卖	2018-07-07
清中期 紫檀嵌云石砚屏	26.5×11.5×31cm	172,500	上海匡时	2018-04-30
清中期 紫檀研屏	19×9×26cm	105,800	北京匡时	2018-06-15
清中期 青田石对弈图砚屏	15×19cm	40,250	浙江佳宝	2018-07-01
清 硬木嵌百宝桌屏	55.5×20.5×59cm	40,896	羅芙奧	2018-06-02
清 紫檀嵌云石砚屏	18.5×16cm	34,500	北京荣宝	2018-06-14
民国 陈智光刻金陵十二钗牙雕砚屏	33.5×8.7cm（4折）	40,250	南京经典	2018-01-06
民国 周梅谷金石范屏	58×28cm	25,300	南京经典	2018-01-06
十八世纪 剔红山水庭台案屏	27.7cm	53,900	伦敦苏富比	2018-05-18
清中期沉香雕携琴访友图诗文砚屏	高23.5cm	161,000	古天一	2018-12-08
清道光 黄花梨框镶阮元款大理石屏	70.8×60.5cm	368,000	中贸圣佳	2018-11-24
清道光 花鸟对屏	25×100cm	69,000	中贸圣佳	2018-11-24
清 蝶恋花图屏	33×62.5cm	57,500	中贸圣佳	2018-11-24
清 山石花卉图屏	34.5×109cm	51,750	中贸圣佳	2018-11-24
清 铜刻梅花诗文砚屏	24×20.3cm	34,500	北京匡时	2018-12-05
元 嵌螺钿群仙祝寿图双面挂屏	47×37.5cm	207,000	西泠拍卖	2018-07-07
明嘉靖至万历 掐丝珐琅山居人物图挂屏	33.1×85.5cm	910,125	香港苏富比	2018-04-03
明嘉靖庚寅（1530年）黑漆嵌螺钿“司马温公家训”挂屏	50.5cm	91,630	伦敦苏富比	2018-05-18
清初《三酸图》《饮中八仙》挂屏	47×170cm	575,000	中贸圣佳	2018-11-24
清早期 松花江石雕山水楼阁人物大挂屏	直径70cm	487,200	香港诚昌	2018-05-30
清初 清供图挂屏	22×30cm	55,200	中贸圣佳	2018-11-24
清初 缂丝锦堂富贵图挂屏		51,561	纽约苏富比	2018-03-24
清乾隆 紫檀万寿锦地嵌百宝大挂屏	141×79.5cm	10,350,000	中国嘉德	2018-11-20
清乾隆 剔彩御题“贯休画十六应真像赞”挂屏	78.5×114.5cm	4,951,080	香港苏富比	2018-04-03

拍品名称	物品尺寸	成交价RMB	拍卖公司	拍卖日期
清乾隆 紫檀喜上眉梢、竹报平安大挂屏（一对）	134×189.5cm	4,485,000	北京保利	2018-12-12
清乾隆 御制紫檀嵌掐丝珐琅福禄寿挂屏	109×92cm	2,100,164	保利香港	2018-04-02
清乾隆 御制紫檀框八宝群仙祝寿纹挂屏	167×72cm	2,070,000	中贸圣佳	2018-06-20
清乾隆 紫檀框嵌百宝耕织图大挂屏	120×84cm	1,495,000	北京保利	2018-12-12
清乾隆 御题水牛角雕“白门”挂屏“得象外意”、“乾隆宸翰”印	64×89.8cm; 总74×99.2cm	1,112,375	香港苏富比	2018-04-03
清乾隆 掐丝珐琅鹿鹤同春图挂屏		1,035,000	中贸圣佳	2018-11-24
清乾隆 紫檀镶嵌百宝博古图大挂屏	79.1×121cm	805,000	中贸圣佳	2018-11-24
清乾隆至嘉庆 粉彩描金绶带福寿“大吉”葫芦挂屏	连框35cm	784,800	香港苏富比	2018-10-03
清中期 紫檀框漆地百宝嵌博古图挂屏成对	77×114cm	1,955,000	上海匡时	2018-04-30
清中期 紫檀框掐丝珐琅“海屋添筹”、“海天浴日”挂屏（一对）	115×83cm	920,000	中贸圣佳	2018-06-20
清中期 红木嵌理石天圆地方挂屏	114×218cm	690,000	中国嘉德	2018-11-20
清中期 红木镶云石挂屏（一对）	180×90cm	460,000	中贸圣佳	2018-06-20
清中期 紫檀框铜鎏金挂钩漆地嵌竹雀挂屏	72.4×102.5cm	460,000	北京保利	2018-06-20
18世纪/19世纪 红木框漆地嵌宝暗八仙图屏（一对）	76.2×109.8cm	384,863	纽约佳士得	2018-09-13
清道光 鹿衔灵芝挂屏	148×107cm	207,000	中贸圣佳	2018-11-24
清十八/十九世纪 刺绣群仙庆寿图挂屏		333,165	纽约苏富比	2018-03-24
清十九世纪 绢绣福禄寿三星挂屏	169×90cm	202,250	香港苏富比	2018-04-03
19世纪末 漆嵌百宝人物故事图挂屏（一组四幅）	140×63.5cm	161,700	伦敦佳士得	2018-05-15
清十九世纪 缂丝沧浪亭图挂屏		47,595	纽约苏富比	2018-03-24
日本 十九世纪 剔红罗汉图挂屏（一对）		42,763	纽约苏富比	2018-09-15
清 仙人泛槎图挂屏	67×136cm	345,000	中贸圣佳	2018-11-24
清 红木嵌云石挂屏（一组四件）		345,000	西泠拍卖	2018-07-07
清 黄土陵端石博古挂屏（一对）	46×35.8cm	132,250	上海匡时	2018-04-30
清 金漆木雕人物花鸟纹挂屏	152×90×14cm	117,300	广东崇正	2018-07-05
清 大理石题“湘烟春晓”、“湖山云影”挂屏	52×57cm; 总74.5×79.5cm	111,238	香港苏富比	2018-04-02
清 詹福熙旧藏百宝嵌花卉清供图挂屏（一组四件）	139×59.7cm	109,250	西泠拍卖	2018-09-29
清 紫檀龙板挂屏	35.8×101.8cm	109,250	中贸圣佳	2018-11-25
清 张照书法挂屏	35.5×69.5cm	97,750	中贸圣佳	2018-11-24
清 剔红框百宝嵌山水人物纹挂屏（一组两件）		86,250	西泠拍卖	2018-07-07
清 紫檀雕山水挂屏	58×45cm	80,500	保利厦门	2018-01-08
晚清 漆器嵌玉花鸟挂屏	高110cm	63,250	上海匡时	2018-04-30
清 剔红嵌百宝花鸟挂屏	103×68cm	57,500	北京保利	2018-07-27
清 紫檀嵌宝博古诗文挂屏	108×57cm	48,300	北京保利	2018-01-21
清 黑漆地粉彩花鸟诗文挂屏	45.6×70cm	43,700	中国嘉德	2018-01-13
清 满打籽瓶花挂屏	39×32cm	40,250	中贸圣佳	2018-11-24
清 游园扑蝶图挂屏	50×67cm	40,250	中贸圣佳	2018-11-24
清 二十四孝故事挂屏	81×49cm	36,800	中贸圣佳	2018-11-24
清 青花“荷塘清趣”图挂屏	64×38cm	34,500	印千山	2018-01-12
民国 松石绿地粉彩描金韩干明皇试马图瓷板挂屏	101.5×63.5cm	1,667,500	中国嘉德	2018-05-18
田鹤仙 民国 粉彩红梅清赏 山水册页挂屏（一组两件）	19.7×12.5cm×2	184,000	北京匡时	2018-12-05
民国 红木博古挂屏（一对）	54×42cm	40,250	北京保利	2018-01-21
民国粉彩缠枝莲大吉葫芦瓷板挂屏	56.5×41cm	32,200	中国嘉德	2018-05-18
涂菊青 现代 双抢图粉彩瓷板	瓷板120.6×64.6cm	2,587,500	中贸圣佳	2018-11-24
毕渊明 现代 虎啸山林粉彩瓷板	瓷板35×65cm	1,840,000	中贸圣佳	2018-11-24
陈先水 现代 春夏秋冬瓷板（一套）		92,000	中贸圣佳	2018-11-24
60、70年代 剔红红卫兵挂屏	59×30cm	115,937	香港诚昌	2018-05-28
硬木嵌螺钿花卉纹黑漆嵌百宝喜鹊登梅图挂屏	97×73cm	40,250	中国嘉德	2018-05-19
紫檀嵌宝“一品清廉”挂屏	107×70cm	32,200	北京保利	2018-04-30

拍品名称	物品尺寸	成交价RMB	拍卖公司	拍卖日期
明末清初 黄花梨螭龙捧寿纹隔扇(十二扇)	323×60.5×12	8,625,000	中国嘉德	2018-11-20
清早期 黄花梨小围屏（十扇）	37.5×161×10	3,105,000	中国嘉德	2018-06-18
清早期 款彩十八学士图屏风	通长616×258cm	1,380,000	上海国时	2018-04-30
清康熙 黑漆戗金云龙纹屏（四扇）		575,000	中贸圣佳	2018-11-24
清康熙己巳年(1689年) 髹漆加彩群仙祝寿图十扇屏风		513,150	纽约苏富比	2018-09-12
清康熙 髹漆加彩汉宫春晓图八扇屏风		51,315	纽约苏富比	2018-09-15
清中期 红木嵌云石四屏条	43×124cm	345,000	上海国时	2018-04-30
清中期 酸枝嵌瓷片屏风	183×33.5×10	175,392	香港诚昌	2018-05-30
清中期 乌木万字纹小坐屏	25.7×12×24.2cm	80,500	中贸圣佳	2018-06-20
清中期 青花粉彩八仙图八扇屏	136×84cm	57,500	中国嘉德	2018-05-19
18-19世纪 黄花梨屏风(十二屏)		3,125,405	纽约佳士得	2018-03-22
清十九世纪髹漆加彩百子图八扇屏风		206,245	纽约苏富比	2018-03-24
清十九世纪 髹漆加彩郭子仪庆寿图十二扇屏风		171,050	纽约苏富比	2018-09-12
清十九世纪 髹漆加彩神仙图十二扇屏风	每扇：44×284.5cm	107,800	伦敦苏富比	2018-05-18
清晚期-民国 硬木嵌青花山水人物博古图瓷板四扇屏	188×176cm	78,200	中国嘉德	2018-05-19
清 木雕八仙剔红嵌百宝博古图大地屏（一对）	高222.5cm	575,000	中国嘉德	2018-09-19
清 双龙戏珠条屏	219×86.5cm	402,500	中贸圣佳	2018-11-24
清 阮元款红木嵌云石四条屏		264,500	西泠拍卖	2018-07-07
清 湘妃竹帘子	215×162.5cm	253,000	北京保利	2018-12-08
清 酸枝嵌百宝博古图黑漆描金山水八联屏	304×192cm	230,040	羅芙奧	2018-06-02
清末 刺绣花鸟图四扇屏风		222,110	纽约苏富比	2018-03-24
清 湘妃竹漆金博古山水纹围屏(一组八件)	各屏高200×39.5cm	172,500	西泠拍卖	2018-07-07
清 黄花梨雕夔龙屏风（12扇）	280×51.5cm	149,500	北京翰海	2018-01-14
清 黑漆嵌百宝博古屏风	188×276cm	138,000	北京保利	2018-04-29
清 红木雕福寿博古屏风十二扇		126,500	北京保利	2018-07-27
清 梓檀雕双面工龙纹围屏（1两件）	52.5×260cm	112,700	北京翰海	2018-09-16
清代 八宝嵌博古图立屏	83×243cm	92,000	北京宣石	2018-03-24
清 雕漆嵌百宝博古纹屏风	183×36×8	63,250	北京国时	2018-06-15
清 黄花梨三围屏席面罗汉榻	198×91×80cm	63,250	北京翰海	2018-09-16
王大凡 民国 十二花神粉彩人物花鸟屏风	外框尺寸 27.2×160×4	172,500	中贸圣佳	2018-06-20
民国 硬木竹林七贤图屏风	每屏：89.4×181.5cm	51,744	伦敦苏富比	2018-05-18
民国 紫檀雕博古屏风（六件）	40×188cm	36,800	北京翰海	2018-05-13
民国 花梨木镶粉彩人物围屏	16×4×42cm	25,300	八益拍卖	2018-04-28
戴荣华 当代 琴棋书画古彩四条屏	瓷板33.5×74.5×4	3,220,000	中贸圣佳	2018-11-24
硬木镶八宝人物加彩花鸟屏风一套六件	高184cm	48,558	香港普艺	2018-06-02
硬木镶彩石花卉四挖屏风一套六件	高 183cm	44,822	香港普艺	2018-06-02
近代 紫檀嵌百宝四条屏	60×45cm	40,250	北京保利	2018-01-21
其他				
二十世纪 硬木袖珍家具（一组）		68,420	纽约苏富比	2018-09-15
二十世纪 硬木袖珍家具（一组）		68,420	纽约苏富比	2018-09-15
日本 吴清远自用棋盘		46,000	北京翰海	2018-09-16
二十世纪 硬木袖珍家具（一组）		38,486	纽约苏富比	2018-09-15
花梨木镶理石摆设（三件）	宽25－30cm	21,059	香港普艺	2018-10-06
佛教文物				
造像				
北周大定元年(公元581年) 石灰岩雕弥勒菩萨坐像	高30.5cm	256,575	纽约佳士得	2018-09-13
北周 铜鎏金观音立像	高9.2cm	76,370	保利香港	2018-04-02
约2世纪 罗马大理石雕神仙左足	15.2cm	161,800	香港苏富比	2018-04-02
2-3世纪 释迦牟尼	高105cm	483,000	上海国时	2018-04-30
2-3世纪 弥勒菩萨	高65cm	241,500	上海国时	2018-04-30
东魏 鎏金铜飞天像	高11.5cm	2,384,437	纽约佳士得	2018-09-13
东魏兴和四年(542) 铜释迦牟尼	高13.3cm	138,372	万昌斯	2018-11-29

拍品名称	物品尺寸	成交价RMB	拍卖公司	拍卖日期
东魏 铜释迦牟尼像	高14.4cm	126,672	万昌斯	2018-05-30
东魏武定三年（545）铜“武定三年”佛像	高15.3cm	82,824	万昌斯	2018-05-30
东魏 铜观音菩隆像	高9.9cm	31,181	万昌斯	2018-05-30
北齊 天保十年(559年) 大理石雕思惟菩薩三尊像		3,395,062	纽约苏富比	2018-09-12
南北朝 铜鎏金释迦牟尼佛坐像	高24.5cm	1,725,000	西泠拍卖	2018-07-07
北魏 砂岩雕佛首	高40cm	2,524,080	香港苏富比	2018-04-02
北魏 砂岩石雕飛天像		2,486,283	纽约苏富比	2018-09-12
北魏 石灰石雕維摩詰居士像		1,714,678	纽约苏富比	2018-09-12
北魏正光二年 铜鎏金观音立像		1,308,863	纽约苏富比	2018-03-21
北魏 石灰石雕菩薩首像		1,114,540	纽约苏富比	2018-09-12
北魏武定三年（545年）黄理石雕观音菩萨立像	52cm	455,063	香港苏富比	2018-04-02
北魏 铜佛立像	高19.8cm	311,808	万昌斯	2018-05-30
北魏 鎏金铜释迦牟尼坐像	高8.2cm	284,200	佳士得	2018-05-30
北魏 铜袖珍三尊像	11.7cm	151,688	香港苏富比	2018-04-02
北魏 铜鎏金弥勒佛	高16cm	123,475	保利香港	2018-10-02
北魏始光元年(424) 铜佛板	高16.1cm	63,864	万昌斯	2018-11-29
北魏 铜释迦牟尼板凳佛	高15.5cm	55,200	西泠拍卖	2018-09-29
北魏 铜释迦牟尼立像	高14.3cm	38,976	万昌斯	2018-05-30
北齐 菩萨头像	高42cm	2,057,920	保利香港	2018-10-02
北齐 石灰岩雕背屏式佛三尊像	高35cm	427,625	纽约佳士得	2018-09-13
北齐 天保九年款铜观音菩萨立像	高13.7cm	207,000	西泠拍卖	2018-07-08
北齐 豹斑石浮雕莲瓣纹佛座	6×20×20cm	92,000	西泠拍卖	2018-07-07
北齐 铜释迦牟尼	高12.6cm	90,474	万昌斯	2018-11-29
隋 鎏金铜菩萨立像	总高35.1cm	7,876,400	佳士得	2018-05-30
隋/唐 鎏金铜佛坐像	高10.5cm	862,750	佳士得	2018-05-30
隋 / 唐初 銅鎏金觀音立像		771,605	纽约苏富比	2018-09-12
隋/唐初 铜鎏金观音立像		769,725	纽约苏富比	2018-09-12
隋 铜鎏金观音立像		436,288	纽约苏富比	2018-03-21
隋 / 唐初 石灰石雕羅漢首像		257,202	纽约苏富比	2018-09-12
隋 铜鎏金释迦多宝二佛并坐像	高16cm	194,880	万昌斯	2018-05-30
隋/唐 一佛二菩萨造像碑	高28cm	185,213	保利香港	2018-10-02
隋 铁观音菩萨头像	高34cm	144,054	中国嘉德	2018-10-02
隋开皇 铜释迦牟尼及二弟子	高14.7cm	74,508	万昌斯	2018-11-29
隋大业四年(608) 青铜阿弥陀佛及弟子像	高14.8cm	73,080	万昌斯	2018-05-30
隋代 释迦说法像	15.5×5cm	63,250	北京荣宝	2018-12-03
隋代 开皇年款释伽牟尼像	17×7cm	57,500	北京荣宝	2018-12-03
隋 开皇九年铭铜佛陀坐像		40,250	西泠拍卖	2018-07-08
隋 铜鎏金佛像	高10.8cm	26,729	中国嘉德	2018-04-02
隋 铜鎏金佛像	高10.7cm	25,724	中国嘉德	2018-10-02
6世纪 犍陀罗莲花手观音	高5cm	126,500	北京保利	2018-06-20
唐 石灰石雕菩薩立像		29,732,510	纽约苏富比	2018-09-12
盛唐 石灰岩雕大势至菩萨立像	高67cm	22,253,605	纽约佳士得	2018-09-13
盛唐 石灰岩雕观音菩萨立像	高67cm	13,632,685	纽约佳士得	2018-09-13
唐 石灰岩雕莲花座菩萨立像	63.5cm	12,717,480	香港苏富比	2018-04-02
唐初 大理石雕雲獸紋畫像石		2,057,613	纽约苏富比	2018-09-12
唐 鎏金铜佛陀坐像	高14.6cm	1,928,500	佳士得	2018-05-30
唐 大理石雕象首殘像		1,886,145	纽约苏富比	2018-09-12
唐 铜鎏金释迦摩尼	高10cm	1,234,752	中国嘉德	2018-10-02
唐 銅鎏金觀音坐像		814,472	纽约苏富比	2018-09-12
唐 铜鎏金观音坐像		812,488	纽约苏富比	2018-09-12
唐 铜鎏金观音菩萨站像	高15cm	632,500	西泠拍卖	2018-07-08
唐 銅鎏金佛像臺座		342,936	纽约苏富比	2018-09-12
唐 铜鎏金佛像台座		342,100	纽约苏富比	2018-09-12
唐 铜力士	长9.2cm	272,832	万昌斯	2018-05-30
唐阮元旧藏石雕释迦牟尼背屏式造像	高34.2cm	218,500	西泠拍卖	2018-07-07
唐 铜鎏金观音立像	高18cm	190,924	保利香港	2018-04-02
盛唐 铜鎏金释迦弁尼坐像	总高19.1cm	185,136	万昌斯	2018-05-30
唐 石雕佛头像	高11.5cm	161,700	伦敦佳士得	2018-05-15
唐 铜鎏金观音菩萨	高30cm	159,660	万昌斯	2018-11-29

2018杂项拍卖成交汇总

(成交价RMB：2万元以上)

拍品名称	物品尺寸	成交价RMB	拍卖公司	拍卖日期
唐 铜鎏金杨柳观音	高25.2cm	138,372	万昌斯	2018-11-29
唐 铜鎏金佛陀	高13.3cm	138,372	万昌斯	2018-11-29
唐 铜鎏金观音立像	高18.8cm	126,672	万昌斯	2018-05-30
唐 铜释迦弁尼立像	长14.3cm	107,184	万昌斯	2018-05-30
唐代 铜鎏金持瓶观音像	13×5cm	101,200	北京荣宝	2018-12-03
唐 铜鎏金观音菩萨	高18.9cm	101,118	万昌斯	2018-11-29
唐代 释迦说法像	9.5×4.5cm	92,000	北京荣宝	2018-12-03
唐 铜鎏金观音菩萨	高13.5cm	85,152	万昌斯	2018-11-29
唐 铜鎏金颈瓶观音	长8cm	85,152	万昌斯	2018-11-29
唐 铜鎏金菩萨	高7.3cm	74,508	万昌斯	2018-11-29
唐 铜鎏金天尊立像	高17cm	66,823	保利香港	2018-04-02
唐 鎏金铜观音菩萨立像	15.5cm	64,680	伦敦苏富比	2018-05-18
唐 铜鎏金释迦牟尼坐像	高18.7cm	63,250	西泠拍卖	2018-07-08
唐 铜鎏金菩萨立像	高15.5cm	62,050	保利香港	2018-04-02
唐 铜鎏金七星佛	高12.2cm	53,220	万昌斯	2018-11-29
唐 铜鎏金狮吼观音	高9.3cm	48,720	万昌斯	2018-05-30
唐 渤海国铜鎏金站佛	高11.7cm	48,720	万昌斯	2018-05-30
唐 铜鎏金菩萨立像	高11.8cm	47,731	保利香港	2018-04-02
唐 铜鎏金观音立像	高11.9cm	47,731	保利香港	2018-04-02
唐 铜鎏金观音立像	总高21.3cm	46,771	万昌斯	2018-05-30
唐 铜鎏金释迦牟尼	高11.5cm	44,705	万昌斯	2018-11-29
唐 鎏金铜释迦牟尼首像	3.2cm	43,120	伦敦苏富比	2018-05-18
唐 铜鎏金西方三圣像	高11cm	42,958	保利香港	2018-04-02
唐 铜七星佛	高12cm	40,925	万昌斯	2018-05-30
唐 铜鎏金佛像（一对）	最大高9cm	37,027	万昌斯	2018-05-30
6—7世纪 笈多灰泥塑释迦牟尼佛头	高21×15cm	138,000	浙江佳宝	2018-07-01
6-8世纪 铜释迦牟尼	高33.6cm	51,091	万昌斯	2018-11-29
9世纪 大日如来	高21.5cm	299,000	北京保利	2018-06-20
9世纪 度母	高8.8cm	138,000	古天一	2018-12-08
8~9世纪 TWO RARE BRONZE FIGURES OF MAITREYA	高26×21cm	68,420	纽约佳士得	2018-09-12
爪哇9世纪 石质天福之面像	27×103×31cm	46,000	中国嘉德	2018-11-21
五代 铜鎏金佛像	高33.8cm	8,122,360	中国嘉德	2018-04-02
五代 铜鎏金释迦牟尼	宽8cm	514,480	保利香港	2018-10-02
五代 铜观音菩萨（三拿式）	高30.9cm	372,540	万昌斯	2018-11-29
五代 铜释迦牟尼立像	高34cm	103,500	西泠拍卖	2018-07-08
唐末五代 水月观音像	15×8cm	92,000	北京荣宝	2018-12-03
南宋 夹纻乾漆羅漢首像		600,137	纽约苏富比	2018-09-12
辽/宋 石雕罗汉立像	高174.5cm	2,220,229	纽约佳士得	2018-09-13
宋 铜鎏金观音头像	高30cm	1,437,500	西泠拍卖	2018-07-08
宋 铜"玉皇大帝"头像	总高41.5cm	341,040	万昌斯	2018-05-30
宋 铜自在观音像	高30.5cm	205,792	保利香港	2018-10-02
宋 铜托钵立像	高13.2cm	185,136	万昌斯	2018-05-30
宋 铜僧人立像		111,055	纽约苏富比	2018-03-21
宋辽 白石雕佛身连坐	高76cm	102,896	中国嘉德	2018-10-02
宋 白玉带红沁法轮	直径9cm; 厚1cm	92,568	万昌斯	2018-05-30
宋 铜自在观音	高15.3cm	63,336	万昌斯	2018-05-30
宋 铜制地藏菩萨坐像	宽26.5×14.5cm	55,200	浙江佳宝	2018-07-01
10世纪 文殊菩萨像	高10.5cm	1,610,000	古天一	2018-06-17
10世纪 合金铜莲花手观音	高12.7cm	1,043,112	万昌斯	2018-11-29
10世纪 黑石雕释迦牟尼	高46cm	690,000	华艺国际	2018-05-23
9~10世纪 释迦牟尼立像	高18cm	667,000	古天一	2018-06-17
9~10世纪 金刚萨埵像	高22.5cm	575,000	古天一	2018-06-17
9-10世纪 铜南无孤绝海岸观音	高13.2cm	340,608	万昌斯	2018-11-29
10世纪 四臂观音像	高14cm	126,500	古天一	2018-06-17
10世纪 银眼莲花手观音菩萨	高13cm	126,500	上海匡时	2018-04-30
10世纪 思维菩萨	高16cm	115,000	上海匡时	2018-04-30
10世纪 释迦摩尼	高16.5cm	34,500	上海匡时	2018-04-30
吴哥9-10世纪 铜佛	高11.9cm	29,232	万昌斯	2018-05-30
宋至明初 石雕羅漢首像		6,358,025	纽约苏富比	2018-09-12
辽/金 木雕彩绘水月观音坐像	高66cm	24,441,200	佳士得	2018-05-30
辽铜鎏金观音菩萨	高15.6cm	2,128,800	万昌斯	2018-11-29
辽 青铜观音坐像	高18.6cm	1,071,840	万昌斯	2018-05-30

拍品名称	物品尺寸	成交价RMB	拍卖公司	拍卖日期
辽 铜鎏金坐佛	高17.8cm	798,300	万昌斯	2018-11-29
辽代 铜鎏金大日如来坐像	高17cm; 直径8cm	460,000	北京荣宝	2018-12-03
辽 铜鎏金持"迦楼罗"观音	高16.3cm	319,320	万昌斯	2018-11-29
辽 铜鎏金菩萨	高14.5cm	298,032	万昌斯	2018-11-29
辽 铜阴线刻双面佛板画	长23cm; 厚0.7cm	255,456	万昌斯	2018-11-29
辽早期 铜鎏金菩萨像	像长9.4cm	214,368	万昌斯	2018-05-30
辽 铜莲花观音坐像	高13.8cm	155,904	万昌斯	2018-05-30
辽 铜阿弥陀佛	高9.3cm	149,016	万昌斯	2018-11-29
辽 铜鎏金菩萨	高10cm	113,186	中国嘉德	2018-10-02
辽 大理石雕地藏王菩萨	高62×63cm; 长12cm	95,462	保利香港	2018-04-02
辽 铜鎏金阿弥陀佛坐像	高9.3cm	92,000	西泠拍卖	2018-07-08
辽 青铜坐佛	高17.1cm	73,080	万昌斯	2018-05-30
辽 铜佛	高11.1cm	69,186	万昌斯	2018-11-29
辽 青铜宫殿式"对开门"佛板	高24.2cm	63,864	万昌斯	2018-11-29
辽 铜骑象天王	高10.2cm	63,864	万昌斯	2018-11-29
辽 铜莲花座观音	高13.4cm	63,336	万昌斯	2018-05-30
辽 铜片状莲花菩萨	长12.4cm	63,336	万昌斯	2018-05-30
辽 铜佛座	长16.4cm	58,542	万昌斯	2018-11-29
辽 铜佛像一组两尊	最大高11.9cm	48,720	万昌斯	2018-05-30
辽 铜鎏金阿弥陀佛坐像	高8.9cm	46,771	万昌斯	2018-05-30
辽 铜释迦牟尼像	高14.5cm	46,000	中贸圣佳	2018-06-20
辽 铜释迦牟尼佛包K金挂坠	长7.9cm; 厚1.7cm	42,576	万昌斯	2018-11-29
辽 铜佛	高9.2cm	21,288	万昌斯	2018-11-29
11世纪 大理国 铜鎏金阿弥陀佛坐像	高25cm	9,430,000	北京东正	2018-06-17
11世纪 阿閦佛像	高19.5cm	1,092,500	古天一	2018-12-08
10/11世纪 铜弥勒菩萨（错银）	高14cm	322,000	华艺国际	2018-11-16
11世纪 铜准提佛母	高19.6cm	230,000	北京保利	2018-12-09
11世纪 宝源度母	高25cm	161,000	古天一	2018-12-08
11世纪 莲花手菩萨立像	高17.5cm	138,000	古天一	2018-06-17
10、11世纪 A PINK SANDSTONE RELIEF OF UMA-MAHESHVARA	高69cm	128,288	纽约佳士得	2018-09-12
11世纪 铜鎏金释迦摩尼站像	高7cm	92,000	保利厦门	2018-01-08
11世纪 铜释迦摩尼坐像	高13cm	92,000	保利厦门	2018-01-08
11世纪 湿婆与帕尔瓦蒂像	高9.5cm	86,250	古天一	2018-06-17
金 铜鎏金菩萨像	高16cm	76,370	保利香港	2018-04-02
平安时代晚期（12世纪）日本木雕阿弥陀如来佛首	37cm	910,125	香港苏富比	2018-04-02
12世纪 文殊菩萨	高8.4cm	460,000	北京保利	2018-06-20
11/12世纪 铜自在观音及随侍	高16.8cm	437,000	华艺国际	2018-05-23
11-12世纪 三怙主	高15.5cm	368,000	古天一	2018-12-08
12世纪 莲花手观音像	高13cm	287,500	古天一	2018-06-17
11-12世纪 帕拉狮吼观音	高9.9cm	276,000	上海匡时	2018-04-30
12世纪 窣堵波	高10.7cm	172,500	中贸圣佳	2018-06-20
11-12世纪 毗湿奴	高19cm	126,500	上海匡时	2018-04-30
12世纪 合金铜黄财神坐像	高8.1cm	92,000	西泠拍卖	2018-07-08
12世纪 弥勒菩萨立像	高12.6cm	80,500	古天一	2018-06-17
12世纪 胜乐金刚双身像	高9.2cm	46,000	古天一	2018-12-08
西藏12世纪 合金铜黑财神	高8cm	34,500	中国嘉德	2018-06-19
十四世纪 元 观音	高77cm	31,050,000	北京保利	2018-06-19
元 明 青铜观世音菩萨坐像	高142cm	9,200,000	西泠拍卖	2018-07-08
元代 铜鎏金佛坐像	高11.3cm	8,580,000	中正拍卖	2018-11-30
元/明 彩塑菩萨立像（一对）	高2.16m	3,205,477	纽约佳士得	2018-09-13
元 红砂岩菩萨坐像	高69.5cm	2,070,000	保利厦门	2018-07-15
元 释迦摩尼	高29cm	1,495,000	保利厦门	2018-07-15
元 观音	高27.5cm	1,380,000	北京保利	2018-06-20
元 铜胎金漆水月观音坐像	高42cm	1,319,500	佳士得	2018-05-30
元 铜释迦牟尼	高34.5cm	483,000	华艺国际	2018-05-23
元 文殊菩萨	高16.8cm	448,500	北京保利	2018-06-20
元、明 铜鎏金观音像连佛龛	佛高39.2cm	402,500	中国嘉德	2018-05-20
元 泗州大圣	高14.3cm	230,000	北京保利	2018-06-20
元 铜鎏金释迦摩尼	高20cm	230,000	保利厦门	2018-01-08
元/明 铜胡人立像	高30.5cm	230,000	华艺国际	2018-05-23
元 释迦牟尼	高11.8cm	207,000	北京保利	2018-06-20

拍品名称	物品尺寸	成交价RMB	拍卖公司	拍卖日期
元代 金观音佛像	8×6cm; 重量109.5g	194,880	智得拍卖	2018-05-28
元 铜释迦牟尼	高24cm	184,000	华艺国际	2018-05-23
元 铜自在观音坐像	高29cm	184,000	西泠拍卖	2018-07-08
元 佛版	长22.3×15.6cm	138,000	北京保利	2018-06-20
元 纯金准提佛母	高7.5cm	116,928	万昌斯	2018-05-30
元 铁鎏银金刚杵	高16cm	105,008	保利香港	2018-04-02
元 铜观音菩萨	高19.4cm	95,796	万昌斯	2018-11-29
元 铜鎏金释迦摩尼像	高5cm	92,000	北京东正	2018-06-17
元 铜错银上师	高8.4cm	47,898	万昌斯	2018-11-29
元 阿嵯耶观音	高42cm	46,000	北京保利	2018-06-20
元 铜漆金观音坐像	高21cm	43,700	保利厦门	2018-01-08
元 铜观音菩萨坐像	高24cm	43,700	华艺国际	2018-05-23
13世纪 莲花手菩萨	高78cm	67,850,000	古天一	2018-12-08
13世纪 释迦牟尼	高22.5cm	3,105,000	北京保利	2018-12-09
13世纪 不空成就佛	高40.5cm	1,955,000	古天一	2018-12-08
13世纪 不动明王像	高26cm	805,000	古天一	2018-06-17
13世纪 阿閦佛	高22.2cm	437,000	古天一	2018-12-08
13世纪 阿閦佛	高38cm	402,500	上海匡时	2018-04-30
13世纪 释迦牟尼	高26cm	402,500	古天一	2018-12-08
13世纪 铜鎏金财续佛母	高14cm	402,500	华艺国际	2018-11-16
西藏13世纪 合金铜阿弥陀佛(嵌红铜)	高42cm	368,000	中国嘉德	2018-06-19
13世纪 14世纪 铜鎏金莲花手观音立像	高25cm	322,000	西泠拍卖	2018-07-08
西藏13世纪 合金铜不动明王	高17.6cm	322,000	中国嘉德	2018-06-19
13世纪 不动明王	高8cm	287,500	中贸圣佳	2018-06-20
13世纪 铜泥金四臂观音	高16.8cm	253,000	北京翰海	2018-06-30
西藏13世纪 合金铜阿閦佛(嵌银嵌红铜)	高35.5cm	241,500	中国嘉德	2018-06-19
西藏12–13世纪 合金铜绿度母(嵌银嵌红铜)	高15.3cm	230,000	中国嘉德	2018-06-19
13世纪 黄财神	高11cm	230,000	古天一	2018-12-08
13世纪 合金铜嵌红铜噶举派上师像	高15.5cm	207,000	西泠拍卖	2018-07-08
13世纪 大黑天	高11cm	195,500	中贸圣佳	2018-06-20
13世纪 铜水月观音像	12.5×6cm	138,000	北京荣宝	2018-06-14
13世纪 阿閦佛像	高14.5cm	126,500	古天一	2018-06-17
13世纪 14世纪 合金铜噶举派上师像(嵌银眼)	高9cm	126,500	西泠拍卖	2018-07-08
镰仓时代(13世纪)日本铜菩萨立像	38.8cm	121,350	香港苏富比	2018-04-02
13世纪 合金铜菩萨	高18.5cm	115,000	北京保利	2018-12-09
12至13世纪 铜鎏金刚手菩萨	高15.5cm	114,554	中国嘉德	2018-04-02
13世纪 金刚手菩萨像	高12.6cm	103,500	古天一	2018-06-17
13世纪 忿怒金刚手	高16cm	92,000	古天一	2018-12-08
13世纪 菩萨手一对	高32cm	80,500	古天一	2018-12-08
13世纪 度母立像	高13cm	69,000	古天一	2018-06-17
西藏13世纪 合金铜上师像(嵌红铜)	高8.6cm	59,800	中国嘉德	2018-06-19
13世纪 铜制四臂观音像	高6cm	57,500	北京东正	2018-06-17
13世纪 佛手	高48cm	28,750	中贸圣佳	2018-06-20
元13世纪及18世纪 鎏金铜无量寿佛坐像及释迦牟尼佛坐像(一组两件)	高5cm	21,560	伦敦佳士得	2018-05-15
13/14世纪 铜鎏金宝冠释迦牟尼	高40cm	15,525,000	华艺国际	2018-11-16
14世纪 释迦牟尼	高26.5cm	6,785,000	古天一	2018-12-08
13–14世纪 莲花手观音	高27.5cm	4,370,000	中贸圣佳	2018-06-20
14世纪 不空羂索观音像	高29.5cm	3,450,000	古天一	2018-06-17
13–14世纪 金刚萨埵	高34cm	3,105,000	北京保利	2018-06-20
14世纪 金刚亥母	高31.5cm	2,070,000	古天一	2018-12-08
尼泊尔14世纪(马拉王朝) 铜鎏金金刚持	高24.3cm	1,955,000	中国嘉德	2018-06-19
14世纪 释迦牟尼	高37.5cm	1,667,500	中贸圣佳	2018-06-20
14世纪 宝冠释迦牟尼	高17.5cm	1,207,500	北京保利	2018-06-20
13–14世纪 不动如来	高21.8cm	1,150,000	中贸圣佳	2018-06-20
尼泊尔14世纪(马拉王朝) 铜鎏金释迦牟尼佛(原封底)	高19.3cm	862,500	中国嘉德	2018-06-19
14世纪 无量寿佛像	高18.5cm	793,500	古天一	2018-06-17
14世纪 宝冠释迦牟尼说法相	高29cm	690,000	中贸圣佳	2018-11-24
13~14世纪 莲花手菩萨像	高36.5cm	644,000	古天一	2018-06-17

拍品名称	物品尺寸	成交价RMB	拍卖公司	拍卖日期
西藏13-14世纪合金铜黄财神(眼嵌银)	高10cm	575,000	中国嘉德	2018-06-19
西藏14世纪(丹萨替寺)铜鎏金天女像	高34cm	575,000	中国嘉德	2018-11-21
14世纪 佛座与背光	高56cm	540,500	古天一	2018-12-08
14世纪 释迦牟尼	高25cm	517,500	中贸圣佳	2018-06-20
14世纪 扎西果芒装饰构件	高18cm	483,000	古天一	2018-06-17
西藏14世纪(丹萨替寺)铜鎏金嵌宝浮雕仙尊像	高18.5cm	471,500	中国嘉德	2018-06-19
14世纪 宝冠释迦牟尼	高22.5cm	471,500	古天一	2018-12-08
14世纪 不空绢索观音	高19.8cm	448,500	中贸圣佳	2018-06-20
14世纪 铜鎏金金刚总持	高35.5cm	404,472	万昌斯	2018-11-29
14世纪 铜观音菩萨	高43.3cm	372,540	万昌斯	2018-11-29
13~14世纪 莲花手观音立像	高24.5cm	345,000	古天一	2018-06-17
西藏14世纪 铜鎏金金刚持	高17.5cm	345,000	中国嘉德	2018-06-19
14世纪 宝冠释迦牟尼	高13.8cm	322,000	中贸圣佳	2018-06-20
14世纪 四臂观音	高16.5cm	299,000	中贸圣佳	2018-11-24
14世纪 四臂观音唐卡	41×46cm	287,500	古天一	2018-06-17
14世纪 不动明王	高24cm	287,500	上海匡时	2018-04-30
14世纪 红铜鎏金宝冠释迦牟尼	高24.3cm	287,388	万昌斯	2018-11-29
14世纪 铜鎏金文殊菩萨	高16cm	230,000	华艺国际	2018-05-23
西藏13–14世纪 合金铜四臂观音像(嵌银嵌红铜)	高25.6cm	230,000	中国嘉德	2018-06-19
14世纪 阿閦佛	高18.9cm	230,000	中贸圣佳	2018-11-24
尼泊尔13–14世纪(迦舍摩罗王朝)铜鎏金释迦牟尼佛	高12.5cm	218,500	中国嘉德	2018-06-19
13–14世纪 元大都风格铜鎏金弥勒菩萨	高21cm	207,000	北京保利	2018-04-29
13–14世纪 止贡噶举上师	高16cm	207,000	中贸圣佳	2018-06-20
14世纪 药师佛	高12.2cm	207,000	古天一	2018-12-08
14世纪 阿閦佛像	高28.5cm	195,500	古天一	2018-06-17
14世纪 A GILT-BRONZE FIGURE OF VAJRADHARA		171,050	纽约佳士得	2018-09-12
14世纪 噶当塔	高17.5cm	161,000	中贸圣佳	2018-06-20
13–14世纪 释迦摩尼	佛高11.7cm;	155,250	上海匡时	2018-04-30
14世纪 金刚萨埵像	高9cm	149,500	古天一	2018-06-17
14世纪 A RARE BRONZE FIGURE OF AN ANTHROPOMORPHIZED VAJRA	高16.8cm	145,393	纽约佳士得	2018-09-12
西藏14世纪 合金铜佛手(嵌红铜)(一对)	高23.5×24.5cm	126,500	中国嘉德	2018-06-19
14世纪 上师	高10.3cm	126,500	中贸圣佳	2018-06-20
14世纪 铜鎏金止贡巴	高13cm	109,250	华艺国际	2018-11-16
13、14世纪 A GILT-BRONZE FIGURE OF A LAMA	高13cm	102,630	纽约佳士得	2018-09-12
13–14世纪 摧破金刚	高9.8cm	80,500	上海匡时	2018-04-30
14世纪 阿閦佛	高16.5cm	80,500	中贸圣佳	2018-11-24
14世纪 佛手	长36.5cm	80,500	中贸圣佳	2018-11-24
13–14世纪 金刚总持	高17.3cm	74,750	古天一	2018-12-08
13~14世纪 如意宝度母像	高12.8cm	46,000	古天一	2018-06-17
14世纪 铜帕木竹巴像(错银眼)	高8cm	46,000	华艺国际	2018-11-16
尼泊尔14世纪 铜鎏金释迦牟尼成道像	高10.7cm	43,848	万昌斯	2018-05-30
14世纪 铜鎏金释迦牟尼	高9cm	41,400	华艺国际	2018-03-30
元或明早期 铜鎏金释迦牟尼	高38.1cm	12,347,520	保利香港	2018-10-02
明早期 药师佛	高68.5cm	2,645,000	中贸圣佳	2018-06-20
明早期 铜宝冠释迦牟尼佛	高52.5cm	1,610,000	中国嘉德	2018-06-19
明早期 夹纻漆金阿弥陀佛	高105cm	1,000,500	华艺国际	2018-05-23
明早期 铜鎏金释迦牟尼	高25.5cm	862,500	华艺国际	2018-05-23
明早期 铜药师佛	高46cm	517,500	华艺国际	2018-05-23
明早期 铜狮吼观音	高29cm	402,500	华艺国际	2018-11-16
元末明初 铜菩萨坐像	高16.5cm	345,000	华艺国际	2018-11-16
明早期 铜普贤菩萨	高20cm	287,500	华艺国际	2018-05-23
元末明初 红铜黄铜鎏金水月观音	高13.6cm	223,524	万昌斯	2018-11-29
明早期 铜鎏金上师像	高13cm	154,344	中国嘉德	2018-10-02
明早期 铜漆金释迦牟尼坐像	高5.2cm	25,300	西泠拍卖	2018-09-29
明洪武 鎏金铜袖珍释迦牟尼佛坐像	5.6cm	207,100	香港苏富比	2018-10-03
明 永乐–宣德 转轮王坐莲花手观音菩萨	高24.5cm	16,675,000	北京保利	2018-06-19
明永乐 铜鎏金真武大帝像	高61cm	13,800,000	北京东正	2018-06-17

2018杂项拍卖成交汇总

(成交价RMB：2万元以上)

拍品名称	物品尺寸	成交价RMB	拍卖公司	拍卖日期
明永乐/宣德 鎏金铜大黑天金刚立像	高27.8cm	9,825,200	佳士得	2018-05-30
明永乐 铜鎏金文殊菩萨坐像		8,471,910	纽约苏富比	2018-03-20
明永乐 铜鎏金文殊菩萨(原封底)	高15cm	8,050,000	北京保利	2018-06-19
明永乐 铜鎏金弥勒菩萨	高20.8cm	7,130,000	北京东正	2018-06-17
明永乐（宫廷）铜鎏金绿度母	高19cm	5,520,000	中国嘉德	2018-11-21
明永乐 "大明永乐年施"铜鎏金绿度母	高17.5cm	4,370,000	中贸圣佳	2018-11-24
明永乐 鎏金铜无量寿佛坐像	高18cm	2,809,520	佳士得	2018-05-30
明永乐 铜鎏金财神	高20.8cm	819,588	万昌斯	2018-11-29
明宣德 持国天王站像	高70cm	3,220,000	上海匡时	2018-04-30
明宣德 铜鎏金喜金刚	高28cm	2,990,000	华艺国际	2018-11-16
明宣德 铜鎏金文殊菩萨	高27.5cm	1,437,500	华艺国际	2018-11-16
明宣德三年(1428年) 铜布袋和尚坐像	高48.2cm	855,250	纽约佳士得	2018-09-13
明宣德 铜鎏金黑马头明王	高6cm	643,104	万昌斯	2018-05-30
明宣德 铜鎏金喜金刚	长7.9cm	202,236	万昌斯	2018-11-29
明宣德 铜鎏金释迦牟尼佛	高16cm	116,928	香港诚昌	2018-05-30
明正统 铜鎏金宝冠释迦弁尼	高34.5cm	2,387,280	万昌斯	2018-05-30
明正统 文殊菩萨	高35.2cm	977,500	中贸圣佳	2018-11-24
明正统 铜鎏金宝冠释迦牟尼	高12.8cm	138,000	华艺国际	2018-05-23
15世纪 汉藏宫廷 铜鎏金嵌宝无量寿佛	高50cm	14,950,000	北京东正	2018-06-17
14/15世纪 铜鎏金释迦牟尼	高55.5cm	9,200,000	华艺国际	2018-05-23
明15世纪 金刚无我佛母	高23.3cm	1,840,000	北京保利	2018-12-09
15世纪 胜乐金刚	高24cm	1,667,500	中贸圣佳	2018-06-20
15世纪 铜鎏金无量寿佛	高28.5cm	1,610,000	华艺国际	2018-11-16
15世纪 四面毗卢遮那佛像	高19cm	1,437,500	古天一	2018-06-17
15世纪 大威德迦楼罗王像	高28.5cm	1,150,000	古天一	2018-06-17
西藏15世纪 铜鎏金弥勒菩萨像(原封底)	高23cm	1,150,000	中国嘉德	2018-06-19
15世纪 毗卢巴	高18cm	943,000	古天一	2018-12-08
14~15世纪 金刚亥母像	高22.5cm	920,000	古天一	2018-06-17
15世纪 大威德金刚	高22.5cm	920,000	中贸圣佳	2018-11-24
15世纪 普巴金刚	高24cm	828,000	上海匡时	2018-04-30
明15世纪 铜鎏金雷祖头像	高64×58cm	805,000	北京保利	2018-06-20
西藏15世纪 铜鎏金双身密集金刚	高16cm	782,000	中国嘉德	2018-06-19
西藏15世纪 铜鎏金文殊菩萨(原封底)	高25.5cm	782,000	中国嘉德	2018-06-19
15世纪 阿閦佛	高30cm	759,000	中贸圣佳	2018-06-20
西藏14-15世纪 合金铜释迦牟尼佛(嵌银嵌红铜)	高34.5cm	747,500	中国嘉德	2018-06-19
15世纪 弥勒佛像	高18cm	713,000	古天一	2018-06-17
15世纪 弥勒佛	高20.5cm	713,000	中贸圣佳	2018-06-20
15世纪 喜金刚	高16.8cm	667,000	中贸圣佳	2018-06-20
15世纪 铜莲花生大师(错银错红铜)	高20cm	632,500	华艺国际	2018-11-16
15世纪 卓弥大译师	高20cm	598,000	古天一	2018-12-08
西藏14-15世纪(丹萨替寺风格) 铜鎏金胜乐金刚	高19cm	575,000	中国嘉德	2018-06-19
15世纪 释迦牟尼佛像	高23cm	517,500	古天一	2018-06-17
15世纪 空行母	高15.3cm	517,500	上海匡时	2018-04-30
15世纪 文殊菩萨	高13cm	494,500	中贸圣佳	2018-11-24
15世纪 空行母坛城唐卡 卷轴	45×35cm	483,000	北京荣宝	2018-06-14
15世纪 释迦摩尼	高22.8cm	483,000	上海匡时	2018-04-30
15世纪 马头明王像	高37cm	471,500	古天一	2018-06-17
14-15世纪 贡噶宁波	高13.5cm	471,500	古天一	2018-12-08
15世纪 铜鎏金莲花生大师像	高28.5cm	414,000	中贸圣佳	2018-06-20
西藏15世纪 铜鎏金无量寿佛(原封底)	高19.8cm	414,000	中国嘉德	2018-11-21
明早期(15世纪) 铜鎏金金刚总持	高26.8cm	402,500	北京诚轩	2018-06-17
15世纪大成就者	高15.9cm	402,500	中贸圣佳	2018-11-24
15世纪 大成就者	高12.4cm	391,000	中贸圣佳	2018-11-24
15世纪 十一面观音像	高22cm	368,000	古天一	2018-06-17
14-15世纪 阿閦佛	高22.8cm	368,000	古天一	2018-12-08
15世纪 A RARE SOAPSTONE FIGURE OF JAMBHALA	高7.6cm	324,995	纽约佳士得	2018-09-12
15世纪 四臂菩萨	高20.5cm	322,000	北京保利	2018-06-20
西藏15世纪 铜鎏金文殊菩萨像(原封底)	高16.3cm	322,000	中国嘉德	2018-06-19
15世纪 大成就者赫鲁嘎	高9.8cm	322,000	中贸圣佳	2018-11-24
15世纪 弥勒佛	高16cm	322,000	中贸圣佳	2018-11-24
15世纪 大宝法王	高16.3cm	299,000	上海匡时	2018-04-30
15世纪 药师佛	高24cm	299,000	古天一	2018-12-08
15世纪 上师	高14.5cm	287,500	上海匡时	2018-04-30
西藏15世纪 铜鎏金大日如来	高18cm	287,500	中国嘉德	2018-06-19
15世纪 合金铜错红铜绿度母	高14.9cm	266,100	万昌斯	2018-11-29
15世纪 铜鎏金佛头	高27.9cm	266,100	万昌斯	2018-11-29
15世纪 空行母	高28cm	264,500	古天一	2018-12-08
明15世纪/16世纪 鎏金铜观音菩萨坐像	高15cm	256,575	纽约佳士得	2018-09-13
14~15世纪 财续佛母	高15cm	253,000	古天一	2018-06-17
15世纪 释迦牟尼	高16.3cm	253,000	上海匡时	2018-04-30
西藏15世纪 合金铜萨迦祖师(嵌银嵌红铜)	高18cm	253,000	中国嘉德	2018-06-19
15世纪 莲花生说法像	高17cm	230,000	古天一	2018-06-17
15世纪 金刚总持	高21.5cm	230,000	上海匡时	2018-04-30
西藏15世纪 铜鎏金黑财神	高5.5cm	230,000	中国嘉德	2018-11-21
15世纪 铜鎏金绿度母	高16.6cm	212,880	万昌斯	2018-11-29
15世纪 金刚总持	高20cm	207,000	北京保利	2018-06-20
15世纪 阿閦佛像	高16cm	207,000	古天一	2018-06-17
15世纪 释迦牟尼像	高18cm	207,000	古天一	2018-06-17
15世纪 带背光金刚总持	佛9cm; 背光17cm	207,000	上海匡时	2018-04-30
15世纪 药师佛像	高30cm	195,500	古天一	2018-06-17
15世纪 铜鎏金噶玛巴	高14.5cm	195,500	华艺国际	2018-11-16
15世纪 铜鎏金摩利支天	高7.5cm	191,592	万昌斯	2018-11-29
15世纪 铜鎏金弥勒菩萨(带原须弥座及背光)	高18.6cm	191,592	万昌斯	2018-11-29
15世纪 铜鎏金绿度母	高17cm	184,000	华艺国际	2018-05-23
15世纪 萨迦上师	高14.5cm	184,000	中贸圣佳	2018-06-20
15世纪 铜鎏金密集金刚	高17.2cm	184,000	华艺国际	2018-11-16
15世纪 铜鎏金阿难像	高18cm	172,500	保利厦门	2018-01-08
14~15世纪 背光	高24.8cm	172,500	古天一	2018-06-17
15世纪 文殊菩萨	高16.5cm	172,500	上海匡时	2018-04-30
西藏15世纪 铜鎏金唐东杰布	高3.5cm	172,500	中国嘉德	2018-06-19
15世纪 财神	高10.4cm	172,500	中贸圣佳	2018-06-20
西藏15世纪 铜鎏金阿閦佛	高16.3cm	172,500	中国嘉德	2018-11-21
15世纪 铜金刚手	高16.1cm	170,304	万昌斯	2018-11-29
15世纪 无量寿佛像	高15cm	161,000	古天一	2018-06-17
15世纪 铜鎏金上乐金刚	高11cm	161,000	华艺国际	2018-11-16
西藏14-15世纪 合金铜阿弥陀佛(嵌红铜)	高16.3cm	149,500	中国嘉德	2018-06-19
15世纪 铜鎏金绿度母	高17.4cm	143,193	保利香港	2018-04-02
15世纪 格鲁派上师	高11.5cm	138,000	北京保利	2018-06-20
15世纪 大轮金刚手	高13.8cm	138,000	中贸圣佳	2018-11-24
15世纪 铜鎏金金刚大持像	高16.2cm	132,250	西泠拍卖	2018-07-07
15世纪 双色铜胜乐金刚双修像	高17.1cm	127,728	万昌斯	2018-11-29
15世纪 铜绿度母像	高15.6cm	126,500	西泠拍卖	2018-07-07
15世纪阿閦佛	高21cm	126,500	古天一	2018-12-08
15世纪 合金铜不动佛	高16.7cm	117,084	万昌斯	2018-11-29
15世纪 止贡巴	高8.5cm	115,000	北京保利	2018-06-20
15世纪 绿度母像	高18cm	115,000	古天一	2018-06-17
15世纪 铜四臂观音	高18.1cm	111,762	万昌斯	2018-11-29
15世纪 A GILT-BRONZE FIGURE OF AMITAYUS	高12.4cm	111,183	纽约佳士得	2018-09-12
15世纪 A RARE GILT-BRONZE FIGURE OF SAHAJA HERUKA KALACHAKRA	高18.4cm	111,183	纽约佳士得	2018-09-12
15世纪 铜鎏金金刚亥母	高14cm	109,250	华艺国际	2018-11-16
明早期(15世纪) 铜鎏金文殊菩萨	高13.7cm	103,500	北京诚轩	2018-06-17
15世纪 金刚总持	高20.3cm	97,750	北京保利	2018-06-20
15世纪 西藏铜鎏金阿閦佛	高16.8cm	95,462	保利香港	2018-04-02
明早期(15世纪) 铜鎏金长寿佛	高16cm	92,000	北京诚轩	2018-06-17
15世纪 绿度母	高13cm	92,000	上海匡时	2018-04-30
西藏15世纪 合金铜萨迦班智达像	高15.5cm	92,000	中国嘉德	2018-06-19
15世纪 金刚总持	高12.3cm	92,000	中贸圣佳	2018-06-20
15世纪 贾曹杰像	高10cm	80,500	古天一	2018-12-08

拍品名称	物品尺寸	成交价RMB	拍卖公司	拍卖日期
15世纪 铜鎏金无量寿佛	高16.3cm	79,830	万昌斯	2018-11-29
西藏14-15世纪 木质护经板	64.2×24cm	78,200	中国嘉德	2018-06-19
15世纪 金刚总持	高12.6cm	74,750	上海国时	2018-04-30
15世纪 铜鎏金绿度母	高12.3cm	63,864	万昌斯	2018-11-29
14-15世纪 铜错银错红铜帕竹噶举上师	高9.1cm	63,864	万昌斯	2018-11-29
15世纪 佛手	长度47.5cm	63,250	上海国时	2018-04-30
西藏15世纪 铜鎏金上师	高10.2cm	63,250	中国嘉德	2018-06-19
15世纪 铜鎏金无量寿佛	高15.4cm	58,542	万昌斯	2018-11-29
15世纪 金刚总持	高9cm	57,500	中贸圣佳	2018-06-20
15世纪 莲花生	高20cm	55,200	北京保利	2018-06-20
15世纪 释迦牟尼	高14cm	51,750	北京保利	2018-06-20
15世纪 黄腊石彩绘白度母	高6.6cm	47,731	保利香港	2018-04-02
15世纪 上师	高7.8cm	46,000	上海国时	2018-04-30
15世纪 无量寿佛	高13.8cm	46,000	中贸圣佳	2018-11-24
明嘉靖 铜鎏金释迦牟尼佛	高52cm	4,025,000	北京荣宝	2018-12-03
16世纪 上师像	高72cm	5,980,000	古天一	2018-06-17
15-16世纪 密集阿閦金刚	高26cm	3,277,500	古天一	2018-12-08
16世纪 铜鎏金罗汉坐像	高32.5cm	2,300,000	北京东正	2018-06-17
16世纪 胜乐金刚	高39cm	1,840,000	北京保利	2018-12-09
16世纪 卓弥泽师释迦耶歇	高13.2cm	598,000	古天一	2018-12-08
16世纪 铜鎏金智行佛母	高8.5cm	575,000	北京保利	2018-12-09
西藏中部16世纪 铜鎏金宗喀巴像	高33cm	535,920	万昌斯	2018-05-30
16世纪 铜萨迦派上师仙通秋巴像(错银错红铜)	高21cm	517,500	华艺国际	2018-05-23
西藏16世纪 铜鎏金古萨里像	高26.5cm	517,500	中国嘉德	2018-06-19
16世纪 绿度母	高39cm	517,500	古天一	2018-12-08
16世纪 辛饶弥沃如来(西藏) 卷轴	91×57cm	460,000	北京荣宝	2018-06-14
15-16世纪 红铜鎏金释迦牟尼	高22.5cm	404,472	万昌斯	2018-11-29
16世纪 胜乐金刚双身像	高31.3cm	402,500	古天一	2018-12-08
16世纪 森美云丹仁钦	高18.4cm	379,500	上海国时	2018-04-30
15-16世纪 无量寿佛	高23cm	368,000	古天一	2018-12-08
16世纪 A SILVER- AND COPPER-INLAID GILT-BRONZE FIGURE OF SACHEN KUNGA NYINGPO	高16.5cm	359,205	纽约佳士得	2018-09-12
15~16世纪 无量光佛像	高20cm	345,000	古天一	2018-06-17
16世纪 无量寿佛	高20cm	299,000	上海国时	2018-04-30
16世纪 普慧毗卢佛	高19.5cm	287,500	古天一	2018-12-08
15-16世纪 红铜鎏金宗喀巴大师	高19.6cm	234,168	万昌斯	2018-11-29
16世纪 弥勒佛	高23cm	230,000	中贸圣佳	2018-06-20
16世纪 四臂观音	高19.8cm	230,000	古天一	2018-12-08
16世纪 八臂十一面观音	高53cm	207,000	北京保利	2018-06-20
16世纪 大成就者	高17.2cm	207,000	北京保利	2018-06-20
16世纪 铜鎏金释迦牟尼坐像	高28cm	207,000	西泠拍卖	2018-07-08
15-16世纪 帕木竹巴	高13.5cm	172,500	上海国时	2018-04-30
16世纪 铜黄财神像	高10.5cm	161,000	西泠拍卖	2018-07-08
西藏16世纪 铜鎏金一世噶玛巴杜松虔巴	高13.5cm	161,000	中国嘉德	2018-06-19
16世纪 莲花生大师	高29.5cm	161,000	古天一	2018-12-08
15-16世纪 鎏金上师像	高15cm	161,000	中贸圣佳	2018-11-25
16世纪 铜鎏金绿度母	高21.1cm	154,344	保利香港	2018-10-02
16世纪 铜鎏金释迦牟尼坐像	高13.5cm	143,750	西泠拍卖	2018-07-08
16世纪 扎巴坚赞	高16.5cm	138,000	保利厦门	2018-01-08
16世纪 铜鎏金药师佛	高11.5cm	138,000	华艺国际	2018-05-23
16世纪 胜乐金刚	高19.2cm	138,000	上海国时	2018-04-30
16世纪 忿怒莲师像	高16cm	126,500	古天一	2018-06-17
16世纪 文殊菩萨	高13cm	126,500	古天一	2018-12-08
16世纪 香巴拉法王	高19.8cm	126,500	古天一	2018-12-08
西藏16世纪 铜鎏金达摩多罗像(原封底)	高16.7cm	126,500	中国嘉德	2018-11-21
16世纪 铜鎏金无量寿佛	高15.8cm	123,475	中国嘉德	2018-10-02
西藏16世纪 红铜那若空行母	像高12.6cm	116,928	万昌斯	2018-05-30
16世纪 绿度母	高14.2cm	115,000	古天一	2018-12-08
西藏16世纪 铜鎏金阿氏多尊者像(原封底)	高15.6cm	115,000	中国嘉德	2018-11-21

拍品名称	物品尺寸	成交价RMB	拍卖公司	拍卖日期
西藏16世纪 铜鎏金伐那婆斯尊者(原封底)	高16.3cm	115,000	中国嘉德	2018-11-21
16世纪 合金铜四臂观音坐像	高18.3cm	103,500	西泠拍卖	2018-07-08
16世纪 铜鎏金上师	高16.7cm	101,118	万昌斯	2018-11-29
16世纪 白度母	高15.2cm	92,000	上海国时	2018-04-30
16世纪 释迦牟尼	高29.5cm	92,000	古天一	2018-12-08
16世纪 时轮金刚佛头	高14.2cm	92,000	中贸圣佳	2018-11-24
西藏15-16世纪 铜鎏金释迦牟尼	高10.7cm	90,474	万昌斯	2018-11-29
西藏15-16世纪 铜鎏金文殊菩萨	高11.6cm	90,474	万昌斯	2018-11-29
16世纪 铜鎏金释迦牟尼	高11.6cm	74,508	万昌斯	2018-11-29
16世纪 金刚总持	高20cm	69,000	上海国时	2018-04-30
16世纪 萨迦上师擦模	高3.5cm	69,000	中贸圣佳	2018-06-20
16世纪 金刚亥母	高19.2cm	69,000	古天一	2018-12-08
16世纪 铜鎏金摩羯象	长18.8cm	63,864	万昌斯	2018-11-29
16世纪 触地印释迦牟尼佛	高14.5cm	63,250	古天一	2018-12-08
16世纪 铜鎏金四臂观音	高10.3cm	58,542	万昌斯	2018-11-29
16世纪 铜鎏金绿度母	高15cm	57,500	北京翰海	2018-06-30
16世纪 释迦牟尼	高19cm	57,500	古天一	2018-12-08
西藏16世纪 合金铜扎巴坚赞像(眼嵌银)	高13.5cm	51,750	中国嘉德	2018-06-19
16世纪 铜鎏金释迦牟尼坐像	高14cm	48,300	西泠拍卖	2018-07-08
15、16世纪 A SILVER- AND COPPER-INLAID BRONZE FIGURE OF AKSHOBHYA	高15.6cm	42,763	纽约佳士得	2018-09-12
17世纪 鎏金铜三世达赖喇嘛索南嘉措像	高26.4cm	6,317,360	佳士得	2018-05-30
17世纪 大威德金刚	高22cm	3,450,000	北京保利	2018-12-09
16-17世纪 上师	高15.6cm	3,220,000	古天一	2018-12-08
17世纪 密集金刚	高24.5cm	3,105,000	北京保利	2018-06-20
17世纪 铜大威德金刚双身像(雪堆白)	高27.5cm	2,530,000	华艺国际	2018-11-16
16/17世纪 鎏金铜观音菩萨坐像配铜莲花座	高79cm	2,352,196	伦敦佳士得	2018-05-15
17世纪 目犍连、舍利佛	高32.4cm	2,300,000	北京保利	2018-12-09
17世纪 铜鎏金四臂观音	高26cm	1,955,000	保利厦门	2018-01-08
西藏17世纪(扎什伦布寺) 合金铜无量寿佛	高50cm	1,955,000	中国嘉德	2018-11-21
16-17世纪 金刚妙法菩萨	高18.5cm	1,495,000	上海国时	2018-04-30
17世纪 铜鎏金释迦牟尼像	高16.5cm	1,035,000	中贸圣佳	2018-06-20
明十六至十七世纪 铜骑象普贤菩萨像	65.4cm	1,011,250	香港苏富比	2018-04-03
17世纪 黄财神(西藏) 卷轴	68×40cm	977,500	北京荣宝	2018-06-14
西藏 十七世纪 大黑天唐卡		951,900	纽约苏富比	2018-03-22
17世纪 铜鎏金尊胜佛母像	高20.5cm	920,000	北京东正	2018-06-17
16-17世纪 达隆巴·阿旺南杰	高13.6cm	897,000	古天一	2018-12-08
17世纪 蒙古铜鎏金扎拉巴扎药师佛	高28.5cm	779,520	香港诚昌	2018-05-30
17世纪 释迦摩尼佛像唐卡(宫廷风格) 卷轴	78×50cm	747,500	北京荣宝	2018-06-14
17世纪 财神像	高18cm	713,000	古天一	2018-06-17
十七世纪 药师像	高23cm	713,000	印千山	2018-01-12
17世纪 十相自在刺绣唐卡 卷轴	110×85cm	644,000	北京荣宝	2018-06-14
17世纪 观音及供养菩萨	高70cm	632,500	上海国时	2018-04-30
十七世纪 关公坐像	高20.5cm	575,000	印千山	2018-01-12
17世纪 骑象护法	高21cm	552,000	北京保利	2018-12-09
17世纪 章嘉活佛像 卷轴	49×28cm	517,500	北京荣宝	2018-06-14
17世纪 唐卡 宁玛派护法神	88×66cm	506,000	未来四方	2018-01-20
17世纪 铜鎏金关公	高12cm	460,000	华艺国际	2018-05-23
17世纪 合金铜尊胜佛母坐像(嵌银嵌红铜)	高32.5cm	460,000	西泠拍卖	2018-07-08
17世纪 供养菩萨像	高12.2cm	414,000	古天一	2018-06-17
17世纪 罗汉	高18cm	414,000	上海国时	2018-04-30
17世纪 铜鎏金关公骑马像	高18cm	402,500	西泠拍卖	2018-07-08
17世纪 说法弥勒像	高28cm	368,000	古天一	2018-06-17
17世纪 铜鎏金文殊菩萨(扎什伦布寺风格)	高21.5cm	368,000	华艺国际	2018-05-23
17世纪 四世班禅罗桑确吉坚赞	高5.5cm	368,000	古天一	2018-12-08
蒙古17世纪 铜鎏金不动明王像	高11.3cm	368,000	中国嘉德	2018-11-21
16~17世纪 无量寿佛像	高18cm	356,500	古天一	2018-06-17
17世纪 释迦牟尼	佛高19.5cm	345,000	北京保利	2018-06-20

2018杂项拍卖成交汇总

(成交价RMB：2万元以上)

拍品名称	物品尺寸	成交价RMB	拍卖公司	拍卖日期
十七世纪 西藏铜鎏金扎什伦布寺释迦牟尼佛坐像	高12.5cm	345,000	北京匡时	2018-12-05
17世纪 八臂文殊	高21cm	322,000	中贸圣佳	2018-06-20
明 十七世纪 铜观音菩萨坐像	高58cm	322,000	北京匡时	2018-12-05
17世纪 铜鎏金释迦牟尼	高18.5cm	287,500	保利厦门	2018-01-08
17世纪 A GILT-BRONZE RETINUE FIGURE FROM THE GUHYASAMAJA MANJUVAJRA MANDALA	高28.3cm	273,680	纽约佳士得	2018-09-12
17世纪 铜鎏金财宝天王	高21cm	257,240	中国嘉德	2018-10-02
17世纪 无量寿佛	高23cm	253,000	古天一	2018-12-08
17世纪 铜鎏金尊胜佛母坐像	高24.3cm	230,000	西泠拍卖	2018-07-08
17世纪 药师佛	高20.8cm	230,000	中贸圣佳	2018-11-24
17世纪 迦诺迦伐磋尊者	高14.9cm	230,000	中贸圣佳	2018-11-24
西藏17世纪 铜不动明王	高15.8cm	214,368	万昌斯	2018-05-30
17世纪 铜鎏金金刚萨埵	高18.8cm	212,880	万昌斯	2018-11-29
十七世纪 自在观音	高19cm	207,000	印千山	2018-01-12
17世纪 释迦牟尼	高24cm	184,000	古天一	2018-12-08
西藏17世纪(雪堆白) 合金铜独雄大威德金刚像	高13.8cm	172,500	中国嘉德	2018-11-21
西藏17世纪(扎什伦布寺风格) 铜鎏金释迦牟尼佛	高22.7cm	149,500	中国嘉德	2018-06-19
17世纪 金刚总持	高22.5cm	149,500	古天一	2018-12-08
17世纪 18世纪 铜鎏金护法坐像	高18cm	138,000	西泠拍卖	2018-07-08
17世纪 A GILDED AND PAINTED BLACK-STONE STELE OF JAMBHALA	高20.5cm	128,288	纽约佳士得	2018-09-12
17世纪 上乐金刚	高16.5cm	115,000	上海匡时	2018-04-30
十七世纪 般若佛母	高13.5cm	115,000	印千山	2018-01-12
十七世纪 鎏金铜十一面观音坐像	24cm	107,800	伦敦苏富比	2018-05-16
17世纪 铜错银观音坐像	高18.1cm	102,630	纽约佳士得	2018-09-13
17世纪 上师像	高13.5cm	94,300	古天一	2018-12-08
17世纪 四臂观音	高15.3cm	92,000	古天一	2018-12-08
17世纪 释迦牟尼说法相	高11.7cm	92,000	中贸圣佳	2018-11-24
17世纪 弥勒菩萨	高18cm	86,250	上海匡时	2018-04-30
17世纪 上师	高12.3cm	86,250	古天一	2018-12-08
16-17世纪 A GILT-BRONZE FIGURE OF INDRA	高14.5cm	85,525	纽约佳士得	2018-09-12
17世纪 铜鎏金祖师六世班禅	高12.5cm	82,317	中国嘉德	2018-10-02
17世纪 18世纪 合金铜护法坐像	高16cm	69,000	西泠拍卖	2018-07-08
17世纪 释迦牟尼成道像	高11.3cm	69,000	中贸圣佳	2018-11-24
西藏17世纪 铜鎏金尊胜佛母	高10.2cm	63,864	万昌斯	2018-11-29
17世纪 铜嵌银观音坐像	高5.3cm	54,500	佳士得	2018-10-04
十七世纪 鎏金铜神仙(一组两尊)	最大一尊:29.8cm	51,744	伦敦苏富比	2018-05-18
17世纪 鎏金白度母	高12.5cm	51,448	中国嘉德	2018-10-02
明 大理三身佛		5,520,000	中贸圣佳	2018-06-20
明铜鎏金风帽观音(一尊)	高18.2cm	4,370,000	中国嘉德	2018-06-18
明 弥勒坐像	高97cm	4,197,500	印千山	2018-01-12
明 持如意观音坐像	高72cm	2,875,000	中贸圣佳	2018-06-20
明 观音	高57.5cm	1,380,000	中贸圣佳	2018-11-24
明 铜骑吼观音坐像	高62cm	1,380,000	西泠拍卖	2018-07-08
明 自在观音	高62.5cm	1,380,000	中贸圣佳	2018-06-20
明铜鎏金释迦摩尼	高62cm	1,337,648	中国嘉德	2018-10-02
明 鎏金铜 释迦牟尼佛坐像	高50.2cm	1,301,760	羅芙奧	2018-12-01
明 铜鎏金观世音菩萨座像	高18cm	1,183,304	中国嘉德	2018-10-02
明 铜鎏金自在观音	高61cm	1,150,000	保利厦门	2018-01-08
明 铜莲花手菩萨坐像	高53cm	1,150,000	西泠拍卖	2018-07-08
明 释迦牟尼	高33cm(不连座)	897,000	中贸圣佳	2018-11-24
明 铜鎏金自在观音坐像	高46.5cm;带座48cm	862,500	西泠拍卖	2018-07-08
明 铜漆金关公像	高41cm	805,000	北京保利	2018-01-21
明 三圣母		782,000	印千山	2018-01-12
明代 铁板错金银铜玛哈嘎拉贵金属唐卡	55.5×41cm	747,500	上海嘉禾	2018-06-25
明 铜漆金观音菩萨	高37.4cm	745,080	万昌斯	2018-11-29
明 铜鎏金观世音菩萨	高51cm	720,272	中国嘉德	2018-10-02

拍品名称	物品尺寸	成交价RMB	拍卖公司	拍卖日期
明 铜雷公站相	高92cm	690,000	保利厦门	2018-01-08
明 铜漆金关公、关平及周仓组像	高28.5-36cm	690,000	华艺国际	2018-05-23
明 铜鎏金地藏菩萨坐像	高39cm	690,000	西泠拍卖	2018-07-08
明 铜鎏金药王坐像	高50cm	690,000	西泠拍卖	2018-07-08
明 铜鎏金五爷神像	高50cm	667,000	保利厦门	2018-01-08
明 铜鎏金药师佛立像	高57cm	632,500	西泠拍卖	2018-07-08
明 释迦牟尼	高18cm	598,000	印千山	2018-01-12
明 铜观音菩萨，文殊菩萨(一组两件)	高28cm	575,000	保利厦门	2018-01-08
明 铜鎏金释迦牟尼佛像	高17cm	552,000	北京匡时	2018-12-05
明 贝叶经	47×5.8cm	517,500	北京翰海	2018-06-30
明 夹纻韦陀立像	高116cm	483,000	西泠拍卖	2018-07-08
明 铜局部鎏金观音菩萨坐像	高40.5cm	438,480	万昌斯	2018-05-30
明代 释迦摩尼	高19cm	437,000	上海匡时	2018-04-30
明代 释迦摩尼	高43cm	414,000	上海匡时	2018-04-30
明 铜鎏金药师佛立像	高38cm	402,500	西泠拍卖	2018-07-08
明朝(1368~1644) A STONE HEAD OF GUANYIN	高25.4cm	358,425	纽约佳士得	2018-05-10
明代(1368-1644年) A BRONZE FIGURE OF THE MEDICINE BUDDHA	高31.1cm	356,963	纽约佳士得	2018-03-22
明代 铜鎏金观音立像	高20.3cm	345,000	中国嘉德	2018-06-19
明 合金铜金刚不动佛	高17cm	345,000	中贸圣佳	2018-11-25
明 铜鎏金菩萨佛	高21.4cm	345,000	中贸圣佳	2018-11-25
明十六世纪 鎏金铜释迦牟尼坐像	25cm	323,400	伦敦苏富比	2018-05-16
明 铜鎏金汉钟离	高25cm	322,000	华艺国际	2018-05-23
明代 释迦摩尼	高28cm	322,000	上海匡时	2018-04-30
明 铜鎏金文官坐像	高50cm	322,000	西泠拍卖	2018-07-08
明 夹纻阿弥陀佛像	高100cm	322,000	西泠拍卖	2018-07-08
明 夹纻菩萨坐像	高48.5cm	310,500	西泠拍卖	2018-07-08
明代 青龙护法	高41cm	299,000	上海匡时	2018-04-30
明 铜药师佛	高43cm	287,500	北京保利	2018-10-28
明代 阿难迦叶	高75cm	287,500	上海匡时	2018-04-30
明 灵官马元帅	高53cm	287,500	印千山	2018-01-12
明 铜漆金释迦坐像	高65cm	276,000	西泠拍卖	2018-07-08
明 铜合金道教护法像	高30.9cm	266,100	万昌斯	2018-11-29
明 青铜合金地藏菩萨	总高44.3cm	266,100	万昌斯	2018-11-29
明 纯金舍利子宝盒	7.5×5×5.5cm	253,000	上海匡时	2018-04-30
明 铜鎏金文殊菩萨	高17.5cm	243,600	香港诚昌	2018-05-30
明 铜鎏金佛坐像		237,975	纽约苏富比	2018-03-21
明 铜老子像	高25.5cm	230,000	华艺国际	2018-05-23
明 铜鎏金小佛像	高9.8cm	218,500	中贸圣佳	2018-11-25
明 铜鎏金金钢萨陀	高14.3cm	216,082	中国嘉德	2018-10-02
明 法净款铜六臂观音立像	高26cm	207,000	西泠拍卖	2018-07-08
明 自在观音	高30.5cm	207,000	中贸圣佳	2018-11-24
明 铜鎏金天官	高38.8cm	191,592	万昌斯	2018-11-29
明 铜鎏金韦陀	高44.3cm	191,592	万昌斯	2018-11-29
明十六世纪 铜鎏金文殊菩萨坐像		190,380	纽约苏富比	2018-03-21
明代 韦陀	高43cm	184,000	中贸圣佳	2018-06-20
明代 佛头	高20cm	184,000	中贸圣佳	2018-06-20
明 铜观音菩萨像	高35.8cm	184,000	中贸圣佳	2018-11-24
明 铜观音坐像	高38.3cm	175,392	万昌斯	2018-05-30
明代 观音	高59cm	172,500	上海匡时	2018-04-30
明 释迦牟尼佛	高27.5cm	172,500	印千山	2018-01-12
明 骑吼观音坐像	高33cm	172,500	印千山	2018-01-12
明 铜鎏金杨柳观音坐像	高24.5cm	165,648	万昌斯	2018-05-30
明代 旃檀佛	高35.5cm	149,500	上海匡时	2018-04-30
明 铜托塔天王像	高38.4cm	146,160	万昌斯	2018-05-30
明 铜经卷观音	高29.8cm	138,000	华艺国际	2018-03-30
明代 铜鎏金释迦牟尼佛	高7.5cm	138,000	中国嘉德	2018-06-19
明 明铜鎏金观音	高38cm	138,000	华艺国际	2018-11-17
明 铜药师佛	高26.4cm	127,728	万昌斯	2018-11-29
明 观音	高56cm	126,500	北京保利	2018-12-09
明 铜鎏阿难像	高25.5cm	116,928	万昌斯	2018-05-30
明 铜鎏金观音像	高33cm	115,000	北京保利	2018-04-29

拍品名称	物品尺寸	成交价RMB	拍卖公司	拍卖日期
明 铜自在观音坐像	高17cm	115,000	西泠拍卖	2018-07-08
明 道教神像	高37.6cm	115,000	中贸圣佳	2018-11-25
明 铜鎏金准提观音	高10.4cm	114,554	保利香港	2018-04-02
明 铜狮吼观音	高33.6cm	106,440	万昌斯	2018-11-29
明 铜吕洞宾坐像	高19.5cm	97,750	华艺国际	2018-05-23
明 铜鎏金释迦牟尼	高23.5cm	97,750	北京保利	2018-12-09
明 铜阿难尊者	总高22.8cm	95,796	万昌斯	2018-11-29
明 道教人物像	高32cm	92,000	北京保利	2018-10-27
明 铜弥勒佛	高25.5cm	92,000	华艺国际	2018-05-23
明-清 银鎏金錾刻瑞兽佛教八宝图卷草花卉纹盏托	高14cm; 重277.6g	92,000	西泠拍卖	2018-07-07
明 铜文官坐像	高38cm; 带座45cm	92,000	西泠拍卖	2018-07-08
明 漆铜金佛坐像	高25.5cm	86,240	伦敦佳士得	2018-05-15
明 铜宝冠释迦牟尼	高24.5cm	80,500	华艺国际	2018-11-16
明 石雕佛头像	直径38.5cm	75,460	伦敦佳士得	2018-05-15
明 铜漆金天王立像	高42.5cm	69,000	北京保利	2018-10-28
明代 铜准提佛母像	高23cm	69,000	古天一	2018-06-17
明 檀香木大日如来佛	高22cm	69,000	中贸圣佳	2018-11-24
明 铜漆金观音坐像	高21.5cm	66,700	华艺国际	2018-05-23
明 普贤菩萨坐像	高24cm	66,700	印千山	2018-01-12
明 铜鎏金龙女	总高24.3cm	63,864	万昌斯	2018-11-29
明 龙纹大鹏金鹏佛教带板	长12.7×4.4cm	63,250	上海国时	2018-04-30
明 铜男相观音坐像	高18.6cm	63,250	西泠拍卖	2018-07-08
明 铜鎏金度母	高11cm	60,413	万昌斯	2018-05-30
明代 铜鎏金阿弥陀佛立像	高10.2cm	59,800	中国嘉德	2018-06-19
明 鎏金佛坐像	高14cm	58,650	北京宣石	2018-03-24
明 铜鎏金地藏王菩萨像	高27cm	57,500	北京保利	2018-04-29
明 铜北帝	高36cm	52,699	香港诚昌	2018-05-28
明 铜鎏金度母像	高14.4cm	48,720	万昌斯	2018-05-30
明 铜鎏金观音菩萨坐像	高27.5cm	48,720	万昌斯	2018-05-30
明 铜鎏金雪山大士	高22cm	48,300	北京保利	2018-01-21
明 铜鎏金释迦牟尼座像	高26.5cm	48,300	太平洋	2018-06-09
明 铜鎏金菩萨坐像	tall16.5cm	47,595	纽约佳士得	2018-03-20
明 银多宝天王佛造像	高8cm	47,040	北京适珍	2018-01-07
明铜鎏金黄财神	高9.2cm	46,000	北京诚轩	2018-06-17
明 铜鎏金仕女立像	高12.8cm	46,000	北京东正	2018-06-17
明 铜文殊菩萨座像	高17.7cm	46,000	西泠拍卖	2018-05-04
明 铜鎏金佛像	高34.3cm	46,000	中贸圣佳	2018-11-25
明代 铜僧人像（一组两件）		43,700	中国嘉德	2018-06-19
明 铜漆金文昌帝君坐像	高14.6cm	42,763	纽约佳士得	2018-09-13
明 铜弥勒佛	高14cm	42,576	万昌斯	2018-11-29
明 铜送子观音	像长26.3cm	42,576	万昌斯	2018-11-29
明 铜鎏金高仕像	高22.5cm	41,400	北京保利	2018-07-27
明 罗汉像	高42.5cm	40,250	印千山	2018-01-12
明 铜鎏金阿弥陀佛小像	高9.2cm	40,250	中国嘉德	2018-09-19
明 铜妈祖像	高30.6cm	40,250	中贸圣佳	2018-11-25
明晚期 铜鎏金男相观音	高17.8cm	207,000	北京诚轩	2018-06-17
明晚期 铜鎏金男相观音像	高22cm（含座）	109,250	中国嘉德	2018-09-19
明末清初 夹纻关公坐像	高70cm	920,000	西泠拍卖	2018-07-08
明末清初 合金铜嵌银吕洞宾醉酒像（传石叟制）	高32.2cm	322,000	中国嘉德	2018-11-21
明末清初 合金铜嵌银大肚弥勒佛	高29.8cm	195,500	中国嘉德	2018-11-21
明末/清初 铜释迦牟尼佛坐像		67,426	纽约苏富比	2018-03-24
十八世纪 鎏金铜大威德金刚像	20cm	960,688	香港苏富比	2018-04-03
十八世纪 观世音菩萨	高48cm	690,000	印千山	2018-01-12
十八世纪 吉祥天母	高24.5cm	644,000	印千山	2018-01-12
十八世纪 舍卫城铜佛龛	长45.5×48.5cm	460,000	中贸圣佳	2018-06-20
西藏、十八世纪 鎏金铜日光菩萨坐像	18cm	377,300	伦敦苏富比	2018-05-16
十八世纪 鎏金铜大力王红玛哈嘎啦像	17.8cm	348,800	香港苏富比	2018-10-03
十八世纪 鎏金铜大力王红玛哈嘎啦像	24.2cm	348,800	香港苏富比	2018-10-03
十八世纪 摩利支天	高10cm	345,000	印千山	2018-01-12
十八世纪 观音菩萨	高68cm	230,000	印千山	2018-01-12
十八世纪 铜鎏金吉祥天母像	高17cm（连座）	207,000	北京匡时	2018-12-05

拍品名称	物品尺寸	成交价RMB	拍卖公司	拍卖日期
十八世纪 铜鎏金无量寿佛坐像		190,380	纽约苏富比	2018-03-21
十八世纪 六臂嘿茹伽	高16cm	184,000	印千山	2018-01-12
十八世纪 鎏金铜文殊菩萨坐像	17.4cm	174,400	香港苏富比	2018-10-03
十八世纪 密集金刚	高19cm	161,000	印千山	2018-01-12
清十七/十八世纪 千手观音铜坐像	21.5cm	140,140	伦敦苏富比	2018-05-16
十八世纪 大威德	高16.5cm	138,000	印千山	2018-01-12
蒙古、十八世纪 鎏金铜錾花释迦牟尼坐像	18.7cm	91,630	伦敦苏富比	2018-05-16
十八世纪 十一面八臂观音	高19cm	80,500	印千山	2018-01-12
十八世纪 大白伞盖佛母	高18cm	78,200	印千山	2018-01-12
十八世纪 绿度母	高16cm	74,750	印千山	2018-01-12
十七至十八世纪 西藏铜雪堆白风格金刚总持坐像	高11cm	71,300	北京匡时	2018-12-05
十八世纪 无量寿佛	高17.5cm	66,700	印千山	2018-01-12
十八世纪 黄财神像	高12cm	59,800	印千山	2018-01-12
清（十八世纪）铜鎏金锤揲绿度母像	高25cm	59,800	中国嘉德	2018-09-19
清早期 铜鎏金上师像（一对）	高26.5×25.5cm	2,070,000	北京荣宝	2018-06-14
清初扎纳巴扎尔风格铜鎏金药师佛像	高20.5cm	1,725,000	中贸圣佳	2018-06-20
清早期 铜合金骑马关公像	高43.9cm	1,277,280	万昌斯	2018-11-29
清早期 金漆木胎宗喀巴像	高75cm	920,000	中贸圣佳	2018-11-24
清早期 漆金释迦牟尼佛像连佛龛	高23.7cm	517,500	中贸圣佳	2018-06-20
清早期 格鲁派皈依境唐卡（哲蚌寺风格）卷轴	105×77cm	460,000	北京荣宝	2018-06-14
清早期 水月观音菩萨像	高14.5cm	230,000	保利厦门	2018-07-15
清早期 铜鎏金白财神	高13.8cm	161,000	北京保利	2018-12-09
清早期 铜嵌银丝观音像	高33cm	136,416	香港诚昌	2018-05-30
清初 铜伏虎罗汉（带木佛龛）	高12.5cm	126,500	华艺国际	2018-05-23
清早期 铜鎏罗汉	高15cm	57,490	香港诚昌	2018-05-28
17世纪/18世纪 彩塑罗汉坐像	高57.2cm	35,921	纽约佳士得	2018-09-13
清早期 铜鎏金金刚总持	高17.5cm	34,500	北京保利	2018-07-27
清康熙 藏汉鎏金铜无量寿佛坐像	53.7cm	41,403,432	香港苏富比	2018-10-03
清康熙 鎏金铜无量寿佛像	高41.9cm	16,137,090	纽约佳士得	2018-05-10
清康熙 铜鎏金嵌宝石无量寿佛坐像"四十二号"	高41.5cm	8,970,000	中贸圣佳	2018-11-24
清康熙/雍正 铜鎏金立姿菩萨	高65cm	6,900,000	华艺国际	2018-11-16
清康熙 鎏金铜无量寿佛坐像	高24cm	3,978,800	佳士得	2018-05-30
清康熙 铜鎏金绿度母	高30.5cm	3,292,672	中国嘉德	2018-10-02
清康熙 铜鎏金四臂观音	高33.5cm	2,875,000	中国嘉德	2018-11-21
清康熙 铜鎏金观音菩萨坐像	高18cm	2,070,000	北京荣宝	2018-12-03
清康熙 夹纻漆金班禅像	高130cm	1,667,500	华艺国际	2018-11-16
清康熙 铜鎏金观音菩萨坐像	高22.5cm	1,150,000	华艺国际	2018-05-23
清康熙 鎏金铜观音坐像	高21cm	609,000	佳士得	2018-05-30
清康熙 铜鎏金释迦牟尼佛宝冠像	高28.3cm	584,640	万昌斯	2018-05-30
清康熙 夹纻漆金弥勒菩萨	高34.5cm	575,000	华艺国际	2018-11-16
清康熙 巴沽拉尊者	高23.5cm	517,500	上海国时	2018-04-30
清康熙 铜鎏金红度母	高27cm	517,500	中国嘉德	2018-11-21
清康熙 "宫廷"铜鎏金四臂观音	高11.9cm	415,116	万昌斯	2018-11-29
清康熙 铜鎏金宗喀巴	高18cm	414,000	华艺国际	2018-11-16
清康熙 铜鎏金四臂观音像	高19cm	311,808	万昌斯	2018-05-30
清康熙 无量寿佛	高18.5cm	287,500	中贸圣佳	2018-06-20
清康熙 四臂观音	高18cm	230,000	上海国时	2018-04-30
清康熙 铜鎏金白度母	高16.2cm	230,000	华艺国际	2018-11-16
清康熙 铜鎏金阿弥陀佛	高15.5cm	214,368	万昌斯	2018-05-30
清康熙 脱胎夹纻文殊像	高26cm	184,000	西泠拍卖	2018-07-08
清康熙 铜鎏金四臂观音坐像	高17cm	172,500	保利厦门	2018-01-08
清康熙 铜鎏金释迦牟尼说法像	宽11×15.8cm	172,500	浙江佳宝	2018-07-01
清康熙 "宫廷"铜鎏金无量寿佛	高9.7cm	159,660	万昌斯	2018-11-29
清康熙 铜鎏金释迦摩尼	高11.5cm	154,344	中国嘉德	2018-10-02
清康熙 金刚总持	高32cm	138,000	北京保利	2018-06-20
清康熙 铜鎏金金刚萨埵（原封底）	高13.2cm	138,000	中国嘉德	2018-06-19
清康熙 能食空行母	高10cm	115,000	中贸圣佳	2018-11-25
清康熙 铜鎏金无量寿佛	高16.5cm	103,500	保利厦门	2018-01-08
清康熙 夹纻漆金释迦牟尼	高17.5cm	97,750	华艺国际	2018-05-23

2018杂项拍卖成交汇总

(成交价RMB：2万元以上)

拍品名称	物品尺寸	成交价RMB	拍卖公司	拍卖日期
清康熙 铜鎏金文殊菩萨	高16cm	78,200	中国嘉德	2018-06-19
清康熙 铜鎏金观音菩萨	高13.1cm	63,864	万昌斯	2018-11-29
清康熙 鎏金铜无量寿佛坐像	17.3cm	59,290	伦敦苏富比	2018-05-18
清康熙 铜鎏金宗喀巴	高12cm	51,448	中国嘉德	2018-10-02
康熙 汉藏宫廷观音像	11×8.5cm	26,450	北京荣宝	2018-12-03
清雍正-乾隆 文殊菩萨	高36.2cm	3,450,000	北京保利	2018-12-09
清雍正 铜鎏金绿度母(铜银双色金属)	高21.5cm	690,000	华艺国际	2018-05-23
清雍正 铜鎏金释迦牟尼	高23cm	368,000	华艺国际	2018-11-16
清雍正 铜鎏金六臂玛哈嘎拉	高20cm	230,000	保利厦门	2018-01-08
清雍正 铜泥金大白伞盖佛母	高17.8cm	178,250	太平洋	2018-11-22
清雍正 铜鎏金六臂玛哈嘎拉	总高19.7cm	165,648	万昌斯	2018-05-30
清雍正 铜鎏金无量寿佛	高17.2cm	116,928	万昌斯	2018-05-30
清雍正 铜鎏金度母	高18.1cm	63,864	万昌斯	2018-11-29
清雍正 铜鎏金金刚手	高18.1cm	53,220	万昌斯	2018-11-29
清乾隆(宫廷) 铜鎏金释迦牟尼佛说法像 金丝楠木须弥座三联屏式佛龛	造像高21cm; 佛龛30.2×46.3×11cm	9,200,000	中国嘉德	2018-11-21
17-18世纪 蒙古 铜鎏金无量寿佛	高35.3cm	8,280,000	中国嘉德	2018-06-19
清乾隆 大清乾隆癸丑年敬造紫金璃玛无量寿佛	高32.5cm	6,325,000	中贸圣佳	2018-11-24
清乾隆 铜鎏金无量寿佛三尊及原装楠木描金佛龛	坐像30cm; 龛95×90×40cm	4,485,000	北京保利	2018-12-12
清乾隆 六品佛楼主尊金刚界性佛	高38cm	3,450,000	北京保利	2018-06-20
清乾隆掐丝珐琅格鲁派喇嘛坐像一对	16.5及16.2cm	3,009,480	香港苏富比	2018-04-03
清乾隆 六品佛楼甘吒巴大师像	高18.5cm	2,012,500	保利厦门	2018-07-15
18世纪 铜鎏金绿度母	高38cm	1,840,000	华艺国际	2018-05-23
18世纪 铜鎏金四臂观音	高38.1cm	1,543,440	中国嘉德	2018-10-02
18世纪 无量寿佛	高56.5cm	1,495,000	中贸圣佳	2018-06-20
清乾隆 无量寿佛	高33cm	1,380,000	中贸圣佳	2018-11-25
清乾隆 铜鎏金骑狮文殊	高36.5cm	1,322,500	华艺国际	2018-11-16
清乾隆 官造铜鎏金大威德金刚	高49cm	1,150,000	北京保利	2018-01-21
清乾隆 铜成就佛	高20cm	1,150,000	北京翰海	2018-06-30
清乾隆 大威德	高26cm	1,150,000	中贸圣佳	2018-11-25
18世纪 吉祥天母	高36.5cm	1,127,000	北京保利	2018-06-20
清乾隆 铜鎏金财宝天王	高16.8cm	1,046,500	华艺国际	2018-11-16
18世纪 关公	高23.2cm	1,012,000	中贸圣佳	2018-11-24
清乾隆 吉祥天母	高33cm	943,000	上海匡时	2018-04-30
清乾隆 铜鎏金六臂玛哈噶拉像	高24.5cm	943,000	北京匡时	2018-12-05
清乾隆 财宝天王	高21.5cm	920,000	上海匡时	2018-04-30
18世纪 六品佛楼摧碎金刚	高20cm	920,000	北京保利	2018-12-09
18世纪 铜鎏金象宝(一对)	高31.5cm	920,000	北京保利	2018-12-09
清乾隆 大威德金刚	高28cm	908,500	上海匡时	2018-04-30
18世纪 A GILT-BRONZE FIGURE OF MANJUSHRI	高34.3cm	872,575	纽约佳士得	2018-03-22
清乾隆 释迦牟尼	高34.5cm	862,500	北京保利	2018-12-09
17/18世纪 铜鎏金释迦牟尼(扎纳巴扎尔风格)	高23.3cm	805,000	华艺国际	2018-05-23
清乾隆 铜鎏金狮子幢母	高13.8cm	690,000	北京翰海	2018-06-30
清乾隆(宫廷) 铜鎏金斗母菩萨像(原封底)	高18.6cm	690,000	中国嘉德	2018-11-21
清乾隆 乾隆款白上乐王	高19.8cm	690,000	中贸圣佳	2018-11-25
清乾隆 官造紫檀泥金白度母坐像	高17cm	632,500	浙江佳宝	2018-07-01
清乾隆 铜鎏金阎魔天	高36.8cm	575,000	中国嘉德	2018-06-19
清乾隆(六品佛楼) 铜泥金蓝棒金刚(原封底)	高13.5cm	575,000	中国嘉德	2018-06-19
清乾隆 财宝天王	高18cm	552,000	印千山	2018-01-12
18世纪 铜鎏金胜乐金刚	高16cm	517,500	保利厦门	2018-07-15
清乾隆(六品佛楼)铜泥金须弥山王佛	高12.6cm	517,500	中国嘉德	2018-11-21
清乾隆 铜鎏金大威德金刚像	高20.1cm	514,480	保利香港	2018-10-02
18世纪 上师	高4.2cm	483,000	北京保利	2018-06-20
清乾隆 财宝天王	高17.3cm	437,000	上海匡时	2018-04-30
18世纪 六臂白玛哈嘎拉	高27cm	437,000	古天一	2018-12-08
18世纪 铜鎏金阎魔敌	高18cm	402,500	保利厦门	2018-07-15
18世纪 铜鎏金无量寿佛	高22.5cm	402,500	北京翰海	2018-06-30

拍品名称	物品尺寸	成交价RMB	拍卖公司	拍卖日期
清乾隆 铜鎏金菩萨座像	高48cm	368,000	太平洋	2018-06-09
18世纪 六臂大黑天	高28cm	368,000	古天一	2018-12-08
清乾隆 官造六品楼铜鎏金绿度母坐像	高16.5cm	345,000	浙江佳宝	2018-07-01
清乾隆 铜鎏金大威德金刚(原封底)	高17cm	345,000	中国嘉德	2018-06-19
18世纪 红度母	高17.3cm	345,000	北京保利	2018-12-09
清乾隆 铜鎏金六品佛楼庄严母造像	高16.5cm	345,000	北京中汉	2018-11-21
清乾隆 铜鎏金六品佛楼燃灯佛	高19.5cm	345,000	北京中汉	2018-11-21
清乾隆 光音如来	高16.4cm	345,000	中贸圣佳	2018-11-24
清乾隆 铜鎏金尊胜佛母	高17.1cm	345,000	中贸圣佳	2018-11-25
清乾隆 金刚手菩萨	高11.8cm	345,000	中贸圣佳	2018-11-25
清乾隆 铜鎏金白财神	高18.5cm	322,000	华艺国际	2018-05-23
清乾隆(宫廷) 铜鎏金月光菩萨(原封底)	高18cm	322,000	中国嘉德	2018-11-21
清乾隆 “宫廷” 铜鎏金文殊菩萨	高9cm	319,320	万昌斯	2018-11-29
清乾隆 铜鎏金关公	高16.5cm	308,688	保利香港	2018-10-02
清乾隆 铜鎏金大红司命	高17.5cm	288,109	保利香港	2018-10-02
清乾隆 铜鎏金官造五股金刚杵	长13.2cm	287,500	北京匡时	2018-06-15
清乾隆 铜鎏金善财童子, 龙女 (一组两件)	高23×24.5cm	287,500	保利厦门	2018-01-08
清乾隆 铜忿怒母	高16cm	287,500	北京保利	2018-04-29
清乾隆 铜鎏金无量寿佛	高17cm	287,500	北京东正	2018-06-17
清乾隆 铜鎏金无量寿佛	高21cm	287,500	华艺国际	2018-05-23
18世纪 铜鎏金旃檀佛像	高59cm	287,500	南京经典	2018-01-06
清乾隆 大威德金刚	高11.5cm	287,500	印千山	2018-01-12
清乾隆 鎏金罗汉	高18cm	287,500	中贸圣佳	2018-06-20
清乾隆 铜鎏金能食空行	高15.7cm	287,500	中国嘉德	2018-11-21
18世纪 大威德金刚	高16.8cm	287,500	中贸圣佳	2018-11-24
18世纪 菩萨	高65cm	276,000	北京保利	2018-06-20
18世纪 铜鎏金吉祥天母(宫庭)	高13cm	276,000	北京荣宝	2018-06-14
清乾隆 双色铜尊圣佛母	高14.9cm	266,100	万昌斯	2018-11-29
清乾隆 铜鎏金六臂大黑天	高15.8cm	257,240	保利香港	2018-10-02
清乾隆 铜鎏金十一面观音	高24cm	255,456	万昌斯	2018-11-29
清乾隆 铜鎏金白财神	高15cm	253,000	中国嘉德	2018-06-19
18世纪 文殊菩萨	高17.5cm	253,000	北京保利	2018-12-09
18世纪 铜鎏金马头金刚	高20cm	253,000	华艺国际	2018-11-16
清乾隆 观音	高46cm	241,500	北京保利	2018-06-20
18世纪 白上乐金刚	高18cm	241,500	中贸圣佳	2018-11-24
清乾隆 铜鎏金凤帽观音	高22.9cm	234,168	万昌斯	2018-11-29
18世纪 铜鎏金菩萨像	高34cm	230,000	北京保利	2018-07-27
清乾隆 吉祥天母	高17.5cm	230,000	上海匡时	2018-04-30
清乾隆 铜鎏金白度母像(原封底)	高17.5cm	230,000	中国嘉德	2018-06-19
清乾隆 铜鎏金恪威罗瓦金刚(原封底)	高12.5cm	230,000	中国嘉德	2018-06-19
18世纪 释迦牟尼	高21.8cm	230,000	中贸圣佳	2018-11-24
17-18世纪 A GILT AND POLYCHROMED CAST AND REPOUSSÉ COPPER ALLOY FIGURE OF HAYAGRIVA HERUKA	高44cm	222,365	纽约佳士得	2018-09-12
清乾隆 夹纻弥勒立像	高31.5cm	218,500	西泠拍卖	2018-07-08
清乾隆 莲花手菩萨	高13cm	218,500	印千山	2018-01-12
清乾隆 铜鎏金龙树菩萨	高16.6cm	218,500	中国嘉德	2018-06-19
清乾隆 铜鎏金密集金刚	高17.3cm	214,368	万昌斯	2018-05-30
18世纪 铜嵌银丝书卷观音	高33cm	207,000	保利厦门	2018-01-08
18世纪 铜鎏金护法孔雀像	高12cm	207,000	北京东正	2018-06-17
17-18世纪 上乐金刚	高30.5cm	207,000	上海匡时	2018-04-30
清乾隆 铜鎏金六臂玛哈嘎拉像	高14cm	207,000	西泠拍卖	2018-07-07
18世纪 阿弥陀佛	高13.7cm	207,000	中贸圣佳	2018-11-24
清乾隆 “宫廷” 铜鎏金莲花手观音	高13.2cm	202,236	万昌斯	2018-11-29
西藏18世纪 铜鎏金第五世达赖喇嘛罗桑嘉措坐像	高13.8cm	202,236	万昌斯	2018-11-29
清乾隆 白哈尔	高16.5cm	195,500	上海匡时	2018-04-30
清乾隆 铜鎏金解脱斗战佛母像	高18cm	195,500	西泠拍卖	2018-07-07
清乾隆 铜鎏金米拉日巴(原封底)	高13cm	195,500	中国嘉德	2018-06-19
18世纪 黑财神	高17cm	195,500	中贸圣佳	2018-11-24
清乾隆 铜鎏金吉祥天母	高12.8cm	190,924	保利香港	2018-04-02
清乾隆 财神	高10.5cm	184,000	印千山	2018-01-12
清乾隆 合金铜大成就者像	高15.5cm	184,000	中国嘉德	2018-06-19

拍品名称	物品尺寸	成交价RMB	拍卖公司	拍卖日期
蒙古17–18世纪 铜鎏金上师像	高19.2cm	175,392	万昌斯	2018–05–30
18世纪 铜鎏金弥勒佛	高21.5cm	172,500	北京翰海	2018–06–30
清代乾隆 菩萨	高52cm	172,500	上海匡时	2018–04–30
清乾隆 铜鎏金无量寿佛	高22.7cm	172,500	中国嘉德	2018–06–19
清乾隆 铜鎏金狮面佛母	高31cm	162,285	保利香港	2018–04–02
17/18世纪 夹纻宗喀巴	高28cm	161,000	华艺国际	2018–05–23
清乾隆 格萨尔王	高16.5cm	161,000	上海匡时	2018–04–30
18世纪 莲师八变之狮吼莲师	高14.5cm	161,000	中贸圣佳	2018–06–20
清乾隆庚寅年 铜鎏金无量寿佛坐像（两尊）		158,650	纽约苏富比	2018–03–21
清乾隆 铜鎏金持国天王像	高17.6cm	155,904	万昌斯	2018–05–30
清乾隆 铜鎏金无量寿佛	高16.6cm	155,904	万昌斯	2018–05–30
18世纪 铜鎏金六世班禅	高17cm	154,344	中国嘉德	2018–10–02
17至18世纪 铜鎏金如来佛	高16cm	154,344	中国嘉德	2018–10–02
18世纪 铜鎏金绿度母	高16.8cm	154,344	中国嘉德	2018–10–02
清乾隆 铜鎏金大红司命主	高18.5cm	149,500	华艺国际	2018–05–23
蒙古18世纪 铜鎏金阿弥陀佛	高14cm	149,500	中国嘉德	2018–06–19
清乾隆 铜鎏金无量寿佛	高19.6cm	149,500	中国嘉德	2018–11–21
18世纪 银泥金上乐金刚	高15.6cm	144,054	中国嘉德	2018–10–02
清乾隆 铜鎏金托塔天王	高7.5cm	138,372	万昌斯	2018–11–29
清乾隆 铜鎏金阿难尊者	高27.4cm	138,372	万昌斯	2018–11–29
18世纪 铜鎏金白玛哈嘎拉像	高21.7cm	138,000	西泠拍卖	2018–07–07
18世纪 铜错银阿閦佛坐像	宽10×17cm	138,000	浙江佳宝	2018–07–01
18世纪 铜鎏金密集金刚	高17cm	138,000	北京保利	2018–12–09
18世纪 铜鎏金大日如来像	高16cm	126,500	南京经典	2018–01–06
17~18世纪 A GILT–BRONZE FIGURE OF A LAMA	高16.2cm	119,475	纽约佳士得	2018–05–10
18世纪 铜鎏金黄财神像	高10.1cm	116,928	万昌斯	2018–05–30
18世纪 绿度母	高19cm	115,000	北京保利	2018–06–20
18世纪 蒙古铜鎏金阿弥陀佛像	高12.5cm	115,000	西泠拍卖	2018–07–08
清乾隆 无量寿佛	高18.8cm	115,000	印千山	2018–01–12
18世纪 旃檀佛	高23cm	115,000	古天一	2018–12–08
18世纪 铜鎏金旃檀佛	高19.5cm	115,000	华艺国际	2018–11–16
清乾隆 鎏金佛母	高15.3cm	115,000	中贸圣佳	2018–11–25
18世纪 鎏金铜无量寿佛坐像	高16.2cm	107,800	伦敦佳士得	2018–05–15
清代乾隆 能食空行金刚	高9cm	103,500	上海匡时	2018–04–30
18世纪 A GILT–BRONZE FIGURE OF DAMCHEN GARWA NAGPO	高16.5cm	102,630	纽约佳士得	2018–09–12
清乾隆 白度母	高17cm	101,200	中贸圣佳	2018–11–25
清乾隆 铜鎏金无量寿佛（原封底）	高17.3cm	97,750	中国嘉德	2018–11–21
清乾隆 铜鎏金金刚护法	高16.8cm	95,796	万昌斯	2018–11–29
清乾隆 铜鎏金空行母	高21.6cm	95,796	万昌斯	2018–11–29
清乾隆 铜鎏金财宝天王	高15.8cm	95,796	万昌斯	2018–11–29
清乾隆 铜鎏金苯教双修护法像（意忿怒明王与明妃）	长7.2cm	95,796	万昌斯	2018–11–29
18世纪 A GILT–BRONZE FIGURE OF A SEATED LAMA	高15.2cm	95,190	纽约佳士得	2018–03–22
17–18世纪 无量寿佛	高18cm	92,000	北京保利	2018–06–20
18世纪 铜鎏金宗喀巴	高16.8cm	92,000	北京翰海	2018–06–30
18世纪 铜鎏金大威德金刚像	高17cm	92,000	北京荣宝	2018–06–14
18世纪 铜鎏金关公	高11cm	92,000	华艺国际	2018–03–30
18世纪 铜鎏金无量寿佛坐像	高17.2cm	92,000	西泠拍卖	2018–07–07
18世纪 铜鎏金释迦牟尼	高21cm	92,000	北京保利	2018–12–09
18世纪初 鎏金铜释迦牟尼佛坐像	高29.5cm	91,630	伦敦佳士得	2018–05–15
清乾隆 铜鎏金哈香尊者	高9.3cm	90,474	万昌斯	2018–11–29
清乾隆 铜鎏金绿度母	高17.2cm	89,700	中国嘉德	2018–11–21
清乾隆 鎏金铜无量寿佛坐像	高20.3cm	85,525	纽约佳士得	2018–09–13
清乾隆 铜鎏金大红司命主	高18.1cm	85,152	万昌斯	2018–11–29
清乾隆 铜鎏金释迦牟尼	高42.9cm	85,152	万昌斯	2018–11–29
蒙古17–18世纪 铜鎏金宝源度母	高10.7cm	82,824	万昌斯	2018–05–30
西藏 17–18世纪 紫檀木雕金刚手菩萨立像	高30cm	82,800	中国嘉德	2018–11–21
清乾隆 鎏金铜无量寿佛坐像	高20.5cm	80,850	伦敦佳士得	2018–05–15

拍品名称	物品尺寸	成交价RMB	拍卖公司	拍卖日期
清乾隆庚寅年（1770）鎏金铜无量寿佛坐像	21.5cm	80,850	伦敦苏富比	2018–05–18
清乾隆（18世纪）铜嵌金银莲花手观音立像	高18.5cm	80,500	北京诚轩	2018–06–17
18世纪 铜鎏金宗喀巴造像	高16.4cm	80,500	南京经典	2018–01–06
18世纪 铜鎏金释迦牟尼坐像	高18cm	80,500	西泠拍卖	2018–07–07
清乾隆 铜鎏金金刚手	高9.4cm	79,830	万昌斯	2018–11–29
18世纪 铜鎏金大日如来像	高16cm	78,200	南京经典	2018–07–22
清乾隆 铜鎏金宗喀巴	高16.3cm	77,172	保利香港	2018–10–02
18世纪 大红司命	高18cm	74,750	北京保利	2018–06–20
清乾隆 铜烧古无量寿佛	高17cm	74,508	万昌斯	2018–11–29
18世纪 铜鎏金宝生佛母	高16.5cm	73,080	万昌斯	2018–05–30
清乾隆 铜鎏金无量寿佛	高11.6cm	71,597	保利香港	2018–04–02
清乾隆 铜鎏金三世章嘉像（原封底）	高16.3cm	71,300	中国嘉德	2018–06–19
18世纪 大威德金刚	高16.5cm	69,000	北京保利	2018–06–20
18世纪 铜鎏金宗喀巴	高16cm	69,000	北京翰海	2018–06–30
18世纪 铜鎏金绿度母	高20.5cm	69,000	北京翰海	2018–06–30
18世纪 A GILT–BRONZE FIGURE OF AMITAYUS	高19.7cm	68,420	纽约佳士得	2018–09–12
18世纪 铜鎏金白度母	高17cm	66,700	北京保利	2018–12–09
18世纪 白度母	高11.5cm	66,700	古天一	2018–12–08
清乾隆 铜鎏金释迦摩尼	高17cm	61,738	中国嘉德	2018–10–02
西藏17–18世纪 紫檀木雕金刚萨埵双身像	高28cm	59,800	中国嘉德	2018–11–21
清乾隆 铜鎏金关公	高11.6cm	58,542	万昌斯	2018–11–29
清乾隆 铜鎏金月光菩萨	高11.1cm	58,542	万昌斯	2018–11–29
清乾隆 铜鎏金释迦牟尼	高16.5cm	58,464	万昌斯	2018–05–30
18世纪 铜鎏金白度母像	高14cm	57,500	南京经典	2018–01–06
清乾隆 广目天王	高5cm	57,500	印千山	2018–01–12
清乾隆 大梵天	高4.9cm	57,500	印千山	2018–01–12
清乾隆三十五年（1770年）铜泥金无量寿佛像	高21cm	57,500	中国嘉德	2018–05–20
西藏 17–18世纪 泥塑描金彩绘米拉日巴像	高25cm	57,500	中国嘉德	2018–11–21
18世纪 莲花生	高7.5cm	57,500	中贸圣佳	2018–11–24
18世纪 A SMALL GILT–BRONZE FIGURE OF AMITAYUS BUDDHA	高10.2cm	55,528	纽约佳士得	2018–03–22
清乾隆 无量寿佛	高20.5cm	55,200	印千山	2018–01–12
蒙古17–18世纪 铜鎏金阿弥陀佛	高11.7cm	53,592	万昌斯	2018–05–30
清乾隆 铜鎏金托塔天王	高10.8cm	53,220	万昌斯	2018–11–29
清乾隆 铜鎏金六臂玛哈嘎拉	高21.2cm	53,220	万昌斯	2018–11–29
清乾隆 铜鎏金巴古拉尊者	高15.6cm	53,220	万昌斯	2018–11–29
18世纪 铜鎏金喜金刚	高9.5cm	51,750	北京保利	2018–06–21
清乾隆 铜鎏金无量寿佛像	高11cm	51,750	中国嘉德	2018–05–20
西藏18世纪 铜鎏金莲花生	高16.8cm	51,750	中国嘉德	2018–06–19
18世纪 铜鎏金宗喀巴	高11cm	51,448	中国嘉德	2018–10–02
18世纪 铜鎏金加彩宗喀巴	高10.5cm	51,448	中国嘉德	2018–10–02
18世纪 铜鎏金双身龙尊王	高11.4cm	48,720	万昌斯	2018–05–30
清乾隆 铜鎏金那若卡居空行母	高18.5cm	48,300	中国嘉德	2018–06–19
18世纪 A GILT–BRONZE STANDING FIGURE OF A BODHISATTVA	高30.2cm	47,595	纽约佳士得	2018–03–22
清乾隆 铜观音座像	高24cm	46,000	北京保利	2018–10–27
18世纪 战神	高8.3cm	46,000	中贸圣佳	2018–06–20
清乾隆 铜鎏金四臂观音	高11.5cm	43,700	保利厦门	2018–01–08
18世纪 铜鎏金马头金刚、金刚手、八骏财神（三件）		43,700	北京保利	2018–06–21
18世纪 铜鎏金六臂大黑天	高15cm	43,700	北京保利	2018–06–21
清乾隆 铜鎏金阎魔尊	高10.8cm	42,576	万昌斯	2018–11–29
清乾隆 银上乐金刚	高12cm	42,576	万昌斯	2018–11–29
清乾隆 铜鎏金狮面空行母	高15cm	42,576	万昌斯	2018–11–29
18世纪 铜鎏金大日如来	高10.5cm	41,158	中国嘉德	2018–10–02
清乾隆 铜鎏金白玛哈嘎拉	长9.2cm	40,447	万昌斯	2018–11–29
18世纪 吉祥天母	高15cm	40,250	北京保利	2018–06–20
18世纪 无量寿佛	高11cm	40,250	北京保利	2018–06–20
18世纪 铜绿度母	高13.2cm	40,250	华艺国际	2018–03–30

2018杂项拍卖成交汇总

(成交价RMB：2万元以上)

拍品名称	物品尺寸	成交价RMB	拍卖公司	拍卖日期
清乾隆 铜鎏金鹰面佛母	高12.3cm	40,250	中国嘉德	2018-06-19
清乾隆 铜鎏金无量寿佛	高11cm	40,250	北京保利	2018-12-09
18世纪 无量寿佛	高16.2cm	36,800	北京保利	2018-06-20
17-18世纪 A MINIATURE BRONZE FIGURE OF BALA KRISHNA	高8.4cm	35,921	纽约佳士得	2018-09-12
清中期 黄花梨楼阁式佛龛	41.5×23.5×22cm	287,500	西泠拍卖	2018-07-08
清中期 铜鎏金释迦牟尼坐像	宽12.5×18cm	80,500	浙江佳宝	2018-07-01
清中期 铜鎏金文殊菩萨像	高10.5cm	51,750	中贸圣佳	2018-11-25
清中期 铜鎏金无量寿佛	高17cm	34,500	北京保利	2018-10-28
清中期 铜鎏金护法两尊	高15.8cm	34,500	北京保利	2018-12-09
清中期 铜鎏金渡母像	高9.9cm	34,500	中贸圣佳	2018-11-25
清道光 洒金铜白度母背屏式坐像	高8.8cm	55,591	纽约佳士得	2018-09-13
晚期19世纪 A GILT-BRONZE SEATED FIGURE OF BUDDHA	高28.5cm	517,725	纽约佳士得	2018-05-10
19世纪菩提叶绘罗汉图(二十四幅)	47.3×65.5cm	426,300	佳士得	2018-05-30
19世纪 铜鎏金嵌百宝曼荼罗	直径40.5cm	150,920	伦敦佳士得	2018-05-15
尼泊尔、十八/十九世纪 鎏金铜绿度母坐像	13.2cm	118,580	伦敦苏富比	2018-05-16
19世纪 铜鎏金绿度母	高11cm	115,000	北京翰海	2018-06-30
19世纪 铜鎏金绿度母	高16.5cm	82,317	中国嘉德	2018-10-02
18-19世纪 A REPOUSSÉ GILT-COPPER FIGURE OF A SEATED BODHISATTVA	高42cm	79,325	纽约佳士得	2018-03-22
19世纪 铜泥金释迦牟尼	高12.2cm	57,500	北京翰海	2018-06-30
清十八/十九世纪 鎏金铜金刚萨埵坐像	15cm	53,900	伦敦苏富比	2018-05-18
18至19世纪 铜鎏金四面八臂尊圣佛母	高11cm	51,448	中国嘉德	2018-10-02
清十八/十九世纪 鎏金铜十一面观音立像（一组两尊）	最大一尊: 17.5cm	43,120	伦敦苏富比	2018-05-18
19世纪初 A BRONZE FIGURE OF AMITAYUS	高16.5cm	42,763	纽约佳士得	2018-09-12
18至19世纪 铜鎏金绿度母	高9.8cm	30,869	中国嘉德	2018-10-02
19世纪 宗喀巴随身佛	高4cm	28,750	中贸圣佳	2018-11-24
19世纪 铜鎏金无量寿佛	高10.8cm	23,000	北京翰海	2018-06-30
清代 铜鎏金佛坐像	高88cm	5,500,000	中正拍卖	2018-11-30
清朝(1644-1911) AN UNUSUALLY LARGE SILVER-INLAID BRONZE FIGURE OF GUANYIN	高88.9cm	1,427,850	纽约佳士得	2018-03-22
清 铜鎏金释迦牟尼像	高31.2cm	897,000	西泠拍卖	2018-07-07
清 铜鎏金释迦坐像	高30cm	805,000	西泠拍卖	2018-07-08
清 加彩罗汉坐像	高18.7cm	747,500	中贸圣佳	2018-11-24
清 铜光音如来佛六品佛楼	高16cm	575,000	西泠拍卖	2018-07-08
清 石叟款铜嵌银丝观音像	高19cm	483,000	中国嘉德	2018-05-18
清代 铜嵌银丝观音像	高60.5cm	368,000	中国嘉德	2018-11-21
清 观音造像	高27.8cm	345,000	中贸圣佳	2018-11-24
清 大红司命	高17.8cm	345,000	中贸圣佳	2018-11-25
清 上师像	高15.2cm	345,000	中贸圣佳	2018-11-25
清 摧破金刚像	高21.2cm	345,000	中贸圣佳	2018-11-25
清 尊胜佛母	高23.3cm	345,000	中贸圣佳	2018-11-25
清 铜鎏金尊圣佛母座像	高65cm	322,000	太平洋	2018-11-22
清 密集金刚	高7.6cm	299,000	中贸圣佳	2018-11-25
清 铜鎏金药师佛坐像	宽20.5×28cm	253,000	浙江佳宝	2018-07-01
清 绿度母像	高16.2cm	230,000	中贸圣佳	2018-11-25
清 绿度母像	高17cm	230,000	中贸圣佳	2018-11-25
清白度母像	高16.8cm	230,000	中贸圣佳	2018-11-25
清代 关公像	高76cm	218,500	上海匡时	2018-04-30
清 铜鎏金欢喜佛	高7.5cm	191,592	万昌斯	2018-11-29
清 石叟款铜观音立像	高43cm	172,500	西泠拍卖	2018-07-08
清 伐阇罗弗多罗尊者	高22cm	172,500	印千山	2018-01-12
清 胜乐金刚造像	高31.8cm	172,500	中贸圣佳	2018-11-25
清 铜牛头护法	高13.7cm	171,832	中国嘉德	2018-04-02
清 铜鎏金文殊菩萨像	高54cm	161,000	北京保利	2018-04-30
清 铜鎏金财神像	高23cm	161,000	上海嘉禾	2018-10-14
清代 合金铜罗汉像（一组十六件）		161,000	中国嘉德	2018-06-19
清 铜鎏金五世达赖像	高15.2cm	155,904	万昌斯	2018-05-30

拍品名称	物品尺寸	成交价RMB	拍卖公司	拍卖日期
清代 京造无量寿佛	高43cm	149,500	上海匡时	2018-04-30
清代 关公像	高40cm	138,000	上海匡时	2018-04-30
清 康熙脱胎夹纻菩萨像	高19cm	132,250	西泠拍卖	2018-07-08
清铜鎏金西王母送子像	带座高18.7cm	126,500	西泠拍卖	2018-07-07
清代 铜鎏金外修阎魔天	高30.5cm	126,500	中国嘉德	2018-06-19
清 铜鎏金文殊菩萨像	高16.2cm	126,500	中贸圣佳	2018-06-20
清 硬木镶掐丝珐琅六角式佛龛(带佛)	高64cm	123,475	中国嘉德	2018-10-02
清 铜鎏金八宝龙纹钵	高10cm; 重441g	115,000	西泠拍卖	2018-07-07
清 十一面观音	高18.2cm	115,000	中贸圣佳	2018-11-25
清 铜鎏金释迦牟尼像	高14.7cm	112,700	西泠拍卖	2018-07-07
清 紫檀度母	高22.3cm	103,500	中贸圣佳	2018-11-25
清 铜罗汉（一对）	最大高27.7cm	101,118	万昌斯	2018-11-29
清代 关公像	高23cm	92,000	上海匡时	2018-04-30
清 铜鎏金财宝天王坐像	高7cm	86,250	西泠拍卖	2018-07-08
清 铜合金大威德金刚	高19cm	74,750	西泠拍卖	2018-05-04
清 铜佛像	高12cm	71,300	北京翰海	2018-05-13
清代 护法像	高35cm	69,000	上海匡时	2018-04-30
清 铜鎏金无量寿佛	高40.5cm	66,700	北京保利	2018-04-30
清 铜鎏金骑虎护法	高16cm	63,250	保利厦门	2018-01-08
清 铜鎏金释迦牟尼	高21.9cm	58,542	万昌斯	2018-11-29
清铜鎏金释迦牟尼	高17.7cm	58,464	万昌斯	2018-05-30
清 铜鎏金无量寿佛像	高11cm	57,500	西泠拍卖	2018-07-07
清代 韦陀护法	高41cm	55,200	上海匡时	2018-04-30
清 铜“擦擦”印模板	长13.6cm; 厚1.2cm	53,220	万昌斯	2018-11-29
清 铜鎏金度母	高15.5cm	53,220	万昌斯	2018-11-29
清铜鎏金文殊菩萨座像	高32cm	51,750	太平洋	2018-06-09
清 铜多杰佛座像	高44cm	51,750	太平洋	2018-06-09
清 铜鎏金四臂观音坐像	高15.5cm	51,750	西泠拍卖	2018-07-07
清 铜鎏金白度母	高11.2cm	48,720	万昌斯	2018-05-30
清 铜鎏金吉祥天母	总高16.8cm	48,720	万昌斯	2018-05-30
清 铜鎏金六臂玛哈嘎拉	总高16cm	48,720	万昌斯	2018-05-30
清 铜布袋和尚立像	带座高17×14.5cm	48,300	西泠拍卖	2018-07-07
清 铜鎏金黄财神造像	高21cm	46,000	北京中贝	2018-06-24
清 铜漆金释迦燃灯佛座像	高16.5cm	46,000	太平洋	2018-06-09
清 铜鎏金度母	高9.7cm	43,700	北京保利	2018-01-21
清 铜鎏金财神像	高6.5cm	43,700	北京保利	2018-07-27
清 铜观音坐像	高20cm	43,700	西泠拍卖	2018-09-29
清 铜鎏金释迦像	高24cm	43,700	中国嘉德	2018-05-20
清 铜鎏金白哈尔	高14cm	41,158	中国嘉德	2018-10-02
清 铜鎏金上师像	高19.1cm	40,925	万昌斯	2018-05-30
清 铜鎏金观音坐像	高24cm	40,250	北京保利	2018-04-30
清 铜鎏金释迦像	高13cm	40,250	北京保利	2018-07-27
清代 阿弥陀佛	高49cm	40,250	上海匡时	2018-04-30
清 铜带冠弥勒座像	高62cm	40,250	太平洋	2018-06-09
清 铜鎏金文殊菩萨座像	高22cm	40,250	太平洋	2018-06-09
清 铜鎏金无量寿佛	高17.7cm	37,254	万昌斯	2018-11-29
清 铜自在观音像	高16.5cm	36,800	北京保利	2018-06-21
民国 银质新京东本愿寺弥勒（一对）	高16.6cm; 总重3519g	46,000	中国嘉德	2018-06-19
19/20世纪初 铜鎏金九世班禅曲吉尼玛像	高32.5cm	7,417,500	华艺国际	2018-11-16
现代 Bajracharya制铜鎏金释迦摩尼佛	高42.5cm	63,250	北京荣宝	2018-09-14
现代 Bajracharya家族制铜鎏金释迦摩尼佛	高26cm	20,700	北京荣宝	2018-09-14
十四世纪 马拉王朝早期 大持金刚	高43cm	44,850,000	北京保利	2018-06-19
铜鎏金文殊菩萨坐像	高21.4cm	9,020,000	中正拍卖	2018-11-30
铜鎏金文殊菩萨坐像	高13.5cm	7,920,000	中正拍卖	2018-11-30
释迦摩尼鎏金佛像	高36cm;	3,850,000	中正拍卖	2018-11-30
释迦摩尼药师佛坐像	高14.5cm	3,520,000	中正拍卖	2018-11-30
十二世纪 大理铜释迦牟尼佛坐像	28.6cm	3,243,840	香港苏富比	2018-10-03
铜漆金关公坐像	高18.5cm	2,200,000	中正拍卖	2018-11-30
释迦牟尼佛	高27cm	2,070,000	北京匡时	2018-06-15
密集金刚	高15.3cm	1,840,000	北京匡时	2018-06-15
2017年 大威德金刚	高16.9cm; 重2249g	1,414,500	华艺国际	2018-11-16

拍品名称	物品尺寸	成交价RMB	拍卖公司	拍卖日期
夹纻胎佛像（一对）		1,403,000	中贸圣佳	2018-11-24
西藏1676年 铜鎏金五世班禅洛桑益西像	高18.5cm	1,380,000	中国嘉德	2018-11-21
2015年 文殊菩萨	高18.3cm; 重2190g	1,253,500	华艺国际	2018-11-16
2015年 财神	113.5×58.5×42.5cm	1,150,000	华艺国际	2018-11-16
2018年 那若空行母	高19.9cm; 重1657.6g	1,035,000	华艺国际	2018-11-16
2018年 四臂观音	高18.1cm; 重1870g	1,035,000	华艺国际	2018-11-16
十五、六世纪 四臂观音像	高15.5cm	920,000	印千山	2018-01-12
释迦牟尼	高67.8cm	920,000	中贸圣佳	2018-11-24
2018年 四臂观音	高16.8cm; 重1428.5g	862,500	华艺国际	2018-11-16
十四至十五世纪西藏卡韶铜鎏金丹萨替寺普巴金刚像	高24cm	805,000	北京匡时	2018-12-05
大约1400 A GILT-BRONZE FIGURE OF BUDDHA VAJRASANA	高32.1cm	769,725	纽约佳士得	2018-09-12
2018年 长寿佛	高19.2cm; 重1312.7g	759,000	华艺国际	2018-11-16
2018年 白度母	高17.4cm; 重1218.5g	701,500	华艺国际	2018-11-16
玛吉拉准	高14.5cm	690,000	北京匡时	2018-06-15
2017年 长寿佛	高20.9cm; 重1155.3g	667,000	华艺国际	2018-11-16
四臂观音	高16.5cm	632,500	北京匡时	2018-06-15
十五世纪 释迦牟尼	高25cm	632,500	印千山	2018-01-12
2018年 长寿佛	高18.1cm; 重897g	552,000	华艺国际	2018-11-16
大日如来	高37.5cm	517,500	北京匡时	2018-06-15
2018年 密集金刚	高13.5cm; 重800g	517,500	华艺国际	2018-11-16
绿度母	高21.5cm	483,000	北京匡时	2018-06-15
2018年 无量光佛	高18.1cm; 重839g	483,000	华艺国际	2018-11-16
释迦牟尼佛	高21cm	437,000	北京匡时	2018-06-15
十五世纪 祁生佛	高62cm	437,000	印千山	2018-01-12
二十世纪 金属鎏金观音立像		380,760	纽约苏富比	2018-03-24
四臂佛母	高19.5cm	322,000	北京匡时	2018-06-15
阿閦佛	高14.8cm	322,000	北京匡时	2018-06-15
十五世纪 密集金刚	高23.5cm	310,500	印千山	2018-01-12
十六世纪 莲花千手观音组佛	高43.5cm	287,500	印千山	2018-01-12
宝生如来	高12.2cm	218,500	中贸圣佳	2018-11-25
十六世纪 绿度母	高20.5cm	207,000	印千山	2018-01-12
水月观音	高14.8cm	207,000	中贸圣佳	2018-11-25
十三世纪 玛尔巴大师	高14cm	195,500	印千山	2018-01-12
释迦牟尼	高12.8cm	195,500	中贸圣佳	2018-06-20
十五世纪 弥勒菩萨	高16.5cm	193,200	印千山	2018-01-12
黑财神	高9cm	172,500	北京匡时	2018-06-15
释迦牟尼佛	高18.8cm	172,500	北京匡时	2018-06-15
十五世纪 药师佛	高24cm	149,500	印千山	2018-01-12
西藏或尼泊尔 十三世纪 铜鎏金布禄金刚瞻巴拉立像		145,393	纽约苏富比	2018-09-15
2018年 旃檀佛	高15.5cm; 重254.5g	143,750	华艺国际	2018-11-16
释迦牟尼佛	高26cm	138,000	北京匡时	2018-06-15
释迦牟尼佛	高6cm	138,000	北京匡时	2018-06-15
十五世纪 般若佛母	高14cm	138,000	印千山	2018-01-12
达摩多罗	高10.5cm	126,500	北京匡时	2018-06-15
善名称功德佛	高11.8cm	126,500	北京匡时	2018-06-15
六世纪铜嵌银斯瓦特释迦牟尼佛坐像	高7.5cm	126,500	北京匡时	2018-12-05
观音菩萨	高9.5cm	115,000	北京匡时	2018-06-15
文殊菩萨	高11cm	109,250	北京匡时	2018-06-15
无量寿佛	高11.3cm	103,500	北京匡时	2018-06-15
释迦牟尼佛	高11cm	92,000	北京匡时	2018-06-15
释迦牟尼佛	高21.5cm	92,000	北京匡时	2018-06-15
尊胜佛母	高10.3cm	92,000	北京匡时	2018-06-15
铜鎏金自在观音像	高27.5cm	89,700	中国嘉德	2018-09-19
无量寿佛	高21cm	86,250	北京匡时	2018-06-15
金刚总持	高15.5cm	80,500	北京匡时	2018-06-15
无量寿佛	高12cm	80,500	北京匡时	2018-06-15
十一面观音	高32.5cm	80,500	中贸圣佳	2018-11-25
自在观音	高6.3cm	78,200	北京匡时	2018-06-15
不空成就佛	高14.5cm	74,750	北京匡时	2018-06-15

拍品名称	物品尺寸	成交价RMB	拍卖公司	拍卖日期
十三至十四世纪 西藏合金铜错红铜阿閦佛坐像	高11.5cm	69,000	北京匡时	2018-12-05
十四世纪 西藏合金铜错银及红铜无量寿佛坐像	高11.5cm	69,000	北京匡时	2018-12-05
2017年 释迦牟尼	高4.25cm; 重103g	69,000	华艺国际	2018-11-16
绿度母	高12cm	63,250	北京匡时	2018-06-15
白度母	高20.5cm	63,250	北京匡时	2018-06-15
文殊菩萨	高10cm	63,250	北京匡时	2018-06-15
佛立像	高21.3cm	57,500	中贸圣佳	2018-11-25
韩国后新罗八世纪 铜佛立像		55,528	纽约苏富比	2018-03-24
释迦牟尼佛	高8.3cm	55,200	北京匡时	2018-06-15
宗喀巴	高16.8cm	46,000	北京匡时	2018-06-15
绿度母	高7.3cm	46,000	北京匡时	2018-06-15
铜关公立像	高218cm	36,800	中国嘉德	2018-05-20
2017年 释迦牟尼	高3.35cm; 重51g	36,800	华艺国际	2018-11-16
铜鎏金释迦像	高17.5cm	34,500	中国嘉德	2018-09-19
明铜洪 铜观音坐像连座	高75cm	34,494	香港诚昌	2018-05-28
铜鎏金释迦像	高31.2cm	32,200	中国嘉德	2018-01-14
法 器				
公元1-5世纪 过去七佛金颇罗	17.6×10cm; 重233g	5,727,720	保利香港	2018-04-02
公元1-5世纪 金座佛银塔银环器	直径10cm	1,145,544	保利香港	2018-04-02
唐 纯金佛舍利罐	直径17.5cm	828,240	万昌斯	2018-05-30
10世纪 金刚杵	长23cm	115,000	北京保利	2018-12-09
辽 铜佛板	高24.7cm	2,436,000	万昌斯	2018-05-30
辽 铜三股金刚杵	长28.3cm	31,932	万昌斯	2018-11-29
辽 铜双十字金刚杵	长25.1cm	26,610	万昌斯	2018-11-29
西夏 铜九股金刚杵	长20.5cm	207,000	华艺国际	2018-11-16
镰仓时代(12世纪) 日本鎏金铜佛头光	25.8cm	50,563	香港苏富比	2018-04-02
吴哥12世纪 青铜法铃	高25.5cm	47,898	万昌斯	2018-11-29
元 金刚萨埵	高19cm	805,000	北京保利	2018-12-09
元代 铜鎏金聚莲塔	高29.2cm	69,000	中国嘉德	2018-11-21
西藏12-13世纪 铁鋄金五股金刚杵	高22.5cm	1,610,000	中国嘉德	2018-11-21
西藏13世纪 合金铜噶当塔	高33.8cm	55,200	中国嘉德	2018-06-19
西藏13世纪 合金铜噶当塔	高30.5cm	46,000	中国嘉德	2018-06-19
西藏13世纪 合金铜噶当塔	高13.2cm	28,750	中国嘉德	2018-06-19
13~14世纪 噶当塔	高54cm	460,000	古天一	2018-06-17
14世纪 噶当塔	高23cm	36,800	中贸圣佳	2018-06-20
明永乐 鱼龙形三足供架及法螺	长14cm	1,955,000	北京保利	2018-12-09
明永乐(宫廷) 铜鎏金金刚铃杵（一套）	铃高22cm; 杵长18cm	414,000	中国嘉德	2018-06-19
15世纪 五股金刚铃、金刚杵	铃18cm; 杵13cm	460,000	中贸圣佳	2018-06-20
15世纪 九股金刚铃、杵	铃19cm; 杵15cm	437,000	中贸圣佳	2018-06-20
14~15世纪 金刚橛	高9.5cm	126,500	古天一	2018-06-17
15世纪 A SILVER-DAMASCENED IRON KHATVANGA STAFF HEAD	高19.7cm	85,525	纽约佳士得	2018-09-12
西藏15世纪 铁鋄金银鹤嘴钳	长28cm	57,500	中国嘉德	2018-11-21
15世纪 经板	长度55cm	43,700	上海匡时	2018-04-30
12-15世纪 A LARGE IRON VAJRA	长20.3cm; 长7.9cm	20,526	纽约佳士得	2018-09-12
17世纪 金刚铃杵（一套）	金刚15.5cm; 金刚9.5cm; 盒子高24cm	149,500	上海匡时	2018-04-30
西藏17世纪（扎什伦布寺风格）铜鎏金嵌松石佛塔覆钵构件	高10cm	115,000	中国嘉德	2018-11-21
17世纪 铜鎏金杖式法器	长37.5cm	23,000	南京经典	2018-01-06
明代 右旋法螺	长9cm	460,000	古天一	2018-06-17
明代宫廷 五股金刚铃、金刚杵	铃17.5cm; 杵13cm	172,500	中贸圣佳	2018-06-20
明 铜制五股金刚杵	长14cm	92,000	北京东正	2018-06-17
明 黄花梨供碗	直径15; 高6cm	55,200	北京荣宝	2018-12-03
明 铜鎏金佛板	像长16.1cm	38,976	万昌斯	2018-05-30
明晚期 铜鎏金金刚铃	高19cm	41,158	北京匡时	2018-10-03
清早期 铜压经炉	直径15cm	28,750	中国嘉德	2018-06-19
18世纪 须弥山坛城	长68cm	5,750,000	北京保利	2018-06-20
清乾隆 铜鎏金金刚铃杵（一套）		230,000	中国嘉德	2018-06-19
清乾隆 铜鎏金"八宝"佛供（一套八件）	最大高19.5cm	165,648	万昌斯	2018-05-30
蒙古18世纪 铜鎏金佛塔	高13.8cm	66,700	中国嘉德	2018-11-21

2018杂项拍卖成交汇总

(成交价RMB：2万元以上)

拍品名称	物品尺寸	成交价RMB	拍卖公司	拍卖日期
18世纪 贲巴壶（一对）	高23.5cm	23,000	中贸圣佳	2018-11-24
清中期 铜压经炉	直径12cm	57,500	中国嘉德	2018-06-19
清中期 铜压经炉	直径13.5cm	55,200	中国嘉德	2018-06-19
清代 右旋法螺(左手)	长16cm	178,250	古天一	2018-12-08
清代 法器	高7cm	172,500	古天一	2018-12-08
清 金刚杵	长21cm	115,000	北京翰海	2018-09-16
清 嘎巴拉碗	宽18×13.5cm	103,500	中贸圣佳	2018-06-20
清代 铜佛八宝局部鎏金簋式炉	直径11cm	32,200	中国嘉德	2018-06-19
十六世纪 噶当塔	高20cm	59,800	印千山	2018-01-12
铜鎏金佛塔	高46cm	43,700	中国嘉德	2018-05-20
金刚铃	高16cm	34,500	北京匡时	2018-06-15
唐卡				
13世纪 宝生如来佛唐卡	82×64cm	1,978,000	古天一	2018-12-08
13世纪 双身金刚萨埵唐卡	长40×30cm	1,380,000	上海匡时	2018-04-30
14世纪千手千眼观世音菩萨(西藏)卷轴	53×43cm	1,265,000	北京荣宝	2018-06-14
14世纪 药师佛唐卡	71×52cm	471,500	古天一	2018-12-08
14世纪 四臂观音唐卡	长25×17.5cm	86,250	上海匡时	2018-04-30
明永乐宫廷风格织绣莲花手观音 卷轴	128×60cm	11,500,000	北京荣宝	2018-06-14
明永乐 刺绣金刚萨埵唐卡		3,141,270	纽约苏富比	2018-03-20
西藏 15世纪 绢本彩绘迦理迦尊者唐卡	101.6×58.4cm	1,015,000	佳士得	2018-05-30
明初15世纪 刺绣黄财神唐卡	37.5×16.9cm	171,050	纽约佳士得	2018-09-13
17世纪 一世班禅(西藏) 卷轴	63×43cm	1,610,000	北京荣宝	2018-06-14
17世纪 宗喀巴像(郎卡杰风格) 卷轴	52×38cm	460,000	北京荣宝	2018-06-14
17世纪 大成就者唐卡 卷轴	57×38.5cm	402,500	北京荣宝	2018-06-14
17世纪 大成就者格格日巴唐卡	长76×55cm	368,000	上海匡时	2018-04-30
西藏 约十七世纪 舍卫城大神变唐卡		356,963	纽约苏富比	2018-03-22
17世纪 八马财神 卷轴	69×46cm	276,000	北京荣宝	2018-06-14
17世纪 唐卡 黑茹嘎	93×71cm	264,500	未来四方	2018-01-20
17世纪 藏王像(大召寺风格) 卷轴	63×43cm	253,000	北京荣宝	2018-06-14
17世纪 嘎玛嘎智 红度母唐卡 镜心	35×56cm	253,000	北京荣宝	2018-12-03
西藏 十七世纪 金刚手菩萨唐卡		237,975	纽约苏富比	2018-03-22
16-17世纪 迦诺迦伐蹉尊者	92×61cm	161,000	中贸圣佳	2018-06-20
西藏 十七世纪 巴古拉及罗喉罗二尊者唐卡		118,988	纽约苏富比	2018-03-22
西藏 十七世纪 释迦牟尼佛唐卡		118,988	纽约苏富比	2018-03-22
17世纪 宝帐大黑天黑卡	长19×25cm	115,000	中贸圣佳	2018-11-24
西藏 十六/十七世纪 普巴金刚曼荼罗		103,123	纽约苏富比	2018-03-22
17世纪 源原流图(藏东风格) 卷轴	70×40cm	69,000	北京荣宝	2018-06-14
十七世纪 六臂大黑天像唐卡	80×54cm	40,250	印千山	2018-01-12
明 四臂观音 卷轴	99×62cm	345,000	北京荣宝	2018-06-14
明 释伽牟尼像及十八罗汉 卷轴	63×46cm	195,500	北京荣宝	2018-06-14
明代 胜乐金刚唐卡 立轴	36×40cm	63,250	北京荣宝	2018-12-03
十七/十八世纪尼泊尔十万佛塔博巴		3,598,182	纽约苏富比	2018-03-22
西藏或不丹 十八世纪 班智达相莲花生大士唐卡		1,983,125	纽约苏富比	2018-03-22
尼泊尔 十七/十八世纪阿耆尼及大自在天神母双面博巴		222,110	纽约苏富比	2018-03-22
西藏 十七/十八世纪 吉祥天女唐卡		206,245	纽约苏富比	2018-03-22
西藏 十八世纪 南巴嘉瓦唐卡		174,515	纽约苏富比	2018-03-22
西藏 十八世纪 四世达赖喇嘛唐卡		174,515	纽约苏富比	2018-03-22
尼泊尔十八世纪佛陀观巴拉金刚博巴		158,650	纽约苏富比	2018-03-22
西藏 十八世纪 苯波唐卡		134,853	纽约苏富比	2018-03-22
十八世纪 妙音天女唐卡	38×30cm	34,500	印千山	2018-01-12
西藏 十八世纪 普贤王如来唐卡		31,730	纽约苏富比	2018-03-22
西藏 十八世纪 苯波画传唐卡		31,730	纽约苏富比	2018-03-22
清早期 释伽牟尼及三十五佛图 卷轴	76×54.5cm	287,500	北京荣宝	2018-06-14
清早期 金刚手菩萨 卷轴	73×55cm	287,500	北京荣宝	2018-06-14
清早期 释迦牟尼(朗卡杰风格) 卷轴	77×52cm	253,000	北京荣宝	2018-06-14
清早期 四十二寂静尊(西藏) 卷轴	69×44.5cm	230,000	北京荣宝	2018-06-14
清早期 宗喀巴三佛一身唐卡 卷轴	43×33cm	149,500	北京荣宝	2018-06-14
清早期 度母(西藏) 卷轴	49×33cm	138,000	北京荣宝	2018-06-14
清乾隆 纸本墨彩描金七佛偈唐卡（六张）		17,183,160	保利香港	2018-04-02
18世纪 财宝天王唐卡	87×60cm	1,725,000	古天一	2018-12-08

拍品名称	物品尺寸	成交价RMB	拍卖公司	拍卖日期
18世纪 莲花生唐卡（三幅）	46.5×66.5cm	1,725,000	古天一	2018-06-17
18世纪 莲花生大师唐卡	58×90cm	1,725,000	古天一	2018-06-17
清乾隆 御制十相自在唐卡	135.5×44.5cm	1,380,000	北京保利	2018-06-20
18世纪 执梃大黑天黑唐卡	52.5×38.5cm	1,265,000	华艺国际	2018-11-16
清中期/18世纪晚期 大黑天唐卡	133×196cm	1,265,000	北京保利	2018-12-09
清乾隆（宫廷 承德须弥福寿之庙）棉布矿物颜料释迦牟尼唐卡	157×112cm	920,000	中国嘉德	2018-11-21
18世纪 宫廷风格 上乐金刚唐卡 立轴	44×64cm	747,500	北京荣宝	2018-12-03
18世纪 堆绣胜乐金刚坛城 卷轴	106×82cm	690,000	北京荣宝	2018-06-14
18世纪 北京宫廷三世章嘉活佛唐卡 立轴	42×62cm	690,000	北京荣宝	2018-12-03
18世纪 四罗汉唐卡	60.5×41cm	575,000	古天一	2018-12-08
18世纪 米拉日巴唐卡	66×41cm	529,000	华艺国际	2018-11-16
18世纪 佛本生故事图唐卡 卷轴	89×67cm	517,500	北京荣宝	2018-06-14
18世纪 千手千眼观音	120.5×75cm	517,500	中贸圣佳	2018-06-20
18世纪 罗汉唐卡	57×84cm	460,000	古天一	2018-06-17
17-18世纪 释迦牟尼	122.5×78.5cm	460,000	中贸圣佳	2018-06-20
18世纪 十方佛唐卡	48×80cm	402,500	古天一	2018-06-17
18世纪 金刚总持唐卡	31.5×24.5cm	402,500	古天一	2018-12-08
18世纪 大昭寺及布达拉宫唐卡	60×90cm	345,000	古天一	2018-06-17
18世纪 大威德金刚唐卡	76×52cm	345,000	古天一	2018-12-08
清乾隆(宫廷) 刺绣大威德金刚唐卡	56×43cm	345,000	中国嘉德	2018-11-21
18世纪 骑象护法唐卡	63×41cm	333,500	古天一	2018-12-08
17-18世纪 唐卡 宁玛派护法神	75×45cm	322,000	未来四方	2018-01-20
18世纪 不丹法王唐卡	60×84cm	310,500	古天一	2018-06-17
18世纪 上师唐卡	长55×40cm	299,000	上海匡时	2018-04-30
17-18世纪 唐卡 大吉祥天母	71×56cm	299,000	未来四方	2018-01-20
17-18世纪 唐卡 大白伞盖佛母	65×45cm	299,000	未来四方	2018-01-20
17-18世纪 唐卡 莲花生大师	73×48cm	299,000	未来四方	2018-01-20
18世纪 忿怒莲师唐卡	40.5×58cm	287,500	古天一	2018-06-17
18世纪 后藏宋喀巴大师供养资粮田立轴	110×78cm	287,500	北京荣宝	2018-12-03
18世纪 唐卡 无量寿佛	72×52cm	264,500	未来四方	2018-01-20
17-18世纪 唐卡 无量寿佛	80×65cm	264,500	未来四方	2018-01-20
18世纪 六世嘎玛巴唐卡	68.5×44cm	253,000	古天一	2018-12-08
18世纪 释迦牟尼唐卡	71×47.5cm	253,000	古天一	2018-12-08
18世纪 大轮金刚手唐卡	63.5×45cm	253,000	古天一	2018-12-08
18世纪 四臂观音唐卡	44×63.5cm	230,000	古天一	2018-06-17
18世纪 北京宫廷 白度母唐卡 镜心	31×45cm	230,000	北京荣宝	2018-12-03
18世纪 勉萨 宗喀巴大师唐卡 立轴	49×65cm	230,000	北京荣宝	2018-12-03
18世纪 勉萨 宗喀巴大师唐卡 立轴	50.5×83cm	230,000	北京荣宝	2018-12-03
18世纪 大威德金刚坛城唐卡	39×36cm	218,500	古天一	2018-12-08
18世纪 宝藏梃主玛哈嘎拉唐卡	82.5×57cm	207,000	保利厦门	2018-07-15
18世纪 提婆	67.5×44.5cm	207,000	中贸圣佳	2018-06-20
18世纪 释迦牟尼唐卡	59×53cm	195,500	古天一	2018-12-08
18世纪 祥亮度母丝绸唐卡	41.5×29cm	195,500	古天一	2018-12-08
18世纪 金刚手唐卡	长61×42cm	172,500	北京保利	2018-06-20
18世纪 佛祖讲经唐卡	长98×66cm	172,500	上海匡时	2018-04-30
18世纪 圣天唐卡	30×46cm	161,000	古天一	2018-06-17
18世纪 勉萨 莲师八变唐卡 立轴	60.5×89.5cm	138,000	北京荣宝	2018-12-03
18世纪 萨迦派上师唐卡	53×74cm	126,500	古天一	2018-06-17
18世纪 不丹 吉祥大佛塔唐卡 镜心	71.5×94cm	126,500	北京荣宝	2018-12-03
18世纪 六臂大黑天黑卡	长74×50cm	115,000	上海匡时	2018-04-30
18世纪 罗汉唐卡	80×51.5cm	115,000	古天一	2018-12-08
西藏18世纪 棉布矿物颜料佛传故事唐卡	74×54cm	101,200	中国嘉德	2018-11-21
18世纪 宗喀巴皈依境	长77×55cm	97,750	上海匡时	2018-04-30
18世纪 阿跋迦罗	74×48.5cm	97,750	中贸圣佳	2018-06-20
18世纪 布面矿彩千手观音唐卡	长50×37cm	92,000	南京经典	2018-01-06
18世纪 白哈尔	37×24.5cm	92,000	中贸圣佳	2018-06-20
18世纪 藏东 女上师像唐卡 立轴	63×43cm	92,000	北京荣宝	2018-12-03
18世纪 勉萨 文殊金刚像唐卡 镜框	79.5×46cm	92,000	北京荣宝	2018-12-03
18世纪 108尊金刚亥母金唐	46×64cm	69,000	古天一	2018-06-17
18世纪 不动明王黑金唐卡 立轴	43×59cm	69,000	北京荣宝	2018-12-03

拍品名称	物品尺寸	成交价RMB	拍卖公司	拍卖日期
清乾隆 棉布矿物颜料药师佛唐卡	103.5×69cm	63,250	中国嘉德	2018-06-19
18世纪 布面矿彩吉祥天母唐卡	长73×54cm	57,500	南京经典	2018-01-06
18世纪 嘎玛嘎智 21度母唐卡 立轴	37×50cm	57,500	北京荣宝	2018-12-03
西藏18世纪 棉布矿物颜料普贤王如来唐卡	45.5×32.5cm	57,500	中国嘉德	2018-11-21
18世纪 不丹 竹巴噶举四世法王 镜心	49×66cm	55,200	北京荣宝	2018-12-03
18世纪 宗喀巴皈依境唐卡 镜心	76×49.5cm	51,750	北京荣宝	2018-12-03
18世纪 布面矿彩莲花生大师唐卡	长57×43cm	46,000	南京经典	2018-01-06
18世纪 布面矿彩无量寿佛唐卡	长68×47cm	46,000	南京经典	2018-01-06
17-18世纪 文殊菩萨	17.5×15cm	43,700	中贸圣佳	2018-06-20
18世纪 金刚萨埵唐卡	62×43.5cm	40,250	北京荣宝	2018-12-03
清乾隆 吉祥天母唐卡	369×164cm	36,800	北京保利	2018-04-30
清乾隆 六世班禅唐卡	292×123cm	34,500	北京保利	2018-04-30
18世纪 莲花生	50×37cm	34,500	中贸圣佳	2018-06-20
清中期 文殊菩萨唐卡卷轴	30×20.5cm	46,000	北京荣宝	2018-06-14
西藏 十九世纪 八世达赖喇嘛唐卡		1,586,500	纽约苏富比	2018-03-22
18-19世纪 宁玛派上师	长41×62.5cm	356,500	中贸圣佳	2018-11-24
西藏 十九世纪 密勒日巴唐卡		277,638	纽约苏富比	2018-03-22
西藏19世纪 棉布矿物颜料大威德金刚、胜乐金刚唐卡（各一张）	109×70cm; 94×61cm	218,500	中国嘉德	2018-06-19
19世纪 达摩多罗尊者唐卡	长42×29cm	161,000	北京保利	2018-06-20
西藏 十九世纪极乐净土阿弥陀佛唐卡		158,650	纽约苏富比	2018-03-22
西藏 十九世纪 佛本生故事唐卡		158,650	纽约苏富比	2018-03-22
19世纪 罗汉唐卡	长42.5×29cm	126,500	北京保利	2018-06-20
西藏 十九世纪 思巴嘉摩唐卡		118,988	纽约苏富比	2018-03-22
18-19世纪 藏王唐卡	长54×36cm	115,000	北京保利	2018-06-20
19世纪 注荼半托迦尊者唐卡	长49×35cm	115,000	上海匡时	2018-04-30
十八/十九世纪 无量寿佛红唐卡		95,190	纽约苏富比	2018-03-22
19世纪 勉萨 莲花生大师皈依境 立轴	78×52cm	92,000	北京荣宝	2018-12-03
西藏19世纪 棉布矿物颜料释迦牟尼唐卡	71×43.8cm	92,000	中国嘉德	2018-11-21
西藏 十九世纪 四罗汉唐卡		87,258	纽约苏富比	2018-03-22
西藏 十九世纪 格鲁派皈依境唐卡		87,258	纽约苏富比	2018-03-22
西藏19世纪 棉布矿物颜料吉祥天母、马头明王唐卡（各一张）	85×55cm; 61×47cm	82,800	中国嘉德	2018-06-19
西藏 十九世纪 南卡宁波唐卡		75,359	纽约苏富比	2018-03-22
18-19世纪 手印唐卡	36×36cm	74,750	古天一	2018-12-08
18-19世纪 金刚萨埵唐卡	63×43cm	74,750	古天一	2018-12-08
蒙古18-19世纪 棉布白度母唐卡	43×30cm	71,300	中国嘉德	2018-06-19
西藏 十九世纪 莲花生大士唐卡		67,426	纽约苏富比	2018-03-22
19世纪 唐卡十一面观音	宽43cm; 长59cm	66,823	保利香港	2018-04-02
西藏18-19世纪 棉布矿物颜料阿秘尊者、日光莲师唐卡（各一张）	75×48cm; 55.5×36.5cm	59,800	中国嘉德	2018-06-19
西藏 十九世纪四罗汉唐卡		55,528	纽约苏富比	2018-03-22
西藏19世纪 棉布矿物颜料空行母、阿弥陀佛唐卡（各一张）	107×67.5cm; 76×54cm	46,000	中国嘉德	2018-06-19
西藏18-19世纪 棉布矿物颜料文殊菩萨唐卡	98.5×63cm	43,700	中国嘉德	2018-06-19
19世纪 勉萨 密集金刚坛城 立轴	52×75cm	40,250	北京荣宝	2018-12-03
西藏 十九世纪 玉札宁波唐卡		39,663	纽约苏富比	2018-03-22
西藏或蒙古19世纪 棉布矿物颜料释迦牟尼佛、药师佛、阿弥陀佛西方极乐世界图唐卡（各一张）	38×26cm; 36×26cm; 37×26cm	36,800	中国嘉德	2018-06-19
西藏 十九世纪 登玛策梦唐卡		35,696	纽约苏富比	2018-03-22
清 唐卡 释迦摩尼 镜框	88×55.5cm	655,500	未来四方	2018-01-20
清 唐卡 白财神 镜框	25×18cm	460,000	未来四方	2018-01-20
清 唐卡 吉祥天母护法神 镜框	16×12cm	356,500	未来四方	2018-01-20
清 十八罗汉渡海图唐卡 卷轴	65×42cm	287,500	北京荣宝	2018-06-14
清 唐卡 清代格鲁派讲经图 镜框	30×23.5cm	276,000	未来四方	2018-01-20
清 六臂大黑天唐卡	65×45cm	138,000	保利厦门	2018-07-15
清 双身莲花生唐卡	长62.6×78.9cm	126,500	中贸圣佳	2018-11-25
清代 棉布矿物颜料关公唐卡	58.3×42.8cm	57,500	中国嘉德	2018-06-19
清 大威德唐卡	长100.8×66cm	42,576	万昌斯	2018-11-29

拍品名称	物品尺寸	成交价RMB	拍卖公司	拍卖日期
清 彩绘释迦牟尼唐卡	63×46cm	28,750	中国嘉德	2018-05-20
清空行母唐卡	54×70cm	28,750	中贸圣佳	2018-11-24
清 释迦牟尼说法图唐卡	长71.9×50.2cm	21,288	万昌斯	2018-11-29
20世纪 缂丝大威德唐卡	长113×73cm	172,500	北京保利	2018-06-20
释迦牟尼佛传故事红卡	610×110cm	6,894,032	北京匡时	2018-10-03
唐卡	96×132cm	3,850,000	中正拍卖	2018-11-30
桑杰加 阿弥陀佛净土	177×156cm	3,680,000	北京荣宝	2018-05-18
西藏 约1570年 五尊曼荼罗唐卡		3,293,574	纽约苏富比	2018-03-22
西藏 约1200年或十三世纪 早期佛教上师唐卡		3,141,270	纽约苏富比	2018-03-22
莲花生大士红卡	220×100cm	3,086,880	北京匡时	2018-10-03
西藏 约1225年 噶举派四上师唐卡		2,379,750	纽约苏富比	2018-03-22
西藏 约1570年 时轮金刚曼荼罗唐卡		2,221,100	纽约苏富比	2018-03-22
莲花生大士红卡	200×102cm	1,852,128	北京匡时	2018-10-03
尼泊尔 约1812年 胜乐金刚曼荼罗博巴		1,665,825	纽约苏富比	2018-03-22
西藏 约1300年 达隆噶举二祖古雅仁钦冈及三祖桑杰雅钧唐卡		1,427,850	纽约苏富比	2018-03-22
四臂观音菩萨红卡	200×110cm	1,337,648	北京匡时	2018-10-03
关公财神唐卡	137×120cm	1,337,648	北京匡时	2018-10-03
玛哈嘎拉黑卡	81×51.5cm	1,265,000	北京匡时	2018-06-15
大威德金刚黑卡	190×102cm	1,234,752	北京匡时	2018-10-03
准提菩萨红卡	192×99cm	1,234,752	北京匡时	2018-10-03
五方佛	100×80cm	1,035,000	北京保利	2018-06-20
莲花生大士红卡	199×100cm	926,064	北京匡时	2018-10-03
RUBBING FROM THE QIFOTA (SEVEN BUDDHA PAGODA)	109.5×67.3cm	912,238	纽约佳士得	2018-03-22
释迦牟尼佛	长100×70cm	690,000	北京保利	2018-06-20
尼泊尔 1443年 十万佛塔博巴		594,938	纽约苏富比	2018-03-22
西藏 约1600年 叶嘎拉尊者唐卡		555,275	纽约苏富比	2018-03-22
大威德金刚唐卡	69×47cm	517,500	北京匡时	2018-06-15
莲师八变红卡	102×57cm	493,901	北京匡时	2018-10-03
西藏 十六世纪 药师如来唐卡		475,950	纽约苏富比	2018-03-22
唐卡 释迦摩尼 镜框	75×47cm	471,500	未来四方	2018-01-20
十一面千手观音	112×218cm	460,000	北京荣宝	2018-05-18
西藏 十四世纪后半 文殊菩萨曼荼罗唐卡		396,625	纽约苏富比	2018-03-22
释迦牟尼佛传记唐卡	52×45.5cm	391,000	北京匡时	2018-06-15
西藏 十六世纪 凡夫旺秋唐卡		364,895	纽约苏富比	2018-03-22
更登达吉（文殊菩萨）唐卡	98×67cm	345,000	北京荣宝	2018-05-18
1779-1780年 A THANGKA OF VAJRARAKSHA	图像113.3×70cm	342,100	纽约佳士得	2018-09-12
西藏 十五/十六世纪 密勒日巴生平画传唐卡		317,300	纽约苏富比	2018-03-22
十六世纪 阿弥陀佛唐卡		317,300	纽约苏富比	2018-03-22
西藏 十六世纪 象雄护法唐卡		301,435	纽约苏富比	2018-03-22
大白伞盖佛母唐卡	80×55cm	288,109	北京匡时	2018-10-03
尼泊尔 约十六世纪 胜乐金刚曼荼罗博巴		277,638	纽约苏富比	2018-03-22
佛本故事唐卡（九张）	长109×71cm	264,500	北京保利	2018-06-20
西藏约十五世纪金刚宝帐大黑天唐卡		253,840	纽约苏富比	2018-03-22
西藏 十五世纪 莲花生大士唐卡		237,975	纽约苏富比	2018-03-22
西藏 十五世纪 阿弥陀佛唐卡		237,975	纽约苏富比	2018-03-22
西藏 十六世纪 帕登仁千唐卡		237,975	纽约苏富比	2018-03-22
马头明王唐卡	80.5×53.5cm	230,000	北京匡时	2018-06-15
莲花生大师唐卡	99×68cm	230,000	北京荣宝	2018-05-18
尼泊尔 约十五世纪 不空羂索观音菩萨博巴		222,110	纽约苏富比	2018-03-22
西藏 约十二世纪 木刻彩绘护经板		214,178	纽约苏富比	2018-03-22
尼泊尔 1779年 观世音菩萨博巴		206,245	纽约苏富比	2018-03-22
宗喀巴源流唐卡	70.5×55cm	195,500	北京匡时	2018-06-15
十一面千手千眼观音红卡	80×58cm	144,054	北京匡时	2018-10-03
尼泊尔 约十五世纪 伟大鹰眉者博巴		126,920	纽约苏富比	2018-03-22
阎魔天唐卡	56×37cm	126,500	北京匡时	2018-06-15

2018杂项拍卖成交汇总

(成交价RMB：2万元以上)

拍品名称	物品尺寸	成交价RMB	拍卖公司	拍卖日期
释迦牟尼佛及罗汉唐卡	42×34cm	126,500	北京匡时	2018-06-15
五姓财神总集红卡	99×74cm	123,475	北京匡时	2018-10-03
拉马家族 红唐黄财神唐卡 镜框	90×133cm	115,000	北京荣宝	2018-09-14
那若卡居空行母唐卡	58×42.5cm	109,250	北京匡时	2018-06-15
财宝天王唐卡	60×43.8cm	103,500	北京匡时	2018-06-15
汉秘无量寿佛唐卡 镜心	98×62cm	103,500	北京荣宝	2018-12-03
绿度母唐卡	80×58cm	102,896	北京匡时	2018-10-03
马头明王唐卡	74.5×53.5cm	97,750	北京匡时	2018-06-15
四臂观音唐卡	108×78cm	92,000	北京荣宝	2018-05-18
白度母唐卡	69×42cm	86,250	北京匡时	2018-06-15
五方佛坛城	102×79cm	84,779	保利澳门	2018-11-29
尼泊尔 1822年 十万佛塔博巴		75,359	纽约苏富比	2018-03-22
大黑天(贡波玛宁)黑卡	77.5×60.5cm	69,000	北京匡时	2018-06-15
宝账怙主唐卡	58.5×43.5cm	69,000	北京匡时	2018-06-15
西藏 十五/十六世纪 萨智艾桑唐卡		63,460	纽约苏富比	2018-03-22
黄财神黑卡	70×50cm	61,738	北京匡时	2018-10-03
尼泊尔 1644年 十万佛塔博巴		59,494	纽约苏富比	2018-03-22
四臂观音	64×43cm	52,333	保利澳门	2018-11-29
阿弥陀佛净土唐卡	62.5×44cm	51,750	北京匡时	2018-06-15
尼泊尔 约十六世纪 古雅伽黎女神博巴		47,595	纽约苏富比	2018-03-22
释迦摩尼	114×82cm	47,100	保利澳门	2018-11-29
文殊菩萨	75×50cm	45,006	保利澳门	2018-11-29
绿度母	51×75cm	41,866	保利澳门	2018-11-29
白度母唐卡	51×38cm	40,250	北京匡时	2018-06-15
老唐卡（一批七幅）		40,250	上海嘉禾	2018-10-14
莲师八变	68×87cm	37,680	保利澳门	2018-11-29
文房用品				
笔 管				
元 剔红龙云纹笔	长18.5cm	149,500	中贸圣佳	2018-06-20
明十六/十七世纪 剔红婴戏图笔管及笔帽		79,325	纽约苏富比	2018-03-21
明 剔犀如意纹笔	长25cm	427,625	纽约佳士得	2018-09-13
明 剔红人物诗文毛笔	长26cm	161,000	北京保利	2018-06-20
明 剔红松下高仕诗文毛笔	长25cm	146,160	香港诚昌	2018-05-30
明 剔红婴戏图笔	长27.8cm	76,973	纽约佳士得	2018-09-13
明十六世纪 剔红高士图笔管及笔帽		68,420	纽约苏富比	2018-09-12
明 剔红八仙祝寿图毛笔	长23.8cm	34,500	西泠拍卖	2018-07-07
清乾隆 竹刻百寿字笔	长26.7cm	92,000	中国嘉德	2018-09-19
民国 紫毫玉兰芯毛笔（一盒二十支）	长28.5cm	69,000	广东崇正	2018-07-05
清–民国 贺莲青笔庄制毛笔一批		57,500	中贸圣佳	2018-06-20
民国 陈鸿寿珍用白沙茅龙	长29.7cm	32,200	中贸圣佳	2018-11-25
启功 启功旧藏 毛笔		333,500	中国嘉德	2018-11-21
意大利 zaNNETTI 全球唯一 珐琅嵌宝石纯银手工订制签字笔	长度约15cm	43,700	北京保利	2018-06-18
精美缅甸天然翡翠毛笔		30,548	保利香港	2018-04-01
朱炳浩·六方笔筒	长13×13.5cm	40,250	北京翰海	2018-06-29
笔 筒				
明 铜镂雕双龙戏珠纹笔筒	高12cm	747,500	华艺国际	2018-11-16
明末清初 紫檀仿树瘤笔海	直径28.4cm	621,000	中贸圣佳	2018-11-24
十八世纪 黄花梨雕花石图花式笔筒		55,591	纽约苏富比	2018-09-12
十八世纪 黄花梨雕花石图花式笔筒		55,591	纽约苏富比	2018-09-12
清早期 杨季元堆泥彩绘山水笔筒	高15.5cm	2,300,000	江苏观宇	2018-04-22
清初 寿山石喜上眉梢笔筒(带座)	高19.5cm	184,000	华艺国际	2018-11-16
清早期 紫檀素式笔筒	口径15.3cm	46,000	上海匡时	2018-04-30
清早期 紫檀素式笔筒	口径15.3cm	46,000	上海匡时	2018-04-30
18世纪 剔红八仙故事图笔筒	高12.7cm	288,275	佳士得	2018-11-28
清乾隆 宜兴窑紫砂堆绘“山水人物”纹大笔筒	直径18.2cm	48,720	万昌斯	2018-05-30
18世纪/19世纪剔红通景渡江图小笔筒	高10.5cm	47,039	纽约佳士得	2018-09-13
清晚期 何心舟制暗香词史书玉成窑笔筒	高14.5cm	402,500	北京保利	2018-06-20
清 黄花梨荷叶形笔海	高41cm	2,990,000	中贸圣佳	2018-06-20
清吴湖帆自用笔、黄杨木雕梅景书屋款花鸟纹笔筒、端石井字云头纹自用砚		908,500	广东崇正	2018-07-05
清 黄花梨大笔海	直径23.5×21.3cm	149,500	中贸圣佳	2018-11-24
清 剔红笔筒	16×15×17.5cm	34,500	上海匡时	2018-04-30
清 紫砂泥绘荆溪图笔筒	高11.7cm	34,500	北京保利	2018-04-29
民国 漆砂地嵌百宝螺钿倭角方笔筒	高16.7cm	34,500	北京保利	2018-12-09
刘涛 喜鹊登梅沉香笔筒	16.5×17.5cm	89,600	上海联合	2018-11-25
笔 架				
宋 铜山形笔架	长12.7cm	43,700	西泠拍卖	2018-07-07
宋 铜“九峰山”笔架	总高6.8cm	31,932	万昌斯	2018-11-29
元至明 官釉笔架山	长12.3cm	437,000	北京中汉	2018-06-19
明万历 一路连科三峰笔架	高9.8cm	460,000	北京匡时	2018-12-05
明至清 紫檀六峰笔搁	长21cm	455,063	香港苏富比	2018-04-02
明 铜 “鹭鹭莲科” 镂空笔山	高9×19cm	286,386	香港诚昌	2018-04-02
明 象牙雕笔架山	长8.2×3.4cm	47,731	保利香港	2018-04-02
明及以后 笔山（三件）	长13.5cm	34,210	纽约佳士得	2018-09-13
十七/十八世纪 寿山石太白醉卧笔搁	长134cm	133,050	邦瀚斯	2018-11-27
清康熙 彩绘鱼跃龙门笔山	15cm	70,070	伦敦苏富比	2018-05-18
清乾隆雕瓷仿英石研山(原配硬木座)	长9.8×4.7cm	460,000	中国嘉德	2018-06-18
清乾隆 铜“龙”形笔架	像长23.2cm	43,848	万昌斯	2018-05-30
清中期 竹根雕童子嬉戏笔搁	宽6.50×3.20cm	154,344	中国嘉德	2018-10-02
清中期 茶晶海水鱼纹山形笔架	长14.7cm	63,250	北京翰海	2018-06-30
清十九世纪 水晶莲藕笔搁（一对）	8.3及9.8cm	151,688	香港苏富比	2018-04-03
清 柏生款紫砂仿生木蝉笔架	长14.5cm	103,500	中贸圣佳	2018-11-24
清 黑白灵璧笔架	长9.8cm	92,000	中贸圣佳	2018-06-20
清 木雕笔架	宽25cm	41,158	中国嘉德	2018-10-02
清 沉香山子笔架	高10.5cm；重71.78g	34,500	广东崇正	2018-07-05
清 灵璧石笔山	高11.5×19cm	33,228	羅芙奥	2018-06-02
铜鸿仪鹭序图笔架山	高13.3cm	979,000	中正拍卖	2018-11-30
水盂 砚滴				
宋–元 湖田窑金蟾水盂	高6cm；长9.8cm	32,200	西泠拍卖	2018-09-29
明 龙泉龙纹水盂（一对）	直径9cm×2	51,750	保利厦门	2018-07-15
明 铜胎掐丝珐琅缠枝莲纹水盂	直径6.5cm	34,500	保利厦门	2018-07-15
明 铜错金银“龟”形水盂	像长10.2cm	34,104	万昌斯	2018-05-30
清早期 竹雕折枝梅椿水丞	宽6.7cm	123,475	中国嘉德	2018-10-02
清早期 仿定盘双螭龙水盂	高5.9cm	36,800	北京中汉	2018-06-19
清早期 茜色象牙雕柿形带盖水盂	直径3.5×3.5cm	28,639	保利香港	2018-04-02
清雍正 仿琥珀料六棱水呈	宽5.5cm	124,101	保利香港	2018-04-02
清乾隆 宝石红玻璃水丞	宽7cm	498,938	佳士得	2018-11-28
清乾隆 铜胎画珐琅仿古夔龙纹水盂		94,078	纽约苏富比	2018-09-12
清乾隆 铜胎掐丝珐琅缠枝莲纹水盂	高3.3cm	92,000	北京匡时	2018-12-05
清乾隆 仿珊瑚釉水盂	高3cm	80,500	中贸圣佳	2018-11-25
清乾隆 仿生海螺形水盂	宽8cm	34,500	北京保利	2018-06-21
清中期 南红玛瑙灵芝水丞	高7.5cm	92,000	华艺国际	2018-11-16
清道光 申锡制螭龙纹水盂配座	直径8cm	25,300	中国嘉德	2018-11-21
十八世纪 广东铜胎画珐琅荔枝水丞	高9.8cm	163,500	香港苏富比	2018-10-03
清 翡翠喜鹊登梅水丞	长8.6×5.5cm	80,500	北京鸿盛祥	2018-06-16
清 子冈款南红龙纹童子水盂	高3.1cm	57,500	中贸圣佳	2018-11-25
十八世纪 铜鎏胎珐琅缠枝莲纹瓜形水丞		51,561	纽约苏富比	2018-03-21
清 铜点金水盂	直径10.9cm	48,720	万昌斯	2018-05-30
清 红翡翠巧雕荷塘清趣水盂	高2.5cm	46,000	广东崇正	2018-07-05
清代 玛瑙雕荷叶形水盂	高15.5cm	34,500	古天一	2018-12-08
清 哥瓷水呈	直径8.5cm	34,500	北京翰海	2018-05-13
清 竹根雕水丞	宽7.5cm	32,700	佳士得	2018-10-04
清 哥瓷荷叶水呈	长10cm	32,200	北京翰海	2018-05-13
清 白端福字纹水呈	14×9.5×4.8cm	32,200	广东崇正	2018-07-05
清 宋牧仲款寿山石雕灵芝纹水盂	带座高6.3×2.3cm	32,200	西泠拍卖	2018-07-07
清 铜双寿桃形水盂	长14cm	28,750	保利厦门	2018-01-08
清 南红玛瑙瓜形水盂	宽5.3cm	28,750	北京保利	2018-12-09
清 楚石吴昌硕刻水呈	5.4×5.4×2.6cm	23,000	北京荣宝	2018-06-14
清 槟榔壳雕岁寒三友图水盂	通径8.5cm	20,700	西泠拍卖	2018-07-07
当代 葛陶中制鸭形水盂	宽14.5cm	48,300	中国嘉德	2018-06-19
玛瑙雕夔龙捧寿纹水盂	长8×6.5×4.5cm	1,100,000	中正拍卖	2018-11-30
料水丞（三件）		23,000	中国嘉德	2018-01-14
唐 铜骆驼水滴(带座)	高5cm；长10cm	69,000	广东崇正	2018-07-04

拍品名称	物品尺寸	成交价RMB	拍卖公司	拍卖日期
北宋元佑三年(1088) 纯银钵盂	长33.6cm; 重2352g	90,474	万昌斯	2018-11-29
南宋 湖田窑人物水滴	高14cm	467,712	智得拍卖	2018-05-28
南宋 瑞兽砚滴	7.9×3.8×4.2cm	257,240	北京匡时	2018-10-03
宋 官釉小水滴	宽6.5cm	114,554	保利香港	2018-04-02
宋-元 铜制瑞兽形砚滴	高7.5cm; 长17.5cm	86,250	西泠拍卖	2018-07-07
宋-元 铜"牛"形砚滴	长10.2cm	23,417	万昌斯	2018-11-29
辽 铜童子水滴	高6.9cm	63,864	万昌斯	2018-11-29
元 湖田窑点彩船形水滴	长16cm	299,000	保利厦门	2018-07-15
明宣德 鎏金铜嵌宝卧兽水滴	11.6cm	763,000	香港苏富比	2018-10-03
明晚期 铜点金太白醉酒水注	长13cm	402,500	北京保利	2018-12-08
清康熙 宜兴段泥笋形水滴	长11cm	3,491,600	佳士得	2018-05-30
清乾隆 鎏金掐丝珐琅貔貅水滴	长10.5cm	230,000	保利厦门	2018-07-15
清17/18世纪 竹根雕圆形水滴	宽7.4cm	182,700	佳士得	2018-05-30
笔 舔				
明 沉香灵芝纹带座笔舔	直径5.8cm	135,600	羅芙奧	2018-12-01
清 仿生瓷白菜形笔舔	长14.7cm	103,500	北京翰海	2018-06-30
清代 象牙镌文歙石笔掭	直径8cm	69,000	南京经典	2018-01-06
清 竹根雕荷叶形笔舔	宽12cm	39,100	中国嘉德	2018-10-02
清 翡翠镂雕瓜瓞绵绵笔舔	高1.6cm; 长7.5cm	23,000	西泠拍卖	2018-07-07
清 绿端石笔舔荷蟹	直径8cm	21,696	羅芙奧	2018-12-01
沈伟 螭龙 雅安绿笔舔	6.2×5.6×3cm	22,400	上海联合	2018-11-25
笔 洗				
唐 三彩花口洗	直径14cm	97,440	香港诚昌	2018-05-30
唐 邢窑菱花形洗	高2.8cm; 直径14.8cm	80,500	西泠拍卖	2018-07-08
唐 邢窑兽面三足洗	高9cm; 直径9cm	46,008	羅芙奧	2018-06-02
宋 铜制开光海水纹风字形洗	长19.7×15×7.8cm	46,000	浙江佳宝	2018-07-01
元-明 哥釉四方洗	长7.2×7.1cm	460,000	西泠拍卖	2018-07-08
元 哥釉方洗	长8cm	345,000	北京保利	2018-06-20
元 三彩海螺形洗	长10.4cm	322,000	北京保利	2018-06-19
元 褐漆嵌螺钿折沿洗	直径26.7×4cm	80,500	中贸圣佳	2018-06-20
明初 龙泉暗刻八卦纹三足洗	直径30×9cm	184,000	保利厦门	2018-07-15
明 哥釉四方倭角小洗	直径6.6cm	102,896	保利香港	2018-10-02
明 哥釉六方倭角洗	高3.4cm; 口径8.5cm	57,500	西泠拍卖	2018-09-29
明 玛瑙雕荷叶螭虎纹水洗	高2.9cm; 长11×8.1cm	43,700	西泠拍卖	2018-07-07
清雍正至乾隆 水晶雕双龙灵芝式洗	长12.3cm	2,022,500	香港苏富比	2018-04-03
清雍正 哥釉倭角四方小洗	直径5.3cm	230,000	北京中汉	2018-06-19
清乾隆 御制铜胎掐丝珐琅缠枝莲纹双鎏金把手大洗	宽38cm	345,000	北京保利	2018-06-20
清乾隆 紫砂加彩山水图折沿洗	直径37.5cm	115,000	保利厦门	2018-07-15
清乾隆掐丝珐琅缠枝莲水梅纹花口洗	直径14.5cm	57,500	中国嘉德	2018-01-14
清乾隆 哥釉笔洗	直径17cm	32,577	香港诚昌	2018-05-28
清中期 琥珀雕龙纹活环洗	长17.5cm	322,000	北京保利	2018-06-21
清中期也牧刻杨彭年制段泥梅花笔洗	宽17×4.5cm	322,000	江苏观宇	2018-04-22
清中期 南红玛瑙洗	长6.2cm	48,300	中贸圣佳	2018-11-25
清中期 无款紫砂钧釉人水洗	宽33×高13cm	32,200	江苏观宇	2018-09-16
十八世纪 琥珀雕梅花洗	11.4cm	294,300	香港苏富比	2018-10-03
清 竹雕荷叶洗	长9cm	184,000	保利厦门	2018-07-15
十八世纪 琥珀雕福寿团螭纹海棠形小洗	宽6.5cm	182,700	佳士得	2018-05-30
十八世纪 玛瑙宝螺洗	7cm	171,913	香港苏富比	2018-04-03
清 竹根雕蟠松纹洗	高3.5cm; 长13cm	161,000	西泠拍卖	2018-07-07
清十八/十九世纪 玛瑙雕桃形洗	9.6cm	140,140	伦敦苏富比	2018-05-18
十八世纪 琥珀雕榴开百子洗	10.5cm	102,410	伦敦苏富比	2018-05-18
清 翡翠桃形洗	带座高6.8cm	57,500	西泠拍卖	2018-07-07
清 沉香荷叶形水洗	长9.3cm	56,232	羅芙奧	2018-06-02
清 铜"螭龙"洗	长15.6cm	51,091	万昌斯	2018-11-29
清 胡人洗象钮对章	3.7×3.7×10.8cm×2	46,000	西泠拍卖	2018-07-08
清 玛瑙巧雕婴戏洗	宽7.3cm	43,700	北京保利	2018-04-29
清 竹雕桑叶虫趣水洗	带座高7.8×5.5cm	43,700	西泠拍卖	2018-07-07
民国 牙雕水洗	长11×10.5cm	69,000	南京经典	2018-01-06
铜胎掐丝珐琅"福禄双全"莲鹤纹折沿洗	直径32.2cm	3,850,000	中正拍卖	2018-11-30
寿山石雕四连笔洗	重約2346g	2,750,000	中正拍卖	2018-11-30

拍品名称	物品尺寸	成交价RMB	拍卖公司	拍卖日期
竹根雕荷叶形洗	长18.6cm	605,000	中正拍卖	2018-11-30
臂 搁				
17世纪 竹雕松树纹臂搁	长26.5cm	205,792	中国嘉德	2018-10-02
明 留青雕"梧荫读书"山水人物臂搁	长24cm	138,000	保利厦门	2018-07-15
清早期 紫檀诗文臂搁	长25.2cm	230,000	中国嘉德	2018-05-18
冯云骧 清早期 竹雕诗文花卉臂搁	高31.80cm	164,634	中国嘉德	2018-10-02
朱文右 清早期 竹雕松下高士图臂搁	高25.30×7cm	84,375	中国嘉德	2018-10-02
清早期 竹雕松下高士图臂搁	长22.8×7cm	69,000	中国嘉德	2018-11-20
清早期 顾苓款竹刻诗文臂搁	长21.5cm	34,500	中国嘉德	2018-01-14
查士标 清早期 竹雕诗文臂搁	高30.90cm	22,637	中国嘉德	2018-10-02
清乾隆 竹雕留青山水楼阁臂搁	长21cm	207,000	北京荣宝	2018-06-14
清中期 竹雕荷蟹图臂搁	高23.40cm	226,371	中国嘉德	2018-10-02
清嘉庆 竹刻"醉翁亭记"臂搁	长27cm	185,136	香港诚昌	2018-05-30
清中期 婴戏纹雕漆臂搁	长23.3×6cm	74,750	南京经典	2018-07-22
清中期 陶淇款竹雕闲静幽居图臂搁	长27.8×7.2cm	34,500	西泠拍卖	2018-07-07
清光绪 张子祥画馀三刻乌木诗文臂搁	长27×4.1cm	46,000	中贸圣佳	2018-11-25
赵琪 清晚期 竹雕洛神图臂搁	高19.50cm	51,448	中国嘉德	2018-10-02
清晚期 竹雕刘海戏金蟾臂搁	宽5.40×19.70cm	32,927	中国嘉德	2018-10-02
清 乾隆御铭画轴式松花江石制腕枕(臂搁)	臂搁长24.5cm	782,000	北京保利	2018-12-09
清 盛秉筠刻、张石园画访友图臂搁	长25.7×8cm	253,000	中贸圣佳	2018-11-24
清初 桐阴仕女图竹臂搁	长24.4×7cm	201,250	中贸圣佳	2018-06-20
清 紫檀嵌青金石洪福齐天纹书卷式臂搁	23×8.5cm	112,700	广东崇正	2018-07-05
清 "张敔"款留青山水人物图臂搁	长29cm	69,000	华艺国际	2018-11-16
清 紫檀古琴式臂搁	长30.3cm	58,464	香港诚昌	2018-05-30
清 竹雕诗文古琴形臂搁	长28cm	40,250	西泠拍卖	2018-07-07
墨 床				
十七/十八世纪 玛瑙巧雕梅庄墨床	长87cm	77,613	邦瀚斯	2018-11-27
清早期 竹根雕五蝠墨床	宽2.10cm; 长5.80cm	66,882	中国嘉德	2018-10-02
清乾隆 竹镂雕灵芝纹墨床	长9.7cm	327,000	香港苏富比	2018-10-03
清乾隆 紫檀御製诗文墨床	长9.7cm	149,500	北京翰海	2018-06-30
清中期 竹黄刻花卉纹小墨床	长5.5cm	34,500	北京中汉	2018-09-21
清 榉木刻诗文墨床	长27.5cm	194,880	香港诚昌	2018-05-30
清 象牙雕墨床及茜色象牙底座	长5.3×3.6cm	105,008	保利香港	2018-04-02
清 铜胎嵌丝珐琅海水龙纹墨床乾隆年制	高2cm	40,250	上海匡时	2018-04-30
镇 纸				
战国 铜错金银"兔"形镇(一对)	最大长7.3cm	58,464	万昌斯	2018-05-30
汉 铜龙纹席镇(一对)	最大直径8cm	79,830	万昌斯	2018-11-29
汉 铜双蛇纸镇	直径6.2cm	53,220	万昌斯	2018-11-29
晋 铜犀牛镇	长11.5cm	38,976	万昌斯	2018-05-30
唐 石雕瑞兽镇	高16cm; 长17.2×9cm	57,500	西泠拍卖	2018-07-07
宋 豹斑石兔形镇纸	高9.5cm	46,000	西泠拍卖	2018-07-07
元 天禄、辟邪瑞兽镇纸(一对)		483,000	中贸圣佳	2018-06-20
元-明初 寿山石雕狮钮纸镇	5.4×5.4×4cm	35,840	上海联合	2018-11-25
明 铜雕"太狮少狮"纸镇(一对)	最大长7.4cm	146,160	万昌斯	2018-05-30
明 铜鎏银甪端纸镇	长6.5cm	115,000	中国嘉德	2018-09-19
明 铜鎏金瑞兽镇子(一对)	长7.5cm	92,000	上海匡时	2018-04-30
明 铜雕"犀牛望月"镇纸	长7.8cm	86,250	华艺国际	2018-11-16
明铜太平有象镇纸	长5cm	86,250	华艺国际	2018-11-16
明 铜洒金鸳鸯纸镇	宽9.5cm	77,172	中国嘉德	2018-10-02
明或以前 铜错金银虎形镇纸	高3cm	71,300	广东崇正	2018-07-05
明 铜错银丝"虎"镇	长6cm	69,186	万昌斯	2018-11-29
明 铜羊镇纸	长6.6×4.2cm	63,250	南京经典	2018-01-06
明 黑沁犬形纸镇	长3.9×1.8cm	59,800	北京鸿盛祥	2018-12-06
明 铜"狮"纸镇	高4.3cm	58,542	万昌斯	2018-11-29
明 铜童子纸镇	长7.4×6cm	57,500	中贸圣佳	2018-06-20
明 铜鎏金狮镇	长5.8cm	57,500	华艺国际	2018-11-16
明十六世纪 铜鎏金太师少师镇纸	长7.1cm	52,699	香港中汉	2018-05-31
明 铜"马"纸镇	长5cm	51,091	万昌斯	2018-11-29
明代 鎏金双凤书镇(一对)	长5.5×4cm	34,500	南京经典	2018-01-06
明 铜狗纸镇	长6cm	34,500	北京荣宝	2018-12-03
清早期 太狮少狮镇纸	高6cm	63,250	北京匡时	2018-12-05
清乾隆 太狮少狮钮纸镇	高7cm	632,500	中贸圣佳	2018-06-20

2018杂项拍卖成交汇总

(成交价RMB：2万元以上)

拍品名称	物品尺寸	成交价RMB	拍卖公司	拍卖日期
清乾隆 白玉随形刻梅花御题诗镇纸	宽11cm	535,059	保利香港	2018-10-02
清乾隆 铜洒金簋形镇	长6.7cm; 重89.9g	483,000	中国嘉德	2018-06-18
清乾隆 搅胎彩灵芝瑞兽镇纸	长6.8cm	109,250	北京匡时	2018-12-05
清乾隆 水晶夔凤镇	长6.3×3.8cm	94,300	北京鸿盛祥	2018-12-06
清乾隆 御制铜胎掐丝珐琅圈形纸镇（一对）	长11cm×2	74,750	北京保利	2018-06-20
清乾隆 铜胎掐丝珐琅三羊开泰镇纸	长12×7.5cm	74,750	西泠拍卖	2018-07-07
清中期 南红玛瑙榴开百子镇纸	长5.5cm	138,000	古天一	2018-12-08
清中期 兰石款紫檀琴形镇	长32.5cm	102,896	中国嘉德	2018-10-02
清中期铜鎏金刻"梅花"纸镇	长30cm	51,091	万昌斯	2018-11-29
清道光 紫檀刻诗文纸镇	长35cm	46,000	北京荣宝	2018-12-03
清代 铜鎏金白泽镇纸	高6cm	66,700	南京经典	2018-07-22
清 掐丝珐琅花卉镇	长11cm	36,800	北京保利	2018-04-29
清 铜鎏金瑞兽镇纸	高7.5cm; 重380g	36,800	西泠拍卖	2018-07-07
十七世纪 竹根雕太狮少狮镇纸	长12cm	327,000	香港苏富比	2018-10-03
清 高凤翰铭刻 木化石压尺	46.5×5.3×3.8cm	230,000	北京保利	2018-06-19
陈达 寿山汶洋石古琴镇纸	长19.8cm	172,500	中贸圣佳	2018-06-20
姚仲达 寿山石将军洞芙蓉瑞兽镇尺	长9.6×3.8×5.4cm	138,000	凤凰拍卖	2018-01-21
来楚生绘、沈觉初刻 嵌扇骨镇纸	45.2×3.8×2cm×2	103,500	中国嘉德	2018-06-18
来楚生铭、徐孝穆刻 紫檀木镇纸	19.3×4.9×1.7cm	69,000	中国嘉德	2018-06-18
盒				
明成化 银折沿洗 银盒（两件）		161,000	北京保利	2018-07-27
明万历 掐丝珐琅宝相纹印盒	直径7cm	69,000	保利厦门	2018-07-15
明末清初 掐丝珐琅缠枝莲纹小印盒	直径4.1cm	40,250	中国嘉德	2018-05-18
明 剔红荔枝纹三层小印盒	高4cm	34,500	中国嘉德	2018-05-18
明晚期黄花梨官印盒	长13.3cm	105,800	中贸圣佳	2018-11-25
清早期庭院人物印盒	直径8.1cm	161,000	中贸圣佳	2018-11-24
清早期 紫檀文具盒	高8cm; 长22.8×12cm	63,250	西泠拍卖	2018-07-07
清早期 黄花梨文具盒	26×16×10cm	51,750	上海匡时	2018-04-30
清早期 黄花梨文具盒	23×14×15cm	41,158	中国嘉德	2018-10-02
清早期 黄花梨文具盒	23×14×15cm	41,158	中国嘉德	2018-10-02
清康熙 豇豆红印泥盒	直径7.2cm	862,750	佳士得	2018-05-30
清乾隆 仿抱子石纹釉小印盒	直径6.8cm	1,150,000	北京保利	2018-06-19
清乾隆 御制松花凤凰纹砚带白料嵌百宝盖盒	8.2×6.2×1cm	402,500	广东崇正	2018-07-05
清乾隆 掐丝珐琅缠枝莲纹印盒	直径6.5cm	97,750	中国嘉德	2018-05-18
清乾隆 剔红人物庭园图印盒	10.5cm	75,460	伦敦苏富比	2018-05-16
清乾隆 掐丝珐琅印盒	直径6.5cm	57,500	八益拍卖	2018-04-28
17/18世纪 紫檀仿剔犀如意纹印盒	直径7.5cm	52,504	中国嘉德	2018-04-02
清中期 紫檀填金云龙纹画盒	56.7×12×11.2cm	172,500	中国嘉德	2018-06-18
清中期 铜胎掐丝珐琅镶银螺钿印盒	总高19.4cm	107,184	万昌斯	2018-05-30
清中期 紫檀镶玳瑁文具盒	长22.7cm	63,864	万昌斯	2018-11-29
清中期 赵光铭款鹿柄梧桐端砚配红木盒	长20.5×12.5×6cm	57,500	上海匡时	2018-04-30
清代 王炳荣制雕瓷柳荫憩马图印盒	直径9.3×6.8cm	1,870,000	中正拍卖	2018-11-30
清 紫檀文具盒	长25×14.5×9cm	76,653	香港诚昌	2018-05-28
清 紫檀印盒	长14.5×14.5×15.4cm	69,000	中贸圣佳	2018-11-25
清 白铜刻兰亭序墨盒	直径8cm	61,600	上海联合	2018-07-01
清 楚桥铭端砚带紫檀盒	长18×14×4.5cm	57,500	上海匡时	2018-04-30
清 紫檀文盒	高9cm; 长132×92cm	40,250	西泠拍卖	2018-07-07
民国 齐白石为罗峰南刻寿山石方章 齐白石雕草虫端石圆墨盒	高7cm	443,500	佳士得	2018-11-26
吴伯涛画 蕉下高仕图红木文具盒 清 胡匊邻刻	长29.3×5.5×5.5cm; 重347g	126,500	北京保利	2018-06-19
闸塔盘铭香盒 清 张廷济铭刻	长14.5×14.5×5cm	115,000	北京保利	2018-06-19
苹果绿印泥盒	直径7cm	59,868	纽约佳士得	2018-09-13
铜鎏金云龙纹玺印盒	高16.5cm	51,750	中国嘉德	2018-01-14
印泥木盒	20.1×13.8×10.2cm	40,250	北京保利	2018-06-18
莳绘梨子地山水纹御用砚盒	砚高1.2×13.8×7.5cm	34,500	西泠拍卖	2018-07-07
印 玺				
清雍正 清乾隆（盖盒）乾隆帝御宝昌化石与田黄组玺（三件）		40,418,944	香港苏富比	2018-10-03
清乾隆；乾隆三年（1738年）制 铜点金异兽钮"乾隆御览之宝"宝玺	长9.1×9.1×10.1cm; 重3770g	110,975,000	北京保利	2018-06-19
清乾隆 御制田黄三螭钮宝玺 立轴	印高7cm; 212g; 轴137.2×28cm	26,264,640	香港苏富比	2018-10-03
清乾隆 御制寿山冻石"乾隆宸翰"宝玺	长4.2×4.2×9.1cm; 重363g	19,550,000	北京保利	2018-06-19
清乾隆 御制寿山石双狮钮"乾隆宸翰"宝玺	3×3×5.2cm	10,695,000	北京保利	2018-12-12
清嘉庆 田黄"含韵斋"御玺	高6×2×2cm	2,419,760	佳士得	2018-05-30
清嘉庆 御制寿山石狮钮方玺	4.8cm	2,398,000	香港苏富比	2018-10-03
清 "表章经学之宝"玺	长10.2×10×4.9cm	2,185,000	中贸圣佳	2018-11-25
清 慈禧太后御宝水晶雕瑞兽钮方玺玺文：鉴空衡平	高6.1cm; 宽7.3cm; 深7.3cm	1,586,500	纽约苏富比	2018-03-21
粉红碧玺雕辟邪衔灵芝把件		40,250	北京中汉	2018-09-21
印 章				
战国至汉 铜鎏金驼钮印（两方）	2.9×2.2×2.2cm	563,226	中国嘉德	2018-04-02
战国至汉 青铜等印（二十方）	1.6×1.6×1.6cm	525,041	中国嘉德	2018-04-02
战国至汉 青铜瓦钮印（五方）	2.4×2.6×2.4cm	372,302	中国嘉德	2018-04-02
战国至汉 青铜瓦钮印（四方）	2.5×2.5×2.5cm	324,571	中国嘉德	2018-04-02
战国至汉 青铜瓦钮印两方、驼钮印一方	2.5×2.2×2.2cm	324,571	中国嘉德	2018-04-02
战国至汉 青铜印（十九方）	0.6×1.8×1.8cm	315,025	中国嘉德	2018-04-02
战国至汉 青铜瓦钮印（四方）	2.5×2.5×2.5cm	305,478	中国嘉德	2018-04-02
战国至汉 青铜辟邪钮子母孙套印	3.1×2.1×2.1cm	276,840	中国嘉德	2018-04-02
战国秦汉 铜印（六方）	1.3×1.7×1.8cm	257,240	中国嘉德	2018-10-02
战国秦汉 铜印（四十九种）	2.1×2.0×1.5cm	77,172	中国嘉德	2018-10-02
战国至汉 青铜印（十六方）	宽2.4cm	69,969	中国嘉德	2018-10-02
战国秦汉 铜印（十件）	2.6×2.6×4.3cm	66,882	中国嘉德	2018-10-02
战国至汉 青铜印（十五方）	宽2.4cm	61,738	中国嘉德	2018-10-02
汉 银龟钮印（一组四件）	宽2.9cm	257,240	中国嘉德	2018-10-02
汉 广州部曲将印	2.3×2.3×2.3cm	161,000	广东崇正	2018-07-05
汉 铜印（七方）	2.7×2.7×1.7cm	154,344	中国嘉德	2018-10-02
汉 铜印（八件）	高2.8cm	144,054	中国嘉德	2018-10-02
辽 三彩模印双鱼花卉纹砚	直径17cm	30,869	中国嘉德	2018-10-02
金 "总领军马都提控印"铜官印	7×7×4.5cm	46,000	华艺国际	2018-11-16
元 紫檀藏文印	高5.7cm	288,275	佳士得	2018-11-28
元 鎏金铜印	高4.8cm	133,050	佳士得	2018-11-28
明 铜云龙纹钮印章（一对）		230,000	北京荣宝	2018-12-03
明 鹰扬将军章	2.5×2.5×3cm	224,250	北京匡时	2018-12-05
明 梁千秋刻孙岳颁 蕴端递藏方章	2.7×2.7×5.5cm	172,500	华艺国际	2018-05-23
明 "强弩应机司马"官印	2.3×2.3×2cm	60,950	北京匡时	2018-12-05
明 铜印	5×4.8×4.7cm	48,300	中国嘉德	2018-11-21
明 文彭款寿山石闲章	高6.2×2.5cm	34,500	浙江佳宝	2018-07-01
清早期 "和斋"铭韩天衡篆刻田黄冻六面长方章	2.9×2.6×6.6cm; 重124g	1,610,000	北京保利	2018-06-19
清初 田黄螭龙钮印（51克）	宽3.7cm; 51g	887,000	佳士得	2018-11-28
清早期 竹坨铭薄意雕田黄石随形印章	10×5.5×4.3cm; 重224.4g	632,500	北京匡时	2018-06-15
清早期 尚均为阮元制款田黄胡人戏狮钮印	高4.2cm; 重39g	322,000	中国嘉德	2018-05-18
清早期 铜太狮少狮印	高4.8cm	276,000	华艺国际	2018-05-23
清初 黑寿山石瑞兽钮印、黑寿山石海兽纹印（各一方）	高5.5cm	133,050	佳士得	2018-11-28
17世纪/18世纪 寿山石刻仿古纹小方章	高1.9cm	85,525	纽约佳士得	2018-09-13
清早期 沉香木雕"喀喇沁熙王章"方印	长4×2.8×2.8cm	40,250	北京保利	2018-12-08
清康熙 田黄玉璇钮张大千自用印	1.5×1.5×3.4cm; 重14g	575,000	北京保利	2018-06-19
清康熙 田黄胡人异禽钮方印	高5.2cm	507,500	佳士得	2018-05-30
清康熙 周尚均刻田黄浮雕夔龙纹博古钮出入大吉印	1.5×1.5×3.6cm; 重21g	276,000	北京保利	2018-12-09
清康熙 尚均制夔龙纹田白章	2.7×2.7×7.2cm. 重146g	241,500	北京保利	2018-12-09
18世纪 田黄雕双凤钮纪昀自用方章	7.3cm; 171g	4,346,300	佳士得	2018-11-28
清乾隆四十七年（1782）作 金石癖印 清 黄小松刻	长5.5cm; 重85g	4,140,000	北京保利	2018-06-19

拍品名称	物品尺寸	成交价RMB	拍卖公司	拍卖日期
清乾隆 田黄云龙钮方章	印章3.3×3.3×6.7cm; 重156g;	2,990,000	北京保利	2018-12-09
清乾隆御用洞石"挹清芬"印	高4.1cm	1,330,500	佳士得	2018-11-28
清乾隆四十五年（1780年）邓石如刻酱油青田石印	高3.3cm	1,150,000	中国嘉德	2018-05-18
清乾隆 康熙、乾隆御题《御制耕织图》诗松花石原碑	长47.5×9×31.5cm	287,500	中贸圣佳	2018-06-20
清乾隆 尚均制田黄石双鱼钮皇六子永瑢自用印章	3.8×1.4×1.4cm; 13.4g	207,000	广东崇正	2018-07-05
清乾隆 墨庄款竹根雕印章	高6.5cm; 长4×3.3cm	138,000	西泠拍卖	2018-07-07
清乾隆乙卯年（1795）王昶刻寿山石"朱子读书法"印	长4.3cm	101,500	佳士得	2018-05-30
清乾隆 玛瑙"螭龙"钮印	长2cm	53,592	万昌斯	2018-05-30
清乾隆 贡墨、细密文章墨（一组八锭）	5.5×0.7×0.7cm; 23g; 7.5×1.8×0.8cm; 64g	32,200	保利厦门	2018-01-08
清中期 田黄双狮纽方章	高6.8cm; 重119.5g	4,657,500	华艺国际	2018-05-23
清嘉庆八年（1803年）陈豫钟为陈希濂刻寿山石狮钮收藏印	高4.7cm	506,000	中国嘉德	2018-05-18
清中期水晶瑞兽钮印章	高7.5cm	292,320	香港诚昌	2018-05-30
清中期 赵之琛为李增厚刻昌化石对章（一对）	高7cm	253,000	北京保利	2018-06-20
清嘉庆丁巳年（1797年）竹根印章	5cm	192,138	香港苏富比	2018-04-02
清中期 田黄兽钮长方章	长3cm	172,500	北京翰海	2018-06-30
清嘉庆 田黄李珮衡自用印	1.7×1.7×3cm; 重26g	149,500	北京荣宝	2018-06-14
清中期 龙凤钮寿山方章"臣永瑢印"	长2.5×2.5×9cm	138,000	北京保利	2018-06-20
清中期 田黄竹纹随形章	高3.5cm	92,000	北京翰海	2018-06-30
清中期 水晶椭圆形印	长4.5cm	57,500	古天一	2018-06-17
清中期 诗船款竹根雕随形印	高5.50cm	49,390	中国嘉德	2018-10-02
清中期 寿山将军洞芙蓉石狮钮方章	2.8×2.8×6.4cm	28,750	广东崇正	2018-07-05
清中期 杜陵石薄意雕印	长3.3×3.3cm	23,000	南京经典	2018-07-22
19世纪 田黄瑞兽钮章	高4.2cm	205,260	纽约佳士得	2018-09-13
清光绪 寿山石"大雅斋"印章	3.1×3.1×6.6cm	59,800	北京匡时	2018-12-05
清晚期 徐三庚刻寿山石方章	长1.4×1.4×3cm	57,500	北京保利	2018-06-20
清晚期 童大年刻寿山石方章	长2.4×2.4×4.8cm	46,000	北京保利	2018-06-20
清 寿山田黄石太平有象钮方章	4×4×6.5cm; 201g	5,750,000	中国嘉德	2018-11-21
十八世纪初 田黄卧犬钮方印	高5cm	4,951,080	香港苏富比	2018-04-03
清 吴昌硕为刘访渠刻'懿翁'田黄印	高6cm; 重89g	3,450,000	中贸圣佳	2018-06-20
清 田黄雕鱼化龙钮章	高7.5cm; 129.1g	3,335,000	保利厦门	2018-01-08
清 田黄薄意随形印章	长5.5×2.8×5.8cm; 重125g	2,415,000	中贸圣佳	2018-11-24
清 1885年作 吴昌硕刻凤钮寿山石自用印	高7.9cm	2,357,500	西泠拍卖	2018-07-08
清初 田黄螭龙钮安岐鉴藏印	长2.9cm	2,030,000	佳士得	2018-05-30
清 1859年作 吴让之刻博古钮楚石岑镕自用对章	高6.8×6.7cm	1,840,000	西泠拍卖	2018-07-08
清 田黄雕蛇盘狻猊钮章	高5.2cm; 24.1g	1,840,000	保利厦门	2018-01-08
清 寿山田黄石长方章	4.8×1.7×10.7cm; 198g	1,610,000	中国嘉德	2018-11-21
清 田黄云纹印章	高4.6cm; 重73.6g	1,552,500	中贸圣佳	2018-06-20
清 田黄方章（131克）	高6cm; 131g	1,552,250	佳士得	2018-11-28
清 田黄雕螭龙钮长方印	长4cm	1,218,000	佳士得	2018-05-30
清 林清卿雕薄意田黄梅枝章	高2.7cm; 22.8g	1,058,000	保利厦门	2018-01-08
清 寿山田黄石兽钮方章	29×28×58cm; 702g	862,500	中国嘉德	2018-11-21
清 吴让之刻寿山石谈权自用印	1.4×1.5×3.8cm	770,500	西泠拍卖	2018-07-08
清 田黄雕古兽方章	长2.8cm; 28.6g	747,500	保利厦门	2018-01-08
清 1887年作 吴昌硕刻山水薄意寿山石朱秉钧自用对章	2.1×2.1×6.8cm×2	713,000	西泠拍卖	2018-07-08
清 1803年作 陈豫钟刻青田石章	高4.7cm	667,000	西泠拍卖	2018-07-08
清 田黄雕竹节章	长4.3cm; 28.5g	667,000	保利厦门	2018-01-08
清黄士陵刻广东绿石胡杰自用对章	高4.8cm×2	632,500	西泠拍卖	2018-07-08
清 田黄石素方章	5×3.3×3.1cm; 重120.3g	575,000	北京匡时	2018-06-15
清 田黄椭圆章	3.6×1.8×5cm; 重53.5g	575,000	中贸圣佳	2018-06-20
清 熟栗黄田黄石子母狮钮黄节用印	2.8×2.8×5.1cm; 重66.5g	517,500	上海匡时	2018-04-30
清 陈师曾刻田黄马钮陈浏自用印	2×2×4.4cm; 重30g	517,500	中贸圣佳	2018-06-20

拍品名称	物品尺寸	成交价RMB	拍卖公司	拍卖日期
清 陈曼生（1768-1822）田黄瑞兽钮椭圆章	长4.1cm; 21g	465,675	佳士得	2018-11-28
清 寿山芙蓉石太狮少狮钮对章	高9cm×2	460,000	中国嘉德	2018-11-21
清 田黄瑞兽纽印章一组"六方"	高2-2.7cm	460,000	华艺国际	2018-11-16
清 田黄印章	2.9×2.9×4.8cm; 重95g	460,000	中贸圣佳	2018-11-24
清 1856年作 徐三庚刻兽钮寿山芙蓉石李嘉福自用印	2.7×2.7×4.6cm	448,500	西泠拍卖	2018-07-08
清 陈师曾刻寿山石太狮少狮钮印	高5.5cm	437,000	中国嘉德	2018-05-18
清 寿山白芙蓉石薄意大方章	4×4×10.2cm	425,500	中国嘉德	2018-11-21
清 寿山芙蓉石兽钮方章（一组三方）		414,000	中国嘉德	2018-11-21
清 田黄狮钮椭圆印（66克）	长4.1cm; 66g	406,000	佳士得	2018-05-30
清 邓石如铭田黄石龙钮印章	5×5×4cm; 重167.7g	368,000	北京匡时	2018-06-15
清 杨玉璇田黄鱼形印	长2.3cm; 重10g	345,000	中贸圣佳	2018-11-24
清 陈宝琛自用寿山黄坑头水晶洞石对章	高3.8cm×2	322,000	北京匡时	2018-06-15
清 许莘农旧藏吴让之自用印	高3cm	322,000	中贸圣佳	2018-06-20
清 冯康侯等刻各式寿山石印章（三十八方）		299,000	北京保利	2018-06-20
清 田黄薄意方印（42克）	高4.1cm	266,100	佳士得	2018-11-28
清 田黄章（22、18、20克）（三方）		266,100	佳士得	2018-11-28
清 徐三庚刻双狮钮寿山芙蓉石李嘉福自用印	2.6×2.6×5.2cm	253,000	西泠拍卖	2018-07-08
清杨玉璇作螭虎穿璧钮白寿山椭圆章	3.5×1.5×6.1cm	241,500	上海匡时	2018-04-30
清李鸿章自用寿山高山石兽钮对章	1.8×1.8×7cm×2	230,000	西泠拍卖	2018-07-08
清道光十年（1830）作 清 方絜铭刻绿石印池	长4.8×4.8×2.2cm; 重82g	230,000	北京保利	2018-06-19
清末 墨地素三彩龙首钮方印		222,365	纽约苏富比	2018-09-12
清代寿山白芙蓉石印章（一组十五件）		218,500	古天一	2018-12-08
清 陈鸿寿为陈宝成刻青田石印	高6.6cm	207,000	中国嘉德	2018-05-18
清 寿山高山石牧童骑牛钮方章	3.5×2×8.1cm	207,000	中国嘉德	2018-11-21
清光绪 芙蓉石佛手钮溥侗用印	3.5×3.5×6.8cm	207,000	北京保利	2018-06-20
清初 白芙蓉"庄亲王宝"螭龙钮章	4.6cm	203,000	佳士得	2018-05-30
清 钱松刻青田石戴熙自用印	2.4×2.4×2.7cm	195,500	西泠拍卖	2018-07-08
清 1863年作 何屿刻山水薄意寿山芙蓉石蒋树本自用印	2.9×2.8×7.5cm	195,500	西泠拍卖	2018-07-08
潘西凤 清初 兽钮竹根印章	长4.1×3.3×5.5cm	184,000	中贸圣佳	2018-06-20
清末徐三庚刻寿山红芙蓉石兽钮印章	2.6×2.6×6cm	178,250	中国嘉德	2018-11-21
清 寿山白芙蓉石兽钮对章	3.3×3.2×9.3cm×2	172,500	中国嘉德	2018-11-21
清 赵穆刻斋馆印	3.2×1.6×6.6cm	172,500	朵云轩	2018-06-25
清 吴熙载刻寿山石狮钮收藏印	高6.3cm	172,500	中国嘉德	2018-05-18
清 寿山石玉璇制古兽钮沈树镛自用印	4.5×1.8×1.5cm	172,500	北京保利	2018-06-20
清 田黄瑞兽钮方章	2.2×2.2×2.9cm; 23g	172,500	朵云轩	2018-06-25
清 寿山芙蓉石兽钮对章	4×4×8cm×2	172,500	中国嘉德	2018-11-21
清 1900年作 黄士陵刻昌化石俞伯惠自用印	4.9×1.7×1.7cm	161,000	广东崇正	2018-07-05
清末 胡镢刻 寿山芙蓉石兽钮印章	6.8×4.1×9.6cm	149,500	中国嘉德	2018-11-21
清 杨澥为胡筱初刻收藏印	高6.2cm	149,500	中国嘉德	2018-05-18
清吴让之赠包世臣竹根章	长7.5cm	149,500	中贸圣佳	2018-06-20
清 黄寿山兽钮"重华宫鑑藏宝"印	长4.2×2.5×3.8cm	138,000	北京保利	2018-12-08
清 寿山田黄石竹节钮章	2.2×1.1×5.8cm; 29.4g	138,000	中国嘉德	2018-11-21
清 周尚均制 寿山黄芙蓉石兽钮方章	3.3×3.2×6.4cm	138,000	中国嘉德	2018-11-21
清 1908年作 胡镢刻寿山芙蓉石胡仲均自用印	1.9×1.9×3.4cm	126,500	西泠拍卖	2018-07-08
清 高凤翰刻 寿山芙蓉石兽钮印章	3.7×3.7×10.5cm	115,000	中国嘉德	2018-11-21
清 寿山红花芙蓉石花果钮方章	3.5×3.5×8.5cm	115,000	中国嘉德	2018-11-21
清 寿山石山水薄意扁章	4.7×2.5×6.1cm	115,000	西泠拍卖	2018-07-08
清光绪三年（1877年）徐三庚刻青田石印	高6cm	109,250	中国嘉德	2018-05-18
清 1828年作 吴廷康刻寿山芙蓉石古兽钮对章	2.8×2.8×4.7cm×2	103,500	西泠拍卖	2018-07-08
清 寿山田黄石兽钮方章	1.9×1.6×1.9cm; 11.2g	103,500	中国嘉德	2018-11-21
清 戴熙自用寿山石章	2.5×1.4×3.3cm	97,750	西泠拍卖	2018-07-08
清 吴天章制程功铭"此君"墨、胡开文制黄士陵为褚德彝作角茶轩勘碑墨、鼎元墨各一方	长10.7cm; 长9.2cm; 长4.9cm	94,300	中国嘉德	2018-05-18

2018杂项拍卖成交汇总

(成交价RMB：2万元以上)

拍品名称	物品尺寸	成交价RMB	拍卖公司	拍卖日期
清 寿山高山石兽钮印章	5×1.9×5.2cm	94,300	中国嘉德	2018-11-21
清 寿山芙蓉石薄意云纹方章	5.3×3.2×9.8cm	94,300	中国嘉德	2018-11-21
清 汉藏文活佛官印	9.3×6.3×3.9cm	92,000	北京匡时	2018-12-05
清 周彬芙蓉石兽钮对章	长2×2×6.2cm	92,000	中贸圣佳	2018-11-24
清 寿山白芙蓉石子母兽钮章	3.6×3.6×6.5cm	92,000	西泠拍卖	2018-07-08
清 瑞兽钮方章	长3.6×2.5×5cm; 重78g	92,000	北京保利	2018-06-20
清 黄士陵刻田黄石薄意云龙纹印章	4.8×1.6×1.6cm; 23.2g	92,000	广东崇正	2018-07-05
清道光二十一年（1841年）沈爱萱为陈铣刻寿山石狮钮印	高5.2cm	92,000	中国嘉德	2018-05-18
清 寿山芙蓉石兽钮对章	4.7×4.7×10cm×2	92,000	中国嘉德	2018-11-21
清 寿山白芙蓉石兽钮印章	5.7×2×7cm	92,000	中国嘉德	2018-11-21
晚清 紫水晶麒麟钮“水清”印章	高5.3cm	91,630	伦敦佳士得	2018-05-15
清 云纹随形章	高7.5cm	82,800	北京翰海	2018-05-13
清 陈猷章款楠木红漆洒金书房匾	长99×36cm	78,200	中贸圣佳	2018-06-20
清 寿山芙蓉石、高山石兽钮印章（一组两方）	2.8×2.8×6.7cm; 2.5×2.5×7cm	74,750	中国嘉德	2018-11-21
赵之琛 清 芙蓉石印章	长2.2×2.2×5cm	69,000	中贸圣佳	2018-06-20
清 寿山石印章	2.4×2.4×7.7cm	69,000	中国嘉德	2018-11-21
清 田黄鹊上眉梢印章	高4cm	68,208	香港诚昌	2018-05-30
清道光十二年（1832年）杨澥刻寿山石对印	高6.7×6.6cm	66,700	中国嘉德	2018-05-18
清 寿山芙蓉石博古钮方章	3.9×1.7×4.4cm	66,700	中国嘉德	2018-11-21
清 吴昌硕刻寿山石费念慈自用印	0.8×0.8×2.3cm	63,250	西泠拍卖	2018-07-08
清 陈祖望刻寿山石戴熙自用印	2.4×2.4×5.5cm	63,250	西泠拍卖	2018-07-08
清 白芙蓉云龙钮方章	高7cm	59,800	北京翰海	2018-06-30
清 田黄石螭龙纹方章	2.5×2×5.7cm; 重73.8g	57,500	北京匡时	2018-06-15
清 黄士陵刻收藏印	2.1×2.1×4.7cm	57,500	朵云轩	2018-06-25
清 何绍基自用寿山石古兽钮对章	4.8×4.8×6.2cm×2	57,500	西泠拍卖	2018-07-08
清 黄寿山石竹节章	2.6×1.9×4.3cm	57,500	西泠拍卖	2018-07-08
清 寿山石苏武归汉薄意章	5×5.1×9cm	57,500	西泠拍卖	2018-07-08
清光绪六年（1880年）圆山大迁为张熊刻寿山石自用印	高4.3cm	57,500	中国嘉德	2018-05-18
晚清 白寿山王福庵制印	高6.5cm	57,500	上海匡时	2018-04-30
清 寿山石印章（一组三方）		57,500	中国嘉德	2018-11-21
清 寿山芙蓉石兽钮对章	3×3×6.7cm×2	57,500	中国嘉德	2018-11-21
清 寿山石方章	高7cm	55,200	北京翰海	2018-09-16
清 寿山石章（四方）		55,200	西泠拍卖	2018-07-08
清十九世纪 寿山石方印	6.7cm	53,900	伦敦苏富比	2018-05-18
清 巧色芙蓉镂雕螭钮章	4.7×4.5×7.4cm	51,750	朵云轩	2018-06-25
清 寿山芙蓉石章（五方）		51,750	西泠拍卖	2018-07-08
清 黄葆戉款寿山印章四方、方章（一共五方）		48,300	北京保利	2018-06-20
清 茶晶龙钮闲章	4.8×4.9×4.9cm	48,300	西泠拍卖	2018-07-07
清 骨、寿山石章（四方）		48,300	西泠拍卖	2018-07-08
清 1880年作 吴昌硕刻寿山石施曜庚自用印	1.8×1.8×5.8cm	48,300	西泠拍卖	2018-09-29
清 寿山芙蓉石兽钮印章	2.5×2.5×7.4cm	48,300	中国嘉德	2018-11-21
清 冻石兽钮章	高7.5cm	46,000	北京翰海	2018-09-16
清 赵次闲刻闲章	6×2.9×1.3cm	46,000	朵云轩	2018-06-25
清 猴钮骨章	4.4×3.3×2.4cm	46,000	西泠拍卖	2018-07-08
清代 韩潮刻竹根闲章	6.6×7.3×8.2cm	46,000	南京经典	2018-01-06
清 马钮闲章	2.2×2.4×3.3cm	43,700	西泠拍卖	2018-07-08
清 青田石方章	高7.8cm	40,250	北京翰海	2018-05-13
清 寿山石山水章	高9cm	40,250	北京翰海	2018-09-16
清 高山古工兽钮章（三方）		40,250	朵云轩	2018-06-25
清 邓尔雅刻寿山石薄意龙纹狮钮印章（一对）	1.6×1.6×9.6cm	40,250	广东崇正	2018-07-05
清 核桃雕鼻钮章（一组七方）		40,250	上海匡时	2018-04-30
清 张辛刻青田石戴熙自用印	1.7×1.7×5.2cm	40,250	西泠拍卖	2018-07-08
清 杨澥等刻寿山石古兽钮章（四方）		40,250	西泠拍卖	2018-07-08
清 寿山石章（三方）		40,250	西泠拍卖	2018-07-08
清 秋堂款寿山石兽纽印章	高5.5cm	40,250	华艺国际	2018-11-16
清 寿山石兽钮印章（一组三方）		40,250	中国嘉德	2018-11-21
民国赵叔孺为孙祖同刻田黄石鉴藏印章	重40g	828,000	广东崇正	2018-07-05

拍品名称	物品尺寸	成交价RMB	拍卖公司	拍卖日期
晚清/民国 田黄素方章	高5.5cm	812,000	佳士得	2018-05-30
民国 赵叔孺刻林清卿薄意田黄石吴仟之用印	高6.5cm	710,500	佳士得	2018-05-30
民国 朱尊一刻高山冻石黄宾虹用印（两方）	高1.8cm	665,250	佳士得	2018-11-28
晚清/民国 林清卿田黄薄意江崖高士印邓尔疋篆刻（78克）	高6cm	659,750	佳士得	2018-05-30
民国 齐白石刻柳风堂用印（三方）		632,500	朵云轩	2018-06-25
民国乙卯（1915年）张樾丞刻寿山石狮钮袁世凯用印（一对）	高11cm	609,000	佳士得	2018-05-30
民国 白芙蓉瑞兽钮袁世凯自用印（125、127克）（一对）	宽3.4cm; 125g; 127g	554,375	佳士得	2018-11-28
民国 张樾丞刻寿山石鳌龙钮袁世凯用印	高5.2cm	507,500	佳士得	2018-05-30
民国陈巨来刻田黄冻狮钮张大千自用印	高2.9cm; 重11g	460,000	北京保利	2018-12-09
民国 田黄薄意雕山水纹印章	高5.4cm; 重60g	437,000	华艺国际	2018-05-23
民国 林清卿刻黄寿山石薄意钮溥侗用印	3.6×1.6×4.1cm	264,500	北京保利	2018-06-20
民国 陈巨来刻田黄犬钮张大千大风堂椭圆章	1.8×1.2×3.8cm; 重10g	218,500	北京保利	2018-12-09
晚清; 民国 田黄雕瑞兽钮方章	高6cm; 68克	218,000	佳士得	2018-10-04
民国 金北楼刻田黄马钮陈宝琛用印	高2.7cm	203,000	佳士得	2018-05-30
民国汪野亭刻寿山石印章（一组七件）		195,500	西泠拍卖	2018-07-08
民国 陈巨来为汪精卫刻坑头田黄兽钮自用印	6.8×1.4×1.4cm	172,500	广东崇正	2018-07-05
民国 田黄苍龙教子印章	高4.1cm; 重30g	172,500	华艺国际	2018-05-23
民国 寿山高山石童子双牛钮印章	4.5×3.2×9.5cm	115,000	中国嘉德	2018-11-21
民国 林清卿雕牡丹薄意章	1.5×1.5×10cm	115,000	朵云轩	2018-06-25
民国 寿石工刻欧阳载祥田黄田白瓦钮章（三方）		109,250	中贸圣佳	2018-06-20
民国 田黄薄意古兽鳌龙章（三方）		92,016	羅芙奥	2018-06-02
民国 田黄石薄意云纹印章	1.9×1.9×2.8cm	86,250	广东崇正	2018-07-05
民国 林元珠雕马上封侯对章	2.8×2.9×9cm×2	74,750	朵云轩	2018-06-25
民国 水晶汪晓棠印章	4.5×4.5×5.5cm	69,000	北京荣宝	2018-06-14
民国 李尹桑为陈融治印、林清卿刻薄意寿山石花卉纹印章	6.5×1.5×1.5cm	69,000	广东崇正	2018-07-05
民国 寿山杜陵石薄意云蝠纹对章	1.5×1.5×9.2cm×2	57,500	中国嘉德	2018-11-21
民国 陈巨来、吴朴堂刻各式印章（四方）		57,500	北京保利	2018-06-20
民国 寿山牛角冻石龟钮对章	1.6×1.6×3.6cm×2	48,300	中国嘉德	2018-11-21
民国 寿山石薄意对章	2.2×2.2×5.4cm	46,000	中国嘉德	2018-11-21
民国 谢梅奴篆刻章	1.6×1.6×8.3cm	43,700	朵云轩	2018-06-25
民国 朱复戡篆刻闲章	2.7×2.7×7.2cm	40,250	朵云轩	2018-06-25
20世纪中期 傅抱石刻“离骚”四面满工青田石方章	高4.1cm; 重127g	402,500	北京保利	2018-12-09
20世纪中期 傅抱石刻白芙蓉螭龙纹方章	26×26×43cm; 重72g	287,500	北京保利	2018-12-09
现代 田黄兽钮章料	2.4×1.8×4cm; 重30.6g	92,000	北京荣宝	2018-06-14
现代 田黄兽钮章料	2.2×2.2×5cm; 重60.1g	63,250	北京荣宝	2018-06-14
当代 鲁大东书并刻、鲍行华制紫泥德钟壶及鲁大东刻狮钮方章		55,200	西泠拍卖	2018-07-08
赵之谦刻 曹葛民自用青田石印章	4.4×4.3×5.4cm	9,200,000	中国嘉德	2018-06-18
吴让之刻 寿山田黄石平顶方章	3×2.9×6.2cm; 141g	9,200,000	中国嘉德	2018-06-18
寿山俏色薄意印	长8.5cm	7,480,000	中正拍卖	2018-11-30
邓石如刻 青田石印章	3×2.9×7.4cm	7,130,000	中国嘉德	2018-11-21
田黄石狮钮印章	高5.5cm	6,820,000	中正拍卖	2018-11-30
杨玉璇制钮 寿山田黄石太狮少狮钮方章	4×4×5cm; 164g	6,670,000	中国嘉德	2018-06-18
田黄石薄意方章	4.3×2.7×2.7cm	6,380,000	中正拍卖	2018-11-30
叶铭田黄印章	重约350g	4,620,000	中正拍卖	2018-11-30
清·田黄石章（二方）		3,795,000	西泠拍卖	2018-07-08
和田籽料龙首印章	重量95g	3,520,000	中正拍卖	2018-11-30
巴林鸡血大方章	高25.5cm; 重量2760g	3,450,000	北京荣宝	2018-12-03
“宗昌长寿”、“义威将军”铜狮钮章	5×5×7cm	3,080,000	中正拍卖	2018-11-30

拍品名称	物品尺寸	成交价RMB	拍卖公司	拍卖日期
寿山田黄石太平有象钮方章	2.8×2.8×4.7cm; 71g	2,932,500	中国嘉德	2018-06-18
吴让之刻 吴云用青田石印章	高3.9cm	2,645,000	中国嘉德	2018-11-21
竹根雕随形钮方章		2,420,000	中正拍卖	2018-11-30
田黄雕辟邪钮方章	重54.9g。	2,420,000	中正拍卖	2018-11-30
巴林鸡血章	高21cm; 重量916g	2,300,000	北京荣宝	2018-12-03
巴林粉冻章	5.8×5.8×16cm; 重量1480g	2,300,000	北京荣宝	2018-12-03
清·田黄石太狮少狮钮方章	4.5×4.6×5.2cm; 186.7g	2,070,000	西泠拍卖	2018-07-08
齐白石 致胡洪开印章		1,955,000	中国嘉德	2018-06-18
清·尚均作田黄石覆斗钮螭纹博古章	2.2×2.2×2.3cm; 25g	1,840,000	西泠拍卖	2018-07-08
郭懋介 田黄薄意山水随形章	高4.3cm; 重175g	1,840,000	中贸圣佳	2018-06-20
张大千刻 王济远用寿山石印三方		1,725,000	华艺国际	2018-11-16
吴让之刻 青田石印章	高3.9cm	1,633,000	中国嘉德	2018-06-18
钱大钧自用，清·田黄石椭圆章	2.6×1.4×4.8cm; 31.5g	1,610,000	西泠拍卖	2018-07-08
清·杨玉璇作钮，清·王澍自用田黄石罗汉钮章	3×1.6×3.9cm; 36.2g	1,495,000	西泠拍卖	2018-07-08
1932年作 齐白石刻 古兽钮寿山石对章	高8cm×2	1,380,000	北京荣宝	2018-06-14
陈瑶典 枇杷黄田黄方章	1.7×1.7×5.2cm; 重40g	1,380,000	中贸圣佳	2018-11-24
李越缦遗印（四十七枚）		1,380,000	荣宝斋(上海)	2018-01-21
1934年作 傅抱石 篆刻印章	高7cm	1,265,000	北京保利	2018-06-17
齐白石刻 寿山石古兽钮“守中”印章（一方）	高7cm	1,265,000	北京荣宝	2018-06-14
林清卿作 寿山田黄石银包金薄意菊花蝴蝶方章	2.3×1.5×5cm; 52g	1,265,000	中国嘉德	2018-06-18
巴林鸡血王章	高15.4cm; 重量340g	1,150,000	北京荣宝	2018-12-03
清·程邃刻子母兽钮寿山芙蓉石梁清标自用印	高8.3cm	1,150,000	西泠拍卖	2018-07-08
巴林粉冻章	3×3×14cm; 重量350g	1,150,000	北京荣宝	2018-12-03
巴林鸡血水草章	4.7×4.7×26.7cm; 重量1590g	1,150,000	北京荣宝	2018-12-03
巴林鸡血章	3.1×3.1×13.6cm; 重量347.7g	1,012,000	北京荣宝	2018-12-03
齐白石刻 寿山田黄石兽钮印章	2.4×2.4×5.3cm; 48.5g	977,500	中国嘉德	2018-11-21
寿山田黄石蒲牢钮方章	2.5×2.5×4.2cm; 45g	966,000	中国嘉德	2018-06-18
田黄方章	重79.8g	935,000	中正拍卖	2018-11-30
清·田黄石六面平素方章	2.3×2.2×4.6cm; 60.7g	920,000	西泠拍卖	2018-07-08
十七世纪 田黄卧狮钮方印	5×3.2×3.2cm	910,125	香港苏富比	2018-04-03
黄士陵为张之洞刻 青田石方章	高5.6cm	874,000	北京匡时	2018-06-15
张石铭旧藏，清·田黄石章（十方）		862,500	西泠拍卖	2018-07-08
徐三庚 刻 寿山牛角冻石童子牧牛钮方章	高7.3cm	805,000	北京匡时	2018-06-15
黄士陵 刻 青田石自用印	3×3×7.7cm	793,500	北京匡时	2018-06-15
马学武 两链章		782,000	北京保利	2018-06-19
2017年作 刘一闻及五位湘籍弟子心经篆刻（五十四方）		761,600	湖南逸典	2018-06-09
吴昌硕刻 秋山白岩用青田石对章	高4×3.8cm	747,500	中国嘉德	2018-11-21
清·赵之谦刻青田石闲章	1.3×1.3×3.6cm	747,500	西泠拍卖	2018-07-08
约1648年 西藏象牙蹲兽钮满藏文“饶绛巴”印 连铜座	印4.3cm;铜座 4.7cm	741,200	香港苏富比	2018-10-03
黄士陵为张之洞刻 青田石方章	2.5×2.5×5.6cm	713,000	北京匡时	2018-06-15
寿山田黄石双螭钮长方章	4.3×1.6×4cm; 47g	690,000	中国嘉德	2018-06-18
林文举 田黄薄意随形章	3.8×1.5×7cm; 重55g	667,000	中贸圣佳	2018-06-20
钱瘦铁刻 寿山田黄石鱼钮印章	3.2×2.7×4.3cm; 61.9g	632,500	中国嘉德	2018-11-21
吴让之刻 寿山石兽钮印章	3.3×3.3×5.1cm	632,500	中国嘉德	2018-06-18
吴昌硕刻 寿山石印章	3.6×3.6×5cm	632,500	中国嘉德	2018-06-18
齐白石太狮少狮钮芙蓉石印章	长3.9×3.9×6.9cm	632,500	中贸圣佳	2018-06-20
吴让之“寄情于此”印	长2.7×2.7×4.3cm	632,500	中贸圣佳	2018-06-20
赵次闲 刻 1820年作 萧山红石方章	2.3×2.3×6cm	609,500	北京匡时	2018-06-15
徐三庚 刻 寿山芙蓉石扁方章	3.4×1.7×4.2cm	598,000	北京匡时	2018-06-15
齐白石 三人行必有我师	3×3×4cm; 重量104.5g	598,000	荣宝斋(上海)	2018-01-21
寿山田黄石薄意方章	3.3×3.4×4.4cm	596,797	北京匡时	2018-10-03
巴林女儿红冻章	2.6×2.8×7.8cm; 重量139.2g	575,000	北京荣宝	2018-12-03

拍品名称	物品尺寸	成交价RMB	拍卖公司	拍卖日期
吴昌硕刻 寿山芙蓉石兽钮印章	2.8×2.8×4.3cm	575,000	中国嘉德	2018-11-21
郭懋介 寿山田黄石“牧牛”薄意扁方章	4.5×2.7×4.2cm; W:98.2g	575,000	北京匡时	2018-06-15
寿山老坑田黄石雕云龙纹椭圆章	长3.3×5.5cm	575,000	荣宝斋(南京)	2018-07-15
荔枝冻古兽钮大方章（二方）		575,000	上海匡时	2018-04-30
戚叔玉刻六面平田黄冻石自用印	1.5×1.5×4.2cm; 25.3g	575,000	西泠拍卖	2018-07-08
1888年作 清·黄士陵刻寿山石俞旦自用闲章	2×2×4cm	575,000	西泠拍卖	2018-07-08
巴林瓜瓤红冻章	2.9×2.9×13.4cm; 重量286.5g	575,000	北京荣宝	2018-12-03
巴林鸡血雕头章	3×3×19.5cm; 重量440g	575,000	北京荣宝	2018-12-03
巴林鸡血章	3×3×11cm; 重量268g	552,000	北京荣宝	2018-12-03
寿山芙蓉石太狮少狮钮方章	4.6×4.6×7.8cm	529,000	中国嘉德	2018-06-18
清·田黄石古兽钮章	3.7×2.4×5.4cm; 81g	517,500	西泠拍卖	2018-07-08
清·尚均作田黄石凤钮章	2.9×1.6×5.2cm; 25.5g	517,500	西泠拍卖	2018-07-08
光绪庚子年(1900) 田黄刻鱼跃龙门长方印	长4.8cm	507,500	佳士得	2018-05-30
寿山高山石兽钮对章	3.1×3.1×7.6cm×2	506,000	中国嘉德	2018-06-18
赵次闲 刻 1821年作 青田石方章	3.1×3.1×6cm	483,000	北京匡时	2018-06-15
林荣基 田黄薄意随形章	高6.5cm; 重295g	460,000	中贸圣佳	2018-11-24
寿山田黄石素章	2.5×2.5×6.2cm; W:94g	460,000	北京匡时	2018-06-15
巴林鸡血对章	3.1×3.1×18.5cm; 重量893g	460,000	北京荣宝	2018-12-03
城南杜氏兽钮田黄印章 清 王石香刻	长2.1×2.1×3.7cm; 重35g	437,000	北京保利	2018-06-19
潘天寿 得妙物于神会	长3×3×3.3cm; 重量83.1g	437,000	荣宝斋(上海)	2018-01-21
1907年作齐白石刻青田石李瑞清自用印	3.6×3.6×6.5cm	437,000	西泠拍卖	2018-07-08
吴昌硕刻印章（共五方）		402,500	荣宝斋(南京)	2018-07-15
昌化鸡血石对章	2.6×2.6×10.3cm×2	402,500	西泠拍卖	2018-07-08
齐白石刻 寿山芙蓉石太狮少狮钮方章	3.2×3.2×5.8cm	402,500	中国嘉德	2018-06-18
1856年作 钱松为丁文蔚刻 青田石方章	1.5×1.5×3.6cm	402,500	北京匡时	2018-06-15
1894 年作 黄士陵为俞旦刻 寿山田黄石扁方章	3.4×1.2×4.8cm	402,500	北京匡时	2018-06-15
齐白石 1932年作 刊“斯文”印	2.4×2.4×5.8cm	368,000	北京保利	2018-12-07
徐三庚刻 青田石印章	4.4×4.3×7.8cm	368,000	中国嘉德	2018-11-21
韩天衡 相见难 别亦难	2.1×2.1×8×2; 重131g; 128.5g	368,000	荣宝斋(上海)	2018-01-21
吴昌硕刻芙蓉冻沈侄用印	1.8×1.8×5.5cm	368,000	上海匡时	2018-04-30
昌化鸡血石大红袍方章	1.5×1.4×6.9cm	356,500	中国嘉德	2018-06-18
齐白石 1932年作 刊“词外白丁”印	1.5×1.5×3.1cm	345,000	北京保利	2018-12-07
寿山田黄石古兽钮章	2.8×1.6×2.2cm; W:22.2g	345,000	北京匡时	2018-06-15
清·田黄石山水薄意方章	3×3×4.9cm; 96.7g	345,000	西泠拍卖	2018-07-08
清·袁枚旧藏，寿山、昌化鸡血石竹君子章（二十一方）		345,000	西泠拍卖	2018-07-08
林清卿作寿山美人红石芦雁薄意章	1.4×1.4×9.8cm	345,000	西泠拍卖	2018-07-08
1846年作清·赵之琛刻广东绿石对章	2.6×2.6×5.8cm×2	345,000	西泠拍卖	2018-07-08
近代 林清卿款田黄“锲不舍斋”方章	2.4×2.4×3cm; 重38g	345,000	北京保利	2018-06-20
巴林粉冻章	2.6×3.5×15.5cm; 重量356.4g	345,000	北京荣宝	2018-12-03
巴林鸡血章	3.2×3.2×17cm; 重量458.6g	345,000	北京荣宝	2018-12-03
巴林鸡血章	2.6×2.6×12.7cm; 重量219.2g	345,000	北京荣宝	2018-12-03
巴林粉冻对章	3×3×15cm; 重量730g	345,000	北京荣宝	2018-12-03
清·吴云自用田黄石子母狮钮章	3.3×2.3×2.6cm; 27.3g	333,500	西泠拍卖	2018-07-08
谢磊明刻 寿山白芙蓉石童子洗象钮方章	4×3.9×7.5cm	322,000	中国嘉德	2018-06-18
巴林鸡血章	3.1×3.1×13.2cm; 重量342.5g	322,000	北京荣宝	2018-12-03

2018杂项拍卖成交汇总

(成交价RMB：2万元以上)

拍品名称	物品尺寸	成交价RMB	拍卖公司	拍卖日期
沈伟 驯鸟洗象图 老挝石对章	尺寸不一	313,600	上海联合	2018-07-01
寿山田黄石龙钮椭圆章	3.5×1.5×4.2cm; W:30.9g	310,500	北京匡时	2018-06-15
田黄石长方印章	2.6×1.5×8.2cm; 重78.1g	310,500	北京匡时	2018-06-15
林清卿作寿山高山石松下高士薄意章	2.6×2.6×7.8cm	310,500	西泠拍卖	2018-07-08
1890年作 黄士陵为刘庆崧刻 青田石方章	2.2×2.2×5.3cm	310,500	北京匡时	2018-06-15
昌化大红袍鸡血石博古纹章	1.7×1.8×6.7cm	299,000	西泠拍卖	2018-07-08
齐白石 寿山石狮钮印章	高7cm	287,500	北京保利	2018-06-17
田黄冻石古兽钮章	1.8×1.8×4.1cm; 24g	287,500	西泠拍卖	2018-07-08
清·田黄石云蝠薄意章	2.2×2.1×5.1cm; 48.3g	287,500	西泠拍卖	2018-07-08
清·田黄石古兽钮椭圆章	3.8×1.8×4.4cm; 49.4g	287,500	西泠拍卖	2018-07-08
昌化豆青、牛角冻地鸡血石素方章	1.7×1.7×7.5cm	287,500	西泠拍卖	2018-07-08
昌化鸡血石对章	2.4×2.4×9.5cm×2	287,500	西泠拍卖	2018-07-08
来楚生刻 青田石印章	2.5×2.5×4.8cm	287,500	中国嘉德	2018-06-18
寿山荔枝冻石方章	2.4×2.4×8cm	287,500	中贸圣佳	2018-06-20
近代 齐白石刻龙钮印章	4.5×4.5×11cm	287,500	北京荣宝	2018-06-14
海上小刀会 篆刻 印度龙蛋石套章	尺寸不一	280,000	上海联合	2018-11-25
郭祥雄 寿山将军洞芙蓉石鳌龙钮章	5.3×5.3×5.3cm	276,000	北京匡时	2018-06-15
吴昌硕 青田石印章	宽2.2cm; 高2.6cm	257,240	中国嘉德	2018-10-02
陈师曾刻三螭钮寿山芙蓉石李瑞清自用闲章	3.9×3.9×9.6cm	253,000	西泠拍卖	2018-07-08
陈巨来刻赵士鸿自用古兽钮对章	1.8×1.8×6.3cm×2	253,000	西泠拍卖	2018-07-08
清·古兽钮竹根印	3.2×3.2×4.1cm	253,000	西泠拍卖	2018-07-08
近代 齐白石刻青田石两面印章	2.6×2.6×4.8cm	253,000	北京保利	2018-06-20
巴林鸡血章	2.4×2.4×11.6cm; 重170.8g	253,000	北京荣宝	2018-12-03
吴昌硕刻云蝠薄意寿山芙蓉石刘泽源自用印	2.7×1.5×6.7cm	241,500	西泠拍卖	2018-07-08
寿山白芙蓉石太狮少狮钮方章	4×4×9cm	241,500	中国嘉德	2018-06-18
1942年作 王禔刻螭钮寿山芙蓉石傅增湘自用印	3.4×2.3×5.6cm	241,500	西泠拍卖	2018-07-08
田叔达甲辰(1964年)作为沈尹默所治名章	2.6×2.6×5cm	241,500	中国嘉德	2018-06-19
黄士陵为黄季度刻青田石扁方章	4.6×1.6×2.5cm	230,000	北京匡时	2018-06-15
杨千里为于右任刻 寿山石古兽钮章	3.3×3.3×5.7cm	230,000	北京匡时	2018-06-15
清·尚均作钮，胡震刻寿山石胡人进宝钮章	1.5×1.5×5.3cm	230,000	西泠拍卖	2018-07-08
林文举作薄意，钱君匋刻寿山荔枝冻石古狮戏球钮章	2.5×2.5×9.5cm	230,000	西泠拍卖	2018-07-08
林清卿作寿山杜陵石海棠薄意章	1.5×1.6×8.1cm	230,000	西泠拍卖	2018-07-08
1907年作 齐白石刻青田石李瑞清自用印	3.3×3.3×7.1cm	230,000	西泠拍卖	2018-07-08
巴林鸡血章	3×3×14.1cm; 重342g	230,000	北京荣宝	2018-12-03
巴林鸡血章	2.6×2.6×10.4cm; 重192.4g	230,000	北京荣宝	2018-12-03
巴林鸡血章	2.9×2.9×14cm; 重306.2g	230,000	北京荣宝	2018-12-03
巴林鸡血章	2.3×2.3×11cm; 重154.2g	230,000	北京荣宝	2018-12-03
巴林鸡血章	2.6×2.6×11.9cm; 重213.3g	230,000	北京荣宝	2018-12-03
巴林鸡血章	2.8×2.8×13.6cm; 重275.1g	230,000	北京荣宝	2018-12-03
吴昌硕 寿山芙蓉石兽钮印章	宽2.1cm; 高6.6cm	226,371	中国嘉德	2018-10-02
方介堪刻桥钮寿山白高山石吴乃琛自用印	2.4×2.4×7cm	218,500	西泠拍卖	2018-07-08
汪行恭刻 丁丙用青田石印章	2.5×2.5×3.7cm	218,500	中国嘉德	2018-11-21
林清卿作 寿山高山石薄意对章	1.7×1.7×8.8cm×2	218,500	中国嘉德	2018-11-21
齐白石 刻 寿山石方章	2.4×2.4×5.7cm	207,000	北京匡时	2018-06-15
郭祥忍 寿山杜陵石螭虎钮方章	4×4×5cm	207,000	北京匡时	2018-06-15
童衍方篆刻闲章	3.5×3.5×6cm	207,000	朵云轩	2018-06-25
吴昌硕刻竹根翁同龢自用章	3.1×3.1×8.5cm	207,000	荣宝斋(南京)	2018-07-15
吴昌硕青田石"翔卢珍藏"印	2.5cm×2.5cm×3cm	207,000	荣宝斋(南京)	2018-07-15
吴昌硕 乐而忘优	2.9×2.9×5.7cm; 重142.2g	207,000	荣宝斋(上海)	2018-01-21
金西厓刻田黄石山水薄意自用扁章	1.8×1.2×6.3cm; 重14.3g	207,000	上海匡时	2018-04-30
吴昌硕刻寿山芙蓉石李国松自用印	1.4×1.4×3.1cm	207,000	西泠拍卖	2018-07-08
银包金田黄石双螭献财薄意随形章	3.7×1.6×5.9cm; 56.9g	207,000	西泠拍卖	2018-07-08
昌化鸡血石素方章	2.6×2.7×11.8cm	207,000	西泠拍卖	2018-07-08
王福庵刻 寿山白芙蓉石薄意荷叶图方章	3.4×2×6.5cm	207,000	中国嘉德	2018-06-18
寿山石兽钮印章	2.1×2.1×4.4cm	207,000	中国嘉德	2018-06-18
寿石工为黄伯川作寿山田黄石瑞兽钮方章	2.2×2.2×3.4cm	195,502	北京匡时	2018-10-03
袁克文 邓散木 童大年 等 为顾仲英刻印章五方	尺寸不一	195,500	北京匡时	2018-06-16
郭祥忍 寿山杜陵石太狮少狮钮方章	3.8×3.8×5.8cm	195,500	北京匡时	2018-06-15

拍品名称	物品尺寸	成交价RMB	拍卖公司	拍卖日期
郭祥雄 寿山黄汶洋龙钮方章	3.2×3×6.3cm	195,500	北京匡时	2018-06-15
齐白石、唐醉石等为陈明仁将军刻印章（三件）	尺寸不一	195,500	荣宝斋(南京)	2018-07-15
陈达 善伯石云纹钮章	4.5×2.4×8.2cm	195,500	中贸圣佳	2018-06-20
1932年作 王禔刻昌化鸡血石对章	1.4×1.4×4.5cm×2	195,500	西泠拍卖	2018-07-08
程邃刻"黄道周印"	高7cm; 宽3.3cm	194,880	香港诚昌	2018-05-30
姚仲达 寿山石灵芝钮圆章	4.4×2.1×11cm	184,000	凤凰拍卖	2018-01-21
昌化鸡血石牛角冻地方章	1.7×1.7×6.9cm	184,000	中国嘉德	2018-06-18
1954年作 邓散木刻青田石章	7.7×7.4×5cm	184,000	西泠拍卖	2018-07-08
1956年作 吴朴刻赵鹤琴自用印	2.4×2.4×4.9cm	184,000	西泠拍卖	2018-07-08
巴林鸡血章	2.8×2.8×11.8cm; 重238.9g	184,000	北京荣宝	2018-12-03
阿峰 旋龟 寿山芙蓉石钮章（四件套）	尺寸不一	179,200	上海联合	2018-07-01
陈为新 寿山水洞高山太狮少狮钮方章	2.8×2.8×6cm	178,250	北京匡时	2018-06-15
双龙戏珠 寿山荔枝冻章	11×2.8×2.8cm; 重209.3g	176,960	上海联合	2018-11-25
徐三庚 刻 青田石方章	2.2×2.2×5.3cm	172,500	北京匡时	2018-06-15
韩天衡刻寿山石印章	高4.4cm	172,500	朵云轩	2018-04-22
冯康侯刻寿山石印章（一对）	高10cm	172,500	朵云轩	2018-04-22
赵之谦刻白芙蓉凤钮椭圆章	3.2×1.5×5.8cm	172,500	上海匡时	2018-04-30
齐白石刻昌化石王闿运自用印	2.7×2.8×6.8cm	172,500	西泠拍卖	2018-07-08
寿山芙蓉石对章	3.2×3.2×4.7cm×2	172,500	中国嘉德	2018-06-18
陈巨来 林清卿 篆 刻 寿山芙蓉石薄意梅花方章	长2.5cm; 宽2.5cm; 高8.1cm	172,500	中贸圣佳	2018-06-20
1927年作 陈巨来刻寿山芙蓉石赵叔孺自用两面印	1.7×1.7×4.4cm	172,500	西泠拍卖	2018-07-08
近代 丁辅之篆刻闲章	2.3×2.2×5cm	172,500	朵云轩	2018-06-25
齐白石"直登之印"	高7cm	172,500	北京保利	2018-12-08
巴林鸡血章	2.9×2.9×16.8cm; 重361.7g	172,500	北京荣宝	2018-12-03
巴林鸡血对章	3×3×12.4cm; 重546.6g	172,500	北京荣宝	2018-12-03
寿山高山石兽钮方章	3×3×10cm	172,500	中国嘉德	2018-11-21
邓尔雅刻 寿山将军洞芙蓉石兽钮大方章	4×4×8.4cm	172,500	中国嘉德	2018-11-21
齐白石刻 寿山芙蓉石兽钮印章	3.5×3.5×5.6cm	172,500	中国嘉德	2018-11-21
齐白石为萧同兹刻 杜陵石对章	2×2×4.6cm×2	161,000	北京匡时	2018-06-15
陈巨来刻南瓜钮闲章	2.1×2.1×3.2cm	161,000	西泠拍卖	2018-07-08
寿山石兽钮印章	3×2.4×4cm	161,000	中国嘉德	2018-06-18
王冰铁、于硕、寿石工等刻杨宗翰用印及藏印（五方）	高2.6–3.5cm	155,250	华艺国际	2018-05-23
郭祥忍 寿山结晶芙蓉石"三羊开泰"钮方章	3.1×3.1×7.7cm	149,500	北京匡时	2018-06-15
清·盛宣怀自用白田石荷花薄意扁章	5.1×1×7.5cm; 87.8g	149,500	西泠拍卖	2018-07-08
唐醉石刻 寿山石龙钮方章	2.4×2.4×6.7cm	149,500	中国嘉德	2018-06-18
周康元为梅兰芳作田黄兽钮印	高3.3cm; 重19g	149,500	中国嘉德	2018-05-18
吴昌硕 青田石印章	宽2.2cm; 高2.6cm	144,054	中国嘉德	2018-10-02
齐白石 印章"山水楼"	2.9×2.9×5cm	138,000	北京保利	2018-05-21
来楚生 刻 寿山高山石方章	3.7×3.7×4cm	138,000	北京匡时	2018-06-15
叶子贤作　寿山荔枝洞石薄意云龙纹随形印章	6.7×3.5×9.8cm	138,000	广东崇正	2018-07-05
傅抱石 积厚	2×2×6.5cm; 重72.3g	138,000	荣宝斋(上海)	2018-01-21
清·徐三庚刻青田石章	2.3×1.1×6.3cm	138,000	西泠拍卖	2018-07-08
1936年作 王禔刻寿山芙蓉石古兽钮对章	尺寸不一	138,000	西泠拍卖	2018-07-08
寿石工等刻杨宗翰用印及藏印（五方）	高2.7–5.2cm	132,250	华艺国际	2018-05-23
郭祥忍 寿山善伯洞石辟邪钮方章	4.4×4.4×6cm	126,500	北京匡时	2018-06-15
潘天寿 无无明	1.4×1.4×7.5cm; 重42.4g	126,500	荣宝斋(上海)	2018-01-21
方介堪刻 寿山白芙蓉石印章（三方）	尺寸不一	126,500	中国嘉德	2018-06-18
黄寿山薄意印章	2.5×2.5×7.2cm	126,500	中贸圣佳	2018-06-20
1928年作 俞寄凡为徐悲鸿刻寿山石自用印	2.8×2.8×5cm	126,500	北京匡时	2018-06-15
1938年、1945年、1948年、1949年作 陈巨来、何筱宽、李宗海刻寿山石等印章（九方）	尺寸不一	126,500	西泠拍卖	2018-07-08
1962年作 汉瓦金石文紫檀印匣 近吴子复刻	长10.5cm; 宽10cm; 高8.2cm; 重323g	126,500	北京保利	2018-06-19
巴林粉冻四连体章	3.7×3.7×13.4cm; 重1841.6g	115,000	北京荣宝	2018-12-03
乌木印规 行书乌木压尺 清 曹世楷刻	尺寸不一	115,000	北京保利	2018-06-19

拍品名称	物品尺寸	成交价RMB	拍卖公司	拍卖日期
寿山黄芙蓉石麒麟钮扁方印	3.5×1.5×6.2cm	115,000	北京匡时	2018-06-15
荔枝洞古兽方章	2.8×2.8×6.8cm	115,000	朵云轩	2018-06-25
赵之谦 达吾心界	2.9×2.9×2.4cm; 重58.2g	115,000	荣宝斋(上海)	2018-01-21
清·赵穆刻子母兽钮寿山芙蓉石任道镕自用印	4.7×4.7×6.7cm	115,000	西泠拍卖	2018-07-08
清·寿山坑头石琴囊钮章	3.2×1×3.6cm	115,000	西泠拍卖	2018-07-08
寿山石印章（一组三方）	尺寸不一	115,000	中国嘉德	2018-06-18
寿山田黄石薄意随形章	4.2×1×5.5cm; 30.2g	115,000	中国嘉德	2018-06-18
寿山白芙蓉石太狮少狮钮方章	3.1×3.1×7.2cm	115,000	中国嘉德	2018-06-18
1737年作 清·高凤翰跋，匡松岑刻寿山石高凤翰自用印	2.9×2.7×2.7cm	115,000	西泠拍卖	2018-07-08
1951年 张祥凝刻寿山石竹节形张大千自用印章	2.5×1.8×3cm	115,000	广东崇正	2018-07-05
巴林粉冻雕头章	5.7×5.7×21.4cm; 重1428.6g	115,000	北京荣宝	2018-12-03
郭祥雄 山秀园麒麟献书印章	3.8×2.6×5.9cm	115,000	中贸圣佳	2018-11-24
潘惊石 田黄石龙腾盛世印章	5.3c×2.9×3.1cm; 重75g	115,000	中贸圣佳	2018-11-24
寿山田黄薄意印材（三方）	高5.8cm	114,554	中国嘉德	2018-04-02
寿山白芙蓉石罗汉洗象钮方章	4.4×4.4×8.1cm	112,700	中国嘉德	2018-06-18
李红旗降古兽钮对章	1.5×1.5×7.1cm	112,700	中贸圣佳	2018-11-24
来楚生为应野平刻 青田石自用印	3×2×3.1cm	109,250	北京匡时	2018-06-15
王雷霆 寿山旗降石白菜钮对章	1.8×1.8×8.5cm×2	109,250	北京匡时	2018-06-15
1956年作 吴朴刻赵鹤琴自用印	2.1×2.1×6cm	109,250	西泠拍卖	2018-07-08
凤求凰旗降石印章	1.7×1.7×8.1cm	109,250	中贸圣佳	2018-11-24
冯康侯刻青田石印章（一对）	高10.1cm	105,800	朵云轩	2018-04-22
褚德彝刻 寿山田黄石印章	2.7×1.3×2.7cm; 15.6g	105,800	中国嘉德	2018-06-18
来楚生刻 青田石印章	2.1×2.1×3.9cm	105,800	中国嘉德	2018-06-18
昌化鸡血石大红袍方章	1.7×1.7×8.8cm	105,800	中国嘉德	2018-06-18
林元珠 寿山连江黄石鳌龙钮对章	3.8×3.8×9.4cm×2	103,500	北京匡时	2018-06-15
王雷霆 寿山旗降石松鼠钮对章	1.6×1.6×7.7cm×2	103,500	北京匡时	2018-06-15
吴昌硕 淡如秋水	3.4×1.3×2.5cm; 重17.9g	103,500	荣宝斋(上海)	2018-01-21
潘天寿 平常心	1.9×1.9×4.8cm; 重48.9g	103,500	荣宝斋(上海)	2018-01-21
邓散木刻 寿山石兽钮印章	3.9×3.9×7.2cm	103,500	中国嘉德	2018-06-18
寿山红花芙蓉石太狮少狮钮对章	3.5×3.5×8.9cm×2	103,500	中国嘉德	2018-06-18
近代 方介堪刻迷翠寮闲章	2.5×2.2×5.2cm	103,500	朵云轩	2018-06-25
冯康侯刻 寿山高山石兽钮对章	1.7×1.7×8.7cm×2	103,500	中国嘉德	2018-11-21
陈巨来 心旷神怡	2.3×2.3×7.2cm; 重94g	101,200	荣宝斋(上海)	2018-01-21
林荣基 善伯印章薄意（一组八件）	尺寸不一	101,200	中贸圣佳	2018-11-24
郭祥雄 寿山善伯石龙凤钮对章	3.6×2.5×3.8cm×2	97,750	北京匡时	2018-06-15
寿石工等刻杨恩华、杨宗翰用印及藏印（六方）	高2.5–6.5cm	97,750	华艺国际	2018-05-23
吴昌硕 卧月、瞑云	4×1×5.4cm; 重42.9g	97,750	荣宝斋(上海)	2018-01-21
清·赵之琛刻寿山石章	1×1×3.6cm	97,750	西泠拍卖	2018-07-08
昌化鸡血石对章	1.1×1.1×3.3cm×2	97,750	中国嘉德	2018-06-18
1853年作 清·郭上垣刻寿山芙蓉石闲章	2.6×2.6×2.6cm	97,750	西泠拍卖	2018-07-08
1906年作 雷悦刻寿山石李瑞清自用对章	2.3×2.3×6.5cm×2	97,750	西泠拍卖	2018-07-08
王福厂刻1935年作 寿山高山石狮钮方章	3.2×3.2×6.2cm	97,750	北京匡时	2018-06-15
陆树基刻 寿山石凤钮印章	3.5×3.5×8.4cm	94,300	中国嘉德	2018-06-18
潘天寿自用田黄长方印	高5.8cm; 重24g	94,300	中国嘉德	2018-05-18
巴林石童子献财对章	5.5×5.5×8cm	94,300	中贸圣佳	2018-06-20
老挝田黄石雕千岁钮方形印材	1.7×1.7×4.5	92,000	荣宝斋(南京)	2018-07-15
齐白石 寿山石薄意印章	高6cm	92,000	北京保利	2018-06-17
郭祥忍 寿山白芙蓉石古兽钮方章	3.3×3.3×6.7cm	92,000	北京匡时	2018-06-15
田黄石龙钮印章	3.5×3×5.7cm; 重110.4g	92,000	北京匡时	2018-06-15
陈巨来 洗鍊	2×1.4×5.3cm; 重31.5g	92,000	荣宝斋(上海)	2018-01-21
黄寿山山水薄意方章	2×2×4cm	92,000	上海匡时	2018-04-30
陈师曾刻广东绿石李瑞清自用印	2.8×2.1×4.9cm	92,000	西泠拍卖	2018-07-08
清·王应绶刻青田石闲章	2.4×2.4×5.3cm	92,000	西泠拍卖	2018-07-08
吴昌硕刻寿山芙蓉石庞翠自用印	1.4×1.3×3cm	92,000	西泠拍卖	2018-07-08
田黄石等章（二方）	尺寸不一	92,000	西泠拍卖	2018-07-08
冯康侯刻 黄寿山石印章（一组三方）	尺寸不一	92,000	中国嘉德	2018-06-18
来楚生刻 青田石印章	2×2×3.8cm	92,000	中国嘉德	2018-06-18
王福庵刻 林清卿薄意寿山鹿目石印章	2.8×2.7×5cm	92,000	中国嘉德	2018-06-18
昌化鸡血石方章	1.6×1.6×8.9cm	92,000	中国嘉德	2018-06-18

拍品名称	物品尺寸	成交价RMB	拍卖公司	拍卖日期
陈巨来为梅兰芳作田黄印	长2.2cm; 重10g	92,000	中国嘉德	2018-05-18
1894年作 黄士陵为俞旦刻 青田石方章	1.7×1.7×3.3cm	92,000	北京匡时	2018-06-15
王福厂刻 1923年作 寿山石方章	1.7×1.7×8cm	92,000	北京匡时	2018-06-15
1934年作 陈半丁刻鳌龙钮寿山高山石严敦和自用印	2.3×2.3×6.9cm	92,000	西泠拍卖	2018-07-08
1940年作 赵叔孺刻古兽钮寿山芙蓉石吴载和自用印	2.6×2.6×5.8cm	92,000	西泠拍卖	2018-07-08
巴林鸡血章	3×3×15.4cm; 重量356.3g	92,000	北京荣宝	2018-12-03
吴子建刻 青田石印章	1.9×1.9×7.9cm	92,000	中国嘉德	2018-11-21
王北岳刻 寿山田黄石印章	2.5×1.4×3cm; 21.4g	92,000	中国嘉德	2018-11-21
冯康侯刻唐少泉用寿山芙蓉石兽钮印章	2.6×2.6×5.1cm	92,000	中国嘉德	2018-11-21
齐白石刻 昌化石印章	1.9×1.9×5.6cm	92,000	中国嘉德	2018-11-21
徐三庚刻 寿山石印章	1.4×1.4×5.2cm	92,000	中国嘉德	2018-11-21
徐云叔刻寿山石印章	高3.2cm	87,400	朵云轩	2018-04-22
方介堪为汪亚尘刻 青田石自用印	2.4×2.4×6cm	86,250	北京匡时	2018-06-15
方介堪为程十髮刻 昌化石方章	3.5×3.5×7cm	86,250	北京匡时	2018-06-15
丰子恺 无瞑清坐	2.3×2.3×4.7cm; 重70g	86,250	荣宝斋(上海)	2018-01-21
傅抱石 林泉高致	2×2×5cm; 重61g	86,250	荣宝斋(上海)	2018-01-21
傅抱石 青山无古今	2×2×4cm; 重43.6g	86,250	荣宝斋(上海)	2018-01-21
清·钱松款寿山牛角冻石子母兽钮对章	2.4×2.4×5.9cm×2	86,250	西泠拍卖	2018-07-08
赵叔孺刻 寿山白芙蓉石太狮少狮钮方章	3.2×3.2×5.9cm	82,800	中国嘉德	2018-06-18
骨制博古钮印章	2.9×2.9×2.7cm	82,800	中国嘉德	2018-06-18
石开刻 寿山石兽钮印章	2.8×2.8×8.9cm	82,800	中国嘉德	2018-11-21
寿石工、王福庵等刻杨恩华、杨宗翰用印及藏印（四方）	高2.8–5cm	80,500	华艺国际	2018-05-23
傅抱石 舍情	1.5×1.5×4cm; 重25.3g	80,500	荣宝斋(上海)	2018-01-21
昌化鸡血石素方章	2.4×2.4×9.9cm	80,500	西泠拍卖	2018-07-08
吴子建刻 青田石印章	4×4×2.9cm	80,500	中国嘉德	2018-06-18
寿山石印章（一组两方）	3.9×3.2×7.5cm; 3.8×2.4×5.8cm	80,500	中国嘉德	2018-06-18
1897年作 清·钟以敬刻青田石褚德彝自用闲章	1.9×1.9×5.6cm	80,500	西泠拍卖	2018-07-08
1910年作 唐醉石为李庸刻 鸡血石方章	2.6×2.6×6.1cm	80,500	北京匡时	2018-06-15
1976年作 陈巨来刻寿山芙蓉石兽钮闲章	3.4×1.6×5.2cm	80,500	西泠拍卖	2018-07-08
韩登安刻 青田石印章	2×2×6.7cm	80,500	中国嘉德	2018-11-21
温九新 高山水洞狮戏球钮章	3.8×3.8×12.2cm	80,500	中贸圣佳	2018-11-24
寿山坑头石钮章（一组七十方）	尺寸不一	78,200	中国嘉德	2018-06-18
王福庵刻 昌化鸡血石印章	2.6×1.5×7.4cm	78,200	中国嘉德	2018-11-21
齐白石刻 寿山石兽钮印章	2.3×2.3×7cm	78,200	中国嘉德	2018-11-21
方介堪、韩登安、谢磊明等刻 寿山石、青田石印章（一组四方）	尺寸不一	78,200	中国嘉德	2018-11-21
寿山田黄随形薄意印	高8.8cm	76,370	中国嘉德	2018-04-02
寿山方形印章（四方）	尺寸不一	74,750	荣宝斋(南京)	2018-07-15
韩天衡 人未老	1.9×1.9×5.8cm; 重60.9g	74,750	荣宝斋(上海)	2018-01-21
陈巨来 碧山人来	2.9×2.9×4.5cm; 重103.5g	74,750	荣宝斋(上海)	2018-01-21
蒋仁 松骨鹤心	2×2×5.4cm; 重65.2g	74,750	荣宝斋(上海)	2018-01-21
寿山白芙蓉石素方章	2.8×2.7×7.8cm	74,750	中国嘉德	2018-06-18
寿山芙蓉石群狮曼舞钮大方章	5.1×5.1×10.4cm	74,750	中国嘉德	2018-06-18
1778年作 清·乔林等刻竹根印（三方）	尺寸不一	74,750	西泠拍卖	2018-07-08
1921年作 徐新周刻古兽钮寿山石陈雪佳自用印	2.5×2.5×5.5cm	74,750	西泠拍卖	2018-07-08
1929年作 钱瘦铁刻寿山石章（四方）	尺寸不一	74,750	西泠拍卖	2018-07-08
1931年作 钱瘦铁刻寿山石古兽钮闲章	2.4×2.4×2.2cm	74,750	西泠拍卖	2018-07-08
1972年作 韩登安刻葡萄薄意寿山石姜东舒自用印	2.7×2.7×6cm	74,750	西泠拍卖	2018-07-08
寿山田黄石龙钮方章	2.5×1.4×3cm; 18.7g	74,750	中国嘉德	2018-11-21
陈师曾刻 寿山芙蓉石菊花钮印章	4.1×2.3×6.3cm	74,750	中国嘉德	2018-11-21
王师子自刻自用印章（一组四十六方）	尺寸不一	74,750	中国嘉德	2018-11-21
六朝 青铜套印	宽3.7cm	72,027	中国嘉德	2018-10-02
徐云叔刻白芙蓉印章	高8cm	71,300	朵云轩	2018-04-22
来楚生刻 青田石印章	2.8×2.8×3.9cm	71,300	中国嘉德	2018-06-18
陈师曾刻 寿山石人物钮印章	3.6×2×6.7cm	71,300	中国嘉德	2018-11-21
钟以敬刻王绶珊用寿山芙蓉石印章	2.1×1.8×4.9cm	71,300	中国嘉德	2018-11-21

2018杂项拍卖成交汇总

(成交价RMB：2万元以上)

拍品名称	物品尺寸	成交价RMB	拍卖公司	拍卖日期
王冰铁、黄少牧、寿石工等刻 寿山石、昌化鸡血石印章（一组八方）	尺寸不一	71,300	中国嘉德	2018-11-21
杨龙石刻 骨制印章（两方）	尺寸不一	71,300	中国嘉德	2018-11-21
杨龙石刻 骨制印章（两方）	3.3×1.4×4.2cm×2	71,300	中国嘉德	2018-11-21
陈巨来 刻 昌化鸡血石方章	2.3×2.3×5cm	69,000	北京匡时	2018-06-15
石可刻东坡诗词寿山石狮纽印章	高9cm; 宽7.5×7.5cm	69,000	广东崇正	2018-07-04
林清卿作　寿山水洞高山石梅花喜鹊纹对章	1.7×1.7×8.9cm	69,000	广东崇正	2018-07-05
郭功森作　寿山水洞桃花石兽钮长方章	5.2×2.8×7.8cm	69,000	广东崇正	2018-07-05
吴昌硕 爱日长	1.6×1.6×3.5cm; 重28g	69,000	荣宝斋(上海)	2018-01-21
于非闇 空中无色	2.5×2.5×6cm; 重101.2g	69,000	荣宝斋(上海)	2018-01-21
丰子恺 闲素	1.2×1.2×2.4cm; 重4.8g	69,000	荣宝斋(上海)	2018-01-21
田黄福在眼前方章	1.8×1.8×4cm; 重25.2g	69,000	上海匡时	2018-04-30
桔皮黄田黄石素章	2×1.5×3.2cm; 重24.5g	69,000	上海匡时	2018-04-30
赵叔孺刻凤钮寿山石自用印	2.6×1.7×4.8cm	69,000	西泠拍卖	2018-07-08
林清卿作田黄石梅纹薄意随形章	2.6×1.3×3.9cm; 16.9g	69,000	西泠拍卖	2018-07-08
杨龙石刻昌化鸡血石印章(三方)	尺寸不一	69,000	中国嘉德	2018-06-18
寿山石薄意随形章	1.9×1.4×7.3cm	69,000	中国嘉德	2018-06-18
郭祥忍 高山石鱼钮章	3.5×2.2×6.5cm	69,000	中贸圣佳	2018-06-20
1925年作 朱复戡刻寿山石子母狮钮闲章	1.8×1.8×5.5cm	69,000	西泠拍卖	2018-07-08
巴林鸡血章	2.8×2.8×10.9cm; 重262g	69,000	北京荣宝	2018-12-03
巴林鸡血章	3×3×12.5cm; 重量284.2g	69,000	北京荣宝	2018-12-03
钟以敬刻 胡宗成用寿山白芙蓉石印章	2.1×2.1×4.4cm	69,000	中国嘉德	2018-11-21
林清卿 云纹薄意"定郡王宝"、"筠邻主人之言书画印"	长2cm; 宽2cm, 高8.5cm	69,000	中贸圣佳	2018-11-24
徐新周刻 寿山石凤钮印章	3.4×1.4×3.8cm	66,700	中国嘉德	2018-06-18
寿山芙蓉石松鼠葡萄钮对章	2.7×2.7×6.5cm×2	66,700	中国嘉德	2018-06-18
王福庵刻 寿山石鱼钮印章	2.6×1×4.3cm	66,700	中国嘉德	2018-11-21
钱瘦铁刻 昌化鸡血石印章	1.6×1.4×4.3cm	66,700	中国嘉德	2018-11-21
邓石如 花可可梦依依	1.9×1.9×6cm; 重64g	63,250	荣宝斋(上海)	2018-01-21
王大炘 归愚	3×2×5cm; 重87g	63,250	荣宝斋(上海)	2018-01-21
吴昌硕 素心独处	1.5×1.5×3.2cm; 重21.9g	63,250	荣宝斋(上海)	2018-01-21
沙孟海 闲静自喜	2.8×2.2×2.9cm; 重49.4g	63,250	荣宝斋(上海)	2018-01-21
沙孟海 素位而行	2.5×2.5×4.1cm; 重67.8g	63,250	荣宝斋(上海)	2018-01-21
丁敬 迥得天意	2.1×2.1×4.9cm; 重61g	63,250	荣宝斋(上海)	2018-01-21
陈豫钟 知音世所稀	2×2×6cm; 重71.6g	63,250	荣宝斋(上海)	2018-01-21
陈鸿寿 草衣木食度朝昏	2.2×2.2×4.6cm; 重60.3g	63,250	荣宝斋(上海)	2018-01-21
齐白石 天机清旷	3×3×3.9cm; 重98.8g	63,250	荣宝斋(上海)	2018-01-21
潘天寿 卧游	1.1×1.1×2.8cm; 重6.9g	63,250	荣宝斋(上海)	2018-01-21
清·钟以敬刻寿山石古兽钮闲章	2.6×1.3×3.6cm	63,250	西泠拍卖	2018-07-08
王禔刻古兽钮寿山石张正学自用印	2.8×1.2×5.5cm	63,250	西泠拍卖	2018-07-08
清·寿山石章（三方）	尺寸不一	63,250	西泠拍卖	2018-07-08
来楚生刻 青田石印章	6.4×1×2cm	63,250	中国嘉德	2018-06-18
寿山白芙蓉石夔凤钮方章	2.3×2.3×4.1cm	63,250	中国嘉德	2018-06-18
林元珠 寿山高山石印章	3.2×3.2×9.5cm	63,250	中贸圣佳	2018-06-20
1918年作 徐新周刻青田石闲章	2.7×2×5cm	63,250	西泠拍卖	2018-07-08
徐新周刻 青田石印章	2.2×2.2×5.5cm	63,250	中国嘉德	2018-11-21
寿山石刻道教人物小像及田黄印章（一方）	高3cm; 3.3cm; 12g	59,950	佳士得	2018-10-04
田黄石古兽钮章（三方）	尺寸不一	59,800	上海匡时	2018-04-30
李瑞清自用寿山高山石章	1.9×1.8×5.3cm	59,800	西泠拍卖	2018-07-08
钟以敬刻 寿山石印章	2.9×2.1×2.9cm	59,800	中国嘉德	2018-06-18
吴朴堂刻 寿山石、青田石印章（两方）	尺寸不一	59,800	中国嘉德	2018-06-18
昌化鸡血石椭圆章（一组两方）	尺寸不一	59,800	中国嘉德	2018-06-18
寿山芙蓉石、田黄石印章（一组八方）	尺寸不一	59,800	中国嘉德	2018-06-18
寿山白芙蓉石兽钮印章	3.8×2.5×8.4cm	59,800	中国嘉德	2018-06-18
巴林鸡血章	2.2×3.1×9cm; 重量157g	59,800	北京荣宝	2018-12-03
陈师曾刻 寿山白芙蓉石兽钮印章	3.1×1.6×4.7cm	59,800	中国嘉德	2018-11-21
钟以敬刻 寿山石印章	2.5×2.5×3.4cm	59,800	中国嘉德	2018-11-21
经亨颐 等刻 青田、寿山石自用印章	尺寸不一	57,500	北京匡时	2018-06-15
郭祥忍 寿山白芙蓉石"福在眼前"钮方章	4.5×3.7×6cm	57,500	北京匡时	2018-06-15
郭祥雄 寿山坑头牛角冻石螭虎穿环钮对章	2×2×6.6cm×2	57,500	北京匡时	2018-06-15
林清卿 寿山高山石薄意方章	1.3×1.3×7.3cm	57,500	北京匡时	2018-06-15

拍品名称	物品尺寸	成交价RMB	拍卖公司	拍卖日期
田黄石素方章	2×2.1×3cm; 重28.8g	57,500	北京匡时	2018-06-15
叶承基 寿山石老性芙蓉母子兽钮方章	4.3×4.3×4.1cm	57,500	凤凰拍卖	2018-01-21
叶承基 寿山石芙蓉巧雕古兽钮圆章	3.5×1.7×5.5cm	57,500	凤凰拍卖	2018-01-21
陈巨来 闲素	1.8×1.2×3.4cm; 重21.2g	57,500	荣宝斋(上海)	2018-01-21
王福厂 长忆去年今夜月	2.9×2.9×7cm; 重152g	57,500	荣宝斋(上海)	2018-01-21
丁敬 往来千载	2.1×2.1×6.8cm; 重74.3g	57,500	荣宝斋(上海)	2018-01-21
何震 笑读古人书	2×1.5×3.5cm; 重29.8g	57,500	荣宝斋(上海)	2018-01-21
陈巨来 青田石刻"陈统照印"方章	1.2×1.2×2.5cm	57,500	上海嘉禾	2018-06-25
清·张祥河刻竹根闲章	高7.8cm	57,500	西泠拍卖	2018-07-08
林元珠作寿山高山朱砂石龙钮对章	2.9×2.9×9.1cm×2	57,500	西泠拍卖	2018-07-08
邓散木刻 寿山石对章	3×3×6cm×2	57,500	中国嘉德	2018-06-18
吴让之款 寿山杜陵石薄意对章	1.6×1.6×8.7cm×2	57,500	中国嘉德	2018-06-18
林清卿作 寿山田黄石薄意山水图章	2.5×1.4×4.9cm; 39.1g	57,500	中国嘉德	2018-06-18
1821年作 赵次闲为金城刻 昌化鸡血石自用印	1.3×1.3×4cm	57,500	北京匡时	2018-06-15
吴昌硕 刻 1889年作 寿山石方章	2.2×2.2×4.5cm	57,500	北京匡时	2018-06-15
1951年作沈受觉等刻田黄石等印章（二方）	尺寸不一	57,500	西泠拍卖	2018-07-08
1953年作 韩登安刻青田石钟久安自用印	4.9×1.4×3.9cm	57,500	西泠拍卖	2018-07-08
1953年作 吴朴刻朱芾甘自用印	2.2×1.1×3.2cm	57,500	西泠拍卖	2018-07-08
1973年作 钱君匋刻古兽钮寿山高山石费彝民自用对章	1.9×1.9×7.8cm×2	57,500	西泠拍卖	2018-07-08
齐白石 齐白石为杨沧白刻酱油青田石"天隐阁"印章	长4.3cm; 宽1.9cm; 高5.4cm	57,500	中贸圣佳	2018-11-24
黄士陵"磨兜坚"印	高4cm	57,500	北京保利	2018-12-08
巴林鸡血雕头章	3×3.1×12.5cm; 重259.3g	57,500	北京荣宝	2018-12-03
巴林鸡血章	3×3×14.9cm; 重362.5g	57,500	北京荣宝	2018-12-03
寿山荔枝石博古钮方章	3×3×14.2cm	57,500	中国嘉德	2018-11-21
冯康侯刻 唐少泉用寿山石对章	2.1×2.1×4.7cm×2	57,500	中国嘉德	2018-11-21
齐白石、陈半丁刻 寿山芙蓉石对章	1.7×1.7×6.1cm×2	57,500	中国嘉德	2018-11-21
钟以敬刻 青田石兽钮印章	3.1×1.1×5cm	57,500	中国嘉德	2018-11-21
旗降龙龟印章	3.1×3.1×6.5cm	57,500	中贸圣佳	2018-11-24
林清卿 高山黄冻石章	3.6×1.8×6.1cm	57,500	中贸圣佳	2018-11-24
黑田黄石印章	2.6×2.6×6.7cm	57,500	中贸圣佳	2018-11-25
骨制人物钮印章	高3.6cm	56,593	中国嘉德	2018-10-02
阿峰 龙首 寿山掘性大山晶把玩章	5.4×5.4×2.7cm; 重114.3g	56,000	上海联合	2018-11-25
沙孟海 无量寿	2.5×2.2×4.7cm; 重72.5g	55,200	荣宝斋(上海)	2018-01-21
于非闇 无为	2.4×2.4×7.5cm; 重108.5g	55,200	荣宝斋(上海)	2018-01-21
陈豫钟刻白芙蓉古兽钮闲章	2.5×2.5×4cm	55,200	上海匡时	2018-04-30
清·蒋宗海刻寿山芙蓉石螭钮闲章	4.5×2×5cm	55,200	西泠拍卖	2018-07-08
清·寿山芙蓉石古兽钮章（三方）	尺寸不一	55,200	西泠拍卖	2018-07-08
吴臧龛自用寿山芙蓉石古兽钮章	2.2×2.2×3.4cm	55,200	西泠拍卖	2018-07-08
王福庵刻 寿山高山石薄意祥云钮印章	1.9×1.9×7.2cm	55,200	中国嘉德	2018-06-18
吴朴堂刻 寿山白芙蓉石龙钮方章	4×1.3×6.4cm	55,200	中国嘉德	2018-06-18
邓尔雅刻 唐少泉用寿山石印章	1.7×1.7×6.2cm	55,200	中国嘉德	2018-11-21
丁二仲刻 寿山白芙蓉石兽钮印章	2.5×2.5×6.4cm	55,200	中国嘉德	2018-11-21
杨龙石刻 骨制印章（两方）	尺寸不一	55,200	中国嘉德	2018-11-21
林寿煁 善伯龙纹印章	2.6×2.6×13.2cm	55,200	中贸圣佳	2018-11-24
徐云叔刻寿山石印章	高5.1cm	54,050	朵云轩	2018-04-22
徐丹 大富贵 寿山荔枝洞薄意印章	10.8×2.2×2.2cm; 重124.1g	53,760	上海联合	2018-07-01
己未(1979年)作 冯康侯 篆书五言联 印章（四方）镜心	对联107×30cm×2; 印章8×1.6×1.6cm×4	53,506	中国嘉德	2018-10-03
近代 陈巨来刻月尾紫闲章	2.3×2.3×5cm	52,900	朵云轩	2018-06-25
郭祥雄 寿山芙蓉石古兽钮对章	4×2.6×5.5cm×2	51,750	北京匡时	2018-06-15
韩天衡刻昌化鸡血石印章	高7cm	51,750	朵云轩	2018-04-22
贺孔才刻吴汝伦、吴北江自用印章（一组六方）	尺寸不一	51,750	广东崇正	2018-07-04
齐白石 取诸怀抱	2.9×2.9×5.9cm; 重144g	51,750	荣宝斋(上海)	2018-01-21
钱瘦铁 水木湛清华	2.3×2.3×4.9cm; 重73.4g	51,750	荣宝斋(上海)	2018-01-21
诸乐三 静水深流	2.5×2.5×5.7cm; 重101.4g	51,750	荣宝斋(上海)	2018-01-21
台静农 从吾所好	2.2×2.2×6.5cm; 重85.2g	51,750	荣宝斋(上海)	2018-01-21
赵叔孺刻寿山芙蓉石姚文倬自用印	2.1×2.1×2.1cm	51,750	西泠拍卖	2018-07-08

拍品名称	物品尺寸	成交价RMB	拍卖公司	拍卖日期
陈澹如刻寿山石古兽钮章	3×3.1×2.8cm	51,750	西泠拍卖	2018-07-08
武钟临刻 青田石印章	2×2×5cm	51,750	中国嘉德	2018-06-18
寿山芙蓉石象钮对章	2.2×2.2×4.9cm×2	51,448	北京匡时	2018-10-03
徐云叔刻寿山石印章	高5.6cm	50,600	朵云轩	2018-04-22
韩天衡刻白芙蓉印章	高3.5cm	48,300	朵云轩	2018-04-22
陆康篆刻闲章	3.7×3.7×11.5cm	48,300	朵云轩	2018-06-25
赵之谦 宛其深矣	1.3×1.3×4.6cm; 重19.8g	48,300	荣宝斋(上海)	2018-01-21
徐三庚 月照禅心	2.3×2.3×6.1cm; 重68.7g	48,300	荣宝斋(上海)	2018-01-21
赵之琛 郁葱佳气满乾坤	2.6×2.6×4.4cm; 重92.1g	48,300	荣宝斋(上海)	2018-01-21
赵之琛 用意不如平心	2.5×1.4×3.4cm; 重32.7g	48,300	荣宝斋(上海)	2018-01-21
谈月色 看云	2.4×1×2.6cm; 重12.3g	48,300	荣宝斋(上海)	2018-01-21
来楚生刻青田石岂斋用印	2.4×2.4×5.5cm	48,300	上海匡时	2018-04-30
邓尔雅刻寿山芙蓉石张之英自用闲章	2.5×2×3.4cm	48,300	西泠拍卖	2018-07-08
田黄石山水薄意随形章	2.2×1.6×3.6cm; 19.7g	48,300	西泠拍卖	2018-07-08
寿山民国二高山石四螭钮章	2.4×2.4×6.7cm	48,300	西泠拍卖	2018-07-08
冯康侯刻 寿山高山石松鼠南瓜钮印章	2.9×2.9×8.1cm	48,300	中国嘉德	2018-06-18
徐新周刻 寿山石博古钮对章	2.7×2.7×6.2cm×2	48,300	中国嘉德	2018-06-18
来楚生刻 青田石肖形印	2.1×2.1×2.1cm	48,300	中国嘉德	2018-06-18
寿山芙蓉石兽钮印章	3.9×3.8×6.4cm	48,300	中国嘉德	2018-06-18
巴林鸡血章	2.7×2.7×13.2cm; 重251g	48,300	北京荣宝	2018-12-03
昌化鸡血石方章（一组五方）	尺寸不一	48,300	中国嘉德	2018-11-21
冯康侯刻唐少泉用寿山芙蓉石兽钮印章	2.4×2.4×5.1cm	48,300	中国嘉德	2018-11-21
寿山旗降石兽钮方章（一对）	高6.8cm	46,000	广东崇正	2018-07-05
顿立夫 居敬而行简	2.4×2.4×5.1cm; 重80.7g	46,000	荣宝斋(上海)	2018-01-21
赵之琛 少得多惑	2.1×2.1×4cm; 重47.3g	46,000	荣宝斋(上海)	2018-01-21
钱松 暂止便去	1.6×1.6×6.6cm; 重46.3g	46,000	荣宝斋(上海)	2018-01-21
高凤翰 得自在禅	2.4×2.4×4.6cm; 重76g	46,000	荣宝斋(上海)	2018-01-21
陈半丁 床上书连屋	2.1×2.1×6.4cm; 重72.8g	46,000	荣宝斋(上海)	2018-01-21
于非闇 求真	2×1.8×6.3cm; 重59g	46,000	荣宝斋(上海)	2018-01-21
清·诸葛恭刻回形钮铜印	6×2.6×4.8cm	46,000	西泠拍卖	2018-07-08
清·汤徽典等刻竹根印（三方）	尺寸不一	46,000	西泠拍卖	2018-07-08
清·田黄石章（三方）	尺寸不一	46,000	西泠拍卖	2018-07-08
昌化鸡血石素方章	1.5×1.5×7.4cm	46,000	西泠拍卖	2018-07-08
傅朝阳刻 寿山芙蓉石兽钮印章	2.7×2.7×5.6cm	46,000	中国嘉德	2018-06-18
寿山石印章（一组四方）	尺寸不一	46,000	中国嘉德	2018-06-18
寿山石兽钮印章（一组四方）	尺寸不一	46,000	中国嘉德	2018-06-18
寿山芙蓉石兽钮印章（一组三方）	尺寸不一	46,000	中国嘉德	2018-06-18
寿山杜陵石薄意随形章	4.3×1.8×6.1cm	46,000	中国嘉德	2018-06-18
叶潞渊为梅兰芳作田黄双面印	长2.2cm; 重7g	46,000	中国嘉德	2018-05-18
白芙蓉石五蝠章	5.5×3.5×5.5cm	46,000	中贸圣佳	2018-06-20
邓散木 寿山石兽钮章	2×2×5.5cm	46,000	中贸圣佳	2018-06-20
1942年作王禔、陈巨来刻寿山石章(二方)	尺寸不一	46,000	西泠拍卖	2018-07-08
巴林鸡血章	3×3×10cm; 重量230.9g	46,000	北京荣宝	2018-12-03
巴林玛瑙冻对章	2.7×2.7×9cm; 重366.9g	46,000	北京荣宝	2018-12-03
巴林鸡血雕头章	3×3×12cm; 重量227g	46,000	北京荣宝	2018-12-03
傅朝阳刻 寿山芙蓉石兽钮印章	2.3×2.3×7.9cm	46,000	中国嘉德	2018-11-21
林文举作 寿山石薄意章（一组三方）	尺寸不一	46,000	中国嘉德	2018-11-21
冯康侯刻唐少泉用寿山芙蓉石花钮印章	2.1×2×5.3cm	46,000	中国嘉德	2018-11-21
韩登安刻 胡佐卿用青田石印章	2.1×2.1×3.9cm	46,000	中国嘉德	2018-11-21
周宝庭 寿山石印章	2.5×2.5×7.6cm	46,000	中贸圣佳	2018-11-24
邓石如作寿山石金杏芳印	2.6×2×4.5cm	46,000	中贸圣佳	2018-11-24
月尾石对章	3.5×3.5×8.5cm	46,000	中贸圣佳	2018-11-24
竹雕荷叶洗	长18cm	43,700	朵云轩	2018-04-22
陈巨来为陈其采刻 昌化鸡血石方章	1.8×1.8×5.3cm	43,700	北京匡时	2018-06-15
寿山高山石太狮少狮钮方章	4.3×4.3×7cm	43,700	北京匡时	2018-06-15
徐云叔刻寿山石印章	高6cm	43,700	朵云轩	2018-04-22
寿石工等刻杨恩华、杨宗翰用印及藏印（七方）	高2.5–6.5cm	43,700	华艺国际	2018-05-23
寿石工、宋君方等刻杨宗翰藏印（三方）	高3–4.5cm	43,700	华艺国际	2018-05-23
赵叔孺 云闲鹤逸	2.3×2.3×6cm; 重84.4g	43,700	荣宝斋(上海)	2018-01-21
顿立夫 静以自好	2.5×2.3×4.6cm; 重56.4g	43,700	荣宝斋(上海)	2018-01-21
叶为铭 算负黄花又一年	2.2×1.4×3.5cm; 重25.4g	43,700	荣宝斋(上海)	2018-01-21
陈豫钟 山色有无中	1.9×1.9×5.2cm; 重64.6g	43,700	荣宝斋(上海)	2018-01-21

拍品名称	物品尺寸	成交价RMB	拍卖公司	拍卖日期
陈鸿寿 沉吟至今	2×2×4.8cm; 重50.4g	43,700	荣宝斋(上海)	2018-01-21
潘西凤 自求多福	1.8×1.8×4.8cm; 重44.8g	43,700	荣宝斋(上海)	2018-01-21
高凤翰 云散一夕烟	2×1.8×3.6cm; 重36g	43,700	荣宝斋(上海)	2018-01-21
诸乐三 过眼云烟	2.4×2.4×5.3cm; 重85g	43,700	荣宝斋(上海)	2018-01-21
陈春熙 思不群	2×2×4.5cm; 重32.3g	43,700	荣宝斋(上海)	2018-01-21
徐同柏 一不为少	1.8×1.8×4.6cm; 重48.1g	43,700	荣宝斋(上海)	2018-01-21
黄荔枝冻薄意扁方章	3.2×1×8.9cm	43,700	上海匡时	2018-04-30
清·寿山芙蓉、高山石章（三方）	尺寸不一	43,700	西泠拍卖	2018-07-08
吴隐刻 寿山石、青田石印章（三方）	尺寸不一	43,700	中国嘉德	2018-06-18
寿山杜陵石薄意对章	1.6×1.6×8cm×2	43,700	中国嘉德	2018-06-18
寿山石等印（三十方）	尺寸不一	43,700	中国嘉德	2018-05-19
1902年作 清·吴隐刻寿山石闲章	1.9×1.9×5.1cm	43,700	西泠拍卖	2018-07-08
1942年、1944年作 王禔刻寿山石等印章（四方）	尺寸不一	43,700	西泠拍卖	2018-07-08
1944年作 方去疾、张志鱼、寿石工刻寿山石等印章（三方）	尺寸不一	43,700	西泠拍卖	2018-07-08
1952年作 陈巨来为周思富刻 寿山石螭虎穿环钮方章	1.5×1.5×6.5cm	43,700	北京匡时	2018-06-15
1966年作 陈巨来为高仁偶刻 寿山芙蓉石方章	1.7×1.7×4.5cm	43,700	北京匡时	2018-06-15
1974年作韩天衡刻青田石任政用闲章	1.5×1.5×6cm	43,700	上海匡时	2018-04-30
巴林鸡血雕头章	3.2×3.2×13.7cm; 重327.6g	43,700	北京荣宝	2018-12-03
冯康侯刻 唐少泉用寿山高山石兽钮印章	2.3×2.3×5.5cm	43,700	中国嘉德	2018-11-21
徐云叔刻寿山石印章	高5cm	41,400	朵云轩	2018-04-22
叶承基 寿山石老性黄芙蓉母子兽钮方章	3×1.8×8.4cm	41,400	凤凰拍卖	2018-01-21
西藏铁减金嵌松石噶玛巴印	5×5×4cm	41,400	北京匡时	2018-12-05
缶导人(吴昌硕)“于口”印	高3.8cm	40,925	香港诚昌	2018-05-30
来楚生为刘寿曾刻 青田石方章	1.6×1.6×7cm	40,250	北京匡时	2018-06-15
杨恩华、杨宗翰用印及藏印（六方）	高2.6–4.7cm	40,250	华艺国际	2018-05-23
钱君匋 山花烂漫	2.5×2.5×6.9cm; 重95.8g	40,250	荣宝斋(上海)	2018-01-21
来楚生 醉翁之意	2.5×2.5×5cm; 重90.3g	40,250	荣宝斋(上海)	2018-01-21
来楚生 妙造自然	2×2×5cm; 重58.7g	40,250	荣宝斋(上海)	2018-01-21
邓石如 心与水月清	1.8×1.8×3.8cm; 重37.4g	40,250	荣宝斋(上海)	2018-01-21
赵叔孺 平常心	1.7×1.7×2.7cm; 重10.3g	40,250	荣宝斋(上海)	2018-01-21
韩登安 至人无梦	2.3×2.3×5.4cm; 重84g	40,250	荣宝斋(上海)	2018-01-21
童大年 诗带好风吟	2.5×2.5×8cm; 重127.9g	40,250	荣宝斋(上海)	2018-01-21
蒋仁 神出古异	2.3×2.3×3.5cm; 重55.3g	40,250	荣宝斋(上海)	2018-01-21
奚冈 泉石延寿	1.8×1.8×5.4cm; 重42g	40,250	荣宝斋(上海)	2018-01-21
陈鸿寿 竹秀梅清	1.3×1.3×4.5cm; 重24.7g	40,250	荣宝斋(上海)	2018-01-21
周颢 尚雅	1.8×1.8×3.5cm; 重25.6g	40,250	荣宝斋(上海)	2018-01-21
齐白石 气韵天成	1.4×1.4×3.9cm; 重21.2g	40,250	荣宝斋(上海)	2018-01-21
白蕉 长乐	2×1×5.5cm; 重23.2g	40,250	荣宝斋(上海)	2018-01-21
清·程邃刻寿山石古兽钮闲章	3.3×2.4×4.4cm	40,250	西泠拍卖	2018-07-08
清·湖广石子母狮钮对章	4.7×4.7×9.8cm×2	40,250	西泠拍卖	2018-07-08
韩登安刻 寿山石薄意印章	2.6×2.6×6.9cm	40,250	中国嘉德	2018-06-18
方介堪刻 寿山芙蓉石印章	4.9×2.3×7.3cm	40,250	中国嘉德	2018-06-18
寿山高山石蚕钮印章	2.8×2.8×8.4cm	40,250	中国嘉德	2018-06-18
寿山芙蓉石钮章（一组一百方）	尺寸不一	40,250	中国嘉德	2018-06-18
寿山石对章（四对）	尺寸不一	40,250	中国嘉德	2018-06-18
寿山高山石印章（一组三方）	尺寸不一	40,250	中国嘉德	2018-06-18
王雷霆 寿山鹿目石薄意人物章	长6cm; 宽2.2cm; 高7cm	40,250	中贸圣佳	2018-06-20
1907年作 王禔刻寿山水坑石梅花薄意自用闲章	2.8×0.8×5.8cm	40,250	西泠拍卖	2018-07-08
1912年、1933年作 王大炘、丁二仲、石仙刻寿山石名章（三方）	尺寸不一	40,250	西泠拍卖	2018-07-08
1918年作 徐新周刻寿山、青田石章（二方）	1.4×1.4×3cm 2×1.1×5.2cm	40,250	西泠拍卖	2018-07-08
1943年作 韩登安刻寿山石古兽钮章	2.7×1.7×2cm	40,250	西泠拍卖	2018-07-08
1944年作 冯康侯刻寿山白芙蓉石凤钮章	2.8×1.6×3.2cm	40,250	西泠拍卖	2018-07-08
1945年 邓尔雅刻寿山石唐少泉自用印（三方）	尺寸不一	40,250	广东崇正	2018-07-05
寿山三色荔枝石人物钮方章	2.7×2.7×9.2cm	40,250	中国嘉德	2018-11-21

2018杂项拍卖成交汇总

(成交价RMB：2万元以上)

拍品名称	物品尺寸	成交价RMB	拍卖公司	拍卖日期
冯康侯刻 寿山芙蓉石兽钮印章	2.3×2.3×3.6cm	40,250	中国嘉德	2018-11-21
方介堪刻 昌化鸡血石印章	2.2×1.1×4.9cm	40,250	中国嘉德	2018-11-21
唐醉石刻 青田石两面印	1.3×1.3×6.7cm	40,250	中国嘉德	2018-11-21
徐新周刻 寿山石兽钮对章	3×3×9cm×2	40,250	中国嘉德	2018-11-21
郑则耀 瑞兽 老挝石钮章	6.5×3.7×3.7cm; 重176.6g	39,200	上海联合	2018-07-01
寿山冻印章	高6.4cm	39,100	朵云轩	2018-04-22
郭祥雄作寿山荔枝冻三螭钮福寿纹方章	2.6×2.6×8.5cm	39,100	上海匡时	2018-04-30
诗船款竹根雕随形印章（两方）	高5.50cm; 高5cm	39,100	中国嘉德	2018-10-02
张祥凝、林千石刻寿山石唐少泉自用印（二方）	2.5×2.4×2.4cm; 6.2×1.7×1.7cm	37,950	广东崇正	2018-07-05
来楚生为张永恺刻昌化石方章	3×1.2×2.2cm	36,800	北京匡时	2018-06-15
寿石工等刻杨宗翰用印及藏印（四方）、文玩一件	高3.5-5.7cm	36,800	华艺国际	2018-05-23
来楚生 实事求是	2.1×2.1×4.5cm; 重49.6g	36,800	荣宝斋(上海)	2018-01-21
黄士陵 有情痴	2.2×2.2×4.6cm; 重57.2g	36,800	荣宝斋(上海)	2018-01-21
邓散木 艺古之道	2.6×2.1×3.7cm; 重60.3g	36,800	荣宝斋(上海)	2018-01-21
王福厂 会心处不在远	2.8×2.8×4.6cm; 重111g	36,800	荣宝斋(上海)	2018-01-21
高凤翰 观自在	1.9×1.3×5cm; 重36g	36,800	荣宝斋(上海)	2018-01-21
高凤翰 如气之秋	2.2×2.2×3.6cm; 重50.5g	36,800	荣宝斋(上海)	2018-01-21
苏宣 食鱼者寿	1.5×1.5×6cm; 重42.3g	36,800	荣宝斋(上海)	2018-01-21
赵鹤琴刻青田石闲章（二方）	尺寸不一	36,800	上海匡时	2018-04-30
荔枝冻石古兽钮扁方章	2.9×1.9×6.5cm	36,800	上海匡时	2018-04-30
清·赵之琛刻青田石闲章	2.3×2.3×5.1cm	36,800	西泠拍卖	2018-07-08
叶墨卿刻青田石闲章	1.9×1×3.7cm	36,800	西泠拍卖	2018-07-08
方介堪刻寿山芙蓉石凤钮章	2.8×1.5×4.2cm	36,800	西泠拍卖	2018-07-08
叶潞渊刻寿山石自用印	2.1×1.3×5.9cm	36,800	西泠拍卖	2018-07-08
冯康侯刻 寿山高山石花钮印章	2.5×2.5×7.4cm	36,800	中国嘉德	2018-06-18
王福厂庵刻寿山石、青田石印章（两方）	尺寸不一	36,800	中国嘉德	2018-06-18
1918年作 徐新周刻青田石闲章	1.6×1.6×5.3cm	36,800	西泠拍卖	2018-07-08
1947年作 方介堪刻寿山芙蓉石荷花纹闲章	2.6×1.2×6.9cm	36,800	西泠拍卖	2018-07-08
1957年作 陈巨来刻为雷庚刻昌化石方章	1.6×1.6×6.3cm	36,800	北京匡时	2018-06-15
雷剑镖 环环相扣 老挝北部田链章	34×23×43cm; 23×23×28cm; 总重843g	35,840	上海联合	2018-07-01
徐云叔刻青田石印章	高7cm	35,650	朵云轩	2018-04-22
白石款童子洗象钮印章	2.4×2.4×7.2cm	34,500	北京匡时	2018-06-15
叶潞渊为沈显瑛刻昌化石对章	1.2×1.2×4cm×2	34,500	北京匡时	2018-06-15
王福厂 刻 兽骨方章	1.3×1.3×5.6cm	34,500	北京匡时	2018-06-15
方介堪 刻 寿山石素方章	2.4×2.4×4.8cm	34,500	北京匡时	2018-06-15
昌化鸡血石素章	2×2×5.6cm	34,500	北京匡时	2018-06-15
昌化鸡血石素章两方	尺寸不一	34,500	北京匡时	2018-06-15
近代 吴湖帆刻"人书俱老"印章	3.6×2×6.2cm	34,500	北京荣宝	2018-06-14
袁慧敏篆刻闲章	3×2.4×5.3cm	34,500	朵云轩	2018-06-25
徐谷甫篆刻闲章	3.8×3.8×5.5cm	34,500	朵云轩	2018-06-25
韩天衡篆刻章	2.5×2.5×4.8cm	34,500	朵云轩	2018-06-25
邓尔雅、冯康侯刻寿山石唐少泉自用印（两方）	5.8×1.5×1.5cm; 4.3×1.9×1cm	34,500	广东崇正	2018-07-05
郑仁蛟作　寿山高山石太狮少狮钮印章（一对）	高8.5cm; 印面3.8×3.8cm	34,500	广东崇正	2018-07-05
寿山石凤钮印章、寿山高山石三连印章、寿山红高山石三连印章（一组七方）	尺寸不一	34,500	广东崇正	2018-07-05
寿山石薄意云龙纹印章	高7cm	34,500	广东崇正	2018-07-05
钱君匋 懒不得	1.9×1.9×4cm; 重43.9g	34,500	荣宝斋(上海)	2018-01-21
邓散木 意气郎	2.5×2.5×5cm; 重92.1g	34,500	荣宝斋(上海)	2018-01-21
方介堪 长乐无极	2.5×2.5×4.7cm; 重77.8g	34,500	荣宝斋(上海)	2018-01-21
陈鸿寿 闲素	1.4×1.4×3cm; 重16g	34,500	荣宝斋(上海)	2018-01-21
陈鸿寿 气厚神和	1.2×1.2×3.3cm; 重11.1g	34,500	荣宝斋(上海)	2018-01-21
陈鸿寿 所思不远	1.5×1.5×2.9cm; 重18.2g	34,500	荣宝斋(上海)	2018-01-21
钱松 我心写兮	2×2×3.3cm; 重24.5g	34,500	荣宝斋(上海)	2018-01-21
胡唐 知白守黑	1.5×1.5×5cm; 重32g	34,500	荣宝斋(上海)	2018-01-21
高凤翰 心游物外	1.7×1.7×4.5cm; 重35.8g	34,500	荣宝斋(上海)	2018-01-21
童昌龄 幽居不用名	2.6×2.6×4.5cm; 重27g	34,500	荣宝斋(上海)	2018-01-21
六舟 清芬一室闻	2.4×2.4×2.8cm; 重47g	34,500	荣宝斋(上海)	2018-01-21

拍品名称	物品尺寸	成交价RMB	拍卖公司	拍卖日期
杨沂孙 明心见性	2.1×2.1×4.6cm; 重64.7g	34,500	荣宝斋(上海)	2018-01-21
白蕉 闻香悟妙	1.4×1.4×5cm; 重23.7g	34,500	荣宝斋(上海)	2018-01-21
白蕉 与古为徒	2.4×2.2×4cm; 重62g	34,500	荣宝斋(上海)	2018-01-21
清·杨澥刻象骨章	1.3×1.3×4.2cm	34,500	西泠拍卖	2018-07-08
齐白石刻寿山石古兽钮章	2.3×2.3×7cm	34,500	西泠拍卖	2018-07-08
李介盦刻寿山石三阳开泰钮章	2.1×2.1×5.3cm	34,500	西泠拍卖	2018-07-08
李瑞清自用寿山石章	1.6×1.6×3.4cm	34,500	西泠拍卖	2018-07-08
寿山高山石三阳开泰钮对章	2.5×2.5×7cm×2	34,500	西泠拍卖	2018-07-08
郭祥鹰作寿山坑头牛角冻石三螭钮章	5.4×5.4×6.7cm	34,500	西泠拍卖	2018-07-08
陈曼生刻青田方印	高4.7cm	34,500	中国嘉德	2018-06-19
茅大为刻 寿山芙蓉石兽钮印章	2.5×1.3×3.6cm	34,500	中国嘉德	2018-06-18
韩登安刻 寿山石印章	1.5×1.4×4.8cm	34,500	中国嘉德	2018-06-18
唐醉石刻 寿山石印章（两方）	尺寸不一	34,500	中国嘉德	2018-06-18
陈半丁、张志渔刻 寿山石、昌化石印章（两方）	2.3×2.3×5cm; 3×2.8×2.9cm	34,500	中国嘉德	2018-06-18
杨龙石刻、吴让之款 竹根印章（两方）	尺寸不一	34,500	中国嘉德	2018-06-18
来楚生刻 青田石印章	5.5×2.4×2.8cm	34,500	中国嘉德	2018-06-18
寿山田黄石薄意随形章	3.7×2.6×2.5cm; 32.8g	34,500	中国嘉德	2018-06-18
寿山芙蓉石兽钮印章（两方）	尺寸不一	34,500	中国嘉德	2018-06-18
墨晶石、寿山黄芙蓉石钮章（一组两方）	尺寸不一	34,500	中国嘉德	2018-06-18
大康为钮隽作自用印（十七方）	尺寸不一	34,500	中国嘉德	2018-05-18
寿山峨眉石印章（一对）	2.2×2.2×8.1cm	34,500	中贸圣佳	2018-06-20
1816年作 清·赵懿刻许瑶光自用闲章	5.9×5.7×10.2cm	34,500	西泠拍卖	2018-07-08
鍾以敬 刻 1908年作 火烧石素方章	2.5×2.5×4.5cm	34,500	北京匡时	2018-06-15
1939年作 邓散木刻寿山石古兽钮方章	2.9×2.9×5.2cm	34,500	上海匡时	2018-04-30
1940年作 张志鱼刻寿山石古兽钮对章	2.5×2.5×8.5cm×2	34,500	西泠拍卖	2018-07-08
1941年作 赵叔孺为犬養健刻 青田石方章	2×2×8cm	34,500	北京匡时	2018-06-15
1945年 邓尔雅刻寿山石唐少泉自用印章（两方）	6.1×1.8×1.8cm; 5.3×1.9×1.9cm	34,500	广东崇正	2018-07-05
1947年作 邓大川刻青田石张开勋自用对章	1.9×1.9×7.2cm×2	34,500	西泠拍卖	2018-07-08
1961年作 叶潞渊刻古兽钮寿山石高络园自用印	3.8×1.5×5.5cm	34,500	西泠拍卖	2018-07-08
1969年作 吴子建为张永恺刻 寿山芙蓉石印章	2.2×2.2×2.2cm	34,500	北京匡时	2018-06-15
来楚生 刻 1971年作 寿山芙蓉石方章	2.8×1.6×5.1cm	34,500	北京匡时	2018-06-15
陈巨来 刻 1975年作 昌化鸡血石方章	2×2×6.4cm	34,500	北京匡时	2018-06-15
1976年、1979年作 钱君匋、单晓天刻寿山、青田石丁景唐自用印（四方）	尺寸不一	34,500	西泠拍卖	2018-07-08
茅大容 刻 2012年作 寿山石方章	3.7×3.7×13cm	34,500	北京匡时	2018-06-15
余正 刻 2012年作 芙蓉石方章	2.5×2.5×10.2cm	34,500	北京匡时	2018-06-15
茅大容 刻 2013年作 青田石方章	2.6×2.6×8cm	34,500	北京匡时	2018-06-15
余正 刻 2014年作 芙蓉石古兽钮方章	3.3×2×9cm	34,500	北京匡时	2018-06-15
巴林彩冻章	3.2×3.2×12.7cm; 重340.5g	34,500	北京荣宝	2018-12-03
茅大为刻 寿山芙蓉石兽钮印章	3.8×3.6×6.7cm	34,500	中国嘉德	2018-11-21
李杰刻 兽钮印章	2.8×2.6×3.7cm	34,500	中国嘉德	2018-11-21
汪黎特刻 青田石兽钮印章	2.9×2.9×8.4cm	34,500	中国嘉德	2018-11-21
石开刻 寿山石印章	2.6×1.8×6.1cm	34,500	中国嘉德	2018-11-21
寿山高山石薄意对章	尺寸不一	34,500	中国嘉德	2018-11-21
寿山三色荔枝石人物钮方章	2.6×2.6×8.7cm	34,500	中国嘉德	2018-11-21
陈半丁刻寿山石兽钮对章	1.1×1.1×4.6cm×2	34,500	中国嘉德	2018-11-21
王福庵刻 张群用寿山石印章	1.4×1.4×4.7cm	34,500	中国嘉德	2018-11-21
钱瘦铁刻 昌化鸡血石印章	3.5×1.5×6.2cm	34,500	中国嘉德	2018-11-21
杨龙石刻 寿山芙蓉石对章	尺寸不一	34,500	中国嘉德	2018-11-21
邓散木作寿山石印章	1.8×1.8×8.8cm	34,500	中贸圣佳	2018-11-24
陈武 松下眠琴 老挝石印章	2.9×2.9×9cm; 重量198g	33,600	上海联合	2018-07-01
白蕉 三省	1.2×0.8×5cm; 重10.5g	33,350	荣宝斋(上海)	2018-01-21
2011年作 茆帆刻寿山石古兽钮闲章	2.3×2.3×7.8cm	33,350	西泠拍卖	2018-07-08
二十世纪 方介堪刻寿山石印（三方）		33,317	纽约苏富比	2018-03-21
林果 有凤来仪 老挝北部田黄钮章	5.7×3.6×3.8cm; 重量153g	33,000	上海联合	2018-07-01
侏罗纪前期（约一亿七千万年前）南达科他州恐龙足印	37.3cm	32,360	香港苏富比	2018-04-02
寿山刻山水印材（三件）	尺寸不一	32,200	荣宝斋(南京)	2018-07-15
昌化鸡血印章	高5.1cm	32,200	朵云轩	2018-04-22

拍品名称	物品尺寸	成交价RMB	拍卖公司	拍卖日期
冯康侯刻寿山石梅花浮雕随形印	3×3.2×2.5cm	32,200	广东崇正	2018-07-05
寿山石各式印章（一组七方）	尺寸不一	32,200	广东崇正	2018-07-05
徐三庚 积翠	2.3×2.3×4cm；重56.2g	32,200	荣宝斋（上海）	2018-01-21
钱松·人生如寄	2.2×0.7×6.5cm；重25g	32,200	荣宝斋（上海）	2018-01-21
胡震 明月花屋	2×2×4.2cm；重47.8g	32,200	荣宝斋（上海）	2018-01-21
寿石工 怀古一何深	2.7×2.5×3.5cm；重68.8g	32,200	荣宝斋（上海）	2018-01-21
寿山芙蓉、荔枝等古兽钮品种方章（六方）	尺寸不一	32,200	上海匡时	2018-04-30
王禔刻寿山芙蓉石陈汉第自用印	1.3×1.3×2.6cm	32,200	西泠拍卖	2018-07-08
蒋维崧刻寿山石闲章	2.3×2.3×4.9cm	32,200	西泠拍卖	2018-07-08
清·广东绿石子母狮钮对章	3.3×3.3×5.2cm×2	32,200	西泠拍卖	2018-07-08
李杰刻 寿山田黄石薄意印章	2×1.3×4.2cm；21.5g	32,200	中国嘉德	2018-06-18
徐新周刻 王震自用寿山石印章	1.6×1.6×3.5cm	32,200	中国嘉德	2018-06-18
1817年作 赵之琛刻芙蓉石荷花钮江听香用印	1.9×1.9×6cm	32,200	上海匡时	2018-04-30
1895年作 钟以敬刻芙蓉石子母狮钮崔广沅用印	4×4×5cm	32,200	上海匡时	2018-04-30
1910年作 徐新周刻青田石闲章	2.8×2.8×5.9cm	32,200	西泠拍卖	2018-07-08
1972年作 徐宗浩刻寿山芙蓉石螭钮对章	2.4×2.4×3.9cm；2.4×2.4×4cm	32,200	西泠拍卖	2018-07-08
1974年作 韩天衡刻青田石任政用印	1.5×1.5×6cm	32,200	上海匡时	2018-04-30
巴林鸡血雕头章	3.8×3.8×4.8cm；重142.8g	32,200	北京荣宝	2018-12-03
巴林鸡血雕头章	3.2×3.1×18.1cm；重415.2g	32,200	北京荣宝	2018-12-03
巴林鸡血章	2.6×2.6×10.4cm；重191.5g	32,200	北京荣宝	2018-12-03
余正刻 青田石兽钮印章	2.6×2.6×10.4cm	32,200	中国嘉德	2018-11-21
昌化鸡血石方章	1.7×1.6×7.3cm	32,200	中国嘉德	2018-11-21
寿山坑头石钮章（一组一百方）	尺寸不一	32,200	中国嘉德	2018-11-21
林文宝款 寿山石博古钮方章	3.3×3.3×11.2cm	32,200	中国嘉德	2018-11-21
郭祥鹰 瑞兽 寿山二号矿章	3×3×7cm；重量115g	31,360	上海联合	2018-11-25
少狮太狮 寿山芙蓉石印章	6.7×3.2×3.2cm；重129.4g	31,360	上海联合	2018-11-25
墨				
前古典中期（约公元前900-600年）墨西哥奥尔梅克文化石人	高19cm	141,575	香港苏富比	2018-04-02
明天启 宝墨斋墨（二锭）	高7cm	34,500	北京翰海	2018-06-30
明末 程君房制"百子图"墨	直径12.5cm；厚1.9cm；重约236g	57,500	西泠拍卖	2018-07-07
明 松玄、墨狻猊、陈明墨（三锭）	尺寸不一	55,200	西泠拍卖	2018-07-07
清康熙 曹素功制黄海山图紫玉光墨一套三十六方	长6.2cm；长3.1cm	1,265,000	中国嘉德	2018-05-18
清康熙 汪时茂制文华上瑞墨（两方）	长8.3cm；长4.7cm	345,000	中国嘉德	2018-01-14
清康熙五十二年（1713年）作 曹素功制御书清爱堂墨	长7.2cm	28,750	中国嘉德	2018-05-18
清雍正 曹素功新安山水贡墨（一套十六笏）	重29.1g×16；8.8×2.4×16cm；重29.5g×16	460,000	广东崇正	2018-07-05
清乾隆 御制仿汉瓦当御墨（八方一套）	直径9cm；盒长49.8cm×49.8cm	2,990,000	北京保利	2018-12-12
清乾隆 御制淳化轩摹古宝墨（二锭）	长13.5cm	770,500	华艺国际	2018-05-23
清乾隆/嘉庆 御制曹素功十六罗汉图墨（一套十六笏）	尺寸不一	655,500	广东崇正	2018-07-05
清乾隆 乾隆年制款御制西湖十景诗文墨锭（一组九件）	尺寸不一	460,000	西泠拍卖	2018-07-07
清乾隆 曹素功天章文汉墨（一套十六笏）	8.6cm×2cm×16；重25.8gcm×16	345,000	广东崇正	2018-07-05
清乾隆 抑斋藏御墨、汪君蔚制墨（两锭）	长13cm；长10.5cm	276,000	华艺国际	2018-05-23
清乾隆 乐寿堂、敬胜斋藏乾隆御墨（二锭）	长9.5cm；长9.3cm	264,500	华艺国际	2018-05-23
清乾隆 "艳友"御墨（一锭）	长8.8cm	230,000	华艺国际	2018-05-23
清乾隆 "景室真香"墨（四锭）	长5.8cm；盒长7.5cm	218,500	华艺国际	2018-05-23
清乾隆 汪近圣制渤海高氏藏烟墨一套四方	长8cm	126,500	中国嘉德	2018-05-18
清乾隆 朱墨（一方）	长18.4cm	114,554	中国嘉德	2018-04-02
清乾隆 棉花图集锦墨（十锭）	长11cm；盒子28×31cm；重63g/锭	103,500	华艺国际	2018-05-23
清乾隆 紫阁铭勲、凤纹墨（二锭）	7.8×7.8×1.4cm；重约67.7g；7.2×2×0.9cm；重约13.3g	103,500	西泠拍卖	2018-07-07
清乾隆 胡开文谨制彭元瑞书御制文溯阁诗文璜形墨	长16.7cm	86,250	中国嘉德	2018-09-19
清乾隆 龙纹国宝御墨	长18cm	80,500	北京匡时	2018-06-15
清乾隆 晓艳寒香花卉纹御墨	长8.5cm；宽2.5cm；34g	57,500	保利厦门	2018-07-15
清乾隆 叶形花蝶"画眉"墨	长16.3cm	57,500	北京保利	2018-06-20
清乾隆 御制诗文"十二生肖"图圆墨	直径8.3cm	51,750	北京保利	2018-06-20
清乾隆 御题泽古怡情墨（一组五笏）	尺寸不一	48,300	保利厦门	2018-07-15
清乾隆 御制重排石鼓文墨	直径5.3cm	36,800	中国嘉德	2018-09-19
清乾隆 御制南畇鉴定墨（一组两笏）	高10.5cm；重20g×2	34,500	广东崇正	2018-07-05
清嘉庆 曹素功六世孙赓监制鹅湖匡邨图集锦墨（八锭）	长6cm-11cm；盒子85×21.5cm	713,000	华艺国际	2018-05-23
清中期 黄山图墨（三十六锭）	高7.3cm	230,000	北京翰海	2018-06-30
清嘉庆 御园图墨（七锭）	高6-9.6cm	195,500	北京翰海	2018-06-30
清中期 西湖十景墨（十锭）	高4.3-9.5cm	97,750	北京翰海	2018-06-30
清中期 世掌丝纶墨（十二锭）	高8cm	69,000	北京翰海	2018-06-30
清嘉庆 汪节庵制吴南畇"漱金家藏"墨（八锭）	8.5×2×1cm×8；每锭重约25.5g	55,200	西泠拍卖	2018-07-07
清中期 瀛洲图墨（十八锭）	高6cm	55,200	北京翰海	2018-06-30
清嘉庆 御制御园图墨（一组两笏）	尺寸不一；重51.5g；重55.8g	39,100	广东崇正	2018-07-05
清嘉庆五年（1800年）作 汪节菴制墨宝墨	长10cm	36,800	中国嘉德	2018-05-18
清中期 御製十六罗汉诗墨（八锭）	高5.4-8cm	36,800	北京翰海	2018-06-30
清中期 棉花图墨（四锭）	高11.5cm	34,500	北京翰海	2018-06-30
清同治 查二妙堂"知其白"墨（三十二锭）	7.8×1.9×0.7cm×32；每锭重约15g	109,250	西泠拍卖	2018-07-07
清同治 查二妙堂"五色天书词烂漫"墨（三十二锭）	8×2×0.7cm；每锭重约15g	103,500	西泠拍卖	2018-07-07
清同治 程圣文制西湖十景御题诗文集锦墨（一套十笏）	尺寸不一；438g	92,000	保利厦门	2018-07-15
清同治八年（1869年）作 胡开文制杜小舫填词墨	长9cm	40,250	中国嘉德	2018-05-18
清晚期 墨苑翠珍提梁墨（一套十六锭）	尺寸不一；重量不一	92,000	西泠拍卖	2018-07-07
清晚期 胡子卿制黄山风景集锦墨（八锭）	8.5×2×1.2cm×8；每锭重约31g	57,500	西泠拍卖	2018-07-07
清晚期 御制西湖胜景墨（一套九方）	尺寸不一	28,750	中国嘉德	2018-09-19
清晚期 胡开文制尤西堂先生谭诗制墨（一套八方）	长7.8cm	25,300	中国嘉德	2018-05-18
清晚期 胡开文监制罗汉图书卷墨（一套）	尺寸不一	23,000	北京保利	2018-06-20
清晚期 大富贵亦寿考漱金墨（一套六方）	长9.9cm	23,000	中国嘉德	2018-09-19
清晚期 文人书画墨（四方）	尺寸不一	23,000	中国嘉德	2018-09-19
清晚期 胡开文"翰苑珍藏"手卷墨（一套十锭）	尺寸不一；重量不一	20,700	西泠拍卖	2018-07-07
清 曹素功、吴舜华等制墨（二十一锭）	长7-9cm	460,000	华艺国际	2018-05-23
清 西湖四十五景墨（一组四十五笏）	尺寸不一	218,500	广东崇正	2018-07-05
清 牡丹图墨（一组十五件）		153,945	纽约苏富比	2018-09-15
清 汪节庵、胡开文等制墨（八锭）	长7.5-8.5cm	126,500	华艺国际	2018-05-23
清 十六罗汉墨	长9.1cm；宽3.3cm	120,750	中贸圣佳	2018-06-20
清 胡开文制文人定版墨一组十四笏	7.8×1.8×0.5cm×14	109,250	广东崇正	2018-07-04
清 胡开文制五老图集锦墨五锭一套、徐百云制墨二锭	长4.5cm-8cm	103,500	华艺国际	2018-05-23
清 汪节庵制集锦墨（二锭）	长5.2cm	86,250	华艺国际	2018-05-23
清 棉花图墨四锭	长11.3cm；宽3.5cm	80,500	中贸圣佳	2018-11-24
清桂庵拜相图墨	长13.5cm	78,200	北京翰海	2018-09-16
清 云龙纹朱砂墨（一组四笏）	7.5cm×1.8cm×1cm；74g×4	74,750	保利厦门	2018-01-08
清 御制文溯阁墨	16.5cm×5cm×1.5cm；178.5g	69,000	保利厦门	2018-01-08
清 端石仿明墨五松图纹砚	直径14.2cm；高2.6cm	63,250	广东崇正	2018-07-04
清 新安大好山水墨（一套八笏）	高9cm；重32.4g×8	59,800	广东崇正	2018-07-05
清鉴古斋骊龙珠墨（一组八锭）	8cm×1.5cm×1cm；172g	57,500	保利厦门	2018-01-08

2018杂项拍卖成交汇总

(成交价RMB：2万元以上)

拍品名称	物品尺寸	成交价RMB	拍卖公司	拍卖日期
清 胡开文、詹方寰制文人定版墨（一组八笏）	高8cm	57,500	广东崇正	2018-07-05
清 含经堂珍宝墨（一锭）	长7cm；高12.5cm	55,200	上海匡时	2018-04-30
清 催诗云旧墨（2锭）	高6.5cm	48,300	北京翰海	2018-09-16
清 车书一统墨（六锭）	7cm×1.5cm×1cm；14.5g×3	46,000	保利厦门	2018-01-08
清 乾隆御墨地不爱宝	10.5×3.7×1.3cm	46,000	朵云轩	2018-06-25
清 黄山图墨一盒	尺寸不一	43,700	北京匡时	2018-06-15
清 仿古支神图墨（一组六件）		41,052	纽约苏富比	2018-09-15
清 黄山风景墨（36景）	9×2×1×8cm；9×1.8×1×10cm	40,250	北京荣宝	2018-12-03
清 皇家六十四景集锦墨（一套）	尺寸不一	36,800	北京荣宝	2018-12-03
清 仿明国宝墨饼	直径13cm	36,800	广东崇正	2018-07-05
清 叶元卿苍苍室青琅轩墨	10.9×3.5×0.8cm；重约41g	36,800	西泠拍卖	2018-07-07
清 云蝠纹朱砂墨（二锭）	6×1.6×1.1cm×2；每锭重约51.5g	36,800	西泠拍卖	2018-07-07
清 朱砂墨一盒	7.7×2×1cm×4	34,500	北京匡时	2018-06-15
清 知味斋、棉花图、南面百城墨（一组四笏）	尺寸不一	34,500	广东崇正	2018-07-05
清 詹大有、胡开文款古喩麋等墨（二十八方）	尺寸不一	34,500	中国嘉德	2018-01-14
清光绪 胡开文沧浪亭墨（一组两笏）	尺寸不一；重242g、重16g	34,500	广东崇正	2018-07-05
清 "天府永藏"龙纹墨	长8.2×8.2×3cm	32,200	北京保利	2018-12-08
清 漱金家藏一盒	8.6×2.1×1.1cm×8	32,200	北京匡时	2018-06-15
清 詹大有等款万年红、凤凰云等朱砂、彩墨（三十四方）	尺寸不一	32,200	中国嘉德	2018-01-14
汪近圣鉴古斋彩墨（四笏）	尺寸不一	69,000	北京保利	2018-12-08
旧墨（十笏）	尺寸不一	57,500	北京保利	2018-12-08
瀛洲图仿古墨一套	长20cm；宽10cm；高3cm	38,340	羅芙奧	2018-06-02
60-80年代 大好山水、铁斋墨（一组十笏）	高10cm	36,800	广东崇正	2018-07-05
60-80年代 黄山松烟、万寿图、铁斋墨（一组十八笏）	高13cm	26,450	广东崇正	2018-07-05
中国书画研究院监制"百花齐放"墨一组四笏	10×3.2×1.1cm×4	23,000	广东崇正	2018-07-04
墨（十四方）	尺寸不一	23,000	中国嘉德	2018-01-14
60-80年代 田茂赠与墨、漱金墨（一组六笏）	高9cm；13cm	20,700	广东崇正	2018-07-05
绢、纸				
明 永乐大典专用纸五张	长67cm；宽53cm	28,750	中贸圣佳	2018-06-20
清乾隆 五色宣绢 5张	205×102cm；五张	138,000	中贸圣佳	2018-06-20
清乾隆 仿金粟山藏经纸 3张	长50.2cm；宽29.5cm	32,200	中贸圣佳	2018-06-20
清光绪 赵记贡宣	长135cm×34.5cm	42,550	华艺国际	2018-11-16
清 龙纹斗方宫绢连盒 50张	长64cm；宽64cm	1,035,000	中贸圣佳	2018-06-20
清 贡宣（一盒）	40×40×48cm	48,300	北京保利	2018-01-21
清 黄蜡纸 五张	长124cm；宽55cm	43,700	中贸圣佳	2018-06-20
清 养心殿旧宣纸（三十卷）		36,800	华艺国际	2018-05-23
民国 九华诗笺	尺寸不一（是11册12手卷）	126,500	中贸圣佳	2018-06-20
安徽省信义记玉版净皮罗纹纸	69×138cm	109,250	北京荣宝	2018-06-14
红星煮硾笺		92,000	北京荣宝	2018-06-14
红星煮硾笺		80,500	北京荣宝	2018-06-14
红星特净六尺宣纸		46,000	北京荣宝	2018-06-14
红星玉版棉料宣纸		40,250	北京荣宝	2018-06-14
乾隆高丽纸		36,800	北京荣宝	2018-06-14
红星玉版宣纸		34,500	北京荣宝	2018-06-14
金龙纹库绢2（一幅）	66×66cm	33,350	北京荣宝	2018-06-14
四尺单宣		32,200	北京荣宝	2018-12-03
金龙纹库绢（一幅）	66×66cm	32,200	北京荣宝	2018-06-14
清代素手卷		32,200	北京荣宝	2018-06-14
砚 台				
唐 凤池箕形双足端砚	18.1×12.5×3.2cm	195,500	西泠拍卖	2018-07-07
唐 骊山石雕箕形砚	3.7×17×11.5cm	40,250	西泠拍卖	2018-07-07

拍品名称	物品尺寸	成交价RMB	拍卖公司	拍卖日期
宋/明 端石明月二十八宿太史式砚	宽24.1cm	1,552,250	佳士得	2018-11-26
宋 白鹿洞砚	长18cm	617,376	保利香港	2018-10-02
宋/元 兰亭雅集洮河石砚	高8cm；长27cm	267,294	保利香港	2018-04-02
宋 铜双龙纹砚	长12cm	166,313	佳士得	2018-11-28
宋 抄手澄泥砚	17.5×10.6×3.3cm	92,000	西泠拍卖	2018-07-07
宋 罗纹抄手歙砚	16.6×10.1×2cm	51,750	西泠拍卖	2018-07-07
宋 星罗太平端砚	23.2×14.6×5cm	43,700	西泠拍卖	2018-07-07
宋 蟾形澄泥砚	高6.2cm；长13cm；宽9cm	34,500	西泠拍卖	2018-07-07
宋 罗纹金星一指池歙砚	22×12.9×3.3cm	23,000	浙江佳宝	2018-07-01
明万历 陈元凯铭九芝端砚	长16.5cm	402,500	中贸圣佳	2018-06-20
明万历 沈小霞款梅花端砚	24.5×14.8×1.6cm	138,000	古天一	2018-06-17
明 祝枝山铭素池歙砚	长17.7cm	1,840,000	华艺国际	2018-11-16
明 端石丛星砚	长21.5cm	1,380,000	中贸圣佳	2018-06-20
明 张廷济清仪阁著录曹溶铭陆鹤田草疏砚	长15.5cm	828,000	中贸圣佳	2018-06-20
明 卢儒铭端石平板砚	17×10×2.5cm	425,500	华艺国际	2018-11-16
明 兔形歙砚	9.2×6.1×4.6cm	345,000	中贸圣佳	2018-06-20
明潘奕隽、潘遵祁递藏文征明水云砚	27×17.5×2.6cm	299,000	中贸圣佳	2018-06-20
明 邢侗、汤贻汾铭随形端砚	18×16×2.4cm	230,000	西泠拍卖	2018-07-07
明 文嘉铭、于孔铭、海水云纹端砚	20.4×19.5×3.2cm	138,000	中贸圣佳	2018-11-24
明 彭维汇制，裴过书，龚挺霄铭，戴兴贤刻高眼腰圆端砚	19.7×10×4.4cm	126,500	西泠拍卖	2018-07-07
明 李流芳铭吴伟业藏书卷形端砚	8.8×7×0.8cm	80,500	西泠拍卖	2018-07-07
明 黄汝享铭荷叶随形端砚	23.6×15×2.2cm	69,000	西泠拍卖	2018-07-07
明冒襄铭椭圆端砚	16.8×12.7×2.9cm	69,000	西泠拍卖	2018-07-07
明 凤纹圆形石渠歙砚	直径27.4×4.3cm	69,000	西泠拍卖	2018-07-07
明 仿汉铜雀瓦砚	28×17.3×4.8cm	64,400	北京匡时	2018-12-05
明 各式瓷辟雍砚（十方）	尺寸不一	63,250	北京保利	2018-06-20
明晚期 浮雕云月静湖端砚	长14.4×宽14×高5.1cm	63,250	北京诚轩	2018-06-17
明代 歙石四螭辟雍砚	直径21cm	57,500	南京经典	2018-07-22
明 鹅形眉纹歙砚	20.8×11×4.6cm	46,000	西泠拍卖	2018-07-07
明 阳明山人铭端石抄手砚	长18.8cm	36,800	北京保利	2018-06-20
明 李元寿铭随形仔石端砚	15.2×13.9×4.1cm	34,500	西泠拍卖	2018-07-07
明 如意池长方双面歙砚	23×14.2×2.4cm	34,500	西泠拍卖	2018-07-07
明或以前 端石抄手砚	18.5×11.3×4.8cm	34,500	广东崇正	2018-07-05
明或以前 歙石天圆地方一字池砚	长21cm；宽15cm	34,500	南京经典	2018-01-06
明 十六应真图长方淌池歙砚	18.8×12.6×3.9cm	32,200	西泠拍卖	2018-07-07
清早期 紫檀嵌百宝盒三阳开泰端砚	15.5×22.2×3.6cm	2,530,000	中贸圣佳	2018-11-24
清早期 汝奇款端溪水岩籽石砚	长18.5cm	552,000	中贸圣佳	2018-06-20
清早期岫君铭叠石老坑端砚	长15cm；宽10cm	494,500	中贸圣佳	2018-06-20
清早期 岫君铭坑籽云石纹端砚	长20.3cm；宽15cm	379,500	中贸圣佳	2018-06-20
清早期 汪斌铭大西洞端砚	24×17×2.5cm	172,500	北京匡时	2018-06-15
清早期王时敏铭云纹端砚	长19cm	138,000	中贸圣佳	2018-11-24
清早期 紫檀砚配百宝嵌砚盖	长8.3cm；宽6.7cm	126,500	中贸圣佳	2018-06-20
清早期 羊城书院奕禧铭冥端砚	38×28.9×3.5cm	92,000	中贸圣佳	2018-11-24
清早期 小玲珑山馆马氏珍藏款端砚	10×31.3×21cm	92,000	西泠拍卖	2018-07-07
清早期 端石石子砚	12.2×12×4.5cm	69,000	中贸圣佳	2018-11-24
清早期 龙纹歙砚	10.7×9×3.4cm	51,750	中贸圣佳	2018-11-24
清早期 知足随形端砚	25.5×17.5×7.5cm	46,000	八益拍卖	2018-04-28
清早期 董沧门铭端石荷叶形砚	长16cm；宽12.50cm	41,158	中国嘉德	2018-10-02
清早期 河洛驮书洮河砚	25×16.5×3cm	28,750	八益拍卖	2018-04-28
清康熙 御赐孙勷松花石砚	14.4×9.9×1.5cm	3,450,000	中国嘉德	2018-6-18
清康熙 松花石灵磬砚配押花葫芦凤凰麒麟图砚盒	砚长11.7×8.2×1cm；重201g	2,070,000	北京保利	2018-12-12
清康熙 松花石螭龙砚	长10.2cm	1,646,336	保利香港	2018-10-02
清康熙 康熙宸翰款云龙纹松花砚	1.7×12.8×10cm	287,500	西泠拍卖	2018-07-07
清康熙 螭龙纹长方形松花江砚	长16.5cm	253,000	北京翰海	2018-06-30
清雍正 松花石葫芦形御砚	长9.8cm；宽7.5cm	1,092,500	中贸圣佳	2018-06-20
清雍正十三年（1735）作 清 高凤翰自制 赠子澄泥瓶砚	长12.4cm；宽11.5cm；高4cm；重1174g	920,000	北京保利	2018-06-19
清雍正 御制松花夔龙纹砚	16.5×10.5×2.5cm	644,000	广东崇正	2018-07-05
清乾隆 御制诗仿汉石渠阁瓦砚	长15.5cm	1,380,000	中贸圣佳	2018-06-20

拍品名称	物品尺寸	成交价RMB	拍卖公司	拍卖日期
清乾隆 御制乾隆四十七年赏赐陆费墀歙砚	砚长9.6×14.3×2.5cm	1,265,000	中贸圣佳	2018-11-24
清乾隆 日本松平家族旧藏澄泥仿古虎伏砚	通径18.3cm	1,092,500	西泠拍卖	2018-07-07
清乾隆 御制仿青铜夔之爰鹅砚	14×11.5×2cm	920,000	中贸圣佳	2018-06-20
清乾隆 御制澄泥仿古石渠砚	宽13.2cm	747,500	北京保利	2018-06-19
清乾隆 端石雕飞黄砚	长14.9cm	710,500	佳士得	2018-05-30
清乾隆 御铭紫砂仿宋德寿犀纹砚	长13.5cm	494,500	中国嘉德	2018-11-20
清乾隆 松花石葫芦式砚	宽13.5cm	406,000	佳士得	2018-05-30
清乾隆 御铭螭龙纹松花石砚	砚6×6 cm; 砚盒6.6×6.6×2cm	345,000	北京保利	2018-06-20
清乾隆 兽面纹仿青铜辟雍砚	口径16.3cm; 高3.5cm	322,000	南京经典	2018-01-06
清乾隆 乾隆仿古端石天鹿砚	长11.9cm; 高3.9cm	287,500	中贸圣佳	2018-11-24
清乾隆 歙石仿汉"海天初月"砚	长14.3cm	195,500	北京保利	2018-06-20
清乾隆 紫檀镶百宝梅花砚	长9.1cm	103,500	中贸圣佳	2018-11-24
清乾隆 御铭卷草纹淌池松花石砚	11.7×6.7×1.7cm	97,750	西泠拍卖	2018-07-07
18世纪 如意山人题天然桃核石砚	砚宽14cm; 册页长22.5×15cm	97,750	北京保利	2018-12-08
清乾隆四十一年(1776) 御题诗"仿唐观象砚"	长16.6cm	69,186	万昌斯	2018-11-29
清乾隆 老坑端石风云际会砚	长18.6cm; 宽13cm; 厚2.1cm	51,750	南京经典	2018-01-06
清乾隆 歙石御题诗文砚	长15cm	46,000	北京荣宝	2018-12-03
清乾隆 仿唐观象端砚	长14.3cm	43,700	北京保利	2018-06-20
清乾隆 歙石仿宋天成风字砚	长11cm	34,500	北京荣宝	2018-12-03
清中期 长方形澄泥砚	长16cm	517,500	北京翰海	2018-06-30
清中期 日池随形端砚	长16.5cm	287,500	北京翰海	2018-06-30
清中期 卢葵生制嵌百宝图漆砂砚	15.4×9.9×2.1cm	184,000	中国嘉德	2018-06-18
清中期 乾隆御铭仿宋天成风字端砚	3×12×10.5cm	149,500	西泠拍卖	2018-07-07
清中期 云蝠随形端砚	长20.5cm	115,000	北京翰海	2018-06-30
清中期 五牛随形端砚	长20.5cm	92,000	北京翰海	2018-06-30
清中期 仿汉瓦式文字澄泥砚	长13.8cm	92,000	北京翰海	2018-06-30
清中期 八仙祝寿长方形端砚	长27cm	69,000	北京翰海	2018-06-30
清中期 端石硅璧砚	14.8×9.4×2.9cm	66,700	北京荣宝	2018-06-14
清中期 铜鎏金云纹砚	长19cm	57,500	北京保利	2018-12-08
清中期 七夕神话故事双面端砚	22×14.5×4.2cm	46,000	南京经典	2018-01-06
清中期 夔龙纹十二生肖长方形端砚	长15.7cm	40,250	北京翰海	2018-06-30
清中期 夔龙纹瓦式端砚	长12.5cm	34,500	北京翰海	2018-06-30
清嘉庆 钱泳铭诗文端石随形砚	长20.5cm	34,500	北京保利	2018-12-08
清嘉庆 晓岑韩修淳识铭文澄泥砚	长21.8cm	32,200	北京保利	2018-06-20
清嘉庆 端石朱彝尊写经砚	长15.9cm; K10.9cm	32,200	北京荣宝	2018-06-14
清中期 张廷济铭砚	宽13.2cm	25,300	中国嘉德	2018-11-20
清晚期 寅生铭松花石小砚	长6.50cm	102,896	中国嘉德	2018-10-02
清晚期 瞿子冶铭端石长方形砚	长7cm; 宽4.50cm	66,882	中国嘉德	2018-10-02
清晚期 杨龙石铭端石砚	长12.5cm; 宽12cm	46,303	中国嘉德	2018-10-02
清晚期 端石瓜形砚	长17.50cm; 宽12cm	32,927	中国嘉德	2018-10-02
清沈氏砚林著录 吴昌硕为沈石友铭鹅砚	长12.8cm; 宽12.3cm	2,875,000	中贸圣佳	2018-06-20
清 董琴南藏辛夷砚	长13.7cm	632,500	中贸圣佳	2018-11-24
清 吴荣光、吴棠湖、邹振岳铭清宫瓦砚	37.5×30.3×6.7cm	632,500	西泠拍卖	2018-07-07
清 老坑端砚	20.5×14×3cm	552,000	华艺国际	2018-11-16
清 乾隆御铭端石仿古活环石渠砚	宽14.2cm	517,500	北京保利	2018-12-09
清道光 漆砂砚连百宝嵌砚盖及座	宽19.6cm	487,200	佳士得	2018-05-30
清 王文诰铭端砚(附紫檀原匣)	长19.8cm; 宽12.1cm	460,000	中国嘉德	2018-06-18
清 汪士元藏海天旭日随形端砚	23.7×21.2×5.7cm	368,000	西泠拍卖	2018-07-07
清 计芬铭随形蕉叶端砚	12×10.3×1.6cm	345,000	西泠拍卖	2018-07-07
清道光 大溪洞梅花纹端砚(一对)	16.6×14.1×2.1cm	345,000	中国嘉德	2018-06-18
清十八/十九世纪 端石雕游龙戏珠图诗文大砚		301,435	纽约苏富比	2018-03-24
清宝研楼珍赏岫君铭金蟾戏水马肝端砚	15×12.2×4.7cm	299,000	中贸圣佳	2018-11-24
清 介石刻铭文谷牧自用端石随形砚	18.5×14.3×3cm	287,500	广东崇正	2018-07-04
清 杨晋、顾皋、孔广陶等旧藏研山砚	27.5×9×11cm	264,500	中贸圣佳	2018-06-20
清 沈石友铭、沈煦孙藏竹节端砚	19.7×13.3×4.1cm	253,000	西泠拍卖	2018-07-07
清 松花江桥头石瑞兽纹砚	高23.5cm; 宽15cm	218,000	佳士得	2018-10-04

拍品名称	物品尺寸	成交价RMB	拍卖公司	拍卖日期
清 麓云楼藏籽石端砚	长21cm; 宽18.5cm	207,000	中贸圣佳	2018-06-20
清道光 瓜瓞绵绵诗文端砚	长17cm; 宽12.5cm	207,000	中贸圣佳	2018-06-20
清 金农铭门字砚(紫檀盒)	13×8.5×2cm	184,000	朵云轩	2018-06-25
清 老坑梧桐秋月大砚	29×23×6.5cm	184,000	上海匡时	2018-04-30
清 陆增祥铭汉砖砚	35.8×17.5×7cm	172,500	西泠拍卖	2018-07-07
清 王澍铭随形端砚	43.5×33×6.3cm	172,500	西泠拍卖	2018-07-07
清 水牛端砚	17.9×10.7×3.7cm	172,500	西泠拍卖	2018-07-07
清 鳝鱼黄澄泥龟形砚	13.2×8.2×3cm	161,000	广东崇正	2018-07-04
清 卢葵生制圆形漆砂砚	径10.5×1.2cm	143,750	西泠拍卖	2018-07-07
清 卢葵生制嵌螺钿眉寿纹蝉形漆砂砚	长15.7cm	138,000	北京保利	2018-06-20
清五峰山人款回云纹端砚	高3.3cm; 长18cm; 宽12cm	138,000	西泠拍卖	2018-07-07
清 施在钰、华吟梅铭卷草纹长方端砚	17.7×12.3×2.1cm	126,500	西泠拍卖	2018-07-07
清 带眼随形端砚	2.8×15.5×15cm	126,500	西泠拍卖	2018-07-07
清 灵岩山人铭淌池端砚	17×10.9×3.5cm	126,500	中贸圣佳	2018-06-20
清 端石祥龙出海图砚	12×9×2.6cm	115,000	广东崇正	2018-07-04
清 文嘉、王士祯铭凤纹随形端砚	17×13.1×3.1cm	115,000	西泠拍卖	2018-07-07
清 "稼泉"款淌池端砚	20.6×12.9×3.6cm	115,000	中贸圣佳	2018-06-20
清 端石随形砚	长17cm	115,000	华艺国际	2018-11-16
清 张之洞铭老坑端砚	18.5×12.3×3cm	109,250	中贸圣佳	2018-11-25
清 风字形紫砂砚	11.5×10.8×1.9cm	109,250	西泠拍卖	2018-07-07
清 孙逸款随形端砚	高4cm; 长17cm; 宽15cm	103,500	西泠拍卖	2018-07-07
清 张鸣翰铭长方淌池抄手端砚	19.7×12.4×3.6cm	92,000	西泠拍卖	2018-07-07
清 黄以周铭眉纹歙砚	17.4×11.1×2.7cm	92,000	西泠拍卖	2018-07-07
清 白端小砚	宽8.3cm; 长5.6cm	92,000	中国嘉德	2018-11-20
清 作英铭远斋刻楠木盒"长生无极"瓦当砚	宽13.7cm	80,500	北京保利	2018-12-08
清 李开叶铭钟纹端砚	16.3×11.1×2.7cm	80,500	西泠拍卖	2018-05-04
清 费旭铭、汤贻芬藏琴隐园填词砚	11.7×8.8×2.5cm	80,500	西泠拍卖	2018-07-07
清 十八星抄手端砚	16×9.4×6.9cm	80,500	西泠拍卖	2018-07-07
清 乾隆年制款钟形松花砚	1.3×9.5×7.5cm	80,500	西泠拍卖	2018-07-07
清 端石云龙纹大砚	长35.3cm	80,500	中国嘉德	2018-05-18
清 乾隆御铭端砚	长10cm; 宽10.5cm; 高1.6cm	80,500	中贸圣佳	2018-11-25
清 徐三庚款行楷端砚连盒	长12cm	77,952	香港诚昌	2018-05-30
清 瑶华道人款端石竹节砚	长9cm	74,750	保利厦门	2018-07-15
清 听涛楼款端砚	高1.9cm; 长12cm; 宽10cm	74,750	西泠拍卖	2018-07-07
清 六舟铭咸和二季砖砚	高5; cm; 长16cm; 宽9.2cm	74,750	西泠拍卖	2018-07-07
清 秦梦九旧藏"富贵大吉"汉砖砚	长36cm	74,750	北京保利	2018-12-08
清 胡玉昆铭随形仔石端砚	17.2×17.5×4cm	69,000	西泠拍卖	2018-07-07
清 歙石乾隆御铭海天初月砚	14.5×9.5×2.8cm	69,000	北京匡时	2018-06-15
清 乾隆御铭仿宋德寿殿犀纹紫砂砚	15.8×9.6×1.6cm	69,000	西泠拍卖	2018-07-07
清 袁枚款暄春砚	17.5×14.8×6.9cm	69,000	西泠拍卖	2018-07-07
清 卢葵生制款嵌百宝花鸟纹漆砂砚	盒高2.5cm; 长13.5cm; 砚高1cm; 长12cm	69,000	西泠拍卖	2018-07-07
清 王福厂款端石流云砚	长21.3cm	69,000	中国嘉德	2018-01-14
清 鹅形端砚	15×12.5×2cm	69,000	北京匡时	2018-12-05
清 牛纹淌池端砚	35.5×23.8×4.9cm	63,250	西泠拍卖	2018-07-07
清 张廷济款端砚	4.5×17.4×10.3cm	63,250	西泠拍卖	2018-07-07
清代 卧鹿钟形端砚	12.8×9.5cm	63,250	古天一	2018-12-08
清 端溪老坑大西洞天成仙桃砚	宽28cm	61,738	中国嘉德	2018-10-02
清 祁阳石玉壶春瓶形砚	4.2×18.2×11.7cm	59,800	西泠拍卖	2018-07-07
清 大西洞端石冰纹梅花大砚	长28.9cm	59,800	中国嘉德	2018-01-14
清 御铭云龙纹端砚	17.5×10.5×2.3cm	57,500	北京匡时	2018-06-15
清 朱彝尊铭端砚	11.8×17.5×2.4cm	57,500	上海匡时	2018-04-30
清 彭鹏、郭尚先藏如意池澄泥砚	18.2×11.3×2.7cm	57,500	西泠拍卖	2018-07-07
清 夔龙纹桥头石砚	15.5×9.1×2.9cm	57,500	西泠拍卖	2018-07-07
清 竹禅款端砚	2.6×18×10.6cm	57,500	西泠拍卖	2018-07-07
清 端石雕罗汉砚台	长18cm	57,500	印千山	2018-01-12
清 赵古泥款玄觉真身塔砖砚	长14.7cm	57,500	中国嘉德	2018-05-18
清 石庵款灵璧石山形砚池	19×11.5×13cm	57,500	中国嘉德	2018-11-20
清 甘露之年汉砖砚	14.7×11.9×4cm	57,500	中贸圣佳	2018-11-25
清 玉兔朝元歙砚	直径10.5cm	57,277	中国嘉德	2018-04-02
清 爱新觉罗·盛昱铭蚕纹椭圆端砚	17×12.6×2cm	55,200	西泠拍卖	2018-07-07

2018杂项拍卖成交汇总

(成交价RMB：2万元以上)

拍品名称	物品尺寸	成交价RMB	拍卖公司	拍卖日期
清 张重枢铭随形紫云端砚	9.8×8.4×1.3cm	55,200	西泠拍卖	2018-07-07
清 食禄千钟钟形端砚	14.5×11.8×2.2cm	55,200	西泠拍卖	2018-07-07
清 老坑端石冰纹板式砚	长24.3cm	51,750	中国嘉德	2018-09-19
清 大西洞端石松鹤延年砚	长29cm	51,750	中国嘉德	2018-09-19
清代 端石金蟾砚	24×14×3.8cm	51,750	南京经典	2018-07-22
清 瑞兽形石砚		51,315	纽约苏富比	2018-09-15
清 云纹带眼方砚	长23.5cm	46,000	北京翰海	2018-05-13
清 端石麻子坑五福纹砚	17.3×25×2cm	46,000	广东崇正	2018-07-05
清 随形仔石端砚	18.5×14×4.9cm	46,000	西泠拍卖	2018-07-07
清 老坑冰纹平板端砚	15×10×2.5cm	46,000	西泠拍卖	2018-07-07
清 竹节端砚	7.4×4.3×1.7cm	43,700	西泠拍卖	2018-07-07
清 砚庐主人款随形端砚	高3cm；长8.8cm；宽7cm	43,700	西泠拍卖	2018-07-07
清 汉桓帝永康砖砚	长36.3cm	40,250	北京保利	2018-06-20
清 李鹿山铭凤纹端砚	20.8×15×3.3cm	40,250	西泠拍卖	2018-05-04
清 黎蒲生铭瓜形端砚	10.2×6.9×2.4cm	40,250	西泠拍卖	2018-07-07
清 货布端砚	13.8×8.3×2.2cm	40,250	西泠拍卖	2018-07-07
清 乾隆御铭月兔朝元歙砚（瘿木盒）	直径10.5cm	36,800	朵云轩	2018-06-25
清 潘志万、有丁铭长方高眼端砚	13.1×7.1×3.3cm	36,800	西泠拍卖	2018-05-04
清 张朝墉铭清白传家长方端砚	16.4×12×2.8cm	36,800	西泠拍卖	2018-09-29
清 陈崇本款长方高眼端砚	13.1×9.3×2.2cm	36,800	西泠拍卖	2018-09-29
清 封猴图端砚	16.4×10.9×1.7cm（不含盒）	34,500	北京诚轩	2018-06-17
清 端石老坑梅花纹砚	21×14×2.5cm	34,500	广东崇正	2018-07-05
清 毕沅铭如意池歙砚	14.2×23.1×2.5cm	34,500	上海匡时	2018-04-30
清 石渠铭长方端砚	13.3×9.6×2.1cm	34,500	西泠拍卖	2018-07-07
清 张朝墉铭清白传家长方端砚	16.4×12×2.8cm	34,500	西泠拍卖	2018-07-07
清 张之万铭瓜形绿端砚	8.5×7.8×2.9cm	34,500	西泠拍卖	2018-07-07
清 牧堂铭海天秋月端砚	14.1×10.4×3.1cm	34,500	西泠拍卖	2018-07-07
清 梅纹随形双面端砚	15.3×11.5×2.2cm	34,500	西泠拍卖	2018-07-07
清 苍龙戏珠随形端砚	19×16.5×2.2cm	34,500	西泠拍卖	2018-07-07
清 鹅形端砚、佛手端砚（二方）	尺寸不一	34,500	西泠拍卖	2018-07-07
清 福寿纹端砚	1.2×11.8×9.6cm	34,500	西泠拍卖	2018-07-07
清 卢葵生款漆砂砚	长12.2cm	34,500	中国嘉德	2018-05-18
清 祁阳石松下高士纹砚	18.5×11.1×5cm	34,500	中贸圣佳	2018-11-25
清 松皮端砚	21.7×14.5×2.3cm	32,200	八益拍卖	2018-04-28
清 梅屋铭啸北刻端石砚	3.2×22.6×14.2cm	32,200	西泠拍卖	2018-09-29
清 介如主人铭长方淌池端砚	31×19.5×4.2cm	32,200	西泠拍卖	2018-05-04
清 徐昆藏长方淌池端砚	20×13.5×3.9cm	32,200	西泠拍卖	2018-07-07
清 俏色青鸾纹随形蝬村石砚	20×13.5×2.8cm	32,200	西泠拍卖	2018-09-29
清小西洞端石山水人物纹砚	长19cm	32,200	中国嘉德	2018-05-18
清 砖瓦砚	长10.5cm	30,869	中国嘉德	2018-10-02
清 白端砚	长11.5cm	30,869	中国嘉德	2018-10-02
清 张燕昌铭瓜形端砚	11.5×11.5×2cm	23,000	北京匡时	2018-12-05
民国 老坑随形端砚（带紫檀盒）	长11.7cm	517,500	华艺国际	2018-11-16
民国 张景安雕瓜瓞绵绵端砚	13.5×9.5×3.5cm	92,000	朵云轩	2018-06-25
民国 陈端友制金蟾套砚	长8.6cm	69,000	北京保利	2018-06-20
清—民国 石菴题端石"瓜瓞"砚及各式文房（一组十六件）	尺寸不一	50,600	北京保利	2018-12-08
民国 黄牧甫作字、林石庐藏砚拓	尺寸不一	48,300	广东崇正	2018-07-05
民国 端石老坑松寿砚	21×14×3cm	46,000	广东崇正	2018-07-05
民国 澄泥高仕图门形砚	12×20×2.5cm	34,500	广东崇正	2018-07-05
民国 龙凤端砚	22×15×2.5cm	20,700	朵云轩	2018-06-25
吴昌硕铭，沈石友藏宇宙砚	15.2×13.7×2.2cm	4,600,000	西泠拍卖	2018-7-7
乾隆"莘田"款云纹端砚	长12cm；宽5.6cm	3,300,000	中正拍卖	2018-11-30
端石十二生肖四灵镜砚	直径11.2cm	3,300,000	中正拍卖	2018-11-30
徐素白摹刻 八大山人游鱼图砚盖 明 钱士璋铭 赤霞砚	长17cm；宽13.7cm；重1240g	2,300,000	北京保利	2018-06-19
巴永成《清趣图》歙砚	20×13cm	1,980,000	中正拍卖	2018-11-30
端石云龙纹砚	长28cm	1,980,000	中正拍卖	2018-11-30
歙石多寿砚	16.5cm×25.7cm	943,000	北京荣宝	2018-12-03
端石润田砚	21×15.5cm	920,000	北京荣宝	2018-12-03
陈秉忱刻谷牧自用端石梅花纹平板砚	20.2×14×2cm	644,000	广东崇正	2018-07-04
清 黄小松铭刻 鱼山赠端砚	25.2×16×4.2cm；重3925g	575,000	北京保利	2018-06-19

拍品名称	物品尺寸	成交价RMB	拍卖公司	拍卖日期
1936年作 吴东迈铭刻 白龙山人画研 明 澄泥砚	长20.3cm；宽13cm；高6.1cm；重3877g	460,000	北京保利	2018-06-19
清陈山农刻王东石制延年瓦文紫砂砚	12.5×12.5×3.7cm；重433g	345,000	北京保利	2018-06-19
冯栖霞绘 朱指山小影砚 清 王石香刻	15.2×10.3×2.2cm；重692g	345,000	北京保利	2018-06-19
石西谷端研 清 张廷济铭刻	15.5×9.8×2.8cm；重1097g	345,000	北京保利	2018-06-19
达受铭砖砚	宽13.3cm；长8.5cm	310,500	中国嘉德	2018-11-20
陈伯达刻秦砖砚	42×14×9.2cm	287,500	广东崇正	2018-07-04
启功 启功旧制 陈垣铭砚	15.5×10.5×4cm	287,500	中国嘉德	2018-11-21
数点梅花写经砚 清 赵之琛铭	17.3×8.5×4.3cm；重1150g	253,000	北京保利	2018-06-19
1972年作 梅花图砚匣 绿端砚 荷塘清趣图竹秘阁 近 徐孝穆刻 唐云画	尺寸不一	253,000	北京保利	2018-06-19
张廷济跋 咸通砖砚 清 六舟上人自制	15.1×12.3×3.5cm；重1057g	230,000	北京保利	2018-06-19
清 梁山舟铭刻 井田端砚	16.3×11×2.6cm；重885g	195,500	北京保利	2018-06-19
奉华款歙砚	17.6×11.2×3.8cm	149,500	中贸圣佳	2018-11-24
张澍声藏，唐云铭，徐孝穆刻随形梅根端砚	11.2×8×2.1cm	126,500	西泠拍卖	2018-07-07
大西洞端砚（附盒）	16.5×16.5cm	105,800	朵云轩	2018-04-22
刘演良作端石老坑平板砚	26×17×3cm	69,000	广东崇正	2018-07-05
叶宗意 夔龙纹砚板	20.5×12.5×4cm	67,200	上海联合	2018-11-25
端石平板砚	21×6.4×1.9cm	63,250	广东崇正	2018-07-04
虫蛀籽石砚	27.8×21×4cm	51,750	中贸圣佳	2018-06-20
徐孝穆刻 卢芒稿 端砚并漆匣	16.5×11cm	47,040	上海联合	2018-07-01
尚小云旧藏砚台（一件）	29.3×18cm	40,250	北京保利	2018-06-18
唐云款澄泥砚	17×10.5×2cm	36,800	广东崇正	2018-07-05
山水花鸟纹老坑双面端砚	18.7×12.6×2.2cm	34,500	西泠拍卖	2018-07-07
圭形池砚（二方）	尺寸不一	34,500	西泠拍卖	2018-07-07
流云百福纹随形端砚	15×14×1.5cm	33,350	西泠拍卖	2018-05-04
坑仔岩端石随形星云砚	长25cm	32,200	中国嘉德	2018-01-14
沈觉初刻 唐云稿 圆端砚并漆匣	直径9.5cm	30,240	上海联合	2018-07-01
其他文房用品				
商 小屯南地出甲骨文十七品	2.5cm×0.5cm×4.5cm	154,344	中国嘉德	2018-10-02
秦汉 封泥（五种）	3×2.7×1cm	74,085	中国嘉德	2018-10-02
明 紫檀文具箱	18.5×6×23.5cm	109,250	西泠拍卖	2018-07-07
明 "静观"铜仿山石文房摆件	长16.5cm	63,336	万昌斯	2018-05-30
明 黄花梨文具箱	15.5×39.5×19.5cm	34,500	西泠拍卖	2018-07-07
清早期 黄花梨提梁式印章箱	15.5×11×17.5cm	48,300	上海匡时	2018-04-30
清早期 龙头镜架	长50cm；宽49.7cm	43,700	中贸圣佳	2018-11-25
清早期 黄花梨印章小箱	10.5×10.5×11.5cm	40,250	上海匡时	2018-04-30
清早期 黄花梨文具箱	8.8×31.6×15.2cm	36,800	西泠拍卖	2018-07-07
清中期 紫檀镂空云纹文具盘	41.5×41.5×5cm	57,500	上海匡时	2018-04-30
清 陈春熙款文具盘	长31.3cm；宽20.1cm	575,000	中贸圣佳	2018-11-24
清 瓷文房（三件）	9×6.2cm；直径5.3cm	71,300	中国嘉德	2018-09-19
清 黄花梨文具箱	13.3×35×17cm	63,250	西泠拍卖	2018-05-04
清 各式文房（6件）		39,100	北京翰海	2018-01-14
民国陈伏庐自用白瓷调色盘（一组三件）	尺寸不一	64,400	广东崇正	2018-07-05
天瑞、水木、静者、渔樵、合叶	尺寸不一	138,000	北京匡时	2018-12-05
莳绘嵌金银御用文箱	25×26.5×16.5cm	57,500	西泠拍卖	2018-07-07
自牧堂制 颜色釉文房（三件套）	尺寸不一	46,000	中国嘉德	2018-06-20
钱 币				
古钱币				
夏·庤币一组五枚	通长28–30mm	23,000	西泠拍卖	2018-07-09
商–汉·贝币、鱼币、鱼钩、桥梁币、布币、货币一组七十六枚	通长12–115mm	80,500	西泠拍卖	2018-07-09
商–汉·鱼币、鱼钩、桥梁币、布币、货布一组五十三枚	通长15–140mm	69,000	西泠拍卖	2018-07-09
商–西周·贝币、鱼币、鱼钩、桥梁币一组七十八枚	通长15–145mm	69,000	西泠拍卖	2018-07-09
商–周·货币一组五十二枚	通长15–95mm	36,800	西泠拍卖	2018-07-09
商–汉·青铜仿生扇贝币一组二枚	通长21–23mm	28,750	西泠拍卖	2018-07-09
商–周·贝币一组一百零八枚		25,300	西泠拍卖	2018-07-09
西周·贝币一组一百一十三枚	通长7–95mm	71,300	西泠拍卖	2018-07-09
西周·青铜仿生螺贝币	通长17mm	48,300	西泠拍卖	2018-07-09
西周·棘币	通长130mm	42,550	西泠拍卖	2018-07-09

拍品名称	物品尺寸	成交价RMB	拍卖公司	拍卖日期
西周·鱼币、桥梁币一组二十枚	通长50–85mm	40,250	西泠拍卖	2018-07-09
西周·带工桥梁币、鱼币一组十枚	通长85–108mm	37,950	西泠拍卖	2018-07-09
西周·大型鎏金铜贝币	通长29.2mm	34,500	西泠拍卖	2018-07-09
西周·贝币及制作材料一组四十六枚	通长50–150mm	33,350	西泠拍卖	2018-07-09
西周·大型直齿纯银贝币	通长25mm	32,200	西泠拍卖	2018-07-09
春秋·晋“得金”中型耸肩尖足空首布	长12.1cm	782,000	中国嘉德	2018-06-21
春秋·王畿“少曲十”中型平肩弧裆空首布	长9.3cm	460,000	中国嘉德	2018-06-21
春秋·王畿“武采”小型斜肩弧裆空首布	长7.8cm	230,000	中国嘉德	2018-11-24
春秋·晋“文金”小型耸肩尖足空首布	长11.7cm	230,000	中国嘉德	2018-06-21
春秋·王畿“东周”小型平肩弧裆空首布	6.8cm	230,000	中国嘉德	2018-06-21
“东周”小型平肩空首布一枚		172,500	上海泛华	2018-04-22
春秋 平肩空首布“来”一枚		149,500	北京保利	2018-12-08
“陈爯”楚金版一枚		138,000	上海泛华	2018-04-21
春秋·王畿“安周”小型平肩弧裆空首布	7.6cm	138,000	中国嘉德	2018-06-21
春秋 平肩空首布“鬲”左读、右读二枚		132,250	北京保利	2018-12-08
春秋·鲜虞“肥刀”大型尖首刀	长16.3cm	126,500	中国嘉德	2018-06-21
春秋·王畿“视”大型平肩弧裆空首布	10.1cm	126,500	中国嘉德	2018-06-21
春秋·鲜虞“ ”大型尖首刀	16.6cm	109,250	中国嘉德	2018-06-21
春秋 平肩空首布“口”一枚		97,750	北京保利	2018-12-08
春秋·王畿“贝”大型平肩弧裆空首布	10cm	97,750	中国嘉德	2018-06-21
春秋·王畿“祝”大型平肩弧裆空首布	10.2cm	97,750	中国嘉德	2018-06-21
春秋·王畿“少曲市左”中型平肩弧裆空首布	长8.6cm	92,000	中国嘉德	2018-11-24
春秋·王畿“以”大型平肩弧裆空首布	10.1cm	89,700	中国嘉德	2018-06-21
春秋·王畿“阙”大型平肩弧裆空首布	10.1cm	86,250	中国嘉德	2018-06-21
“封坪”圜钱一枚		80,500	上海泛华	2018-04-22
“武采”斜肩空首布一枚		80,500	上海泛华	2018-04-22
春秋·王畿“公”大型平肩弧裆空首布	9.9cm	80,500	中国嘉德	2018-06-21
春秋 涞水大刀	长18.5cm	78,200	中国嘉德	2018-11-24
春秋·王畿“兢”大型平肩弧裆空首布	9.9cm	78,200	中国嘉德	2018-06-21
春秋·王畿“和”大型平肩弧裆空首布	9.7cm	74,750	中国嘉德	2018-06-21
春秋·王畿“牟”大型平肩弧裆空首布	9.5cm	74,750	中国嘉德	2018-06-21
春秋·王畿“喜”大型平肩弧裆空首布	9.9cm	71,300	中国嘉德	2018-06-21
春秋·狄“西稷之刀”V式尖首刀	12cm	69,000	中国嘉德	2018-06-21
春秋·王畿“幸”大型平肩弧裆空首布	10cm	69,000	中国嘉德	2018-06-21
春秋·王畿“官考”小型平肩弧裆空首布	7cm	66,700	中国嘉德	2018-11-24
“嘉定元宝”背折十四出大钱一枚		65,550	上海泛华	2018-04-22
春秋·王畿“少曲市中”中型平肩弧裆空首布	8.69cm	63,250	中国嘉德	2018-11-24
春秋·鲜虞 刀中刀大型尖首刀	17.3cm	63,250	中国嘉德	2018-06-21
春秋·鲜虞“刀”丙型二式尖首刀	长16.4cm	57,500	中国嘉德	2018-11-24
春秋 平肩空首布“宗”一枚		57,500	北京保利	2018-12-08
春秋 原始尖首刀I式	18.3cm	57,500	中国嘉德	2018-06-21
春秋·晋“幺”小型耸肩尖足空首布	11.9cm	57,500	中国嘉德	2018-06-21
春秋·王畿“心”大型平肩弧裆空首布	9.8cm	57,500	中国嘉德	2018-06-21
春秋·山戎“午”大型针首刀	16cm	55,200	中国嘉德	2018-06-21
春秋·王畿“少曲市东”中型平肩弧裆空首布	10.5cm	55,200	中国嘉德	2018-06-21
春秋·王畿“武安”小型斜肩弧裆空首布	7.5cm	55,200	中国嘉德	2018-06-21
春秋 平肩空首布“高”一枚		51,750	北京保利	2018-12-08
春秋·王畿“公”大型平肩弧裆空首布	10.3cm	51,750	中国嘉德	2018-06-21
春秋·王畿“行”大型平肩弧裆空首布	10cm	51,750	中国嘉德	2018-06-21
春秋·王畿“午”大型平肩弧裆空首布	9.9cm	51,750	中国嘉德	2018-06-21
“安臧”异书平肩空首布一枚		51,750	上海泛华	2018-04-22
春秋·王畿“北”大型平肩弧裆空首布	9.8cm	48,300	中国嘉德	2018-06-21
春秋·王畿“丹”大型平肩弧裆空首布	10cm	48,300	中国嘉德	2018-06-21
春秋·王畿“平”大型平肩弧裆空首布	10cm	46,000	中国嘉德	2018-06-21
春秋·王畿“羽”大型平肩弧裆空首布	10.1cm	46,000	中国嘉德	2018-06-21
“端平重宝”折十一枚		46,000	上海泛华	2018-04-22
春秋,晋 特大型原始平肩尖足空首布	15.9cm	43,700	中国嘉德	2018-11-24
春秋·王畿“上”大型平肩弧裆空首布	10cm	43,700	中国嘉德	2018-11-24
春秋·王畿“非”大型平肩弧裆空首布	9.9cm	43,700	中国嘉德	2018-06-21
春秋·王畿“古”大型平肩弧裆空首布	10cm	43,700	中国嘉德	2018-06-21

拍品名称	物品尺寸	成交价RMB	拍卖公司	拍卖日期
春秋·王畿“和”大型平肩弧裆空首布	10.1cm	43,700	中国嘉德	2018-06-21
春秋·王畿“邵也”小型平肩弧裆空首布	7.2cm	43,700	中国嘉德	2018-06-21
春秋·王畿“武”小型平肩弧裆空首布	7.4cm	43,700	中国嘉德	2018-06-21
“官考”小型平肩空首布一枚		43,700	上海泛华	2018-04-22
春秋·王畿“丙”大型平肩弧裆空首布	10.1cm	40,250	中国嘉德	2018-06-21
春秋·王畿“兑”大型平肩弧裆空首布	10.2cm	40,250	中国嘉德	2018-06-21
春秋·王畿“冶”大型平肩弧裆空首布	9.8cm	40,250	中国嘉德	2018-06-21
“五珠”铜范一件		40,250	上海泛华	2018-04-22
“一”字平肩空首布一枚		40,250	上海泛华	2018-04-22
“一刀平五千”一枚		40,250	上海泛华	2018-04-22
春秋·王畿“吴”大型平肩弧裆空首布	10cm	40,250	中国嘉德	2018-11-24
春秋·王畿“兑”大型平肩弧裆空首布	10.1cm	40,250	中国嘉德	2018-11-24
春秋·鲜虞 原始甲型尖首刀	17.8cm	36,800	中国嘉德	2018-11-24
春秋·王畿“伯”大型平肩弧裆空首布	10.3cm	36,800	中国嘉德	2018-06-21
春秋·王畿“兑”大型平肩弧裆空首布	10.1cm	36,800	中国嘉德	2018-06-21
春秋·王畿“朱”大型平肩弧裆空首布	10.7cm	36,800	中国嘉德	2018-06-21
春秋·鲜虞“方”背“牛”大型尖首刀	16.7cm	36,800	中国嘉德	2018-06-21
春秋·鲜虞“勺刀”大型尖首刀	17cm	36,800	中国嘉德	2018-06-21
春秋·王畿“巳”大型平肩弧裆空首布	10.2cm	36,800	中国嘉德	2018-11-24
“弄”字平肩空首布一枚		34,500	上海泛华	2018-04-22
“一刀平五千”一枚		34,500	上海泛华	2018-04-22
“永通泉货”一枚		34,500	上海泛华	2018-04-22
春秋·晋“甘丹”中型耸肩尖足空首布	13.9cm	34,500	中国嘉德	2018-11-24
春秋·王畿“千”大型平肩弧裆空首布	10cm	33,350	中国嘉德	2018-06-21
春秋·王畿“掏”大型平肩弧裆空首布	9.9cm	33,350	中国嘉德	2018-06-21
春秋·晋“幺”小型耸肩尖足空首布	11.9cm	32,200	中国嘉德	2018-06-21
春秋·王畿“弗斩”中型平肩弧裆空首布	8.4cm	32,200	中国嘉德	2018-06-21
春秋 平肩空首布“口”一枚		32,200	北京保利	2018-12-08
战国·齐“齐返邦长大刀”背“上”六字刀	长18.5cm	1,046,500	中国嘉德	2018-06-21
战国·魏“圁阳新刀”小直刀	长10cm	621,000	中国嘉德	2018-06-21
战国·赵“离石”圜钱	直径3.7cm	552,000	中国嘉德	2018-11-24
战国·魏“高安一釿”桥裆布	长5.55cm	529,000	中国嘉德	2018-06-21
战国·魏“虞半釿”桥裆布	长4.9cm	483,000	中国嘉德	2018-11-24
战国·魏“共少半釿”圜钱	直径2.8cm	437,000	中国嘉德	2018-06-21
战国 周王几平肩空首布六枚及铸料“五十四斤”铅锭、铜锭一组八件		402,500	北京保利	2018-12-08
战国·赵“封坪”圜钱	3.34cm	322,000	中国嘉德	2018-06-21
战国·魏“圁阳一釿”桥裆布	5.4cm	310,500	中国嘉德	2018-06-21
战国·齐“莒冶亚”齐明刀	13.8cm	310,500	中国嘉德	2018-06-21
战国·赵“蔺”直刀	11.8cm	287,500	中国嘉德	2018-06-21
战国·魏“阴晋半釿”桥裆布	长4.2cm	253,000	中国嘉德	2018-11-24
战国 桥足布“高安一釿”一枚		253,000	北京保利	2018-06-22
战国·韩“纶氏”小型方足布	4.7cm	241,500	中国嘉德	2018-06-21
战国·韩“百涅”大型锐角布	7.2cm	230,000	中国嘉德	2018-06-21
战国·齐“莒冶宏”齐明刀	13.6cm	218,500	中国嘉德	2018-06-21
战国·魏“共半釿”桥裆布		195,500	中国嘉德	2018-11-22
战国·韩“百涅”大型锐角布	7.29cm	172,500	中国嘉德	2018-06-21
战国“分布”实首布	6.1cm	172,500	中国嘉德	2018-06-21
战国·王畿“东周”圜钱	2.7cm	149,500	中国嘉德	2018-11-24
战国·燕“右明新冶”小型方足布	4.5cm	149,500	中国嘉德	2018-06-21
战国·赵“长安”小型方足布	4.7cm	138,000	中国嘉德	2018-06-21
战国·王畿“西周”圜钱	2.8cm	126,500	中国嘉德	2018-11-24
战国·魏“共半釿”桥裆布	4.9cm	115,000	中国嘉德	2018-11-24
战国·魏“梁二釿”桥裆布	6.77cm	115,000	中国嘉德	2018-06-21
战国·赵“阳邑”小型方足布	4.72cm	115,000	中国嘉德	2018-06-21
战国·燕“宜平”背“左”小型方足布	4.4cm	115,000	中国嘉德	2018-06-21
战国·魏“圁刀”小直刀	9.9cm	115,000	中国嘉德	2018-06-21
战国·魏“共”圜钱	4.56cm	115,000	中国嘉德	2018-06-21
战国·魏“山阳”中型桥裆布	6.22cm	109,250	中国嘉德	2018-06-21
战国·魏“济阴”圜钱	4.24cm	105,800	中国嘉德	2018-06-21
战国·齐“节墨之大刀”背“大昌”五字刀	19cm	103,500	中国嘉德	2018-06-21
战国·楚“梡比新四”背“一槙三新槙”方足布	5.32cm	97,750	中国嘉德	2018-06-21

2018杂项拍卖成交汇总

(成交价RMB：2万元以上)

拍品名称	物品尺寸	成交价RMB	拍卖公司	拍卖日期
战国·魏"梁半币二百当寽"桥裆布	长4.6cm	92,000	中国嘉德	2018-11-24
战国·魏"蒲返一釿"桥裆布	5.4cm	92,000	中国嘉德	2018-11-24
战国 齐刀"节墨之法化"背"卜"一枚		92,000	北京保利	2018-06-22
战国·齐"节墨之大刀"背"刀"五字刀	18.7cm	86,250	中国嘉德	2018-06-21
战国·赵"晋阳"大型尖足布	8.6cm	86,250	中国嘉德	2018-06-21
战国·赵 左"蔺"圜钱	3.83cm	86,250	中国嘉德	2018-06-21
战国·齐"安阳之大刀"背"日"五字刀	18.7cm	82,800	中国嘉德	2018-06-21
战国·魏"公"权布	4.1cm; 24.4g	82,800	中国嘉德	2018-06-21
战国·魏"蒲返一釿"桥裆布	5.46cm	82,800	中国嘉德	2018-06-21
战国·魏"圁阳刀"小直刀	9.9cm	82,800	中国嘉德	2018-06-21
战国·魏"半釿"圜钱	3.22cm	80,500	中国嘉德	2018-06-21
战国·魏"京一釿"桥裆布	5.56cm	80,500	中国嘉德	2018-06-21
战国·赵"蔺"大型圆足布合背	7.1cm	80,500	中国嘉德	2018-06-21
战国 圜钱"济阴"一枚		78,200	北京保利	2018-06-22
战国·齐"齐之大刀"背"日"四字刀		74,750	中国嘉德	2018-11-22
战国·齐"节墨大刀"四字刀	16cm	74,750	中国嘉德	2018-06-21
战国·齐"节墨之大刀"背"安邦"五字刀	18.5cm	74,750	中国嘉德	2018-06-21
战国·齐"节墨之大刀"背"工"五字刀	18.3cm	74,750	中国嘉德	2018-06-21
战国·魏"圁半"小直刀	7.2cm	74,750	中国嘉德	2018-06-21
战国·赵"离石"小型圆足布	5.47cm	74,750	中国嘉德	2018-06-21
战国·赵"虑虒"类方足布	5.1cm	74,750	中国嘉德	2018-06-21
战国·赵"邪山"大型尖足布	7.4cm	74,750	中国嘉德	2018-06-21
战国·魏"阴晋一釿"桥裆布	5.4cm	71,300	中国嘉德	2018-11-24
战国·齐"明"刀背"莒冶得"	13.6cm	71,300	中国嘉德	2018-11-24
战国·秦"文信"圆钱	2.51cm	71,300	中国嘉德	2018-06-21
战国·赵"离石"小型圆足布	长5.5cm	69,000	中国嘉德	2018-11-24
战国·齐"节墨之大刀"背"卜"五字刀		69,000	中国嘉德	2018-11-22
战国·楚"四比当釿"连布	8.7cm	69,000	中国嘉德	2018-06-21
战国·齐"安阳之大刀"背"刀"五字刀	18.7cm	69,000	中国嘉德	2018-06-21
战国·齐"齐之大刀"背"卜"四字刀	18.4cm	69,000	中国嘉德	2018-06-21
战国·魏"梁半釿"桥裆布	4.32cm	69,000	中国嘉德	2018-06-21
战国·赵"同是"小型方足布	4.8cm	66,700	中国嘉德	2018-11-24
战国·赵"祁"小型方足布	4.8cm	66,700	中国嘉德	2018-11-24
战国·楚"桡比当釿"背"七值"	9.5cm	63,250	中国嘉德	2018-11-24
战国 圜钱"共"二枚		59,800	北京保利	2018-12-08
战国·秦"珠重一两十二"圜钱	4.01cm	59,800	中国嘉德	2018-06-21
战国·赵"曼九"小型尖足布	5.4cm	59,800	中国嘉德	2018-06-21
战国·赵"平阴"小型方足布	5cm	59,800	中国嘉德	2018-11-24
战国 韩 平肩锐角布"百涅"一枚		57,500	北京保利	2018-12-08
战国"北日"小型方足布	4.86cm	57,500	中国嘉德	2018-06-21
战国·赵"贝地"小型方足布	4.7cm	57,500	中国嘉德	2018-06-21
战国·赵"兹氏"大型尖足布	8.5cm	57,500	中国嘉德	2018-06-21
战国·楚"四比当釿"连布	8.4cm	55,200	中国嘉德	2018-06-21
战国·魏"安邑半釿"桥裆布	4.9cm	55,200	中国嘉德	2018-11-24
战国·"韩"尖足布	通长55mm	51,750	西泠拍卖	2018-07-09
战国·魏"梁半币二百当寽"桥裆布	4.84cm	51,750	中国嘉德	2018-06-21
战国·魏"梁充釿五二十当寽"桥裆布	6.6cm	51,750	中国嘉德	2018-11-24
战国·魏"半釿"圜钱	3.3cm	48,300	中国嘉德	2018-11-24
战国 燕尖首刀"刀"一枚		48,300	北京保利	2018-06-22
战国 圆足布"离石"背"十四"一枚		48,300	北京保利	2018-06-22
战国·魏"垣釿"桥裆布	5.97cm	48,300	中国嘉德	2018-06-21
战国·赵"北屈"小型方足布	4.53cm	48,300	中国嘉德	2018-06-21
战国 齐"安阳之法化"一枚		48,300	北京保利	2018-12-08
战国·魏"虞一釿"桥裆布	5.8cm	48,300	中国嘉德	2018-11-24
战国·魏"虞一釿"桥裆布传型	5.7cm	46,000	中国嘉德	2018-11-24
战国 齐刀"节墨之法化"背"上"一枚		46,000	北京保利	2018-06-22
战国·韩"露"小型方足布	4.7cm	46,000	中国嘉德	2018-06-21
战国·魏"奇氏"小型方足布	4.6cm	46,000	中国嘉德	2018-06-21
战国·赵"北亓邑"小型方足布	4.68cm	46,000	中国嘉德	2018-06-21
战国·韩"唐是"小型方足布	4.9cm	46,000	中国嘉德	2018-11-24
战国·赵"离石"小型圆足布		46,000	中国嘉德	2018-11-22
战国 大型鎏金铜贝	长2.91cm	43,700	中国嘉德	2018-11-24
战国·秦"长安"圆钱	2.35cm	43,700	中国嘉德	2018-06-21

拍品名称	物品尺寸	成交价RMB	拍卖公司	拍卖日期
战国·赵"晋阳"大型尖足布	8.22cm	43,700	中国嘉德	2018-06-21
战国·赵"邪山"大型尖足布	8.7cm	43,700	中国嘉德	2018-06-21
战国·赵 右"蔺"圜钱	3.72cm	43,700	中国嘉德	2018-06-21
战国·魏"蒲子"小型方足布	4.9cm	43,700	中国嘉德	2018-11-24
战国·赵"同是"小型方足布	4.7cm	43,700	中国嘉德	2018-11-24
战国·韩"郛"小型方足布异书	4.7cm	40,250	中国嘉德	2018-11-24
战国·楚"桡比当釿"背"七慎"	10.3cm	40,250	中国嘉德	2018-11-24
战国"冂"背"八"权布	3.43cm; 重25.7g	40,250	中国嘉德	2018-06-21
战国 方足布"宜平"一枚		40,250	北京保利	2018-06-22
战国 平肩空首布"文货"一枚		40,250	北京保利	2018-06-22
战国·秦"珠重一两十四"圜钱	4cm	40,250	中国嘉德	2018-06-21
战国·魏"梁一釿"桥裆布	5.6cm	40,250	中国嘉德	2018-06-21
战国·赵"乌"小型方足布	4.47cm	40,250	中国嘉德	2018-06-21
战国·赵"蔺"小型方足布	4.5cm	40,250	中国嘉德	2018-11-24
战国·韩"莘邑"小型方足布	4.7cm	40,250	中国嘉德	2018-11-24
战国·赵"晋阳"大型尖足布	8.4cm	40,250	中国嘉德	2018-11-24
战国 桥足布"蒲反一釿"一枚		36,800	北京保利	2018-06-22
战国时期魏"济阴"圜钱一枚	直径3.78cm	36,800	北京诚轩	2018-06-20
战国·韩"乌胥"小型方足布	4.83cm	36,800	中国嘉德	2018-06-21
战国·魏"梁正币百当寽"桥裆布	6cm	36,800	中国嘉德	2018-06-21
战国·赵"禾邑"小型方足布	4.8cm	36,800	中国嘉德	2018-11-24
战国·魏"安阴"桥裆布	4.3cm	36,800	中国嘉德	2018-11-24
战国 齐"齐之法化"一枚		34,500	北京保利	2018-12-08
战国·魏"安阴二"桥裆布	4.54cm	34,500	中国嘉德	2018-06-21
战国·魏"皮氏"小型方足布	4.6cm	34,500	中国嘉德	2018-11-24
战国·赵"壤阴"小型方足布	4.8cm	34,500	中国嘉德	2018-11-24
战国·韩"两錙"圆钱	3.1cm	34,500	中国嘉德	2018-11-24
战国 楚"殊布当釿十货"一枚		33,350	北京保利	2018-06-22
战国·齐"莒冶得"齐明刀	13.8cm	33,350	中国嘉德	2018-06-21
战国·赵"氙邑"小型方足布	4.7cm	33,350	中国嘉德	2018-11-24
战国 晋 耸肩空首布"一"一枚		32,200	北京保利	2018-12-08
战国·金贝币、金箔一组十二枚	重量6.1g	32,200	西泠拍卖	2018-07-09
战国·魏"安阴一"桥裆布	4.14cm	32,200	中国嘉德	2018-06-21
战国·赵"安阳"小型方足布	5.1cm	32,200	中国嘉德	2018-06-21
战国·赵"戈邑"背"一半"折二型方足布	5.2cm	32,200	中国嘉德	2018-11-24
战国 包金铜贝一组四枚		31,050	中国嘉德	2018-11-24
战国·大型戈币一组二枚	直径185-195mm	31,050	西泠拍卖	2018-07-09
战国·魏"蒲子"小型方足布	4.6cm	31,050	中国嘉德	2018-11-24
战国至民国 历代古钱（一组五百余枚）		31,050	中国嘉德	2018-11-22
周 大型原始铲镈	长15.4cm	74,750	中国嘉德	2018-06-21
周 大型刀削	22.5cm	46,000	中国嘉德	2018-06-21
周中型原始铲镈	11.1cm	24,150	中国嘉德	2018-06-21
秦"何君持十八"背"十八"酒令钱	直径3.4cm	322,000	中国嘉德	2018-06-21
先秦 原始铁铲一件		31,050	北京保利	2018-12-08
西汉 王莽"国宝金匮直万"一枚		345,000	北京保利	2018-12-08
西汉"半两"权钱	直径3.49cm	126,500	中国嘉德	2018-06-21
西汉"第二酒来"酒令钱	3.2cm	105,800	中国嘉德	2018-06-21
西汉"幸酒五"酒令筹钱	直径3.7cm	89,700	中国嘉德	2018-11-24
新莽"十布"一组十枚，配金丝楠泉匣一只		586,500	中国嘉德	2018-11-24
新莽"六泉"，含"大泉五十"小样传型(2枚)一组八枚		333,500	中国嘉德	2018-11-24
新莽"壮泉四十"	直径2.28cm	138,000	中国嘉德	2018-06-21
新莽"一刀平五千"	长7.35cm	138,000	中国嘉德	2018-06-21
新莽"第布八百"	5.3cm	126,500	中国嘉德	2018-06-21
新莽"中布六百"	4.7cm	112,700	中国嘉德	2018-06-21
新莽"一刀平五千"	7.45cm	92,000	中国嘉德	2018-06-21
新莽"一刀平五千"	7.65cm	86,250	中国嘉德	2018-06-21
新莽"壮布七百"	5.1cm	71,300	中国嘉德	2018-06-21
新莽"一刀平五千"	7.6cm	63,250	中国嘉德	2018-06-21
新莽"一刀平五千"	7.33cm	59,800	中国嘉德	2018-06-21
新莽"一刀平五千"、"契刀五百"一组两枚	7.36cm; 7.39cm	48,300	中国嘉德	2018-06-21

拍品名称	物品尺寸	成交价RMB	拍卖公司	拍卖日期
新莽"差布五百"	4.4cm	48,300	中国嘉德	2018-06-21
新莽"中布六百"	4.6cm	43,700	中国嘉德	2018-06-21
新莽"差布五百"	4.4cm	40,250	中国嘉德	2018-06-21
新莽"序布四百"	4cm	40,250	中国嘉德	2018-06-21
新莽"一刀平五千"		40,250	中国嘉德	2018-11-22
新莽"次布九百"	5.6cm	36,800	中国嘉德	2018-06-21
新莽"幼布三百"	4.2cm	34,500	中国嘉德	2018-06-21
新莽"差布五百"	4.3cm	32,200	中国嘉德	2018-06-21
唐—清·银钱一组七枚	直径15–25mm	207,000	西泠拍卖	2018-07-09
唐"高昌吉利"	直径2.62cm	43,700	中国嘉德	2018-06-21
唐"顺天元宝"背上"月"下"千"铁钱一枚		40,250	北京保利	2018-06-22
唐"乾封泉宝"鎏金		34,500	中国嘉德	2018-11-22
五代 天德重宝背殷一枚		69,000	北京保利	2018-12-08
北宋·钦宗"靖康元宝"真书折二试铸母钱	直径2.85cm	1,541,000	中国嘉德	2018-11-24
伪齐·刘豫"阜昌重宝"篆书	直径3.46cm	126,500	中国嘉德	2018-06-21
北宋·钦宗"靖康通宝"折二篆书	直径3cm	112,700	中国嘉德	2018-11-24
伪齐·刘豫"阜昌重宝"楷书	3.46cm	71,300	中国嘉德	2018-06-21
北宋·棋仙烂柯记选仙钱	直径5cm	57,500	西泠拍卖	2018-07-09
伪齐·刘豫"阜昌元宝"楷书	2.59cm	57,500	中国嘉德	2018-06-21
北宋"政和通宝"折三篆书铁母		55,200	中国嘉德	2018-11-22
北宋·拔宅仙选仙钱	直径37mm	46,000	西泠拍卖	2018-07-09
伪齐·刘豫"阜昌元宝"篆书	2.6cm	46,000	中国嘉德	2018-06-21
北宋"大观通宝"狭足宝铁母		43,700	中国嘉德	2018-11-22
伪齐·刘豫"阜昌通宝"篆书	2.95cm	35,650	中国嘉德	2018-06-21
北宋"大观通宝"广穿铁母		34,500	中国嘉德	2018-11-22
北宋"至和重宝"折二		31,050	中国嘉德	2018-11-22
宋"至和重宝"铁母一枚		34,500	北京保利	2018-12-08
辽代"大安元宝"折十一枚	直径4.6cm	253,000	北京诚轩	2018-06-20
辽"千贴巡宝"一枚		218,500	北京保利	2018-06-22
辽·天赞通宝	直径24mm	31,050	西泠拍卖	2018-07-09
五代 鎏金"天策府宝"一枚		230,000	北京保利	2018-06-22
五代十国·永隆通宝背上闽下月	直径4.1cm	172,500	西泠拍卖	2018-07-09
五代十国·永通泉货背祥云	直径34mm	126,500	西泠拍卖	2018-07-09
五代十国时期楚马殷"天策府宝"一枚	直径4.1cm	80,500	北京诚轩	2018-06-20
金·章宗"泰和重宝"折十	直径 4.54cm	48,300	中国嘉德	2018-11-24
金·章宗"泰和重宝"折十	4.49cm	40,250	中国嘉德	2018-11-24
金·童男童女异形挂花	通长57mm	31,050	西泠拍卖	2018-07-09
金–清·钱币一组九枚	直径43–55mm	29,900	西泠拍卖	2018-07-09
金"泰和重宝"篆书折十型初铸版一枚		25,300	北京保利	2018-06-22
元"大元国宝"背"至大"一枚		805,000	上海泛华	2018-04-22
元"至正之宝"背"吉权钞五钱"		161,000	中国嘉德	2018-11-22
元末·张士诚"天佑通宝"一组四枚	4.06cm; 3.41cm; 2.86cm; 2.49cm	94,300	中国嘉德	2018-06-21
元·宋国通宝背双龙	直径53mm	80,500	西泠拍卖	2018-07-09
元"元贞通宝"、"大德通宝"一组两枚		46,000	中国嘉德	2018-11-24
元"穆清铜宝"背"至正"供养一枚		23,000	北京保利	2018-12-08
明·洪武内官内使钱	通长5.3cm	55,200	西泠拍卖	2018-07-09
明"洪武通宝"背"福""三福""五福""十福"一组四枚		51,750	北京保利	2018-06-22
明"天启通宝"背"镇十"	4.54cm	36,800	中国嘉德	2018-06-21
明 螺纹锭五两、十两各一枚	重150g; 362克	36,800	中国嘉德	2018-06-22
明"天启通宝"背"十一两"合背一枚		33,350	上海泛华	2018-04-22
清·康熙通宝满汉福折二试铸钱	直径29.8mm	51,750	西泠拍卖	2018-07-09
清"康熙通宝"背"宝泉龙凤"一枚		23,000	北京保利	2018-06-22
清·乾隆通宝天下太平	直径37mm	92,000	西泠拍卖	2018-07-09
清·乾隆通宝天下太平母、子钱一对二枚	直径34–35.5mm	51,750	西泠拍卖	2018-07-09
清代江西"嘉庆十三年四月 广丰县伍拾两 匠卢环"方宝一枚		172,500	北京诚轩	2018-06-20
清·道光通宝宝泉小平母钱	直径27mm	58,650	西泠拍卖	2018-07-09
清"道光通宝"背"天下太平"大样宫钱一枚		46,000	北京保利	2018-06-22

拍品名称	物品尺寸	成交价RMB	拍卖公司	拍卖日期
清"咸丰重宝""五十"宝福局试铸样钱一枚		782,000	北京保利	2018-06-22
清代宝泉局"咸丰元宝"当千"尔"宝版样钱一枚	直径6.2cm	460,000	北京诚轩	2018-06-20
清"咸丰元宝"宝苏局当百大样钱一枚		207,000	上海泛华	2018-04-22
清"咸丰元宝"宝巩局当千黄铜试铸样钱一枚		195,500	上海泛华	2018-04-22
清"咸丰元宝""宝陕当千"一枚		149,500	北京保利	2018-06-22
清"咸丰通宝"宝福局一十样钱一枚		101,200	上海泛华	2018-04-22
清"咸丰通宝"宝福局二十样钱一枚		92,000	上海泛华	2018-04-22
清·咸丰重宝宝福一百	直径70.6mm	92,000	西泠拍卖	2018-07-09
清"咸丰重宝"宝福局一十、二十、五十、一百全套共四枚不同		73,600	上海泛华	2018-04-22
清"咸丰元宝"宝源局当千一枚		69,000	上海泛华	2018-04-22
清·咸丰通宝宝福一百、五十、二十、一十一套四枚	直径36.6–71.6mm	63,250	西泠拍卖	2018-07-09
清"咸丰元宝"宝济局当百一枚		63,250	上海泛华	2018-04-22
清·咸丰通宝宝福一百	直径71mm	58,650	西泠拍卖	2018-07-09
清"咸丰元宝""宝泉"克勤郡王"星月当千"一枚		55,200	北京保利	2018-06-22
清"咸丰重宝"宝源局当十母钱一枚		51,750	上海泛华	2018-04-22
清·咸丰重宝宝川当十试铸样钱	直径44mm	51,750	西泠拍卖	2018-07-09
清"咸丰重宝"宝福局一百一枚		49,450	上海泛华	2018-04-22
清·咸丰通宝宝福一百	直径71.4mm	47,150	西泠拍卖	2018-07-09
清·咸丰通宝宝苏丁巳银钱	直径24mm; 重量6.8g	46,000	西泠拍卖	2018-07-09
清"咸丰元宝"宝泉局当五百一枚		46,000	上海泛华	2018-04-22
清·咸丰重宝宝桂当五十	直径55mm	41,400	西泠拍卖	2018-07-09
清"咸丰通宝"背"天下太平"大样宫钱一枚		36,800	北京保利	2018-06-22
清"咸丰元宝""宝泉当千"一枚		36,800	北京保利	2018-06-22
清"咸丰元宝"宝泉局当百刻花大钱一枚		36,800	上海泛华	2018-04-22
清"咸丰通宝"宝福局一百、五十、二十各一枚		33,350	上海泛华	2018-04-22
清·咸丰重宝宝苏当三十	直径45mm	31,050	西泠拍卖	2018-07-09
清·同治通宝天下太平	直径42mm	36,800	西泠拍卖	2018-07-09
清"光绪通宝""苏""台""原""宁""云""漳""临""广""陕""南""昌""宣""东""浙""同""河""江""蓟""桂""福"满汉文套子钱一套二十枚		73,600	北京保利	2018-06-22
清光绪十四年(1888)贵州官炉造黔宝一枚		48,300	上海泛华	2018-04-21
清"光绪通宝"背满汉文套子钱(一组十八枚)		46,000	中国嘉德	2018-11-22
清"光绪重宝"宝桂局当十部颁样钱一枚		20,700	上海泛华	2018-04-22
清·仁宗"嘉庆通宝"背"宝苏"特阔缘连足贝短满文特大样雕母	3cm	1,023,500	中国嘉德	2018-06-21
清·福寿康宁大型宫钱	直径5.6cm; 厚0.9cm	368,000	西泠拍卖	2018-07-09
清"道光通宝"背满宝汉局套子钱(一组十五枚)		161,000	中国嘉德	2018-11-22
清"天下太平"阴刻文鎏金宫钱		138,000	中国嘉德	2018-11-22
清"咸丰通宝"背"宝福一百"	7.04cm	109,250	中国嘉德	2018-06-21
清"同治通宝"背满汉文套子钱(一组二十枚)		82,800	中国嘉德	2018-11-22
清"乾隆通宝"背"宝源"雕母		80,500	中国嘉德	2018-11-22
清"同治通宝"背"宝泉"小平大样钱树一棵		74,750	北京保利	2018-12-08
清"同治通宝"背满汉文套子钱(一组七枚)		69,000	中国嘉德	2018-11-22
清"平安吉庆"背"聚宝盆"龙首挂花一枚		66,700	上海泛华	2018-04-22
清"光绪通宝"背满汉文套子钱(一组二十枚)		66,700	中国嘉德	2018-11-22
清"道光通宝"背"宝源"内廷大制钱母钱		59,800	中国嘉德	2018-11-22
清·京局五子登科背吉祥母钱	直径52.6mm	59,800	西泠拍卖	2018-07-09

2018杂项拍卖成交汇总

(成交价RMB：2万元以上)

拍品名称	物品尺寸	成交价RMB	拍卖公司	拍卖日期
清 "光绪通宝"背满汉文套子钱（一组二十枚）		59,800	中国嘉德	2018-11-22
清 "乾隆通宝"背"宝源"雕母		57,500	中国嘉德	2018-11-22
清 "咸丰通宝"背满汉文套子钱（一组八枚）		48,300	中国嘉德	2018-11-22
清末·太平天国 "太平天国"背"圣宝"宋体当百	5.49cm	46,000	中国嘉德	2018-06-21
清 "道光通宝"背"宝泉"小平大样母钱	3.05cm	34,500	中国嘉德	2018-06-21
清 "咸丰重宝"背"宝桂当五十"	5.56cm	34,500	中国嘉德	2018-06-21
清末·太平天国 "太平天国"背"圣宝"楷书当五十	4.79cm	31,050	中国嘉德	2018-06-21
清·皇太极 "天聪汗钱"		31,050	中国嘉德	2018-11-22
花 钱				
汉 "大吉"纹龙虎对峙花钱	直径3.62cm	207,000	中国嘉德	2018-06-21
六朝·永安五男面环星辰背四灵花钱	直径52mm	36,800	西泠拍卖	2018-07-09
北宋·玄武背符文大型花钱	直径6.8cm	172,500	西泠拍卖	2018-07-09
北宋·蹴鞠花钱	直径30mm	44,850	西泠拍卖	2018-07-09
北宋·佛教花钱	直径55mm	33,350	西泠拍卖	2018-07-09
辽·千秋万岁花钱	直径4.1cm	218,500	西泠拍卖	2018-07-09
辽 镂空"双凤"纹花钱一枚		57,500	北京保利	2018-06-22
辽·常平两铢背婴戏图花钱	直径41mm	32,200	西泠拍卖	2018-07-09
五代十国·永通泉货背双凤花钱	直径33mm	35,650	西泠拍卖	2018-07-09
清·康熙通宝龙凤花钱	直径27mm	51,750	西泠拍卖	2018-07-09
清·康熙重宝宝泉龙凤花钱	直径60mm	44,850	西泠拍卖	2018-07-09
清 "乾隆通宝"背"万年天子"苏炉开炉花钱一枚		47,150	上海泛华	2018-04-22
清·乾隆重宝宝泉龙凤花钱	直径50mm	26,450	西泠拍卖	2018-07-09
清 浙炉吉语花钱一组十枚		218,500	中国嘉德	2018-06-21
清 "加官进禄"背"长生保命"特大型花钱一枚		103,500	上海泛华	2018-04-22
清 "顺风大吉"背"一本万利"苏炉花钱母钱一枚		74,750	上海泛华	2018-04-22
清 "春王正月"背"天子万年"京炉花钱	4.8cm	69,000	中国嘉德	2018-06-21
清 川炉诗文花钱（一套）		59,800	中国嘉德	2018-11-22
清·苏炉福如东海寿胜南山花钱	直径52mm	41,400	西泠拍卖	2018-07-09
清 "正德"背双龙纹花钱		34,500	中国嘉德	2018-11-22
清 "鹤鹿同春"背"日富日贵日康日宁"花钱一枚		34,500	上海泛华	2018-04-22
清·道教符文花钱	直径54mm	34,500	西泠拍卖	2018-07-09
清·巩炉连升三级背六合花钱	直径35mm	33,350	西泠拍卖	2018-07-09
清·京炉三星拱照背宝泉花钱	直径28mm	33,350	西泠拍卖	2018-07-09
民国 "福禄寿康" "福"金花钱一枚		66,700	北京保利	2018-06-22
民国 "八卦十二生肖"背"道教符文"特大型花钱一枚		46,000	上海泛华	2018-04-22
花钱（一组共十三枚）	尺寸不一；重量不一	40,250	北京保利	2018-12-07
金银锭				
西汉小型金饼一枚	直径3.3cm	80,500	北京诚轩	2018-06-20
汉·金饼	重量253g	184,000	西泠拍卖	2018-07-09
南宋·相五郎十分金重贰拾伍两金铤	重量930.4g	1,725,000	西泠拍卖	2018-07-09
南宋·汀州军贺礼库十分色重贰拾两金铤	重量718.6g	724,500	西泠拍卖	2018-07-09
南宋·陈二郎十分金十两金铤	重量370.6g	310,500	西泠拍卖	2018-07-09
南宋·陈二郎十分金壹两金铤一组二枚	重量74.6g	63,250	西泠拍卖	2018-07-09
南宋·陈二郎十分金壹两金铤一组二枚	重量74.2g	63,250	西泠拍卖	2018-07-09
南宋·淳佑元年四川绵州纲银王宅记匠阎二郎十两上供官铤	重量371.4g	46,000	西泠拍卖	2018-07-09
南宋"陈二郎 十分金"一两金铤一枚		36,800	上海泛华	2018-04-21
南宋"刘顺造"一两金铤一枚		32,200	上海泛华	2018-04-21
金或元五两束腰型金锭一枚		172,500	上海泛华	2018-04-21
元末明初 "口记"葫芦戳记二两金铤	重84.8克	57,500	中国嘉德	2018-06-22
明 "嘉靖三十六年内户部造足色金壹锭拾两重"拾两金锭一枚		2,070,000	北京保利	2018-12-08
清末民初 四川"成都 杨庆和" "上上 足赤" "壬昇"		33,350	中国嘉德	2018-11-22
清·上海裘天宝天足赤二两金锭	重量62.3g	36,800	西泠拍卖	2018-07-09
清代 "上海" "祥和足赤" "壹两"金锭	重31.3克	36,800	中国嘉德	2018-06-22
民国·孙中山头像中央造币厂十两厂条	重量306.9g	264,500	西泠拍卖	2018-07-09
民国·兰州十两金锭	重量315.6g	207,000	西泠拍卖	2018-07-09
民国·山东平市官钱局壹两金锭	重量31.2g	184,000	西泠拍卖	2018-07-09
民国 金锭（一组八件）	总重249.5g	149,500	保利厦门	2018-07-15
民国·五两金锭	重量156.5g	103,500	西泠拍卖	2018-07-09
民国 中央造币厂饰金原料 五两		74,750	中国嘉德	2018-11-22
民国卅四年中央造币厂铸壹两金条一枚		43,700	上海泛华	2018-04-21
民国·古布图壹两厂条	重量31g	31,050	西泠拍卖	2018-07-09
民国·古布图壹两厂条	重量32g	31,050	西泠拍卖	2018-07-09
民国·中央造币厂壹两厂条	重量32g	31,050	西泠拍卖	2018-07-09
唐"东北两(西)郡榷盐制XXXXXX五十两课盐银"一枚		172,500	上海泛华	2018-04-21
唐·素面三十两船型银铤	重量1035g	103,500	西泠拍卖	2018-07-09
唐代素面五十两船型银铤一枚		71,300	北京诚轩	2018-06-20
南宋·霸东街南姚七郎匠重贰拾伍两六排戳银铤	重量938.7g	322,000	西泠拍卖	2018-07-09
南宋 三百两镇库锭		207,000	北京保利	2018-06-22
南宋 "出门税、真花银"及花押伍拾两银锭一枚		115,000	北京保利	2018-12-08
南宋"霸北街西"四排戳另加"旧日苏韩张二郎" "贾蹇 京销 沈执中 邢文彬"十二两半银铤一枚		86,250	上海泛华	2018-04-21
南宋"广东城南" "康安银"六排戳十二两半银铤一枚		86,250	上海泛华	2018-04-21
南宋"霸北街东赵孙宅重拾贰两半"阴刻"肇庆府银 押银 押银人李监"束腰形银铤一枚		69,000	上海泛华	2018-04-21
南宋·京销铤银贰拾伍两银铤	重量917.3g	63,250	西泠拍卖	2018-07-09
南宋 "孟二郎 出门税"四排戳二十五两银铤一枚		57,500	北京诚轩	2018-06-20
南宋·京销铤银十二两半银铤	重量416g	46,000	西泠拍卖	2018-07-09
南宋·何礼验赵孙宅、霸北梁宅十二两半银铤一组二枚	重量863g	41,400	西泠拍卖	2018-07-09
南宋"霸北街西 重拾贰两半 苏宅韩五郎"六排戳十二两半银铤一枚		36,800	北京诚轩	2018-06-20
南宋 "韩四郎 真花铤银"六排戳拾贰两半银挺一件		34,500	北京保利	2018-06-22
宋"京销铤银 市西陈铺"六排戳二十五两束腰形银铤一枚		34,500	上海泛华	2018-04-21
金"王智 肆拾玖两XX 行人史XX宋X称"五十两银铤一枚		166,750	上海泛华	2018-04-21
金代素面五十两银铤一枚		115,000	北京诚轩	2018-06-20
金代 "西京王家银"十二两半银铤一枚		44,850	上海泛华	2018-04-21
元"至元十四年 扬州 两浙运司盐课和中白银 拾成色 省监销铸官刘珪 销银官王琪 称验银库子吴成 银匠许天佑 副使刘 广监库官 提领进义 伍拾两 重伍拾两 库官孟珪 银匠候君用 库子朱遇龙"背阴文"元宝"五十两银铤一枚		414,000	上海泛华	2018-04-21
元代"兴国路"五十两银铤一枚		172,500	北京诚轩	2018-06-20
元代"兴国路"五十两银铤一枚		115,000	北京诚轩	2018-06-20
元代 "信铺记"五十两银铤	重1973克	105,800	中国嘉德	2018-06-22
元末明初·二十两银锭	重量783g	103,500	西泠拍卖	2018-07-09
明山西"马邑县解万历二十二年分马草、脚价、驿粮等银五十两计一锭知县王公日银匠李文升"五十两银锭一枚		402,500	上海泛华	2018-04-21
明 广东"清远卫解辽饷 银五十两 匠何柱"五十两银锭		184,000	中国嘉德	2018-11-22
明·新疆早期五十两银锭	重量1843g	172,500	西泠拍卖	2018-07-09
明"昌东府征完税崇祯六年酒牌照税三十四两税知县孙愈贤 银匠X陈"刻字伍拾两银锭一枚		97,750	北京保利	2018-06-22
明 "金花银"五两银锭		78,200	中国嘉德	2018-11-22

拍品名称	物品尺寸	成交价RMB	拍卖公司	拍卖日期
明 河南"汝宁府固始县征完嘉靖十二年直堂银十两 银匠王仪"十两银锭		48,300	中国嘉德	2018-11-22
明"金魁"十两银锭一枚		34,500	上海泛华	2018-04-21
清代广东乾隆"五拾九年 和记 正造和记"十两砝码锭一枚		46,000	北京诚轩	2018-06-20
清代广东"盐饷 嘉庆十一年 四月荣茂"十两砝码锭一枚		115,000	北京诚轩	2018-06-20
清代广东"嘉庆元年 南海 嘉庆元年"十两砝码锭一枚		43,700	北京诚轩	2018-06-20
清代云南"道光十九年 石膏井 银匠普正纲"十二两大长槽锭一枚		161,000	北京诚轩	2018-06-20
清代广东"运同 道光十年 四月宝聚"十两砝码锭一枚		97,750	北京诚轩	2018-06-20
清 "道光八年 河内 香洪 库银"肆戳记伍拾两银锭一枚		86,250	北京保利	2018-06-22
清代云南道光"元年 文山县 户□"十两大三槽锭一枚		80,500	北京诚轩	2018-06-20
清代广西"道光七年 七月日 浔州府周拱兴"四戳十两砝码锭一枚		59,800	北京诚轩	2018-06-20
清代广东"道光廿九年 粤海关 道光廿九年"十两砝码锭一枚		36,800	北京诚轩	2018-06-20
清代安徽"咸丰二年九月 无为州 匠汤铣"五十两银锭一枚		345,000	北京诚轩	2018-06-20
清·新疆省银行造(汉、维文戳)五十两官锭	重量1814g	276,000	西泠拍卖	2018-07-09
清代广东"粤海关 咸丰二年 七月王福昌"十两砝码锭一枚		55,200	北京诚轩	2018-06-20
清代广东"咸丰元年 粤海关 咸丰元年"十两砝码锭一枚		51,750	北京诚轩	2018-06-20
清代四川"咸丰三年地丁 合州"双戳十两圆锭一枚		34,500	北京诚轩	2018-06-20
清代湖南"同治十年 三月 刘阳县钱公慎"五十两银锭一枚		230,000	北京诚轩	2018-06-20
清代广西"同治十二年 十二月日 平南县 魏裕丰"十两砝码锭一枚		74,750	北京诚轩	2018-06-20
清代四川"光绪三十年 白蜡公司 匠兴顺源"三戳十两圆锭一枚		253,000	北京诚轩	2018-06-20
清代河南"光绪■年月 滑县 滑县"五十两银锭一枚		195,500	北京诚轩	2018-06-20
清湖北"谷城县 光绪五年 五月 公益济"五十两银锭一枚		189,750	上海泛华	2018-04-21
清代河南"光绪■年月 会镇和顺"五十两银锭一枚		184,000	北京诚轩	2018-06-20
清·山西祁县晋盛号光绪年月镜宝五十两银锭	重量1844g	149,500	西泠拍卖	2018-07-09
清代四川"光绪三年盐本 永岸匠田裕顺"双戳十两圆锭一枚		138,000	北京诚轩	2018-06-20
清·吉林光绪三十一年庚午宽城同顺成五十两大翅宝银锭	重量1907.3g	103,500	西泠拍卖	2018-07-09
清云南"光绪七年 通宝票银"三槽五两牌坊锭一枚		80,500	上海泛华	2018-04-21
清 "光绪三十一年 丁卯 宽城同顺成 匠高明"五十两银锭一枚		80,500	上海泛华	2018-04-21
清代四川"光绪七年捐输 巴县 匠兴隆号"三戳十两圆锭一枚		69,000	北京诚轩	2018-06-20
清代四川"光绪四年富官引局 商太顺正 龚祥泰匠"三戳十两圆锭一枚		69,000	北京诚轩	2018-06-20
清代四川光绪"二十二年津贴 乐山县 匠坤甡永"三戳十两圆锭一枚		69,000	北京诚轩	2018-06-20
清代四川光绪"贰拾年 嘉定厘局王杨四盛"三戳十两圆锭一枚		63,250	北京诚轩	2018-06-20
清代广西"藤县 光绪十六年 四月日库银"十两砝码锭一枚		57,500	北京诚轩	2018-06-20

拍品名称	物品尺寸	成交价RMB	拍卖公司	拍卖日期
清代四川光绪"十九年捐输 罗江县匠■裕盛"三戳十两圆锭一枚		55,200	北京诚轩	2018-06-20
清代四川"光绪十八年 泸州 匠张恒益"三戳十两圆锭一枚		51,750	北京诚轩	2018-06-20
清代四川"光绪三十四年灌县盐本 商合兴公 匠裕成明"三戳十两圆锭一枚		48,300	北京诚轩	2018-06-20
清代四川光绪"二十七年捐输 丹棱县 匠裕泰德"三戳十两圆锭一枚		48,300	北京诚轩	2018-06-20
清代四川光绪"二十三年地丁 新都县 匠周源义"三戳十两圆锭一枚		48,300	北京诚轩	2018-06-20
清代四川"光绪十四年富官引局 义顺益 积厚本"三戳十两圆锭一枚		41,400	北京诚轩	2018-06-20
清代四川光绪"二十九年捐输 德阳县 王裕国泉"三戳十两圆锭一枚		40,250	北京诚轩	2018-06-20
清·山东宣统年月临清州五十两银锭	重量1859g	172,500	西泠拍卖	2018-07-09
清代安徽"宣统■年月 省号舒大成"五十两银锭一枚		138,000	北京诚轩	2018-06-20
清山东"滨州 宣统年月 匠申积善"十两银锭一枚		97,750	上海泛华	2018-04-21
清 宣统八宝银锭		48,300	中国嘉德	2018-11-22
宣统三年云南"辛亥陆月 宝铨汇纹"五两牌坊锭一枚		35,650	北京诚轩	2018-06-20
清代云南"学正堂张 足色俸银"十两大长槽锭一枚		1,092,500	北京诚轩	2018-06-20
清 湖南"长沙县 同治拾年十一月 张秉文"肆戳记伍拾两龟宝银锭一枚		448,500	北京保利	2018-06-22
清代云南"廿七年浪穹课 匠杨品"十两大长槽锭一枚		402,500	北京诚轩	2018-06-20
清代贵州"贵州捐局 贵州捐局"双戳十两圆锭一枚		368,000	北京诚轩	2018-06-20
清代四川"筹捐 二年匠义诚亨"双戳十两圆锭一枚		368,000	北京诚轩	2018-06-20
清代 "光绪三十四年" "两淮京饷" "庆和同裕高"五十两银锭	重1866克	368,000	中国嘉德	2018-06-22
清 湖北"江汉关、光绪五年月、乾裕炜、匠蔡春"伍拾两银锭一枚		345,000	北京保利	2018-12-08
清 安徽"亳州 道光元年四月 匠公和"两排戳五十两银锭	重1884克	333,500	中国嘉德	2018-06-22
清代江西"光绪叁拾叁年拾月 万年县 江西官银号 伍拾两"方宝一枚		322,000	北京诚轩	2018-06-20
清代山西"宣统年月 五台山 义源号"五十两银锭一枚		310,500	北京诚轩	2018-06-20
清 湖南"湘阴县 光绪二十一年 六月龚同泰"肆戳记伍拾两龟宝银锭一枚		299,000	北京保利	2018-06-22
清代浙江"元年浙海关吉字"五两圆锭一枚		299,000	北京诚轩	2018-06-20
清代河北"光绪年月 蔚州 长泰德 发福生财"五十两开炉吉语锭一枚		287,500	北京诚轩	2018-06-20
1853年台湾如意军饷银饼一枚		276,000	上海泛华	2018-04-21
清代四川"南部县 昭信股票 匠裕泰德"三戳十两圆锭一枚		276,000	北京诚轩	2018-06-20
清代江苏乾隆"四十年十月 常熟县官刘沅 王裕"五十两银锭一枚		264,500	北京诚轩	2018-06-20
清 云南"雷庆泰号 正月纹银"上梁"公估童看讫"、"雷庆泰号 贰月纹银"上梁"公估童看讫"、"雷庆泰号 叁月纹银"上梁"公估童看讫"、"雷庆泰号 肆月纹银"上梁"公估童看讫"、"雷庆泰号 伍月纹银"上梁"公估童看讫"、"雷庆泰号 陆月纹银"上梁"公估童看讫"、"雷庆泰号 柒月纹银"上梁"公估童看讫"、"雷庆泰号 捌月纹银"上梁"公估童看讫"、"雷庆泰号 玖月纹银"上梁"公估童看讫"、"雷庆泰号 拾月纹银"上梁"公估童看讫"、"雷庆泰号 冬月纹银"上梁"公估童看讫"、"雷庆泰号 腊月纹银"上梁"公估童看讫"		230,000	中国嘉德	2018-11-22
清代贵州"古州 万和"十两砝码锭一枚		230,000	北京诚轩	2018-06-20

2018杂项拍卖成交汇总

(成交价RMB：2万元以上)

拍品名称	物品尺寸	成交价RMB	拍卖公司	拍卖日期
清 湖南"湖南省 光绪十六年六月 洪泰兴"肆戳记伍拾两龟宝银锭一枚		230,000	北京保利	2018-06-22
清末民初江西"吉安永记银局"双排戳五十两元宝形银锭一枚		230,000	上海泛华	2018-04-21
清 山西"汾阳县 道光年月 王之镜"两排戳五十两银锭	重1877克	224,250	中国嘉德	2018-06-22
清代山东"土药局 天庆银炉 天庆银炉"十两银锭一枚		189,750	北京诚轩	2018-06-20
清代云南"雷庆泰号"五两记月牌坊锭十二枚全套		184,000	北京诚轩	2018-06-20
清代山东"寿光 呈祥银炉 呈祥银炉"五十两银锭一枚		172,500	北京诚轩	2018-06-20
清末民国江南地区"囍"字"(笔)必定如意"十两银锭一枚		172,500	上海泛华	2018-04-21
清·天津宁河县道光年月五十两银锭	重量1865.7g	161,000	西泠拍卖	2018-07-09
清代四川"成都府 当面打针"双戳十两圆锭一枚		161,000	北京诚轩	2018-06-20
清 山东"东海关" "匠鲁协中 光绪年月"五十两银锭		149,500	中国嘉德	2018-11-22
清 湖北"江夏县 官钱局 光绪三十一年 五月"四排戳五十两银锭	重1867克	149,500	中国嘉德	2018-06-22
清代湖北"光绪十年 十月 沔阳州公济益"五十两银锭一枚		149,500	北京诚轩	2018-06-20
清 山西"道光年、庆、月、太谷县、源逢涌、叁、行公"伍拾两银锭一枚		143,750	北京保利	2018-12-08
清 山东"光绪年月、东海关、匠鲁协中"伍拾两银锭一枚		138,000	北京保利	2018-12-08
清 云南"永北直隶厅"十两三槽锭	重329克	138,000	中国嘉德	2018-06-22
清浙江"浙海关三十年吉字"五两圆锭一枚		138,000	上海泛华	2018-04-21
清 河北"光绪年月、蔚州、映日恒"伍拾两银锭一枚		126,500	北京保利	2018-12-08
1853年台湾笔宝军饷银饼一枚		126,500	上海泛华	2018-04-21
清代河南"开封府 招财进宝"双戳十两吉语圆锭一枚		126,500	北京诚轩	2018-06-20
清山东"福山县 同星银炉"三排戳五十两银锭一枚		126,500	上海泛华	2018-04-21
清代陕西"差徭 褒城张全"四两槽锭一枚		120,750	北京诚轩	2018-06-20
清代四川"四十六年 八月 夔州府段银匠胡英"四戳十两圆锭一枚		120,750	北京诚轩	2018-06-20
清代贵州"贵阳"五两茶花锭一枚		115,000	北京诚轩	2018-06-20
清代贵州"钱粮银"茶花小锭一枚		115,000	北京诚轩	2018-06-20
清 江苏"苏州府 七年八月 王鼎泰"五两圆锭	重189克	115,000	中国嘉德	2018-06-22
清·河南林盛银局光绪年造五十两银锭	重量1842.9g	115,000	西泠拍卖	2018-07-09
清代河北"咸丰年月 热河 匠承元"十两银锭一枚		115,000	北京诚轩	2018-06-20
清代四川"成都府 引厘局 成都府"三戳十两圆锭一枚		109,250	北京诚轩	2018-06-20
清代四川"盐课 仁岸永隆裕"双戳十两圆锭一枚		109,250	北京诚轩	2018-06-20
清 山西"宣统仁年和月、太谷县、聚生魁、周行镜宝"伍拾两银锭一枚		109,250	北京保利	2018-12-08
清 山东"长清 广太银炉 光绪年月"三排戳十两银锭	重418克	105,800	中国嘉德	2018-06-22
清 山西"光绪、年恒月、平遥县、恒裕长、镜水温"伍拾两银锭一枚		105,800	北京保利	2018-12-08
清·吉林万源长五十两大翅宝银锭	重量1927.2g	103,500	西泠拍卖	2018-07-09
清代四川"宣统元年 峨眉县 元年盐课"三戳十两圆锭一枚		103,500	北京诚轩	2018-06-20
清 山东"聊城县、宣统年月、福生银炉"伍拾两银锭一枚		97,750	北京保利	2018-12-08
清代"湖南官钱局"十两砝码锭一枚		97,750	北京诚轩	2018-06-20
清代云南"云南县课 足色纹银"双戳十两圆锭一枚		97,750	北京诚轩	2018-06-20
清代四川"禄禄"双戳五两吉语锭一枚		92,000	北京诚轩	2018-06-20
清 山西"平遥县 恒裕长" "光绪年恒月"五十两银锭		86,250	中国嘉德	2018-11-22
清代四川"雷波厅 国宝源流 福顺昌"三戳十两圆锭一枚		86,250	北京诚轩	2018-06-20
清代四川"邛州 二十一年津贴 二十一年津贴"三戳十两圆锭一枚		86,250	北京诚轩	2018-06-20
清代新疆"道验 道验"汉维文三戳五十两银锭一枚		86,250	北京诚轩	2018-06-20
清代浙江"弍拾年 嵊县 匠庆"五两圆锭一枚		86,250	北京诚轩	2018-06-20
清 山东"德州卫、光绪年月、匠许镛"拾两银锭一枚		83,950	北京保利	2018-12-08
清 "上海 勤泰生记 六"五十两银锭	重1836克	81,650	中国嘉德	2018-06-22
清 新疆"道验、道验"及维文戳记伍拾两银锭一枚		81,650	北京保利	2018-12-08
清代四川"见我发财"单戳十两吉语锭一枚		80,500	北京诚轩	2018-06-20
清云南"白井课 陈邦星"十两锭一枚		80,500	上海泛华	2018-04-21
清代山东"光绪年月 历城 顺昌银炉"十两钱粮小宝一枚		80,500	北京诚轩	2018-06-20
清代山东"山东盐课 李文汉"十两银锭一枚		80,500	北京诚轩	2018-06-20
清代 浙江"乌程" "二年 盈丰 "五两银锭	重188克	80,500	中国嘉德	2018-06-22
清 新疆"民国丙寅年、新疆伊宁、德生祥银局"伍拾两银锭一枚		80,500	北京保利	2018-12-08
清代山东"山东盐课 李金城"十两银锭一枚		78,200	北京诚轩	2018-06-20
清山东"山东盐课·李金城"双排戳十两元宝形银锭一枚		78,200	上海泛华	2018-04-21
清代"上海增记上海"五十两夷场新一枚		74,750	北京诚轩	2018-06-20
清代上海"泰亨丰记伍"五十两夷场新一枚		74,750	北京诚轩	2018-06-20
清 新疆"道验"汉维文三戳五十两银锭	重1803克	74,750	中国嘉德	2018-06-22
清代陕西"扶兴永 厘金局"双戳十两圆锭一枚		74,750	北京诚轩	2018-06-20
清代西北地区"洪顺■银局 洪顺■银局"五十两银锭一枚		74,750	北京诚轩	2018-06-20
清代浙江"念捌年会稽沈仁"五两圆锭一枚		74,750	北京诚轩	2018-06-20
清代浙江"肆年缙云信义"五两圆锭一枚		74,750	北京诚轩	2018-06-20
清云南省城公估牌坊型银锭不同版式共三枚		74,750	上海泛华	2018-04-21
清浙江"长兴 七年 立成"三排戳五两银锭一枚		74,750	上海泛华	2018-04-21
清 安徽"光绪年月 省号舒大成"伍拾两银锭一枚		74,750	北京保利	2018-12-08
清 河南"河南洛阳、祥发厚记"伍拾两银锭一枚		73,600	北京保利	2018-12-08
清代广东"顺德 义全"十两砝码锭一枚		69,000	北京诚轩	2018-06-20
清代湖北"来凤县 冯国泰"十两砝码锭一枚		69,000	北京诚轩	2018-06-20
清代河北"顺饷足纹 会源银号"二两银锭一枚		69,000	北京诚轩	2018-06-20
清代四川"江津县 九年匠张宝和"双戳十两圆锭一枚		69,000	北京诚轩	2018-06-20
清代四川"乐厂引厘 光绪二十六年匠周吉泰"双戳十两圆锭一枚		69,000	北京诚轩	2018-06-20
清代四川"十四年正月 夔关 匠胡英"三戳十两圆锭一枚		69,000	北京诚轩	2018-06-20
清末民国天津"天津 天成" "合"字戳六十两方形银料银锭一枚		69,000	上海泛华	2018-04-21

拍品名称	物品尺寸	成交价RMB	拍卖公司	拍卖日期
清 吉林"匠高明、丁卯、光绪三十一年、宽城同顺成"伍拾两银锭一枚		69,000	北京保利	2018-12-08
清 云南"同治元年、库银伍拾两、同治元年、库银伍拾两"肆戳记伍拾两银锭一枚		66,700	北京保利	2018-12-08
清代湖南"宝庆府 同悦号"十两砝码锭一枚		63,250	北京诚轩	2018-06-20
清代山东"寿光县 隆祥银炉 隆祥银炉"十两钱粮小宝一枚		63,250	北京诚轩	2018-06-20
清 山东"德州 裕升银炉 宣统年月"三排戳十两银锭	重392克	63,250	中国嘉德	2018-06-22
清代贵州"镇远钱局"单戳十两圆锭一枚		63,250	北京诚轩	2018-06-20
清代四川"富顺县 拾八年匠喻国良"双戳十两圆锭一枚		63,250	北京诚轩	2018-06-20
清代云南"姚州 利森张记"双戳十两圆锭一枚		63,250	北京诚轩	2018-06-20
清代 江苏"念柒年分""娄县""倪德升"五两银锭	重188克	59,800	中国嘉德	2018-06-22
清代四川"江北厅 十三年永裕森"双戳十两圆锭一枚		57,500	北京诚轩	2018-06-20
清代四川"金堂县 五年匠张宝和"双戳十两圆锭一枚		57,500	北京诚轩	2018-06-20
清 四川"光绪八年、遂宁县、津贴匠恒泰裕"拾两银锭一枚		57,500	北京保利	2018-12-08
清 山东"即墨县匠刘元泰""光绪年十月"十两银锭		57,500	中国嘉德	2018-11-22
清代浙江"念五年 武康 永利"五两圆锭一枚		55,200	北京诚轩	2018-06-20
清云南"六月元永公号"单槽银锭一枚		55,200	上海泛华	2018-04-21
清代甘肃"隆德董义正"二两花生锭一枚		51,750	北京诚轩	2018-06-20
清代四川"会理州"三两单槽锭一枚		51,750	北京诚轩	2018-06-20
清代贵州"独山东升号"单戳十两圆锭一枚		51,750	北京诚轩	2018-06-20
清代湖北"荆州府 荆州府"双戳十两圆锭一枚		51,750	北京诚轩	2018-06-20
清 山东"福山县、光绪年月、光绪年月"拾两银锭一枚		50,600	北京保利	2018-12-08
清 云南"福盛课银"三两牌坊锭	重114克	48,300	中国嘉德	2018-06-22
清代四川"嘉定府 甲子年匠全泰"双戳十两圆锭一枚		48,300	北京诚轩	2018-06-20
清代浙江"拾年 遂昌 裕通"五两圆锭一枚		48,300	北京诚轩	2018-06-20
清浙江"钱塘"三排戳五两银锭一枚		48,300	上海泛华	2018-04-21
清 山东"福山""同昇银炉十两元宝型银锭		48,300	中国嘉德	2018-11-22
清代安徽"当涂县 匠周立"十两砝码锭一枚		46,000	北京诚轩	2018-06-20
清代云南"马云瑞号 足■纹银"五两牌坊锭一枚		46,000	北京诚轩	2018-06-20
清代广西"桂林福昌荣"单戳十两圆锭一枚		46,000	北京诚轩	2018-06-20
清代河北"宛平县 宛平县"双戳十两圆锭一枚		46,000	北京诚轩	2018-06-20
清代云南"昆明县 昆明县"双戳十两圆锭一枚		46,000	北京诚轩	2018-06-20
清云南五十两贸易银锭一枚		46,000	上海泛华	2018-04-21
清代四川"三十三年匠 盐源县 兴隆号"三戳十两圆锭一枚		44,850	北京诚轩	2018-06-20
清代四川"西昌县 五年匠董成庆"双戳十两圆锭一枚		43,700	北京诚轩	2018-06-20
清代云南"昆明县 昆明县"双戳十两圆锭一枚		43,700	北京诚轩	2018-06-20
清代云南"庆泰课锭 庆泰课锭 庆泰课锭"五两大三槽锭一枚		40,250	北京诚轩	2018-06-20
清代四川"广元县 九年匠全义隆"双戳十两圆锭一枚		40,250	北京诚轩	2018-06-20
清代四川"犍为县 足色纹银"双戳十两圆锭一枚		40,250	北京诚轩	2018-06-20
清代四川"五年匠复■隆"单戳十两圆锭一枚		40,250	北京诚轩	2018-06-20
清末民初河北"丰泰永 公十足"十两银锭一枚		40,250	北京诚轩	2018-06-20
清 广东"南海""嘉庆七年"三排戳十两砝码银锭		40,250	中国嘉德	2018-11-22
清 陕西"西乡县 姚鹤堂"五两槽锭	重186克	36,800	中国嘉德	2018-06-22
清代陕西"通商银局"四两槽锭一枚		36,800	北京诚轩	2018-06-20
清代云南"雷庆泰号 足色盐课"五两大三槽锭一枚		36,800	北京诚轩	2018-06-20
清代江苏"江滩关"单戳十两圆锭一枚		36,800	北京诚轩	2018-06-20
清代陕西"汉中府 汉中府"双戳十两圆锭一枚		36,800	北京诚轩	2018-06-20
清代四川"安县 三年匠裕成贞"双戳十两圆锭一枚		36,800	北京诚轩	2018-06-20
清代四川"鈩关杂款"单戳十两圆锭一枚		36,800	上海泛华	2018-04-21
清代四川"宣统元年捐输 岳池县匠裕泰德"三戳十两圆锭一枚		36,800	北京诚轩	2018-06-20
清代四川"中江县 纹银地丁"双戳十两圆锭一枚		36,800	北京诚轩	2018-06-20
清浙江"仁和"双排戳五两银锭一枚		36,800	上海泛华	2018-04-21
清 山东"历城、同昌银炉、同昌银炉"拾两银锭一枚		36,800	北京保利	2018-12-08
清 上海"同干、元"伍拾银锭一枚		36,800	北京保利	2018-12-08
清 四川"灌县、兴隆号、三十一年匠"拾两银锭一枚		35,650	北京保利	2018-12-08
清代江西"柒月 官银号 贞富"十两镜面锭一枚		34,500	北京诚轩	2018-06-20
清代云南"宝盛课银 宝盛课银"四两双槽锭一枚		34,500	北京诚轩	2018-06-20
清代云南"福泰郑记 公议纹银"五两牌坊锭一枚		34,500	北京诚轩	2018-06-20
清代云南"恒泰课银"五两大三槽锭一枚		34,500	北京诚轩	2018-06-20
清陕西"二年富平契税"五两槽锭一枚		34,500	上海泛华	2018-04-21
清云南"壬子年分"(1852年)三槽五两牌坊锭一枚		34,500	上海泛华	2018-04-21
清代贵州"尚节堂"小圆锭一枚		34,500	北京诚轩	2018-06-20
清代江西"宜春县"单戳十两圆锭一枚		34,500	北京诚轩	2018-06-20
清代浙江"十五年 山阴 德义"五两圆锭一枚		34,500	北京诚轩	2018-06-20
清 浙江"海盐、海盐、永顺"伍两银锭一枚		34,500	北京保利	2018-12-08
清 四川"富荣盐厘、七年匠喻元吉"拾两银锭一枚		34,500	北京保利	2018-12-08
清 四川"富顺县、宣统三年捐输、周源义和"拾两银锭一枚		33,350	北京保利	2018-12-08
清代陕西"寿"字三两吉语槽锭一枚		32,200	北京诚轩	2018-06-20
清代陕西"通商银局"四两槽锭一枚		32,200	北京诚轩	2018-06-20
清代云南"万泰胡记 公议纹银"五两牌坊锭一枚		32,200	北京诚轩	2018-06-20
清陕西"凤宝土厘"槽锭一枚		32,200	上海泛华	2018-04-21
清"华俄银行·库平壹两·十足色"三排戳一两元宝形银锭一枚		32,200	上海泛华	2018-04-21
清代湖北"老河口 泰兴炉"双戳十两圆锭一枚		32,200	北京诚轩	2018-06-20
清四川"渝盐厘 裕通亨"双排戳十两圆锭一枚		32,200	上海泛华	2018-04-21
清 陕西"大庆关厘金局"伍两银锭一枚		32,200	北京保利	2018-12-08
清 云南"光绪二年六月 应昌字号"三两牌坊锭	重106克	31,050	中国嘉德	2018-06-22

2018杂项拍卖成交汇总

(成交价RMB：2万元以上)

拍品名称	物品尺寸	成交价RMB	拍卖公司	拍卖日期
民国 新疆“新疆省银行”汉文回文并书伍拾两银锭一枚		166,750	北京保利	2018-12-08
民国 山东“东海关”“匠鲁协中 民国年月”“馀大昌”五十两银锭		115,000	中国嘉德	2018-11-22
民国 长春“张相国”“长春鸿兴金店”“民国年月日”五十两银锭	重1901克	101,200	中国嘉德	2018-06-22
民国·吉林张相国长春鸿兴金店五十两大翅宝银锭	重量1908g	92,000	西泠拍卖	2018-07-09
民国 吉林“张相国”“长春鸿兴金店”“民国年月日造”五十两银锭		92,000	中国嘉德	2018-11-22
民国 上海“卒源、壹、上海、足字公估戳记”伍拾两银锭一枚		74,750	北京保利	2018-12-08
民国 山东“天德鸿”五十两银锭		74,750	中国嘉德	2018-11-22
民国“新疆伊宁 德生祥银局 民国丙寅年”三排戳五十两银锭	重1702克	71,300	中国嘉德	2018-06-22
民国 云南“康记”五十两边贸银锭	重1913克	63,250	中国嘉德	2018-06-22
民国时期四川“綦边公司”单戳十两圆锭一枚		63,250	北京诚轩	2018-06-20
民国时期西北地区“永记银局 永记银局”五十两银锭一枚		55,200	北京诚轩	2018-06-20
蒙元时期“平阳路”五十两银铤一枚		356,500	北京诚轩	2018-06-20
机制币				
清光绪已酉大清铜币当制钱二文试铸样币一枚		448,500	上海泛华	2018-04-21
清光绪年造已酉大清铜币当制钱五文试铸样币一枚		437,000	上海泛华	2018-04-21
清光绪年造丙午户部中心“鄂”二十文铜圆一枚		138,000	上海泛华	2018-04-21
清浙江省造光绪元宝水龙当二十铜圆一枚		86,250	上海泛华	2018-04-21
清·光绪通宝宝浙小平机制样币	直径2.22cm	80,500	西泠拍卖	2018-07-09
清·光绪通宝宝宁小平白铜机制样币	直径22mm	63,250	西泠拍卖	2018-07-09
清吉林省造光绪元宝每元当制钱二十个铜圆一枚		57,500	上海泛华	2018-04-21
清光绪年造丙午户部中心“苏”大清铜币当制钱五文铜圆一枚		48,300	上海泛华	2018-04-21
清光绪元宝吉林官局造制钱十个铜圆一枚		40,250	上海泛华	2018-04-21
清浙江省造光绪元宝当十铜圆一枚		36,800	上海泛华	2018-04-21
清光绪年造丙午户部中心“浙”大清铜币当制钱二十文铜圆一枚		34,500	上海泛华	2018-04-21
清浙江省造光绪元宝当十铜圆一枚		32,200	上海泛华	2018-04-21
清宣统年造大清铜币二分白铜试铸样币一枚		437,000	上海泛华	2018-04-21
宣统三年大清铜币五文试铸样币一枚		40,250	北京诚轩	2018-06-21
1912年中华民国开国纪念币五文铜圆试铸样币一枚		506,000	上海泛华	2018-04-21
1906年新疆饷金二钱样币		368,000	中国嘉德	2018-06-22
1912年中华民国河南双旗嘉禾伍百文铜币试铸样币一枚	直径4.52cm；厚0.3cm；重37.5g	299,000	北京诚轩	2018-06-21
1917年黎元洪像背地球国旗中华民国五族共和纪念铜样币一枚		195,500	上海泛华	2018-04-21
清·大清铜币二十文合面	直径34.2mm	138,000	西泠拍卖	2018-07-09
清·奥地利维也纳造币厂大清铜币一厘合金样币正反一对	直径16.3mm	92,000	西泠拍卖	2018-07-09
1912年四川十文型马兰单面铜币一枚		36,800	北京诚轩	2018-06-21
民国廿二年中孔嘉禾壹分铜圆试铸样币一枚		287,500	上海泛华	2018-04-21
民国三年袁世凯像伍分“G.I.”签字银质试铸样币一枚		235,750	上海泛华	2018-04-21
民国三年袁世凯像伍分“G.I.”签字镍币红铜试铸样币一枚		230,000	上海泛华	2018-04-21
民国·十九年（1930年）四川造币厂铸梅花党徽图壹分铜辅币样币	直径25.8mm	161,000	西泠拍卖	2018-07-09

拍品名称	物品尺寸	成交价RMB	拍卖公司	拍卖日期
民国甘肃辅币“孔造”五文试铸样币一枚		92,000	上海泛华	2018-04-21
民国甘肃辅币“孔造”五文试铸样币一枚		92,000	上海泛华	2018-04-21
民国三年袁世凯像伍分镍币试铸样币一枚		92,000	上海泛华	2018-04-21
民国四川双旗二十文型试做样币一枚		92,000	上海泛华	2018-04-21
民国二十一年云南省造壹仙铜币一枚		86,250	上海泛华	2018-04-21
民国·二十八年（1938年）五月财政部中央造币厂桂林分厂周年纪念铜样币	直径33mm	63,250	西泠拍卖	2018-07-09
民国元年袁世凯像中华民国共和纪念十文铜圆样币一枚		63,250	上海泛华	2018-04-21
民国·二十九年（1939年）蒋介石像中央造币厂桂林分厂二周年纪念铜样币	直径26mm	51,750	西泠拍卖	2018-07-09
民国·三十二年（1943年）五月中央造币厂桂林分厂五周年纪念铜样币	直径27mm	41,400	西泠拍卖	2018-07-09
民国二十八年党徽布图大“桂”字壹分铜币一枚		39,100	北京诚轩	2018-06-21
民国十九年四川省造背梅花党徽图贰分铜辅币试铸样币一枚		34,500	北京诚轩	2018-06-21
民国十九年边铸中心“川”生活过高地方请求铸此平价每枚当一百文铜圆一枚		34,500	上海泛华	2018-04-21
建军70、80、90周年纪念金银铜币一组十二枚	直径27-40mm	36,800	西泠拍卖	2018-07-09
西藏铜圆、银币一组五十枚		34,500	中国嘉德	2018-11-22
北宋“淳化元宝”背佛像金币		218,500	中国嘉德	2018-11-22
清·新疆天罡银币一组十枚	直径11-16mm	230,000	西泠拍卖	2018-07-09
清江南省造光绪元宝库平三钱六分银币一枚		540,500	上海泛华	2018-04-21
清江南省造辛丑光绪元宝库平七钱二分银币一枚		483,000	上海泛华	2018-04-21
清光绪二十四年（1898年）安徽省造光绪元宝库平七钱二分银币（LM203）		287,500	中国嘉德	2018-06-22
清江南省造戊戌光绪元宝库平七钱二分银币一枚		253,000	上海泛华	2018-04-21
光绪34年北洋造光绪元宝库平七钱二分银币一枚		172,500	上海泛华	2018-04-21
清光绪二十四年奉天机器局造一圆银币一枚		172,500	上海泛华	2018-04-21
清光绪二十四年北洋机器局造壹圆银币一枚		166,750	上海泛华	2018-04-21
清光绪三十年（1904年）湖北省造大清银币库平一两（LM180）		132,250	中国嘉德	2018-06-22
清江南省造辛丑光绪元宝库平七钱二分银币一枚		109,250	上海泛华	2018-04-21
清光绪三十年（1904年）湖北省造大清银币库平一两（LM180）		103,500	中国嘉德	2018-06-22
清云南省造光绪元宝库平七分二厘银币铜制样币一枚		92,000	上海泛华	2018-04-21
清光绪三十年湖北省造大清银币库平一两银币一枚		86,250	上海泛华	2018-04-21
光绪二十三年北洋机器局造五角银币一枚		80,500	北京诚轩	2018-06-21
清·吉林省造丙午光绪元宝三钱六分银币	直径28mm	80,500	西泠拍卖	2018-07-09
光绪二十四年北洋机器局造一角银币一枚		74,750	北京诚轩	2018-06-21
19世纪制 鲁本斯画作银币纪念套组	27.5×51×37.5cm	69,000	西泠拍卖	2018-07-09
光绪二十六年北洋造光绪元宝库平七钱二分银币一枚		69,000	北京诚轩	2018-06-21
光绪二十五年北洋造光绪元宝库平三分六厘银币一枚		57,500	北京诚轩	2018-06-21
清·吉林省造乙巳光绪元宝三钱六分银币	直径28mm	57,500	西泠拍卖	2018-07-09
清江南省造壬寅光绪元宝库平七钱二分银币一枚		57,500	上海泛华	2018-04-21

拍品名称	物品尺寸	成交价RMB	拍卖公司	拍卖日期
光绪三十四年北洋造光绪元宝库平七钱二分银币一枚		51,750	北京诚轩	2018-06-21
清光绪二十四年(1898年)安徽省造光绪元宝库平七钱二分银币		51,750	中国嘉德	2018-11-22
清吉林省造乙巳光绪元宝库平七钱二分银币一枚		48,300	上海泛华	2018-04-21
清光绪25年北洋造光绪元宝库平七钱二分银币一枚		46,000	上海泛华	2018-04-21
清浙江省造光绪元宝合背黄铜试铸样币一枚		37,950	上海泛华	2018-04-21
清四川省造光绪元宝当二十一枚		36,800	上海泛华	2018-04-21
清四川省造光绪元宝库平三分六厘银币铜样币一枚		36,800	上海泛华	2018-04-21
清云南省造光绪元宝库平三钱六银币铜样币一枚		36,800	上海泛华	2018-04-21
光绪三十三年东三省造光绪元宝库平七钱二分银币一枚		32,200	北京诚轩	2018-06-21
清光绪34年北洋造光绪元宝库平七钱二分银币一枚		32,200	上海泛华	2018-04-21
清江南省造甲辰光绪元宝库平七钱二分银币一枚		32,200	上海泛华	2018-04-21
宣统三年大清银币"长须龙配普通"版壹圆样币一枚		1,633,000	北京诚轩	2018-06-21
清宣统三年大清银币"立龙"伍角样币一枚		690,000	上海泛华	2018-04-21
宣统三年大清银币"反龙"版壹圆样币一枚		621,000	北京诚轩	2018-06-21
清宣统三年壹圆大清银币一枚		437,000	上海泛华	2018-04-21
清宣统三年大清银币"反龙"版壹圆样币一枚		425,500	上海泛华	2018-04-21
清宣统三年壹圆大清银币一枚		230,000	上海泛华	2018-04-21
宣统年造大清银币贰角伍分银币一枚		212,750	上海泛华	2018-04-21
宣统年造大清银币伍角银币一枚		207,000	上海泛华	2018-04-21
宣统三年大清银币壹圆一枚		172,500	北京诚轩	2018-06-21
清宣统三年壹角大清银币一枚		115,000	上海泛华	2018-04-21
清宣统三年壹圆大清银币一枚		115,000	上海泛华	2018-04-21
宣统年造大清银币壹角"1/10Dol."一枚		103,500	北京诚轩	2018-06-21
宣统三年大清银币壹圆一枚		97,750	北京诚轩	2018-06-21
宣统年造大清银币伍角"1/2DOL."一枚		82,800	北京诚轩	2018-06-21
宣统三年大清银币贰角一枚		80,500	北京诚轩	2018-06-21
宣统三年大清银币壹圆一枚		69,000	北京诚轩	2018-06-21
宣统年造大清银币伍角"1/2DOL."一枚		48,300	北京诚轩	2018-06-21
清云南省造宣统元宝库平七钱二分银币一枚		42,550	上海泛华	2018-04-21
宣统三年大清银币壹圆一枚		40,250	北京诚轩	2018-06-21
清东三省造宣统元宝库平一钱四分四厘银币一枚		36,800	上海泛华	2018-04-21
清·宣统年造大清银币伍角	直径32mm	33,350	西泠拍卖	2018-07-09
1889年喜敦版广东省造光绪元宝库平七钱三分银币样币一枚		2,012,500	北京诚轩	2018-06-21
1896年无纪年江南省造光绪元宝库平三钱六分银币试铸样币一枚		816,500	北京诚轩	2018-06-21
1903年癸卯奉天省造光绪元宝库平七钱二分银币一枚		494,500	北京诚轩	2018-06-21
1914年袁世凯像中华民国共和纪念壹圆银币样币一枚		460,000	上海泛华	2018-04-21
1908年造币总厂光绪元宝库平七钱二分银币一枚		322,000	北京诚轩	2018-06-21
1912年黎元洪像戴帽开国纪念壹圆银币一枚		322,000	北京诚轩	2018-06-21
1907年丁未吉林省造光绪元宝库平七钱二分银币一枚		322,000	北京诚轩	2018-06-21
1902年安徽省造光绪元宝方孔十文铜币试铸样币一枚		287,500	北京诚轩	2018-06-21
1916年袁世凯像洪宪纪元"冲天冠"飞龙纪念银币样币一枚		287,500	上海泛华	2018-04-21
1908年吉林省造戊申光绪元宝库平三钱六分银币(LM577)		230,000	中国嘉德	2018-06-22
1914年袁世凯像共和纪念"L.GIORGI"签字版壹圆银币样币一枚		218,500	上海泛华	2018-04-21
1903年浙江省造光绪元宝当二十铜币一枚		172,500	北京诚轩	2018-06-21
1903年癸卯奉天省造光绪元宝库平七钱二分银币一枚		138,000	北京诚轩	2018-06-21
1901年辛丑江南省造光绪元宝库平七钱二分银币一枚		115,000	北京诚轩	2018-06-21
1907年吉林省造丁未光绪元宝库平三钱六分银币(LM568)		101,200	中国嘉德	2018-06-22
1890年广东省造光绪元宝库平三分六厘银币样币一枚		97,750	北京诚轩	2018-06-21
1899年己亥江南省造光绪元宝库平七钱二分银币一枚		97,750	北京诚轩	2018-06-21
1898年无纪年江南省造光绪元宝库平七钱二分银币一枚		92,000	北京诚轩	2018-06-21
1903年四川省造光绪元宝当十铜币试铸样币一枚		92,000	北京诚轩	2018-06-21
1912年孙中山像开国纪念壹圆银币一枚		86,250	北京诚轩	2018-06-21
1904年甲辰吉林省造光绪元宝库平七钱二分银币一枚		82,800	北京诚轩	2018-06-21
1890年喜敦版广东省造光绪元宝库平七钱二分银币一枚		71,300	北京诚轩	2018-06-21
1909年湖北省造宣统元宝库平七钱二分银币一枚		69,000	北京诚轩	2018-06-21
1909年云南省造宣统元宝库平七钱二分银币一枚		63,250	北京诚轩	2018-06-21
1912年黎元洪像无帽开国纪念壹圆银币一枚		62,100	北京诚轩	2018-06-21
1890年喜敦版广东省造光绪元宝库平三钱六分银币一枚		59,800	北京诚轩	2018-06-21
1916年袁世凯像背飞龙中华帝国洪宪纪念银币一枚		57,500	上海泛华	2018-04-21
1916年袁世凯像中华帝国洪宪纪元飞龙纪念银币一枚		57,500	上海泛华	2018-04-21
清安徽省造光绪元宝库平三钱六分银币一枚		46,000	上海泛华	2018-04-21
1901年四川省造光绪元宝库平七钱二分银币一枚		46,000	北京诚轩	2018-06-21
1908年戊申吉林省造光绪元宝中心满文库平三钱六分银币一枚		46,000	北京诚轩	2018-06-21
1908年造币总厂光绪元宝库平一钱四分四厘银币一枚		43,700	北京诚轩	2018-06-21
1911年江南省造宣统元宝库平一钱四分四厘银币(LM267)		43,700	中国嘉德	2018-06-22
清"咸丰元宝"背"宝泉当五百"	5.8cm	40,250	中国嘉德	2018-06-21
1897年江南省造光绪元宝库平七钱二分银币(LM210A)		40,250	中国嘉德	2018-06-22
1907年吉林省造丁未光绪元宝库平三钱六分银币(LM568)		40,250	中国嘉德	2018-06-22
1890年广东省造光绪元宝库平七分二厘银币一枚		36,800	北京诚轩	2018-06-21
1898年无纪年吉林省造光绪元宝库平七钱二分银币一枚		36,800	北京诚轩	2018-06-21
1901年辛丑吉林省造光绪元宝库平七钱二分银币一枚		36,800	北京诚轩	2018-06-21
1912年袁世凯戎装像中华帝国洪宪纪元飞龙银币铜质试打样一枚		34,500	上海泛华	2018-04-21
1898年无纪年吉林省造光绪元宝库平七钱二分银币一枚		34,500	北京诚轩	2018-06-21

2018杂项拍卖成交汇总

(成交价RMB：2万元以上)

拍品名称	物品尺寸	成交价RMB	拍卖公司	拍卖日期
1902年湖南省造光绪元宝当十黄铜元红铜试铸样币一枚		34,500	北京诚轩	2018-06-21
1902年江苏省造光绪元宝背飞龙二十文黄铜币一枚		34,500	北京诚轩	2018-06-21
1907年丁未吉林省造光绪元宝库平七钱二分银币一枚		32,200	北京诚轩	2018-06-21
1903年奉天省造癸卯光绪元宝库平七钱二分银币(LM482)		31,050	中国嘉德	2018-06-22
1903年吉林省造癸卯光绪元宝库平三钱六分银币(LM548)		31,050	中国嘉德	2018-06-22
民国十八年孙中山西装像背嘉禾贰角银币试铸样币一枚		839,500	上海泛华	2018-04-21
民国二十一年孙中山像背帆船下三鸟金本位半圆银币试铸样币一枚		690,000	北京诚轩	2018-06-21
民国十二年造龙凤壹圆银币一枚		690,000	北京诚轩	2018-06-21
民国十八年意大利"A.MOTTI.INC"签字版孙中山像背三帆船壹元银币样币一枚		575,000	北京诚轩	2018-06-21
民国三年袁世凯像贰角"L.G."签字版银币试铸样币一枚		402,500	北京诚轩	2018-06-21
民国十八年英国版孙中山像背三帆船壹元银币样币一枚		322,000	北京诚轩	2018-06-21
民国十八年意大利版孙中山像背三帆船壹元银币样币一枚		276,000	北京诚轩	2018-06-21
民国三年袁世凯七分脸像背嘉禾"L.GIORGI"签字版壹圆银币一枚		276,000	上海泛华	2018-04-21
民国三年袁世凯像壹角"L.G."签字版银币试铸样币一枚		253,000	北京诚轩	2018-06-21
民国三年袁世凯像中圆"L.GIORGI"签字版银币试铸样币一枚		230,000	北京诚轩	2018-06-21
民国三年袁世凯像中圆"L.GIORGI"签字版银质样币一枚		149,500	上海泛华	2018-04-21
民国十七年贵州省政府造"汽车"图壹圆贵州银币一枚		138,000	上海泛华	2018-04-21
民国三十七年蒋介石像伍角银币一枚		115,000	北京诚轩	2018-06-21
民国十年九月徐世昌像仁寿同登纪念银币一枚		109,250	上海泛华	2018-04-21
民国三年(1914年)袁世凯像壹圆银币(LM617)		103,500	中国嘉德	2018-11-22
民国九年(1920年)袁世凯像壹圆银币(LM77)		92,000	中国嘉德	2018-11-22
民国七年迪化银圆局造壹两银币一枚		82,800	上海泛华	2018-04-21
民国三年袁世凯像中圆银币一枚		82,800	北京诚轩	2018-06-21
民国十七年贵州省政府造"汽车"图壹圆贵州银币一枚		80,500	上海泛华	2018-04-21
民国十六年(1927年)漳州制造国民政府革命军东路入闽纪念贰毫(LM845)银币		78,200	中国嘉德	2018-06-22
民国二年(1913年)天津估衣街启泰银号通用银元伍圆		78,200	中国嘉德	2018-11-23
民国二十二年孙中山像背帆船壹圆银币一枚		69,000	北京诚轩	2018-06-21
民国二十三年孙中山像背帆船壹圆银币一组二十枚		64,400	上海泛华	2018-04-21
民国十二年(1923年)龙凤壹圆银质样币(LM81)		63,250	中国嘉德	2018-06-22
民国元年军政府造四川银币壹圆一枚		59,800	北京诚轩	2018-06-21
民国三年袁世凯像贰角银币一枚		57,500	北京诚轩	2018-06-21
1932年鄂豫皖省苏维埃政府造壹圆银币(LM888)		51,750	中国嘉德	2018-06-22
民国二十三年孙中山像背帆船壹圆银币一枚		51,750	北京诚轩	2018-06-21
1924年段祺瑞像背和平中华民国执政纪念银币一枚		48,300	上海泛华	2018-04-21
民国八年袁世凯像壹圆银币一枚		46,000	北京诚轩	2018-06-21
民国十年(1921年)袁世凯像壹圆银币(LM79)一组九枚		42,550	中国嘉德	2018-11-22
民国十七年贵州省政府造"汽车"图壹圆贵州银币一枚		40,250	上海泛华	2018-04-21
民国十一年湖南省宪成立纪念壹圆银币一枚		40,250	北京诚轩	2018-06-21
民国·三年袁世凯头像银币(O版)	直径39mm	36,800	西泠拍卖	2018-07-09
民国二十三年孙中山像背帆船壹圆银币一枚		36,800	北京诚轩	2018-06-21
民国二十三年孙中山像背帆船壹圆银币一枚		34,500	北京诚轩	2018-06-21
民国二十三年孙中山像背帆船壹圆银币一枚		34,500	北京诚轩	2018-06-21
民国二十三年孙中山像背帆船壹圆银币一枚		34,500	北京诚轩	2018-06-21
民国三年袁世凯像壹圆银币一枚		34,500	北京诚轩	2018-06-21
民国十八年孙中山像背帆船壹圆银币一枚		34,500	上海泛华	2018-04-21
民国十八年英国版孙中山像背三帆船壹元银币样币一枚		34,500	上海泛华	2018-04-21
民国十年袁世凯像壹圆银币一枚		34,500	北京诚轩	2018-06-21
民国十年袁世凯像壹圆银币一枚		32,200	北京诚轩	2018-06-21
1949年新疆省造币厂铸壹圆银币一枚		230,000	上海泛华	2018-04-21
荷兰马剑银币一组六枚		34,500	中国嘉德	2018-06-22
1897年江南省造光绪元宝库平七钱二分银币样币(LM210)		34,500	中国嘉德	2018-11-22
古丝绸之路银币、西班牙手工切割银币、英国早期银币一组二十六枚		29,900	中国嘉德	2018-06-22
古希腊·阿西娜猫头鹰银币	直径23mm; 重量17.16g	28,750	西泠拍卖	2018-07-09
荷兰马剑银币一组六枚		27,600	中国嘉德	2018-06-22
光绪丙午年造大清金币库平一两样币一枚		805,000	北京诚轩	2018-06-21
光绪丁未年造大清金币库平一两样币一枚		782,000	北京诚轩	2018-06-21
1918年西藏色章果木20 Srang金币一枚		80,500	上海泛华	2018-04-21
民国八年造袁世凯像拾圆金币一枚		138,000	上海泛华	2018-04-21
民国四川青蚨飞去复飞来背牡丹铜元一枚		126,500	上海泛华	2018-04-21
1933年伪满洲国"富贵万年 福"字一两金币一枚		92,000	上海泛华	2018-04-21
1932年伪满洲国"囍"字一两金币一枚		86,250	上海泛华	2018-04-21
民国·南京太平路胡玉兴银楼足赤麒麟金币	直径31mm; 重量31.4g	74,750	西泠拍卖	2018-07-09
民国四川回首马背蟹兰十文型马兰铜元一枚		32,200	上海泛华	2018-04-21
1993年古代发明(第二组)太极图5盎司金币一枚		575,000	北京保利	2018-06-22
1989年中国人民银行发行己巳(蛇年)纪念金币		92,000	中国嘉德	2018-06-22
古希腊·腓力三世1标准金币	直径13mm; 重量8.56g	63,250	西泠拍卖	2018-07-09
1908年美国自由女神一盎司金币		34,500	中国嘉德	2018-11-22
古波斯阿契美尼德王朝大流克金币一枚		32,200	北京保利	2018-06-22
莫卧尔王朝阿克巴方型金币一枚		31,050	北京保利	2018-06-22
1914年袁世凯戎装像中华民国共和纪念币一元银币一枚		207,000	上海泛华	2018-04-21
1912年孙中山像中华民国开国纪念币贰角金样币一枚		138,000	上海泛华	2018-04-21
1914年袁世凯戎装像中华民国共和纪念币一元银币一枚		103,500	上海泛华	2018-04-21
1912年黎元洪像开国纪念币壹圆银币一枚		74,750	北京保利	2018-06-22
1914年袁世凯戎装像中华民国共和纪念币一元银币一枚		48,300	上海泛华	2018-04-21
1912年黎元洪像(无帽)中华民国开国纪念币壹圆银币(LM45)		40,250	中国嘉德	2018-06-22

拍品名称	物品尺寸	成交价RMB	拍卖公司	拍卖日期
1914年袁世凯戎装像中华民国共和纪念币一元银币一枚		40,250	上海泛华	2018-04-21
1912年黎元洪像（戴帽）中华民国开国纪念币壹圆银币（LM44A）		34,500	中国嘉德	2018-06-22
1912年孙中山像中华民国开国纪念币壹圆银币（LM42）		31,050	中国嘉德	2018-06-22
民国十年（1921年）徐世昌纪念币（LM864）		98,900	中国嘉德	2018-11-22
民国十一年（1922年）湖南省宪成立纪念币壹圆银币（LM867）		21,850	中国嘉德	2018-11-22
1916年袁世凯像中华帝国洪宪纪元飞龙纪念银币一枚		546,250	北京诚轩	2018-06-21
1924年段祺瑞像中华民国执政纪念银币一枚		345,000	北京诚轩	2018-06-21
民国十年徐世昌像仁寿同登无“纪念币”银币一枚		322,000	北京诚轩	2018-06-21
1923年曹锟文装像宪法成立纪念银币一枚		304,750	北京诚轩	2018-06-21
1923年曹锟戎装像宪法成立纪念银币一枚		264,500	北京诚轩	2018-06-21
1992年中国生肖币发行十二周年一公斤圆形银质纪念币一枚		207,000	北京保利	2018-06-22
1923年曹锟文装像宪法成立纪念银币一枚		195,500	北京诚轩	2018-06-21
1923年曹锟戎装像宪法成立纪念银币一枚		184,000	北京诚轩	2018-06-21
1997年中国人民银行发行澳门回归第一组纪念金币		115,000	中国嘉德	2018-11-22
1924年段祺瑞像中华民国执政纪念银币一枚		103,500	北京诚轩	2018-06-21
1998年中国人民银行发行澳门回归祖国第二组纪念金币		92,000	中国嘉德	2018-11-22
2003年癸未羊年贺岁流通纪念币样币一枚		74,750	北京诚轩	2018-06-21
1914年袁世凯像中华民国共和纪念币壹圆（LM859）		57,500	中国嘉德	2018-11-22
1914年袁世凯像中华民国共和纪念币壹圆（LM858）		51,750	中国嘉德	2018-11-22
1912年黎元洪像（戴帽）中华民国开国纪念币壹圆银币（LM44）		46,000	中国嘉德	2018-11-22
1923年曹锟文装像宪法成立纪念银币一枚		37,950	北京诚轩	2018-06-21
1914年袁世凯像共和纪念壹圆银币一枚		36,800	北京诚轩	2018-06-21
民国十年徐世昌像仁寿同登纪念银币一枚		35,650	北京诚轩	2018-06-21
1914年袁世凯像中华民国共和纪念币壹圆（LM858）		35,650	中国嘉德	2018-11-22
1914年袁世凯像中华民国共和纪念币壹圆（LM858）		33,350	中国嘉德	2018-11-22
历代货币一组两千余枚		82,800	中国嘉德	2018-06-21
中华民国十四年伍分每贰拾枚当壹元镍币		32,200	中国嘉德	2018-06-22
天津造币厂五文型骏马代用币		26,450	中国嘉德	2018-06-22
历代古钱一组近三百枚		25,300	中国嘉德	2018-06-21
纸　币				
元代·至元通行宝钞贰贯		264,500	上海泛华	2018-04-22
洪武年间大明通行宝钞壹贯		48,300	中国嘉德	2018-11-24
洪武年间大明通行宝钞壹贯		29,900	中国嘉德	2018-11-23
洪武年间大明通行宝钞壹贯		28,750	中国嘉德	2018-11-23
咸丰四年户部官票拾两一枚		57,500	北京诚轩	2018-06-19
咸丰五年户部官票拾两一枚		46,000	北京诚轩	2018-06-19
咸丰十一年（1861年）据义丰号钱帖捌串文布票		34,500	中国嘉德	2018-11-23
咸丰叁年（1853年）户部官票拾两		23,000	中国嘉德	2018-06-21
光绪三十二年（1906年）江苏裕苏官银钱局通用钞票陈夔龙像壹圆		195,500	中国嘉德	2018-06-21
光绪三十三年江南裕宁官银钱局银元钞票龙洋壹圆一枚		41,400	北京诚轩	2018-06-19
光绪三十三年（1906年）大清银行兑换券上海改太原通用银圆伍圆		36,800	中国嘉德	2018-06-21
光绪三十四年（1908年）信义工商储蓄银行芜湖壹圆		34,500	中国嘉德	2018-11-24

拍品名称	物品尺寸	成交价RMB	拍卖公司	拍卖日期
北洋天津银号李鸿章像壹两		98,900	中国嘉德	2018-06-21
北洋天津银号李鸿章像叁两		36,800	中国嘉德	2018-06-21
宣统三年（1911年）吉林桦川县裕兴公钱帖拾吊		36,800	中国嘉德	2018-11-23
1907年德华银行银两票京平足银伍两一枚		57,500	北京诚轩	2018-06-19
1914年中法实业银行天津壹佰圆样票		57,500	中国嘉德	2018-06-21
民国三十二年陕甘宁边区银行边币边区银行大楼图伍仟圆一枚		506,000	北京诚轩	2018-06-19
民国三十二年淮北地方银号边币蓝色拾圆一枚		241,500	北京诚轩	2018-06-19
民国三十七年西北农民银行纸币伍万圆正、反单面样票各一枚		184,000	北京诚轩	2018-06-19
民国三十三年豫鄂边区建设银行纸币壹仟圆一枚		178,250	北京诚轩	2018-06-19
民国三十五年陕甘宁边区银行边币伍万圆本票正、反单面样票各一枚		161,000	北京诚轩	2018-06-19
民国时期浙东银行单面印刷红色本票抗币伍拾圆一枚		143,750	北京诚轩	2018-06-19
民国二十三年中国银行德纳罗版国币券天津壹圆一枚		138,000	北京诚轩	2018-06-19
民国三十五年陕甘宁边区银行边币壹万圆本票正、反单面样票各一枚		126,500	北京诚轩	2018-06-19
民国三十年（1941年）中国农民银行重庆壹佰圆八十枚连号		109,250	中国嘉德	2018-06-21
民国时期山东“中华民国 邹县 银匠王桂”十二两钱粮小宝一枚		103,500	北京诚轩	2018-06-20
民国三十四年浙东银行单面印刷蓝色本票抗币伍拾圆一枚		97,750	北京诚轩	2018-06-19
民国四川回首马背梅花党徽二十文型白铜马兰一枚		92,000	上海泛华	2018-04-21
民国三十三年淮南银行绿色插秧图拾圆纸币一枚		86,250	北京诚轩	2018-06-19
民国三十四年淮北地方银号抗币棕色毛泽东像伍圆一枚		80,500	北京诚轩	2018-06-19
民国六年中国银行兑换券美钞版国币券天津壹圆、伍圆、拾圆样票各一枚		75,900	北京诚轩	2018-06-19
民国三十四年江南银行纸币伍圆一枚		74,750	北京诚轩	2018-06-19
民国三十四年大江银行大江币皖南壹圆一枚		69,000	北京诚轩	2018-06-19
民国三十三年淮南银行工农兵图伍角纸币一枚		63,250	北京诚轩	2018-06-19
1931年闽西工农银行股票马克思、列宁像壹圆		59,800	中国嘉德	2018-06-21
民国三十四年浙东银行地方本位币伍圆一枚		59,800	北京诚轩	2018-06-19
民国三十四年大江银行大江币和含五圆一枚		57,500	北京诚轩	2018-06-19
民国三十三年大江银行大江币拾圆一枚		55,200	北京诚轩	2018-06-19
民国三十八年南方人民银行南方券贰角正面单面样票一枚		51,750	北京诚轩	2018-06-19
民国三十八年中州农民银行中州币陕南伍圆一枚		51,750	北京诚轩	2018-06-19
民国三十四年淮北地方银号抗币房舍图贰角一枚		51,750	北京诚轩	2018-06-19
民国三十四年中央银行中央版台湾流通券壹佰圆单面镜像样票一枚		51,750	北京诚轩	2018-06-19
民国三十一年中央银行中信版法币券壹百圆一百枚连号		51,750	北京诚轩	2018-06-19
民国三十一年淮海地方银行壹圆纸币一枚		48,300	北京诚轩	2018-06-19
民国二年交通银行银圆券拾圆一枚		48,300	北京诚轩	2018-06-19
民国三十五年北海银行北海币山东贰百圆流通票加盖改作样票一枚		48,300	北京诚轩	2018-06-19

2018杂项拍卖成交汇总

(成交价RMB：2万元以上)

拍品名称	物品尺寸	成交价RMB	拍卖公司	拍卖日期
民国三十八年南方人民银行南方券壹角正面单面样票一枚		46,000	北京诚轩	2018-06-19
民国六年(1917年)浏阳商钱局叁拾文、肆拾文各一枚		46,000	中国嘉德	2018-11-23
民国三十三年大江银行大江币二元一枚		43,700	北京诚轩	2018-06-19
民国·内蒙古银行伍佰圆纸币		41,400	西泠拍卖	2018-07-09
民国·七年(1918年)中国银行兑换券壹百圆纸币		41,400	西泠拍卖	2018-07-09
民国十九年(1930年)中华国家银行北京伍拾圆单正面样票		41,400	中国嘉德	2018-11-24
民国三十四年大江银行大江币竖式贰圆一枚		40,250	北京诚轩	2018-06-19
民国三十七至三十八年新疆省银行省票一组八枚		39,100	北京诚轩	2018-06-19
民国三十三年淮北地方银号抗币蓝色耕牛图壹圆一枚		39,100	北京诚轩	2018-06-19
民国二年(1913年)交通银行上海壹圆		39,100	中国嘉德	2018-11-24
民国三十一年豫鄂边区建设银行纸币叁圆一枚		36,800	北京诚轩	2018-06-19
民国时期西北农民银行纸币一组六枚		36,800	北京诚轩	2018-06-19
民国三十年淮北地方银号国币券农田与锯木图壹圆加盖"改作拾圆"抗币一枚		36,800	北京诚轩	2018-06-19
民国三十二年陕甘宁边区银行边币蓝色参议会礼堂图壹仟圆一枚		34,500	北京诚轩	2018-06-19
民国三十四年大江银行大江币皖南五角一枚		34,500	北京诚轩	2018-06-19
民国三十四年华中银行华中币毛泽东像壹百圆一枚		34,500	北京诚轩	2018-06-19
民国三十七年中央银行美商保安版金圆券伍拾圆一枚		34,500	北京诚轩	2018-06-19
民国三年(1914年)中国银行袁世凯像伍圆		34,500	中国嘉德	2018-11-24
民国二十四年(1935年)广州市市立银行伍拾圆		34,500	中国嘉德	2018-11-24
民国二十二年(1933年)广州市立银行伍拾圆		34,500	中国嘉德	2018-11-24
民国三十四年大江银行大江币拾圆一枚		32,200	北京诚轩	2018-06-19
民国三十五年华中银行华中币桔色耕牛图贰百圆一枚		32,200	北京诚轩	2018-06-19
民国三十八年(1949年)华中银行本票伍万圆		31,050	中国嘉德	2018-06-21
民国三十三年北海银行北海币火车图伍拾圆一枚		29,900	北京诚轩	2018-06-19
第一版人民币样票全套一组六十种		1,380,000	中国嘉德	2018-06-21
中国澳门2012年中国银行及大西洋银行生肖贺岁钞壹拾圆券三连张100连号一组共二百张		1,265,000	北京保利	2018-06-22
1949年第一版人民币壹万圆牧马		805,000	中国嘉德	2018-06-21
1951年第一版人民币伍佰圆"瞻德城"一枚		747,500	北京诚轩	2018-06-19
1951年第一版人民币伍仟圆"蒙古包"一枚		736,000	北京诚轩	2018-06-19
1949年第一版人民币伍佰圆瞻德城		655,500	中国嘉德	2018-06-21
1975年第二版人民币硬分币"农作物"未采用稿试铸样币1分、2分、5分各一枚	直径1.8cm; 直径2.1cm; 直径2.4cm	632,500	北京诚轩	2018-06-21
1975年第二版人民币硬分币"工农学"未采用稿试铸样币1分、2分、5分各一枚	直径1.8cm; 直径2.1cm; 直径2.4cm	598,000	北京诚轩	2018-06-21
1951年第一版人民币壹万圆"骆驼队"一枚		270,250	北京诚轩	2018-06-19
1949年第一版人民币平"3"版壹仟圆"双马耕地"一枚		241,500	北京诚轩	2018-06-19
1951年第一版人民币壹仟圆马饮水		230,000	中国嘉德	2018-06-21
第二版人民币一组十三枚		224,250	中国嘉德	2018-06-21
中国澳门2012年中国银行及大西洋银行生肖贺岁钞壹拾圆券整版票三十五联张各一件		207,000	北京保利	2018-06-22
1951年第一版人民币伍仟圆"牧羊"一枚		201,250	北京诚轩	2018-06-19

拍品名称	物品尺寸	成交价RMB	拍卖公司	拍卖日期
1953年第二版人民币贰角百枚连号		172,500	中国嘉德	2018-11-24
1953年第二版人民币拾圆		161,000	中国嘉德	2018-11-24
1953年第二版人民币拾圆		161,000	中国嘉德	2018-11-24
1951年第一版人民币壹仟圆马饮水		161,000	中国嘉德	2018-06-21
1953年第二版人民币拾圆一枚		138,000	北京诚轩	2018-06-19
第二版人民币全套十八枚含：中国人民银行银行壹分、贰分、伍分、壹角、二角、五角、壹圆、贰圆、叁圆、伍圆、拾圆		138,000	北京保利	2018-06-22
1949年第一版人民币壹佰圆大帆船		105,800	中国嘉德	2018-11-24
1949年第一版人民币壹佰圆大帆船		105,800	中国嘉德	2018-11-24
中国人民银行样票册		105,800	中国嘉德	2018-06-21
1949年第一版人民币伍仟圆绵羊		105,800	中国嘉德	2018-06-21
1981年中华人民共和国第一套国库券拾圆、壹佰圆、壹仟圆、壹万圆、拾万圆票样五枚全		105,800	北京诚轩	2018-06-19
1949年第一版人民币伍万圆收割机		103,500	中国嘉德	2018-06-21
蒙疆银行账本样币纸旧四十枚一册，分别为察哈尔商业银行伍圆		103,500	中国嘉德	2018-11-24
1949年第一版人民币壹万圆骆驼队		101,200	中国嘉德	2018-06-21
1953年第二版人民币拾圆		94,300	中国嘉德	2018-11-24
洪武大明通行宝钞壹贯一枚		92,000	北京诚轩	2018-06-19
1953年第二版人民币拾圆		89,700	中国嘉德	2018-11-24
1953年第二版人民币拾圆		89,700	中国嘉德	2018-06-21
1953年第二版人民币拾圆		89,700	中国嘉德	2018-11-24
1953年第二版人民币拾圆		87,400	中国嘉德	2018-06-21
1949年第一版人民币伍圆"水牛"一枚		82,800	北京诚轩	2018-06-19
1949年第一版人民币壹佰圆"北海与角楼"黄面二枚同号		82,800	北京诚轩	2018-06-19
民国三十八年内蒙古人民银行券伍万圆一枚		82,800	北京诚轩	2018-06-19
1949年第一版人民币伍拾圆"红火车"一枚		80,500	北京诚轩	2018-06-19
民国三十五年辽北省第一专区兑换券拾圆一枚		80,500	北京诚轩	2018-06-19
1949年第一版人民币伍圆"蓝色工厂"正面单面样票一枚		80,500	北京诚轩	2018-06-19
1949年第一版人民币伍万圆新华门		74,750	中国嘉德	2018-06-21
1949年第一版人民币壹佰圆大帆船		74,750	中国嘉德	2018-06-21
1953年第二版人民币叁圆三枚		74,750	中国嘉德	2018-11-24
1953年第二版人民币拾圆		71,300	中国嘉德	2018-06-21
1953年第二版人民币叁圆二枚		71,300	中国嘉德	2018-11-24
1962年第三版人民币背绿有水印壹角二枚连号		69,000	中国嘉德	2018-11-24
洪武年间大明通行宝钞壹贯		63,250	中国嘉德	2018-06-21
1949年第一版人民币贰佰圆"收割"一枚		57,500	北京诚轩	2018-06-19
1949年第一版人民币伍拾圆红火车		57,500	中国嘉德	2018-06-21
第一套人民币十二张	尺寸不一	57,500	北京保利	2018-10-28
民国三十四年浙东银行三虞支行临时兑换券蓝色壹角一枚		55,200	北京诚轩	2018-06-19
民国三十四年浙东银行上虞支行临时兑换券红色贰角一枚		55,200	北京诚轩	2018-06-19
1949年第一版人民币壹佰圆"北海与角楼"黄面一枚		52,900	北京诚轩	2018-06-19
1911年中华革命军筹饷局中华民国金币券壹百圆一枚		51,750	北京诚轩	2018-06-19
光绪二十四年中国通商银行银两票京平足银壹两一枚		50,600	北京诚轩	2018-06-19
1949年第一版人民币平"3"版壹佰圆"北海与角楼"黄面一枚		48,300	北京诚轩	2018-06-19
1949年第一版人民币伍佰圆"正阳门"一枚		48,300	北京诚轩	2018-06-19
民国元年华商上海信成银行上海通用银元券壹圆一枚		48,300	北京诚轩	2018-06-19
1949年第一版人民币平"3"版贰佰圆"排云殿"一枚		46,000	北京诚轩	2018-06-19

拍品名称	物品尺寸	成交价RMB	拍卖公司	拍卖日期
1949年第一版人民币伍佰圆"正阳门"一枚		46,000	北京诚轩	2018-06-19
第三版人民币枣红壹角十一枚连号		46,000	西泠拍卖	2018-07-09
民国三十三年鲁西银行临时流通券天坛图叁佰圆一枚		46,000	北京诚轩	2018-06-19
第一版人民币及民国纸币一组十七枚		43,700	中国嘉德	2018-06-21
1923年香港上海汇丰银行香港伍拾圆		43,700	中国嘉德	2018-11-24
1949年第一版人民币伍拾圆红火车		42,550	中国嘉德	2018-06-21
1949年第一版人民币贰佰圆"颐和园"一枚		41,400	北京诚轩	2018-06-19
1953-1972年第三版人民币一组二十六枚		40,250	北京诚轩	2018-06-19
1948年第一版人民币伍拾圆"驴子与矿车"一枚		39,100	北京诚轩	2018-06-19
第一版人民币小全套十一枚		39,100	西泠拍卖	2018-07-09
1949年第一版人民币伍拾圆"红火车"一枚		37,950	北京诚轩	2018-06-19
1999年建国五十周年纪念伍拾圆钞样币一枚		36,800	北京保利	2018-06-22
民国十六年(1927年)山西省金库兑换券伍角		36,800	中国嘉德	2018-11-24
洪武年间大明通行宝钞壹贯		34,500	中国嘉德	2018-06-21
1948年第一版人民币伍拾圆"驴子与矿车"一枚		34,500	北京诚轩	2018-06-19
1962年第三版人民币五圆百枚连号		34,500	中国嘉德	2018-06-21
1924年大西洋国海外汇理银行澳门伍圆		34,500	中国嘉德	2018-11-24
1953年第二版人民币叁圆二枚		34,500	中国嘉德	2018-11-24
咸丰四年户部官票拾两		34,500	北京保利	2018-12-08
1949年第一版人民币壹仟圆"秋收"十枚		29,900	北京诚轩	2018-06-19
票 证				
民国十五年(1926年)镇威第三四方面军团兵站库券伍圆、拾圆样票各一枚		46,000	中国嘉德	2018-06-21
民国九年(1920年)中华民国财政部定期国库券一组二十七枚		36,800	中国嘉德	2018-06-21
光绪二十四年中国通商银行上海通用银圆券壹圆一枚		34,500	北京诚轩	2018-06-19
民国三十五年晋察冀边区银行田间风景图百圆流通券改样票一枚		32,200	北京诚轩	2018-06-19
民国三十四年浙东行政公署单面印刷金库兑换券抗币拾圆一枚		32,200	北京诚轩	2018-06-19
证 章				
明 掌印局 天启五年 凡事故者缴监无牌不许擅入宫禁 十二月造银质宫牌		97,750	中国嘉德	2018-06-22
清早期头版三等第一御赐双龙金质宝星		299,000	中国嘉德	2018-06-22
清早期 第一版三等一银质鎏金双龙宝星勋章		230,000	中国嘉德	2018-06-22
清早期 三等第一御赐双龙宝星		97,750	中国嘉德	2018-06-22
清 二等一级双龙宝星勋章		345,000	中国嘉德	2018-06-22
清第二版头等第二双龙宝星		253,000	中国嘉德	2018-06-22
清第二版头等第三御赐双龙宝星		207,000	中国嘉德	2018-06-22
清 第二版二等第二御赐双龙宝星		195,500	中国嘉德	2018-06-22
清 三等第一御赐双龙宝星		172,500	中国嘉德	2018-06-22
清 第二版二等第一御赐双龙宝星		161,000	中国嘉德	2018-06-22
清 第二版头等第三双龙宝星		115,000	中国嘉德	2018-06-22
清 第二版头等第三御赐双龙宝星		103,500	中国嘉德	2018-06-22
清 海军公所金质手工赏牌	7.7×6.2cm；重20.5g	101,200	中国嘉德	2018-06-22
清 第二版二等第一御赐双龙宝星		92,000	中国嘉德	2018-06-22
清 三等第一御赐双龙宝星		82,800	中国嘉德	2018-06-22
清 第二版二等第二御赐双龙宝星		82,800	中国嘉德	2018-06-22
清 二等第三御赐双龙宝星		74,750	中国嘉德	2018-06-22
清 二版二等第三御赐双龙宝星		69,000	中国嘉德	2018-06-22
清 第二版三等第二御赐双龙宝星		69,000	中国嘉德	2018-06-22
清 第二版三等第三御赐双龙宝星		69,000	中国嘉德	2018-06-22
清 三等第二御赐双龙宝星		69,000	中国嘉德	2018-06-22
清 第二版三等第三御赐双龙宝星		57,500	中国嘉德	2018-06-22
清 第二版三等三级双龙宝星勋章		57,500	中国嘉德	2018-06-22
清 第二版三等第三御赐双龙宝星		55,200	中国嘉德	2018-06-22
清 第二版四等御赐双龙宝星		51,750	中国嘉德	2018-06-22
清 第二版三等第三御赐双龙宝星		48,300	中国嘉德	2018-06-22
清 第二版二等一级双龙宝星勋章		46,000	中国嘉德	2018-06-22
清 二等二级双龙宝星勋章		36,800	中国嘉德	2018-06-22
清 三等二级双龙宝星勋章		34,500	中国嘉德	2018-06-22
清 三等三级双龙宝星勋章		34,500	中国嘉德	2018-06-22
1916年袁世凯像中华帝国洪宪纪元飞龙纪念银章(LM942)		31,050	中国嘉德	2018-06-22
故宫·五帝钱纪念章一套五枚十公斤		7,130,000	北京保利	2018-06-22
清·第一版二等双龙宝星勋章	通长120cm	264,500	西泠拍卖	2018-07-09
民国二十六年蒋委员长肖像银质纪念章一枚		241,500	上海泛华	2018-04-21
民国时期天津造币厂制"段芝贵"像背嘉禾红铜纪念章一枚		241,500	上海泛华	2018-04-21
满洲国龙光大绶勋章		149,500	中国嘉德	2018-06-22
同一外国人获勋章一组五枚		149,500	中国嘉德	2018-06-22
1921年徐世昌纪念章(LM957)		112,700	中国嘉德	2018-11-22
满洲国龙光大绶勋章附章		109,250	中国嘉德	2018-06-22
中华民国十年九月(1921年)徐世昌像纪念银章(LM957)		103,500	中国嘉德	2018-06-22
1988年韩国汉城第二十四届奥运会拳击金牌		86,250	中国嘉德	2018-06-22
大清帝国一等黑龙勋章		82,800	中国嘉德	2018-06-22
民国·国民政府一等景星勋章正副章一对二枚(配原盒、绶带)	通长70-90mm	80,500	西泠拍卖	2018-07-09
1916年袁世凯像中华帝国洪宪纪元飞龙纪念银章(LM942)		71,300	中国嘉德	2018-11-22
民国时期国民政府一等云麾大绶勋章正、副章全套		43,700	北京诚轩	2018-06-21
民国·二年(1913年)广西都督陆赐银质纪念章	直径29mm	41,400	西泠拍卖	2018-07-09
满洲国勋二等柱国勋章		40,250	中国嘉德	2018-06-22
北洋政府一等嘉禾勋章		40,250	中国嘉德	2018-06-22
中华民国南京汪精卫伪政权时期一等同光勋章		40,250	中国嘉德	2018-06-22
民国·董大酉先生纪念章之上海市政府新屋落成典礼、上海市政府新屋奠基、上海市政府成立十周年一组三枚		36,800	西泠拍卖	2018-07-09
北洋政府民国六年四等文虎勋章		36,800	中国嘉德	2018-06-22
1923年曹锟戎装像纪念银章一枚		34,500	北京诚轩	2018-06-21
民国·国民革命军誓师十周年纪念章	通长83mm	34,500	西泠拍卖	2018-07-09
国民政府 青天白日勋章		34,500	中国嘉德	2018-06-22
1936年张学良赠合金纪念章一枚		32,200	北京诚轩	2018-06-21
民国三十二年五月"狮子地球图"中央造币厂桂林分厂五周年纪念章一枚		32,200	上海泛华	2018-04-21
民国·八年抗战胜利纪念章(配原盒)	通长180mm	32,200	西泠拍卖	2018-07-09
前苏联高等级勋章二枚		31,050	北京诚轩	2018-06-21
民国黑龙江督军鲍纪念章		29,900	中国嘉德	2018-06-22
钱币其他				
东周 大型铜贝陶范	长8cm	59,800	中国嘉德	2018-11-24
战国·齐国"齐之法化"四字刀石范	长25.3cm	207,000	西泠拍卖	2018-07-09
战国·燕"坪阴"铅质母范残件	长10.7cm	115,000	中国嘉德	2018-11-24
汉 石质"半两"钱范及范版一组两枚		34,500	中国嘉德	2018-11-24
新莽"大泉五十"铜母范	8.2cm	109,250	中国嘉德	2018-11-24
北洋水师官赐银奖杯及璧识玻(J.D. Bishop)家族传承啤酒银杯、扁酒壶一组三件,璧识玻家族藏品分别为:一只外销银奖杯		460,000	中国嘉德	2018-11-22
清·苏炉平安吉庆摇钱树龙首挂	通长64mm	63,250	西泠拍卖	2018-07-09
清·苏炉招财进宝摇钱树龙首挂	通长64mm	40,250	西泠拍卖	2018-07-09
清光绪三十三年(1907年)资政院交发外蒙古科布多参赞大臣陆军部火票一件		552,000	北京保利	2018-06-23

2018杂项拍卖成交汇总

(成交价RMB：2万元以上)

拍品名称	物品尺寸	成交价RMB	拍卖公司	拍卖日期
宣统元年(1909年)崇文门外草厂十条胡同北口内路西百川通记钱庄兑票伍拾两		63,250	中国嘉德	2018-11-24
光绪二十一年(1895年)甲午战争功牌	长103cm；宽70cm	57,500	中国嘉德	2018-11-23
光绪十年(1884年)赣州府寄韶州府排单一件		55,200	北京保利	2018-06-23
清代山西百川通票号账册一本		55,200	中国嘉德	2018-11-23
民国·陕北红军帽徽	直径29mm	51,750	西泠拍卖	2018-07-09
宣统元年湖广博医会赏首名护病主——何医师纪念牌一枚		40,250	上海泛华	2018-04-21
邮　品				
无产阶级文化大革命的全面胜利万岁(俗称"大一片红")未发行邮票一枚		13,800,000	中国嘉德	2018-11-22
1910年库伦寄北京快信红条封		4,623,000	北京保利	2018-06-23
T46庚申年(猴)八十枚全张		1,667,500	中国嘉德	2018-06-22
1980-1991年十二生肖大版票各一张		1,288,000	北京保利	2018-06-23
T46庚申年(猴)八十枚全张		1,219,000	中国嘉德	2018-11-22
全国山河一片红(撤销发行)邮票一枚		1,150,000	中国嘉德	2018-06-22
PS 1910年西藏西格孜寄江孜清四次片		920,000	中国嘉德	2018-11-22
1968年毛主席给日本工人题词(未发行)邮票一枚		713,000	中国嘉德	2018-11-22
1914年库伦寄山西三泉镇挂号封		414,000	北京保利	2018-06-23
1897年上海寄德国大型挂号封		379,500	北京保利	2018-06-23
1949-1985年新中国大全套新票邮集一部		310,500	北京保利	2018-06-23
全国山河一片红(撤销发行)邮票一枚		310,500	中国嘉德	2018-06-22
1962年纪94梅兰芳舞台艺术无齿新票全套四方连		299,000	北京保利	2018-06-23
FD1962年纪94M梅兰芳舞台艺术小型张中国集邮公司首日实寄封		287,500	中国嘉德	2018-11-22
全国山河一片红(撤销发行)邮票一枚		264,500	中国嘉德	2018-11-22
晋察冀边区1946年小抗战胜利新票全张共九件		264,500	北京保利	2018-06-23
1960年特38金鱼新票全套十五方连		264,500	北京保利	2018-06-23
1968年全国山河一片红8分旧票一枚		264,500	北京保利	2018-06-23
光绪二十七年镇守吉林等处将军衙门为飞递公务事将军火票		264,500	中国嘉德	2018-06-22
PS 普9天安门图美术邮资封28号"大炼钢铁"		241,500	中国嘉德	2018-11-22
1914年北京一版帆船无齿样票全套十九枚		230,000	北京保利	2018-06-23
1949-1966年老纪特新票大全新一部		230,000	北京保利	2018-06-23
COL 中信及百城二版孙中山像普通邮票邮集一部		172,500	中国嘉德	2018-11-22
1992年时任福建省省委书记的项南给习近平著《摆脱贫困》序言手稿		172,500	中国嘉德	2018-11-22
1912年陕西白河寄汉口红条封		161,000	中国嘉德	2018-11-22
1980年T54荷花小型张新100枚		161,000	北京保利	2018-06-23
PP民国初期上海商务印书馆印制"辛亥革命"历史人物明信片二册		149,500	中国嘉德	2018-11-22
1967-1970年文革新票大全		144,900	北京保利	2018-06-23
光绪三十四年陆军部火票		138,000	中国嘉德	2018-11-22
清三次、四次邮资片一组九十枚		138,000	北京保利	2018-06-23
1916年作；1917年作 胡适等 1917年归国途中致郑晓沧明信片等八种	14×9cm×7；8.5×6cm	138,000	西泠拍卖	2018-07-08
贴T46猴四方连纪念封		138,000	中国嘉德	2018-06-22
新中国纪特邮票一册		138,000	中国嘉德	2018-06-22
清代、民国新旧票杂集一本约数千枚		132,250	北京保利	2018-06-23
1950年普1天安门800元新票横双连		105,800	北京保利	2018-06-23
中国台湾邮票1945-2010年大全套三册		101,200	北京保利	2018-06-23
1902年山西太原寄北京挂号红条封		94,300	中国嘉德	2018-11-22
光绪十五年(1889年)汕头寄北京挂号封		92,000	中国嘉德	2018-11-22
文7"北国"邮票五十枚全张		92,000	中国嘉德	2018-11-22

拍品名称	物品尺寸	成交价RMB	拍卖公司	拍卖日期
1897年再版慈寿纪念新票全套九枚		92,000	北京保利	2018-06-23
大龙阔边邮票三枚全		92,000	中国嘉德	2018-06-22
文7人民解放军占领南京五十枚全张		92,000	中国嘉德	2018-06-22
孙中山像云南加盖国币伍拾圆邮资双片1947年昆明航空寄上海回寄昆明，去片及回片分贴孙像国币改值100元，50元邮票各一枚		87,400	北京保利	2018-06-23
1943-45年澳门寄日占香港时期战俘营封片一组八件		86,250	北京保利	2018-06-23
新中国各时期邮票三册		82,800	中国嘉德	2018-11-22
1960年特44菊花新票全套四方连		82,800	北京保利	2018-06-23
1963年江苏南京寄南通封		80,500	中国嘉德	2018-11-22
华东区建军二十二周年纪念邮票一百枚全张五全		78,200	中国嘉德	2018-11-22
1953年西藏拉萨寄尼泊尔封		78,200	中国嘉德	2018-06-22
中华苏维埃共和国邮政总局原版大字3分无齿邮票一枚		74,750	中国嘉德	2018-06-22
湘赣边省赤色邮政1931年镰刀伍角星1分新票带左纸边一枚		71,300	北京保利	2018-06-23
第一次加盖"冀东"改值邮票4000元/20元一枚		71,300	中国嘉德	2018-06-22
文7"人生"五十枚全张		71,300	中国嘉德	2018-06-22
清代风光建筑民俗大型照片一册		69,000	中国嘉德	2018-11-22
华东区1949年山东电邮5元信封新一件		69,000	北京保利	2018-06-23
1950年改1火车图500元细齿(14度)组外品新票四方连		69,000	北京保利	2018-06-23
香港中华版孙中山像无齿邮票5元五十枚全张		63,250	中国嘉德	2018-11-22
小龙加盖台湾邮票五枚		63,250	中国嘉德	2018-06-22
PS 1952年长春寄云南个旧邮简		63,250	中国嘉德	2018-06-22
M/S 纪94梅兰芳小型张一枚		63,250	中国嘉德	2018-06-22
M/S 纪94M梅兰芳小型张一枚		63,250	中国嘉德	2018-06-22
T46庚申年(猴)四方连		59,800	中国嘉德	2018-06-22
M/S 纪94M梅兰芳小型张新一枚		59,800	中国嘉德	2018-06-22
文7"暮色"邮票五十枚全张		59,800	中国嘉德	2018-06-22
1940年巴黎寄福州航空封		57,500	中国嘉德	2018-11-22
编号(1-6)智取威虎山邮票五十套		57,500	中国嘉德	2018-11-22
1950年改5飞雁图200元新票直双连		57,500	北京保利	2018-06-23
希特勒亲笔明信片	9.4×14.9cm	57,500	中国嘉德	2018-06-19
1962年纪92(8-1)蔡伦公元"前"错体新票一枚		51,750	北京保利	2018-06-23
1980年T46庚申猴新票四方连		51,750	北京保利	2018-06-23
PS 1950年热河北票寄山西徐沟邮简		51,750	中国嘉德	2018-06-22
苏维埃邮政1932年镰刀铁锤五星旗图3分新票一枚		48,300	北京保利	2018-06-23
1980年T46庚申猴新票直四连		48,300	北京保利	2018-06-23
PS 普东2天安门图绿色优军邮简		48,300	中国嘉德	2018-06-22
1912年陕西兴安府寄汉口红条封		46,000	中国嘉德	2018-11-22
1907年《大清邮政舆图》一本		46,000	北京保利	2018-06-23
1930年闽西赤色邮政4分新票一枚		46,000	北京保利	2018-06-23
苏维埃邮政1932年红军图1分新票一枚		46,000	北京保利	2018-06-23
1950年普东2天安门2000元新票四方连		46,000	北京保利	2018-06-23
1950年改1火车图1000元细齿(14度)组外品新票直双连		46,000	北京保利	2018-06-23
1913年盖云南普洱寄广西梧州红条封		43,700	北京保利	2018-06-23
1950年改6毛泽东像400元新票直六连		43,700	北京保利	2018-06-23
纪94梅兰芳无齿邮票八枚全		43,700	中国嘉德	2018-06-22
清代至新中国邮票一组二册(无图)		43,700	中国嘉德	2018-06-22
1962年纪94梅兰芳舞台艺术无齿新票全套八枚		42,550	北京保利	2018-06-23
1895年台南寄香港大型红条封		41,400	北京保利	2018-06-23
文革邮票大全套		41,400	中国嘉德	2018-06-22
FDT46庚申年(猴)中国邮票公司首日封		40,250	中国嘉德	2018-11-22
1901年内蒙古丰镇寄北京红条挂号封		36,800	中国嘉德	2018-11-22

拍品名称	物品尺寸	成交价RMB	拍卖公司	拍卖日期
1894年初版慈寿纪念彩色样票全套九枚		36,800	北京保利	2018-06-23
华东区1950年上海寄菲律宾双挂号邮政公事三倍超重小包封		36,800	北京保利	2018-06-23
1951年成都寄重庆封		36,800	北京保利	2018-06-23
1949年徐州寄济南报价挂号回执封		35,650	中国嘉德	2018-06-22
文10毛主席最新指示邮票连票五枚全		34,500	中国嘉德	2018-11-22
1947年伦敦四版孙中山蓝色无面值母模样票一枚		34,500	北京保利	2018-06-23
华东区1945年华中第一版有面值新票全套四方连		34,500	北京保利	2018-06-23
华东区1949年上海寄本埠建国首日欠资封		34,500	北京保利	2018-06-23
贴晋察冀边区抗战军人邮票剪片		34,500	中国嘉德	2018-06-22
1955年陕西汉阴蒲溪镇寄汉阴军邮封		34,500	中国嘉德	2018-06-22
1950年辽宁鞍山寄天津挂号快递封		33,350	中国嘉德	2018-11-22
东北区通化版毛泽东像邮票2元深紫色一枚		33,350	中国嘉德	2018-06-22
T44齐白石邮票五十枚全张十六全		33,350	中国嘉德	2018-06-22
1950年普1天安门200元新票四方连		32,200	北京保利	2018-06-23
大龙邮票5分银三枚		32,200	中国嘉德	2018-06-22
古籍善本				
写本写经				
明宣德 御制《大般若波罗蜜多经》十卷		193,195,268	香港苏富比	2018-04-03
8世纪 唐代中期 吐蕃写本 敦煌写经《大般若波罗蜜多经第二十七》手卷	705cm×25cm	22,425,000	北京荣宝	2018-06-14
胡适《尝试集》第二编手稿	24.2cm×14.7cm	11,500,000	中国嘉德	2018-06-20
大般若波罗蜜多经卷第五百六(敦煌写经)(全)	26cm×960cm	7,992,500	北京保利	2018-06-18
7世纪 唐代早期写本 敦煌写经《妙法莲华经卷第四》手卷	1008cm×26cm	6,440,000	北京荣宝	2018-12-03
智惠山 瑜伽师地论卷第卅三 手卷	30.5cm×408cm	6,440,000	中贸圣佳	2018-06-20
沈尹默 曼殊上人诗卷 手卷	31.8cm×1911.6cm	5,859,840	香港苏富比	2018-10-02
高又明旧藏、周伯敏等诸家题跋《智果绘供养神佛像及写经》	画32cm×31cm; 书法22cm×111.5cm	5,520,000	西泠拍卖	2018-07-09
弘一 手批《四分律册及藏本华严经卷》五十二册	尺寸不一	5,290,000	北京荣宝	2018-12-03
佚名 宋人写经 手卷	经文29cm×756cm	5,175,000	华艺国际	2018-11-16
13世纪 西夏文写本《喜金刚现证如意宝》手卷	27cm×316cm	4,370,000	北京荣宝	2018-12-03
7-8世纪 唐代写本 敦煌写经《妙法莲华经卷第二》	900cm×24.6cm	4,370,000	北京荣宝	2018-06-14
宋人 摩诃僧祇律卷第十七 手卷	31cm×386cm	4,370,000	中国嘉德	2018-06-18
7-8世纪 唐代写本 敦煌写经 《妙法莲华经卷第六》手卷	645cm×25cm	3,910,000	北京荣宝	2018-12-03
7-8世纪 隋唐早期写本 敦煌写经《金刚经》镜心	22.5cm×163cm	3,450,000	北京荣宝	2018-06-14
何绍基文稿四十七页	尺寸不一	3,220,000	北京保利	2018-12-07
8世纪唐代写本 敦煌写经《金刚经》手卷	217cm×24.6cm	3,220,000	北京荣宝	2018-06-14
7-8世纪 唐代写本 敦煌写经《观世音经》手卷	218cm×25cm	3,220,000	北京荣宝	2018-06-14
7-8世纪 唐写本 敦煌写经《妙法莲华经常不轻菩萨品》三卷合一 手卷	尺寸不一	3,220,000	北京荣宝	2018-06-14
隋敦煌写本 许承尧跋十轮经卷第二	22.5cm×8.5cm×15	3,220,000	中贸圣佳	2018-06-20
1785年作 莫扎特 为学生作《c小调赋格曲(作品号506a)》珍贵原稿	27cm×21.5cm	3,047,500	西泠拍卖	2018-07-08
大波若波罗蜜多经卷第六百	24×722.5cm	2,932,500	中国嘉德	2018-11-21
7-8世纪 唐代写本 《大般若菠萝蜜多经第五百七十九》手卷	760×24.8cm	2,875,000	北京荣宝	2018-12-03
8世纪 唐代写本 敦煌写经《妙法莲华经卷四》手卷	26×767cm	2,415,000	北京荣宝	2018-12-03
7世纪 初唐写本 敦煌写经《大般涅盘经卷第八》手卷	267cm×25cm	2,300,000	北京荣宝	2018-06-14
吴湖帆检赠陈子清《窸斋手泽》(吴大澂金石诗文手稿)	开本27.6cm×19.3cm	2,300,000	西泠拍卖	2018-07-09

拍品名称	物品尺寸	成交价RMB	拍卖公司	拍卖日期
明代 宣德七年 宫廷绘画写本 羊脑笺描金 观世音普门品 手卷	131×35cm	2,300,000	北京荣宝	2018-12-03
唐人写经《菩萨见实三昧经》镜心	27×345cm	2,070,000	北京匡时	2018-12-06
大般涅盘经卷第十二(中原写经)(尾全)	26.3×705cm	1,955,000	北京保利	2018-06-18
1961年作 周作人 录明赵南星撰《笑赞》一卷(七十八页)	27.1×15.4cm	1,884,875	佳士得	2018-11-26
周作人 未发表旧稿《柚子》、《少年阮仁的失踪》(四十二页)	18.8×12.6cm	1,884,875	佳士得	2018-11-26
约1928至1965年作 陈垣 重要著作底稿、治学手稿及文献一批		1,840,000	西泠拍卖	2018-07-08
敦煌写经 摩诃般若波罗蜜经卷第第三十	25.8×247.5cm	1,725,000	中贸圣佳	2018-06-21
10世纪 北宋初写本 敦煌写经《佛教论议文》	260×28.5cm	1,610,000	北京荣宝	2018-06-14
大般若经卷第一百六十二(泥金写绘)	25.5×775cm; 图25.5×20cm	1,610,000	北京保利	2018-06-18
永瑆《般若波罗蜜多心经》《佛说大乘圣无量寿佛经》	22.2×8cm×27	1,471,500	香港苏富比	2018-10-01
清 康熙 宫廷御制 甘珠尔大藏经《律师戒行经第一卷》	72×22.5cm	1,403,000	北京荣宝	2018-12-03
大乘密严经卷一(全)(敦煌写经)(净土寺藏经)	25.8×774cm	1,380,000	北京保利	2018-12-07
圆明园颐和园内廷三处会仝现行则例	21×16.3cm	1,380,000	中贸圣佳	2018-06-21
敦煌写经 大般若波罗蜜多经卷三百二十八	24.7×807cm	1,357,000	中贸圣佳	2018-06-21
妙法莲华经卷第三	26×894cm	1,322,500	中贸圣佳	2018-06-21
维摩诘经卷下(敦煌写经)(尾全)	27.4×487cm	1,265,000	北京保利	2018-06-18
大般若波罗蜜多经卷第四十七(全)	26.1×171.5cm	1,265,000	北京保利	2018-06-18
吴湖帆 手抄文稿(三册)册页	24.5×15.5cm	1,265,000	华艺国际	2018-11-16
1929至1949年作 陈独秀、陶行知、马相伯、马君武、太虚法师、马占山、李济深、叶恭绰、马公愚、欧阳予倩、李宗仁、白崇禧、王济远、江小鹣、梅兰芳、钱振锽、黄绍竑、张充仁等致曹仲渊书画题辞册	册20×16cm	1,127,000	西泠拍卖	2018-07-08
6-7世纪 南北朝写本 敦煌写经《大智度论卷七十六》手卷	102.5×25.8cm	1,058,000	北京荣宝	2018-12-03
8世纪 唐代写本 敦煌写经《普贤菩萨说此证明经一卷》手卷	277×25.5cm	977,500	北京荣宝	2018-12-03
7-8世纪 唐代写本 敦煌写经《妙法莲华经卷第七》手卷	96×24cm	862,500	北京荣宝	2018-12-03
8世纪 唐代写本 敦煌写经《入楞伽经卷第七》手卷	100×26cm	839,500	北京荣宝	2018-12-03
约1963年作 邵洵美 雪莱名著《麦布女王》罕见完整译稿	35.5×26cm×253	805,000	西泠拍卖	2018-07-08
7世纪 唐代早期 敦煌写经 金光明经银主陀罗尼品第十一 手卷	85×23cm	805,000	北京荣宝	2018-12-03
中阿含经卷第十五(日本善光寺写经)(全)	27.2×1150.5cm	782,000	北京保利	2018-06-18
大般若波罗蜜多经卷第二百三十一(敦煌写经)(全)	25.3×780cm	747,500	北京保利	2018-06-18
八千颂般若经(启功跋文)	21×60cm	747,500	北京保利	2018-12-07
6-7世纪 南北朝写本 敦煌写经《佛说佛名经卷第三》手卷	23×78cm	747,500	北京荣宝	2018-12-03
8世纪 盛唐时期写本 敦煌写经《妙法莲华经卷第一》手卷	160×26cm	747,500	北京荣宝	2018-12-03
俞樾 1903年作 行书自作诗卷 镜心	16×218cm	690,000	北京匡时	2018-12-05
傅抱石 柳亚子 冰心 陈垣 等《川沙张伯初重游泮水唱和》原稿1册	尺寸不一	678,500	凤凰拍卖	2018-01-21
6世纪前期 南北朝写本 敦煌写经《仁王般若经疏卷》手卷	123.8×27.5cm	632,500	北京荣宝	2018-12-03
7-8世纪 隋代写本 敦煌写经《大般涅经卷第二十九》手卷	312×28cm	632,500	北京荣宝	2018-12-03
8-9世纪 唐代中期 敦煌写经 古藏文《大乘无量寿宗要经》手卷	540×31.1cm	632,500	北京荣宝	2018-12-03

2018杂项拍卖成交汇总

(成交价RMB：2万元以上)

拍品名称	物品尺寸	成交价RMB	拍卖公司	拍卖日期
吴昌硕 戊午(1918)年作 朱书《般若波罗蜜多心经》册页	27×36cm×14	621,000	上海嘉禾	2018-06-25
7世纪 初唐写本 唐人写经《大般涅盘经卷第十五梵行品第二十之二》软片	25.5×46cm	575,000	北京荣宝	2018-06-14
康生藏书目《钓鱼台存书草目》《小石桥藏书目》两册	29×20.5cm	575,000	广东崇正	2018-07-04
1957年作茅盾《从"眼高手低"说起》文稿	29.5×20.5cm×7	575,000	西泠拍卖	2018-07-08
平安中后期写经《妙法莲华经八卷》全帙	约22×979cm×8	575,000	西泠拍卖	2018-07-09
8世纪 盛唐时期写本 敦煌写经《金刚般若波罗蜜经》手卷	97.5×25.3cm	552,000	北京荣宝	2018-12-03
唐写经《大般涅盘经》卷二十八 镜心	28×312cm	540,500	北京匡时	2018-06-16
明 1372年作 妙法莲华经卷第一 册页（三十八开）	30.5×12cm×38	532,200	佳士得	2018-11-27
日本镰仓时代 大般若波罗蜜经8册 册页	27×9×8cm	517,500	北京荣宝	2018-12-03
《御制重刻通志序》《御制重刻文献通考序》两种合一册，乾隆己巳、戊辰梁诗正写本	30×20cm	494,500	广东崇正	2018-07-04
朱孔阳旧藏张廷济《戊戌至丁未十年诗稿》(清)张廷济撰	开本30.2×19.7cm	483,000	西泠拍卖	2018-07-09
泥金写本《佛说一切如来金刚寿命陀罗尼经》	开本19×10.5cm	483,000	西泠拍卖	2018-07-09
约1699年作 牛顿 珍贵数学演算手稿	14×7.5cm	460,000	西泠拍卖	2018-07-08
1888年3月21日 俄罗斯彼得·伊里奇·柴可夫斯基乐谱手稿	24.1×20.1cm	460,000	中国嘉德	2018-06-19
膳房办买肉斤鸡鸭清册	30.2×23.4cm	448,500	中贸圣佳	2018-06-21
易培基 章炳麟 著 序 三国志补注	20.5×29cm	437,000	中国嘉德	2018-11-21
蔡元培、黄宾虹等三十五家题徐印香先生手抄《诗经》、《尔雅》等四种	开本26.2×15.3cm	425,500	西泠拍卖	2018-07-09
佚名大般若波罗蜜多经卷第三百八十四手卷	25×835cm	402,500	华艺国际	2018-11-16
丰子恺 <长孙抱幼子>、<某父子>二帧、及<子恺漫画选>签名本 镜心	33×26cm×2	380,715	保利香港	2018-10-01
1887至1889年作 张謇 批校《古文辞类纂》十册	册24×15.5cm×10	368,000	西泠拍卖	2018-07-08
1930年代作 郑振铎 题跋、批校戏曲文稿一批		368,000	西泠拍卖	2018-07-08
唐 宋 大般若波罗蜜多经一卷	915×24.5cm	368,000	西泠拍卖	2018-07-08
大宝积经郁伽长者会第十九(日本神护寺经)(全)	27.3×1414cm	345,000	北京保利	2018-06-18
1921年作 柳亚子 重要著作《迷楼集》稿本	23×13.5cm	345,000	西泠拍卖	2018-07-08
陈三立、陈寅恪父子递藏《郑文焯词稿》(清)郑文焯撰	28.7×16.7cm	345,000	西泠拍卖	2018-07-09
平安时期神护寺经《四分律卷第三十八》	26×1090cm	345,000	西泠拍卖	2018-07-09
8世纪 唐代写本 敦煌写经《大般若波罗蜜多经卷第二十三》 大谷探险队将来经 初分教诫教授品第七十三 三藏法师玄奘译 立轴	48×25.8cm	345,000	北京荣宝	2018-12-03
西夏文孤本《金刚经》卷首诵持仪轨注	18×104cm	345,000	中贸圣佳	2018-11-25
1836年4月6日作 肖邦《夜曲》等早期重要作品签名合同	37.5×23.5cm	322,000	西泠拍卖	2018-07-08
玄奘译大般若波罗蜜多经卷第二百九十七卷	25.5×810cm	322,000	中贸圣佳	2018-06-21
元 碛砂藏《摩诃僧祇律卷第三十五》	30×11.5cm	322,000	北京荣宝	2018-12-03
佚名 唐人写经册 册页（三开）	26×14cm	310,500	朵云轩	2018-06-24
1862年5月1日作 李斯特《圣母颂》乐稿原稿	33.5×26.5cm	310,500	西泠拍卖	2018-07-08
1917年作 柳亚子《松陵女子诗屑》稿本二册	22×12cm×2	287,500	西泠拍卖	2018-07-08
《大般若波罗蜜多经》卷第一百一十五手卷	24.5×685cm	287,500	北京匡时	2018-12-06
中村树堂 旧藏 西域出土古文书片	27×20.7cm	276,000	中国嘉德	2018-06-20
清光绪 任伯年题跋、闵沄藏、魏锡曾集《西泠印粹》一函两册	20.5×13.8cm	264,500	中国嘉德	2018-05-18
雍正皇帝 朱批 清 杨文干 雍正四年为粤省火耗支出奏折	22.8×10.5cm	264,500	中国嘉德	2018-11-21
日本平安时代《大般若波罗蜜多经第一百三》手卷	20×795cm	253,000	北京荣宝	2018-06-14
约1920至1922年作 柳亚子《松陵文集》稿本八册		253,000	西泠拍卖	2018-07-08
1907年作 唐文治 重要著作《蓄艾编》稿本	册24×20cm×2	253,000	西泠拍卖	2018-07-08
朱孝臧 张文虎 抄校白石道人歌曲校谱	15.5×11cm	253,000	中国嘉德	2018-06-20
李叔为母何氏征文	25×31.8cm	253,000	中国嘉德	2018-06-20
托尔斯泰代表作《安娜·卡列尼娜》描述卡列宁哥哥的原始草稿	21.4×14cm	253,000	中国嘉德	2018-06-19
普宁藏大般若波罗蜜多经卷第四百四十四	30.5×11.5cm	253,000	中贸圣佳	2018-06-21
京兆家藏手泽	30×17cm	253,000	北京保利	2018-12-07
徐启文 撰书 清 二甲四十二名殿试卷	29×11.5cm	253,000	中国嘉德	2018-11-21
乾隆间彩绘本《毛诗鸟兽草木鱼虫图》(清)尹光五书，高子善绘	开本23×13.7cm	241,500	西泠拍卖	2018-07-09
道光皇帝 撰书 道光五年爱新觉罗·旻宁为恭慈康豫皇太后贺寿表	30.5×24cm	241,500	中国嘉德	2018-06-20
柳亚子 手书、题跋及旧藏 南社有关苏州文献手稿一批	大多数27×24cm	230,000	西泠拍卖	2018-07-08
1928年作 傅斯年《中国古代文学讲义》文稿	册20×17cm	230,000	西泠拍卖	2018-07-08
谢兰生 自书诗卷	37×115cm	230,000	中国嘉德	2018-06-20
8世纪 日本奈良时代 鱼养经《瑜伽师地论》册页（五开十三页）		224,250	北京荣宝	2018-06-14
1947年作 郑振铎《想起和济之同在一处的日子》文稿	34.5×25.5cm×7	218,500	西泠拍卖	2018-07-08
约1936年作 周信芳 自撰年谱手稿及旧照	册20×16cm; 23.5×14cm	218,500	西泠拍卖	2018-07-08
饶宗颐、黄苗子、梁羽生、萧干等二十家致方宽烈翰墨册	尺寸不一；册页27.5×19.5cm	218,500	西泠拍卖	2018-07-08
长寿经	7.3×23.2cm	207,000	中贸圣佳	2018-06-21
花草粹编十二卷	28.8×17.1cm	207,000	中贸圣佳	2018-11-25
8世纪 唐代写本 敦煌写经《大通方广忏悔灭罪庄严成佛经 卷下》软片		195,500	北京荣宝	2018-06-14
日本平安时代《大般若波罗蜜多经卷第五百一十七》	19×916cm	195,500	北京荣宝	2018-06-14
清代海幢寺住持纯谦相益(涉川)著《片云行草》一册、涉川上人有关的松心柳堂诗卷一卷五页；李长荣、张南山《鼎湖山庆云寺拜黄文节公生日诗》一页	150×31cm; 32×31cm; 70×31cm	195,500	广东崇正	2018-07-05
谢玉岑 致高吹万诗词稿	26.5×15.5cm×5; 26×20cm×7	195,500	西泠拍卖	2018-07-08
玄奘 译 陈介祺旧藏大般若波罗蜜多经卷第十二	25×910cm	195,500	中贸圣佳	2018-11-25
日本平安时代《佛说仁王护国般若波罗蜜经第五百一十六》	19×888cm	189,750	北京荣宝	2018-06-14
1938年作 周信芳《紫荆花》剧本总本改定稿本	册29×19.5cm	184,000	西泠拍卖	2018-07-08
1890年12月19日 法国作曲家欧内斯特·肖松乐谱手稿	27×35cm	184,000	中国嘉德	2018-06-19
大般若波罗蜜多经卷第一百八十七 册页	25×14cm×56	184,000	中国嘉德	2018-05-20
刘半农签名本《初期白话诗稿》	32.0×22.5cm	184,000	中国嘉德	2018-06-19
李光地 等辑 清 孟子 七卷	22.5×15.5cm	184,000	中国嘉德	2018-11-21
古写经刻经汇英一佛经鉴定标本集（一盒）镜心		178,250	北京荣宝	2018-06-14
大般若波罗蜜多经卷第二百九十一 镜心	24×57cm	178,250	中国嘉德	2018-09-19
周作人 手抄康熙朱谕文稿及旧藏《掌故丛编》	40×28cm; 35.5×17cm×7	172,500	西泠拍卖	2018-07-08
谭泽闿手书《盛唐诗选》、《歌行补遗》	开本27.5×20cm	172,500	西泠拍卖	2018-07-09
生生数等古籍一组	尺寸不一	172,500	中国嘉德	2018-05-20
雷峰塔藏经、藏文经卷 手卷、镜心	尺寸不一×4	172,500	中国嘉德	2018-06-19
名人诗简（琴伯旧藏）	27.8×20cm	172,500	北京保利	2018-12-07
于右任手书稿件、题词等墨迹资料一组	尺寸不一	172,500	北京保利	2018-12-08
清福长安 书《金刚般若波罗蜜经》册页	24×10cm	172,500	北京荣宝	2018-12-03

拍品名称	物品尺寸	成交价RMB	拍卖公司	拍卖日期
永乐南藏一批	34×12×8cm	172,500	北京荣宝	2018-12-03
观象玩占 五十卷	26×17.8cm	172,500	北京荣宝	2018-12-03
佚名大般若波罗蜜多经卷第四百五十六手卷	19×811cm	172,500	华艺国际	2018-11-16
佚名大般若波罗蜜多经卷第四百五十八手卷	19×811cm	172,500	华艺国际	2018-11-16
佚名大般若波罗蜜多经卷第四百六十手卷	19×811cm	172,500	华艺国际	2018-11-16
8世纪 唐代写本 敦煌写经《大明度经卷第一》镜心	51.5×28cm	166,750	北京荣宝	2018-12-03
沈德潜 诗文杂稿	31.2×95.5cm	161,000	中国嘉德	2018-05-20
普宁藏四经同卷	31.5×11.5cm	161,000	中贸圣佳	2018-06-21
日本平安时代《大般若波罗蜜多经卷第四百五十四》	19×823cm	149,500	北京荣宝	2018-06-14
汪东 黄侃墓志铭原稿	67×64.5cm×2	149,500	西泠拍卖	2018-07-08
瞿鸿禨 超览楼诗选稿	17×14.2cm	149,500	中国嘉德	2018-06-20
1850年6月29日 德国作曲家与音乐评论家罗伯特·舒曼唯一的歌剧作品《Genoveva》乐谱手稿	16.1×9.7cm	149,500	中国嘉德	2018-06-19
御赐瞿鸿机谕旨、祭文、碑文等一组	尺寸不一	149,500	中贸圣佳	2018-06-21
日本天平时代　大般若波罗蜜多四百二十八 手卷	878×24.2cm	149,500	北京荣宝	2018-12-03
雍正皇帝 朱批 清 杨文干为缉捕广东省城奸匪事折	22.8×10.4cm	149,500	中国嘉德	2018-11-21
溥儒 草书诗文稿 镜心	尺寸不一	144,054	中国嘉德	2018-10-03
增壹阿含经卷第二十七(敦煌写经)(存一纸)	26.1×47cm	143,750	北京保利	2018-06-18
张伯驹 鉴赏笔记、定级列表及批校《吉林省博物馆藏画集说明》等一批	27.5×19.5cm	143,750	西泠拍卖	2018-07-08
日本天平时代　大般若波罗蜜多经卷第二十 手卷	850×24.2cm	143,750	北京荣宝	2018-12-03
沈有壬 1926年作 金刚般若波罗蜜经 镜框	42.5×27.1cm	141,700	香港苏富比	2018-10-02
明代手抄经8卷法器2		138,000	北京东正	2018-06-17
吴昌硕 行书 题画诗稿	50×23.5cm	138,000	西泠拍卖	2018-07-08
泥金写本《大般若波罗密多经卷第五百二十九》(唐)三藏法师玄奘译	25×795cm	138,000	西泠拍卖	2018-07-09
吴曼公 旧藏 唐人写经残帙	22.5×49cm	138,000	中国嘉德	2018-11-21
指花庵琴谱	21.9×13.3cm	138,000	中贸圣佳	2018-11-25
大般若波罗密多经卷第五百三十七(唐)三藏法师玄奘译	24.2×797cm	132,250	西泠拍卖	2018-07-09
大般若波罗密多经卷第四百一十三(唐)三藏法师玄奘译	23.9×898cm	132,250	西泠拍卖	2018-07-09
天平时代《大般若波罗蜜多经卷第五百一十五》手卷	19×915cm	126,500	北京荣宝	2018-06-14
日本平安时代 瓷青描金写经《妙法莲华经卷第八》手卷	621×25cm	126,500	北京荣宝	2018-06-14
佚名 唐 宋 楷书 大般若波罗蜜多经卷 手卷	831.5×25cm	126,500	西泠拍卖	2018-07-08
恽寿平 余集 陈寿祺 张廷济等 清代名人手翰	尺寸不一	126,500	中国嘉德	2018-06-20
1864年 俄罗斯钢琴大师安东·鲁宾斯坦亲笔完整乐谱	24.7×37.5cm	126,500	中国嘉德	2018-06-19
满文老档	36.5×28cm	126,500	中贸圣佳	2018-06-21
日本天平时代　大般若波罗蜜多经第四百二十九 手卷	852×24.7cm	126,500	北京荣宝	2018-12-03
俞平伯稿本昆曲	尺寸不一	126,500	北京荣宝	2018-12-03
溥儒 经籍择言稿 册页	26×17cm×6	115,000	北京保利	2018-06-17
日本平安时代 瓷青描金写经《大般若波罗蜜多经卷第二十四》手卷	18×756cm	115,000	北京荣宝	2018-06-14
傅雷 批校《欧阳文忠公近体乐府》	册20×13cm	115,000	西泠拍卖	2018-07-08
约1988年作 孙大雨 莎士比亚名著《李尔王》(旧译《黎琊王》)译稿		115,000	西泠拍卖	2018-07-08
泥金写本《大般若波罗密多经卷第廿三》(唐)三藏法师玄奘译	25×811cm	115,000	西泠拍卖	2018-07-09
相宅经纂等古籍一组	尺寸不一	115,000	中国嘉德	2018-05-20
法国革命家、诗人欧仁·鲍狄埃诗歌手稿	13.6×21cm	115,000	中国嘉德	2018-06-19
日本天平时代　大般若波罗蜜写经(五百五十四)手卷	1036×24cm	115,000	北京荣宝	2018-12-03
8世纪 唐代写本 敦煌写经《根本说一切有部毗奈耶 第五十卷》软片	46×27cm	109,250	北京荣宝	2018-06-14
日本平安时代《大般若波罗蜜多经卷第一百五》	850×26cm	109,250	北京荣宝	2018-06-14
1916年作；1917年作；1918年作 罗常培《虚斋随笔》、《刘先生讲文札记》、《刘申叔先生讲义随记》文稿三种	册19×13cm×7	109,250	西泠拍卖	2018-07-08
丁晏稿本《柘唐文稿》(清)丁晏撰	开本26×18cm	109,250	西泠拍卖	2018-07-09
刘锦藻未刊诗文集《坚匏盦诗赋文钞八卷 葭洲书屋赋钞二卷》(清)刘锦藻撰	开本25.3×14.2cm	109,250	西泠拍卖	2018-07-09
普宁藏大般若波罗蜜多经卷第一百八十七	30.5×11.5cm	105,800	中贸圣佳	2018-06-21
奇门大全 七十八卷 补编 十一卷	18×11.5cm	105,800	中国嘉德	2018-11-21
日本平安时代《大般若波罗蜜多经卷第五百三十七》	19×860cm	103,500	北京荣宝	2018-06-14
吴昌硕 行书 题画诗稿 立轴	50×23.5cm	103,500	西泠拍卖	2018-09-28
匈牙利作曲家和钢琴家李斯特乐谱手稿	21.5×14.4cm	103,500	中国嘉德	2018-06-19
大般若波罗蜜多经卷第二百九十五	24.2×782cm	103,500	中贸圣佳	2018-11-25
1966年作；1968年作 穆旦 自传文稿一批		101,200	西泠拍卖	2018-07-08
乾隆皇帝 朱批 清 允禄等为奏闻圆明园用过剩余煤炭木柴数目事题	24.8×11.7cm	101,200	中国嘉德	2018-11-21
日本平安时代《大般若波罗蜜多经卷第二十五》手卷	879×20cm	97,750	北京荣宝	2018-06-14
日本平安时代 瓷青描金写经《大般若波罗蜜多经卷第三百五十七》手卷	19×908cm	97,750	北京荣宝	2018-06-14
安徒生 诗稿《美人》	册28×21.5cm	97,750	西泠拍卖	2018-07-08
日本天平时代　大般若波罗蜜写经(四百五十一)手卷	826×24cm	97,750	北京荣宝	2018-12-03
古今图书集成仪象部汇考	26×18.2cm	97,750	中贸圣佳	2018-11-25
潘步云 2017年作 楷书《般若波罗蜜多心经》镜心	34×121cm	93,150	北京荣宝	2018-05-18
佚名 唐人写经残件3册 册页	尺寸不一	92,000	保利厦门	2018-01-08
季羡林《中国文学在德国》书稿14页附出版资料	27×19cm	92,000	广东崇正	2018-07-05
1939年作 许广平 1939年《阿Q的上演》重要文稿	27×25cm×4	92,000	西泠拍卖	2018-07-08
1954年作；1955年作 孔伯华 为任泽海作医药处方手稿十五页		92,000	西泠拍卖	2018-07-08
陈师曾 师曾遗墨手稿 手卷	27×657cm	92,000	中国嘉德	2018-09-19
日本、古写经汇英　日本佛经鉴定标本集	尺寸不一	92,000	北京荣宝	2018-12-03
明崇祯元年恩封韩相之父母之诰命	30.5×179cm	92,000	中贸圣佳	2018-11-25
1941年作 1943年作 1945年作 1940年作 马一浮 书札 题五律诗 张宗弼 书札 题七古诗 高罗佩 埭篱图 钱智修 题七绝诗四首 缪黻平 题七绝诗二十二首、七律诗九首	尺寸不一	86,250	上海泓盛	2018-06-27
1920年作 冯煦 致吴昌硕草书论印诗	88×38.5cm	86,250	西泠拍卖	2018-07-08
1939-1969年作 容庚、朱经农、罗家伦等 致赵恒惕之子留言簿	14×10cm	86,250	西泠拍卖	2018-07-08
江户川乱步 侦探小说《在黑暗中蠕动》创作手稿	21×15cm×14	86,250	西泠拍卖	2018-07-08
朱孔阳旧藏梁同书手录《杜诗摘句》(清)梁同书撰	开本28.8×17cm	86,250	西泠拍卖	2018-07-09
写经残页 册页	40×29cm	86,250	北京荣宝	2018-12-03
日本天平时代　大般若波罗蜜写经(二百七十七)手卷	817×24cm	86,250	北京荣宝	2018-12-03
日本天平时代　大般若波罗蜜写经(二百七十六)手卷	826×24cm	86,250	北京荣宝	2018-12-03
苏州藏书家潘圣一稿钞本一批	尺寸不一	86,250	中贸圣佳	2018-11-25
慈安皇太后 朱批 吏部尚书瑞常同治元年引见折	25.3×11.3cm	82,800	中国嘉德	2018-11-21

2018杂项拍卖成交汇总

(成交价RMB：2万元以上)

拍品名称	物品尺寸	成交价RMB	拍卖公司	拍卖日期
1927年作 黄炎培致姜文熙诗稿 横幅	18×64cm	80,500	北京保利	2018-06-18
9世纪 日本平安时代《根本说一切有部毗奈耶 第五十卷》软片	45×25cm	80,500	北京荣宝	2018-06-14
1943年作 1944年作 黄炎培 题五律诗一首 屏之 题七律诗四首 吴昆吾题满庭芳词一阕 张宗祥 题五律诗一首 诸辅成 题七绝诗一首	尺寸不一	80,500	上海泓盛	2018-06-27
1945年作 1946年作 沈尹默 题五律诗一首 金国宝 题五律诗一首 梁平题词一篇 朱偰 题词一篇 徐扬 题七律诗一首 吴眉孙 题水调歌头一首	尺寸不一	80,500	上海泓盛	2018-06-27
1949年作; 1950年作 李德全、许广平、史良、邓颖超、丁玲、陈修良、康克清、邓六金等 新中国百位杰出女性致安雪峰题辞册	27.5×20.5cm; 20.5×17cm; 册12×9cm	80,500	西泠拍卖	2018-07-08
林云铭 辑 古文析义详解 十六卷	15×9.8cm	80,500	中国嘉德	2018-06-20
德国作曲家查德·瓦格纳乐谱手稿	21.5×15cm	80,500	中国嘉德	2018-06-19
元 唐 古经切	尺寸不一	80,500	北京荣宝	2018-12-03
日本天平时代 大般若波罗蜜写经(五百五十九)手卷	856×24cm	80,500	北京荣宝	2018-12-03
二经同卷等 永乐南藏 一函	34×12cm	80,500	北京荣宝	2018-12-03
六经同卷等 永乐南藏 一函	34×12cm	80,500	北京荣宝	2018-12-03
理气图说等古籍一组	尺寸不一	78,200	中国嘉德	2018-05-20
天平时代 隅寺心经 手卷	43×25.8cm	78,200	北京荣宝	2018-12-03
日本 镰仓时代 磁青纸泥金书大般若经卷第五十九卷 手卷	945×25cm	77,050	北京荣宝	2018-12-03
日本平安时代《大般若波罗蜜多经卷第三百六十七》手卷	20×838cm	74,750	北京荣宝	2018-06-14
日本镰仓时代《大般若波罗蜜多经卷第五百七十九》手卷	20×855cm	74,750	北京荣宝	2018-06-14
日本平安时代《大般若波罗蜜多经卷第五百五十一》	19×866cm	74,750	北京荣宝	2018-06-14
明代 瓷青描金双面写本《庄严宝王经》册页		74,750	北京荣宝	2018-06-14
1980年作 臧克家《甘苦寸心知——谈<老妪与士兵>》文稿	26×19cm×8	74,750	西泠拍卖	2018-07-08
1959年作 叶圣陶 1961年英文版《叶圣陶童话选》序文稿	38×26.5cm; 26.5×19cm×4	74,750	西泠拍卖	2018-07-08
栖雾楼琴谱一卷	27.2×17.3cm	74,750	中贸圣佳	2018-06-21
刘海粟、关良、箫军、谢稚柳等 拜莲居藏众名家题箴(38帧)镜心	尺寸不一	74,750	保利山东	2018-11-22
溥儒辑《四书经义集证》(存孟子四卷)稿	27.8×19.5cm	74,750	北京保利	2018-12-07
天平经 二十行 镜心	26×69cm	74,750	北京荣宝	2018-12-03
天平经 二十六行 镜心	26×70cm	74,750	北京荣宝	2018-12-03
8世纪 唐代写本 敦煌写经《佛说戒消灾经》镜心	45×26cm	74,750	北京荣宝	2018-12-03
日本天平时代 日本写经 立轴	880×26cm	74,750	北京荣宝	2018-12-03
日本天平时代 大般若波罗蜜188 手卷	873×25cm	74,750	北京荣宝	2018-12-03
胡适之文稿	19.5×32cm	73,600	北京东正	2018-06-17
周亮工 撰 金石韵府 不分卷	20×12cm	71,300	中国嘉德	2018-06-20
樊增祥 1883年作 楷书自作诗 镜心	58×39cm	71,300	北京匡时	2018-12-05
清代毘陵书目八卷 清代毘陵名人小传十卷	18×28cm×358	69,000	北京匡时	2018-06-16
应永8年 日本镰仓时代《大般若波罗蜜多经第四百三十一》手卷	967×22cm	69,000	北京荣宝	2018-06-14
日本平安时代 瓷青描金写经《佛说仁王护国般若波罗蜜经序品》手卷	19×728cm	69,000	北京荣宝	2018-06-14
文章正宗 存卷二卷三	31×21.5cm	69,000	北京荣宝	2018-06-14
1958年作 邓拓《社论 群众路线是我们党的根本路线》文稿		69,000	西泠拍卖	2018-07-08
臧克家、施蛰存、余冠英、周振甫、端木蕻良、程千帆、周汝昌、何满子等一百五十余家 《唐诗今译集》文稿		69,000	西泠拍卖	2018-07-08
郭沫若《两周金文辞大系考释》手稿及出版物一册	27.2×8cm; 33.2×31cm	69,000	中国嘉德	2018-06-20
许以栗写扇面	13.3×47cm	69,000	北京保利	2018-12-07

拍品名称	物品尺寸	成交价RMB	拍卖公司	拍卖日期
日本天平时代 大般若波罗蜜多经第十五 手卷	678×24.2cm	69,000	北京荣宝	2018-12-03
日本镰仓 本邦八百八十四年前人云书 大般若经 册页	25×19.5cm	69,000	北京荣宝	2018-12-03
高丽时代 瓷青描金 金刚般若波罗蜜经 手卷	144×24cm	69,000	北京荣宝	2018-12-03
日本天平时代 大般若波罗蜜多经第一百四十 手卷	885×25.5cm	69,000	北京荣宝	2018-12-03
明代医方 各种总目	30×18.5cm	69,000	北京荣宝	2018-12-03
妙法莲华经卷三	22.7×1070cm	69,000	中贸圣佳	2018-11-25
皇甫谧 撰 黄帝针灸甲乙经十二卷	29×19cm	69,000	中贸圣佳	2018-11-25
张大千 行书诗稿 镜心	30.5×46.5cm	66,882	中国嘉德	2018-10-03
妙法莲华经二种	尺寸不一	66,700	中贸圣佳	2018-06-21
《天香庆节》等升平署曲本	尺寸不一	66,700	中国嘉德	2018-11-21
章炳麟《菿汉闲话》等文稿四种	尺寸不一	63,250	西泠拍卖	2018-07-08
天平经 二十八行 镜心	26×68cm	63,250	北京荣宝	2018-12-03
日本 天平时代 大般涅经卷第二十一 手卷	733.5×19.5cm	63,250	北京荣宝	2018-12-03
天元玉历祥异赋	22.3×14.5cm	63,250	中国嘉德	2018-11-21
1981年作 王蒙《倾听着生活的声息》文稿	26.5×19cm×36	59,800	西泠拍卖	2018-07-08
光绪间公文	尺寸不一	59,800	中国嘉德	2018-05-20
张丙震 撰 悦兰堂帖说	2105×35.5cm	59,800	中国嘉德	2018-06-20
王世杰 画篇手稿	22.2×16cm	59,800	中国嘉德	2018-06-20
历代帝王兴衰世运推秘图	24.5×18.5cm	59,800	中国嘉德	2018-11-21
周有光长跋敦煌遗书手卷附跋文底稿(舒乙、丰一吟、李佑增并题)	26×172cm	57,500	北京保利	2018-06-18
10世纪 平安时代 写经残简 软片	48×24cm	57,500	北京荣宝	2018-06-14
日本镰仓时代《大智度论卷第八十一》手卷	25×53×7cm	57,500	北京荣宝	2018-06-14
无锡·廉建中 惠泉编 蓉湖双栖图题咏集附中国历代题画诗选	28×17cm	57,500	朵云轩	2018-06-25
1947年作 杨天骥书, 杜月笙等贺 蒋伯诚六十寿言	132×33cm×8	57,500	西泠拍卖	2018-07-08
1903年作 王文韶《平楚亭记》文稿	51×24cm	57,500	西泠拍卖	2018-07-08
唐人写经	26.5×49.5cm	57,500	中国嘉德	2018-05-20
袁金铠 王光烈 金毓黻等 跋 魏元景造像册	21×11.8cm	57,500	中国嘉德	2018-06-20
钟粹宫蓝册	26×11.7cm	57,500	中贸圣佳	2018-06-21
天平经 二十一行 镜心	26×68cm	57,500	北京荣宝	2018-12-03
日本天平时代 天平经残页一纸 镜心	55.5×25.8cm	57,500	北京荣宝	2018-12-03
李鸿章就旗兵出洋学习机械制造事答奕■函抄件	23×49.5cm	57,500	中国嘉德	2018-11-21
文衡山诗册	23.6×30cm	57,500	中国嘉德	2018-11-21
奥地利著名音乐家小约翰·施特劳斯《春之声圆舞曲》选段	10.5×6.2cm	57,500	中国嘉德	2018-11-22
章士钊 诗稿一组	尺寸不一	55,200	北京保利	2018-06-18
龙璋 手稿十二开 手稿	28×34cm×12	55,200	凤凰拍卖	2018-01-21
吕斯百 致李慕唐手迹 手稿	25×17cm	55,200	凤凰拍卖	2018-01-21
吴小如 茨维格名著《巴尔扎克传》译稿		55,200	西泠拍卖	2018-07-08
剑南诗钞七律韵编二卷 (清)俞复撰	半框21×15.8cm; 开本28×18.5cm	55,200	西泠拍卖	2018-07-09
日本天平时代 天平经残页一纸 镜心	42×27cm	55,200	北京荣宝	2018-12-03
宋版单刻经残页		55,200	北京荣宝	2018-12-03
映雪草堂象纬集	18.5×10.5cm	55,200	中国嘉德	2018-11-21
于敏中 彭元瑞 等编 清 钦定天禄琳琅书目 十卷 续编 二十卷	28.5×17cm	55,200	中国嘉德	2018-11-21
1962年作 苏雪林《台北之行》文稿	26.5×25cm×19	51,750	西泠拍卖	2018-07-08
杨绛《洗澡之后》文稿及英文自传	27.5×20cm×8; 26×18.5cm×11	51,750	西泠拍卖	2018-07-08
施特劳斯《蓝色多瑙河》原稿引用谱	22.5×17.5cm	51,750	西泠拍卖	2018-07-08
再续行水金鉴 永定河编	开本28.8×21cm	51,750	西泠拍卖	2018-07-09
永乐南藏 一函	34×12cm	51,750	北京荣宝	2018-12-03
永乐南藏 一函	34×12cm	51,750	北京荣宝	2018-12-03
永乐南藏 一函	34×12cm	51,750	北京荣宝	2018-12-03

拍品名称	物品尺寸	成交价RMB	拍卖公司	拍卖日期
永乐南藏　一函	34×12cm	51,750	北京荣宝	2018-12-03
庞国钧、高振霄、高络园等 诗稿册册页（三十三开选九）	26.7×16.5cm×33	51,750	中国嘉德	2018-11-21
新纂香谱二卷	28×15.5cm	49,450	中贸圣佳	2018-06-21
1944年作 章士钊 题五律诗一首 汪东 题七律诗一首 江庸 题七律诗一首 吴莨 题七律诗一首 王景槃 题七古诗一首	尺寸不一	48,300	上海泓盛	2018-06-27
金刚般若波罗蜜经	16×837.5cm	48,300	中国嘉德	2018-05-20
玄奘 译 大般若波罗蜜多经卷第四百一十九	24.4×858cm	48,300	中贸圣佳	2018-06-21
赵朴初 漫画草稿	19.2×26.4cm	48,300	中国嘉德	2018-11-21
三元甲子	21.2×15.5cm	48,300	中国嘉德	2018-11-21
张鹏一 撰 隋书经籍志补二卷	26.1×16.6cm	48,300	中贸圣佳	2018-11-25
钦定四库全书 横浦集卷十三卷十四	31.5×19.9cm	47,150	中贸圣佳	2018-06-21
7世纪 隋唐早期写本 敦煌写经残简《妙法莲华经卷第二》镜心	31×6cm	46,000	北京荣宝	2018-06-14
北宋 瓷青描金小字版妙法莲华经残简两纸 软片	49×28cm; 26×28cm	46,000	北京荣宝	2018-06-14
徐康岩写经 镜心	143.5×33cm	46,000	北京荣宝	2018-06-14
隋书经籍志补	26×17cm	46,000	北京荣宝	2018-06-14
1943年作 1944年作 1945年作 张元济 信札 徐肇钧 题五古诗一首 商衍鎏 题七律诗一首 徐韬 题七律诗一首 书札 靳志 题词一篇 题七绝诗四首 孔德成 题七律诗一首	尺寸不一	46,000	上海泓盛	2018-06-27
1945年作 1944年作 姚鹓雏 书札 题七古诗一首 林肖安 题七古诗一首 萧劳 题七律诗一首 陈仲陶 题五律诗一首 刘成禺 题七律诗一首	尺寸不一	46,000	上海泓盛	2018-06-27
1981年作 刘绍棠《草长莺飞时节》文稿	38×26.5cm×67	46,000	西泠拍卖	2018-07-08
大般若波罗蜜多经卷第三百卅六	23.8×826cm	46,000	西泠拍卖	2018-07-09
西北地区水利方志	开本26.6×19cm	46,000	西泠拍卖	2018-07-09
周太谷 撰 太谷经不分卷	26.5×16cm	46,000	中贸圣佳	2018-06-21
望月楼琴谱一卷	28.9×17.2cm	46,000	中贸圣佳	2018-06-21
陶氏伤寒全书（存五种）	29.1×17.1cm	46,000	北京保利	2018-12-07
9世纪 唐代吐蕃写本 敦煌写经《金光明最胜王经卷第六》镜心	26.8×7.2cm	46,000	北京荣宝	2018-12-03
谢自然集 未刊稿本	26.5×16.5cm	46,000	北京荣宝	2018-12-03
严修楷书遗文一本册页（三十一开选十六）	40.5×16cm×31	45,000	上海驰翰	2018-06-25
夏埙 致友人诗词文稿 册页	尺寸不一	43,700	西泠拍卖	2018-05-04
1941年作 张元济 为朱肖琴书赠诸生序	30×17cm×28	43,700	西泠拍卖	2018-07-08
徐迟 梭罗名著《瓦尔登湖》译稿		43,700	西泠拍卖	2018-07-08
洪子彬批校《后山诗注十二卷》（宋）陈师道撰 任渊注	开本27.5×15.5cm	43,700	西泠拍卖	2018-07-09
日本 镰仓时代　醍醐天皇　恭赐　阿弥陀经 手卷	244×25cm	43,700	北京荣宝	2018-12-03
明　人方广佛华严经52-55卷	34.9×12.2cm	43,700	北京荣宝	2018-12-03
明万历　大般若波罗蜜多经卷二百二、二百三、二百四、二百六、二百八、二百十	34.9×12.2cm	43,700	北京荣宝	2018-12-03
清光绪元年恩封郑琦父母及本生父母之诰命	32×220cm; 32×228cm	43,700	中贸圣佳	2018-11-25
释迦世尊应化示迹图	尺寸不一	43,700	中贸圣佳	2018-11-25
沈尹默行书最高领袖毛泽东	25.4×32.2cm	43,700	中贸圣佳	2018-11-25
钦定四库全书 横浦集卷十二	31.5×19.9cm	42,550	中贸圣佳	2018-06-21
钦定四库全书 御制乐善堂全集定本卷二十五	28.1×17.2cm	41,400	中贸圣佳	2018-06-21
章士钊手稿《马占山先生与北京和平解放》	25.6×35.1cm×5	40,250	北京保利	2018-06-18
摩诃僧祇律卷第十九	30×11.3cm	40,250	北京保利	2018-06-18
七至十世纪古写经零页十种	尺寸不一	40,250	北京保利	2018-06-18
1987年作 刘心武《近十年中国文学的若干特性》文稿	26.5×19cm×43	40,250	西泠拍卖	2018-07-08
陈乃乾钞校《笺经室所见宋元书题跋》《海源阁书目》	开本29.5×18.2cm	40,250	西泠拍卖	2018-07-09
民国《赖古堂家印谱》、《簠斋藏古玉印谱》等印谱八册	尺寸不一	40,250	中国嘉德	2018-05-18
钦定四库全书 御制乐善堂全集定本卷二十六	28.1×17.2cm	40,250	中贸圣佳	2018-06-21
钦定四库全书 御制乐善堂全集定本卷二十四	28.1×17.2cm	40,250	中贸圣佳	2018-06-21
钦定四库全书 周易集解	27.8×17.2cm	40,250	中贸圣佳	2018-06-21
钦定四库全书 周易集解	27.8×17.2cm	40,250	中贸圣佳	2018-06-21
钦定四库全书 横浦集卷十卷十一	31.5×19.9cm	40,250	中贸圣佳	2018-06-21
高二适手书个人简历及交代材料	尺寸不一	40,250	中贸圣佳	2018-06-21
8世纪 唐代写本 敦煌写经《妙法莲华经卷第二》镜心	13.2×26cm	40,250	北京荣宝	2018-12-03
日本天平时代 永恩经残页 镜心	54×25.3cm	40,250	北京荣宝	2018-12-03
黄秋原 朱纸泥金 佛说般若波罗蜜心经 镜心	73×25.5cm	40,250	北京荣宝	2018-12-03
沈尹默行书张元济撰西藏解放歌	33.2×26.7cm	40,250	中贸圣佳	2018-11-25
大乘起信论	29×18.5cm	37,950	北京荣宝	2018-12-03
佚名 日本《大般若波罗密多经第二百一十四》手卷	27×1215cm	36,800	荣宝斋（南京）	2018-07-15
赛珍珠《亚洲》杂志原稿二种	尺寸不一	36,800	西泠拍卖	2018-07-08
庄剑丞钞校《李芳园琵琶谱二卷》	开本29×21.2cm	36,800	西泠拍卖	2018-07-09
杭立武 张鼎臣 林朗庵等 与王世杰往来书画清单及单据一组	尺寸不一	36,800	中国嘉德	2018-06-20
俞平伯 高马得 等 昆曲家沈化中藏资料（一组）	尺寸不一	36,800	中国嘉德	2018-09-21
妙法莲华经卷第三	31.8×50.3cm	36,800	中贸圣佳	2018-06-21
郭勋 编 雍熙乐府卷之十	33.5×22.8cm	36,800	中贸圣佳	2018-06-21
叶昌炽赠樊增祥楷书自作诗六纸镜心	23×13cm×6	36,800	北京匡时	2018-12-05
旧刻妙法莲华经零页一组（有版画）	尺寸不一	34,500	北京保利	2018-06-18
"美国最伟大总统之一"富兰克林·罗斯福（Franklin D. Roosevelt）亲笔演讲手稿两件	17cm×8cm	34,500	北京保利	2018-06-19
"法国著名作曲家"提奥多·杜布瓦（Theodore Dubois）亲笔手书乐谱手稿《自然之声》	35cm×27cm	34,500	北京保利	2018-06-19
黄秋原 2018年作 心经（之一）	24×64cm	34,500	北京翰海	2018-06-30
黄秋原 2018年作 心经（之二）	48×25cm	34,500	北京翰海	2018-06-30
兰荣丰 金刚经		34,500	北京瀚古	2018-01-28
李多寬 2017年作 楷书《波若波罗蜜多心经》镜心	20×149cm	34,500	北京荣宝	2018-05-18
17世纪 日本江户时代 《摹写敦煌捺印佛像写经》立轴	22×28cm	34,500	北京荣宝	2018-06-14
佚名 应永七年日本镰仓时代《大般若波罗密多经第五百二十六》手卷	27×1074cm	34,500	荣宝斋（南京）	2018-07-15
杨伯润、金石寿题跋《杜樊川诗集》、《山静居画论》	尺寸不一	34,500	西泠拍卖	2018-07-09
衡工奏稿（黄河封堤史料文献）	开本26.6×18.4cm	34,500	西泠拍卖	2018-07-09
周礼 不分卷	21×13.2cm	34,500	中国嘉德	2018-06-20
智利诗人巴勃罗·聂鲁达诗歌手稿	15.4×24cm	34,500	中国嘉德	2018-06-19
张养浩 撰 为政忠告四卷	24.6×15.5cm	34,500	中贸圣佳	2018-06-21
大般若波罗蜜多经卷第五百三十五（全）（东大寺八幡经）	26×898cm	34,500	北京保利	2018-12-07
日本清野谦次　日本古写经集合卷手卷	850×23.5cm	34,500	北京荣宝	2018-12-03
近松堂藏日本古写经合册	尺寸不一	34,500	北京荣宝	2018-12-03
梁海帆诗稿	26.5×15cm	34,500	北京荣宝	2018-12-03
胡适手稿四页	35.5×27cm	34,500	北京荣宝	2018-12-03
于敏中 玉盘联句	28.6×31.2cm	34,500	中国嘉德	2018-11-21
沈尹默行书刘副主席论必须学习中国化的马克思主义毛泽东思想	25.4×32.2cm	34,500	中贸圣佳	2018-11-25
丁玲《我所希望于文艺批评的》手稿原件 手稿	39×27cm×2	32,200	凤凰拍卖	2018-01-21
谭嗣同日记 镜片	25×167cm	32,200	广东小雅斋	2018-05-24
1941年作 曾昭燏《向觉明先生<蛮书校注>序》文稿	26×24cm×3	32,200	西泠拍卖	2018-07-08
陈明夷《中国韵文史》译稿六本	29×15cm×5; 28.5×15cm	32,200	西泠拍卖	2018-07-08

2018杂项拍卖成交汇总

(成交价RMB：2万元以上)

拍品名称	物品尺寸	成交价RMB	拍卖公司	拍卖日期
约1944年 西南联大悠悠体育会珍贵文献一批		32,200	西泠拍卖	2018-07-08
福润 奏折	21.5×9.5cm	32,200	中国嘉德	2018-05-20
朱克柔 等撰《第一香笔记》等八种		32,200	中国嘉德	2018-06-20
顾炎武 撰 亭林诗钩沈 二卷	17×12cm	32,200	中国嘉德	2018-06-20
自在王菩萨经(存二纸)	尺寸不一	32,200	北京保利	2018-12-07
思溪藏残页		32,200	北京荣宝	2018-12-03
沈尹默行书毛主席论知识分子	24.3×15.2cm	32,200	中贸圣佳	2018-11-25
易顺鼎 和樊增祥诗五首 册页	24×13cm×6	31,050	北京匡时	2018-12-05
《南海先生诗集》一册 康有为题赠陈融		30,084	香港普艺	2018-10-06
张廷济书唐内侍省内常侍孙志廉墓志	30.2×16.3cm	29,900	中贸圣佳	2018-11-25
历代刻本				
明宣德 御製《大般若波羅蜜多經》十卷 磁青紙本 泥金		191,217,091	香港苏富比	2018/4/3
陈鉴 辑 石壁精舍音注唐书详节	9.4cm×6.5cm	110,400,000	中国嘉德	2018-06-20
钜宋广韵五卷	21cm×15cm	85,100,000	北京保利	2018-12-07
薛尚功 黄丕烈 旧藏 编 宋 历代钟鼎彝器款识法帖	29.7cm×14.5cm	38,525,000	中国嘉德	2018-11-21
天禄琳琅宋版首部著录乾隆御题《朱文公校昌黎先生集》存卷首、卷十至十五	22.3cm×15.3cm	30,475,000	中贸圣佳	2018-06-20
西清古鉴四十卷钱录十六卷	43.4cm×27.6cm	7,360,000	中贸圣佳	2018-06-20
北宋大安二年(1086)两浙转运使司刻本《大方广佛华严经卷一卷二》册页	32cm×11cm	4,255,000	北京荣宝	2018-06-14
宋板资治通鉴纲目	半框21.2cm×14.5cm	3,220,000	华艺国际	2018-11-16
大般若波罗蜜多经卷第三十六(全)(拓晓堂先生题)	经26cm×990cm	3,220,000	北京保利	2018-12-07
叶恭绰《历代藏经考略》出版的北宋《开宝藏》附元代《普宁藏刊记》残叶	尺寸不一	2,760,000	西泠拍卖	2018-07-09
文献通考三百四十八卷	25.4cm×17.5cm	2,530,000	北京保利	2018-12-07
大清历朝实录四千四百八十四卷	23.1cm×13.9cm	2,300,000	中贸圣佳	2018-11-25
五代刻本《佛名经》镜心	32cm×98cm	2,127,500	北京匡时	2018-12-06
大学衍义四十三卷(崇祯皇帝御批)	22.5cm×16.5cm	1,955,000	北京保利	2018-12-07
洪迈 撰 "天禄琳琅"万首唐人绝句卷二十二至二十六	26.4×18.1cm	1,955,000	中贸圣佳	2018-11-24
弘一 批校本《四分律羯磨疏济缘记》	17×13cm	1,725,000	中国嘉德	2018-11-21
十钟山房印举	21.6cm×14.8cm	1,610,000	北京保利	2018-06-18
周叔弢 旧藏 新刊足本类编全相启圣实录前集一卷后集一卷续集一卷别集一卷	25.5cm×18cm	1,495,000	中国嘉德	2018-06-20
元官藏	32.6×11.5cm	1,495,000	北京荣宝	2018-12-03
通鉴纪事本末	半框24.8×19.7cm	1,380,000	华艺国际	2018-11-16
李瑞清 题绘北宋吴越王刻本《雷峰塔藏经一卷》手卷	绘画15×92cm；经文7×212.5cm	1,150,000	华艺国际	2018-11-16
欧阳文忠公集一百五十三卷存卷第一百五十、一百五十一(天禄琳琅旧藏)	26.7cm×15.9cm	1,035,000	北京保利	2018-12-07
书传大全	36.5×21.5cm	1,012,000	北京荣宝	2018-12-03
唐三藏不空 译 千手千眼观世音菩萨大悲心陀罗尼	23.8cm×11cm	943,000	中国嘉德	2018-09-21
玄烨撰清圣祖御制文集四十卷总目五卷	28cm×17.6cm	920,000	中贸圣佳	2018-06-21
张廷济批校《金石萃编一百六十卷》(清)王昶撰	半框19.2cm×14cm；开本24.3cm×15.8cm	885,500	西泠拍卖	2018-07-09
摩诃僧祇律卷第三十七(三圣寺旧藏)	28.9cm×11.3cm	862,500	北京保利	2018-12-07
一切如来心秘密全身舍利宝箧印陀罗尼经(雷峰塔藏经)(陈曾寿苍虬阁藏卷)	尺寸不一	805,000	北京保利	2018-06-18
唐书二百卷(守雅堂、旧山楼、丁申递藏本)	27.8cm×18cm	805,000	北京保利	2018-06-18
允禄 等修 皇朝礼器图式十八卷	29.2×19.5cm	805,000	中贸圣佳	2018-11-25
仇英画 文徵明书 西厢记合册(宣统三年影印本)康生旧藏并长题	37×27cm	805,000	广东崇正	2018-07-04
重修政和经史证类备用本草三十卷	34×19.5cm	747,500	北京保利	2018-06-18
文选卷二十九	22.3×23.6cm	713,000	中贸圣佳	2018-11-25
郦承铨题跋明嘉靖刻《杜氏通典二百卷》全帙(唐)杜佑撰 (明)王德溢、吴鹏校	半框18.1×15.2cm；开本28×16.8cm	713,000	西泠拍卖	2018-07-09
宋元两浙转运使司印本《大乘起信论疏》	33.5×11.2cm	690,000	北京荣宝	2018-12-03
大随求陀罗尼经咒	34×28cm	690,000	中贸圣佳	2018-11-25
九经五十一卷附三种四卷	25.3×14.5cm	690,000	北京保利	2018-12-07
元 碛砂藏 延佑二年《说无垢称经卷第五》册页	30×11.5cm	690,000	北京荣宝	2018-06-14
韦苏州集十卷	28.7×17.4cm	690,000	北京保利	2018-06-18
扬子法言 十卷	24×15cm	690,000	北京荣宝	2018-06-14
秦更年、郦承铨递藏《重刻仪礼注疏五十卷》(汉)郑玄注	半框19×13cm；开本28×17.5cm	667,000	西泠拍卖	2018-07-09
古本演义三国志二十卷(存图)	29×16.2cm	644,000	北京保利	2018-12-07
冬心先生画竹题记	27.5×16cm	644,000	北京荣宝	2018-12-03
盛京宝谱(御制钤印)	40×27.5cm	632,500	北京保利	2018-06-18
喜咏轩丛书四编	30.4×18.2cm	632,500	北京保利	2018-12-07
唐宋三妇人集	27.2×12.8cm	632,500	中国嘉德	2018-11-21
河东先生集四十五卷外集二卷河东先生龙城录二卷附录二卷传一卷	27.3×18.1cm	598,000	北京保利	2018-06-18
六子书六十卷	24.4×16.5cm	598,000	北京保利	2018-06-18
李瑞清题绘北宋吴越王刻本《雷峰塔藏经一卷》(唐)释不空译	尺寸不一	598,000	西泠拍卖	2018-07-09
刘义庆 刘孝标 撰 注 世说新语 八卷	21×15cm	575,000	中国嘉德	2018-06-20
集千家注分类杜工部诗 卷之十三	22.6×14.9cm	575,000	北京荣宝	2018-12-03
世说新语补 二十卷	14×8.5cm	575,000	北京荣宝	2018-12-03
明永乐三年 大明仁孝皇后劝善书		555,275	纽约苏富比	2018-03-20
甲骨一盒附参考著作二种	尺寸不一	552,000	中贸圣佳	2018-06-21
施耐庵 罗贯中 集撰 纂修 出像评点忠义水浒全传 存一册	21.3×14.7cm	552,000	中国嘉德	2018-06-20
新镌全像通俗演义隋炀帝艳史八卷四十回	23.7×15.4cm	540,500	中贸圣佳	2018-11-25
杜甫 著 集千家注杜工部诗集二十卷 文集二卷	21.7×14.3cm	529,000	中国嘉德	2018-05-20
十三经注疏三百四十八卷附考证	27.2×17.1cm	529,000	中贸圣佳	2018-06-21
孔子世家谱二十四卷首一卷(朱印本)	27.5×16.1cm	517,500	北京保利	2018-12-07
乾隆平定准部回部战图 1783-1788年赫尔曼铜版缩刻本 1册24幅 特制纸	长34cm；宽50cm	496,402	保利香港	2018-04-02
苏长公合作八卷补遗二卷附录一卷	27.5×17.7cm	483,000	北京保利	2018-06-18
南宋《大般若波罗蜜多经卷第二》初分缘起品第一之二 手卷	30×689cm	483,000	北京荣宝	2018-06-14
宋版留珍谱	31.5×25m	483,000	中贸圣佳	2018-06-21
魏校撰王德森旧藏庄渠先生遗书十六卷	28×17.6cm	483,000	中贸圣佳	2018-11-25
徐乾学 等编 古文渊鉴六十四卷	28×17.2cm	471,500	中贸圣佳	2018-06-21
古诗归十五卷	27×17.9cm	448,500	北京保利	2018-06-18
旧唐书 二百卷	28×19cm	437,000	北京荣宝	2018-06-14
百衲本二十四史	20×13cm	437,000	中贸圣佳	2018-11-25
谨遵圣谕辟邪全图	28.1×35.2cm	425,500	中贸圣佳	2018-06-21
白居易 撰 白氏文集 七十一卷	18.8×15.2cm	414,000	中国嘉德	2018-06-20
鸠摩罗什 译 大般若波罗密多经六百卷(姚秦)	27.6×8.2cm	408,250	中贸圣佳	2018-11-25
钦定元王恽承华事略补图六卷	24.7×17.4cm	402,500	北京保利	2018-06-18
明 永乐 宫廷内府司里监御制刊刻朱砂红印本大乘经咒集 册页	25×7.5cm	402,500	北京荣宝	2018-06-14
顾元庆编顾氏明朝四十家小说三十一种	28.5×17.3cm	402,500	中贸圣佳	2018-06-21
汪灏 等编 佩文斋广群芳谱一百卷	24.8×15.8cm	402,500	中贸圣佳	2018-06-21
牧斋初学集一百一十卷	25.7×16.7cm	402,500	中贸圣佳	2018-06-21
长尾甲旧藏青山集三十卷	32.7×22.5cm	402,500	中贸圣佳	2018-06-21
张廷济 校跋 清 周官精义 十二卷	18.7×13.3cm	402,500	中国嘉德	2018-11-21
钱良择 撰 黄裳跋抚云集九卷	26.9×17.5cm	402,500	中贸圣佳	2018-11-25
喜咏轩丛书五编全	30×18.2cm	391,000	中贸圣佳	2018-11-25
高丽藏 大方广佛21	696×24cm	379,500	北京荣宝	2018-12-03
牧斋初学集一百一十卷	23.8×16cm	379,500	北京荣宝	2018-12-03
大学衍义补一百六十卷卷首一卷	28×16.8cm	368,000	北京保利	2018-06-18
光绪翻刻永乐本华严经	24×12.3cm	368,000	北京荣宝	2018-12-03
启功题跋 唐张旭草书古诗四帖影印本	41.5×28.5cm	368,000	中国嘉德	2018-11-21
唐英 撰 清乾隆唐英古柏堂家刻本	25.1×16.3cm	368,000	中贸圣佳	2018-11-24
北宋 福州东禅寺等觉禅院刻崇宁藏《宗镜录》	28.7×11.2cm	356,500	北京荣宝	2018-12-03

拍品名称	物品尺寸	成交价RMB	拍卖公司	拍卖日期
元代　赵孟頫发愿《金刚经》	99×28.4cm	356,500	北京荣宝	2018-12-03
何大复先生集三十八卷	25.5×16cm	345,000	北京保利	2018-06-18
南宋思溪藏《分别缘起初胜法门经》册页	30×12cm	345,000	北京荣宝	2018-06-14
周书弢自藏本 景宋本寒山子诗	33.5×22.5cm	345,000	北京荣宝	2018-06-14
萧统 李善 编 等注 六臣注文选 六十卷	19.5×14.3cm	345,000	中国嘉德	2018-06-20
圣祖玄烨徐干学选编注古文渊鉴六十四卷	19×13cm	345,000	中国嘉德	2018-06-20
陀罗尼经	23.7×18.5cm	345,000	中贸圣佳	2018-06-21
群书考索前集六十六卷(存卷首至卷四、卷三十九至卷五十四)	25×14.7cm	345,000	北京保利	2018-12-07
纂图互注南华真经 存三卷	27×14.5cm	345,000	北京荣宝	2018-12-03
玄奘译大般若波罗蜜多经卷第二百三	29.6×862cm	322,000	中贸圣佳	2018-06-21
文编六十四卷	25.5×15.8cm	322,000	北京保利	2018-12-07
方氏墨谱六卷	27.8×17cm	322,000	北京保利	2018-12-07
资治通鉴纲目发明	半框20.1×13.2cm	322,000	华艺国际	2018-11-16
皋鹤堂批评第一奇书金瓶梅一百回	26.8×16.6cm	322,000	中贸圣佳	2018-11-25
刘安 著 淮南鸿烈解二十一卷	24×14.5cm	310,500	中国嘉德	2018-09-21
宋元日本佛经残简	尺寸不一	299,000	中国嘉德	2018-06-20
明永乐　二十五佛感应实忏	28.5×12cm	299,000	北京荣宝	2018-12-03
(宋)左圭 辑 陶湘自藏本 影宋本百川学海甲乙集	32.3×21.3cm	299,000	北京荣宝	2018-12-03
昌黎先生集四十卷外集十卷遗文一卷集传一卷	26×16.8cm	287,500	北京保利	2018-06-18
新校注古本西厢记五卷汇考一卷	30.1×18.3cm	287,500	北京保利	2018-06-18
大方广佛华严经卷第四十八	30.5×11cm	287,500	北京荣宝	2018-06-14
韩万钟 辑 新编性理三书图解九卷	31×17.5cm	287,500	中贸圣佳	2018-06-21
本草纲目五十二卷卷首一卷图三卷本草纲目拾遗十卷本草万方针线八卷奇经八脉考二卷	30.2×17.9cm	287,500	北京保利	2018-12-07
新编事文类聚翰墨全书存一百二十四卷	24×14cm	287,500	北京荣宝	2018-12-03
苏轼撰重刊明成化本东坡七集一百一十卷	31.1×20.4cm	287,500	中贸圣佳	2018-11-25
通鉴纪事本末(存卷第十五全)	35.3×23.7cm	276,000	北京保利	2018-06-18
清光绪间金陵刻经处刻大型佛教版画十二种	尺寸不一	270,250	西泠拍卖	2018-07-09
启功 题跋 衡山朱释宋拓十七帖影印本	31×31cm	264,500	中国嘉德	2018-11-21
徐陵 辑 玉台新咏 十卷 续 五卷	16×12.9cm	253,000	中国嘉德	2018-06-20
大般若波罗蜜多经存卷第三百七十五(崇宁藏本)	29.5×11.5cm	253,000	北京保利	2018-12-07
启功 题跋 圣教序墨皇本影印本	33×19cm	253,000	中国嘉德	2018-11-21
启功 题跋 赵文敏书阡表汇真迹	30.5×16.5cm	253,000	中国嘉德	2018-11-21
司马光 胡三省 撰 音注 宋元资治通鉴二百四十九卷 通鉴释文辨误 十二卷	22×14.3cm	253,000	中国嘉德	2018-11-21
李渔 编 清 芥子园画传初集 五卷	23×14.5cm	253,000	中国嘉德	2018-11-21
分类补注李太白诗二十五卷、分类编次李太白文五卷(适园张均衡旧藏)	28.2×18.8cm	241,500	北京保利	2018-12-07
元碛砂藏《大宝积经卷第五十四》册页	31×11cm	230,000	北京荣宝	2018-06-14
房玄龄 等撰 晋书一百三十卷 音义 三卷	23×16cm	230,000	中国嘉德	2018-06-20
世宗胤禛 撰 御制序文十九卷	25.8×16.6cm	230,000	中贸圣佳	2018-06-21
太平天国天王诏旨	57×118cm	230,000	中贸圣佳	2018-06-21
二十四史	28.3×17.3cm	230,000	中贸圣佳	2018-06-21
古文渊鉴六十四卷	29.3×16.9cm	230,000	北京保利	2018-12-07
带版画碛砂藏　增壹阿含经卷第四十八、南宋平江府碛砂延圣院刻本	30×11.5cm	230,000	北京荣宝	2018-12-03
启功 题跋 赵孟頫绝交书影印本	41.5×20cm	230,000	中国嘉德	2018-11-21
释智旭 撰 大佛顶如来密因修证了义诸菩萨万行首楞严经文句十卷玄义二卷	28×17.3cm	224,250	中贸圣佳	2018-11-25
河东先生集四十五卷外集二卷河东先生龙城录二卷附录二卷传一卷	26.6×17.6cm	218,500	北京保利	2018-06-18
通鉴纪事本末四十二卷(存序及目录、卷第一、卷第四十一)	36.3×24.5cm	218,500	北京保利	2018-06-18
清 雍正 宫廷刻本 龙藏《中阿含经卷》第五十一至六十一 册页	27.2×14cm	218,500	北京荣宝	2018-06-14
伊西多·埃尔芒刻 乾隆平定西域得胜图	26.5×42cm	218,500	中国嘉德	2018-06-20
通志二百卷(存二卷全)	37.8×24.7cm	218,500	北京保利	2018-12-07
诗集传二十卷诗传纲领一卷图一卷	33.3×19.6cm	207,000	北京保利	2018-06-18
西清古鉴四十卷附钱录十六卷	半框29.3×22cm;开本42.2×26.7cm	207,000	西泠拍卖	2018-07-07
陶北溟跋祁世长、张穆等校元遗山先生集四十卷	26.5×18.2cm	207,000	中贸圣佳	2018-06-21
郑振铎 辑 郑振铎自题西谛所藏善本戏曲目录附补遗	29.9×18.9cm	207,000	中贸圣佳	2018-06-21
韦昭 注 吴 国语 二十一卷 补音 三卷	19.5×13.5cm	207,000	中国嘉德	2018-11-21
扬雄 范望 撰 解赞 汉 晋 太玄经 十卷 说玄 一卷 释文 一卷	20.7×13.7cm	207,000	中国嘉德	2018-11-21
三国志六十五卷	26.6×17.6cm	195,500	北京保利	2018-06-18
东坡先生易传九卷	22.4×15.4cm	195,500	北京保利	2018-06-18
通志 存卷六	34×24cm	195,500	北京荣宝	2018-06-14
郦承铨旧藏《宋本仪礼疏五十卷》(唐)贾公彦疏	半框23×16.5cm;开本28.5×19cm	195,500	西泠拍卖	2018-07-09
宋宗忠简公集等	尺寸不一	195,500	中国嘉德	2018-05-20
魏书 存卷三十九至四十六	29.5×21cm	195,500	北京荣宝	2018-12-03
稽曾筠 等监修 清 敕修浙江通志二百八十卷	18.4×14.3cm	195,500	中国嘉德	2018-11-21
左克明 辑 古乐府十卷	29.8×17.5cm	195,500	中贸圣佳	2018-11-25
不空 译 佛母大孔雀明王经中下卷	28.3×10.8cm	195,500	中贸圣佳	2018-11-25
郦承铨旧藏嘉业堂影宋刻《史记一百三十卷》全帙(西汉)司马迁撰	半框22.1×18.9cm;开本33×22cm	189,750	西泠拍卖	2018-07-09
欧阳文忠公全集一百五十三卷年谱一卷附录六卷	26.7×16.1cm	184,000	北京保利	2018-06-18
春秋左传注疏 六十卷	26.7×15.5cm	184,000	北京荣宝	2018-06-14
李明仲营造法式三十四卷(宋)李诫撰	半框22×18cm;开本33×23cm	184,000	西泠拍卖	2018-07-09
王概 辑 芥子园画传五卷	29.3×17.8cm	184,000	中贸圣佳	2018-06-21
启功 题跋 绛帖影印本	36×17cm	184,000	中国嘉德	2018-11-21
启功 题跋 元赵松雪书急就章真迹、大代华岳庙碑 影印本两种	26.5×14.5cm;33×20.5cm	184,000	中国嘉德	2018-11-21
洹词十二卷	24.2×17cm	178,250	北京保利	2018-06-18
百川学海十集(测海楼旧藏)	25.5×16.6cm	172,500	北京保利	2018-06-18
御选唐宋文醇五十八卷(盛宣怀旧藏)	27.8×17.6cm	172,500	北京保利	2018-06-18
山谷诗集注	31.4×21.4cm	172,500	北京荣宝	2018-06-14
郦承铨题跋《景宋绍熙本礼记正义七十卷》(唐)孔颖达等撰	半框21.2×16.8cm;开本33×22cm	172,500	西泠拍卖	2018-07-09
宋濂 等撰 元史二百一十卷	29×18.2cm	172,500	中贸圣佳	2018-06-21
泊如斋重修宣和博古图	28×18cm	161,000	北京荣宝	2018-12-03
朱孔阳旧藏管庭芬校录《金石萃编汉碑校正三卷》(清)许光治撰,管庭芬校	开本24×13.3cm	155,250	西泠拍卖	2018-07-09
清 梁山舟行书砚铭册	23.5×15×2.6cm;重401g	149,500	北京保利	2018-06-19
钦定书经图说 五十卷	24×16cm	149,500	中国嘉德	2018-06-20
二十四史	15×10cm	149,500	中国嘉德	2018-09-21
李光地 等纂修 渊鉴斋御纂朱子全书六十六卷	28×17.5cm	149,500	中贸圣佳	2018-06-21
启功 题跋 宋拓神策军碑影印本	35×22cm	149,500	中国嘉德	2018-11-21
薛己 等 撰 薛氏医案一百零七卷	24×15.3cm	149,500	中贸圣佳	2018-11-25
旧拓《破邪论序》等六种 册页	尺寸不一	138,000	北京匡时	2018-06-16
元末 金刚经(32篆体) 册页	33×14cm	138,000	北京荣宝	2018-06-14
方氏墨谱六卷(存五卷)(明)方于鲁辑	半框24.3×14.7cm;开本30.5×18.2cm	138,000	西泠拍卖	2018-07-09
孙矿 批点 春秋左传 十五卷	22×15cm	138,000	中国嘉德	2018-06-20
茅坤 编 唐宋八大家文钞一百四十四卷	20.2×13.4cm	138,000	中国嘉德	2018-06-20
十七史	28×17.8cm	138,000	中贸圣佳	2018-06-21
台湾内山番社地舆全图	215×95cm	138,000	中贸圣佳	2018-06-21
红楼梦一百二十回(加利福尼亚大学图书馆旧藏)	18.7×11.6cm	138,000	北京保利	2018-12-07
元白长庆集一百四十一卷	29.8×17.1cm	138,000	北京保利	2018-12-07
清光绪十二年(1886)　金陵刻经处刊本《灵山法会图》立轴 1轴	138×87cm	138,000	北京荣宝	2018-12-03
皇明列朝诗集 七集八十一卷	26×16cm	138,000	北京荣宝	2018-12-03

2018杂项拍卖成交汇总

(成交价RMB：2万元以上)

拍品名称	物品尺寸	成交价RMB	拍卖公司	拍卖日期
启功 题跋 唐褚遂良摹兰亭序影印本	32.5×18.5cm	138,000	中国嘉德	2018-11-21
启功 题跋 宋拓藏真律公帖影印本	41.5×20cm	138,000	中国嘉德	2018-11-21
陆贽撰诸仲芳旧藏唐陆宣公集二十二卷	27.4×17.6cm	138,000	中贸圣佳	2018-11-25
自远堂琴谱十二卷	24.5×15.6cm	126,500	北京保利	2018-06-18
文选 六十卷	27×18cm	126,500	北京荣宝	2018-06-14
陆玄宇 著 仙机武库八集附补遗	30×25cm	126,500	中贸圣佳	2018-06-21
东坡集四十卷后集二十卷奏议十五卷内制集十卷附乐语一卷外制集三卷应诏集十卷续集十二卷附年谱一卷(有缺)	26.7×17cm	126,500	北京保利	2018-12-07
春秋胡传 存卷六至三十	29×18cm	126,500	北京荣宝	2018-12-03
启功 题跋 苏东坡书太白仙诗卷影印本	45×30.5cm	126,500	中国嘉德	2018-11-21
李壁 笺注 王荆文公诗五十卷	28.5×18.1cm	126,500	中贸圣佳	2018-11-25
杜甫 撰 集千家注分类杜工部诗卷之二	24.4×16cm	126,500	中贸圣佳	2018-11-25
林希逸 撰 老庄合刻	12.6×8.2cm	126,500	中贸圣佳	2018-11-25
分类补注李太白诗二十五卷文五卷	25.1×16.1cm	126,500	中贸圣佳	2018-11-25
图本丛刊十二种	30×19cm	126,500	中贸圣佳	2018-11-25
东垣十书二十卷	24.9×16.7cm	126,500	中贸圣佳	2018-11-25
琴谱谐声六卷(两套)	27.3×15.9cm	115,000	北京保利	2018-06-18
雅尚斋遵生八笺十九卷目录一卷	24.2×15.5cm	115,000	北京保利	2018-06-18
晦庵先生朱文公文集一百卷目录二卷续集十一卷别集十卷(存卷第六十四及六十五)	27.5×18.1cm	115,000	北京保利	2018-06-18
清 康熙御书药师琉璃光如来本愿经 册页	30.5×12cm	115,000	北京荣宝	2018-06-14
徐霞客 撰 徐霞客游记二十卷 补编一卷	18×13.5cm	115,000	中国嘉德	2018-06-20
五言唐诗画意	25.5×19cm	115,000	中国嘉德	2018-09-21
茅山志卷九	52.2×40.8cm	115,000	中贸圣佳	2018-06-21
东华录一百九十五卷及东华续录三百三十卷(共计五百二十五卷全)	28×17.5cm	115,000	北京保利	2018-12-07
佛母出生三法藏般若波罗蜜多经卷第二十三	30.5×11.2cm	115,000	北京荣宝	2018-12-03
圜天图说	27×17cm	115,000	北京荣宝	2018-12-03
管子 二十四卷	27.5×17.8cm	115,000	北京荣宝	2018-12-03
周易	31×20cm	115,000	北京荣宝	2018-12-03
普济 编 宋影宋宝佑本五灯会元二十卷	22.5×16cm	115,000	中国嘉德	2018-11-21
郭象注晋庄子南华真经四卷 音义四卷	21.7×15.2cm	115,000	中国嘉德	2018-11-21
赵城金藏本大方广佛华严经	29×28.7cm	115,000	中贸圣佳	2018-11-25
世祖福临 撰 御制资政要览三卷后序一卷	29.3×17.6cm	115,000	中贸圣佳	2018-11-25
王定安 编 宗圣志二十卷	32.5×21cm	115,000	中贸圣佳	2018-11-25
李焘 撰 续资治通鉴 存前集卷十二	20×13.8cm	112,700	中国嘉德	2018-06-20
孙承泽 撰 清黄节批过录何义门校庚子销夏记	26.7×17.1cm	112,700	中贸圣佳	2018-11-25
皋鹤堂批评第一奇书金瓶梅一百回	23.8×16.4cm	109,250	北京保利	2018-06-18
十竹斋书画谱 1985年版	36×32cm	109,250	北京荣宝	2018-06-14
鸿雪因缘图记	30×18cm	109,250	北京荣宝	2018-06-14
别译杂阿含经卷第十一	31.5×11.5cm	109,250	中贸圣佳	2018-06-21
永乐南藏七种	30.8×11.2cm	109,250	中贸圣佳	2018-06-21
灵山讲法图	178.5×97cm	109,250	中贸圣佳	2018-06-21
粤雅堂丛书 二十集	13.3×10cm	109,250	中国嘉德	2018-11-21
宋文鉴一百五十卷目录三卷	25×16.8cm	103,500	北京保利	2018-06-18
六臣文选第三十一卷、三十二卷	30×17.5cm	103,500	北京匡时	2018-06-16
吴翌凤 批注 史记 一百三十卷	21.7×15.3cm	103,500	中国嘉德	2018-06-20
曹雪芹 王希廉 撰 评 新评绣像红楼梦全传 一百二十回	13.5×10cm	103,500	中国嘉德	2018-06-20
铜版西清古鉴四十卷附钱录十六卷(缺四卷)	42.3×26.7cm	103,500	北京保利	2018-12-07
中国画汇编	31.5×21.5cm	103,500	北京荣宝	2018-12-03
启功题跋隋龙藏寺碑武进董氏影印本	34.2×17cm	103,500	中国嘉德	2018-11-21
孔毓圻 金居敬 等纂 清 幸鲁盛典 四十卷	19.8×14.3cm	103,500	中国嘉德	2018-11-21
双鱼室校样本元人选元诗五种罗振玉辑	31.5×20cm	103,500	中贸圣佳	2018-11-25
书传大全十卷	25.3×14.7cm	103,500	中贸圣佳	2018-11-25
中国画汇编	37.5×26cm	101,200	北京荣宝	2018-06-14
司马光 胡三省 撰 注 宋 资治通鉴 二百九十四卷 释文辨误 十二卷	21.2×14.3cm	101,200	中国嘉德	2018-11-21
十竹斋笺谱 郑振铎编印本	31×21cm	97,750	北京荣宝	2018-06-14
萝轩变古笺谱	31.5×20.5cm	97,750	北京荣宝	2018-06-14

拍品名称	物品尺寸	成交价RMB	拍卖公司	拍卖日期
后汉书 一百二十卷	30.5×19cm	97,750	北京荣宝	2018-06-14
莫友芝等递藏《桐埜诗集不分卷》(清)贵阳周起渭著	半框18×13.5cm；开本27.5×17.8cm	97,750	西泠拍卖	2018-07-09
永珊 编 释迦如来应化事迹 不分卷	32×28.5cm	97,750	中国嘉德	2018-06-20
不空羂索神变真言经卷第二十六(思溪藏本)	29×11.6cm	97,750	北京保利	2018-12-07
东莱先生五代史详节十卷	25.5×16.6cm	97,750	北京保利	2018-12-07
御制明伦大典	36.8×22.8cm	97,750	北京荣宝	2018-12-03
玉海 二百卷	28.2×17.7cm	97,750	北京荣宝	2018-12-03
汪中 撰 清 述学内篇 三卷 外篇 一卷 补遗 一卷 别录 一卷 容甫先生遗诗 五卷 孤儿编 三卷	20.5×13.2cm	97,750	中国嘉德	2018-11-21
玄奘译大般若波罗蜜多经卷第二百三十三	30.4×11.2cm	97,750	中贸圣佳	2018-11-25
东坡全集一百十五卷目录七卷附墓志铭一卷本传一卷年谱一卷	27.6×17.1cm	97,750	中贸圣佳	2018-11-25
东医宝鉴	35×22.5cm	97,750	中贸圣佳	2018-11-25
田汝成 撰 西湖游览志 存三卷 志余 存十七卷	19.7×13.5cm	94,300	中国嘉德	2018-06-20
连筠簃丛书十二种一百十一卷	26.8×16.9cm	94,300	中贸圣佳	2018-06-21
万历 药师琉璃经(唐·释玄奘 译 明万历刊本) 册页	39×14.5cm	92,000	北京荣宝	2018-06-14
清海幢寺释石薎著《绿筠堂集》三册 光绪戊戌海幢经坊刻本	27×15.5cm	92,000	广东崇正	2018-07-05
四库全书表文笺释等古籍一组	尺寸不一	92,000	中国嘉德	2018-05-20
玄烨 撰 清圣祖御制诗初集十卷二集十卷	27.2×17.8cm	92,000	中贸圣佳	2018-06-21
汤显祖 撰 还魂记二卷	28.5×17cm	92,000	中贸圣佳	2018-06-21
魏源 著 海国图志一百卷	28.3×16.1cm	92,000	中贸圣佳	2018-06-21
荀子二十卷	30×19.5cm	92,000	北京保利	2018-12-07
碛砂藏 大般若波罗蜜多经第五百二十三	29.5×11.5cm	92,000	北京荣宝	2018-12-03
地理图会 十六卷	28×18cm	92,000	北京荣宝	2018-12-03
启功 题跋 宋拓米海岳方圆庵记影印本	30.2×16.5cm	92,000	中国嘉德	2018-11-21
真德秀 撰 真西山心经政经二卷	33.9×21.1cm	92,000	中贸圣佳	2018-11-25
王鸣盛 撰 朱柽之藏蛾术编八十二卷	24.9×15.7cm	92,000	中贸圣佳	2018-11-25
宋荦 等编 清 御批资治通鉴纲目全编 一百九卷	19×13.5cm	89,700	中国嘉德	2018-11-21
治心斋琴学练要五卷	27.2×16cm	86,250	北京保利	2018-06-18
明 万历 佛母孔雀明王经 册页	34×12cm	86,250	北京荣宝	2018-06-14
严可均编纂全上古三代秦汉三国六朝文	20×14.3cm	86,250	中国嘉德	2018-05-20
洪武正韵十六卷	28.3×17.2cm	86,250	北京保利	2018-12-07
南华真经十卷	26×17.4cm	86,250	北京保利	2018-12-07
张万 选辑 太平三书	26.5×15.3cm	86,250	中贸圣佳	2018-11-25
吴谦 等 编 御纂医宗金鉴	27.8×17.5cm	86,250	中贸圣佳	2018-11-25
方于鲁 撰 方氏墨谱 存四卷 首 一卷	24.3×14cm	82,800	中国嘉德	2018-06-20
启功 题跋 文衡山书吴仲广石冲庵墓志铭	27×31cm	82,800	中国嘉德	2018-11-21
审音鉴古録	30×19cm	80,500	北京荣宝	2018-06-14
悟真秘传等古籍一组	尺寸不一	80,500	中国嘉德	2018-05-20
寿恺堂集等	尺寸不一	80,500	中国嘉德	2018-05-20
宋元版经留真	31.5×16.5cm	80,500	中国嘉德	2018-05-20
韩愈 郭正域 撰 评 韩文 不分卷	20×15.2cm	80,500	中国嘉德	2018-06-20
大方广佛新华严经合论(崇宁藏本)(三圣寺旧藏)	28.2×11.2cm	80,500	北京保利	2018-12-07
明永乐　佛母出生三法藏	34×12cm	80,500	北京荣宝	2018-12-03
邢昉辑唐风定二十二卷	29×17.2cm	80,500	中贸圣佳	2018-11-25
杨绍和 编 海源阁自藏楹书隅录五卷续编四卷	26.7×16.6cm	80,500	中贸圣佳	2018-11-25
劝戒图说	28.5×18.5cm	78,200	北京荣宝	2018-12-03
高上玉皇本行集经	31.8×12cm	78,200	北京荣宝	2018-12-03
高上玉皇本行集经	32×13.4cm	78,200	北京荣宝	2018-12-03
班固 钟人杰 撰校 汉 明 汉书 一百卷	21.5×14.5cm	78,200	中国嘉德	2018-11-21
汪道昆 撰 明 春秋左传节文 十五卷	19×13.5cm	78,200	中国嘉德	2018-11-21
重镌官板地理天机会元三十五卷	30×17.9cm	74,750	北京保利	2018-06-18
唐风定二十二卷(清)邢昉辑	半框16.5×12.5cm；开本29×17cm	74,750	西泠拍卖	2018-07-09

拍品名称	物品尺寸	成交价RMB	拍卖公司	拍卖日期
程质清旧藏《读黄合志一卷》(清)许起昆等撰	半框18×12.5cm; 开本27×18cm	74,750	西泠拍卖	2018-07-09
阮元 辑 清 皇清经解	18.2×13.8cm	74,750	中国嘉德	2018-11-21
张潮 等辑 清 昭代丛书甲集五十卷 乙集四十卷 檀几丛书甲集五十卷 乙集五十卷	17×13.5cm	74,750	中国嘉德	2018-11-21
佛顶心大陀罗尼经三卷	21.5×8.4cm	74,750	中贸圣佳	2018-11-25
潘仕成 辑 海山仙馆丛书	19.3×13cm	74,750	中贸圣佳	2018-11-25
青山琴谱六卷(大还阁琴谱)	25.5×16.5cm	71,300	北京保利	2018-06-18
新锲重订出像注释西晋志传通俗演义题评四卷、东晋志传题评八卷	31.3×17.4cm	71,300	北京保利	2018-06-18
大方广佛华严经著述集要等古籍一组	尺寸不一	71,300	中国嘉德	2018-05-20
太上洞玄灵宝高上玉皇本行集经	27×12cm	71,300	中国嘉德	2018-05-20
国朝文类存目录上	21.8×16cm	71,300	中国嘉德	2018-05-20
胡安国林尧叟撰音注春秋胡传三十卷	19.5×14.5cm	71,300	中国嘉德	2018-06-20
启功 题跋 晋唐二妙影印本	45×30.5cm	71,300	中国嘉德	2018-11-21
启功 题跋 董三种墨迹合册影印本、宋克书七姬志影印本二种	26.5×14.2cm; 27×17cm	71,300	中国嘉德	2018-11-21
上谕内阁 一百五十九卷	19.5×14.7cm	71,300	中国嘉德	2018-11-21
罗振玉辑《三代吉金文存》	36.5×25cm×20	71,300	中国嘉德	2018-11-21
金石萃编一百六十卷	25×16.1cm	69,000	北京保利	2018-06-18
明 成化 地藏菩萨本愿经 册页	20×8.5cm	69,000	北京荣宝	2018-06-14
礼书 一百五十卷 明刻本	26×17cm	69,000	北京荣宝	2018-06-14
御选唐诗 三十二卷 目录三卷	24.1×15cm	69,000	北京荣宝	2018-06-14
艺文类聚 存四十四卷	29×18cm	69,000	北京荣宝	2018-06-14
六臣注汉文选 二十四卷	32×19cm	69,000	北京荣宝	2018-06-14
张太岳先生全集 四十七卷	25.1×16.4cm	69,000	北京荣宝	2018-06-14
集录真西山文章正宗 三十卷	30×18cm	69,000	北京荣宝	2018-06-14
日下部鸣鹤题签《赵书天冠山诗真迹》(元)赵孟頫书	半框21×13.2cm; 开本28.5×16cm	69,000	西泠拍卖	2018-07-09
山海经十八卷(附明代版画七十四幅)(晋)郭璞传	半框23.7×14.3cm; 开本23.8×17.2cm	69,000	西泠拍卖	2018-07-09
明永乐苏州写刻经《大方广佛华严经存十九卷》(唐)于阗国三藏沙门实叉难陀译	半框26.6×12cm; 开本33.5×12cm	69,000	西泠拍卖	2018-07-09
戚叔玉旧藏《陶斋吉金录八卷 续录二卷》、《陶斋藏石记四十四卷 藏砖记二卷》二种(清)端方辑	尺寸不一	69,000	西泠拍卖	2018-07-09
周煌 撰 琉球国志略 十六卷 首 一卷	19×12.5cm	69,000	中国嘉德	2018-06-20
宋元佛经留真谱	23.5×11cm	69,000	中国嘉德	2018-06-20
新刻绣像批评金瓶梅 存十回	21×15cm	69,000	中国嘉德	2018-06-20
红楼梦(二种)	尺寸不一	69,000	中国嘉德	2018-09-21
钦定四库全书总目二百卷首一卷总目一卷	22.5×15cm	69,000	中贸圣佳	2018-06-21
古写经刻经汇英　佛经鉴定标本集	尺寸不一	69,000	北京荣宝	2018-12-03
道神足无变化经	38×34cm	69,000	北京荣宝	2018-12-03
性命双修万神圭旨 四卷 道元一炁 五卷	21.7×21.7cm	69,000	中国嘉德	2018-11-21
癸巳(1953年)作 邓散木、白蕉 篆刻、行书毛主席词 镜心	30.5×132cm	69,000	中国嘉德	2018-11-21
热河避暑山庄各景	25.5×30.6cm	69,000	中贸圣佳	2018-11-25
二经同卷	28.7×11.2cm	69,000	中贸圣佳	2018-11-25
高棅 辑 唐诗品汇九十卷拾遗十卷	22.8×16.2cm	69,000	中贸圣佳	2018-11-25
徐渭 撰 四声猿不分卷	25.6×17.1cm	69,000	中贸圣佳	2018-11-25
自远堂琴谱十二卷	25.1×15.3cm	66,700	北京保利	2018-06-18
新镌批评出相韩湘子三十回	24×18cm	63,250	北京保利	2018-06-18
金石索 十二卷	34×25cm	63,250	北京荣宝	2018-06-14
郦承铨题记《宋抚州本礼记注二十卷 释文四卷 考异二卷》	半框20.5×15.2cm; 开本27×17.2cm	63,250	西泠拍卖	2018-07-09
叶启勋、黄镠、郦承铨等旧藏《仪礼郑氏注十七卷 附校录一卷》(汉)郑玄注	半框21×15cm; 开本27.5×18.5cm	63,250	西泠拍卖	2018-07-09
郦承铨旧藏《徐公文集三十卷》(宋)徐铉撰	半框22.5×17cm; 开本33.3×22.3cm	63,250	西泠拍卖	2018-07-09
罗振玉 撰 永丰乡人稿 八卷 杂着一卷 杂着续编 九卷 附录 一卷	14.2×12.3cm	63,250	中国嘉德	2018-06-20
利玛窦致耶稣会总会长"中国传教报告书"	15×10cm	63,250	中国嘉德	2018-06-20
百纳宋本资治通鉴	26.4×15.5cm	63,250	中贸圣佳	2018-06-21
元刊梦溪笔谈	41×28cm	63,250	中贸圣佳	2018-06-21
宝古堂重修宣和博古图录三十卷	24.5×15.8cm	63,250	北京保利	2018-12-07
永乐大典目录六十卷(加利福尼亚大学图书馆旧藏)	27.3×16.6cm	63,250	北京保利	2018-12-07
清宫珍宝皕美图	38.9×25.9cm	63,250	北京保利	2018-12-07
笠翁传奇十种二十卷	29×17.6cm	63,250	北京保利	2018-12-07
美术丛书	19×12cm	63,250	北京荣宝	2018-12-03
实叉难陀 译 大方广佛华严经卷第十三(于阗)	28.9×11.1cm	63,250	中贸圣佳	2018-11-25
李可染赠谷牧《宋拓岳麓寺碑》一册 民国二十二年故宫以乾隆高丽纸影印本	38×21cm	59,800	广东崇正	2018-07-04
储欣 辑 唐宋十大家全集录五十一卷首一卷	26×16.4cm	59,800	中贸圣佳	2018-06-21
启功 题跋 北宋麓山寺碑曼陀罗室藏本影印本	35.5×22cm	59,800	中国嘉德	2018-11-21
诚一堂琴谱六卷附琴谈二卷	23.9×15.7cm	57,500	北京保利	2018-06-18
沙堰琴编一卷、沙燕琴余一卷	27.1×16.7cm	57,500	北京保利	2018-06-18
新笺决科古今源流至论前集十卷、后集十卷、续集十卷、别集十卷	23.1×13.6cm	57,500	北京保利	2018-06-18
京师大学堂讲义6册	尺寸不一	57,500	北京保利	2018-06-19
明宣德 观音菩萨普门品 册页	30×11cm	57,500	北京荣宝	2018-06-14
状元图考	28×17.5cm	57,500	北京荣宝	2018-06-14
资治通鉴纲目	25×16cm	57,500	北京荣宝	2018-06-14
郦承铨旧藏《山谷诗内集注二十卷外集十七卷别集二卷》(宋)黄庭坚撰 任渊 史容等注	半框22×17.5cm; 开本31.7×21.5cm	57,500	西泠拍卖	2018-07-09
俞安期 纂 唐类函	20.5×14.5cm	57,500	中国嘉德	2018-05-20
根本说一切有部百一羯磨卷第八	30×11.5cm	57,500	中国嘉德	2018-05-20
徐葆光 撰 中山传信录 六卷	19.9×14.5cm	57,500	中国嘉德	2018-06-20
杨宗稷 辑 琴学丛书十三种三十六卷	25.5×15.5cm	57,500	中国嘉德	2018-06-20
杜甫 王士祯 撰 等评 杜工部集 二十卷 首 一卷	17.5×13.5cm	57,500	中国嘉德	2018-06-20
山谷诗集注二十卷外集十七卷别集二卷	31.8×21.5cm	57,500	中贸圣佳	2018-06-21
胡广 等撰 诗经大全二十卷诗序一卷图一卷	23.6×15cm	57,500	中贸圣佳	2018-06-21
诸经合刻	22.1×7.7cm	57,500	北京保利	2018-12-07
元版陀罗尼经	21×8.5cm	57,500	北京荣宝	2018-12-03
荣宝斋画谱——勾勒花卉部分	42.5×32cm	57,500	北京荣宝	2018-12-03
雪岩吟草甲卷忘机集	33×22cm	57,500	北京荣宝	2018-12-03
丛碧词 张伯驹签名本	22×16cm	57,500	北京荣宝	2018-12-03
毛奇龄 撰 清 西河合集	22×14.5cm	57,500	中国嘉德	2018-11-21
曹植 撰 魏 陈思王集 十卷	18.5×13cm	57,500	中国嘉德	2018-11-21
关中丛书八集全	25.8×15cm	57,500	中贸圣佳	2018-11-25
吕熊 撰 新刻逸田叟女仙外史大奇书一百回	23.9×15.5cm	57,500	中贸圣佳	2018-11-25
三官经及北斗经(散页未装订)	尺寸不一	55,200	北京保利	2018-06-18
弦雪居重订遵生八笺十九卷目录一卷(盛宣怀旧藏)	28.1×15.6cm	55,200	北京保利	2018-06-18
菩萨善戒经卷第三	28.5×11.2cm	55,200	北京保利	2018-06-18
周易十卷(缺)、易图集录一卷、易图纲领一卷	33.1×20.5cm	55,200	北京保利	2018-06-18
三苏先生文集七十卷存卷三十七至四十七	27.4×16.1cm	55,200	北京保利	2018-06-18
北平荣宝斋诗笺谱	32.2×21.5cm	55,200	北京保利	2018-06-18
明 永乐南藏 翻译名义集 册页	33×11cm	55,200	北京荣宝	2018-06-14
国语 二十一卷	25.8×17.2cm	55,200	北京荣宝	2018-06-14
二程全书 六十八卷	25.5×16cm	55,200	北京荣宝	2018-06-14
莫棠题跋张敦仁影宋刻本《礼记注二十卷 附考异二卷》(汉)郑玄注	半框20.7×15.2cm; 开本28.2×17.8cm	55,200	西泠拍卖	2018-07-09
高上玉皇本行集经上中下卷	27×12.5cm	55,200	中国嘉德	2018-05-20
释明本 撰 天目中峰和尚广录 三十卷	21.5×15.5cm	55,200	中国嘉德	2018-06-20
德音堂琴谱 十卷	19.8×15cm	55,200	中国嘉德	2018-06-20
荣宝斋制诗笺谱	32×19cm	55,200	中国嘉德	2018-06-20

2018杂项拍卖成交汇总

(成交价RMB：2万元以上)

拍品名称	物品尺寸	成交价RMB	拍卖公司	拍卖日期
欧阳先生文粹二十卷遗粹十卷(存文粹二十卷)	23.9×16.8cm	55,200	北京保利	2018-12-07
文人画选第一辑、第二辑(珂罗版)	38×22.5cm	55,200	北京保利	2018-12-07
明　大佛顶首楞严经	33×12cm	55,200	北京荣宝	2018-12-03
说文解字徐氏系传四十卷 校勘记三卷	30.5×18cm	55,200	北京荣宝	2018-12-03
毛晋 辑 明 津逮秘书 二百卷	14×10cm	55,200	中国嘉德	2018-11-21
王士禛卢见曾辑补传清感旧集十六卷	18.5×14.3cm	55,200	中国嘉德	2018-11-21
刘体智 编 小校经阁金文拓本十八卷	45.5×26.5cm	55,200	中贸圣佳	2018-11-25
蓼怀堂琴谱不分卷(琴谱大全)	29.8×17.5cm	51,750	北京保利	2018-06-18
蕉庵琴谱四卷	26.3×16.6cm	51,750	北京保利	2018-06-18
增广注释音辨唐柳先生集四十三卷外集二卷附录一卷(存首四卷)	30.5×16cm	51,750	北京保利	2018-06-18
汲古阁前后汉书 二百二十卷	25.7×16cm	51,750	北京荣宝	2018-06-14
留真谱	32×21.3cm	51,750	北京荣宝	2018-06-14
淳化秘阁法帖考正	38.7×18.2cm	51,750	北京荣宝	2018-06-14
郦承铨批校《四库简明目录标注二十卷》(清)邵懿辰撰	半框16.5×13cm; 开本32×20.5cm	51,750	西泠拍卖	2018-07-09
金刚药师观音经等	23.5×13cm	51,750	中国嘉德	2018-05-20
杜甫 撰 杜工部集二十卷	17.4×13.5cm	51,750	中国嘉德	2018-05-20
窦氏连珠集	32×21.5cm	51,750	中贸圣佳	2018-06-21
历代帝王名臣法帖	30×17.5cm	51,750	北京荣宝	2018-12-03
允禄等编清钦定仪象考成三十卷首二卷	20.5×14.5cm	51,750	中国嘉德	2018-11-21
萧统 张凤翼 编纂 梁*明 梁昭明文选 二十四卷	20×14.5cm	51,750	中国嘉德	2018-11-21
改琦 绘 清 红楼梦图咏	22×14.5cm	51,750	中国嘉德	2018-11-21
元好问 辑 中州集十卷中州乐府一卷	24.7×16.1cm	51,750	中贸圣佳	2018-11-25
彭申甫 辑 易经解注传义辩正四十四卷	25×15.7cm	51,750	中贸圣佳	2018-11-25
李时珍 撰 本草纲目五十二卷附图等共七十卷	28×17.5cm	51,750	中贸圣佳	2018-11-25
创刊号一批	尺寸不一	50,600	中贸圣佳	2018-11-25
十竹斋笺谱 民国版	32×21cm	49,450	北京荣宝	2018-06-14
宋思溪藏一卷	尺寸不一	49,450	北京荣宝	2018-12-03
王鏊 撰 王文恪公集三十六卷名公笔记一卷鹃音一卷白社诗草一卷	25.8×16cm	49,450	中贸圣佳	2018-11-25
泊如斋重修宣和博古图录三十卷	31.9×18.9cm	48,300	北京保利	2018-06-18
晦庵先生朱文公文集一百卷目録二卷续集十一卷别集十卷(存文集卷三十三)	32.5×19.5cm	48,300	北京保利	2018-06-18
北京荣宝斋诗笺谱	31.5×21.5cm	48,300	北京荣宝	2018-06-14
中州集 十卷 中州乐府一卷	24×16cm	48,300	北京荣宝	2018-06-14
汪启淑《兰溪棹歌一卷》附拓本(清)汪启淑撰	半框18×14.5cm; 开本28.8×18cm	48,300	西泠拍卖	2018-07-09
壹是纪始等古籍一组	尺寸不一	48,300	中国嘉德	2018-05-20
鲍廷博 辑 知不足斋丛书	12.5×9.7cm	48,300	中国嘉德	2018-05-20
郭子章 富冈铁斋 撰 旧藏 明州阿育王山志 存十一卷	20×14.5cm	48,300	中国嘉德	2018-06-20
吴灴 辑 自远堂琴谱 十二卷	18.3×14cm	48,300	中国嘉德	2018-06-20
新纂门目五臣音注扬子法言六卷	27.8×18.7cm	48,300	北京保利	2018-12-07
第一奇书野叟曝言二十卷一百五十回	26.8×10.5cm	48,300	北京保利	2018-12-07
御选唐诗三十二卷(存卷七至十六)	27.4×16.3cm	48,300	北京保利	2018-12-07
文中子中说十卷	28.1×17.7cm	48,300	北京保利	2018-12-07
薛氏医案二种(存妇人良方及女科撮要)	29.7×17.4cm	48,300	北京保利	2018-12-07
中舟墨录 三卷	30×18cm	48,300	北京荣宝	2018-12-03
启功 题跋 旧拓五代杨少师法帖五种影印本	30×17cm	48,300	中国嘉德	2018-11-21
粘本盛 辑 清 忠孝全书	28.5×16.5cm	48,300	中国嘉德	2018-11-21
实叉难陀 译 澄观 撰 唐 唐 大方广佛华严经疏钞 存四十三卷　末 一卷	22.7×15.4cm	48,300	中国嘉德	2018-11-21
孙星衍 集 平津馆丛书十集	24.7×15.5cm	48,300	中贸圣佳	2018-11-25
朱光绶 等纂 太平县志十四卷	28.5×17cm	48,300	中贸圣佳	2018-11-25
罗祖五部经(缺一册)	38×13.2cm	46,000	北京保利	2018-06-18
红楼梦图咏四卷	30.5×17.9cm	46,000	北京保利	2018-06-18
清 康熙宫廷刻本金刚般若波罗蜜经 册页	31.5×12cm	46,000	北京荣宝	2018-06-14
北京笺谱	26×17cm	46,000	北京荣宝	2018-06-14

拍品名称	物品尺寸	成交价RMB	拍卖公司	拍卖日期
十竹斋笺谱 1952年白纸本	32×21cm	46,000	北京荣宝	2018-06-14
唐文粹存卷四至卷三十六、卷四十三至卷一百	25.5×16cm	46,000	北京荣宝	2018-06-14
孳经室集六十卷	26×16.5cm	46,000	北京荣宝	2018-06-14
红楼梦	18.5×12cm	46,000	北京荣宝	2018-06-14
清康熙刻本 鼎湖山志存序、凡例、鼎湖山名胜图共二册	34×19cm	46,000	广东崇正	2018-07-05
莫友芝、莫绳孙、莫彝孙、郦承铨递藏《古文四声韵五卷 附录一卷》(宋)夏竦撰	半框20.5×15.5cm; 开本29.5×18cm	46,000	西泠拍卖	2018-07-09
何晏 邢昺 集解疏 论语注疏解经二十卷	20.2×13cm	46,000	中国嘉德	2018-06-20
宋骏业 王原祁 等奉敕纂 佩文斋书画谱 一百卷	17×11.6cm	46,000	中国嘉德	2018-06-20
陈伯坛 撰 读过伤寒论 十八卷	20× 15cm	46,000	中国嘉德	2018-06-20
红楼梦图咏	21.5×15cm	46,000	中国嘉德	2018-09-21
大方广佛华严经八十卷	28×18.8cm	46,000	中贸圣佳	2018-06-21
仪礼郑氏注十七卷	31×18.3cm	46,000	中贸圣佳	2018-06-21
定县志二十二卷首一卷	26.7×17.1cm	46,000	中贸圣佳	2018-06-21
北京荣宝斋诗笺谱	31.5×21.3cm	46,000	北京保利	2018-12-07
校注项氏历代名瓷图谱	39.8×27.6cm	46,000	北京保利	2018-12-07
永乐金刚经	26×9cm	46,000	北京荣宝	2018-12-03
北平笺谱(六)	32×21.5cm	46,000	北京荣宝	2018-12-03
上海朵云轩 萝轩变古笺谱	32×18cm	46,000	北京荣宝	2018-12-03
吴郡名贤图传赞 二十卷	26×16cm	46,000	北京荣宝	2018-12-03
季汉书 六十卷 正论一卷 答问一卷	27×18cm	46,000	北京荣宝	2018-12-03
牧斋先生有学集	22×14cm	46,000	北京荣宝	2018-12-03
盛宣怀愚斋图书馆旧藏 韩非子	23.5×15cm	46,000	北京荣宝	2018-12-03
启功 题跋 宋拓集王书半截碑、唐拓太宗书温泉铭影印本	30.5×17cm	46,000	中国嘉德	2018-11-21
冯云鹏 冯云鹓 辑 清 金石索	26.3×21.5cm	46,000	中国嘉德	2018-11-21
北平荣宝斋诗笺谱	32×19cm	46,000	中国嘉德	2018-11-21
归云楼题画诗二卷徐世昌撰	34.1×22.6cm	46,000	中贸圣佳	2018-11-25
朱熹 著 朱子集一百零四卷目录二卷	25.2×16.5cm	46,000	中贸圣佳	2018-11-25
阮芝生 撰 听潮集二集	25.2×14.5cm	44,850	中贸圣佳	2018-11-25
《天禄琳琅丛书第一辑》四函二十八册 1932年 故宫博物院影印		44,657	香港普艺	2018-04-07
吴湖帆绘 梅景画笈二集	40×24cm	43,700	朵云轩	2018-06-25
罗振玉、戚叔玉旧藏《贞松堂藏历代名人法书三卷》、《百爵斋藏历代名人法书三卷》二种(民国)罗振玉著	开本38×25.7cm	43,700	西泠拍卖	2018-07-09
戚叔玉旧藏《善斋吉金录》(清)刘体智著	开本30×17.8cm	43,700	西泠拍卖	2018-07-09
皇清经解分经汇纂等古籍一组	尺寸不一	43,700	中国嘉德	2018-05-20
南游记等古籍一组	尺寸不一	43,700	中国嘉德	2018-05-20
改琦 绘 红楼梦图咏	21.8×14.5cm	43,700	中国嘉德	2018-06-20
北平荣宝斋诗笺谱	32×19cm	43,700	中国嘉德	2018-06-20
满洲实录	37×24cm	43,700	中贸圣佳	2018-06-21
陶渊明 撰 陶渊明全集四卷	27.2×17.3cm	43,700	中贸圣佳	2018-06-21
十三经注疏(存十一种)	26.3×15.5cm	43,700	北京保利	2018-12-07
晦庵先生朱文公文集一百卷目録二卷续集十一卷别集十卷(存文集卷四十九)	27.5×18cm	43,700	北京保利	2018-12-07
古文渊鉴六十四卷(缺七卷)	29.5×16.9cm	43,700	北京保利	2018-12-07
明　佛说大报姆恩重经	33×11cm	43,700	北京荣宝	2018-12-03
音学辨微 顾颉刚批校本	43,700	北京荣宝	2018-12-03	
启功题跋 董香光书东坡诗真迹影印本	26.5×14cm	43,700	中国嘉德	2018-11-21
傅兰雅 辑 格致汇编	21×15.8cm	43,700	中国嘉德	2018-11-21
归莲梦四卷幻中真四卷	19.8×11.6cm	43,700	中贸圣佳	2018-11-25
冒襄 辑 同人集十二卷	24.7×15.9cm	43,700	中贸圣佳	2018-11-25
聂崇义 集注 新定三礼图二十卷	30.2×20.3cm	42,550	中贸圣佳	2018-11-25
宋人画册6本		41,400	朵云轩	2018-04-22
徐继畲 撰 瀛环志略十卷	31.3×20cm	41,400	中贸圣佳	2018-06-21
多位艺术家		41,052	纽约苏富比	2018-09-15
印香图谱	28×16.7cm	40,250	北京保利	2018-06-18
晦庵先生朱文公文集一百卷目录二卷续集十一卷别集十卷(存卷第七十五)	31.6×19.6cm	40,250	北京保利	2018-06-18
本草纲目五十二卷	24.7×15.9cm	40,250	北京保利	2018-06-18

拍品名称	物品尺寸	成交价RMB	拍卖公司	拍卖日期
钦定四库全书	22.2×15cm	40,250	北京保利	2018-06-18
明 正统 佛说无常经 册页	20×8.5cm	40,250	北京荣宝	2018-06-14
百花诗笺谱	29.5×19cm	40,250	北京荣宝	2018-06-14
西泠五布衣遗著	25.5×16cm	40,250	北京荣宝	2018-06-14
吴梅村诗集	29.5×17.6cm	40,250	北京荣宝	2018-06-14
《名人书画全集》一函十一册《明清画苑尺牍》一函六册 民国珂罗版	38×27cm; 33×22cm	40,250	广东崇正	2018-07-04
郦承铨、徐恕批校《汉隶字源五卷碑目一卷》(宋)娄机撰	半框23.5×16.5cm; 开本29.5×18cm	40,250	西泠拍卖	2018-07-09
戚叔玉旧藏《流沙坠简》、《贞松堂藏西陲秘籍丛残三集》二种		40,250	西泠拍卖	2018-07-09
绘图聊斋志异等古籍一组	尺寸不一	40,250	中国嘉德	2018-05-20
焦秉贞 绘 御制耕织图	31×25cm	40,250	中国嘉德	2018-06-20
杨宗稷 辑 琴学丛书	17.5×13cm	40,250	中国嘉德	2018-09-21
袁宏道 评 虞初志存四卷	27×17.6cm	40,250	中贸圣佳	2018-06-21
南画大成	尺寸不一	40,250	中贸圣佳	2018-06-21
新昌县志三十二卷首一卷末一卷	25.5×15cm	40,250	中贸圣佳	2018-06-21
集古印谱六卷(缺)	31.6×19cm	40,250	北京保利	2018-12-07
苏文六卷(存首四卷)	26.7×17.8cm	40,250	北京保利	2018-12-07
御制用白居易新乐府成五十章并效其体	16×11.3cm	40,250	北京荣宝	2018-12-03
孙岳颁 等 纂 佩文斋书画谱一百卷	24.9×15.8cm	40,250	中贸圣佳	2018-11-25
阿毗达磨大毗婆沙论等三种	30.9×11.1cm	40,250	中贸圣佳	2018-11-25
蓼怀堂琴谱大全	30.5×17.7cm	40,250	中贸圣佳	2018-11-25
古今名人墨迹大观不分卷	26.3×15.2cm	40,250	中贸圣佳	2018-11-25
吴兰修郑廷松撰校端溪砚史汇参三卷	19.5×11.3cm	40,250	中贸圣佳	2018-11-25
李时珍 编 本草纲目五十二卷	24.5×15.5cm	39,100	中贸圣佳	2018-11-25
赵之谦纂 补寰宇访碑录五卷	26×14cm	38,000	上海驰翰	2018-09-08
画家三昧	30×17.5cm	36,800	北京荣宝	2018-06-14
胡文忠公遗集 八十六卷	26×15cm	36,800	北京荣宝	2018-06-14
论语 十卷	33×21.5cm	36,800	北京荣宝	2018-06-14
八指头陀诗集等古籍一组	尺寸不一	36,800	中国嘉德	2018-05-20
历代君鉴卷四十四至五十	27.3×18.3cm	36,800	中国嘉德	2018-05-20
王黼撰泊如斋重修宣和博古图录三十卷	24.3×14cm	36,800	中国嘉德	2018-06-20
张德容 辑 二铭草堂金石聚 十六卷	27.5×17.5cm	36,800	中国嘉德	2018-06-20
程雄 订 松风阁琴谱 二卷 抒怀操 一卷	16.8×14cm	36,800	中国嘉德	2018-06-20
刘向 撰 刘向说苑 二十卷	18.5×14cm	36,800	中国嘉德	2018-06-20
金檀 辑注 青邱高季迪先生诗集 十八卷 遗诗 一卷 扣舷集 一卷 凫藻集 五卷	17.7×14.5cm	36,800	中国嘉德	2018-06-20
潘祖荫 辑 滂喜斋丛书	17.5×13.5cm	36,800	中国嘉德	2018-06-20
古香斋新刻袖珍渊鉴类函四百五十卷	10×8cm	36,800	中国嘉德	2018-09-21
董思张 纂 广博物志五十卷	21×15.5cm	36,800	中国嘉德	2018-09-21
张丑 撰 王世襄旧藏清河书画舫十二卷附鉴古百一诗	20.2×13.4cm	36,800	中贸圣佳	2018-06-21
雪岩吟草甲卷忘机集	33×22cm	36,800	中贸圣佳	2018-06-21
姚光发 等纂 重修华亭县志二十四卷图说一卷	24.2×15.1cm	36,800	中贸圣佳	2018-06-21
增评补像全图金玉缘十六卷一百二十回	17.4×10.8cm	36,800	北京保利	2018-12-07
针灸大成十卷	22.9×14.9cm	36,800	北京保利	2018-12-07
启功 题跋 苏东坡自书前赤壁赋真迹影印本	45×25.5cm	36,800	中国嘉德	2018-11-21
北宋明道二年刻经残页	325×11cm	36,800	中国嘉德	2018-11-21
刘体智 著 清 善斋吉金录	22×15cm	36,800	中国嘉德	2018-11-21
沈德潜 辑 清 重订唐诗别裁集 二十卷	17×13.5cm	36,800	中国嘉德	2018-11-21
新镌古本批评绣像三世报隔帘花影四十八回	25.2×16.6cm	36,800	中贸圣佳	2018-11-25
汪琬 撰 汪氏说铃一卷	31.8×19.8cm	36,800	中贸圣佳	2018-11-25
爽籁馆欣赏1、2辑		35,650	朵云轩	2018-04-22
新刻临川王介甫先生诗集一百卷	27.6×16.6cm	35,650	中贸圣佳	2018-11-25
五知斋琴谱八卷	25.5×16.3cm	34,500	北京保利	2018-06-18
晦庵先生朱文公文集一百卷目録二卷续集十一卷别集十卷	26.7×15.2cm	34,500	北京保利	2018-06-18
明 永乐 药师菩萨本愿经 册页	37×14cm	34,500	北京荣宝	2018-06-14
礼书 存四卷 元刻本	26×17cm	34,500	北京荣宝	2018-06-14

拍品名称	物品尺寸	成交价RMB	拍卖公司	拍卖日期
陈石遗女弟子王真著《石遗室论诗述闻》清稿本四册;王真自藏王真辑《石遗先生年谱》刻本一册	22.5×15.5cm	34,500	广东崇正	2018-07-05
珂罗版《天隐堂名画选》全		34,500	上海嘉禾	2018-06-25
郦承铨旧藏《宋椠周易十卷》(魏)王弼(晋)韩康伯注(唐)陆德明释	半框18×13.2cm; 开本33.5×22.2cm	34,500	西泠拍卖	2018-07-09
《名人书画集》三十集全帙	开本39.5×28cm	34,500	西泠拍卖	2018-07-09
经学通论等古籍一组	尺寸不一	34,500	中国嘉德	2018-05-20
翰苑分书临文正宗等七种	尺寸不一	34,500	中国嘉德	2018-05-20
御制明伦大典	27.5×17.8cm	34,500	中国嘉德	2018-05-20
曹昭王佐撰增补新增格古要论十三卷	20×13.5cm	34,500	中国嘉德	2018-06-20
张鼎思 辑 琅琊代醉编 存二十九卷	20×13cm	34,500	中国嘉德	2018-06-20
冯惟讷 编 汉魏诗纪 二十卷	21.5×15.3cm	34,500	中国嘉德	2018-06-20
洪北江晓读书斋录等（十五种）	尺寸不一	34,500	中国嘉德	2018-09-21
金石索十二卷	34.6×23.2cm	34,500	北京保利	2018-12-07
西湖志四十八卷	26.3×17cm	34,500	北京保利	2018-12-07
新刻金瓶梅词话十卷一百回	21.3×13.8cm	34,500	北京保利	2018-12-07
晦庵先生朱文公文集一百卷目録二卷续集十一卷别集十卷(存文集卷四)	32.5×19.5cm	34,500	北京保利	2018-12-07
宋学士文集七十五卷(存卷二十一至七十)	26×16.5cm	34,500	北京保利	2018-12-07
北宋 两浙转运使司刊本残页 四分律 镜心	30.3×10.8cm	34,500	北京荣宝	2018-12-03
墨海图 六卷	30×18cm	34,500	北京荣宝	2018-12-03
智囊补 二十八卷	23.8×16cm	34,500	北京荣宝	2018-12-03
淮南鸿烈解 存十九卷	27×17cm	34,500	北京荣宝	2018-12-03
朱彝尊 撰 清 经义考 三百卷	19.8×15cm	34,500	中国嘉德	2018-11-21
李光地 等编 清 渊鉴斋御纂朱子全书 六十六卷	18.5×14cm	34,500	中国嘉德	2018-11-21
王实甫 关汉卿 撰 续 元 西厢记 五卷 附录 十卷	19.8×13cm	34,500	中国嘉德	2018-11-21
杜甫 撰 杜工部集二十卷首一卷	26.5×17.6cm	34,500	中贸圣佳	2018-11-25
朱记荣 辑 行素草堂金石丛书二十一种	24.5×15.4cm	34,500	中贸圣佳	2018-11-25
《李义山文集笺注》一函六册 清刻本 花溪草堂藏板		33,493	香港普艺	2018-04-07
琴学丛书三种	26.4×15.5cm	32,200	北京保利	2018-06-18
十竹斋笺谱 册页（一函四册）		32,200	北京匡时	2018-05-21
闺范图说 四卷	26×17cm	32,200	北京荣宝	2018-06-14
巍巍不动太山深根结果宝卷	39×12cm	32,200	北京荣宝	2018-06-14
金刚般若波罗蜜经	半框18.5×13cm; 开本32.5×22cm	32,200	西泠拍卖	2018-07-09
新出三体石经考(清)章太炎撰	半框18×13.5cm; 开本32×20.5cm	32,200	西泠拍卖	2018-07-09
老子衍等古籍一组	尺寸不一	32,200	中国嘉德	2018-05-20
北京荣宝斋新记诗笺谱	31.5×19cm	32,200	中国嘉德	2018-05-20
畺良耶舍 译 三劫三千佛名经 三卷	26×12.2cm	32,200	中国嘉德	2018-06-20
慈悲道场忏法 十卷	25.5×24.5cm	32,200	中国嘉德	2018-06-20
刘世珩 编 贵池二妙集 五十一卷	16.8×13cm	32,200	中国嘉德	2018-06-20
杜工部集二十卷首一卷	25×15.8cm	32,200	中贸圣佳	2018-06-21
吴澄 撰 吴文正公三礼考注六十四卷序录一卷纲领一卷	24.2×15.5cm	32,200	中贸圣佳	2018-06-21
庞迪我 撰 七克七卷	26.6×15.3cm	32,200	中贸圣佳	2018-06-21
白多玛 译四终略意四卷	25.5×16cm	32,200	中贸圣佳	2018-06-21
渊鉴类函	22.8×14.2cm	32,200	中贸圣佳	2018-06-21
王崇庆 撰 山海经释义存三卷	25.3×16.6cm	32,200	中贸圣佳	2018-06-21
钦定佩文韵府	14.8×9cm	32,200	中贸圣佳	2018-06-21
黄府绣像说图不分卷	32.5×25cm	32,200	中贸圣佳	2018-06-21
贺县志十卷	26.2×15.2cm	32,200	中贸圣佳	2018-06-21
宁津县志十二卷首一卷	27×17.5cm	32,200	中贸圣佳	2018-06-21
定县志二十二卷首一卷	26.7×17.1cm	32,200	中贸圣佳	2018-06-21
金山江天寺刻《六经同函》	半框7.8×4.3cm; 开本10.2×4.3cm	32,200	北京荣宝	2018-12-03
荣宝斋新记诗笺谱	31×21.2cm	32,200	北京荣宝	2018-12-03
启功 题签 批校 挑耳图题跋、夏日石淙诗影印本两种	29×16.5cm; 30.5×16.5cm	32,200	中国嘉德	2018-11-21

2018杂项拍卖成交汇总

(成交价RMB：2万元以上)

拍品名称	物品尺寸	成交价RMB	拍卖公司	拍卖日期
启功 题签 华山碑玲珑山馆本影印本	35×24.5cm	32,200	中国嘉德	2018-11-21
启功 题跋 刁惠公墓志影印本	30.5×16.5cm	32,200	中国嘉德	2018-11-21
玉清无极总真文昌大洞仙经三卷序一卷	27×12.4cm	32,200	中国嘉德	2018-11-21
唐太宗 项笃寿 御撰 辑 晋书论赞四卷	27.9×17.7cm	32,200	中贸圣佳	2018-11-25
江西全省舆图十四卷首一卷	30×19.cm	32,200	中贸圣佳	2018-11-25
奇门遁甲三十卷 旧题刘伯温撰	17×10.9cm	32,200	中贸圣佳	2018-11-25
张景岳 撰 类经	25.6×16cm	32,200	中贸圣佳	2018-11-25
涧于集奏议 六卷	26.8×16.7cm	29,900	北京荣宝	2018-06-14
王玉鲸 等纂 万县志三十六卷	28×16.1cm	29,900	中贸圣佳	2018-11-25
民国《善斋吉金录》二十八册 刘体智编		29,771	香港普艺	2018-04-07
楚水词一卷	27.2×15.8cm	28,750	北京保利	2018-06-18
御批通鉴辑览一百二十卷	26.7×17.3cm	28,750	北京保利	2018-06-18
太上感应篇图说	24×16cm	28,750	北京荣宝	2018-06-14
弘正四杰集	27×17cm	28,750	北京荣宝	2018-06-14
明清画苑尺牍明清藏书家尺牍	33×22.5cm	28,750	北京荣宝	2018-06-14
民国珂罗版《宋元明清名画大观》全套		28,750	上海嘉禾	2018-06-25
光绪版《百花诗笺谱》	开本29×19cm	28,750	西泠拍卖	2018-07-09
汉魏石经考等古籍一组	尺寸不一	28,750	中国嘉德	2018-05-20
大方广佛华严经普贤行愿品别行疏钞等一组	尺寸不一	28,750	中国嘉德	2018-05-20
佛家名相通释等古籍一组	尺寸不一	28,750	中国嘉德	2018-05-20
后汉书	21.8×15.5cm	28,750	中国嘉德	2018-05-20
佛家名相释等三十九种	尺寸不一	28,750	中国嘉德	2018-05-20
释般剌密帝 弥加释迦 译 大佛顶如来密因修证了义诸菩萨万行首楞严经 十卷	20×14cm	28,750	中国嘉德	2018-06-20
三教源流搜神大全 七卷	19.5×12cm	28,750	中国嘉德	2018-06-20
律吕通今图说 一卷 律易 一卷 音调定程 一卷 弦徽宣秘 一卷	20×15cm	28,750	中国嘉德	2018-06-20
萧统 张凤翼 编 注 梁昭明文选二十四卷	20.3×14.5cm	28,750	中国嘉德	2018-06-20
胡三省 辑注 资治通鉴全书	21.5×15cm	28,750	中国嘉德	2018-09-21
昭明太子 撰 文选六十卷	21.5×14cm	28,750	中国嘉德	2018-09-21
黄庭坚 撰 黄诗全集五十八卷	29.9×18cm	28,750	中贸圣佳	2018-06-21
黄定宜 撰 黄裳跋考辨随笔二卷	24.7×15.3cm	28,750	中贸圣佳	2018-06-21
南朝史精语十卷	31.8×22.5cm	28,750	中贸圣佳	2018-06-21
叶恭绰题书名 柳溪长短句不分卷	28×15.5cm	28,750	中贸圣佳	2018-06-21
苏文忠公诗集五十卷目录二卷	28.5×16.5cm	28,750	中贸圣佳	2018-06-21
古经天象考十二卷图说一卷	26.7×17.3cm	28,750	北京保利	2018-12-07
十种兰亭序	30×17cm	28,750	北京保利	2018-12-07
十竹斋笺谱	31×21cm	28,750	北京荣宝	2018-12-03
断易大全	25×16cm	28,750	北京荣宝	2018-12-03
陶渊明集 十卷(白纸)	36×22cm	28,750	北京荣宝	2018-12-03
启功 题跋 北宋褚中令文皇哀册影印本、魏郑道忠墓志影印本二种	32.2×16cm; 23.3×12cm	28,750	中国嘉德	2018-11-21
陈钟麟 填词 清 红楼梦传奇 八卷	19.2×13.5cm	28,750	中国嘉德	2018-11-21
荣宝斋制诗笺谱	32×19cm	28,750	中国嘉德	2018-11-21
元好问 撰 遗山先生诗集二十卷	29.1×17.8cm	28,750	中贸圣佳	2018-11-25
法天 译 大方广总持宝光明经卷第一	30.1×11.2cm	28,750	中贸圣佳	2018-11-25
宋荦 撰 西陂类稿五十卷	26.6×17.1cm	28,750	中贸圣佳	2018-11-25
吴支谦 译 摩登伽经卷上	30.1×11.3cm	28,750	中贸圣佳	2018-11-25
巴县志二十三卷巴县文征四卷	26.3×17cm	28,750	中贸圣佳	2018-11-25
碑帖印谱				
安思远藏善本碑帖十一种	尺寸不一	192,625,000	中国嘉德	2018-11-20
傅抱石《读碑图》及九成宫礼泉铭碑拓 镜心	画28cm×33.4cm	9,200,000	北京荣宝	2018-06-14
孙承泽 孙星衍 翁方纲 等题跋 周《坛山刻石》、秦《泰山刻石》廿九字本、西汉《五凤二年刻石》三种合册	30.7cm×17cm	6,555,000	中国嘉德	2018-11-21
吴昌硕 吴湖帆 等 题秦权拓本 镜框	64cm×36.5cm	5,750,000	华艺国际	2018-11-16
宋拓《李秀碑》	本幅27cm×29cm×11	5,002,500	北京匡时	2018-12-06
吴大澂 拓注金石各器四屏 立轴	177×44.5cm×4	3,967,500	华艺国际	2018-11-16
翁方纲 吴湖帆 题跋 唐虞恭公温彦博碑	21cm×11cm	2,530,000	中国嘉德	2018-06-20

拍品名称	物品尺寸	成交价RMB	拍卖公司	拍卖日期
资治通鉴纲目 第五十二卷	33.1×21cm	1,955,000	北京荣宝	2018-12-03
沈树镛旧藏汉鲁相乙瑛碑		1,897,500	中贸圣佳	2018-11-25
翁同龢等题郙阁钟拓本卷 手卷	本幅26cm×39cm	1,646,336	北京匡时	2018-10-03
褚德彝 题朱拓武梁祠君车图 镜心	94cm×136cm	1,495,000	中国嘉德	2018-06-20
富春山居砚及当代名家题跋砚拓手卷	砚拓32.5cm×270cm; 砚24cm×31cm×9cm	1,380,000	北京保利	2018-06-18
清道光三十年(1850)作 清 六舟上人手拓 剔镫图	画心长26cm; 宽48cm	1,380,000	北京保利	2018-06-19
姜东舒旧藏 诸乐三题名 沙孟海、余任天、吴茀之等诸家题跋《前秦广武将军碑》	153cm×70cm	1,265,000	西泠拍卖	2018-07-09
周氏先人及周作人自用印集	22×12.8cm	1,108,750	佳士得	2018-11-26
谢庸手拓徐潮诗竹瓶拓片 手卷	本幅33cm×34cm	946,643	北京匡时	2018-10-03
郭葆昌 编 觯斋瓷乘样书	43×29cm	920,000	中贸圣佳	2018-11-24
宝贤堂集古法帖十二卷	38.5×25cm	920,000	中贸圣佳	2018-11-25
匋斋所藏毛公鼎拓本 立轴	144.5×64.5cm	920,000	中国嘉德	2018-06-20
王芑孙 曹贞秀藏玉版十三行拓及诸家题 手卷		823,168	北京匡时	2018-10-03
清 无款 纪文达烟斗拓本 镜片		793,250	纽约佳士得	2018-03-20
褚德彝 黄宾虹 邹寿祺 吴士鉴 题首 等 题跋 周颂敦盖铭拓	138×51.5cm	644,000	中国嘉德	2018-11-21
王东石仿东坡石铫壶拓本 顾景舟题跋 清 尤荫画 东坡石铫壶图		632,500	北京保利	2018-06-19
俞樾、张謇、高邕等题跋金城印谱《可读庐印存》(清)金城篆刻		632,500	西泠拍卖	2018-07-09
龚心钊、赵叔孺、吴湖帆等二十家题《鲁盦印稿》(民国)张鲁庵篆刻	半框14×9.5cm; 开本26.5×15.3cm	632,500	西泠拍卖	2018-07-09
吴大澄题秦汉金石集拓四屏 镜心	131×34cm×4	617,376	北京匡时	2018-10-03
郑文焯 题 古瓷供御盏拓本 (一对) 立轴	各: 58×17.5cm×2	599,500	香港苏富比	2018-10-02
吴昌硕 题跋 ‘颂敦’ 全形拓 镜心	129.5×60.2cm	575,000	北京保利	2018-12-07
爱新觉罗启辰 印玺	95×180cm	575,000	北京瀚古	2018-01-28
吴兆璜题跋《北魏石门铭》(“此”字本)	开本33×20.5cm	575,000	西泠拍卖	2018-07-09
袁安碑拓 立轴	147×76cm	565,928	北京匡时	2018-10-03
甲骨残片一盒	尺寸不一	552,000	中国嘉德	2018-11-21
张玮题跋新莽嘉量拓本	135.5×68cm	552,000	西泠拍卖	2018-07-09
宋拓小字麻姑坛记		529,000	北京荣宝	2018-06-14
Anonymous 明拓 九成宫醴泉铭 册(二十七开)	24.5×20.2cm×27	523,200	香港苏富比	2018-10-01
丁辅之 辑 西泠八家印选附丁黄印存	28×12.8cm	517,500	中贸圣佳	2018-11-25
汪大燮旧藏明拓《多宝塔感应碑》立轴	186.5×98cm	517,500	北京匡时	2018-06-15
毛公鼎铭文及全形拓本	134×75cm	517,500	西泠拍卖	2018-07-09
宋拓顾恺之女史箴 册页	18.5×9.5cm×4; 25×15cm×2	493,901	北京匡时	2018-10-03
孙星衍、宋葆淳、潘宁题跋《汉五凤刻石》	开本17.6×9.2cm	483,000	西泠拍卖	2018-07-09
开通褒斜道摩崖刻石	39.9×22.7cm	460,000	北京保利	2018-12-07
湖墩化成庵记墨迹册 清 张廷济行书	34.3×19.6×2.5cm; 重682g	460,000	北京保利	2018-06-19
伊秉绶孔广陶冯康侯跋题签二王帖	24×26.7cm	460,000	中国嘉德	2018-06-20
散氏盘	122×67cm	437,000	北京荣宝	2018-06-14
吴湖帆手批自篆印谱《沧浪渔夫手刻印存》(民国)吴湖帆篆刻	半框13.5×9.5cm; 开本21.8×13.3cm	437,000	西泠拍卖	2018-07-09
沈廷芳旧藏洛神赋玉版十三行	14.7×9cm	437,000	中贸圣佳	2018-11-25
1921年作 周梦坡批校褚德彝《续古玉图考》图册 (四十帧) 册页	尺寸不一	402,500	上海匡时	2018-04-30
罗伯昭、戴葆庭等七家题跋孙鼎旧藏《泉拓集珍》	开本29.5×20.5cm	368,000	西泠拍卖	2018-07-09
王壮弘 题签 清三希堂法帖	24×16.5cm	368,000	中国嘉德	2018-06-20
王镛 题润田砚拓片	45×69cm	368,000	北京荣宝	2018-12-03
唐 怀仁集王圣教序拓本 册页	30.8×14cm	345,000	北京荣宝	2018-06-14
吴云旧藏徐同柏、翁大年等题《石鼓亭张氏鉴藏商周彝器款识》	开本32×19cm	345,000	西泠拍卖	2018-07-09

拍品名称	物品尺寸	成交价RMB	拍卖公司	拍卖日期
王镛 题多寿砚拓片	45×69cm	345,000	北京荣宝	2018-12-03
顾廷龙 邵锐 陈叔通 跋 旧藏 宋醉翁亭记	35×21.5cm	333,500	中国嘉德	2018-11-21
敏求室藏印 胡佐卿辑藏	108.5×30cm×6	322,000	西泠拍卖	2018-07-08
傅抱石 题赠文求堂主人田中庆太郎《傅抱石所造印稿》(民国)傅抱石篆刻	开本29.4×13cm	322,000	北京保利	2018-12-07
元明间拓《岳麓山寺碑》册页	23×13cm×77; 题跋23×11cm; 28×16cm	322,000	北京匡时	2018-12-06
唐玄秘塔碑	34.9×18.4cm	322,000	中贸圣佳	2018-11-25
旧拓《孔子庙堂碑》册页	26×14cm×44; 题跋28×31cm×2	310,500	北京匡时	2018-12-06
历代碑帖杂拓一组	尺寸不一	299,000	西泠拍卖	2018-07-09
钱泰吉 题跋 清 孙过庭书谱	27.5×17.5cm	299,000	中国嘉德	2018-11-21
卓君庸 康生 旧藏 章草草诀歌帖	23.5×12.3cm	299,000	中国嘉德	2018-11-21
停云馆法帖十二卷	33.5×17.3cm	299,000	中贸圣佳	2018-11-25
清乾隆"敬天勤民"交龙钮方形玺全角拓	135×55cm	287,500	西泠拍卖	2018-07-08
吴大澂辑十六金符斋印存	17×11cm	287,500	中国嘉德	2018-09-21
明拓《虞恭公碑》立轴	22×12.5cm×35; 题跋22×12cm×4	287,500	北京匡时	2018-12-06
丘元武 旧藏 清 唐三藏圣教序记	24.5×14.8cm	287,500	中国嘉德	2018-11-21
明停云馆帖	27.7×12.7cm	287,500	中国嘉德	2018-11-21
蒋和旧藏并题跋《汉尹宙碑》	开本28×15cm	276,000	西泠拍卖	2018-07-09
齐赵夫人 隋鞠仁举墓志铭拓本 册页	尺寸不一	257,240	北京匡时	2018-10-03
吴若烺旧藏《晋孙登公和铁琴》拓本	122×24.5cm×4	253,000	西泠拍卖	2018-07-09
三希堂法帖	31.5×20.8cm	253,000	中贸圣佳	2018-06-21
徐悲鸿1944年作 行书七绝附印蜕 立轴	81.6×32.7cm	242,700	香港苏富比	2018-04-02
西泠八家印屏	110.8×31cm×4	241,500	西泠拍卖	2018-07-08
1961年作 溥心畬 行书题送嫁古镜拓片 镜框	85×38cm	241,500	北京荣宝	2018-12-03
清 方絜木刻拓本册	27.3×15.8×2.8cm; 重582g	230,000	北京保利	2018-06-19
瘗鹤铭出水后初拓整本 立轴	172×164.5cm	230,000	北京匡时	2018-12-06
吴保初 旧藏 清 苏轼楷书《醉翁亭记》碑	41.5×23cm	230,000	中国嘉德	2018-11-21
绛帖 十二卷	33.6×18.3cm	224,250	北京荣宝	2018-12-03
魏孔子庙碑	30.5×22.5cm	218,500	中国嘉德	2018-05-20
唐纪泰山铭摩崖	尺寸不一	218,500	中国嘉德	2018-06-20
张瑞图 拓本 册页	25×14cm×30	207,000	保利厦门	2018-01-08
吴昌硕 1893年作 题古砖拓 横披	尺寸不一	207,000	西泠拍卖	2018-07-07
三希堂法帖	30×17.5cm	207,000	北京荣宝	2018-12-03
唐麓山寺碑	23×11cm	207,000	中国嘉德	2018-11-21
李瑞清 题泰山刻石拓本 镜心	37×61cm	201,250	北京荣宝	2018-12-03
陈介祺旧藏大盂鼎拓本	61×43cm	195,500	西泠拍卖	2018-07-09
淡拓御制三希堂法帖	28×17.6cm	195,500	中贸圣佳	2018-11-25
陈介祺藏拓《齐鲁匋文片羽》一册92张(陈介祺之孙陈秉忱题签赠谷牧)	33×22.5cm	184,000	广东崇正	2018-07-04
翁同龢缩临《瘗鹤铭碑式》	49.5×51cm	184,000	西泠拍卖	2018-07-09
阎丽川集订《金石木摹拓》(姚华颖拓历代造像)	开本23×15cm	184,000	西泠拍卖	2018-07-09
宋苏轼醉翁亭记帖	34×1134cm	184,000	中国嘉德	2018-06-20
王寿彭 旧藏 唐云麾将军李思训碑	27×13.5cm	184,000	中国嘉德	2018-11-21
御刻三希堂法帖	29.7×17.5cm	184,000	中贸圣佳	2018-11-25
快雪堂法帖	29.2×13cm	172,500	北京保利	2018-06-18
汉郑际宣碑并碑阴	30.5×21cm	172,500	朵云轩	2018-06-25
二弩精舍印谱 赵叔孺刻印	版框15.8×10.7cm; 开本25.8×15cm	172,500	西泠拍卖	2018-07-08
纪泰山铭摩崖石刻	开本59.3×42.8cm	172,500	西泠拍卖	2018-07-09
清初拓《曹全碑》册页	24×12cm×63; 题跋24×12cm	172,500	北京匡时	2018-12-06
莫友芝题达受拓汉富贵吉祥洗 立轴	110×45.5cm	164,634	北京匡时	2018-10-03
北齐·南北响堂山刻经拓片一组	尺寸不一	161,000	北京荣宝	2018-06-14
吴云《二百兰亭斋古铜印存十二卷》(清)吴云辑	半框19×12cm; 开本29.5×17.5cm	161,000	西泠拍卖	2018-07-09
唐·颜真卿书 争座位帖	36×17cm	155,250	朵云轩	2018-06-25

拍品名称	物品尺寸	成交价RMB	拍卖公司	拍卖日期
顾祖彭拓章钰题虢季子白盘拓片 立轴	73.5×35.5cm	154,344	北京匡时	2018-10-03
吴湖帆题商徽子鼎全形拓 立轴	67×33cm	154,344	北京匡时	2018-10-03
谷园印谱	28×18cm	149,500	北京荣宝	2018-06-14
明拓《麻姑坛记》一册(8开)；固始张效彬旧藏珍本	21×19cm	149,500	广东崇正	2018-07-04
吴隐辑《遯盦秦汉印选》	29.3×12.9xm×24	149,500	中国嘉德	2018-06-18
云峰山全拓	52×35.5cm	149,500	中贸圣佳	2018-06-21
西泠四家印谱	26×16cm	149,500	北京荣宝	2018-12-03
曾熙题跋《黄庭经》、《兰亭序》拓本二种	开本30.5×16.5cm	143,750	西泠拍卖	2018-07-09
尺牍墨迹册 清 张廷济行书	32×20.3×1.5cm; 重498g	138,000	北京保利	2018-06-19
俞樾题跋《顾寿松藏郘公平侯鼎全形拓》	127.5×62.5cm	138,000	西泠拍卖	2018-07-09
唐怀仁集王书圣教序	32×19.8cm	138,000	中贸圣佳	2018-06-21
吴保初 旧藏 清 苏轼楷书《丰乐亭记》碑	44×23cm	138,000	中国嘉德	2018-11-21
三希堂法帖	28.3×17.7cm	126,500	北京保利	2018-06-18
徐世章、余重耀、高培枢、周谦等跋伊少伯旧藏《伊秉绶等铭大西洞端砚铭》拓本	开本27×15cm	126,500	西泠拍卖	2018-07-09
龙门二百四十八品	尺寸不一	126,500	西泠拍卖	2018-07-09
海昌陈氏玉烟堂法帖二十四卷	开本30×17cm	126,500	西泠拍卖	2018-07-09
徐乃昌 旧藏 始平公、北海王元详造像两种	75×40.5cm; 29.5×121cm	126,500	中国嘉德	2018-11-21
光绪乙已年拓 石鼓文拓片	尺寸不一	126,500	中国嘉德	2018-11-21
玉虹楼法帖等十四种一百零一卷	尺寸不一	126,500	中贸圣佳	2018-11-25
热河行宫七十一种彝器图录	开本30.7×18.5cm	120,750	西泠拍卖	2018-07-09
唐玄宗御书 纪泰山铭	35×43cm	115,000	朵云轩	2018-06-25
姚鹏图旧藏《翁方纲缩临兰亭序》	开本19.5×11cm	115,000	西泠拍卖	2018-07-09
二弩精舍印谱六卷(民国)赵叔孺篆	半框15.5×10.5cm; 开本26×15cm	115,000	西泠拍卖	2018-07-09
唐怀仁集王书圣教序	29.1×16cm	115,000	中贸圣佳	2018-06-21
溥儒 1938年作 手拓并跋端方旧藏《六朝造像题名残石》镜心	18×64cm	115,000	北京保利	2018-12-08
爨宝子碑	23×13cm×24	115,000	北京匡时	2018-12-06
隋姚长宽选像拓本 镜片	62×35cm	115,000	华艺国际	2018-11-16
周复宇 汪大燮 题签 旧藏 唐晋祠铭碑	25.5×15.2cm	115,000	中国嘉德	2018-11-21
御题棉花图	29.2×28cm	115,000	中贸圣佳	2018-11-25
邓邦述旧藏先秦石鼓文	尺寸不一	109,250	朵云轩	2018-06-25
名家印拓汇存 清末民国	28.3×24cm	109,250	西泠拍卖	2018-07-08
淳化阁帖十卷	开本29.7×21.4cm	109,250	西泠拍卖	2018-07-09
《汉孔庙置百石卒史碑》旧拓一册(42开)	34.5×20.5cm	105,800	广东崇正	2018-07-04
马家桐、刘铜题跋杂拓四条屏	88×22cm×4	105,800	西泠拍卖	2018-07-09
晋王义之兰亭序帖（一册）旧拓本	28.5×13cm	105,008	中国嘉德	2018-04-03
汝帖十二卷	31×16.5cm	103,500	北京保利	2018-06-18
群玉堂帖	33.2×17cm	103,500	中贸圣佳	2018-11-25
高二适题镜拓 镜心	尺寸不一	102,896	北京匡时	2018-10-03
郑文焯 题天保造像拓本 立轴	58.5×22cm	101,200	中国嘉德	2018-06-20
玉版十三行拓本附张石园绘《还远堂赏帖图》册页	尺寸不一	97,751	北京匡时	2018-10-03
《大唐三藏圣教序》旧拓一册(56开)	32×18.5cm	97,750	广东崇正	2018-07-04
拟山园帖	25.2×14.5cm	97,750	北京保利	2018-12-07
清初皇甫君碑（五十开册选十六开）	23.9×12.2cm×50	96,069	香港苏富比	2018-04-01
端砚全角拓	33.5×34cm	94,300	北京保利	2018-06-18
翁同龢题跋《会稽禹陵窆石》	137.5×67.5cm	94,300	西泠拍卖	2018-07-09
旧拓《爨龙颜》碑 册页	25×14cm×64; 32×17cm×2	92,606	北京匡时	2018-10-03
李尹桑题跋郘专鼎拓本	124×60cm	92,000	西泠拍卖	2018-07-09
邹安等题跋《嵩山三阙》	42×1126cm	92,000	西泠拍卖	2018-07-09
西泠八家印选(存二十二卷)(清)丁辅之辑	半框12.3×7cm; 开本29×13cm	92,000	西泠拍卖	2018-07-09

2018杂项拍卖成交汇总

(成交价RMB：2万元以上)

拍品名称	物品尺寸	成交价RMB	拍卖公司	拍卖日期
吴隐 辑 遯盦古钱存	28.6×13cm	92,000	中贸圣佳	2018-06-21
淳化阁帖十卷	31.9×17.4cm	92,000	中贸圣佳	2018-11-25
十七帖 碑帖拓片	31×17cm	90,000	上海驰翰	2018-09-08
种榆仙馆印谱	20.3×13.5cm×4	89,700	中国嘉德	2018-11-21
《晋刘克碑》《晋王彬长女碑》《晋豫章内史碑》《晋兴之君碑》旧拓本四种四册	38×23cm	86,250	广东崇正	2018-07-04
姚华 颖拓北魏铜造佛像 立轴	83.5×32cm	86,250	上海国时	2018-04-30
启功旧藏《孙过庭书谱》	开本29×14.2cm	86,250	西泠拍卖	2018-07-09
旧拓二十种	尺寸不一	86,250	北京保利	2018-12-07
俞宗海 旧藏 唐伊阙佛龛碑	24×15cm	86,250	中国嘉德	2018-11-21
碑帖墓志一组九种	尺寸不一	86,250	中国嘉德	2018-11-21
高凤翰 王相 纂辑 摹刻 摹高南阜先生砚史	53×31cm	86,250	中贸圣佳	2018-11-25
朵云轩旧藏郙阁颂 等拓片7组		82,800	朵云轩	2018-04-22
翁方纲题跋《瘗鹤铭》拓本	110.5×52.5cm	80,500	西泠拍卖	2018-07-09
齐白石、陈师曾等刻周大烈印谱	开本27.2×13.8cm	80,500	西泠拍卖	2018-07-09
现代·齐国三字刀原拓集		80,500	西泠拍卖	2018-07-09
三井高坚 旧藏 唐怀仁集王羲之书三藏圣教序	25×14.7cm	80,500	中国嘉德	2018-11-21
垂裕阁法帖	30.3×15.2cm	78,200	北京保利	2018-06-18
康生旧藏《临淄陶文》拓片一册；王冶秋致康生信札一通	27×19cm	78,200	广东崇正	2018-07-04
康生跋"珍品建炎庚戌春 吉日御书古砚"拓片 拓片	65×131cm	77,952	万昌斯	2018-05-30
郑相和 1978年作 拓本 P.3	96.5×62.5cm	75,844	香港苏富比	2018-04-02
李超墓志、云麾将军碑、龙山公墓志三种	尺寸不一	74,750	北京保利	2018-06-18
姚华 佛像拓片 镜片	67×34cm	74,750	广东崇正	2018-01-21
秦权拓本等四种	尺寸不一	74,750	西泠拍卖	2018-07-09
顾复初题龚心钊《瞻麓斋古印征》(清)龚心钊辑	半框13.5×9.7cm；开本30×17cm	74,750	西泠拍卖	2018-07-09
雁塔圣教序等碑帖九种	尺寸不一	74,750	中国嘉德	2018-05-20
溥儒 1938年作 手拓并跋北魏《给事君夫人韩氏墓志》镜心	49×48cm	74,750	北京保利	2018-12-08
于右任 刘鹗 跋 旧藏 清 前秦广武将军碑	尺寸不一	74,750	中国嘉德	2018-11-21
金文拓片	27×18cm	71,300	中国嘉德	2018-05-20
陶文拓	27.5×17.5cm	71,300	中国嘉德	2018-09-21
高二适题砖拓 镜心	17.5×30.5cm×2	69,969	北京匡时	2018-10-03
黄士陵 铜鳖全角拓 立轴	76×24cm	69,000	北京保利	2018-06-18
傅山书《律师西宗邱公塔碑记》拓本一册(25开)	30×20.5cm	69,000	广东崇正	2018-07-04
集汉玉印蜕成扇	52×17cm	69,000	西泠拍卖	2018-07-08
刘世珩题跋《唐薛缣残石》	133×61cm	69,000	西泠拍卖	2018-07-09
姚华题跋《琅琊台刻石》	117.5×69cm	69,000	西泠拍卖	2018-07-09
陈介祺等名家旧藏陶文、瓦砚、残碑、造像金石杂拓册	开本46.5×34.5cm	69,000	西泠拍卖	2018-07-09
陈张买造像等一组	尺寸不一	69,000	中国嘉德	2018-05-20
虢季子白盘	48.5×30cm	69,000	中国嘉德	2018-09-21
康生 跋太平天国玉玺印拓 镜心	39×20cm	69,000	北京荣宝	2018-12-03
秦公敦	89.5×49cm	69,000	北京荣宝	2018-12-03
北齐佛像碑记拓本 立轴	142×39cm	69,000	华艺国际	2018-11-16
黄宾虹 跋 陈介祺手稿并簠斋藏器拓合册	尺寸不一	69,000	中国嘉德	2018-11-21
汉鲜于璜碑	233×82.5cm	69,000	中国嘉德	2018-11-21
《汉陈德碑》李济深、伍铨萃、温肃等题 挂轴	100×70cm	68,190	香港普艺	2018-10-06
方节盦辑 晚清四大家印谱稿本	118×34.2cm	66,700	中国嘉德	2018-06-18
关中本淳化阁帖十卷	34×21cm	66,700	中贸圣佳	2018-06-21
玉版十三行	27.5×28cm	66,700	中国嘉德	2018-11-21
李国森辑清官印存	17.5×10.8cm	66,700	中国嘉德	2018-11-21
宝蕴楼藏器拓三种	68.5×34cm	64,400	中国嘉德	2018-06-20

拍品名称	物品尺寸	成交价RMB	拍卖公司	拍卖日期
高二适题砖拓 镜心	尺寸不一	63,796	北京匡时	2018-10-03
钱泳缩临汉碑四种(林直勉、邓尔雅等题) 横披	57×120cm	63,264	香港普艺	2018-04-07
齐白石印集	28.2×12.2cm	63,250	北京保利	2018-06-18
渤海藏真帖	28.5×15.5cm	63,250	北京荣宝	2018-06-14
汉嘉祥何馈、射阳石门汉画像	38×25cm	63,250	朵云轩	2018-06-25
华人德 丛文俊 四灵拓片 镜心	100×49cm×2	63,250	凤凰拍卖	2018-01-21
小字本《多宝塔感应碑》、《瘗琴铭、心经》旧拓本共两册(46开)	20×11.5cm	63,250	广东崇正	2018-07-04
陈介祺藏汉铜器全形拓	108×30.5cm×4	63,250	西泠拍卖	2018-07-09
谢国桢辑拓《续貂集》	开本35.8×20.2cm	63,250	西泠拍卖	2018-07-09
龙门二十品	开本33×21cm	63,250	西泠拍卖	2018-07-09
百石堂藏帖十卷	开本28.5×14.5cm	63,250	西泠拍卖	2018-07-09
乌金拓《乾隆御制石刻蒋衡书十三经于辟雍序》	35.2×363cm	63,250	西泠拍卖	2018-07-09
姜东舒旧藏《夜纺授经图》拓本	803×39cm	63,250	西泠拍卖	2018-07-09
王禔 钟形古量器拓本 镜片	66.5×32.5cm	63,250	西泠拍卖	2018-09-28
石鼓文	34.2×18.6cm	63,250	中贸圣佳	2018-06-21
清 拓片御题棉花图 手卷	27×1062cm	62,100	南京经典	2018-01-06
高二适题砖拓 镜心	尺寸不一	61,738	北京匡时	2018-10-03
陈介祺藏北魏画像石拓本 立轴	29×66cm×4	61,738	北京匡时	2018-10-03
孙秋生造像等	尺寸不一	59,800	中国嘉德	2018-05-20
周道振 旧藏 萤照堂帖	27.5×13.5cm	59,800	中国嘉德	2018-06-20
许瀚 题跋 清 汉武荣碑、景君碑、郑季宣碑三种合册	28×15.5cm	59,800	中国嘉德	2018-11-21
高二适题砖拓 镜心	尺寸不一	59,680	北京匡时	2018-10-03
高二适题砖拓 镜心	尺寸不一	59,680	北京匡时	2018-10-03
京师至德观法主孟法师碑	28.4×14.5cm	57,500	北京保利	2018-06-18
原拓《周簋铭文》立轴	尺寸不一	57,500	北京匡时	2018-06-15
乾隆御府本 石鼓文	30.5×17cm	57,500	北京荣宝	2018-06-14
星凤楼帖	33×21cm	57,500	北京荣宝	2018-06-14
唐虞恭公碑旧拓(吴昌硕题签)		57,500	朵云轩	2018-04-22
《昭仁寺碑》旧拓本一册(68开)	30×20cm	57,500	广东崇正	2018-07-04
周大盂鼎铭文拓本	62.5×40cm	57,500	西泠拍卖	2018-07-09
郭若愚旧藏《武梁祠画像拓本》	尺寸不一	57,500	西泠拍卖	2018-07-09
吴湖帆题跋《前秦广武将军碑》	开本30.8×16.7cm	57,500	西泠拍卖	2018-07-09
赵撝叔印谱初集、二集(民国)丁仁、吴隐等编次	半框18×13.5cm；开本29.2×17.2cm	57,500	西泠拍卖	2018-07-09
前后出师表、争座位帖等	尺寸不一	57,500	中国嘉德	2018-05-20
陈邦福 宋季丁 跋 汉三老讳字忌日记碑	122.5×55.5cm	57,500	中国嘉德	2018-06-20
三体阴符经	22.7×13cm	57,500	中国嘉德	2018-06-20
葛昌楹 辑 宋元明犀象玺印留真六卷	18×11.7cm	57,500	中国嘉德	2018-06-20
吴云辑《二百兰亭斋古铜印存》	30.5×18.3cm×12	57,500	中国嘉德	2018-06-18
吴湖帆 赵叔孺 溥儒 等各家 题东汉菩萨宝座灵石拓本 镜心	136×68cm	57,500	北京华辰	2018-11-20
启功 启功常用印集	12.5×8.5cm	57,500	中国嘉德	2018-11-21
渤海藏真帖八卷	28.6×15.6cm	57,500	中贸圣佳	2018-11-25
高二适题砖拓 镜心	18×30.7cm×2	56,593	北京匡时	2018-10-03
高二适题砖拓 镜心	尺寸不一	56,593	北京匡时	2018-10-03
董其昌藏镜八面拓 册页	尺寸不一	56,593	北京匡时	2018-10-03
苏诗丰乐亭记	36.8×28.7cm	55,200	北京保利	2018-06-18
褚德彝著 松遗印	20×14.4cm	55,200	朵云轩	2018-06-25
王咸中、项源递藏《佛遗教经拓本》	开本16.5×7.8cm	55,200	西泠拍卖	2018-07-09
刘鹗题跋《周罍全形拓》	128×59.5cm	55,200	西泠拍卖	2018-07-09
莫友芝题跋《汉裴岑纪功碑》	116×45.6cm	55,200	西泠拍卖	2018-07-09
秦刻本《九成宫》等碑刻墓志十一种	尺寸不一	55,200	西泠拍卖	2018-07-09
谢伯殳旧藏《大观帖残本》	开本34×18.5cm	55,200	西泠拍卖	2018-07-09
林石庐辑拓吴让之《师慎轩印存》民国间钤印本	半框13.5×8cm；开本25×15.5cm	55,200	西泠拍卖	2018-07-09
明益王刻大卷《兰亭图》	30.3×1005cm	55,200	中国嘉德	2018-11-21
曹全碑	31.3×18.3cm	51,750	北京保利	2018-06-18

拍品名称	物品尺寸	成交价RMB	拍卖公司	拍卖日期
清光绪 吉亮工题朱颖(影)梅画曼生八壶图(八帧)镜片	12.5×14.5cm×8	51,750	西泠拍卖	2018-07-08
《守梅山馆印谱》、《望云轩印集》二种 民国钤拓本	开本20.6×12.7cm;27.8×13cm	51,750	西泠拍卖	2018-07-08
王献唐题跋《高鸿裁上陶室旧藏汉砖瓦拓本》	131.5×22.5cm×4	51,750	西泠拍卖	2018-07-09
何溱题跋《唐景龙观铜钟铭拓本册》	开本27.5×14.8cm	51,750	西泠拍卖	2018-07-09
汪大铁自辑《芝兰草堂印存全编》(近代)汪大铁篆刻	半框15.3×8.8cm;开本26×15.3cm	51,750	西泠拍卖	2018-07-09
乾隆御印原拓	长7.5cm;宽7.5cm	51,750	西荣阁	2018-09-21
罗振玉 旧藏 北魏龙门十四品	22.8×16cm	51,750	中国嘉德	2018-06-20
旧拓《隋昭仁寺碑》册页		51,750	北京匡时	2018-12-06
罗振玉藏周希丁拓甲骨四屏 立轴	23.5×38cm×8	51,448	北京匡时	2018-10-03
故宫砖、碑拓片(四十八张)	尺寸不一	48,300	北京宣石	2018-03-24
汉中全套旧拓		48,300	朵云轩	2018-04-22
明拓汉曹全碑		48,300	朵云轩	2018-04-22
宋 宣和《秘阁帖第六》一册(33开),祝枝山、陈奕禧、徐葆光、康生旧藏	31×17cm	48,300	广东崇正	2018-07-04
赵叔孺题名《汉孟孝琚碑》	126.2×72.2cm	48,300	西泠拍卖	2018-07-09
王方琮旧藏《晋关中侯刘韬墓志》	尺寸不一	48,300	西泠拍卖	2018-07-09
龙泓山人印谱(清)丁敬篆	半框14.2×8.7cm;开本29×13cm	48,300	西泠拍卖	2018-07-09
周岐阳石鼓文等四种	尺寸不一	48,300	中国嘉德	2018-05-20
墨池堂选帖	29×13.5cm	48,300	中国嘉德	2018-05-20
清种石山房藏帖	20.6×7cm	48,300	中国嘉德	2018-06-20
石鼓文	22.4×14cm	48,300	中国嘉德	2018-09-21
西狭颂	36.5×20cm	48,300	北京保利	2018-12-07
爨龙颜碑	37.2×21.7cm	48,300	北京保利	2018-12-07
吉金文字(琴伯旧藏)	30.3×22.7cm	48,300	北京保利	2018-12-07
南朝刘宋爨龙颜碑	25.8×14.4cm	48,300	中国嘉德	2018-11-21
汉嵩山三阙铭	31×17.8cm	48,300	中国嘉德	2018-11-21
陈介祺 铜钟拓片 立轴	131.5×61cm	48,300	中贸圣佳	2018-11-24
宋爨龙颜碑	25×15.2cm	47,150	中国嘉德	2018-06-20
明拓 十八罗汉图赞 镜心	67×28cm	46,000	北京荣宝	2018-06-14
墓志一批	27×13.5cm	46,000	北京荣宝	2018-06-14
清 杨澥题,赵煦自存印册	16.9×11.6cm	46,000	西泠拍卖	2018-07-08
顾燮光题赠叶恭绰《栖霞山徐铉徐锴题名》	63×57cm	46,000	西泠拍卖	2018-07-09
九成宫醴泉铭	25.5×14.5cm	46,000	中国嘉德	2018-09-21
隋龙藏寺碑	29.5×14.5cm	46,000	中贸圣佳	2018-06-21
嵩山三阙铭	39.2×22.7cm	46,000	北京保利	2018-12-07
石鼓文(琴伯旧藏)	30.5×22.6cm	46,000	北京保利	2018-12-07
唐云麾将军李思训碑	27.7×15.5cm	46,000	中国嘉德	2018-11-21
杨甲 撰 六经图说	56.5×28cm	46,000	中贸圣佳	2018-11-25
罗复堪藏《汉石庿郙刻石》等汉刻石拓本四种	开本33.3×20.5cm	44,850	西泠拍卖	2018-07-09
明初拓本九成宫一册(36开)	30×14cm	43,700	广东崇正	2018-07-04
陈介祺题 旧藏拓片 立轴	76×46cm	43,700	上海嘉禾	2018-06-25
王笃《朱子家训》拓片 六条屏立轴	123×24cm×6	43,700	未来四方	2018-01-20
端方题《赵清献公神道碑残石》拓本	64.6×102cm	43,700	西泠拍卖	2018-07-09
龙门二十品	开本29.5×16.5cm	43,700	西泠拍卖	2018-07-09
汉张景碑	112.5×59cm	43,700	西泠拍卖	2018-07-09
颜真卿多宝塔碑	开本33×17.7cm	43,700	西泠拍卖	2018-07-09
侯汝承 辑 意园古今官印匋 八卷	18.5×13.5cm	43,700	中国嘉德	2018-06-20
西泠印社辑《二金蜨堂印谱》	28.2×13cm×8	43,700	中国嘉德	2018-06-18
首都博物馆藏古玺印选	32.6×15.6cm×8	43,700	中国嘉德	2018-06-18
龙门刻石等六十余种	尺寸不一	43,700	中贸圣佳	2018-11-25
兰亭修契图卷	33×1800cm	43,700	中贸圣佳	2018-11-25
《斗盦藏印》印谱	28×17.5cm	42,958	中国嘉德	2018-04-02
二十世纪 北魏曹望憘造像拓片 立轴		42,763	纽约苏富比	2018-09-15
陈曼生治印集 册页(二十六开选四开)	26×12cm×26	42,000	上海驰翰	2018-06-25

拍品名称	物品尺寸	成交价RMB	拍卖公司	拍卖日期
梅景书屋印谱		41,400	朵云轩	2018-04-22
罗振玉 路大荒 辑 旧藏 汉熹平石经残字	36.5×22cm	41,400	中国嘉德	2018-06-20
汉西狭颂碑	29.3×14.5cm	41,400	中国嘉德	2018-06-20
唐 石台孝经拓片	40×29cm	41,000	上海驰翰	2018-09-08
陈伯达旧藏《龙颜碑》旧拓一册(92开)	33×19.6cm	40,250	广东崇正	2018-07-04
姚华 颖拓梁大同佛造像 立轴	67.5×31.5cm	40,250	上海匡时	2018-04-30
柯昌泗题跋《成阳田界石》	122.5×51.5cm	40,250	西泠拍卖	2018-07-09
薛涵旧藏并题跋《吉金贞石之文》	开本27.7×19.2cm	40,250	西泠拍卖	2018-07-09
快雪堂法书五卷	开本34.5×17cm	40,250	西泠拍卖	2018-07-09
虢季子白盘	67.5×34cm	40,250	中国嘉德	2018-05-20
汉石门颂	26.8×17.3cm	40,250	中国嘉德	2018-05-20
造像拓片	尺寸不一	40,250	中国嘉德	2018-05-20
陈介祺 旧藏 秦陶量残字拓	24.4×15.7cm	40,250	中国嘉德	2018-06-20
吴隐辑《吴让之印存》	28.1×13cm×10	40,250	中国嘉德	2018-06-18
剑合斋贴六卷	26×14.5cm	40,250	中贸圣佳	2018-06-21
平远山房法帖六卷	30.2×17.7cm	40,250	北京保利	2018-12-07
史晨前后碑	161×79cm	40,250	北京保利	2018-12-07
王国维 端方 庚申(1920年)作 题酒器拓本 横批	75×124cm	40,250	北京华辰	2018-11-20
唐实际寺碑	29.5×38cm	40,250	中国嘉德	2018-11-21
汉曹全碑	23.5×11.5cm	40,250	中国嘉德	2018-11-21
梁瘗鹤铭摩崖	170×166cm	40,250	中国嘉德	2018-11-21
八关斋碑	266×45cm	36,800	北京保利	2018-06-18
明·金光先著 金一甫印选不分卷	33×17cm	36,800	朵云轩	2018-06-25
端方旧藏、罗振玉题跋《道澄寺钟铭》	开本36×20cm	36,800	西泠拍卖	2018-07-09
叶奕旧藏《嵩山三阙》	47.2×836cm	36,800	西泠拍卖	2018-07-09
槐安居旧藏《汉张迁碑拓本》	开本38×22cm	36,800	西泠拍卖	2018-07-09
爨龙颜碑	开本32×17.5cm	36,800	西泠拍卖	2018-07-09
观自得斋辑赵之谦印谱(清)徐士恺辑	半框16.7×10.6cm;开本25.7×14.3cm	36,800	西泠拍卖	2018-07-09
朱记荣 辑 行素草堂集古印谱四卷	13×9.2cm	36,800	中国嘉德	2018-06-20
孔德成题拓片 立轴	31×34cm×3	36,800	中国嘉德	2018-01-13
北齐水牛山刻经(摩诃般若经)	234×184cm	36,800	中国嘉德	2018-09-21
俞平伯 1983年作 题自用印屏 立轴	30.5×68.5cm	36,800	北京荣宝	2018-12-03
程恩溥藏古端砚谱册页	36×25cm	36,800	北京荣宝	2018-12-03
陈介祺 阮元 王祖锡 陆抱景 等 旧藏 跋 商周金石杂拓	尺寸不一	36,800	中国嘉德	2018-11-21
刘云根 旧藏 汉史晨碑	27.2×14cm	36,800	中国嘉德	2018-11-21
宋爨龙颜碑	25.5×14.8cm	36,800	中国嘉德	2018-11-21
陆和九 万中立 跋 虎斝并铭文拓	106.5×52cm	36,800	中国嘉德	2018-11-21
玉虹楼法帖十二卷玉虹楼石刻四卷	31.2×16cm	36,800	中贸圣佳	2018-11-25
吴云 撰 两罍轩印考漫存九卷	30×17.7cm	36,800	中贸圣佳	2018-11-25
黄宾虹题武梁祠画像拓本 镜心	28×15.3cm;15.5×4.5cm	36,014	北京匡时	2018-10-03
北魏郑道昭论经书诗摩崖	30×17.5cm	35,650	中国嘉德	2018-06-20
绛州帖	42×21cm	34,500	朵云轩	2018-06-25
题宋拓绛帖卷第十六	32×17.5cm	34,500	朵云轩	2018-06-25
陈伯达藏旧拓《索靖帖》一册(7开)	29×16cm	34,500	广东崇正	2018-07-04
溥忻、王石舟 兰石 砚拓 成扇	18×42cm×2	34,500	广东小雅斋	2018-05-24
六舟制吴越宝正砖砚拓本	41×103cm	34,500	西泠拍卖	2018-07-09
梁鼎芬题跋《无咎室匾拓》	118×40cm	34,500	西泠拍卖	2018-07-09
郑文焯题跋《北周时珍墓志》	拓本42×54cm;题跋27.3×31cm	34,500	西泠拍卖	2018-07-09
龙门二十品	开本33×18cm	34,500	西泠拍卖	2018-07-09
张天龙等题跋《颜鲁公争座位帖》	开本36×17.5cm	34,500	西泠拍卖	2018-07-09
桃花源记印谱	开本25.8×14.5cm	34,500	西泠拍卖	2018-07-09
天倪阁藏泉拓本	22.3×15cm	34,500	中国嘉德	2018-06-20

2018杂项拍卖成交汇总

(成交价RMB：2万元以上)

拍品名称	物品尺寸	成交价RMB	拍卖公司	拍卖日期
唐伊阙佛龛碑	30×21cm	34,500	中国嘉德	2018-06-20
净云枝藏帖	26.5×26.2cm	34,500	中国嘉德	2018-06-20
清秋碧堂帖初拓本	30.5×13.5cm	34,500	中国嘉德	2018-06-20
黄漱盦 篆 漱芳斋印存	16×12.2cm	34,500	中国嘉德	2018-06-20
故宫博物院藏印集	32×16.3cm×10	34,500	中国嘉德	2018-06-18
西周青铜器全角拓	66×34cm	34,500	中贸圣佳	2018-06-21
梁节庵先生所藏印谱	26×15cm	34,500	中贸圣佳	2018-06-21
爨龙颜碑	35×18.9cm	34,500	北京保利	2018-12-07
米南宫法帖集	尺寸不一	34,500	北京保利	2018-12-07
姚华 题 隋石佛造像	65.5×25.5cm	34,500	中国嘉德	2018-11-21
汉张迁碑、刘曜碑两种合册	27×15.5cm	34,500	中国嘉德	2018-11-21
吴让之 篆 清 吴让之印存	14×9.7cm	34,500	中国嘉德	2018-11-21
御笔小行楷书墨刻第三	19.5×9.5cm	34,500	中贸圣佳	2018-11-25
唐石台孝经	298×117cm	34,500	中贸圣佳	2018-11-25
龙门二十品	33×19cm	34,500	中贸圣佳	2018-11-25
旧拓褚遂良圣教序 册页	27×15cm×52; 26×15cm×2	32,927	北京匡时	2018-10-03
滋蕙堂墨宝八卷	27×12.3cm	32,200	北京保利	2018-06-18
高焕文辑拓《玩品留相》《清钱留影》	开本18.1×12.3cm	32,200	西泠拍卖	2018-07-09
来楚生题签《庸斋藏陶》	开本28.5×17.2cm	32,200	西泠拍卖	2018-07-09
易均室题跋《汉高颐石阙画像》拓本	48.5×125.5cm	32,200	西泠拍卖	2018-07-09
清初拓本《皇甫诞碑》	开本27×14.5cm	32,200	西泠拍卖	2018-07-09
金石寿题跋乾隆拓本《集王书圣教序》	开本26.1×16.5cm	32,200	西泠拍卖	2018-07-09
铜、牙、石印谱集	31×14.5cm	32,200	中国嘉德	2018-05-20
春秋国差㼫并铭文拓	73.5×54cm	32,200	中国嘉德	2018-06-20
陈传 "开张天岸马" 拓片	31×303cm	32,200	中国嘉德	2018-09-21
张迁碑并碑阴	27.3×14.7cm	32,200	中国嘉德	2018-09-21
汉石门颂	46×30.5cm	32,200	中贸圣佳	2018-06-21
书札文牍				
马克思1850至1853年《伦敦笔记》手稿一页	20.1cm×16.1cm	3,335,000	北京匡时	2018-05-21
董其昌 尺牍册(十八开三十五页)册页	约23.2cm×9.5cm×35	2,012,500	中国嘉德	2018-11-22
赵之谦 致兰墅五札册 册页(十二页)	23.5cm×12.5cm×12	2,012,500	中国嘉德	2018-06-18
曾国藩 致右坪信札 册页四十二开	尺寸不一	1,667,500	华艺国际	2018-11-16
魏源致湘皋先生书札	29.5cm×16cm	1,667,500	北京保利	2018-12-07
恩格斯 1862年 手稿一页	21.5cm×13.5cm	1,667,500	北京匡时	2018-05-21
陈洪绶 致茂翁、秋老札(四页)册页	27cm×12cm×4	1,437,500	北京保利	2018-06-17
弘一 致郦承铨信札一通一页附信封	27cm×17cm	1,265,000	北京保利	2018-12-08
陈寅恪 1944年作 评简又文著作 镜心	24.5×35cm	1,046,500	北京匡时	2018-12-05
赵之谦 信札集册 册页(二十五开)	29cm×18cm×25	1,035,000	中贸圣佳	2018-06-20
高二适 草书 致友人七言诗及信札一通 立轴 镜片	181cm×48.5cm; 32.5cm×21.5cm	920,000	西泠拍卖	2018-07-07
清代诸家 信札四册八十八通 册页	尺寸不一	862,500	华艺国际	2018-11-16
宋教仁 致心甫信札一通三纸 镜心	23.5×13cm×3	816,500	北京匡时	2018-12-05
赵之谦致王侣樵札(四帧)册页(四开)	22.5cm×12.5cm×4	805,000	北京荣宝	2018-06-14
胡适致傅斯年提及国家政府改革等事宜的重要亲笔长信,共8页	25.5cm×20.5cm	793,500	北京保利	2018-06-19
左宗棠 致文格信札七通	尺寸不一	690,000	中国嘉德	2018-06-20
曾竹亭示儿曾国藩、曾国潢、曾国葆家书	23.7cm×12.7cm	690,000	中国嘉德	2018-06-20
1840年代早期 波兰作曲家与钢琴家肖邦亲笔信函	20.3×13.1cm	690,000	中国嘉德	2018-06-19
张大千 致张学良信札(三封)手卷		667,000	中贸圣佳	2018-11-24
王杰 信札册(十八页)册页	尺寸不一(册页尺寸31×19cm)	667,000	西泠拍卖	2018-07-07
弘一 致玄父居士信札一通 镜心	27×29cm	655,500	北京匡时	2018-06-16
王蘧常 草书	尺寸不一	644,000	朵云轩	2018-06-24
弘一 致玄父居士信札一通 镜心	21×37cm	632,500	北京匡时	2018-06-16
1940年作 徐悲鸿 抗战中在印度致蒋彝有关泰戈尔的长信	52×22.5cm	621,000	西泠拍卖	2018-07-08
徐悲鸿 信札七通附四信封 镜心	尺寸不一	575,000	北京荣宝	2018-06-14
沈周 致唐寅书札 镜片	25.5×20.5cm	575,000	西泠拍卖	2018-07-07
钱载 袁枚 姚鼐 孙岳颁 张问陶 等 诗文信札册(十八页)册页	尺寸不一	575,000	西泠拍卖	2018-07-07
胡适致沈宗瀚信札1通4页	21cm×14.5cm	575,000	北京保利	2018-12-08

拍品名称	物品尺寸	成交价RMB	拍卖公司	拍卖日期
梁启超 致梁启勋信札四通六纸 专研书法 收藏古籍 镜心	尺寸不一	575,000	北京匡时	2018-12-05
康有为 信札 册(十八开)		571,140	纽约苏富比	2018-03-23
林则徐、顾诒禄、蒋涟、姚远翻等诗稿信札册 册页(十六页)	尺寸不一; 册页40×35cm	552,000	西泠拍卖	2018-09-29
弘一 致玄父居士信札一通 镜心	23×14cm	517,500	北京匡时	2018-06-16
孙文 致江英华信札一通二纸 镜心	21.5×27cm×2	506,000	北京匡时	2018-12-05
黄宾虹 致朱砚英信札三页 镜心	22.5×12cm×3	494,500	中国嘉德	2018-11-21
1838~1846年作 张廷济 诗文信札册(十六页)册页	尺寸不一	460,000	西泠拍卖	2018-07-07
吴昌硕、孙中山、曹汝霖、郑孝胥等致湖广新闻报祝辞十种		460,000	西泠拍卖	2018-07-08
周恩来、宋庆龄、十世班禅、泰戈尔、甘地、胡志明、西哈努克、丘吉尔、艾森豪威尔威尔、赫鲁晓夫、汤因比、梅纽因等亲笔签名 著名印度诗人《泰戈尔生日书》	19×13cm	460,000	中国嘉德	2018-06-19
吴大澂 潘祖荫 张之洞 等 信札册页 册页(五十开)	尺寸不一	460,000	华艺国际	2018-11-16
萧乾旧藏沈从文、巴金致萧乾信札(一组)	尺寸不一	460,000	中国嘉德	2018-11-21
吴昌硕、袁世凯、梁鼎芬、刘春霖等信札诗稿册 册页		437,000	西泠拍卖	2018-05-04
钱载、袁枚、姚鼐、孙岳颁、张问陶等 诗文信札册 册页(十八页)	尺寸不一; 册页39.5×25cm	437,000	西泠拍卖	2018-09-29
曾国藩 信札一通	23×12cm	414,000	中国嘉德	2018-06-20
1939、1940年作 朱自清 致罗常培信札及西南联大中文系日记	册28×18.5cm	402,500	西泠拍卖	2018-07-08
18世纪 赐号法旨	长247.5×85cm	402,500	中贸圣佳	2018-11-24
张大千 付璧池弟信札五通 五开镜片		384,863	纽约苏富比	2018-09-13
黄宾虹 致张谷雏信札 镜心	27×20cm×3	379,500	中国嘉德	2018-11-21
徐悲鸿 致张安治信札一通一开 镜片	22×15.5cm	368,000	广东崇正	2018-07-05
1962年作 茅盾 致邵荃麟有关饶孟侃之长信	25.5×17.5cm×4	368,000	西泠拍卖	2018-07-08
袁枚 致周长发信札	21.8×14cm	368,000	中国嘉德	2018-11-21
黄宾虹 致张谷雏信札 镜心	27×20cm×2	368,000	中国嘉德	2018-11-21
翁同龢 手札三十一开	34×19cm	345,000	保利厦门	2018-01-08
黄庭坚(款)行书札 镜心	23.5×33cm	345,000	北京保利	2018-06-18
左宗棠 致刘典书札四通八纸 册页	23×12.5cm×8	345,000	北京匡时	2018-06-16
张之洞 信札集册 册页(十二开)	23×12.5cm×12	345,000	中贸圣佳	2018-06-20
袁克文 致冯国璋夫人信一通二纸 镜心	23×13cm×2	345,000	北京匡时	2018-12-05
梁启超1910年作赠汤觉顿诗稿三纸镜心	24×25cm×3	345,000	北京匡时	2018-12-05
梁启超 1918年作 致梁启勋信札四通八纸 筹划三妹婚事 镜心	26×16cm×7; 23.5×13cm	345,000	北京匡时	2018-12-05
梁启超 1921年作 致梁启勋信札六通十纸 安排三妹婚事 镜心	尺寸不一	345,000	北京匡时	2018-12-05
周作人 1960年作 1962年作 致郑子瑜信札二通二纸 关于康有为诗集 镜心	尺寸不一	345,000	北京匡时	2018-12-05
王国维 致罗振玉信札一通一纸 镜心	36×12.5cm	345,000	北京匡时	2018-12-05
周信芳 1924年作 日记一册 册页	尺寸不一	345,000	华艺国际	2018-11-16
傅抱石 致吕斯百信札 信札	29×20.5cm×4	333,500	凤凰拍卖	2018-01-21
张大千 致山田喜美子信札 信札	28×73cm	333,500	凤凰拍卖	2018-01-21
弘一 致玄父居士信札一通 镜心	29×12cm	322,000	北京匡时	2018-06-16
潘伯鹰、章士钊、庞国钧致吴湖帆信札册	册31.5×23cm	322,000	西泠拍卖	2018-07-08
朱彝尊 行书 赠寒邨诗札 镜片	28.5×18.5cm	322,000	西泠拍卖	2018-09-29
许地山行书七言诗及资料(一组)镜心		322,000	北京匡时	2018-12-05
WASHINGTON, George (1732-1799). Autograph letter signed ("Go: Washington") to [John Beale] "Beah" Bordley, Philadelphia, 4 August 1799.		318,600	纽约佳士得	2018-05-10
"美国最伟大的开国元勋"本杰明·富兰克林(Benjamin Franklin)致妻子与友人重要家书信札2通	32cm×20cm	310,500	北京保利	2018-12-08
1977年作 梁漱溟 致张申府信札有关爱因斯坦之信札	29.5×20.5cm	299,000	西泠拍卖	2018-07-08
袁世凯 致袁乃宽信札一通二纸 镜心	26×17cm×2	299,000	北京匡时	2018-12-05

拍品名称	物品尺寸	成交价RMB	拍卖公司	拍卖日期
梁启超 1905年作 致梁启勋信札一通三纸《时报》一日千里 始编《国史》镜心	23.5×16.5cm×3	299,000	北京匡时	2018-12-05
胡适 致钱芥尘信札一通一纸 镜心	27×19cm	299,000	北京匡时	2018-12-05
曾国藩 致曾国荃信札	22.3×12.3cm	299,000	中国嘉德	2018-11-21
黄宾虹 致张谷雏信札 镜心	27×20cm×2	299,000	中国嘉德	2018-11-21
弘一 致玄父居士信札一通 镜心	22×17cm	287,500	北京匡时	2018-06-16
翁同龢 沈曾植 康有为 林长民 吴禄贞 王小航 信札册（二十页）册页		287,500	西泠拍卖	2018-07-07
1922年作 周恩来 市场所见最早书札	13.5×9cm	287,500	西泠拍卖	2018-07-08
齐白石 1919年作 致胡鄂公楷书自作诗 镜心	25×15cm×2	287,500	北京匡时	2018-12-05
WASHINGTON, George (1732–1799). Autograph letter signed ("Go: Washington") as President, to [John Beale] "Beah" Bordley, Philadelphia, 13 April 1795.		278,775	纽约佳士得	2018-05-10
石鲁 与亚明信件 信札	尺寸不一	276,000	荣宝斋（南京）	2018-07-15
柴可夫斯基 有关瓦戈纳的罕见长信	23×18cm×2	276,000	西泠拍卖	2018-07-08
梁启超 致梁启勋信札三通三纸 主事司法储才馆 之二（章程纷争）镜心	20×45cm; 26×17cm×2	276,000	北京匡时	2018-12-05
周作人 1957年作 1961年作 致郑子瑜信札二通二纸 郑子瑜搜集资料 镜心	尺寸不一	276,000	北京匡时	2018-12-05
周作人 1963年作 1964年作 致郑子瑜信札二通二纸 关于《人境庐集外诗补遗》镜心	尺寸不一	276,000	北京匡时	2018-12-05
严复 致焕老信札一通三纸 镜心	25.5×17cm×3	276,000	北京匡时	2018-12-05
黄遵宪 致梁鼎芬札 镜框	各: 20.5×26cm×2	272,500	香港苏富比	2018-10-02
清康熙六十一年（1722年）五色织锦诰命	368.8cm	266,100	佳士得	2018-11-28
乾隆皇帝 朱批 阿尔泰 乾隆三十六年为办理小金川战事奏折	21.7×10cm	264,500	中国嘉德	2018-06-20
梁启超 1904年作 致梁启勋信札一通四纸 香港保皇 秘筹《时报》镜心	23×12.5cm×4	264,500	北京匡时	2018-12-05
梁启超 致梁启勋信札三通五纸 筹办《国风报》操心启勋学业 镜心	23×12.5cm×4; 27×19cm	264,500	北京匡时	2018-12-05
梁启超 1918年作 致梁启勋信札三通五纸 著述过勤 读书不辍 镜心	23.5×16.5cm×2; 23×13cm×3	264,500	北京匡时	2018-12-05
皱韬奋诞辰九十周年, 实寄封、明信片等		253,000	北京保利	2018-06-18
蒋介石 信札 片	27×12cm×7	253,000	广东小雅斋	2018-03-25
何绍基 许瀚 李鸿藻等 清代名人片札真迹册	12.5×38.5cm	253,000	中国嘉德	2018-06-20
冯国璋旧藏信札（一组）	尺寸不一	253,000	中国嘉德	2018-06-20
胡适致王云五、钱思亮、董作宾信札1通6页	尺寸不一	253,000	北京保利	2018-12-08
梁启超 1927年作 致梁启勋信札二通五纸 主事司法储才馆 之五（旁观时局）镜心	尺寸不一	253,000	北京匡时	2018-12-05
周作人 1961年作 致郑子瑜信札二通二纸 关于实藤惠秀 镜心	尺寸不一	253,000	北京匡时	2018-12-05
许瀚 家书	26.5×14.3cm	241,500	中国嘉德	2018-06-20
梁启超 1927年作 致梁启勋信札三通五纸 主事司法储才馆 之六（预备递交辞函）镜心	26×17cm×5	241,500	北京匡时	2018-12-05
黄宾虹 致张谷雏信札 镜心	27×20cm×2	241,500	中国嘉德	2018-11-21
张之洞 书法手札 册页	23×12cm×12	230,000	南京经典	2018-01-06
黄宾虹 致仲坰信札 镜心	31×21cm	230,000	中国嘉德	2018-06-18
梁启超 1927年作 致梁启勋信札三通五纸 主事司法储才馆 之七（安排辞职前的事务）镜心	30×21cm×2; 27.5×16.5cm×3	230,000	北京匡时	2018-12-05
梁启超 致梁启勋信札三通五纸 撰写《国史》镜心	26×16cm×3; 24×13cm×2	230,000	北京匡时	2018-12-05
梁启超 1918年作 致梁启勋信札三通五纸 批阅诗词 研读佛学 镜心	26×17cm×2; 23×13cm×2; 28×18cm	230,000	北京匡时	2018-12-05
王毅祥 都穆 书法手札 镜心	27×24cm	230,000	北京荣宝	2018-12-03
（清）袁世凯 袁世凯致朝鲜金督办信札	尺寸不一	230,000	北京荣宝	2018-12-03
胡适 1919年关于北大违规新生处分决定的布告	25.1×15.7cm; 25.5×17.3cm	230,000	中国嘉德	2018-11-21
无款 明 尺牍（五幅）散册页		221,750	佳士得	2018-11-27
1962年作 胡适 致王云五有关李济、台北故宫博物院的最晚年信札及照片	27×20cm; 11×9cm; 10.5×8.5cm	220,800	西泠拍卖	2018-09-28
弘一 致刘质平书札一通 镜心	29×18cm	218,500	北京匡时	2018-06-16
弘一 致玄父居士信札一通 镜心	17×18cm	218,500	北京匡时	2018-06-16
罗振玉 致沙畹信札	26×17.5cm	218,500	中国嘉德	2018-06-20
任鄂祐 海龄 等 致王杰十六进士册 册页（十六开选十四）	27.5×32.5cm×16	218,500	中贸圣佳	2018-06-20
明正德元年恩封东城兵马指挥司副指挥关桂父母五彩诰命	30.2×319cm	218,500	北京保利	2018-12-07
康有为 致汤觉顿信札一通一纸 镜心	18×47cm	218,500	北京匡时	2018-12-05
梁启超 致梁启勋信札三通三纸 撰写《国史》镜心	25×14cm×3	218,500	北京匡时	2018-12-05
赵之谦 书札二通 镜框	各: 22.7×12.8cm×5	218,000	香港苏富比	2018-10-02
张大千 付张群信札一封 镜片	33.9×136cm	213,813	纽约苏富比	2018-09-13
约1923至1932年作 谢玉岑 致高吹万有关黄宾虹、吴昌硕等论学信札二十通		212,750	西泠拍卖	2018-07-08
1902年作 高尔基 致霍费尔有关重要作品《小市民》的亲笔信	43×28cm	212,750	西泠拍卖	2018-07-08
盛昱 等 奏稿 手卷		207,000	广东崇正	2018-07-05
董其昌 行书 二十八宿宝砚诰 手卷	引首106×26cm; 画心262.5×22.5cm	207,000	西泠拍卖	2018-05-04
1953年作 郭沫若 致刘大年有关为《历史研究》杂志组稿的信札	26.5×19.5cm	207,000	西泠拍卖	2018-07-08
1824年作 雪莱 致葛德文亲笔信及《雪莱遗诗》初版	信21×10cm; 册22×14.5cm	207,000	西泠拍卖	2018-07-08
1986年作 三毛 致潘素琴罕见长信	27.5×21cm	207,000	西泠拍卖	2018-07-08
1899年作 威廉·格林 早年有关歌德的重要长信	30×23cm	207,000	西泠拍卖	2018-07-08
沈尹默 致马巽伯信札 镜心	26.0×16.5cm×2	207,000	中国嘉德	2018-06-19
吴昌硕 行书手札册 册页（四幅）	23.5×17cm×4	207,000	中国嘉德	2018-06-19
黄宾虹 致郦承铨信札一通一页 信札	32×14cm	207,000	北京保利	2018-12-08
乾隆五十四年诰封、乾隆五十五年诰封 手卷	30×393cm; 30×273cm	207,000	北京匡时	2018-12-06
梁启超 致梁启勋信札四通四纸 主事司法储才馆 之一（章程初定）镜心	25×16cm×2; 28×18cm×2	207,000	北京匡时	2018-12-05
张大千 致陶鹏飞信札（一通）镜心	36×89cm	207,000	中贸圣佳	2018-11-24
张大千 致陶鹏飞信札 镜心	33.5×68cm×2	207,000	中贸圣佳	2018-11-24
董其昌 明 尺牍（六幅）散册页	22.5×13.5cm×6	199,575	佳士得	2018-11-27
朱载垕 圣旨 手卷	31×202cm	195,500	广东小雅斋	2018-05-24
铁保 钱泳 王芑孙 张问陶 钱沣 致阮元等信札册（六通十一页）册页	尺寸不一（册页尺寸43×31.5cm）	195,500	西泠拍卖	2018-07-07
周作人 1961年作 致郑子瑜信札三通三纸 周作人收到买书款 镜心	尺寸不一	195,500	北京匡时	2018-12-05
乾隆时期(1736–1850) AN IMPERIAL EDICT	406×31.3cm	190,380	纽约佳士得	2018-03-22
赵朴初 刘海粟 草书手札 镜心	68×34.5cm	184,000	北京荣宝	2018-06-14
约1934至1980年作 邵裴子、蒋梦麟、沈兼士、冯友兰、陈岱孙等作, 赵乃抟上款信札十五通		184,000	西泠拍卖	2018-07-08
1944年作 黄宾虹 抗战中致朱砚因信札	30×18cm	184,000	西泠拍卖	2018-07-08
约1941年作 黄宾虹 抗战中致朱砚因有关画润的重要信札	26.5×10cm×2	184,000	西泠拍卖	2018-07-08
1818年8月31日作 拜伦 在威尼斯致友人信札	36×24cm	184,000	西泠拍卖	2018-07-08
曾国荃 信札一通	尺寸不一	184,000	中国嘉德	2018-06-20
骆秉章 信札九通	23×12cm	184,000	中国嘉德	2018-06-20
沈尹默 致马巽伯信札 镜心	29.0×20.0cm×2	184,000	中国嘉德	2018-06-19
梁启超 致汤觉顿信札一通二纸 镜心	26×19cm×2	184,000	北京匡时	2018-12-05
周作人 1960年作 致郑子瑜信札一通一纸及明信片一枚 谈及陈望道 镜心	尺寸不一	184,000	北京匡时	2018-12-05
丰子恺画"置酒庆岁丰"实寄封		172,500	北京保利	2018-06-18
张大千 致张目寒信札一通 镜心	25×30cm	172,500	北京匡时	2018-06-16
李鸿章、潘祖荫、吴郁生、赵尔巽等信札二十二开 册页	尺寸不一	172,500	北京荣宝	2018-06-14

2018杂项拍卖成交汇总

(成交价RMB：2万元以上)

拍品名称	物品尺寸	成交价RMB	拍卖公司	拍卖日期
潘天寿 信札一通	30×19cm	172,500	西泠拍卖	2018-07-08
康有为 致关忠叔信札	18×36.3cm	172,500	中国嘉德	2018-06-20
李鸿章 致文格信札三通	尺寸不一	172,500	中国嘉德	2018-06-20
1849年5月21日《简爱》作者夏洛蒂·勃朗特亲笔信函	8.8×14.5cm	172,500	中国嘉德	2018-06-19
梁启超 1916年作 致梁父及梁启勋信札三通三纸 海珠之变 益加慎重 镜心	22.5×12cm×2; 24.5×13cm	172,500	北京匡时	2018-12-05
梁启超 1917年作 致梁启勋信札四通四纸 临碑消闲 旁观时事 镜心	25.5×15.5cm; 23×13cm×2; 23×9cm	172,500	北京匡时	2018-12-05
胡林翼、龚守正、毛岳生等 清代名贤信札（九十三开册选十八开）	尺寸不一	171,913	香港苏富比	2018-04-01
清 世袭诰命文书		171,050	纽约苏富比	2018-09-12
赵孟頫（款）信札 册页（八开）		171,050	纽约苏富比	2018-09-13
王世杰旧藏蒋中正便条	22×18.2cm	166,750	中国嘉德	2018-06-20
吴云家书二册（二册四十七页）册页	尺寸不一（册页尺寸31.5×18.5cm）	161,000	西泠拍卖	2018-07-07
1954年作 郭沫若 致刘大年有关为《历史研究》作发刊词的信札	26.5×19.5cm	161,000	西泠拍卖	2018-07-08
约1951至1962年作 朱家骅 致潘宗尧信札十九通		161,000	西泠拍卖	2018-07-08
1849年8月5日作 巴尔扎克 致出版商关于晚年债务亲笔信	20×12.5cm	161,000	西泠拍卖	2018-07-08
叶昌炽 致李曾珂信札册 册页（二十八页）	尺寸不一；册页32.5×19cm	161,000	西泠拍卖	2018-09-29
康有为 致关忠叔信札	18×28cm	161,000	中国嘉德	2018-06-20
梁启超 致梁启勋信札三通三纸 思顺回家省亲 镜心	31.5×22.5cm; 28×15cm; 23.5×13cm	161,000	北京匡时	2018-12-05
李盛铎 余诚格 蒋式芬 等 致张建勋信札附片札名刺（一组）	尺寸不一	161,000	中国嘉德	2018-11-21
姚鼐 致彦纯信札	22×12.5cm	161,000	中国嘉德	2018-11-21
溥儒 手札 片	36×43cm×6	155,250	广东小雅斋	2018-05-24
王国维 致邹景叔信札一通一纸 镜心	23.5×13cm	155,250	北京匡时	2018-12-05
杨锐 林旭 致梁鼎芬札 镜框		152,600	香港苏富比	2018-10-02
1918至1933年作 沈钧儒 有关福建事变等家书四通		149,500	西泠拍卖	2018-07-08
1915年12月23日作 爱因斯坦 致长子汉斯圣诞家书	28×22cm	149,500	西泠拍卖	2018-07-08
1935至1992年作《丁丁历险记》作者埃尔热、张充仁 信札、旧照等晚年史料一批	尺寸不一	149,500	西泠拍卖	2018-07-08
1967年作 李小龙 有关"功夫"的罕见信札	20.5×13cm	149,500	西泠拍卖	2018-07-08
约1943年作 林语堂 致王云五有关为蔡元培子女教育基金捐款的信札		149,500	西泠拍卖	2018-09-28
张大千 致张目寒有关《大风堂名迹》信札	25×20.5cm×3	149,500	西泠拍卖	2018-09-28
清天聪八年至乾隆间诰命	30×406cm	149,500	中国嘉德	2018-06-20
张之洞 致李盛铎信札	尺寸不一	149,500	中国嘉德	2018-06-20
沈从文 致李希泌信札	13.8×26.7cm	149,500	中国嘉德	2018-06-20
梁启超 致汤觉顿信札一通二纸 镜心	24×25cm×2	149,500	北京匡时	2018-12-05
康熙四十五年 诰封	31×257cm	138,000	北京翰海	2018-05-13
徐邦达、宋文治、谢稚柳、杨之光、周谷城、林风眠、刘海粟、赵少昂、关山月信札11通12页（含蠖斋词稿一页），大部分为吴羊璧上款	尺寸不一	138,000	广东崇正	2018-07-05
康熙 五色诰命 手卷		138,000	荣宝斋(南京)	2018-01-05
吴昌硕 致施石墨信札		138,000	西泠拍卖	2018-07-08
1962至2001年作 钱钟书、黄裳、王元化等 致陈梦熊有关《围城》出版的重要信札		138,000	西泠拍卖	2018-07-08
康有为 致关忠叔信札	尺寸不一	138,000	中国嘉德	2018-06-20
李鸿章袁世凯刘坤一等致李盛铎信札	尺寸不一	138,000	中国嘉德	2018-06-20
1788年10月26日 德国著名诗人席勒亲笔信函	18.8×23cm	138,000	中国嘉德	2018-06-19

拍品名称	物品尺寸	成交价RMB	拍卖公司	拍卖日期
癸卯(1783年)作 梁同书 信札册 册页	25×15cm×14	138,000	中国嘉德	2018-05-19
梁启超 致汤觉顿信札一通二纸 镜心	25×15cm×2	138,000	北京匡时	2018-12-05
查士标 致蔚老信札	26.5×12cm	138,000	中国嘉德	2018-11-21
罗振玉 致邹景叔信札一通二纸 镜心	26×17.5cm; 17×26cm	132,250	北京匡时	2018-12-05
周作人致徐耀辰先生信附实寄封	26.9×15.3cm	126,500	北京保利	2018-06-18
弘一 信札	28×24cm	126,500	北京翰海	2018-01-14
1962年作 吴晗、谭其骧 有关编写《中国历史地图集》往来信札四通		126,500	西泠拍卖	2018-07-08
约1953至1963年作 向迪琮、陈匪石、尹石公 致吴湖帆诗札册	册31.5×23cm	126,500	西泠拍卖	2018-07-08
约翰·列侬、小野洋子 带自画像的幽默信札	25×21cm	126,500	西泠拍卖	2018-07-08
清乾隆恩封觉罗长麟之妻诰命	30×184cm	126,500	中国嘉德	2018-06-20
沈尹默 致马巽伯信札 镜心	30.0×21.0cm	126,500	中国嘉德	2018-06-19
梁启超 致吴鼎昌信札一通三纸 镜心	24×13cm×3	126,500	北京匡时	2018-12-05
洪亮吉 致武亿信札	26×16cm	126,500	中国嘉德	2018-11-21
张曜、张之万、毛昶熙等致彭旭信札	26.5×18.5cm	126,500	中贸圣佳	2018-11-25
手冢治虫画阿童木、万籁鸣题中日友好邮票实寄封		124,200	北京保利	2018-06-18
蒋介石 信札 片	27×12cm×3	120,750	广东小雅斋	2018-03-25
梁鼎芬翁同龢等信札	35.7×20.5cm	120,750	中贸圣佳	2018-11-25
周梦蝶 致刘锦荣信札 镜心	10×60cm×2	115,000	北京匡时	2018-06-16
康生 《沙韬事件批注手迹》（附照片11张、释文一份、出版物一本）（二十二页）（二十二选八）	尺寸不一	115,000	广东崇正	2018-07-05
1894年11月作 托尔斯泰 英文亲笔信	信札27×21cm; 照片17.5×12cm	115,000	西泠拍卖	2018-07-08
1861年作 达尔文 致植物学家希尔的亲笔信	25×20cm	115,000	西泠拍卖	2018-07-08
居里夫人 纽约之行感谢信	21.1×13.3cm	115,000	西泠拍卖	2018-07-08
康有为 致关忠叔信札	18×36.8cm	115,000	中国嘉德	2018-06-20
王世杰 张群 蒋复璁 张维帧等 关于书画寄存故宫博物院事往来信札一组	尺寸不一	115,000	中国嘉德	2018-06-20
德国诗人与小说家海因里希·海涅亲笔信函	20.3×14cm	115,000	中国嘉德	2018-06-19
黄宾虹 致吴仲垧信札 镜心	31×21cm	115,000	中国嘉德	2018-06-18
梁启超 致汤觉顿信札二通二纸 镜心	25×14.5cm×2	115,000	北京匡时	2018-12-05
梁启超 致梁启勋信札四通四纸 准备撰写"中国通史" 闻梁士诒内阁倒台 镜心	尺寸不一	115,000	北京匡时	2018-12-05
梁启超 1916年作 致梁父及梁启勋信札二通二纸 抵沪 时局锐变 镜心	27×18cm×2	115,000	北京匡时	2018-12-05
梁启超 1918年作 致梁启勋信札二通三纸 关心子弟前程 镜心	23×13cm×3	115,000	北京匡时	2018-12-05
京师自来水厂存档资料一批	尺寸不一	115,000	北京荣宝	2018-12-03
潘天寿信札　瑞生先生上款	28×8cm	115,000	北京荣宝	2018-12-03
徐悲鸿 致李桦信札	25.8×18.5cm	115,000	中国嘉德	2018-11-21
清嘉庆 庆桂《圣驾巡幸五台恭纪》册页十开	19.5×11.5cm	110,400	华艺国际	2018-11-16
周作人致徐耀辰先生信附实寄封	26.9×16.8cm	109,250	北京保利	2018-06-18
徐邦达 唐云 欧阳中石 等 致邓国治信札三十通 镜心	尺寸不一	109,250	北京匡时	2018-06-16
约1946年作 苏青 致王玄冰有关蒋介石及创办《白话》旬刊的信札	25.5×18cm×2	109,250	西泠拍卖	2018-07-08
约1938年作 吴湖帆 致陈子清有关出版《梅花喜神谱》之信札三通	27.5×17.5cm×2; 26×11cm; 24×10.5cm	109,250	西泠拍卖	2018-07-08
康有为 致关忠叔信札	24×23cm	109,250	中国嘉德	2018-06-20
沈从文 致李恺玲信札	29.5×14.5cm	109,250	中国嘉德	2018-06-20
1877年2月14日 进化论奠基人查尔斯·达尔文亲笔信函	12.7×20.3cm	105,800	中国嘉德	2018-06-19
罗振玉 致缪荃孙信札一通二纸 镜心	25×11cm×2	105,800	北京匡时	2018-12-05
C 光绪十六年八月初三(1890年9月16日)台湾善后总局发江苏南京官封		105,800	中国嘉德	2018-11-22
高二适 柳文指要校对手扎 信札	27×77cm	103,500	凤凰拍卖	2018-01-21

拍品名称	物品尺寸	成交价RMB	拍卖公司	拍卖日期
1977年作 钱钟书 致董衡巽自作《贺新郎》词信札	26.5×19cm	103,500	西泠拍卖	2018-07-08
1851年11月11日作 车尔尼 有关出版莫扎特作品的长信	42×26cm	103,500	西泠拍卖	2018-07-08
茅盾 致冯至有关推荐人才信札	26.5×19cm	103,500	西泠拍卖	2018-09-28
法国启蒙思想家德尼·狄德罗 亲笔信函	18.5×12.3cm	103,500	中国嘉德	2018-11-22
王懿荣 信札册 册页	25.5×12cm×44	103,500	中国嘉德	2018-11-22
沈尹默 致巽伯、佩青信札 镜心	26.5×17.0cm	101,200	中国嘉德	2018-06-19
藏克家致端木蕻良信札四十三通四十八页附四十个实寄封		98,900	广东崇正	2018-07-05
梅葆玥、葆玖亲笔实寄封，曹禺、萎静文题字靡耕云手绘，贴纪94M梅兰芳舞台艺术小型张实寄封		97,750	北京保利	2018-06-18
顾璜 冯子静帖 镜心	22.5×45cm	97,750	北京匡时	2018-06-16
1975年作李可染致徐昌明有关唐云等信札	26.5×19cm	97,750	西泠拍卖	2018-07-08
张大千 致凌云超信札一通 镜心	34×70cm	97,750	中国嘉德	2018-06-18
曾国潢 致文格信札	23.1×12cm	94,300	中国嘉德	2018-06-20
胡适 致王云五、钱思亮、董作宾信札	27.7×21.5cm	94,300	中国嘉德	2018-06-20
陈继昌、李文田诗札册(八开十五页)册页	23.5×13cm×15	94,300	中国嘉德	2018-11-22
杨锐 致梁鼎芬札 镜框	各：22.5×12.2cm×4	92,650	香港苏富比	2018-10-02
老舍致作家出版社信札一通二纸附实寄封		92,000	北京保利	2018-06-18
谢少南 石翁帖 镜心	26×42cm×2	92,000	北京匡时	2018-06-16
郭沫若致王匡信札便条连封各一镜片	信札25.5×18.5cm	92,000	广东崇正	2018-07-04
郑孝胥 信札二页（二帧）画心	23.5×13cm×2	92,000	西泠拍卖	2018-05-04
1949年作 蒋经国 撤退台湾前夕致张师重要信札	26.5×18.5cm×2	92,000	西泠拍卖	2018-07-08
约1922年作；1933年作 陈少白等 致陈德云有关孙中山等信札三通	26×15cm；25.5×16cm×2；25×14cm	92,000	西泠拍卖	2018-07-08
1914至1953年作 郑兰华上款及旧藏，丁绪贤、张乃燕等 有关国立中央大学等信札文稿一批		92,000	西泠拍卖	2018-07-08
1837年3月22日作 波德莱尔 十五岁致母亲罕见家书	23×18cm	92,000	西泠拍卖	2018-07-08
陈宝琛 杨守敬 赵声等 致两湖书院陈庆年信札	尺寸不一	92,000	中国嘉德	2018-06-20
俄国作家与思想家亚历山大·赫尔岑亲笔信函	13.7×21.6cm	92,000	中国嘉德	2018-06-19
1908年7月2日 奥地利精神分析学派创始人西格蒙德·弗洛伊德亲笔信函	21.1×27.2cm	92,000	中国嘉德	2018-06-19
张大千 致凌云超信札一通 镜心	45×70cm	92,000	中国嘉德	2018-06-18
梁启超 1916年作 致梁启勋信札二通二纸 离开肇庆经港返沪 镜心	28×16cm；29×42cm	92,000	北京匡时	2018-12-05
梁启超 1918年作 致梁启勋信札二通二纸 准备赴欧考察 镜心	26×17cm；22.5×10cm	92,000	北京匡时	2018-12-05
梁启超 1919年作 致梁启勋信札一通二纸 旅欧途中 镜心	22.5×13cm×2	92,000	北京匡时	2018-12-05
1956年作启功、罗振玉米元章十纸说册页	34.5×17.5cm	92,000	北京荣宝	2018-12-03
王文治 孙云桂 致毕沅信札	26.3×13.3cm	92,000	中国嘉德	2018-11-21
法国启蒙思想家、社会学家孟德斯鸠 亲笔信函	15×21.5cm	92,000	中国嘉德	2018-11-22
爱因斯坦致赫兹 亲笔信函	21×14cm；22×14cm	92,000	中国嘉德	2018-11-22
周祖谟、徐世昌等与毕节路氏往来书札约五十四通	27.7×19.6cm	92,000	中贸圣佳	2018-11-25
名贤手札外集	32.2×20.2cm	92,000	中贸圣佳	2018-11-25
彭玉麟 王吉 信札五通 册页（十二开）	23×13cm×12	90,000	上海驰翰	2018-03-09
文元肇 行书致上池书札一通 镜心	25.5×24cm	89,700	北京匡时	2018-06-16
黄宾虹 致俞平伯信札 信札	24×50cm	89,700	凤凰拍卖	2018-01-21
满文奏折 手卷	47×827cm	89,700	中国嘉德	2018-01-14
张元济、王甲荣、陆祖榖 致郑之章等信札十通		86,250	西泠拍卖	2018-07-08
1977年作；1978年作 叶圣陶 致沈金梅毛笔信札三通	26×19cm；25.5×17cm×2	86,250	西泠拍卖	2018-07-08
邓颖超 致郭蔚庭信札	24.5×15.5cm×2	86,250	西泠拍卖	2018-07-08

拍品名称	物品尺寸	成交价RMB	拍卖公司	拍卖日期
1928年至1932年作 甘地 致博恩信札三通		86,250	西泠拍卖	2018-07-08
1905、1906年作 哈代 有关诗剧《列王（The Dynasts）》的亲笔信三通	22×17.5cm×3	86,250	西泠拍卖	2018-07-08
1884年作 詹天佑 马尾船政学堂信札等资料一批		86,250	西泠拍卖	2018-07-08
查士标有关求墨等家书二通（二帧）镜片		86,250	西泠拍卖	2018-09-29
何绍基 熊少牧 冯志沂 往来信札册	29×18.5cm	86,250	中国嘉德	2018-06-20
王闿运 致樊增祥信札一通三纸并诗稿一帧 镜心	24×13cm×4	86,250	北京匡时	2018-12-05
梁启超 1927年作 致梁启勋信札一通一纸 主事司法储才馆 之四（法权讨论会）镜心	28×15cm	86,250	北京匡时	2018-12-05
王文治 1793年作行书致随轩信札 镜心	36×77cm	86,250	北京荣宝	2018-12-03
杨虎城 信札 镜心	24×17cm	86,250	北京荣宝	2018-12-03
奏折 雍正朱批“依议”	24×12cm	86,250	北京荣宝	2018-12-03
嘉庆六年（1801年）诰命文书		85,525	纽约苏富比	2018-09-12
邵力子致钱芥尘信札二通三纸 镜心	30×20cm×2；25×13cm	85,100	北京匡时	2018-12-05
邓尔雅 诗笺七页	25.5×19cm	83,000	上海驰翰	2018-09-08
1957年作 茅盾 致童焕华有关《秋收》信札	26×18.5cm	82,800	西泠拍卖	2018-07-08
沈尹默 致巽伯、佩青信札 镜心	31.5×23.0cm	82,800	中国嘉德	2018-06-19
翁同龢 1877年作 家书一通三纸 镜心	19×23cm×3	82,800	北京匡时	2018-12-05
1996年作 陈家瑞题字、曾孝廉，汪更新手绘实寄封 郑和下西洋系列邮票实寄封 宗教系列签名手绘实寄封一组，贴相关题材邮票 赵朴初、钱君匋题字贴T54M荷花十型张等邮票实寄封 香港回归祖国邮票，小型张题词实寄封 徐有森、林元培等人题字手绘实寄封一组		80,500	北京保利	2018-06-18
钱钟书致陈应年信札一通一页附实寄封一枚	26×19cm	80,500	广东崇正	2018-07-05
沈尹默 巴金 傅抱石 等 书札 册	14×10cm	80,500	广东小雅斋	2018-05-24
吴大澂 许庚身 吴元炳 等 信札册（十六页）册页	22.5×12.5cm×16	80,500	西泠拍卖	2018-07-07
刘履芬 影写明贤尺牍册（二册八十八页，选十页）线装册	30×16.5cm×2	80,500	西泠拍卖	2018-07-07
约1921至1961年作 蒋纬国、石静宜夫妇等 早年罕见家书一批		80,500	西泠拍卖	2018-07-08
1931至1933年作 沈桂青、黄得中烈士 致沈次芬狱中书简四通	14×8.5cm×4	80,500	西泠拍卖	2018-07-08
约1986至2013年作 王世襄、施蛰存、周退密、戴敦邦等 致纪克信札一批		80,500	西泠拍卖	2018-07-08
1972至1993年作 汪曾祺《怀念德熙》文稿及相关文献一批	尺寸不一	80,500	西泠拍卖	2018-07-08
1910年作 马克·吐温 逝世前亲笔信三通及题跋名片	尺寸不一	80,500	西泠拍卖	2018-07-08
1948年12月24日作 张元济 致王云五有关解除王氏商务印书馆董事之信札	26.5×16cm	80,500	西泠拍卖	2018-09-28
蔡钧 荣禄 那桐等 致李盛铎信札	尺寸不一	80,500	中国嘉德	2018-06-20
爱因斯坦亲笔信函	14.2×21cm	80,500	中国嘉德	2018-06-19
1834年作 五色诰命 手卷	30×340cm	80,500	中国嘉德	2018-09-20
明嘉靖至崇祯年间地契二十二件	尺寸不一	80,500	北京保利	2018-12-07
明洪武至万历年间地契二十二件旧写本	尺寸不一	80,500	北京保利	2018-12-07
“心理学大师”西格蒙德·弗洛伊德（Sigmund Freud）谈论有关家族族谱的亲笔信	28cm×23cm	80,500	北京保利	2018-12-08
茅盾 信札一通 镜片	28.2×19.9cm	79,325	纽约苏富比	2018-03-23
查士标 有关赠香等家书（二帧）镜片	23×9cm；23×7cm	78,200	西泠拍卖	2018-09-29
周作人致徐耀辰先生信附实寄封（附张梿励致徐耀辰先生书札一通）	25.3×15.5cm	74,750	北京保利	2018-06-18
“法国著名印象派画家”雷诺阿（Pierre Auguste Renoir）亲笔信	13cm×10.5cm	74,750	北京保利	2018-06-19
白蕉 1964年作 1934年作 致邓国治信札及主持鸿英图书馆时期手迹二纸 镜心	尺寸不一	74,750	北京匡时	2018-06-16

2018杂项拍卖成交汇总

(成交价RMB：2万元以上)

拍品名称	物品尺寸	成交价RMB	拍卖公司	拍卖日期
冯自由“聘书”、“简任状”、“勋章证书”、“律师证书”、“总统府出入证”（民国二十一年至四十七年）、“死亡诊断书”；冯自由妻李自平“死亡诊断书”；冯自由女儿冯良三“台湾省入出境申请书”等 片	尺寸不一	74,750	广东小雅斋	2018-05-24
约1951年作 汤恩伯 致蒋经国有关秘密考察东亚各国之信札	29.5×20.5cm×2	74,750	西泠拍卖	2018-07-08
孙佷工 致蒋复璁自作感时述怀诗札		74,750	西泠拍卖	2018-07-08
1964年作 郭沫若 致吉林省博有关《金人文姬归汉图》之信札	26×18.5cm	74,750	西泠拍卖	2018-07-08
1962、1975年作 余光中《凝望》诗稿及致姚一苇信札	26.5×19cm×4; 27.5×21cm	74,750	西泠拍卖	2018-07-08
1966年作 钱学森 致卢贤钧有关爆震及化学炸药之长信	26.5×19cm×4	74,750	西泠拍卖	2018-07-08
1982年作 华罗庚 致《自然辩证法研究通讯》编者信札及《建议设立计算数据文件馆》文稿	27×19cm×2; 26×19cm×3	74,750	西泠拍卖	2018-07-08
蒋中正 张群 章士钊 长尾甲 斋藤实 等与笹川喜三郎往来信札附资料（一组）	尺寸不一	74,750	中国嘉德	2018-11-21
1957年作; 1984年作 星云法师 致慈真居士题辞及信札	26.5×19cm; 15.5×11cm; 12.5×9cm	71,300	西泠拍卖	2018-07-08
1947年作; 1948年作 查良钊 解放前有关保释人权保障运动师生的信札文献一批	册19×14cm	71,300	西泠拍卖	2018-07-08
洪述祖 致袁世凯信札一通五纸 镜心	28×17cm×5	71,300	北京匡时	2018-12-05
侯峒曾 信札 册页片	20×32cm	70,000	上海驰翰	2018-06-25
“俄罗斯总统”普京（Vladimir Putin）亲笔签署国家任命克里米亚共和国的临时行政长官的重要法令	29.5cm×21cm	69,000	北京保利	2018-06-19
“丹麦童话之父”安徒生（Hans Christian Andersen）亲笔信	21cm×18cm	69,000	北京保利	2018-06-19
“国画大师之师”费尔南德·柯罗蒙（Fernand Cormon）、保罗·阿尔伯特·贝纳尔（Paul Albert Besnard）、安德烈·洛特-加龙省（Andre Lhote）亲笔信一组共3通	尺寸不一	69,000	北京保利	2018-06-19
文嘉 行书致石屋书札一通 镜心	24.5×29.5cm	69,000	北京匡时	2018-06-16
马衡 致丹林先生信札 镜心	26×17cm×2	69,000	北京荣宝	2018-06-14
黄胄 致刘墨信札附信封 镜片	24.5×83cm	69,000	广东崇正	2018-07-05
黄胄致刘枫晓信札及信封附资料一批镜片	31×90cm	69,000	广东崇正	2018-07-05
赵朴初 致黄胄信札附信封 镜片	28.5×27cm	69,000	广东崇正	2018-07-05
朱次琦 课稿手札手卷; 册页两帧手卷、镜片	尺寸不一	69,000	广东崇正	2018-07-05
徐悲鸿 信札 片	20.5×31.5cm	69,000	广东小雅斋	2018-05-24
梁同书 手札 册页	30×34.5cm×15	69,000	广东小雅斋	2018-08-26
1953年作 汤恩伯 致蒋经国有关赴日治疗之信札	29.5×20cm×2	69,000	西泠拍卖	2018-07-08
约1948年作 熊十力 致柯树屏信札二通	28×9cm; 25.5×9.5cm	69,000	西泠拍卖	2018-07-08
王尔德 致墨菲亲笔信	22.5×18cm	69,000	西泠拍卖	2018-07-08
1981至1982年作 顾城 致严文井信札及童话底稿	尺寸不一	69,000	西泠拍卖	2018-07-08
民国二十七年（1938年）陕西省政府令一份		69,000	中国嘉德	2018-06-21
蒋中正 致尹俊信札	29.8×21cm	69,000	中国嘉德	2018-06-20
1864年3月30日 法国诗人夏尔·波德莱尔亲笔信函	26.6×20.2cm	69,000	中国嘉德	2018-06-19
俄国作家列夫·托尔斯泰亲笔信函	21.9×28.2cm	69,000	中国嘉德	2018-06-19
1909年 奥地利指挥家与作曲家古斯塔夫·马勒亲笔信函	21.3×26.4cm	69,000	中国嘉德	2018-06-19
齐白石 致齐如山信札 镜心	27×17.5cm	69,000	中贸圣佳	2018-06-20
明万历至崇祯年间地契二十一件	尺寸不一	69,000	北京保利	2018-12-07
清康熙三十四年恩封辅国将军巴尔图正室诰命	30×235cm	69,000	北京保利	2018-12-07
高二适 致潘伯鹰信札（四通十纸）册页	28.5×19cm×10	69,000	北京保利	2018-12-07
陈叔通 致郦承铨信札一通一页附实寄封	尺寸不一	69,000	北京保利	2018-12-08

拍品名称	物品尺寸	成交价RMB	拍卖公司	拍卖日期
内府进呈黄册	38×29.8cm	69,000	北京荣宝	2018-12-03
俞樾 林鸿年 蒋德鑫 鲍源深 彭慰高 致潘遵祁、顺之信札	尺寸不一	69,000	中国嘉德	2018-11-21
张之洞翁同龢孙星衍等清代名贤信札册	尺寸不一	69,000	中国嘉德	2018-11-21
郭沫若 致神近市子信札	22.7×12.4cm	69,000	中国嘉德	2018-11-21
PS 1918年广东河南寄五和往返寄递欠资双明信片		69,000	中国嘉德	2018-11-22
启功 书札（二开）	36×6cm×2	67,800	北京歌德	2018-08-25
钱沣 行书 诗札 镜片	42×28cm	66,700	西泠拍卖	2018-09-29
康有为 致关忠叔信札	24.4×16.4cm	66,700	中国嘉德	2018-06-20
傅斯年 赵元任 罗常培 中研院史语所关于《改进文字教育建议书》往来信札	尺寸不一	66,700	中国嘉德	2018-06-20
沈从文 致李恺玲信札	25×14.5cm	66,700	中国嘉德	2018-06-20
康有为 致汤觉顿信札一通一纸 镜心	18×22cm	66,700	北京匡时	2018-12-05
翁同龢 致张善倬信札	22.7×12.5cm	66,700	中国嘉德	2018-11-21
赵翼 书札一通 镜框	各: 23.2×12.8cm×2	65,400	香港苏富比	2018-10-02
王国维致吴昌绶信札一通	25.6×12.2cm	64,400	中贸圣佳	2018-11-25
潘伯鹰 朱季海 信札五通 横披	尺寸不一	63,250	北京诚轩	2018-06-16
方履钱 阮亨 洪颐煊 诸豫宗 陆我嵩 等 致冯登府信札册（二十八页）册页	尺寸不一（册页尺寸28.5×17cm）	63,250	西泠拍卖	2018-07-07
蒋经国 致张行深有关汤恩伯、陈大庆等信札五通		63,250	西泠拍卖	2018-07-08
1962年作; 1973年作 竺可桢 致李万有关气象学研究的信札三通	28×21.5cm; 26.5×19cm×2	63,250	西泠拍卖	2018-07-08
翁同龢袁世凯孙宝琦等致翰香先生信札	尺寸不一	63,250	中国嘉德	2018-06-20
王世杰特派状（一组）	尺寸不一	63,250	中国嘉德	2018-06-20
梁同书、蔡之定等 信札册 册页	尺寸不一×28	63,250	中国嘉德	2018-05-19
清康熙六十年宗人府官文执照	134×105cm	63,250	北京保利	2018-12-07
1986年李敖致王尚勤信札1通8页	26.5cm×19cm	63,250	北京保利	2018-12-08
清咸丰七年恩封李文魁父母之诰命	32.3×240cm	59,800	中贸圣佳	2018-06-21
陈三立 三月三日禊集补赋限东字韵 镜心	23×24cm	59,800	北京匡时	2018-12-05
左宗棠 致何栻信札	23×12.7cm	59,800	中国嘉德	2018-11-21
奕劻奏为前美国法国专使收支经费臣造报宣统二年折另附奏请章程（有朱批）	21.4×9.5cm	57,500	北京保利	2018-06-18
“亚洲首位诺贝尔文学奖得主”拉宾德拉纳特·泰戈尔（Rabindranath Tagore）亲笔信	14cm×8.5cm	57,500	北京保利	2018-06-19
沈尹默 致谢稚柳信札一通 镜心	28.5×28cm	57,500	北京诚轩	2018-06-16
方济众 致周乃空信札（一组）册页	尺寸不一	57,500	北京荣宝	2018-09-14
沈尹默 致章士钊信札一通 信札	30×55cm	57,500	凤凰拍卖	2018-01-21
易大厂致邹适庐信札册	尺寸不一	57,500	广东崇正	2018-07-05
黄胄致郁炅理信札一通三开附实寄封镜片	26×18.5cm×3	57,500	广东崇正	2018-07-05
1979至1995年作 赵清阁、陈学昭、罗洪、宋清如、吴似鸿、封凤子、梅志、朱微明等女作家 致《新文学史料》编辑信札一百通		57,500	西泠拍卖	2018-07-08
孙佷工 致蒋复璁自作仿阮籍咏怀诗札		57,500	西泠拍卖	2018-07-08
大仲马、小仲马致迪斯努瓦合写亲笔信	27×20.5cm	57,500	西泠拍卖	2018-07-08
康有为 致关忠叔信札	18×20.7cm	57,500	中国嘉德	2018-06-20
袁世凯 毓贤 田文烈 胡景翼 何宗莲 宋小濂等 民国名人信札（一组）	尺寸不一	57,500	中国嘉德	2018-06-20
1965年3月17日 瑞士雕塑家和画家阿尔贝托·贾科梅蒂亲笔信函	13.5×21cm	57,500	中国嘉德	2018-06-19
威廉·李卜克内西亲笔信函	14.1×22cm	57,500	中国嘉德	2018-06-19
1850年2月21日 法国著名作家、政治家 皮埃尔-约瑟夫·蒲鲁东亲笔信函	13.8×21.7cm	57,500	中国嘉德	2018-06-19
俄国十月革命直接领导人列昂·托洛茨基亲笔信函	20×22cm	57,500	中国嘉德	2018-06-19
奥地利作曲家老约翰·施特劳斯亲笔信函	13.5×21.2cm	57,500	中国嘉德	2018-06-19
蒋中正 信札一通 镜心	24×18cm	57,500	中国嘉德	2018-09-19
商务印书馆张元济等人书札资料一批	尺寸不一	57,500	中贸圣佳	2018-06-21
梁启超 1915年作 致梁思顺信札一通一纸 在杭考察 积极联络 镜心	23×13cm	57,500	北京匡时	2018-12-05

拍品名称	物品尺寸	成交价RMB	拍卖公司	拍卖日期
梁启超 1924年作 致梁启勋信札二通三纸 追思罗瘿公 镜心	27.5×9.5cm×2; 27.5×18cm	57,500	北京匡时	2018-12-05
彭玉麐 致曾国荃信札	24.7×12.7cm	57,500	中国嘉德	2018-11-21
徐琪 俞陛云 书 题记 致俞樾信札	尺寸不一	57,500	中国嘉德	2018-11-21
《美国独立宣言》主要起草人托马斯·杰斐逊 亲笔信函	34.5×19.7cm; 14.5×13cm	57,500	中国嘉德	2018-11-22
沈鹏 致启功信札一通三页 信札	29×19cm	55,200	凤凰拍卖	2018-01-21
章士钊 致徐调孚信札一通 手稿	30×36cm	55,200	凤凰拍卖	2018-01-21
吴作人 致吕斯百信札一通 信札	26×18cm×2	55,200	凤凰拍卖	2018-01-21
1977年作 叶圣陶 致沈金梅毛笔长信	25×17cm×3;	55,200	西泠拍卖	2018-07-08
茅以升 致洪傅炯信札		55,200	西泠拍卖	2018-07-08
查士标 有关治印家书（二帧）镜片	19×10cm; 19×9cm	54,050	西泠拍卖	2018-09-29
袁克文 致钱芥尘信札一通二纸 镜心	20×16cm×2	52,900	北京匡时	2018-12-05
"法兰西思想之王"伏尔泰(Voltaire)涉及商业交易的亲笔信	21cm×17.5cm	51,750	北京保利	2018-06-19
1979年作；1980年作 叶圣陶 致沈金梅信札六通	25×17.5cm×6	51,750	西泠拍卖	2018-07-08
1823年1月24日作 兰姆 有关代表作《伊利亚随笔》的亲笔信	23×19cm	51,750	西泠拍卖	2018-07-08
章士钊 致王云五有关推荐友人任职的信札	28×17.5cm	51,750	西泠拍卖	2018-09-28
文徵明 信札两通 镜心	30×25cm×4	51,750	中国嘉德	2018-01-14
1801年作 诰命 手卷	30×188cm	51,750	中国嘉德	2018-09-20
范伯子 张謇 朱铭盘 信札集卷 手卷	尺寸不一	51,750	中贸圣佳	2018-06-20
启功题签五张	36.5×6cm	51,750	中贸圣佳	2018-06-21
许以栗旧藏曾国藩、戴鸿慈等名人书札册	31.2×17.3cm	51,750	北京保利	2018-12-07
清乾隆年间地契类相关文献百二十件	尺寸不一	51,750	北京保利	2018-12-07
陈子奋 致益之信札二通二纸 镜心	25×44cm; 25×16cm	51,750	北京匡时	2018-12-05
吴大澂 信札 镜片	23×12.5cm×2	51,750	华艺国际	2018-11-16
李鸿章 致何枨信札二通	22.4×12.5cm	51,750	中国嘉德	2018-11-21
李瑞清 信札（五幅）镜框	尺寸不一	49,894	佳士得	2018-11-26
1993年作；1985年作 曲章富 题戏曲人物画实寄封 钱君匋 题"开一代集邮文化"实寄封 王亚妮 画"猴子"猴主题邮票实寄封 岳美缇 美缇题画竹实寄封 徐中舒题字、古代文学家邮票实寄封 万籁鸣画"孙悟空"，题字实寄封		49,450	北京保利	2018-06-18
叶圣陶致吴玉如信札1通	28cm×19.5cm	48,300	北京保利	2018-06-19
南怀瑾 致崔颂明信札一通 镜片	29.5×21cm×2	48,300	广东崇正	2018-01-21
杜国庠1955年作致王匡札一通三开镜片	27×19cm×3	48,300	广东崇正	2018-07-04
张世堉、程聪训、张定鋆、侯纬辰等信札一批 画心		48,300	西泠拍卖	2018-05-04
1882~1895年作 都德致儿子家书合集一册		48,300	西泠拍卖	2018-07-08
1932至1939年作 陆征祥、埃尔热等张充仁上款及旧藏信札文献一批		48,300	西泠拍卖	2018-07-08
昭代名人尺牍二十四卷	30.5×13.4cm	48,300	北京保利	2018-12-07
章士钊1969年作 上元雅集诗一通二纸 镜心	20.5×29cm×2	48,300	北京匡时	2018-12-05
陶澍 致穆翁信札	22.7×12.8cm	48,300	中国嘉德	2018-11-21
姚世钰 致汪士慎信札	19×14cm	48,300	中国嘉德	2018-11-21
罗振玉致金梁信札一通	25.6×13.6cm	48,300	中贸圣佳	2018-11-25
冯国璋致宁松泉、冯仲卿亲笔信一通5页	23cm×13cm	46,000	北京保利	2018-06-19
冯其庸签赠谷牧《有关曹雪芹文物照片材料》一册	26×19cm	46,000	广东崇正	2018-07-04
黄宾虹 信札 镜框	25×14cm	46,000	广东小雅斋	2018-03-25
溥儒 诗札 片	35×41cm×6	46,000	广东小雅斋	2018-08-26
赵朴初 致王效贤信札一通 书札（一通一页）	39.5×34cm	46,000	西泠拍卖	2018-05-05
普鲁斯特 致母亲家书	18×23cm	46,000	西泠拍卖	2018-07-08
1872年作 凡尔纳《八十天环游世界》罕见信札及致父亲家书	19×15.5cm; 26.5×20.5cm	46,000	西泠拍卖	2018-07-08
1847年作 戴熙 行书 致邹在衡、黄燮清诗札二通（二帧三页）镜片	22×11.5cm×2; 19.5×11cm	46,000	西泠拍卖	2018-09-29

拍品名称	物品尺寸	成交价RMB	拍卖公司	拍卖日期
查士标 有关羊毫笔等家书（二帧）镜片	26.5×11.5cm×2	46,000	西泠拍卖	2018-09-29
云奴 信札三通	22.5×12cm	46,000	中国嘉德	2018-05-20
康有为 致关忠叔信札	24×26.5cm	46,000	中国嘉德	2018-06-20
恩泽家书（一组）	尺寸不一	46,000	中国嘉德	2018-06-20
卢森堡夫人亲笔信函	14.3×22.2cm	46,000	中国嘉德	2018-06-19
吴作人 信札 手卷	12.5×61.5cm	46,000	中贸圣佳	2018-06-20
赵之谦 信札一通一纸 镜心	18×8cm	46,000	北京匡时	2018-12-05
诰封"徐步云"诰命	32×102cm	46,000	北京荣宝	2018-12-03
陆襄钺信札一批	尺寸不一	46,000	北京荣宝	2018-12-03
近代书刊				
《两百四十日的罪孽——卡尔卡诺布道集》	23cm×17cm	920,000	北京保利	2018-06-18
1478年摇篮本《言行录》	29.7cm×22cm	805,000	北京保利	2018-12-07
1943年6月23作 圣·埃克絮佩里"在中国上空"的小王子画作，及《战争飞行员》签赠本	册19cm×12.5cm	598,000	西泠拍卖	2018-07-08
《演说集》	21.5cm×16.5cm	575,000	北京保利	2018-06-18
1474年摇篮本《良心集》	40×30cm	437,000	北京保利	2018-12-07
卢浮宫巨幅版画全集	59.7×47.5cm	402,500	北京保利	2018-12-07
吕碧城题赠江亢虎《信芳词》一册	26×18cm	345,000	广东崇正	2018-07-04
1971年–2017年 苏富比、佳士得拍卖图录（共501册）	尺寸不一	264,500	保利厦门	2018-01-08
卢浮宫版画集	60.5×47cm	241,500	北京保利	2018-12-07
圣希拉利《反对亚略与圣三一理论》	31×22cm	230,000	北京保利	2018-06-18
《查士丁尼新敕》	42×28.5cm	230,000	北京保利	2018-06-18
马提亚尔《格言诗集》	32.5×22cm	230,000	北京保利	2018-06-18
1955–2017年苏富比、佳士得拍卖图录（582本）		218,500	保利厦门	2018-07-15
佛罗伦萨美第奇家族藏文艺复兴艺术巨幅版画集	55×35cm	184,000	北京保利	2018-06-18
UMEHARA SUEJI (1893–1983). Nihon Shucho Shina Kodo Seika; Selected Relics of Ancient Chinese Bronzes from Collections in Japan. Osaka: Yamanaka & Company, 1959–1964.		174,515	纽约佳士得	2018-03-22
博伊德尔版莎士比亚巨幅版画九卷本全集	43×33.5cm	172,500	北京保利	2018-06-18
乔治三世御制大英帝国史诗巨幅古版画全集	48×34.5cm	172,500	北京保利	2018-06-18
1497年摇篮本《沐浴心灵》	21.7×14.6cm	172,500	北京保利	2018-12-07
中世纪及文艺复兴时期的艺术珍品	29.6×21.8cm	161,000	北京保利	2018-06-18
圆明园西洋楼铜版画	60×95cm	161,000	北京保利	2018-06-18
大成		161,000	北京荣宝	2018-12-03
良友丛书（部分为作家签名本及限量编号本）	尺寸不一	149,500	北京保利	2018-12-07
1961–1969年作原函精装《故宫藏瓷》（三十三册全）		138,000	保利厦门	2018-07-15
香港开发出版《故宫藏瓷》全套33册		138,000	中贸圣佳	2018-06-20
伯希和1920–1924年《敦煌石窟图录》（6册）	33×25cm	138,000	北京华辰	2018-11-20
献给维多利亚女王及威尔士亲王的1862年伦敦世博会珍品版画集（雨果签名本）	44×30.5cm	126,500	北京保利	2018-06-18
李可染题赠谷牧《中国书画》第6期（1980年7月）	35.5×26cm	126,500	广东崇正	2018-07-04
多雷《卡亚帕斯之家》（有签名）	65×89cm	126,500	北京保利	2018-12-07
德国慕尼黑美术馆藏画版画集	28×22.7cm	126,500	北京保利	2018-12-07
1956年作 限定编号精装《金匮藏画集》一函二册		118,988	纽约佳士得	2018-03-20
凯撒勒雅的欧瑟比奥《福音初步》	33.5×22cm	115,000	北京保利	2018-06-18
石鼓斋印鼎一函八册	25.5×16.5cm×8	115,000	北京匡时	2018-06-15
1499年摇篮本《犹太战争史》和《犹太古史记》	29.5×21.2cm	115,000	北京保利	2018-12-07
英国皇家藏画版画集	35×28.2cm	115,000	北京保利	2018-12-07
小川一真 1906年《清国北京皇城写真帖》（2册）	47×37cm	115,000	北京华辰	2018-11-20
1933年梅原末治著《欧美搜储支那古铜精华》七册全	39.7×31.2cm	111,183	纽约佳士得	2018-09-13
中世纪手抄本插画巨幅彩色版画集	57×40cm	109,250	北京保利	2018-12-07

2018杂项拍卖成交汇总

(成交价RMB：2万元以上)

拍品名称	物品尺寸	成交价RMB	拍卖公司	拍卖日期
胡适、王云五等签名本一批	尺寸不一	109,250	中贸圣佳	2018-11-25
都灵皇家藏画巨型版画集	49×34cm	97,750	北京保利	2018-06-18
拉斐尔绘梵蒂冈教皇宫殿壁画超大巨幅古版画全集	57×82.5cm	97,750	北京保利	2018-12-07
英国皇家艺术版画大全	33×25cm	92,000	北京保利	2018-06-18
手绘英国皇家古堡宫殿生活仪式古版画全集	34.6×28.6cm	92,000	北京保利	2018-06-18
威廉·霍加斯作品集(胡安·米罗签名本)	65×51cm	92,000	北京保利	2018-06-18
缶庐印存十六册	29.5×13cm×16	87,400	北京匡时	2018-06-15
Porcelain of the National Palace Museum Compiled by the Joint Board of Directors of the National Palace Museum and the National Centrua Museum, Taichun, Taiwan, Republic of China. Hong Kong: Cafa Company Limited, 1961–1963, 1966–1969.		87,258	纽约佳士得	2018-03-22
毕卡德绘圣经历史典故和宗教仪式巨幅古版画全集	44×29.5cm	86,250	北京保利	2018-06-18
1943年作 圣·埃克絮佩里《小王子》英语初版、法语初版二种	册23×18.5×2	86,250	西泠拍卖	2018-07-08
拿破仑大帝巨幅版画集	52.2×35cm	86,250	北京保利	2018-12-07
拿破仑大帝巨幅版画全集	62×46cm	80,500	北京保利	2018-06-18
比利亚米尔绘西班牙巨幅版画集	56.5×40cm	80,500	北京保利	2018-06-18
帝国时期卢浮宫版画全集	26×17.1cm	80,500	北京保利	2018-06-18
托马斯·阿洛姆绘中国风貌版画全集	27.5×22.7cm	80,500	北京保利	2018-06-18
古代儒学哲学批判等一组	尺寸不一	80,500	中国嘉德	2018-05-20
博伊德尔版莎士比亚九卷本	43.5×33.7cm	80,500	北京保利	2018-12-07
手绘英国皇家宫殿版画集	35×29.5cm	80,500	北京保利	2018-12-07
法国皇室藏画巨幅版画集	56.5×38cm	74,750	北京保利	2018-06-18
拉西奈世界服饰史巨幅彩色版画全集	42×31cm	74,750	北京保利	2018-06-18
佛罗伦萨画廊及碧提宫的绘画雕像浅浮雕(绘画、雕塑艺术巨型版画集)	54.3×36cm	74,750	北京保利	2018-06-18
英国学院派艺术代表作版画集	38×28.5cm	74,750	北京保利	2018-12-07
阿洛姆绘法兰西古典建筑名胜版画集	27.9×22.2cm	74,750	北京保利	2018-12-07
梵蒂冈宗教仪式大典彩色版画集	45.5×33.5cm	74,750	北京保利	2018-12-07
失乐园	55.5×38.5cm	74,750	北京保利	2018-12-07
1852至1858年、1865年4月4日作 安徒生等 致约瑟芙·图坦因小姐诗画册及安徒生亲笔信一通	27.5×21.5cm；册页21.5×14cm	69,000	西泠拍卖	2018-07-08
大英美术馆藏艺术版画集	34.5×26cm	63,250	北京保利	2018-06-18
英国绘画之父威廉·霍加斯巨幅版画集	66×51cm	63,250	北京保利	2018-06-18
布劳大地理图集(宋美龄赠与孔令仪藏)	55×33.5cm	63,250	北京保利	2018-06-18
Galerie D' Horlogerie Ancienne/安帝古伦 一套44本拍卖图录，年份约1980	16×23mm	62,698	香港苏富比	2018-04-02
陈仁涛编，《金匮藏画集》，卷一及二，京都，1956年		59,868	纽约苏富比	2018-09-15
印度版画集	28×20cm	57,500	北京保利	2018-06-18
拉西奈世界服饰建筑纹饰史彩色版画集	40×28.5cm	57,500	北京保利	2018-06-18
毕卡德绘圣经历史典故和宗教仪式巨幅古版画全集	47.5×30.5cm	57,500	北京保利	2018-06-18
透纳版画集(题莫奈签名本)	37.5×28cm	57,500	北京保利	2018-06-18
康生旧藏《省亭花鸟画谱》二册，日本明治木板套色本	25×17cm	57,500	广东崇正	2018-07-04
香港开发早期《艺苑遗珍》全套		57,500	上海嘉禾	2018-06-25
博伊德尔版莎士比亚九卷本	43.5×33.7cm	57,500	北京保利	2018-12-07
私人订制版1889年巴黎世博会艺术品彩色版画集	43×30.5cm	57,500	北京保利	2018-12-07
圣福音宗教巨幅版画集	57×40cm	57,500	北京保利	2018-12-07
献给维多利亚女王和威尔士亲王的全球艺术珍品	43.7×33cm	55,200	北京保利	2018-12-07
彩绘室内装饰绘本——十九世纪私人建筑巨幅版画集	46.5×34cm	55,200	北京保利	2018-12-07
苏富比佳士得近现书画图录大套		55,200	北京荣宝	2018-12-03
帝国时期卢浮宫版画全集	25.5×17cm	51,750	北京保利	2018-06-18
圣经典故仪式巨幅古版画全集	40×27.5cm	51,750	北京保利	2018-06-18

拍品名称	物品尺寸	成交价RMB	拍卖公司	拍卖日期
献给维多利亚女王和威尔士亲王的全球艺术珍品	43.2×31.5cm	51,750	北京保利	2018-06-18
拿破仑帝国史诗巨幅版画集	51×33.5cm	51,750	北京保利	2018-12-07
小德金 著 法 北京、马尼拉、毛里求斯岛游记	41.5×25.5cm；19.8×12cm	51,750	中国嘉德	2018-11-21
法国宫廷内部装饰彩色版画集	47×33.5cm	48,300	北京保利	2018-06-18
大英帝国历代帝王传巨幅古版画集	40.5×26cm	48,300	北京保利	2018-06-18
阿波罗和牧羊人巨幅版画	51.5×70cm	48,300	北京保利	2018-12-07
枫丹白露宫巨幅版画集	50.3×38.5cm	48,300	北京保利	2018-12-07
阿洛姆绘法国版画集	27.7×22.2cm	48,300	北京保利	2018-12-07
英国国家美术馆藏西方古典艺术大师版画集	28×22.5cm	48,300	北京保利	2018-12-07
尼霍夫 著 荷兰 荷兰东印度公司使节出访大清帝国记闻	31×19.5cm	48,300	中国嘉德	2018-11-21
HOBSON, R.L. A Catalogue of Chinese Pottery and Porcelain in the Collection of Sir Percival David. London: The Stourton Press [1934].		47,595	纽约佳士得	2018-03-22
英国绘画之父威廉·霍加斯巨幅版画集	65.5×51.5cm	46,000	北京保利	2018-06-18
东方古典纹饰巨幅画集	59.7×44cm	46,000	北京保利	2018-06-18
1973年10月作 埃尔热 亲笔丁丁形象稿签赠本《蓝莲花》	30.5×23cm	46,000	西泠拍卖	2018-07-08
贝多芬《小步舞曲集》初版乐谱	册34×24	46,000	西泠拍卖	2018-07-08
1980–2016年 苏富比、佳士得等拍卖图录九十一册	尺寸不一	46,000	中国嘉德	2018-01-13
吉本·芭娜娜 奈良美智 1999年作《雏菊的人生》(3本一套)(内附奈良美智插画2幅)	19.5×14.5cm×3	46,000	中国嘉德	2018-06-19
拉西奈世界服饰建筑纹饰史彩色版画集	40.2×29.5cm	46,000	北京保利	2018-12-07
福音书	54.5×40cm	43,700	北京保利	2018-06-18
皇室定制版苏格兰古堡版画全集	29×22.5cm	43,700	北京保利	2018-12-07
荷兰东印度公司使节团访华纪实	31.3×20.5cm	43,700	北京保利	2018-12-07
巴黎胜景	37×27cm	43,700	北京保利	2018-12-07
喜仁龙 1926年《中国北京皇城写真全图》(3册)	33×25.5cm	43,700	北京华辰	2018-11-20
北京皇城建筑装饰	48.8×37.5cm	43,700	中贸圣佳	2018-11-25
赵无极 签名画册(一组五件)	尺寸不一	41,158	中国嘉德	2018-10-02
德国柏林中国美术展览会收据	28.8×36.8cm	40,250	北京保利	2018-06-18
香港早期《名家翰墨》全套		40,250	上海嘉禾	2018-06-25
林肯郡郡长布朗洛伯爵藏林肯教堂巨幅版画集	58×43cm	40,250	北京保利	2018-12-07
吕伊纳公爵藏那不勒斯皇家美术馆版画全集	28.4×20.8cm	40,250	北京保利	2018-12-07
手绘英国贵族古堡庄园生活仪式巨幅版画集	57×46cm	40,250	北京保利	2018-12-07
缪斯神殿版画集	47×31.5cm	40,250	北京保利	2018-12-07
中国艺术参考书籍一组三十本		38,486	纽约苏富比	2018-09-15
Eskenazi、Lally古董商等中国艺术展图录(共40册)	尺寸不一	36,800	保利厦门	2018-01-08
毛泽东选集第一卷及第二卷	29.3×18.7cm	36,800	北京保利	2018-06-18
莎士比亚巨幅版画集	38.5×29.5cm	36,800	北京保利	2018-12-07
德累斯顿王室藏文艺复兴和古典艺术大师版画集	27.5×22.5cm	36,800	北京保利	2018-12-07
被宙斯掳走的欧罗巴巨幅版画	39×54cm	36,800	北京保利	2018-12-07
法国的艺术生活版画集	42×31.5cm	36,800	北京保利	2018-12-07
吴印咸 1940–1970s 艺术摄影代表作(492张)	最大26cm×32cm；最小6cm×6cm	862,500	北京华辰	2018-11-20
约翰·莱迪·布莱克 等 1876–1877年《远东》杂志合订本(81张)	26×22cm	287,500	北京华辰	2018-11-20
1937年6月11作 吴咏香旧藏，黄宾虹、溥儒、赵太侔、吴镜汀、汪采白、王雪涛、吴光宇、寿石工、卢光照等 国立北平艺术专科学校第一届毕业典礼师生合影	100×20cm	287,500	西泠拍卖	2018-07-08

拍品名称	物品尺寸	成交价RMB	拍卖公司	拍卖日期
玛丽莲梦露亲笔签名照片连相框		243,925	佳士得	2018-11-27
1933至1943年作 杨虎城、孙蔚如、裴昌会等 陕军第三十八军珍贵旧照八十七帧		230,000	西泠拍卖	2018-07-08
明刻整幅本中国地图《皇明舆地之图》	122×56.5cm	230,000	西泠拍卖	2018-07-09
约1930年作 张学良 罕见中英文签名照	20×15cm	195,500	西泠拍卖	2018-07-08
1942至1961年作 圆瑛法师等 与沈宗汉诗稿唱和册及珍贵签名照	册26.5×20.5cm	184,000	西泠拍卖	2018-07-08
1920-1940s《亚东印画辑》各地合辑两册(882张)	10×15cm	161,000	北京华辰	2018-11-20
1950年作 马公愚 为洪士豪、萧敏夫妇银婚题辞	照片64×25cm;26.5×20.5cm	149,500	西泠拍卖	2018-07-08
1925年 佚名 北洋时期哈尔滨金融商贸相册(30张)	29.5×42cm	138,000	北京华辰	2018-11-20
陆朗甫 撰 山东运河备览十二卷 淮阳水利图说一卷重濬徒阳运河图等一卷	26.5×16cm	138,000	中贸圣佳	2018-11-25
1935年作 冼星海、保罗·杜卡等 巴黎音乐学院高级作曲班师生合影	照片20×15cm;卡纸30×25cm	115,000	西泠拍卖	2018-07-08
1904年作 张之洞、盛宣怀、缪荃孙、张謇等十人 清末在南京合影及江南水师徽章	照片9.5×7.5cm;卡纸15×11.5cm	115,000	西泠拍卖	2018-07-08
毛泽东 影像集及底片四大册	册39.5×32cm×4	115,000	西泠拍卖	2018-07-08
1952年作 溥儒、李墨云夫妇 致女弟子葛民钧签名照二帧	照片19.5×14cm×2;卡纸30×21cm×2	115,000	西泠拍卖	2018-07-08
1900s 佚名 清末山东地区德国人活动相册(364张)	最大26.5×38cm;最小8×11.5cm	115,000	北京华辰	2018-11-20
1940S-1960s 影星白杨生活影像(350张)	尺寸不一	115,000	北京华辰	2018-11-20
1936年作 爱因斯坦 五种姿势照片的赠言	尺寸不一	109,250	西泠拍卖	2018-07-08
梅兰芳 大尺幅《四郎探母》手工上色照	76.5×46.5cm	105,800	西泠拍卖	2018-07-08
约翰·詹布鲁恩 佩克哈默 1910s 张勋复辟等民国初驻京奥匈帝国军官照片(314张)	最大12×25cm;最小7×5cm	103,500	北京华辰	2018-11-20
1940年 国民政府还都典礼合影(长卷)	24.5×102.5cm	103,500	北京华辰	2018-11-20
厄内斯特·巴克拉克 等 1930-1960s 好莱坞影星大幅剧照底片(35张)	25×20cm	97,750	北京华辰	2018-11-20
1925至1937年作 陈汉章、王伯沆、柳诒征、袁同礼、李小缘、汪闓、范希曾、向达、陈训慈等 江苏省立国学图书馆及中华图书馆协会合影八帧	尺寸不一	92,000	西泠拍卖	2018-07-08
清乾隆内府舆图	80×48cm	92,000	中贸圣佳	2018-06-21
马琳·冯克尼 1946年 二战后美军代表考察苏联拆毁的东北工厂(89张)	19×25.5cm	92,000	北京华辰	2018-11-20
1932年 第一次上海事变后被日军轰炸后的上海全景(长卷)	19×168cm	92,000	北京华辰	2018-11-20
1929年作 民国时期上海外滩全景照四帧	尺寸不一	89,700	西泠拍卖	2018-07-08
1981年作 邓丽君 1982年地区政府颁发金鼎奖奖杯	奖杯高32cm	86,250	西泠拍卖	2018-07-08
1910-1950s 何联第家族影像底片附中国垦业银行合影(850张底片、1张长卷)	最大22×75cm;最小11×9cm	86,250	北京华辰	2018-11-20
1933年作 李宗仁、马君武、黄旭初等 1933年广西实业调查团相册		82,800	西泠拍卖	2018-07-08
约1930至1967年作 谢梅奴整理并跋,林森、胡蝶、王熙春等 相册二册及印章等一批	册33.5×26.5cm;册26.5×18cm;印章5.8×1.3×1.3cm;尺寸不一	80,500	西泠拍卖	2018-07-08
1899年作 马克·吐温、克拉拉·克莱门斯 签名照	17.5×11cm;30.5×25.5cm	74,750	西泠拍卖	2018-07-08
郭沫若题字屈原剧照等两种	尺寸不一	74,750	中贸圣佳	2018-06-21
1950-1960s 佚名 新中国美术活动原始底片(108张)	6×6cm	73,600	北京华辰	2018-11-20
查尔斯·凯利 1900年 庚子事变时期的北京(54张)	最大24×19.5cm;最小8×8cm	71,300	北京华辰	2018-11-20
1930-1950s 佚名 画家叶浅予私人影集(72张)	最大12×16cm;最小3.5×2.5cm	70,150	北京华辰	2018-11-20

拍品名称	物品尺寸	成交价RMB	拍卖公司	拍卖日期
高剑父、赵少昂 致容漱石与泰戈尔签名照及信札	25.5×15.5cm;11.5×8.5cm	69,000	西泠拍卖	2018-07-08
1928至1983年作 大悲法师旧藏 晚年珍贵自传文稿、行迹照片及上款文献一批		69,000	西泠拍卖	2018-07-08
蒋介石、蒋经国家族 最后一次拜访奉化、西湖等旧照十一帧	30×24cm;30×23.5cm;24×18cm;14×9cm×8	69,000	西泠拍卖	2018-07-08
约翰·詹布鲁恩 1912年 北京兵变相册(62张)	最大17×9.5cm;最小8×14cm	69,000	北京华辰	2018-11-20
1930-1950s 梁兆安旧藏香港、上海青年会体育活动相册(396张,附档案8卷)	最大21.5×28cm;最小6×6cm	69,000	北京华辰	2018-11-20
吴印咸 侯波 等 1947-1968年 大幅毛主席活动照片(8张)	40×50cm	69,000	北京华辰	2018-11-20
1930s 北京风景民俗影集(501张)	7×11cm	66,700	北京华辰	2018-11-20
1938年作 毛泽东、何长工、滕代远、萧克、江华等二十九人 1938年"井冈山的同志们"合影	14×9cm	63,250	西泠拍卖	2018-07-08
约1928至1961年作 陈万里、魏守忠、汪叔谦、徐德先等摄,施骏德旧藏并跋《中国景象》原稿底本旧照一册	册34×21.5cm;	63,250	西泠拍卖	2018-07-08
费利斯·比托 1860年 从北海琼岛向东南眺望紫禁城与景山(2张)	56×21cm	63,250	北京华辰	2018-11-20
英国影星奥黛丽·赫本 签名照片	20.3×25.3cm	63,250	中国嘉德	2018-11-22
1962年作 叶向等 寿辰合影签赠照	23×20cm	57,500	西泠拍卖	2018-07-08
1925至1935年作 陈三立、陈隆恪、喻徽、陈小从等 义宁陈氏家族原照七帧		57,500	西泠拍卖	2018-07-08
宋庆龄 大幅手工上色照	29×23cm	57,500	西泠拍卖	2018-07-08
林子平 绘 琉球三省并三十六岛之图	53.5×74cm	57,500	中国嘉德	2018-06-20
山本赞七郎 等 1890s 北京蛋白风景照片散页(13张)	21×26cm	57,500	北京华辰	2018-11-20
高尔基 签名照片	9×13.7cm;14.6×22.5cm	57,500	中国嘉德	2018-11-22
郎静山摄 中国女人体	30×22cm	51,750	西泠拍卖	2018-07-08
格兰特·贺尔 1940s 飞虎队军官云南抗战照片散页(217张)	最大11.5×7cm;最小2.5×3.5cm	49,450	北京华辰	2018-11-20
1930s 佚名 南京中华女中创始人赖瑛相册(195张)	最大8.5×28cm;最小7×4.5cm	48,300	北京华辰	2018-11-20
陆军 2011年 我经过的山川	229×87cm	48,300	北京华辰	2018-11-20
《北平古建筑相片》一册 梁思成题赠陈融		48,134	香港普艺	2018-10-06
1936年作 王震 致大悲大师签名照	照片25.5×20cm;照片35.5×27cm	46,000	西泠拍卖	2018-07-08
张元济 戊辰(1928年)作 中国历朝统系图 镜心	33×116cm	46,000	中国嘉德	2018-01-13
贾科莫·卡内瓦 1859年 上海豫园	21×26cm	46,000	北京华辰	2018-11-20
山本赞七郎 1900s 清末北京民俗影像(6张)	20×26.5cm	46,000	北京华辰	2018-11-20
1890s 佚名 清末北京建筑风景蛋白散页(13张)	最大21×27cm;最小13×18cm	46,000	北京华辰	2018-11-20
沙飞 等 1975-1981年 新华社发稿新中国建设照片(133张)	11.5×15.5cm	46,000	北京华辰	2018-11-20
侯波 孟庆彪 1959年 毛主席第三版标准像	57.5×47.5cm	46,000	北京华辰	2018-11-20
刘汝坤 等 1950-1970s 建国后郭沫若活动影集(47张)	最大15×26cm;最小15×22cm	44,850	北京华辰	2018-11-20
邓丽君本名"丽筠"赠家人大幅签名照片	40×49cm	43,700	北京匡时	2018-05-21
约1905年作 端方等 五大臣出洋时期致柏劳霍大幅旧照	照片28×21.5cm;卡纸39.5×32.5cm	43,700	西泠拍卖	2018-07-08
1930s 佚名 民国烟台青岛等地底片(198张)	13.5×9.5cm	41,400	北京华辰	2018-11-20
石少华 1972年 革命现代京剧《海港》(75张)	16×25cm	41,400	北京华辰	2018-11-20
蒋经国 亲笔签名与蒋介石合影	29×24cm	40,250	西泠拍卖	2018-07-08
十世班禅、阿沛阿旺晋美等 1950年代访问上海及与国家领导人合影册		40,250	西泠拍卖	2018-07-08

2018杂项拍卖成交汇总

（成交价RMB：2万元以上）

拍品名称	物品尺寸	成交价RMB	拍卖公司	拍卖日期
1928年作 郎静山跋 中华摄影学会第一、二次影展合影	24.5×18cm; 24×16.5cm	40,250	西泠拍卖	2018-07-08
费利斯·比托 1860年 通州八里桥	30×22cm	40,250	北京华辰	2018-11-20
罗宾斯 福斯特 1930s 中国的北部与中部摄影集（112张）	10×15cm	40,250	北京华辰	2018-11-20
英国影星奥黛丽·赫本 签名照片	24.7×20.2cm	40,250	中国嘉德	2018-11-22
印刷文物				
1978、1977年作 张大千 利市三倍 香供养天女印刷品 镜片 立轴	35cm×54cm; 98.2cm×36.3cm	1,110,550	纽约佳士得	2018-03-20
六壬秘书	27cm×16.5cm	402,500	北京荣宝	2018-12-03
清 黄地描金云龙纹腊笺（两张）	宽92.5×91.5cm	322,000	中国嘉德	2018-01-14
王国维《观堂遗墨》印刷品		218,500	广东小雅斋	2018-05-24
清乾隆 怡王府饾版拱花角花笺（一组三张）	23.6×27cm×3	115,000	广东崇正	2018-07-05
笺纸	23.7×27cm	74,750	中国嘉德	2018-05-20
英国音乐家约翰·列侬与其夫人小野洋子 签名书	14.5×14×2.5cm	57,500	中国嘉德	2018-11-22
校碑随笔	29.7×17cm	51,750	北京荣宝	2018-06-14
1983年作 郎静山签赠张学良 代表作《湖山揽胜集锦》之限量自制印刷件	154.5×18.5cm	43,700	西泠拍卖	2018-07-08
古籍善本其他				
1943年2月 鲍里斯·夏里亚宾《时代周刊》封面宋美龄肖像		943,000	中国嘉德	2018-06-19
吕胜中 2002–2004年作《人文书》红本·黑本（四卷一函，共两函）	44cm×35cm×9cm	517,500	北京华辰	2018-11-19
邱志杰 金陵剧场角色绣像	43×30cm×6	149,500	北京华辰	2018-11-19
约1978至1982年作 夏鼐 有关唐代金银器、兵马俑、梅妃等考古研究论文、资料一批	大多26×18.5cm	138,000	西泠拍卖	2018-07-08
武艺 先贤绣像	33×22cm×5	103,500	北京华辰	2018-11-19
胡适、谢无量赠章士钊、吴弱男夫妇签名本两册	19cm×13cm	63,250	北京保利	2018-06-19
帕尔收藏历史文献资料一组	尺寸不一	46,000	中国嘉德	2018-01-14
70年代 金庸武侠小说剪报十种（附倪匡签名）		42,955	香港普艺	2018-06-02
道教雕板	尺寸不一	40,250	北京荣宝	2018-12-03
佳 酿				
1983-1986年贵州茅台酒（全棉纸地方国营）		3,335,000	西泠拍卖	2018-07-07
1983–1986年贵州茅台酒（地方国营）		2,990,000	西泠拍卖	2018-07-07
1987年贵州茅台酒（铁盖）		2,645,000	西泠拍卖	2018-07-07
1984年产飞天牌原箱国宴特供黄酱茅台酒 12瓶	540ml/瓶	2,472,500	中国嘉德	2018-06-18
1989年贵州茅台酒（铁盖）		2,415,000	西泠拍卖	2018-07-07
1986–1989年贵州茅台酒（铁盖双盒）		2,300,000	西泠拍卖	2018-07-07
1990年贵州茅台酒（铁盖）		2,185,000	西泠拍卖	2018-07-07
1991年贵州茅台酒（珍品铁盖）		2,185,000	西泠拍卖	2018-07-07
1994年贵州茅台酒（铁盖）		2,070,000	西泠拍卖	2018-07-07
1992年贵州茅台酒（铁盖）		2,070,000	西泠拍卖	2018-07-07
1991年贵州茅台酒（铁盖）		2,070,000	西泠拍卖	2018-07-07
1992年贵州茅台酒（珍品铁盖）		2,070,000	西泠拍卖	2018-07-07
1996年贵州茅台酒（珍品铁盖）		2,024,000	西泠拍卖	2018-07-07
1996年贵州茅台酒（铁盖）		2,012,500	西泠拍卖	2018-07-07
1995年贵州茅台酒（铁盖）		2,012,500	西泠拍卖	2018-07-07
1995年贵州茅台酒（珍品铁盖）		2,012,500	西泠拍卖	2018-07-07
1940年代赖茅（茅台前身）1瓶	500ml	1,978,000	西泠拍卖	2018-07-07
1993年贵州茅台酒（铁盖）		1,978,000	西泠拍卖	2018-07-07
1983–1986年"五星牌"内销贵州茅台酒（绵纸地方国营）		1,966,500	北京保利	2018-06-21
1983–1986年"金轮牌"内销贵州茅台酒（绵纸地方国营）		1,813,778	保利香港	2018-04-01
1970–1979年产三大革命贵州茅台酒		1,667,500	北京荣宝	2018-06-14
1983–1986年贵州茅台酒（地方國營）		1,263,563	北京匡时	2018-10-03
1986年产五星牌原箱地方国营茅台酒 12瓶	540ml/瓶	1,161,500	中国嘉德	2018-06-18
1980–1985年飛天牌茅台酒（大飛天）		1,116,422	北京匡时	2018-10-03
1980–1985年飞天牌茅台酒（大飞天）		1,092,500	北京匡时	2018-06-16
1997年贵州茅台酒		1,058,000	西泠拍卖	2018-07-07
1997年贵州茅台酒（珍品）		1,035,000	西泠拍卖	2018-07-07
2013年产国宴茅台酒		1,012,000	中国嘉德	2018-06-18
1987–1990年贵州茅台酒		996,033	北京匡时	2018-10-03
1998年贵州茅台酒		989,000	西泠拍卖	2018-07-07
1983–1986年贵州茅台酒（地方国营）		977,500	北京匡时	2018-06-16
2013年产国宴茅台酒		977,500	中国嘉德	2018-06-18
2011年产人民大会堂茅台酒		977,500	中国嘉德	2018-06-18
1983–1986年贵州茅台酒（地方国营）		954,500	西泠拍卖	2018-07-07
1983-1986年贵州茅台酒（全棉纸地方国营）		954,500	西泠拍卖	2018-07-07
1999年贵州茅台酒（珍品）		954,500	西泠拍卖	2018-07-07
1958年产五星牌贵州茅台酒（1瓶）	540ml	943,000	北京荣宝	2018-06-14
1990年—1992年产飞天牌铁盖茅台酒		943,000	中国嘉德	2018-06-18
1983–1986年贵州茅台酒（地方国营）		920,000	上海匡时	2018-04-30
1983–1986年五星牌茅台酒（全绵纸地方国营）		920,000	上海匡时	2018-04-30
2000年贵州茅台酒（珍品）		920,000	西泠拍卖	2018-07-07
2012年产庆贺十八大召开茅台酒		897,000	中国嘉德	2018-06-18
2012年产庆贺十八大召开茅台酒		897,000	中国嘉德	2018-06-18
1999年贵州茅台酒		897,000	西泠拍卖	2018-07-07
1991年贵州茅台酒（鐵蓋）		893,137	北京匡时	2018-10-03
1992年貴州茅台酒（鐵蓋）		886,964	北京匡时	2018-10-03
1980–1982年"金轮牌"内销贵州茅台酒（三大革命）		879,750	北京保利	2018-06-20
20世纪80年代"飞天牌"外销贵州茅台酒组合		878,250	保利香港	2018-04-01
2011–2013年国宴专供贵州茅台酒（五原箱）		862,500	西泠拍卖	2018-07-07
1979–1982年贵州茅台酒（大飞天）		862,500	西泠拍卖	2018-07-07
1995年貴州茅台酒（鐵蓋）		831,400	北京匡时	2018-10-03
1996年貴州茅台酒（鐵蓋）		828,313	北京匡时	2018-10-03
1983年贵州茅台酒（特供黄飞天）		828,000	西泠拍卖	2018-07-07
2000年贵州茅台酒		828,000	西泠拍卖	2018-07-07
1983–1985年贵州茅台酒（大飞天）		816,500	西泠拍卖	2018-07-07
1987–1990年贵州茅台酒		805,000	上海匡时	2018-04-30
2015年产人民大会堂茅台酒		805,000	中国嘉德	2018-06-18
1999–2001年贵州茅台酒50年陈酿		805,000	西泠拍卖	2018-07-07
1983年–1986年产飞天牌茅台酒		805,000	保利厦门	2018-07-15
1991–1996年珍品鐵蓋茅台酒		800,531	北京匡时	2018-10-03
2002年贵州茅台酒		793,500	西泠拍卖	2018-07-07
1989–1990年贵州茅台酒（珍品铁盖）		793,500	西泠拍卖	2018-07-07
1983–1986年"五星牌"内销贵州茅台酒（绵纸地方国营）		786,600	北京保利	2018-06-20
2013年国宴专用茅台酒		782,000	北京匡时	2018-06-16
2008年产空军茅台酒		782,000	中国嘉德	2018-06-18
1991年–1996年产飞天牌铁盖茅台酒		759,000	保利厦门	2018-07-15
1987–1990年贵州茅台酒		747,500	北京匡时	2018-06-16
2008年产空军茅台酒		747,500	中国嘉德	2018-06-18
2001年贵州茅台酒		747,500	西泠拍卖	2018-07-07
1987年贵州茅台酒（铁盖）		747,500	西泠拍卖	2018-07-07
1991年产飞天牌原箱铁盖茅台酒		736,000	中国嘉德	2018-06-18
1988年贵州茅台酒（铁盖）		736,000	西泠拍卖	2018-07-07
1992年产五星牌原箱铁盖茅台酒		724,500	中国嘉德	2018-06-18
2000–2009年贵州茅台酒		713,000	北京保利	2018-06-20
2003年贵州茅台酒		713,000	西泠拍卖	2018-07-07
1992年贵州茅台酒（铁盖）		690,000	北京匡时	2018-06-16
1991–1996年贵州茅台酒		690,000	上海匡时	2018-04-30
1991–1996年珍品铁盖茅台酒		690,000	上海匡时	2018-04-30
1988年产五星牌原箱铁盖茅台酒		690,000	中国嘉德	2018-06-18
1998年贵州茅台酒		690,000	北京保利	2018-06-20

拍品名称	物品尺寸	成交价RMB	拍卖公司	拍卖日期
2010年贵州茅台酒(新铁盖原箱)		690,000	西泠拍卖	2018-07-07
1992年产飞天牌珍品铁盖茅台酒		690,000	保利厦门	2018-07-15
90年代“铁盖”组合		687,326	保利香港	2018-04-01
1980-1985年飞天牌茅台酒(大飞天)		678,500	上海国时	2018-04-30
1989年贵州茅台酒(铁盖)		678,500	西泠拍卖	2018-07-07
1997年贵州茅台酒		668,234	保利香港	2018-04-01
2010年产人民大会堂茅台酒		667,000	中国嘉德	2018-06-18
1991年贵州茅台酒(铁盖)		655,500	北京匡时	2018-06-16
1986-1989年贵州茅台酒(铁盖双盒)		655,500	西泠拍卖	2018-07-07
1981年“金轮牌”内销贵州茅台酒(三大革命)		649,142	保利香港	2018-04-01
1982年“金轮牌”内销贵州茅台酒(三大革命)		639,595	保利香港	2018-04-01
1985-1986“五星牌”		632,500	保利厦门	2018-01-08
2018年产贵州茅台酒(蓝)		632,500	中国嘉德	2018-06-18
1998年产五星牌原箱茅台酒		632,500	中国嘉德	2018-06-18
1990年贵州茅台酒(铁盖)		632,500	西泠拍卖	2018-07-07
1993年贵州茅台酒(珍品铁盖)		632,500	西泠拍卖	2018-07-07
1996年产飞天牌珍品铁盖茅台酒		632,500	保利厦门	2018-07-15
1993年产飞天牌珍品铁盖茅台酒		632,500	保利厦门	2018-07-15
1980年“金轮牌”内销贵州茅台酒(三大革命)		630,049	保利香港	2018-04-01
1983-1986年“金轮牌”内销贵州茅台酒(绵纸地方国营)		620,503	保利香港	2018-04-01
1996年贵州茅台酒(珍品铁盖)		609,500	西泠拍卖	2018-07-07
1991年贵州茅台酒(珍品铁盖)		609,500	西泠拍卖	2018-07-07
1991-1996年珍品铁盖茅台酒		598,000	北京匡时	2018-06-16
1995年贵州茅台酒(珍品铁盖)		598,000	西泠拍卖	2018-07-07
2000年产飞天牌珍品茅台酒		598,000	保利厦门	2018-07-15
20世纪80年代初期“飞天牌”外销贵州茅台酒		586,500	北京保利	2018-06-21
1994年贵州茅台酒(铁盖)		575,000	北京匡时	2018-06-16
1993年贵州茅台酒(铁盖)		575,000	北京匡时	2018-06-16
1991-1996年贵州茅台酒		575,000	北京匡时	2018-06-16
2004年贵州茅台酒		575,000	西泠拍卖	2018-07-07
1995年贵州茅台酒(铁盖)		575,000	西泠拍卖	2018-07-07
1994年贵州茅台酒(铁盖)		575,000	西泠拍卖	2018-07-07
1993年贵州茅台酒(铁盖)		575,000	西泠拍卖	2018-07-07
1991年贵州茅台酒(铁盖)		575,000	西泠拍卖	2018-07-07
1992年贵州茅台酒(珍品铁盖)		575,000	西泠拍卖	2018-07-07
1980年-1985年产飞天牌茅台酒		575,000	保利厦门	2018-07-15
1999年产飞天牌珍品茅台酒		575,000	保利厦门	2018-07-15
1997年产飞天牌珍品茅台酒		575,000	保利厦门	2018-07-15
80年代后期“铁盖”组合		572,772	保利香港	2018-04-01
1980-1985年“飞天牌”贵州茅台酒(270ml)		572,772	保利香港	2018-04-01
1996年贵州茅台酒(铁盖)		563,500	西泠拍卖	2018-07-07
1987年贵州茅台酒(铁盖)		552,000	北京保利	2018-06-20
2005年贵州茅台酒		552,000	西泠拍卖	2018-07-07
1992年贵州茅台酒(铁盖)		552,000	西泠拍卖	2018-07-07
1994年贵州茅台酒(珍品铁盖)		552,000	西泠拍卖	2018-07-07
1995年贵州茅台酒(铁盖)		546,250	北京匡时	2018-06-16
1990年产飞天牌铁盖茅台酒		540,500	中国嘉德	2018-06-18
1997年贵州茅台酒		534,587	保利香港	2018-04-01
1993年贵州茅台酒(铁盖两原箱)		529,000	西泠拍卖	2018-07-07
1983年“金轮牌”内销贵州茅台酒(地方国营)		525,041	保利香港	2018-04-01
1996年贵州茅台酒(铁盖)		517,500	北京匡时	2018-06-16
1989年贵州茅台酒(铁盖)		517,500	北京保利	2018-06-20
1998年产飞天牌珍品茅台酒		517,500	保利厦门	2018-07-15
1984年“金轮牌”内销贵州茅台酒(地方国营)		505,949	保利香港	2018-04-01
1985年“金轮牌”内销贵州茅台酒(地方国营)		505,949	保利香港	2018-04-01

拍品名称	物品尺寸	成交价RMB	拍卖公司	拍卖日期
2011年产人民大会堂茅台酒		483,000	中国嘉德	2018-06-18
1995年产飞天牌铁盖茅台酒		483,000	中国嘉德	2018-06-18
1990年产珍品铁盖茅台酒		483,000	中国嘉德	2018-06-18
20世纪80年代中期“飞天牌”外销贵州茅台酒(原箱)		483,000	北京保利	2018-06-21
1983年贵州茅台酒(特供五星黄酱)		483,000	西泠拍卖	2018-07-07
2012年产飞天牌外交部专用茅台酒(原箱)		483,000	保利厦门	2018-07-15
1997年贵州茅台酒		481,553	北京匡时	2018-10-03
1987年贵州茅台酒(铁盖)		477,310	保利香港	2018-04-01
1987年贵州茅台酒(铁盖)		471,500	北京匡时	2018-06-16
1991年产珍品铁盖茅台酒		471,500	中国嘉德	2018-06-18
1992年产珍品铁盖茅台酒		471,500	中国嘉德	2018-06-18
1995年产珍品铁盖茅台酒		471,500	中国嘉德	2018-06-18
1990年贵州茅台酒(铁盖)		471,500	北京保利	2018-06-20
1988年贵州茅台酒(铁盖)		465,750	北京匡时	2018-06-16
1987年貴州茅台酒(鐵蓋)		460,974	北京匡时	2018-10-03
2013年产国宴茅台酒		460,000	中国嘉德	2018-06-18
2007年产空军茅台酒		460,000	中国嘉德	2018-06-18
2012年产庆贺十八大召开茅台酒		460,000	中国嘉德	2018-06-18
1993年产珍品铁盖茅台酒		460,000	中国嘉德	2018-06-18
1996年产珍品铁盖茅台酒		460,000	中国嘉德	2018-06-18
1996年—1999年产飞天牌茅台酒		460,000	中国嘉德	2018-06-18
2000年—2002年产飞天牌茅台酒		460,000	中国嘉德	2018-06-18
1988年贵州茅台酒(铁盖)		458,218	保利香港	2018-04-01
1989年贵州茅台酒(铁盖)		458,218	保利香港	2018-04-01
1985-1986年特供黑醬貴州茅台酒		454,800	北京匡时	2018-10-03
1987年贵州茅台酒(铁盖)		448,671	保利香港	2018-04-01
1996年产五星牌铁盖茅台酒		448,500	中国嘉德	2018-06-18
1994年产珍品铁盖茅台酒		448,500	中国嘉德	2018-06-18
1988年貴州茅台酒(鐵蓋)		447,598	北京匡时	2018-10-03
1983-1985年飛天牌茅台酒(大飛天)		442,453	北京匡时	2018-10-03
1990年贵州茅台酒(铁盖)		439,125	保利香港	2018-04-01
1998年貴州茅台酒		437,308	北京匡时	2018-10-03
1989年貴州茅台酒(鐵蓋)		437,308	北京匡时	2018-10-03
八十年代产飞天牌茅台酒		437,000	中国嘉德	2018-06-18
1993年产五星牌铁盖茅台酒		437,000	中国嘉德	2018-06-18
1995年产五星牌铁盖茅台酒		437,000	中国嘉德	2018-06-18
1993年产飞天牌铁盖茅台酒		437,000	中国嘉德	2018-06-18
1996年产飞天牌铁盖茅台酒		437,000	中国嘉德	2018-06-18
1980-1982年“金轮牌”内销贵州茅台酒(三大革命)		434,700	北京保利	2018-06-20
1999年貴州茅台酒		430,105	北京匡时	2018-10-03
1989年贵州茅台酒(铁盖)		429,579	保利香港	2018-04-01
2016年人民大会堂陈釀茅台酒		425,500	北京匡时	2018-06-16
1992年贵州茅台酒(铁盖)		425,500	北京匡时	2018-06-16
1994年产五星牌铁盖茅台酒		425,500	中国嘉德	2018-06-18
1992年产飞天牌铁盖茅台酒		425,500	中国嘉德	2018-06-18
1985-1986年貴州茅台酒		416,729	北京匡时	2018-10-03
1991年贵州茅台酒(铁盖)		414,000	北京匡时	2018-06-16
1990年贵州茅台酒(铁盖)		414,000	北京匡时	2018-06-16
1992年产五星牌铁盖茅台酒		414,000	中国嘉德	2018-06-18
1997年贵州茅台酒		410,487	保利香港	2018-04-01
1985-1986年特供黑酱贵州茅台酒		402,500	北京匡时	2018-06-16
1980-1983年飞天牌茅台酒(大飞天)		402,500	上海国时	2018-04-30
2001-2003年贵州茅台		402,500	华艺国际	2018-05-22
1990年产五星牌铁盖茅台酒		402,500	中国嘉德	2018-06-18
1992年产飞天牌铁盖茅台酒		402,500	中国嘉德	2018-06-18
1993年贵州茅台酒(铁盖原箱)		402,500	西泠拍卖	2018-07-07
1990年贵州茅台酒(铁盖)		400,940	保利香港	2018-04-01
2013年国宴专用茅台酒		396,750	北京匡时	2018-06-16
1983-1986年“五星牌”内销贵州茅台酒(绵纸地方国营)		393,300	北京保利	2018-06-20
1991-1992年贵州茅台酒(铁盖)		391,394	保利香港	2018-04-01

2018杂项拍卖成交汇总

(成交价RMB：2万元以上)

拍品名称	物品尺寸	成交价RMB	拍卖公司	拍卖日期
2002年产飞天牌原箱茅台酒		391,000	中国嘉德	2018-06-18
2003年产飞天牌原箱茅台酒		391,000	中国嘉德	2018-06-18
1990年貴州茅台酒(鐵蓋)		382,773	北京匡时	2018-10-03
1991年贵州茅台酒(铁盖)		381,848	保利香港	2018-04-01
1985–1986"五星牌"		379,500	保利厦门	2018-01-08
1994年贵州茅台酒(铁盖原箱)		379,500	西泠拍卖	2018-07-07
2013年产飞天牌国宴专用茅台酒(原箱)		379,500	保利厦门	2018-07-15
1995–1996年贵州茅台酒(铁盖)		372,302	保利香港	2018-04-01
1972"金轮牌"内销贵州茅台酒(陶瓷瓶)1瓶	500g	368,000	北京保利	2018-06-21
1985年贵州茅台酒(地方国营)		368,000	北京匡时	2018-06-16
1984年贵州茅台酒(地方国营)		368,000	北京匡时	2018-06-16
1983年贵州茅台酒(地方国营)		368,000	北京匡时	2018-06-16
1985–1986年贵州茅台酒		368,000	上海匡时	2018-04-30
1991年产五星牌铁盖茅台酒		368,000	中国嘉德	2018-06-18
1991年产飞天牌铁盖茅台酒		368,000	中国嘉德	2018-06-18
1991–1996年贵州茅台酒(铁盖)		368,000	西泠拍卖	2018-07-07
2003年产飞天牌茅台酒		368,000	保利厦门	2018-07-15
1995年产飞天牌珍品铁盖茅台酒		368,000	保利厦门	2018-07-15
2013年产飞天牌外交使团特供专用茅台酒(原箱)		368,000	保利厦门	2018-07-15
1992年贵州茅台酒(铁盖)		362,756	保利香港	2018-04-01
1986年贵州茅台酒(地方国营)		362,250	北京匡时	2018-06-16
1991年貴州茅台酒(鐵蓋)		362,194	北京匡时	2018-10-03
1992年貴州茅台酒(鐵蓋)		354,991	北京匡时	2018-10-03
1993年貴州茅台酒(鐵蓋)		351,904	北京匡时	2018-10-03
1997年贵州茅台酒		345,000	北京匡时	2018-06-16
1993年贵州茅台酒(铁盖)		345,000	北京匡时	2018-06-16
1983–1985年飞天牌茅台酒(大飞天)		345,000	北京匡时	2018-06-16
1980–1983年飞天牌茅台酒(大飞天)		345,000	北京匡时	2018-06-16
1990年贵州茅台酒(铁盖)		345,000	上海匡时	2018-04-30
1987年贵州茅台酒(铁盖)		345,000	上海匡时	2018-04-30
1985–1986年特供黑酱贵州茅台酒		345,000	上海匡时	2018-04-30
1994年产飞天牌铁盖茅台酒		345,000	中国嘉德	2018-06-18
1993年产飞天牌铁盖茅台酒		345,000	中国嘉德	2018-06-18
2008年产原箱国宴茅台酒		345,000	中国嘉德	2018-06-18
2017年贵州茅台酒陈酿(五原箱)		345,000	西泠拍卖	2018-07-07
1983–1986年贵州茅台酒(地方国营)		345,000	西泠拍卖	2018-07-07
2001年产飞天牌茅台酒		345,000	保利厦门	2018-07-15
1997年产飞天牌茅台酒		345,000	保利厦门	2018-07-15
1987年–1990年产飞天牌铁盖茅台酒		345,000	保利厦门	2018-07-15
1993年贵州茅台酒(铁盖)		343,663	保利香港	2018-04-01
2000年貴州茅台酒		341,615	北京匡时	2018-10-03
1994年貴州茅台酒(鐵蓋)		337,499	北京匡时	2018-10-03
1995年貴州茅台酒(鐵蓋)		334,412	北京匡时	2018-10-03
1995–1996年珍品茅台酒		334,412	北京匡时	2018-10-03
20世纪80年代初期"飞天牌"外销贵州茅台酒		334,117	保利香港	2018-04-01
1994年贵州茅台酒(铁盖)		333,500	北京匡时	2018-06-16
1988年产飞天牌铁盖茅台酒		333,500	中国嘉德	2018-06-18
1988年产珍品铁盖茅台酒		333,500	中国嘉德	2018-06-18
1995年产珍品原箱铁盖茅台酒		333,500	中国嘉德	2018-06-18
2005年产飞天牌茅台酒		333,500	保利厦门	2018-07-15
1996年貴州茅台酒(鐵蓋)		331,325	北京匡时	2018-10-03
1985–1986年贵州茅台酒		327,750	北京匡时	2018-06-16
1994年贵州茅台酒(铁盖)		324,571	保利香港	2018-04-01
1995年贵州茅台酒(铁盖)		324,571	保利香港	2018-04-01
1996年贵州茅台酒(铁盖)		322,000	北京匡时	2018-06-16
1995年贵州茅台酒(铁盖)		322,000	北京匡时	2018-06-16
1991年贵州茅台酒(铁盖)		322,000	上海匡时	2018-04-30
1988年产五星牌铁盖茅台酒		322,000	中国嘉德	2018-06-18
1983–1986年贵州茅台酒(全棉纸地方国营)		322,000	西泠拍卖	2018-07-07
1979–1982年贵州茅台酒(大飞天)		322,000	西泠拍卖	2018-07-07

拍品名称	物品尺寸	成交价RMB	拍卖公司	拍卖日期
1996年贵州茅台酒		316,250	北京匡时	2018-06-16
1987年贵州茅台酒(铁盖)		316,250	北京匡时	2018-06-16
1996年贵州茅台酒(铁盖)		315,025	保利香港	2018-04-01
1988年贵州茅台酒(铁盖)		310,500	北京匡时	2018-06-16
1984年产五星牌全棉纸地方国营茅台酒		310,500	中国嘉德	2018-06-18
1996年产五星牌茅台酒		310,500	中国嘉德	2018-06-18
1980–1985年"飞天牌"外销贵州茅台酒(140ml)		305,478	保利香港	2018-04-01
1980–1985年"飞天牌"外销贵州茅台酒(140ml)		305,478	保利香港	2018-04-01
2009年产飞天牌外交部驻澳门公署专用茅台酒(原箱)		304,750	保利厦门	2018-07-15
1996年貴州茅台酒		300,456	北京匡时	2018-10-03
1997年贵州茅台酒		299,000	北京匡时	2018-06-16
1993年贵州茅台酒(铁盖)		299,000	上海匡时	2018-04-30
1988年贵州茅台酒(铁盖)		299,000	上海匡时	2018-04-30
1979年贵州茅台酒(三大革命)		299,000	上海匡时	2018-04-30
1989年产珍品铁盖茅台酒		299,000	中国嘉德	2018-06-18
1991年产飞天牌原箱铁盖茅台酒		299,000	中国嘉德	2018-06-18
1981–1982年貴州茅台酒(全棉紙三大革命)		296,340	北京匡时	2018-10-03
1997年貴州茅台酒		293,254	北京匡时	2018-10-03
20世纪80年代初期"飞天牌"外销贵州茅台酒		293,250	北京保利	2018-06-21
20世纪80年代初期"飞天牌"外销贵州茅台酒		293,250	北京保利	2018-06-21
1999年贵州茅台酒		287,500	北京匡时	2018-06-16
1998年贵州茅台酒		287,500	北京匡时	2018-06-16
1992年贵州茅台酒(铁盖)		287,500	北京匡时	2018-06-16
1983–1984年特供黄酱贵州茅台酒		287,500	北京匡时	2018-06-16
1997–2000年贵州茅台酒		287,500	北京匡时	2018-06-16
1994年贵州茅台酒(铁盖)		287,500	上海匡时	2018-04-30
1989年贵州茅台酒(铁盖)		287,500	上海匡时	2018-04-30
2010年产原箱中央政府驻澳门联络办专用茅台酒		287,500	中国嘉德	2018-06-18
1987年贵州茅台酒(铁盖)		287,500	北京保利	2018-06-21
1987年贵州茅台酒(铁盖)		287,500	北京保利	2018-06-21
1999年贵州茅台酒		287,500	西泠拍卖	2018-07-07
1998年贵州茅台酒		287,500	西泠拍卖	2018-07-07
1997年贵州茅台酒		287,500	西泠拍卖	2018-07-07
1996年贵州茅台酒		287,500	西泠拍卖	2018-07-07
1999年贵州茅台酒(珍品)		287,500	西泠拍卖	2018-07-07
1997年贵州茅台酒(珍品)		287,500	西泠拍卖	2018-07-07
2004年产飞天牌茅台酒		287,500	保利厦门	2018-07-15
2002年产飞天牌茅台酒		287,500	保利厦门	2018-07-15
1991年–1995年产飞天牌铁盖茅台酒		287,500	保利厦门	2018-07-15
1981年–1982年产飞天牌茅台酒		287,500	保利厦门	2018-07-15
1981年–1982年产飞天牌茅台酒		287,500	保利厦门	2018-07-15
1990年产飞天牌曲印珍品铁盖茅台酒		287,500	保利厦门	2018-07-15
2013年产飞天牌和平鸽茅台酒(原箱)		287,500	保利厦门	2018-07-15
1980–1989年组合		286,386	保利香港	2018-04-01
1981–1982年貴州茅台酒(三大革命)		286,051	北京匡时	2018-10-03
80年代初期"飞天牌"		281,750	保利厦门	2018-01-08
1990年贵州茅台酒(铁盖)		276,000	北京匡时	2018-06-16
20世纪80年代中期"飞天牌"外销贵州茅台酒		276,000	北京保利	2018-06-21
20世纪80年代中期"飞天牌"外销贵州茅台酒		276,000	北京保利	2018-06-21
1983–1985年贵州茅台酒(大飞天)		276,000	西泠拍卖	2018-07-07
1998年贵州茅台酒(珍品)		276,000	西泠拍卖	2018-07-07
1996年贵州茅台酒(珍品)		276,000	西泠拍卖	2018-07-07
1998年貴州茅台酒		269,588	北京匡时	2018-10-03
1983–1986年五星牌茅台酒(全綿紙地方國營)		265,472	北京匡时	2018-10-03
1991年贵州茅台酒(铁盖)		264,500	北京匡时	2018-06-16

拍品名称	物品尺寸	成交价RMB	拍卖公司	拍卖日期
1995年贵州茅台酒(铁盖)		264,500	上海匡时	2018-04-30
1977-1984年贵州茅台酒(大飞仙)		264,500	华艺国际	2018-05-22
1996年产飞天牌茅台酒		264,500	中国嘉德	2018-06-18
1988年贵州茅台酒(铁盖)		264,500	北京保利	2018-06-21
1988年贵州茅台酒(铁盖)		264,500	北京保利	2018-06-21
1987年贵州茅台酒(铁盖)		264,500	西泠拍卖	2018-07-07
1980-1983年贵州茅台酒		264,500	西泠拍卖	2018-07-07
2013年产五星牌八一特供陈酿茅台酒(原箱)		264,500	保利厦门	2018-07-15
2012年产飞天牌全国人大会议中心陈酿茅台酒(原箱)		264,500	保利厦门	2018-07-15
2012年产飞天牌外交部专用茅台酒(原箱)		264,500	保利厦门	2018-07-15
1993年贵州茅台酒(铁盖)		258,750	北京匡时	2018-06-16
1989年贵州茅台酒(铁盖)		258,750	北京保利	2018-06-21
1989年贵州茅台酒(铁盖)		258,750	北京保利	2018-06-21
1997年贵州茅台酒		257,747	保利香港	2018-04-01
1986年貴州茅台酒(地方國營)		255,182	北京匡时	2018-10-03
1984年貴州茅台酒(地方國營)		255,182	北京匡时	2018-10-03
2013年国宴专用茅台酒		253,000	北京匡时	2018-06-16
2016年人民大会堂陈酿茅台酒		253,000	北京匡时	2018-06-16
1996年贵州茅台酒		253,000	北京匡时	2018-06-16
1981-1982年贵州茅台酒(全棉纸三大革命)		253,000	北京匡时	2018-06-16
1991-1994年珍品贵州茅台酒		253,000	北京匡时	2018-06-16
1981-1982年贵州茅台酒(三大革命)		253,000	上海匡时	2018-04-30
1997-2000年贵州茅台酒		253,000	上海匡时	2018-04-30
1987年产飞天牌铁盖茅台酒		253,000	中国嘉德	2018-06-18
1989年产飞天牌铁盖茅台酒		253,000	中国嘉德	2018-06-18
1991年产飞天牌铁盖茅台酒		253,000	中国嘉德	2018-06-18
1996年贵州茅台酒(塑料盖)		253,000	北京保利	2018-06-21
2001年贵州茅台酒		253,000	西泠拍卖	2018-07-07
1986-1989年贵州茅台酒(铁盖双盒)		253,000	西泠拍卖	2018-07-07
1983-1986年贵州茅台酒(地方国营)		253,000	西泠拍卖	2018-07-07
1989-1990年贵州茅台酒(珍品铁盖)		253,000	西泠拍卖	2018-07-07
2003-2006年贵州茅台酒50年陈酿		253,000	西泠拍卖	2018-07-07
1998年产飞天牌茅台酒		253,000	保利厦门	2018-07-15
1992年产五星牌铁盖茅台酒		253,000	保利厦门	2018-07-15
1991年产五星牌铁盖茅台酒		253,000	保利厦门	2018-07-15
1980年-1983年产五星牌全绵纸三大革命地方国营茅台酒		253,000	保利厦门	2018-07-15
2002年产飞天牌珍品茅台酒		253,000	保利厦门	2018-07-15
1996年产飞天牌珍品茅台酒		253,000	保利厦门	2018-07-15
1991年产飞天牌珍品铁盖茅台酒		253,000	保利厦门	2018-07-15
2001年貴州茅台酒		252,095	北京匡时	2018-10-03
1983-1984年特供黃醬貴州茅台酒		249,008	北京匡时	2018-10-03
80年代后期“飞天牌”		241,500	保利厦门	2018-01-08
1987年-1990年产铁盖贵州茅台酒		241,500	北京荣宝	2018-06-14
1989年产五星牌铁盖茅台酒		241,500	中国嘉德	2018-06-18
2012年产十二生肖纪念茅台酒		241,500	中国嘉德	2018-06-18
1997年产五星牌茅台酒		241,500	中国嘉德	2018-06-18
1991年“珍品”贵州茅台酒		241,500	北京保利	2018-06-20
2000年贵州茅台酒		241,500	西泠拍卖	2018-07-07
1989年贵州茅台酒(铁盖)		241,500	西泠拍卖	2018-07-07
1988年贵州茅台酒(铁盖)		241,500	西泠拍卖	2018-07-07
2002年貴州茅台酒		236,661	北京匡时	2018-10-03
2005年“50年”贵州茅台酒		235,750	北京荣宝	2018-05-18
1990年贵州茅台酒(铁盖)		235,750	北京保利	2018-06-21
1988年贵州茅台酒(铁盖)		234,600	北京东正	2018-06-17
1988年贵州茅台酒(铁盖)		234,600	北京东正	2018-06-17
1999-2001年貴州茅台50年陳釀(65年)		231,516	北京匡时	2018-10-03
1999年贵州茅台酒		230,000	北京匡时	2018-06-16
1998年贵州茅台酒		230,000	北京匡时	2018-06-16
1995-1996年珍品贵州茅台酒		230,000	北京匡时	2018-06-16
1980-1985年“飞天牌”		230,000	保利厦门	2018-01-08
1992年贵州茅台酒(铁盖)		230,000	上海匡时	2018-04-30

拍品名称	物品尺寸	成交价RMB	拍卖公司	拍卖日期
1981-1982年贵州茅台酒(全棉纸三大革命)		230,000	上海匡时	2018-04-30
1979年产五星牌三大革命茅台酒		230,000	中国嘉德	2018-06-18
1981年产五星牌全棉纸三大革命茅台酒		230,000	中国嘉德	2018-06-18
1987年产五星牌铁盖茅台酒		230,000	中国嘉德	2018-06-18
1988年产五星牌铁盖茅台酒		230,000	中国嘉德	2018-06-18
1998年贵州茅台酒		230,000	北京保利	2018-06-21
1998年贵州茅台酒		230,000	北京保利	2018-06-21
1992年贵州茅台酒(铁盖原箱)		230,000	西泠拍卖	2018-07-07
2012年中共中央党校专用贵州茅台酒(原箱)		230,000	西泠拍卖	2018-07-07
1990年贵州茅台酒(铁盖)		230,000	西泠拍卖	2018-07-07
2000年贵州茅台酒(珍品)		230,000	西泠拍卖	2018-07-07
2000年产飞天牌茅台酒		230,000	保利厦门	2018-07-15
1999年产飞天牌茅台酒		230,000	保利厦门	2018-07-15
1994年产五星牌铁盖茅台酒		230,000	保利厦门	2018-07-15
1993年产五星牌铁盖茅台酒		230,000	保利厦门	2018-07-15
1991年-1996年产飞天牌铁盖茅台酒		230,000	保利厦门	2018-07-15
1980年-1985年产飞天牌铁盖茅台酒		230,000	保利厦门	2018-07-15
1980年-1985年产飞天牌茅台酒		230,000	保利厦门	2018-07-15
1983年-1986年产飞天牌茅台酒		230,000	保利厦门	2018-07-15
2001年产飞天牌珍品茅台酒		230,000	保利厦门	2018-07-15
2000年产飞天牌珍品茅台酒		230,000	保利厦门	2018-07-15
1999年产飞天牌珍品茅台酒		230,000	保利厦门	2018-07-15
1998年产飞天牌珍品茅台酒		230,000	保利厦门	2018-07-15
1993年产飞天牌珍品铁盖茅台酒		230,000	保利厦门	2018-07-15
1992年产飞天牌珍品铁盖茅台酒		230,000	保利厦门	2018-07-15
1987年貴州茅台酒(鐵蓋)		228,429	北京匡时	2018-10-03
1988年貴州茅台酒(鐵蓋)		224,313	北京匡时	2018-10-03
1996年贵州茅台酒(铁盖)		224,250	上海匡时	2018-04-30
1990年产铁盖贵州茅台酒		224,250	北京荣宝	2018-06-14
1991-1992年贵州茅台酒(铁盖)		224,250	北京保利	2018-06-20
1991年贵州茅台酒(铁盖)		224,250	北京保利	2018-06-21
1991年贵州茅台酒(铁盖)		224,250	北京保利	2018-06-21
1992年贵州茅台酒(铁盖)		224,250	北京保利	2018-06-21
1992年贵州茅台酒(铁盖)		224,250	北京保利	2018-06-21
1994年“珍品”贵州茅台酒		224,250	北京保利	2018-06-21
2009年贵州茅台酒		220,800	北京荣宝	2018-05-18
1998年贵州茅台酒		219,563	保利香港	2018-04-01
2001年贵州茅台酒		218,500	北京匡时	2018-06-16
2000年贵州茅台酒		218,500	北京匡时	2018-06-16
1994年贵州茅台酒(铁盖)		218,500	北京匡时	2018-06-16
1981-1982年贵州茅台酒(三大革命)		218,500	北京匡时	2018-06-16
2008年产飞天牌贵州茅台酒		218,500	北京荣宝	2018-09-14
1984年产全棉纸五星牌地方国营茅台酒		218,500	中国嘉德	2018-09-18
1986年贵州茅台酒(地方国营)		218,500	上海匡时	2018-04-30
1984年贵州茅台酒(地方国营)		218,500	上海匡时	2018-04-30
1983年贵州茅台酒(地方国营)		218,500	上海匡时	2018-04-30
1995-1996年珍品茅台酒		218,500	上海匡时	2018-04-30
1991-1994年珍品茅台酒		218,500	上海匡时	2018-04-30
2001年产“50年”贵州茅台酒		218,500	北京荣宝	2018-06-14
2000年产珍品原箱铁盖茅台酒		218,500	中国嘉德	2018-06-18
1998年产飞天牌茅台酒		218,500	中国嘉德	2018-06-18
1998年产五星牌茅台酒		218,500	中国嘉德	2018-06-18
1999年产五星牌茅台酒		218,500	中国嘉德	2018-06-18
1990年贵州茅台酒(铁盖)		218,500	北京东正	2018-06-17
1997年贵州茅台酒(原箱)		218,500	西泠拍卖	2018-07-07
2003年专卖店贵州茅台酒		218,500	西泠拍卖	2018-07-07
1992年贵州茅台酒(铁盖)		218,500	西泠拍卖	2018-07-07
1995年产飞天牌铁盖茅台酒		218,500	保利厦门	2018-07-15
1983年-1986年产飞天牌茅台酒		218,500	保利厦门	2018-07-15
1989年貴州茅台酒(鐵蓋)		218,140	北京匡时	2018-10-03
1980-1982年“金轮牌”内销贵州茅台酒(三大革命)		217,350	北京保利	2018-06-21

2018杂项拍卖成交汇总

(成交价RMB：2万元以上)

拍品名称	物品尺寸	成交价RMB	拍卖公司	拍卖日期
1995年贵州茅台酒(铁盖)		216,200	北京匡时	2018-06-16
1996年贵州茅台酒(铁盖)		212,750	北京匡时	2018-06-16
2000年贵州茅台酒		212,750	上海匡时	2018-04-30
1999年贵州茅台		210,450	华艺国际	2018-05-22
2013年国宴专用贵州茅台酒		210,016	保利香港	2018-04-01
2012年贵州茅台酒黄永玉十二生肖限量版(一套)		209,300	北京匡时	2018-06-16
2000年贵州茅台酒		209,300	北京保利	2018-06-21
1983-1986年五星牌茅台酒(全绵纸地方国营)		207,000	上海匡时	2018-04-30
2002年公斤茅台(原箱)		207,000	上海匡时	2018-04-30
1999年产飞天牌茅台酒		207,000	中国嘉德	2018-06-18
1997年贵州茅台酒(原箱)		207,000	北京保利	2018-06-21
2003年贵州茅台酒		207,000	西泠拍卖	2018-07-07
1994年贵州茅台酒(铁盖)		207,000	西泠拍卖	2018-07-07
2001年贵州茅台酒(珍品)		207,000	西泠拍卖	2018-07-07
1993年贵州茅台酒(珍品铁盖)		207,000	西泠拍卖	2018-07-07
1991年贵州茅台酒(珍品铁盖)		207,000	西泠拍卖	2018-07-07
1999-2001年贵州茅台酒15年陈酿		207,000	西泠拍卖	2018-07-07
1996年产五星牌铁盖茅台酒		207,000	保利厦门	2018-07-15
1987年-1990年产飞天牌铁盖茅台酒		207,000	保利厦门	2018-07-15
2003年产飞天牌珍品茅台酒		207,000	保利厦门	2018-07-15
1997年产飞天牌珍品茅台酒		207,000	保利厦门	2018-07-15
1989年-1992年产飞天牌珍品铁盖茅台酒		207,000	保利厦门	2018-07-15
1981-1985年贵州茅台酒		205,792	北京匡时	2018-10-03
2002年贵州茅台酒		201,250	北京匡时	2018-06-16
1993年贵州茅台酒(铁盖)		201,250	北京保利	2018-06-21
1993年贵州茅台酒(铁盖)		201,250	北京保利	2018-06-21
1994年贵州茅台酒(铁盖)		201,250	北京保利	2018-06-21
1994年贵州茅台酒(铁盖)		201,250	北京保利	2018-06-21
1993-1994年贵州茅台酒(铁盖)		201,250	北京保利	2018-06-21
2002年贵州茅台酒		201,250	西泠拍卖	2018-07-07
2013年国宴专用贵州茅台酒		200,470	保利香港	2018-04-01
1997年贵州茅台酒		197,560	北京匡时	2018-10-03
1989-1990年珍品茅台酒		197,560	北京匡时	2018-10-03
2005年贵州茅台酒		195,502	北京匡时	2018-10-03
2003年贵州茅台酒		195,500	北京匡时	2018-06-16
1983-1986年五星牌茅台酒(全绵纸地方国营)		195,500	北京匡时	2018-06-16
1988年贵州茅台酒(铁盖)		195,500	上海匡时	2018-04-30
1995-1996年贵州茅台酒(铁盖/珍品)		195,500	华艺国际	2018-05-22
2005年"30年"贵州茅台酒		195,500	北京荣宝	2018-05-18
1986年产1704珍品贵州茅台酒		195,500	北京荣宝	2018-06-14
1972年产五星牌全棉纸三大革命茅台酒		195,500	中国嘉德	2018-06-18
1978年产葵花牌三大革命茅台酒		195,500	中国嘉德	2018-06-18
1988年产飞天牌铁盖茅台酒		195,500	中国嘉德	2018-06-18
1992年产飞天牌铁盖茅台酒		195,500	中国嘉德	2018-06-18
2012年产十二生肖纪念茅台酒		195,500	中国嘉德	2018-06-18
1997年产飞天牌茅台酒		195,500	中国嘉德	2018-06-18
1995年贵州茅台酒(铁盖)		195,500	北京保利	2018-06-21
1996年贵州茅台酒(铁盖)		195,500	北京保利	2018-06-21
1996年贵州茅台酒(铁盖)		195,500	北京保利	2018-06-21
1995-1996年贵州茅台酒(铁盖)		195,500	北京保利	2018-06-21
1993年贵州茅台酒(铁盖)		195,500	北京东正	2018-06-17
1998年贵州茅台酒(原箱)		195,500	西泠拍卖	2018-07-07
1997-2000年贵州茅台酒		195,500	西泠拍卖	2018-07-07
1995年贵州茅台酒(铁盖)		195,500	西泠拍卖	2018-07-07
1993年贵州茅台酒(铁盖)		195,500	西泠拍卖	2018-07-07
1991年贵州茅台酒(铁盖)		195,500	西泠拍卖	2018-07-07
1996年贵州茅台酒(珍品铁盖)		195,500	西泠拍卖	2018-07-07
1995年贵州茅台酒(珍品铁盖)		195,500	西泠拍卖	2018-07-07
1992年贵州茅台酒(珍品铁盖)		195,500	西泠拍卖	2018-07-07
1991年-1995年产飞天牌铁盖茅台酒		195,500	保利厦门	2018-07-15

拍品名称	物品尺寸	成交价RMB	拍卖公司	拍卖日期
1972年"金轮牌"内销贵州茅台酒		190,924	保利香港	2018-04-01
2000年贵州茅台酒		190,924	保利香港	2018-04-01
1990年贵州茅台酒(鐵蓋)		190,358	北京匡时	2018-10-03
1992年 珍品茅台酒		189,750	保利厦门	2018-01-08
1992年贵州茅台酒(铁盖)		189,750	北京东正	2018-06-17
2011年产五星牌人民大会堂陈酿茅台酒(原箱)		189,750	保利厦门	2018-07-15
2006年贵州茅台酒		187,271	北京匡时	2018-10-03
1987-1990年贵州茅台酒		187,271	北京匡时	2018-10-03
1983年贵州茅台酒(地方国营)		186,300	北京匡时	2018-06-16
1983-1986年"五星牌"内销贵州茅台酒(地方国营)		186,300	北京保利	2018-06-21
1991年贵州茅台酒(铁盖)		186,300	北京东正	2018-06-17
2004年贵州茅台酒		184,000	北京匡时	2018-06-16
1986年贵州茅台酒(地方国营)		184,000	北京匡时	2018-06-16
1985年贵州茅台酒(地方国营)		184,000	北京匡时	2018-06-16
1984年贵州茅台酒(地方国营)		184,000	北京匡时	2018-06-16
1990年贵州茅台酒(铁盖)		184,000	上海匡时	2018-04-30
1985-1986年贵州茅台酒		184,000	上海匡时	2018-04-30
1991-1996年贵州茅台酒(红皮/铁盖)		184,000	华艺国际	2018-05-22
1999年贵州茅台酒(建国50周年庆典)		184,000	华艺国际	2018-05-22
2001年产贵州茅台酒		184,000	北京荣宝	2018-06-14
1994年产铁盖贵州茅台酒		184,000	北京荣宝	2018-06-14
1995年产铁盖贵州茅台酒		184,000	北京荣宝	2018-06-14
1984年产五星牌全棉纸地方国营茅台酒		184,000	中国嘉德	2018-06-18
1986年产五星牌全棉纸地方国营茅台酒		184,000	中国嘉德	2018-06-18
1986年产五星牌地方国营茅台酒		184,000	中国嘉德	2018-06-18
八十年代产飞天牌茅台酒		184,000	中国嘉德	2018-06-18
2012年产十二生肖纪念茅台酒		184,000	中国嘉德	2018-06-18
1994年贵州茅台酒(铁盖)		184,000	北京东正	2018-06-17
2004年贵州茅台酒		184,000	西泠拍卖	2018-07-07
1996年贵州茅台酒(铁盖)		184,000	西泠拍卖	2018-07-07
2003年贵州茅台酒(珍品)		184,000	西泠拍卖	2018-07-07
1994年贵州茅台酒(珍品铁盖)		184,000	西泠拍卖	2018-07-07
1983年-1986年产五星牌全棉纸地方国营茅台酒		184,000	保利厦门	2018-07-15
2013年产飞天牌国宴专用茅台酒(原箱)		184,000	保利厦门	2018-07-15
2013年产飞天牌外交使团特供专用茅台酒(原箱)		184,000	保利厦门	2018-07-15
1997年"珍品"贵州茅台酒		181,378	保利香港	2018-04-01
1999年贵州茅台酒		181,378	保利香港	2018-04-01
1993年 珍品茅台酒		179,400	保利厦门	2018-01-08
1994年 珍品茅台酒		179,400	保利厦门	2018-01-08
1999年贵州茅台酒(原箱)		179,400	北京保利	2018-06-21
2006年贵州茅台酒		178,250	北京匡时	2018-06-16
1993年产铁盖贵州茅台酒		178,250	北京荣宝	2018-06-14
2001年贵州茅台酒		177,100	北京保利	2018-06-21
2001年贵州茅台酒		174,800	上海匡时	2018-04-30
1985-1986年贵州茅台酒		172,500	北京匡时	2018-06-16
1990-1994年珍品贵州茅台酒		172,500	北京匡时	2018-06-16
1999-2001年贵州茅台50年陈酿(65年)		172,500	北京匡时	2018-06-16
1983年左右贵州茅台酒(特供黄飞天)		172,500	北京匡时	2018-06-16
2000年产飞天牌贵州茅台酒		172,500	北京荣宝	2018-09-14
1991年贵州茅台酒(铁盖)		172,500	上海匡时	2018-04-30
1989年贵州茅台酒(铁盖)		172,500	上海匡时	2018-04-30
1987年贵州茅台酒(铁盖)		172,500	上海匡时	2018-04-30
1987-1990年贵州茅台酒		172,500	上海匡时	2018-04-30
1999-2001年贵州茅台50年陈酿(65年)		172,500	上海匡时	2018-04-30
70年代初葵花牌全棉纸茅台酒		172,500	上海匡时	2018-04-30
1993-1994年贵州茅台酒(铁盖/珍品)		172,500	华艺国际	2018-05-22
1983-1986年产五星牌地方国营贵州茅台酒		172,500	北京荣宝	2018-06-14
马年生肖贵州茅台酒		172,500	北京荣宝	2018-06-14

拍品名称	物品尺寸	成交价RMB	拍卖公司	拍卖日期
1983年产五星牌全棉纸地方国营茅台酒		172,500	中国嘉德	2018-06-18
1986年产五星牌铁盖茅台酒		172,500	中国嘉德	2018-06-18
1987年产飞天牌铁盖茅台酒		172,500	中国嘉德	2018-06-18
2007年产原箱全国政协宴会茅台酒		172,500	中国嘉德	2018-06-18
1990-1999年贵州茅台酒(1990-1996铁盖,1997-1999塑料盖)		172,500	北京保利	2018-06-21
1996年贵州茅台酒(铁盖)		172,500	北京东正	2018-06-17
1995年贵州茅台酒(铁盖)		172,500	北京东正	2018-06-17
1999年贵州茅台酒(原箱)		172,500	西泠拍卖	2018-07-07
2006年贵州茅台酒		172,500	西泠拍卖	2018-07-07
2005年贵州茅台酒		172,500	西泠拍卖	2018-07-07
1999-2001年贵州茅台酒50年陈酿		172,500	西泠拍卖	2018-07-07
1996年产五星牌茅台酒		172,500	保利厦门	2018-07-15
1980年-1985年产飞天牌铁盖茅台酒		172,500	保利厦门	2018-07-15
1996年产飞天牌珍品茅台酒		172,500	保利厦门	2018-07-15
2006年产飞天牌1680典藏茅台酒(原箱)		172,500	保利厦门	2018-07-15
2000年贵州茅台酒		171,832	保利香港	2018-04-01
2000年贵州茅台酒		171,832	保利香港	2018-04-01
20世纪80年代组合		171,832	保利香港	2018-04-01
2016年人民大会堂陈酿茅台酒		166,750	北京匡时	2018-06-16
1993年 贵州茅台酒(铁盖)		166,750	保利厦门	2018-01-08
1981-1985年贵州茅台酒		166,750	上海匡时	2018-04-30
1985-1986年贵州茅台酒(地方国营)		166,750	华艺国际	2018-05-22
2002年产贵州茅台酒		166,750	北京荣宝	2018-06-14
2009年产飞天牌外交部驻澳门公署专用茅台酒(原箱)		166,750	保利厦门	2018-07-15
2011-2012年贵州茅台酒(原箱)		164,450	华艺国际	2018-05-22
1999-2001年貴州茅台30年陳釀(45年)		162,576	北京匡时	2018-10-03
2013年国宴专用茅台酒		161,000	北京匡时	2018-06-16
1988年贵州茅台酒(铁盖)		161,000	北京匡时	2018-06-16
1987年贵州茅台酒(铁盖)		161,000	北京匡时	2018-06-16
2014-2017年马羊猴鸡生肖茅台酒(原箱)		161,000	保利厦门	2018-01-08
2002年贵州茅台酒		161,000	上海匡时	2018-04-30
1985年贵州茅台酒(地方国营)		161,000	上海匡时	2018-04-30
1999年产建国50周年贵州茅台酒		161,000	北京荣宝	2018-06-14
八十年代五星牌黑酱特供茅台酒		161,000	中国嘉德	2018-06-18
1989年产五星牌铁盖茅台酒		161,000	中国嘉德	2018-06-18
1989年产飞天牌铁盖茅台酒		161,000	中国嘉德	2018-06-18
2011年产原箱马万祺茅台酒		161,000	中国嘉德	2018-06-18
1983-1986年"五星牌"内销贵州茅台酒(绵纸小地方国营250g)		161,000	北京保利	2018-06-21
2000年贵州茅台酒(原箱)		161,000	西泠拍卖	2018-07-07
2007年贵州茅台酒		161,000	西泠拍卖	2018-07-07
2002年贵州茅台酒(珍品)		161,000	西泠拍卖	2018-07-07
1981年-1982年产飞天牌茅台酒		161,000	保利厦门	2018-07-15
1981年-1982年产飞天牌茅台酒		161,000	保利厦门	2018-07-15
1991年贵州茅台酒(铁盖)		155,250	北京匡时	2018-06-16
2006年、2009年产飞天牌贵州茅台酒		155,250	北京荣宝	2018-09-14
2003年贵州茅台酒		155,250	上海匡时	2018-04-30
2002年贵州茅台		155,250	华艺国际	2018-05-22
2004年产贵州茅台酒		155,250	北京荣宝	2018-06-14
1994-1995年产飞天牌铁盖贵州茅台酒		155,250	北京荣宝	2018-06-14
2002年产五星牌茅台酒		155,250	保利厦门	2018-07-15
2011年产十二生肖茅台酒(原箱)		155,250	保利厦门	2018-07-15
2003年贵州茅台		151,800	华艺国际	2018-05-22
1979年贵州茅台酒(三大革命)		149,500	北京匡时	2018-06-16
1981-1985年贵州茅台酒		149,500	北京匡时	2018-06-16
1987-1990年贵州茅台酒		149,500	北京匡时	2018-06-16
2003-2006年貴州茅台50年陳釀(60年)		149,500	北京匡时	2018-06-16
1978年 葵花牌茅台酒		149,500	保利厦门	2018-01-08
1995年 贵州茅台酒(铁盖)		149,500	保利厦门	2018-01-08
1999年贵州茅台酒		149,500	上海匡时	2018-04-30
1993年贵州茅台酒(铁盖)		149,500	上海匡时	2018-04-30

拍品名称	物品尺寸	成交价RMB	拍卖公司	拍卖日期
2003-2006年貴州茅台50年陳釀(60年)		149,500	上海匡时	2018-04-30
1989-1992年贵州茅台酒(铁盖/珍品)		149,500	华艺国际	2018-05-22
1996年产铁盖贵州茅台酒		149,500	北京荣宝	2018-06-14
1987年产五星牌铁盖茅台酒		149,500	中国嘉德	2018-06-18
2002年贵州茅台酒(原箱)		149,500	西泠拍卖	2018-07-07
2002-2006年贵州茅台酒30年陈酿		149,500	西泠拍卖	2018-07-07
2003年产五星牌茅台酒		149,500	保利厦门	2018-07-15
2012年中国体育代表团奥运庆功酒组合		149,499	北京保利	2018-06-21
1990-1994年珍品茅台酒		149,199	北京匡时	2018-10-03
2002-2006年貴州茅台30年陳釀(40年)		146,112	北京匡时	2018-10-03
2007年贵州茅台酒		143,750	北京匡时	2018-06-16
2007年贵州茅台酒		143,750	北京荣宝	2018-05-18
2013年产五星牌八一特供陈酿茅台酒(原箱)		143,750	保利厦门	2018-07-15
1997年贵州茅台酒		143,193	保利香港	2018-04-01
70年代初贵州茅台酒(棉纸包装葵花牌)		140,300	华艺国际	2018-05-22
2008年贵州茅台酒		138,000	北京匡时	2018-06-16
2001年贵州茅台酒		138,000	北京匡时	2018-06-16
1993年贵州茅台酒(铁盖)		138,000	北京匡时	2018-06-16
1990年贵州茅台酒(铁盖)		138,000	北京匡时	2018-06-16
1980年贵州茅台酒(三大革命)		138,000	北京匡时	2018-06-16
1989-1990年珍品贵州茅台酒		138,000	北京匡时	2018-06-16
2005年产飞天牌贵州茅台酒		138,000	北京荣宝	2018-09-14
2005年贵州茅台酒		138,000	上海匡时	2018-04-30
2004年贵州茅台酒		138,000	上海匡时	2018-04-30
1995年贵州茅台酒(铁盖)		138,000	上海匡时	2018-04-30
1987年珍品茅台酒(一七〇四)		138,000	上海匡时	2018-04-30
2004年贵州茅台		138,000	华艺国际	2018-05-22
1987-1990年贵州茅台酒(无度/铁盖)		138,000	华艺国际	2018-05-22
2007年"30年"贵州茅台酒		138,000	北京荣宝	2018-05-18
2006年贵州茅台酒		138,000	北京荣宝	2018-05-18
1988年产五星牌铁盖贵州茅台酒		138,000	北京荣宝	2018-06-14
1989年产五星牌铁盖贵州茅台酒		138,000	北京荣宝	2018-06-14
1989年产珍品贵州茅台酒		138,000	北京荣宝	2018-06-14
1998年贵州茅台酒		138,000	北京保利	2018-06-21
2005年产五星牌茅台酒		138,000	保利厦门	2018-07-15
1996年产飞天牌茅台酒		138,000	保利厦门	2018-07-15
1983年-1986年产五星牌地方国营茅台酒		138,000	保利厦门	2018-07-15
1983年-1986年产飞天牌茅台酒		138,000	保利厦门	2018-07-15
1983年-1986年产飞天牌1704珍品铁盖茅台酒		138,000	保利厦门	2018-07-15
2013年产飞天牌和平鸽茅台酒(原箱)		138,000	保利厦门	2018-07-15
2000年贵州茅台酒		135,823	北京匡时	2018-10-03
1991-1994年贵州茅台酒(红皮/铁盖)		135,700	华艺国际	2018-05-22
1991-1994年贵州茅台酒(红皮/铁盖)		135,700	华艺国际	2018-05-22
1989-1990年珍品茅台酒		132,250	上海匡时	2018-04-30
2001年贵州茅台(原箱)		132,250	上海匡时	2018-04-30
2000年产珍品贵州茅台酒		132,250	北京荣宝	2018-06-14
1983"飞天牌"特需贵州茅台酒(黄釉瓷瓶)		132,250	北京保利	2018-06-21
2004年产五星牌茅台酒		132,250	保利厦门	2018-07-15
2012年产飞天牌全国人大会议中心陈酿茅台酒(原箱)		132,250	保利厦门	2018-07-15
"77777"特别推出四十周年纪念组合		128,874	保利香港	2018-04-01
2002年贵州茅台酒		126,500	北京匡时	2018-06-16
1997-1999年珍品贵州茅台酒		126,500	北京匡时	2018-06-16
1985-1986"五星牌"		126,500	保利厦门	2018-01-08
2006年贵州茅台酒		126,500	上海匡时	2018-04-30
1996年贵州茅台酒		126,500	上海匡时	2018-04-30
1992年贵州茅台酒(铁盖)		126,500	上海匡时	2018-04-30
1997-1999年珍品茅台酒		126,500	上海匡时	2018-04-30
2017年八仙过海礼盒茅台		126,500	上海匡时	2018-04-30
2005年贵州茅台		126,500	华艺国际	2018-05-22

2018杂项拍卖成交汇总

（成交价RMB：2万元以上）

拍品名称	物品尺寸	成交价RMB	拍卖公司	拍卖日期
1989-1990年贵州茅台酒（无度/铁盖）		126,500	华艺国际	2018-05-22
2008年飞天牌贵州茅台酒		126,500	北京荣宝	2018-05-18
2000-2002年产贵州茅台酒		126,500	北京荣宝	2018-06-14
1985年产五星牌全棉纸地方国营茅台酒		126,500	中国嘉德	2018-06-18
1986年产珍品铁盖茅台酒		126,500	中国嘉德	2018-06-18
1987年产珍品铁盖茅台酒		126,500	中国嘉德	2018-06-18
2000年产飞天牌茅台酒		126,500	中国嘉德	2018-06-18
2002年产飞天牌茅台酒		126,500	中国嘉德	2018-06-18
2000年产五星牌茅台酒		126,500	中国嘉德	2018-06-18
2002年产五星牌茅台酒		126,500	中国嘉德	2018-06-18
1983-1986年“五星牌”内销贵州茅台酒（小地方国营250g）		126,500	北京保利	2018-06-21
1985-1986“五星牌”特需贵州茅台酒（酱釉瓷瓶）		126,500	北京保利	2018-06-21
1996年贵州茅台酒（塑料盖）		126,500	北京保利	2018-06-21
1996年贵州茅台酒（塑料盖）		126,500	北京保利	2018-06-21
2001年三大事件贵州茅台酒（两套）		126,500	西泠拍卖	2018-07-07
1994年产飞天牌珍品铁盖茅台酒		126,500	保利厦门	2018-07-15
1987年-1989年产飞天牌1704珍品铁盖茅台酒		126,500	保利厦门	2018-07-15
1997年贵州茅台酒		120,750	北京匡时	2018-06-16
1997年贵州茅台酒		120,750	上海匡时	2018-04-30
2006年贵州茅台酒		120,750	华艺国际	2018-05-22
1997年贵州茅台酒		120,750	北京保利	2018-06-21
1983-1986年贵州茅台酒（地方国营）		119,600	华艺国际	2018-05-22
2012年贵州茅台酒黄永玉十二生肖（一套）		118,450	北京匡时	2018-06-16
2002年贵州茅台酒		118,330	北京匡时	2018-10-03
2009年贵州茅台酒		117,300	北京匡时	2018-06-16
2003年贵州茅台酒		115,000	北京匡时	2018-06-16
1999年贵州茅台酒		115,000	北京匡时	2018-06-16
1998年贵州茅台酒		115,000	北京匡时	2018-06-16
1996年贵州茅台酒		115,000	北京匡时	2018-06-16
1994年贵州茅台酒（铁盖）		115,000	北京匡时	2018-06-16
1999-2001年贵州茅台30年陈酿（45年）		115,000	北京匡时	2018-06-16
1980-1985年“飞天牌”		115,000	保利厦门	2018-01-08
1994年贵州茅台酒（铁盖）		115,000	上海匡时	2018-04-30
2002年贵州茅台（原箱）		115,000	上海匡时	2018-04-30
2009年贵州茅台酒（原箱、专供外交部驻澳门）		115,000	华艺国际	2018-05-22
2007年贵州茅台酒		115,000	华艺国际	2018-05-22
2003-2006年贵州茅台		115,000	华艺国际	2018-05-22
1987年产五星牌铁盖贵州茅台酒		115,000	北京荣宝	2018-06-14
1991年产五星牌铁盖贵州茅台酒		115,000	北京荣宝	2018-06-14
八十年代五星牌全棉纸黄酱特供茅台酒		115,000	中国嘉德	2018-06-18
1980-1985年“飞天牌”贵州茅台酒（小飞天）（塑料盖）		115,000	北京保利	2018-06-21
1978年“葵花牌”内销贵州茅台酒		115,000	北京保利	2018-06-21
1998年“珍品”贵州茅台酒		115,000	北京保利	2018-06-21
1999年“珍品”贵州茅台酒		115,000	北京保利	2018-06-21
1990年贵州茅台酒（铁盖）		115,000	北京东正	2018-06-17
2012年黄永玉设计十二生肖茅台酒金版		115,000	北京东正	2018-06-17
2003年贵州茅台酒（原箱）		115,000	西泠拍卖	2018-07-07
1995年贵州茅台酒（珍品铁盖原箱）		115,000	西泠拍卖	2018-07-07
2001年产五星牌茅台酒		115,000	保利厦门	2018-07-15
1999年产五星牌茅台酒		115,000	保利厦门	2018-07-15
2004年产飞天牌珍品茅台酒		115,000	保利厦门	2018-07-15
1983-1984“飞天牌”特需贵州茅台酒（黄釉瓷瓶）		114,554	保利香港	2018-04-01
1998年贵州茅台酒		114,554	保利香港	2018-04-01
2011年贵州茅台酒（双瓶装/原箱）黄永玉一十二生肖限量版		113,850	华艺国际	2018-05-22
1998年贵州茅台酒		112,700	上海匡时	2018-04-30
1999-2001年贵州茅台30年陈酿（45年）		112,700	上海匡时	2018-04-30
2012年贵州茅台酒		112,645	保利香港	2018-04-01
2003年贵州茅台酒		111,128	北京匡时	2018-10-03
1992-1994年贵州茅台酒（红皮/铁盖）		110,400	华艺国际	2018-05-22
1999年“15年”贵州茅台酒（原箱）		110,400	北京保利	2018-06-21
2004年贵州茅台酒		109,250	北京匡时	2018-06-16
2000年贵州茅台酒		109,250	北京匡时	2018-06-16
1995年贵州茅台酒（铁盖）		109,250	北京匡时	2018-06-16
1990-1994年珍品贵州茅台酒		109,250	北京匡时	2018-06-16
2011年产飞天牌贵州茅台酒		109,250	北京荣宝	2018-09-14
1996年贵州茅台酒（铁盖）		109,250	上海匡时	2018-04-30
1988年珍品茅台酒（方印）		109,250	上海匡时	2018-04-30
2003年贵州茅台（原箱）		109,250	上海匡时	2018-04-30
2013年国宴专用（原箱）		109,250	上海匡时	2018-04-30
2011年贵州茅台酒（原箱）		109,250	华艺国际	2018-05-22
2001年贵州茅台		109,250	华艺国际	2018-05-22
1998年产贵州茅台酒		109,250	北京荣宝	2018-06-14
八十年代产三大革命贵州茅台酒		109,250	北京荣宝	2018-06-14
2007年贵州茅台酒隆重庆祝中国人民解放军建军八十周年		109,250	北京荣宝	2018-06-14
1999年贵州茅台酒		109,250	北京保利	2018-06-21
1999年贵州茅台酒		109,250	北京保利	2018-06-21
1983-1986年贵州茅台酒（地方国营）		109,250	西泠拍卖	2018-07-07
1997年产五星牌茅台酒		109,250	保利厦门	2018-07-15
1997-1999年贵州茅台		106,950	华艺国际	2018-05-22
1996年贵州茅台酒（铁盖）		105,800	北京匡时	2018-06-16
2000年贵州茅台酒		105,800	上海匡时	2018-04-30
2001年产飞天牌茅台酒		105,800	中国嘉德	2018-06-18
1985-1986“金轮牌”特需贵州茅台酒（酱釉瓷瓶）		105,008	保利香港	2018-04-01
1985-1986“金轮牌”特需贵州茅台酒（酱釉瓷瓶）		105,008	保利香港	2018-04-01
1990-1994年珍品茅台酒		104,954	北京匡时	2018-10-03
2000年贵州茅台酒		104,650	北京保利	2018-06-21
2006年贵州茅台酒		103,500	北京匡时	2018-06-16
2005年贵州茅台酒		103,500	北京匡时	2018-06-16
2002-2006年贵州茅台30年陈酿（40年）		103,500	北京匡时	2018-06-16
2005年产贵州茅台酒“1680”精装版		103,500	北京荣宝	2018-09-14
1996年 贵州茅台酒		103,500	保利厦门	2018-01-08
1997年 珍品茅台酒		103,500	保利厦门	2018-01-08
2007年贵州茅台酒		103,500	上海匡时	2018-04-30
2010-2011年贵州茅台酒		103,500	华艺国际	2018-05-22
1997-1999年产贵州茅台酒		103,500	北京荣宝	2018-06-14
2009年产贵州茅台酒专供北京军区		103,500	北京荣宝	2018-06-14
2008年贵州茅台酒		103,500	北京保利	2018-06-21
2004年贵州茅台酒（原箱）		103,500	西泠拍卖	2018-07-07
1996年贵州茅台酒（珍品）		103,500	西泠拍卖	2018-07-07
1999-2001年贵州茅台酒30年陈酿		103,500	西泠拍卖	2018-07-07
2000年产五星牌茅台酒		103,500	保利厦门	2018-07-15
2001年产飞天牌珍品茅台酒		103,500	保利厦门	2018-07-15
1989年产飞天牌曲印珍品铁盖茅台酒		103,500	保利厦门	2018-07-15
2009年产五星牌建国60周年茅台纪念酒（原箱）		103,500	保利厦门	2018-07-15
1999-2001年贵州茅台15年陈酿（30年）		102,896	北京匡时	2018-10-03
1990-1994年珍品茅台酒		101,200	上海匡时	2018-04-30
2002-2006年贵州茅台30年陈酿（40年）		101,200	上海匡时	2018-04-30
2001年贵州茅台酒（原箱）		101,200	华艺国际	2018-05-22
2005年贵州茅台酒		97,751	北京匡时	2018-10-03
2005年产“15年”贵州茅台酒		97,750	北京荣宝	2018-09-14
1997年 贵州茅台酒		97,750	保利厦门	2018-01-08
2008年贵州茅台酒		97,750	上海匡时	2018-04-30
1999年产贵州茅台酒		97,750	北京荣宝	2018-06-14
2000年产五星牌贵州茅台酒		97,750	北京荣宝	2018-06-14

拍品名称	物品尺寸	成交价RMB	拍卖公司	拍卖日期
1993年产飞天牌铁盖贵州茅台酒		97,750	北京荣宝	2018-06-14
1972年产五星牌三大革命贵州茅台酒		97,750	北京荣宝	2018-06-14
1984"五星牌"特需贵州茅台酒(黄釉瓷瓶)		97,750	北京保利	2018-06-21
2005年贵州茅台酒(原箱)		97,750	西泠拍卖	2018-07-07
1999年贵州茅台酒		97,750	西泠拍卖	2018-07-07
1998年贵州茅台酒		97,750	西泠拍卖	2018-07-07
1997年贵州茅台酒		97,750	西泠拍卖	2018-07-07
1996年贵州茅台酒		97,750	西泠拍卖	2018-07-07
1990年产飞天牌大曲印珍品铁盖茅台酒		97,750	保利厦门	2018-07-15
2005年 贵州茅台酒		96,600	保利厦门	2018-01-08
1983-1984"五星牌"特需贵州茅台酒(黄釉瓷瓶)		95,462	保利香港	2018-04-01
1994年产铁盖贵州茅台酒		94,300	北京荣宝	2018-06-14
1995年产铁盖贵州茅台酒		94,300	北京荣宝	2018-06-14
2001年产五星牌茅台酒		94,300	中国嘉德	2018-06-18
1998年 珍品茅台酒		93,150	保利厦门	2018-01-08
1999年 珍品茅台酒		93,150	保利厦门	2018-01-08
2006年贵州茅台酒		92,606	北京匡时	2018-10-03
2002-2006年贵州茅台15年陈釀(25年)		92,606	北京匡时	2018-10-03
1987年珍品贵州茅台酒(一七〇四)		92,000	北京匡时	2018-06-16
2008年产"15年"贵州茅台酒		92,000	北京荣宝	2018-09-14
1998年 贵州茅台酒		92,000	保利厦门	2018-01-08
1996年贵州茅台酒		92,000	上海匡时	2018-04-30
1997-1998年贵州茅台		92,000	华艺国际	2018-05-22
1997年贵州茅台		92,000	华艺国际	2018-05-22
1999年产珍品贵州茅台酒		92,000	北京荣宝	2018-06-14
2000年产飞天牌原箱铁盖茅台酒		92,000	中国嘉德	2018-06-18
1990-1993年 飞天茅台酒		92,000	北京东正	2018-06-17
2000年贵州茅台酒		92,000	西泠拍卖	2018-07-07
1998年贵州茅台酒(珍品)		92,000	西泠拍卖	2018-07-07
1998年产五星牌茅台酒		92,000	保利厦门	2018-07-15
1978年产五星牌三大革命地方国营茅台酒		92,000	保利厦门	2018-07-15
1980年-1983年产飞天牌茅台酒		92,000	保利厦门	2018-07-15
2005年产飞天牌珍品茅台酒		92,000	保利厦门	2018-07-15
2002年产飞天牌珍品茅台酒		92,000	保利厦门	2018-07-15
2014年产五星牌人民大会堂陈酿茅台酒(原箱)		92,000	保利厦门	2018-07-15
1999年贵州茅台酒(珍品)		89,700	西泠拍卖	2018-07-07
2001年贵州茅台酒		88,550	北京保利	2018-06-21
2001年贵州茅台酒		88,550	北京保利	2018-06-21
2007年贵州茅台酒		86,250	北京匡时	2018-06-16
2001年贵州茅台酒		86,250	北京匡时	2018-06-16
1988年珍品贵州茅台酒(方印)		86,250	北京匡时	2018-06-16
2009年贵州茅台酒		86,250	上海匡时	2018-04-30
2001年贵州茅台酒		86,250	上海匡时	2018-04-30
2005年贵州茅台(原箱)		86,250	上海匡时	2018-04-30
1986-1987年贵州茅台酒(1704/方印)		86,250	华艺国际	2018-05-22
2005年飞天牌贵州茅台酒		86,250	北京荣宝	2018-05-18
1985年产五星牌地方国营贵州茅台酒		86,250	北京荣宝	2018-06-14
七十年代产葵花牌贵州茅台酒		86,250	北京荣宝	2018-06-14
2001年贵州茅台酒祝贺北京取得奥运主办权		86,250	北京荣宝	2018-06-14
2010年产贵州茅台酒专供南京军区		86,250	北京荣宝	2018-06-14
2006年贵州茅台酒(原箱)		86,250	西泠拍卖	2018-07-07
2002年豪华贵州茅台酒		86,250	西泠拍卖	2018-07-07
1999-2001年贵州茅台酒15年陈酿		86,250	西泠拍卖	2018-07-07
1979年产五星牌三大革命地方国营茅台酒		86,250	保利厦门	2018-07-15
1992年 飞天珍品茅台 (3瓶)		86,250	印千山	2018-01-12
1987年贵州茅台酒(铁盖)		82,800	北京东正	2018-06-17
2006年沈阳军区茅台		82,800	北京东正	2018-06-17
2012年外交专用贵州茅台酒(原箱)		81,143	保利香港	2018-04-01
2012年外交专用贵州茅台酒(原箱)		81,143	保利香港	2018-04-01

拍品名称	物品尺寸	成交价RMB	拍卖公司	拍卖日期
2008年贵州茅台酒		80,500	北京匡时	2018-06-16
2003年贵州茅台酒		80,500	北京匡时	2018-06-16
2002年贵州茅台酒		80,500	北京匡时	2018-06-16
2007年产贵州茅台巴拿马万国博览会纪念坛装酒		80,500	北京荣宝	2018-09-14
2000年 贵州茅台酒		80,500	保利厦门	2018-01-08
2002年贵州茅台酒		80,500	上海匡时	2018-04-30
1998年贵州茅台酒		80,500	上海匡时	2018-04-30
1997年贵州茅台酒		80,500	上海匡时	2018-04-30
2008年产五星牌贵州茅台酒		80,500	北京荣宝	2018-06-14
1998年产珍品贵州茅台酒		80,500	北京荣宝	2018-06-14
2002年贵州茅台酒		80,500	北京保利	2018-06-21
1988年贵州茅台酒(铁盖)		80,500	北京东正	2018-06-17
2008年贵州茅台酒(原箱)		80,500	西泠拍卖	2018-07-07
2002-2006年贵州茅台酒15年陈酿		80,500	西泠拍卖	2018-07-07
2003年产飞天牌珍品茅台酒		80,500	保利厦门	2018-07-15
1969年贵州茅台酒(三大革命)		78,200	北京匡时	2018-06-16
2003年贵州茅台酒		78,200	上海匡时	2018-04-30
2016年 酱瓶京西宾馆茅台		78,200	北京东正	2018-06-17
2007年贵州茅台酒(原箱)		75,900	华艺国际	2018-05-22
1985年贵州茅台酒(黑酱)		75,900	华艺国际	2018-05-22
2005-2010年产三十年茅台酒		74,750	中国嘉德	2018-09-18
2006年贵州茅台(原箱)		74,750	上海匡时	2018-04-30
2005年"50年"贵州茅台酒		74,750	北京荣宝	2018-05-18
80年代 大飞天茅台酒		74,750	北京东正	2018-06-17
2007年贵州茅台酒(原箱)		74,750	西泠拍卖	2018-07-07
2004年贵州茅台酒		74,750	西泠拍卖	2018-07-07
2002年贵州茅台酒		74,750	西泠拍卖	2018-07-07
2001年贵州茅台酒		74,750	西泠拍卖	2018-07-07
2000年贵州茅台酒(珍品)		74,750	西泠拍卖	2018-07-07
2009年贵州茅台酒		71,300	北京匡时	2018-06-16
2004年贵州茅台酒		71,300	北京匡时	2018-06-16
2010年产原箱醉美中华茅台酒		71,300	中国嘉德	2018-09-18
2005年贵州茅台酒		71,300	上海匡时	2018-04-30
2004年贵州茅台酒		71,300	上海匡时	2018-04-30
2005年贵州茅台酒		69,000	北京匡时	2018-06-16
1973年贵州茅台酒(三大革命)		69,000	北京匡时	2018-06-16
1972年贵州茅台酒(三大革命)		69,000	北京匡时	2018-06-16
1999-2001年贵州茅台15年陈釀(30年)		69,000	北京匡时	2018-06-16
2001年 贵州茅台酒		69,000	保利厦门	2018-01-08
80年代飞天茅台 (两瓶)		69,000	北京保利	2018-01-21
2012年西北部队茅台(原箱)		69,000	上海匡时	2018-04-30
2010年南京军区茅台(原箱)		69,000	上海匡时	2018-04-30
2011年飞天牌贵州茅台酒		69,000	北京荣宝	2018-05-18
2005年"15年"贵州茅台酒		69,000	北京荣宝	2018-05-18
1999年产"30年"贵州茅台酒		69,000	北京荣宝	2018-06-14
2013年贵州茅台酒国宴用酒		69,000	北京荣宝	2018-06-14
2000-2009年贵州茅台酒		69,000	北京保利	2018-06-21
2011年酱瓶人大会议中心特制陈酿茅台		69,000	北京东正	2018-06-17
2016年北戴河暑期特供贵州茅台酒(两原箱)		69,000	西泠拍卖	2018-07-07
2017年百年金奖辉煌贵州茅台酒(两原箱)		69,000	西泠拍卖	2018-07-07
2005年贵州茅台酒		69,000	西泠拍卖	2018-07-07
2003年贵州茅台酒		69,000	西泠拍卖	2018-07-07
2001年贵州茅台酒(珍品)		69,000	西泠拍卖	2018-07-07
1997年贵州茅台酒(珍品)		69,000	西泠拍卖	2018-07-07
1981年、1982年 三大革命 (2瓶)		69,000	印千山	2018-01-12
1986年 塑盖飞天茅台 (3瓶)		69,000	印千山	2018-01-12
2005年贵州茅台酒		67,850	北京保利	2018-06-21
2000年珍品茅台(原箱)		66,700	上海匡时	2018-04-30
2014年人民大会堂陈酿(原箱)		66,700	上海匡时	2018-04-30
2012年 外交部茅台酒		66,700	北京东正	2018-06-17
1980-1986年 飞天茅台 塑盖		66,700	北京东正	2018-06-17
1978年 葵花茅台酒		66,700	北京东正	2018-06-17

2018杂项拍卖成交汇总

(成交价RMB：2万元以上)

拍品名称	物品尺寸	成交价RMB	拍卖公司	拍卖日期
2002年 贵州茅台酒		65,550	保利厦门	2018-01-08
2010年贵州茅台酒(原箱)		64,400	华艺国际	2018-05-22
2006年贵州茅台酒		63,250	北京匡时	2018-06-16
1996年贵州茅台酒		63,250	北京匡时	2018-06-16
2002-2006年贵州茅台15年陈酿(25年)		63,250	北京匡时	2018-06-16
2006年贵州茅台酒		63,250	上海匡时	2018-04-30
1999-2001年贵州茅台15年陈酿(30年)		63,250	上海匡时	2018-04-30
1978年葵花牌茅台酒		63,250	上海匡时	2018-04-30
2014-2015年贵州茅台酒(原箱、百年金奖传奇)		63,250	华艺国际	2018-05-22
1980年产五星牌三大革命贵州茅台酒		63,250	北京荣宝	2018-06-14
2007年贵州茅台酒		63,250	西泠拍卖	2018-07-07
2003年贵州茅台酒(珍品)		63,250	西泠拍卖	2018-07-07
2002年贵州茅台酒(珍品)		63,250	西泠拍卖	2018-07-07
1985-1986年 贵州茅台酒(黄酱)		63,250	北京匡时	2018-05-21
2012年 黄永玉设计十二生肖茅台酒(金版)(1套12瓶)		63,250	印千山	2018-01-12
2013年国宴专用贵州茅台酒		62,100	北京保利	2018-06-21
2006年贵州茅台酒		62,100	北京保利	2018-06-21
2003年 贵州茅台酒		60,950	保利厦门	2018-01-08
2002-2006年贵州茅台15年陈酿(25年)		59,800	上海匡时	2018-04-30
2007年贵州茅台酒		57,500	北京匡时	2018-06-16
2005年贵州茅台酒		57,500	北京匡时	2018-06-16
1998年贵州茅台酒		57,500	北京匡时	2018-06-16
1980-1985年"飞天牌"		57,500	保利厦门	2018-01-08
2016年国之大器		57,500	上海匡时	2018-04-30
2012年中华人民共和国外交部茅台(原箱)		57,500	上海匡时	2018-04-30
1996年贵州茅台		57,500	华艺国际	2018-05-22
1977-1982年飞天牌贵州茅台酒		57,500	华艺国际	2018-05-22
2008年"15年"贵州茅台酒		57,500	北京荣宝	2018-05-18
1983年产五星牌地方国营贵州茅台酒		57,500	北京荣宝	2018-06-14
2013年国宴专用贵州茅台酒		57,500	北京保利	2018-06-21
2005年贵州茅台酒		57,500	北京保利	2018-06-21
2007年贵州茅台酒		57,500	北京保利	2018-06-21
80年代 黑酱五星茅台		57,500	北京东正	2018-06-17
2012年中华全国总工会中国职工之家专供贵州茅台酒(原箱)		57,500	西泠拍卖	2018-07-07
2006年贵州茅台酒		57,500	西泠拍卖	2018-07-07
1980年产飞天牌茅台酒		57,500	保利厦门	2018-07-15
2001年-2005年产飞天牌珍品茅台酒		57,500	保利厦门	2018-07-15
2003年-2004年产飞天牌珍品茅台酒		57,500	保利厦门	2018-07-15
80年代 大飞天茅台酒 (3瓶)		57,500	印千山	2018-01-12
2007年贵州茅台酒		56,350	上海匡时	2018-04-30
2008年贵州茅台酒		55,200	北京匡时	2018-06-16
2000年贵州茅台酒		55,200	北京匡时	2018-06-16
2017年产飞天牌贵州茅台酒		55,200	北京荣宝	2018-09-14
2008年产原箱十五年茅台酒		55,200	中国嘉德	2018-09-18
八十年代产五星牌地方国营茅台酒		55,200	中国嘉德	2018-09-18
1999年贵州茅台酒		55,200	上海匡时	2018-04-30
1981年 塑盖飞天茅台 (2瓶)		55,200	印千山	2018-01-12
1982年 塑盖飞天茅台 (2瓶)		55,200	印千山	2018-01-12
1983年 塑盖飞天茅台 (2瓶)		55,200	印千山	2018-01-12
1990-1993年 飞天茅台酒 (8瓶)		55,200	印千山	2018-01-12
80年代 飞天茅台 (8瓶)		55,200	印千山	2018-01-12
80年代 塑盖飞天茅台 (2瓶)		55,200	印千山	2018-01-12
2004年 贵州茅台酒		54,050	保利厦门	2018-01-08
2004年 贵州茅台酒		54,050	保利厦门	2018-01-08
1999年贵州茅台酒		51,750	北京匡时	2018-06-16
1984年产五星牌地方国营茅台酒		51,750	中国嘉德	2018-09-18
2013年人民领袖毛泽东诞辰120周年茅台(原箱)		51,750	上海匡时	2018-04-30
1991-1994年贵州茅台酒(红皮/铁盖)		51,750	华艺国际	2018-05-22
1992年产铁盖贵州茅台酒		51,750	北京荣宝	2018-06-14

拍品名称	物品尺寸	成交价RMB	拍卖公司	拍卖日期
2012年 百年巨匠张大千茅台		51,750	北京东正	2018-06-17
1993年 红皮子铁盖茅台酒		51,750	北京东正	2018-06-17
1985 1986年 地方国营茅台酒		51,750	北京东正	2018-06-17
2008年贵州茅台酒(原箱)		51,750	西泠拍卖	2018-07-07
1980-1986年 塑盖飞天茅台 (6瓶)		50,600	印千山	2018-01-12
2008年贵州茅台酒		49,450	华艺国际	2018-05-22
80年代 黑酱五星茅台		49,450	印千山	2018-01-12
2009年贵州茅台酒		48,300	北京匡时	2018-06-16
2005年 贵州茅台酒		48,300	保利厦门	2018-01-08
2008年贵州茅台酒		48,300	上海匡时	2018-04-30
2004年贵州茅台(原箱)		48,300	上海匡时	2018-04-30
1986年贵州茅台酒(无度/铁盖)		48,300	华艺国际	2018-05-22
2011年产国酒茅台文化研究会会员专用贵州茅台酒		48,300	北京荣宝	2018-06-14
1989年贵州茅台酒(铁盖)		48,300	北京东正	2018-06-17
2012年 茅台文化研究会会员专用茅台		48,300	北京东正	2018-06-17
2009年贵州茅台酒(沈阳军区)(原箱)		47,731	保利香港	2018-04-01
2009年贵州茅台酒(沈阳军区)(原箱)		47,731	保利香港	2018-04-01
2009年贵州茅台酒(沈阳军区)(原箱)		47,731	保利香港	2018-04-01
2009年贵州茅台酒		46,000	北京荣宝	2018-05-18
2008年贵州茅台酒		46,000	北京保利	2018-06-21
2009年 开国60华诞茅台50年陈酿		46,000	北京东正	2018-06-17
2002年产飞天牌珍品茅台酒		46,000	保利厦门	2018-07-15
2009年产五星牌纪念澳门回归十周年茅台酒(原箱)		46,000	保利厦门	2018-07-15
2010年产盛世中国茅台酒(原箱)		46,000	保利厦门	2018-07-15
1979年 贵州茅台酒(全棉纸三大革命)		46,000	北京匡时	2018-05-21
1988年、1989年 铝盖五星茅台 (2瓶)		46,000	印千山	2018-01-12
70年代、1984年 葵花、五星茅台 (2瓶)		46,000	印千山	2018-01-12
80年代、1995年 铝盖五星茅台 (2瓶)		46,000	印千山	2018-01-12
80年代、1991年、1996年 铝盖飞天茅台(3瓶)		46,000	印千山	2018-01-12
90年代初 铝盖飞天茅台 (2瓶)		46,000	印千山	2018-01-12
90年代初、1993年 铝盖飞天茅台 (2瓶)		46,000	印千山	2018-01-12
二十世纪六十年代国营时期茅台地区产原酒一坛		4,945,000	中国嘉德	2018-11-20
二十世纪六十年代国营时期茅台地区产原酒一坛		4,025,000	中国嘉德	2018-11-20
茅台酒(酱香型五十三度)		990,000	中正拍卖	2018-11-30
1983年-1986年产全棉纸地方国营茅台酒		989,000	中国嘉德	2018-11-20
2003年产国宴专用原箱茅台酒		885,500	中国嘉德	2018-11-20
1988年产五星牌铁盖茅台酒		862,500	中国嘉德	2018-11-20
1987-1988年贵州茅台酒(无度/铁盖)		747,500	华艺国际	2018-11-17
1993年产五星牌铁盖茅台酒		747,500	中国嘉德	2018-11-20
1993年产飞天牌铁盖茅台酒		747,500	中国嘉德	2018-11-20
1983年-1986年产地方国营茅台酒		713,000	中国嘉德	2018-11-20
1971年贵州茅台酒(矮盖/木塞/釉瓶/全棉纸)		667,000	华艺国际	2018-11-17
1987年贵州茅台酒(铁盖)		632,500	北京保利	2018-12-09
1990年-1996年产飞天牌铁盖茅台酒		632,500	中国嘉德	2018-11-20
1989年贵州茅台酒(铁盖)		598,000	北京保利	2018-12-09
2005年产国务院管理局北戴河服务局暑期会议特供茅台酒		586,500	中国嘉德	2018-11-20
1990年贵州茅台酒(铁盖)		575,000	北京保利	2018-12-09
1964年产五星牌全棉纸茅台酒		575,000	古天一	2018-12-08
1990年贵州茅台酒(无度/铁盖)		575,000	华艺国际	2018-11-17
1991年贵州茅台酒(铁盖)		552,000	北京保利	2018-12-09
1988年产五星牌铁盖原箱茅台酒		540,500	中国嘉德	2018-11-20
1992年贵州茅台酒(铁盖)		517,500	北京东利	2018-12-09
1993年贵州茅台酒(铁盖)		517,500	北京保利	2018-12-09
2005年产原箱贵州茅台酒(新铁盖)		517,500	中国嘉德	2018-11-20
1994年贵州茅台酒(铁盖)		483,000	北京保利	2018-12-09
2003年国宴茅台酒		483,000	古天一	2018-12-08

拍品名称	物品尺寸	成交价RMB	拍卖公司	拍卖日期
1995年贵州茅台酒(铁盖)		460,000	北京保利	2018-12-09
2010年产全国政协宴会茅台酒		460,000	中国嘉德	2018-11-20
1971年贵州茅台酒(土陶瓶)(棉纸)		437,000	北京保利	2018-12-09
1996年贵州茅台酒(铁盖)		437,000	北京保利	2018-12-09
1989年产五星牌铁盖茅台酒		414,000	中国嘉德	2018-11-20
1958年产五星牌土陶瓶茅台酒		402,500	中国嘉德	2018-11-20
1986–2005年贵州茅台酒(20年茅台珍品垂直珍藏)		391,000	华艺国际	2018-11-17
2011年产北戴河暑期特供茅台酒		379,500	中国嘉德	2018-11-20
1990年产五星牌铁盖茅台酒		379,500	中国嘉德	2018-11-20
1990年产珍品铁盖茅台酒		379,500	中国嘉德	2018-11-20
20世纪80年代中期“飞天牌”外销贵州茅台酒		368,000	北京保利	2018-12-09
1994年产飞天牌铁盖原箱茅台酒		368,000	中国嘉德	2018-11-20
20世纪80年代初期“飞天牌”外销贵州茅台酒		356,500	北京保利	2018-12-09
1989年产飞天牌铁盖茅台酒		356,500	中国嘉德	2018-11-20
2012年产庆贺十八大召开茅台酒		345,000	古天一	2018-12-08
1997年贵州茅台酒		345,000	华艺国际	2018-11-17
1991年产五星牌铁盖茅台酒		345,000	中国嘉德	2018-11-20
1996年产五星牌铁盖茅台酒		345,000	中国嘉德	2018-11-20
1990年产飞天牌铁盖茅台酒		345,000	中国嘉德	2018-11-20
1991年产珍品铁盖茅台酒		345,000	中国嘉德	2018-11-20
1995年产飞天牌铁盖原箱茅台酒		345,000	中国嘉德	2018-11-20
2009年产人民大会堂五十周年珍藏茅台酒		333,500	中国嘉德	2018-11-20
1992年产五星牌铁盖茅台酒		333,500	中国嘉德	2018-11-20
2000年贵州茅台酒		322,000	北京保利	2018-12-09
1993年产五星牌铁盖茅台酒		322,000	中国嘉德	2018-11-20
1994年产五星牌铁盖茅台酒		322,000	中国嘉德	2018-11-20
1991年产飞天牌铁盖茅台酒		322,000	中国嘉德	2018-11-20
1992年产飞天牌铁盖茅台酒		322,000	中国嘉德	2018-11-20
1993年产原箱飞天牌铁盖茅台酒		322,000	中国嘉德	2018-11-20
2000年产飞天牌铁盖原箱茅台酒		322,000	中国嘉德	2018-11-20
1987年贵州茅台酒(铁盖)		310,500	北京保利	2018-12-09
1995年产五星牌铁盖茅台酒		310,500	中国嘉德	2018-11-20
1988年产飞天牌铁盖茅台酒		310,500	中国嘉德	2018-11-20
1992年产珍品铁盖茅台酒		310,500	中国嘉德	2018-11-20
1989年贵州茅台酒(铁盖)		299,000	北京保利	2018-12-09
1987–1996年贵州茅台酒(铁盖组合)		299,000	北京保利	2018-12-09
1993年产飞天牌铁盖茅台酒		299,000	中国嘉德	2018-11-20
1996年贵州茅台酒(塑料盖)		287,500	北京保利	2018-12-09
1990年贵州茅台酒(铁盖)		287,500	北京保利	2018-12-09
1990年贵州茅台酒(铁盖)		287,500	北京保利	2018-12-09
1987–1996年贵州茅台酒(铁盖组合)		287,500	北京保利	2018-12-09
2013年贵州茅台酒(国宴专用)		287,500	北京保利	2018-12-09
2013年贵州茅台酒(国宴专用)		287,500	北京保利	2018-12-09
2013年产国宴专用贵州茅台酒		287,500	北京荣宝	2018-12-03
1993年产珍品铁盖茅台酒		287,500	中国嘉德	2018-11-20
2000年产五星牌原箱茅台酒		287,500	中国嘉德	2018-11-20
1991–1996年贵州茅台酒(铁盖/胶盖珍品)		285,200	华艺国际	2018-11-17
80年代飞天牌贵州茅台酒(大飞天)		285,200	华艺国际	2018-11-17
1996年贵州茅台酒(铁盖)		282,598	保利澳门	2018-11-29
1983–1986年“五星牌”内销贵州茅台酒(地方国营)		276,000	北京保利	2018-12-09
1991年贵州茅台酒(铁盖)		276,000	北京保利	2018-12-09
1991年贵州茅台酒(铁盖)		276,000	北京保利	2018-12-09
1992年产五星牌铁盖茅台酒		276,000	古天一	2018-12-08
1991年产五星牌铁盖茅台酒		276,000	古天一	2018-12-08
2011年产人民大会堂特供陈釀茅台酒		276,000	中国嘉德	2018-11-20
2005年产国务院管理局北戴河服务局暑期会议特供茅台酒		276000	中国嘉德	2018-11-20
1994年产飞天牌铁盖茅台酒		276,000	中国嘉德	2018-11-20
1995年产飞天牌铁盖茅台酒		276,000	中国嘉德	2018-11-20

拍品名称	物品尺寸	成交价RMB	拍卖公司	拍卖日期
1994年产珍品铁盖茅台酒		276,000	中国嘉德	2018-11-20
1995年产珍品铁盖茅台酒		276,000	中国嘉德	2018-11-20
2002年产飞天牌原箱茅台酒		276,000	中国嘉德	2018-11-20
2005年产飞天牌原箱茅台酒		276,000	中国嘉德	2018-11-20
1980–1982年“金轮牌”内销贵州茅台酒(三大革命)		264,500	北京保利	2018-12-09
1983–1986年“五星牌”内销贵州茅台酒(地方国营)(棉纸)		264,500	北京保利	2018-12-09
1983–1986年“五星牌”内销贵州茅台酒(地方国营)(棉纸)		264,500	北京保利	2018-12-09
1984年飞天牌贵州茅台酒		264,500	华艺国际	2018-11-17
1996年产飞天牌铁盖茅台酒		264,500	中国嘉德	2018-11-20
1998年产五星牌茅台酒		264,500	中国嘉德	2018-11-20
2009年产外交部驻澳门特别行政区特派员公署专用贵州茅台酒		258,750	北京荣宝	2018-12-03
1999年贵州茅台酒		253,000	北京保利	2018-12-09
1997年贵州茅台酒		253,000	北京保利	2018-12-09
1980–1982年“金轮牌”内销贵州茅台酒(三大革命)		253,000	北京保利	2018-12-09
1992年贵州茅台酒(铁盖)		253,000	北京保利	2018-12-09
1992年贵州茅台酒(铁盖)		253,000	北京保利	2018-12-09
1993年贵州茅台酒(铁盖)		253,000	北京保利	2018-12-09
1993年贵州茅台酒(铁盖)		253,000	北京保利	2018-12-09
1994年贵州茅台酒(铁盖)		253,000	北京保利	2018-12-09
1991–1994年贵州茅台(红皮/铁盖)		253,000	华艺国际	2018-11-17
2008年产人民大会堂特供陈釀茅台酒		253,000	中国嘉德	2018-11-20
2009年产人民大会堂特供陈釀茅台酒		253,000	中国嘉德	2018-11-20
2010年产人民大会堂特供陈釀茅台酒		253,000	中国嘉德	2018-11-20
2005年产国务院管理局北戴河服务局暑期会议特供茅台酒		253,000	中国嘉德	2018-11-20
1991年产飞天牌铁盖茅台酒		253,000	中国嘉德	2018-11-20
1996年产珍品铁盖茅台酒		253,000	中国嘉德	2018-11-20
1992年产原箱飞天牌铁盖茅台酒		253,000	中国嘉德	2018-11-20
2006年产飞天牌原箱茅台酒		253,000	中国嘉德	2018-11-20
1997年产五星牌茅台酒		253,000	中国嘉德	2018-11-20
1997年产飞天牌茅台酒		253,000	中国嘉德	2018-11-20
1983–1986年“五星牌”内销贵州茅台酒(地方国营)		241,500	北京保利	2018-12-09
1994年贵州茅台酒(铁盖)		241,500	北京保利	2018-12-09
1996年贵州茅台酒(铁盖)		241,500	北京保利	2018-12-09
2011年产中共中央党校专用茅台酒		241,500	中国嘉德	2018-11-20
2011年产中共中央党校专用茅台酒		241,500	中国嘉德	2018-11-20
2011年产中央军委办公厅专用茅台酒		241,500	中国嘉德	2018-11-20
1988年产珍品铁盖茅台酒		241,500	中国嘉德	2018-11-20
1999年产五星牌茅台酒		241,500	中国嘉德	2018-11-20
1998年贵州茅台酒		230,000	北京保利	2018-12-09
1980–1985年“飞天牌”贵州茅台酒(270ml)		230,000	北京保利	2018-12-09
1995年贵州茅台酒(铁盖)		230,000	北京保利	2018-12-09
1995年贵州茅台酒(铁盖)		230,000	北京保利	2018-12-09
1996年贵州茅台酒(铁盖)		230,000	北京保利	2018-12-09
1990–1999年贵州茅台酒(1990–1996年铁盖, 1997–1999年塑料盖)		230,000	北京保利	2018-12-09
1993年产五星牌铁盖茅台酒		230,000	古天一	2018-12-08
1993年产飞天牌铁盖茅台酒		230,000	古天一	2018-12-08
1994年产五星牌铁盖茅台酒		230,000	古天一	2018-12-08
2001产飞天牌茅台酒		230,000	古天一	2018-12-08
2002年产五星牌茅台酒		230,000	古天一	2018-12-08
1988–1990年贵州茅台酒(无度/铁盖)		230,000	华艺国际	2018-11-17
2012年产中共中央党校专用茅台酒		230,000	中国嘉德	2018-11-20
2010年产全国政协宴会茅台酒		230,000	中国嘉德	2018-11-20
2010年产全国政协宴会茅台酒		230,000	中国嘉德	2018-11-20
1984年产地方国营茅台酒		230,000	中国嘉德	2018-11-20
1987年产飞天牌铁盖茅台酒		230,000	中国嘉德	2018-11-20

(成交价RMB：2万元以上)

拍品名称	物品尺寸	成交价RMB	拍卖公司	拍卖日期
1989年产珍品铁盖茅台酒		230,000	中国嘉德	2018-11-20
1991年产铁盖原箱珍品茅台酒		230,000	中国嘉德	2018-11-20
2001年产飞天牌原箱茅台酒		230,000	中国嘉德	2018-11-20
2000年产五星牌茅台酒		230,000	中国嘉德	2018-11-20
1998年产飞天牌茅台酒		230,000	中国嘉德	2018-11-20
1995-1996年贵州茅台酒(红皮/铁盖)		225,400	华艺国际	2018-11-17
2013年贵州茅台酒(原箱)		220,800	华艺国际	2018-11-17
2000年贵州茅台酒		218,500	北京保利	2018-12-09
2014年产专供中国空军贵州茅台酒		218,500	北京荣宝	2018-12-03
1999年贵州茅台酒		218,500	华艺国际	2018-11-17
1998年贵州茅台酒		218,500	华艺国际	2018-11-17
2015年产人民大会堂陈酿茅台酒		218,500	中国嘉德	2018-11-20
2015年产人民大会堂陈酿茅台酒		218,500	中国嘉德	2018-11-20
1985年产地方国营茅台酒		218,500	中国嘉德	2018-11-20
1986年产地方国营茅台酒		218,500	中国嘉德	2018-11-20
1987-1988年贵州茅台酒(无度/铁盖)		213,900	华艺国际	2018-11-17
2012年产专供广州军区贵州茅台酒		207,000	北京荣宝	2018-12-03
1995年产五星牌铁盖茅台酒		207,000	古天一	2018-12-08
1995年产飞天牌铁盖茅台酒		207,000	古天一	2018-12-08
1990年贵州茅台酒(无度/铁盖)		207,000	华艺国际	2018-11-17
1988年产五星牌铁盖茅台酒		207,000	中国嘉德	2018-11-20
1990年产飞天牌铁盖茅台酒		207,000	中国嘉德	2018-11-20
1992年产飞天牌铁盖茅台酒		207,000	中国嘉德	2018-11-20
1993年产飞天牌铁盖茅台酒		207,000	中国嘉德	2018-11-20
1994年产铁盖原箱珍品茅台酒		207,000	中国嘉德	2018-11-20
1999年产飞天牌茅台酒		207,000	中国嘉德	2018-11-20
2013年贵州茅台酒(国宴专用)		195,500	北京保利	2018-12-09
2007年产专供中国空军贵州茅台酒		195,500	北京荣宝	2018-12-03
2003年产飞天牌茅台酒		195,500	古天一	2018-12-08
2000年贵州茅台酒		195,500	华艺国际	2018-11-17
2001年-2002年飞天牌原箱茅台酒		195,500	中国嘉德	2018-11-20
1983-1986年贵州茅台酒(地方国营)		190,900	华艺国际	2018-11-17
1991-1992年贵州茅台酒(红皮/铁盖)		189,750	华艺国际	2018-11-17
90年代"珍品"贵州茅台酒组合(铁盖)		184,000	北京保利	2018-12-09
2013年贵州茅台酒(国宴专用)		184,000	北京保利	2018-12-09
1999年贵州茅台酒(原箱)		184,000	北京保利	2018-12-09
1991-1992年贵州茅台酒(红皮/铁盖)		184,000	华艺国际	2018-11-17
1972年产全棉纸葵花牌茅台酒		184,000	中国嘉德	2018-11-20
1987年产五星牌铁盖茅台酒		184,000	中国嘉德	2018-11-20
2001年产五星牌茅台酒		184,000	中国嘉德	2018-11-20
2000年产飞天牌茅台酒		184,000	中国嘉德	2018-11-20
2010年产专供南京军区贵州茅台酒		178,250	北京荣宝	2018-12-03
2008年产专供中国空军贵州茅台酒		178,250	北京荣宝	2018-12-03
2011年贵州茅台酒(原箱)		174,800	华艺国际	2018-11-17
2012年产热烈庆祝党的十八大胜利召开贵州茅台酒		172,500	北京荣宝	2018-12-03
2004年飞天牌茅台酒		172,500	古天一	2018-12-08
2015年产人民大会堂茅台酒		172,500	古天一	2018-12-08
2015年产人民大会堂陈酿茅台酒		172,500	古天一	2018-12-08
2001年贵州茅台酒		172,500	华艺国际	2018-11-17
1993-1994年贵州茅台酒(红皮/铁盖)		172,500	华艺国际	2018-11-17
1986年产五星牌黑酱特供茅台酒		172,500	中国嘉德	2018-11-20
1998年产飞天牌原箱茅台酒		172,500	中国嘉德	2018-11-20
2009年产外交部驻澳门特别行政区特派员公署专用原箱茅台酒		172,500	中国嘉德	2018-11-20
2010年产中央政府驻澳门联络办专用原箱茅台酒		172,500	中国嘉德	2018-11-20
2012年产中央政府驻香港联络办订制庆祝香港回归十五周年原箱茅台酒		172,500	中国嘉德	2018-11-20
1991-1996年贵州茅台酒(铁盖/珍品)		170,200	华艺国际	2018-11-17
2012年贵州茅台酒(原箱)		166,750	华艺国际	2018-11-17
2003年贵州茅台酒		166,750	华艺国际	2018-11-17
2005年贵州茅台酒		161,000	北京保利	2018-12-09
1996年贵州茅台酒(塑料盖)		161,000	北京保利	2018-12-09
2000年贵州茅台酒(原箱)		161,000	北京保利	2018-12-09
2005年产飞天牌茅台酒		161,000	古天一	2018-12-08
1996年产飞天牌茅台酒		161,000	古天一	2018-12-08
1995年贵州茅台酒(红皮/铁盖)		161,000	华艺国际	2018-11-17
1977年产三大革命茅台酒		161,000	中国嘉德	2018-11-20
1983年产地方国营茅台酒		161,000	中国嘉德	2018-11-20
1999年贵州茅台酒(原箱)		158,700	华艺国际	2018-11-17
1992年"珍品"贵州茅台酒		155,250	北京保利	2018-12-09
1987-1990年贵州茅台酒(无度/铁盖)		155,250	华艺国际	2018-11-17
1992年"珍品"贵州茅台酒		149,500	北京保利	2018-12-09
1992-1993年产五星牌铁盖贵州茅台酒		149,500	北京荣宝	2018-12-03
2012年产总装备部远望楼贵州茅台酒		149,500	北京荣宝	2018-12-03
2013年产国宴专用贵州茅台酒		149,500	北京荣宝	2018-12-03
2007年产2斤装贵州茅台酒		149,500	北京荣宝	2018-12-03
2013年贵州茅台酒(国宴/原箱)		149,500	华艺国际	2018-11-17
二十世纪八十年代产飞天牌黄酱特供茅台酒		149,500	中国嘉德	2018-11-20
1976年产三大革命茅台酒		149,500	中国嘉德	2018-11-20
1978年产三大革命茅台酒		149,500	中国嘉德	2018-11-20
1986年产珍品铁盖茅台酒		149,500	中国嘉德	2018-11-20
2005年产飞天牌原箱茅台酒		149,500	中国嘉德	2018-11-20
2003年贵州茅台酒		143,750	华艺国际	2018-11-17
1993-1994年贵州茅台酒(红皮/铁盖)		143,750	华艺国际	2018-11-17
1995年贵州茅台酒(铁盖/珍品)		142,600	华艺国际	2018-11-17
2004年贵州茅台酒		141,450	华艺国际	2018-11-17
1997年贵州茅台酒		141,450	华艺国际	2018-11-17
1991-1996年贵州茅台(红皮/铁盖)		141,450	华艺国际	2018-11-17
1991-1992年贵州茅台酒(红皮/铁盖)		140,300	华艺国际	2018-11-17
1983-1986年"五星牌"内销贵州茅台酒(小地方国营)(棉纸)		138,000	北京保利	2018-12-09
1983-1986年"五星牌"内销贵州茅台酒(小地方国营)(棉纸)		138,000	北京保利	2018-12-09
1985-1986年"五星牌"特需贵州茅台酒(酱釉瓷瓶)		138,000	北京保利	2018-12-09
"88888"特别周年纪念组合		138,000	北京保利	2018-12-09
1994年"珍品"贵州茅台酒		138,000	北京保利	2018-12-09
2007年产专供广州军区贵州茅台酒		138,000	北京荣宝	2018-12-03
2008年产人民大会堂特供陈酿贵州茅台酒		138,000	北京荣宝	2018-12-03
2009年产外交部驻澳门特别行政区特派员公署专用贵州茅台酒		138,000	北京荣宝	2018-12-03
2000年产五星牌茅台酒		138,000	古天一	2018-12-08
1991年产飞天牌铁盖茅台酒		138,000	古天一	2018-12-08
1992年产飞天牌铁盖茅台酒		138,000	古天一	2018-12-08
2001-2002年贵州茅台酒		138,000	华艺国际	2018-11-17
2013年贵州茅台酒(国宴)		138,000	华艺国际	2018-11-17
2007年产人民大会堂特供陈酿茅台酒		138,000	中国嘉德	2018-11-20
2011年产中央军委办公厅专用茅台酒		138,000	中国嘉德	2018-11-20
1979年产全棉纸三大革命茅台酒		138,000	中国嘉德	2018-11-20
2012年产十二生肖纪念茅台酒		138,000	中国嘉德	2018-11-20
2002年产五星牌茅台酒		138,000	中国嘉德	2018-11-20
2003年产五星牌茅台酒		138,000	中国嘉德	2018-11-20
2009年贵州茅台酒		135,700	华艺国际	2018-11-17
1995-1996年贵州茅台酒(红皮/铁盖)		135,700	华艺国际	2018-11-17
1993-1994年贵州茅台酒(红皮/铁盖)		135,700	华艺国际	2018-11-17
2006年贵州茅台酒		132,250	北京保利	2018-12-09
1994年"珍品"贵州茅台酒		132,250	北京保利	2018-12-09
1992-1994年贵州茅台酒(红皮/铁盖)		132,250	华艺国际	2018-11-17
1999-2000年贵州茅台酒		131,100	华艺国际	2018-11-17
1999年贵州茅台酒		126,500	北京保利	2018-12-09
1997年贵州茅台酒		126,500	北京保利	2018-12-09
甲午马年贵州茅台酒(2014年)(原箱)		126,500	北京保利	2018-12-09

拍品名称	物品尺寸	成交价RMB	拍卖公司	拍卖日期
2011年产铁路特供贵州茅台酒		126,500	北京荣宝	2018-12-03
1987年产五星牌铁盖茅台酒		126,500	古天一	2018-12-08
1991年产五星牌铁盖茅台酒		126,500	古天一	2018-12-08
2006年贵州茅台酒		126,500	华艺国际	2018-11-17
1997-1998年贵州茅台酒		126,500	华艺国际	2018-11-17
1978年产葵花牌三大革命茅台酒		126,500	中国嘉德	2018-11-20
二十世纪八十年代产飞天牌茅台酒		126,500	中国嘉德	2018-11-20
2004年产飞天牌茅台酒		126,500	中国嘉德	2018-11-20
2005年产飞天牌茅台酒		126,500	中国嘉德	2018-11-20
2007年贵州茅台酒		124,200	华艺国际	2018-11-17
1997-1999年贵州茅台酒		124,200	华艺国际	2018-11-17
2008年贵州茅台酒		120,750	北京保利	2018-12-09
2007年贵州茅台酒		120,750	北京保利	2018-12-09
2000年贵州茅台酒		115,000	北京保利	2018-12-09
2000年贵州茅台酒		115,000	北京保利	2018-12-09
1998年贵州茅台酒		115,000	北京保利	2018-12-09
2001-2006年"30年"贵州茅台酒组合		115,000	北京保利	2018-12-09
乙未羊年贵州茅台酒(2015年)(原箱)		115,000	北京保利	2018-12-09
2013年产国宴茅台酒		115,000	古天一	2018-12-08
2013年产国宴茅台酒		115,000	古天一	2018-12-08
1987年产五星牌铁盖茅台酒		115,000	古天一	2018-12-08
1988年产五星牌铁盖茅台酒		115,000	古天一	2018-12-08
1991年产五星牌铁盖茅台酒		115,000	古天一	2018-12-08
1992年产珍品铁盖茅台酒		115,000	古天一	2018-12-08
1994年产飞天牌铁盖茅台酒		115,000	古天一	2018-12-08
1988年产五星牌铁盖茅台酒		115,000	古天一	2018-12-08
2009年产空军茅台酒		115,000	古天一	2018-12-08
2004—2005年贵州茅台酒		115,000	华艺国际	2018-11-17
1998-2000年贵州茅台酒		115,000	华艺国际	2018-11-17
1996年贵州茅台酒		115,000	华艺国际	2018-11-17
1972年贵州茅台酒(棉纸包装葵花牌)		115,000	华艺国际	2018-11-17
2015年产人民大会堂陈酿茅台酒		115,000	中国嘉德	2018-11-20
1971年产三大革命茅台酒		115,000	中国嘉德	2018-11-20
1981年产全棉纸三大革命茅台酒		115,000	中国嘉德	2018-11-20
2004年产五星牌茅台酒		115,000	中国嘉德	2018-11-20
2005年产五星牌茅台酒		115,000	中国嘉德	2018-11-20
1980年产三大革命茅台酒		112,700	中国嘉德	2018-11-20
1982年产三大革命茅台酒		112,700	中国嘉德	2018-11-20
2012年贵州茅台酒(原外交专供)(原箱)		109,250	北京保利	2018-12-09
2010年产专供北京军区贵州茅台酒		109,250	北京荣宝	2018-12-03
2013年产国宴茅台酒		109,250	古天一	2018-12-08
1994年产珍品铁盖茅台酒		109,250	古天一	2018-12-08
2010年产空军茅台酒		109,250	古天一	2018-12-08
2003年产飞天牌茅台酒		109,250	中国嘉德	2018-11-20
2003—2010年贵州茅台酒		105,800	华艺国际	2018-11-17
2009年贵州茅台酒		103,500	北京保利	2018-12-09
1998年"珍品"贵州茅台酒		103,500	北京保利	2018-12-09
2012年中国体育代表团奥运庆功酒组合		103,500	北京保利	2018-12-09
2006年产中国外交部驻外使馆专用贵州茅台酒		103,500	北京荣宝	2018-12-03
1980-1988年 1980年代的茅台酒		103,500	北京中汉	2018-11-21
1993年*1994年*1995年 贵州茅台酒(90年代)		103,500	北京中汉	2018-11-21
1997年贵州茅台酒(原箱)		103,500	华艺国际	2018-11-17
2009年产专供西北部队原箱茅台酒		103,500	中国嘉德	2018-11-20
26639 "矮盖酱茅"		101,200	北京中汉	2018-11-21
2002年产飞天牌茅台酒		101,200	中国嘉德	2018-11-20
2013年贵州茅台酒(国宴专用)		97,750	北京保利	2018-12-09
2013年贵州茅台酒(国宴专用)		97,750	北京保利	2018-12-09
2001年贵州茅台酒(庆贺中国加入世贸组织)(原箱)		97,750	北京保利	2018-12-09
1999年产飞天牌珍品贵州茅台酒		97,750	北京荣宝	2018-12-03
1998年产珍品茅台酒		97,750	古天一	2018-12-08
2011年产马万祺原箱茅台酒		97,750	中国嘉德	2018-11-20
2010年贵州茅台酒		96,600	北京保利	2018-12-09
2012年贵州茅台酒(原箱)		96,600	华艺国际	2018-11-17
1984年产五星牌黄酱特供茅台酒		94,300	中国嘉德	2018-11-20
2016年贵州茅台酒(京西宾馆特供酒)(原箱)		92,000	北京保利	2018-12-09
2016年贵州茅台酒(京西宾馆特供酒)(原箱)		92,000	北京保利	2018-12-09
2001年贵州茅台酒(庆贺中国足球梦圆世界杯)(原箱)		92,000	北京保利	2018-12-09
2012年贵州茅台酒(原外交专供)(原箱)		92,000	北京保利	2018-12-09
2009年贵州茅台酒(原沈阳军区)(原箱)		92,000	北京保利	2018-12-09
2000年产飞天牌铁盖珍品贵州茅台酒		92,000	北京荣宝	2018-12-03
2009年产专供南京军区贵州茅台酒		92,000	北京荣宝	2018-12-03
2000年产飞天牌茅台酒		92,000	古天一	2018-12-08
1990年产五星牌铁盖茅台酒		92,000	古天一	2018-12-08
1991年产珍品铁盖茅台酒		92,000	古天一	2018-12-08
1997年产飞天牌茅台酒		92,000	古天一	2018-12-08
2013年贵州茅台酒(原箱)		92,000	华艺国际	2018-11-17
2010年产上海世博会纪念五十年陈酿茅台酒		92,000	中国嘉德	2018-11-20
1999年"珍品"贵州茅台酒		86,250	北京保利	2018-12-09
2001年贵州茅台酒(庆贺北京申奥成功)(原箱)		86,250	北京保利	2018-12-09
1991-1993年产飞天牌铁盖贵州茅台酒		86,250	北京荣宝	2018-12-03
1988年产五星牌铁盖贵州茅台酒		86,250	北京荣宝	2018-12-03
1987年五星牌铁盖茅台酒		86,250	古天一	2018-12-08
2001年贵州茅台酒		86,250	华艺国际	2018-11-17
2012年产北京军区专供原箱茅台酒		86,250	中国嘉德	2018-11-20
2010年贵州茅台酒		82,800	华艺国际	2018-11-17
2001年贵州茅台酒		82,800	华艺国际	2018-11-17
1985年产五星牌黑酱特供茅台酒		82,800	中国嘉德	2018-11-20
1998年"珍品"贵州茅台酒		80,500	北京保利	2018-12-09
1999年"珍品"贵州茅台酒		80,500	北京保利	2018-12-09
2008年"五星牌"贵州茅台酒(原箱)		80,500	北京保利	2018-12-09
2008年"飞天牌"贵州茅台酒(原箱)		80,500	北京保利	2018-12-09
2001年产祝贺北京取得奥运主办权贵州茅台酒		80,500	北京荣宝	2018-12-03
1989年产五星牌铁盖茅台酒		80,500	古天一	2018-12-08
2007年贵州茅台酒(原箱)		80,500	华艺国际	2018-11-17
2002年贵州茅台酒		75,900	华艺国际	2018-11-17
2001-2002年贵州茅台酒(珍品)		75,900	华艺国际	2018-11-17
2000-2009年贵州茅台酒		74,750	北京保利	2018-12-09
80年代产飞天牌贵州茅台酒(大飞天)		74,750	北京荣宝	2018-12-03
80年代产飞天牌贵州茅台酒		74,750	北京荣宝	2018-12-03
2006年产专供济南军区贵州茅台酒		74,750	北京荣宝	2018-12-03
2012年产总装备部远望楼贵州茅台酒		74,750	北京荣宝	2018-12-03
2011年产茅台文化研究会员专用茅台酒		74,750	古天一	2018-12-08
1999年产国庆五十周年盛典茅台纪念磨砂瓶茅台酒		74,750	中国嘉德	2018-11-20
2001年产飞天牌茅台酒		71,300	中国嘉德	2018-11-20
2005年贵州茅台酒		69,000	北京保利	2018-12-09
2001-2006年"15年"贵州茅台酒组合		69,000	北京保利	2018-12-09
2009年贵州茅台酒(原沈阳军区)(原箱)		69,000	北京保利	2018-12-09
1987年产五星牌铁盖贵州茅台酒		69,000	北京荣宝	2018-12-03
2005年产专供海军北海舰队贵州茅台酒		69,000	北京荣宝	2018-12-03
2013年产国宴专用贵州茅台酒		69,000	北京荣宝	2018-12-03
1980年代特供五星牌贵州茅台酒(酱茅)		69,000	北京中汉	2018-11-21
1996年飞天牌茅台酒		69,000	古天一	2018-12-08
1984年产五星牌地方国营茅台酒		69,000	古天一	2018-12-08
1995年产珍品铁盖木盒茅台酒		69,000	古天一	2018-12-08
2008年产京西宾馆茅台酒		69,000	古天一	2018-12-08
2006年贵州茅台酒		69,000	华艺国际	2018-11-17

2018杂项拍卖成交汇总

(成交价RMB：2万元以上)

拍品名称	物品尺寸	成交价RMB	拍卖公司	拍卖日期
2003年贵州茅台酒		69,000	华艺国际	2018-11-17
2009年贵州茅台酒(庆祝建国60周年纪念酒)		69,000	华艺国际	2018-11-17
2006年贵州茅台酒		66,700	北京保利	2018-12-09
1983-1986年贵州茅台酒(地方国营/棉纸)		66,700	华艺国际	2018-11-17
1983-1986年贵州茅台酒(地方国营/棉纸)		66,700	华艺国际	2018-11-17
2013年贵州茅台酒(国宴专用)(原箱)		63,250	北京保利	2018-12-09
2013年贵州茅台酒(国宴专用)(原箱)		63,250	北京保利	2018-12-09
80年代产飞天牌全棉纸地方国营贵州茅台酒		63,250	北京荣宝	2018-12-03
2005年产五星牌及飞天牌茅台酒		63,250	古天一	2018-12-08
2004年贵州茅台酒		63,250	华艺国际	2018-11-17
1992-1993年产飞天牌铁盖贵州茅台酒		60,950	北京荣宝	2018-12-03
2008年贵州茅台酒		59,800	北京保利	2018-12-09
2007年贵州茅台酒		59,800	北京保利	2018-12-09
1983年 特供五星牌茅台酒(黄酱)		59,800	北京中汉	2018-11-21
1979年 葵花牌贵州茅台酒(三大葵花)		59,800	北京中汉	2018-11-21
2012年贵州茅台酒(原箱)"龙"特制陈酿		59,800	华艺国际	2018-11-17
2016年贵州茅台酒(遵义会议/原箱)		59,800	华艺国际	2018-11-17
2001年产祝贺男足进入世界杯决赛圈纪念原箱茅台酒		59,800	中国嘉德	2018-11-20
2009年产敬贺祖国六十华诞纪念茅台酒		59,800	中国嘉德	2018-11-20
2009年产敬贺祖国六十华诞纪念茅台酒		59,800	中国嘉德	2018-11-20
2009年产敬贺祖国六十华诞纪念茅台酒		59,800	中国嘉德	2018-11-20
贵州茅台酒(原军区专供酒组合)		57,500	北京保利	2018-12-09
贵州茅台酒(原军区专供酒组合)		57,500	北京保利	2018-12-09
2012年贵州茅台酒会员专用酒(礼盒装原箱)		57,500	北京保利	2018-12-09
80年代产五星牌黑酱贵州茅台酒		57,500	北京荣宝	2018-12-03
2004年产飞天牌珍品贵州茅台酒		57,500	北京荣宝	2018-12-03
2011年、2015年产"八·一"慰问军队专用贵州茅台酒		57,500	北京荣宝	2018-12-03
2008年产神舟七号载人航天飞行专用贵州茅台酒		57,500	北京荣宝	2018-12-03
2011年产铁路特供贵州茅台酒		57,500	北京荣宝	2018-12-03
八十年代产五星牌全棉纸地方国营茅台酒		57,500	古天一	2018-12-08
1985年产五星牌地方国营茅台酒		57,500	古天一	2018-12-08
1986年产五星牌地方国营茅台酒		57,500	古天一	2018-12-08
2014年产人大会议茅台酒		57,500	古天一	2018-12-08
2004年产专供济南军区原箱茅台酒		57,500	中国嘉德	2018-11-20
2001年产祝贺北京取得奥运主办权纪念原箱茅台酒		57,500	中国嘉德	2018-11-20
1980年代早期 五星牌贵州茅台酒(三大革命)		56,350	北京中汉	2018-11-21
2017年产精品茅台酒		55,200	古天一	2018-12-08
2012年贵州茅台酒(香港回归十五周年)		55,200	华艺国际	2018-11-17
80年代产飞天牌铁盖贵州茅台酒		54,050	北京荣宝	2018-12-03
1991-1992年产飞天牌铁盖贵州茅台酒		52,900	北京荣宝	2018-12-03
2009年贵州茅台酒		51,750	北京保利	2018-12-09
1983年*1984年*1985年 五星牌贵州茅台酒(地方国营)		51,750	北京中汉	2018-11-21
1999年 贵州茅台酒(1999年)		51,750	北京中汉	2018-11-21
2012年产高尔夫茅台酒		51,750	古天一	2018-12-08
2010年贵州茅台酒		48,300	北京保利	2018-12-09
80年代产飞天牌贵州茅台酒		48,300	北京荣宝	2018-12-03
2010年产专供海军北海舰队贵州茅台酒		48,300	北京荣宝	2018-12-03
2010年产专供中国海军核潜艇部队贵州茅台酒		48,300	北京荣宝	2018-12-03
1970年代 葵花牌贵州茅台酒(三大葵花)		48,300	北京中汉	2018-11-21
2008年产空军茅台酒		48,300	古天一	2018-12-08
2013年产总参茅台酒		48,300	古天一	2018-12-08
2006年贵州茅台酒(珍品/原箱)		48,300	华艺国际	2018-11-17
2016-2017年贵州茅台酒(十彩茅台)		48,300	华艺国际	2018-11-17

拍品名称	物品尺寸	成交价RMB	拍卖公司	拍卖日期
2003年产飞天牌珍品贵州茅台酒		47,150	北京荣宝	2018-12-03
2014年产纪念毛泽东诞辰121周年贵州茅台酒		47,150	北京荣宝	2018-12-03
贵州茅台酒生肖酒组合		46,000	北京保利	2018-12-09
1991年产五星牌铁盖贵州茅台酒		46,000	北京荣宝	2018-12-03
2010年产贵宾特质贵州茅台酒		46,000	北京荣宝	2018-12-03
2002年产飞天牌茅台酒清代		46,000	古天一	2018-12-08
2003年产五十年茅台酒		46,000	古天一	2018-12-08
1990年产飞天牌铁盖茅台酒		46,000	古天一	2018-12-08
1988年产五星牌铁盖贵州茅台酒		44,850	北京荣宝	2018-12-03
1997年 贵州茅台酒		43,700	北京中汉	2018-11-21
1980年代 五星牌贵州茅台酒(三大革命)		43,700	北京中汉	2018-11-21
1980年代 五星牌贵州茅台酒(地方国营)		43,700	北京中汉	2018-11-21
2004年产五十年茅台酒		43,700	古天一	2018-12-08
2005年产五十年茅台酒		43,700	古天一	2018-12-08
2007年产五十年茅台酒		43,700	古天一	2018-12-08
2018年产贵州茅台酒蓝		43,700	古天一	2018-12-08
1980年代早期 五星牌贵州茅台酒(三大革命)		40,250	北京中汉	2018-11-21
1988年泸州老窖特曲		87,400	华艺国际	2018-11-17
80年代董酒(白色标)		47,150	华艺国际	2018-11-17
1995年习酒(原箱)		42,550	华艺国际	2018-11-17
90年代 董酒(红标)		57,500	北京东正	2018-06-17
90年代 董酒(白标)		57,500	北京东正	2018-06-17
1992年 红标董酒(原箱)		46,000	北京匡时	2018-05-21
道光廿五贡酒		115,000	保利厦门	2018-01-08
民国81年特级高粱酒 原封箱 26瓶一组		51,120	金仕发	2018-05-20
輕井澤 Karuizawa 1965 50 Years Old Sherry Cask		450,495	羅芙奧	2018-06-01
山崎蒸溜所 Yamazaki SMWS Set		150,165	羅芙奧	2018-06-01
輕井澤 Karuizawa 1974 40年 金藝妓		75,083	羅芙奧	2018-06-01
路易十三 金头+白头水晶干邑		69,000	北京匡时	2018-05-21
轻井沢 Five Decades 1960-2000		69,000	北京匡时	2018-05-21
保罗酒庄 桑德内格拉维尔一级园 Santenay Gravières 1er Cru 1978		69,000	北京匡时	2018-05-21
響Hibiki 30年有田燒		60,066	羅芙奧	2018-06-01
洛山 Rakzan 25年		55,061	羅芙奧	2018-06-01
輕井澤Karuizawa 1972黑白標		47,552	羅芙奧	2018-06-01
1962年产绍兴五十六年窖藏花雕酒(特A级)		3,450,000	北京荣宝	2018-12-03
1962年产绍兴五十六年窖藏花雕酒		3,220,000	北京荣宝	2018-12-03
1962年产绍兴五十六年窖藏花雕酒(特B级)		1,897,500	北京荣宝	2018-12-03
轻井沢1965—50年		517,500	华艺国际	2018-11-17
波摩1964三部曲(黑波摩/白波摩/金波摩)		460,000	华艺国际	2018-11-17
轻井泽 30年-侍#3139 轻井泽 30年-侍#3620 轻井泽 30年-侍#7843 轻井泽 30年-侍#3622 轻井泽 30年-侍#3656 轻井泽 30年-侍#7963 轻井泽 30年-侍#7857 轻井泽 30年-侍#8354 轻井泽 30年-侍#4201 轻井泽 30年-侍#6432		439,597	保利澳门	2018-11-29
罗曼尼·康帝酒园珍藏套装2003年份 共5支750ml		437,000	中国嘉德	2018-11-20
1962年产绍兴五十六年窖藏花雕酒(特A级)		402,500	北京荣宝	2018-12-03
柏翠酒庄1996年份(12支750ml)		356,500	中国嘉德	2018-11-20
拉菲古堡垂直年份珍藏套装1980-2015年份(各1支) 共36支750ml		356,500	中国嘉德	2018-11-20
百富50年 (一瓶)		345,000	北京保利	2018-12-07
木桐古堡垂直年份珍藏套装1980-2015年份(各1支) 共36支750ml		299,000	中国嘉德	2018-11-20
轻井泽 富岳三十六景 1-22景(二十二瓶)		293,250	北京保利	2018-12-07
拉菲古堡1982年份 6支750ml		287,500	中国嘉德	2018-11-20
拉菲古堡"桥"限量珍藏套装 1986+1989+1990+1995+1996+1998+2000+2001+2003+2005年份(各1支) 共10支750ml		241,500	中国嘉德	2018-11-20

拍品名称	物品尺寸	成交价RMB	拍卖公司	拍卖日期
麦卡伦甄选52年-1946（一瓶）		230,000	北京保利	2018-12-07
1962年产绍兴五十六年窖藏花雕酒(特B级)		230,000	北京荣宝	2018-12-03
木桐2000		230,000	华艺国际	2018-11-17
轻井泽40年-1975一生悬命（两瓶）		184,000	北京保利	2018-12-07
罗曼尼·康帝酒园罗曼尼·康帝特级园干红2014年份 1支750ml		184,000	中国嘉德	2018-11-20
麦卡伦15年-1962 珍稀版（一瓶）		178,250	北京保利	2018-12-07
1962年产绍兴五十六年窖藏花雕酒(特A级)		172,500	北京荣宝	2018-12-03
1962年产绍兴五十六年窖藏花雕酒		161,000	北京荣宝	2018-12-03
柏翠酒庄1993年份 6支750ml		161,000	中国嘉德	2018-11-20
木桐古堡大瓶装(1.5升)垂直年份珍藏套装1996-2006年份(各1支)共11支1500ml		161,000	中国嘉德	2018-11-20
玛歌古堡垂直年份珍藏套装1990-2015年份(各1支) 共26支750ml		161,000	中国嘉德	2018-11-20
羽生 伊知郎扑克牌(彩色小丑/黑白小丑)		147,200	华艺国际	2018-11-17
麦卡伦30年甄选 8号桶（三瓶）		138,000	北京保利	2018-12-07
麦卡伦30年甄选8号桶（三瓶）		138,000	北京保利	2018-12-07
麦卡伦30年甄选8号桶（三瓶）		138,000	北京保利	2018-12-07
柏翠酒庄（750毫升＋1.5升＋3升）2014年份（各1支）1支750ml+1支1500ml+1支3000ml		138,000	中国嘉德	2018-11-20
拉菲古堡大瓶装(1.5升)2008年份6支1500ml		138,000	中国嘉德	2018-11-20
罗曼尼康帝庄园 1985年份		132,250	北京保利	2018-12-07
拉菲古堡1998年份 12支750ml		126,500	中国嘉德	2018-11-20
木桐1994		121,900	华艺国际	2018-11-17
拉图古堡2003年份 12支750ml		115,000	中国嘉德	2018-11-20
勒桦酒园罗曼尼-圣-维旺特级园干红2011年份 3支750ml		115,000	中国嘉德	2018-11-20
罗曼尼·康帝酒园大艾雪索、李奇堡特级园大瓶装(1.5升)套装2003年份(各1支) 共2支1500ml		115,000	中国嘉德	2018-11-20
拉菲古堡2010年份 12支750ml		112,700	中国嘉德	2018-11-20
拉菲古堡1988年份 12支750ml		112,700	中国嘉德	2018-11-20
麦卡伦 1950（一瓶）		109,250	北京保利	2018-12-07
拉菲古堡2007年份 12支750ml		108,100	中国嘉德	2018-11-20
侯伯王古堡干红大瓶装（1.5升）2010年份 6支1500ml		105,800	中国嘉德	2018-11-20
麦卡伦 女王就职纪念版 1953/2013（两瓶）		103,500	北京保利	2018-12-07
拉菲2005		103,500	华艺国际	2018-11-17
木桐1986		103,500	华艺国际	2018-11-17
木桐1986		103,500	华艺国际	2018-11-17
玛歌古堡1996年份 12支750ml		103,500	中国嘉德	2018-11-20
拉菲古堡1972年份 12支750ml		103,500	中国嘉德	2018-11-20
拉菲1982		101,200	华艺国际	2018-11-17
1962年产绍兴五十六年窖藏花雕酒(特B级)		97,750	北京荣宝	2018-12-03
拉菲2010		97,750	华艺国际	2018-11-17
云顶门神18年-1994第一版、云顶门神17年-1995第一版、云顶门神 18年-1996第二版2瓶、云顶门神 20年-1994第三版、云 顶门神 19年-1996第三版、云顶门神20年-1996第四版、云顶门神 19年-1996第四版（各一瓶）		92,000	北京保利	2018-12-07
玛高1996		92,000	华艺国际	2018-11-17
玛高1982		92,000	华艺国际	2018-11-17
轩尼诗EXTRA(青瓶大金边)		92,000	华艺国际	2018-11-17
波尔多1855年列级酒庄大全套2011年份 共61支750ml		92,000	中国嘉德	2018-11-20
木桐古堡1986年份 6支750ml		92,000	中国嘉德	2018-11-20
1962年产绍兴五十六年窖藏花雕酒		89,700	北京荣宝	2018-12-03
马爹利蓝带(青瓶/红太阳)		87,400	华艺国际	2018-11-17

拍品名称	物品尺寸	成交价RMB	拍卖公司	拍卖日期
波尔多1855年列级酒庄大套装2013年份 共60支750ml		87,400	中国嘉德	2018-11-20
勒桦酒园李奇堡特级园干红2015年份 3支750ml		87,400	中国嘉德	2018-11-20
马爹利金牌VSOP(天祥代理/原箱)		86,250	华艺国际	2018-11-17
柏翠酒庄2010年份 2支750ml		85,100	中国嘉德	2018-11-20
麦卡伦35年 小丑瓶-1961（一瓶）		82,800	北京保利	2018-12-07
拉图1982		82,800	华艺国际	2018-11-17
人头马路易十三(白头)		82,800	华艺国际	2018-11-17
拉菲古堡大瓶装(1.5升)1979年份 6支1500ml		82,800	中国嘉德	2018-11-20
拉菲古堡1996年份 6支750ml		80,500	中国嘉德	2018-11-20
拉菲古堡2012年份 12支750ml		80,500	中国嘉德	2018-11-20
罗曼尼康帝 1986		78,200	华艺国际	2018-11-17
拉菲古堡2011年份 12支750ml		78,200	中国嘉德	2018-11-20
轩尼诗XO(大粗金边双贴纸牛仔字)		75,900	华艺国际	2018-11-17
拉菲古堡1986年份 6支750ml		75,900	中国嘉德	2018-11-20
美讯堡2009年份 12支750ml		75,900	中国嘉德	2018-11-20
拉菲古堡2005年份 6支750ml		75,900	中国嘉德	2018-11-20
玛歌古堡（750毫升+1.5升+3升）2015年份（各1支）1支750ml+1支1500ml+1支3000ml		75,900	中国嘉德	2018-11-20
艾瑟索园 亨利·贾伊尔 1997		74,750	华艺国际	2018-11-17
白马古堡1985年份 12支750ml		73,600	中国嘉德	2018-11-20
木桐古堡大瓶装（1.5升）2000年份2支1500ml		73,600	中国嘉德	2018-11-20
乐嘉维林 37年 特别限量版（三瓶）		72,450	北京保利	2018-12-07
轩尼诗杯莫停(旧版青瓶)		71,300	华艺国际	2018-11-17
麦卡伦卓越单桶		71,300	华艺国际	2018-11-17
木桐古堡1995年份 12支750ml		71,300	中国嘉德	2018-11-20
麦卡伦 25年-1969 纪念版（一瓶）		69,000	北京保利	2018-12-07
麦卡伦25年 1990水晶玻璃瓶珍稀版（两瓶）		69,000	北京保利	2018-12-07
1962年产绍兴五十六年窖藏花雕酒(特A级)		69,000	北京荣宝	2018-12-03
木桐2003		69,000	华艺国际	2018-11-17
里鹏2005		69,000	华艺国际	2018-11-17
轩尼诗XO(大粗金边牛仔字)		69,000	华艺国际	2018-11-17
拉菲古堡2003年份 6支750ml		69,000	中国嘉德	2018-11-20
杜克洛波尔多精选套装2012年份共7支750ml		66,700	中国嘉德	2018-11-20
波尔多五大名庄2000千禧年份套装 共5支750ml		66,700	中国嘉德	2018-11-20
拉菲古堡2015年份 12支750ml		66,700	中国嘉德	2018-11-20
木桐古堡2008年份 12支750ml		66,700	中国嘉德	2018-11-20
人头马路易十三(白头)		64,400	华艺国际	2018-11-17
柏翠酒庄大瓶装(1.5升)1983年份1支1500ml		64,400	中国嘉德	2018-11-20
拉菲古堡2009年份 6支750ml		64,400	中国嘉德	2018-11-20
阿曼·卢梭父子酒园圣雅克一级园干红2015年份 6支750ml		64,400	中国嘉德	2018-11-20
奥颂古堡1999年份 12支750ml		62,100	中国嘉德	2018-11-20
轩尼诗XO(青瓶大金边)		60,950	华艺国际	2018-11-17
轩尼诗方樽书盒(原箱)		59,800	华艺国际	2018-11-17
柏菲古堡2005年份 12支750ml		59,800	中国嘉德	2018-11-20
拉图古堡大瓶装(1.5升)1988年份6支1500ml		59,800	中国嘉德	2018-11-20
玛高2003		57,500	华艺国际	2018-11-17
拉密松奥比昂2000		57,500	华艺国际	2018-11-17
欧肯特轩 50年-1957（一瓶）		55,200	北京保利	2018-12-07
轩尼诗XO(青三行)		55,200	华艺国际	2018-11-17
轩尼诗银头方樽		55,200	华艺国际	2018-11-17
马爹利第一代XO(青瓶/红印)		55,200	华艺国际	2018-11-17
人头马路易十三(金头)		55,200	华艺国际	2018-11-17
侯伯王古堡干红2009年份 6支750ml		55,200	中国嘉德	2018-11-20
柏菲古堡2009年份 12支750ml		55,200	中国嘉德	2018-11-20
柏翠酒庄2007年份 2支750ml		54,050	中国嘉德	2018-11-20

2018杂项拍卖成交汇总

(成交价RMB：2万元以上)

拍品名称	物品尺寸	成交价RMB	拍卖公司	拍卖日期
里鹏庄园2012年份 2支750ml		52,900	中国嘉德	2018-11-20
柏翠酒庄2004年份 2支750ml		52,900	中国嘉德	2018-11-20
雄狮酒庄 1996年份		51,750	北京保利	2018-12-07
泰斯卡35年-1977桶装原酒限量版（三瓶）		51,750	北京保利	2018-12-07
麦卡伦 25年-1972（一瓶）		51,750	北京保利	2018-12-07
轩尼诗EXTRA(大粗金边双贴纸牛仔字)		51,750	华艺国际	2018-11-17
日果35年		51,750	华艺国际	2018-11-17
杜克洛波尔多精选套装2014年份共8支750ml		51,750	中国嘉德	2018-11-20
雄狮酒庄 1996年份		49,450	北京保利	2018-12-07
雄狮酒庄 1996年份		49,450	北京保利	2018-12-07
老赛丹古堡1982年份 12支750ml		49,450	中国嘉德	2018-11-20
麦卡伦 皇家婚礼纪念版（一瓶）		48,300	北京保利	2018-12-07
奥比昂2004		48,300	华艺国际	2018-11-17
木桐古堡大瓶装(1.5升)2005年份3支1500ml		48,300	中国嘉德	2018-11-20
宝嘉龙古堡2009年份12支750ml		47,150	中国嘉德	2018-11-20
拉菲古堡大瓶装(1.5升)2003年份2支1500ml		47,150	中国嘉德	2018-11-20
麦卡伦 1959（一瓶）		46,000	北京保利	2018-12-07
布朗拉35年 限量版（两瓶）		46,000	北京保利	2018-12-07
麦卡伦25年-1971 纪念版（一瓶）		46,000	北京保利	2018-12-07
拉菲1982/小拉菲 1982		46,000	华艺国际	2018-11-17
百富1981—35年(首席调酒师典藏系列)		46,000	华艺国际	2018-11-17
百富1978—37年(首席调酒师典藏系列)		46,000	华艺国际	2018-11-17
爱诗图古堡2009年份 12支750ml		46,000	中国嘉德	2018-11-20
一号乐章2010年份 12支750ml		46,000	中国嘉德	2018-11-20
木桐古堡2000年份 2支750ml		44,850	中国嘉德	2018-11-20
柏菲2003		43,700	华艺国际	2018-11-17
马爹利蓝带(青瓶/红太阳)		43,700	华艺国际	2018-11-17
三得利十二生肖系列		43,700	华艺国际	2018-11-17
柏翠酒庄大瓶装(1.5升)2013年份1支1500ml		43,700	中国嘉德	2018-11-20
龙船古堡1983年份 12支750ml		43,700	中国嘉德	2018-11-20
麦卡伦璀璨 - 50年、麦卡伦璀璨 - 55年、麦卡伦璀璨 - 57年、麦卡伦璀璨 - 60年、麦卡伦璀璨 - 62年、麦卡伦璀璨 - 65年		3,086,880	保利香港	2018-09-30
麦卡伦 18年(1959-1997)垂直系列		1,150,000	保利厦门	2018-07-15
轻井泽50年 - 1965 似水流年 #8852		771,720	保利香港	2018-09-30
麦卡伦55年		598,000	北京东正	2018-06-17
麦卡伦50年		552,000	保利厦门	2018-07-15
山崎 35年		381,848	保利香港	2018-03-31
罗曼尼康帝2011 拉塔希干红2011 李其堡干红2011 大依瑟索干红2011 依瑟索干红2011 罗曼尼圣维望干红2011 寇东干红2011 梦哈榭干白2011		368,000	上海国时	2018-04-30
科奇庄园科尔登查理曼特级园		360,136	保利香港	2018-09-30
柏图斯庄园 2009（十二瓶）		345,000	北京保利	2018-06-21
大摩 50年（签名版）		345,000	保利厦门	2018-01-08
柏图斯庄园 1998（十二瓶）		345,000	北京保利	2018-06-21
轻井泽1964		345,000	北京东正	2018-06-17
罗曼尼康帝连号套装1994		322,000	华艺国际	2018-05-22
格拉维尔干红1976		322,000	上海国时	2018-04-30
波摩 50年-1964(黑板)		299,000	保利厦门	2018-01-08
拉菲古堡垂直年份珍藏套装1981-2014年份 34支 750毫升		287,500	中国嘉德	2018-06-20
柏图斯庄园 1982		287,500	北京保利	2018-06-20
里鹏庄园 2006		276,000	北京保利	2018-06-20
轻井沢1999-2000富岳三十六景系列(第1-18版)		253,000	华艺国际	2018-05-22
亨利贾尔酒园沃恩罗曼尼一级园阔帕恒多 2000		253,000	北京保利	2018-06-20

拍品名称	物品尺寸	成交价RMB	拍卖公司	拍卖日期
轻井沢 1964-48年		253,000	保利厦门	2018-07-15
柏图斯庄园 1989（六瓶）		241,500	北京保利	2018-06-21
里鹏庄园 2012（十二瓶）		230,000	北京保利	2018-06-21
狮虎里贝伯爵酒庄拉罗曼尼特级园2008		230,000	北京保利	2018-06-20
格兰菲迪50年		230,000	北京东正	2018-06-17
麦卡伦30年雪莉桶/黄金三桶		230,000	华艺国际	2018-05-22
拉菲古堡1982年份 6支 750毫升		230,000	中国嘉德	2018-06-20
麦卡伦珍稀系列1950 -52年		230,000	北京东正	2018-06-17
麦卡伦 50年 - 1952 珍稀		229,109	保利香港	2018-03-31
轻井泽 50年 - 1965 #2372		227,700	保利厦门	2018-07-15
麦卡伦 22年 - 1995		219,563	保利香港	2018-03-31
麦卡伦 22年 - 1995		219,563	保利香港	2018-03-31
拉菲古堡1998年份 12支 750毫升		218,500	中国嘉德	2018-06-20
木桐古堡垂直年份珍藏套装1980-2014年份 共35支 750毫升		218,500	中国嘉德	2018-06-20
罗曼尼·康帝酒园罗曼尼·康帝特级园干红2010年份 1支 750毫升		218,500	中国嘉德	2018-06-20
轻井泽 48年 - 1964 #3603		210,016	保利香港	2018-03-31
柏图斯庄园 1989（六瓶）		207,000	北京保利	2018-06-21
柏图斯庄园 1989		207,000	北京保利	2018-06-20
白波摩1964-50年		207,000	北京东正	2018-06-17
黑波摩1964-50年		207,000	北京东正	2018-06-17
轻井泽 48年 - 1964 #3603		205,792	保利香港	2018-09-30
轻井泽 50年 - 1965 #2372		200,470	保利香港	2018-03-31
乐桦酒园武若特级园 2014		195,500	北京保利	2018-06-20
格兰花格60		193,200	保利厦门	2018-01-08
轻井泽 50年 - 1965 #8636		190,924	保利香港	2018-03-31
轻井泽 - 相扑系列、轻井泽 - 相扑系列、轻井泽 - 相扑系列、轻井泽 1981 - 相扑 #818、轻井泽 1983 - 相扑 #3408		185,213	保利香港	2018-09-30
白波摩1964—43年		184,000	华艺国际	2018-05-22
木桐古堡1986年份 12支 750毫升		184,000	中国嘉德	2018-06-20
乐桦酒庄拉奇希尔香贝丹 2015		174,923	保利香港	2018-09-30
轻井泽 40年 - 艺妓 #3626、轻井泽 40年 - 艺妓 #4560		174,923	保利香港	2018-09-30
拉菲古堡2008年份 12支 750毫升		172,500	中国嘉德	2018-06-20
木桐庄园 1982（十二瓶）		172,500	北京保利	2018-06-21
红颜容庄园 1989（十二瓶）		172,500	北京保利	2018-06-21
狮虎里贝伯爵酒庄拉罗曼尼特级园 2013（六瓶）		172,500	北京保利	2018-06-21
红颜容庄园 1989		172,500	北京保利	2018-06-20
乐桦酒园荷西特级园 2014		172,500	北京保利	2018-06-20
嘉伯乐小教堂 1961（2015酒庄释出,原木箱）		164,634	保利香港	2018-09-30
木桐古堡2000年份 6支 750毫升		161,000	中国嘉德	2018-06-20
木桐古堡大瓶装(1.5升)垂直年份珍藏套装1993-2003年份 共11支 1500毫升		161,000	中国嘉德	2018-06-20
木桐庄园 2000（十二瓶）		161,000	北京保利	2018-06-21
木桐庄园 2000（十二瓶）		161,000	北京保利	2018-06-21
乐桦酒园科通-雷纳德园特级园 2013（六瓶）		161,000	北京保利	2018-06-21
轻井泽 28年 - 苏格兰威士忌协会酒 132.1、轻井泽 22年 - 苏格兰威士忌协会酒 132.2、轻井泽 20年 - 苏格兰威士忌协会酒 132.3、轻井泽 17年 - 苏格兰威士忌协会酒 132.4、轻井泽 14年 - 苏格兰威士忌协会酒 132.5、轻井泽 12年 - 苏格兰威士忌协会酒 132.6		154,344	保利香港	2018-09-30
乔治贾尔酒园艾瑟索特级园 1993		149,500	北京保利	2018-06-20
轻井泽 金艺妓		149,500	保利厦门	2018-01-08
罗曼尼圣维望干红1994 李其堡干红1994		149,500	上海国时	2018-04-30
拉菲1982/小拉菲 1982		149,500	华艺国际	2018-05-22
拉菲古堡大瓶装(1.5升)2005年份6支 1500毫升		149,500	中国嘉德	2018-06-20

拍品名称	物品尺寸	成交价RMB	拍卖公司	拍卖日期
木桐古堡套装(750毫升、1.5升、3升)2000年份(各1支) 1支 750毫升+1支 1500毫升+1支 3000毫升		149,500	中国嘉德	2018-06-20
罗曼尼康帝酒园罗曼尼康帝特级园2012(一瓶)		149,500	北京保利	2018-06-21
罗曼尼康帝酒园罗曼尼康帝特级园2011(一瓶)		149,500	北京保利	2018-06-21
罗曼尼康帝酒园罗曼尼康帝特级园2011(一瓶)		149,500	北京保利	2018-06-21
罗曼尼康帝酒园罗曼尼康帝特级园2011(一瓶)		149,500	北京保利	2018-06-21
罗曼尼康帝酒园罗曼尼康帝特级园2012		149,500	北京保利	2018-06-20
罗曼尼康帝酒园罗曼尼康帝特级园2011		149,500	北京保利	2018-06-20
轻井泽 1981年 - 威士忌杂志 #7982		144,054	保利香港	2018-09-30
轻井泽 1981年 - #7924		144,054	保利香港	2018-09-30
木桐1982		138,000	华艺国际	2018-05-22
拉菲庄园 2003		138,000	北京保利	2018-06-20
拉菲庄园 1996		138,000	北京保利	2018-06-20
拉图庄园 1996		138,000	北京保利	2018-06-20
香柏坛干红2001		126,500	上海匡时	2018-04-30
夜圣乔治干红2013		126,500	上海匡时	2018-04-30
拉菲2005		126,500	华艺国际	2018-05-22
木桐2003		126,500	华艺国际	2018-05-22
拉菲古堡大瓶装(1.5升)2008年份6支 1500毫升		126,500	中国嘉德	2018-06-20
白波摩1964-43年		126,500	北京东正	2018-06-17
波摩1964(黑波摩第一版)		124,200	保利厦门	2018-01-08
轻井泽 冨岳三十六景 1-14		124,101	保利香港	2018-03-31
轻井泽 1967 - #6426		123,475	保利香港	2018-09-30
轻井泽 1970 - 艺妓 #6227、轻井泽 1971 - 艺妓 #7267		123,475	保利香港	2018-09-30
亨利贾尔酒园沃恩罗曼尼一级园阔帕恒多 1992		120,750	北京保利	2018-06-20
木桐1986		115,000	华艺国际	2018-05-22
波尔多1855年列级酒庄大全套2008年份 共61支 750毫升		115,000	中国嘉德	2018-06-20
拉图古堡1996年份 12支 750毫升		115,000	中国嘉德	2018-06-20
拉菲庄园 1996(十二瓶)		115,000	北京保利	2018-06-21
里鹏庄园 2007(六瓶)		115,000	北京保利	2018-06-21
狮虎里贝伯爵酒庄拉罗曼尼特级园 2011 狮虎里贝伯爵酒庄拉罗曼尼特级园 2012 狮虎里贝伯爵酒庄拉罗曼尼特级园 2013 狮虎里贝伯爵酒庄拉罗曼尼特级园 2014(各一瓶)		115,000	北京保利	2018-06-21
罗曼尼康帝酒园李其堡特级园 2001		115,000	北京保利	2018-06-20
狮虎里贝伯爵酒庄拉罗曼尼特级园2011 狮虎里贝伯爵酒庄拉罗曼尼特级园2012 狮虎里贝伯爵酒庄拉罗曼尼特级园2013 狮虎里贝伯爵酒庄拉罗曼尼特级园2014		115,000	北京保利	2018-06-20
吉士佳庄园蓝冬 1988		115,000	北京保利	2018-06-20
格兰威特—新世纪十年GM装瓶套装		115,000	保利厦门	2018-07-15
轻井泽 1980年 - #6568		113,186	保利香港	2018-09-30
波摩1964(黑波摩第二版)		112,700	保利厦门	2018-01-08
拉菲古堡2010年份 12支 750毫升		112,700	中国嘉德	2018-06-20
侯伯王古堡垂直年份珍藏套装 1993-2009年份 共17支 750毫升		110,400	中国嘉德	2018-06-20
拉菲古堡1995年份 12支 750毫升		105,800	中国嘉德	2018-06-20
拉菲古堡1988年份 12支 750毫升		105,800	中国嘉德	2018-06-20
白马古堡大瓶装(1.5升)2005年份 6支 1500毫升		105,800	中国嘉德	2018-06-20
玛歌古堡1996年份 12支 750毫升		105,800	中国嘉德	2018-06-20
柏翠酒庄大瓶装(1.5升)2012年份 2支 1500毫升		105,800	中国嘉德	2018-06-20
波摩44年 - 1964 金波摩		105,008	保利香港	2018-03-31
拉菲1989		103,500	华艺国际	2018-05-22

拍品名称	物品尺寸	成交价RMB	拍卖公司	拍卖日期
玛高1986		103,500	华艺国际	2018-05-22
拉菲古堡2006年份 12支 750毫升		103,500	中国嘉德	2018-06-20
拉菲古堡1975年份 12支 750毫升		103,500	中国嘉德	2018-06-20
拉图古堡1990年份 12支 750毫升		103,500	中国嘉德	2018-06-20
柏图斯庄园 2000(一瓶)		103,500	北京保利	2018-06-21
罗曼尼康帝酒园李奇堡特级园 2004(六瓶)		103,500	北京保利	2018-06-21
吉士佳庄园慕兰 1990		103,500	北京保利	2018-06-20
轻井泽 1967 - #6426		102,896	保利香港	2018-09-30
轻井泽 - 相扑系列、轻井泽 - 相扑系列、轻井泽 - 相扑系列		102,896	保利香港	2018-09-30
1967年 Macallan 麦卡伦1967年 珍稀		102,240	金仕发	2018-05-20
波摩1964(黑波摩第三版)		101,200	保利厦门	2018-01-08
朗贝雷干红2011		101,200	上海匡时	2018-04-30
邦内玛尔干红2011		101,200	上海匡时	2018-04-30
波尔多五大名庄1982传奇年份套装 共5支 750毫升		101,200	中国嘉德	2018-06-20
拉菲古堡2000年份 6支 750毫升		101,200	中国嘉德	2018-06-20
轻井泽 1975 - 一生悬命		101,200	保利厦门	2018-07-15
拉菲古堡2004年份 12支 750毫升		98,900	中国嘉德	2018-06-20
拉菲古堡大瓶装(1.5升)1999年份 6支 1500毫升		98,900	中国嘉德	2018-06-20
狮虎里贝伯爵酒庄拉罗曼尼特级园 2012狮虎里贝伯爵酒庄拉罗曼尼特级园 2013(各一瓶)		97,750	北京保利	2018-06-21
SV瓶装SPRINGBANK 1969-40年		97,750	北京东正	2018-06-17
轻井沢 相扑套组		97,750	保利厦门	2018-07-15
波尔多1855年列级酒庄大瓶装(1.5升)大全套2012年份 59支 1500毫升+2支 750毫升		96,600	中国嘉德	2018-06-20
人头马路易十三(白头)		95,450	华艺国际	2018-05-22
拉菲古堡大瓶装(1.5升)2007年份6支 1500毫升		94,300	中国嘉德	2018-06-20
拉菲古堡2002年份 12支 750毫升		94,300	中国嘉德	2018-06-20
木桐古堡1996年份 12支 750毫升		94,300	中国嘉德	2018-06-20
山崎 1979年水楢桶		92,606	保利香港	2018-09-30
玛高1996		92,000	华艺国际	2018-05-22
白马2005		92,000	华艺国际	2018-05-22
拉图1982		92,000	华艺国际	2018-05-22
玛歌古堡2005年份 12支 750毫升		92,000	中国嘉德	2018-06-20
拉菲庄园 2009(十二瓶)		92,000	北京保利	2018-06-21
拉菲庄园 2005(十二瓶)		92,000	北京保利	2018-06-21
西维恩酒园罗曼尼圣维旺特级园 2003(六瓶)		92,000	北京保利	2018-06-21
拉图庄园 1996		92,000	北京保利	2018-06-20
麦卡伦1824大师系列全套		92,000	北京东正	2018-06-17
骑士梦哈榭干白2013		90,850	上海匡时	2018-04-30
拉菲古堡2003年份 6支 750毫升		89,700	中国嘉德	2018-06-20
拉菲古堡1996年份 6支 750毫升		89,700	中国嘉德	2018-06-20
红颜容使命庄园 2000(十二瓶)		89,700	北京保利	2018-06-21
乐桦酒庄伏旧园 1999		87,462	保利香港	2018-09-30
柏翠酒庄2010年份 2支 750毫升		87,400	中国嘉德	2018-06-20
木桐古堡1982年份 6支 750毫升		87,400	中国嘉德	2018-06-20
玛高2005		86,250	华艺国际	2018-05-22
拉菲庄园 1995(一瓶)		86,250	北京保利	2018-06-21
红颜容庄园 1998(十二瓶)		86,250	北京保利	2018-06-21
狮虎里贝伯爵酒庄拉罗曼尼特级园 2013(三瓶)		86,250	北京保利	2018-06-21
卢米酒园博马尔特级园 2004卢米酒园博马尔特级园 2007卢米酒园博马尔特级园 2008卢米酒园香波蜜思尼一级园爱侣 2013(各两瓶)		86,250	北京保利	2018-06-21
罗曼尼康帝酒园拉塔希特级园 2007 罗曼尼康帝酒园李其堡特级园 2007 罗曼尼康帝酒园罗曼尼圣维望特级园 2007		86,250	北京保利	2018-06-20

2018杂项拍卖成交汇总

(成交价RMB：2万元以上)

拍品名称	物品尺寸	成交价RMB	拍卖公司	拍卖日期
拉菲古堡珍藏套装1985、1999、2000、2005、2008年份(各1支) 共5支 750毫升		85,100	中国嘉德	2018-06-20
木桐古堡2005年份 12支 750毫升		85,100	中国嘉德	2018-06-20
拉图古堡1998年份 12支 750毫升		85,100	中国嘉德	2018-06-20
轻井沢相扑系列		82,800	华艺国际	2018-05-22
波尔多1855年列级酒庄大全套2013年份 共60支 750毫升		82,800	中国嘉德	2018-06-20
杜克洛波尔多精选套装2011年份共9支 750毫升		82,800	中国嘉德	2018-06-20
滴金古堡2009年份 12支 750毫升		82,800	中国嘉德	2018-06-20
轻井泽 45年 – 命之水 #1946		82,317	保利香港	2018-09-30
山崎 勋一等瑞宝章受章纪念版		82,317	保利香港	2018-09-30
麦卡伦 1945年		81,143	保利香港	2018-03-31
格拉维尔干红1978		80,500	上海国时	2018-04-30
轩尼诗Extra(大粗金边牛仔字)		80,500	华艺国际	2018-05-22
拉菲古堡2009年份 6支 750毫升		80,500	中国嘉德	2018-06-20
里鹏庄园 2008 (四瓶)		80,500	北京保利	2018-06-21
乐桦酒园夜圣乔治一级园布多2014 (六瓶)		80,500	北京保利	2018-06-21
格兰菲迪1959		80,500	北京东正	2018-06-17
麦卡伦25-2017(原箱)		78,200	保利厦门	2018-01-08
柏菲2003		78,200	华艺国际	2018-05-22
人头马路易十三(金头)		78,200	华艺国际	2018-05-22
奥颂古堡1990年份 12支 750毫升		78,200	中国嘉德	2018-06-20
玛歌酒庄 1996 (原木箱)		77,172	保利香港	2018-09-30
奥松庄园 2007 (十二瓶)		77,050	北京保利	2018-06-21
轩尼诗XO(大粗金边双贴纸牛仔字)		75,900	华艺国际	2018-05-22
木桐古堡1996年份 12支 750毫升		75,900	中国嘉德	2018-06-20
柏菲古堡2009年份 12支 750毫升		75,900	中国嘉德	2018-06-20
柏翠酒庄2006年份 2支 750毫升		75,900	中国嘉德	2018-06-20
马爹利蓝带水晶		74,750	华艺国际	2018-05-22
御鹿瑰宝(水晶瓶/雪茄箱)		74,750	华艺国际	2018-05-22
香槟王珍藏香槟 1992		74,750	北京保利	2018-06-20
啸鹰酒庄 2008		74,750	北京保利	2018-06-20
Macallan 麦卡伦25年单一麦芽苏格兰威士忌 6瓶一组		74,124	金仕发	2018-05-20
乐桦酒庄夜圣乔治一级园 1973		74,085	保利香港	2018-09-30
柏菲古堡2005年份 12支 750毫升		73,600	中国嘉德	2018-06-20
罗曼尼康帝酒庄罗曼尼康帝 1973		72,027	保利香港	2018-09-30
白马酒庄2005 (原木箱)		72,027	保利香港	2018-09-30
山崎 1984年 – 私人藏桶 #WF0001		72,027	保利香港	2018-09-30
轻井泽 45年 – 命之水 #2725		72,027	保利香港	2018-09-30
轻井泽 1980年 – #6207		72,027	保利香港	2018-09-30
轻井泽35年 – 艺妓 #4376		71,597	保利香港	2018-03-31
彭索酒庄套装2013		71,300	上海国时	2018-04-30
木西尼干白1990 邦马尔干红2011		71,300	上海国时	2018-04-30
杜克洛波尔多精选套装2014年份共8支 750毫升		71,300	中国嘉德	2018-06-20
拉菲古堡2014年份 12支 750毫升		71,300	中国嘉德	2018-06-20
啸鹰酒庄 2009		71,300	北京保利	2018-06-20
麦卡伦格兰利威1957年		69,969	保利香港	2018-09-30
骑士梦哈榭干白2013		69,000	上海国时	2018-04-30
邦马尔干红2014 香柏木西尼干红2014		69,000	上海国时	2018-04-30
拉菲1983		69,000	华艺国际	2018-05-22
拉菲1994		69,000	华艺国际	2018-05-22
玛高1993/1994/1995		69,000	华艺国际	2018-05-22
拉菲1982		69,000	华艺国际	2018-05-22
轩尼诗XO(大粗金边牛仔字)		69,000	华艺国际	2018-05-22
轩尼诗杯莫停(旧版青瓶)		69,000	华艺国际	2018-05-22
轩尼诗杯莫停(旧版青瓶)		69,000	华艺国际	2018-05-22
拉菲古堡2014年份 12支 750毫升		69,000	中国嘉德	2018-06-20
拉图古堡2003年份 6支 750毫升		69,000	中国嘉德	2018-06-20
拉图庄园 2000 (三瓶)		69,000	北京保利	2018-06-21
木桐庄园 2009 (十二瓶)		69,000	北京保利	2018-06-21
玛歌庄园 2001 (十二瓶)		69,000	北京保利	2018-06-21
侯奇酒园武若特级园 2012 (十二瓶)		69,000	北京保利	2018-06-21
库克香槟 1985 (十二瓶)		69,000	北京保利	2018-06-21
狮虎里贝伯爵酒庄拉罗曼尼特级园2011 狮虎里贝伯爵酒庄拉罗曼尼特级园 2012		69,000	北京保利	2018-06-20
响30年		68,733	保利香港	2018-03-31
山崎18年		66,882	保利香港	2018-09-30
麦卡伦 18年 – 1986至1997、麦卡伦18年 – 2017		66,823	保利香港	2018-03-31
响30年		66,823	保利香港	2018-03-31
轻井泽 40年 – 命之水 #6114		66,823	保利香港	2018-03-31
巴塔梦哈榭干白2013巴塔梦哈榭干白2014		66,700	上海国时	2018-04-30
雄狮古堡1986年份 12支 750毫升		66,700	中国嘉德	2018-06-20
乐桦酒园特级园典藏套装2014年份(各1支) 共3支 750毫升		66,700	中国嘉德	2018-06-20
德蒙蒂酒庄沃恩一级园马勒贡索克里斯汀 2014		66,700	北京保利	2018-06-20
Macallan 麦卡伦1950年 红丝带单一纯麦威士忌		66,456	金仕发	2018-05-20
罗曼尼康帝酒庄里奇堡 1996(原木箱)		64,824	保利香港	2018-09-30
拉菲古堡2013年份 12支 750毫升		64,400	中国嘉德	2018-06-20
拉菲古堡2013年份 12支 750毫升		64,400	中国嘉德	2018-06-20
拉菲古堡2012年份 12支 750毫升		64,400	中国嘉德	2018-06-20
拉菲古堡2012年份 12支 750毫升		64,400	中国嘉德	2018-06-20
拉菲古堡2005年份 6支 750毫升		64,400	中国嘉德	2018-06-20
木桐古堡2008年份 12支 750毫升		64,400	中国嘉德	2018-06-20
木桐古堡1993年份 12支 750毫升		64,400	中国嘉德	2018-06-20
柏翠酒庄2004年份 2支 750毫升		64,400	中国嘉德	2018-06-20
山崎1999–英雄#DU65300		63,250	保利厦门	2018-01-08
七十年代套装 多米尼克干红1970 路丹内干红1971 马乐贵腐干白1970 格希宝捷干红1972 露德尼干红1972 史密斯拉菲特干红1972 木兰阿旺干红1973 宝嘉龙干红1974 老博格勒夫干红1975 杜里昂干红1976 克莱蒙教皇城堡干红1978 苏塔干红1978 拉罗诗特里东干红1979 拉布斯干红1975 拉图嘉利干红1975 奥贝什韦勒干红1974 圣乔治城堡干红1977 马歌干红1977 蒙宝干红1978 菲利普罗斯柴尔德男爵干红1979 杰曼维格罗干红1979		63,250	上海国时	2018-04-30
人头马世纪水晶		63,250	华艺国际	2018-05-22
玛歌庄园 1998 (四瓶)		63,250	北京保利	2018-06-21
木尼艾酒园香波蜜思妮一级园爱侣2013木尼艾酒园香波蜜思妮一级园爱侣 2014 (两瓶; 六瓶)		63,250	北京保利	2018-06-21
奥维那酒园普里尼蒙哈榭一级园富乐迪雷 2011		63,250	北京保利	2018-06-20
狮虎里贝伯爵酒庄艾瑟索特级园 2013		63,250	北京保利	2018-06-20
蔻金庄园家族九号 2010 蔻金庄园家族九号 2011 蔻金庄园家族九号 2012		63,250	北京保利	2018-06-20
80年代金膜特级金门高粱		63,250	保利厦门	2018-07-15
玛歌古堡2000年份 6支 750毫升		62,100	中国嘉德	2018-06-20
白马庄园 2000 (六瓶)		62,100	北京保利	2018-06-21
波摩43年 – 1973		62,050	保利香港	2018-03-31
麦卡伦30年 – 雪莉桶		61,738	保利香港	2018-09-30
麦卡伦 25年 – 周年纪念版 – 1957		61,738	保利香港	2018-09-30
轻井泽 2000 – 艺妓#2339、轻井泽1999 – 艺妓#2332、轻井泽 1999 – 艺妓#895、轻井泽 2000 – 艺妓#7721		61,738	保利香港	2018-09-30
轩尼诗XO(青瓶大金边)		60,950	华艺国际	2018-05-22
日芙海香柏坛干红2011 日芙海香柏坛干红2011		59,800	上海国时	2018-04-30

拍品名称	物品尺寸	成交价RMB	拍卖公司	拍卖日期
二零零五年年份套装 沃恩罗曼尼干红2005 寇东干红2005 波玛一级干红2005		59,800	上海国时	2018-04-30
龙船古堡1986年份12支750毫升		59,800	中国嘉德	2018-06-20
木桐古堡1988年份12支750毫升		59,800	中国嘉德	2018-06-20
白马古堡2012年份12支750毫升		59,800	中国嘉德	2018-06-20
麦卡伦30年-蓝标木盒		59,800	保利厦门	2018-07-15
麦卡伦25年－周年纪念版－1962		59,680	保利香港	2018-09-30
一九九三年份套装 默尔索一级园干红1993 武乔园干红1993 依瑟索干红1993 波玛干红1993 大依瑟索干红1993		58,650	上海国时	2018-04-30
百富1858第一版、百富1858第二版、百富1858第三版、百富1858第四版、百富1858第五版、百富1858第六版、百富1858第七版		57,622	保利香港	2018-09-30
布里尼梦哈榭干白2000		57,500	上海国时	2018-04-30
金杯干渣白兰地1964		57,500	上海国时	2018-04-30
木桐2000–2005		57,500	华艺国际	2018-05-22
金花三星(原箱)		57,500	华艺国际	2018-05-22
人头马路易十三(金头/全盒带杯)		57,500	华艺国际	2018-05-22
轻井沢协会酒系列		57,500	华艺国际	2018-05-22
木桐庄园2006(六瓶)		57,500	北京保利	2018-06-21
里鹏庄园2007(三瓶)		57,500	北京保利	2018-06-21
侯奇酒园夜圣乔治一级园高维2011(十二瓶)		57,500	北京保利	2018-06-21
里鹏庄园2011		57,500	北京保利	2018-06-20
罗曼尼康帝酒园罗曼尼圣维望特级园2005		57,500	北京保利	2018-06-20
侯奇酒园香贝丹贝日园特级园2013		57,500	北京保利	2018-06-20
布卡斯泰尔教皇新堡佩兰1998		57,500	北京保利	2018-06-20
轻井沢 烟火套装		57,500	保利厦门	2018-07-15
麦卡伦1965		57,500	保利厦门	2018-07-15
山崎1979年		57,277	保利香港	2018-03-31
山崎1986年		56,593	保利香港	2018-09-30
拉菲古堡1990年份6支750毫升		56,350	中国嘉德	2018-06-20
山崎1984年－#WM0012		55,368	保利香港	2018-03-31
李其堡干红2013		55,200	上海国时	2018-04-30
巴塔梦哈榭干白2014		55,200	上海国时	2018-04-30
香波木西尼干红2014		55,200	上海国时	2018-04-30
六十年代套装 格拉斯德浓干红1962 克罗圣伊莱尔干红1962 卓龙梦特干红1964 老瓦锡龙干红1966 奥比路干红1966 维格尔干红1964 利唯尚干红1964 雄狮酒庄干红1964 堡狮龙酒庄干红1964 司马十字干红1967 格拉维特干红1967 蒙宝干红1967 芳宝干红1967		55,200	上海国时	2018-04-30
木桐1994		55,200	华艺国际	2018-05-22
轩尼诗XO(青二行/青三行)		55,200	华艺国际	2018-05-22
马爹利第一代XO(青瓶/红印)		55,200	华艺国际	2018-05-22
拉菲古堡1999年份6支750毫升		55,200	中国嘉德	2018-06-20
玛歌古堡大瓶装(1.5升)2002年份6支1500毫升		55,200	中国嘉德	2018-06-20
爱诗图古堡2009年份12支750毫升		55,200	中国嘉德	2018-06-20
金钟古堡1995年份12支750毫升		55,200	中国嘉德	2018-06-20
麦卡伦25年–1965		52,900	保利厦门	2018-07-15
响30年		52,504	保利香港	2018-03-31
轻井泽15年－1995 #5006、轻井泽31年－1981 #4961		52,504	保利香港	2018-03-31
轻井泽1968－台北2010年		51,750	保利厦门	2018-01-08
格兰花格50年–1964		51,750	保利厦门	2018-01-08
朗贝雷干红2008		51,750	上海国时	2018-04-30
卢索–香柏坛干红1998		51,750	上海国时	2018-04-30
轩尼诗Extra(大粗金边双贴纸牛仔字)		51,750	华艺国际	2018-05-22
人头马路易十三(白头)		51,750	华艺国际	2018-05-22
格兰冠50年/1957—53年/1955—56年		51,750	华艺国际	2018-05-22
玛歌古堡大瓶装(1.5升)2014年份6支1500毫升		51,750	中国嘉德	2018-06-20
宝嘉龙庄园1982(酒庄直接释出)		51,750	北京保利	2018-06-20
孚立叶酒园香贝丹特级园2013 孚立叶酒园香贝丹特级园2014 孚立叶酒园香贝丹特级园2015		51,750	北京保利	2018-06-20
竹鹤35年		51,448	保利香港	2018-09-30
麦卡伦49年－1967		51,448	保利香港	2018-09-30
轻井泽30年－艺妓#5347		51,448	保利香港	2018-09-30
麦卡伦25年－周年纪念版－1966		51,448	保利香港	2018-09-30
轻井泽35年－大物海上月#8283		51,448	保利香港	2018-09-30
轻井泽35年－八头龙#171		51,448	保利香港	2018-09-30
麦卡伦25年–1969		50,600	保利厦门	2018-07-15
人头马路易十三(白头/八角盒)		49,450	华艺国际	2018-05-22
宝玛古堡1989年份12支750毫升		49,450	中国嘉德	2018-06-20
乐桦酒庄保-蒙特园2015(原箱)		49,390	保利香港	2018-09-30
麦卡伦30年－雪莉桶		49,390	保利香港	2018-09-30
麦卡伦25年－周年纪念版－1968		49,390	保利香港	2018-09-30
格兰多纳1968–34年		48,300	保利厦门	2018-01-08
人头马XO(青瓶)		48,300	华艺国际	2018-05-22
木桐古堡2012年份12支750毫升		48,300	中国嘉德	2018-06-20
木桐古堡2012年份12支750毫升		48,300	中国嘉德	2018-06-20
侯伯王古堡干白2012年份6支750毫升		48,300	中国嘉德	2018-06-20
波摩1973–43年		48,300	北京东正	2018-06-17
轻井泽阪神棒球队2003年优胜纪念版大全套		48,300	北京东正	2018-06-17
麦卡伦25年–1971		48,300	保利厦门	2018-07-15
拉图城堡酒庄(Magnum)2000		47,332	保利香港	2018-09-30
拉菲古堡大瓶装(1.5升)2013年份6支1500毫升		47,150	中国嘉德	2018-06-20
拉菲古堡大瓶装(1.5升)2013年份6支1500毫升		47,150	中国嘉德	2018-06-20
宝嘉龙酒庄2009年份12支750毫升		47,150	中国嘉德	2018-06-20
黑桃A金瓶香槟 Salmanazar		46,303	保利香港	2018-09-30
轻井泽40年－命之水#6114		46,303	保利香港	2018-09-30
麦卡伦30年－雪莉桶		46,303	保利香港	2018-09-30
武乔园干红1998		46,000	上海国时	2018-04-30
雄狮1995		46,000	华艺国际	2018-05-22
龙船古堡1998年份12支750毫升		46,000	中国嘉德	2018-06-20
靓茨伯古堡1988年份12支750毫升		46,000	中国嘉德	2018-06-20
侯奇酒园沃恩罗曼尼一级园苏格2013(六瓶)		46,000	北京保利	2018-06-21
欧若拉酒园武若特级园2007(十二瓶)		46,000	北京保利	2018-06-21
恩泽尔酒园大艾瑟索特级园2003(五瓶)		46,000	北京保利	2018-06-21
白马庄园1995		46,000	北京保利	2018-06-20
侯奇酒园沃恩罗曼尼一级园苏格2012		46,000	北京保利	2018-06-20
尤金妮酒园艾瑟索特级园2014		46,000	北京保利	2018-06-20
吉士佳庄园慕兰1991		46,000	北京保利	2018-06-20
格兰花格家族桶8瓶(1986–1993)		46,000	北京东正	2018-06-17
DT装瓶格兰威特1968		46,000	北京东正	2018-06-17
麦卡伦女皇登基60年纪念版		46,000	保利厦门	2018-07-15
山崎1986年－私人桶藏#6V1030		45,822	保利香港	2018-03-31
马爹利蓝带(青瓶/红太阳)		44,850	华艺国际	2018-05-22
百富1981—35年(首席调酒师典藏系列)		44,275	华艺国际	2018-05-22
七十年代套装 麦和干红1972 夜圣乔治干红1972 香波木西尼干红1972 波玛干红1972 夜圣乔治干红1972 沃尔内干红1972 日芙海香柏坛干红1972 沃恩罗曼尼干红1972		43,700	上海国时	2018-04-30
力士金1999		43,700	华艺国际	2018-05-22
碧尚男爵古堡1989年份12支750毫升		43,700	中国嘉德	2018-06-20
雄狮庄园2005(十二瓶)		43,700	北京保利	2018-06-21
雄狮庄园1996(十二瓶)		43,700	北京保利	2018-06-21
80年代中后期铝盖特级金门高粱		43,700	保利厦门	2018-07-15

2018杂项拍卖成交汇总

(成交价RMB：2万元以上)

拍品名称	物品尺寸	成交价RMB	拍卖公司	拍卖日期
山崎 25年－特别版		43,700	保利厦门	2018-07-15
麦卡伦42年－1971		43,216	保利香港	2018-09-30
麦卡伦41年－1970		43,216	保利香港	2018-09-30
波摩43-1973		42,550	保利厦门	2018-01-08
碧尚女爵古堡1996年份 6支 750毫升		42,550	中国嘉德	2018-06-20
红颜容庄园 1995（六瓶）		42,550	北京保利	2018-06-21
拉菲1990		41,400	华艺国际	2018-05-22
轩尼诗XO（白二行/白三行）		41,400	华艺国际	2018-05-22
轩尼诗VSOP（金特醇/青瓶）		41,400	华艺国际	2018-05-22
玫瑰山古堡2009年份 12支 750毫升		41,400	中国嘉德	2018-06-20
美讯堡2009年份 6支 750毫升		41,400	中国嘉德	2018-06-20
玫瑰山古堡大瓶装（1.5升）2005年份 12支 1500毫升		41,400	中国嘉德	2018-06-20
柏菲古堡2012年份 12支 750毫升		41,400	中国嘉德	2018-06-20
柏翠酒庄1976年份 2支 750毫升		41,400	中国嘉德	2018-06-20
罗曼尼·康帝酒园拉塔希特级园干红2012年份 1支 750毫升		41,400	中国嘉德	2018-06-20
拉菲庄园 2005（五瓶）		41,400	北京保利	2018-06-21
轻井泽 1972－一番 #7290		41,158	保利香港	2018-09-30
轻井泽 31年－1970 #6177		41,158	保利香港	2018-09-30
轻井泽 1971－#6878		41,158	保利香港	2018-09-30
麦卡伦 1964年		41,158	保利香港	2018-09-30
麦卡伦 25年－周年纪念版－1968		41,158	保利香港	2018-09-30
麦卡伦 M 水晶瓶		40,250	保利厦门	2018-01-08
轻井沢1981—31年一能		40,250	华艺国际	2018-05-22
伯洛酒园沃内一级园雪芙蓉 2015（两四瓶）		40,250	北京保利	2018-06-21
奥维那酒园欧克塞迪雷斯莱斯 2006（四瓶）		40,250	北京保利	2018-06-21
卢梭酒园哲维瑞香贝丹一级园圣雅克 1988		40,250	北京保利	2018-06-20
百富 40年雪莉桶		40,250	北京东正	2018-06-17
SV瓶装BOWMORE 1970-40年		40,250	北京东正	2018-06-17
山崎雪莉桶（二瓶）		40,250	北京东正	2018-06-17
行宪纪念酒		40,250	保利厦门	2018-07-15
轻井沢 1976-艺妓#7818		40,250	保利厦门	2018-07-15
轻井沢 1977-艺妓#4010		40,250	保利厦门	2018-07-15
轻井沢 1984-一番（草纸版）#2961		40,250	保利厦门	2018-07-15
麦卡伦25年-1975		40,250	保利厦门	2018-07-15
麦卡伦25年（木盒版）		40,250	保利厦门	2018-07-15
白州 25年、山崎 25年		40,094	保利香港	2018-03-31
麦卡伦 25年－1962水晶瓶		40,094	保利香港	2018-03-31
麦卡伦 30年－蓝标		40,094	保利香港	2018-03-31
山崎 1986年－雪莉桶		40,094	保利香港	2018-03-31
1994年同仁堂护骨药酒（原箱）		126,500	西泠拍卖	2018-07-07
1989年同仁堂李时珍牌参茸药酒		126,500	西泠拍卖	2018-07-07
80年代 北京同仁堂李时珍牌参茸药酒		126,500	北京东正	2018-06-17
1994年同仁堂琼浆药酒（原箱）		97,750	西泠拍卖	2018-07-07
北京同仁堂 琼浆高级补酒（原箱）		96,600	华艺国际	2018-05-22
北京同仁堂 护骨药酒（原箱）		86,250	华艺国际	2018-05-22
北京同仁堂 参茸药酒（原箱）		78,200	华艺国际	2018-05-22
北京同仁堂 李时珍 万灵筋骨酒		71,300	华艺国际	2018-05-22
1999年琼浆药酒（两原箱）		69,000	西泠拍卖	2018-07-07
北京同仁堂 参茸药酒		63,250	华艺国际	2018-05-22
1999年同仁堂护骨酒		63,250	北京荣宝	2018-06-14
1999年同仁堂护骨药酒（原箱）		55,200	西泠拍卖	2018-07-07
2001年同仁堂国公酒		48,300	北京荣宝	2018-06-14
1984年山西中药厂豹骨酒（两原箱）		48,300	西泠拍卖	2018-07-07
1984年山西中药厂豹骨酒（两原箱）		48,300	西泠拍卖	2018-07-07
北京同仁堂 琼浆药酒（原箱）		47,150	华艺国际	2018-05-22
广誉远 龟龄集酒		46,000	华艺国际	2018-05-22
1999年同仁堂三鞭酒（两原箱）		40,250	西泠拍卖	2018-07-07
1999年同仁堂三鞭酒（两原箱）		40,250	西泠拍卖	2018-07-07
80年代出口装灵芝酒（原箱）		40,250	西泠拍卖	2018-07-07
北京同仁堂 十全大补酒（原箱）		39,100	华艺国际	2018-05-22
红梅牌 特质十全大补酒（原箱）		39,100	华艺国际	2018-05-22
1999年琼浆药酒（原箱）		36,800	西泠拍卖	2018-07-07
广誉远 龟龄集酒（原箱）		34,500	华艺国际	2018-05-22
1995年 北京同仁堂虎骨酒（1箱24瓶）		34,500	印千山	2018-01-12
广誉远 龟龄集酒（珍品/原箱）		32,200	华艺国际	2018-05-22
1995年山西龟龄集酒		32,200	北京荣宝	2018-06-14
2000年同仁堂如意长生酒（两原箱）		32,200	西泠拍卖	2018-07-07
北京同仁堂 如意长生酒（原箱）		31,050	华艺国际	2018-05-22
中亚牌 特质三鞭酒（原箱）		31,050	华艺国际	2018-05-22
1984年山西中药厂豹骨酒（原箱）		28,750	西泠拍卖	2018-07-07
茗 茶				
清早期 沈存周制诗文锡茶叶罐	高11.2cm	172,500	北京匡时	2018-12-05
清乾隆 宫绣风帘人双燕诗	271×69cm	59,800	北京匡时	2018-12-05
清乾隆 沈朗亭制诗文紫檀把竹节锡茶壶	长15.7×9.5cm	23,000	北京匡时	2018-12-05
清道光 邓奎刻花鸟诗文锡制茶叶罐（一对）	高9.5cm×2	55,200	北京匡时	2018-06-16
清十九世纪 紫砂包锡镶玉茶壶（两件）		76,973	纽约苏富比	2018-09-15
清晚期 80年代 潮城正真净足款锡罐与老白茶一罐	高48cm	28,750	上海泛华	2018-04-15
清 锡制仿"周京叔簋"	高12.5cm	28,750	北京匡时	2018-12-05
民国时期（1930-1940）同昌号黄文兴铜版纸蓝票圆茶（一筒）		3,967,500	北京匡时	2018-12-06
民国初期 百年陈云号		1,391,500	华艺国际	2018-05-22
民国时期 百年号级圆茶大票典藏组合		1,150,000	北京匡时	2018-12-06
民国 百年龙马同庆圆茶（一饼）		1,150,000	上海匡时	2018-04-30
民国时期 百年群记号普洱圆茶		897,000	北京匡时	2018-12-06
民国初期 可以兴砖茶		828,000	华艺国际	2018-05-22
民国初期 康秧春		207,000	华艺国际	2018-05-22
当代 正山堂陈年正山小种	一盒	20,700	中鸿信	2018-01-07
50年代 印级普洱圆茶一条龙		3,680,000	北京匡时	2018-12-06
50年代 大字绿圆茶（一筒）		3,220,000	北京匡时	2018-12-06
五〇年代大字绿印圆茶（一筒）		3,105,000	北京匡时	2018-06-16
民国初期百年紫票福元昌号圆茶（一饼）		2,852,000	北京匡时	2018-06-16
五〇年代蓝印圆茶铁饼（一筒）		2,185,000	北京匡时	2018-06-16
民国初期 双狮同庆号		1,955,000	华艺国际	2018-11-17
民国初期百年蓝标宋聘号圆茶（一饼）		1,840,000	北京匡时	2018-06-16
民国初期百年双花字号圆茶（一饼）		1,782,500	北京匡时	2018-06-16
民国初期同庆号双狮商标圆茶（一饼）		1,610,000	北京匡时	2018-06-16
八八青饼		1,308,700	北京保利	2018-06-21
七〇年代七三青饼-早期7542七子饼茶（一筒）		862,500	北京匡时	2018-06-16
八〇年代八九年首批 薄纸8582七子饼茶（一筒）		839,500	北京匡时	2018-06-16
八〇年代7542-八八青饼 无内票（一筒）		828,000	北京匡时	2018-06-16
八〇年代厚纸8582 七子饼茶（一筒）		816,500	北京匡时	2018-06-16
50年代 红印圆茶		805,000	华艺国际	2018-05-22
50年代 红印圆茶		782,000	华艺国际	2018-11-17
八〇年代7542-八八青饼 有内票（一筒）		782,000	北京匡时	2018-06-16
五十年代黄印		759,000	北京保利	2018-06-21
八八青饼		736,000	北京保利	2018-12-07
五〇年代红印圆茶（一饼）		713,000	北京匡时	2018-06-16
五十年代大字红印		667,000	北京保利	2018-12-07
民国初期百年同庆号龙马商标圆茶（一饼）		667,000	北京匡时	2018-06-16
50年代 红印铁饼		644,000	华艺国际	2018-05-22
普洱耶稣邓时海推荐龙马同庆号圆茶		575,000	江苏观宇	2018-04-22
50年代 红印圆茶铁饼（一饼）		575,000	上海匡时	2018-04-30
五〇年代红印圆茶铁饼（一饼）		552,000	北京匡时	2018-06-16
六十年代小黄印		523,250	北京保利	2018-06-21
50年代 蓝印甲级圆茶		517,500	华艺国际	2018-11-17
50年代 蓝印乙级圆茶		517,500	华艺国际	2018-11-17

拍品名称	物品尺寸	成交价RMB	拍卖公司	拍卖日期
50年代 大字绿印		483,000	华艺国际	2018-11-17
50年代 蓝印甲级圆茶		460,000	华艺国际	2018-05-22
50年代 蓝印乙级圆茶		460,000	华艺国际	2018-05-22
五〇年代大字绿印圆茶(一饼)		437,000	北京匡时	2018-06-16
五〇年代蓝印乙级圆茶(一饼)		437,000	北京匡时	2018-06-16
2002年曼松		402,500	北京保利	2018-06-21
五〇年代蓝印甲级圆茶(一饼)		402,500	北京匡时	2018-06-16
中国云南西双版纳勐海茶厂出品七五四二【八八青饼】		391,000	江苏观宇	2018-04-22
七三青饼		386,400	北京保利	2018-06-21
五十年代无纸红印		379,500	北京保利	2018-12-07
中国云南西双版纳勐海茶厂出品七五八二【特级大叶青饼】		379,500	江苏观宇	2018-04-22
二十世纪三十年代·宋聘号普洱茶(生茶)		368,000	西泠拍卖	2018-07-08
2002年班章		368,000	北京保利	2018-06-21
50年代 蓝印铁饼		368,000	华艺国际	2018-11-17
五十年代工农兵茯砖		345,000	北京保利	2018-12-07
50年代 无纸红印圆茶		345,000	华艺国际	2018-05-22
60年代 蓝印圆茶铁饼 (一饼)		345,000	上海匡时	2018-04-30
九八年易武正山野生茶		340,400	北京保利	2018-06-21
八八青饼7542		331,200	保利厦门	2018-01-08
五〇年代无纸红印圆茶(一饼)		322,000	北京匡时	2018-06-16
80年代 厚纸8582七子饼茶		299,000	华艺国际	2018-11-17
80年代 薄纸8582七子饼茶		299,000	华艺国际	2018-11-17
80年代 7542-88青饼		287,500	华艺国际	2018-11-17
五〇年代红莲圆茶(一饼)		287,500	北京匡时	2018-06-16
八十年代泡饼		278,300	保利厦门	2018-07-15
70年代 八中黄印七子饼茶		276,000	华艺国际	2018-05-22
六十年代团结牌茯砖		264,500	北京保利	2018-12-07
70年代 7532-雪印青饼		253,000	华艺国际	2018-05-22
80年代 薄纸8582七子饼茶		253,000	华艺国际	2018-05-22
1996年 易武正山七子饼茶		241,500	华艺国际	2018-11-17
1996年 易武正山七子饼茶		239,200	华艺国际	2018-05-22
2005年 05老陈香		230,000	北京匡时	2018-06-16
七〇年代八中黄印七子饼茶(二饼)		230,000	北京匡时	2018-06-16
九〇年代祺昌号珍藏易武七子饼茶(一饼一筒)		230,000	北京匡时	2018-06-16
七〇年代7532-雪印青饼(两片)		230,000	北京匡时	2018-06-16
80年代 7542-88青饼		230,000	华艺国际	2018-05-22
80年代 厚纸8582七子饼茶		230,000	华艺国际	2018-05-22
六十年代小黄印		224,250	北京保利	2018-06-20
七十年代大叶青		220,800	保利厦门	2018-07-15
八〇年代7542-八八青饼同期熟饼(一饼一筒)		218,500	北京匡时	2018-06-16
2005年班章		195,500	北京保利	2018-06-21
八十年代厚纸8582		195,500	北京保利	2018-12-07
六十年代小黄印		189,750	保利厦门	2018-01-08
普洱茶王王曼源珍藏1997佛海雪印青饼		189,750	江苏观宇	2018-04-22
六九年文革砖		189,750	北京保利	2018-06-21
九二年小黄印		184,000	北京保利	2018-06-21
二十世纪六十年代·昆明茶厂中茶牌简体平板昆铁青饼(生茶)		184,000	西泠拍卖	2018-07-08
2007年 07老陈香		184,000	北京匡时	2018-06-16
80年代 中茶简体七子饼茶		184,000	华艺国际	2018-05-22
八八青饼		184,000	北京保利	2018-12-07
90年代 祺昌号珍藏易武七子饼茶(一饼一筒)		184,000	北京匡时	2018-12-06
民国初期 康秧春		184,000	华艺国际	2018-11-17
六九年文革砖		179,400	保利厦门	2018-07-15
七十年代红丝带		169,050	北京保利	2018-12-07
七三青饼		166,750	北京保利	2018-12-07
八十年代厚纸8582		161,000	保利厦门	2018-01-08
99易昌号		149,500	保利厦门	2018-01-08

拍品名称	物品尺寸	成交价RMB	拍卖公司	拍卖日期
九六年水蓝印8582		149,500	保利厦门	2018-07-15
九七水蓝印(生)		149,500	北京保利	2018-12-07
八十年代天字饼		147,200	北京保利	2018-06-21
七三文革厚砖(生)		147,200	北京保利	2018-06-21
八十年代红印沱		144,900	北京保利	2018-06-21
七三青饼		144,900	北京保利	2018-06-21
七〇年代七三朱砂红厚砖茶 七三厚砖茶 七三薄砖茶 大口文革砖茶 小口文革砖茶 小口文革砖茶(各一块)		138,000	北京匡时	2018-06-16
二十世纪六十年代·昆明茶厂中茶牌简体昆铁青饼(生茶)		138,000	西泠拍卖	2018-07-08
六十年代大叶文革砖		138,000	北京保利	2018-12-07
七十年代新会老树陈皮(1970年)		138,000	北京保利	2018-12-07
70年代 7532-雪印青饼		138,000	华艺国际	2018-11-17
1989年 8582特级大叶青饼		138,000	华艺国际	2018-11-17
八十年代8653		133,400	北京保利	2018-06-20
1989年 8582特级大叶青饼		126,500	华艺国际	2018-05-22
八〇年代7542-八八青饼 无内票(一饼)		126,500	北京匡时	2018-06-16
云南金瓜贡茶		126,500	北京荣宝	2018-06-14
70年代 七三朱砂红厚砖茶		126,500	华艺国际	2018-05-22
九二年红丝带		126,500	北京保利	2018-12-07
七三青饼		124,200	保利厦门	2018-01-08
八〇年代厚纸8582 七子饼茶(一饼)		120,750	北京匡时	2018-06-16
70年代 七三朱砂红厚砖、七三薄砖、文革砖(大口、小口)组合		120,750	华艺国际	2018-11-17
八〇年代八九年首批 薄纸8582七子饼茶(一饼)		115,000	北京匡时	2018-06-16
七〇年代七三朱砂红厚砖茶(两块)		115,000	北京匡时	2018-06-16
九六年水蓝印8582		115,000	北京保利	2018-06-21
九十年代 中红7542七子饼茶		115,000	保利厦门	2018-07-15
九二年红丝带		115,000	保利厦门	2018-07-15
70年代 7542-73青饼		115,000	华艺国际	2018-05-22
90年代初期 7542青饼		115,000	华艺国际	2018-05-22
八十年代黄印红丝带		115,000	北京保利	2018-12-07
92年 贵州桐梓茶厂"金龙牌"康砖两条四十六块		115,000	北京匡时	2018-12-06
90年代 祺昌号珍藏易武七子饼茶一饼及于诗逸制茶杯两件		115,000	北京匡时	2018-12-06
1995年 中茶特级青饼 (3片)		110,400	印千山	2018-01-12
七三青饼		110,400	北京保利	2018-12-07
七〇年代七三薄砖茶(五块)		109,250	北京匡时	2018-06-16
二十世纪八十年代·勐海茶厂7532雪印青饼(生茶)		109,250	西泠拍卖	2018-07-08
九七年小黄印		109,250	保利厦门	2018-07-15
九二年红丝带		109,250	北京保利	2018-12-07
90年代 昌字生砖		109,250	华艺国际	2018-11-17
70年代 七三朱砂红厚砖、七三薄砖、文革砖(大口、小口)组合		104,650	华艺国际	2018-05-22
二十世纪七十年代·勐海茶厂七三青大口中青饼(生茶)		103,500	西泠拍卖	2018-07-08
1996年 大益茶T7572熟饼 (5片)		103,500	印千山	2018-01-12
90年代 昌字生砖		103,500	华艺国际	2018-05-22
六十年代景谷文革砖		103,500	北京保利	2018-12-07
《风生云起》传世典藏雨林古茶坊三年野茶古树陈料		101,200	江苏观宇	2018-04-22
2003年金大益		101,200	北京保利	2018-06-21
九六年勐海野生乔木青饼		101,200	北京保利	2018-12-07
八十年代薄纸7542		98,900	保利厦门	2018-07-15
七十年代红丝带		97,750	北京保利	2018-06-21
七十年代红丝带		97,750	保利厦门	2018-07-15
七十年代新会老树陈皮(1975年)		97,750	北京保利	2018-12-07
六十年代芒市		95,450	北京保利	2018-06-20
八〇年代7542-八八青饼 有内票(一饼)		92,000	北京匡时	2018-06-16

2018杂项拍卖成交汇总

(成交价RMB：2万元以上)

拍品名称	物品尺寸	成交价RMB	拍卖公司	拍卖日期
二十世纪四十年代·号级孙义顺老六安黑茶一篓(生茶)		92,000	西泠拍卖	2018-07-08
2002年绿中绿		92,000	保利厦门	2018-07-15
90年代 孙义顺青六安 (5筐)		92,000	印千山	2018-01-12
六十年代芒市砖		92,000	北京保利	2018-12-07
六十年代芒市砖		92,000	北京保利	2018-12-07
六九年文革砖		89,700	北京保利	2018-06-21
九三青饼		89,700	北京保利	2018-12-07
二OO五年五只孔雀 九九年傣文青饼		86,250	北京保利	2018-12-07
九六年水蓝印8582		86,250	北京保利	2018-12-07
九O年代昌字生饼(一饼一筒)		85,100	北京匡时	2018-06-16
民国初期同庆号双狮商标圆茶一份十克		83,950	北京匡时	2018-06-16
六十年代芒市文革砖		82,800	保利厦门	2018-01-08
九O年代昌字生砖(四扎)		80,500	北京匡时	2018-06-16
八O年代中茶牌繁体字8653七子饼茶(三饼)		80,500	北京匡时	2018-06-16
2006年南峤首批班章有机生态王中王		80,500	江苏观宇	2018-09-15
八十年代 7542云南七子饼茶(88青饼)		80,500	北京匡时	2018-05-21
九三年老班章		80,500	北京保利	2018-12-07
八十年代红印沱		80,500	北京保利	2018-12-07
二OO二年易武麻黑		80,500	北京保利	2018-12-07
九二方砖		78,200	北京保利	2018-06-21
2004年 易武正山七子饼(一件)		78,200	北京匡时	2018-12-06
2000年 7532七子饼茶		74,750	保利厦门	2018-07-15
九二方砖		74,750	保利厦门	2018-07-15
1995年 中茶特级青饼 (2片)		73,600	印千山	2018-01-12
2007年 福禄圆茶(一饼一件)		71,300	北京匡时	2018-12-06
二十世纪七十年代·昆明茶厂中茶牌繁体昆铁青饼(生茶)		69,000	西泠拍卖	2018-07-08
六十年代文革砖(大叶)		69,000	保利厦门	2018-07-15
八十年代 湖南临湘茶厂茯砖五块		69,000	北京匡时	2018-12-06
90年代 昌字熟砖		69,000	华艺国际	2018-11-17
九六年橙中橙		66,700	保利厦门	2018-07-15
六九年文革砖		66,700	北京保利	2018-12-07
六十年代 湖南临湘茶厂茯砖两块		66,700	北京匡时	2018-12-06
90年代 昌字圆茶		64,400	华艺国际	2018-05-22
七三文革厚砖(生)		64,400	北京保利	2018-12-07
七O年代七三厚砖茶(两块)		63,250	北京匡时	2018-06-16
七O年代小口文革砖茶(五块)		63,250	北京匡时	2018-06-16
六十年代芒市砖		63,250	北京保利	2018-06-21
1996年 大益茶T7572熟饼 (3片)		63,250	印千山	2018-01-12
二OO三年绿丝带 九七年水蓝印		63,250	北京保利	2018-12-07
九六年勐海野生乔木青饼		63,250	北京保利	2018-12-07
70年代 七三朱砂红厚砖茶		63,250	华艺国际	2018-11-17
九八年易武正山野生茶		60,950	北京保利	2018-06-21
八十年代天字饼		60,950	北京保利	2018-12-07
2005年五只孔雀		59,800	北京保利	2018-06-21
九三年苹果绿7542		59,800	北京保利	2018-12-07
九二方砖		59,800	北京保利	2018-12-07
50年代 三票孙义顺六安茶		59,800	华艺国际	2018-11-17
九O年代白纸包大茶饼、定制款古树大茶饼(各一饼)		57,500	北京匡时	2018-06-16
七O年代大口文革砖茶(五块)		57,500	北京匡时	2018-06-16
2005年南糯野生		57,500	保利厦门	2018-01-08
九六年勐海野生乔木青饼		57,500	北京保利	2018-06-21
二OOO年·勐海茶厂无R红大益青饼八饼(生茶)		57,500	西泠拍卖	2018-07-08
2007年 祺昌圆茶		57,500	华艺国际	2018-05-22
九三年参香砖		57,500	北京保利	2018-12-07
七十年代 湖南临湘茶厂茯砖三块		57,500	北京匡时	2018-12-06
民国初期百年陈云号绿票圆茶一份十克		55,200	北京匡时	2018-06-16
90年代 孙义顺青六安 (3筐)		55,200	印千山	2018-01-12
九八易武正山(无纸) 二OO二年易武麻黑		52,900	北京保利	2018-12-07

拍品名称	物品尺寸	成交价RMB	拍卖公司	拍卖日期
九O年代江城砖茶(十块)		51,750	北京匡时	2018-06-16
二OO四年易武正山七子饼茶(一饼三筒)		51,750	北京匡时	2018-06-16
九O年代昌字熟砖(四扎)		51,750	北京匡时	2018-06-16
二OO七年福禄圆茶(一饼六筒)		51,750	北京匡时	2018-06-16
九二春芽 九二春蕊		51,750	北京保利	2018-12-07
90年代 定制款古树黄印生饼		51,750	华艺国际	2018-11-17
90年代 定制款古树黄印生饼		49,450	华艺国际	2018-05-22
八十年代江城砖 九九年7562砖		49,450	北京保利	2018-12-07
九八年7542		49,450	北京保利	2018-12-07
九三年老班章		48,300	北京保利	2018-12-07
二OO二年大益甲级沱		48,300	北京保利	2018-12-07
二OO七年福禄圆茶 二OO八年鸿运圆茶(各六筒)		47,150	北京匡时	2018-06-16
2017年 极品大红袍		46,000	保利厦门	2018-01-08
九三年老班章		46,000	保利厦门	2018-01-08
普洱教父白水清特制2008《三羊开泰》布朗早春老树圆茶		46,000	江苏观宇	2018-04-22
九八年7542		46,000	北京保利	2018-06-21
2005年黎明茶厂 醇香青饼		46,000	保利厦门	2018-07-15
九八年7542		46,000	保利厦门	2018-07-15
1999年普洱老同志邹炳良监制安宁海湾茶叶首批 7068生态易武野生饼		46,000	江苏观宇	2018-09-15
六十年代 昌兴号(参药香)		46,000	北京匡时	2018-05-21
九三年镭射砖		46,000	北京保利	2018-12-07
二OO三年金大益		46,000	北京保利	2018-12-07
二OO五年五只孔雀		46,000	北京保利	2018-12-07
九四凤凰沱		46,000	北京保利	2018-12-07
二OO七年祺昌圆茶(一饼三筒)		44,850	北京匡时	2018-06-16
九八年易昌号大沱 九六年红印沱		44,850	北京保利	2018-12-07
绿大树之父叶炳怀监制2001绿太阳		43,700	江苏观宇	2018-04-22
中国云南西双版纳勐海茶厂出品2001简云青饼		43,700	江苏观宇	2018-04-22
九三至九八年春蕊		43,700	北京保利	2018-06-21
1999年绿大树之父叶炳怀监制勐海茶厂 903批7542青饼		43,700	江苏观宇	2018-09-15
2008年普洱教父白水清特制《三羊开泰》布朗早春老树圆茶		43,700	江苏观宇	2018-09-15
70年代 七三薄砖茶		43,700	华艺国际	2018-05-22
九二方砖		43,700	北京保利	2018-12-07
八十年代8653		43,700	北京保利	2018-12-07
2007年 祺昌圆茶(一饼三筒)		43,700	北京匡时	2018-12-06
90年代 白纸包大茶饼圆茶		43,700	华艺国际	2018-11-17
二OO二年易武麻黑		42,550	北京保利	2018-12-07
2010年 特级+肉桂		41,400	保利厦门	2018-01-08
陈年 六十五年大红袍		41,400	北京保利	2018-06-21
八十年代镭射砖		41,400	保利厦门	2018-07-15
1996年 大益茶T7572熟饼 (2片)		41,400	印千山	2018-01-12
九九年傣文青饼		41,400	北京保利	2018-12-07
二OO三年红大益青饼		41,400	北京保利	2018-12-07
盆 景				
清 龙纹云锦 (一对)	206×76cm	51,750	北京保利	2018-01-21
树龄70年 盆龄30年 台湾真柏	高100×120cm	172,500	北京保利	2018-01-21
树龄120年 盆龄50年 大板松	高65×100cm	86,250	北京保利	2018-01-21
树龄300年 盆龄18年 刺柏	高130×110cm	69,000	北京保利	2018-01-21
树龄70年 盆龄20年 黑松	高120×130cm	69,000	北京保利	2018-01-21
树龄200年 盆龄18年 济州真柏	高75×90cm	57,500	北京保利	2018-01-21
树龄250年 盆龄18年 真柏	高85×120cm	46,000	北京保利	2018-01-21
紫砂盆猛犸牙茜色花鸟盆景	高40.5cm	34,500	中国嘉德	2018-05-19
黑松	尺寸不一	34,500	中国嘉德	2018-11-20
约1901年制 美国 施坦威 全球唯一铜鎏金非洲桃花心木高浮雕三角钢琴 维多利亚款	约211cm	1,495,000	北京保利	2018-12-09

拍品名称	物品尺寸	成交价RMB	拍卖公司	拍卖日期
清 柚木八音盒	长63cm	47,040	上海联合	2018-11-25
FRÈRES ROCHAT 非凡罕有重要，黄金镶珍珠及珐琅唱歌小鸟及音乐盒，FRÈRES ROCHAT年份约1820	长950mm	1,737,408	保利香港	2018-03-31
REUGE 镀金黄铜鸟笼八音盒，年份约1950		113,186	保利香港	2018-10-01
法贝热 银鎏金 珐琅彩蛋八音盒	高度约28cm	59,800	北京保利	2018-06-18
法贝热 限量银鎏金珐琅人物瓷壳彩蛋八音盒	高度约19cm	40,250	北京保利	2018-06-18
1950年制 瑞士卷烟八音盒	20cm	34,500	西泠拍卖	2018-07-09
约1930年制 德国 精致铜镀金鸟音盒	约11×7×7cm	25,300	北京保利	2018-06-18
法贝热细木镶嵌弹曲三角钢琴八音盒	约37.5×15.5×22cm	20,700	北京保利	2018-12-09
19世纪末 金编织宴会手袋	重约177.98克；29×14cm	63,250	西泠拍卖	2018-07-08
罕见雾面白色喜玛拉雅尼罗鳄鱼皮28公分RETOURNE凯莉包附钯金配件	28cm×21cm×10cm	1,441,375	佳士得	2018-11-28
爱马仕 2014 罕见雾面白色喜马拉雅尼罗鳄鱼皮28公分内缝凯莉包附银色金属配件	长28cm×21cm×11cm	1,419,965	保利香港	2018-10-02
全球限量 爱马仕 HERMES 珍罕法拉利红色铂金包		1,150,000	北京匡时	2018-06-16
爱马仕2010年罕见雾面黑色尼罗鳄鱼皮30公分SO BLACK柏金包附黑色配件	30cm×22cm×15cm	1,116,500	佳士得	2018-05-30
爱马仕2010年珍罕亮面紫水晶色POROSUS鳄鱼皮35公分钻石柏金包附18K白金及钻石配件	35cm×25cm×18cm	1,015,000	佳士得	2018-05-30
罕见雾面白色喜玛拉雅尼罗鳄鱼皮35公分柏金包附钯金配件	35cm×25cm×18cm	942,438	佳士得	2018-11-28
爱马仕2014年珍罕亮面鲜橘红色POROSUS鳄鱼皮35公分钻石柏金包附18K白金及钻石配件	35cm×25cm×18cm	761,250	佳士得	2018-05-30
爱马仕 2012 罕见雾面白色喜马拉雅尼罗鳄鱼皮30公分柏金包附银色金属配件	30cm×20cm×15cm	720,272	保利香港	2018-10-02
爱马仕 2013 罕见雾面白色喜马拉雅尼罗鳄鱼皮25公分柏金包附银色金属配件	长25cm×19cm×13cm	699,693	保利香港	2018-10-02
爱马仕2017年特别订制亮面桃红色及宝石蓝色尼罗鳄鱼皮30公分柏金包附黄金配件	30cm×22cm×15cm	690,200	佳士得	2018-05-30
爱马仕2014年亮面桃红色POROSUS鳄鱼皮30公分柏金包附钯金配件	宽30×22×15cm	669,900	佳士得	2018-05-30
爱马仕 2015 罕见雾面白色喜马拉雅尼罗鳄鱼皮35公分柏金包附银色金属配件	长35×25×18cm	668,234	保利香港	2018-04-02
爱马仕2017年亮面祖母绿色短吻鳄鱼皮25公分SELLIER凯莉包附黄金配件	宽25×18×9cm	659,750	佳士得	2018-05-30
爱马仕 2014 罕见雾面白色喜马拉雅尼罗鳄鱼皮30公分柏金包附银色金属配件	长30×20×15cm	649,142	保利香港	2018-04-02
爱马仕 2014 限量版雾面乳白色短吻鳄鱼皮，啡色鸵鸟皮及杏色蜥蜴皮30公分GRAND MARIAGE柏金包附精铜配件	长30×20×15cm	620,503	保利香港	2018-04-02
爱马仕 2017 特别订制亮面桃红色及祖母绿双色尼罗鳄鱼皮28公分外缝凯莉包附雾面金色金属配件	长28×21×11cm	620,503	保利香港	2018-04-02
罕见雾面黑色尼罗鳄鱼皮35公分SO BLACK柏金包附黑色配件	35cm×25cm×18cm	609,813	佳士得	2018-11-28
特别订制亮面紫桃红及祖母绿色PORORUS鳄鱼皮28公分SELLIER凯莉包附雾面黄金配件	28cm×21cm×10cm	609,813	佳士得	2018-11-28
特别订制亮面斑鸠灰及深绿色POROSUS鳄鱼皮30公分柏金包附雾面黄金配件	30cm×22cm×15cm	609,813	佳士得	2018-11-28

拍品名称	物品尺寸	成交价RMB	拍卖公司	拍卖日期
爱马仕2008年罕见亮面黑色POROSUS鳄鱼皮32公分SELLIER钻石凯莉包附18K白金及钻石配件	宽32×23×11cm	609,000	佳士得	2018-05-30
2018年制 爱马仕 特别订制 亮面法拉利红及桃粉双色 尼罗鳄鱼皮 25公分柏金包 附雾面金色金属配件	约25×13×20cm	575,000	北京保利	2018-06-18
爱马仕 2016 雾面圣西尔蓝色短吻鳄鱼皮25公分柏金包附银色金属配件	长25cm×19cm×13cm	565,928	保利香港	2018-10-02
爱马仕2017年雾面湖水绿色短吻鳄鱼皮25公分柏金包附黄金配件	25cm×19cm×13cm	558,250	佳士得	2018-05-30
罕见雾面黑色短吻鳄鱼皮QUELLE IDOLE包附钯金配件	宽15×12×7cm	554,375	佳士得	2018-11-28
特别订制雾面深墨绿及淡黄色POROSUS鳄鱼皮30公分柏金包附雾面黄金配件	宽30×22×15cm	554,375	佳士得	2018-11-28
特别订制雾面珍珠灰及石墨色短吻鳄皮25公分柏金包附雾面钯金配件	宽25×19×13cm	554,375	佳士得	2018-11-28
亮面祖母绿色POROSUS鳄鱼皮28公分SELLIER凯莉包附黄金配件	宽28×21×10cm	532,200	佳士得	2018-11-28
亮面斑鸠灰色POROSUS鳄鱼皮30公分柏金包附黄金配件	宽30×22×15cm	532,200	佳士得	2018-11-28
爱马仕2011年罕见雾面灰色喜玛拉雅尼罗鳄鱼皮35公分柏金包附钯金配件	宽35×25×18cm	507,500	佳士得	2018-05-30
爱马仕 2018 亮面翡翠绿色短吻鳄鱼皮25公分外缝凯莉包附金色金属配件	长25×18×10cm	504,190	保利香港	2018-10-02
特别订制雾面灰绿及灰白色短吻鳄皮25公分柏金包附雾面铂金配件	宽25×19×13cm	498,938	佳士得	2018-11-28
爱马仕 2016 限量版亮面深海蓝色尼罗鳄鱼皮28公分红色油边凯莉包附金色金属配件	长28×21×11cm	493,901	保利香港	2018-10-02
爱马仕2018年特别订制亮面桃红色及绿色短吻鳄鱼皮24公分CONSTANCE包附精铜配件	宽24×16×5cm	487,200	佳士得	2018-05-30
限量版雾面香草白色短吻鳄皮及貂啡色VEAU BUTLER小牛皮25公分BIRKIN TOUCH包附钯金配件	宽25×19×13cm	465,675	佳士得	2018-11-28
爱马仕 2005 罕见亮面青瓷色尼罗鳄鱼皮20公分迷你凯莉包附金色金属配件	长20×15×10cm	458,218	保利香港	2018-04-02
爱马仕2017年亮面深绿色尼罗鳄鱼皮30公分柏金包附黄金配件	宽30×22×15cm	456,750	佳士得	2018-05-30
爱马仕2014年罕见亮面紫红色尼罗蜥蜴皮30公分柏金包附黄金配件	宽30×22×15cm	456,750	佳士得	2018-05-30
爱马仕2017年深墨绿色鸵鸟皮25公分SELLIER凯莉包附黄金配件	宽25×18×9cm	446,600	佳士得	2018-05-30
特别订制亮面祖母绿、鲜橘红及浅灰褐色尼罗鳄鱼皮30公分柏金包附黄金配件	宽30×22×15cm	443,500	佳士得	2018-11-28
亮面茄子紫色尼罗鳄鱼皮25公分柏金包附黄金配件	宽25×19×13cm	443,500	佳士得	2018-11-28
爱马仕2017年亮面海洋蓝色尼罗鳄鱼皮25公分柏金包附钯金配件	25cm×19cm×13cm	426,300	佳士得	2018-05-30
爱马仕2017年雾面黑色短吻鳄鱼皮25公分柏金包附钯金配件	宽25×19×13cm	426,300	佳士得	2018-05-30
爱马仕2017年亮面海蓝色POROSUS鳄鱼皮30公分柏金包附黄金配件	宽30×22×15cm	426,300	佳士得	2018-05-30
特别订制亮面鲜红及紫桃红色尼罗鳄鱼皮25公分柏金包附雾面黄金配件	宽25×19×13cm	421,325	佳士得	2018-11-28
罕见亮面黑色POROSUS鳄鱼皮20公分钻石SELLIER迷你凯莉包附黄金及钻石配件	宽20×14×18cm	421,325	佳士得	2018-11-28
罕见雾面黑色尼罗鳄鱼皮32公分RETOURNE SO BLACK凯莉包附黑色配件	宽32×23×10.5cm	421,325	佳士得	2018-11-28
罕见亮面渐变色SALVATOR蜥蜴皮25公分柏金包附黄金配件	宽25×19×13cm	421,325	佳士得	2018-11-28

拍品名称	物品尺寸	成交价RMB	拍卖公司	拍卖日期
限量版亮面祖母绿及雾面深墨绿色POROSUS鳄鱼皮、孔雀绿色EPSOM牛皮、深灰色CLÉMENCE小牛皮、EVERCOLOR小牛皮、CALF BOX小牛皮及CHÈVRE山羊皮及粉桃红拼布30公分柏金包附钯金配件	宽30×22×15cm	421,325	佳士得	2018-11-28
亮面电光蓝色短吻鳄皮25公分SELLIER凯莉包附黄金配件	宽25×18×9cm	421,325	佳士得	2018-11-28
爱马仕 2017 雾面黑色短吻鳄鱼皮30公分柏金包附金色金属配件	长30×20×15cm	411,584	保利香港	2018-10-02
爱马仕2017年雾面青柠色短吻鳄鱼皮30公分柏金包附钯金配件	宽30×22×15cm	406,000	佳士得	2018-05-30
爱马仕2017年亮面电光蓝色POROSUS鳄鱼皮30公分柏金包附黄金配件	宽30×22×15cm	406,000	佳士得	2018-05-30
爱马仕2017年罕见BARÉNIA小牛皮及柳条PICNIC KELLY包附钯金配件	宽35×25×13cm	406,000	佳士得	2018-05-30
爱马仕 1989 限量版亮面波尔多酒红色POROSUS鳄鱼皮，白色鸵鸟皮及深海蓝色BOX牛皮28公分外缝凯莉包附金色金属配件	长28×21×11cm	400,940	保利香港	2018-04-02
亮皮黑色POROSUS鳄鱼皮20公分迷你凯莉附黄金配件	宽20×14×18cm	388,063	佳士得	2018-11-28
雾面湖水绿色短吻鳄皮30公分柏金包附黄金配件	宽30×22×15cm	388,063	佳士得	2018-11-28
限量版亮面蓝宝石色、牛仔蓝色及海洋蓝色POROSUS鳄鱼皮28公分SELLIER凯莉包附黄金配件	宽28×21×10cm	388,063	佳士得	2018-11-28
限量版亮面紫莓、灰蓝及海蓝色尼罗鳄鱼皮18公分迷你CONSTANCE包附钯金配件	宽18×15×4cm	388,063	佳士得	2018-11-28
亮面紫桃红色POROSUS鳄鱼皮25公分柏金包附钯金配件	宽25×19×13cm	388,063	佳士得	2018-11-28
亮面紫桃红色短吻鳄皮25公分SELLIER凯莉包附黄金配件	宽25×18×9cm	388,063	佳士得	2018-11-28
亮面玫瑰桃红色尼罗鳄鱼皮30公分柏金包附钯金配件	宽30×22×15cm	388,063	佳士得	2018-11-28
爱马仕2017年亮面祖母绿色短吻鳄鱼皮迷你凯莉包二代附黄金配件	20cm×14cm×8cm	385,700	佳士得	2018-05-30
爱马仕2016年限量版雾面黑色吻鳄鱼皮、SWIFT小牛皮及CALF BOX小牛皮32公分GHILLES RETOURNÉ凯莉包附黄金配件	宽32×23×11cm	385,700	佳士得	2018-05-30
爱马仕2008年雾面海洋蓝色POROSUS鳄鱼皮45公分柏金肩包附钯金配件	宽45×30×21cm	385,700	佳士得	2018-05-30
爱马仕2018年亮面宝石蓝色尼罗鳄鱼皮25公分柏金包附黄金配件	宽25×19×13cm	385,700	佳士得	2018-05-30
爱马仕2014年亮面紫莓色POROSUS鳄鱼皮30公分柏金包附钯金配件	宽30×20×15cm	385,700	佳士得	2018-05-30
爱马仕2017年亮面茄子紫色尼罗鳄鱼皮25公分柏金包附黄金配件	宽25×19×13cm	385,700	佳士得	2018-05-30
爱马仕 2018 限量版亮面翡翠绿色POROSUS鳄鱼皮，泰坦绿色，新唇膏粉色，深绿色，孔雀绿色，CHEVRE山羊皮及CLEMENCE，SWIFT，EVERCOLOR，TOGO，BOX，EPSOM牛皮30公分PATCHWORK柏金包附银色金属配件	长30×20×15cm	380,715	保利香港	2018-10-02
爱马仕2017年限量版靛蓝色TOGO小牛皮28公分SELLIER LETTRE凯莉包附钯金配件	宽28×20×12cm	375,550	佳士得	2018-05-30
爱马仕2017年亮面石墨色POROSUS鳄鱼皮35公分柏金包附钯金配件	宽35×25×18cm	355,250	佳士得	2018-05-30
雾面紫水晶色尼罗鳄鱼皮28公分RETOURNE凯莉包附钯金配件	宽28×21×10cm	354,800	佳士得	2018-11-28
亮面紫水晶色尼罗鳄鱼皮30公分柏金包附钯金配件	宽30×22×15cm	354,800	佳士得	2018-11-28
爱马仕 2014 限量版亮面紫莓，灰蓝及海蓝三色尼罗鳄鱼皮24公分CONSTANCE包附银色金属配件	长24×18×9cm	349,846	保利香港	2018-10-02
爱马仕 2014 亮面波尔多红色POROSUS鳄鱼皮30公分柏金包附银色金属配件	长30×20×15cm	334,931	保利澳门	2018-11-29
爱马仕 2017 限量版BARENIA牛皮及藤条PICNIC KELLY包附银色金属配件	长35×25×13cm	334,117	保利香港	2018-04-02
香港崇光百货2010年罕见糖果粉红色SWIFT小牛皮QUELLE IDOLE包附钯金配件	宽15×12×7cm	332,625	佳士得	2018-11-28
亮面灰绿色POROSUS鳄鱼皮25公分SELLIER凯莉包附铂金配件	宽25×18×9cm	332,625	佳士得	2018-11-28
爱马仕 1994 亮面祖母绿色短吻鳄鱼皮28公分外缝凯莉包附金色金属配件	长28×21×11cm	329,267	保利香港	2018-10-02
爱马仕2009年罕见亮面渐变色SALVATOR蜥蜴皮25公分凯莉包附钯金配件	宽25×18×9cm	324,800	佳士得	2018-05-30
爱马仕2015年亮面海洋蓝色POROSUS鳄鱼皮32公分SELLIER凯莉包附黄金配件	宽32×23×11cm	324,800	佳士得	2018-05-30
爱马仕2015年亮面海洋蓝色POROSUS鳄鱼皮35公分柏金包附钯金配件	宽35×25×18cm	324,800	佳士得	2018-05-30
NIGEL PEAKE设计限量版多色‘ONE TWO THREE & AWAY WE GO’SWIFT小牛皮25公分柏金包附铂金配件	宽25×19×13cm	310,450	佳士得	2018-11-28
雾面孔雀绿色短吻鳄皮20公分迷你凯莉包二代附黄金配件	宽20×12×6cm	310,450	佳士得	2018-11-28
爱马仕 2015 雾面稻草黄色短吻鳄鱼皮30公分柏金包附银色金属配件	长30×20×15cm	308,688	保利香港	2018-10-02
爱马仕 1993 限量版亮面浅灰色，黑色，琥珀三色短吻鳄鱼皮28公分外缝凯莉包附金色金属配件	长28×21×11cm	305,478	保利香港	2018-04-02
爱马仕2009年限量版亮面黑及牛仔蓝色POROSUS鳄鱼皮30公分柏金包附钯金配件	宽30×22×16cm	304,500	佳士得	2018-05-30
爱马仕2017年亮面波尔多酒红色短吻鳄鱼皮24公分CONSTANCE包附黄金配件	宽24×15×5cm	304,500	佳士得	2018-05-30
爱马仕 2017 亮面桃红色短吻鳄鱼皮KELLY POCHETTE包附金色金属配件	长22×13×6cm	298,398	保利香港	2018-10-02
雾面枣红色尼罗鳄鱼皮30公分柏金包附钯金配件	宽30×22×15cm	288,275	佳士得	2018-11-28
亮面海洋蓝色短吻鳄皮18公分迷你CONSTANCE包附黄金配件	宽18×15×4cm	288,275	佳士得	2018-11-28
雾面浅啡色尼罗鳄鱼皮30公分柏金包附黄金配件	宽30×22×15cm	288,275	佳士得	2018-11-28
爱马仕 2014 亮面波尔多红色尼罗鳄鱼皮30公分柏金包附银色金属配件	长30×20×15cm	286,386	保利香港	2018-04-02
爱马仕 2008 黑色蜥蜴皮25公分外缝凯莉包附银色金属配件	长25×18×10cm	286,386	保利香港	2018-04-02
爱马仕 2015 亮面铅笔灰色尼罗鳄鱼皮30公分柏金包附银色金属配件	长30×20×15cm	286,386	保利香港	2018-04-02
爱马仕 2012 雾面米克诺斯蓝色尼罗鳄鱼皮30公分柏金包附银色金属配件	长30×20×15cm	286,386	保利香港	2018-04-02
爱马仕 2014 罕有亮面紫罗兰色尼罗鳄鱼皮28公分外缝凯莉包附银色金属配件	长28×21×11cm	286,386	保利香港	2018-04-02
爱马仕2013年限量版雾面米灰色短吻鳄鱼皮、烟草驼色鸵鸟皮及芝麻色蜥蜴皮35公分GRAND MARIAGE柏金包附精铜配件	宽35×25×18cm	284,200	佳士得	2018-05-30
爱马仕2015年限量版雾面枣红色短吻鳄鱼皮、CALFBOX小牛皮及CLÉMENCE小牛皮30公分柏金包附钯金配件	宽30×22×15cm	284,200	佳士得	2018-05-30
爱马仕2010年罕见亮面火红色POROSUS鳄鱼皮50公分旅行柏金包附钯金配件	宽50×40×25cm	284,200	佳士得	2018-05-30

拍品名称	物品尺寸	成交价RMB	拍卖公司	拍卖日期
爱马仕2018年亮面玫瑰桃红色短吻鳄鱼皮迷你凯莉包二代附钯金配件	宽20×14×8cm	284,200	佳士得	2018-05-30
爱马仕2010年亮面紫水晶色POROSUS鳄鱼皮30公分柏金包附钯金配件	宽30×22×16cm	284,200	佳士得	2018-05-30
爱马仕 2017 雾面铅笔灰色短吻鳄鱼皮30公分柏金包附金色金属配件	长30×20×15cm	267,530	保利香港	2018-10-02
爱马仕 2012 罕见亮面法拉利红色POROSUS鳄鱼皮28公分外缝凯莉包附金色金属配件	长28×21×11cm	267,294	保利香港	2018-04-02
亮面浅灰褐色POROSUS鳄鱼皮30公分柏金包附黄金配件	宽30×22×15cm	266,100	佳士得	2018-11-28
亮面淡粉色POROSUS鳄鱼皮25公分SELLIER凯莉包附黄金配件	宽25×18×9cm	266,100	佳士得	2018-11-28
深墨绿色鸵鸟皮28公分SELLIER凯莉包附黄金配件	宽28×21×10cm	266,100	佳士得	2018-11-28
钴蓝色鸵鸟皮30公分柏金包附钯金配件	宽30×22×15cm	266,100	佳士得	2018-11-28
限量版亮面深咖,灰绿及黑色28公分短吻鳄皮SELLIER凯莉包附黄金配件	宽28×21×10cm	266,100	佳士得	2018-11-28
爱马仕2017年亮面宝石蓝色短吻鳄鱼皮18公分迷你CONSTANCE包附黄金配件	宽18×15×6cm	263,900	佳士得	2018-05-30
爱马仕2010年雾面马耳他蓝色短吻鳄鱼皮35公分柏金包附钯金配件	宽35×25×18cm	263,900	佳士得	2018-05-30
爱马仕2016年雾面蓝绿色短吻鳄鱼皮25公分柏金包附黄金配件	宽25×20×13cm	263,900	佳士得	2018-05-30
爱马仕 2018 亮面法拉利红色短吻鳄鱼皮24公分CONSTANCE包附金色金属配件	长24×18×9cm	257,240	保利香港	2018-10-02
爱马仕 2007 罕见渐变蜥蜴皮25公分柏金包附银色金属配件	长25×19×13cm	257,240	保利香港	2018-10-02
爱马仕2007年罕见亮面渐变色SALVATOR蜥蜴皮18公分迷你CONSTANCE包附钯金配件	宽18×14×6cm	253,750	佳士得	2018-05-30
爱马仕 2003 罕见亮面斑鸠灰色尼罗鳄鱼皮28公分外缝凯莉包附金色金属配件	长28×21×11cm	248,201	保利香港	2018-04-02
爱马仕 2017 亮面深海蓝色短吻鳄鱼皮19公分CONSTANCE包附金色金属配件	长19×15×4cm	248,201	保利香港	2018-04-02
爱马仕 2013 雾面鸭子蓝色短吻鳄鱼皮35公分柏金包附银色金属配件	长35×25×18cm	248,201	保利香港	2018-04-02
亮面枣红色POROSUS鳄鱼皮35公分柏金包附钯金配件	宽35×25×18cm	243,925	佳士得	2018-11-28
亮面灰褐色POROSUS鳄鱼皮32公分SELLIER凯莉包附黄金配件	宽32×23×10.5cm	243,925	佳士得	2018-11-28
限量版雾面深墨绿色短吻鳄皮24公分CONSTANCE包附土耳其蓝色大理石配件	宽24×18×8cm	243,925	佳士得	2018-11-28
亮面祖母绿色短吻鳄皮20公分迷你凯莉包二代附钯金配件	宽20×12×6cm	243,925	佳士得	2018-11-28
玫瑰紫色鸵鸟皮30公分柏金包附钯金配件	宽30×22×15cm	243,925	佳士得	2018-11-28
爱马仕2017年亮面海蓝色短吻鳄鱼皮20公分迷你凯莉包二代附黄金配件	宽20×14×8cm	243,600	佳士得	2018-05-30
爱马仕2014年亮面海蓝色尼罗鳄鱼皮CONSTANCE ELAN包附钯金配件	宽25×13×7cm	243,600	佳士得	2018-05-30
爱马仕2012年亮面草绿色尼罗鳄鱼皮30公分柏金包附黄金配件	宽30×22×15cm	243,600	佳士得	2018-05-30
爱马仕2012年亮面鲜橘红色尼罗鳄鱼皮30公分柏金包附钯金配件	宽30×22×15cm	243,600	佳士得	2018-05-30
爱马仕2010年代一组两件配饰:钻石和18K玫瑰金D¡¯ANCRE小码手镯及钻石和18K玫瑰金KELLY小码手镯	Circumference 16cm (SH)	243,600	佳士得	2018-05-30
2013年制 爱马仕 雾面爱马仕红色短吻鳄鱼皮 32公分内缝凯莉包 附金色金属配件	约32×23×11cm	241,500	北京保利	2018-06-18

拍品名称	物品尺寸	成交价RMB	拍卖公司	拍卖日期
爱马仕 2006 亮面深桃红色POROSUS鳄鱼皮35公分柏金包附银色金属配件	长35×25×18cm	238,655	保利香港	2018-04-02
爱马仕 2010 亮面荧光桃红色POROSUS鳄鱼皮30公分柏金包附银色金属配件	长30×20×15cm	238,655	保利香港	2018-04-02
爱马仕 2017 雾面玫瑰桃粉色短吻鳄鱼皮19公分CONSTANCE包附银色金属配件	长19×15×4cm	229,109	保利香港	2018-04-02
爱马仕 2018 特别订制宝石蓝色及千邑双色25公分外缝凯莉包附金色金属配件	长25×18×10cm	226,371	保利香港	2018-10-02
爱马仕 2009 限量版牛仔蓝色GULLIVER牛皮KELLY DOLL包附银色金属配件	长15×12×6cm	226,371	保利香港	2018-10-02
爱马仕2017年亮面祖母绿色短吻鳄鱼皮18公分迷你CONSTANCE包附黄金配件	宽18×14×6cm	223,300	佳士得	2018-05-30
爱马仕2015年亮面鲜橘红色尼罗鳄鱼皮24公分CONSTANCE包附钯金配件	宽24×15×5cm	223,300	佳士得	2018-05-30
爱马仕2017年雾面玫瑰桃红色短吻鳄鱼皮18公分迷你CONSTANCE包附钯金配件	宽18×14×6cm	223,300	佳士得	2018-05-30
爱马仕2015年陶瓷粉色鸵鸟皮30公分柏金包附黄金配件	宽30×22×15cm	223,300	佳士得	2018-05-30
亮面黑色POROSUS鳄鱼皮35公分柏金包附钯金配件	宽35×25×18cm	221,750	佳士得	2018-11-28
限量版亮面浅咖、浅杏及灰褐色POROSUS鳄鱼皮32公分SELLIER凯莉包配黄金配件	宽32×23×10.5cm	221,750	佳士得	2018-11-28
亮面祖母绿色POROSUS鳄鱼皮CONSTANCE ELAN包附钯金配件	宽25×15×5cm	221,750	佳士得	2018-11-28
宝石蓝色鸵鸟皮25公分SELLIER凯莉包附钯金配件	宽25×18×9cm	221,750	佳士得	2018-11-28
亮面蓝宝石尼罗蜥蜴皮20公分SELLIER迷你凯莉包附黄金配件	宽20×14×18cm	221,750	佳士得	2018-11-28
雾面海洋蓝色短吻鳄皮35公分RETOURNE凯莉包附黄金配件	宽35×25×12cm	221,750	佳士得	2018-11-28
紫玉兰色TOGO小牛皮25公分柏金包附钯金配件	宽25×19×13cm	221,750	佳士得	2018-11-28
限量版自然啡色BARÉNIA小牛皮及柳条35公分PICNIC KELLY包附钯金配件	宽35×25×13cm	221,750	佳士得	2018-11-28
2007年制 爱马仕 亮面黑色POROSUS鳄鱼皮 35公分柏金包 附银色金属配件	约35×25×18cm	218,500	北京保利	2018-06-18
银，K金配珐琅彩及红宝石晚装手袋，梵克雅宝(Van Cleef & Arpels)，年份约1940		218,000	香港苏富比	2018-10-03
2012年制 爱马仕 雾面丛林绿色POROSUS鳄鱼皮 35公分柏金包 附银色金属配件	约35×27×18cm	216,200	北京保利	2018-06-18
爱马仕 1996 亮面黑色POROSUS鳄鱼皮28公分外缝凯莉包附金色金属配件	长28×21×11cm	216,082	保利香港	2018-10-02
限量版淡紫、马耳他蓝及浓啡色32公分GHILLIES RETOURNE凯莉包附钯金配件	宽32×23×10cm	210,663	佳士得	2018-11-28
爱马仕 2010 雾面浅啡色短吻鳄鱼皮25公分柏金包附银色金属配件	长25×19×13cm	210,016	保利香港	2018-04-02
爱马仕 2009 限量版亮面黑色及亮粉红双色尼罗鳄鱼皮30公分柏金包附银色金属配件	长30×20×15cm	205,792	保利香港	2018-10-02
爱马仕 2017 雾面深海蓝色短吻鳄鱼皮CITYPACK背包附银色金属配件	长27×43.5×11cm	205,792	保利香港	2018-10-02
爱马仕2009年亮面斑鸠灰色POROSUS鳄鱼皮35公分柏金包附钯金配件	宽35×25×18cm	203,000	佳士得	2018-05-30

(成交价RMB：2万元以上)

拍品名称	物品尺寸	成交价RMB	拍卖公司	拍卖日期
爱马仕2011年雾面橘红色短吻鳄鱼皮35公分柏金包附钯金配件	宽35×25×16cm	203,000	佳士得	2018-05-30
爱马仕2017年特别订制粉桃红及电光蓝色EPSOM牛皮25公分柏金包附黄金配件	宽25×20×13cm	203,000	佳士得	2018-05-30
雾面砖红色短吻鳄皮32公分RETOURNÉ凯莉包附黄金配件	宽32×23×10.5cm	199,575	佳士得	2018-11-28
亮面黑色短吻鳄皮24公分CONSTANCE包附精铜配件	宽24×18×8cm	199,575	佳士得	2018-11-28
亮面淡黄色POROSUS鳄鱼皮35公分柏金包附黄金配件	宽35×25×18cm	199,575	佳士得	2018-11-28
雾面马耳他蓝色尼罗鳄鱼皮30公分LINDY包附黄金配件	宽30×21×15cm	199,575	佳士得	2018-11-28
亮面马耳他蓝色尼罗蜥蜴皮25公分柏金包附钯金配件	宽25×19×13cm	199,575	佳士得	2018-11-28
限量版靛蓝色、黑色及铜色TOGO小牛皮28公分 RETOURNÉ AU GALOP 凯莉包附钯金配件	宽28×20×10cm	199,575	佳士得	2018-11-28
亮面石墨色POROSUS鳄鱼皮28公分SELLIER凯莉包附钯金配件	宽28×21×10cm	199,575	佳士得	2018-11-28
亮橘色鸵鸟皮30公分柏金包附黄金配件	宽30×22×15cm	199,575	佳士得	2018-11-28
爱马仕 2010 限量版SO BLACK黑色BOX牛皮30公分柏金包附黑色金属配件	长30×20×15cm	195,502	保利香港	2018-10-02
爱马仕2012年亮面波尔多酒红色POROSUS鳄鱼皮35公分柏金包附钯金配件	宽35×25×18cm	192,850	佳士得	2018-05-30
爱马仕 2000 亮面黑色短吻鳄鱼皮32公分外缝凯莉包附银色金属配件	长32×23×11cm	190,924	保利香港	2018-04-02
爱马仕 2014 雾面艳黄色尼罗鳄鱼皮24公分CONTANCE包附银色金属配件	长24×18×9cm	190,924	保利香港	2018-04-02
亮面鲜红色鳄鱼皮24公分CONSTANCE包附黄金配件	宽24×18×8cm	188,488	佳士得	2018-11-28
黑色EPSOM牛皮20公分迷你凯莉包二代附黄金配件	宽20×12×6cm	188,488	佳士得	2018-11-28
限量版亮面黑色及橙色尼罗鳄鱼皮25公分柏金包附钌金配件	宽25×19×13cm	188,488	佳士得	2018-11-28
雾面香草白色短吻鳄皮18公分迷你CONSTANCE包附钯金配件	宽18×15×4cm	188,488	佳士得	2018-11-28
限量版靛蓝色NOVILLO牛皮28公分SELLIER KELLYGRAPHIE LETTRE R凯莉包附钯金配件	宽28×21×10cm	188,488	佳士得	2018-11-28
玫瑰紫色CHÈVRE山羊皮20公分迷你凯莉包二代附钯金配件	宽20×12×6cm	188,488	佳士得	2018-11-28
爱马仕 2017 亮面深海蓝色POROSUS鳄鱼皮KELLY CUT手拿包附银色金属配件	长30×13×3cm	185,213	保利香港	2018-10-02
爱马仕野生鳄鱼皮带配18k白金钻扣	皮带95cm	184,000	上海国时	2018-04-30
2014年制 爱马仕 限量版蓝宝石色、蓝紫色和深蓝三色 鸵鸟皮 32公分内缝GHILLIES凯莉包 附精铜配件	约32×23×11cm	184,000	北京保利	2018-06-18
2016年制 爱马仕 红色 鸵鸟皮 28公分外缝凯莉包 附金色金属配件	约28×22×10cm	184,000	北京保利	2018-06-18
爱马仕2011年雾面浅啡色尼罗鳄鱼皮32公分RETOURNÉ凯莉包附钯金配件	宽32×23×11cm	182,700	佳士得	2018-05-30
爱马仕2010年石墨色鸵鸟皮30公分柏金包附钯金配件	宽30×22×16cm	182,700	佳士得	2018-05-30
爱马仕2015年藏红花色鸵鸟皮30公分柏金包附黄金配件	宽30×22×15cm	182,700	佳士得	2018-05-30
爱马仕 1979 亮面黑色鳄鱼皮28公分外缝凯莉包附金色金属配件	长28×21×11cm	181,378	保利香港	2018-04-02
特别订制大红及樱花粉红色30公分CHEVRE山羊皮柏金包附雾面黄金配件	宽30×22×15cm	177,400	佳士得	2018-11-28
限量版黑色VACHE HUNTER牛皮40公分SELLIER柏金包附钯金配件	宽40×32×20cm	177,400	佳士得	2018-11-28

拍品名称	物品尺寸	成交价RMB	拍卖公司	拍卖日期
限量版宝石蓝、马耳他蓝及紫蓝色鸵鸟皮32公分GHILLIES RETOURNE凯莉包附精铜配件	宽32×23×10.5cm	177,400	佳士得	2018-11-28
限量版靛蓝及茴香绿色鸵鸟皮30公分柏金包附钯金配件	宽30×22×15cm	177,400	佳士得	2018-11-28
限量版多色公鸡羽毛及亮面海蓝色短吻鳄皮STROMBOLI包附纯银配件	宽14×14×8cm	177,400	佳士得	2018-11-28
亮面石墨色尼罗鳄鱼皮KELLY POCHETTE包附钯金配件	宽22×13×6cm	177,400	佳士得	2018-11-28
限量版DÉCHAÎNÉE图案TOILE DE CAMP帆布及浅啡色BARÉNIA小牛皮28公分RETOURNÉ凯莉包附钯金配件	宽28×21×10cm	177,400	佳士得	2018-11-28
限量版金驼色EPSOM牛皮、波尔多酒红色SOMBRERO小牛皮及焰橘红色CHÈVRE山羊皮28公分SELLIER KELLYGRAPHIE LETTRE H凯莉包附钯金配件	宽28×21×10cm	177,400	佳士得	2018-11-28
爱马仕2016年白色EPSOM牛皮30公分柏金包附黄金配件	宽30×22×15cm	172,550	佳士得	2018-05-30
爱马仕 1992 黑色蜥蜴皮20公分迷你凯莉包附金色金属配件	长20×15×10cm	171,832	保利香港	2018-04-02
爱马仕 2017 亮面丛林绿色POROSUS鳄鱼皮KELLY CUT手拿包附银色金属配件	长30×13×3cm	171,832	保利香港	2018-04-02
爱马仕 2013 亮面风暴蓝色尼罗鳄鱼皮30公分柏金包附银色金属配件	长30×20×15cm	171,832	保利香港	2018-04-02
爱马仕 2009 紫罗兰色蜥蜴皮25公分外缝凯莉包附银色金属配件	长25×18×10cm	171,832	保利香港	2018-04-02
爱马仕 2017 特别订制新唇膏粉色&海鸥灰双色EPSOM牛皮28公分外缝凯莉包附雾面金色金属配件	长28×21×11cm	171,832	保利香港	2018-04-02
爱马仕 2016 樱花粉色SWIFT牛皮25公分柏金包附银色金属配件	长25×19×13cm	171,832	保利香港	2018-04-02
雾面鲜橘红色短吻鳄皮18公分迷你CONSTANCE包附钯金配件	宽18×15×4cm	166,313	佳士得	2018-11-28
鲜红色鸵鸟皮25公分SELLIER凯莉包附钯金配件	宽25×18×9cm	166,313	佳士得	2018-11-28
限量版黑色SWIFT小牛皮及CAVALCADOUR图案洗水TOILE DE CAMP帆布32公分SELLIER凯莉包附钯金配件	宽32×23×10.5cm	166,313	佳士得	2018-11-28
孔雀绿色TOGO小牛皮30公分柏金包附黄金配件	宽30×22×15cm	166,313	佳士得	2018-11-28
限量版桑给巴尔蓝色及内面孔雀绿色TOGO小牛皮30公分柏金包附钯金配件	宽30×22×16cm	166,313	佳士得	2018-11-28
亮面紫桃红色短吻鳄鱼皮18公分迷你ROULIS包附钯金配件	宽18×15×6cm	166,313	佳士得	2018-11-28
亮面桃红色尼罗鳄鱼皮CONSTANCE ÉLAN包附钯金配件	宽25×15×5cm	166,313	佳士得	2018-11-28
爱马仕 2017 特别订制电光蓝及桃粉双色EPSOM牛皮28公分外缝凯莉包附金色金属配件	长28×21×11cm	164,634	保利香港	2018-10-02
爱马仕2012年亮面黑色尼罗蜥蜴皮25公分柏金包附钯金配件	宽25×19×13cm	162,400	佳士得	2018-05-30
爱马仕2017年雾面深绿色短吻鳄鱼皮及渐变色SALVATOR蜥蜴皮18公分迷你ROULIS包附钯金配件	宽18×15×6cm	162,400	佳士得	2018-05-30
爱马仕2009年雾面草绿色尼罗鳄鱼皮26公分LINDY包附钯金配件	宽26×18×14cm	162,400	佳士得	2018-05-30
爱马仕 2017 限量版 'TOILE DE CAMP' 黑色SWIFT牛皮&帆布32公分外缝凯莉包附银色金属配件	长32×23×11cm	162,285	保利香港	2018-04-02
爱马仕 2009 茴香绿色蜥蜴皮19公分CONSTANCE包附金色金属配件	长19×15×4cm	162,285	保利香港	2018-04-02

拍品名称	物品尺寸	成交价RMB	拍卖公司	拍卖日期
爱马仕 2017 雾面香草色短吻鳄鱼皮及渐变色SALVATOR蜥蜴皮迷你ROULIS肩包附银色金属配件	长19×15×4cm	162,285	保利香港	2018-04-02
爱马仕 Kelly 28 黑银 Epsom		161,000	北京匡时	2018-05-21
爱马仕 2018 火焰红色鸵鸟皮MINI KELLY II包附金色金属配件	长20×12×6cm	156,999	保利澳门	2018-11-29
黑色TOGO小牛皮30公分柏金包附黄金配件	宽30×22×15cm	155,225	佳士得	2018-11-28
亮面仙人掌绿色短吻鳄皮KELLY POCHETTE包附黄金配件	宽22×13×6cm	155,225	佳士得	2018-11-28
亮面电光蓝尼罗鳄CONSTANCE ELAN包附钯金配件	宽25×15×5cm	155,225	佳士得	2018-11-28
紫红色鸵鸟皮30公分柏金包附钯金配件	宽30×22×15cm	155,225	佳士得	2018-11-28
特别订制樱花粉红及杜鹃红色CHÈVRE山羊皮30公分柏金包附雾面配件	宽30×22×15cm	155,225	佳士得	2018-11-28
亮面亮橘色尼罗蜥蜴皮25公分柏金包附钌金配件	宽25×19×13cm	155,225	佳士得	2018-11-28
爱马仕 2008 雾面杜鹃红色尼罗鳄鱼皮30公分柏金包附银色金属配件	长30×20×15cm	154,344	保利香港	2018-10-02
爱马仕 2017 特别订制黑色及午夜蓝双色TOGO牛皮30公分柏金包附金色金属配件	长30×20×15cm	154,344	保利香港	2018-10-02
爱马仕 2016 亮面风暴蓝色短吻鳄鱼皮19公分CONSTANCE包附金色金属配件	长19×14×7cm	154,344	保利香港	2018-10-02
爱马仕 2011 玛瑙蓝色鸵鸟皮30公分柏金包附银色金属配件	长30×20×15cm	154,344	保利香港	2018-10-02
爱马仕 2017 泰坦绿色鸵鸟皮19公分CONSTANCE包附金色金属配件	长19×15×4cm	154,344	保利香港	2018-10-02
爱马仕 2009 限量版橙色GULLIVER牛皮KELLY DOLL包附银色金属配件	长15×12×6cm	154,344	保利香港	2018-10-02
爱马仕 2012 特别订制杜鹃红色，沙色及橙三色鸵鸟皮30公分柏金包附雾面金色金属配件	长30×20×15cm	152,739	保利香港	2018-04-02
爱马仕 2013 亮面深橙色尼罗鳄鱼皮KELLY POCHETTE手拿包附精铜金属配件	长22×13×7cm	152,739	保利香港	2018-04-02
爱马仕 2011 马尔他蓝色蜥蜴皮25公分柏金包附银色金属配件	长25×19×13cm	152,739	保利香港	2018-04-02
K白金 配 钻石 晚装手袋		152,600	香港苏富比	2018-10-03
爱马仕1992年亮面黑色蜥蜴皮20公分迷你凯莉包附黄金配件	宽20×14×8cm	152,250	佳士得	2018-05-30
爱马仕2008年亮面深啡色蜥蜴皮25公分柏金包附钯金配件	宽25×19×13cm	152,250	佳士得	2018-05-30
爱马仕2015年砖红色鸵鸟皮30公分柏金包附钯金配件	宽30×22×15cm	152,250	佳士得	2018-05-30
爱马仕2016年雾面梅紫色尼罗鳄鱼皮及SWIFT小牛皮20公分TOOLBOX包附黄金配件	宽20×20×13cm	152,250	佳士得	2018-05-30
牛仔蓝色鸵鸟皮32公分SELLIER凯莉包附黄金配件	宽32×23×10.5cm	144,138	佳士得	2018-11-28
限量版天堂蓝色TOGO小牛皮及EVERCALF小牛皮32公分GHILLIES RETOURNÉ凯莉包附钯金配件	宽32×23×10.5cm	144,138	佳士得	2018-11-28
亮面电光蓝色尼罗鳄鱼皮KELLY CUT包附钯金配件	宽30×13×3cm	144,138	佳士得	2018-11-28
特别订制粉桃红色及黑色EPSOM皮30公分柏金包附黄金配件	宽30×22×15cm	144,138	佳士得	2018-11-28
斑鸠灰色鸵鸟皮32公分SELLIER凯莉包附黄金配件	宽32×23×10.5cm	144,138	佳士得	2018-11-28
爱马仕 2018 限量版黑色SWIFT牛皮及帆布TOILE DE CAMP 35公分柏金包附银色金属配件	长35×25×18cm	144,054	保利香港	2018-10-02

拍品名称	物品尺寸	成交价RMB	拍卖公司	拍卖日期
爱马仕 2018 限量版黑色SWIFT牛皮及字母印花帆布TOILE DE CAMP 28公分内缝凯莉包附银色金属配件	长28×21×11cm	144,054	保利香港	2018-10-02
爱马仕 2018 特别订制湖水绿色及水妖蓝双色CHEVRE山羊皮25公分柏金包附雾面银色金属配件	长25×19×13cm	144,054	保利香港	2018-10-02
爱马仕 2017 孔雀绿色EPSOM牛皮30公分柏金包附金色金属配件	长30×20×15cm	144,054	保利香港	2018-10-02
爱马仕 2018 新大象灰色TOGO牛皮30公分柏金包附金色金属配件	长30×20×15cm	144,054	保利香港	2018-10-02
爱马仕 2009 爱马仕红咖啡色蜥蜴皮25公分柏金包附银色金属配件	长25×19×13cm	143,193	保利香港	2018-04-02
爱马仕 2016 黑色SOMBRERO牛皮28公分外缝凯莉包附银色金属配件	长28×21×11cm	143,193	保利香港	2018-04-02
爱马仕 1998 亮面黑色POROSUS鳄鱼皮32公分外缝凯莉包附金色金属配件 无锁头钥匙	长32×23×11cm	143,193	保利香港	2018-04-02
爱马仕 2017 丝绒绿色EPSOM牛皮28公分外缝凯莉包附银色金属配件	长28×21×11cm	143,193	保利香港	2018-04-02
爱马仕 2012 米色鸵鸟皮25公分柏金包附金色金属配件	长25×19×13cm	143,193	保利香港	2018-04-02
爱马仕 2011 亮面黑色POROSUS鳄鱼皮19公分CONSTANCE包附银色金属配件	长19×15×4cm	143,193	保利香港	2018-04-02
爱马仕 2017 特别订制蓝宝石及海鸥灰双色25公分外缝凯莉包附金色金属配件	长25×18×10cm	143,193	保利香港	2018-04-02
爱马仕 2016 亮面伊斯米尔蓝色POROSUS鳄鱼皮KELLY CUT手拿包附金色金属配件	长30×13×3cm	143,193	保利香港	2018-04-02
爱马仕 2017 特别订制粉笔灰及孔雀蓝双色EPSOM牛皮28公分外缝凯莉包附金色金属配件	长28×21×11cm	143,193	保利香港	2018-04-02
爱马仕 2006 紫罗兰色蜥蜴皮25公分柏金包附黑色金属配件	长25×19×13cm	143,193	保利香港	2018-04-02
爱马仕 2017 新唇膏粉色SWIFT牛皮25公分内缝凯莉包附金色金属配件	长25×18×10cm	143,193	保利香港	2018-04-02
爱马仕2004年斑鸠灰色鸵鸟皮25公分柏金包附钯金配件	宽25×19×13cm	142,100	佳士得	2018-05-30
爱马仕2017年限量版靛蓝色、黑色及铜色TOGO小牛皮28公分RETOURNÉ AU GALOP凯莉包附钯金配件	宽28×20×10cm	142,100	佳士得	2018-05-30
爱马仕2009年茴香绿色鸵鸟皮30公分柏金包附钯金配件	宽30×22×15cm	142,100	佳士得	2018-05-30
爱马仕2005年罕见金色CHÈVRE山羊皮18公分迷你CONSTANCE包附黄金配件	宽18×14×6cm	142,100	佳士得	2018-05-30
爱马仕 2016 铅笔白色EPSOM牛皮28公分外缝凯莉包附金色金属配件	长28×21×11cm	133,765	保利香港	2018-10-02
爱马仕 约2017 限量版BARENIA，BOX，SWIFT及TADELAKT牛皮32公分内缝GRIZZY凯莉包附银色金属配件	长32×23×11cm	133,647	保利香港	2018-04-02
爱马仕 2010 玛瑙灰色鸵鸟皮30公分柏金包附银色金属配件	长30×20×15cm	133,647	保利香港	2018-04-02
爱马仕 2015 亮面杜鹃红色POROSUS鳄鱼皮KELLY CUT手拿包附银色金属配件	长30×13×3cm	133,647	保利香港	2018-04-02
限量版深啡色EVERCALF小牛皮及TROÏKA小马毛28公分RETOURNÉ凯莉包附黄金配件	宽28×20×10cm	133,050	佳士得	2018-11-28
琥珀色EPSOM牛皮28公分SELLIER凯莉包附钯金配件	宽28×21×10cm	133,050	佳士得	2018-11-28
环礁蓝色EPSOM牛皮32公分SELLIER凯莉包附黄金配件	宽32×23×10.5cm	133,050	佳士得	2018-11-28

2018杂项拍卖成交汇总

(成交价RMB：2万元以上)

拍品名称	物品尺寸	成交价RMB	拍卖公司	拍卖日期
钴蓝色鸵鸟皮30公分LINDY包附钯金配件	宽30×21×15cm	133,050	佳士得	2018-11-28
玫瑰紫色TOGO小牛皮25公分RETOURNE凯莉包附钯金配件	宽25×18×9cm	133,050	佳士得	2018-11-28
樱花粉红色SWIFT小牛皮25公分柏金包附黄金配件	宽25×19×13cm	133,050	佳士得	2018-11-28
爱马仕 Birkin 30 黑金 Epsom		132,250	北京国时	2018-05-21
爱马仕2014年限量版灰及白色鹿皮30公分GHILLIES柏金包附钯金配件	宽30×22×16cm	131,950	佳士得	2018-05-30
爱马仕2012年亮面浅杏色尼罗蜥蜴皮KELLYPOCHETTE包附钯金配件	宽22×13×6cm	131,950	佳士得	2018-05-30
爱马仕2017年杏色TOGO小牛皮30公分柏金包附钯金配件	宽30×22×15cm	131,950	佳士得	2018-05-30
爱马仕2017年沥青灰色EPSOM牛皮20公分迷你凯莉包二代附黄金配件	宽20×14×8cm	131,950	佳士得	2018-05-30
爱马仕2017年黑色EPSOM牛皮 25公分SELLIER凯莉包附黄金配件	宽25×18×9cm	131,950	佳士得	2018-05-30
爱马仕2011年钻石金啡色EPSOM牛皮凯莉表		131,950	佳士得	2018-05-30
爱马仕2000年代限量版枣红色GULLIVER小牛皮 QUELLE IDOLE包附钯金配件	宽15×12×7cm	131,950	佳士得	2018-05-30
爱马仕2017年鲜红色鸵鸟皮17公分迷你VERROU包附钯金配件	宽17×12×5cm	131,950	佳士得	2018-05-30
爱马仕2017年粉桃红色SWIFT小牛皮25公分RETOURNÉ凯莉包附黄金配件	宽25×18×9cm	131,950	佳士得	2018-05-30
K金配钻石晚装手袋，'Melone'，宝格丽（Bulgari）		130,800	香港苏富比	2018-10-03
爱马仕 Birkin 30 白拼蓝 Epsom		126,500	北京国时	2018-05-21
爱马仕 2018 特别订制太阳黄色及粉笔白双色EPSOM牛皮25公分外缝凯莉包附金色金属配件	长25×18×10cm	125,599	保利澳门	2018-11-29
爱马仕 2005 雾面朱古力色POROSUS鳄鱼皮35公分柏金包附银色金属配件	长35×25×18cm	124,101	保利香港	2018-04-02
爱马仕 2004 限量版黑色牛皮及帆布28公分KELLY LAKIS包附银色金属配件	长28×21×11cm	124,101	保利香港	2018-04-02
爱马仕 2015 限量版稻草黄色TADELAKT牛皮19公分CONSTANCE包附灰色蜥蜴皮及银色金属配件	长19×15×4cm	124,101	保利香港	2018-04-02
爱马仕 2015 黑色EPSOM牛皮25公分外缝凯莉包附银色金属配件	长25×18×10cm	124,101	保利香港	2018-04-02
爱马仕 2017 亮蓝色EPSOM牛皮30公分柏金包附银色金属配件	长30×20×15cm	124,101	保利香港	2018-04-02
爱马仕 2008 黑加仑紫色鸵鸟皮25公分外缝凯莉包附银色金属配件	长25×18×10cm	124,101	保利香港	2018-04-02
爱马仕2017电光蓝色EPSOM牛皮25公分外缝凯莉包附金色金属配件	长25×18×10cm	123,475	保利香港	2018-10-02
爱马仕 2017 限量版亮面皇家蓝色短吻鳄鱼皮及刺绣STROMBOLI手提包附银质金属配件	长14.5×14.5×9cm	123,475	保利香港	2018-10-02
亮面浅栗色尼罗鳄鱼皮KELLY CUT包附钯金配件	宽30×13×3cm	121,963	佳士得	2018-11-28
亮面黑色尼罗蜥蜴皮28公分凯莉包附黄金配件	宽28×21×10cm	121,963	佳士得	2018-11-28
灰啡色EPSOM牛皮25公分SELLIER凯莉包附黄金配件	宽25×18×9cm	121,963	佳士得	2018-11-28
桑给巴尔蓝色TOGO小牛皮25公分RETOURNE凯莉包附黄金配件	宽25×18×9cm	121,963	佳士得	2018-11-28
电光蓝色EPSOM牛皮20公分迷你凯莉包二代附钯金配件	宽20×12×6cm	121,963	佳士得	2018-11-28
玫瑰紫色鸵鸟皮18公分迷你CONSTANCE包附钯金配件	宽18×15×4cm	121,963	佳士得	2018-11-28

拍品名称	物品尺寸	成交价RMB	拍卖公司	拍卖日期
限量版黑、粉白及枣红色SOMBRERO小牛皮及BARENIA小牛皮配粉白色TOGO小牛皮28公分KELLY AU GALOP包附钯金配件	宽28×20×10cm	121,963	佳士得	2018-11-28
亮面深咖色POROSUS鳄鱼皮27公分BOLIDE包附黄金配件	宽27×20×10cm	121,963	佳士得	2018-11-28
爱马仕1964年米色大寻鱼白鲸皮23公分CONSTANCE包附黄金配件	宽23×16×5cm	121,800	佳士得	2018-05-30
爱马仕2012年浅杏色鸵鸟皮40公分柏金包附黄金配件	宽40×32×20cm	121,800	佳士得	2018-05-30
爱马仕2007年亮面灰绿色尼罗鳄鱼皮35公分柏金包附钯金配件	宽35×25×18cm	121,800	佳士得	2018-05-30
爱马仕2017年限量版深夜蓝色及粉紫色CLÉMENCE小牛皮30公分柏金包附钯金配件	宽30×22×15cm	121,800	佳士得	2018-05-30
爱马仕2017年NIGEL PEAKE设计限量版彩色SWIFT小牛皮ON A SUMMER DAY 24公分CONSTANCE附钯金配件	宽24×15×5cm	121,800	佳士得	2018-05-30
爱马仕2013年亮面诺斯海蓝色短吻鳄鱼皮KELLY CUT包附钯金配件	宽30×13×3cm	121,800	佳士得	2018-05-30
爱马仕1994年亮面橘色POROSUS鳄鱼皮28公分SELLIER凯莉包附黄金配件	宽28×20×10cm	121,800	佳士得	2018-05-30
爱马仕2017年唇膏粉红色CHÈVRE山羊皮20公分迷你凯莉包二代附黄金配件	宽20×14×8cm	121,800	佳士得	2018-05-30
爱马仕2017年一组两件：波尔多酒红色TOGO小牛皮25公分柏金包附钯金配件及波尔多酒红色EPSOM牛皮凯莉短款皮夹附钯金配件	BAG：宽25×20×13cm；WALLET：宽15.5×10×3cm	121,800	佳士得	2018-05-30
爱马仕2015年亮面勃艮第红色POROSUS鳄鱼皮KELLY CUT包附钯金配件	宽31×13×2.5cm	121,800	佳士得	2018-05-30
爱马仕2016年沙岩粉红色EPSOM牛皮25公分SELLIER凯莉包附钯金配件	宽25×18×9cm	116,725	佳士得	2018-05-30
2014年制 爱马仕 雾面仙人掌绿色 短吻鳄鱼皮 KELLY CUT手拿包 附银色金属配件	约30×12×2cm	115,000	北京保利	2018-06-18
爱马仕 2013 雾面杜鹃红色尼罗鳄鱼皮20公分TOOL BOX包附银色金属配件	长20×21×15cm	114,554	保利香港	2018-04-02
爱马仕 2015 特别订制小鸡黄及电光蓝双色TOGO牛皮32公分内缝凯莉包附雾面金色金属配件	长32×23×11cm	114,554	保利香港	2018-04-02
爱马仕 1994 亮面黑色POROSUS鳄鱼皮32公分外缝凯莉包附金色金属配件	长32×23×11cm	114,554	保利香港	2018-04-02
爱马仕 2017 电光蓝色EPSOM牛皮25公分外缝凯莉包附金色金属配件	长25×18×10cm	114,554	保利香港	2018-04-02
爱马仕 2017 电光蓝色TOGO牛皮25公分柏金包附金色金属配件	长25×19×13cm	114,554	保利香港	2018-04-02
爱马仕 2015 特别订制葡萄干紫色及桃紫双色EPSOM牛皮32公分内缝凯莉包附银色金属配件	长32×23×11cm	114,554	保利香港	2018-04-02
爱马仕 1992 亮面法拉利红色POROSUS鳄鱼皮31公分BOLIDE包附金色金属配件	长31×24×12cm	114,554	保利香港	2018-04-02
爱马仕 2018 黑色CHEVRE山羊皮MINI KELLY II包附金色金属配件	长20×12×6cm	113,186	保利香港	2018-10-02
爱马仕 2018 黑色TOGO牛皮25公分柏金包附金色金属配件	长25×19×13cm	113,186	保利香港	2018-10-02
爱马仕2018宝石蓝色TAIRILLON NOVILLA牛皮30公分柏金包附金色金属配件	长30×20×15cm	113,186	保利香港	2018-10-02
爱马仕 2018 坦桑尼亚蓝色CHEVRE山羊皮25公分外缝凯莉包附金色金属配件	长25×18×10cm	113,186	保利香港	2018-10-02
爱马仕 2018 大象灰EPSOM牛皮25公分外缝凯莉包附金色金属配件	长25×18×10cm	113,186	保利香港	2018-10-02
爱马仕2012年限量版白及珍珠灰色SWIFT小牛皮30公分柏金包附钯金配件	宽30×22×16cm	111,650	佳士得	2018-05-30
爱马仕2009年特别订制米色、浅褐色及玫瑰粉色SWIFT小牛皮35公分柏金包附钯金配件	宽35×25×18cm	111,650	佳士得	2018-05-30

拍品名称	物品尺寸	成交价RMB	拍卖公司	拍卖日期
爱马仕2011年特别订制米色、浅褐色及玫瑰粉色SWIFT小牛皮35公分柏金包附钯金配件	宽30×22×15cm	111,650	佳士得	2018–05–30
爱马仕2014年限量版地中海蓝及白色EPSOM牛皮35公分SELLIER FLAG 凯莉包附钯金配件	宽35×25×13cm	111,650	佳士得	2018–05–30
香奈儿, 2012 亮面祖母绿色短吻鳄鱼皮JUMBO DOUBLEFLAP包附黄金配件	宽30×20×8cm	111,650	佳士得	2018–05–30
爱马仕2009年罕见金啡色EVERCALF小牛皮40公分SHADOW柏金包附钯金配件	宽40×32×20cm	111,650	佳士得	2018–05–30
爱马仕2016年火焰橘色EPSOM牛皮25公分SELLIER凯莉包附黄金配件	宽25×18×9cm	111,650	佳士得	2018–05–30
爱马仕2015年紫藤花色CLÉMENCE小牛皮28公分RETOURNE凯莉包附黄金配件	宽28×20×10cm	111,650	佳士得	2018–05–30
爱马仕2012年限量版鲜紫、粉蓝、金驼、暗蓝及灰啡色CLÉMENCE小牛皮32公分ARLEQUIN凯莉包附钯金配件	宽32×23×11cm	111,650	佳士得	2018–05–30
爱马仕2017年波尔多酒红色EPSOM牛皮20公分迷你凯莉包二代附黄金配件	宽20×14×8cm	111,650	佳士得	2018–05–30
黑色SWIFT小牛皮25公分柏金包附黄金配件	宽25×19×13cm	110,875	佳士得	2018–11–28
灰啡色TOGO小牛皮25公分柏金包附钯金配件和灰色TOGO小牛皮DOGON皮夹附钯金配件	宽25×19×13&宽20×12cm	110,875	佳士得	2018–11–28
限量版牛仔蓝CALF BOX小牛皮及牛仔布32公分 HAC BIRKIN包附柏金配件	宽32×26×16cm	110,875	佳士得	2018–11–28
亮面宝石蓝色短吻鳄皮17公分迷你VERROU包附钯金配件	宽17×12×5cm	110,875	佳士得	2018–11–28
靛蓝色鸵鸟皮18公分迷你CONSTANCE包附精铜配件	宽18×15×4cm	110,875	佳士得	2018–11–28
秋牡丹紫色EPSOM牛皮25公分SELLIER凯莉包附黄金配件	宽25×19×9cm	110,875	佳士得	2018–11–28
玫瑰紫色TOGO小牛皮30公分柏金包附钯金配件	宽30×22×15cm	110,875	佳士得	2018–11–28
限量版珍珠灰及白色CLÉMENCE小牛皮及橘红色蜥蜴皮35公分CLUB柏金包附钯金配件	宽30×22×15cm	110,875	佳士得	2018–11–28
亮面深咖色POROSUS鳄鱼皮18公分迷你CONSTANCE包附黄金配件	宽18×15×4cm	110,875	佳士得	2018–11–28
NIGEL PEAKE设计限量版多色SWIFT小牛皮ON A SUMMER DAY 24公分CONSTANCE包附钯金配件	宽24×18×8cm	110,875	佳士得	2018–11–28
H橘色TOGO小牛皮30公分柏金包附黄金配件	宽30×22×15cm	110,875	佳士得	2018–11–28
爱马仕 1983 亮面黑色POROSUS鳄鱼皮23公分CONSTANCE包附金色金属配件	长23×18×4cm	108,041	保利香港	2018–10–02
爱马仕2017年粉桃红色SWIFT小牛皮25公分柏金包附钯金配件	宽25×19×13cm	106,575	佳士得	2018–05–30
限量版LETTRES AU CARRÉ图案TOILE DE CAMP帆布及黑色SWIFT小牛皮28公分RETOURNE凯莉包附钯金配件	宽28×21×10cm	105,331	佳士得	2018–11–28
亮面鲜红色尼罗鳄鱼20公分ADO凯莉包附黄金配件	宽20×20×6cm	105,331	佳士得	2018–11–28
灰啡色SWIFT小牛皮25公分柏金包附钯金配件	宽25×19×13cm	105,331	佳士得	2018–11–28
靛蓝色CLÉMENCE小牛皮32公分RETOURNÉ凯莉包附钯金配件	宽32×23×10.5cm	105,331	佳士得	2018–11–28
粉桃红色CHÈVRE山羊皮20公分迷你凯莉包二代附黄金配件	宽20×12×6cm	105,331	佳士得	2018–11–28
斑鸠灰色鸵鸟皮30公分柏金包附钯金配件	宽30×22×15cm	105,331	佳士得	2018–11–28
爱马仕 2017 孔雀绿色TOGO牛皮30公分柏金包附金色金属配件	长30×20×15cm	105,008	保利香港	2018–04–02
爱马仕 2016 海鸥灰色TOGO牛皮25公分内缝凯莉包附银色金属配件	长25×18×10cm	105,008	保利香港	2018–04–02
爱马仕 2017 浅蓝色SWIFT牛皮25公分内缝凯莉包附金色金属配件	长25×18×10cm	105,008	保利香港	2018–04–02
爱马仕 2014 雾面紫水晶色尼罗鳄鱼皮VICTORIA包附银色金属配件	长36×23×17cm	105,008	保利香港	2018–04–02
2012年制 爱马仕 雾面爱马仕红色 尼罗鳄鱼皮 KELLY CUT手拿包 附金色金属配件	约30×12×2cm	103,500	北京保利	2018–06–18
爱马仕 2015 爱马仕红色EPSOM牛皮25公分柏金包附金色金属配件	长25×19×13cm	102,896	保利香港	2018–10–02
爱马仕 2018 锡器灰色EPSOM牛皮24公分CONSTANCE包附银色金属配件	长24×18×9cm	102,896	保利香港	2018–10–02
爱马仕 2018 铅笔白色TOGO牛皮25公分柏金包附金色金属配件	长25×19×13cm	102,896	保利香港	2018–10–02
爱马仕2017年卡其啡色及貂啡色EPSOM牛皮18公分迷你CONSTANCE包附精铜配件	宽18×15×4cm	101,500	佳士得	2018–05–30
爱马仕2017年沥青灰色EPSOM牛皮18公分迷你CONSTANCE包附精铜配件	宽18×15×4cm	101,500	佳士得	2018–05–30
爱马仕2017年黑色TOGO小牛皮35公分柏金包附黄金配件	宽35×25×18cm	101,500	佳士得	2018–05–30
爱马仕2017年水蓝色TOGO小牛皮25公分柏金包附黄金 配件	宽25×19×13cm	101,500	佳士得	2018–05–30
爱马仕2017年玛瑙蓝色EPSOM牛皮20公分迷你凯莉包二代附黄金配件	宽20×13×6cm	101,500	佳士得	2018–05–30
爱马仕2015年沙啡及橘红色SWIFT小牛皮CONSTANCE ELAN包附橘红色搪瓷配件	宽25×13×7cm	101,500	佳士得	2018–05–30
爱马仕2015年亮面鲜橘色短吻鳄鱼皮KELLY POCHETTE包附黄金配件	宽22×13×6cm	101,500	佳士得	2018–05–30
爱马仕2011年亮面紫红色短吻鳄鱼皮15公分微型迷你CONSTANCE包附钯金配件	宽15×10×2cm	101,500	佳士得	2018–05–30
爱马仕2012年雾面紫水晶色POROSUS鳄鱼皮40公分RETOURNE凯莉包附钯金配件	宽40×29×15cm	101,500	佳士得	2018–05–30
枣红色SOMBRERO小牛皮28公分SELLIER凯莉包附黄金配件	宽28×21×10cm	99,788	佳士得	2018–11–28
电光蓝色NOVILLO牛皮30公分柏金包附钯金配件	宽30×22×15cm	99,788	佳士得	2018–11–28
爱马仕2017年桑给巴尔蓝色EPSOM小牛皮30公分柏金包附黄金配件	宽30×22×15cm	99,470	佳士得	2018–05–30
爱马仕 2013 特别订制亮桃红色及大象灰双色CHEVRE山羊皮30公分柏金包附金色金属配件	长30×20×15cm	97,751	保利香港	2018–10–02
爱马仕 2018 桃紫色EPSOM牛皮25公分外缝凯莉包附银色金属配件	长25×18×10cm	97,751	保利香港	2018–10–02
爱马仕18k白金钻扣配皮带	皮带95cm	97,750	上海国时	2018–04–30
爱马仕1983年米色鸵鸟皮28公分SELLIER凯莉包附黄金配件	宽28×20×10cm	96,425	佳士得	2018–05–30
爱马仕2000年黑色CALF BOX小牛皮28公分SELLIER凯莉包附黄金配件	宽28×20×10cm	96,425	佳士得	2018–05–30
爱马仕2017年NIGEL PEAKE设计限量版黑色SOMBRERO小牛皮ON A SUMMER NIGHT 18公分迷你CONSTANCE包附黑色糖瓷及柏金配件	宽18×14×6cm	96,425	佳士得	2018–05–30
爱马仕2016年电光蓝色EPSOM牛皮25公分柏金包附黄金配件	宽25×20×13cm	96,425	佳士得	2018–05–30
爱马仕2016年限量版金啡色TOGO小牛皮45公分SHARK BOLIDE包附钯金配件	宽45×36×25cm	96,425	佳士得	2018–05–30
爱马仕1975年浅栗色KARUNG蛇皮23公分CONSTANCE包附黄金配件	宽23×16×5cm	96,425	佳士得	2018–05–30
爱马仕 1994 亮面橙色短吻鳄鱼皮27公分BOLIDE包附金色金属配件	长27×20×10cm	95,462	保利香港	2018–04–02

2018杂项拍卖成交汇总

(成交价RMB：2万元以上)

拍品名称	物品尺寸	成交价RMB	拍卖公司	拍卖日期
黑色TADELAKT小牛皮18公分迷你CONSTANCE包附黄金配件	宽18×15×4cm	94,244	佳士得	2018-11-28
环礁蓝色TOGO小牛皮30公分柏金包附钯金配件	宽30×22×15cm	94,244	佳士得	2018-11-28
宝石蓝色SWIFT小牛皮25公分柏金包附黄金配件	宽25×19×13cm	94,244	佳士得	2018-11-28
限量版宝石蓝色SWIFT小牛皮及帆布35公分GHILLIES柏金包附钯金配件	宽35×25×18cm	94,244	佳士得	2018-11-28
紫红色VEAU DOBLIS麂皮35公分柏金包附雾面钯金配件	宽35×25×18cm	94,244	佳士得	2018-11-28
限量版白及珍珠灰色SWIFT小牛皮32公分RETOURNE GHILLIES凯莉包附钯金配件	宽32×23×10.5cm	94,244	佳士得	2018-11-28
粉白色TOGO小牛皮25公分柏金包附黄金配件	宽25×19×13cm	94,244	佳士得	2018-11-28
水泥灰色TOGO小牛皮30公分柏金包附黄金配件	宽30×22×15cm	94,244	佳士得	2018-11-28
深咖色CLÉMENCE小牛皮及枫木附乌木饰面PIPPA 3座位折迭椅	宽141×46.5×45cm	94,244	佳士得	2018-11-28
爱马仕 2018 限量版荧光橘色EVERCOLOR牛皮19公分CONSTANCE包附多彩珐琅及银色金属配件	长19×15×4cm	92,606	保利香港	2018-10-02
爱马仕 2017 特别订制葵花紫色及湖水绿色EVERCOLOR牛皮19公分CONSTANCE包附玫瑰金配件	长19×15×4cm	92,606	保利香港	2018-10-02
爱马仕 2017 电光蓝色EPSOM牛皮MINI KELLY II包附金色金属配件	长20×12×6cm	92,606	保利香港	2018-10-02
爱马仕2016年粉白色EPSOM牛皮18公分迷你CONSTANCE包附钯金配件	宽18×14×6cm	91,350	佳士得	2018-05-30
爱马仕2008年黑色CHÈVRE山羊皮28公分HAC柏金包附钯金配件	宽28×23×14cm	91,350	佳士得	2018-05-30
爱马仕2016年黑色CALF BOX小牛皮18公分迷你CONSTANCE包附黄金配件	宽18×15×4cm	91,350	佳士得	2018-05-30
爱马仕2013年特别订制靛蓝色及水蓝色CLEMENCE小牛皮30公分柏金包附黄金配件	宽30×22×16cm	91,350	佳士得	2018-05-30
爱马仕1998年宝石蓝色CALF BOX小牛皮20公分迷你凯莉包附钯金配件	宽20×14×8cm	91,350	佳士得	2018-05-30
爱马仕2017年电光蓝色EPSOM牛皮24公分CONSTANCE包附钯金配件	宽24×16×5cm	91,350	佳士得	2018-05-30
爱马仕2015年水蓝色EVERCOLOR小牛皮32公分RETOURNE 凯莉包附钯金配件	宽32×23×11cm	91,350	佳士得	2018-05-30
爱马仕2017年限量版桑给巴尔蓝色及孔雀绿色衬里TOGO小牛皮35公分柏金包附钯金配件	宽35×25×18cm	91,350	佳士得	2018-05-30
凯莉包：爱马仕2016年/皮夹：爱马仕2017年一组两件：孔雀绿色EPSOM小牛皮凯莉皮夹附黄金配件及孔雀绿色CLÉMENCE小牛皮28公分RETOURNE凯莉包附黄金配件	包宽28×20×10cm；皮夹宽20×11×3cm	91,350	佳士得	2018-05-30
爱马仕2004年限量版浅栗色，巧克力，深棕色及天然色CALFBOX小牛皮28公分SELLIER凯莉包附黄金配件	宽28×20×11cm	91,350	佳士得	2018-05-30
爱马仕2015年鲜橘色CLÉMENCE小牛皮30公分柏金包附钯金配件	宽30×22×15cm	91,350	佳士得	2018-05-30
爱马仕2017年粉橘色EPSOM牛皮32公分SELLIER凯莉包附钯金配件	宽32×23×11cm	91,350	佳士得	2018-05-30
爱马仕2017年枣红色EN LUMIÈRE系列LA LANTERNE D'HERMES野餐灯	直径17×32cm	91,350	佳士得	2018-05-30
爱马仕 2013 限量版蓝宝石及白双色EPSOM牛皮32公分FLAG凯莉包附银色金属配件	长32×23×11cm	90,689	保利香港	2018-04-02
限量版黑色CALF BOX小牛皮24公分MARQUETE CONSTANCE包附黑色蜥蜴皮及钯金配件	宽24×18×8cm	88,700	佳士得	2018-11-28
加利西亚蓝色CLÉMENCE小牛皮25公分柏金包附钯金配件	宽25×20×13cm	88,700	佳士得	2018-11-28
海蓝色EPSOM牛皮25公分SELLIER凯莉包附黄金配件	宽25×19×13cm	88,700	佳士得	2018-11-28
限量版夜蓝色TOGO小牛皮45公分SHARK BOLIDE包附钯金配件	宽45×36×25cm	88,700	佳士得	2018-11-28
石墨色鸵鸟皮24公分CONSTANCE包附雾面钯金配件	宽24×18×8cm	88,700	佳士得	2018-11-28
亮面橘黄色短吻鳄皮27公分BOLIDE包附黄金配件	宽27×20×10cm	88,700	佳士得	2018-11-28
亮面亮橘色尼罗蜥蜴皮KELLY POCHETTE包附钌金配件	宽22×13×6cm	88,700	佳士得	2018-11-28
金驼色CLÉMENCE小牛皮PANTOGRAPHE系列座地灯	宽113–212×150–300×42cm	88,700	佳士得	2018-11-28
爱马仕 2016 黑色CLEMENCE牛皮28公分内缝凯莉包附金色金属配件	长28×21×11cm	87,462	保利香港	2018-10-02
爱马仕 2017 丝绒绿色SWIFT牛皮25公分柏金包附金色金属配件	长25×19×13cm	87,462	保利香港	2018-10-02
爱马仕2001年限量版粉米色Calf BOX小牛皮及红色VIBRATO皮28公分SELLIER凯莉包附钯金配件	宽28×20×10cm	86,275	佳士得	2018-05-30
爱马仕2011年特别订制诺斯海蓝色及鸠灰色CLÉMENCE小牛皮35公分柏金包附钯金配件	宽35×25×18cm	86,275	佳士得	2018-05-30
爱马仕2017年水蓝色CHÈVRE山羊皮20公分迷你凯莉包二代附黄金配件	宽20×13×6cm	86,275	佳士得	2018-05-30
爱马仕1998年金驼色皮革及帆布32公分sEllier凯莉包附黄金配件	宽32×23×11cm	86,275	佳士得	2018-05-30
爱马仕2006年啡色CLÉMENCE小牛皮及帆布30公分柏金包附黄金配件	宽30×22×16cm	86,275	佳士得	2018-05-30
爱马仕2016年鲜橘红色EVERCOLOR小牛皮28公分RETOURNE凯莉包附钯金配件	宽28×20×10cm	86,275	佳士得	2018-05-30
爱马仕2017年粉桃红色SWIFT小牛皮18公分迷你CONSTANCE包附钯金配件	宽18×14×6cm	86,275	佳士得	2018-05-30
爱马仕2014年秋牡丹紫色SWIFT小牛皮25公分柏金包附黄金配件	宽25×20×13cm	86,275	佳士得	2018-05-30
爱马仕2010年特别订制秋牡丹紫、葡萄及白色ÉSPON牛皮35公分柏金包附钯金配件	宽35×25×18cm	86,275	佳士得	2018-05-30
爱马仕2010年代一组两件配饰：钻石和18K玫瑰金COLLIER DE CHIEN小码手镯及钻石和18K玫瑰金COLLIER DE CHIEN戒指	circumference：16cm（SH）	86,275	佳士得	2018-05-30
爱马仕 2017 爱马仕红色TAURILLON牛皮PARTOGRAPHE台灯&铅笔灰色TAURILLON牛皮桌灯	长69×101cm；长69×58.5cm	85,916	保利香港	2018-04-02
爱马仕 2017 海鸥灰色EPSOM牛皮19公分CONSTANCE包附银色金属配件	长19×15×4cm	85,916	保利香港	2018-04-02
沥青灰色EPSOM牛皮20公分迷你凯莉包二代附黄金配件	宽20×12×6cm	83,156	佳士得	2018-11-28
浅咖色30公分CLÉMENCE小牛皮柏金包附钯金配件	宽30×22×15cm	83,156	佳士得	2018-11-28
雾面丛林绿色尼罗鳄鱼皮25公分凯莉Sport包附铂金配件	宽25×26×9cm	83,156	佳士得	2018-11-28
限量版海洋蓝及枣红色EPSOM牛皮35公分Contour柏金包附黄金配	宽35×25×18cm	83,156	佳士得	2018-11-28
唇膏粉红色CHÈVRE山羊皮20公分迷你凯莉包二代附黄金配件	宽20×12×6cm	83,156	佳士得	2018-11-28
虾红色TOGO小牛皮30公分柏金包附钯金配件	宽30×22×15cm	83,156	佳士得	2018-11-28
爱马仕野生鳄鱼皮带配18k玫瑰金钻扣	皮带95cm	82,800	上海国时	2018-04-30
爱马仕 2017 黑色EPSOM牛皮24公分CONSTANCE包附银色金属配件	长24×18×9cm	82,317	保利香港	2018-10-02
爱马仕2016年雾面香草色短吻鳄鱼皮及BARENIA小牛皮HARNAIS包附钯金配件	宽27×19×10cm	81,200	佳士得	2018-05-30
爱马仕2016年灰啡色EPSOM牛皮18公分迷你CONSTANCE包附钯金配件	宽18×15×4cm	81,200	佳士得	2018-05-30

拍品名称	物品尺寸	成交价RMB	拍卖公司	拍卖日期
爱马仕2016年亮面黑色POROSUS鳄鱼皮JIGE ÉLAN包	宽29×15×2.5cm	81,200	佳士得	2018-05-30
爱马仕2017 一组两件：黑色 CHÈVRE山羊皮微型迷你BOLIDE包附黄金配件及青柠色CHEVRE山羊皮微型迷你BOLIDE包附钯金配件	宽16×10×6.5cm	81,200	佳士得	2018-05-30
爱马仕2015年限量版天堂蓝色CLÉMENCE小牛皮及EVERCOLOR 小牛皮32公分GHILLIESRETOURNÉ凯莉包附钯金配件	宽32×23×11cm	81,200	佳士得	2018-05-30
爱马仕2015年环礁蓝色SWIFT小牛皮25公分RETOURNE凯莉包附钯金配件	宽25×18×9cm	81,200	佳士得	2018-05-30
爱马仕2014年橘色TOGO小牛皮25公分柏金包附黄金配件	宽25×19×13cm	81,200	佳士得	2018-05-30
爱马仕2012年糖果系列沙岩粉红色及金啡色EPSOM牛皮25公分SELLIER凯莉包附黄金配件	宽25×18×9cm	81,200	佳士得	2018-05-30
爱马仕2011年特别订制鸢尾花色及杏色CLÉMENCE小牛皮30公分柏金包附钯金配件	宽30×20×15cm	81,200	佳士得	2018-05-30
爱马仕2010年代一组三件配饰：钻石和18K白金AMULETTE凯莉项链、钻石和18K白金CHAINE D¡¯ANCRE ENCHAINEE戒指及钻石和18K白金CHAINE D¡¯ANCRE PUNK戒指及钻石和18K白金CHAINE D¡¯ANCRE ENCHAINEE戒指	NECKLACE: Adjustable length 40cm; PUNK RING: SIZE: 55; ENCHAINEE RING: SIZE: 53	81,200	佳士得	2018-05-30
爱马仕2010年代枣红色CLÉMENCE小牛皮MATI¨¨RES CONVERSATION扶手椅	宽66×79×69cm	81,200	佳士得	2018-05-30
爱马仕 2015　国旗红色EPSOM牛皮19公分CONSTANCE包附金色金属配件	长19×15×4cm	81,143	保利香港	2018-04-02
爱马仕 2012　特别订制斑鸠灰及锡器灰双色CLEMENCE牛皮30公分柏金包附银色金属配件	长30×20×15cm	81,143	保利香港	2018-04-02
HERMES 桔色 金扣35cm Birkin	35×25×18cm	80,500	朵云轩	2018-04-22
2011年制 爱马仕 亮面杜鹃红色 短吻鳄鱼皮 14公分CONSTANCE包 附银色金属配件	约14×10×2cm	80,500	北京保利	2018-06-18
爱马仕 Birkin 30 电光蓝 Epsom		78,200	北京匡时	2018-05-21
枣红色EPSOM牛皮CONSTANCE 24公分附黑色搪瓷及钯金配件	宽24×18×8cm	77,613	佳士得	2018-11-28
NIGEL PEAKE设计限量版黑色SOMBRERO小牛皮ON A SUMMER NIGHT 18公分迷你CONSTANCE包附黑色搪瓷及钯金配件	宽18×15×4cm	77,613	佳士得	2018-11-28
柏树绿色EPSOM牛皮18公分迷你CONSTANCE包附黄金配件	宽18×15×4cm	77,613	佳士得	2018-11-28
丝绒绿色鸵鸟皮17公分迷你VERROU包附钯金配件	宽17×12×4cm	77,613	佳士得	2018-11-28
限量版奇异果及暗绿色EPSOM牛皮35公分CANDY柏金包附钯金配件	宽35×25×18cm	77,613	佳士得	2018-11-28
秋牡丹紫色TOGO小牛皮25公分柏金包附钯金配件	宽25×19×13cm	77,613	佳士得	2018-11-28
粉白色TOGO小牛皮32公分RETOURNÉ凯莉包附钯金配件	宽32×23×10.5cm	77,613	佳士得	2018-11-28
亮橘色鸵鸟皮KELLY POCHETTE包附钯金配件	宽22×13×6cm	77,613	佳士得	2018-11-28
H橘色EPSOM牛皮25公分柏金包附钯金配件	宽25×20×13cm	77,613	佳士得	2018-11-28
爱马仕 2018 限量版桃紫色CHEVRE山羊皮CINHETIC BOX包附银色金属配件	长18×17×8.5cm	77,172	保利香港	2018-10-02
爱马仕 2017 亮面翡翠绿色短吻鳄鱼皮凯莉皮夹附金色金属配件	长20×11×2cm	77,172	保利香港	2018-10-02
爱马仕 2018 金色TOURILLON牛皮PANTOGRAPHEG拱形地灯	长70×118×30cm	77,172	保利香港	2018-10-02
爱马仕 2017　黑色BUTLER牛皮19公分CONSTANCE包附银色金属配件	长19×15×4cm	76,370	保利香港	2018-04-02
爱马仕 2017　墨绿色鸵鸟皮PICOTIN包附金色金属配件	长18×21×3cm	76,370	保利香港	2018-04-02
爱马仕 2011　亮面祖母绿色短吻鳄鱼皮PLUME ELAN手提包附银色金属配件	长22×13×5cm	76,370	保利香港	2018-04-02

拍品名称	物品尺寸	成交价RMB	拍卖公司	拍卖日期
爱马仕 2017　丝绒绿色SWIFT牛皮25公分柏金包附金色金属配件	长25×19×13cm	76,370	保利香港	2018-04-02
爱马仕 2017　新唇膏粉色TADELAKT牛皮19公分CONSTANCE包附银色金属配件	长19×15×4cm	76,370	保利香港	2018-04-02
爱马仕2009年灰啡色TOGO小牛皮35公分柏金包附钯金配件	宽35×25×18cm	76,125	佳士得	2018-05-30
爱马仕2017年绿色SWIFT小牛皮25公分柏金包附黄金配件	宽25×20×13cm	76,125	佳士得	2018-05-30
爱马仕2012年雾面薄纱草绿及苔原啡色短吻鳄皮小码DOUBLE SENS包	宽30×25×7cm	76,125	佳士得	2018-05-30
爱马仕1994年金啡色COURCHEVEL牛皮28公分SELLIER凯莉包附黄金配件	宽28×20×11cm	76,125	佳士得	2018-05-30
爱马仕2012年橘、锡灰、水蓝、橘红、粉蓝及金啡色CLÉMENCE小牛皮30公分ARLEQUIN柏金包附钯金配件	宽30×22×15cm	76,125	佳士得	2018-05-30
爱马仕 Birkin 30 马卡龙蓝 Epsom		74,750	北京匡时	2018-05-21
爱马仕 2003　石头灰色DOBLIS麂皮19公分CONSTANCE包附银色菱格金属配件	长19×15×4cm	74,460	保利香港	2018-04-02
牡丹红色TOGO小牛皮25公分柏金包附黄金配件	宽25×19×13cm	72,069	佳士得	2018-11-28
限量版鲜红、米白及海洋蓝色CALF BOX小牛皮32公分SELLIER凯莉包附钯金配件	宽32×23×10.5cm	72,069	佳士得	2018-11-28
黑色CALF BOX小牛皮28公分SELLIER凯莉包附黄金配件	宽28×20×10cm	72,069	佳士得	2018-11-28
亮面祖母绿色短吻鳄皮凯莉皮夹附黄金配件	宽20×11×2cm	72,069	佳士得	2018-11-28
环礁蓝色TOGO小牛皮28公分RETOURNE凯莉包附钯金配件	宽28×21×10cm	72,069	佳士得	2018-11-28
限量版地中海蓝色VEAU DOBLIS麂皮及SWIFT小牛皮40公分GRIZZLY柏金包附精铜配件	宽40×32×20cm	72,069	佳士得	2018-11-28
地中海蓝色VEAU DOBLIS麂皮25公分RETOURNE凯莉包附钯金配件	宽25×18×9cm	72,069	佳士得	2018-11-28
限量版夜蓝色CLÉMENCE小牛皮及内面玫瑰紫色35公分柏金包附钯金配件	宽35×25×18cm	72,069	佳士得	2018-11-28
限量版玫瑰紫、宝石蓝及水泥灰色SWIFT小牛皮刺绣迷你BOLIDE 1923包附钯金配件	宽16×10×6.5cm	72,069	佳士得	2018-11-28
粉桃红色SWIFT小牛皮18公分迷你CONSTANCE包附钯金配件	宽18×15×4cm	72,069	佳士得	2018-11-28
粉桃红色EPSOM牛皮KELLY POCHETTE包附黄金配件	宽22×13×6cm	72,069	佳士得	2018-11-28
紫丁香色BOX NEPAL小牛皮25公分SELLIER凯莉包附钯金配件	宽25×18×9cm	72,069	佳士得	2018-11-28
爱马仕 2013 荧光黄色EPSOM牛皮30公分柏金包附金色金属配件	长30×20×15cm	72,027	保利香港	2018-10-02
爱马仕 2017 古铜色TAIRILLON NOVILLA牛皮30公分柏金包附金色金属配件	长30×20×15cm	72,027	保利香港	2018-10-02
爱马仕 2017 水泥灰色EVERCOLOR牛皮24公分CONSTANCE包附精铜配件	长24×18×9cm	72,027	保利香港	2018-10-02
爱马仕 2012　稻草黄色SWIFT牛皮32公分LAKIS凯莉包附银色金属配件	长32×23×11cm	71,597	保利香港	2018-04-02
爱马仕2012年雾面石墨色及灰绿色短吻鳄鱼皮28公分DOUBLE SENS包	宽28×26×9cm	71,050	佳士得	2018-05-30
HERMÈS, 1999 黑色CALF BOX小牛皮32公分SELLIER凯莉包附黄金配件	宽32×23×11cm	71,050	佳士得	2018-05-30
爱马仕2015年黑色CALF BOX小牛皮CONSTANCE ÉLAN包附黑色蜥蜴配件	宽25×13×7cm	71,050	佳士得	2018-05-30
爱马仕2011年糖果系列浅蓝色及诺斯海蓝色EPSOM牛皮32公分RETOURNE凯莉包附钯金配件	宽32×23×11cm	71,050	佳士得	2018-05-30

2018杂项拍卖成交汇总

(成交价RMB：2万元以上)

拍品名称	物品尺寸	成交价RMB	拍卖公司	拍卖日期
爱马仕2004年松石蓝色CHÈVRE山羊皮28公分RETOURNÉ凯莉包附钯金配件	宽28×20×10cm	71,050	佳士得	2018-05-30
爱马仕2005年茴香绿，橄榄绿及金啡色TOGO小牛皮35公分RETOURNÉ凯莉包附钌金属配件	宽35×25×13cm	71,050	佳士得	2018-05-30
爱马仕2012年罕见亮面枣红色尼罗鳄鱼皮、雾面蜥蜴皮及CALF BOX小牛皮MALLETINA包附黄金配件	宽28×27×6cm	71,050	佳士得	2018-05-30
爱马仕2017年粉桃红色SWIFT小牛皮KELLY POCHETTE包附钯金配件	宽22×13×6cm	71,050	佳士得	2018-05-30
爱马仕2010年代一组两件配饰：钻石和18K玫瑰金 CURB LINK BUCKLE小码手镯及钻石和18K白金FINESSE戒指	BRACELET: Circumference: 15.5cm; RING: SIZE: 52	71,050	佳士得	2018-05-30
爱马仕2017年枣红色CLÉMENCE小牛皮PANTOGRAPHE台灯		71,050	佳士得	2018-05-30
爱马仕 Birkin 30 锡器灰 Epsom		69,000	北京匡时	2018-05-21
爱马仕 Birkin 35 金色 Togo		69,000	北京匡时	2018-05-21
紫丁香色VEAU DOBLIS麂皮KELLY POCHETTE附钯金配件	宽22×13×6cm	68,743	佳士得	2018-11-28
爱马仕 2005 牛仔蓝色TOGO牛皮30公分柏金包附金色金属配件	长30×20×15cm	68,733	保利香港	2018-04-02
爱马仕 2008 特别订制紫色及浅粉双色SWIFT牛皮30公分柏金包附银色金属配件	长30×20×15cm	66,882	保利香港	2018-10-02
爱马仕 1983 黑色蜥蜴皮23公分CONSTANCE包附金色金属配件	长23×15×5cm	66,882	保利香港	2018-10-02
爱马仕 2012 限量版锡器灰，绿灰色CLEMENCE牛皮及深灰色蜥蜴皮35公分CLUB柏金包附金色金属配件	长35×25×18cm	66,823	保利香港	2018-04-02
爱马仕 2012 深海蓝色BOX牛皮35公分内缝凯莉包附金色金属配件	长35×25×13cm	66,823	保利香港	2018-04-02
爱马仕 2015 湖水蓝色TOGO牛皮28公分内缝凯莉包附银色金属配件	长28×21×11cm	66,823	保利香港	2018-04-02
爱马仕 2013 特别订制橙粉色，灰水蓝及紫红三色CLEMENCE牛皮30公分柏金包附银色金属配件	长30×20×15cm	66,823	保利香港	2018-04-02
钻石18K白金及亮面黑色短吻鳄鱼皮KELLY手镯附加亮面鲜红色短吻鳄鱼皮手带		66,525	佳士得	2018-11-28
限量版亮面及雾面凫蓝色短吻鳄皮GHILLIES凯莉皮夹附钯金配件	宽20×11×2cm	66,525	佳士得	2018-11-28
限量版自然啡色BARÉNIA小牛皮及牛仔布35公分柏金包附雾面钯金配件	宽35×25×18cm	66,525	佳士得	2018-11-28
限量版自然啡色BARÉNIA小牛皮及柳条PICNIC FARMING包附钯金配件	宽18×19×18cm	66,525	佳士得	2018-11-28
金驼色TOGO小牛皮30公分柏金包附钯金配件	宽30×22×15cm	66,525	佳士得	2018-11-28
自然浅啡色VACHE NATURELLE牛皮及牛仔布40公分柏金包附黄金配件	宽40×24×20cm	66,525	佳士得	2018-11-28
火焰橘色TOGO小牛皮28公分RETOURNÉ凯莉包附黄金配件	宽28×20×10cm	66,525	佳士得	2018-11-28
爱马仕2011年糖果系列电光蓝及诺斯海蓝色衬里EPSOM牛皮32公分RETOURNÉ凯莉包附钯金配件	宽32×23×11cm	65,975	佳士得	2018-05-30
爱马仕2010(PAINTedIN2017)年YOHEIYAMA绘画橘色TOGO小牛皮35公分RETOURNÉ凯莉包附黄金配件	宽35×25×13cm	65,975	佳士得	2018-05-30
爱马仕2016年西红柿红色SWIFT小牛皮KELLY POCHETTE包附黄金配件	宽22×13×6cm	65,975	佳士得	2018-05-30
路易威登2017 一组两件：SUPREME限量版红色及白色皮革棒球外套及皮带	JACKET: SIZE 52; BELT: SIZE 95	65,975	佳士得	2018-05-30
爱马仕2012年沙岩粉红色EPSOM牛皮25公分柏金包附精铜配件	宽25×20×13cm	65,975	佳士得	2018-05-30

拍品名称	物品尺寸	成交价RMB	拍卖公司	拍卖日期
爱马仕 1991 白色GULLIVER牛皮&马毛28公分外缝凯莉包附金色金属配件	长28×21×11cm	64,914	保利香港	2018-04-02
爱马仕 1996 焦糖色EPSOM牛皮30公分柏金包附金色金属配件	长30×20×15cm	63,796	保利香港	2018-10-02
爱马仕 2017 丝绒绿色EVERCOLOR牛皮19公分ROULIS包附金色金属配件	长19×15×4cm	62,050	保利香港	2018-04-02
爱马仕 2017 黑色SWIFT牛皮24公分CONSTANCE包附银色金属配件	长24×18×9cm	62,050	保利香港	2018-04-02
爱马仕 2011 限量版萤光桃红及橙红色EPSOM牛皮32公分内缝凯莉包附银色金属配件	长32×23×11cm	62,050	保利香港	2018-04-02
爱马仕 2001 波尔多红色EPSOM牛皮30公分柏金包附银色金属配件	长30×20×15cm	61,738	保利香港	2018-10-02
爱马仕 2015 桃红色EPSOM牛皮24公分CONSTANCE包附银色金属配件	长24×18×9cm	61,738	保利香港	2018-10-02
爱马仕 2015 火焰橙色TOGO牛皮25公分柏金包附银色金属配件	长25×19×13cm	61,738	保利香港	2018-10-02
爱马仕 2012 限量版糖果系列太阳黄及南瓜色EPSOM牛皮30公分柏金包附精铜配件	长30×20×15cm	61,738	保利香港	2018-10-02
爱马仕 2011 限量版珍珠灰，白色CLEMENCE牛皮及海琴海蓝蜥蜴皮30公分CLUB柏金包附银色金属配件 附非原装锁头及钥匙	长30×20×15cm	61,738	保利香港	2018-10-02
黑色CALF BOX小牛皮32公分SELLIER凯莉包附黄金配件	宽32×23×10.5cm	60,981	佳士得	2018-11-28
梅紫色CLÉMENCE小牛皮35公分柏金包附黄金配件	宽35×25×18cm	60,981	佳士得	2018-11-28
爱马仕2014年杏色SWIFT小牛皮及蓝色CHAMBRAY帆布35公分RETOURNE AMAZON凯莉包附雾面钯金配件	宽35×25×13cm	60,900	佳士得	2018-05-30
爱马仕2014年竹子绿色CLÉMENCE小牛皮32公分RETOURNÉ KELLY AMAZON包附钯金配件	宽32×23×11cm	60,900	佳士得	2018-05-30
路易威登2014年KARL LAGERFELD设计限量版拳击套装：一块垫子、两个手套、及携带袋		60,900	佳士得	2018-05-30
路易威登2017 SUPREME限量版红色及白色EPI皮革CHRISTOPHER背包附钝银配件	宽34×13×47cm	60,900	佳士得	2018-05-30
爱马仕2012年沙岩粉红色EPSOM牛皮15公分微型迷你CONSTANCE包附钯金配件	宽15×10×3cm	60,900	佳士得	2018-05-30
爱马仕2011年紫红色CLÉMENCE 小牛皮40公分柏金包附钯金配件	宽40×32×20cm	60,900	佳士得	2018-05-30
爱马仕 2017 桃紫色EVERCOLOR牛皮26公分LINDY包附银色金属配件	长26×18×13cm	57,566	保利澳门	2018-11-29
爱马仕 2012 限量版杏色及大象灰色SWIFT牛皮35公分GHILLIES内缝凯莉包附银色金属配件	长35×25×13cm	57,277	保利香港	2018-04-02
爱马仕 2012 太阳黄色EPSOM牛皮14公分迷你CONSTANCE包附银色金属配件	长14×11×3cm	57,277	保利香港	2018-04-02
爱马仕 2009 大象灰色CLEMENCE牛皮及帆布35公分柏金包附银色金属配件	长35×25×18cm	57,277	保利香港	2018-04-02
爱马仕 2012 限量版鸭子蓝色SWIFT牛皮，海蓝色麂皮及EVERGRAIN牛皮35公分GRIZZLY柏金包附精铜配件	长35×25×18cm	57,277	保利香港	2018-04-02
爱马仕 2011 电光蓝&牛仔蓝色EPSOM30公分柏金包附银色金属配件	长30×20×15cm	57,277	保利香港	2018-04-02
爱马仕 2011 深桃红色CLEMENCE牛皮25公分柏金包附银色金属配件	长25×19×13cm	57,277	保利香港	2018-04-02
爱马仕 2013 三文鱼色GULLIVER牛皮24公分CONSTANCE包金色金属配件	长24×18×9cm	57,277	保利香港	2018-04-02
爱马仕 2014 天堂蓝色EPSOM牛皮30公分柏金包附金色金属配件	长30×20×15cm	56,593	保利香港	2018-10-02

拍品名称	物品尺寸	成交价RMB	拍卖公司	拍卖日期
爱马仕 2004 茴香绿色TOGO牛皮30公分柏金包附银色金属配件	长30×20×15cm	56,593	保利香港	2018-10-02
爱马仕 2012 橙色EPSOM牛皮30公分柏金包附银色金属配件	长30×20×15cm	56,593	保利香港	2018-10-02
爱马仕 1991 金色EPSOM牛皮28公分外缝凯莉包附金色金属配件	长28×21×11cm	56,593	保利香港	2018-10-02
爱马仕2008年白色EPSOM牛皮35公分柏金包附钯金配件	宽35×25×18cm	55,825	佳士得	2018-05-30
爱马仕2011年锡灰色CLÉMENCE小牛皮35公分柏金包附钯金配件	宽35×25×18cm	55,825	佳士得	2018-05-30
爱马仕2013年鹅黄色EPSOM牛皮24公分CONSTANCE包附钯金配件	宽24×15×5cm	55,825	佳士得	2018-05-30
爱马仕2016年雾面浅驼色短吻鳄鱼皮CONSTANCE皮夹附钯金配件	宽20×11.5×2.5cm	55,825	佳士得	2018-05-30
爱马仕2014年鲜红色TADELAKT小牛皮KELLY CUT包附钯金配件	宽30×13×3cm	55,825	佳士得	2018-05-30
海蓝色TADELAKT小牛皮18公分迷你CONSTANCE包附钯金配件	宽18×15×4cm	55,438	佳士得	2018-11-28
靛蓝色EPSOM牛皮32公分SELLIER凯莉包附铂金配件	宽32×23×10.5cm	55,438	佳士得	2018-11-28
爱马仕 2010 牡丹红色CLEMENCE牛皮30公分柏金包附银色金属配件	长30×20×15cm	51,448	保利香港	2018-10-02
爱马仕 2015 亮面黑色短吻鳄鱼皮CONSTANCE皮夹附黑色珐琅及银色金属配件	长21×11.5×4cm	51,448	保利香港	2018-10-02
爱马仕 2011 限量版伊斯米尔蓝及白色CLEMENCE牛皮35公分柏金包附银色金属配件	长35×25×18cm	51,448	保利香港	2018-10-02
爱马仕 2007 芥末黄色CLEMENCE牛皮30公分柏金包附银色金属配件	长30×20×15cm	51,448	保利香港	2018-10-02
爱马仕 2012 限量版糖果系列太阳黄及南瓜色EPSOM牛皮35公分柏金包附精铜配件	长35×25×18cm	51,448	保利香港	2018-10-02
爱马仕2005年牛仔蓝色TOGO小牛皮35公分SELLIER MOU凯莉包附钯金配件	宽35×24×12cm	50,750	佳士得	2018-05-30
爱马仕2017年蓝绿色EPSOM牛皮27公分迷你BOLIDE包附钯金配件	27×20×10cm	50,750	佳士得	2018-05-30
爱马仕2014年大海蓝色鹿皮及孔雀绿色SWIFT小牛皮24公分CONSTANCE包附黄金配件	宽24×16×5cm	50,750	佳士得	2018-05-30
爱马仕2012年杜鹃红色TADELAKT小牛皮35公分柏金包附黄金配件	宽35×25×18cm	50,750	佳士得	2018-05-30
爱马仕2009年杜鹃红色CLÉMENCE小牛皮35公分柏金包附钯金配件	宽35×25×18cm	50,750	佳士得	2018-05-30
爱马仕2014年沙岩粉红色CLÉMENCE小牛皮32公分RETOURNÉ凯莉包附钯金配件	宽32×23×11cm	50,750	佳士得	2018-05-30
爱马仕2010年代一组两件配饰：钻石和18K玫瑰金H D¯ ANCRE小码手镯及钻石和18K玫瑰金AMULETTE CONSTANCE项链	NECKLACE: Adjustable length 40cm; BANGLE: Circumference 16cm (SH)	50,750	佳士得	2018-05-30
鲜红色GULLIVER小牛皮28公分RETOURNÉ附黄金配件	宽28×21×10cm	49,894	佳士得	2018-11-28
金驼色TOGO小牛皮30公分LINDY包附钯金配件	宽30×21×15cm	49,894	佳士得	2018-11-28
爱马仕 HERMES 黑色外缝铂金包		49,450	北京匡时	2018-06-16
爱马仕 1981 靛蓝色BOX牛皮及帆布32公分外缝凯莉包附金色金属配件 无肩带	长32×23×11cm	49,390	保利香港	2018-10-02
爱马仕 2009 马尔他蓝色CLEMENCE牛皮流苏SHOULDER KELLY肩包附银色金属配件	长42×18×21cm	49,390	保利香港	2018-10-02
香奈儿 2011 亮面渐变蓝色鳄鱼皮JUMBO翻盖肩包	长31×19.5×10cm	49,390	保利香港	2018-10-02
爱马仕 2011 天然马鞍牛皮35公分柏金包附银色金属配件	长35×25×18cm	49,390	保利香港	2018-10-02
大象灰色CLEMENCE牛皮30公分LINDY包附银色金属配件	长30×21×15cm	49,390	保利香港	2018-10-02
爱马仕2004年VACHE小牛皮32公分LIEGEEHAC柏金包附钯金配件	宽32×26×17cm	48,720	佳士得	2018-05-30
爱马仕2008年啡色TOGO小牛皮35公分柏金包附钯金配件	宽35×25×18cm	48,720	佳士得	2018-05-30
爱马仕2010年限量版鲜紫色CLÉMENCE小牛皮40公分FRINGE SHOULDER凯莉包附钯金配件	宽41×20×15cm	48,720	佳士得	2018-05-30
HERMES大象灰 银扣30cm Birkin	30×22×16cm	48,300	朵云轩	2018-04-22
爱马仕 2004 橙色TOGO牛皮25公分柏金包附银色金属配件	长25×19×13cm	47,731	保利香港	2018-04-02
爱马仕 2007 咖喱黄色CLEMENCE牛皮30公分柏金包附银色金属配件	长30×20×15cm	47,731	保利香港	2018-04-02
爱马仕 2013 白色SWIFT牛皮19公分CONSTANCE包附银色金属配件	长19×15×4cm	47,731	保利香港	2018-04-02
亮面希腊蓝色尼罗蜥蜴皮迷你CHERCHE MIDI包附钯金配件	宽18×11×5cm	46,568	佳士得	2018-11-28
限量版BARÉNIA小牛皮及多色马图案帆布32公分PLUME包附钯金配件	宽32×22×11cm	46,568	佳士得	2018-11-28
香奈儿2009限量版黑色羊皮铆钉翻盖包	长24×15×8cm	46,303	保利香港	2018-10-02
爱马仕 1990 黑色百褶绸边及牛皮20公分迷你凯莉包附金色金属配件	长20×14×8cm	46,303	保利香港	2018-10-02
爱马仕 2002 牛仔蓝色CLEMENCE牛皮35公分柏金包附银色金属配件	长35×25×18cm	46,303	保利香港	2018-10-02
爱马仕 2017 自然色BUTLER牛皮迷你ROULIS包附银色金属配件	长18×15×6cm	46,303	保利香港	2018-10-02
爱马仕 1996 榛子色EPSOM牛皮35公分柏金包附金色金属配件	长35×25×18cm	46,303	保利香港	2018-10-02
HERMES黑色 银扣35cm Birkin	35×25×18cm	46,000	朵云轩	2018-04-22
爱马仕 2014 粉笔灰色SWIFT牛皮&鹿皮30公分LINDY包附银色金属配件	长30×21×15cm	45,822	保利香港	2018-04-02
爱马仕2009年黑色CLÉMENCE小牛皮凯莉肩包附钯金配件	宽42×18×14cm	45,675	佳士得	2018-05-30
爱马仕2015年限量版BARÉNIA小牛皮靛蓝色及海洋蓝色帆布35公分FLAG柏金包附精铜配件	35×25×18cm	45,675	佳士得	2018-05-30
爱马仕2010年代一组两件配饰：钻石和18K玫瑰金H D¯ ANCRE小码手镯及钻石和18K玫瑰金AMULETTE凯莉项链	BANGLE: Circumference 16cm (SH); NECKLACE: Adjustable length 40cm	45,675	佳士得	2018-05-30
限量版焰橘红色SWIFT小牛皮26公分TRESSAGE LINDY包附钯金配件	宽26×18×14cm	44,350	佳士得	2018-11-28
亮面浅灰褐色尼罗蜥蜴皮ÉGÉE包附钯金配件	宽25×10×5cm	44,350	佳士得	2018-11-28
土耳其蓝色SWIFT小牛皮26公分LINDY包附钯金配件	宽26×18×14cm	44,350	佳士得	2018-11-28
爱马仕 1990 黑色BOX牛皮32公分外缝凯莉包附金色金属配件	长32×23×11cm	42,958	保利香港	2018-04-02
爱马仕 2001 橙色TADELAKT牛皮28公分内缝凯莉包附金色金属配件	长28×21×11cm	42,958	保利香港	2018-04-02
爱马仕 2009 棕色SWIFT牛皮35公分柏金包附银色金属配件	长35×25×18cm	42,958	保利香港	2018-04-02
爱马仕2016年黑、白色及幼儿鸡黄色EVERCOLOR牛皮20公分TOOLBOX包附钯金配件	宽20×21×15cm	42,630	佳士得	2018-05-30
爱马仕2001年限量版米色CALF BOX小牛皮、葡萄和秋牡丹紫VIBRATO皮35公分SELLEIR凯莉包附钯金配件	宽35×25×13cm	42,630	佳士得	2018-05-30
爱马仕2017年靛蓝色SWIFT小牛皮及渐变色SALVATOR蜥蜴皮JIGE ÉLAN手抓包	宽29×15×3cm	42,630	佳士得	2018-05-30
爱马仕1989年亮面深绿色蜥蜴皮中码JIGE包	宽29×19×2cm	42,630	佳士得	2018-05-30
爱马仕1998年藏红花色鸵鸟皮27公分迷你BOLIDE包附黄金配件	宽27×20×10cm	42,630	佳士得	2018-05-30

2018杂项拍卖成交汇总

(成交价RMB：2万元以上)

拍品名称	物品尺寸	成交价RMB	拍卖公司	拍卖日期
爱马仕2002年鲜红色CALF BOX小牛皮32公分RETOURNÉ凯莉包附黄金配件	宽32×23×11cm	42,630	佳士得	2018-05-30
牡丹红色EPSOM牛皮KELLY POCHETTE包附黄金配件	宽22×13×6cm	42,133	佳士得	2018-11-28
一组两件：紫玉兰色SWIFT小牛皮JIGE ÉLAN包，鲜红色EPSOM牛皮JIGE ÉLAN包	宽29×15×3cm	42,133	佳士得	2018-11-28
一组五件：1.天然桃花心木EXLIBRIS TWILLY盒 2.天然桃花心木LAO大象纸镇 3.JAVA实木PALISANDER木相框 4.天然桃花心木和瓷器烛台 5.山毛榉木和棉质HERMY CHEVAL PIXCEL摇马		42,133	佳士得	2018-11-28
HERMES苹果绿山羊皮外缝28cm Kelly	29×21×11cm	41,400	朵云轩	2018-04-22
香奈儿2003雾面灰色鳄鱼皮手提包	长27×27×12cm	41,158	保利香港	2018-10-02
爱马仕 2017 新大象灰色SWIFT牛皮KELLY CUT手拿包附金色金属配件	长31×13×3cm	41,158	保利香港	2018-10-02
爱马仕2017年白色EVERCOLOR小牛皮18公分迷你ROULIS包附钯金配件	宽18×15×6cm	40,600	佳士得	2018-05-30
包：爱马仕1995年/背带：爱马仕2017年米色鸵鸟皮35公分BOLIDE包附黄金配件	宽35×25×14cm	40,600	佳士得	2018-05-30
爱马仕2014年亮面黑色短吻鳄鱼皮凯莉皮夹附钯金配件	宽20×11×3cm	40,600	佳士得	2018-05-30
爱马仕2013年唇膏粉红色TOGO小牛皮40公分RETOURNÉ凯莉包附钯金配件	宽40×29×15cm	40,600	佳士得	2018-05-30
爱马仕 2006 橙色GULLIVER牛皮25公分柏金包附黑色金属配件	长25×19×13cm	40,094	保利香港	2018-04-02
爱马仕 2008 浅粉色SWIFT牛皮30公分柏金包附银色金属配件	长30×20×15cm	39,100	保利香港	2018-10-02
嫩黄色SWIFT小牛皮KELLY POCHETTE包附钯金配件	宽22×13×6cm	38,806	佳士得	2018-11-28
粉桃红色EVERCOLOR小牛皮18公分迷你ROULIS包附钯金配件	宽18×15×6cm	38,806	佳士得	2018-11-28
白色鸵鸟皮LYDIE包附黄金配件	宽24×17×4cm	38,806	佳士得	2018-11-28
枣红色CLÉMENCE小牛皮PANTOGRAPHE台灯	高33–71×69–97cm	38,806	佳士得	2018-11-28
爱马仕2017年沥青灰色SWIFT小牛皮27公分迷你BOLIDE包附钯金配件	27×20×10cm	38,570	佳士得	2018-05-30
爱马仕2013年亮面鲜橘红色短吻鳄鱼皮凯莉皮夹附黄金配件	宽20cm；10×2cm	38,570	佳士得	2018-05-30
爱马仕 2008 深啡色CHEVRE羊皮32公分内缝凯莉包附银色金属配件	长32×23×11cm	38,185	保利香港	2018-04-02
爱马仕 2006 暗红色CLEMENCE牛皮35公分柏金包附银色金属配件	长35×25×18cm	38,185	保利香港	2018-04-02
爱马仕 2005 黑色GULLIVER牛皮KELLY POCHETTE手提包附银色金属配件	长22×13×7cm	38,185	保利香港	2018-04-02
爱马仕 2013 亮面黑色尼罗鳄鱼皮EGEE手拿包附银色金属配件	长25×10×5cm	38,185	保利香港	2018-04-02
爱马仕 1977 亮面黑色短吻鳄鱼皮DEPECHES公事包附金色金属配件	长40×27×9cm	38,185	保利香港	2018-04-02
爱马仕 2006 金色TOGO牛皮32公分内缝凯莉包附银色金属配件	长32×23×11cm	38,185	保利香港	2018-04-02
爱马仕 2005 金色TOGO牛皮30公分柏金包附银色金属配件	长30×20×15cm	38,185	保利香港	2018-04-02
爱马仕 1962 亮面黑色鳄鱼皮古董肩包附金色金属配件	长21×14×4.5cm	38,185	保利香港	2018-04-02
2012年作凯一蝙蝠包	41×25×11cm	36,633	保利澳门	2018-11-29
爱马仕 1999 黑色BOX牛皮35公分内缝凯莉包附银色金属配件	长35×25×13cm	36,633	保利澳门	2018-11-29
爱马仕 1994 鲜红色GULLIVER牛皮32公分内缝凯莉包附金色金属配件	长32×23×11cm	36,014	保利香港	2018-10-02
爱马仕 2010 限量版香水瓶肩包	长12×20×5cm	36,014	保利香港	2018-10-02
爱马仕 2011 金色CLEMENCE牛皮35公分柏金包附金色金属配件	长35×25×18cm	36,014	保利香港	2018-10-02

拍品名称	物品尺寸	成交价RMB	拍卖公司	拍卖日期
中成药				
同仁堂山王清心丸(原箱)		437,000	保利厦门	2018-01-08
1991年同仁堂李时珍牌山王清心丸(原箱)		402,500	北京荣宝	2018-06-14
1993年同仁堂大活络丹(原箱)		287,500	北京荣宝	2018-06-14
1993年山西远字安宫牛黄丸		230,000	北京荣宝	2018-06-14
80年代 安宫牛黄丸 (2盒)		218,500	印千山	2018-01-12
80年代 安宫牛黄丸 (2盒)		218,500	印千山	2018-01-12
80年代初同仁堂旭日安宫牛黄丸		207,000	北京荣宝	2018-06-14
80–90年代同仁堂安宫牛黄丸		195,500	北京荣宝	2018-06-14
1988年天津达仁堂安宫牛黄丸		195,500	北京荣宝	2018-06-14
70年代 抗热牛黄丸(原名：安宫牛黄丸) (3盒)		195,500	印千山	2018-01-12
1984年山西远字安宫牛黄丸(朱砂章)		184,000	北京荣宝	2018-06-14
80–90年代同仁堂安宫牛黄丸		172,500	北京荣宝	2018-06-14
90年代初同仁堂二厂安宫牛黄丸		172,500	北京荣宝	2018-06-14
1987年天津达仁堂长城牌安宫牛黄丸		172,500	北京荣宝	2018-06-14
1985年山西远字安宫牛黄丸		172,500	北京荣宝	2018-06-14
1993年 安宫牛黄丸 (1箱)		172,500	印千山	2018-01-12
1993年 安宫牛黄丸 (1箱)		172,500	印千山	2018-01-12
1993年天津达仁堂安宫牛黄丸		161,000	北京荣宝	2018-06-14
80–90年代同仁堂安宫牛黄丸		149,500	北京荣宝	2018-06-14
1993年 安宫牛黄丸 (8盒)		138,000	印千山	2018-01-12
80–90年代同仁堂安宫牛黄丸		126,500	北京荣宝	2018-06-14
80–90年代天津达仁堂安宫牛黄丸		126,500	北京荣宝	2018-06-14
80年代山西远字安宫牛黄丸		126,500	北京荣宝	2018-06-14
70年代 抗热牛黄丸(原名：安宫牛黄丸) (18丸)		115,000	印千山	2018-01-12
80年代 安宫牛黄丸 (8丸)		110,400	印千山	2018-01-12
80–90年代同仁堂二厂安宫牛黄丸		103,500	北京荣宝	2018-06-14
1991年同仁堂李时珍牌消栓再造丸(原箱)		103,500	北京荣宝	2018-06-14
1989年天津达仁堂长城牌大活络丹		103,500	北京荣宝	2018-06-14
80年代山西远字安宫牛黄丸		101,200	北京荣宝	2018-06-14
80–90年代同仁堂二厂安宫牛黄丸		97,750	北京荣宝	2018-06-14
同仁堂山王清心丸		92,000	保利厦门	2018-01-08
同仁堂山王清心丸		92,000	保利厦门	2018-01-08
1988年同仁堂二厂安宫牛黄丸		92,000	北京荣宝	2018-06-14
90年代初同仁堂二厂安宫牛黄丸红		92,000	北京东正	2018-06-17
90年代初同仁堂安宫牛黄丸手工丸(绿锦盒)		89,700	北京东正	2018-06-17
80年代 安宫牛黄丸 (8丸)		89,700	印千山	2018-01-12
1993年 安宫牛黄丸 (5盒)		86,250	印千山	2018-01-12
1993年同仁堂二厂安宫牛黄丸		80,500	北京荣宝	2018-06-14
北京同仁堂 再造丸 (包金衣)		80,500	北京东正	2018-06-17
80年代 安宫牛黄丸 (7丸)		80,500	印千山	2018-01-12
80–90年代天津达仁堂 安宫牛黄丸		78,200	北京荣宝	2018-06-14
80–90年代同仁堂安宫牛黄丸		74,750	北京荣宝	2018-06-14
80–90年代同仁堂安宫牛黄丸		69,000	北京荣宝	2018-06-14
90年代同仁堂安宫牛黄丸		69,000	北京荣宝	2018-06-14
90年代同仁堂安宫牛黄丸		69,000	北京荣宝	2018-06-14
1990年 北京同仁堂活络丹		69,000	北京东正	2018-06-17
1984年 安宫牛黄丸 (2盒)		69,000	印千山	2018-01-12
1993年 安宫牛黄丸 (3盒)		69,000	印千山	2018-01-12
1993年 安宫牛黄丸 (3盒)		69,000	印千山	2018-01-12
80–90年代同仁堂安宫牛黄丸		57,500	北京荣宝	2018-06-14
80年代初同仁堂旭日安宫牛黄丸		57,500	北京荣宝	2018-06-14
80年代初同仁堂旭日安宫牛黄丸		57,500	北京荣宝	2018-06-14
70年代同仁堂抗热牛黄散		57,500	北京荣宝	2018-06-14
90年代初同仁堂二厂安宫牛黄丸绿		57,500	北京东正	2018-06-17
山西中药厂远字安宫牛黄丸		57,500	北京东正	2018-06-17
1985年 安宫牛黄丸 (2盒)		57,500	印千山	2018-01-12
60年代 安宫牛黄丸		57,500	印千山	2018-01-12

拍品名称	物品尺寸	成交价RMB	拍卖公司	拍卖日期
1993年 安宫牛黄丸（3盒）		51,750	印千山	2018-01-12
1993年 安宫牛黄丸（3盒）		51,750	印千山	2018-01-12
1993年 安宫牛黄丸（3盒）		51,750	印千山	2018-01-12
80年代 安宫牛黄丸（3丸）		51,750	印千山	2018-01-12
1980年代同仁堂安宫牛黄丸（旭日牌）		50,600	保利厦门	2018-01-08
1980年代同仁堂安宫牛黄丸（旭日牌）		50,600	保利厦门	2018-01-08
大号野生海马		46,000	西泠拍卖	2018-07-07
同仁堂山王清心丸		46,000	保利厦门	2018-01-08
90年代初同仁堂二厂安宫牛黄丸		46,000	北京荣宝	2018-06-14
80年代同仁堂李时珍牌安宫牛黄丸		46,000	北京荣宝	2018-06-14
1986年 上海中药厂人参再造丸		46,000	北京东正	2018-06-17
1991年 北京同仁堂消栓再造丸		46,000	北京东正	2018-06-17
80年代山西远字安宫牛黄丸		43,700	北京荣宝	2018-06-14
80年代山西远字安宫牛黄丸		43,700	北京荣宝	2018-06-14
80-90年代天津达仁堂牛黄降压丸		43,700	北京荣宝	2018-06-14
85年 牛黄至宝丸（5盒）		43,700	印千山	2018-01-12
1993年北京同仁堂安宫牛黄丸手工丸		41,400	北京东正	2018-06-17
80-90年代天津达仁堂安宫牛黄丸		36,800	北京荣宝	2018-06-14
80年代精装出口浓缩至宝三鞭丸（两原箱）		460,000	西泠拍卖	2018-07-07
80年代精装出口浓缩至宝三鞭丸（原箱）		230,000	西泠拍卖	2018-07-07
1991年 山王清心丸（1箱）		230,000	印千山	2018-01-12
80年代精装出口至宝三鞭丸（两原箱）		230,000	西泠拍卖	2018-07-07
1993年福建漳州片仔癀		172,500	西泠拍卖	2018-07-07
80年代精装出口至宝三鞭丸（原箱）		115,000	西泠拍卖	2018-07-07
1986年 局方至宝丹（3盒）		62,100	印千山	2018-01-12
80年代初 北京同仁堂局方至宝丹		46,000	北京东正	2018-06-17
1986年 局方至宝丹（2盒）		41,400	印千山	2018-01-12
1981年 局方至宝丹		40,250	印千山	2018-01-12
化州老橘红		26,450	华艺国际	2018-05-22
80年代 局方至宝丹（18丸）		23,000	印千山	2018-01-12
滋补品				
70年代李时珍牌极品阿胶（出口装）		253,000	西泠拍卖	2018-07-07
80年代初山东东阿阿胶		126,500	西泠拍卖	2018-07-07
1993年栈桥牌阿胶（专供出口）		115,000	西泠拍卖	2018-07-07
80年代李时珍牌极品阿胶（出口装）		115,000	西泠拍卖	2018-07-07
1995年山东东阿胶		103,500	西泠拍卖	2018-07-07
1993年山东东阿阿胶		103,500	西泠拍卖	2018-07-07
1992年山东东阿阿胶		103,500	西泠拍卖	2018-07-07
90年代初山东东阿阿胶		103,500	西泠拍卖	2018-07-07
80年代东阿镇牌阿胶		92,000	西泠拍卖	2018-07-07
1988年山东东阿阿胶（精装）		92,000	西泠拍卖	2018-07-07
90年代福牌阿胶（精装）		92,000	西泠拍卖	2018-07-07
60-70年代出口装天津健新药庄阿胶		86,250	西泠拍卖	2018-07-07
1959年同仁堂永盛合一级阿胶		80,500	北京荣宝	2018-06-14
1988年福牌阿胶（精装）		74,750	西泠拍卖	2018-07-07
山东 东阿阿胶		69,000	华艺国际	2018-05-22
1995-1996年福牌阿胶（精装）		69,000	西泠拍卖	2018-07-07
80年代初山东东阿阿胶		63,250	西泠拍卖	2018-07-07
1994年山东东阿阿胶（精装）		57,500	北京保利	2018-06-21
1988年山东东阿阿胶（福牌 精装）		57,500	北京保利	2018-06-21
70年代 北京中药厂 李时珍极品阿胶		57,500	北京东正	2018-06-17
1995年山东东阿阿胶（精装）		57,500	西泠拍卖	2018-07-07
1980年山东东阿阿胶		57,500	西泠拍卖	2018-07-07
1991年栈桥牌阿胶（专供出口）		57,500	西泠拍卖	2018-07-07
60年代济南宏济堂精装阿胶		57,500	西泠拍卖	2018-07-07
山东 东阿阿胶		57,500	华艺国际	2018-05-22
1958年产公私合营同仁堂纯正驴皮胶		57,500	北京荣宝	2018-12-03
1991年山东东阿阿胶		51,750	北京荣宝	2018-06-14
1986年山东平阴东阿镇阿胶		51,750	北京保利	2018-06-21

拍品名称	物品尺寸	成交价RMB	拍卖公司	拍卖日期
1996年山东东阿阿胶		51,750	西泠拍卖	2018-07-07
90年代初山东东阿阿胶		51,750	西泠拍卖	2018-07-07
90年代栈桥牌阿胶（专供出口）		51,750	西泠拍卖	2018-07-07
1990年山东东阿阿胶		51,750	西泠拍卖	2018-07-07
1990-1992年山东东阿阿胶（精装）		51,750	西泠拍卖	2018-07-07
1996年山东东阿阿胶		46,000	北京荣宝	2018-06-14
1995-1996年山东东阿阿胶		46,000	西泠拍卖	2018-07-07
90年代福牌阿胶（精装）		46,000	西泠拍卖	2018-07-07
90年代东阿镇牌阿胶		46,000	西泠拍卖	2018-07-07
1996年东阿镇牌阿胶（精装）		46,000	西泠拍卖	2018-07-07
1991年山东东阿阿胶		46,000	西泠拍卖	2018-07-07
1989年山东东阿阿胶		46,000	西泠拍卖	2018-07-07
1994-1995年山东东阿阿胶（精装）		46,000	西泠拍卖	2018-07-07
1996年栈桥牌阿胶（专供出口）		46,000	西泠拍卖	2018-07-07
1992年福牌阿胶（精装）		46,000	西泠拍卖	2018-07-07
1981年福牌阿胶（精装）		46,000	西泠拍卖	2018-07-07
1959年产同仁堂永盛合福字药料驴皮阿胶		46,000	北京荣宝	2018-12-03
80-90年代山东福胶		43,700	北京荣宝	2018-06-14
1993-1994年福牌阿胶（精装）		40,250	西泠拍卖	2018-07-07
1990年山东东阿阿胶		34,500	西泠拍卖	2018-07-07
70年代初中国茶叶土产进出口公司山东省土产分公司监制山东阿胶		34,500	西泠拍卖	2018-07-07
长白山野山参		1,127,000	华艺国际	2018-11-17
长白山野山参		782,000	华艺国际	2018-11-17
传奇		632,500	北京东正	2018-06-17
王者荣耀		276,000	北京东正	2018-06-17
长白山野山参		230,000	华艺国际	2018-11-17
丹凤朝阳		138,000	北京东正	2018-06-17
1990年正官庄高丽参（天二十）		115,000	北京保利	2018-06-21
1993年正官庄高丽参（天二十）		103,500	北京保利	2018-06-21
2002年 天20 高丽参		69,000	华艺国际	2018-05-22
1992年正官庄高丽参（天二十）		59,800	北京保利	2018-06-21
1979年正官庄高丽参（天三十）		57,500	西泠拍卖	2018-07-07
北海道海参		57,500	西泠拍卖	2018-07-07
1980年正官庄高丽参（天三十）		55,200	西泠拍卖	2018-07-07
北海道海参		48,300	西泠拍卖	2018-07-07
1998年正官庄高丽参（天二十）		34,500	西泠拍卖	2018-07-07
1991年正官庄高丽参（天三十）		34,500	西泠拍卖	2018-07-07
1990年正官庄高丽参（天三十）		34,500	西泠拍卖	2018-07-07
80年代同仁堂李时珍牌参茸药酒		32,200	西泠拍卖	2018-07-07
约20年野生罕见巨大鳘鱼胶		207,000	西泠拍卖	2018-07-07
赤嘴鳘鱼胶		115,000	华艺国际	2018-05-22
石肚鳘鱼胶（公肚）		115,000	华艺国际	2018-05-22
本港石肚鳘鱼胶（公肚）		115,000	华艺国际	2018-11-17
赤嘴鳘鱼胶（公肚）		115,000	华艺国际	2018-05-22
赤嘴鳘鱼胶（公肚）		115,000	华艺国际	2018-05-22
石肚鳘鱼胶		96,600	华艺国际	2018-11-17
本港赤嘴鳘鱼胶（公肚）		92,000	华艺国际	2018-11-17
本港赤嘴鳘鱼胶（公肚）		92,000	华艺国际	2018-11-17
本港赤嘴鳘鱼胶（公肚）		92,000	华艺国际	2018-11-17
赤嘴鳘鱼胶（公肚）		92,000	华艺国际	2018-05-22
约20年野生鳘鱼胶		92,000	西泠拍卖	2018-07-07
南美洲金钱鳘鱼胶		69,000	西泠拍卖	2018-07-07
约20年野生特厚鳘鱼胶		69,000	西泠拍卖	2018-07-07
本港赤嘴鳘鱼胶		57,500	华艺国际	2018-11-17
约20年野生鳘鱼胶		57,500	西泠拍卖	2018-07-07
约25年野生鳘鱼胶		57,500	西泠拍卖	2018-07-07
本港赤嘴鳘鱼胶		46,000	华艺国际	2018-11-17
白花胶		46,000	华艺国际	2018-11-17
海产品				
岩手21-25头吉品鲍	长5.5cm	172,500	华艺国际	2018-11-17
岩手21-25头吉品鲍	长5.5cm	172,500	华艺国际	2018-05-22

2018杂项拍卖成交汇总

(成交价RMB：2万元以上)

拍品名称	物品尺寸	成交价RMB	拍卖公司	拍卖日期
岩手21-25头吉品鲍	长5.5×4×2.3cm	172,500	华艺国际	2018-05-22
岩手26-30头吉品鲍	长4.8×3.7×2cm	138,000	华艺国际	2018-05-22
岩手26-30头吉品鲍	长4.8×3.7×2cm	138,000	华艺国际	2018-05-22
岩手31-35头吉品鲍		115,000	华艺国际	2018-05-22
岩手31-35头吉品鲍		115,000	华艺国际	2018-05-22
岩手36-40头吉品鲍		103,500	华艺国际	2018-05-22
岩手36-40头吉品鲍		103,500	华艺国际	2018-05-22
岩手4头大网鲍		82,800	华艺国际	2018-05-22
岩手5头大网鲍	长9×6.5×3.5cm	69,000	华艺国际	2018-05-22
岩手6头大网鲍	8.5×6.5×3.5cm	63,250	华艺国际	2018-11-17
岩手6头大网鲍	长8.5×6.5×3.5cm	63,250	华艺国际	2018-05-22
岩手7头大网鲍		57,500	华艺国际	2018-05-22
岩手8头大网鲍		51,750	华艺国际	2018-05-22
日本九头半网鲍		48,300	西泠拍卖	2018-07-07
日本七头半网鲍		48,300	西泠拍卖	2018-07-07
摄影器材				
玛格丽特 旧笺及德国经典双反ROLLIFLEX相机（一只）	13.5×9×7cm	57,500	西泠拍卖	2018-07-08
兵 器				
西周 白玉带灰皮圆雕鱼刀	长7.2cm；厚0.8cm	44,705	万昌斯	2018-11-28
春秋 青铜“菱形几何”纹剑	长60.2cm	425,760	万昌斯	2018-11-29
春秋战国 铜鎏金削刀	长25.5cm	92,000	浙江佳宝	2018-07-01
土司佩刀	全长94cm；刃宽3.5cm	816,500	中贸圣佳	2018-06-20
藏刀	全长94cm	517,500	中贸圣佳	2018-06-20
金桃皮鞘青白玉马首腰刀	长89.5cm	48,300	中国嘉德	2018-01-14
匕首	长31cm	34,500	北京匡时	2018-06-15
约1920年制 法贝热 银鎏金珐琅 碧玉裁纸刀	全长约23cm	28,750	北京保利	2018-06-18
日本刀（两把）	长122cm；长116cm	25,300	中国嘉德	2018-01-14
铜鎏金绿鞘腰刀	长92cm	20,700	北京保利	2018-04-30
汽 车				
2008款布加迪威航 进口·二手车		14,523,000	上海匡时	2018-04-30
玳瑁鸟笼	高43.5cm	57,500	中国嘉德	2018-01-14
鸟 笼				
清 竹编黄藤鸟笼	高24.5cm	460,000	中贸圣佳	2018-06-20
清 竹编绣眼鸟笼	18.5×18.5×20.2cm	230,000	中贸圣佳	2018-06-20
清 竹编黄藤鸟笼	23×23×24cm	207,000	中贸圣佳	2018-06-20
其他工艺品				
唐 银镶贝壳香盒	长8.3cm	95,796	万昌斯	2018-11-29
清乾隆 白玉龙戏珠柄放大镜	长21.5cm	115,000	华艺国际	2018-11-16
清中期 鹿血香粉压制念珠	长27×1.2cm	113,186	保利香港	2018-10-02
19世纪制 圣朗博圣杯式果盆	高38cm；口径31.5cm	43,700	西泠拍卖	2018-07-09
19世纪制 巴卡拉凉杯（一组）		20,700	西泠拍卖	2018-07-09
清 旧玉带沁鸠首杖	长92.3cm	109,250	中贸圣佳	2018-11-25
清代 花卉纹金香盒	高4.5cm	57,500	古天一	2018-12-08
清 铜鎏金包玛瑙烟盒 十九世纪怀表（两件）	尺寸不一	55,200	北京华辰	2018-11-19
清代二品貂毛暖帽	高15×21cm	36,800	北京荣宝	2018-06-14
民国 龚心钊旧藏小型泉盒一组六十一件		59,800	中国嘉德	2018-11-24
绿鲨鱼皮鞘佩刀	长92.5cm	1,650,000	中正拍卖	2018-11-30
清代第一版三等一级银质双龙宝星勋章（加星芒）		345,000	中国嘉德	2018-11-22
鳄鱼皮箱	44.6cm×69cm×44cm	218,500	保利厦门	2018-07-15
迈克尔·乔丹亲笔签名元年产（1996年）AJ 11代低帮版篮球鞋，台湾产球员本人PE版		172,500	中鸿信	2018-01-07
红色珍珠鱼皮配纯银龙雪茄盒	长47cm	161,000	华艺国际	2018-11-17
鳄鱼皮箱	约59.7×90.7×57.3cm	149,500	保利厦门	2018-07-15
莲花艺术Lotus Arts de Vivre出品 鳄鱼皮配纯银龙雪茄保湿盒	约31cm×49cm×15cm	138,000	保利厦门	2018-07-15
民国十二年北洋政府一等嘉禾勋章		138,000	中国嘉德	2018-11-22

拍品名称	物品尺寸	成交价RMB	拍卖公司	拍卖日期
东映动画公司《聪明的一休》动画赛璐璐片十二帧		109,250	西泠拍卖	2018-07-08
法贝热 国际象棋（一套）	约42cm×42cm×8cm	101,200	北京保利	2018-06-18
2008年 古巴 高希巴		92,000	西泠拍卖	2018-07-07
2011年 古巴 高希巴 完整作品系列		92,000	西泠拍卖	2018-07-07
谷牧题写诗文灵芝摆件（一组两件）	长32cm；长21cm	80,500	广东崇正	2018-07-04
姜吉安 水沸逢雨鸣	28×28cm；27×16cm	74,750	北京匡时	2018-05-21
鲍勃·迪伦 签赠CBS自用吉他	高104cm	74,750	西泠拍卖	2018-07-08
2016年 古巴 高希巴		74,750	西泠拍卖	2018-07-07
莲花艺术Lotus Arts de Vivre出品 棕色皮制斗牛犬坐凳	约35×70×37cm	71,300	保利厦门	2018-07-15
棕色皮制斗牛犬坐凳	35cm×70cm×37cm；重量7kg	69,000	华艺国际	2018-11-16
1942年 王大凡作仕女图团扇两把	长31.7cm	63,250	北京中汉	2018-11-21
华特迪斯尼制作公司《白雪公主和七个小矮人》动画赛璐璐片	21.5×22cm	57,500	西泠拍卖	2018-07-08
约1960年制 路易威登 铜质及牛皮特别定制压纹扑克箱	约29×21×20cm	55,200	北京保利	2018-06-18
陈庭诗 作品 84 号	20.5（长）×18（宽）×41（高）cm	54,240	羅芙奧	2018-12-02
鳄鱼皮箱	约34×56×42cm	51,750	保利厦门	2018-07-15
黄棋楠粉	重量30g	51,750	江苏观宇	2018-09-15
清宣统三年三月奉天万国鼠疫纪念金质奖章		51,750	中国嘉德	2018-11-22
新锐动画公司《哆啦A梦》动画线稿及赛璐璐片十六帧		48,300	西泠拍卖	2018-07-08
皇家马德里足球俱乐部队员 签名球衣		46,000	中国嘉德	2018-11-22
上海美术电影制片厂《宝莲灯》动画线稿及赛璐璐片十二帧	尺寸不一	40,250	西泠拍卖	2018-07-08
生结奇楠粉（沉水）	重量20g	40,250	江苏观宇	2018-04-22
沉香香料（一组二十瓶）		40,250	西泠拍卖	2018-07-07
《美少女战士》动画线稿及赛璐璐片二十八帧	23×26cm×28	40,250	西泠拍卖	2018-07-08
吉卜力工作室《幽灵公主》限量版动画赛璐璐片（20版之第5）	17×32cm	40,250	西泠拍卖	2018-07-08
50-80年代 寿百年烟草		40,250	西泠拍卖	2018-07-07
90年代 登喜路经典系列烟草		40,250	西泠拍卖	2018-07-07
清 第二版三等二级双龙宝星勋章（法国版）		40,250	中国嘉德	2018-11-22
勒布朗·詹姆斯亲笔签名 LBJ 3代“全明星反色”球员本人PE版篮球鞋		39,100	中鸿信	2018-01-07
迈克尔·乔丹亲笔签名 96-97赛季公牛第二客场球衣，PC版本		37,950	中鸿信	2018-01-07
1908年美国“大白舰队”环球航行访问厦门纪念景泰蓝花瓶一只、清龙旗一面		36,800	上海泛华	2018-04-21
2010年“网球天王”费德勒亲笔签名网球拍	90.5×60cm	36,800	中国嘉德	2018-06-19
一组十件		35,480	佳士得	2018-11-28
科比签名球衣	60×87.5cm	34,500	中国嘉德	2018-06-19
东映动画公司《龙珠》动画线稿及赛璐璐片十一帧	23×26.5cm×11	34,500	西泠拍卖	2018-07-08
2012年；2016年 古巴 高希巴		34,500	西泠拍卖	2018-07-07
70-80年代 登喜路经典系列烟草		34,500	西泠拍卖	2018-07-07
90年代 古巴 蒙特克里斯托（又名基督山伯爵）		34,500	西泠拍卖	2018-07-07
90年代 古巴 罗密欧 朱丽叶		34,500	西泠拍卖	2018-07-07
黄花梨百宝嵌小盒	长11cm	34,500	北京华辰	2018-11-19
“飞人”乔丹 签名球衣		34,500	中国嘉德	2018-11-22
罗纳尔多亲笔签名 2002年世界杯巴西队主场球衣		33,000	中鸿信	2018-07-14